U1004873

汉译经济学文库

金融随机分析 第一卷

——二叉树资产定价模型

(修订版)

[美] 史蒂文·E. 施里夫 (Steven E. Shreve) 著
陈启宏 陈迪华 译

上海财经大学出版社

图书在版编目(CIP)数据

金融随机分析/(美)施里夫(Shreve,S. E.)著;陈启宏,陈迪华译.
—修订版. —上海:上海财经大学出版社,2015. 6
(汉译经济学文库)
书名原文:Stochastic Calculus for Finance
ISBN 978-7-5642-2155-3/F·2155

Ⅰ. ①金… Ⅱ. ①施… ②陈… ③陈… Ⅲ. ①随机分析-应用-金融学 Ⅳ. F830

中国版本图书馆 CIP 数据核字(2015)第 086375 号

□策　　划　张美芳
□责任编辑　张美芳
□封面设计　钱宇辰

JINRONG SUIJI FENXI
金 融 随 机 分 析(第一卷)
——二叉树资产定价模型
(修订版)

[美] 史蒂文·E. 施里夫 (Steven E. Shreve) 著
陈启宏　陈迪华　译

上海财经大学出版社出版发行
(上海市中山北一路 369 号　邮编 200083)
网　　址:http://www. sufep. com
电子邮箱:webmaster@sufep. com
全国新华书店经销
上海华教印务有限公司印刷装订
2015 年 6 月修订版　2022 年 11 月第 8 次印刷

787mm×1092mm　1/16　40 印张(插页:1)　835 千字
印数:23 901—24 900　定价:88. 00(两卷)

图字:09-2007-420 号

Translation from the English language edition:
Stochastic Calculus for Finance Ⅰ *by Steven E. Shreve*
Copyright © 2004 Springer-Verlag New York Inc.
Springer is a part of Springer Science+Business Media
All Rights Reserved

CHINESE SIMPLIFIED language edition published by SHANGHAI UNIVERSITY OF FINANCE AND ECONOMICS PRESS, copyright © 2015.

2015 年中文版专有出版权属上海财经大学出版社
版权所有　翻版必究

Preface to Chinese Edition

It is a joy to have these two volumes on the subject of *Stochastic Calculus for Finance* become more accessible to Chinese students and practitioners. At Carnegie Mellon University it has been my good fortune to come to know many Chinese students. More than a few of these students intend to return to their homeland in order to be part of the exciting developments in financial markets that are taking place there. It is my hope that these students and these books from which they have learned will contribute to the efficiency of financial markets in China and thereby make more and better investment opportunities available.

Steven E. Shreve
Pittsburgh, Pennyslvania, USA
May 2008

中文版序

《金融随机分析》(第一卷和第二卷)中文版问世,将使本书更易为中国学生及实务工作者接受,十分可喜。在卡耐基·梅隆大学,我有幸认识了许多中国学生。这些学生中的绝大多数都打算回到他们的祖国,为中国金融市场正在发生的振奋人心的发展效力。衷心希望这些学生以及他们所学过的这些书籍能够有助于中国金融市场增强有效性,从而具备更多、更好的投资机遇。

史蒂文·E.施里夫
美国宾夕法尼亚州匹兹堡市
2008年5月

英文版序

本书的起源

这本书起初作为卡耐基·梅隆大学（Carnegie Mellon University）计算金融理学硕士项目(Master of Science in Computational Finance, MSCF)的数学课程。本书已成功地被那些数学背景只有微积分和基于微积分的概率论的学生作为教材。书中结果都有准确的陈述、合理的论证，也给出了一些证明；然而更重要的是，通过本书的课堂教学，可以得到一些直觉性解释。每一章结束都有习题，其中有些是理论的扩展，有些来自于数量金融的实际问题。

第一卷中的前三章曾被用作 MSCF 项目的半学期课程，整个的第一卷一直作为卡耐基·梅隆大学计算金融学士项目一个学期的教学内容。第二卷已被用作 MSCF 项目的三个半学期课程。

MSCF 学生对本书的贡献

自 1994 年起，卡耐基·梅隆大学计算金融硕士项目已经毕业了好几百名学生。能够有幸教导这些来自不同教育和职业背景的学生，是一件非常愉快的事情。这些学生热爱学习，提出许多激发思考的问题，并努力从理论上和实践上理解书中的材料，还经常要求增加一些额外的主题。许多学生来自金融领域，他们乐于同大家分享他们的知识，这也丰富了课堂教学。

本书以及我自己都从与 MSCF 学生的交流中受益匪浅，现在也继续从 MSCF 的毕业生中获得许多有益的知识。值此机会，谨以此书献给历届 MSCF 学生，以表谢忱。

致　谢

与包括同事大卫·赫斯(David Heath)和德米特里·克拉姆科夫(Dmitry Kramkov)在内的一些人的交流对本书有所影响。卢卡什·克鲁克(Lukasz Kruk)阅读了初稿的很多内容,并提出了许多评论与更正。另外还有一些学生和教师指出了错误,并对本书的早期版本提出了改进建议。其中包括乔纳森·安德森(Jonathan Anderson),纳塔涅尔·卡特(Nathaniel Carter),波格丹·道伊钦诺夫(Bogdan Doytchinov),大卫·加曼(David German),斯蒂文·吉利斯皮(Steven Gillispie),卡笛尔·亚内切克(Karel Janeček),肖恩·琼斯(Sean Jones),阿纳托利·卡罗利克(Anatoli Karolik),大卫·科皮(David Korpi),安杰伊·克劳瑟(Andrzej Krause),赖尔·林比特科(Rael Limbitco),皮垂·卢卡三(Petr Lukasan),谢尔盖·米亚格切洛夫(Sergey Myagchilov),尼基·拉斯穆森(Nicki Rasmussen),伊萨克·索宁(Isaac Sonin),马西莫·塔桑-索莱(Massimo Tassan-Solet),大卫·惠特克(David Whitaker)和乌韦·威斯图普(Uwe Wystup)。在某些场合,本书早期版本的使用者对习题与例子提出了建议,本书在相应的地方对这些使用者的贡献表示了感谢。在此,谨向有助于本书进一步完善的所有读者致谢。

在本书的创作过程中,作者得到了国家自然科学基金 DMS－9802464、DMS－0103814 和 DMS－0139911 的部分资助。但本书中任何观点、发现、结论或者建议都由作者负责,并不反映国家自然科学基金的观点。

史蒂文·E. 施里夫
(Steven E. Shreve)
美国宾夕法尼亚州匹兹堡市
2004 年 4 月

导　言

背　景

诺贝尔奖委员会在1990年授予哈里·马科维茨(Harry Markowitz)、威廉·夏普(William Sharpe)和默顿·米勒(Merton Miller)诺贝尔经济学奖，使整个世界注意到过去四十年来正在兴起的一门新学科——金融学。这一理论试图理解金融市场如何运作、如何使金融市场更有效率，以及如何进行调节。它解释并增强了金融市场在配置资本和减少风险以促进经济活动方面所起的重要作用。金融学日趋数学化，甚至金融的问题正在推动数学研究，但金融学并未减少其在市场交易与调节中的实际应用。

1952年，哈里·马科维茨的博士论文《投资组合选择》奠定了金融学的数学理论基础。马科维茨给出了股票的均值回报和协方差的理论，以便量化市场中“差异性”的概念。他证明了对给定的投资组合，如何计算均值回报和方差；认为对于给定的均值回报，投资者应持有具有最小方差的资产组合。尽管现在金融学中涉及随机(伊藤，Itô)分析，但定量化风险管理一直是现代金融理论以及数量金融实践的基本主题。

1969年，罗伯特·默顿(Robert Merton)把随机分析引入到金融研究。他切望了解在金融市场中如何定价(这是经济学中经典的“均衡”问题)，并在随后的论文中运用随机分析原理开创了这方面的研究。

在默顿进行研究的同时，费雪·布莱克(Fischer Black)与迈伦·斯科尔斯(Myron Scholes)在默顿的协助下，得到了著名的期权定价公式。这项成果赢得了1997年的诺贝尔经济学奖。它对于一个重要的实际问题提供了令人满意的答案，即为欧式看涨期权(即在规定的时间以规定的价格购买给定股票的权利)寻求公平的价格。1979～1983年期间，哈里森(Harrison)、克雷普斯(Kreps)和普利斯卡(Pliska)运用连续时间随机过程的一般理论为布莱克—斯科尔斯(Black-Scholes)期权定价公式提供了坚实的理论基础,并且给出了各种各样其他衍生证券的定价方法。

金融中的许多理论进展可以直接应用于金融市场。为了理解金融理论如何应用,我们暂时偏离一下主题来关注金融机构的角色。一个国家金融机构的主要功能就是在从事生产过程的客户中,扮演减少风险的中介角色。例如,保险行业收取许多客户的保险费,但只需要赔付给少数实际遭受损失的客户。如果客户无法获得这样的保险,就会面临风险。假如,为了对冲较高的燃油成本,航空公司就想购买一些当石油价格上升时价格也会上升的证券。但是谁会销售这样的证券呢?金融机构的角色就是设计这样的证券,并确定一个"公平"的价格,销售给航空公司。这样的证券通常称为"衍生产品"(其价值基于其他证券的价值)。石油价格一旦上升,金融机构就需要履行由于销售衍生产品所产生的支付义务。为此,金融机构会交易一些其他与油价相关的证券,进行风险对冲。在此意义上,衍生产品的"公平"价格是指:金融机构利用销售衍生产品所获得的收益从事其他相关的证券交易恰好能够对冲衍生产品的支付义务。对于一个"有效"市场,这种用来对冲风险的证券总能以"公平" 的价格获得。

布莱克—斯科尔斯期权定价公式,首次为风险对冲证券的公平定价提供了理论方法。如果一个投资银行提供的衍生产品价格高于"公平"价格,那么这些产品出价会较低。如果投资银行提供的衍生产品价格低于"公平"的价格,那么将有遭受很大损失的风险。这使得银行不太情愿提供这些有助于提高市场效率的衍生产品。仅当衍生产品的"公平"价格能够预先确定时,银行才愿意提供该衍生产品。进而,销售衍生产品的银行还必须考虑对冲的问题:应该如何管理新的头寸所带来的风险。由布莱克—斯科尔斯期权定价公式发展而来的数学理论同时解决了定价和对冲问题。于是,大量特定的衍生证券便应运而生。这一数学理论正是本书的主题。

第一卷与第二卷之间的联系

第二卷主要讨论与金融应用有关的连续时间随机分析理论。关于随机分析需要的概率论(包括布朗运动及其性质),第二卷以独立自足的形式给出。

第一卷利用较简单的离散时间二叉树模型来处理同样的一些金融应用问题。第一卷介绍的一些基本概念,包括鞅、马尔可夫(Markov)过程、测度变换和风险中性定价,为读者阅读第二卷提供了准备。然而,关于这些概念,第二卷的内容也是独立自足的,在阅读第二卷之前并不一定需要阅读第一卷。当然,通过阅读第一卷中相对较为简单的内容,将有助于对第二卷的理解。

在卡耐基·梅隆大学计算金融硕士项目中，基于第一卷的课程是基于第二卷的课程的预修条件。但计算机科学、金融、数学、物理及统计专业的研究生经常直接修读基于第二卷的课程，而不需要预先修读基于第一卷的课程。

直接修读第二卷的学生可以利用第一卷作为参考。一些概念在第二卷中出现时参引了第一卷中类似的概念。读者可以直接阅读第二卷，也可以参考第一卷，以对一些概念进行更透彻的讨论。

第一卷提要

第一卷介绍二叉树资产定价模型。尽管模型本身是很有趣的，也经常作为实际应用范例，但是这里主要作为一个工具，以较为简单的形式引进一些在第二卷的连续时间理论中将会用到的概念。

第一章**“二叉树无套利定价模型”**利用二叉树模型给出无套利期权定价方法。用到的数学是简单的，但是这里引进的风险中性定价的概念却十分深刻。第二章**“抛掷硬币空间上的概率论”**利用鞅以及马尔可夫过程的概念来表述第一章的结果。至为精妙的是关于欧式衍生证券的风险中性定价公式。推导风险中性定价公式的工具对于二叉树模型中的推导并非必需，由于在第二卷中要用到，因此，在第一卷中较简单的离散时间情形就对此有所展开。第三章**“状态价格”**讨论了与欧式衍生证券的风险中性定价相联系的测度变换，作为连续时间模型中测度变换的一个热身练习。这里，一个有趣的应用是利用二叉树模型求解（期望效用最大化意义下的）最优投资问题。前三章中的思想是理解现代数量金融的基础，在第二卷的第四章与第五章中还将进一步展开。

第一卷的后三章介绍了一些更为专业的概念。第四章**“美式衍生证券”**考虑持有者能够选择行权时刻的衍生证券。在第二卷第八章的连续时间情形还将考虑这一问题。第五章**“随机游动”**解释了关于随机游动的反射原理。类似的关于布朗运动的反射原理，在第二卷第七章关于奇异期权定价公式的推导中，有着至关重要的作用。最后，第六章**“依赖利率的资产”**考虑了随机利率模型，考察了远期和期货价格的差异，并且介绍了远期测度的概念。在第二卷第五章的结尾还将再次出现远期和期货价格。连续时间模型中的远期测度将在第二卷第九章中展开，并在第二卷第十章中用于创建关于利率变动的远期 LIBOR（伦敦同业拆借利率）模型。

第二卷提要

第二卷第一章**“一般概率论”**与第二章**“信息和条件期望”**，为连续时间模型所需要的概率论提供了测度论基础。第一章介绍了概率空间、勒贝格(Lebesgue)积分和测度变换。第二章中介绍了独立性、条件期望以及条件期望的性质。这两章内容在全书中都要用到,对概率论知识有所了解的读者,开始时可以跳过这部分,必要时再参考。

第三章**"布朗运动"**介绍了布朗运动及其性质。对于随机分析最重要的是 3.4 节中的二次变差。除了 3.6 节和 3.7 节仅用于第七章**"奇异期权"**,以及第八章**"美式衍生证券"**,本章所有内容都是必需的。

第二卷的核心是第四章**"随机分析"**。这一章中构建了伊藤(Itô)积分并且推导了伊藤公式[本书中称为伊藤—德布林公式(Itô-Doeblin)],还给出了伊藤—德布林公式的一些推论。其中之一是用二次变差刻划布朗运动[列维(Lévy)定理],另一个是关于欧式看涨期权价格的布莱克—斯科尔斯方程(本书中称为布莱克—斯科尔斯—默顿方程)。读者唯一可以忽略的内容是 4.7 节**"布朗桥"**。本书涉及布朗桥是因为其在蒙特卡罗(Monte Carlo)模拟中的重要性,但在本书其他部分没有用到。

第五章**"风险中性定价"**叙述并证明了哥萨诺夫(Girsanov)定理,这是测度变换的基础。这样就能够系统地讨论风险中性定价以及资产定价基本定理(5.4 节)。5.5 节**"支付红利的股票"**在本书其他部分没有用到。[1] 5.6 节**"远期和期货"**还将出现在后面 9.4 节以及部分习题中。

第六章**"与偏微分方程的关系"**揭示了随机分析与偏微分方程之间的联系。这在后面的章节中经常会用到。

除了上面所提到的一些以外,第一章～第六章是数量金融的基本内容,也是阅读后面章节的基础。第六章之后,读者可以选择性阅读。

第七章**"奇异期权"**以及第八章**"美式衍生证券"**,在随后的章节中并不用到。第九章**"计价单位变换"**在 10.4 节**"远期 LIBOR 模型"**中具有重要的作用,但在其他部分中没有用到。第十章**"期限结构模型"**以及第十一章**"跳过程引论"**,在本书其他部分中也没有用到。

〔1〕 事实上,在第二卷第 8.5 节中要用到第二卷第 5.5 节中的部分内容。——译者注

目　录

CONTENTS

1 二叉树无套利定价模型

1.1 单时段二叉树模型

二叉树资产定价模型为理解**套利定价理论**和概率提供了一个有力的工具。本章中，我们为理解套利定价理论而引进这一工具；在第二章中，我们借助这一工具讨论概率。这一节中，我们考虑最简单的二叉树模型——单时段二叉树模型；下一节中，我们将推广到更为现实的多时段二叉树模型。

一般的单时段模型如图 1.1.1 所示，我们称该时段的起点与终点分别为**时刻 0** 与**时刻 1**。在时刻 0，我们持有 1 份股票，记 S_0 为每份股票的价格，设其为正。在时刻 1，该股票每份价格将为两个正值 $S_1(H)$和 $S_1(T)$之一，其中 H 与 T 分别表示一枚硬币的**正面**与**背面**。于是，我们可以想象时刻 1 的股票价格取决于抛掷一枚硬币的结果。我们并不特别假设抛掷硬币时出现正面与背面的概率各半。我们只假设出现正面的概率 p 为正值，并且出现背面的概率 $q=1-p$ 也为正值。

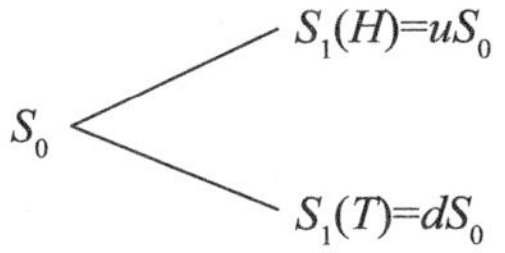

图 1.1.1　一般的单时段二叉树模型

抛掷硬币的结果及时刻 1 的股价，要到时刻 1 才知道。我们称任何在时刻 0 时未知的量为**随机**的，因为它依赖于抛掷硬币这一随机试验。

我们引入两个正值

$$u=\frac{S_1(H)}{S_0},\quad d=\frac{S_1(T)}{S_0} \tag{1.1.1}$$

假设 $d<u$；如果反之有 $d>u$，通过重新标记硬币的两面，我们可以得到 $d<u$；如果 $d=u$，那么时刻 1 的股票价格事实上不是随机的，因此该模型为平凡的。我们称 u 为**上升因子**，d 为**下降因子**。可以凭直觉把 u 当成大于 1 的

数,把 d 当成小于 1 的数。但我们的数学推导并不要求这些不等式成立。

同时,我们引入**利率** r。时刻 0 在货币市场投入 1 美元,在时刻 1 可以得到 $1+r$ 美元。相反,在时刻 0 从货币市场借得 1 美元,在时刻 1 的负债为 $1+r$ 美元。特别地,假定借款利率与投资的利率相同。一般恒有 $r\geqslant 0$,然而,我们的数学推导只要求 $r>-1$ 即可。

有效市场的实质在于:如果一个交易策略可以不劳而获,那么它必将承受风险,否则,便存在**套利**机会。更具体地说,所谓**套利**是这样一个交易策略:其赔钱的概率为零,而赚钱的概率为正值。允许套利存在的数学模型不能用于分析,因为这样的模型允许财富由零产生,从而会得到一些矛盾的结果。真实的市场有时会有套利机会,但这必然是稍纵即逝的;一旦有人发现,就会有旨在套利的交易发生,从而使之消失。

在单时段二叉树模型里,为了排除套利机会,我们必须假设:

$$0<d<1+r<u \tag{1.1.2}$$

我们已假设股票价格恒为正值,故必有 $d>0$。式(1.1.2)中的其他两个不等式是根据无套利得来的,我们对此解释如下:如果 $d\geqslant 1+r$,投资者可以零财富开始,在时刻 0 从银行借款买股票。即使遇到最差的情况,时刻 1 股票的价值也足以偿付银行的贷款,此外仍有余钱的概率为正,因为 $u>d\geqslant 1+r$,这就提供了一个套利机会。另一方面,如果 $u\leqslant 1+r$,投资者可卖空股票,将所得投资货币市场。即使在股票的最好情况下,时刻 1 股票的价值也不会超过在货币市场投资的价值,又因为 $d<u\leqslant 1+r$,时刻 1 股票的价值严格小于货币市场投资价值的概率为正,这也提供了一个套利机会。

以上我们已经论证了:如果含有股票和货币市场账户两种资产的市场无套利,则必有式(1.1.2)成立。反之亦然。如果式(1.1.2)成立,则市场无套利(见习题 1.1)。

通常令 $d=\dfrac{1}{u}$,在许多例子里也是如此。然而,为使二叉树资产定价模型有意义,我们只需要假定式(1.1.2)。

当然,股票价格的变动远比二叉树资产定价模型所表示的更为复杂。我们考虑这种简单的模型乃是基于以下三个原因:首先,此模型可以清楚地阐明套利定价的概念及其与风险中性定价的关系;其次,当时段数目足够多时,该模型提供了对连续时间模型的一个相当不错且便于计算处理的近似,因此相当实用;最后,由二叉树资产定价模型,可以给出条件期望和鞅的理论,这是连续时间模型的核心所在。

考虑一个**欧式看涨期权**,它赋予持有者在时刻 1 以**敲定价格** K 购买一份股票的权利(但非义务)。假定 $S_1(T)<K<S_1(H)$,如果时刻 1 的股票价格低于敲定价格 K,则期权无价值;如果时刻 1 的股票价格高于敲定价格 K,则期权被**实施**,由此获利为 $S_1(H)-K$。因此,期权在时刻 1 的价值为

$(S_1-K)^+$，其中符号$(\cdots)^+$表示我们取括号中的表达式与零之间的较大值。这里，遵循概率论中的惯例，随机变量 S_1 中的自变量已被省略。期权定价的一个基本问题就是：在得知时刻 1 的结果之前，期权在时刻 0 的价值是多少？

期权定价问题的**套利定价方法**是通过在股票和货币市场进行交易来复制期权。我们用例子来说明这点，之后再回到一般的单时段二叉树模型。

例 1.1.1 考虑图 1.1.2 中的单时段模型，设 $S(0)=4, u=2, d=\frac{1}{2}$，$r=\frac{1}{4}$，则 $S_1(H)=8$ 且 $S_1(T)=2$。设欧式看涨期权的敲定价格 $K=5$，进一步假设我们的初始财富为 $X_0=1.20$，同时在时刻 0 买进 $\Delta_0=\frac{1}{2}$份股票。因为在时刻 0，每份股票价格为 4，我们必须利用初始财富 $X_0=1.20$，并且借入额外的 0.80。这样我们的现金头寸为 $X_0-\Delta_0 S_0=-0.80$（即从货币市场借入 0.80）。在时刻 1，我们的现金头寸为$(1+r)(X_0-\Delta_0 S_0)=-1$（即我们在货币市场的负债为 1）。另一方面，在时刻 1，我们将有价值为$\frac{1}{2}S_1(H)=4$或者$\frac{1}{2}S_1(T)=1$ 的股票。具体地说，如果抛掷硬币的结果为正面，在时刻 1，我们（股票和货币市场账户）的资产组合价值将为：

$$X_1(H)=\frac{1}{2}S_1(H)+(1+r)(X_0-\Delta_0 S_0)=3$$

如果抛掷硬币的结果为背面，在时刻 1，我们（股票和货币市场账户）的资产组合价值将为：

$$X_1(T)=\frac{1}{2}S_1(T)+(1+r)(X_0-\Delta_0 S_0)=0$$

任何情况下，在时刻 1，资产组合与期权价值相等，即$(S_1(H)-5)^+=3$ 或$(S_1(T)-5)^+=0$。我们通过在股票与货币市场的交易**复制**了期权。

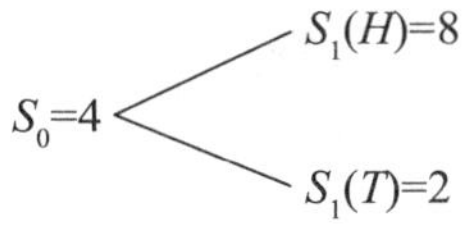

图 1.1.2 具体的单时段二叉树模型

为建立上述复制资产组合所需的初始财富 1.20 就是**期权在时刻 0 的无套利价格**。如果有人以高价（如 1.21）买入期权，那么期权出售人可以用 1.20 来复制期权，并将多余的 0.01 投资于货币市场。到时刻 1，不管抛掷硬币的结果如何，期权出售人都可以偿付期权，同时会因为在货币市场投资多余的 0.01 而获得 0.012 5。这是一个套利，因为期权出售人最初不需要任何资金,在时刻1可以不冒任何风险而得到0.0125。另一方面,如果能够以低于1.20的价格(如1.19)买入期权,那么投资者应该买入期权并建立与上述的复制相反的交易策略。具体地说,卖空半份股票获得收入2;然后用1.19购买期权,在货币市场投资0.80,把剩余的0.01存入另一个货币市场账户。如果抛掷硬币的结果为正面,到时刻1,投资者需要4来对冲半份股票空头,在时刻0买入的期权值3,投资到货币市场的0.80涨到了1。如果抛掷硬币的结果为背面,到时刻1,投资者仅需要1来对冲半份股票空头,期权虽然无价值,但是时刻0投资货币市场的0.80涨到了1。无论何种情况下,投资者在时刻1都能够对冲半份股票空头,并持有时刻0存入货币市场账户的0.01,这又是一个套利。

我们已证明在含有股票、货币市场账户以及期权的市场中,除非在时刻0期权价格为1.20,否则总是存在套利。如果在时刻0期权价格为1.20,套利就不存在(见习题1.2)。 □

上面例子中的论述依赖于一些假设。主要如下:

(1)股票可细分成不同份额来买卖;

(2)投资与借贷的利率相同;

(3)股票的买卖价格一致(即买入与卖出的价差为零);

(4)任何时刻,股票价格在下一时段只有两个可能值。

除了最后一个之外,其他所有假设也是布莱克—斯科尔斯—默顿期权定价公式的基础。第一个假设其实与现实相符,因为期权定价与对冲复制一般都涉及许多份期权。如果我们在例1.1.1中考虑100份期权而非1份期权,那么我们将买入$\Delta_0=50$份股票而非$\Delta_0=\frac{1}{2}$份股票来对冲期权空头。对大机构而言,第二个假设也接近成立。第三个假设与事实相左,有时因为没有多少交易发生,所以买卖价差可以忽略;其他情况下,模型与现实的偏离是一个严重的问题。在布莱克—斯科尔斯—默顿模型中,第四个假设变成假设股票价格是一个几何布朗运动。关于股票价格的实证研究常常表明并非如此。在某些情况下,模型与现实严重偏离;但在其他情况下,该模型又相当适用。我们将构建一系列模型,除满足几何布朗运动假设的之外,还有许多与这一假设无关的更复杂的模型。

在一般的单时段模型中,我们定义**衍生证券**为一种证券,如果抛掷硬币的结果为正面,在时刻1的支付则为$V_1(H)$;如果抛掷硬币的结果为背面,在时刻1的支付则为$V_1(T)$。欧式看涨期权是一种特别的衍生证券。另一种是**欧式看跌期权**,在时刻1的支付为$(K-S_1)^+$,其中K为常量。第三种是**远期合约**,这种衍生证券在时刻1的价值为S_1-K。

为了确定衍生证券在时刻0的价格V_0,我们如同例1.1.1中那样进行复制。假设我们的初始财富为X_0,在时刻0买入Δ_0份股票,现金头寸为

$X_0-\Delta_0 S_0$。在时刻 1,股票与货币市场账户的资产组合价值为:

$$X_1=\Delta_0 S_1+(1+r)(X_0-\Delta_0 S_0)=(1+r)X_0+\Delta_0[S_1-(1+r)S_0]$$

我们希望选择 X_0 和 Δ_0 使得 $X_1(H)=V_1(H)$ 和 $X_1(T)=V_1(T)$[这里 $V_1(H)$和 $V_1(T)$为已知值,是衍生证券在时刻 1 的支付,取决于抛掷硬币的结果;在时刻 0,我们知道 $V_1(H)$和 $V_1(T)$的发生概率,但不知道这两个可能性中哪个会成为现实]。因此,为使衍生证券得以复制,必须有:

$$X_0+\Delta_0\left(\frac{1}{1+r}S_1(H)-S_0\right)=\frac{1}{1+r}V_1(H) \tag{1.1.3}$$

$$X_0+\Delta_0\left(\frac{1}{1+r}S_1(T)-S_0\right)=\frac{1}{1+r}V_1(T) \tag{1.1.4}$$

含有两个未知量的、两个方程的一种解法是将第一个方程乘以数 $\tilde{p}$,第二个方程乘以 $\tilde{q}=1-\tilde{p}$,然后两者相加得到:

$$X_0+\Delta_0\left(\frac{1}{1+r}[\tilde{p}S_1(H)+\tilde{q}S_1(T)]-S_0\right)=\frac{1}{1+r}[\tilde{p}V_1(H)+\tilde{q}V_1(T)] \tag{1.1.5}$$

如果选择 $\tilde{p}$ 使得:

$$S_0=\frac{1}{1+r}[\tilde{p}S_1(H)+\tilde{q}S_1(T)] \tag{1.1.6}$$

那么式(1.1.5)中与 Δ_0 相乘的项即变成零,我们就得到如下关于 X_0 的简单表达式:

$$X_0=\frac{1}{1+r}[\tilde{p}V_1(H)+\tilde{q}V_1(T)] \tag{1.1.7}$$

由式(1.1.6),我们有:

$$S_0=\frac{1}{1+r}[\tilde{p}uS_0+(1-\tilde{p})dS_0]=\frac{S_0}{1+r}[(u-d)\tilde{p}+d]$$

从中直接解出 $\tilde{p}$,于是得到:

$$\tilde{p}=\frac{1+r-d}{u-d},\quad \tilde{q}=\frac{u-1-r}{u-d} \tag{1.1.8}$$

我们只需用式(1.1.3)减去式(1.1.4),就可以得到 **delta-对冲公式**:

$$\Delta_0=\frac{V_1(H)-V_1(T)}{S_1(H)-S_1(T)} \tag{1.1.9}$$

总之,如果投资者初始财富为式(1.1.7)给出的 X_0,在时刻 0 买入式(1.1.9)给出的 Δ_0 份股票,那么到时刻 1,如果抛掷硬币的结果为正面,则投资者将持有价值为$V_1(H)$的资产组合;如果抛掷硬币的结果为背面,则资产组合的价值为$V_1(T)$。投资者可以由此**对冲衍生证券的空头**。到时刻1支付为V_1的衍生证券在时刻0的定价应为:

$$V_0=\frac{1}{1+r}[\tilde{p}V_1(H)+\tilde{q}V_1(T)] \tag{1.1.10}$$

该价格可以确保出售方通过上述资产组合对冲衍生证券的空头。当衍生证券加入到由股票和货币市场账户组成的市场时,这一价格不会产生套利;而在时刻0的任何其他价格都将引起套利。

以上我们通过对衍生证券空头的对冲,给出了衍生证券的无套利定价。我们同样也可以考虑对多头的对冲。拥有一定价值资产的多头投资者,需要采取一些措施来保护其资产价值免遭可能的损失,这正是市场参与者关于对冲的理解。衍生证券的多头为建立对冲而应持有的股票份额是由式(1.1.9)确定的股票份额的负值。习题1.6和习题1.7对此有更详尽的考虑。

根据无套利条件(1.1.2),由式(1.1.8)给定的数$\tilde{p}$和$\tilde{q}$都是正值,并且两者之和为1。因此,我们可以把它们分别当作抛掷硬币结果为正面和背面的概率。它们不是真实的概率(我们记真实的概率为p与q),而是所谓的**风险中性概率**。在真实概率下,股票的平均增长率一般会严格大于在货币市场投资的增长率;否则,没人愿意投资股票而招致相关的风险。因此,真实概率p以及$q=1-p$应该满足:

$$S_0<\frac{1}{1+r}[pS_1(H)+qS_1(T)]$$

而风险中性概率$\tilde{p}$和$\tilde{q}$满足式(1.1.6)。如果股票的平均增长率正好等于在货币市场投资的增长率,那么投资者一定是风险中性的,即他们不为承担风险而希求补偿,也不愿为此额外支付。事实并非如此,因此$\tilde{p}$和$\tilde{q}$不是真实概率,它们只是有助于我们求解含有两个未知量X_0和Δ_0的两个方程(1.1.3)和(1.1.4)中的两个数字而已;$\tilde{p}$和$\tilde{q}$的选取使我们能够消去式(1.1.5)中与未知量Δ_0相乘的项。事实上,由于$\tilde{p}$和$\tilde{q}$的选取使得股票的平均增长率几乎与货币市场账户的增长率相一致,这也就使得股票与货币市场账户的任何资产组合的平均增长率几乎与货币市场账户的增长率相一致。如果希望构建一个资产组合使其在时刻1的价值为V_1,那么它在时刻0的价值必须由式(1.1.7)确定,这样才能使得在风险中性概率下该资产组合的平均增长率就是货币市场投资的增长率。

计算衍生证券V_1在时刻0的价值V_0的方程(1.1.10)被称为单时段二叉树模型的**风险中性定价公式**。读者不必在意该方程中没有出现真实概率。我们已经对该衍生证券构建了一个空头对冲,不管股票是涨是跌,该对冲均有效。股价涨跌变化的概率并不相干,关键是涨跌变动的幅度(即u和

d 的值)。在二叉树模型中,衍生证券的价格取决于可能的股票价格路径的集合,而非这些路径的可能性。我们将在第二卷的第四章和第五章中看到,在连续时间模型下与此类似的事实是:衍生证券的价格取决于股票价格的波动率而非股票价格的平均增长率。

1.2 多时段二叉树模型

我们现在将上节的研究推广到多时段。设想反复抛掷硬币,只要抛掷结果是正面,股票价格乘以上升因子 u;只要抛掷结果是背面,股票价格乘以下降因子 d。市场上除了股票外,还存在常利率 r 的货币市场资产。关于这些参数的唯一假设是无套利条件(1.1.2)。

我们记股票最初价格为 S_0,其为正值。如果第一次抛掷硬币的结果为正面,记时刻 1 的股票价格 $S_1(H)=uS_0$;如果抛掷结果为背面,记时刻 1 的股票价格 $S_1(T)=dS_0$。第二次抛掷后,股票价格将为以下四个数之一:

$$S_2(HH)=uS_1(H)=u^2S_0,\quad S_2(HT)=dS_1(H)=duS_0,$$
$$S_2(TH)=uS_1(T)=udS_0,\quad S_2(TT)=dS_1(T)=d^2S_0$$

三次抛掷后,硬币正背面排列有八种可能的结果,当然并非每一结果都会产生不同的股票价格,见图 1.2.1。

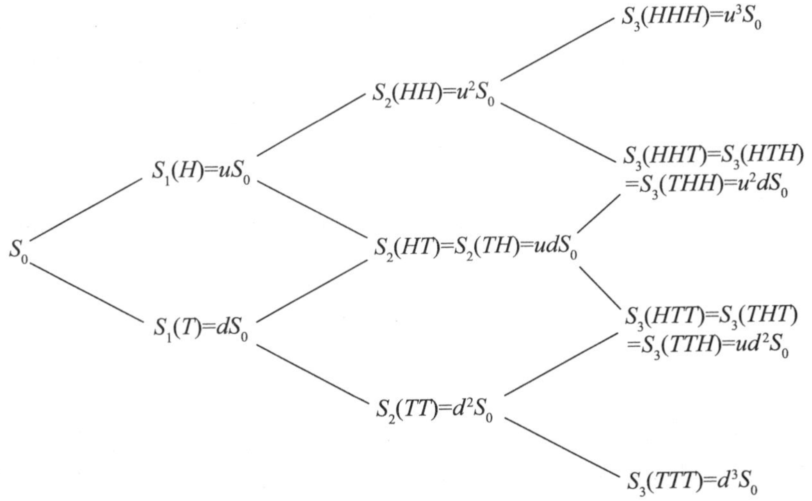

图 1.2.1 一般的三时段模型

例 1.2.1 考虑某个具体的三时段模型,其中 $S_0=4,u=2,d=\frac{1}{2}$。在图 1.2.2 中给出了可能的股票价格形成的二叉树。 □

现在我们回到图 1.2.1 所示的一般三时段二叉树模型,并考虑一个允许

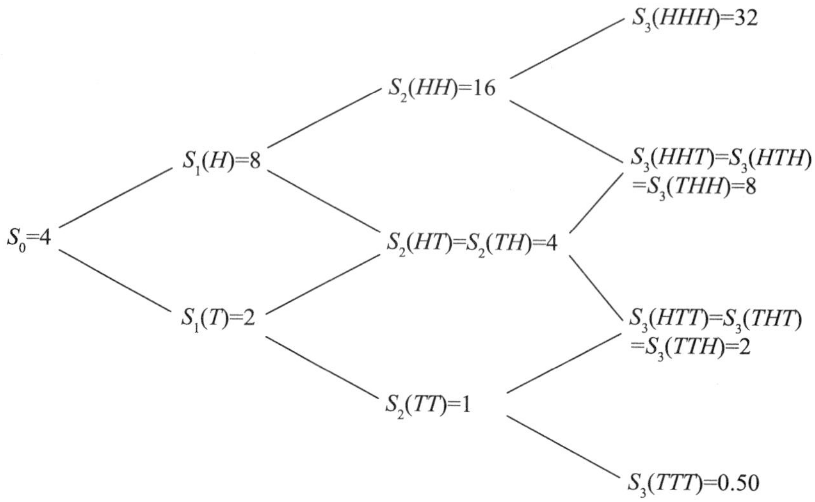

图 1.2.2　具体的三时段模型

在时刻 2 以 K 美元买入 1 份股票的欧式看涨期权。讨论过这种期权之后，我们的分析将被推广到在时刻 $N\geqslant 2$ 终止的任意欧式衍生证券。

敲定价格为 K、在时刻 2 终止的看涨期权的到期支付为 $V_2=(S_2-K)^+$，其中 V_2 和 S_2 取决于前两次抛掷硬币的结果。现在我们来确定这个期权在时刻 0 的无套利价格。假设有投资者在时刻 0 以价格 V_0 售出期权，其中 V_0 待定。然后他买入 Δ_0 份股票，并在货币市场投资 $V_0-\Delta_0 S_0$ 进行融资。($V_0-\Delta_0 S_0$ 将被证明为负值，所以事实上是从货币市场借入 $\Delta_0 S_0-V_0$ 美元。)在时刻 1，除去期权的空头外，该投资者的资产组合的价值为：

$$X_1=\Delta_0 S_1+(1+r)(V_0-\Delta_0 S_0) \tag{1.2.1}$$

由于 S_1(从而 X_1)取决于第一次抛掷硬币的结果，因此，式(1.2.1)实际上含有两个方程：

$$X_1(H)=\Delta_0 S_1(H)+(1+r)(V_0-\Delta_0 S_0) \tag{1.2.2}$$

$$X_1(T)=\Delta_0 S_1(T)+(1+r)(V_0-\Delta_0 S_0) \tag{1.2.3}$$

时刻 1 之后，投资者持有价值为 X_1 美元的资产组合，并且可以重新调整头寸。假设投资者决定持有 Δ_1 份股票(由于在选择 Δ_1 时已经知道时刻 1 抛掷硬币的结果，因而允许 Δ_1 依赖于第一次抛掷结果)，并将其余财富 $X_1-\Delta_1 S_1$ 投资于货币市场。在下一时段，财富由以下方程的右端给出，而投资者希望财富价值达到 V_2，因此就有：

$$V_2=\Delta_1 S_2+(1+r)(X_1-\Delta_1 S_1) \tag{1.2.4}$$

由于 S_2 和 V_2 取决于前两次抛掷硬币的结果，因此考虑所有四种可能的结果，可将式 (1.2.4)重写成以下四个方程：

$$V_2(HH)=\Delta_1(H)S_2(HH)+(1+r)[X_1(H)-\Delta_1(H)S_1(H)] \quad (1.2.5)$$

$$V_2(HT)=\Delta_1(H)S_2(HT)+(1+r)[X_1(H)-\Delta_1(H)S_1(H)] \quad (1.2.6)$$

$$V_2(TH)=\Delta_1(T)S_2(TH)+(1+r)[X_1(T)-\Delta_1(T)S_1(T)] \quad (1.2.7)$$

$$V_2(TT)=\Delta_1(T)S_2(TT)+(1+r)[X_1(T)-\Delta_1(T)S_1(T)] \quad (1.2.8)$$

现在我们有含六个未知量 V_0、Δ_0、$\Delta_1(H)$、$\Delta_1(T)$、$X_1(H)$以及 $X_1(T)$的六个方程，其中两个可由式(1.2.1)表示，另外四个可由式(1.2.4)表示。

为求解这些方程，从而确定期权在时刻 0 的无套利价格 V_0 以及复制的资产组合 Δ_0、$\Delta_1(H)$、$\Delta_1(T)$，我们首先利用最后两个方程 (1.2.7)和(1.2.8)。由式(1.2.7)减去式(1.2.8)可以解出 $\Delta_1(T)$，得到 **delta-对冲公式**：

$$\Delta_1(T)=\frac{V_2(TH)-V_2(TT)}{S_2(TH)-S_2(TT)} \quad (1.2.9)$$

将该项代入式(1.2.7)或式(1.2.8)解得：

$$X_1(T)=\frac{1}{r+1}[\tilde{p}V_2(TH)+\tilde{q}V_2(TT)] \quad (1.2.10)$$

其中 $\tilde{p}$ 和 $\tilde{q}$ 是由式(1.1.8)确定的风险中性概率。我们也可以通过将式(1.2.7)乘以 $\tilde{p}$ 以及式(1.2.8)乘以 $\tilde{q}$，然后两者相加得到式(1.2.10)，因为：

$$\tilde{p}S_2(TH)+\tilde{q}S_2(TT)=(1+r)S_1(T)$$

这样就能消去所有包含 $\Delta_1(T)$的项。式(1.2.10)给出的是在时刻 0 到时刻 1 这一时段股价下跌的前提下复制资产组合在时刻 1 的价值，我们将其定义为**在第一次抛掷硬币结果为背面前提下时刻 1 的期权价格**，记为 $V_1(T)$，即：

$$V_1(T)=\frac{1}{1+r}[\tilde{p}V_2(TH)+\tilde{q}V_2(TT)] \quad (1.2.11)$$

这是风险中性定价公式的另一个例子。这个公式与式(1.1.10) 类似，只是滞后了一个时段。

利用方程(1.2.5)和方程(1.2.6)，我们可以类似地得到：

$$\Delta_1(H)=\frac{V_2(HH)-V_2(HT)}{S_2(HH)-S_2(HT)} \quad (1.2.12)$$

以及 $X_1(H)=V_1(H)$，其中 $V_1(H)$为**在第一次抛掷硬币结果为正面前提下时刻 1 的期权价格**，定义为：

$$V_1(H)=\frac{1}{1+r}[\tilde{p}V_2(HH)+\tilde{q}V_2(HT)] \quad (1.2.13)$$

这又与式(1.1.10)类似，但仍是滞后了一个时段。

最后,我们将 $X_1(H)=V_1(H)$ 以及 $X_1(T)=V_1(T)$ 代入式(1.2.1)隐含的两个方程(1.2.2)和(1.2.3)中。这些关于 Δ_0 和 V_0 的方程与式(1.1.3)和式(1.1.4)一样求解,仍然得到式(1.1.9)和式(1.1.10)。

综上所述,我们得到三个**随机过程**:(Δ_0,Δ_1),(X_0,X_1,X_2),(V_0,V_1,V_2)。**随机过程**是指依赖于时间的随机变量。因为这些量依赖于抛掷硬币的结果,因而是随机的。事实上,每个随机变量的下标表明了该变量依赖的抛掷硬币的次数。如果我们以任意初始财富 X_0 开始,给定 Δ_0、$\Delta_1(H)$ 以及 $\Delta_1(T)$,就能计算持有股票份额为这些给定数量(必要时需在货币市场融资)的资产组合的价值。事实上,这些资产组合的价值(以 X_0 开始)可通过以下**财富方程**归纳确定:

$$X_{n+1}=\Delta_n S_{n+1}+(1+r)(X_n-\Delta_n S_n) \tag{1.2.14}$$

可能会有人把这个方程看成未定方程。它定义了**随机变量**,直到知晓抛掷硬币的结果,才能算出这些随机变量的真实值。然而,已知时刻 0 的值,我们可以通过这个方程在得知每次抛掷硬币结果的情况下计算出资产组合在随后时刻的价值。

对于在时刻 2 终止的衍生证券,随机变量 V_2 的值可依照合约规定完全取决于抛掷硬币的过程[例如,若抛掷硬币的结果为 $\omega_1\omega_2$,则时刻 2 股票价格为 $S_2(\omega_1\omega_2)$,于是对欧式看涨期权,我们有 $V_2(\omega_1\omega_2)=(S_2(\omega_1\omega_2)-K)^+$]。我们希望确定 X_0 的值及 Δ_0、$\Delta_1(H)$、$\Delta_1(T)$的值,使得无论 ω_1 和 ω_2 取何值,运用式(1.2.14)归纳求出的 X_2 满足:$X_2(\omega_1\omega_2)=V_2(\omega_1\omega_2)$。上面的公式告诉我们如何做到。我们将这样求得的 X_0 称为 V_0。当 X_0 和 Δ_0 按照上述方法确定后,我们定义 $V_1(H)$ 和 $V_1(T)$ 为由公式(1.2.14)给出的 $X_1(H)$ 和 $X_1(T)$ 的值。一般地,不论最初财富 X_0 以及 Δ_n 如何选择,我们用符号 Δ_n 来表示资产组合中股票的数量,用 X_n 来表示相应的资产组合的价值。如果所选择的 X_0 和 Δ_n 复制了一个衍生证券,我们用符号 V_n 来代替 X_n,并称之为**时刻 *n* 的衍生证券(无套利)价格**。

关于时刻 2 终止的欧式看涨期权的定价模式也适用于更多时段以及其他最终支付(仅在指定时刻实施而不考虑提前实施)的衍生证券定价问题。

定理 1.2.2(多时段二叉树模型中的复制) 考虑一个 N 时段二叉树资产定价模型,其中 $0<d<1+r<u$,并且:

$$\tilde{p}=\frac{1+r-d}{u-d},\quad \tilde{q}=\frac{u-1-r}{u-d} \tag{1.2.15}$$

设 V_N 为一个随机变量(衍生证券在时刻 N 的支付),它取决于前 N 次抛掷硬币过程 $\omega_1\omega_2\cdots\omega_N$。由

$$V_n(\omega_1\omega_2\cdots\omega_n)=\frac{1}{1+r}[\tilde{p}V_{n+1}(\omega_1\omega_2\cdots\omega_n H)+\tilde{q}V_{n+1}(\omega_1\omega_2\cdots\omega_n T)] \tag{1.2.16}$$

按时间倒向递归定义随机变量序列 $V_{N-1},V_{N-2},\cdots,V_0$，每个 V_n 取决于前 n 次抛掷硬币的结果 $\omega_1\omega_2\cdots\omega_n$，其中 n 在 0 到 $N-1$ 之间变化。接下来定义：

$$\Delta_n(\omega_1\cdots\omega_n)=\frac{V_{n+1}(\omega_1\cdots\omega_n H)-V_{n+1}(\omega_1\cdots\omega_n T)}{S_{n+1}(\omega_1\cdots\omega_n H)-S_{n+1}(\omega_1\cdots\omega_n T)} \qquad (1.2.17)$$

同样，n 在 0 到 $N-1$ 之间变化。如果我们设定 $X_0=V_0$ 且由式(1.2.14) 按时间前向递归定义资产组合价值 $X_1,X_2,\cdots,X_N$，则我们有：

$$X_N(\omega_1\omega_2\cdots\omega_N)=V_N(\omega_1\omega_2\cdots\omega_N),\quad \forall\,\omega_1\omega_2\cdots\omega_N \qquad (1.2.18)$$

定义 1.2.3 对于 $n=1,2,\cdots,N$，定理 1.2.2 中的随机变量 $V_n(\omega_1\omega_2\cdots\omega_n)$ 定义为前 n 次抛掷硬币的结果为 $\omega_1\omega_2\cdots\omega_n$ 时在时刻 n 的衍生证券价格。在时刻 0 的衍生证券价格为 V_0。

【定理 1.2.2 的证明】 我们通过对 n 前向归纳证明：

$$X_n(\omega_1\omega_2\cdots\omega_n)=V_n(\omega_1\omega_2\cdots\omega_n),\quad \forall\,\omega_1\omega_2\cdots\omega_n \qquad (1.2.19)$$

其中 n 在 0 到 N 之间变化。$n=0$ 的情形由定义 $X_0=V_0$ 给出。$n=N$ 的情形正是我们想证明的。

假设式(1.2.19)对小于 N 的某个值 n 成立，下面来证明它对 $n+1$ 也成立。考虑任意给定的 $\omega_1\omega_2\cdots\omega_n\omega_{n+1}$，由归纳假设知，式(1.2.19)对我们已经给定的 $\omega_1\omega_2\cdots\omega_n$ 成立。我们并不知道是 $\omega_{n+1}=H$ 还是 $\omega_{n+1}=T$，因此两种情形都要考虑。首先，利用式(1.2.14)来计算 $X_{n+1}(\omega_1\omega_2\omega_3\cdots\omega_n H)$，即：

$$X_{n+1}(\omega_1\omega_2\cdots\omega_n H)=\Delta_n(\omega_1\omega_2\cdots\omega_n)uS_n(\omega_1\omega_2\cdots\omega_n)+(1+r)[X_n(\omega_1\omega_2\cdots\omega_n)-\Delta_n(\omega_1\omega_2\cdots\omega_n)S_n(\omega_1\omega_2\cdots\omega_n)]$$

为了简化记号，我们略去 $\omega_1\omega_2\cdots\omega_n$，将这个方程简写成：

$$X_{n+1}(H)=\Delta_n uS_n+(1+r)(X_n-\Delta_n S_n) \qquad (1.2.20)$$

同样略去 $\omega_1\omega_2\cdots\omega_n$，由式(1.2.17)可得：

$$\Delta_n=\frac{V_{n+1}(H)-V_{n+1}(T)}{S_{n+1}(H)-S_{n+1}(T)}=\frac{V_{n+1}(H)-V_{n+1}(T)}{(u-d)S_n}$$

将其代入式(1.2.20)并且利用归纳假设(1.2.19)以及 V_n 的定义(1.2.16)，得到：

$$\begin{aligned}X_{n+1}(H)&=(1+r)X_n+\Delta_n S_n(u-(1+r))\\&=(1+r)V_n+\frac{[V_{n+1}(H)-V_{n+1}(T)][u-(1+r)]}{u-d}\\&=(1+r)V_n+\tilde{q}V_{n+1}(H)-\tilde{q}V_{n+1}(T)\\&=\tilde{p}V_{n+1}(H)+\tilde{q}V_{n+1}(T)+\tilde{q}V_{n+1}(H)-\tilde{q}V_{n+1}(T)\\&=V_{n+1}(H)\end{aligned}$$

恢复被略去的抛掷硬币的结果 $\omega_1\omega_2\cdots\omega_n$,可以把上面的式子写成:

$$X_{n+1}(\omega_1\omega_2\cdots\omega_n H)=V_{n+1}(\omega_1\omega_2\cdots\omega_n H)$$

同理(见习题 1.4)可证:

$$X_{n+1}(\omega_1\omega_2\cdots\omega_n T)=V_{n+1}(\omega_1\omega_2\cdots\omega_n T)$$

因此,不论是 $\omega_{n+1}=H$ 还是 $\omega_{n+1}=T$,我们都有:

$$X_{n+1}(\omega_1\omega_2\cdots\omega_n\omega_{n+1})=V_{n+1}(\omega_1\omega_2\cdots\omega_n\omega_{n+1})$$

因为 $\omega_1\omega_2\cdots\omega_n\omega_{n+1}$是任意的,归纳证明完成。 □

本节的多时段二叉树模型是**完全**的,因为任一衍生证券都可以通过在**原生资产(主要指股票)**和货币市场上的交易进行复制。在完全市场中,任一衍生证券都有唯一的无套利价格,即定义 1.2.3 中的价格。

定理 1.2.2 不但适用于支付仅依赖最终股价的衍生证券,也适用于所谓的**路径依赖期权**。我们用下面的例子来说明这一点。

例 1.2.4 假设如图 1.2.2 中所示:$S_0=4, u=2, d=\frac{1}{2}$,又假设利率 $r=\frac{1}{4}$,则 $\tilde{p}=\tilde{q}=\frac{1}{2}$。考虑这样一个**回望期权**,其在时刻 3 的支付为:

$$V_3=\max_{0\leqslant n\leqslant 3}S_n-S_3$$

则:

$$\begin{aligned}
&V_3(HHH)=S_3(HHH)-S_3(HHH)=32-32=0\\
&V_3(HHT)=S_2(HH)-S_3(HHT)=16-8=8\\
&V_3(HTH)=S_1(H)-S_3(HTH)=8-8=0\\
&V_3(HTT)=S_1(H)-S_3(HTT)=8-2=6\\
&V_3(THH)=S_3(THH)-S_3(THH)=8-8=0\\
&V_3(THT)=S_2(TH)-S_3(THT)=4-2=2\\
&V_3(TTH)=S_0-S_3(TTH)=4-2=2\\
&V_3(TTT)=S_0-S_3(TTT)=4-0.50=3.50
\end{aligned}$$

用倒向递归公式(1.2.16)计算期权在其他时刻的价格,得:

$$V_2(HH)=\frac{4}{5}\left[\frac{1}{2}V_3(HHH)+\frac{1}{2}V_3(HHT)\right]=3.20$$

$$V_2(HT)=\frac{4}{5}\left[\frac{1}{2}V_3(HTH)+\frac{1}{2}V_3(HTT)\right]=2.40$$

$$V_2(TH)=\frac{4}{5}\left[\frac{1}{2}V_3(THH)+\frac{1}{2}V_3(THT)\right]=0.80$$

$$V_2(TT)=\frac{4}{5}\left[\frac{1}{2}V_3(TTH)+\frac{1}{2}V_3(TTT)\right]=2.20$$

以及

$$V_1(H)=\frac{4}{5}\left[\frac{1}{2}V_2(HH)+\frac{1}{2}V_2(HT)\right]=2.24$$

$$V_1(T)=\frac{4}{5}\left[\frac{1}{2}V_2(TH)+\frac{1}{2}V_2(TT)\right]=1.20$$

最终可得：

$$V_0=\frac{4}{5}\left[\frac{1}{2}V_1(H)+\frac{1}{2}V_1(T)\right]=1.376$$

如果投资者在时刻 0 以 1.376 的价格卖空回望期权，那么通过买入

$$\Delta_0=\frac{V_1(H)-V_1(T)}{S_1(H)-S_1(T)}=\frac{2.24-1.20}{8-2}=0.1733$$

份股票可以对冲其空头，这要花 0.693 3 美元，尚有 1.376－0.693 3＝0.682 7 的余额可投资到利率为 25％的货币市场。在时刻 1，其货币市场账户将有 0.853 3。如果股票价格上涨到 8，则连同股票市值 1.386 7，他的整个资产组合价值为 2.24，这就是 $V_1(H)$；如果股票价格下降到 2，那么股票市值为 0.346 7，他的资产组合总值为 1.20，这就是 $V_1(T)$。继续这个过程，不论抛掷硬币的结果如何，投资者在时刻 3 都将持有价值为 V_3 的资产组合。 □

1.3 模型的计算

定理 1.2.2 给出的衍生证券定价算法的计算量随着时段数目的增加呈指数增长。现实中使用的二叉树模型通常含有 100 或更多时段，那么对于 100 次抛掷硬币就有 $2^{100}\approx10^{30}$ 个可能结果。利用涉及 2^{100} 个值的列表算法来求 V_{100} 的值，在计算上是不现实的。

幸运的是，定理 1.2.2 中给出的算法通常可以整理成计算上有效的方式。我们将用两个例子来加以说明。

例 1.3.1 在模型中令 $S_0=4, u=2, d=\frac{1}{2}$，考虑一个敲定价格 $K=5$ 并在时刻 3 终止的欧式看跌期权定价问题。风险中性的概率为 $\tilde{p}=\tilde{q}=\frac{1}{2}$，股价过程如图 1.2.2 所示。该期权的支付 $V_3=(5-S_3)^+$ 为：

$$V_3(HHH)=0,\quad V_3(HHT)=V_3(HTH)=V_3(THH)=0,$$
$$V_3(HTT)=V_3(THT)=V_3(TTH)=3,\quad V_3(TTT)=4.50$$

以上列有 $2^3=8$ 个条目，但可以简化。在时刻 3，相应于股票价格 s，期权的支付记为 $v_3(s)$。V_3 以三次抛掷硬币结果的序列作为其自变量，而 v_3 的自变量是股票价格。在时刻 3，只有四种可能的股票价格，相应的 v_3 值列为

$$v_3(32)=0,\quad v_3(8)=0,\quad v_3(2)=3,\quad v_3(0.50)=4.50$$

如果该看跌期权在100时段后终止,V_{100}的自变量范围是2^{100}种可能的抛掷硬币的结果,而v_{100}的自变量范围是(时刻100的)101种可能的股票价格,这就大大降低了计算复杂性。

由定理1.2.2,我们可以根据公式

$$V_2(\omega_1\omega_2)=\frac{2}{5}[V_3(\omega_1\omega_2H)+V_3(\omega_1\omega_2T)] \tag{1.3.1}$$

计算V_2。相应于$\omega_1\omega_2$的四种可能结果,式(1.3.1)实际含有四个方程。我们用$v_2(s)$表示在时刻2相应于股票价格s看跌期权的价格。利用这个函数,式(1.3.1)可表示为

$$v_2(s)=\frac{2}{5}\left[v_3(2s)+v_3\left(\frac{1}{2}s\right)\right]$$

相应于时刻2三种可能的股价,这里只含有三个方程。事实上,我们可以算得

$$v_2(16)=\frac{2}{5}[v_3(32)+v_3(8)]=0$$

$$v_2(4)=\frac{2}{5}[v_3(8)+v_3(2)]=1.20$$

$$v_2(1)=\frac{2}{5}[v_3(2)+v_3(0.50)]=3$$

同理,

$$v_1(8)=\frac{2}{5}[v_2(16)+v_2(4)]=0.48$$

$$v_1(2)=\frac{2}{5}[v_2(4)+v_2(1)]=1.68$$

其中$v_1(s)$表示在时刻1相应于股票价格s看跌期权的价格。看跌期权在时刻0的价格为:

$$v_0(4)=\frac{2}{5}[v_1(8)+v_1(2)]=0.864$$

在每个时刻$n=0,1,2$,如果股票的价格为s,复制资产组合中应该持有的股票份额为:

$$\delta_n(s)=\frac{v_{n+1}(2s)-v_{n+1}\left(\frac{1}{2}s\right)}{2s-\frac{1}{2}s}$$

这与式(1.2.17)类似。 □

在例 1.3.1 中,期权在任何时刻 n 的价格为在该时刻股票价格 S_n 的函数,与抛掷硬币无关。这就可以引入函数 v_n 并按照公式 $V_n=v_n(S_n)$ 与随机变量 V_n 相联系。当期权价格的确依赖于股票价格路径而不仅仅是当前股票价格时,类似的简化也有可能。我们用第二个例子来说明这一点。

例 1.3.2 考虑例 1.2.4 中的回望期权。在每个时刻 n,期权的价格可以写成股票价格 S_n 和截至时刻 n 的最高股价 $M_n=\max\limits_{0\leqslant k\leqslant n} S_k$ 的函数。在时刻 3,有六对 (S_3,M_3) 的可能值,即:

$$(32,32),\quad (8,16),\quad (8,8),\quad (2,8),\quad (2,4),\quad (0.50,4)$$

当 $S_3=s, M_3=m$ 时,期权在时刻 3 的支付记为 $v_3(s,m)$,有

$$v_3(32,32)=0,\quad v_3(8,16)=8,\quad v_3(8,8)=0,$$
$$v_3(2,8)=6,\quad v_3(2,4)=2,\quad v_3(0.50,4)=3.50$$

通常,当 $S_n=s, M_n=m$ 时,期权在时刻 n 的价值记为 $v_n(s,m)$。利用函数 v_n,定理 1.2.2 中的算法可被重写为:

$$v_n(s,m)=\frac{2}{5}\left[v_{n+1}\left(2s, m\vee(2s)\right)+v_{n+1}\left(\frac{1}{2}s, m\right)\right]$$

其中,$m\vee(2s)$ 表示 m 与 $2s$ 的较大值。利用这个算法,我们可以算得:

$$v_2(16,16)=\frac{2}{5}[v_3(32,32)+v_3(8,16)]=3.20$$

$$v_2(4,8)=\frac{2}{5}[v_3(8,8)+v_3(2,8)]=2.40$$

$$v_2(4,4)=\frac{2}{5}[v_3(8,8)+v_3(2,4)]=0.80$$

$$v_2(1,4)=\frac{2}{5}[v_3(2,4)+v_3(0.5,4)]=2.20$$

然后算得:

$$v_1(8,8)=\frac{2}{5}[v_2(16,16)+v_2(4,8)]=2.24$$

$$v_1(2,4)=\frac{2}{5}[v_2(4,4)+v_2(1,4)]=1.20$$

最后得到时刻 0 的价格为:

$$v_0(4,4)=\frac{2}{5}[v_1(8,8)+v_1(2,4)]=1.376$$

在每个时刻 $n=0,1,2$,如果股票价格为 s 且截至时刻 n 的最高股价为 m,则复制资产组合中应该持有的股票份额为:

$$\delta_n(s,m)=\frac{v_{n+1}[2s,m\vee(2s)]-v_{n+1}\left(\frac{1}{2}s,m\right)}{2s-\frac{1}{2}s}$$

这与式(1.2.17)相类似。 □

1.4 本章小结

本章考虑了多时段的二叉树模型。在该模型中每个时段,由抛掷硬币的结果决定股票的价格乘以上升因子 u 或者乘以下降因子 d(其中 $0<d<u$)。市场上的资产除了股票之外,还有货币市场账户,它在每时段的利率为 r,这既是投资也是贷款的利率。

套利是一种以零资本开始在股票和货币市场进行交易并以正概率赚钱、以零概率赔钱的交易策略。多时段二叉树模型不允许套利存在当且仅当

$$0<d<1+r<u \tag{1.1.2}$$

我们将总是做此假定。

衍生证券在终止时刻 N 的支付取决于前 N 个时段的硬币抛掷过程。在到期之前为衍生证券确定价格的**套利定价理论**可从两个角度来理解。首先,可以设问如何确定衍生证券价格使得人们在衍生证券、**原生资产(主要指股票)**以及货币市场的交易中无法套利。这一无套利条件唯一决定了衍生证券在所有时刻的价格。其次,设想投资者在到期时刻 N 之前的任一时刻 n 以某一价格售出衍生证券,并用相应收入构建资产组合,从时刻 n 到终止时刻 N 可以不断在股票和货币市场进行交易。如果不论在时刻 n 到 N 之间抛掷硬币的结果如何,资产组合在时刻 N 的价值均与衍生证券的支付一致,则该资产组合就对冲了衍生证券的空头。在时刻 n,为了构建这一空头对冲,衍生证券的售价与第一种定价方法中得到的无套利价格相同。

在时刻 N 支付为 V_N 的衍生证券的无套利价格可由公式

$$V_n(\omega_1\cdots\omega_n)=\frac{1}{1+r}[\tilde{p}V_{n+1}(\omega_1\cdots\omega_nH)+\tilde{q}V_{n+1}(\omega_1\cdots\omega_nT)] \tag{1.2.16}$$

按时间顺序倒向递归算得。对冲衍生证券空头的资产组合中应该持有的股票份额,由下面公式给出:

$$\Delta_n(\omega_1\cdots\omega_n)=\frac{V_{n+1}(\omega_1\cdots\omega_nH)-V_{n+1}(\omega_1\cdots\omega_nT)}{S_{n+1}(\omega_1\cdots\omega_nH)-S_{n+1}(\omega_1\cdots\omega_nT)} \tag{1.2.17}$$

出现在公式(1.2.16)中的数 $\tilde{p}$ 和 $\tilde{q}$ 为**风险中性概率**，由下式给出：

$$\tilde{p}=\frac{1+r-d}{u-d},\quad \tilde{q}=\frac{u-1-r}{u-d} \tag{1.2.15}$$

由(1.1.2)可知，这些风险中性概率为正值，并且和为 1。它们具有如下性质：在任何时刻，股票价格为下一时刻两种可能价格的风险中性均值的贴现，即

$$S_n(\omega_1\cdots\omega_n)=\frac{1}{1+r}[\tilde{p}S_{n+1}(\omega_1\cdots\omega_nH)+\tilde{q}S_{n+1}(\omega_1\cdots\omega_nT)]$$

换言之，在风险中性概率下，股票的平均回报率为 r，与货币市场的回报率相同。因此，如果这些概率果真可以决定抛掷硬币的结果(事实上不可能)，那么投资者无论从事股票市场交易还是从事货币市场交易，都将获得相同的平均回报率。因此，不论如何投资，资产组合的平均回报率均为 r。尤其如果在时刻 $N-1$，投资者希望自己的资产组合价值到时刻 N 为 $V_N(\omega_1\omega_2\cdots\omega_N)$，那么在时刻 $N-1$ 资产组合的价值必须是：

$$\frac{1}{1+r}[\tilde{p}V_N(\omega_1\cdots\omega_{N-1}H)+\tilde{q}V_N(\omega_1\cdots\omega_{N-1}T)]$$

这正是 $n=N-1$ 时式(1.2.16)的右边，重复这样的论证，就得到式(1.2.16)对所有 n 成立。

以上对式(1.2.16)的解释是在假设 $\tilde{p}$ 和 $\tilde{q}$ 可以决定抛掷硬币的结果这一与事实相悖的条件下给出的。人们也许会质疑如此推得的结论能否成立。事实上，由于以下原因，结论确实是成立的。在对冲衍生证券的空头时，我们希望，**无论抛掷硬币的结果如何**，用以对冲的资产组合价值总能与衍生证券的支付相一致。换言之，这种对冲必须对所有股票价格路径有效。只要某种路径是可能的(即有正概率)，对冲就应当沿此路径有效，而概率的真实值则是无关的。沿此路径通过求解一系列方程(1.2.2)～(1.2.3)及(1.2.5)～(1.2.8)就可以求出这种对冲。这些方程中并不涉及概率。引入风险中性概率使我们可以给出上述论证并且求得方程组的解。引入任何其他概率都不会有与此相同的论证，因为只有在风险中性概率下，不论如何投资，资产组合的平均回报率总是 r。风险中性概率提供了求解这一系列方程的捷径，而真实概率无助于方程的求解。在真实概率下，资产组合的平均回报率依赖于资产，而在我们试图求解这些方程时，并不知道该用哪个资产组合。

另一方面，我们可以不必借助概率讨论来解释式(1.2.16)，这正是定理 1.2.2 的证明中所采用的方法。在证明中我们也用到了数 $\tilde{p}$ 和 $\tilde{q}$，然而，它们并不被看作概率，只是由式(1.2.15)定义的两个数而已。

1.5 评 注

无套利定价的思想隐含在布莱克和斯科尔斯的论文[5]中,然而首先是在默顿的论文[34]中得到明确的阐述。默顿从无套利公理出发得到了大量结论,令人惊讶。无套利定价理论在连续时间模型中由哈里森和克雷普斯[17]以及哈里森和普利斯卡[18]作了充分的展开。这些作者们引入了鞅(参见第一卷 2.4 节和第二卷 2.3 节)以及风险中性定价的概念。二叉树模型由考克斯、罗斯和鲁宾斯坦(Cox, Ross and Rubinstein)[11]首先建立,这方面的一本很好的参考书是[12]。二叉树模型本身就十分有用,正如考克斯等人表明,作为二叉树模型的极限,人们可以重新推得布莱克—斯科尔斯—默顿公式(参见第二卷中定理 3.2.2 关于作为二叉树模型的极限的股票价格过程的对数正态性质)。

1.6 习 题

习题 1.1 假设在 1.1 节单时段二叉树模型中,H 和 T 发生的概率均为正。证明条件(1.1.2)排除了套利。换言之,证明:如果 $X_0=0$ 且

$$X_1=\Delta_0 S_1+(1+r)(X_0-\Delta_0 S_0)$$

则 X_1 不能以正概率取严格正值,除非 X_1 也以正概率取严格负值,并且这一结果与数 Δ_0 的选择无关。

习题 1.2 假设在例 1.1.1 的情况下,期权在时刻 0 的售价为 1.2。考虑某个投资者以初始财富 $X_0=0$ 开始在时刻 0 买入 Δ_0 份股票和 Γ_0 份期权。数 Δ_0 和 Γ_0 可正可负,也可以为零。这样,该投资者的现金头寸为 $-4\Delta_0-1.20\Gamma_0$。如果这是正值,就在货币市场进行投资;如果是负值,它就表示从货币市场贷款的金额。在时刻 1,投资者的股票、期权和货币市场资产组合的价值为:

$$X_1=\Delta_0 S_1+\Gamma_0(S_1-5)^+-\frac{5}{4}(4\Delta_0+1.20\Gamma_0)$$

假设 H 和 T 发生的概率均为正。证明:如果 X_1 有正的概率取正值,那么 X_1 也有正的概率取负值。换言之,当时刻 0 的期权价格为 1.20 时排除了套利。

习题 1.3 在 1.1 节单时段二叉树模型中,若我们想要确定衍生证券 $V_1=S_1$ 在时刻 0 的价格(即该衍生证券的支付为股票价格)。(这也可以被看作敲定价格 $K=0$ 的欧式看涨期权。)由风险中性定价公式(1.1.10)得到的时刻 0 的价格 V_0 是多少?

习题 1.4 在定理 1.2.2 的证明中，在归纳假设下证明：

$$X_{n+1}(\omega_1\omega_2\cdots\omega_n T)=V_{n+1}(\omega_1\omega_2\cdots\omega_n T)$$

习题 1.5 在例 1.2.4 中，假定投资者在时刻 0 以价格 $V_0=1.376$ 售出回望期权，同时买入 $\Delta_0=0.1733$ 份股票。在时刻 1，如果股票价格上涨，其资产组合价值为 $V_1(H)=2.24$。假设投资者在时刻 1 的股票头寸为 $\Delta_1(H)=\frac{V_2(HH)-V_2(HT)}{S_2(HH)-S_2(HT)}$。证明：到时刻 2，如果股票价格又上涨，其资产组合价值为 $V_2(HH)=3.20$；如果股票价格下跌，其资产组合价值为 $V_2(HT)=2.40$。最后，在股票价格第一时段上涨、第二时段下跌的情况下，假设投资者在时刻 2 的股票头寸为 $\Delta_2(HT)=\frac{V_3(HTH)-V_3(HTT)}{S_3(HTH)-S_3(HTT)}$。证明：到时刻 3，如果股票价格上涨，其资产组合价值为 $V_3(HTH)=0$；如果股票价格下跌，其资产组合价值为 $V_3(HTT)=6$。换言之，投资者已经对冲了期权的空头。

习题 1.6（单时段多头对冲） 假设股票价格过程如图 1.1.2 所示。某银行持有一份该股票的欧式看涨期权。期权在时刻 1 终止，敲定价格为 $K=5$。在 1.1 节中我们已确定该看涨期权在时刻 0 的价格为 $V_0=1.20$。因此在时刻 0，银行为拥有该期权投入资本为 $V_0=1.20$。银行希望到时刻 1 仍能以 25% 的利率赚取该资本的利息[即不投入更多资金，也不论抛掷硬币的结果如何，连同期权的收益（如果有的话），银行希望在时刻 1 能获得 $\frac{5}{4}\times 1.20=1.50$]。请阐述银行的交易员应如何通过在股票和货币市场的投资来实现这一目标。

习题 1.7（多时段多头对冲） 某银行持有如例 1.2.4 中回望期权的多头。银行想持有该期权直至期权到期，并且收到支付 V_3。在时刻 0，银行为拥有该期权投入资本为 $V_0=1.376$。银行希望到时刻 3 仍能以 25% 的利率赚取该资本的利息[即不投入更多资金，也不论抛掷硬币的结果如何，连同期权的收益（如果有的话），银行希望在时刻 3 能获得 $\left(\frac{5}{4}\right)^3\times 1.376=2.6875$]。请阐述银行的交易员应如何通过在股票和货币市场的投资来实现这一目标。

习题 1.8（亚式期权） 考虑例 1.2.1 中三时段的模型，其中 $S_0=4$，$u=2$，$d=\frac{1}{2}$，利率为 $r=\frac{1}{4}$，从而 $\tilde{p}=\tilde{q}=\frac{1}{2}$。对 $n=0,1,2,3$，定义 $Y_n=\sum_{k=0}^{n}S_k$ 为从时刻 0 到 n 的股票价格之和。考虑一个在时刻 3 终止的亚式看涨期权，敲定价格为 $K=4$ $\left[\text{即该期权在时刻 3 的支付为}\left(\frac{1}{4}Y_3-4\right)^+\right]$。亚式看涨期权与欧式看涨期权很相似，只是期权的支付基于股票价格的平均值而不是

终止时刻的股票价格。如果 $S_n=s,Y_n=y$,令 $v_n(s,y)$ 为期权在时刻 n 的价格。尤其是 $v_3(s,y)=\left(\frac{1}{4}y-4\right)^+$。

(i) 设计一种递归计算 v_n 的算法。特别要写出用 v_{n+1} 表示 v_n 的公式。

(ii) 运用由(i)设计的算法计算亚式期权在时刻 0 的价格 $v_0(4,4)$。

(iii) 给出关于 $\delta_n(s,y)$ 的公式,这里 $\delta_n(s,y)$ 是当 $S_n=s$、$Y_n=y$ 时对冲资产组合在时刻 n 应该持有的股票份额。

习题 1.9 (随机波动率、随机利率) 考虑一个二叉树定价模型,但是在每个时刻 $n\geqslant 1$,上升因子 $u_n(\omega_1\omega_2\cdots\omega_n)$、下降因子 $d_n(\omega_1\omega_2\cdots\omega_n)$ 和利率 $r_n(\omega_1\omega_2\cdots\omega_n)$ 均依赖于 n 以及前 n 次抛掷结果 $\omega_1\omega_2\cdots\omega_n$。初始的上升因子 u_0、下降因子 d_0 和利率 r_0 这三个值非随机量。更具体地说,时刻 1 的股票价格由下式给定:

$$S_1(\omega_1)=\begin{cases}u_0S_0, & \text{如果 } \omega_1=H\\ d_0S_0, & \text{如果 } \omega_1=T\end{cases}$$

对于 $n\geqslant 1$,股票在时刻 $n+1$ 的价格如下:

$$S_{n+1}(\omega_1\omega_2\cdots\omega_n\omega_{n+1})=\begin{cases}u_n(\omega_1\omega_2\cdots\omega_n)S_n(\omega_1\omega_2\cdots\omega_n), & \text{如果 } \omega_{n+1}=H\\ d_n(\omega_1\omega_2\cdots\omega_n)S_n(\omega_1\omega_2\cdots\omega_n), & \text{如果 } \omega_{n+1}=T\end{cases}$$

时刻 0 在货币市场的 1 美元投资或者债务到时刻 1 增长为 $1+r_0$;对于 $n\geqslant 1$,时刻 n 在货币市场的 1 美元投资或者债务到时刻 $n+1$ 增长为 $1+r_n(\omega_1\omega_2\cdots\omega_n)$。假设对每个 n 和所有 $\omega_1\omega_2\cdots\omega_n$,无套利条件

$$0<d_n(\omega_1\omega_2\cdots\omega_n)<1+r_n(\omega_1\omega_2\cdots\omega_n)<u_n(\omega_1\omega_2\cdots\omega_n)$$

成立,并且假设 $0<d_0<1+r_0<u_0$。

(i) 设 N 为正整数。对于上面描述的模型,给出一个算法确定在时刻 N 支付为随机变量 V_N 的衍生证券在时刻 0 的价格,其中 V_N 依赖于前 N 次抛掷硬币的结果。

(ii) 给出上述衍生证券 V_N 的复制资产组合在每个时刻 n ($0\leqslant n\leqslant N-1$)应持有的股票份额的计算公式。

(iii) 假设初始股价为 $S_0=80$,如果抛掷硬币结果为正面,股价增加 10;如果抛掷硬币结果为背面,则股价减少 10。换言之,$S_1(H)=90$,$S_1(T)=70$,$S_2(HH)=100$,等等。假设利率恒为零,考虑敲定价格为 80、时刻 5 到期的欧式看涨期权,求时刻 0 的期权价格。

2 抛掷硬币空间上的概率论

2.1 有限概率空间

有限概率空间被用于随机试验的所有可能结果有限这种情形的建模。在上一章二叉树模型中，我们有限次抛掷硬币。如果抛掷三次，所有可能结果的集合为：

$$\Omega=\{HHH,HHT,HTH,HTT,THH,THT,TTH,TTT\} \tag{2.1.1}$$

假设每次抛掷出现正面的概率(真实概率或者风险中性概率)为 p，出现背面的概率为 $q=1-p$，并假设抛掷过程是相互独立的，则 Ω 中每个元素 ω(即三次抛掷的结果序列 $\omega=\omega_1\omega_2\omega_3$)的概率为：

$$\begin{aligned}&\mathbb{P}(HHH)=p^3,\quad \mathbb{P}(HHT)=p^2q,\quad \mathbb{P}(HTH)=p^2q,\quad \mathbb{P}(HTT)=pq^2,\\&\mathbb{P}(THH)=p^2q,\quad \mathbb{P}(THT)=pq^2,\quad \mathbb{P}(TTH)=pq^2,\quad \mathbb{P}(TTT)=q^3\end{aligned} \tag{2.1.2}$$

Ω 中的子集称为**事件**，事件也经常用文字或符号来描述。例如：

$$\begin{aligned}\text{“第一次抛掷结果为正面”}&=\{\omega\in\Omega;\omega_1=H\}\\&=\{HHH,HHT,HTH,HTT\}\end{aligned}$$

事件的概率由事件中各元素的概率相加得到，例如：

$$\begin{aligned}\mathbb{P}(\text{第一次抛掷结果为正面})&=\mathbb{P}(HHH)+\mathbb{P}(HHT)\\&\quad+\mathbb{P}(HTH)+\mathbb{P}(HTT)\\&=(p^3+p^2q)+(p^2q+pq^2)\\&=p^2(p+q)+pq(p+q)\\&=p^2+pq\\&=p(p+q)\\&=p\end{aligned} \tag{2.1.3}$$

这里,数学与人们的直觉一致。

借助数学模型很容易得到对数学的直觉理解,但有时也会引来问题。我们需要证实数学与直觉一致。否则,要么是直觉错了,要么是我们建立的数学模型不完善。如果我们的直觉与数学不一致,那就首先需要协调这两者。在式(2.1.3)的情形下,我们试图建立一种模型,其中每次抛掷出现正面的概率为 p,为此我们先由式(2.1.2)定义 Ω 中元素的概率,进而定义一个事件的概率为该事件中元素的概率和。这些定义令我们可以施行式(2.1.3)中的计算,我们也需要进行这种计算来验证是否能得到预期的答案。若不然,我们就要重新考虑抛掷硬币的数学模型。

我们将刚才讨论的情形稍加推广,首先允许 Ω 为任意有限集,其次允许 Ω 中某些元素的概率为零。这就导致了下面的定义。

定义 2.1.1 **有限概率空间**包含**样本空间** Ω 和**概率测度** $\mathbb{P}$。样本空间是一个非空有限集合,概率测度 $\mathbb{P}$ 为一个函数,该函数将 Ω 中每个元素对应到 $[0,1]$ 之间的某个数,使得:

$$\sum_{\omega\in\Omega}\mathbb{P}(\omega)=1 \tag{2.1.4}$$

一个事件是 Ω 中的一个子集,我们按如下方式定义事件 A 的概率为:

$$\mathbb{P}(A)=\sum_{\omega\in A}\mathbb{P}(\omega) \tag{2.1.5}$$

如上面提到的,这是一个关于随机试验的模型。集合 Ω 为试验的所有可能结果,$\mathbb{P}(\omega)$ 为某个特别结果 ω 发生的概率,$\mathbb{P}(A)$ 为结果在样本空间的子集 A 中的概率。如果 $\mathbb{P}(A)=0$,那么试验结果一定不在 A 中;如果 $\mathbb{P}(A)=1$,那么试验结果一定在 A 中。由于式(2.1.4),我们有:

$$\mathbb{P}(\Omega)=1 \tag{2.1.6}$$

也就是说,试验的结果一定在 Ω 中。因为对某些 ω,$\mathbb{P}(\omega)$ 允许为零,我们甚至可以将一些一定不会发生的结果加入 Ω 中。显然,由式(2.1.5)可知,如果 A 和 B 为 Ω 中不相交的子集,那么:

$$\mathbb{P}(A\cup B)=\mathbb{P}(A)+\mathbb{P}(B) \tag{2.1.7}$$

2.2 随机变量、分布和期望

随机试验一般会得到一些数据,这就产生了随机变量的概念。

定义 2.2.1 设 $(\Omega,\mathbb{P})$ 为有限概率空间,**随机变量**为定义在 Ω 上的一个实值函数(有时我们也允许随机变量取值为 $+\infty$ 和 $-\infty$)。

例 2.2.2(股票价格) 回忆由式(2.1.1)给出的三次独立抛掷硬币结果

的空间 Ω，如图 1.2.2 所示，我们按以下公式定义股票价格：

$$S_0(\omega_1\omega_2\omega_3)=4,\quad \forall\,\omega_1\omega_2\omega_3\in\Omega$$

$$S_1(\omega_1\omega_2\omega_3)=\begin{cases}8, & \text{如果 } \omega_1=H\\ 2, & \text{如果 } \omega_1=T\end{cases}$$

$$S_2(\omega_1\omega_2\omega_3)=\begin{cases}16, & \text{如果 } \omega_1=\omega_2=H\\ 4, & \text{如果 } \omega_1\neq\omega_2\\ 1, & \text{如果 } \omega_1=\omega_2=T\end{cases}$$

$$S_3(\omega_1\omega_2\omega_3)=\begin{cases}32, & \text{如果 } \omega_1=\omega_2=\omega_3=H\\ 8, & \text{如果抛掷结果为两次正面和一次背面}\\ 2, & \text{如果抛掷结果为一次正面和两次背面}\\ 0.50, & \text{如果 } \omega_1=\omega_2=\omega_3=T\end{cases}$$

这里我们把 S_0,S_1,S_2,S_3 的自变量记作 $\omega_1\omega_2\omega_3$，尽管有些随机变量并不依赖所有硬币抛掷过程。尤其是 S_0 事实上并非随机变量，因为不管硬币抛掷结果如何，它都取值 4。这样的随机变量有时称为**退化的随机变量**。 □

习惯上把随机变量的自变量记成 ω，即使 ω 为一个序列 $\omega=\omega_1\omega_2\omega_3$。我们以后将不加区分地使用这两种记号。更常见的是并不写出随机变量的自变量，比如直接写 S_3，而不写 $S_3(\omega_1\omega_2\omega_3)$ 或者 $S_3(\omega)$。

根据定义 2.2.1，一个随机变量是一个将样本空间 Ω 映射到实数集的函数。一个随机变量的**分布**是对随机变量取不同值的概率的具体描述。**随机变量不是分布，分布也不是随机变量**。以后在通过历史数据估计得到的真实概率测度与风险中性概率测度之间转换时，这一点非常重要。测度的变换将改变随机变量的分布，但是不会改变随机变量本身。下面的例子清楚地表明了两者的区别。

例 2.2.3 抛掷硬币三次，所有可能结果的集合为：

$$\Omega=\{HHH,HHT,HTH,HTT,THH,THT,TTH,TTT\}$$

定义随机变量为：

$$X=\text{出现正面的次数},\quad Y=\text{出现背面的次数}$$

于是：

$$\begin{aligned}X(HHH)&=3\\ X(HHT)=X(HTH)=X(THH)&=2\\ X(HTT)=X(THT)=X(TTH)&=1\\ X(TTT)&=0\\ Y(TTT)&=3\\ Y(TTH)=Y(THT)=Y(HTT)&=2\\ Y(THH)=Y(HTH)=Y(HHT)&=1\\ Y(HHH)&=0\end{aligned}$$

刻划这些随机变量，我们不需要知道各种结果的概率。然而，一旦给定了 Ω 上的概率测度，我们就可以确定 X 和 Y 的分布。例如，如果我们给定概率测度 $\widetilde{\mathbb{P}}$ 如下：每次抛掷出现正面的概率为 $\frac{1}{2}$，Ω 中每个元素的概率为 $\frac{1}{8}$，则

$$\widetilde{\mathbb{P}}\{\omega\in\Omega;X(\omega)=0\}=\widetilde{\mathbb{P}}\{TTT\}=\frac{1}{8}$$

$$\widetilde{\mathbb{P}}\{\omega\in\Omega;X(\omega)=1\}=\widetilde{\mathbb{P}}\{HTT,THT,TTH\}=\frac{3}{8}$$

$$\widetilde{\mathbb{P}}\{\omega\in\Omega;X(\omega)=2\}=\widetilde{\mathbb{P}}\{HHT,HTH,THH\}=\frac{3}{8}$$

$$\widetilde{\mathbb{P}}\{\omega\in\Omega;X(\omega)=3\}=\widetilde{\mathbb{P}}\{HHH\}=\frac{1}{8}$$

我们将繁冗的记号 $\widetilde{\mathbb{P}}\{\omega\in\Omega;X(\omega)=j\}$ 简记为 $\widetilde{\mathbb{P}}\{X=j\}$。然而，记住符号 $\widetilde{\mathbb{P}}\{X=j\}$ 表示 Ω 中满足 $X(\omega)=j$ 的元素所组成的子集的概率还是有益的。在测度 $\widetilde{\mathbb{P}}$ 下，X 取四个值 0，1，2，3 的概率分别为：

$$\widetilde{\mathbb{P}}\{X=0\}=\frac{1}{8},\quad \widetilde{\mathbb{P}}\{X=1\}=\frac{3}{8},\quad \widetilde{\mathbb{P}}\{X=2\}=\frac{3}{8},\quad \widetilde{\mathbb{P}}\{X=3\}=\frac{1}{8}$$

这一 X 取各种不同值的概率的列表给出了在概率测度 $\widetilde{\mathbb{P}}$ 下随机变量 X 的分布。

随机变量 Y 不同于 X，它是抛掷结果为背面的次数。然而，在测度 $\widetilde{\mathbb{P}}$ 下，Y 具有与 X 相同的分布：

$$\widetilde{\mathbb{P}}\{Y=0\}=\frac{1}{8},\quad \widetilde{\mathbb{P}}\{Y=1\}=\frac{3}{8},\quad \widetilde{\mathbb{P}}\{Y=2\}=\frac{3}{8},\quad \widetilde{\mathbb{P}}\{Y=3\}=\frac{1}{8}$$

值得注意的是：随机变量为定义在 Ω 上的函数，而它的分布则是随机变量取不同值的概率的列表。

假设我们选择这样一个 Ω 上的概率测度 $\mathbb{P}$，使得每次抛掷出现正面的概率为 $\frac{2}{3}$，出现背面的概率为 $\frac{1}{3}$，那么我们就有：

$$\mathbb{P}\{X=0\}=\frac{1}{27},\quad \mathbb{P}\{X=1\}=\frac{6}{27},\quad \mathbb{P}\{X=2\}=\frac{12}{27},\quad \mathbb{P}\{X=3\}=\frac{8}{27}$$

随机变量 X 在概率测度 $\mathbb{P}$ 下的分布与在 $\widetilde{\mathbb{P}}$ 下的分布不同。若不考虑决定其分布的概率测度，这是同一个(记录抛掷结果为正面的次数的)随机变量。我们以后在考虑真实概率和风险中性概率下的资产价格时，也会遇到这种情况。

尽管在测度 $\widetilde{\mathbb{P}}$ 下，随机变量 X 与 Y 的分布相同，但是在测度 $\mathbb{P}$ 下，随机变量 X 和 Y 有不同的分布。事实上：

$$\mathbb{P}\{Y=0\}=\frac{8}{27},\quad \mathbb{P}\{Y=1\}=\frac{12}{27},\quad \mathbb{P}\{Y=2\}=\frac{6}{27},\quad \mathbb{P}\{Y=3\}=\frac{1}{27}\qquad \square$$

定义 2.2.4 设 X 为定义在有限概率空间$(\Omega,\mathbb{P})$上的随机变量。X 的**期望**(或**期望值**)定义为：

$$\mathbb{E}X=\sum_{\omega\in\Omega}X(\omega)\,\mathbb{P}(\omega)$$

当用风险中性测度$\widetilde{\mathbb{P}}$计算期望时，我们采用记号：

$$\widetilde{\mathbb{E}}X=\sum_{\omega\in\Omega}X(\omega)\,\widetilde{\mathbb{P}}(\omega)$$

X 的**方差**定义为：

$$\mathrm{Var}(X)=\mathbb{E}(X-\mathbb{E}X)^2$$

由定义可知，期望是线性的。如果 X 和 Y 为随机变量，c_1，c_2 为常数，那么：

$$\mathbb{E}(c_1X+c_2Y)=c_1\,\mathbb{E}X+c_2\,\mathbb{E}Y$$

尤其是，如果 $l(x)=ax+b$ 是一个关于哑变量 x 的线性函数(其中 a 和 b 为常数)，那么$\mathbb{E}[l(X)]=l(\mathbb{E}X)$。关于凸函数，我们有下面的不等式。

定理 2.2.5 [詹森(Jensen)不等式] 设 X 为定义在有限概率空间上的随机变量，$\varphi(x)$为哑变量 x 的凸函数，则有：

$$\mathbb{E}[\varphi(X)]\geqslant\varphi(\mathbb{E}X)$$

【证明】 我们首先证明凸函数是位于其下的所有线性函数的最大值；也就是说，对每个 $x\in\mathbb{R}$，有：

$$\varphi(x)=\max\{l(x);l\text{ 为线性函数，且 }l(y)\leqslant\varphi(y),\forall y\in\mathbb{R}\}\tag{2.2.1}$$

因为我们只考虑位于 φ 之下的线性函数，显然有：

$$\varphi(x)\geqslant\max\{l(x);l\text{ 为线性函数，且 }l(y)\leqslant\varphi(y),\forall y\in\mathbb{R}\}$$

另一方面，设 x 为$\mathbb{R}$中任意一点，由于 φ 为凸函数，总是存在位于 φ 之下的线性函数 l，使得在点 x 处 $\varphi(x)=l(x)$，称之为 **φ 在点 x 处的支撑线**(见图 2.2.1)。因此：

$$\varphi(x)\leqslant\max\{l(x);l\text{ 为线性函数，且 }l(y)\leqslant\varphi(y),\forall y\in\mathbb{R}\}$$

至此，式(2.2.1)得证。现在设 l 为位于 φ 之下的线性函数，我们有：

$$\mathbb{E}[\varphi(X)]\geqslant\mathbb{E}[l(X)]=l(\mathbb{E}X)$$

因为这个不等式对位于 φ 之下每个线性函数 l 均成立，我们对所有 l 取右边的最大值，得到：

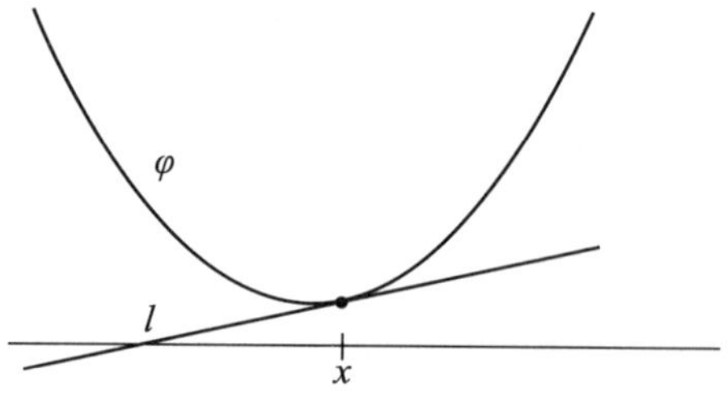

图 2.2.1　φ 在点 x 的支撑线

$$\mathbb{E}[\varphi(X)] \geqslant \max\{l(\mathbb{E}X); l \text{ 为线性函数，且 } l(y) \leqslant \varphi(y), \forall y \in \mathbb{R}\} = \varphi(\mathbb{E}X)$$

□

由詹森不等式，直接可得：

$$\mathbb{E}[X^2] \geqslant (\mathbb{E}X)^2$$

这一公式也可由下式推得：

$$0 \leqslant \mathbb{E}[(X-\mathbb{E}X)^2] = \mathbb{E}[X^2 - 2X\,\mathbb{E}X + (\mathbb{E}X)^2] = \mathbb{E}[X^2] - (\mathbb{E}X)^2$$

2.3　条件期望

在第一章二叉树定价模型中，我们由公式(1.1.8)选择风险中性概率 $\tilde{p}$ 和 $\tilde{q}$，即：

$$\tilde{p} = \frac{1+r-d}{u-d}, \quad \tilde{q} = \frac{u-1-r}{u-d} \tag{2.3.1}$$

容易验证这两个概率满足：

$$\frac{\tilde{p}u + \tilde{q}d}{1+r} = 1 \tag{2.3.2}$$

因此，在每个时刻 n 对每个抛掷硬币结果的序列 $\omega_1 \cdots \omega_n$，我们有：

$$S_n(\omega_1 \cdots \omega_n) = \frac{1}{1+r}[\tilde{p}S_{n+1}(\omega_1 \cdots \omega_n H) + \tilde{q}S_{n+1}(\omega_1 \cdots \omega_n T)] \tag{2.3.3}$$

(即股票在时刻 n 的价格为时刻 $n+1$ 两种可能股价的加权平均贴现值，其中 $\tilde{p}$ 和 $\tilde{q}$ 为计算平均时的权重。)为了简化记号，定义：

$$\widetilde{\mathbb{E}}_n[S_{n+1}](\omega_1 \cdots \omega_n) = \tilde{p}S_{n+1}(\omega_1 \cdots \omega_n H) + \tilde{q}S_{n+1}(\omega_1 \cdots \omega_n T) \tag{2.3.4}$$

这样就可以把式(2.3.3)重写成：

$$S_n = \frac{1}{1+r}\widetilde{\mathbb{E}}_n[S_{n+1}] \tag{2.3.5}$$

并称$\widetilde{\mathbb{E}}_n[S_{n+1}]$为**基于时刻 n 信息的 S_{n+1} 的条件期望**。该条件期望可以看作是基于前 n 次抛掷硬币的已知结果对 S_{n+1} 值的一个估计。

例如，如图 2.3.1 所示，利用风险中性概率 $\widetilde{p}=\widetilde{q}=\frac{1}{2}$，我们有$\widetilde{\mathbb{E}}_1[S_2](H)=10$ 和$\widetilde{\mathbb{E}}_1[S_2](T)=2.50$。如果简单地写出$\widetilde{\mathbb{E}}_1(S_2)$而没有具体说明第一次抛掷硬币的结果如何，我们得到的是在时刻 0 未知的量，其值由抛掷硬币的随机试验决定。根据定义 2.2.1，这是一个随机变量。

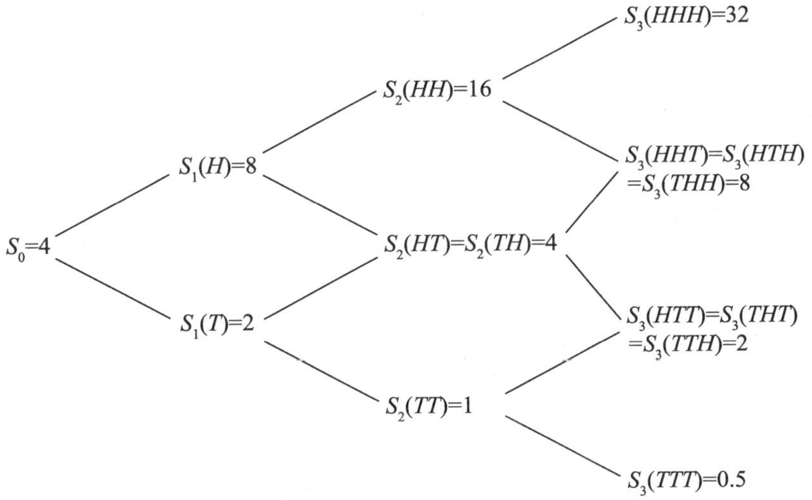

图 2.3.1　三时段模型

更为通常的是，只要 X 是一个依赖于前 N 次抛掷硬币结果的随机变量，我们就可以由比 N 更早的时刻 n 的信息估计 X 的值。下面的定义推广了式(2.3.4)。

定义 2.3.1　设 n 满足 $1\leqslant n\leqslant N$，对于给定的(前 n 次抛掷硬币的结果)序列 $\omega_1\cdots\omega_n$，存在 2^{N-n} 种可能的后续 $\omega_{n+1}\cdots\omega_N$。用 $\# H(\omega_{n+1}\cdots\omega_N)$表示在后续 $\omega_{n+1}\cdots\omega_N$ 中出现正面的次数，$\# T(\omega_{n+1}\cdots\omega_N)$表示出现背面的次数。我们定义：

$$\widetilde{\mathbb{E}}_n[X](\omega_1\cdots\omega_n)=\sum_{\omega_{n+1}\cdots\omega_N}\widetilde{p}^{\# H(\omega_{n+1}\cdots\omega_N)}\widetilde{q}^{\# T(\omega_{n+1}\cdots\omega_N)}X(\omega_1\cdots\omega_n\omega_{n+1}\cdots\omega_N) \tag{2.3.6}$$

并称$\widetilde{\mathbb{E}}_n[X]$为**基于时刻 n 信息的 X 的条件期望**。

根据时刻 0 的已知信息，条件期望$\widetilde{\mathbb{E}}_n[X]$是随机变量，因为它的值依赖于前 n 次抛掷硬币的结果，而这些信息直到时刻 n 我们才能知道。例如，如图 2.3.1 所示，利用风险中性概率 $\widetilde{p}=\widetilde{q}=\frac{1}{2}$，我们可以求得：

$$\widetilde{\mathbb{E}}_1[S_3](H)=12.50,\quad \widetilde{\mathbb{E}}_1[S_3](T)=3.125$$

因此,$\widetilde{\mathbb{E}}_1[S_3]$是一个随机变量。

定义 2.3.1 (续) 条件期望的两个极端情形分别是:

(i) $\widetilde{\mathbb{E}}_0[X]$——不依赖任何信息 X 的条件期望,定义为:

$$\widetilde{\mathbb{E}}_0[X]=\widetilde{\mathbb{E}}X \tag{2.3.7}$$

(ii) $\widetilde{\mathbb{E}}_N[X]$——基于所有 N 次抛掷硬币的信息 X 的条件期望,定义为:

$$\widetilde{\mathbb{E}}_N[X]=X \tag{2.3.8}$$

上面计算出的条件期望使用了风险中性概率 $\tilde{p}$ 和 $\tilde{q}$,这点由出现在符号$\widetilde{\mathbb{E}}_n$上方的"～"来标明。当然,条件期望也可由真实概率 p 和 q 计算,记为$\mathbb{E}_n$。

作为随机变量,条件期望有五个将被广泛运用的基本性质。它们在以下定理中列出。我们用真实概率下计算的条件期望来描述它们,风险中性概率下的条件期望也有类似结果。

定理 2.3.2 (条件期望的基本性质) 设 N 为正整数,X 和 Y 为依赖于前 N 次抛掷硬币结果的随机变量。对于给定的 $0\leqslant n\leqslant N$,以下性质成立。

(i) **条件期望的线性性**。对于所有常数 c_1 和 c_2,我们有:

$$\mathbb{E}_n[c_1X+c_2Y]=c_1\,\mathbb{E}_n[X]+c_2\,\mathbb{E}_n[Y]$$

(ii) **提取已知量**。如果 X 实际上只依赖于前 n 次硬币抛掷,那么:

$$\mathbb{E}_n[XY]=X\cdot\mathbb{E}_n[Y]$$

(iii) **累次条件期望**。如果 $0\leqslant n\leqslant m\leqslant N$,那么:

$$\mathbb{E}_n[\mathbb{E}_m[X]]=\mathbb{E}_n[X]$$

特别地,$\mathbb{E}[\mathbb{E}_m[X]]=\mathbb{E}X$。

(iv) **独立性**。如果 X 只依赖从第 $n+1$ 次至第 N 次抛掷硬币的结果,那么:

$$\mathbb{E}_n[X]=\mathbb{E}\,X$$

(v) **条件詹森不等式**。如果 $\varphi(x)$ 为哑变量 x 的凸函数,那么:

$$\mathbb{E}_n[\varphi(X)]\geqslant\varphi(\mathbb{E}_n[X])$$

定理 2.3.2 的证明见附录。我们用基于图 2.3.1 的例子来说明定理的前四个性质,其中概率 $p=\dfrac{2}{3}$,$q=\dfrac{1}{3}$。第五个性质,条件詹森不等式可由条件期望的线性性推得,就如同詹森不等式可由期望的线性性推得(见定理 2.2.5 的证明)。

例 2.3.3(条件期望的线性性) 在图 2.3.1 中,取 $p=\frac{2}{3}, q=\frac{1}{3}$,我们算得:

$$\mathbb{E}_1[S_2](H)=\frac{2}{3}\cdot 16+\frac{1}{3}\cdot 4=12$$

$$\mathbb{E}_1[S_3](H)=\frac{4}{9}\cdot 32+\frac{2}{9}\cdot 8+\frac{2}{9}\cdot 8+\frac{1}{9}\cdot 2=18$$

因此,$\mathbb{E}_1[S_2](H)+\mathbb{E}_1[S_3](H)=12+18=30$。但是又有:

$$\mathbb{E}_1[S_2+S_3](H)=\frac{4}{9}(16+32)+\frac{2}{9}(16+8)+\frac{2}{9}(4+8)+\frac{1}{9}(4+2)=30$$

同理计算可得:

$$\mathbb{E}_1[S_2+S_3](T)=7.50=\mathbb{E}_1[S_2](T)+\mathbb{E}_1[S_3](T)$$

总之,不论第一次抛掷硬币的结果如何,都有:

$$\mathbb{E}_1[S_2+S_3]=\mathbb{E}_1[S_2]+\mathbb{E}_1[S_3]$$

例 2.3.4(提取已知量) 首先由例 2.3.3 可知:

$$\mathbb{E}_1[S_2](H)=\frac{2}{3}\cdot 16+\frac{1}{3}\cdot 4=12$$

如果我们想基于时刻 1 的信息估计 S_1S_2,我们可以提取因子 S_1,如下面的计算所示:

$$\mathbb{E}_1[S_1S_2](H)=\frac{2}{3}\cdot 128+\frac{1}{3}\cdot 32=96=8\cdot 12=S_1(H)\mathbb{E}_1[S_2](H)$$

同理计算可得:

$$\mathbb{E}_1[S_1S_2](T)=6=S_1(T)\mathbb{E}_1[S_2](T)$$

总之,不论第一次抛掷硬币的结果如何,都有:

$$\mathbb{E}_1[S_1S_2]=S_1\,\mathbb{E}_1[S_2]$$

例 2.3.5(累次条件期望) 我们首先基于时刻 2 的信息估计 S_3:

$$\mathbb{E}_2[S_3](HH)=\frac{2}{3}\cdot 32+\frac{1}{3}\cdot 8=24$$

$$\mathbb{E}_2[S_3](HT)=\frac{2}{3}\cdot 8+\frac{1}{3}\cdot 2=6$$

$$\mathbb{E}_2[S_3](TH)=\frac{2}{3}\cdot 8+\frac{1}{3}\cdot 2=6$$

$$\mathbb{E}_2[S_3](TT)=\frac{2}{3}\cdot 2+\frac{1}{3}\cdot\frac{1}{2}=1.50$$

现在,我们基于时刻 1 的信息估计上面的估计值:

$$\mathbb{E}_1[\mathbb{E}_2[S_3]](H)=\frac{2}{3}\mathbb{E}_2[S_3](HH)+\frac{1}{3}\mathbb{E}_2[S_3](HT)$$

$$=\frac{2}{3}\cdot 24+\frac{1}{3}\cdot 6=18$$

$$\mathbb{E}_1[\mathbb{E}_2[S_3]](T)=\frac{2}{3}\mathbb{E}_2[S_3](TH)+\frac{1}{3}\mathbb{E}_2[S_3](TT)$$

$$=\frac{2}{3}\cdot 6+\frac{1}{3}\cdot 1.50=4.50$$

估计值的估计是均值的均值,可以想象我们能通过更为综合的平均来得到同样的结果。这种更为综合的平均就是基于时刻 1 的信息来直接估计 S_3:

$$\mathbb{E}_1[S_3](H)=\frac{4}{9}\cdot 32+\frac{2}{9}\cdot 8+\frac{2}{9}\cdot 8+\frac{1}{9}\cdot 2=18$$

$$\mathbb{E}_1[S_3](T)=\frac{4}{9}\cdot 8+\frac{2}{9}\cdot 2+\frac{2}{9}\cdot 2+\frac{1}{9}\cdot\frac{1}{2}=4.50$$

总之,不论第一次抛掷硬币的结果如何,都有:

$$\mathbb{E}_1[\mathbb{E}_2[S_3]]=\mathbb{E}_1[S_3]$$

例 2.3.6(独立性) 根据第二次抛掷硬币的结果出现正面还是背面,商 $\frac{S_2}{S_1}$相应取值 2 或者$\frac{1}{2}$。尤其是,$\frac{S_2}{S_1}$并不依赖第一次抛掷硬币的结果。我们计算:

$$\mathbb{E}_1\left[\frac{S_2}{S_1}\right](H)=\frac{2}{3}\cdot\frac{S_2(HH)}{S_1(H)}+\frac{1}{3}\cdot\frac{S_2(HT)}{S_1(H)}=\frac{2}{3}\cdot 2+\frac{1}{3}\cdot\frac{1}{2}=\frac{3}{2}$$

$$\mathbb{E}_1\left[\frac{S_2}{S_1}\right](T)=\frac{2}{3}\cdot\frac{S_2(TH)}{S_1(T)}+\frac{1}{3}\cdot\frac{S_2(TT)}{S_1(T)}=\frac{2}{3}\cdot 2+\frac{1}{3}\cdot\frac{1}{2}=\frac{3}{2}$$

发现$\mathbb{E}_1\left[\frac{S_2}{S_1}\right]$并不依赖第一次抛掷硬币的结果(事实上并不是随机变量),而且相等于

$$\mathbb{E}\frac{S_2}{S_1}=\frac{2}{3}\cdot 2+\frac{1}{3}\cdot\frac{1}{2}=\frac{3}{2}$$

2.4 鞅

在第一章二叉树定价模型中,我们选择风险中性概率 $\tilde{p}$ 和 $\tilde{q}$,使得在每个时刻 n,对任何抛掷硬币的结果序列 $\omega_1\cdots\omega_n$ 有式(2.3.3)。利用 2.3 节中引入的条件期望的记号,式(2.3.3)可以改写成式(2.3.5)。如果我们将式

(2.3.5)两边除以$(1+r)^n$,得:

$$\frac{S_n}{(1+r)^n}=\widetilde{\mathbb{E}}_n\left[\frac{S_{n+1}}{(1+r)^{n+1}}\right] \tag{2.4.1}$$

这里,把$\frac{1}{(1+r)^{n+1}}$写在条件期望里面还是外面并不重要,因为它是常量[见定理 2.3.2(i)]。在随机利率模型中,情况就会有所不同。我们将把这一因子写在条件期望里面,因为这样与随机利率模型中的写法一致。

方程(2.4.1)表明一个重要的事实:在风险中性测度下,对不支付红利的股票,**基于时刻 n 的信息对时刻 $n+1$ 的股票价格贴现值的最好估计就是时刻 n 的股票价格贴现值**。风险中性概率的选取正是用来强化这一事实。满足这一条件的过程被称为**鞅**。我们在真实概率 p 和 q 下给出鞅的正式定义,在风险中性概率 $\tilde{p}$ 和 $\tilde{q}$ 下,鞅的定义可以通过把式(2.4.2)中的$\mathbb{E}_n$ 换成 $\widetilde{\mathbb{E}}_n$ 得到。

定义 2.4.1 考虑二叉树资产定价模型。设 $M_0, M_1, \cdots, M_N$ 为随机变量序列,每个 M_n 只依赖前 n 次抛掷硬币(M_0 为常量)。这样的随机变量序列称为**适应随机过程**。

(i) 如果

$$M_n=\mathbb{E}_n[M_{n+1}],\quad n=0,1,\cdots,N-1 \tag{2.4.2}$$

则我们称这个过程为**鞅**。

(ii) 如果

$$M_n\leqslant\mathbb{E}_n[M_{n+1}],\quad n=0,1,\cdots,N-1$$

则我们称这个过程为**下鞅**(尽管它可能有递增趋势)。

(iii) 如果

$$M_n\geqslant\mathbb{E}_n[M_{n+1}],\quad n=0,1,\cdots,N-1$$

则我们称这个过程为**上鞅**(尽管它可能有递减趋势)。

注 2.4.2 (2.4.2)中的鞅性质为“一步超前”条件。然而,它蕴含了关于任意多步的类似条件。事实上,如果 $M_0, M_1, \cdots, M_N$ 为鞅且 $n\leqslant N-2$,那么(2.4.2)中的鞅性质表明:

$$M_{n+1}=\mathbb{E}_{n+1}[M_{n+2}]$$

两边同时取基于时刻 n 信息的条件期望,并利用定理 2.3.2 中的累次条件期望性质(iii),我们有:

$$\mathbb{E}_n[M_{n+1}]=\mathbb{E}_n[\mathbb{E}_{n+1}[M_{n+2}]]=\mathbb{E}_n[M_{n+2}]$$

由鞅性质(2.4.2),上式左边是 M_n,因此我们就得到了“两步超前”性质:

$$M_n=\mathbb{E}_n[M_{n+2}]$$

继续这样的论证,我们可以得知:

$$M_n=\mathbb{E}_n[M_m],\quad \forall\, 0\leqslant n\leqslant m\leqslant N \tag{2.4.3}$$

上式可被称为“多步超前”形式的鞅性质。

注 2.4.3 鞅的期望为不依赖于时间的常量,即如果 $M_0, M_1, \cdots, M_N$ 为鞅,则:

$$M_0=\mathbb{E}[M_n],\quad n=0,1,\cdots N \tag{2.4.4}$$

事实上,如果 $M_0, M_1 \cdots M_N$ 为鞅,我们可以在式(2.4.2)两边取期望,利用定理 2.3.2(iii)得到,对每个 n 有$\mathbb{E}[M_n]=\mathbb{E}[M_{n+1}]$。这表明:

$$\mathbb{E}[M_0]=\mathbb{E}[M_1]=\cdots=\mathbb{E}[M_{N-1}]=\mathbb{E}[M_N]$$

但 M_0 不是随机变量,所以 $M_0=\mathbb{E}[M_0]$,式(2.4.4)成立。 □

为了得到一个鞅,式(2.4.2)必须对所有可能的硬币抛掷结果序列成立。如果上升概率 $\hat{p}=\frac{1}{3}$,下降概率 $\hat{q}=\frac{2}{3}$,那么图 2.3.1 中的股票价格过程是一个鞅。在图 2.3.1 上的树中的每个节点,股票价格恰为下一时刻两种可能股价的以 $\hat{p}$、$\hat{q}$ 为权重的加权平均,例如:

$$S_1(T)=2=\frac{1}{3}\cdot S_2(TH)+\frac{2}{3}\cdot S_2(TT)$$

类似的等式在树中所有其他节点也成立,因此我们在这些概率下得到一个鞅。

鞅没有递增或者递减的趋势,因为它下一时刻值的均值总是当前时刻的值。股票价格有递增的趋势,事实上其平均增长速度应该高于货币市场以补偿投资者的内在风险。在图 2.3.1 中,p 和 q 的更为现实的选择是 $p=\frac{2}{3}$和 $q=\frac{1}{3}$。这时,在树中每个节点,我们有:

$$\mathbb{E}_n[S_{n+1}]=\frac{3}{2}S_n$$

(即平均而言,下一时刻的股票价格比当前股价要高出 50%)。这一增长率高于我们在这个模型中使用的 25%的利率。尤其当 $p=\frac{2}{3}$、$q=\frac{1}{3}$且 $r=\frac{1}{4}$时,贴现股票价格有增长的趋势。注意到当 $r=\frac{1}{4}$时,$\frac{1}{1+r}=\frac{4}{5}$,因此在时刻 n 的贴现股票价格为$\left(\frac{4}{5}\right)^n S_n$。计算可得:

$$\mathbb{E}_n\left[\left(\frac{4}{5}\right)^{n+1}S_{n+1}\right]=\left(\frac{4}{5}\right)^{n+1}\mathbb{E}_n[S_{n+1}]=\left(\frac{4}{5}\right)^{n}\cdot\frac{4}{5}\cdot\frac{3}{2}\cdot S_n\geqslant\left(\frac{4}{5}\right)^{n}S_n$$

在真实概率 $p=\frac{2}{3}$ 和 $q=\frac{1}{3}$ 下，贴现股票价格过程是下鞅，这在实际市场中十分典型。

另一方面，我们选择风险中性概率使得贴现股票价格过程是一个鞅。图 2.3.1 中的贴现股票价格在概率 $\widetilde{p}=\widetilde{q}=\frac{1}{2}$ 下是一个鞅，读者可以验证以下等式：

$$\widetilde{\mathbb{E}}_n\left[\left(\frac{4}{5}\right)^{n+1}S_{n+1}\right]=\left(\frac{4}{5}\right)^{n}S_n \tag{2.4.5}$$

对图中每个节点成立。下面的定理表明这个例子是有代表性的。

定理 2.4.4 考虑一般的二叉树模型，其中 $0<d<1+r<u$，设风险中性概率如下给出：

$$\widetilde{p}=\frac{1+r-d}{u-d},\quad \widetilde{q}=\frac{u-1-r}{u-d}$$

那么在风险中性测度下，贴现股票价格过程是一个鞅，即式(2.4.1)在每个时刻 n 对任意的抛掷硬币结果序列成立。

我们给出这个定理的两个证明：一个较为初等，不依赖于定理 2.3.2；另一个较深，要用到定理 2.3.2。第二个证明以后将被稍加修改用于连续时间模型。

注意到定理 2.4.4 中股票不支付红利。股票支付红利的情形将在习题 2.10 中详细说明。

【证明 1】 给定 n 和 $\omega_1\cdots\omega_n$，那么：

$$\begin{aligned}
&\widetilde{\mathbb{E}}_n\left[\frac{S_{n+1}}{(1+r)^{n+1}}\right](\omega_1\cdots\omega_n)\\
&=\frac{1}{(1+r)^n}\cdot\frac{1}{1+r}[\widetilde{p}S_{n+1}(\omega_1\cdots\omega_nH)+\widetilde{q}S_{n+1}(\omega_1\cdots\omega_nT)]\\
&=\frac{1}{(1+r)^n}\cdot\frac{1}{1+r}[\widetilde{p}uS_n(\omega_1\cdots\omega_n)+\widetilde{q}dS_n(\omega_1\cdots\omega_n)]\\
&=\frac{S_n(\omega_1\cdots\omega_n)}{(1+r)^n}\cdot\frac{\widetilde{p}u+\widetilde{q}d}{1+r}\\
&=\frac{S_n(\omega_1\cdots\omega_n)}{(1+r)^n}
\end{aligned}$$

【证明 2】 注意到 $\frac{S_{n+1}}{S_n}$ 只依赖于第 $n+1$ 次抛掷硬币的情况，由定理 2.3.2 的性质，我们计算：

$$\begin{aligned}\widetilde{\mathbb{E}}_n\left[\frac{S_{n+1}}{(1+r)^{n+1}}\right]&=\widetilde{\mathbb{E}}_n\left[\frac{S_n}{(1+r)^{n+1}}\cdot\frac{S_{n+1}}{S_n}\right]\\&=\frac{S_n}{(1+r)^n}\widetilde{\mathbb{E}}_n\left[\frac{1}{1+r}\cdot\frac{S_{n+1}}{S_n}\right]\quad\text{(提取已知量)}\\&=\frac{S_n}{(1+r)^n}\cdot\frac{1}{1+r}\widetilde{\mathbb{E}}\frac{S_{n+1}}{S_n}\quad\text{(独立性)}\\&=\frac{S_n}{(1+r)^n}\cdot\frac{\tilde{p}u+\tilde{q}d}{1+r}\\&=\frac{S_n}{(1+r)^n}\end{aligned}$$

□

在 N 次抛掷硬币的二叉树模型中,设想某个投资者在每个时刻 n 持有 Δ_n 份股票,并且持有这个头寸直到时刻 $n+1$,再调整为新的 Δ_{n+1} 份的头寸。如果有必要的话,可以在货币市场通过投资和借贷来融资,构建投资组合。"组合变量"Δ_n 依赖于前 n 次抛掷硬币,Δ_{n+1} 则依赖于前 $n+1$ 次抛掷硬币。于是,由定义 2.4.1,**组合过程 $\boldsymbol{\Delta}_0,\boldsymbol{\Delta}_1,\cdots,\boldsymbol{\Delta}_{N-1}$ 是适应的**。如果投资者以初始财富 X_0 开始,X_n 表示时刻 n 的财富,那么财富的变化过程由第一章中的**财富方程**(1.2.14)刻划,我们重写如下:

$$X_{n+1}=\Delta_n S_{n+1}+(1+r)(X_n-\Delta_n S_n),\quad n=0,1,\cdots,N-1 \tag{2.4.6}$$

注意每个 X_n 只依赖于前 n 次抛掷硬币的结果(即**财富过程**是适应的)。

我们可能想知道投资者财富的平均增长率。如果考虑真实概率下的平均,那么答案将取决于投资者的资产组合过程。尤其是,由于股票的平均增长率高于货币市场,通过持有股票多头,投资者可以获得比利率更高的增长率。事实上,通过向货币市场借贷,投资者有可能获得任意高的**平均**增长率。当然,像这种杠杆般的头寸也是极冒风险的。

另一方面,如果我们想知道投资者财富在风险中性概率下的平均增长率,这就与投资者持有的组合过程无关。在风险中性概率下,股票的平均增长率等于利率。不论投资者财富在股票和货币市场之间如何分配,都将获得与利率相同的平均增长率。尽管在风险中性测度下,某些组合过程风险要更大些,它们的平均增长率还是一样的。我们把这个结果作为定理给出,其证明可以推广到连续时间的情形。

定理 2.4.5 考虑 N 时段的二叉树模型。设 $\Delta_0,\Delta_1,\cdots,\Delta_{N-1}$ 为适应组合过程,X_0 为实数,$X_0,X_1,\cdots,X_N$ 为由式(2.4.6)递归产生的财富过程。那么,贴现财富过程 $\frac{X_n}{(1+r)^n}$,$n=0,1,\cdots,N$ 为风险中性测度下的鞅,即:

$$\frac{X_n}{(1+r)^n}=\widetilde{\mathbb{E}}_n\left[\frac{X_{n+1}}{(1+r)^{n+1}}\right],\quad n=0,1,\cdots,N-1 \tag{2.4.7}$$

【证明】 我们通过计算可得:

$$\begin{aligned}\widetilde{\mathbb{E}}_n\left[\frac{X_{n+1}}{(1+r)^{n+1}}\right]&=\widetilde{\mathbb{E}}_n\left[\frac{\Delta_n S_{n+1}}{(1+r)^{n+1}}+\frac{X_n-\Delta_n S_n}{(1+r)^n}\right]\\&=\widetilde{\mathbb{E}}_n\left[\frac{\Delta_n S_{n+1}}{(1+r)^{n+1}}\right]+\widetilde{\mathbb{E}}_n\left[\frac{X_n-\Delta_n S_n}{(1+r)^n}\right]\quad\text{（线性性）}\\&=\Delta_n\widetilde{\mathbb{E}}_n\left[\frac{S_{n+1}}{(1+r)^{n+1}}\right]+\frac{X_n-\Delta_n S_n}{(1+r)^n}\quad\text{（提取已知量）}\\&=\Delta_n\frac{S_n}{(1+r)^n}+\frac{X_n-\Delta_n S_n}{(1+r)^n}\quad\text{（定理 2.4.4）}\\&=\frac{X_n}{(1+r)^n}\end{aligned}$$

□

推论 2.4.6 在定理 2.4.5 的条件下，我们有：

$$\widetilde{\mathbb{E}}\frac{X_n}{(1+r)^n}=X_0,\quad n=0,1,\cdots,N \tag{2.4.8}$$

【证明】 该推论基于鞅的期望值不会随着时间改变，因而恒等于时刻 0 的鞅值这一事实（见注 2.4.3）。将此应用于 $\widetilde{p}$ -鞅 $\frac{X_n}{(1+r)^n}$，$n=0,1,\cdots,N$，我们就得到了式(2.4.8)。 □

定理 2.4.5 及其推论有两点重要结果：首先，在二叉树模型中不存在套利。如果有套利，我们可以从 $X_0=0$ 开始建立资产组合过程，其相应财富过程 $X_0,X_1,\cdots,X_N$ 对所有抛掷硬币序列 ω 满足 $X_N(\omega)\geqslant 0$，并且对至少一个抛掷硬币序列$\bar{\omega}$有 $X_N(\bar{\omega})>0$。于是就有$\widetilde{\mathbb{E}}X_0=0$ 和$\widetilde{\mathbb{E}}\frac{X_N}{(1+r)^N}>0$，这与推论 2.4.6 矛盾。

一般地，如果一个模型中存在一个风险中性测度（就哪条价格路径有零概率而言，该测度与真实概率测度一致；同时在该测度下，所有基础资产的贴现价格过程为鞅)，那么这个模型中就不存在套利。这一结论有时被称为**资产定价第一基本定理**。这一结论的证明本质上已包含在前段中：在风险中性测度下，贴现财富过程期望值为常数，因此它不能以零值开始并且之后以正概率严格为正，除非它也以正概率严格为负。资产定价第一基本定理对于后面在期限结构模型中排除套利是有用的，并由此可以导致关于远期利率的赫斯—加罗—墨顿（Heath-Jarrow-Morton）无套利条件。

定理 2.4.5 的另一个结果是下面的**风险中性定价公式**。设 V_N 是一个随机变量（衍生证券在时刻 N 的支付），它依赖于前 N 次抛掷硬币的结果。由定理 1.2.2 可知存在初始财富 X_0 和复制组合过程 $\Delta_0,\Delta_1,\cdots,\Delta_{N-1}$，使得不论抛掷硬币的最终结果如何，相应的财富过程 $X_0,X_1,\cdots,X_N$ 都满足 $X_N=V_N$。因为$\frac{X_n}{(1+r)^n}$，$n=0,1,\cdots,N$ 是一个鞅，注 2.4.2 中关于"多步超前"的鞅性质表明：

$$\frac{X_n}{(1+r)^n}=\widetilde{\mathbb{E}}_n\left[\frac{X_N}{(1+r)^N}\right]=\widetilde{\mathbb{E}}_n\left[\frac{V_N}{(1+r)^N}\right] \tag{2.4.9}$$

根据定义 1.2.3,我们定义衍生证券在时刻 n 的价格 $V_n=X_n$。因此,式(2.4.9)可以重写成:

$$\frac{V_n}{(1+r)^n}=\widetilde{\mathbb{E}}_n\left[\frac{V_N}{(1+r)^N}\right] \tag{2.4.10}$$

或者,可等价地写成:

$$V_n=\widetilde{\mathbb{E}}_n\left[\frac{V_N}{(1+r)^{N-n}}\right] \tag{2.4.11}$$

我们将此总结为一个定理。

定理 2.4.7 (风险中性定价公式) 考虑 N 时段二叉树资产定价模型,其中 $0<d<1+r<u$,并且存在风险中性概率测度 $\widetilde{\mathbb{P}}$。设 V_N 是一个随机变量(衍生证券在时刻 N 的支付),它依赖于抛掷硬币的结果。那么,对于 0 到 N 之间的 n,衍生证券在时刻 n 的价格由**风险中性定价公式**(2.4.11)给出。进一步,在 $\widetilde{\mathbb{P}}$ 之下,衍生证券的贴现价格是一个鞅,即:

$$\frac{V_n}{(1+r)^n}=\widetilde{\mathbb{E}}_n\left[\frac{V_{n+1}}{(1+r)^{n+1}}\right],\quad n=0,1,\cdots,N-1 \tag{2.4.12}$$

由式(2.4.11)定义的随机变量 V_n 与定理 1.2.2 中定义的随机变量 V_n 是一致的。

习题 2.8 概述了定理 2.4.7 证明的其余部分。值得注意的是,我们选择风险中性测度正是为了使贴现股票价格过程成为一个鞅。根据定理 2.4.7,这又导致在风险中性测度下,衍生证券的贴现价格过程也是一个鞅。

到目前为止,我们只讨论了在某个单独日期支付的衍生证券。而许多衍生证券,如附息债券和利率互换等,会有一系列的支付。对于这样的证券,我们有以下的定价和对冲公式。

定理 2.4.8 (现金流定价) 考虑 N 时段二叉树资产定价模型,其中 $0<d<1+r<u$,并且存在风险中性概率测度 $\widetilde{\mathbb{P}}$。设 $C_0,C_1,\cdots,C_N$ 为随机变量序列,其中 C_n 只依赖于 $\omega_1\cdots\omega_n$。在时刻 $n,\cdots,N$,相应的支付分别为 $C_n,\cdots,C_N$ 的衍生证券在时刻 n 的价格为:

$$V_n=\widetilde{\mathbb{E}}_n\left[\sum_{k=n}^{N}\frac{C_k}{(1+r)^{k-n}}\right],\quad n=0,1,\cdots,N \tag{2.4.13}$$

价格过程 $V_n,n=0,1,\cdots,N$ 满足:

$$C_n(\omega_1\cdots\omega_n)=V_n(\omega_1\cdots\omega_n)-\frac{1}{1+r}[\tilde{p}V_{n+1}(\omega_1\cdots\omega_nH)+\tilde{q}V_{n+1}(\omega_1\cdots\omega_nT)] \tag{2.4.14}$$

定义：

$$\Delta_n(\omega_1\cdots\omega_n)=\frac{V_{n+1}(\omega_1\cdots\omega_nH)-V_{n+1}(\omega_1\cdots\omega_nT)}{S_{n+1}(\omega_1\cdots\omega_nH)-S_{n+1}(\omega_1\cdots\omega_nT)} \tag{2.4.15}$$

其中 n 在 0 到 $N-1$ 之间变化。如果我们令 $X_0=V_0$，并按时间前向递归定义资产组合价值过程 $X_1,X_2,\cdots,X_N$ 如下：

$$X_{n+1}=\Delta_nS_{n+1}+(1+r)(X_n-C_n-\Delta_nS_n) \tag{2.4.16}$$

则对所有 n 和 $\omega_1\cdots\omega_n$，我们有：

$$X_n(\omega_1\cdots\omega_n)=V_n(\omega_1\cdots\omega_n) \tag{2.4.17}$$

在定理 2.4.8 中，V_n 为支付序列 $C_n,\cdots,C_N$ 在时刻 n 的所谓**净现值**。它也正是与在时刻 $k=n,k=n+1,\cdots,k=N$ 的支付 C_k 相应的条件期望 $\widetilde{\mathbb{E}}_n\left[\frac{C_k}{(1+r)^{k-n}}\right]$之和。注意到时刻 n 的支付也在其中。支付 C_n 只依赖于前 n 次抛掷，因此可以拿到条件期望$\widetilde{\mathbb{E}}_n$ 的外面，即：

$$V_n=C_n+\widetilde{\mathbb{E}}_n\left[\sum_{k=n+1}^{N}\frac{C_k}{(1+r)^{k-n}}\right],\quad n=0,1,\cdots,N-1 \tag{2.4.18}$$

对于 $n=N$ 的情形，式(2.4.13)简化成：

$$V_N=C_N \tag{2.4.19}$$

考虑持有现金流 $C_0,C_1,\cdots,C_N$ 的空头的投资者（即投资者在每个时刻 n 必须支付款额 C_n；我们允许该支付可正可负，如果支付额为负值，空头投资者事实上是收到现金）。假设该空头投资者在股票和货币市场投资，那么到时刻 n，在支付 C_n 发生之前的资产组合价值为 X_n。然后，投资者支付 C_n 并建立股票头寸 Δ_n，这将使得在支付 C_{n+1} 之前，时刻 $n+1$ 的资产组合价值为式(2.4.16)所表示的 X_{n+1}。如果投资者以 $X_0=V_0$ 开始，并根据式(2.4.15)选择股票头寸 Δ_n，那么式(2.4.17)成立，尤其是 $X_N=V_N=C_N$[见式(2.4.17)和式(2.4.19)]。最终到时刻 N 支付 C_N 后余额为零。这样，该投资者就完全对冲了现金流的空头。这也正是把 V_n 称为未来现金流(包括时刻 n 的付款 C_n)在时刻 n 的价格的理由。

【定理 2.4.8 的证明】 我们通过对 n 作归纳来证明式(2.4.17)。归纳假设是对于 $n\in\{0,1,\cdots,N-1\}$ 和所有 $\omega_1\cdots\omega_n$，有 $X_n(\omega_1\cdots\omega_n)=V_n(\omega_1\cdots\omega_n)$。我们需要证明：

$$X_{n+1}(\omega_1\cdots\omega_nH)=V_{n+1}(\omega_1\cdots\omega_nH) \tag{2.4.20}$$

$$X_{n+1}(\omega_1\cdots\omega_nT)=V_{n+1}(\omega_1\cdots\omega_nT) \tag{2.4.21}$$

我们只证明式(2.4.20)，式(2.4.21)同理可证。

由式(2.4.18)和累次条件期望[见定理 2.3.2(iii)],我们有:

$$V_n = C_n + \widetilde{\mathbb{E}}_n\left[\frac{1}{1+r}\widetilde{\mathbb{E}}_{n+1}\left[\sum_{k=n+1}^{N}\frac{C_k}{(1+r)^{k-(n+1)}}\right]\right] = C_n + \widetilde{\mathbb{E}}_n\left[\frac{1}{1+r}V_{n+1}\right]$$

以上最后一步,我们利用了把 n 换成 $n+1$ 的式(2.4.13)。换言之,对所有 $\omega_1\cdots\omega_n$,我们有:

$$V_n(\omega_1\cdots\omega_n) - C_n(\omega_1\cdots\omega_n) = \frac{1}{1+r}[\tilde{p}V_{n+1}(\omega_1\cdots\omega_n H) + \tilde{q}V_{n+1}(\omega_1\cdots\omega_n T)]$$

由于 $\omega_1\cdots\omega_n$ 在后面的证明中被固定,不妨将其略去。例如,上面的方程可以简写成:

$$V_n - C_n = \frac{1}{1+r}[\tilde{p}V_{n+1}(H) + \tilde{q}V_{n+1}(T)]$$

计算可得:

$$\begin{aligned}
X_{n+1}(H) &= \Delta_n S_{n+1}(H) + (1+r)(X_n - C_n - \Delta_n S_n) \\
&= \frac{V_{n+1}(H) - V_{n+1}(T)}{S_{n+1}(H) - S_{n+1}(T)}(S_{n+1}(H) - (1+r)S_n) + (1+r)(V_n - C_n) \\
&= \frac{V_{n+1}(H) - V_{n+1}(T)}{(u-d)S_n}(uS_n - (1+r)S_n) + \tilde{p}V_{n+1}(H) + \tilde{q}V_{n+1}(T) \\
&= (V_{n+1}(H) - V_{n+1}(T))\frac{u-1-r}{u-d} + \tilde{p}V_{n+1}(H) + \tilde{q}V_{n+1}(T) \\
&= (V_{n+1}(H) - V_{n+1}(T))\tilde{q} + \tilde{p}V_{n+1}(H) + \tilde{q}V_{n+1}(T) \\
&= (\tilde{p} + \tilde{q})V_{n+1}(H) = V_{n+1}(H)
\end{aligned}$$

这就是式(2.4.20)。 □

2.5 马尔可夫过程

在 1.3 节中我们发现:如果仔细考虑从一个时段到另一个时段时,真正需要记住的是哪些信息,那么定理 1.2.2 中衍生证券定价算法的计算要求经常可以大大简化。在例 1.3.1 中,股票价格是相关的,但是使它到达当前价格的路径是无关的。在例 1.3.2 中,股票价格和截至当前时刻股票价格的最大值是相关的。在本节中,我们把确定哪些相关、哪些无关的步骤予以规范化。

定义 2.5.1 考虑二叉树资产定价模型。设 $X_0, X_1, \cdots, X_N$ 为适应过程。如果对每个 0 到 $N-1$ 之间的 n 以及每个函数 $f(x)$,存在另一个函数 $g(x)$(依赖于 n 和 f),使得:

$$\mathbb{E}_n[f(X_{n+1})] = g(X_n) \tag{2.5.1}$$

则称 $X_0, X_1, \cdots, X_N$ 是一个**马尔可夫(Markov)过程**。

由定义，$\mathbb{E}_n[f(X_{n+1})]$是随机变量，它依赖于前 n 次抛掷硬币的结果。马尔可夫性质表明，对抛掷硬币结果的依赖是通过 X_n 体现的(即为了估计 $\mathbb{E}_n[f(X_{n+1})]$所需要的关于抛掷硬币的信息归结于 X_n)。比起找到一个确定函数 g 的公式，现在我们更关心的是说明它的存在性。函数 g 的存在告诉我们：如果衍生证券支付的随机性只是依赖于 X_N，则一定存在一个衍生证券的定价算法，其中我们不需要储存有关路径的信息(参见定理 2.5.8)。在本节的例子中，我们将会给出一种寻找函数 g 的方法。

例 2.5.2 (股票价格过程) 在二叉树模型中，时刻 $n+1$ 的股价通过以下公式由时刻 n 的股价给出：

$$S_{n+1}(\omega_1\cdots\omega_n\omega_{n+1})=\begin{cases}uS_n(\omega_1\cdots\omega_n), & \text{如果 } \omega_{n+1}=H\\ dS_n(\omega_1\cdots\omega_n), & \text{如果 } \omega_{n+1}=T\end{cases}$$

于是：

$$\mathbb{E}_n[f(S_{n+1})](\omega_1\cdots\omega_n)=pf(uS_n(\omega_1\cdots\omega_n))+qf(dS_n(\omega_1\cdots\omega_n))$$

上述等式右端只是通过 $S_n(\omega_1\cdots\omega_n)$依赖于抛掷硬币的过程 $\omega_1\cdots\omega_n$。略去 $\omega_1\cdots\omega_n$，我们可将这个等式重写成：

$$\mathbb{E}_n[f(S_{n+1})]=g(S_n)$$

其中，哑变量 x 的函数 $g(x)$定义为 $g(x)=pf(ux)+qf(dx)$。这表明股票价格过程是一个马尔可夫过程。

的确，不论是在真实概率还是在风险中性概率测度下，股票价格过程都是马尔可夫过程。设衍生证券在时刻 N 的支付 V_N 为股票价格 S_N 的函数 v_N[即 $V_N=v_N(S_N)$]。为求衍生证券在时刻 n 的价格 V_n，我们使用风险中性定价公式(2.4.12)，它可以简化为：

$$V_n=\frac{1}{1+r}\widetilde{\mathbb{E}}_n[V_{n+1}], \quad n=0,1,\cdots,N-1$$

由于 $V_N=v_N(S_N)$且股票价格为马尔可夫过程，故存在函数 v_{N-1}，使得：

$$V_{N-1}=\frac{1}{1+r}\widetilde{\mathbb{E}}_{N-1}[v_N(S_N)]=v_{N-1}(S_{N-1})$$

同理，存在函数 v_{N-2}，使得：

$$V_{N-2}=\frac{1}{1+r}\widetilde{\mathbb{E}}_{N-2}[v_{N-1}(S_{N-1})]=v_{N-2}(S_{N-2})$$

通常存在函数 v_n，使得 $V_n=v_n(S_n)$成立。而且，我们可以按照如下递归算法求出这些函数：

$$v_n(s)=\frac{1}{1+r}[\tilde{p}v_{n+1}(us)+\tilde{q}v_{n+1}(ds)],\quad n=N-1,N-2,\cdots,0$$

(2.5.2)

这个算法在关于任何衍生证券的二叉树模型中均有效,只要该衍生证券在时刻 N 的支付是时刻 N 股票价格的函数就行。尤其对于看涨期权和看跌期权,我们有相同的算法。唯一的区别在于 $v_N(s)$ 的表达式不同。对于看涨期权,我们有 $v_N(s)=(s-K)^+$;对于看跌期权,我们有 $v_N(s)=(K-s)^+$。

鞅的性质是式(2.5.1)中 $f(x)=x$ 且 $g(x)=x$ 的特殊情形。为使一个过程为马尔可夫过程,对**每个**函数 f,必须存在相应的函数 g,使得式(2.5.1)成立。并非每个鞅都是马尔可夫过程。另一方面,即使当 $f(x)=x$ 时,马尔可夫性质只要求存在某个函数 g,有 $\mathbb{E}_n[M_{n+1}]=g(M_n)$。并不要求函数 $g(x)=x$。因此,并非每个马尔可夫过程都是鞅。事实上,例2.5.2表明股票价格在真实概率和风险中性概率测度下都是马尔可夫过程;但是,在这两种测度下,都显然不是鞅。然而,如果 $pu+qd=1$,那么在真实概率测度下,股票价格既是一个鞅,又是一个马尔可夫过程。

验证一个过程是马尔可夫过程,以下引理经常是关键一步。

引理 2.5.3(独立性) 在 N 时段二叉树资产定价模型中,设 n 是0到 N 之间的整数。假设随机变量 $X^1,\cdots,X^K$ 只依赖第1到 n 次抛掷硬币的过程,随机变量 $Y^1,\cdots,Y^L$ 只依赖第 $n+1$ 到 N 次抛掷硬币的过程。(这里 $1,\cdots,K$ 和 $1,\cdots,L$ 分别是 X 和 Y 的上标,而不是指数。)设 $f(x^1,\cdots,x^K,y^1,\cdots,y^L)$ 是哑变量 $x^1,\cdots,x^K$ 和 $y^1,\cdots,y^L$ 的函数,并且定义:

$$g(x^1,\cdots,x^K)=\mathbb{E}\,f(x^1,\cdots,x^K,Y^1,\cdots,Y^L)\tag{2.5.3}$$

则有:

$$\mathbb{E}_n[f(X^1,\cdots,X^K,Y^1,\cdots,Y^L)]=g(X^1,\cdots,X^K)\tag{2.5.4}$$

在下面的讨论和引理的证明中,我们假设 $K=L=1$。于是式(2.5.3)有如下形式:

$$g(x)=\mathbb{E}\,f(x,Y)\tag{2.5.3$'$}$$

同时式(2.5.4)的形式为:

$$\mathbb{E}_n[f(X,Y)]=g(X)\tag{2.5.4$'$}$$

其中假设随机变量 X 只依赖前 n 次抛掷硬币,随机变量 Y 只依赖第 $n+1$ 到 N 次抛掷硬币。

这个引理推广了定理2.3.2(ii)"提取已知量"的性质。因为 X 在时刻 n"已知",我们希望在计算条件期望 $\mathbb{E}_n[f(X,Y)]$ 时将它"提取出来"。然而,X 在 f 的自变量中,不能如定理2.3.2(ii)那样简单地作为因子提取。于是,我们用任意固定的哑变量 x 代替随机变量 X 来使其保持常量,然后计算随

机变量 $f(x,Y)$ 的条件期望，它的随机性只是由于 Y 依赖第 $n+1$ 到 N 次的抛掷硬币。由定理 2.3.2(iv)，这个条件期望与式(2.5.3)′中的无条件期望相同。最后，我们注意到 $\mathbb{E}_n f(X,Y)$ 必须依赖于随机变量 X 的值，所以在计算得到 g 之后，再将哑变量 x 用随机变量 X 代回。

在例 2.5.2 的情形，我们可以取 $X=S_n$，它只依赖前 n 次抛掷硬币，取 $Y=\frac{S_{n+1}}{S_n}$，它只依赖第 $n+1$ 次抛掷硬币：如果第 $n+1$ 次抛掷出现正面，则取值 u；如果出现背面，则取值 d。我们需要计算：

$$\mathbb{E}_n[f(S_{n+1})]=\mathbb{E}_n[f(XY)]$$

用哑变量 x 取代 X，算得：

$$g(x)=\mathbb{E}\,f(xY)=pf(ux)+qf(dx)$$

因此：

$$\mathbb{E}_n[f(S_{n+1})]=g(S_n)$$

【引理 2.5.3 的证明】 设 $\omega_1\cdots\omega_n$ 任意固定。通过条件期望的定义(2.3.6)，有：

$$\begin{aligned}&\mathbb{E}_n[f(X,Y)](\omega_1\cdots\omega_n)\\&\quad=\sum_{\omega_{n+1}\cdots\omega_N} f(X(\omega_1\cdots\omega_n),Y(\omega_{n+1}\cdots\omega_N))\,p^{\#H(\omega_{n+1}\cdots\omega_N)}q^{\#T(\omega_{n+1}\cdots\omega_N)}\end{aligned}$$

然而：

$$g(x)=\mathbb{E}[f(x,Y)]=\sum_{\omega_{n+1}\cdots\omega_N} f(x,Y(\omega_{n+1}\cdots\omega_N))\,p^{\#H(\omega_{n+1}\cdots\omega_N)}q^{\#T(\omega_{n+1}\cdots\omega_N)}$$

显然有：

$$\mathbb{E}_n[f(X,Y)](\omega_1\cdots\omega_n)=g(X(\omega_1\cdots\omega_n))$$ □

例 2.5.4(非马尔可夫过程) 在图 2.3.1 的二叉树模型中，考虑股价的迄今最大值过程 $M_n=\max_{0\leqslant k\leqslant n}S_k$（如图 2.5.1 所示）。其中 $p=\frac{2}{3}$ 且 $q=\frac{1}{3}$，我们有：

$$\mathbb{E}_2[M_3](TH)=\frac{2}{3}M_3[THH]+\frac{1}{3}M_3[THT]=\frac{16}{3}+\frac{4}{3}=6\frac{2}{3}$$

但是：

$$\mathbb{E}_2[M_3](TT)=\frac{2}{3}M_3[TTH]+\frac{1}{3}M_3[TTT]=\frac{8}{3}+\frac{4}{3}=4$$

由于 $M_2(TH)=M_2(TT)=4$，不可能存在函数 g 使得 $\mathbb{E}_2[M_3](TH)=$

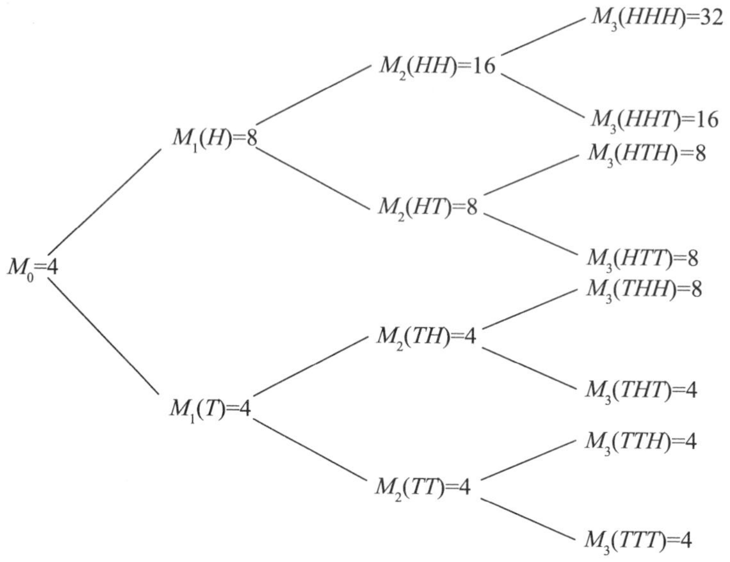

图 2.5.1　股价的迄今最大值过程

$g(M_2(TH))$且$\mathbb{E}_2[M_3](TT)=g(M_2(TT))$。这两个等式右端相等,但左端不等。因此,股价的迄今最大值过程不是马尔可夫过程。在该过程中,我们只记录了时刻 2 的迄今最高股价为 4,而没有记录时刻 2 的股票价格,这就导致某些信息的缺失,这些信息与该过程在时刻 2 之后的演化相关。 □

当我们遇到一个非马尔可夫过程时,我们可以通过增加一些所谓的**状态变量**来重新获得马尔可夫性质。使用“状态变量”这个称呼是因为:如果能够成功地通过增加这些变量重新获得马尔可夫性质,我们就找到了一种途径,利用这些变量来描述市场的“状态”。这种重新获得马尔可夫性质的方法要求我们将定义 2.5.1 推广到多维过程。

定义 2.5.5　考虑二叉树资产定价模型。设$\{(X_n^1,X_n^2,\cdots,X_n^K);n=0,1,\cdots,N\}$为一个 K 维适应过程,即 K 个一维适应过程。如果对每个 0 到 $N-1$ 之间的 n 以及每个函数 $f(x^1,\cdots,x^K)$,存在另一个函数 $g(x^1,\cdots,x^K)$(依赖于 n 和 f),使得:

$$\mathbb{E}_n[f(X_{n+1}^1,\cdots,X_{n+1}^K)]=g(X_n^1,\cdots,X_n^K) \tag{2.5.5}$$

则称$\{(X_n^1,X_n^2,\cdots,X_n^K);n=0,1,\cdots,N\}$是一个 **$K$ 维马尔可夫**过程。

例 2.5.6　在一个 N 时段二叉树模型中,考虑二维适应过程$\{(S_n,M_n);n=0,1,\cdots,N\}$,其中 S_n 为时刻 n 的股票价格,$M_n=\max_{0\leqslant k\leqslant n}S_k$ 为截至时刻 n 的股价最大值。我们将证明这个二维过程是马尔可夫过程。为此,我们定义 $Y=\dfrac{S_{n+1}}{S_n}$,它只依赖于第 $n+1$ 次抛掷硬币的结果。于是:

$$S_{n+1}=S_nY$$

并且：

$$M_{n+1}=M_n\vee S_{n+1}=M_n\vee(S_nY)$$

其中，$x\vee y=\max\{x,y\}$。我们希望计算：

$$\mathbb{E}_n[f(S_{n+1},M_{n+1})]=\mathbb{E}_n[f(S_nY,M_n\vee(S_nY))]$$

根据引理 2.5.3，我们用哑变量 s 代替 S_n，用哑变量 m 代替 M_n，并且计算：

$$g(s,m)=\mathbb{E}\,f(sY,m\vee(sY))=pf(us,m\vee(us))+qf(ds,m\vee(ds))$$

于是：

$$\mathbb{E}_n[f(S_{n+1},M_{n+1})]=g(S_n,M_n)$$

由于我们已得到$\mathbb{E}_n[f(S_{n+1},M_{n+1})]$的公式，其中唯一的随机性通过随机变量 S_n 和 M_n 体现。我们断言这个二维过程是马尔可夫过程。在这个例子中，我们使用的是真实概率测度。可以类似地证明，在风险中性概率测度$\widetilde{\mathbb{P}}$下，$\{(S_n,M_n);n=0,1,\cdots,N\}$是二维马尔可夫过程。 □

注 2.5.7 上述马尔可夫性质，无论是定义 2.5.1 中的一维形式还是定义 2.5.5 中的多维形式，是“一步超前”的性质，给出了用 X_n 表示 X_{n+1} 的条件期望的一个公式。然而，它蕴含了对于任意多步都有类似的条件。事实上，如果 $X_0,X_1,\cdots,X_N$ 是一个马尔可夫过程且 $n\leqslant N-2$，那么“一步超前”的马尔可夫性质表明对每个函数 h 存在函数 f，使得：

$$\mathbb{E}_{n+1}[h(X_{n+2})]=f(X_{n+1})$$

基于时刻 n 的信息，在两边取条件期望并且使用定理 2.3.3(iii)中的累次条件期望性质，我们得到：

$$\mathbb{E}_n[h(X_{n+2})]=\mathbb{E}_n[\mathbb{E}_{n+1}[h(X_{n+2})]]=\mathbb{E}_n[f(X_{n+1})]$$

由“一步超前”的马尔可夫性质，存在函数 g，使得上式右端等于 $g(X_n)$，这样我们就得到“两步超前”的马尔可夫性质：

$$\mathbb{E}_n[h(X_{n+2})]=g(X_n)$$

继续这样的论证，我们得到：只要 $0\leqslant n\leqslant m\leqslant N$ 且 h 为任意函数，则必有另外一个函数 g 使得以下“多步超前”的马尔可夫性质成立：

$$\mathbb{E}_n[h(X_m)]=g(X_n) \tag{2.5.6}$$

同理，如果$\{(X_n^1,X_n^2,\cdots,X_n^K);n=0,1,\cdots,N\}$是一个 K 维马尔可夫过程，那么只要 $0\leqslant n\leqslant m\leqslant N$ 且 $h(x^1,\cdots,x^K)$为任意函数，则存在另一个函数 $g(x^1,\cdots,x^K)$，使得：

$$\mathbb{E}_n[h(X_m^1,\cdots,X_m^K)]=g(X_n^1,\cdots,X_n^K) \tag{2.5.7}$$

□

在二叉树定价模型中,假设在风险中性概率测度$\widetilde{\mathbb{P}}$下有一个马尔可夫过程$X_0,X_1,\cdots,X_N$,并且衍生证券在时刻N的支付V_N是X_N的函数v_N[即$V_N=v_N(X_N)$]。V_N和v_N之间的差别在于前者的自变量是抛掷硬币的序列$\omega_1\cdots\omega_N$;后者的自变量是实数,有时用哑变量x来表示。尤其是,$v_N(x)$没有随机性。然而,如果我们用随机变量X_N[实际上是$X_N(\omega_1\cdots\omega_N)$]取代哑变量$x$,那么我们就有了随机变量。事实上,我们有:

$$V_N(\omega_1\cdots\omega_N)=v_N(X_N(\omega_1\cdots\omega_N)),\quad \forall\,\omega_1\cdots\omega_N$$

风险中性定价公式(2.4.11)表明,衍生证券在较早时刻n的价格为:

$$V_n(\omega_1\cdots\omega_n)=\widetilde{\mathbb{E}}_n\left[\frac{V_N}{(1+r)^{N-n}}\right](\omega_1\cdots\omega_n),\quad \forall\,\omega_1\cdots\omega_n$$

另一方面,"多步超前"的马尔可夫性质表明存在一个函数v_n,使得:

$$\widetilde{\mathbb{E}}_n\left[\frac{V_N}{(1+r)^{N-n}}\right](\omega_1\cdots\omega_n)=v_n(X_n(\omega_1\cdots\omega_n)),\quad \forall\,\omega_1\cdots\omega_n$$

因此,衍生证券在时刻n的价格为X_n的函数,即:

$$V_n=v_n(X_n)$$

我们可以计算函数v_n来取代随机变量V_n的计算,这在计算上更容易实现。尤其是,如果马尔可夫过程$X_0,X_1,\cdots,X_N$就是股票价格本身,我们就有算法(2.5.2)。

同样的思想可用于风险中性测度$\widetilde{\mathbb{P}}$下的多维马尔可夫过程。例1.3.2正是这种情形,其中衍生证券的支付为$V_3=M_3-S_3$,即截至时刻3的股价最大值与时刻3的股票价格之差。我们可以用二维马尔可夫过程$\{(S_n,M_n);n=0,1,2,3\}$来处理这个问题,这点实际上也隐含在那个例子中。

这里,我们将例1.3.2推广到N时段二叉树模型,其中的衍生证券在时刻N的支付为股票价格和迄今股价最大值的函数$v_N(S_N,M_N)$[S_N和M_N未必**同时**出现在函数v_N中,而我们只是想说这些是V_N所依赖的**仅有**的随机变量。例如,可以有$V_N=(M_N-K)^+$,即使股票价格在这个特别的V_N中并不出现,我们还是需要它才能施行下面的定价算法(2.5.9),因为股价的迄今最大值过程本身不是马尔可夫过程]。根据"多步超前"的马尔可夫性质,对0到N之间的任意n,必定存在一个(非随机)函数$v_n(s,m)$,使得期权在时刻n的价格为:

$$V_n=v_n(S_n,M_n)=\widetilde{\mathbb{E}}_n\left[\frac{v_N(S_N,M_N)}{(1+r)^{N-n}}\right]$$

我们可以利用独立性引理2.5.3得到计算函数v_n的一个算法。我们总是有风险中性定价公式[参见式(2.4.12)]：

$$V_n = \frac{1}{1+r}\widetilde{\mathbb{E}}_n[V_{n+1}]$$

将衍生证券在时刻 n 的价格与时刻 $n+1$ 的价格相联系。假设对于 0 到 $N-1$之间的某个 n，我们已经计算出函数 v_{n+1} 使得 $V_{n+1}=v_{n+1}(S_{n+1},M_{n+1})$，则：

$$\begin{aligned} V_n &= \frac{1}{1+r}\widetilde{\mathbb{E}}_n[V_{n+1}] \\ &= \frac{1}{1+r}\widetilde{\mathbb{E}}_n[v_{n+1}(S_{n+1},M_{n+1})] \\ &= \frac{1}{1+r}\widetilde{\mathbb{E}}_n\left[v_{n+1}\left(S_n \cdot \frac{S_{n+1}}{S_n}, M_n \vee \left(S_n \cdot \frac{S_{n+1}}{S_n}\right)\right)\right] \end{aligned}$$

为计算最后的表达式，因为 S_n 和 M_n 只依赖于前 n 次抛掷硬币，我们用哑变量 s 和 m 替换 S_n 和 M_n；因为$\frac{S_{n+1}}{S_n}$不依赖于前 n 次抛掷硬币，我们关于$\frac{S_{n+1}}{S_n}$取无条件期望，即定义：

$$\begin{aligned} v_n(s,m) &= \frac{1}{1+r}\widetilde{\mathbb{E}}\left[v_{n+1}\left(s \cdot \frac{S_{n+1}}{S_n}, m \vee \left(s \cdot \frac{S_{n+1}}{S_n}\right)\right)\right] \\ &= \frac{1}{1+r}[\tilde{p}v_{n+1}(us, m \vee (us)) + \tilde{q}v_{n+1}(ds, m \vee (ds))] \end{aligned} \tag{2.5.8}$$

则由独立性引理 2.5.3 可得 $V_n = v_n(S_n, M_n)$。

我们只需要知道 $v_n(s,m)$ 当 $m \geqslant s$ 时的值，因为 $M_n \geqslant S_n$。我们可在式(2.5.8)中施加这一条件。而当 $m \geqslant s$ 时，如果 $d \leqslant 1$(通常如此)，我们就有 $m \vee (ds) = m$。于是，式(2.5.8) 可以重写成

$$\begin{aligned} & v_n(s,m) = \frac{1}{1+r}[\tilde{p}v_{n+1}(us, m \vee (us)) + \tilde{q}v_{n+1}(ds, m)], \\ & \qquad m \geqslant s > 0, \quad n = N-1, N-2, \cdots, 0 \end{aligned} \tag{2.5.9}$$

该算法对任何在时刻 N 的支付只依赖于随机变量 S_N 和 M_N 的衍生证券均有效。

在例 1.3.2 中，我们先有 $V_3 = v_3(s,m)$，其中 $v_3(s,m) = m - s$。我们用式(2.5.9)来计算 v_2，然后再用它来计算 v_1，最后计算 v_0。这些步骤的计算过程详见例 1.3.2。

在连续时间情形下，我们将发现与递归方程(2.5.9)相应的是偏微分方程。从连续时间风险中性定价公式过渡到这些偏微分方程的过程是**费曼—卡茨(Feynman-Kac)定理**。

上述讨论归结为以下定理。

定理 2.5.8 设 $X_0, X_1, \cdots, X_N$ 为二叉树模型中的风险中性概率测度 $\widetilde{\mathbb{P}}$ 下的马尔可夫过程。设 $v_N(x)$ 为一个哑变量 x 的函数,考虑一个在时刻 N 的支付为 $v_N(X_N)$ 的衍生证券。那么,对于每个 0 到 N 之间的 n,衍生证券的价格 V_n 为 X_n 的某个函数 v_n,即:

$$V_n = v_n(X_n), \quad n = 0, 1, \cdots, N \tag{2.5.10}$$

存在一个计算 v_n 的递归算法,确切的公式依赖于基本的马尔可夫过程 X_0, $X_1, \cdots, X_N$。对于多维马尔可夫过程,类似结果也成立。

2.6 本章小结

本章以结果为 ω 的随机试验开始给出有关概率的阐述。所有可能结果的集合称为**样本空间** Ω,在这个空间中,我们有概率测度 $\mathbb{P}$。当 Ω 为有限的,我们通过对每个 $\omega \in \Omega$ 给定一个概率 $\mathbb{P}(\omega)$ 来描述 $\mathbb{P}$。随机变量是一个从 Ω 到 $\mathbb{R}$ 的函数,随机变量 X 的期望为 $\mathbb{E}X = \sum_{\omega \in \Omega} X(\omega)\mathbb{P}(\omega)$。若 Ω 上还有一个概率测度 $\widetilde{\mathbb{P}}$,我们有另一个计算期望的方法,即 $\widetilde{\mathbb{E}}X = \sum_{\omega \in \Omega} X(\omega)\widetilde{\mathbb{P}}(\omega)$,即使在两种概率测度下的期望不同,随机变量 X 仍是一样的。关键一点就是随机变量不能被当作与其分布等同。当我们改变概率测度时,分布(从而期望)也相应改变,但是随机变量没有发生变化。

在二叉树模型中,我们有抛掷硬币序列 $\omega_1 \cdots \omega_n$,基于这些信息,可以计算依赖于抛掷硬币的结果 $\omega_1 \cdots \omega_n \omega_{n+1} \cdots \omega_N$ 的随机变量 X 的条件期望。这可以通过关于"剩余"的抛掷硬币的所有可能结果 $\omega_{n+1} \cdots \omega_N$ 求平均得到。如果我们计算风险中性概率测度下的条件期望,则有:

$$\begin{aligned}
&\widetilde{\mathbb{E}}_n[X](\omega_1 \cdots \omega_n) \\
&= \sum_{\omega_{n+1} \cdots \omega_N} \widetilde{p}^{\# H(\omega_{n+1} \cdots \omega_N)} \widetilde{q}^{\# T(\omega_{n+1} \cdots \omega_N)} X(\omega_1 \cdots \omega_n \omega_{n+1} \cdots \omega_N)
\end{aligned} \tag{2.3.6}$$

这一条件期望是一个随机变量,因为它依赖于前 n 次抛掷硬币过程 $\omega_1 \cdots \omega_n$。条件期望有定理 2.3.2 中描述的五个基本性质。

在多时段二叉树模型中,风险中性概率测度 $\widetilde{\mathbb{P}}$ 下的**鞅**是一系列随机变量 $M_0, M_1, \cdots, M_N$,其中 M_n 只依赖于前 n 次硬币抛掷,并且不论 n 和 $\omega_1 \cdots \omega_n$ 如何,都有:

$$M_n(\omega_1 \cdots \omega_n) = \widetilde{\mathbb{E}}_n[M_{n+1}](\omega_1 \cdots \omega_n)$$

鞅既没有递增趋势也没有递减趋势。基于时刻 n 我们所知道的信息,鞅在

时刻 $n+1$ 的期望值为其在时刻 n 的值。

在风险中性概率测度下，股票的贴现价格为一个鞅；投资于股票和货币市场账户的任何资产组合的贴现价格都是鞅。尤其是，如果 X_n 是资产组合在时刻 n 的价值，则：

$$\frac{X_n}{(1+r)^n}=\widetilde{\mathbb{E}}_n\left[\frac{X_N}{(1+r)^N}\right],\quad 0\leqslant n\leqslant N$$

如果我们希望 X_N 与衍生证券在终止时刻 N 的价值 V_N 一致，那么对所有时刻 $n=0,1,\cdots,N$ 必须有：

$$\frac{X_n}{(1+r)^n}=\widetilde{\mathbb{E}}_n\left[\frac{X_N}{(1+r)^N}\right]=\widetilde{\mathbb{E}}_n\left[\frac{V_N}{(1+r)^N}\right] \tag{2.4.9}$$

如果一个资产组合做到了这一点，我们定义衍生证券在时刻 n 的值 V_n 为 X_n，这样就得到了风险中性定价公式：

$$V_n=\widetilde{\mathbb{E}}_n\left[\frac{V_N}{(1+r)^{N-n}}\right] \tag{2.4.11}$$

一个**马尔可夫过程**是具有以下性质的随机变量序列 $X_0,X_1,\cdots,X_N$：假设 n 为 0 到 $N-1$ 之间的某个时刻，我们已经观察到前 n 次抛掷硬币的结果 $\omega_1\cdots\omega_n$，希望对一个关于 X_{n+1} 的函数，或者更一般地，一个关于 X_{n+k} 的函数（其中 k 在 1 到 $N-n$ 之间）做出估计。我们既知道具体的硬币抛掷结果 $\omega_1\cdots\omega_n$，也知道相应的值 $X_n(\omega_1\cdots\omega_n)$，并可以基于这些信息得到想要的估计。对于一个马尔可夫过程，除了已经包含在值 $X_n(\omega_1\cdots\omega_n)$ 中的信息外，具体的硬币抛掷结果 $\omega_1\cdots\omega_n$（所谓“路径”）对于我们做出估计并不能提供更多的信息。

考虑一个在风险中性测度下为马尔可夫过程的原生资产价格过程 X_0，$X_1,\cdots,X_N$，以及一个衍生证券，它在时刻 N 的支付为时刻 N 原生资产价格的函数，即 $V_N=v_N(X_N)$。衍生证券在终止时刻之前的所有时刻 n 的价格是相应时刻原生资产价格的函数，即有：

$$V_n=v_n(X_n),\quad n=0,1,\cdots,N \tag{2.5.10}$$

这里，V_n 是一个依赖于抛掷硬币的随机变量（也有可能是路径依赖的）。另一方面，$v_n(x)$ 为一个实数 x 的函数。当我们用随机变量 X_n 来替换 x 后，$v_n(X_n)$ 也变成随机的，但肯定不是路径依赖的。因此，方程（2.5.10）保证了该衍生证券的价格过程不是路径依赖的。

2.7 评 注

通过样本空间来阐述的概率理论可以追溯到柯尔莫哥洛夫（Kolmogorov)[29],他发展的框架可以推广到无限概率空间上。我们在第二卷第一章和第二章将讨论这个主题。杜布(Doob)[13]发现了鞅,他将这一概念以及“鞅”这个起名归因于威利(Ville)[43]所讨论的赌徒策略。

风险中性定价公式最早由哈里森(Harrison)和克雷普斯(Kreps)[17]以及哈里森和普利斯卡[18] 给出。

2.8 习 题

习题 2.1 利用定义 2.1.1 证明下面结论。

(i) 如果 A 为一个事件,A^c 表示它的补集,那么$\mathbb{P}(A^c)=1-\mathbb{P}(A)$。

(ii) 如果 $A_1,A_2,\cdots,A_N$ 为有限事件集,那么 $\mathbb{P}(\bigcup_{n=1}^{N} A_n)\leqslant \sum_{n=1}^{N}\mathbb{P}(A_n)$;

$$\tag{2.8.1}$$

如果事件 $A_1,A_2,\cdots,A_N$ 互不相交,那么式(2.8.1)中等号成立。

习题 2.2 考虑图 2.3.1 中的股票价格过程 S_3。

(i) 在风险中性概率测度 $\tilde{p}=\frac{1}{2}$和 $\tilde{q}=\frac{1}{2}$下,求 S_3 的分布。

(ii) 计算$\widetilde{\mathbb{E}}S_1,\widetilde{\mathbb{E}}S_2,\widetilde{\mathbb{E}}S_3$。在$\widetilde{\mathbb{P}}$之下,股票的平均增长率为多少?

(iii) 在真实概率 $p=\frac{2}{3}$和 $q=\frac{1}{3}$下,以上(i)、(ii)的情况如何?

习题 2.3 证明鞅的凸函数是一个下鞅。换言之,设 $M_0,M_1,\cdots,M_N$ 为鞅,φ 为凸函数,证明:$\varphi(M_0),\varphi(M_1),\cdots,\varphi(M_N)$是一个下鞅。

习题 2.4 反复抛掷一枚硬币。假设每次抛掷出现正面的概率为$\frac{1}{2}$,与出现背面的概率相同。如果第 j 次抛掷结果为正面,令 $X_j=1$;如果为背面,令 $X_j=-1$。考虑如下定义的随机过程 $M_0,M_1,\cdots,M_N$,其中 $M_0=0$ 且

$$M_n=\sum_{j=1}^{n}X_j,n\geqslant 1$$

称这一过程为**对称随机游动**。每次出现正面,它增加 1;出现背面,它减少 1。

(i) 用定理 2.3.2 中的性质证明 $M_0,M_1,M_2,\cdots$是一个鞅。

(ii) 设 σ 为一个正常数,对 $n\geqslant 0$,定义

$$S_n=e^{\sigma M_n}\left(\frac{2}{e^{\sigma}+e^{-\sigma}}\right)^n$$

证明 $S_0,S_1,S_2,\cdots$是一个鞅。尽管对称随机游动 M_n 没有递增的趋势,但“几何对称随机游动”$e^{\sigma M_n}$有增加的趋势,这是把鞅放入指数函数(为凸函数)的结果(见习题 2.3)。为了再次得到鞅,我们必须利用$\frac{2}{e^{\sigma}+e^{-\sigma}}$作为贴现率,

“贴现”几何对称随机游动。该项严格小于 1，除非 $\sigma=0$。

习题 2.5 设 $M_0, M_1, M_2, \cdots$ 为习题 2.4 中的对称随机游动。定义 $I_0=0$且

$$I_n=\sum_{j=0}^{n-1} M_j(M_{j+1}-M_j), n=1,2,\cdots$$

(i) 证明 $I_n=\frac{1}{2}M_n^2-\frac{n}{2}$。

(ii) 设 n 为任意非负整数，$f(i)$为自变量 i 的任意函数。利用 n 和 f，定义另一个函数 $g(i)$ 满足$\mathbb{E}_n[f(I_{n+1})]=g(I_n)$。注意尽管方程右端的函数 $g(I_n)$可能依赖于 n，但是 g 的自变量中唯一可能出现的随机变量为 I_n；随机变量 M_n 不出现。利用(i)中公式证明：$I_0, I_1, I_2, \cdots$是一个马尔可夫过程。

习题 2.6 (离散时间随机积分) 假设 $M_0, M_1, \cdots, M_N$ 为一个鞅，Δ_0，$\Delta_1, \cdots, \Delta_{N-1}$为适应过程。定义**离散时间随机积分**(有时称为**鞅变换**) $I_0, I_1, \cdots$，I_N 如下：记 $I_0=0$ 且

$$I_n=\sum_{j=0}^{n-1} \Delta_j(M_{j+1}-M_j), \quad n=1,\cdots,N$$

证明 $I_0, I_1, \cdots, I_N$ 是一个鞅。

习题 2.7 在二叉树模型中，给出一个非马尔可夫但是鞅的随机过程实例。

习题 2.8 考虑一个 N 时段二叉树模型。

(i) 设 $M_0, M_1, \cdots, M_N$ 和 $M_0', M_1', \cdots, M_N'$为风险中性测度$\widetilde{\mathbb{P}}$ 下的鞅。证明：如果 $M_N=M_N'$(对每个可能的抛掷硬币序列均成立)，那么对每个 0 到 N 之间的 n，我们有 $M_n=M_n'$(对每个可能的抛掷硬币序列均成立)。

(ii) 设 V_N为某个衍生证券在时刻 N 的支付，这是一个依赖于所有 N 次抛掷硬币结果的随机变量。由第一章算法(1.2.16)归纳定义 V_{N-1}，$V_{N-2}, \cdots, V_0$，证明：

$$V_0, \quad \frac{V_1}{1+r}, \cdots, \frac{V_{N-1}}{(1+r)^{N-1}}, \frac{V_N}{(1+r)^N}$$

是一个$\widetilde{\mathbb{P}}$ 下的鞅。

(iii) 使用本章中风险中性定价公式(2.4.11)，定义：

$$V_n'=\widetilde{\mathbb{E}}_n\left[\frac{V_N}{(1+r)^{N-n}}\right], \quad n=0,1,\cdots,N-1$$

证明：

$$V_0', \frac{V_1'}{1+r}, \cdots, \frac{V_{N-1}'}{(1+r)^{N-1}}, \frac{V_N}{(1+r)^N}$$

是一个鞅。

(iv) 证明:对每个 n,有 $V_n=V'_n$[即定理 1.2.2 中的算法(1.2.16)与第二章风险中性定价公式(2.4.11)给出同样的衍生证券价格]。

习题 2.9 (随机波动率、随机利率) 考虑习题 1.9 中描述的两时段随机波动率、随机利率模型。股票价格和利率如图 2.8.1 所示。

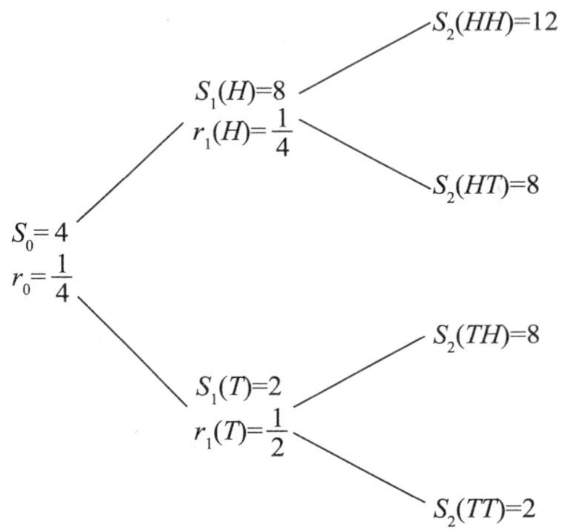

图 2.8.1 随机波动率、随机利率模型

(i) 确定风险中性概率

$$\widetilde{\mathbb{P}}(HH),\quad \widetilde{\mathbb{P}}(HT),\quad \widetilde{\mathbb{P}}(TH),\quad \widetilde{\mathbb{P}}(TT)$$

使得在时刻 2 支付为 V_2 的期权在时刻 0 的值由风险中性公式给出:

$$V_0=\widetilde{\mathbb{E}}\left[\frac{V_2}{(1+r_0)(1+r_1)}\right]$$

(ii) 设 $V_2=(S_2-7)^+$,计算 V_0,$V_1(H)$,$V_1(T)$。

(iii) 设投资者在时刻 0 以 V_0 出售(ii)中的期权,计算在时刻 0 时他应该持有的股票头寸 Δ_0,使得在时刻 1,不论第一次抛掷硬币的结果是正面还是背面,资产组合的价值为 V_1。

(iv) 假设(iii)中第一次抛掷硬币的结果为正面,该投资者应该持有多少股票头寸 $\Delta_1(H)$,才能确保不论第二次抛掷的结果为正面还是背面,其资产组合在时刻 2 的价值为 $(S_2-7)^+$?

习题 2.10 (支付红利的股票) 如同第一章,考虑二叉树资产定价模型,假设在每一步股价的变动之后,股票支付红利且股价相应下降。为使这个情形能在方程中得到描述,我们定义:

$$Y_{n+1}(\omega_1\cdots\omega_n\omega_{n+1})=\begin{cases}u, & 如果\ \omega_{n+1}=H\\ d, & 如果\ \omega_{n+1}=T\end{cases}$$

注意到 Y_{n+1} 只依赖第 $n+1$ 次硬币抛掷。在第一章二叉树模型中，$Y_{n+1}S_n$ 为股票在时刻 $n+1$ 的价格。在现在考虑的支付红利的模型中，我们有取值在 0 到 1 之间随机变量 $A_{n+1}(\omega_1\cdots\omega_n\omega_{n+1})$，使得时刻 $n+1$ 的红利可以表示为 $A_{n+1}Y_{n+1}S_n$。支付红利之后，在时刻 $n+1$ 的股票价格为：

$$S_{n+1}=(1-A_{n+1})Y_{n+1}S_n$$

投资者以初始财富 X_0 开始，每个时刻 n 持有 Δ_n 份股票，其中 Δ_n 只依赖于前 n 次抛掷硬币。该投资者的资产组合价值服从以下财富方程[见式(2.4.6)]：

$$\begin{aligned}X_{n+1}&=\Delta_nS_{n+1}+(1+r)(X_n-\Delta_nS_n)+\Delta_nA_{n+1}Y_{n+1}S_n\\&=\Delta_nY_{n+1}S_n+(1+r)(X_n-\Delta_nS_n)\end{aligned}\tag{2.8.2}$$

(i) 证明在风险中性测度下，贴现财富过程为一个鞅[即定理 2.4.5 对财富过程(2.8.2)仍然成立]。依照惯例，风险中性测度仍然由以下等式定义：

$$\tilde{p}=\frac{1+r-d}{u-d},\quad \tilde{q}=\frac{u-1-r}{u-d}$$

(ii) 证明风险中性定价公式仍然适用(即定理 2.4.7 对支付红利的模型仍然成立)。

(iii) 证明在风险中性测度下，贴现股票价格不是鞅(即定理 2.4.4 不再成立)。然而，如果 A_{n+1} 为(0,1)之间的一个常量 α，那么不论 n 的值以及抛掷硬币的结果 $\omega_1\cdots\omega_{n+1}$ 如何，在风险中性测度下 $\frac{S_n}{(1-\alpha)^n(1+r)^n}$ 是一个鞅。

习题 2.11（涨—跌平价公式） 在 N 时段二叉树模型中考虑一个无红利的股票。欧式看涨期权在时刻 N 的支付为 $C_N=(S_N-K)^+$。看涨期权在较早时刻的价格 C_n 由风险中性定价公式(2.4.11)给出：

$$C_n=\widetilde{\mathbb{E}}_n\left[\frac{C_N}{(1+r)^{N-n}}\right],\quad n=0,1,\cdots,N-1$$

同时，考虑一个时刻 N 的支付为 $\mathbb{P}_N=(K-S_N)^+$ 的看跌期权，它在较早时刻的价格为：

$$P_n=\widetilde{\mathbb{E}}_n\left[\frac{P_N}{(1+r)^{N-n}}\right],\quad n=0,1,\cdots,N-1$$

最后，考虑一个以 K 美元在时刻 N 时购买 1 份股票的**远期合约**。时刻 N 该合约的价格为 $F_N=S_N-K$，它在较早时刻的价格为：

$$F_n=\widetilde{\mathbb{E}}_n\left[\frac{F_N}{(1+r)^{N-n}}\right],\quad n=0,1,\cdots,N-1$$

(注意,与看涨期权不同,远期合约要求必须在时刻 N 以 K 美元购买股票,如果 $S_N<K$,则支付为负值。)

(i) 如果在时刻 0,购买 1 份远期合约和 1 份看跌期权并持有它们直到终止时刻,那么收到的支付与看涨期权一致,即 $C_N=F_N+P_N$。试解释其理由。

(ii) 利用上面给出的关于 C_n、P_n 和 F_n 的风险中性定价公式,以及条件期望的线性性,证明对任何 n,有 $C_n=F_n+P_n$ 成立。

(iii) 利用在风险中性测度下贴现股票价格过程为鞅这一事实,证明 $F_0=S_0-\frac{K}{(1+r)^N}$。

(iv) 假设投资者在时刻 0 拥有 F_0,买入 1 份股票(必要时通过借贷完成这项投资),不作任何进一步的交易。证明到时刻 N 的资产组合价值为 F_n(这称为远期合约的**静态复制**。如果投资者在时刻 0 以 F_0 售出远期合约,那么可以使用静态复制来对冲远期合约的空头)。

(v) 股票在时刻 0 的**远期价格** K 定义为使得远期合约在时刻 0 价格为零的值。这个模型中的远期价格为 $(1+r)^N S_0$。证明在时刻 0 时,以远期价格敲定的看涨期权的价格与以远期价格敲定的看跌期权的价格相等。这一事实称为**涨—跌平价公式**。

(vi) 如果我们选择 $K=(1+r)^N S_0$,由 (v) 可以知道 $C_0=P_0$。是否有 $C_n=P_n$ 对每个 n 成立?

习题 2.12 (选择期权) 设 $1\leqslant m\leqslant N-1$,给定 $K>0$。**选择期权**为一个在时刻 0 出售的合约,其持有者在时刻 m 有权收到一个看涨或看跌期权的支付。选择期权的持有人可以一直等待到时刻 m 再做出选择。选定的看涨或看跌期权以敲定价格 K 在时刻 N 终止。证明选择期权时刻 0 的价格等于终止期为 N,敲定价格为 K 的看跌期权时刻 0 的价格与终止期为 m,敲定价格为$\frac{K}{(1+r)^{N-m}}$的看涨期权时刻 0 的价格之和。(提示:利用涨—跌平价公式,见习题 2.11。)

习题 2.13 (亚式期权) 考虑 N 时段二叉树模型,一个**亚式期权**的支付基于股票价格的平均值,即:

$$V_N = f\left(\frac{1}{N+1}\sum_{n=0}^{N} S_n\right)$$

其中函数 f 取决于期权合约的细节。

(i) 定义 $Y_n=\sum_{k=0}^{n} S_k$,利用独立性引理 2.5.3 证明二维过程 (S_n, Y_n),$n=0,1,\cdots,N$ 是马尔可夫的。

(ii) 根据定理 2.5.8,亚式期权在时刻 n 的价格 V_n 为 S_n 和 Y_n 的函数

v_n，即 $V_n=v_n(S_n,Y_n)$，$n=0,1,\cdots,N$。

给出一个计算 $v_N(s,y)$的公式，并提供一个利用 v_{n+1}来计算 $v_n(s,y)$的算法。

习题 2.14［亚式期权(续)］ 考虑 N 时段二叉树模型，M 是 0 与 $N-1$ 之间的固定整数。考虑一个亚式期权，其在时刻 N 的支付为：

$$V_N = f\Big(\frac{1}{N-M}\sum_{n=M+1}^{N} S_n\Big)$$

其中函数 f 取决于期权合约的细节。

(i) 定义：

$$Y_n = \begin{cases} 0, & 0 \leqslant n \leqslant M \\ \sum_{k=M+1}^{n} S_k, & M+1 \leqslant n \leqslant N \end{cases}$$

证明：在风险中性测度$\widetilde{\mathbb{P}}$下，二维过程 (S_n,Y_n)，$n=0,1,\cdots,N$ 是马尔可夫的。

(ii) 根据定理 2.5.8，亚式期权在时刻 n 的价格 V_n 为 S_n 和 Y_n 的函数 v_n，即：

$$V_n=v_n(S_n,Y_n),\quad n=0,1,\cdots,N$$

当 $n\leqslant M$ 时，Y_n 并非随机，因此对这样的 n，v_n 是单独 S_n 的函数，从而：

$$V_n=\begin{cases} v_n(S_n), & 0\leqslant n\leqslant M \\ v_n(S_n,Y_n), & M+1\leqslant n\leqslant N \end{cases}$$

给出计算 $v_N(s,y)$的公式，并提供一个利用 v_{n+1}来计算 $v_n(s,y)$的算法。注意对于 $n<M$ 和 $n>M$ 的算法是不同的，并且单独有一个利用 $v_{M+1}(\cdot,\cdot)$计算 $v_M(s)$的公式。

3 状态价格

3.1 测度变换

在第一章的二叉树无套利定价模型以及第二卷第四章和第五章的连续时间模型中，有两个概率测度值得注意：一个是**真实概率测度**，它是我们通过对于模型参数的经验估计而得到的；另一个是**风险中性概率测度**，在这一概率测度下，资产价格贴现过程是鞅。这两个概率测度对于模型中的资产价格路径给出了不同的权重。然而，关于哪些价格路径是可能的（即出现的概率为正），它们是一致的；只是它们给出的这些正概率值不同。真实概率测度是"正确"的，而风险中性概率测度是虚构的，但却十分有用，它使得我们能够简洁地表述那些方程组的求解结果[例如，第一章中的方程组(1.1.3)和(1.1.4)以及由此得到的公式(1.1.7)]。

考虑一般的有限样本空间 Ω 上的两个概率测度 $\mathbb{P}$ 和 $\widetilde{\mathbb{P}}$。假定 $\mathbb{P}$ 和 $\widetilde{\mathbb{P}}$ 对 Ω 中的每个元素都给出正概率，因此我们可以写出下面的商：

$$Z(\omega)=\frac{\widetilde{\mathbb{P}}(\omega)}{\mathbb{P}(\omega)} \tag{3.1.1}$$

Z 是随机变量，因为它依赖于随机试验的结果 ω。Z 被称作 $\widetilde{\mathbb{P}}$ **关于** $\mathbb{P}$ **的拉东—尼柯迪姆(Radon-Nikodým)导数**，尽管在有限样本空间 Ω 的情形，它其实是商而不是导数。随机变量 Z 具有三个重要性质，我们将其表述为下面的定理。

定理 3.1.1 设 $\mathbb{P}$ 和 $\widetilde{\mathbb{P}}$ 是有限样本空间 Ω 上的两个概率测度，对任意的 $\omega\in\Omega$，$\mathbb{P}(\omega)>0$，$\widetilde{\mathbb{P}}(\omega)>0$，定义随机变量 Z 如式(3.1.1)。我们有：

(i) $\mathbb{P}(Z>0)=1$；

(ii) $\mathbb{E}Z=1$；

(iii) 对任意的随机变量 Y，有：

$$\widetilde{\mathbb{E}}Y=\mathbb{E}[ZY] \tag{3.1.2}$$

【证明】 根据我们的假定：对任意的 $\omega\in\Omega$，$\mathbb{P}(\omega)>0$，$\widetilde{\mathbb{P}}(\omega)>0$，性质(i)立即可得。性质(ii)可由以下计算验证：

$$\mathbb{E}Z=\sum_{\omega\in\Omega}Z(\omega)\,\mathbb{P}(\omega)=\sum_{\omega\in\Omega}\frac{\widetilde{\mathbb{P}}(\omega)}{\mathbb{P}(\omega)}\,\mathbb{P}(\omega)=\sum_{\omega\in\Omega}\widetilde{\mathbb{P}}(\omega)=1$$

最后的等式由 $\widetilde{\mathbb{P}}$ 是概率测度得出。以下类似的计算可验证性质(iii)：

$$\begin{aligned}\widetilde{\mathbb{E}}Y&=\sum_{\omega\in\Omega}Y(\omega)\,\widetilde{\mathbb{P}}(\omega)=\sum_{\omega\in\Omega}Y(\omega)\frac{\widetilde{\mathbb{P}}(\omega)}{\mathbb{P}(\omega)}\,\mathbb{P}(\omega)\\&=\sum_{\omega\in\Omega}Y(\omega)Z(\omega)\,\mathbb{P}(\omega)=\mathbb{E}[ZY]\end{aligned}$$

□

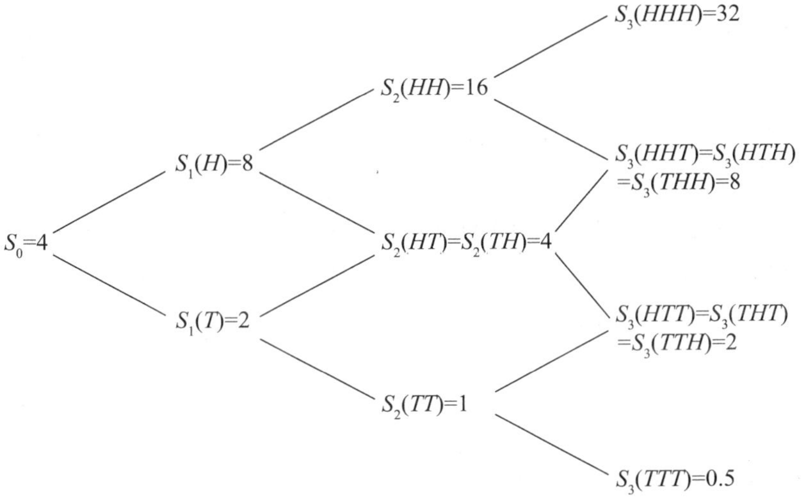

图 3.1.1 三时段模型

例 3.1.2 考虑图 3.1.1 中的三时段模型。样本空间为：

$$\Omega=\{HHH,HHT,HTH,HTT,THH,THT,TTH,TTT\}$$

取 $p=\frac{2}{3}$ 作为出现正面的真实概率，$q=\frac{1}{3}$ 作为出现背面的真实概率。于是，真实概率测度为：

$$\begin{aligned}&\mathbb{P}(HHH)=\frac{8}{27},\ \mathbb{P}(HHT)=\frac{4}{27},\ \mathbb{P}(HTH)=\frac{4}{27},\ \mathbb{P}(HTT)=\frac{2}{27},\\&\mathbb{P}(THH)=\frac{4}{27},\ \mathbb{P}(THT)=\frac{2}{27},\ \mathbb{P}(TTH)=\frac{2}{27},\ \mathbb{P}(TTT)=\frac{1}{27}\end{aligned}\tag{3.1.3}$$

取利率 $r=\frac{1}{4}$，则出现正面的风险中性概率 $\widetilde{p}=\frac{1}{2}$，出现背面的风险中性概率

$\widetilde{q}=\frac{1}{2}$。风险中性概率测度为：

$$\widetilde{\mathbb{P}}(HHH)=\frac{1}{8},\ \widetilde{\mathbb{P}}(HHT)=\frac{1}{8},\ \widetilde{\mathbb{P}}(HTH)=\frac{1}{8},\ \widetilde{\mathbb{P}}(HTT)=\frac{1}{8},$$
$$\widetilde{\mathbb{P}}(THH)=\frac{1}{8},\ \widetilde{\mathbb{P}}(THT)=\frac{1}{8},\ \widetilde{\mathbb{P}}(TTH)=\frac{1}{8},\ \widetilde{\mathbb{P}}(TTT)=\frac{1}{8} \tag{3.1.4}$$

于是，$\widetilde{\mathbb{P}}$ 关于 $\mathbb{P}$ 的拉东—尼柯迪姆导数为：

$$Z(HHH)=\frac{27}{64},\ Z(HHT)=\frac{27}{32},\ Z(HTH)=\frac{27}{32},\ Z(HTT)=\frac{27}{16},$$
$$Z(THH)=\frac{27}{32},\ Z(THT)=\frac{27}{16},\ Z(TTH)=\frac{27}{16},\ Z(TTT)=\frac{27}{8} \tag{3.1.5}$$

在例 1.2.4 中，我们就这一模型给出了回望期权在时刻 0 的价值，其中在时刻 3 的支付为：

$$V_3(HHH)=0,\ V_3(HHT)=8,\ V_3(HTH)=0,\ V_3(HTT)=6,$$
$$V_3(THH)=0,\ V_3(THT)=2,\ V_3(TTH)=2,\ V_3(TTT)=3.50$$

根据第二章的风险中性定价公式(2.4.11)，该回望期权在时刻 0 的价值为：

$$\begin{aligned}V_0&=\widetilde{\mathbb{E}}\frac{V_3}{(1+r)^3}\\&=\left(\frac{4}{5}\right)^3\sum_{\omega\in\Omega}V_3(\omega)\,\widetilde{\mathbb{P}}(\omega)\\&=0.512\left[0\cdot\frac{1}{8}+8\cdot\frac{1}{8}+0\cdot\frac{1}{8}+6\cdot\frac{1}{8}+0\cdot\frac{1}{8}+2\cdot\frac{1}{8}+2\cdot\frac{1}{8}+3.50\cdot\frac{1}{8}\right]\\&=1.376\end{aligned} \tag{3.1.6}$$

这正是例 1.2.4 中所确定的为了构建复制资产组合而在时刻 0 需要的花费。利用随机变量 Z，我们可将式(3.1.6)重写成：

$$\begin{aligned}V_0&=\mathbb{E}\frac{V_3Z}{(1+r)^3}\\&=\left(\frac{4}{5}\right)^3\sum_{\omega\in\Omega}V_3(\omega)Z(\omega)\,\mathbb{P}(\omega)\\&=0.512\left[0\cdot\frac{27}{64}\cdot\frac{8}{27}+8\cdot\frac{27}{32}\cdot\frac{4}{27}+0\cdot\frac{27}{32}\cdot\frac{4}{27}+6\cdot\frac{27}{16}\cdot\frac{2}{27}\right.\\&\qquad\left.+0\cdot\frac{27}{32}\cdot\frac{4}{27}+2\cdot\frac{27}{16}\cdot\frac{2}{27}+2\cdot\frac{27}{16}\cdot\frac{2}{27}+3.50\cdot\frac{27}{8}\cdot\frac{1}{27}\right]\\&=1.376\end{aligned} \tag{3.1.7}$$

与式(3.1.6)相比较，式(3.1.7)不必用到风险中性概率测度。然而，并非直接在真实概率测度下计算期权支付贴现的期望值，而是先利用随机变量 Z 对期权支付进行加权。由此得到以下定义中的**状态价格**概念。 □

定义 3.1.3 考虑 N 时段二叉树模型，设真实概率测度为 $\mathbb{P}$，风险中性概率测度为 $\widetilde{\mathbb{P}}$。Z 表示 $\widetilde{\mathbb{P}}$ 关于 $\mathbb{P}$ 的拉东—尼柯迪姆导数，即：

$$Z(\omega_1\cdots\omega_N)=\frac{\widetilde{\mathbb{P}}(\omega_1\cdots\omega_N)}{\mathbb{P}(\omega_1\cdots\omega_N)}=\left(\frac{\tilde{p}}{p}\right)^{\#H(\omega_1\cdots\omega_N)}\left(\frac{\tilde{q}}{q}\right)^{\#T(\omega_1\cdots\omega_N)} \tag{3.1.8}$$

其中 $\#H(\omega_1\cdots\omega_N)$ 表示序列 $\omega_1\cdots\omega_N$ 中出现正面的次数，$\#T(\omega_1\cdots\omega_N)$ 表示序列 $\omega_1\cdots\omega_N$ 中出现背面的次数。定义**状态价格密度**随机变量为：

$$\zeta(\omega)=\frac{Z(\omega)}{(1+r)^N} \tag{3.1.9}$$

并且称 $\zeta(\omega)\mathbb{P}(\omega)$ 为相应于 ω 的**状态价格。**

设 $\bar{\omega}=\bar{\omega}_1\cdots\bar{\omega}_N$ 是 N 时段模型中一个特定的抛掷硬币结果序列，考虑这样一个衍生证券：如果出现 $\bar{\omega}$，它在时刻 N 的支付为 1，否则支付为 0，即

$$V_N(\omega)=\begin{cases}1, & \text{如果 } \omega=\bar{\omega}\\ 0, & \text{其他}\end{cases}$$

根据风险中性定价公式，该衍生证券在时刻 0 的价值为：

$$\widetilde{\mathbb{E}}\frac{V_N}{(1+r)^N}=\frac{\widetilde{\mathbb{P}}(\bar{\omega})}{(1+r)^N}=\frac{Z(\bar{\omega})\mathbb{P}(\bar{\omega})}{(1+r)^N}=\zeta(\bar{\omega})\mathbb{P}(\bar{\omega})$$

状态价格 $\zeta(\bar{\omega})\mathbb{P}(\bar{\omega})$ 给出了当且仅当出现 $\bar{\omega}$ 时在时刻 N 支付为 1 的合约在时刻 0 的价格。这个价格应当包含从时刻 N 到时刻 0 的贴现因子以体现货币的时间价值，事实上在式(3.1.9)中确实出现了 $\frac{1}{(1+r)^N}$ 这一项。这个价格自然应当考虑出现 $\bar{\omega}$ 的概率，因此定义状态价格的公式中含有因子 $\mathbb{P}(\bar{\omega})$。仅有这两个因子尚不足以解释风险因素。如果只用到这两项，将衍生证券在时刻 0 的价格取为 $\mathbb{E}\frac{V_N}{(1+r)^N}$，则时刻 0 的资产价格仅依赖于真实概率测度下的期望回报。然而事实上，资产价格与期望回报以及所承受的风险都有关。出现在相应于 $\bar{\omega}$ 的状态价格中的 $Z(\bar{\omega})$ 这一项，就说明了风险因素。例如，由式(3.1.5)可知，只要在三次抛掷硬币过程中出现两次或三次正面，就有 $Z<1$；否则 $Z>1$。因子 Z 的存在，降低了最终高于初始股价 $S_0=4$ 的那些股票价格路径的重要性，并且提升了最终低于初始股价的那些股票价格路径的重要性。正是这一效应，使得持有股票的初始价值要低于最终时刻 3 股价的贴现期望值 $\mathbb{E}\left[\left(\frac{4}{5}\right)^3 S_3\right]$。

状态价格 $\zeta(\bar{\omega})\mathbb{P}(\bar{\omega})$ 告诉我们当且仅当出现 $\bar{\omega}$ 时在时刻 N 支付为 1 的

合约在时刻 0 的价格。状态价格密度 $\frac{Z(\bar{\omega})}{(1+r)^N}$ 告诉我们相应于每个单位真实概率该合约在时刻 0 的价格,因而被称为密度。

当然,大部分合约相应于一些不同的 ω 都会有支付,并且支付也未必是 1。这样的合约可以被视为那些简单合约的组合,每一个简单合约当且仅当某个特定的 ω 出现时支付为 1,从而合约价格可通过将各部分价格相加求得。回顾第二章中的风险中性定价公式(2.4.11),在时刻 N 支付为 V_N 的任何衍生证券在时刻 0 的价格为 $V_0=\widetilde{\mathbb{E}}\frac{V_N}{(1+r)^N}$。利用状态价格密度,可以简单地将其重写为:

$$V_0=\mathbb{E}[\zeta V_N]=\sum_{\omega\in\Omega}V_N(\omega)\zeta(\omega)\mathbb{P}(\omega) \tag{3.1.10}$$

方程(3.1.7)就是一个特殊情形,其中 $\zeta(\omega)$ 这一项被分解为因子 $\frac{1}{(1+r)^3}$ 和 $Z(\omega)$。

3.2 拉东—尼柯迪姆导数过程

在上一节,我们考虑了 N 时段二叉树模型中风险中性概率测度关于真实概率测度的拉东—尼柯迪姆导数。这个随机变量 Z 依赖于模型中的 N 次抛掷硬币结果。为了得到依赖于较少次抛掷硬币结果的相应的随机变量,我们可以基于时刻 $n<N$ 的信息,对 Z 进行估计。这种估计在其他场合也会出现,因此以下我们给出一个一般的结论,其中并不要求 Z 是拉东—尼柯迪姆导数。

定理 3.2.1 设 Z 是 N 时段二叉树模型中的一个随机变量,定义:

$$Z_n=\mathbb{E}_nZ,\quad n=0,1,\cdots,N \tag{3.2.1}$$

则 $Z_n,n=0,1,\cdots,N$ 在真实概率测度 $\mathbb{P}$ 下是一个鞅。

【证明】 对于 $n=0,1,\cdots,N-1$,利用定理 2.3.2(iii)"累次条件期望"性质,可以算得:

$$\mathbb{E}_n[Z_{n+1}]=\mathbb{E}_n[\mathbb{E}_{n+1}[Z]]=\mathbb{E}_n[Z]=Z_n$$

这表明 $Z_n,n=0,1,\cdots,N$ 是一个鞅。 □

注 3.2.2 尽管定理 3.2.1 是在真实概率测度 $\mathbb{P}$ 下表述的,然而在风险中性概率测度 $\widetilde{\mathbb{P}}$ 下,类似定理也成立。证明是相同的。

在对随机变量接连作估计时,随着时间(和信息)的增加,估计将会更加精确。然而,定理 3.2.1 表明它们并无增长或下降的趋势。如果较后的估计平均而言要高于较前的估计,那么这一增长的趋势应该已经被纳入较前的估计。这类似于有效股票市场的情形:如果某一股票的表现将优于风险水平相同的其他股票,那么这应该已经反映在当前股价中,因而进一步的优良表现不再可能。

例 3.2.3 考虑例 3.1.2 中的三时段模型。在该例中,我们确定了风险中性概率测度$\widetilde{\mathbb{P}}$关于真实概率测度$\mathbb{P}$的拉东—尼柯迪姆导数,由式(3.1.5)给出。对于 $n=0,1,2,3$,定义 $Z_n=\mathbb{E}_n[Z]$。尤其是,对所有 $\omega_1\omega_2\omega_3$,$Z_3(\omega_1\omega_2\omega_3)=Z(\omega_1\omega_2\omega_3)$。我们算得:

$$Z_2(HH)=\frac{2}{3}Z_3(HHH)+\frac{1}{3}Z_3(HHT)=\frac{9}{16}$$

$$Z_2(HT)=\frac{2}{3}Z_3(HTH)+\frac{1}{3}Z_3(HTT)=\frac{9}{8}$$

$$Z_2(TH)=\frac{2}{3}Z_3(THH)+\frac{1}{3}Z_3(THT)=\frac{9}{8}$$

$$Z_2(TT)=\frac{2}{3}Z_3(TTH)+\frac{1}{3}Z_3(TTT)=\frac{9}{4}$$

按定义,$Z_1=\mathbb{E}_1[Z]$,而定理 3.2.1 允许我们利用鞅性质计算 $Z_1=\mathbb{E}_1[Z_2]$。于是就有:

$$Z_1(H)=\frac{2}{3}Z_2(HH)+\frac{1}{3}Z_2(HT)=\frac{3}{4}$$

$$Z_1(T)=\frac{2}{3}Z_2(TH)+\frac{1}{3}Z_2(TT)=\frac{3}{2}$$

按定义,$Z_0=\mathbb{E}[Z]$,由定理 3.1.1(ii),$\mathbb{E}[Z]=1$;我们也可以利用鞅性质计算 $Z_0=\mathbb{E}_0[Z_1]=\mathbb{E}[Z_1]$。于是就有:

$$Z_0=\frac{2}{3}Z_1(H)+\frac{1}{3}Z_1(T)=1$$

图 3.2.1 给出了拉东—尼柯迪姆导数过程 Z_n,$n=0,1,2,3$。 □

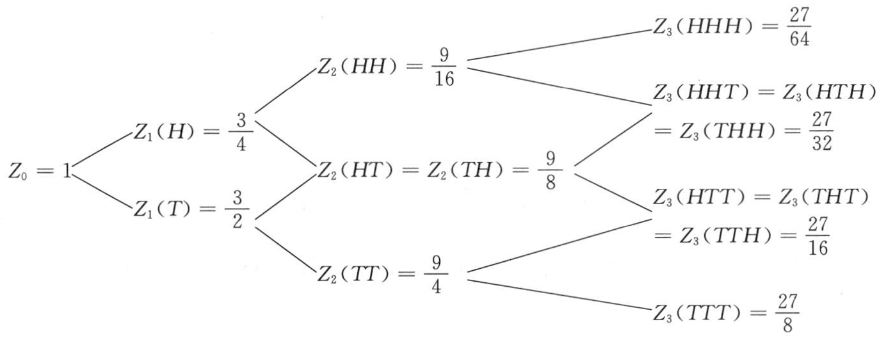

图 3.2.1 拉东—尼柯迪姆导数过程

定义 3.2.4 在 N 时段二叉树模型中,设真实概率测度为$\mathbb{P}$,风险中性概率测度为$\widetilde{\mathbb{P}}$。假定对任何抛掷硬币结果序列 ω,$\mathbb{P}(\omega)>0$,$\widetilde{\mathbb{P}}(\omega)>0$,并定义拉东—尼柯迪姆导数为随机变量 $Z(\omega)=\dfrac{\widetilde{\mathbb{P}}(\omega)}{\mathbb{P}(\omega)}$。定义**拉东—尼柯迪姆导数过程**如下:

$$Z_n=\mathbb{E}_n[Z],\quad n=0,1,\cdots,N \tag{3.2.2}$$

特别是,$Z_N=Z$ 且 $Z_0=1$。

我们可以通过在真实概率测度下计算期望值$\mathbb{E}[ZY]$来求得随机变量 Y 在风险中性概率测度下的期望。如果 Y 仅依赖于前 n 次抛掷硬币结果,其中 $n<N$,那么计算还能进一步简化。

引理 3.2.5 假设条件如同定义 3.2.4。如果随机变量 Y 仅依赖于前 n 次抛掷硬币结果,其中 $0\leqslant n\leqslant N$,则:

$$\widetilde{\mathbb{E}}Y=\mathbb{E}[Z_nY] \tag{3.2.3}$$

【证明】 依次利用定理 3.1.1(iii)、定理 2.3.2(iii)(累次条件期望)、定理 2.3.2(ii)(提取已知量)以及 Z_n 的定义,验证以下每一步等式:

$$\widetilde{\mathbb{E}}Y=\mathbb{E}[ZY]=\mathbb{E}[\mathbb{E}_n[ZY]]=\mathbb{E}[Y\,\mathbb{E}_n[Z]]=\mathbb{E}[YZ_n] \qquad \square$$

引理 3.2.5 的以下一个应用颇具启发性。给定前 n 次抛掷硬币的结果序列 $\bar{\omega}_1\cdots\bar{\omega}_n$,定义:

$$Y(\omega_1\cdots\omega_n\omega_{n+1}\cdots\omega_N)=\begin{cases}1, & \text{如果 } \omega_1\cdots\omega_n=\bar{\omega}_1\cdots\bar{\omega}_n\\ 0, & \text{其他}\end{cases}$$

换言之,当且仅当前 n 次抛掷硬币出现我们预先给定的结果序列,Y 取值为 1,而与后继的抛掷硬币结果 $\omega_{n+1}\cdots\omega_N$ 无关。于是:

$$\begin{aligned}\widetilde{\mathbb{E}}Y&=\widetilde{\mathbb{P}}\{\text{前 } n \text{ 次抛掷硬币结果为 } \bar{\omega}_1\cdots\bar{\omega}_n\}\\&=\tilde{p}^{\#H(\bar{\omega}_1\cdots\bar{\omega}_n)}\tilde{q}^{\#T(\bar{\omega}_1\cdots\bar{\omega}_n)}\end{aligned}$$

其中记号$\#H(\cdots)$和$\#T(\cdots)$的解释见定义 3.1.3。另一方面:

$$\begin{aligned}\mathbb{E}[YZ_n]&=Z_n(\bar{\omega}_1\cdots\bar{\omega}_n)\mathbb{P}\{\text{前 } n \text{ 次抛掷硬币结果为 } \bar{\omega}_1\cdots\bar{\omega}_n\}\\&=Z_n(\bar{\omega}_1\cdots\bar{\omega}_n)p^{\#H(\bar{\omega}_1\cdots\bar{\omega}_n)}q^{\#T(\bar{\omega}_1\cdots\bar{\omega}_n)}\end{aligned}$$

引理 3.2.5 断言上述两个量相等,因此:

$$Z_n(\bar{\omega}_1\cdots\bar{\omega}_n)=\left(\frac{\tilde{p}}{p}\right)^{\#H(\bar{\omega}_1\cdots\bar{\omega}_n)}\left(\frac{\tilde{q}}{q}\right)^{\#T(\bar{\omega}_1\cdots\bar{\omega}_n)} \tag{3.2.4}$$

上式可以利用图 3.2.1 来验证。例如,在该图中我们有:

$$Z_2(HH)=\left(\frac{\tilde{p}}{p}\right)^2\left(\frac{\tilde{q}}{q}\right)^0=\left(\frac{\frac{1}{2}}{\frac{2}{3}}\right)^2=\frac{9}{16}$$

和

$$Z_3(HTT)=\left(\frac{\widetilde{p}}{p}\right)^1\left(\frac{\widetilde{q}}{q}\right)^2=\left(\frac{\frac{1}{2}}{\frac{2}{3}}\right)^1\left(\frac{\frac{1}{2}}{\frac{1}{3}}\right)^2=\frac{27}{16}$$

由上可知,对每一个 n,$Z_n(\omega_1\cdots\omega_n)$是得到抛掷硬币结果 $\omega_1\cdots\omega_n$ 的风险中性概率与真实概率的比值。引理 3.2.5 断言:如果 Y 仅依赖于前 n 次抛掷硬币结果,那么我们不必考虑时刻 n 以后抛掷硬币的结果。这种情况下,我们可以用 Z_n 来替代定理 3.1.1(iii)公式$\widetilde{\mathbb{E}}Y=\mathbb{E}[ZY]$中的拉东—尼柯迪姆导数 Z,而 Z_n 与 Z 的算法相仿,只不过 Z_n 是前 n 次硬币抛掷而非全部 N 次抛掷的两种概率的比值。

除了两种测度$\mathbb{P}$ 和$\widetilde{\mathbb{P}}$ 下期望值的关系之外,我们还希望建立两种测度下条件期望之间的联系公式。以下引理给出了这一公式。

引理 3.2.6 假设条件如同定义 3.2.4。假设随机变量 Y 仅依赖于前 m 次抛掷硬币结果,其中 $0\leqslant n\leqslant m\leqslant N$,则:

$$\widetilde{\mathbb{E}}_nY=\frac{1}{Z_n}\mathbb{E}_n[Z_mY] \tag{3.2.5}$$

【证明】 给定 $\omega_1\cdots\omega_n$,可以算得:

$$\begin{aligned}
&\widetilde{\mathbb{E}}_n[Y](\omega_1\cdots\omega_n)\\
&=\sum_{\omega_{n+1}\cdots\omega_m}Y(\omega_1\cdots\omega_m)\widetilde{p}^{\#H(\omega_{n+1}\cdots\omega_m)}\widetilde{q}^{\#T(\omega_{n+1}\cdots\omega_m)}\\
&=\left(\frac{p}{\widetilde{p}}\right)^{\#H(\omega_1\cdots\omega_n)}\left(\frac{q}{\widetilde{q}}\right)^{\#T(\omega_1\cdots\omega_n)}\\
&\quad\cdot\sum_{\omega_{n+1}\cdots\omega_m}\Big[Y(\omega_1\cdots\omega_m)\left(\frac{\widetilde{p}}{p}\right)^{\#H(\omega_1\cdots\omega_m)}\left(\frac{\widetilde{q}}{q}\right)^{\#T(\omega_1\cdots\omega_m)}\\
&\qquad\cdot p^{\#H(\omega_{n+1}\cdots\omega_m)}q^{\#T(\omega_{n+1}\cdots\omega_m)}\Big]\\
&=\frac{1}{Z_n(\omega_1\cdots\omega_n)}\cdot\sum_{\omega_{n+1}\cdots\omega_m}Y(\omega_1\cdots\omega_m)Z_m(\omega_1\cdots\omega_m)p^{\#H(\omega_{n+1}\cdots\omega_m)}q^{\#T(\omega_{n+1}\cdots\omega_m)}\\
&=\frac{1}{Z_n(\omega_1\cdots\omega_n)}\mathbb{E}_n[YZ_m](\omega_1\cdots\omega_n)
\end{aligned}$$

□

现在,我们可以给出另一种形式的风险中性定价公式。

定理 3.2.7 考虑 N 时段二叉树模型,其中 $0<d<1+r<u$,假定出现正面的真实概率 p 和出现背面的真实概率 q 都是正数。出现正面和背面的风险中性概率如下给定:

$$\widetilde{p}=\frac{1+r-d}{u-d},\quad \widetilde{q}=\frac{u-1-r}{u-d}$$

设$\mathbb{P}$和$\widetilde{\mathbb{P}}$分别表示相应的真实概率和风险中性概率测度,Z是$\widetilde{\mathbb{P}}$关于$\mathbb{P}$的拉东—尼柯迪姆导数,Z_n,$n=0,1,\cdots,N$是拉东—尼柯迪姆导数过程。

考虑一个衍生证券,它在时刻N的支付V_N可能依赖于全部N次抛掷硬币的结果。对于$n=0,1,\cdots,N$,该衍生证券在时刻n的价格为:

$$V_n=\widetilde{\mathbb{E}}_n\frac{V_N}{(1+r)^{N-n}}=\frac{(1+r)^n}{Z_n}\mathbb{E}_n\frac{Z_NV_N}{(1+r)^N}=\frac{1}{\zeta_n}\mathbb{E}_n[\zeta_NV_N] \tag{3.2.6}$$

其中**状态价格密度过程**ζ_n由下式定义:

$$\zeta_n=\frac{Z_n}{(1+r)^n},\quad n=0,1,\cdots,N \tag{3.2.7}$$

【证明】 式(3.2.6)中的第一个等式是第二章中的式(2.4.11),第二个等式由引理3.2.6得到,第三个等式是利用了状态价格密度过程ζ_n的定义。 □

3.3 资本资产定价模型

无套利定价方法是关于资产价格的两种不同的建模方式之一。另一种是基于供需平衡的**资本资产定价模型**,其中投资者的效用函数将消费量转化为满意度。资本资产定价模型有助于对市场的定性化,但却无法获得由无套利方法所能得到的精确的定量结果。而且,对于理想化的完全市场,无套利论证是必需的。另一方面,很多市场是不完全的,因此仅有无套利定价方法是不够的。从理论上,对于这样的市场,只有基于效用的模型才是合理的,尽管人们普遍运用“风险中性”定价,哪怕被定价的资产无法由其他更基本的资产来复制。

本书主要阐述完全市场中的无套利定价及其数学方法。然而,数学方法是广泛适用的。在这一节中,它将被用来解决资本资产定价模型中的一个核心问题:由投资产生的效用期望值的最大化。

在无套利定价方法中,有两个概率测度:真实概率测度和风险中性概率测度。在对衍生证券定价时,我们只需考虑风险中性概率测度。然而,有两种情形与真实概率测度有关:资产管理和风险管理。在资产管理中,人们需要权衡风险与真实(而非风险中性)期望回报;在风险管理中,人们关心的是灾难性事件的真实概率。不过,在这两种情形中,仍涉及风险中性概率测度。在风险管理中,需要进行风险评估的资产组合中通常含有衍生证券,其理论价格必须利用风险中性概率测度算得;在资产管理中,也会以本节中将提及的方式涉及风险中性概率测度。

我们现在考虑资本资产定价问题。所谓**效用函数**，是指实数集上定义的一个非减的凹函数。它可以取值为$-\infty$，但不能取值为$+\infty$。$\ln x$ 是一个常用的效用函数，它通常只对 $x>0$ 有定义。我们约定：对 $x\leqslant 0$，$\ln x=-\infty$，这样，它就对所有 $x\in\mathbb{R}$ 都有定义，并且是非减的凹函数。函数 U 称为是凹的，如果：

$$U(\alpha x+(1-\alpha)y)\geqslant \alpha U(x)+(1-\alpha)U(y),\quad \forall x,y\in\mathbb{R},\quad \alpha\in(0,1) \tag{3.3.1}$$

如果对所有 $x\neq y$，式(3.3.1)中的不等式是严格的，我们就称 U 是**严格凹**的。事实上，我们总假定函数 U 在取值为有限处是严格凹的。通过选取 $p<1$、$p\neq 0$ 和 $c\in\mathbb{R}$，并且定义：

$$U_p(x)=\begin{cases}\dfrac{1}{p}(x-c)^p, & \text{如果 } x>c\\ 0, & \text{如果 } 0<p<1 \text{ 且 } x=c\\ -\infty, & \text{如果 } p<0 \text{ 且 } x=c\\ -\infty, & \text{如果 } x<c\end{cases}$$

我们可以得到整个一族效用函数。这些函数的**绝对风险厌恶指数**$-\dfrac{U''(x)}{U'(x)}$是双曲函数$\dfrac{1-p}{x-c}$，$x>c$。这类函数称为**双曲绝对风险厌恶(HARA)**函数。相应于 $p=0$ 的 HARA 函数是：

$$U_0(x)=\begin{cases}\ln(x-c), & \text{如果 } x>c\\ -\infty, & \text{如果 } x\leqslant c\end{cases}$$

效用函数的凹性假定是为了体现风险与回报之间的权衡。例如，考虑如下的赌博：获得支付 1 和 99 的概率各为$\frac{1}{2}$。于是，期望支付为 50。然而，风险厌恶的赌徒宁可获取 50 而不愿博取这一随机支付。用 X 表示这一随机支付，即$\mathbb{P}(X=1)=\mathbb{P}(X=99)=\frac{1}{2}$。对于凹的效用函数，利用詹森不等式(定理 2.2.5，将不等号反向)可得$\mathbb{E}U(X)\leqslant U(\mathbb{E}X)$。事实上，如果 $U(x)=\ln x$，则$\mathbb{E}\ln X=2.30$，而 $\ln\mathbb{E}X=3.91$。如果赌徒旨在最大化支付的期望效用，则我们的模型表明：赌徒宁要非随机的支付$\mathbb{E}X=50$ 而不愿博取随机支付 X。通过比较支付的期望效用而不是比较期望支付，并且适当选取效用函数，我们可以捕捉到投资者对于权衡风险与回报的态度。

考虑 N 时段二叉树模型，其中参数满足 $0<d<1+r<u$。投资者将初始财富 X_0 投入股票以及货币市场账户，以求最大化其在时刻 N 财富的期望效用。换言之，投资者具有效用函数 U，希望求解以下问题。

问题 3.3.1(最优投资) 给定 X_0,求适应的资产组合过程 $\Delta_0,\Delta_1,\cdots\Delta_{N-1}$,使得在财富方程

$$X_{n+1}=\Delta_n S_{n+1}+(1+r)(X_n-\Delta_n S_n),\quad n=0,1,\cdots,N-1$$

约束下,最大化

$$\mathbb{E}U(X_N) \tag{3.3.2}$$

注意到在式(3.3.2)中是求真实概率测度$\mathbb{P}$下的期望。投资者是风险厌恶型的,并利用自己的效用函数在真实的风险和回报之间作权衡。在风险中性测度下这样做是没有意义的,因为在风险中性测度下股票和货币市场账户具有相同的回报率;希望最大化$\widetilde{\mathbb{E}}U(X)$的投资者只需投资于货币市场。

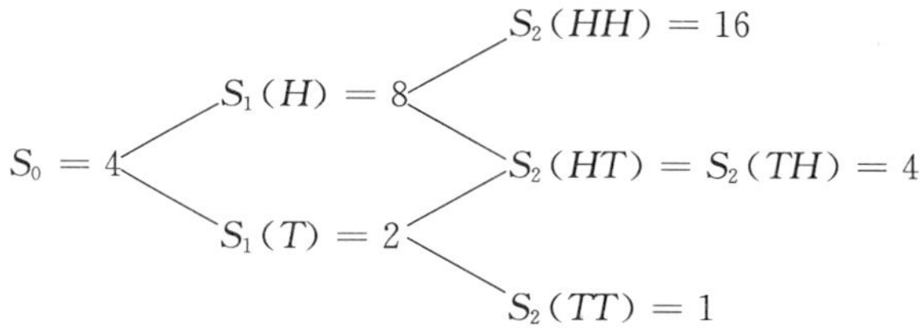

图 3.3.1 二时段模型

例 3.3.2 考虑图 3.3.1 中的二时段模型,其中利率为 $r=\frac{1}{4}$,从而风险中性概率测度为:

$$\widetilde{\mathbb{P}}(HH)=\frac{1}{4},\quad \widetilde{\mathbb{P}}(HT)=\frac{1}{4},\quad \widetilde{\mathbb{P}}(TH)=\frac{1}{4},\quad \widetilde{\mathbb{P}}(TT)=\frac{1}{4}$$

假定真实概率测度为:

$$\mathbb{P}(HH)=\frac{4}{9},\quad \mathbb{P}(HT)=\frac{2}{9},\quad \mathbb{P}(TH)=\frac{2}{9},\quad \mathbb{P}(TT)=\frac{1}{9}$$

投资者初始财富为 $X_0=4$,希望选择 Δ_0、$\Delta_1(H)$和 $\Delta_1(T)$以求最大化$\mathbb{E}\ln X_2$。注意到:

$$X_1(H)=8\Delta_0+\frac{5}{4}(4-4\Delta_0)=3\Delta_0+5$$

$$X_1(T)=2\Delta_0+\frac{5}{4}(4-4\Delta_0)=-3\Delta_0+5$$

以及

$$\begin{aligned}X_2(HH)&=16\Delta_1(H)+\frac{5}{4}(X_1(H)-8\Delta_1(H))\\&=6\Delta_1(H)+\frac{15}{4}\Delta_0+\frac{25}{4}\end{aligned} \tag{3.3.3}$$

$$X_2(HT)=4\Delta_1(H)+\frac{5}{4}(X_1(H)-8\Delta_1(H))$$
$$=-6\Delta_1(H)+\frac{15}{4}\Delta_0+\frac{25}{4} \tag{3.3.4}$$
$$X_2(TH)=4\Delta_1(T)+\frac{5}{4}(X_1(T)-2\Delta_1(T))$$
$$=\frac{3}{2}\Delta_1(T)-\frac{15}{4}\Delta_0+\frac{25}{4} \tag{3.3.5}$$
$$X_2(TT)=\Delta_1(T)+\frac{5}{4}(X_1(T)-2\Delta_1(T))$$
$$=-\frac{3}{2}\Delta_1(T)-\frac{15}{4}\Delta_0+\frac{25}{4} \tag{3.3.6}$$

因此：

$$\mathbb{E}\ln X_2=\frac{4}{9}\ln\left(6\Delta_1(H)+\frac{15}{4}\Delta_0+\frac{25}{4}\right)+\frac{2}{9}\ln\left(-6\Delta_1(H)+\frac{15}{4}\Delta_0+\frac{25}{4}\right)$$
$$+\frac{2}{9}\ln\left(\frac{3}{2}\Delta_1(T)-\frac{15}{4}\Delta_0+\frac{25}{4}\right)+\frac{1}{9}\ln\left(-\frac{3}{2}\Delta_1(T)-\frac{15}{4}\Delta_0+\frac{25}{4}\right)$$

目标是最大化上述表达式，为此，我们计算偏导数：

$$\frac{\partial}{\partial\Delta_0}\mathbb{E}\ln X_2=\frac{4}{9}\cdot\frac{15}{4}\cdot\frac{1}{X_2(HH)}+\frac{2}{9}\cdot\frac{15}{4}\cdot\frac{1}{X_2(HT)}$$
$$-\frac{2}{9}\cdot\frac{15}{4}\cdot\frac{1}{X_2(TH)}-\frac{1}{9}\cdot\frac{15}{4}\cdot\frac{1}{X_2(TT)}$$
$$=\frac{5}{12}\left(\frac{4}{X_2(HH)}+\frac{2}{X_2(HT)}-\frac{2}{X_2(TH)}-\frac{1}{X_2(TT)}\right)$$
$$\frac{\partial}{\partial\Delta_1(H)}\mathbb{E}\ln X_2=\frac{4}{9}\cdot\frac{6}{X_2(HH)}-\frac{2}{9}\cdot\frac{6}{X_2(HT)}$$
$$=\frac{4}{3}\left(\frac{2}{X_2(HH)}-\frac{1}{X_2(HT)}\right)$$
$$\frac{\partial}{\partial\Delta_1(T)}\mathbb{E}\ln X_2=\frac{2}{9}\cdot\frac{3}{2}\cdot\frac{1}{X_2(TH)}-\frac{1}{9}\cdot\frac{3}{2}\cdot\frac{1}{X_2(TT)}$$
$$=\frac{1}{6}\left(\frac{2}{X_2(TH)}-\frac{1}{X_2(TT)}\right)$$

令这些偏导数为零，我们得到三个方程：

$$\frac{4}{X_2(HH)}+\frac{2}{X_2(HT)}=\frac{2}{X_2(TH)}+\frac{1}{X_2(TT)} \tag{3.3.7}$$
$$\frac{2}{X_2(HH)}=\frac{1}{X_2(HT)} \tag{3.3.8}$$
$$\frac{2}{X_2(TH)}=\frac{1}{X_2(TT)} \tag{3.3.9}$$

在式(3.3.8)和式(3.3.9)中交叉相乘,我们得到:

$$X_2(HH)=2X_2(HT) \tag{3.3.10}$$

$$X_2(TH)=2X_2(TT) \tag{3.3.11}$$

将这两个方程代入式(3.3.7),再交叉相乘,我们得到第三个方程:

$$X_2(HT)=2X_2(TT) \tag{3.3.12}$$

这样,我们就有关于四个未知量 $X_2(HH)$、$X_2(HT)$、$X_2(TH)$和 $X_2(TT)$的三个线性方程(3.3.10)~(3.3.12)。

一种求解方法是回顾由三个未知量 $\Delta_1(H)$、$\Delta_1(T)$和 Δ_0 表示$X_2(HH)$、$X_2(HT)$、$X_2(TH)$和 $X_2(TT)$的四个公式(3.3.3)~(3.3.6),代入后,再求解所得的关于三个未知量的三个线性方程,这就解得:

$$\Delta_0=\frac{5}{9},\quad \Delta_1(H)=\frac{25}{54},\quad \Delta_1(T)=\frac{25}{27} \tag{3.3.13}$$

我们虽已求得最优的资产组合,然而所使用的方法却并不理想。特别是,随着时段数的增加,变元 $\Delta_n(\omega)$的数量呈指数增长,而我们最后需要求解关于这些变元的线性方程组。

另一种求解方法是寻求涉及 $X_2(HH)$、$X_2(HT)$、$X_2(TH)$和 $X_2(TT)$的第四个方程,然后求解由它和前面三个方程(3.3.10)~(3.3.12)组成的关于四个未知量的方程组。第四个方程可以由推论 2.4.6 得到:

$$4=\frac{16}{25}\left[\frac{1}{4}X_2(HH)+\frac{1}{4}X_2(HT)+\frac{1}{4}X_2(TH)+\frac{1}{4}X_2(TT)\right] \tag{3.3.14}$$

由式(3.3.10)~(3.3.12)和式(3.3.14)可直接解得:

$$X_2(HH)=\frac{100}{9},\quad X_2(HT)=\frac{50}{9},\quad X_2(TH)=\frac{50}{9},\quad X_2(TT)=\frac{25}{9} \tag{3.3.15}$$

于是,根据定理 1.2.2 的算法,可以求得 $\Delta_1(H)$、$\Delta_1(T)$和 Δ_0。尤其是:

$$\begin{aligned}
\Delta_1(H)&=\frac{X_2(HH)-X_2(HT)}{S_2(HH)-S_2(HT)}=\frac{25}{54}\\
\Delta_1(T)&=\frac{X_2(TH)-X_2(TT)}{S_2(TH)-S_2(TT)}=\frac{25}{27}\\
X_1(H)&=\frac{4}{5}\left[\frac{1}{2}X_2(HH)+\frac{1}{2}X_2(HT)\right]=\frac{20}{3}\\
X_1(T)&=\frac{4}{5}\left[\frac{1}{2}X_2(TH)+\frac{1}{2}X_2(TT)\right]=\frac{10}{3}\\
\Delta_0&=\frac{X_1(H)-X_1(T)}{S_1(H)-S_1(T)}=\frac{5}{9}
\end{aligned} \tag{3.3.16}$$

□

在上例的第二种求解方法中用到的方程(3.3.14)是基于如下事实:在风险中性测度下,资产组合过程的期望贴现值总是等于初始值 X_0(见推论2.4.6),即:

$$\widetilde{\mathbb{E}}\frac{X_N}{(1+r)^N}=X_0 \tag{3.3.17}$$

这就在问题3.3.1的求解中引入了风险中性测度,尽管在原问题的陈述中只出现了真实概率测度。这也提示我们可用以下问题取代问题3.3.1。

问题3.3.3 给定 X_0,求随机变量 X_N(并不涉及资产组合过程),使之最大化

$$\mathbb{E}U(X_N) \tag{3.3.18}$$

并且满足:

$$\widetilde{\mathbb{E}}\frac{X_N}{(1+r)^N}=X_0 \tag{3.3.19}$$

引理3.3.4 *假设 $\Delta_0^*,\Delta_1^*,\cdots,\Delta_{N-1}^*$ 是问题3.3.1的一个最优资产组合过程,X_N^* 是相应最优的时刻 N 的财富随机变量,则 X_N^* 是问题3.3.3的最优解。反之,假设 X_N^* 是问题3.3.3的最优解,则存在一个资产组合过程 $\Delta_0^*,\Delta_1^*,\cdots,\Delta_{N-1}^*$,使得相应的初始值为 X_0 的财富过程在时刻 N 的值为 X_N^*,并且这一资产组合过程是问题3.3.1的最优解。*

【证明】 假设 $\Delta_0^*,\Delta_1^*,\cdots,\Delta_{N-1}^*$ 是问题3.3.1的一个最优资产组合过程,X_N^* 是相应最优的时刻 N 的财富随机变量。要证明 X_N^* 是问题3.3.3的最优解,必须验证它满足约束(3.3.19),并且对于满足这一约束的所有 X_N,都有 $\mathbb{E}U(X_N)\leqslant\mathbb{E}U(X_N^*)$。作为初始值为 X_0 的财富过程在时刻 N 的值,X_N^* 满足式(3.3.17),也就是式(3.3.19)。现设 X_N 是满足约束(3.3.19)的任一随机变量,我们可以将 X_N 视为一个衍生证券,则由第二章的风险中性定价公式(2.4.11),这一衍生证券在时刻0的价格就是式(3.3.19)中出现的 X_0。尤其是,从初始财富 X_0 出发,可以构建一个能够复制 X_N 的资产组合过程 $\Delta_0,\Delta_1,\cdots,\Delta_{N-1}$,即相应于这一资产组合过程的时刻 N 的财富值是 X_N(详见定理1.2.2)。由于 X_N^* 是问题3.3.1的一个最优的财富终值随机变量,而 X_N 则是另一个财富终值随机变量,故必有 $\mathbb{E}U(X_N)\leqslant\mathbb{E}U(X_N^*)$。这表明 X_N^* 是问题3.3.3的最优解。

反之,假设 X_N^* 是问题3.3.3的最优解,再次利用定理1.2.2,我们可以构建一个资产组合过程 $\Delta_0^*,\Delta_1^*,\cdots,\Delta_{N-1}^*$,使得相应的初始值为 X_0 的财富过程在时刻 N 的值为 X_N^*。设 $\Delta_0,\Delta_1,\cdots,\Delta_{N-1}$ 是另一个资产组合过程,它使得相应的初始值为 X_0 的财富过程在时刻 N 的值为某个 X_N。为了证明由 X_N^* 构建的资产组合过程 $\Delta_0^*,\Delta_1^*,\cdots,\Delta_{N-1}^*$ 是问题3.3.1的一个最优解,必须验证:

$$\mathbb{E}U(X_N) \leqslant \mathbb{E}U(X_N^*) \tag{3.3.20}$$

注意到 X_N 满足式(3.3.17),也就是式(3.3.19),而 X_N^* 是问题 3.3.3 的最优解,这就蕴含了式(3.3.20)成立。 □

引理 3.3.4 将最优投资问题(即问题 3.3.1)的求解分解为易于操作的两个步骤:第一步,求得随机变量 X_N,它是问题 3.3.3 的最优解;第二步,以 X_0 为初始财富,构建一个能够复制 X_N 的资产组合过程。第二步只要利用定理 1.2.2 中的算法。以下需要弄清楚的是如何实施第一步。在给出一般方法之前,我们先就例 3.3.2 进行剖析。

例 3.3.2(续) 首先,计算 $\widetilde{\mathbb{P}}$ 关于 $\mathbb{P}$ 的拉东—尼柯迪姆导数:

$$Z(HH)=\frac{\widetilde{\mathbb{P}}(HH)}{\mathbb{P}(HH)}=\frac{9}{16},\quad Z(HT)=\frac{\widetilde{\mathbb{P}}(HT)}{\mathbb{P}(HT)}=\frac{9}{8},$$

$$Z(TH)=\frac{\widetilde{\mathbb{P}}(TH)}{\mathbb{P}(TH)}=\frac{9}{8},\quad Z(TT)=\frac{\widetilde{\mathbb{P}}(TT)}{\mathbb{P}(TT)}=\frac{9}{4}$$

为简便起见,我们用下标表示状态价格密度 ζ 的不同值:

$$\zeta_1=\zeta(HH)=\frac{Z(HH)}{(1+r)^2}=\frac{9}{25}$$

$$\zeta_2=\zeta(HT)=\frac{Z(HT)}{(1+r)^2}=\frac{18}{25}$$

$$\zeta_3=\zeta(TH)=\frac{Z(TH)}{(1+r)^2}=\frac{18}{25}$$

$$\zeta_4=\zeta(TT)=\frac{Z(TT)}{(1+r)^2}=\frac{36}{25}$$

并采用记号:

$$p_1=\mathbb{P}(HH)=\frac{4}{9},\quad p_2=\mathbb{P}(HT)=\frac{2}{9},$$

$$p_3=\mathbb{P}(TH)=\frac{2}{9},\quad p_4=\mathbb{P}(TT)=\frac{1}{9}$$

最后,我们记:

$$x_1=X_2(HH),\quad x_2=X_2(HT),\quad x_3=X_2(TH),\quad x_4=X_2(TT)$$

利用这些记号,问题 3.3.3 可以表述为:

求向量(x_1,x_2,x_3,x_4),在 $\sum_{m=1}^4 p_m\zeta_m x_m = X_0$ 的约束下,最大化$\sum_{m=1}^4 p_m U(x_m)$。

代入具体数字,并利用效用函数为对数函数这一事实,上述问题可以重写为:

求向量(x_1,x_2,x_3,x_4),在

$$\frac{4}{9}\cdot\frac{9}{25}x_1+\frac{2}{9}\cdot\frac{18}{25}x_2+\frac{2}{9}\cdot\frac{18}{25}x_3+\frac{1}{9}\cdot\frac{36}{25}x_4=4 \qquad (3.3.21)$$

的约束下，最大化

$$\frac{4}{9}\ln x_1+\frac{2}{9}\ln x_2+\frac{2}{9}\ln x_3+\frac{1}{9}\ln x_4$$

这一问题的拉格朗日(Lagrange)函数为：

$$L=\frac{4}{9}\ln x_1+\frac{2}{9}\ln x_2+\frac{2}{9}\ln x_3+\frac{1}{9}\ln x_4-\lambda\Big(\frac{4}{9}\cdot\frac{9}{25}x_1+\frac{2}{9}\cdot\frac{18}{25}x_2+\frac{2}{9}\cdot\frac{18}{25}x_3+\frac{1}{9}\cdot\frac{36}{25}x_4-4\Big)$$

拉格朗日乘子方程为：

$$\frac{\partial}{\partial x_1}L=\frac{4}{9}\left(\frac{1}{x_1}-\lambda\frac{9}{25}\right)=0$$
$$\frac{\partial}{\partial x_2}L=\frac{2}{9}\left(\frac{1}{x_2}-\lambda\frac{18}{25}\right)=0$$
$$\frac{\partial}{\partial x_3}L=\frac{2}{9}\left(\frac{1}{x_3}-\lambda\frac{18}{25}\right)=0$$
$$\frac{\partial}{\partial x_4}L=\frac{1}{9}\left(\frac{1}{x_4}-\lambda\frac{36}{25}\right)=0$$

由此解得：

$$x_1=\frac{25}{9\lambda},\ x_2=\frac{25}{18\lambda},\ x_3=\frac{25}{18\lambda},\ x_4=\frac{25}{36\lambda}$$

将这些公式代入式(3.3.21)，得：

$$\frac{4}{9\lambda}+\frac{2}{9\lambda}+\frac{2}{9\lambda}+\frac{1}{9\lambda}=4$$

这表明$\frac{1}{\lambda}=4$。在时刻 2 的最优财富值为：

$$X_2(HH)=x_1=\frac{100}{9},\quad X_2(HT)=x_2=\frac{50}{9},$$
$$X_2(TH)=x_3=\frac{50}{9},\quad X_2(TT)=x_4=\frac{25}{9}$$

这与式(3.3.15)相同。与前面一样，我们可以由这些公式算得最优资产组合过程Δ_0、$\Delta_1(H)$和$\Delta_1(T)$。 □

一般地，问题 3.3.3 可按上例中的思路求解。由于问题的陈述中同时出现真实概率测度和风险中性概率测度，使问题略显复杂。我们可以引入$\widetilde{\mathbb{P}}$关于$\mathbb{P}$的拉东—尼柯迪姆导数Z，重写式(3.3.19)，使其不涉及风险中性测度。

这样,约束条件就变为:

$$\mathbb{E}\frac{Z_N X_N}{(1+r)^N}=X_0 \tag{3.3.19$'$}$$

利用状态价格密度 $\zeta=\frac{Z}{(1+r)^N}$,式(3.3.19)可被进一步重写为:

$$\mathbb{E}\,\zeta X_N=X_0 \tag{3.3.19$''$}$$

在 N 时段模型中,共有 $M=2^N$ 个可能的抛掷硬币结果序列,标记为:

$$\omega^1,\omega^2,\cdots,\omega^M$$

我们用上标来表明 ω^m 是整个抛掷硬币结果序列,而不是某个序列中的第 m 次抛掷结果。定义 $\zeta_m=\zeta(\omega^m)$,$p_m=\mathbb{P}(\omega^m)$,$x_m=X_N(\omega^m)$,则问题 3.3.3 可被重述如下:

问题 3.3.5 给定 X_0,求向量$(x_1,x_2,\cdots,x_M)$在

$$\sum_{m=1}^{M}p_m x_m \zeta_m=X_0$$

的约束下,最大化

$$\sum_{m=1}^{M}p_m U(x_m)$$

问题 3.3.5 的拉格朗日函数为:

$$L=\sum_{m=1}^{M}p_m U(x_m)-\lambda\left(\sum_{m=1}^{M}p_m x_m\zeta_m-X_0\right)$$

拉格朗日乘子方程为:

$$\frac{\partial}{\partial x_m}L=p_m U'(x_m)-\lambda p_m\zeta_m=0,\quad m=1,2,\cdots,M \tag{3.3.22}$$

这些方程可以化简为:

$$U'(x_m)=\lambda\zeta_m,\quad m=1,2,\cdots,M \tag{3.3.23}$$

回顾 x_m 和 ζ_m 的定义,我们可将其重写为:

$$U'(X_N)=\frac{\lambda Z}{(1+r)^N} \tag{3.3.24}$$

这里,我们需要考虑U'的反函数。由于函数 U 在其取值有限处是严格凹的,它的导数递减,从而存在反函数,记为 I。例如,若 $U(x)=\ln x$,则 $U'(x)=\frac{1}{x}$。令 $y=U'(x)=\frac{1}{x}$,可解得 $I(y)=\frac{1}{y}$。只要确定了反函数,我们就可以反解式(3.3.24),得到:

$$X_N = I\left(\frac{\lambda Z}{(1+r)^N}\right) \tag{3.3.25}$$

这就给出了通过乘子 λ 表示的最优解 X_N 的公式。为求乘子 λ，可将 X_N 代入式(3.3.19)′：

$$\mathbb{E}\left[\frac{Z}{(1+r)^N} I\left(\frac{\lambda Z}{(1+r)^N}\right)\right] = X_0 \tag{3.3.26}$$

解此方程，求出 λ，代入式(3.3.25)，得到 X_N，再利用定理 1.2.2 中的算法，确定最优资产组合过程 $\Delta_0, \Delta_1, \cdots, \Delta_{N-1}$。所有这些步骤在例 3.3.2(续)中都曾被实施过。

上述讨论可归结为下面的定理。

定理 3.3.6 问题 3.3.1 可以如下求解：先解关于 λ 的方程(3.3.26)，再由式(3.3.25)计算 X_N，最后利用定理 1.2.2 中的算法，确定最优资产组合过程 $\Delta_0, \Delta_1, \cdots, \Delta_{N-1}$ 以及相应的资产组合价值过程 $X_1, X_2, \cdots, X_N$。式(3.3.26)中出现的函数 I 是问题 3.3.1 中效用函数 U 的导数 U' 的反函数，即 $x = I(y)$ 当且仅当 $y = U'(x)$。

3.4 本章小结

本章详细介绍了二叉树模型中从真实概率测度到风险中性概率测度的变换，以及在有限概率模型中从一个概率测度到另一个概率测度的变换。关键的量是**拉东—尼柯迪姆导数**：

$$Z(\omega) = \frac{\widetilde{\mathbb{P}}(\omega)}{\mathbb{P}(\omega)} \tag{3.1.1}$$

在有限概率模型中，这是两个概率测度的商。拉东—尼柯迪姆导数是严格为正的随机变量，并且$\mathbb{E}Z = 1$。随机变量 Y 在两种概率测度下的期望通过以下公式相联系：

$$\widetilde{\mathbb{E}}Y = \mathbb{E}[ZY] \tag{3.1.2}$$

在二叉树模型中，假定抛掷硬币出现正面和背面的真实概率分别为 p 和 q，而风险中性概率分别为 $\tilde{p}$ 和 $\tilde{q}$，那么除了**拉东—尼柯迪姆导数随机变量**：

$$Z(\omega_1 \cdots \omega_N) = \frac{\widetilde{\mathbb{P}}(\omega_1 \cdots \omega_N)}{\mathbb{P}(\omega_1 \cdots \omega_N)} = \left(\frac{\tilde{p}}{p}\right)^{\# H(\omega_1 \cdots \omega_N)} \left(\frac{\tilde{q}}{q}\right)^{\# T(\omega_1 \cdots \omega_N)} \tag{3.1.8}$$

我们还有**拉东—尼柯迪姆导数过程**：

$$Z_n = \mathbb{E}_n Z, \quad n = 0, 1, \cdots, N \tag{3.2.1}$$

这一过程也可由以下公式给出：

$$Z_n(\omega_1\cdots\omega_n)=\left(\frac{\widetilde{p}}{p}\right)^{\#H(\omega_1\cdots\omega_n)}\left(\frac{\widetilde{q}}{q}\right)^{\#T(\omega_1\cdots\omega_n)} \tag{3.2.4}$$

换言之，$Z_n(\omega_1\cdots\omega_n)$是前 n 次抛掷硬币结果的风险中性概率与真实概率的比值。若随机变量 Y 仅依赖于前 n 次抛掷硬币的结果，其中 $0\leqslant n\leqslant N$，则方程(3.1.2)可取如下形式：

$$\widetilde{\mathbb{E}}Y=\mathbb{E}[Z_nY] \tag{3.2.3}$$

这表明：当 Y 可以由前 n 次抛掷硬币结果决定时，在联系 Y 的$\widetilde{\mathbb{P}}$ 期望和$\mathbb{P}$ 期望的公式中，我们只需考虑前 n 次抛掷硬币结果的风险中性概率与真实概率的比值。

在风险中性概率测度$\widetilde{\mathbb{P}}$ 和真实概率测度$\mathbb{P}$ 下的条件期望联系如下：如果随机变量 Y 仅依赖于前 m 次抛掷硬币结果，其中 $0\leqslant n\leqslant m\leqslant N$，则：

$$\widetilde{\mathbb{E}}_nY=\frac{1}{Z_n}\mathbb{E}_n[Z_mY] \tag{3.2.5}$$

在计算条件期望$\widetilde{\mathbb{E}}_nY$ 时，设想我们已知前 n 次抛掷硬币结果 $\omega_1\cdots\omega_n$，并由假设 Y 不依赖于 $\omega_{m+1}\cdots\omega_N$；我们尚未知的而且影响 Y 值的抛掷硬币结果 $\omega_{n+1}\cdots\omega_m$ 具有 $\widetilde{\mathbb{P}}$ -概率 $\widetilde{p}^{\#H(\omega_{n+1}\cdots\omega_m)}\,\widetilde{q}^{\#T(\omega_{n+1}\cdots\omega_m)}$ 和 $\mathbb{P}$ -概率 $p^{\#H(\omega_{n+1}\cdots\omega_m)}\,q^{\#T(\omega_{n+1}\cdots\omega_m)}$，这两个概率的比值为：

$$\frac{Z_m(\omega_1\cdots\omega_m)}{Z_n(\omega_1\cdots\omega_n)}=\left(\frac{\widetilde{p}}{p}\right)^{\#H(\omega_{n+1}\cdots\omega_m)}\left(\frac{\widetilde{q}}{q}\right)^{\#T(\omega_{n+1}\cdots\omega_m)}$$

于是，在式(3.2.5)中，这个商随机变量被用于将$\widetilde{\mathbb{P}}$ -条件期望改写为$\mathbb{P}$ -条件期望。关于这一点，注意式(3.2.5)的右端也可以被写成$\mathbb{E}_n\left[\frac{Z_m}{Z_n}Y\right]$，因为 Z_n 仅依赖于前 n 次抛掷硬币结果。

由二叉树模型中的拉东—尼柯迪姆导数随机变量 Z 可引出**状态价格密度**：

$$\zeta(\omega)=\frac{Z(\omega)}{(1+r)^N}$$

可以将 $\zeta(\omega)$解释为在时刻 N 当且仅当抛掷硬币结果序列是 ω 时支付为 1 的衍生证券在时刻 0 相应于每单位真实概率的价格(见定义 3.1.3 后面的讨论)。换言之，所谓 **ω 的状态价格** $\zeta(\omega)\mathbb{P}(\omega)$就是在时刻 N 当且仅当抛掷硬币结果序列是 ω 时支付为 1 的衍生证券在时刻 0 的价值。

我们可以利用状态价格密度求解下面的最优投资问题。

问题 3.3.1(最优投资) 给定 X_0,求适应的资产组合过程 $\Delta_0,\Delta_1,\cdots,\Delta_{N-1}$,使得在财富方程

$$X_{n+1}=\Delta_n S_{n+1}+(1+r)(X_n-\Delta_n S_n),\quad n=0,1,\cdots,N-1$$

约束下,最大化

$$\mathbb{E}U(X_N) \tag{3.3.2}$$

我们列出 N 时段模型中 $M=2^N$ 个可能的抛掷硬币结果序列,标记为 $\omega^1,\omega^2,\cdots,\omega^M$,并定义 $\zeta_m=\zeta(\omega^m)$,$p_m=\mathbb{P}(\omega^m)$ 以及 $x_m=X_N(\omega^m)$,则问题 3.3.1 可被转化为下面的问题。

问题 3.3.5 给定 X_0,求向量$(x_1,x_2,\cdots,x_M)$在

$$\sum_{m=1}^{M} p_m x_m \zeta_m = X_0$$

的约束下,最大化

$$\sum_{m=1}^{M} p_m U(x_m)$$

在问题 3.3.1 中,求解范围是所有资产组合过程,而在问题 3.3.5 中,求解范围是所有 M 个变元 $x_1,\cdots,x_M$。问题 3.3.5 较为简单,可用拉格朗日乘子法求解。最优的 x_m 值满足:

$$U'(x_m)=\lambda\zeta_m,\quad m=1,2,\cdots,M \tag{3.3.23}$$

其中,λ 是拉格朗日乘子。由此得到公式:

$$X_N=I\left(\frac{\lambda Z}{(1+r)^N}\right) \tag{3.3.25}$$

其中,I 是严格递减函数 U' 的反函数,拉格朗日乘子 λ 的选取使得以下方程成立:

$$\mathbb{E}\left[\frac{Z}{(1+r)^N}I\left(\frac{\lambda Z}{(1+r)^N}\right)\right]=X_0 \tag{3.3.26}$$

一旦通过上述方程求得最优终端财富 X_N,我们可将其视为某一衍生证券的支付,再利用定理 1.2.2 中的算法,确定出作为衍生证券空头对冲的资产组合过程 $\Delta_0,\Delta_1,\cdots,\Delta_{N-1}$,这也是问题 3.3.1 的最优解。

3.5 评 注

人们也许会认为在时刻 N,当且仅当抛掷硬币结果是"状态"ω 时支付为

1 的衍生证券在时刻 0 的价值应该是期望支付,即 ω 的(真实而非风险中性)概率。然而,这没有考虑到一旦“状态”ω 不出现时支付为 0 的风险。提出**状态价格**来解释风险可追溯到阿罗和德布鲁(Arrow and Debreu)[1]。

最优投资问题,或者更一般的,最优消费和投资问题是许多研究工作的主题。这方面的原始文献是关于离散时间模型的哈坎松(Hakansson)[16]和关于连续时间模型的默顿[32],[33],[35](默顿的这些论文收集在[36]中)。利用状态价格密度过程的解法源于普利斯卡[37],并在考克斯和黄(Huang)[7],[8]以及卡拉察斯、莱霍茨基和施里夫(Karatzas,Lehoczky and Shreve)[27]中得到进一步发展。除了[16],所有模型都是关于连续时间的。本书专门就二叉树模型作了阐述。卡拉察斯和施里夫[28]中提供了关于这一方向的研究综述,包括投资组合有约束以及借贷与投资有不同利率等情形。

3.6 习　题

习题 3.1 在定理 3.1.1 的条件下,证明下列与该定理中(i)~(iii)类似的性质:

(i′) $\widetilde{\mathbb{P}}\left(\frac{1}{Z}>0\right)=1$;

(ii′) $\widetilde{\mathbb{E}}\,\frac{1}{Z}=1$;

(iii′) 对任何随机变量 Y,有:

$$\mathbb{E}Y=\widetilde{\mathbb{E}}\left[\frac{1}{Z}\cdot Y\right]$$

换言之,$\frac{1}{Z}$ 在由 $\widetilde{\mathbb{E}}$ 到 $\mathbb{E}$ 的转换中的作用,正如同 Z 在由 $\mathbb{E}$ 到 $\widetilde{\mathbb{E}}$ 的转换中的作用。

习题 3.2 设 $\mathbb{P}$ 是有限概率空间 Ω 上的概率测度。本题中,我们允许对于某些 $\omega\in\Omega$,有 $\mathbb{P}(\omega)=0$。设 Z 是 Ω 上的随机变量,满足 $\mathbb{P}(Z\geqslant 0)=1$ 和 $\mathbb{E}Z=1$。对于 $\omega\in\Omega$,定义 $\widetilde{\mathbb{P}}(\omega)=Z(\omega)\mathbb{P}(\omega)$,并对于 $A\subset\Omega$,定义 $\widetilde{\mathbb{P}}(A)=\sum_{\omega\in A}\widetilde{\mathbb{P}}(\omega)$。试证明以下命题:

(i) $\widetilde{\mathbb{P}}$ 是一个概率测度,即 $\widetilde{\mathbb{P}}(\Omega)=1$。

(ii) 设 Y 是随机变量,则 $\widetilde{\mathbb{E}}Y=\mathbb{E}[ZY]$。

(iii) 若 $\mathbb{P}(A)=0$,则 $\widetilde{\mathbb{P}}(A)=0$。

(iv) 假定 $\mathbb{P}(Z>0)=1$,证明:若 $\widetilde{\mathbb{P}}(A)=0$,则 $\mathbb{P}(A)=0$。

两个概率测度被称为是**等价**的,如果它们对于概率为 0 的事件是一致的

(即 $P(A)=0$ 当且仅当$\widetilde{\mathbb{P}}(A)=0$)。由上述(iii)和(iv),可知在$\mathbb{P}(Z>0)=1$的条件下,$\mathbb{P}$与$\widetilde{\mathbb{P}}$等价。

(v) 证明:如果$\mathbb{P}$与$\widetilde{\mathbb{P}}$等价,那么它们对于概率为 1 的事件是一致的(即$\mathbb{P}(A)=1$当且仅当$\widetilde{\mathbb{P}}(A)=1$)。

(vi) 构造一个例子,其中仅有$\mathbb{P}(Z\geqslant 0)=1$成立,并且$\mathbb{P}$与$\widetilde{\mathbb{P}}$不等价。

在金融模型中,风险中性概率测度与真实概率测度总是等价的。关于哪些事件是可能的、哪些事件是不可能的,它们是一致的。

习题 3.3 利用图 3.1.1 中的股票价格模型,设真实概率为$p=\frac{2}{3}$和$q=\frac{1}{3}$,定义 S_3 在不同时刻的估计为:

$$M_n=E_n[S_3],\quad n=0,1,2,3$$

在与图 3.1.1 类似的树中填入 M_n 的值。验证 $M_n, n=0,1,2,3$ 是一个鞅。

习题 3.4 本题引用例 3.1.2 中的模型,其中的拉东—尼柯迪姆导数过程 Z_n 出现在图 3.2.1 中。

(i) 计算状态价格密度:

$$\begin{aligned}&\zeta_3(HHH),\\&\zeta_3(HHT)=\zeta_3(HTH)=\zeta_3(THH),\\&\zeta_3(HTT)=\zeta_3(THT)=\zeta_3(TTH),\\&\zeta_3(TTT)\end{aligned}$$

(ii) 利用(i)中得到的数据,通过公式(3.1.10)求习题 1.8 中的亚式期权在时刻 0 的价格。这里需要算出该习题(ii)中的 $v_0(4,4)$。

(iii) 计算状态价格密度 $\zeta_2(HT)=\zeta_2(TH)$。

(iv) 利用风险中性定价公式(3.2.6),即:

$$V_2(HT)=\frac{1}{\zeta_2(HT)}\mathbb{E}_2[\zeta_3 V_3](HT)$$

$$V_2(TH)=\frac{1}{\zeta_2(TH)}\mathbb{E}_2[\zeta_3 V_3](TH)$$

计算 $V_2(HT)$和 $V_2(TH)$。应该求得 $V_2(HT)=v_2(4,16)$以及 $V_2(TH)=v_2(4,10)$,其中 $v_2(s,y)$在习题 1.8(ii)中已算得。注意,$V_2(HT)\neq V_2(TH)$。

习题 3.5 (随机波动率、随机利率) 考虑习题 2.9 中的模型。假定真实概率测度为:

$$\mathbb{P}(HH)=\frac{4}{9},\quad \mathbb{P}(HT)=\frac{2}{9},\quad \mathbb{P}(TH)=\frac{2}{9},\quad \mathbb{P}(TT)=\frac{1}{9}$$

风险中性概率测度在习题 2.9 中已算得。

(i) 计算$\widetilde{\mathbb{P}}$关于$\mathbb{P}$的拉东—尼柯迪姆导数 $Z(HH)$、$Z(HT)$、$Z(TH)$ 和$Z(TT)$。

(ii) 拉东—尼柯迪姆导数过程 Z_0, Z_1, Z_2 满足 $Z_2=Z$。计算 $Z_1(H)$、$Z_1(T)$和 Z_0。注意 $Z_0=\mathbb{E}Z=1$。

(iii) 与本题模型相应的、不含风险中性测度的风险中性定价公式(3.2.6)为:

$$V_1(H)=\frac{1+r_0}{Z_1(H)}\mathbb{E}_1\left[\frac{Z_2}{(1+r_0)(1+r_1)}V_2\right](H)$$

$$=\frac{1}{Z_1(H)(1+r_1(H))}\mathbb{E}_1[Z_2V_2](H)$$

$$V_1(T)=\frac{1+r_0}{Z_1(T)}\mathbb{E}_1\left[\frac{Z_2}{(1+r_0)(1+r_1)}V_2\right](T)$$

$$=\frac{1}{Z_1(T)(1+r_1(T))}\mathbb{E}_1[Z_2V_2](T)$$

$$V_0=\mathbb{E}\left[\frac{Z_2}{(1+r_0)(1+r_1)}V_2\right]$$

在 $V_2=(S_2-7)^+$ 的情形下,计算 $V_1(H)$、$V_1(T)$和 V_0 并将结果与习题 2.6(ii)的答案进行比较。

习题 3.6 就 N 时段二叉树模型考虑问题 3.3.1,其中效用函数 $U(x)=\ln x$。证明:相应于最优资产组合过程的最优财富过程为 $X_n=\frac{X_0}{\zeta_n}$, $n=0,1,\cdots,N$,其中 ζ_n 是由式(3.2.7)定义的状态价格密度过程。

习题 3.7 就 N 时段二叉树模型考虑问题 3.3.1,其中效用函数 $U(x)=\frac{1}{p}x^p$, $p<1$, $p\neq 0$,证明时刻 N 的最优财富为:

$$X_N=\frac{X_0(1+r)^N Z^{\frac{1}{p-1}}}{\mathbb{E}\left[Z^{\frac{p}{p-1}}\right]}$$

其中 Z 是$\widetilde{\mathbb{P}}$关于$\mathbb{P}$的拉东—尼柯迪姆导数。

习题 3.8 在求解问题 3.3.5 时,我们用到了拉格朗日乘子定理,然而并没有验证定理的假设条件。尤其是,根据该定理,如果约束函数的梯度不是零向量,则最优解一定满足拉格朗日乘子方程(3.3.22)。在问题 3.3.5 的情形下,这一梯度向量$(p_1\zeta_1,\cdots,p_m\zeta_m)$不是零向量,因此定理假设是满足的。然而,即使定理假设满足,也并不保证最优解存在;事实上,拉格朗日乘子方程的解也有可能极小化期望效用。拉格朗日乘子方程的解还有可能既不是最大元也不是最小元。在本习题中,我们提出另一种验证由式

(3.3.25)给出的随机变量 X_N 最大化期望效用的方法。

首先作一下记号的改变，将由式(3.3.25)给出的随机变量记为 X_N^* 而不是 X_N，换言之，有：

$$X_N^* = I\left[\frac{\lambda}{(1+r)^N}Z\right] \tag{3.6.1}$$

其中，λ 是方程(3.3.26)的解。这样，我们就可以用记号 X_N 表示满足式(3.3.19)的任意(而不必是最优的)随机变量。我们必须证明：

$$\mathbb{E}U(X_N) \leqslant \mathbb{E}U(X_N^*) \tag{3.6.2}$$

(i) 对于固定的 $y>0$，证明 $x=I(y)$ 最大化 x 的函数 $U(x)-yx$，从而有：

$$U(x)-yx \leqslant U(I(y))-yI(y),\ \forall x \tag{3.6.3}$$

(ii) 在式(3.6.3)中，以随机变量 X_N 取代哑变量 x，并以随机变量 $\frac{\lambda Z}{(1+r)^N}$ 取代哑变量 y，然后两边同时取期望并利用式(3.3.19)和式(3.3.26)，可推得式(3.6.2)成立。

习题 3.9 (最大化达标概率) (库尔道夫(Kulldorff,1993)[30]，赫斯(Heath,1995)[19])

为了测试你的投资策略的有效性，一位资金雄厚的出资人将向你提供一小笔资金 X_0，你可以在 N 时段二叉树模型框架下，进行投资运作，条件是你的资产组合价值在任何时刻都不能为负。如果到时刻 N，你的资产组合价值 X_N 至少达到出资人事先指定的正数 γ，你将会得到一大笔出资人委托你运作的资金。因此，你的问题如下：

$$\text{最大化}\mathbb{P}(X_N \geqslant \gamma)$$

其中，X_N 是初始财富值为 X_0 的资产组合财富过程在时刻 N 的价值，并且资产组合财富过程 X_n 在任何时刻都满足：

$$X_n \geqslant 0,\quad n=1,2,\cdots,N$$

以将问题 3.3.1 归结为问题 3.3.3 的同样方式，上述问题可以重述为：

$$\text{最大化}\mathbb{P}(X_N \geqslant \gamma)$$

约束条件为：

$$\widetilde{\mathbb{E}}\frac{X_N}{(1+r)^N} = X_0,\ X_n \geqslant 0,\quad n=1,2,\cdots,N$$

(i) 证明：如果 $X_N \geqslant 0$，则 $X_n \geqslant 0$，$\forall n=1,2,\cdots,N$。

(ii) 考虑函数

$$U(x)=\begin{cases}0, & \text{如果 } 0\leqslant x<\gamma\\ 1, & \text{如果 } x\geqslant\gamma\end{cases}$$

证明对于每一个固定的 $y>0$,我们有:

$$U(x)-yx\leqslant U(I(y))-yI(y),\quad \forall x\geqslant 0$$

其中:

$$I(y)=\begin{cases}\gamma, & \text{如果 } 0<y\leqslant\dfrac{1}{\gamma}\\ 0, & \text{如果 } y>\dfrac{1}{\gamma}\end{cases}$$

(iii) 假定以下方程存在解 λ:

$$\mathbb{E}\left[\frac{Z}{(1+r)^N}I\left(\frac{\lambda Z}{(1+r)^N}\right)\right]=X_0 \tag{3.6.4}$$

仿照习题 3.8 中的证法,证明最优的 X_N 由下式给出:

$$X_N^*=I\left(\frac{\lambda Z}{(1+r)^N}\right)$$

(iv) 如同推导问题 3.3.5 的做法,列出 $M=2^N$ 个可能的抛掷硬币结果序列,标记为 $\omega^1,\omega^2,\cdots,\omega^M$,并定义 $\zeta_m=\zeta(\omega^m)$,$p_m=\mathbb{P}(\omega^m)$,这里我们按 ζ_m 的升序排出这些序列,即我们标记这些可能的抛掷硬币结果序列,使得:

$$\zeta_1\leqslant\zeta_2\leqslant\cdots\leqslant\zeta_M$$

证明:假定方程(3.6.4)存在解 λ 等价于假定对于某个正数 K,我们有 $\zeta_K<\zeta_{K+1}$,并且

$$\sum_{m=1}^{K}\zeta_m p_m=\frac{X_0}{\gamma} \tag{3.6.5}$$

(v) 证明 X_N^* 由下式给出:

$$X_N^*(\omega^m)=\begin{cases}\gamma, & \text{如果 } m\leqslant K\\ 0, & \text{如果 } m\geqslant K+1\end{cases}$$

4 美式衍生证券

4.1 引 言

欧式期权合约中指定了到期日，而期权一旦被行权的话，也只能在到期日实施。如果期权持有人可以在到期日之前的任何时刻(包括到期日)行权，这样的期权被称为**美式期权**。由于这一提前实施特征，美式期权的价值至少如同欧式期权。有时，这种价值上的差别可以忽略，甚至为零，这时，美式期权与欧式期权相近甚至可以互相替代。在本章中我们将看到，对于不支付红利的股票的看涨期权，提前实施并无价值，即美式和欧式看涨期权价格相同。对于其他情形，例如看跌期权，这种提前实施特征具有实质性的价值，所谓**提前实施溢价**。介于美式期权与欧式期权之间的是**百慕大期权**，持有人可以在合约规定的某些日期提前行权。

由于美式期权可以在到期日之前的任何时刻被提前实施，因此在任何时刻，其价值都不低于即时行权可以获得的支付(这被称为期权的**内在价值**)。

欧式期权的贴现价格过程在风险中性测度下是一个鞅；与此不同，美式期权的贴现价格过程在风险中性测度下是一个上鞅。美式期权的持有人可能会错失最优的实施时刻，这样，期权价值将有减少的倾向，因而具有上鞅性质。然而，在提前实施并非最优的时段，美式期权的贴现价格过程的表现如同一个鞅。

为了对美式期权定价，就像欧式期权的情形一样，我们设想通过出售期权获得初始资本，然后考虑如何构建投资组合来对冲期权的空头。在到期日之前的任何时刻，都需要随时准备支付，因为我们并不知道期权何时会被实施。我们将确定对我们而言最坏的行权时刻。对于期权持有人而言，这将是**最优实施时刻**(以后我们就如此称呼)。然后，我们计算为了建立对冲组合(以应对期权持有人有可能在最优实施时刻行权)所需要的初始资本。最后，考虑如何建立投资组合，无论期权持有人是否在最优实施时刻行权，我们都能成功地对冲期权的空头。我们的结论是:期权的初始价格正是为了对冲最优实施所需要的初始资本。

在4.2节中,我们给出最基本的美式衍生证券定价算法,其中衍生产品的支付非路径依赖(即支付仅与原生资产的即时价格有关,而不依赖于在此之前的任何价格)。为了建立包括路径依赖情形的完整的美式衍生证券定价理论,我们需要4.3节中引入的**停时**概念。由此,我们在4.4节中给出美式衍生证券的一般理论。其中一个结论就是:对于无红利支付股票的美式看涨期权,提前行权是不明智的。与此相关的一些结果将在4.5节中给出。

4.2 非路径依赖美式衍生产品

这一节中,我们将给出衍生产品的支付非路径依赖时美式衍生证券的定价算法。首先,我们回顾欧式衍生证券当支付非路径依赖时的定价算法。在N时段二叉树模型中,假设上升因子u、下降因子d以及利率r满足无套利条件$0<d<1+r<u$。考虑一个衍生证券,它在时刻N的支付为$g(S_N)$,这里g是某个给定函数。由于股票价格是马尔可夫过程,我们可将衍生证券在任何时刻n的价值V_n表示为该时刻股价的函数v_n,即$V_n=v_n(S_n)$,$n=0,1,\cdots,N$(定理2.5.8)。根据风险中性定价公式[见式(2.4.12)及其马尔可夫简化形式式(2.5.2)],对于$0\leqslant n\leqslant N$,函数v_n可由以下**欧式算法**确定:

$$v_N(s)=\max\{g(s),0\} \tag{4.2.1}$$

$$v_n(s)=\frac{1}{1+r}[\tilde{p}v_{n+1}(us)+\tilde{q}v_{n+1}(ds)],\quad n=N-1,N-2,\cdots,0 \tag{4.2.2}$$

其中,$\tilde{p}=\dfrac{1+r-d}{u-d}$和$\tilde{q}=\dfrac{u-1-r}{u-d}$分别是股价上升和下降的风险中性概率。(用以对冲期权空头的)复制资产组合则由下式给出([见式(1.2.17)]:

$$\Delta_n=\frac{v_{n+1}(uS_n)-v_{n+1}(dS_n)}{(u-d)S_n},\quad n=0,1,\cdots,N \tag{4.2.3}$$

现在考虑**美式衍生证券**。仍然给定期权的支付函数g。在任何时刻$n\leqslant N$,衍生证券的持有人可以行权并获得支付$g(S_n)$(这一节中,支付仅依赖于行权时刻的股票价格S_n,而不依赖于股价路径)。于是,(用以对冲期权空头的)复制资产组合的价值X_n总是满足:

$$X_n\geqslant g(S_n),\quad n=0,1,\cdots,N \tag{4.2.4}$$

衍生证券在每一时刻n的价值至少等于所谓的**内在价值**$g(S_n)$,而复制资产组合在时刻n的价值必须等于衍生证券的价值。

由上可知，为了给一个美式衍生证券定价，我们应将欧式算法（4.2.2）改换为以下的**美式算法**：

$$v_N(s)=\max\{g(s),0\} \tag{4.2.5}$$

$$v_n(s)=\max\{g(s),\frac{1}{1+r}[\tilde{p}v_{n+1}(us)+\tilde{q}v_{n+1}(ds)]\},$$
$$n=N-1,N-2,\cdots,0 \tag{4.2.6}$$

从而 $V_n=v_n(S_n)$ 将是美式衍生证券在时刻 n 的价值。

例 4.2.1 在图 4.2.1 的二时段模型中，设利率 $r=\frac{1}{4}$，于是风险中性概率 $\tilde{p}=\tilde{q}=\frac{1}{2}$。考虑一个在时刻 2 到期、敲定价格为 5 的美式看跌期权。换言之，如果期权持有人在时刻 n 行权，将获得支付 $5-S_n$。取 $g(s)=5-s$，则美式算法（4.2.5）、（4.2.6）变成：

$$v_2(s)=\max\{5-s,0\}$$

$$v_n(s)=\max\left\{5-s,\frac{2}{5}\left[v_{n+1}(2s)+v_{n+1}\left(\frac{s}{2}\right)\right]\right\},n=1,0$$

尤其是：

$$v_2(16)=0$$
$$v_2(4)=1$$
$$v_2(1)=4$$
$$v_1(8)=\max\left\{(5-8),\frac{2}{5}(0+1)\right\}=\max\{-3,0.40\}=0.40$$
$$v_1(2)=\max\left\{(5-2),\frac{2}{5}(1+4)\right\}=\max\{3,2\}=3$$
$$v_0(4)=\max\left\{(5-4),\frac{2}{5}(0.40+3)\right\}=\max\{1,1.36\}=1.36$$

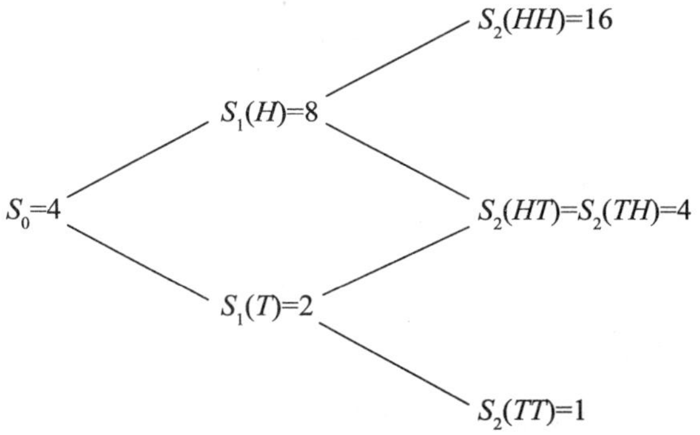

图 4.2.1 二时段模型

这一算法求得的 $v_1(2)$ 值与欧式算法的结果不同,这里,时刻 2 期权价格的贴现期望值 $\frac{2}{5}(1+4)$ 严格小于其内在价值。由于 $v_1(2)$ 严格大于相应欧式看跌期权价格,美式看跌期权的初始价格 $v_0(4)$ 也严格大于相应欧式看跌期权的初始价格。图 4.2.2 给出了美式看跌期权的价格。

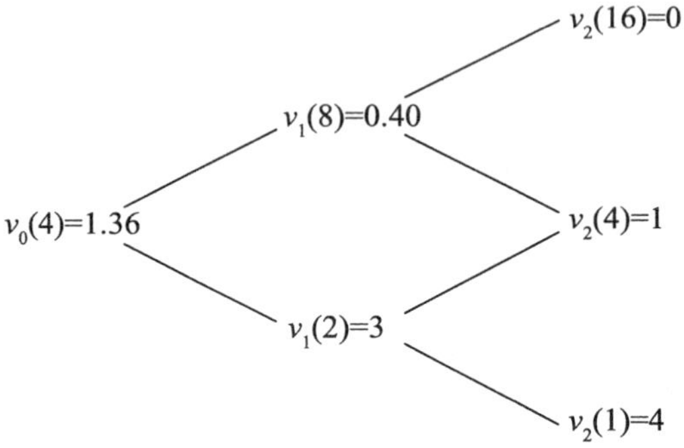

图 4.2.2 美式看跌期权的价格

现在来构建复制资产组合。我们以初始资本 1.36 开始,计算 Δ_0,使得对冲组合在时刻 1 的价值等于期权价值。如果第一次抛掷硬币结果为正面,这就要求:

$$\begin{aligned}0.40 &= v_1(S_1(H))\\ &= S_1(H)\Delta_0+(1+r)(X_0-\Delta_0 S_0)\\ &= 8\Delta_0+\frac{5}{4}(1.36-4\Delta_0)\\ &= 3\Delta_0+1.70\end{aligned}$$

从而 $\Delta_0=-0.43$。另一方面,如果第一次抛掷硬币结果为背面,我们必须有:

$$\begin{aligned}3 &= v_1(S_1(T))\\ &= S_1(T)\Delta_0+(1+r)(X_0-\Delta_0 S_0)\\ &= 2\Delta_0+\frac{5}{4}(1.36-4\Delta_0)\\ &= -3\Delta_0+1.70\end{aligned}$$

从而也得到 $\Delta_0=-0.43$。我们还能利用式(4.2.3) 计算 Δ_0:

$$\Delta_0=\frac{v_1(8)-v_1(2)}{8-2}=\frac{0.40-3}{8-2}=-0.43$$

无论如何,只要我们以初始资本 $X_0=1.36$ 开始,在初始时刻持有 Δ_0 份股票,则到时刻 1,不论抛掷硬币结果如何,我们都将有 $X_1=V_1=v_1(S_1)$。

假设第一次抛掷硬币结果为背面。期权持有人可能会在时刻 1 行权,这种情况下,我们需要支付 3 美元(正好是对冲组合的价值)给期权持有人,并且不必再作对冲。然而，期权持有人也可能拒绝行权，这种情况下，期权仍然存在，我们必须继续作对冲。

我们进一步详细考察当第一次抛掷硬币结果为背面而期权持有人在时刻 1 没有行权的情形。注意到在下一时段，如果第二次抛掷硬币结果为正面，期权价值为 $v_2(4)=1$；如果第二次抛掷硬币结果为背面，期权价值为 $v_2(1)=4$。由风险中性定价公式，为构建对冲组合应对这两种可能性，我们在时刻 1 所需要的资本为：

$$\frac{2}{5}(v_2(4)+v_2(1))=2$$

然而，我们的对冲组合在时刻 1 的价值为 3 美元，于是我们可以消费 1 美元并用余下的 2 美元继续对冲。由此可见，这种情况下期权持有人错失了最优实施时刻。

具体而言，我们消费 1 美元并将股票头寸调整为 $\Delta_1(T)$。如果第二次抛掷硬币结果为正面，我们希望：

$$\begin{aligned}1 &= v_2(S_2(TH))\\ &=4\Delta_1(T)+\frac{5}{4}(2-2\Delta_1(T))\\ &=1.5\Delta_1(T)+2.50\end{aligned}$$

从而 $\Delta_1(T)=-1$。如果第二次抛掷硬币结果为背面，我们希望：

$$\begin{aligned}4 &= v_2(S_2(TT))\\ &=\Delta_1(T)+\frac{5}{4}(2-2\Delta_1(T))\\ &=-1.5\Delta_1(T)+2.50\end{aligned}$$

从而也有 $\Delta_1(T)=-1$。我们还能直接利用式(4.2.3) 求得这一结果：

$$\Delta_1(T)=\frac{v_2(4)-v_2(1)}{4-1}=\frac{1-4}{4-1}=-1$$

为完整起见，我们考虑第一次抛掷硬币结果为正面的情形。这样，在时刻 1，资产组合的价值为 $X_1(H)=0.40$，我们选取：

$$\Delta_1(H)=\frac{v_2(16)-v_2(4)}{16-4}=\frac{0-1}{16-4}=-\frac{1}{12}$$

如果第二次抛掷硬币结果为正面，我们的对冲组合在时刻 2 的价值为：

$$X_2(HH)=16\Delta_1(H)+\frac{5}{4}(0.40-8\Delta_1(H))=0=v_2(16)$$

如果第二次抛掷硬币结果为背面，我们的对冲组合在时刻 2 的价值为：

$$X_2(HT)=4\Delta_1(H)+\frac{5}{4}(0.40-8\Delta_1(H))=1=v_2(4)$$

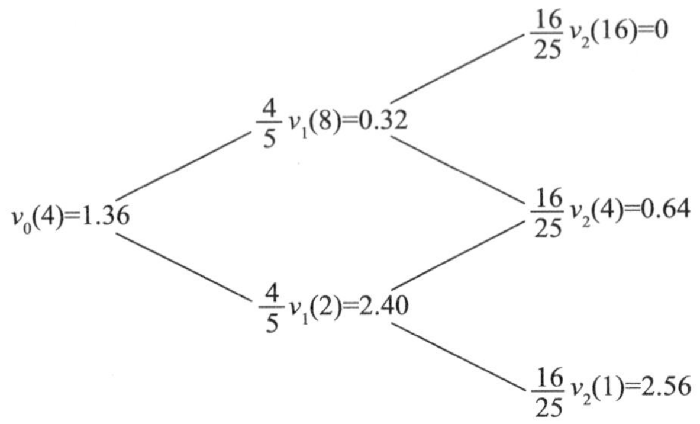

图 4.2.3　美式看跌期权的贴现价格

最后,我们来考虑图 4.2.3 中美式看跌期权的贴现价格过程。在风险中性概率 $\tilde{p}=\tilde{q}=\frac{1}{2}$ 下,它们形成一个上鞅。在每一个节点上,美式看跌期权的贴现价格大于或者等于紧接的两个节点上贴现价格的平均值。这个价格过程不是一个鞅,因为在时刻 1 相应于第一次抛掷硬币结果为背面的节点上,严格不等式成立。 □

下面的定理概括了例 4.2.1 中的思路以及美式算法(4.2.5)和(4.2.6)。事实上,我们将证明更为一般的定理 4.4.3 和定理 4.4.4,它们涵盖了路径无关和路径依赖的情形。因此,我们不必专门证明下面的定理 4.2.2。

定理 4.2.2 (路径无关美式衍生产品的复制) 考虑 N 时段二叉树资产定价模型,其中 $0<d<1+r<u$,并且有:

$$\tilde{p}=\frac{1+r-d}{u-d},\quad \tilde{q}=\frac{u-1-r}{u-d}$$

给定支付函数 $g(s)$,并由式(4.2.5)和(4.2.6)关于时间倒向递归定义函数列 $v_N(s),v_{N-1}(s),\cdots,v_0(s)$,然后定义:

$$\Delta_n=\frac{v_{n+1}(uS_n)-v_{n+1}(dS_n)}{(u-d)S_n} \tag{4.2.7}$$

$$C_n=v_n(S_n)-\frac{1}{1+r}[\tilde{p}v_{n+1}(uS_n)+\tilde{q}v_{n+1}(dS_n)] \tag{4.2.8}$$

其中,$n=0,1,\cdots,N-1$。对所有的 n,我们有 $C_n\geqslant 0$。若令 $X_0=v_0(S_0)$ 并且关于时间正向递归定义资产组合的价值过程 $X_0,X_1,\cdots,X_N$:

$$X_{n+1}=\Delta_n S_{n+1}+(1+r)(X_n-C_n-\Delta_n S_n) \tag{4.2.9}$$

则对所有的 n 和所有的 $\omega_1\cdots\omega_n$,我们有:

$$X_n(\omega_1\cdots\omega_n)=v_n(S_n(\omega_1\cdots\omega_n)) \tag{4.2.10}$$

尤其是，$X_n \geqslant g(S_n)$，$n=0,1,\cdots,N$。

除了包含有消费的可能性之外，方程（4.2.9）与第一章的财富方程（1.2.14）是相同的。定理 4.2.2 确保我们能够成功地对冲在每一时刻 n 的内在价值为 $g(S_n)$ 的美式衍生证券的空头。事实上，我们不仅能够对冲，有时也许还能消费。由于式(4.2.10)以及由式(4.2.6)保证了 $v_n(S_n)\geqslant g(S_n)$ 这一事实，我们的对冲组合价值 X_n 总是至少等于衍生证券的内在价值。C_n 的非负性也来自式(4.2.6)，因为式(4.2.6)表明：

$$v_n(S_n)\geqslant\frac{1}{1+r}[\tilde{p}v_{n+1}(uS_n)+\tilde{q}v_{n+1}(dS_n)]$$

4.3 停　时

一般而言，美式衍生证券应该被实施的时刻是随机的，它依赖于原生资产的价格变动。在例 4.2.1 中我们断言，如果第一次抛掷硬币结果为背面，该例子中的美式看跌期权的持有人应该在时刻 1 行权。另一方面，如果第一次抛掷硬币结果为正面，则看跌期权的持有人不应该在时刻 1 行权，而是要等待第二次抛掷硬币的结果。事实上，如果第一次抛掷硬币结果为正面，则股票价格为 $S_1(H)=8$，该看跌期权是虚值的。如果第二次抛掷硬币的结果还是正面，则股票价格为 $S_2(HH)=16$，该看跌期权仍是虚值的，持有人应该不再行权而让它作废。另一方面，如果第一次抛掷硬币结果为正面，而第二次抛掷硬币结果为背面，则股票价格 $S_2(HT)=4$，该看跌期权在时刻 2 是实值的，持有人应该行权。我们用下面的随机变量 τ 来刻划上述行权法则：

$$\tau(HH)=\infty,\quad \tau(HT)=2,\quad \tau(TH)=1,\quad \tau(TT)=1 \tag{4.3.1}$$

图 4.3.1 显示了这一行权法则。

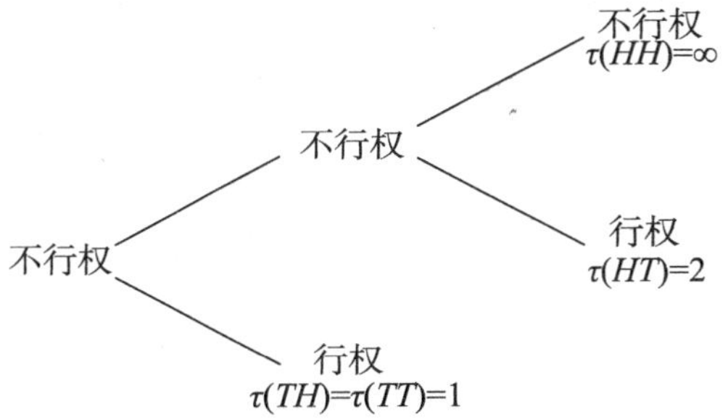

图 4.3.1　行权法则 τ

对于 τ 取值为∞的那些路径，期权将不被实施而作废。在例 4.2.1 中，这样的路径只有对应 HH 的那一条。对于抛掷硬币结果为 HT 的情形，应在时刻 2 行权。对于抛掷硬币结果为 TH 或 TT 的情形,应在时刻 1 行权。通过式(4.3.1) 定义在 $\Omega=\{HH,HT,TH,TT\}$上的随机变量 τ 在集合$\{0,1,2,\infty\}$中取值。至少对于 Ω 中的三个样本点,我们可以将其视为通过行权从而“停止”美式看跌期权的对冲问题。这是以下定义 4.3.1 中**停时**的一个特例。

如果第一次抛掷硬币的结果为正面,上述例子中看跌期权的持有人会后悔没能在时刻 0 行权。尤其是,如果持有人对抛掷硬币结果有先见之明,就会采取以下行权法则:

$$\rho(HH)=0,\quad \rho(HT)=0,\quad \rho(TH)=1,\quad \rho(TT)=2 \tag{4.3.2}$$

图 4.3.2 显示了这一行权法则。根据这样的行权法则,不论抛掷硬币结果如何,看跌期权的持有人都能够实值行权。问题在于,如果没有“内部信息”,行权法则 ρ 是无法实施的。它要求基于第一次抛掷硬币结果做出是否在时刻 0 行权的决定。如果第一次抛掷硬币结果为背面,再基于第二次抛掷硬币结果做出是否在时刻 1 行权的决定。这不是下面定义 4.3.1 意义下的停时。

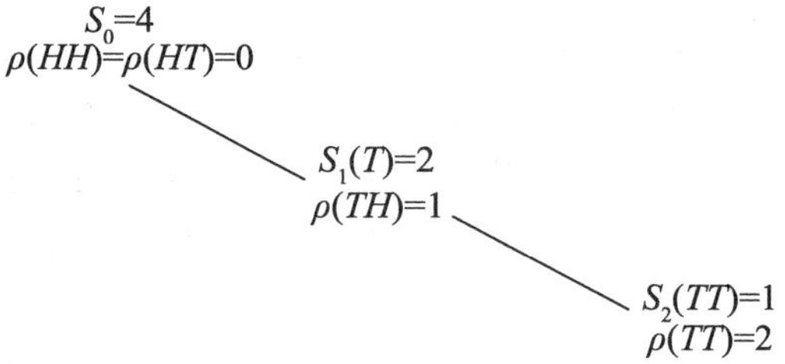

图 4.3.2 行权法则 ρ

定义 4.3.1 在 N 时段二叉树模型中,**停时** τ 是一个随机变量,取值为 $0,1,\cdots,N$ 或者∞,并且满足下列条件:如果 $\tau(\omega_1\omega_2\cdots\omega_n\omega_{n+1}\cdots\omega_N)=n$,那么对所有的 $\omega'_{n+1}\cdots\omega'_N$都有 $\tau(\omega_1\omega_2\cdots\omega_n\omega'_{n+1}\cdots\omega'_N)=n$。

上述定义中的条件:如果 $\tau(\omega_1\omega_2\cdots\omega_n\omega_{n+1}\cdots\omega_N)=n$,那么对所有的 $\omega'_{n+1}\cdots\omega'_N$ 都有 $\tau(\omega_1\omega_2\cdots\omega_n\omega'_{n+1}\cdots\omega'_N)=n$,说明停时仅依赖于能够获得的信息。如果停时出现在时刻 n,那么这一决定仅仅是基于前 n 次抛掷硬币的结果,与随后抛掷硬币的结果无关。

只要有一个随机过程和一个停时,我们就能定义一个**停止过程**(见图 4.3.3)。例如,设 Y_n是图 4.2.3 中的美式看跌期权的贴现价格过程,即:

$$Y_0=1.36,\quad Y_1(H)=0.32,\quad Y_1(T)=2.40,$$
$$Y_2(HH)=0,\quad Y_2(HT)=Y_2(TH)=0.64,\quad Y_2(TT)=2.56$$

设 τ 是式(4.3.1) 给出的停时。我们通过下面的公式定义一个停止过程 $Y_{n\wedge\tau}$(记号 $n\wedge\tau$ 表示 n 与 τ 的较小值)。令:

$$Y_{0\wedge\tau}=Y_0=1.36$$

因为不论抛掷硬币结果如何，$0\wedge\tau=0$。同理：

$$Y_{1\wedge\tau}=Y_1$$

因为不论抛掷硬币结果如何，$1\wedge\tau=1$。然而，$2\wedge\tau$ 依赖于抛掷硬币结果：如果是 HH 或者 HT，则 $2\wedge\tau=2$；如果是 TH 或者 TT，则 $2\wedge\tau=1$。因此，我们有四种情况：

$$Y_{2\wedge\tau}(HH)=Y_2(HH)=0,\ Y_{2\wedge\tau}(HT)=Y_2(HT)=0.64,$$
$$Y_{2\wedge\tau}(TH)=Y_1(T)=2.40,\ Y_{2\wedge\tau}(TT)=Y_1(T)=2.40$$

注意到即使 τ 的取值为 1，上述构造的过程在时刻 1 后还在继续。时间并不停止，然而这一过程的**值**冻结在时刻 τ。将 $Y_{n\wedge\tau}$ 称为**冻结过程**也许更合适，不过**停止过程**这个术语已经被广泛使用。

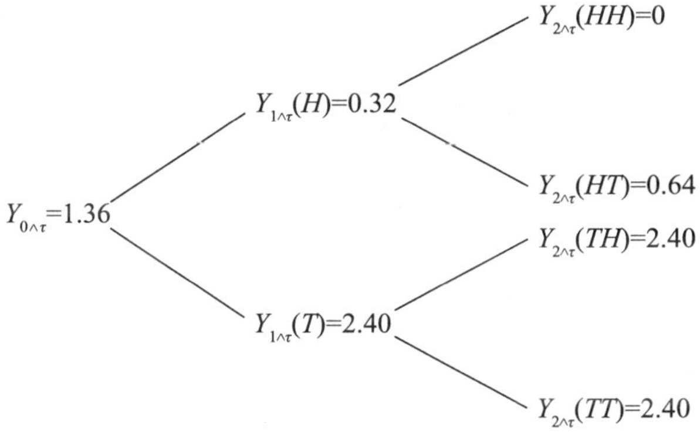

图 4.3.3 停止过程

图 4.2.3 中的美式看跌期权的贴现价格过程 $Y_n=\left(\frac{4}{5}\right)^n v_n(S_n)$ 在风险中性概率 $\tilde{p}=\tilde{q}=\frac{1}{2}$ 下是一个上鞅，但不是一个鞅，因为：

$$2.40=Y_1(T)>\frac{1}{2}Y_2(TH)+\frac{1}{2}Y_2(TT)=\frac{1}{2}\cdot 0.64+\frac{1}{2}\cdot 2.56=1.60$$

停止过程 $Y_{n\wedge\tau}$ 是一个鞅。尤其是：

$$2.40=Y_{1\wedge\tau}(T)=\frac{1}{2}Y_{2\wedge\tau}(TH)+\frac{1}{2}Y_{2\wedge\tau}(TT)=\frac{1}{2}\cdot 2.40+\frac{1}{2}\cdot 2.40$$

这一点，一般也是对的。在风险中性概率测度下，美式衍生证券的贴现价格过程是一个上鞅。然而，如果这个过程停止于最优实施时刻，它就成为一个鞅。如果在某个时刻，严格的上鞅不等式成立，那么该衍生证券的持有人已错失了最优实施机会。

我们已经通过例子知道,可以停止一个非鞅过程得到一个鞅。当然,如果被停止的过程原本就是一个鞅,那么得到的停止过程一定是一个鞅,可能与原先的是不同的鞅。这是关于停时的一般定理(称为可选抽样定理)的一个结论。

定理 4.3.2 (可选抽样——第一定理) 将一个鞅停止于停时得到的停止过程仍是一个鞅。将一个上鞅(或下鞅)停止于停时得到的停止过程仍是一个上鞅(或下鞅)。

我们通过例子来说明定理的第一部分。在图 4.3.4 中,我们考虑贴现股票价格过程 $M_n=\left(\frac{4}{5}\right)^n S_n$,在风险中性概率 $\widetilde{p}=\widetilde{q}=\frac{1}{2}$下,这是一个鞅。在每一个节点,其值为紧接的两个节点处相应值的平均。在图 4.3.5 中,同样的过程被停止于式(4.3.1) 给出的停时 τ。仍然是每一个节点处的值为紧接的两个节点处相应值的平均。

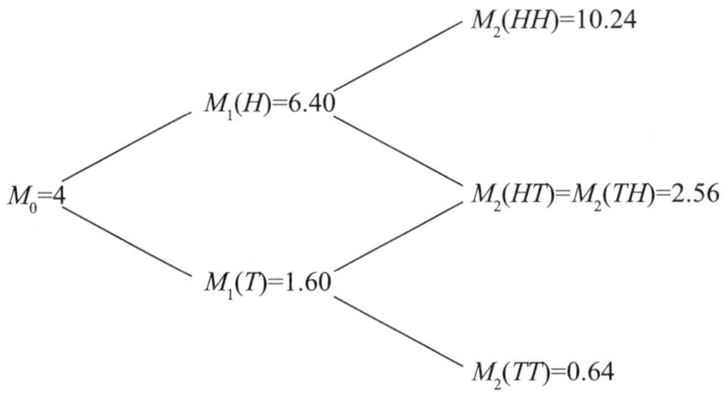

图 4.3.4 贴现股价过程

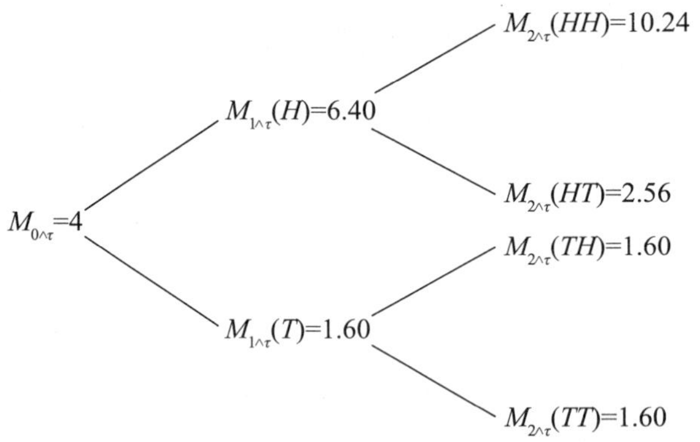

图 4.3.5 贴现股价过程停止于停时

在图 4.3.3 中,一个上鞅停止于停时,得到的是一个鞅,当然得到的也是上鞅。这也就给出了定理 4.3.2 第二个论断的一个说明。

最后，我们注意到如果将图 4.3.4 中的贴现股价过程停止于式(4.3.2)给出的随机变量 ρ(不是一个停时)，就会破坏鞅性质。图 4.3.6 中给出了所得到的停止过程。随机时间 ρ 是超前的，在股价即将上升时就决定停止。这就引起贴现股价向下偏移。

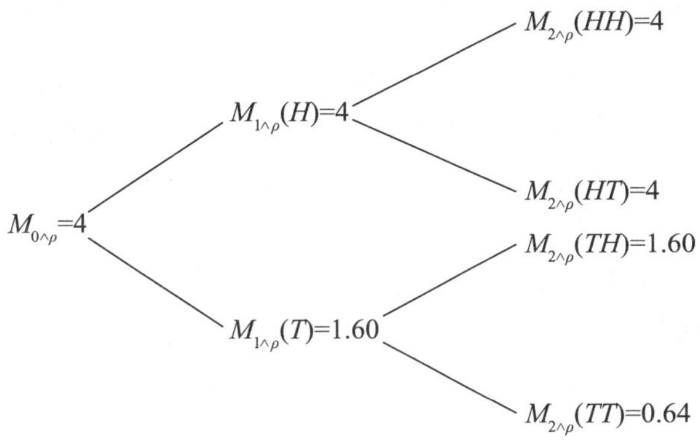

图 4.3.6 贴现股价过程停止于非停时

下鞅具有上升的倾向。特别地，如果 X_n 是一个下鞅，则 $\mathbb{E}X_m \leqslant \mathbb{E}X_n$，$\forall m \leqslant n$。用 $\tau \wedge n$ 替换 m(其中 τ 是一个停时)，这一不等式仍然成立。

定理 4.3.3(可选抽样——第二定理) 设 $X_n, n=0,1,\cdots,N$ 是一个下鞅，τ 是一个停时，则 $\mathbb{E}X_{n\wedge\tau} \leqslant \mathbb{E}X_n$；如果 X_n 是一个上鞅，则 $\mathbb{E}X_{n\wedge\tau} \geqslant \mathbb{E}X_n$；如果 X_n 是一个鞅，则 $\mathbb{E}X_{n\wedge\tau} = \mathbb{E}X_n$。

定理 4.3.3 中的期望是在使得 X_n 是一个下鞅(或者上鞅，或者鞅)的概率下计算的。特别地，如果 X_n 是二叉树模型中风险中性概率下的一个下鞅，则定理结论应该是 $\widetilde{\mathbb{E}}X_{n\wedge\tau} \leqslant \widetilde{\mathbb{E}}X_n$。

4.4 一般美式衍生产品

这一节，我们介绍内在价值可能路径依赖的美式衍生证券。对于这样的衍生证券，我们定义其价格过程并推导相关的性质。我们还将表明如何对冲这类衍生证券的空头并研究最优实施时刻。这一节做出的所有论断都给出了数学证明。

我们的讨论限于 N 时段二叉树模型的框架，其中上升因子 u、下降因子 d 以及利率 r 满足无套利条件：$0<d<1+r<u$。在这样的模型中，定义 $\mathscr{S}_n$ 为取值在 $\{n, n+1, \cdots, N, \infty\}$ 中的所有停时 τ 的集合。尤其是，集合 $\mathscr{S}_0$ 包括了所有停时。在 $\mathscr{S}_N$ 中的一个停时，可以在某些路径上取值为 N，在另一些路径上取值为∞，此外不能取其他值。

定义 4.4.1 对每一个 $n, n=0,1,\cdots,N$，设 G_n 是依赖于前 n 次抛掷硬币结果的随机变量。**具有内在价值过程 G_n 的美式衍生证券**是一个合约，它

可以在时刻 N 之前的任何时刻(包括时刻 N)被实施,并且如果在时刻 n 被实施,支付为 G_n。我们通过以下**美式风险中性定价公式**来定义这一合约的**价格过程**:

$$V_n = \max_{\tau \in \mathcal{S}_n} \widetilde{\mathbb{E}}_n \left[\mathbb{I}_{\{\tau \leqslant N\}} \frac{1}{(1+r)^{\tau-n}} G_\tau \right], \quad n=0,1,\cdots,N \tag{4.4.1}$$

式(4.4.1) 背后的想法是这样的:假设美式衍生证券在时刻 $0,1,\cdots,n-1$ 都未被实施,我们试图确定其在时刻 n 的价值。在时刻 n,衍生证券的持有人可以选择立即实施或者是推迟到以后某个时刻实施。如果实施的话,行权日期可以依赖于直到实施时刻的股价路径,但仅限于此。换言之,行权日期将是一个停时 τ。由于时刻 n 之前没有行权,这个停时一定在 $\mathcal{S}_n$ 中。当然,如果持有人永不行权($\tau=\infty$),则其获得支付为 0。出现在式(4.4.1)中的 $\mathbb{I}_{\{\tau \leqslant N\}}$ 告诉我们对相应于 $\tau=\infty$ 的那些路径,需要用 0 替代 $\mathbb{I}_{\{\tau \leqslant N\}} \frac{1}{(1+r)^{\tau-n}} G_\tau$。一旦持有人根据停时 $\tau \in \mathcal{S}_n$ 行权,衍生证券在时刻 n 的价值就是其支付在风险中性概率下的贴现期望值。因此就要选择停时 τ,使得该值尽可能大。

由此定义立刻推得:

$$V_N = \max\{G_N, 0\} \tag{4.4.2}$$

为证明这一点,我们在式(4.4.1)中取 $n=N$,使之成为:

$$V_N = \sup_{\tau \in \mathcal{S}_N} \mathbb{I}_{\{\tau \leqslant N\}} \frac{1}{(1+r)^{\tau-N}} G_\tau$$

$\mathcal{S}_N$ 中的停时,只能取值 N 和∞,对于这样的停时,有:

$$\mathbb{I}_{\{\tau \leqslant N\}} \frac{1}{(1+r)^{\tau-N}} G_\tau = \mathbb{I}_{\{\tau=N\}} G_N$$

为了使之尽可能大,我们应该选取 $\tau(\omega_1 \cdots \omega_N)=N$,如果 $G_N(\omega_1 \cdots \omega_N)>0$;$\tau(\omega_1 \cdots \omega_N)=\infty$,如果 $G_N(\omega_1 \cdots \omega_N) \leqslant 0$。对于这样选取的 τ,我们有 $\mathbb{I}_{\{\tau=N\}} G_N = \max\{G_N, 0\}$,从而式(4.4.2) 成立。

在由定义 4.4.1 推得其他结论之前,我们重新考察例 4.2.1,验证定义 4.4.1 与该例中得到的美式看跌期权的价格是一致的。

例 4.2.1(续) 对于图 4.2.1 中的股价过程,敲定价格为 5 的美式看跌期权的内在价值见图 4.4.1。这里 $N=2$,因而式(4.4.2) 成为:

$$V_2(HH)=0, \quad V_2(HT)=V_2(TH)=1, \quad V_2(TT)=4$$

对于 $n=1$ 运用式(4.4.1),首先考虑第一次抛掷硬币结果为正面的情形,于是:

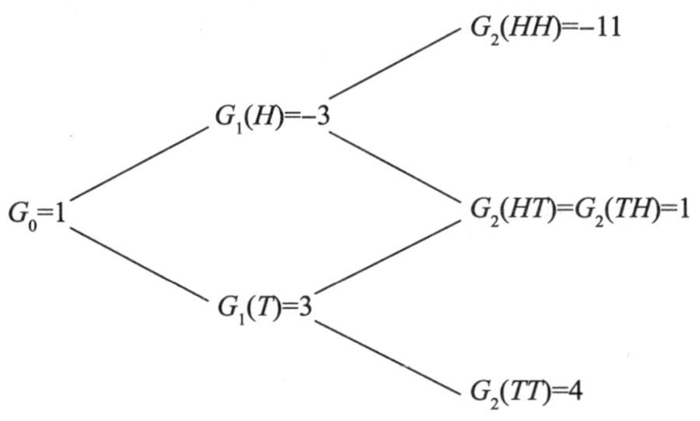

图 4.4.1 内在价值

$$V_1(H)=\max_{\tau\in\mathcal{S}_1}\widetilde{\mathbb{E}}_1\left[\mathbb{I}_{\{\tau\leqslant 2\}}\left(\frac{4}{5}\right)^{\tau-1}G_\tau\right](H) \tag{4.4.3}$$

为了使式(4.4.3)右端的条件期望尽可能大,应该取 $\tau(HH)=\infty$(在 HH 的情形不行权)且 $\tau(HT)=2$(在 HT 的情形,于时刻 2 行权)。由于在时刻 2 是否行权的决定基于时刻 2 能获得的信息,这符合停时所要求的性质。这一行权策略使得式(4.4.3)等于

$$V_1(H)=\frac{1}{2}\cdot 0+\frac{1}{2}\cdot\left(\frac{4}{5}\right)^{2-1}G_2(HT)=0.40$$

然后考虑第一次抛掷硬币结果为背面的情形,这时:

$$V_1(T)=\max_{\tau\in\mathcal{S}_1}\widetilde{\mathbb{E}}_1\left[\mathbb{I}_{\{\tau\leqslant 2\}}\left(\frac{4}{5}\right)^{\tau-1}G_\tau\right](T) \tag{4.4.4}$$

为了在已知第一次抛掷硬币结果为背面的情况下使式(4.4.4)右端的条件期望尽可能大,我们需要考虑两种可能:在时刻 1 行权或者在时刻 2 行权。显然我们希望在其中一个时刻行权,因为无论第二次抛掷硬币结果如何,期权都将是实值的。如果取 $\tau(TH)=\tau(TT)=1$,则:

$$\widetilde{\mathbb{E}}_1\left[\mathbb{I}_{\{\tau\leqslant 2\}}\left(\frac{4}{5}\right)^{\tau-1}G_\tau\right](T)=G_1(T)=3$$

如果取 $\tau(TH)=\tau(TT)=2$,则:

$$\widetilde{\mathbb{E}}_1\left[\mathbb{I}_{\{\tau\leqslant 2\}}\left(\frac{4}{5}\right)^{\tau-1}G_\tau\right](T)=\frac{4}{5}\left(\frac{1}{2}\cdot 1+\frac{1}{2}\cdot 4\right)=2$$

我们不能取 $\tau(TH)=1$ 且 $\tau(TT)=2$,因为这将破坏停时所要求的性质。于是,由式(4.4.4)可知 $V_1(T)=3$。

最后,对于 $n=0$,我们有:

$$V_0=\max_{\tau\in\mathcal{S}_0}\widetilde{\mathbb{E}}\left[\mathbb{I}_{\{\tau\leqslant 2\}}\left(\frac{4}{5}\right)^{\tau}G_\tau\right] \tag{4.4.5}$$

这时,有许多停时可以考虑(见习题 4.5),但是,只有下列停时才能使得 $\widetilde{\mathbb{E}}\left[\mathbb{I}_{\{\tau\leqslant 2\}}\left(\frac{4}{5}\right)^{\tau}G_{\tau}\right]$尽可能大:

$$\tau(HH)=\infty,\quad \tau(HT)=2,\quad \tau(TH)=\tau(TT)=1 \tag{4.4.6}$$

选取这一停时,式(4.4.5)成为:

$$\begin{aligned} V_0 &=\frac{1}{4}\cdot 0+\frac{1}{4}\left(\frac{4}{5}\right)^2 G_2(HT)+\frac{1}{2}\cdot\frac{4}{5}\cdot G_1(T)\\ &=\frac{1}{4}\cdot\frac{16}{25}\cdot 1+\frac{1}{2}\cdot\frac{4}{5}\cdot 3\\ &=1.36 \end{aligned} \tag{4.4.7}$$

上面得到的期权价格记录在图 4.4.2 中,它们与图 4.2.2 中的价格是一致的,唯一的区别是在图 4.2.2 中这些价格是作为股价的函数 v_n,而这里是作为随机变量(即抛掷硬币结果的函数)。两个图中的价格由公式 $V_n=v_n(S_n)$相联系。

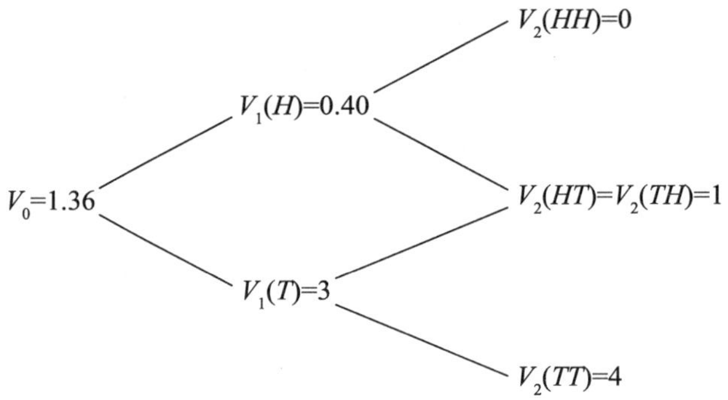

图 4.4.2 美式看跌期权价格

现在,我们来推导由定义 4.4.1 给出的美式衍生证券价格过程的性质。这些性质说明了式(4.4.1)中的 V_n 被称为美式衍生证券**价格**的理由。

定理 4.4.2 由定义 4.4.1 给出的美式衍生证券价格过程具有如下性质:

(i) 对所有的 n,$V_n\geqslant\max\{G_n,0\}$;

(ii) 贴现过程$\frac{1}{(1+r)^n}V_n$ 是一个上鞅;

(iii) 如果另有过程 Y_n 满足:对所有的 n,$Y_n\geqslant\max\{G_n,0\}$ 且$\frac{1}{(1+r)^n}Y_n$ 是一个上鞅,则对所有的 n,$Y_n\geqslant V_n$。

性质(iii)也可被表述为:V_n 是满足性质(i)和(ii)的**最小**过程。

我们将看到,定理 4.4.2 的性质(ii)确保投资者能以初始资本 V_0 构建对冲资产组合,使得在任何时刻 n,资产组合的价值为 V_n。性质(i)确保这样操作的投资者可以成功地对冲衍生证券的空头,无论衍生证券持有人何时行权，对冲资产组合的价值足以支付该衍生证券。于是性质(i)和(ii)保证了式(4.4.1)中的价格 V_n 可以被衍生证券出售者接受。性质(iii)则表明，为确保衍生证券出售者能接受，式(4.4.1)中的价格 V_n 是最低的。因此性质(iii)保证了价格 V_n 对于衍生证券的购买者是公平的。

【证明】 首先证明性质(i)。给定 n，考虑 $\mathscr{S}_n$ 中这样的停时 $\hat{\tau}$：无论抛掷硬币结果如何，它都取值为 n。于是：

$$\widetilde{\mathbb{E}}_n\left[\mathbb{I}_{\{\hat{\tau}\leqslant N\}}\frac{1}{(1+r)^{\hat{\tau}-n}}G_{\hat{\tau}}\right]=G_n$$

由于 V_n 是对于所有停时 $\tau\in\mathscr{S}_n$，$\widetilde{\mathbb{E}}_n\left[\mathbb{I}_{\{\tau\leqslant N\}}\frac{1}{(1+r)^{\tau-n}}G_\tau\right]$的一切可能值中最大的，故必有 $V_n\geqslant G_n$。另一方面，选取 $\mathscr{S}_n$ 中这样的停时 $\bar{\tau}$：无论抛掷硬币结果如何，它都取值为∞。则：

$$\widetilde{\mathbb{E}}_n\left[\mathbb{I}_{\{\bar{\tau}\leqslant N\}}\frac{1}{(1+r)^{\bar{\tau}-n}}G_{\bar{\tau}}\right]=0$$

同样由 V_n 的最大性，必有 $V_n\geqslant 0$。因此，性质(i)成立。

再证明性质(ii)。给定 n，假设 τ^* 是在 V_{n+1} 定义中取最大值的停时，即 $\tau^*\in\mathscr{S}_{n+1}$ 并且：

$$V_{n+1}=\widetilde{\mathbb{E}}_{n+1}\left[\mathbb{I}_{\{\tau^*\leqslant N\}}\frac{1}{(1+r)^{\tau^*-n-1}}G_{\tau^*}\right]\tag{4.4.8}$$

注意到，$\tau^*\in\mathscr{S}_n$ 也成立，故由累次条件期望可得：

$$\begin{aligned}V_n&\geqslant\widetilde{\mathbb{E}}_n\left[\mathbb{I}_{\{\tau^*\leqslant N\}}\frac{1}{(1+r)^{\tau^*-n}}G_{\tau^*}\right]\\&=\widetilde{\mathbb{E}}_n\left[\widetilde{\mathbb{E}}_{n+1}\left[\mathbb{I}_{\{\tau^*\leqslant N\}}\frac{1}{(1+r)^{\tau^*-n}}G_{\tau^*}\right]\right]\\&=\widetilde{\mathbb{E}}_n\left[\frac{1}{1+r}\widetilde{\mathbb{E}}_{n+1}\left[\mathbb{I}_{\{\tau^*\leqslant N\}}\frac{1}{(1+r)^{\tau^*-n-1}}G_{\tau^*}\right]\right]\\&=\widetilde{\mathbb{E}}_n\left[\frac{1}{1+r}V_{n+1}\right]\end{aligned}\tag{4.4.9}$$

两边同除以$(1+r)^n$，就得到了贴现价格过程的上鞅性质：

$$\frac{1}{(1+r)^n}V_n\geqslant\widetilde{\mathbb{E}}_n\left[\frac{1}{(1+r)^{n+1}}V_{n+1}\right]$$

最后证明性质(iii)。设 Y_n 是另一个满足条件(i)和(ii)的过程。给定 $n\leqslant N$，设 τ 是 $\mathscr{S}_n$ 中的停时。由于对所有的 k，$Y_k\geqslant\max\{G_k,0\}$，我们有：

$$\begin{aligned}\mathbb{I}_{\{\tau\leqslant N\}}G_\tau&\leqslant\mathbb{I}_{\{\tau\leqslant N\}}\max\{G_\tau,0\}\\&\leqslant\mathbb{I}_{\{\tau\leqslant N\}}\max\{G_{N\wedge\tau},0\}+\mathbb{I}_{\{\tau=\infty\}}\max\{G_{N\wedge\tau},0\}\end{aligned}$$

$$=\max\{G_{N\wedge\tau},0\}$$
$$\leqslant Y_{N\wedge\tau}$$

再利用可选抽样定理 4.3.2 以及关于$\frac{1}{(1+r)^k}Y_k$ 的上鞅性质,可得:

$$\begin{aligned}\widetilde{\mathbb{E}}_n\left[\mathbb{I}_{\{\tau\leqslant N\}}\frac{1}{(1+r)^\tau}G_\tau\right]&=\widetilde{\mathbb{E}}_n\left[\mathbb{I}_{\{\tau\leqslant N\}}\frac{1}{(1+r)^{N\wedge\tau}}G_\tau\right]\\&\leqslant\widetilde{\mathbb{E}}_n\left[\frac{1}{(1+r)^{N\wedge\tau}}Y_{N\wedge\tau}\right]\\&\leqslant\frac{1}{(1+r)^{n\wedge\tau}}Y_{n\wedge\tau}\\&=\frac{1}{(1+r)^n}Y_n\end{aligned}$$

上述最后的等式是因为停时 $\tau\in\mathscr{S}_n$ 在任何路径上的取值都大于或者等于 n 这一事实。两边同乘以$(1+r)^n$,得到:

$$\widetilde{\mathbb{E}}_n\left[\mathbb{I}_{\{\tau\leqslant N\}}\frac{1}{(1+r)^{\tau-n}}G_\tau\right]\leqslant Y_n$$

由于 V_n 是对于所有停时 $\tau\in\mathscr{S}_n$, $\widetilde{\mathbb{E}}_n\left[\mathbb{I}_{\{\tau\leqslant N\}}\frac{1}{(1+r)^{\tau-n}}G_\tau\right]$的一切可能值中最大的,而这些值全都小于或者等于 Y_n,故必有 $V_n\leqslant Y_n$。 □

现在,我们将由式(4.2.5)和式(4.2.6) 给出的美式定价算法推广到路径依赖的衍生证券。

定理 4.4.3 对于定义 4.4.1 中给出的路径依赖的衍生证券价格过程,我们有如下美式定价算法:

$$V_N(\omega_1\cdots\omega_N)=\max\{G_N(\omega_1\cdots\omega_N),0\}\tag{4.4.10}$$

$$V_n(\omega_1\cdots\omega_n)=\max\{G_n(\omega_1\cdots\omega_n),\frac{1}{1+r}[\tilde{p}V_{n+1}(\omega_1\cdots\omega_nH)+\tilde{q}V_{n+1}(\omega_1\cdots\omega_nT)]\},$$
$$n=N-1,\cdots,0\tag{4.4.11}$$

【证明】 我们将证明由式(4.4.10)和(4.4.11)递归定义的 V_n 满足定理 4.4.2 的性质(i)和(ii),并且是具有这些性质的最小过程。然而根据定理 4.4.2,由式(4.4.1)给出的是具有这些性质的最小过程,因此算法(4.4.10)和(4.4.11)所生成的就是公式 (4.4.1) 给出的同一过程。

首先验证 V_n 满足定理 4.4.2 的性质(i)。显然,由式(4.4.10) 定义的 V_N 满足 $n=N$ 时的性质(i)。关于时间作倒向归纳,假设对于 0 与 $N-1$ 之间的某个 n,有 $V_{n+1}\geqslant\max\{G_{n+1},0\}$;于是,由式(4.4.11) 可得:

$$V_n(\omega_1\cdots\omega_n)\geqslant\max\{G_n(\omega_1\cdots\omega_n),0\}$$

这就证明由式(4.4.10)和(4.4.11)递归定义的 V_n 满足定理 4.4.2 的性质(i)。

然后验证 $\frac{1}{(1+r)^n}V_n$是一个上鞅。由式(4.4.11) 立即可得：

$$V_n(\omega_1\cdots\omega_n)\geqslant\frac{1}{1+r}[\tilde{p}V_{n+1}(\omega_1\cdots\omega_nH)+\tilde{q}V_{n+1}(\omega_1\cdots\omega_nT)]$$

$$=\widetilde{\mathbb{E}}_n\left[\frac{1}{1+r}V_{n+1}\right](\omega_1\cdots\omega_n) \tag{4.4.12}$$

两边同乘以$\frac{1}{(1+r)^n}$，就得到所要验证的上鞅性质。

最后，我们必须证明由式(4.4.10)和式(4.4.11)定义的 V_n 是满足定理 4.4.2 的性质(i)和(ii)的最小过程。设 $\bar{V}_n$ 是满足定理 4.4.2 的性质(i)和(ii)的任一过程。由式(4.4.10)，显然有 $\bar{V}_N\geqslant\max\{G_N,0\}=V_N$。按时间作倒向归纳，假设对于 0 与 $N-1$ 之间的某个 n，有 $\bar{V}_{n+1}\geqslant V_{n+1}$；注意到上鞅性质(ii)蕴含不等式 (4.4.12)，由 $\bar{V}_n$ 满足定理 4.4.2 的性质(i)和(ii)以及归纳假设可得：

$$\bar{V}_n(\omega_1\cdots\omega_n)\geqslant\max\{G_n(\omega_1\cdots\omega_n),$$
$$\frac{1}{1+r}[\tilde{p}V_{n+1}(\omega_1\cdots\omega_nH)+\tilde{q}V_{n+1}(\omega_1\cdots\omega_nT)]\},\quad \forall\, n=N-1,\cdots,0 \tag{4.4.13}$$

而由式(4.4.11) 定义的 $V_n(\omega_1\cdots\omega_n)$等于式(4.4.13) 的右端。这就证明了 V_n 是满足定理 4.4.2 的性质(i)和(ii)的最小过程。□

为了表明定义 4.4.1 中确实给出了路径依赖美式衍生证券的价格过程，我们必须证明可以利用这一过程进行空头对冲。为此，需要将定理 4.2.2 推广到路径依赖的情形。

定理 4.4.4(路径依赖美式衍生产品的复制) 考虑 N 时段二叉树资产定价模型，其中 $0<d<1+r<u$，并且有：

$$\tilde{p}=\frac{1+r-d}{u-d},\quad \tilde{q}=\frac{u-1-r}{u-d}$$

对于任意 n，$n=0,1,\cdots,N$，设 G_n 是依赖于前 n 次抛掷硬币结果的随机变量。利用定义 4.4.1 中给出的 V_n，定义：

$$\Delta_n(\omega_1\cdots\omega_n)=\frac{V_{n+1}(\omega_1\cdots\omega_nH)-V_{n+1}(\omega_1\cdots\omega_nT)}{S_{n+1}(\omega_1\cdots\omega_nH)-S_{n+1}(\omega_1\cdots\omega_nT)} \tag{4.4.14}$$

$$C_n(\omega_1\cdots\omega_n)=V_n(\omega_1\cdots\omega_n)-\frac{1}{1+r}[\tilde{p}V_{n+1}(\omega_1\cdots\omega_nH)+\tilde{q}V_{n+1}(\omega_1\cdots\omega_nT)] \tag{4.4.15}$$

其中 $n=0,1,\cdots,N-1$。对所有的 n,我们有 $C_n\geqslant 0$。若令 $X_0=V_0$ 并且按时间正向递归定义资产组合的价值过程 $X_0,X_1,\cdots,X_N$:

$$X_{n+1}=\Delta_n S_{n+1}+(1+r)(X_n-C_n-\Delta_n S_n) \tag{4.4.16}$$

则对所有的 n 和所有的 $\omega_1\cdots\omega_n$,有:

$$X_n(\omega_1\cdots\omega_n)=V_n(\omega_1\cdots\omega_n) \tag{4.4.17}$$

尤其是,$X_n\geqslant G_n,n=0,1,\cdots,N$。

【证明】 C_n 的非负性由定理 4.4.2 的性质(ii)或者等价地由式(4.4.12)直接可得。

为了证明式(4.4.17),我们对 n 作归纳法。这一部分的证明与定理 2.4.8 的证明是相同的。归纳假设是:对于 $n\in\{0,1,\cdots N-1\}$ 和所有 $\omega_1\cdots\omega_n$,有 $X_n(\omega_1\cdots\omega_n)=V_n(\omega_1\cdots\omega_n)$。我们需要证明:

$$X_{n+1}(\omega_1\cdots\omega_n H)=V_{n+1}(\omega_1\cdots\omega_n H) \tag{4.4.18}$$

$$X_{n+1}(\omega_1\cdots\omega_n T)=V_{n+1}(\omega_1\cdots\omega_n T) \tag{4.4.19}$$

这里我们只证明 (4.4.18),(4.4.19) 同理可证。

首先,注意到:

$$V_n(\omega_1\cdots\omega_n)-C_n(\omega_1\cdots\omega_n)=\frac{1}{1+r}[\tilde{p}V_{n+1}(\omega_1\cdots\omega_n H)+\tilde{q}V_{n+1}(\omega_1\cdots\omega_n T)]$$

由于 $\omega_1\cdots\omega_n$ 在后面的证明中被固定,不妨将其略去。例如,上面的方程可以简写成:

$$V_n-C_n=\frac{1}{1+r}[\tilde{p}V_{n+1}(H)+\tilde{q}V_{n+1}(T)]$$

计算可得:

$$\begin{aligned}
X_{n+1}(H)&=\Delta_n S_{n+1}(H)+(1+r)(X_n-C_n-\Delta_n S_n)\\
&=\frac{V_{n+1}(H)-V_{n+1}(T)}{S_{n+1}(H)-S_{n+1}(T)}(S_{n+1}(H)-(1+r)S_n)+(1+r)(V_n-C_n)\\
&=\frac{V_{n+1}(H)-V_{n+1}(T)}{(u-d)S_n}(uS_n-(1+r)S_n)+\tilde{p}V_{n+1}(H)+\tilde{q}V_{n+1}(T)\\
&=(V_{n+1}(H)-V_{n+1}(T))\frac{u-1-r}{u-d}+\tilde{p}V_{n+1}(H)+\tilde{q}V_{n+1}(T)\\
&=(V_{n+1}(H)-V_{n+1}(T))\tilde{q}+\tilde{p}V_{n+1}(H)+\tilde{q}V_{n+1}(T)\\
&=(\tilde{p}+\tilde{q})V_{n+1}(H)=V_{n+1}(H)
\end{aligned}$$

这就是式(4.4.18)。

由式(4.4.17)和定理 4.4.2 的性质(i)可以推得定理最后的结论:

$$X_n\geqslant G_n,\quad \forall n$$ □

定理 4.4.4 表明:由式(4.4.1) 给出的美式衍生证券价格 V_n 可以被衍

生证券出售者接受,因为出售者能够建立空头对冲。接下来我们将说明这个价格也是购买者可以接受的。固定 n,假定直到时刻 n 衍生证券尚未被实施,并将式(4.4.1) 中取最大值的停时记为 $\tau^* \in \mathcal{S}_n$,于是:

$$V_n=\widetilde{\mathbb{E}}_n\left[\mathbb{I}_{\{\tau^*\leqslant N\}}\frac{1}{(1+r)^{\tau^*-n}}G_{\tau^*}\right] \tag{4.4.20}$$

对于 $k=n,n+1,\cdots,N$,定义:

$$C_k=\mathbb{I}_{\{\tau^*=k\}}G_k$$

如果衍生证券的持有人根据停时 τ^* 行权,则将在时刻 $n,n+1,\cdots,N$ 分别收到现金流 $C_n,C_{n+1},\cdots,C_N$。事实上,这些 C_k 中至多仅有一个值为非零。如果期权在到期日 N 或者在此之前被实施,那么相应于行权时刻的 C_k 就是其中仅有的非零支付。然而,沿着不同的路径,支付时刻可能并不相同。在任何情况下,式(4.4.20)都将成为:

$$V_n=\widetilde{\mathbb{E}}_n\left[\sum_{k=n}^{N}\mathbb{I}_{\{\tau^*=k\}}\frac{1}{(1+r)^{k-n}}G_k\right]=\widetilde{\mathbb{E}}_n\left[\sum_{k=n}^{N}\frac{C_k}{(1+r)^{k-n}}\right]$$

由定理 2.4.8 可知,这正是在时刻 $n,n+1,\cdots,N$ 分别收到 $C_n,C_{n+1},\cdots,C_N$ 这一现金流的价值。一旦期权持有人决定根据停时 τ^* 行权,这也恰好是其所持有的合约价值。因此,由式(4.4.1) 给出的美式衍生证券价格 V_n 价格也是购买者可以接受的。

还需要提供美式衍生证券持有人选择最优实施时刻的方法。我们就 $n=0$ 考虑这一问题[即对于 $n=0$,寻求停时 $\tau^*\in\mathcal{S}_0$,使得式(4.4.1) 的右端取最大值]。

定理 4.4.5(最优实施) 对于 $n=0$,使得式(4.4.1)的右端取最大值的停时为:

$$\tau^*=\min\{n;V_n=G_n\} \tag{4.4.21}$$

即:

$$V_0=\widetilde{\mathbb{E}}\left[\mathbb{I}_{\{\tau^*\leqslant N\}}\frac{1}{(1+r)^{\tau^*}}G_{\tau^*}\right] \tag{4.4.22}$$

美式衍生证券的价值总是大于或者等于其内在价值。式(4.4.21)中的停时 τ^* 是两者相等的第一时刻。有可能两者永不相等。例如,美式看跌期权的价值总是大于或者等于 0,然而,看跌期权有可能总是虚值(即内在价值为负)。在这种情况下,式(4.4.21) 的右端是在空集上取最小值(使得 $V_n=G_n$ 的整数 n 的集合是空集),按照数学上的约定,空集上的最小值是 ∞。对于我们,$\tau^*=\infty$ 是美式衍生证券永远不被实施的同义语。

【定理 4.4.5 的证明】 首先注意到,在风险中性概率测度下,停止过程

$$\frac{1}{(1+r)^{n\wedge\tau^*}}V_{n\wedge\tau^*} \tag{4.4.23}$$

是一个鞅。这可由式(4.4.11) 推得。事实上,如果前 n 次抛掷硬币的结果为 $\omega_1\cdots\omega_n$ 并且沿着这一路径 $\tau*\geqslant n+1$,则 $V_n(\omega_1\cdots\omega_n)>G_n(\omega_1\cdots\omega_n)$,并由式(4.4.11)可得:

$$\begin{aligned}V_{n\wedge\tau^*}(\omega_1\cdots\omega_n)&=V_n(\omega_1\cdots\omega_n)\\&=\frac{1}{1+r}[\tilde{p}V_{n+1}(\omega_1\cdots\omega_nH)+\tilde{q}V_{n+1}(\omega_1\cdots\omega_nT)]\\&=\frac{1}{1+r}[\tilde{p}V_{(n+1)\wedge\tau^*}(\omega_1\cdots\omega_nH)+\tilde{q}V_{(n+1)\wedge\tau^*}(\omega_1\cdots\omega_nT)]\end{aligned}$$

这是过程 (4.4.23) 的鞅性质。另一方面,如果沿着 $\omega_1\cdots\omega_n$有 $\tau^*\leqslant n$,则:

$$\begin{aligned}V_{n\wedge\tau^*}(\omega_1\cdots\omega_n)&=V_{\tau^*}(\omega_1\cdots\omega_{\tau^*})\\&=\tilde{p}V_{\tau^*}(\omega_1\cdots\omega_{\tau^*})+\tilde{q}V_{\tau^*}(\omega_1\cdots\omega_{\tau^*})\\&=\tilde{p}V_{(n+1)\wedge\tau^*}(\omega_1\cdots\omega_nH)+\tilde{q}V_{(n+1)\wedge\tau^*}(\omega_1\cdots\omega_nT)\end{aligned}$$

我们仍然得到鞅性质。

由于停止过程 (4.4.23) 是一个鞅,我们有:

$$\begin{aligned}V_0&=\widetilde{\mathbb{E}}\left[\frac{1}{(1+r)^{N\wedge\tau^*}}V_{N\wedge\tau^*}\right]\\&=\widetilde{\mathbb{E}}\left[\mathbb{I}_{\{\tau^*\leqslant N\}}\frac{1}{(1+r)^{\tau^*}}G_{\tau^*}\right]+\widetilde{\mathbb{E}}\left[\mathbb{I}_{\{\tau^*=\infty\}}\frac{1}{(1+r)^N}V_N\right]\end{aligned} \tag{4.4.24}$$

但是在 $\tau^*=\infty$的那些路径上,必有 $V_n>G_n$ 对所有 n 成立,尤其是,$V_N>G_N$。根据式(4.4.10),这仅当 $G_N<0$ 且 $V_N=0$ 时才有可能发生。因此,$\mathbb{I}_{\{\tau*=\infty\}}V_N=0$,式(4.4.24)被简化为:

$$V_0=\widetilde{\mathbb{E}}\left[\mathbb{I}_{\{\tau^*\leqslant N\}}\frac{1}{(1+r)^{\tau^*}}G_{\tau^*}\right] \tag{4.4.25}$$

这就是式(4.4.22)。 □

4.5 美式看涨期权

在例 4.2.1 中我们看到:有时候(在到期日之前)"提前"实施美式看跌期权是最优的。对于无红利支付的美式看涨期权,提前实施是无益的。我们下面将看到,这是由条件期望的詹森不等式得到的结论。

设 $g:[0,\infty)\to\mathbb{R}$ 是满足 $g(0)=0$ 的凸函数(见图 4.5.1)。这意味着对任意的 $s_1\geqslant 0$,$s_2\geqslant 0$ 和 $0\leqslant\lambda\leqslant 1$,我们有:

$$g(\lambda s_1+(1-\lambda)s_2)\leqslant\lambda g(s_1)+(1-\lambda)g(s_2) \tag{4.5.1}$$

例如,敲定价格为 K 的看涨期权的支付 $g(s)=(s-K)^+$ 就是这样的凸函数。

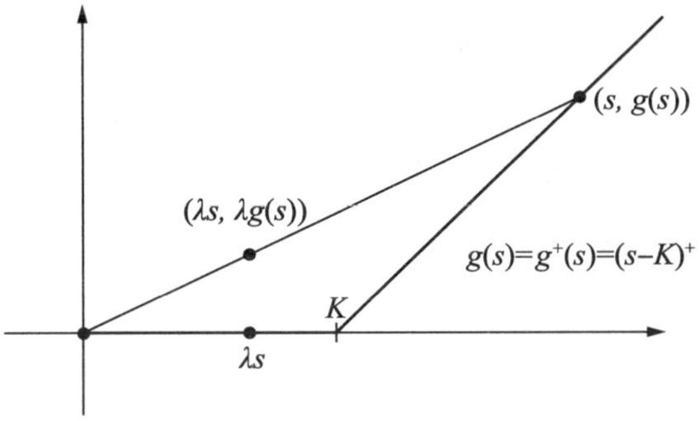

图 4.5.1 满足 $g(0)=0$ 的凸函数

定理 4.5.1 考虑 N 时段二叉树资产定价模型,其中 $0<d<1+r<u$,$r\geqslant0$。设美式衍生证券的支付为满足 $g(0)=0$ 的凸函数 $g(s)$,则该衍生证券在时刻 0 的价值(见定义 4.4.1):

$$V_0^A=\max_{\tau\in\mathscr{S}_0}\widetilde{\mathbb{E}}\left[\mathbb{I}_{\{\tau\leqslant N\}}\frac{1}{(1+r)^{\tau}}g(S_\tau)\right] \tag{4.5.2}$$

相同于在到期日 N 支付为 $g(S_N)$ 的欧式衍生证券的价值(见定理 2.4.7):

$$V_0^E=\widetilde{\mathbb{E}}\left[\frac{1}{(1+r)^N}\max\{g(S_N),0\}\right] \tag{4.5.3}$$

【证明】 定理的假定并不排除函数 g 可以取负值。因此我们引进函数:

$$g^+(s)=\max\{g(s),0\}$$

它只取非负值并且满足 $g^+(0)=0$;而且,g^+ 是凸函数。先来证明这一点。考虑到 g 满足式(4.5.1),我们有:

$$g(\lambda s_1+(1-\lambda)s_2)\leqslant\lambda g^+(s_1)+(1-\lambda)g^+(s_2),\quad \forall s_1\geqslant0,s_2\geqslant0,\lambda\in[0,1]$$

显然还有 $0\leqslant\lambda g^+(s_1)+(1-\lambda)g^+(s_2)$,因此:

$$g^+(\lambda s_1+(1-\lambda)s_2)=\max\{0,g(\lambda s_1+(1-\lambda)s_2)\}\leqslant\lambda g^+(s_1)+(1-\lambda)g^+(s_2)$$

上述不等式给出了 g^+ 的凸性。在上述凸性不等式中取 $s_1=s$ 和 $s_2=0$,我们得到:

$$g^+(\lambda s)\leqslant\lambda g^+(s),\quad \forall s\geqslant0,\ \lambda\in[0,1] \tag{4.5.4}$$

因为 $\frac{1}{(1+r)^n}S_n$ 在风险中性概率测度下是一个鞅,我们有 $S_n=$

$\widetilde{\mathbb{E}}_n\left[\frac{1}{1+r}S_{n+1}\right]$,从而:

$$g^+(S_n)=g^+\left(\widetilde{\mathbb{E}}_n\left[\frac{1}{1+r}S_{n+1}\right]\right)$$

由定理 2.3.2(v)关于条件期望的詹森不等式可得:

$$g^+\left(\widetilde{\mathbb{E}}_n\left[\frac{1}{1+r}S_{n+1}\right]\right)\leqslant\widetilde{\mathbb{E}}_n\left[g^+\left(\frac{1}{1+r}S_{n+1}\right)\right] \tag{4.5.5}$$

在式(4.5.4) 中取 $\lambda=\frac{1}{1+r}$,又得:

$$\widetilde{\mathbb{E}}_n\left[g^+\left(\frac{1}{1+r}S_{n+1}\right)\right]\leqslant\widetilde{\mathbb{E}}_n\left[\frac{1}{1+r}g^+(S_{n+1})\right] \tag{4.5.6}$$

综上所述,我们得到:

$$g^+(S_n)\leqslant\widetilde{\mathbb{E}}_n\left[\frac{1}{1+r}g^+(S_{n+1})\right]$$

两边同乘以 $\frac{1}{(1+r)^n}$,得到贴现内在价值过程 $\frac{1}{(1+r)^n}g^+(S_n)$ 的下鞅性质:

$$\frac{1}{(1+r)^n}g^+(S_n)\leqslant\widetilde{\mathbb{E}}_n\left[\frac{1}{(1+r)^{n+1}}g^+(S_{n+1})\right]$$

鉴于贴现内在价值过程是一个下鞅,由定理 4.3.3 知,对任何停时 $\tau\in\mathscr{S}_0$ 有:

$$\widetilde{\mathbb{E}}\left[\frac{1}{(1+r)^{N\wedge\tau}}g^+(S_{N\wedge\tau})\right]\leqslant\widetilde{\mathbb{E}}\left[\frac{1}{(1+r)^N}g^+(S_N)\right]=V_0^E \tag{4.5.7}$$

如果 $\tau\leqslant N$,则有:

$$\mathbb{I}_{\{\tau\leqslant N\}}\frac{1}{(1+r)^\tau}g(S_\tau)=\frac{1}{(1+r)^{N\wedge\tau}}g(S_{N\wedge\tau})\leqslant\frac{1}{(1+r)^{N\wedge\tau}}g^+(S_{N\wedge\tau})$$

如果 $\tau=\infty$,则有:

$$\mathbb{I}_{\{\tau\leqslant N\}}\frac{1}{(1+r)^\tau}g(S_\tau)=0\leqslant\frac{1}{(1+r)^{N\wedge\tau}}g^+(S_{N\wedge\tau})$$

无论何种情况,都有同样的结果,因此:

$$\widetilde{\mathbb{E}}\left[\mathbb{I}_{\{\tau\leqslant N\}}\frac{1}{(1+r)^\tau}g(S_\tau)\right]\leqslant\widetilde{\mathbb{E}}\left[\frac{1}{(1+r)^{N\wedge\tau}}g^+(S_{N\wedge\tau})\right]\leqslant V_0^E$$

其中最后一步用到了式(4.5.7)。上述不等式对任何停时 $\tau\in\mathscr{S}_0$ 都成立,故必有:

$$V_0^A=\max_{\tau\in\mathscr{S}_0}\widetilde{\mathbb{E}}\left[\mathbb{I}_{\{\tau\leqslant N\}}\frac{1}{(1+r)^\tau}g(S_\tau)\right]\leqslant V_0^E$$ □

定理 4.5.1 表明:(无红利支付的)美式看涨期权的提前实施特征对其价值没有贡献。通过定理的证明过程可知,这是因为看涨期权的贴现内在价值过程在风险中性概率下是一个下鞅(即具有上升趋势)。美式看跌期权的贴现内在价值过程则不是一个下鞅。如果 $g^+(s)=(K-s)^+$,詹森不等式(4.5.5)仍然成立,但是式(4.5.6)不成立。由詹森不等式,看跌期权的凸支付函数使得其贴现内在价值过程具有上升的趋势,但是,这又被第二个效应抵消了。由于看跌期权的持有人一旦行权可获得 K,故有可能提前实施以免被打折贴现。在股价较低的情形,这第二个效应变得比凸性更为重要,从而使提前实施成为最优。对于看涨期权,持有人行权时将付出 K,故宁可在实施之前被打折贴现。这就增强了凸性的效应,更不愿提前实施。

4.6 本章小结

欧式衍生证券只能在所谓**到期日**这一个时刻被实施,而美式衍生证券允许持有人在到期日之前的任何时刻(包括到期日)行权。这就使得美式衍生证券在任何时刻的价值至少不低于其持有人即刻行权所获得的支付,即所谓**内在价值**。在风险中性概率测度下,欧式衍生证券的贴现过程是一个鞅,而美式衍生证券的贴现过程则是一个上鞅。在应该被实施的时刻,美式衍生证券的价值具有下降的倾向。事实上,美式衍生证券的价值过程是满足下列条件的最小的非负过程:任何时刻不低于其内在价值并且其贴现过程在风险中性概率测度下是一个上鞅。这是定理 4.4.2 的内容。由此导致定理 4.4.3 中的美式衍生证券的定价算法:

$$V_N(\omega_1\cdots\omega_N)=\max\{G_N(\omega_1\cdots\omega_N),0\} \tag{4.4.10}$$

$$V_n(\omega_1\cdots\omega_n)=\max\{G_n(\omega_1\cdots\omega_n),$$
$$\frac{1}{1+r}[\tilde{p}V_{n+1}(\omega_1\cdots\omega_nH)+\tilde{q}V_{n+1}(\omega_1\cdots\omega_nT)]\},\quad n=N-1,\cdots,0 \tag{4.4.11}$$

这里 $G_n(\omega_1\cdots\omega_n)$是当前 n 次抛掷硬币结果为 $\omega_1\cdots\omega_n$ 时,衍生证券在时刻 n 的内在价值。

美式衍生证券价值贴现过程的上鞅性质使得持有衍生证券空头的投资者能够成功对冲。对冲资产组合的构建公式与用于欧式衍生证券的相同:

$$\Delta_n(\omega_1\cdots\omega_n)=\frac{V_{n+1}(\omega_1\cdots\omega_nH)-V_{n+1}(\omega_1\cdots\omega_nT)}{S_{n+1}(\omega_1\cdots\omega_nH)-S_{n+1}(\omega_1\cdots\omega_nT)} \tag{4.4.14}$$

在衍生证券价值贴现过程具有严格下降倾向的时段 n,空头对冲组合持有人可以消费掉

$$C_n(\omega_1\cdots\omega_n)=V_n(\omega_1\cdots\omega_n)-\frac{1}{1+r}[\widetilde{p}V_{n+1}(\omega_1\cdots\omega_nH)+\widetilde{q}V_{n+1}(\omega_1\cdots\omega_nT)] \tag{4.4.15}$$

并仍然能维持对冲。这是定理 4.4.4 的内容。

美式衍生证券的持有人应该在衍生证券价值等同于内在价值的第一时刻行权。按照这一行权法则,所获得支付在时刻 0 的风险中性贴现值与美式衍生证券在时刻 0 的价格相同(即这一法则能让美式衍生证券的持有人获得该合约的全部价值)。这是定理 4.4.5 的内容。

上述论断的证明要用到停时概念,这是关于实施的随机时间,见定义 4.3.1。美式衍生证券持有人的行权策略必须是一个停时(即行权策略可以依赖于以往的股价变动,但必须在无法看到未来股价变动的情况下决策)。一旦停时被选定,就能计算相应于这一停时的衍生证券支付贴现过程的风险中性期望值。美式衍生证券的价值是(相应于所有停时)支付贴现过程风险中性期望的最大值。这就是定义 4.4.1。

将鞅、上鞅、下鞅停止于停时所得到的停止过程仍然(是鞅、上鞅、下鞅)具有相同的倾向。尤其是,如果 $X_n, n=0,1,\cdots,N$ 在 $\widetilde{\mathbb{P}}$ 下是一个下鞅、τ 是一个停时,则 $X_{n\wedge\tau}, n=0,1,\cdots,N$ 在 $\widetilde{\mathbb{P}}$ 下仍是一个下鞅且 $\widetilde{\mathbb{E}}X_{n\wedge\tau}\leqslant\widetilde{\mathbb{E}}X_n$。这类结果被称为**可选抽样**。

利用可选抽样可以证明:无红利支付股票的美式看涨期权与同一股票的欧式看涨期权的价值相同(即美式看涨期权中的提前实施机会价值为 0)。这是定理 4.5.1 的内容。

4.7 评　注

关于美式衍生证券基于停时的严格分析始于本苏桑(Bensoussan)[2],并由卡拉察斯[26]继续。卡拉察斯和施里夫[28]中有一个综述(整个材料中讨论的是连续时间模型,本书中则专门讨论二叉树模型)。

4.8 习　题

习题 4.1　在图 1.2.2 的三时段模型中,设利率 $r=\frac{1}{4}$,从而风险中性概率为 $\widetilde{p}=\widetilde{q}=\frac{1}{2}$。

(i) 确定时刻 3 到期且内在价值为 $g_P(s)=(4-s)^+$ 的美式看跌期权在时刻 0 的价格 V_0^P。

(ii) 确定时刻 3 到期且内在价值为 $g_C(s)=(s-4)^+$ 的美式看涨期权在

时刻 0 的价格 V_0^C。

(iii) 确定时刻 3 到期且内在价值为 $g_S(s)=g_P(s)+g_C(s)$ 的美式双向期权在时刻 0 的价格 V_0^S。

(iv) 解释为何 $V_0^S<V_0^P+V_0^C$。

习题 4.2 在例 4.2.1 中,我们已计算出敲定价格为 5 的美式看跌期权在时刻 0 的价格为 1.36。假设某投资者在时刻 0 借入 1.36 并购买美式看跌期权。投资者该如何通过股票和货币市场交易以及美式看跌期权的最优实施获得足够的资金偿付其债务(该项债务每个时段的增长率为 25%)。

习题 4.3 在图 1.2.2 的三时段模型中,设利率 $r=\frac{1}{4}$,从而风险中性概率为 $\tilde{p}=\tilde{q}=\frac{1}{2}$。求在每个时刻 $n,n=0,1,2,3$,内在价值为 $\left(4-\frac{1}{n+1}\sum_{j=0}^{n}S_j\right)^+$ 的路径依赖美式衍生证券在时刻 0 的价格以及最优实施策略(最优停时)。这里的内在价值是一个关于时刻 0 与时刻 n 之间平均股价的看跌期权支付值。

习题 4.4 考虑例 4.2.1 中敲定价格为 5 的美式看跌期权。在时刻 0 我们将该期权出售,购买者拥有关于股价变动的内部信息,并采用式(4.3.2)中的行权策略 ρ。具体而言,如果第一次抛掷硬币将出现 H,看跌期权的持有人就在时刻 0 行权,这时期权的内在价值为 1;如果第一次抛掷硬币的结果为 T 并且第二次抛掷硬币将出现 H,持有人就在时刻 1 行权,这时期权的内在价值为 3;如果前两次抛掷硬币结果为 TT,持有人就在时刻 1 行权,这时期权的内在价值为 4。总之,美式看跌期权持有人获得的支付为如下随机变量:

$$Y(HH)=1,\quad Y(HT)=1,\quad Y(TH)=3,\quad Y(TT)=4 \tag{4.8.1}$$

该支付从支付时刻到时刻 0 的贴现的风险中性期望值为:

$$\widetilde{\mathbb{E}}\left[\left(\frac{4}{5}\right)^{\rho}Y\right]=\frac{1}{4}\left[1+1+\frac{4}{5}\cdot 3+\frac{16}{25}\cdot 4\right]=1.74 \tag{4.8.2}$$

在例 4.2.1 中,我们计算出该看跌期权在时刻 0 的价格仅为 1.36。为了在售出期权后能够成功对冲我们的期权空头,是否应向该购买者收取更多的费用?说明你的理由。

习题 4.5 在式(4.4.5)中,要对 $\mathscr{S}_0$ 中所有停时来计算最大值。列出 $\mathscr{S}_0$ 中所有停时(26 个),从中找出在期权为虚值时不行权的所有停时(11 个)。对后一集合中的每一个停时 τ,计算$\widetilde{\mathbb{E}}\left[\mathbb{I}_{\{\tau\leqslant 2\}}\left(\frac{4}{5}\right)^{\tau}G_\tau\right]$。验证使该量取最大值的是由式(4.4.6) 给出的停时,在式(4.4.7) 中已算得该最大值为 1.36。

习题 4.6(美式看跌期权的价格估计) 对每个 $n,n=0,1,\cdots,N$,设 G_n

是依赖于前 n 次抛掷硬币结果的随机变量。考虑一个衍生证券,持有人可以在任何时刻 $n\leqslant N$ 行权,获得支付 G_n;但是,如果时刻 N 之前一直未行权,则时刻 N 必须行权。该衍生证券在时刻 0 的价值为:

$$V_0=\max_{\tau\in\mathscr{S}_0,\tau\leqslant N}\widetilde{\mathbb{E}}\left[\frac{1}{(1+r)^\tau}G_\tau\right]\tag{4.8.3}$$

与定义 4.4.1 中美式衍生证券的价格公式 (4.4.1) 不同,这里,我们仅考虑取值为 $0,1,\cdots,N$ 的停时(不能取∞值)。

(i) 考虑 $G_n=K-S_n$,衍生证券持有人可以在任何时刻 $n\leqslant N$ 售出一份股票并获得支付 K;但是,如果时刻 N 之前一直未实施,则时刻 N 必须实施。证明:最优实施策略是在时刻 0 出售股票,从而该衍生证券的价值为$K-S_0$。

(ii) 解释为何由(i)中的衍生证券和敲定价格为 K、到期日为 N 的欧式看涨期权所组成的资产组合的价值至少等于敲定价格为 K、到期日为 N 的美式看跌期权的价值。记欧式看涨期权在时刻 0 的价值为 V_0^{EC} 的,美式看跌期权在时刻 0 的价值为 V_0^{AP},推导 V_0^{AP} 的上界:

$$V_0^{AP}\leqslant K-S_0+V_0^{EC}\tag{4.8.4}$$

(iii) 利用看跌—看涨平价公式(习题 2.11)推导 V_0^{AP} 的下界:

$$\frac{K}{(1+r)^N}-S_0+V_0^{EC}\leqslant V_0^{AP}\tag{4.8.5}$$

习题 4.7 对于习题 4.6 中时刻 0 的价值由式(4.8.3)给出的衍生证券,考虑 $G_n=S_n-K$。衍生证券持有人可以在任何时刻 $n\leqslant N$ 通过支付 K 购买一份股票;但是,如果时刻 N 之前一直未实施,则时刻 N 必须实施。确定该衍生证券在时刻 0 的价值以及最优实施策略。

5 随机游动

5.1 引　言

这一节，我们考虑对称随机游动，这相当于第二卷第三章介绍的布朗运动的离散时间情形。我们推导随机游动的若干性质，以后我们将看到布朗运动也有类似的性质。尤其是，本章中我们将考虑对称随机游动的**首达时间**和**反射原理**。对于布朗运动，这些概念在各种奇异期权的计算中会被用到。

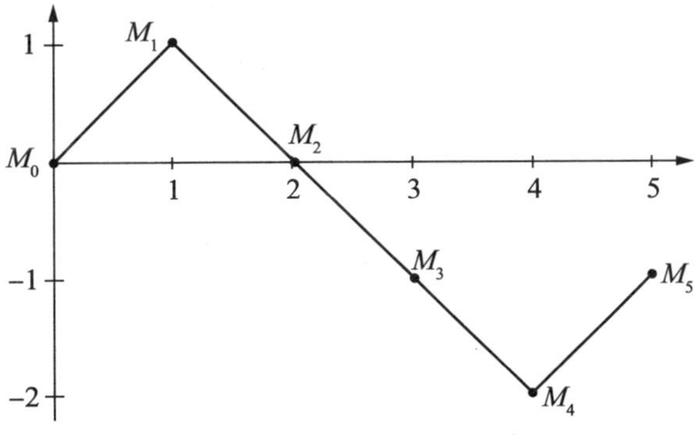

图 5.1.1　随机游动的前五步

为构造对称随机游动，我们反复抛掷一枚公正的硬币（每次抛掷，出现正面 H 的概率 p 以及出现背面 T 的概率 $q=1-p$ 都等于$\frac{1}{2}$）。接连不断抛掷硬币的结果记为 $\omega_1\omega_2\omega_3\cdots$。设：

$$X_j=\begin{cases}1, & \omega_j=H\\ -1, & \omega_j=T\end{cases} \tag{5.1.1}$$

定义 $M_0=0$，并且：

$$M_n = \sum_{j=1}^{n} X_j, \quad n = 1,2,\cdots \tag{5.1.2}$$

过程 $M_n,n=0,1,2,\cdots$就是一个**对称随机游动**。相应于每次硬币抛掷,上升或下降一个单位,上升与下降的概率相同。如果 $p\neq\frac{1}{2}$,仍然会得到随机游动,但可能是非对称的。对称与非对称随机游动所有可能路径的集合是相同的,不同的只是这些路径的概率。

对称随机游动既是鞅又是马尔可夫过程。

5.2 首达时间

5.1 节中的对称随机游动在时刻 0 取值为零。给定整数 m,随机游动首次达到水平 m 的时刻记为 τ_m,即:

$$\tau_m=\min\{n;M_n=m\} \tag{5.2.1}$$

如果随机游动永远达不到 m,我们定义 $\tau_m=\infty$。

随机变量 τ_m 是一个停时,称为随机游动关于水平 m 的**首达时间**。我们将确定它的分布。我们将看到,τ_m 以概率 1 有限(即随机游动最终达到水平 m 的概率为 1),但是$\mathbb{E}\tau_m=\infty$。一旦关于对称随机游动确定了 τ_m 的分布,我们将了解如何修正公式以获得关于非对称随机游动的 τ_m 分布的有关结果。

关于对称随机游动首达时间 τ_m 的分布的研究用到式(5.2.2)中的鞅,它曾在习题 2.4(ii)中被讨论过。

引理 5.2.1 设 M_n 是一个对称随机游动。给定数 σ 并定义过程:

$$S_n=e^{\sigma M_n}\left(\frac{2}{e^{\sigma}+e^{-\sigma}}\right)^n \tag{5.2.2}$$

则 $S_n,n=0,1,2,\cdots$是一个鞅。

【证明】 由式(5.1.1)和式(5.1.2),我们有:

$$S_{n+1}=S_n(\frac{2}{e^{\sigma}+e^{-\sigma}})e^{\sigma X_{n+1}}$$

通过提取已知量[定理 2.3.2(ii)]并利用独立性[定理 2.3.2(iv)],可得:

$$\begin{aligned}\mathbb{E}_n S_{n+1}&=S_n\left(\frac{2}{e^{\sigma}+e^{-\sigma}}\right)\mathbb{E}\, e^{\sigma X_{n+1}}\\&=S_n(\frac{2}{e^{\sigma}+e^{-\sigma}})(\frac{1}{2}e^{\sigma}+\frac{1}{2}e^{-\sigma})\\&=S_n\end{aligned}$$

这表明 $S_n, n=0,1,2,\cdots$ 是一个鞅。 □

因为将一个鞅停止于一个停时，得到的停止过程仍然是一个鞅(定理 4.3.2)，过程 $S_{n\wedge\tau_m}$ 是一个鞅，从而期望值为常数，即：

$$1=S_0=\mathbb{E}\,S_{n\wedge\tau_m}=\mathbb{E}\left[e^{\sigma M_{n\wedge\tau_m}}\left(\frac{2}{e^{\sigma}+e^{-\sigma}}\right)^{n\wedge\tau_m}\right],\quad \forall\, n\geqslant 0 \qquad (5.2.3)$$

我们将在式(5.2.3)中令 $n\to\infty$。为此，必须确定当 $n\to\infty$ 时 $e^{\sigma M_{n\wedge\tau_m}}$ $\left(\frac{2}{e^{\sigma}+e^{-\sigma}}\right)^{n\wedge\tau_m}$ 的极限。我们将两个因子分别考虑。

首先注意到，函数 $\cosh\sigma=\frac{e^{\sigma}+e^{-\sigma}}{2}$ 在 $\sigma=0$ 处取得最小值 1。因此对所有 $\sigma>0$，$\cosh\sigma>1$，从而：

$$0<\left(\frac{2}{e^{\sigma}+e^{-\sigma}}\right)<1,\quad \forall\,\sigma>0 \qquad (5.2.4)$$

固定 $\sigma>0$，由式(5.2.4)可得：

$$\lim_{n\to\infty}\left(\frac{2}{e^{\sigma}+e^{-\sigma}}\right)^{n\wedge\tau_m}=\begin{cases}\left(\frac{2}{e^{\sigma}+e^{-\sigma}}\right)^{\tau_m}, & \tau_m<\infty\\ 0, & \tau_m=\infty\end{cases} \qquad (5.2.5)$$

可以将式(5.2.5)的右端表示为 $\mathbb{I}_{\{\tau_m<\infty\}}\left(\frac{2}{e^{\sigma}+e^{-\sigma}}\right)^{\tau_m}$，它概括了两种情形。

考虑另一个因子 $e^{\sigma M_{n\wedge\tau_m}}$，假定 $m>0$ 并注意到停止于水平 m 首达时间的鞅 $M_{n\wedge\tau_m}\leqslant m$。因此，无论 τ_m 是否有限，都有：

$$0\leqslant e^{\sigma M_{n\wedge\tau_m}}\leqslant e^{\sigma m} \qquad (5.2.6)$$

还有：

$$\lim_{n\to\infty}e^{\sigma M_{n\wedge\tau_m}}=e^{\sigma M_{\tau_m}}=e^{\sigma m},\quad 如果\ \tau_m<\infty \qquad (5.2.7)$$

将式(5.2.5)和式(5.2.7)相乘，可得：

$$\lim_{n\to\infty}e^{\sigma M_{n\wedge\tau_m}}\left(\frac{2}{e^{\sigma}+e^{-\sigma}}\right)^{n\wedge\tau_m}=e^{\sigma m}\left(\frac{2}{e^{\sigma}+e^{-\sigma}}\right)^{\tau_m},\quad 如果\ \tau_m<\infty \qquad (5.2.8)$$

我们并不知道沿着 $\tau_m=\infty$ 的那些路径，$e^{\sigma M_{n\wedge\tau_m}}$ 当 $n\to\infty$ 时是否存在极限，但这没关系，因为这一项是有界的[见式(5.2.6)]，而 $\left(\frac{2}{e^{\sigma}+e^{-\sigma}}\right)^{n\wedge\tau_m}$ 的极限为 0。因此：

$$\lim_{n\to\infty}e^{\sigma M_{n\wedge\tau_m}}\left(\frac{2}{e^{\sigma}+e^{-\sigma}}\right)^{n\wedge\tau_m}=0,\quad 如果\ \tau_m=\infty \qquad (5.2.9)$$

由式(5.2.8)和式(5.2.9)可知：

$$\lim_{n\to\infty} e^{\sigma M_{n\wedge\tau_m}}\left(\frac{2}{e^{\sigma}+e^{-\sigma}}\right)^{n\wedge\tau_m}=\mathbb{I}_{\{\tau_m<\infty\}}e^{\sigma m}\left(\frac{2}{e^{\sigma}+e^{-\sigma}}\right)^{\tau_m} \tag{5.2.10}$$

在式(5.2.3)中取极限可得〔1〕：

$$\mathbb{E}\left[\mathbb{I}_{\{\tau_m<\infty\}}e^{\sigma m}\left(\frac{2}{e^{\sigma}+e^{-\sigma}}\right)^{\tau_m}\right]=1 \tag{5.2.11}$$

式(5.2.11)是在 $\sigma>0$ 的假定下推导的，我们曾在此假定下推得式(5.2.5)。于是式(5.2.11)对所有 $\sigma>0$ 成立。我们不能在式(5.2.11)中直接令 $\sigma=0$，但可以在其两边同时令 $\sigma\downarrow 0$，取极限〔2〕，这就得到 $\mathbb{E}[\mathbb{I}_{\{\tau_m<\infty\}}]=1$，即：

$$\mathbb{P}\{\tau_m<\infty\}=1 \tag{5.2.12}$$

这表明对称随机游动达到水平 m 的概率为 1。但是，存在对称随机游动永远不能达到水平 m 的路径。例如，对于在任何时刻累计出现背面的次数总是超过正面出现次数的路径(这样的路径有可能形如 $TTHTTHTHHT\cdots$)，对称随机游动以 0 开始，以后永远取严格负值。沿着这样的路径，对称随机游动永远不能达到正的水平 m。式(5.2.12)断言，虽然这样的路径有无穷多(事实上有不可数无穷多)，总而言之，这些路径的集合具有零概率。上述讨论中，假定了 m 是严格正的[我们曾在这一假定下推得式(5.2.6)]，然而，由于随机游动的对称性，式(5.2.12)对于严格负的 m 也是成立的。

如果某一事件出现的概率为 1，我们就称该事件**几乎必然发生**。我们已证明了下述定理：

定理 5.2.2 设 m 是任一非零整数。对称随机游动几乎必然达到水平 m，即水平 m 的首达时间 τ_m 几乎必然有限。

为了确定首达时间 τ_m 的分布，我们研究其矩母函数 $\varphi_{\tau_m}(u)=\mathbb{E}e^{u\tau_m}$。对所有 $x\geqslant 0$，$e^x=1+x+\frac{1}{2}x^2+\cdots\geqslant x$。因此对正数 u，有 $e^{u\tau_m}\geqslant u\tau_m$，从而 $\varphi_{\tau_m}(u)=\mathbb{E}e^{u\tau_m}\geqslant u\mathbb{E}\tau_m$。由下面的推论 5.2.4，$\mathbb{E}\tau_m=\infty$，这表明对于 $u>0$，$\varphi_{\tau_m}(u)=\infty$。而对于 $u=0$，我们有 $\varphi_{\tau_m}(u)=1$。因此，我们仅对 $u<0$ 时的矩母函数 $\varphi_{\tau_m}(u)$ 感兴趣。对于 $u<0$，令 $\alpha=e^u$，则 $0<\alpha<1$ 且 $\varphi_{\tau_m}(u)=\mathbb{E}\alpha^{\tau_m}$。

定理 5.2.3 设 m 是非零整数。对称随机游动的首达时间 τ_m 满足：

〔1〕 由一列随机变量的收敛性并不是总能推得其期望的收敛性。在现在的情形，之所以可以这么做，是因为式(5.2.10)中出现的随机变量介于两个常数 0 与 $e^{\sigma m}$ 之间。适用的定理是第二卷第一章的控制收敛定理 1.4.9。

〔2〕 式(5.2.11)左端的极限计算需要再次运用第二卷第一章的控制收敛定理 1.4.9。

$$\mathbb{E}\,\alpha^{\tau_m}=\left(\frac{1-\sqrt{1-\alpha^2}}{\alpha}\right)^{|m|},\quad \forall\,\alpha\in(0,1) \tag{5.2.13}$$

【证明】 对于对称随机游动，τ_m 和 τ_{-m} 具有同样的分布，故只需对 $m>0$ 给出定理证明。设 m 是正整数。由于 $P\{\tau_m<\infty\}=1$，式(5.2.11)可以简化为：

$$\mathbb{E}\left[e^{\sigma m}\left(\frac{2}{e^{\sigma}+e^{-\sigma}}\right)^{\tau_m}\right]=1 \tag{5.2.14}$$

上式对所有 $\sigma>0$ 成立。

为了从式(5.2.14)得到式(5.2.13)，给定 $\alpha\in(0,1)$，并求出 $\sigma>0$，使得：

$$\alpha=\frac{2}{e^{\sigma}+e^{-\sigma}} \tag{5.2.15}$$

这等价于：

$$\alpha e^{\sigma}+\alpha e^{-\sigma}-2=0$$

而上式又等价于：

$$\alpha(e^{-\sigma})^2-2e^{-\sigma}+\alpha=0$$

这是关于未知量 $e^{-\sigma}$ 的二次方程，其解为：

$$e^{-\sigma}=\frac{2\pm\sqrt{4-4\alpha^2}}{2\alpha}=\frac{1\pm\sqrt{1-\alpha^2}}{\alpha}$$

我们需要求出满足上式的正数 $\sigma>0$，因此 $e^{-\sigma}$ 严格小于 1。这表明应取上式中相应于负号的解 $e^{-\sigma}$，即：

$$e^{-\sigma}=\frac{1-\sqrt{1-\alpha^2}}{\alpha} \tag{5.2.16}$$

我们来验证，由式(5.2.16)确定的 σ 是严格正的。由于 α 满足 $0<\alpha<1$，有：

$$0<(1-\alpha)^2<1-\alpha<1-\alpha^2$$

两边取正平方根，可得 $1-\alpha<\sqrt{1-\alpha^2}$。于是，$1-\sqrt{1-\alpha^2}<\alpha$，两边同除以 α，可知式(5.2.16)的右端严格小于 1。这表明由式(5.2.16)确定的 σ 是严格正的。

由式(5.2.16)相联系的 σ 和 α，必定满足式(5.2.15)，因此式(5.2.14)可以重写为：

$$\mathbb{E}\left[\left(\frac{\alpha}{1-\sqrt{1-\alpha^2}}\right)^{m}\alpha^{\tau_m}\right]=1$$

由于$\left(\frac{\alpha}{1-\sqrt{1-\alpha^2}}\right)^m$并非随机,我们可以将其从期望中提出并用来除上式两边,即得关于正整数m的式(5.2.13)。 □

推论 5.2.4 在定理 5.2.3 的条件下,有:

$$\mathbb{E}\,\tau_m=\infty \tag{5.2.17}$$

【证明】[1]首先证明$\mathbb{E}\tau_1=\infty$。为此,在式(5.2.13)两边同时关于α求导:

$$\begin{aligned}\mathbb{E}\left[\tau_1\alpha^{\tau_1-1}\right]&=\frac{\partial}{\partial\alpha}\mathbb{E}\alpha^{\tau_1}\\&=\frac{\partial}{\partial\alpha}\frac{1-\sqrt{1-\alpha^2}}{\alpha}\\&=\frac{-\frac{1}{2}(1-\alpha^2)^{-\frac{1}{2}}(-2\alpha)\alpha-(1-(1-\alpha^2)^{\frac{1}{2}})}{\alpha^2}\\&=\frac{\alpha^2(1-\alpha^2)^{-\frac{1}{2}}-1+(1-\alpha^2)^{\frac{1}{2}}}{\alpha^2}\\&=\frac{\alpha^2-\sqrt{(1-\alpha^2)}+1-\alpha^2}{\alpha^2\sqrt{1-\alpha^2}}\\&=\frac{1-\sqrt{1-\alpha^2}}{\alpha^2\sqrt{1-\alpha^2}}\end{aligned}$$

上式对所有$\alpha\in(0,1)$成立,我们不能直接将$\alpha=1$代入其中,但可以在其两边同时令$\alpha\uparrow 1$取极限,从而得到$\mathbb{E}\tau_1=\infty$。

对于$m\geqslant 1$,我们有$\tau_m\geqslant\tau_1$,于是$\mathbb{E}\tau_m\geqslant\mathbb{E}\tau_1=\infty$。对于负整数$m$,则由随机游动的对称性,可得$\mathbb{E}\tau_m=\infty$。 □

利用式(5.2.13),可以计算出随机变量τ_1的分布。$m=1$时,式(5.2.13)为:

$$\mathbb{E}\,\alpha^{\tau_1}=\frac{1-\sqrt{1-\alpha^2}}{\alpha},\quad\forall\,\alpha\in(0,1) \tag{5.2.18}$$

由于随机游动仅在奇数步才可能达到水平 1,故式(5.2.18)的左端可以改写为:

$$\mathbb{E}\,\alpha^{\tau_1}=\sum_{j=1}^{\infty}\alpha^{2j-1}\,\mathbb{P}\{\tau_1=2j-1\} \tag{5.2.19}$$

我们来求式(5.2.18)的右端的幂级数展开式。令$f(x)=1-\sqrt{1-x}$,则:

---

〔1〕 在推论 5.2.4 的证明中,有两处涉及极限与期望的交换。第一处(对$\mathbb{E}\alpha^{\tau_1}$关于$\alpha$求导)可与第二卷第一章习题 1.8 同理论证。第二处(令$\alpha\uparrow 1$取极限)可运用第二卷第一章中的单调收敛定理 1.4.5。

$$f'(x)=\frac{1}{2}(1-x)^{-\frac{1}{2}}$$

$$f''(x)=\frac{1}{4}(1-x)^{-\frac{3}{2}}$$

$$f'''(x)=\frac{3}{8}(1-x)^{-\frac{5}{2}}$$

一般地，f 的第 j 阶导数为：

$$f^{(j)}(x)=\frac{1\cdot 3\cdots(2j-3)}{2^j}(1-x)^{-\frac{2j-1}{2}},\quad j=1,2,3,\cdots$$

在 $x=0$ 的取值分别为：

$$f(0)=0,\quad f'(0)=\frac{1}{2},\quad f''(0)=\frac{1}{4},\quad f'''(0)=\frac{3}{8}$$

一般地：

$$\begin{aligned}f^{(j)}(0)&=\frac{1\cdot 3\cdots(2j-3)}{2^j}\\&=\frac{1\cdot 3\cdots(2j-3)}{2^j}\cdot\frac{2\cdot 4\cdots(2j-2)}{2^{j-1}(j-1)!}\\&=\left(\frac{1}{2}\right)^{2j-1}\frac{(2j-2)!}{(j-1)!},\quad j=1,2,3,\cdots\end{aligned}\tag{5.2.20}$$

（这里用到了定义 $0!=1$。）$f(x)$的泰勒（Taylor）级数展开式为：

$$f(x)=1-\sqrt{1-x}=\sum_{j=1}^{\infty}\frac{1}{j!}f^{(j)}(0)x^j=\sum_{j=1}^{\infty}\left(\frac{1}{2}\right)^{2j-1}\frac{(2j-2)!}{j!(j-1)!}x^j$$

于是：

$$\frac{1-\sqrt{1-\alpha^2}}{\alpha}=\frac{f(\alpha^2)}{\alpha}=\sum_{j=1}^{\infty}\left(\frac{\alpha}{2}\right)^{2j-1}\frac{(2j-2)!}{j!(j-1)!}\tag{5.2.21}$$

我们已经对式(5.2.18)的两边分别给出了幂级数展开式——式(5.2.19)和式(5.2.21)。令它们相等，就有：

$$\sum_{j=1}^{\infty}\alpha^{2j-1}\,\mathbb{P}\{\tau_1=2j-1\}=\sum_{j=1}^{\infty}\left(\frac{\alpha}{2}\right)^{2j-1}\frac{(2j-2)!}{j!(j-1)!},\quad \forall\alpha\in(0,1)$$

为使上面两个级数对所有 $\alpha\in(0,1)$都相等，只有令它们的系数逐项相等（即在两个级数中乘以 α^{2j-1} 的项必须相等），这就给出下列公式：

$$\mathbb{P}\{\tau_1=2j-1\}=\frac{(2j-2)!}{j!(j-1)!}\cdot\left(\frac{1}{2}\right)^{2j-1},\quad j=1,2,\cdots\tag{5.2.22}$$

我们对前几个 j 值来验证公式(5.2.22)。对于 $j=1$，我们有：

$$\mathbb{P}\{\tau_1=1\}=\frac{0!}{1!0!}\cdot\frac{1}{2}=\frac{1}{2}$$

仅当第一次抛掷硬币结果为 H 时,才有可能 $\tau_1=1$。对于对称随机游动,其概率为$\frac{1}{2}$。对于 $j=2$,有:

$$\mathbb{P}\{\tau_1=3\}=\frac{2!}{2!1!}\cdot\left(\frac{1}{2}\right)^3=\left(\frac{1}{2}\right)^3$$

仅当前三次抛掷硬币结果为 THH 时,才有可能 $\tau_1=3$,其概率为$\left(\frac{1}{2}\right)^3$。对于$j=3$,有:

$$\mathbb{P}\{\tau_1=5\}=\frac{4!}{3!2!}\cdot\left(\frac{1}{2}\right)^5=2\cdot\left(\frac{1}{2}\right)^5$$

仅有两种情形使得 $\tau_1=5$:前 5 次抛掷硬币的结果为 $THTHH$ 或者 $TTHHH$,每一结果出现的概率均为$\left(\frac{1}{2}\right)^5$。

由这些例子,我们知道该如何解释出现在式(5.2.22)右端的两个因子:$\frac{(2j-2)!}{j!(j-1)!}$是在第 $2j-1$ 步首次达到水平 1(从而 $\tau_1=2j-1$)的路径的数目,$\left(\frac{1}{2}\right)^{2j-1}$是每一路径的概率。假设随机游动并不对称:抛掷硬币结果出现 H 的概率为 p,出现 T 的概率为 $q=1-p$。这时,在第 $2j-1$ 步首次达到水平 1 的路径的数目不受影响。然而,由于每一路径必含 j 步上升、$j-1$ 步下降,其概率均为 p^jq^{j-1}。由此,我们得到以下定理。

定理 5.2.5 设 τ_1 是上升概率为 p、下降概率为 $q=1-p$ 的随机游动的水平 1 首达时间,则:

$$\mathbb{P}\{\tau_1=2j-1\}=\frac{(2j-2)!}{j!\ (j-1)!}p^jq^{j-1},\quad j=1,2,\cdots \tag{5.2.23}$$

5.3 反射原理

这一节,基于**反射原理**,我们给出定理 5.2.5 的第二个证明。同样的方法,在以后关于布朗运动的研究中也将会用到。与上一节类似,我们先考虑对称随机游动并得到公式(5.2.22)。关于进一步推得定理 5.2.5 的论证,与上一节相同。

假设我们将硬币接连抛掷(奇数)$2j-1$ 次,相应随机游动路径中有一些会达到水平 1。在三次抛掷的情形,共有 8 条可能的路径,其中有 5 条达到水平 1(见图 5.3.1)。考虑一条在某个时刻 $\tau_1\leqslant 2j-1$ 达到水平 1 的路径。

从该时刻开始，我们作一条“反射”路径：在以后每一时刻，如果原路径下降，它就上升；如果原路径上升，它就下降。这样，如果原路径在时刻 $2j-1$ 超出水平 1，则反射路径就会低于水平 1；反之亦然。如果原路径在时刻 $2j-1$ 位于水平 1，则反射路径也将位于水平 1。

为了计算截至时刻 $2j-1$ 曾达到过水平 1 的路径总数，我们可以计算在时刻 $2j-1$ 超出水平 1 的路径数目，在时刻 $2j-1$ 位于水平 1 的路径数目以及在时刻 $2j-1$ 其反射路径超出水平 1 的路径数目。如果反射路径在时刻 $2j-1$ 超出水平 1，则原路径在时刻 $2j-1$ 之前曾达到水平 1，而在时刻 $2j-1$ 低于水平 1。在图 5.3.1 中，在时刻 3 超出水平 1 的路径只有一条：HHH；在时刻 3 位于水平 1 的路径有三条：HHT、HTH 和 THH；反射路径在时刻 3 超出水平 1 的路径有一条：HTT。这五条路径就是截至时刻 3 所有曾达到过水平 1 的路径。

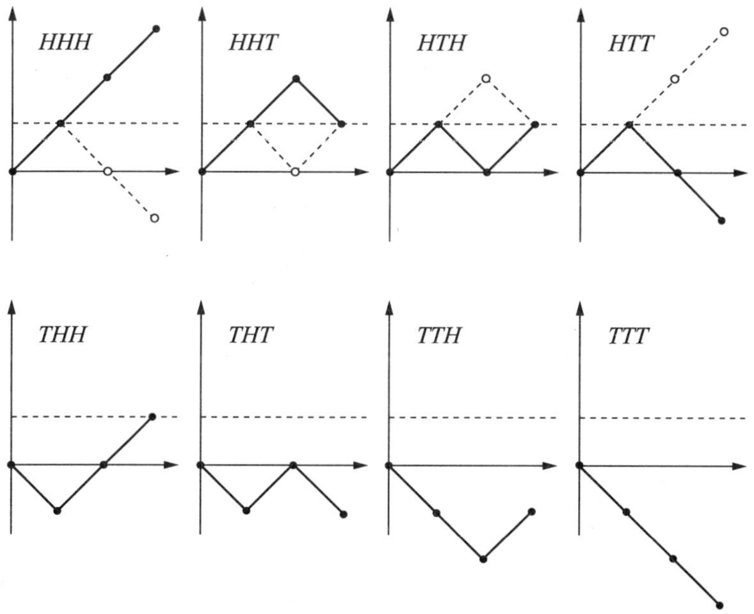

图 5.3.1　8 条路径以及 4 条反射路径

在时刻 $2j-1$ 超出水平 1 的路径数目与在时刻 $2j-1$ 其反射路径超出水平 1 的路径数目相同。在图 5.3.1 中，这样的路径各有一条。于是，为了计算截至时刻 $2j-1$ 曾达到过水平 1 的路径总数，我们可以计算在时刻 $2j-1$ 位于水平 1 的路径数目，然后加上在时刻 $2j-1$ 超出水平 1 的路径数目的两倍。换言之，对于对称随机游动，有：

$$\mathbb{P}\{\tau_1 \leqslant 2j-1\} = \mathbb{P}\{M_{2j-1}=1\} + 2\,\mathbb{P}\{M_{2j-1} \geqslant 3\}$$

然而，对于对称随机游动，$\mathbb{P}\{M_{2j-1} \geqslant 3\} = \mathbb{P}\{M_{2j-1} \leqslant -3\}$，于是就有：

$$\begin{aligned}\mathbb{P}\{\tau_1\leqslant 2j-1\}&=\mathbb{P}\{M_{2j-1}=1\}+\mathbb{P}\{M_{2j-1}\geqslant 3\}+\mathbb{P}\{M_{2j-1}\leqslant -3\}\\&=1-\mathbb{P}\{M_{2j-1}=-1\}\end{aligned}$$

为使 $M_{2j-1}=-1$,在前 $2j-1$ 次硬币抛掷中,必须有 $j-1$ 次出现正面以及 j 次出现背面。这样的路径数目为:

$$\binom{2j-1}{j}=\frac{(2j-1)!}{j!(j-1)!}$$

并且每一路径的概率为 $\left(\frac{1}{2}\right)^{2j-1}$。因此:

$$\mathbb{P}\{M_{2j-1}=-1\}=\left(\frac{1}{2}\right)^{2j-1}\frac{(2j-1)!}{j!(j-1)!}$$

同理:

$$\mathbb{P}\{M_{2j-3}=-1\}=\left(\frac{1}{2}\right)^{2j-3}\frac{(2j-3)!}{(j-1)!(j-2)!}$$

由此可得,对于 $j\geqslant 2$,有:

$$\begin{aligned}\mathbb{P}\{\tau_1=2j-1\}&=\mathbb{P}\{\tau_1\leqslant 2j-1\}-\mathbb{P}\{\tau_1\leqslant 2j-3\}\\&=\mathbb{P}\{M_{2j-3}=-1\}-\mathbb{P}\{M_{2j-1}=-1\}\\&=\left(\frac{1}{2}\right)^{2j-3}\frac{(2j-3)!}{(j-1)!(j-2)!}-\left(\frac{1}{2}\right)^{2j-1}\frac{(2j-1)!}{j!(j-1)!}\\&=\left(\frac{1}{2}\right)^{2j-1}\frac{(2j-3)!}{j!(j-1)!}[4j(j-1)-(2j-1)(2j-2)]\\&=\left(\frac{1}{2}\right)^{2j-1}\frac{(2j-3)!}{j!(j-1)!}[2j(2j-2)-(2j-1)(2j-2)]\\&=\left(\frac{1}{2}\right)^{2j-1}\frac{(2j-3)!}{j!(j-1)!}(2j-2)\\&=\left(\frac{1}{2}\right)^{2j-1}\frac{(2j-2)!}{j!(j-1)!}\end{aligned}$$

我们再次得到了(5.2.22)。

5.4 永久美式看跌期权:一个例子

这一节,作为一个特例,我们将给出**永久美式看跌期权**的定价与对冲。“永久”是指该看跌期权没有到期日。事实上,这并非真实存在的交易工具,而是一个数学概念,它是联系第四章关于离散时间美式期权定价与对冲的讨论以及第二卷第八章关于连续时间美式衍生证券的分析的一个桥梁。

考虑二叉树模型,其中上升因子 $u=2$,下降因子 $d=\frac{1}{2}$,利率 $r=\frac{1}{4}$。对

于这一模型，风险中性概率[见式(1.1.8)]$\widetilde{p}=\widetilde{q}=\frac{1}{2}$，时刻 n 的股价为：

$$S_n=S_0\cdot 2^{M_n} \tag{5.4.1}$$

其中 M_n 是式(5.1.2)中的随机游动。在风险中性概率下，M_n 是对称随机游动。

考虑一个美式看跌期权，敲定价格 $K=4$，没有到期日。在任何时刻 n，该看跌期权的持有人可以行权，以 4 美元的价格售出一份时价为 S_n 美元的股票。我们的兴趣在于该看跌期权的价值(作为原生资产股票价格的函数)。由于没有到期日，设想该期权的价值仅依赖于股价不依赖于时间是合理的。同样，设想最优行权策略仅依赖于股价不依赖于时间也是合理的。

假定初始股价为 $S_0=4$，可能的行权策略有：

策略 0：立即行权。这相应于停时 $\tau_0=0$，即随机游动 M_n 达到水平 0 的第一时刻。在这一行权策略下，期权价值 $V^{(\tau_0)}=0$。

策略 1：在股价跌至 2 的第一时刻行权。这相应于停时 τ_{-1}，即随机游动 M_n 达到水平 -1 的第一时刻。在这一行权策略下，期权价值记为 $V^{(\tau_{-1})}$，并在下文中计算。

策略 2：在股价跌至 1 的第一时刻行权。这相应于停时 τ_{-2}，即随机游动 M_n 达到水平 -2 的第一时刻。在这一行权策略下，期权价值记为 $V^{(\tau_{-2})}$，并在下文中计算。

设 m 是正整数。如果看跌期权的持有人采用行权策略 τ_{-m}，即在股价跌至 $4\cdot 2^{-m}$ 的第一时刻行权，则该期权的风险中性价值为：

$$V^{(\tau_{-m})}=\widetilde{\mathbb{E}}\left[\left(\frac{1}{1+r}\right)^{\tau_{-m}}(K-S_{\tau_{-m}})\right]=4(1-2^{-m})\widetilde{\mathbb{E}}\left[\left(\frac{4}{5}\right)^{\tau_{-m}}\right] \tag{5.4.2}$$

这是行权时刻期权支付从行权时刻贴现到初始时刻的风险中性期望值。由于 M_n 在风险中性概率下是对称随机游动，我们可以利用定理 5.2.3 来计算式(5.4.2)的右端。在该定理中取 $\alpha=\frac{4}{5}$，则：

$$\frac{1-\sqrt{1-\alpha^2}}{\alpha}=\frac{5}{4}\cdot\left(1-\sqrt{1-\left(\frac{4}{5}\right)^2}\right)=\frac{5}{4}\cdot\left(1-\sqrt{\frac{9}{25}}\right)=\frac{5}{4}\cdot\frac{2}{5}=\frac{1}{2}$$

由定理 5.2.3 可得：

$$V^{(\tau_{-m})}=4(1-2^{-m})\left(\frac{1}{2}\right)^m,\quad m=1,2,\cdots \tag{5.4.3}$$

特别是：

$$V^{(\tau_{-1})}=4\left(1-\frac{1}{2}\right)\frac{1}{2}=1$$

$$V^{(\tau_{-2})}=4\left(1-\frac{1}{4}\right)\frac{1}{4}=\frac{3}{4}$$

$$V^{(\tau_{-3})}=4\left(1-\frac{1}{8}\right)\frac{1}{8}=\frac{7}{16}$$

基于上述计算,我们猜想最优策略是在股价跌至 2 的第一时刻行权。至少在 $S_0=4$ 的情形,这一策略似乎给出了期权的最大价值(见图 5.4.1)。有理由认为行权策略的最优性不应依赖于初始股价。换言之,我们可以设想,无论初始股价如何,持有人都应该在股价跌至 2 的第一时刻行权。如果初始股价低于或者等于 2,则应立即行权。

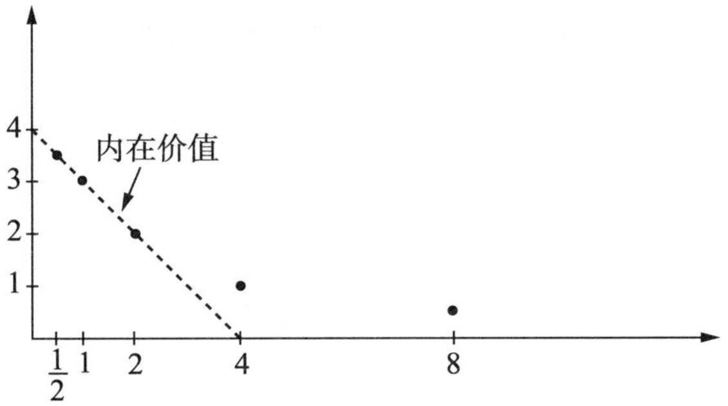

图 5.4.1　永久美式看跌期权价格 $v(2^j)$

为验证上段所述行权策略的最优性,我们首先来确定按照在股价跌至 2 的第一时刻行权这一策略相应于不同初始股价期权的价值。如果 $S_0=2^j$,其中 $j\leqslant 1$,则 $S_0\leqslant 2$,持有人立即行权。在此策略下,期权的价值为其内在价值:

$$v(2^j)=4-2^j,\quad j=1,0,-1,-2,\cdots \tag{5.4.4}$$

现假设初始股价 $S_0=2^j$,其中 $j\geqslant 2$。我们的行权策略(在股价跌至 2 的第一时刻行权)要求随机游动达到水平$-(j-1)$。相应于初始股价 $S_0=4$ 和 $S_0=8$,期权价值为:

$$v(4)=\widetilde{\mathbb{E}}\left[\left(\frac{1}{1+r}\right)^{\tau_{-1}}(K-S_{\tau_{-1}})\right]=2\,\widetilde{\mathbb{E}}\left[\left(\frac{4}{5}\right)^{\tau_{-1}}\right]=2\cdot\left(\frac{1}{2}\right)^{1}=1$$

$$v(8)=\widetilde{\mathbb{E}}\left[\left(\frac{1}{1+r}\right)^{\tau_{-2}}(K-S_{\tau_{-2}})\right]=2\,\widetilde{\mathbb{E}}\left[\left(\frac{4}{5}\right)^{\tau_{-2}}\right]=2\cdot\left(\frac{1}{2}\right)^{2}=\frac{1}{2}$$

一般地:

$$\begin{aligned}v(2^j)&=\widetilde{\mathbb{E}}\left[\left(\frac{4}{5}\right)^{\tau_{-(j-1)}}(4-S_{\tau_{-(j-1)}})\right]\\&=2\cdot\left(\frac{1}{2}\right)^{j-1}=\frac{4}{2^j},\quad j=2,3,4,\cdots\end{aligned} \tag{5.4.5}$$

注意到当 $j=1$ 时,公式(5.4.5)与(5.4.4)给出的价值相同。

我们只考虑形如 2^j 的股价，如果初始股价具有这一形式，则以后所有股价都具有这一形式（只是整数 j 不同）。现在，我们有关于最优行权策略的猜测（只要股价低于或者等于 2 就行权）和关于期权价值函数的猜测：

$$v(2^j)=\begin{cases}4-2^j, & j\leqslant 1\\ \dfrac{4}{2^j}, & j\geqslant 1\end{cases} \tag{5.4.6}$$

为验证这些猜想，我们需要证明与定理 4.4.2 类似的三条性质：

(i) $v(S_n)\geqslant(4-S_n)^+$，$n=0,1,\cdots$；

(ii) 贴现过程 $\left(\frac{4}{5}\right)^n v(S_n)$ 在风险中性概率测度下是一个上鞅；

(iii) $v(S_n)$ 是满足(i)和(ii)的最小过程。

如果投资者在时刻 0 售出期权，获得 $v(S_0)$，则性质(ii)确保投资者能以初始资本 $v(S_0)$ 构建对冲资产组合（或许还能有所消费），该资产组合在任何时刻 n 的价值为 $v(S_n)$（详见定理 4.4.4 的证明）。性质(i)确保这样操作的投资者可以成功对冲期权的空头；无论期权持有人何时行权，对冲资产组合的价值足以支付该期权。于是，性质(i)和(ii)保证期权价格 $v(S_n)$ 可以让期权出售者满意。性质(iii)则保证该期权价格也能让期权的购买者满意。

我们现在验证式(5.4.6)中的价格函数 $v(2^j)$ 满足性质(i)、(ii)和(iii)。

性质(i)：对于 $S_n=2^j$，其中 $j\leqslant 1$，由式(5.4.6)立即可得 $v(S_n)=4-S_n=(4-S_n)^+$。对于 $S_n=2^j$，其中 $j\geqslant 2$，我们有 $v(S_n)\geqslant 0=(4-S_n)^+$。

性质(ii)：对于 $S_n=2^j$，其中 $j\leqslant 0$，有：

$$\begin{aligned}\widetilde{\mathbb{E}}_n\left[\left(\frac{4}{5}\right)^{n+1}v(S_{n+1})\right]&=\frac{1}{2}\left(\frac{4}{5}\right)^{n+1}v(2^{j+1})+\frac{1}{2}\left(\frac{4}{5}\right)^{n+1}v(2^{j-1})\\&=\left(\frac{4}{5}\right)^n\left[\frac{2}{5}v(2^{j+1})+\frac{2}{5}v(2^{j-1})\right]\\&=\left(\frac{4}{5}\right)^n\left[\frac{2}{5}(4-2^{j+1})+\frac{2}{5}(4-2^{j-1})\right]\\&=\left(\frac{4}{5}\right)^n\left[\frac{16}{5}-\frac{1}{5}(4+1)2^j\right]\\&=\left(\frac{4}{5}\right)^n\left[\frac{16}{5}-2^j\right]\\&<\left(\frac{4}{5}\right)^n(4-2^j)=\left(\frac{4}{5}\right)^n v(S_n)\end{aligned}$$

由上可知，在股价低于或者等于 1 的“实施区域”，期权价值的贴现过程是一个严格上鞅。对于 $S_n=2^j$，其中 $j\geqslant 2$，同理有：

$$\widetilde{\mathbb{E}}_n\left[\left(\frac{4}{5}\right)^{n+1}v(S_{n+1})\right]=\frac{1}{2}\left(\frac{4}{5}\right)^{n+1}v(2^{j+1})+\frac{1}{2}\left(\frac{4}{5}\right)^{n+1}v(2^{j-1})$$

$$
\begin{aligned}
&=\left(\frac{4}{5}\right)^n\left[\frac{2}{5}v(2^{j+1})+\frac{2}{5}v(2^{j-1})\right]\\
&=\left(\frac{4}{5}\right)^n\left[\frac{2}{5}\cdot\frac{4}{2^{j+1}}+\frac{2}{5}\cdot\frac{4}{2^{j-1}}\right]\\
&=\left(\frac{4}{5}\right)^n\left[\frac{4}{5\cdot 2^j}+\frac{16}{5\cdot 2^j}\right]\\
&=\left(\frac{4}{5}\right)^n\frac{4}{2^j}=\left(\frac{4}{5}\right)^n v(S_n)
\end{aligned}\tag{5.4.7}
$$

由上可知,在股价高于或者等于 4 的"持有区域",期权价值的贴现过程是一个鞅。对于 $S_n=2$,即股价在介于"实施区域"和"持有区域"之间的边界上,我们算得:

$$
\begin{aligned}
\widetilde{\mathbb{E}}_n\left[\left(\frac{4}{5}\right)^{n+1}v(S_{n+1})\right]&=\frac{1}{2}\left(\frac{4}{5}\right)^{n+1}v(4)+\frac{1}{2}\left(\frac{4}{5}\right)^{n+1}v(1)\\
&=\left(\frac{4}{5}\right)^n\left[\frac{2}{5}v(4)+\frac{2}{5}v(1)\right]\\
&=\left(\frac{4}{5}\right)^n\left[\frac{2}{5}\cdot 1+\frac{2}{5}\cdot 3\right]\\
&<\left(\frac{4}{5}\right)^n\cdot 2=\left(\frac{4}{5}\right)^n v(S_n)
\end{aligned}
$$

我们又有严格上鞅。这意味着:如果股价是 2,那么由立即实施产生的价值严格大于由未来的实施权利产生的价值。当股价为 2 时,期权应该立即被实施。当股价低于 2 时也是如此。

性质(iii):设过程 $Y_n, n=0,1,\cdots$满足:

(a) $Y_n\geqslant(4-S_n)^+, n=0,1,\cdots$;

(b) 贴现过程$\left(\frac{4}{5}\right)^n Y_n$ 在风险中性概率测度下是一个上鞅。

我们必须证明对所有的 n,$v(S_n)\leqslant Y_n$。为此,固定 n,并分两种情形考虑。如果 $S_n\leqslant 2$,则由式(5.4.6)和(a)可得 $v(S_n)=4-S_n\leqslant Y_n$。对于其他情形,$S_n=2^j$,其中 $j\geqslant 2$。我们将时刻 n 之后股价跌至 2 的第一时刻记为 τ,利用以时刻 n 开始的式(5.4.5),有:

$$
v(S_n)=\widetilde{\mathbb{E}}_n\left[\left(\frac{4}{5}\right)^{\tau-n}(4-S_\tau)\right]=\widetilde{\mathbb{E}}_n\left[\left(\frac{4}{5}\right)^{\tau-n}(4-S_\tau)^+\right]\tag{5.4.8}
$$

其中第二个等式是因为 $4-S_\tau=2>0$。另一方面,由(b)、第四章的可选抽样定理 4.3.2 以及(a)可知,对所有 $k\geqslant n$,有:

$$
\begin{aligned}
\left(\frac{4}{5}\right)^n Y_n&=\left(\frac{4}{5}\right)^{\tau\wedge n}Y_{\tau\wedge n}\\
&\geqslant\widetilde{\mathbb{E}}_n\left[\left(\frac{4}{5}\right)^{\tau\wedge k}Y_{\tau\wedge k}\right]
\end{aligned}
$$

$$\geqslant\widetilde{\mathbb{E}}_n\left[\left(\frac{4}{5}\right)^{\tau\wedge k}(4-S_{\tau\wedge k})^+\right] \tag{5.4.9}$$

在式(5.4.9)中令 $k\to\infty$，有：

$$\left(\frac{4}{5}\right)^n Y_n\geqslant\widetilde{\mathbb{E}}_n\left[\left(\frac{4}{5}\right)^{\tau}(4-S_{\tau})^+\right]$$

两边同除以 $\left(\frac{4}{5}\right)^n$，即得：

$$Y_n\geqslant\widetilde{\mathbb{E}}_n\left[\left(\frac{4}{5}\right)^{\tau-n}(4-S_{\tau})^+\right] \tag{5.4.10}$$

由式(5.4.8)和式(5.4.10)可知，$v(S_n)\leqslant Y_n$。

性质(iii)保证：在时刻 n 股价为 S_n 时，永久美式看跌期权的购买者出资 $v(S_n)$ 并未超额支付。在股价 $S_n\geqslant 4$ 的情形，证明中关键的等式是式(5.4.8)，它表明：如果期权购买者采取在股价跌至 2 的第一时刻行权的策略，则所获得支付的风险中性期望贴现值正是其购买期权的出资额。当然，如果 $S_n\leqslant 2$，期权购买者立即行权，所获支付(期权的内在价值)也恰好等于其购买价格 $v(S_n)$。任何情况下，由对行权策略的评估推导的美式衍生证券价格都满足性质(iii)，从而不会令购买者超额支付。

以上给出的关于在股价低于或者等于 2 的第一时刻行权这一策略最优性的证明，是一个概率论证明。我们考虑了随机过程 $v(S_n)$ 并证明其贴现过程在风险中性概率下是一个上鞅。我们现在给出第二种证明方法，这是关于永久美式看跌期权价值函数 v 的偏微分方程刻划的离散形式。

首先，注意到(5.4.6)可以改写为：

$$v(s)=\begin{cases}4-s, & s\leqslant 2\\ \dfrac{4}{s}, & s\geqslant 4\end{cases} \tag{5.4.11}$$

与前面一样，我们仍然只对形如 $s=2^j$(其中 j 为整数)感兴趣。性质(i)、(ii)和(iii)可改为：

(i)′ $v(s)\geqslant(4-s)^+$；

(ii)′ $v(s)\geqslant\frac{4}{5}\left[\frac{1}{2}v(2s)+\frac{1}{2}v\left(\frac{s}{2}\right)\right]$；

(iii)′ $v(s)$ 是满足(i)′和(ii)′的最小函数。换言之，如果 $w(s)$ 是满足(i)′和(ii)′的另一个函数，则对每一个形如 $s=2^j$ 的 s，$v(s)\leqslant w(s)$。

显然，(i)′和(iii)′只是性质(i)和(iii)的重述。由性质(ii)′可得：

$$\widetilde{\mathbb{E}}_n\left[\left(\frac{4}{5}\right)^{n+1}v(S_{n+1})\right]=\left(\frac{4}{5}\right)^n\frac{4}{5}\left[\frac{1}{2}v(2S_n)+\frac{1}{2}v\left(\frac{1}{2}S_n\right)\right]\leqslant\left(\frac{4}{5}\right)^n v(S_n)$$

这正给出了性质(ii)。

如果在(i)′和(ii)′中严格不等式同时成立,我们有理由设想还有更小的函数满足(i)′和(ii)′。事实正是如此,其证明过于冗长,不便在这里给出。由于性质(iii)′,在(i)′ 和(ii)′中严格不等式不会同时成立。于是我们有第四个性质:

(iv)′对每一个形如 $s=2^j$ 的 s,在(i)′和(ii)′中至少有一个等式成立。

在 $v(s)$ 由式(5.4.11)定义的情形下,对于 $s\leqslant 2$,(i)′中的等式成立。对于$s\geqslant 4$,本质上如同式(5.4.7),可以验证(ii)′中的等式成立:

$$\begin{aligned}\frac{4}{5}\left[\frac{1}{2}v(2s)+\frac{1}{2}v\left(\frac{s}{2}\right)\right]&=\frac{2}{5}\cdot\frac{4}{2s}+\frac{2}{5}\cdot\frac{8}{s}\\&=\frac{4}{5s}+\frac{16}{5s}=\frac{20}{5s}=\frac{4}{s}=v(s)\end{aligned}$$

性质(i)′、(ii)′和(iv)′可以方便地归结为一个方程:

$$v(s)=\max\left\{(4-s)^+,\frac{4}{5}\left[\frac{1}{2}v(2s)+\frac{1}{2}v\left(\frac{s}{2}\right)\right]\right\} \qquad (5.4.12)$$

对于 $s>4$,$4-s$ 取负值,$v(s)$ 等于$\frac{4}{5}\left[\frac{1}{2}v(2s)+\frac{1}{2}v(\frac{s}{2})\right]$,不等于$(4-s)^+$。于是,对于这样的值 s,在式(5.4.12)中将$(4-s)^+$改成 $4-s$ 也没关系。对于$s\leqslant 4$,$(4-s)^+$与 $4-s$ 的值相等。因此,我们可将式(5.4.12)简单地改写为:

$$v(s)=\max\left\{4-s,\frac{4}{5}\left[\frac{1}{2}v(2s)+\frac{1}{2}v\left(\frac{s}{2}\right)\right]\right\} \qquad (5.4.13)$$

这是关于永久美式看跌期权定价问题的所谓**贝尔曼(Bellman)方程**。

永久美式看跌期权的价值 $v(s)$ 必定满足式(5.4.13),并且这个方程也有助于确定该期权的价值。不过,还有可能存在不同于式(5.4.11)所给出的函数也满足这一方程。例如,函数

$$w(s)=\frac{4}{s},\quad \forall\, s=2^j \qquad (5.4.14)$$

也满足式(5.4.13)。我们要求的函数 $v(s)$ 是式(5.4.13)的**最小**解[见(iii)′]。在由(5.4.13)求解 $v(s)$ 时,我们可以利用**边界条件**来排除无关的解。尤其是,永久美式看跌期权的价值必须满足:

$$\lim_{s\downarrow 0}v(s)=4,\quad \lim_{s\to\infty}v(s)=0 \qquad (5.4.15)$$

其中第一个条件排除了式(5.4.14)中的函数 $w(s)$。

对于内在价值为 $g(s)$ 的永久衍生证券,当原生资产股价为 s 时,期权价值 $v(s)$ 满足贝尔曼方程:

$$v(s)=\max\left\{g(s),\frac{1}{1+r}[\tilde{p}v(us)+\tilde{q}v(ds)]\right\} \qquad (5.4.16)$$

这与第四章中关于美式衍生证券的定价方程(4.2.6)相同，只是对于永久衍生证券，其价格与时间无关；即为 $v(s)$，而非 $v_n(s)$和 $v_{n+1}(s)$。如果 $g(s)=K-s$，即我们在对敲定价格为 K 的看跌期权定价，则 $v(s)$应满足边界条件：

$$\lim_{s\downarrow 0}v(s)=K,\quad \lim_{s\to\infty}v(s)=0 \tag{5.4.17}$$

如果 $g(s)=s-K$，即我们在对敲定价格为 K 的看涨期权定价，则 $v(s)$应满足边界条件：

$$\lim_{s\downarrow 0}v(s)=0,\quad \lim_{s\to\infty}\frac{v(s)}{s}=1 \tag{5.4.18}$$

(见习题 5.8)。

5.5 本章小结

设 τ_m 是对称随机游动首次达到水平 m 的时间，其中 m 为非零整数，则：

$$\mathbb{P}\{\tau_m<\infty\}=1 \tag{5.2.12}$$

然而：

$$\mathbb{E}\,\tau_m=\infty \tag{5.2.17}$$

如果随机游动非对称，上升概率 p 大于$\frac{1}{2}$，则对于正整数 m，我们有 $\mathbb{P}\{\tau_m<\infty\}=1$ 且$\mathbb{E}\tau_m<\infty$(τ_1 的情形见习题 5.2)。如果 $0<p<\frac{1}{2}$，m 是正整数，则 $\mathbb{P}\{\tau_m=\infty\}>0$ 且$\mathbb{E}\tau_m=\infty$(τ_1 的情形见习题 5.3)。

对于对称和非对称随机游动，都能算得 τ_m 的矩母函数[关于对称随机游动，见式(5.2.13)，非对称情形见习题 5.2 和习题 5.3]。利用矩母函数，可以确定 τ_m 的分布，尽管对于较大的 m，计算并不容易。对于上升概率为 p、下降概率为 $q=1-p$ 的随机游动，τ_1 的分布为：

$$\mathbb{P}\{\tau_1=2j-1\}=\frac{(2j-2)!}{j!\,(j-1)!}p^jq^{j-1},\quad j=1,2,\cdots \tag{5.2.23}$$

$m=2$ 的情形见习题 5.4。

计算 τ_m 的分布的另一种方法是利用**反射原理**。该原理背后的想法是：在最终时刻之前达到过水平 m 但在最终时刻低于水平 m 的路径与在最终时刻超出水平 m 的路径数目相等。由此，我们可以计算截至最终时刻达到过水平 m 的路径数目。反射原理还能被用来确定在时刻 n 随机游动及其截至时刻n 的最大值的联合分布，见习题 5.5。

利用随机游动的矩母函数公式，可求得永久美式看跌期权持有人采取在股价跌至给定阈值的第一时刻行权的策略时,所获支付的风险中性期望贴现值。我们可以确定最大化贴现支付的风险中性期望值的行权阈值。5.4 节中给出了一个例子。为了说明这样求得的看跌期权价格是正确的,需要验证美式衍生证券的以下三条性质:(i)期权价格不低于其内在价值;(ii)期权价格贴现过程在风险中性测度下是一个上鞅;(iii)期权价格应是满足(i)和(ii)的所有可能价格中最低的。5.4 节中的例子中完成了这些验证。

也可以通过求解贝尔曼方程得到永久美式期权的价格。对于 5.4 节中的看跌期权,贝尔曼方程为:

$$v(s)=\max\left\{4-s,\frac{4}{5}\left[\frac{1}{2}v(2s)+\frac{1}{2}v\left(\frac{s}{2}\right)\right]\right\} \tag{5.4.13}$$

该方程必须对所有可能格点上的股价 s 成立。在第二卷第八章中研究的连续时间形式的方程必须对所有正值 s 成立。离散时间和连续时间的贝尔曼方程都可能存在与问题无关的解。在连续时间情形,可以利用所考虑期权应满足的适当的边界条件来排除那些无关解。在离散时间情形,必须同时利用边界条件和仔细考虑可能股价的格点的性质来排除那些无关的解。特别地,对于一般的永久美式看跌问题,连续时间的贝尔曼方程具有比离散时间情形更为简单的解。

5.6 评 注

5.4 节中的永久美式看跌问题的解是在 1994 年卡耐基 · 梅隆大学举办的暑期大学生数学研讨班上,由伊雷妮 · 比列加斯(Irene Villegas)利用习题 5.9 中的方法求得的。这是最优停时问题的一个例子。关于最优停时问题的经典文献是希里亚耶夫(Shiryaev)[39],希里亚耶夫、卡巴诺夫(Kabanov)、克拉姆科夫(Kramkov)和梅尔尼科夫(Melnikov)[41]中在二叉树模型框架下考虑了一般的永久美式看跌问题,他们的工作被收录在希里亚耶夫[40]中。

5.7 习 题

习题 5.1 对于对称随机游动,考虑水平 m 的首达时间 τ_m。随机变量 $\tau_2-\tau_1$ 是随机游动从水平 1 到水平 2 所需要的步数,它与随机游动从水平 0 到水平 1 所需要的步数 τ_1 有相同的分布。而且,$\tau_2-\tau_1$ 与 τ_1 是相互独立的;后者仅依赖于第 $1,2,\cdots,\tau_1$ 次硬币抛掷,而前者仅依赖于 $\tau_1+1,\tau_1+2,\cdots,\tau_2$ 次硬币抛掷。

(i) 利用这些事实,解释为何

$$\mathbb{E}\,\alpha^{\tau_2}=(\mathbb{E}\,\alpha^{\tau_1})^2,\quad \forall\,\alpha\in(0,1)$$

(ii) 不用式(5.2.13),解释为何对任何正整数 m 必有:

$$\mathbb{E}\,\alpha^{\tau_m}=(E\alpha^{\tau_1})^m,\quad \forall\,\alpha\in(0,1) \tag{5.7.1}$$

(iii) 如果随机游动不是对称的,式(5.7.1)是否还成立?给出你的理由。

习题 5.2(向上漂移随机游动的首达时间) 考虑上升概率为 p、下降概率为 $q=1-p$ 的非对称随机游动,其中$\frac{1}{2}<p<1$,于是 $0<q<\frac{1}{2}$。采用式(5.2.1)中的记号,设 τ_1 是随机游动从水平 0 到水平 1 的第一时刻。如果随机游动永远不能达到水平 1,则 $\tau_1=\infty$。

(i) 定义 $f(\sigma)=pe^{\sigma}+qe^{-\sigma}$。证明:对所有 $\sigma>0$,$f(\sigma)>1$。

(ii) 证明:对所有 $\sigma>0$,过程

$$S_n=e^{\sigma M_n}\left(\frac{1}{f(\sigma)}\right)^n$$

是一个鞅。

(iii) 证明对所有 $\sigma>0$,有:

$$e^{-\sigma}=\mathbb{E}\left[\mathbb{I}_{\{\tau_1<\infty\}}\left(\frac{1}{f(\sigma)}\right)^{\tau_1}\right]$$

由此证明$\mathbb{P}\{\tau_1<\infty\}=1$。

(iv) 计算$\mathbb{E}\alpha^{\tau_1}$,$\alpha\in(0,1)$。

(v) 计算$\mathbb{E}\tau_1$。

习题 5.3(向下漂移随机游动的首达时间) 修改习题 5.2,假设 $0<p<\frac{1}{2}$,于是$\frac{1}{2}<q<1$。

(i) 求正数 σ_0,使得函数 $f(\sigma)=pe^{\sigma}+qe^{-\sigma}$满足:$f(\sigma_0)=1$,并且对所有 $\sigma>\sigma_0$,$f(\sigma)>1$。

(ii) 确定$\mathbb{P}\{\tau_1<\infty\}$。(这个量不再等于 1。)

(iii) 计算$\mathbb{E}\alpha^{\tau_1}$,$\alpha\in(0,1)$。

(iv) 计算 $\mathbb{E}[I_{\{\tau_1<\infty\}}\tau_1]$。(由于$\mathbb{P}\{\tau_1=\infty\}>0$,我们有$\mathbb{E}\tau_1=\infty$。)

习题 5.4(τ_2 的分布) 考虑对称随机游动,设 τ_2 是随机游动从水平 0 到水平 2 的第一时刻。根据定理 5.2.3,有:

$$\mathbb{E}\,\alpha^{\tau_2}=\left(\frac{1-\sqrt{1-\alpha^2}}{\alpha}\right)^2,\quad \forall\,\alpha\in(0.1)$$

利用式(5.2.21)中的幂级数,可将上式右端展开为:

$$\left(\frac{1-\sqrt{1-\alpha^2}}{\alpha}\right)^2=\frac{2}{\alpha}\cdot\frac{1-\sqrt{1-\alpha^2}}{\alpha}-1$$

$$=-1+\sum_{j=1}^{\infty}\left(\frac{\alpha}{2}\right)^{2j-2}\frac{(2j-2)!}{j!(j-1)!}$$
$$=\sum_{j=2}^{\infty}\left(\frac{\alpha}{2}\right)^{2j-2}\frac{(2j-2)!}{j!(j-1)!}$$
$$=\sum_{k=1}^{\infty}\left(\frac{\alpha}{2}\right)^{2k}\frac{(2k)!}{(k+1)!k!}$$

(i) 利用上述幂级数确定$\mathbb{P}\{\tau_2=2k\},k=1,2,\cdots$。

(ii) 利用反射原理确定$\mathbb{P}\{\tau_2=2k\},k=1,2,\cdots$。

习题 5.5(随机游动及其迄今最大值的联合分布) 设M_n是一个对称随机游动,定义它的**迄今最大值过程为**:

$$M_n^*=\max_{1\leqslant k\leqslant n}M_k \tag{5.7.2}$$

设n和m是正偶数,b是小于或者等于m的偶数。假定$m\leqslant n$以及$2m-b\leqslant n$。

(i) 利用基于反射路径的方法,证明:

$$\mathbb{P}\{M_n^*\geqslant m,M_n=b\}=\mathbb{P}\{M_n=2m-b\}$$
$$=\frac{n!}{\left(\frac{n-b}{2}+m\right)!\left(\frac{n+b}{2}-m\right)!}\left(\frac{1}{2}\right)^n$$

(ii) 对于上升概率为p、下降概率为$q=1-p$的非对称随机游动,其中$0<p<1$,求$\mathbb{P}\{M_n^*\geqslant m,M_n=b\}$。

习题 5.6 5.4 节中的永久美式看跌期权价值是具有相同敲定价格 4、到期时刻为n的美式看跌期权价值当$n\to\infty$时的极限。若初始价格$S_0=4$,永久美式看跌期权价值是 1[见式(5.4.6),取$j=2$]。证明:若初始价格$S_0=4$,则相应的美式看跌期权的价值时刻 1 到期的为 0.80,时刻 3 到期的为 0.928,时刻 5 到期的为 0.968 96。

习题 5.7(永久美式看跌期权的空头对冲) 假设你已经售出 5.4 节中的永久美式看跌期权并正在进行空头对冲。假设当前时刻股价为s,而你的对冲资产组合的价值为$v(s)$。你的对冲策略是首先消费掉

$$c(s)=v(s)-\frac{4}{5}\left[\frac{1}{2}v(2s)+\frac{1}{2}v\left(\frac{s}{2}\right)\right] \tag{5.7.3}$$

然后取股票头寸

$$\delta(s)=\frac{v(2s)-v(\frac{s}{2})}{2s-\frac{s}{2}} \tag{5.7.4}$$

[见定理 4.2.2。将式(5.7.3)和式(5.7.4)中的哑变量s用股价S_n替换,就得到该定理中的过程C_n和Δ_n,即$C_n=c(S_n)$和$\Delta_n=\delta(S_n)$。]只要你如此对

冲,不论下一时刻股价上升还是下降,你的对冲资产组合的价值总是等于永久美式看跌期权的价值。

(i) 就 $j\leqslant 0$、$j=1$ 和 $j\geqslant 2$ 三种情形,计算 $c(s)$,其中 $s=2^j$。

(ii) 就 $j\leqslant 0$、$j=1$ 和 $j\geqslant 2$ 三种情形,计算 $\delta(s)$,其中 $s=2^j$。

(iii) 验证在上述三种情形下,对冲均有效(即不论下一时刻股价上升还是下降,你的对冲资产组合的价值总是等于永久美式看跌期权的价值)。

习题 5.8(永久美式看涨期权) 如同 5.4 节的永久美式看跌期权,永久美式看涨期权也没有到期日。考虑二叉树模型,其中上升因子 u、下降因子 d 和利率 r 满足无套利条件 $0<d<1+r<u$。风险中性概率为:

$$\tilde{p}=\frac{1+r-d}{u-d},\quad \tilde{q}=\frac{u-1-r}{u-d}$$

永久美式看涨期权的内在价值为 $g(s)=s-K$,其中 $K>0$ 是敲定价格。本习题的目的是证明永久美式看涨期权的价值总是等于原生资产股价,并且没有最优实施时刻。

(i) 令 $v(s)=s$,证明 $v(S_n)$ 总是不低于看涨期权的内在价值 $g(S_n)$,并且 $\left(\frac{1}{1+r}\right)^n v(S_n)$ 在风险中性概率下是一个上鞅。事实上,$\left(\frac{1}{1+r}\right)^n v(S_n)$ 在风险中性概率下是一个鞅。这些都类似于 5.4 节中永久美式看跌期权的性质(i)和(ii)。

(ii) 为了证明 $v(s)=s$ 作为永久美式看涨期权的价值并未高估,我们必须找出期权购买者的好的策略。证明:如果看涨期权的购买者在时刻 n 行权,无论时刻 n 的股价如何,其所获得支付的风险中性期望贴现值总是 $S_0-\frac{K}{(1+r)^n}$。由于这对任何 n 都成立,而

$$\lim_{n\to\infty}\left[S_0-\frac{K}{(1+r)^n}\right]=S_0$$

因此,永久美式看涨期权在时刻 0 的价值至少是 S_0。(在任何其他的时刻都是如此,永久美式看涨期权的价值至少等于当前股价。)

(iii) 作为以上(i)和(ii)的替代,我们可以通过验证 $v(s)=s$ 满足方程(5.4.16)和边界条件(5.4.18)来说明永久美式看涨期权的价值 $v(s)=s$。

(iv) 证明永久美式看涨期权没有最优实施时刻。

习题 5.9(伊雷妮·比列加斯提供的解法) 以下是 5.4 节中永久美式看跌期权的贝尔曼方程(5.4.13)的一个解法。

(i) 首先对于较大的 s 值确定 $v(s)$。对于较大的 s 值,看跌期权不宜实施,故式(5.4.13)中的最大值由第二项

$$\frac{4}{5}\left[\frac{1}{2}v(2s)+\frac{1}{2}v\left(\frac{s}{2}\right)\right]=\frac{2}{5}v(2s)+\frac{2}{5}v\left(\frac{s}{2}\right)$$

给出,于是我们求解方程:

$$v(s)=\frac{2}{5}v(2s)+\frac{2}{5}v\left(\frac{s}{2}\right) \tag{5.7.5}$$

上述方程的解都是形如 s^p(p 为常数)的函数的线性组合。将 s^p 代入式(5.7.5),得到关于 2^p 的二次方程,解得 $2^p=2$ 或 $2^p=\frac{1}{2}$。这就得到 $p=1$ 和 $p=-1$,即 $v_1(s)=s$ 和 $v_2(s)=\frac{1}{s}$ 是方程(5.7.5)的两个解。

(ii) 方程(5.7.5)的一般解是 $v_1(s)$ 和 $v_2(s)$ 的线性组合,即:

$$v(s)=As+\frac{B}{s} \tag{5.7.6}$$

对于较大的 s 值,永久美式看跌期权的价值由式(5.7.6)给出。还需要确定常数 A 和 B。利用式(5.4.15)中第二个边界条件,证明 $A=0$。

(iii) 我们已知:对于较大的 s 值,$v(s)=\frac{B}{s}$,其中 B 待定。对于较小的 s 值,看跌期权的价值等于其内在价值 $4-s$。我们必须选择 B,使得这两个函数能在某一点相等,即求出 B,使得函数

$$f_B(s)=\frac{B}{s}-(4-s)$$

在某个 $s>0$ 处取值为 0。证明:当 $B>4$ 时,对任何 $s>0$,$f_B(s)\neq 0$;当 $B\leqslant 4$ 时,方程 $f_B(s)=0$ 有解。

(iv) 设 $B\leqslant 4$,s_B 是方程 $f_B(s)=0$ 的解,并且 s_B 是模型中股价的允许取值(即 $s_B=2^j$,其中 j 是整数)。若永久美式看跌期权持有人在股价小于或者等于 s_B 的第一时刻行权,则其获得支付的风险中性期望贴现值等于 $v_B(S_0)$,其中 $v_B(s)$ 由

$$v_B(s)=\begin{cases}4-s, & s\leqslant s_B\\ \dfrac{B}{s}, & s\geqslant s_B\end{cases} \tag{5.7.7}$$

给出。那么,什么样的 B 和 s_B 的值能够最大化期权的价值?

(v) 函数 $v_B(s)$ 的导数,当 $s<s_B$ 时为 $v_B'(s)=-1$,当 $s>s_B$ 时为 $v_B'(s)=-\frac{B}{s^2}$。证明:对期权持有人而言最好的 B 和 s_B 的值,使得 $v_B(s)$ 的导数在 $s=s_B$ 处连续。

6 依赖利率的资产

6.1 引　言

本章中，我们先建立简单的利率二叉树模型，然后考察一些其价值依赖于利率的资产。这类资产通常被称为**固定收益**资产。

最简单的固定收益资产是**零息债券**，它将在指定的日期（称为**到期日**）支付指定的金额（称为**面值**）。只要利率大于 0，在到期日之前其价值总是低于面值。相应于每一个给定的到期日，我们可以如下定义零息债券的**收益率**：它是一个常数利率，在时刻 0 以零息债券的时刻 0 价格为本金，按这一利率计息，在债券到期日，本息合计恰为零息债券的面值。理论上，相应于每个可能的到期日，都有一个零息债券；因此，相应于当前时刻（时刻 0）以后的任何时刻，都有一个收益率。**收益率曲线**是以到期日为自变量、收益率为因变量的函数。人们感兴趣的是，建立这样的模型不仅能确定某一特定时刻的收益率曲线，还能反映收益率曲线沿时间正向的随机演化过程。这类模型被称为**利率的期限结构**模型。

对于每个可能的到期日都存在零息债券，这就产生了套利的问题。期限结构模型有大量可交易资产——所有零息债券以及其他可能的固定收益资产。如何令人确信无法利用这些交易工具在模型中发现套利机会呢？不论人们对真实世界中存在套利的看法如何，有一点是肯定的：用于定价和对冲的模型不能允许套利。如果模型允许套利，则任何问题的答案都毫无意义。某一资产的期权如何定价？如果可以初始资本为 0，利用模型中的套利机会来对冲期权空头，那就可以认为期权价格为 0。我们无法令人信服地给出任何其他价格。

本章中，我们通过在风险中性测度下建立模型以避免套利问题。换言之，我们将首先在风险中性测度下描述利率的演化过程，然后利用风险中性定价公式确定零息债券以及所有其他固定收益资产的价格。这样的结构保证了所有资产的贴现价格过程是鞅，从而（当所有附息和任何其他现金支付都再投资于资产组合时)所有资产组合的贴现价格过程都是鞅。这就是 6.2 节中的主要结果——定理 6.2.6 的内容。由于初始值为 0 的鞅的期望值恒为 0,作为鞅的资产组合贴现过程不存在套利;它不能以正概率在未来某个时刻取正值,除非也以正概率在那个时刻取负值。

从利率出发利用风险中性定价建立的模型被称为**短期利率模型**。韦萨切克—赫尔—怀特(*Vasicek-Hull-White*)模型[42]、[23]以及考克斯—英格索尔—罗斯(*Cox-Ingersoll-Ross*)模型[10]是连续时间情形这类模型的例子。连续时间情形的经典模型由赫斯、加罗和墨顿[20]、[21]给出,它以对收益率曲线随机演化过程的描述开始并推导出模型无套利的条件。这一模型也许可被称为**整体收益率模型**,因为它是以全部收益率曲线作为出发点。这两类模型的差别在实际中具有基本的重要性。然而,在整体收益率模型中也还是有利率,并且所有其他资产通过风险中性定价公式与利率相联系。虽然在整体收益率模型中,利率演化过程一般要比在本章考虑的二叉树模型中复杂得多,本章中的一些思想还是可以被运用于整体收益率模型。

两个通常的离散时间模型是霍—李(*Ho-Lee*)模型和布莱克—德曼—托伊(*Black-Derman-Toy*)模型。我们利用前者作为例 6.4.4 的基础,后者作为例 6.5.5 的基础。

6.2 利率二叉树模型

设 Ω 是 N 次抛掷硬币的 2^N 个可能结果 $\omega_1\omega_2\cdots\omega_N$ 的集合,$\widetilde{\mathbb{P}}$ 是 Ω 上的概率测度,在 $\widetilde{\mathbb{P}}$ 下每个结果序列 $\omega_1\omega_2\cdots\omega_N$ 都具有正概率。我们定义**利率过程**为下列随机变量:

$$R_0, R_1, \cdots, R_{N-1}$$

其中 R_0 并非随机变量,对于 $n=0,1,\cdots,N-1$,R_n 仅依赖于前 n 次抛掷硬币结果 $\omega_1\cdots\omega_n$。时刻 n 投资于货币市场的 1 美元在时刻 $n+1$ 增长为 $1+R_n$ 美元。虽然利率是随机的,但是在时刻 n,我们知道从时刻 n 到时刻 $n+1$ 整个时段货币市场投资适用的利率。这比股票的随机性要少一些。如果在时刻 n 投资于股票,我们并不知道在下一时刻 $n+1$ 这笔投资的价值是多少。

对所有 n 和 $\omega_1\cdots\omega_n$,假定 $R_n>0$ 是很自然的,这与常理相符。然而,在模型分析中,我们只要求:

$$R_n(\omega_1\cdots\omega_n) > -1, \ \forall\, n \text{ 和 } \omega_1,\cdots,\omega_n \tag{6.2.1}$$

这也是我们仅有的假定。

我们定义**贴现过程**为:

$$D_n=\frac{1}{(1+R_0)\cdots(1+R_{n-1})},\ n=1,2,\cdots,N,\ D_0=1 \qquad (6.2.2)$$

注意 D_n 仅依赖于前 $n-1$ 次抛掷硬币的结果，这与通常的情形不同，通常下标表示该随机变量依赖硬币抛掷的次数。

由风险中性定价公式，在时刻 m 将收到的支付 X（这里 X 仅依赖于$\omega_1\cdots\omega_m$）在时刻 0 的价值是该支付的风险中性期望贴现值：

$$\widetilde{\mathbb{E}}[D_mX]$$

利用这一公式，我们可以定义在时刻 m 支付为 1 的零息债券在时刻 0 的价格为：

$$B_{0,m}=\widetilde{\mathbb{E}}[D_m] \qquad (6.2.3)$$

该债券的收益率是满足下式的 y_m：

$$\frac{1}{B_{0,m}}=(1+y_m)^m$$

在时刻 0，投资 1 美元可以购买$\frac{1}{B_{0,m}}$份时刻 m 到期的零息债券，并在时刻 m 获得支付$\frac{1}{B_{0,m}}$。这相当于投资 1 美元，在时刻 0 到时刻 m 期间，按常数利率 y_m 计息。我们可从上述方程中解得 y_m：

$$y_m=\left(\frac{1}{B_{0,m}}\right)^{\frac{1}{m}}-1$$

为了定义于时刻 m 到期的零息债券在时刻 n 的价格（其中 $0\leqslant n\leqslant m$），我们需要推广定义 2.3.1 中的条件期望概念。考虑以下例子。

例 6.2.1 设 $N=3$，于是：

$$\Omega=\{HHH,HHT,HTH,HTT,THH,THT,TTH,TTT\}$$

再假定：

$$\widetilde{\mathbb{P}}\{HHH\}=\frac{2}{9},\quad \widetilde{\mathbb{P}}\{HHT\}=\frac{1}{9},\quad \widetilde{\mathbb{P}}\{HTH\}=\frac{1}{12},\quad \widetilde{\mathbb{P}}\{HTT\}=\frac{1}{12},$$

$$\widetilde{\mathbb{P}}\{THH\}=\frac{1}{6},\quad \widetilde{\mathbb{P}}\{THT\}=\frac{1}{12},\quad \widetilde{\mathbb{P}}\{TTH\}=\frac{1}{8},\quad \widetilde{\mathbb{P}}\{TTT\}=\frac{1}{8}$$

这些正数的和为 1。定义前两次抛掷硬币结果分别为 HH、HT、TH 和 TT 的事件集合：

$$A_{HH}=\{\omega_1=H,\omega_2=H\}=\{HHH,HHT\}$$
$$A_{HT}=\{\omega_1=H,\omega_2=T\}=\{HTH,HTT\}$$
$$A_{TH}=\{\omega_1=T,\omega_2=H\}=\{THH,THT\}$$
$$A_{TT}=\{\omega_1=T,\omega_2=T\}=\{TTH,TTT\}$$

我们有:

$$\widetilde{\mathbb{P}}\{A_{HH}\}=\frac{1}{3},\quad \widetilde{\mathbb{P}}\{A_{HT}\}=\frac{1}{6},\quad \widetilde{\mathbb{P}}\{A_{TH}\}=\frac{1}{4},\quad \widetilde{\mathbb{P}}\{A_{TT}\}=\frac{1}{4}$$

类似地,定义第一次抛掷硬币的结果分别为 H 和 T 的事件集合:

$$A_H=\{\omega_1=H\}=\{HHH,HHT,HTH,HTT\}$$
$$A_T=\{\omega_1=T\}=\{THH,THT,TTH,TTT\}$$

对于这些集合,我们有:

$$\widetilde{\mathbb{P}}\{A_H\}=\frac{1}{2},\quad \widetilde{\mathbb{P}}\{A_T\}=\frac{1}{2}$$

假设接连三次抛掷硬币,前两次结果为 HH,于是我们知道三次抛掷硬币的结果一定属于事件集合 A_{HH}。基于这一信息,第三次结果出现 H 的概率为:

$$\widetilde{\mathbb{P}}\{\omega_3=H|\omega_1=H,\omega_2=H\}=\frac{\widetilde{\mathbb{P}}\{HHH\}}{\widetilde{\mathbb{P}}\{A_{HH}\}}=\frac{\frac{2}{9}}{\frac{1}{3}}=\frac{2}{3}$$

类似地,我们有:

$$\widetilde{\mathbb{P}}\{\omega_3=T|\omega_1=H,\omega_2=H\}=\frac{\widetilde{\mathbb{P}}\{HHT\}}{\widetilde{\mathbb{P}}\{A_{HH}\}}=\frac{\frac{1}{9}}{\frac{1}{3}}=\frac{1}{3}$$

$$\widetilde{\mathbb{P}}\{\omega_3=H|\omega_1=H,\omega_2=T\}=\frac{\widetilde{\mathbb{P}}\{HTH\}}{\widetilde{\mathbb{P}}\{A_{HT}\}}=\frac{\frac{1}{12}}{\frac{1}{6}}=\frac{1}{2}$$

$$\widetilde{\mathbb{P}}\{\omega_3=T|\omega_1=H,\omega_2=T\}=\frac{\widetilde{\mathbb{P}}\{HTT\}}{\widetilde{\mathbb{P}}\{A_{HT}\}}=\frac{\frac{1}{12}}{\frac{1}{6}}=\frac{1}{2}$$

$$\widetilde{\mathbb{P}}\{\omega_3=H|\omega_1=T,\omega_2=H\}=\frac{\widetilde{\mathbb{P}}\{THH\}}{\widetilde{\mathbb{P}}\{A_{TH}\}}=\frac{\frac{1}{6}}{\frac{1}{4}}=\frac{2}{3}$$

$$\widetilde{\mathbb{P}}\{\omega_3=T|\omega_1=T,\omega_2=H\}=\frac{\widetilde{\mathbb{P}}\{THT\}}{\widetilde{\mathbb{P}}\{A_{TH}\}}=\frac{\frac{1}{12}}{\frac{1}{4}}=\frac{1}{3}$$

$$\widetilde{\mathbb{P}}\{\omega_3=H|\omega_1=T,\omega_2=T\}=\frac{\widetilde{\mathbb{P}}\{TTH\}}{\widetilde{\mathbb{P}}\{A_{TT}\}}=\frac{\frac{1}{8}}{\frac{1}{4}}=\frac{1}{2}$$

$$\widetilde{\mathbb{P}}\{\omega_3=T|\omega_1=T,\omega_2=T\}=\frac{\widetilde{\mathbb{P}}\{TTT\}}{\widetilde{\mathbb{P}}\{A_{TT}\}}=\frac{\frac{1}{8}}{\frac{1}{4}}=\frac{1}{2}$$

假设接连三次抛掷硬币，第一次的结果为 H，于是我们知道三次抛掷硬币的结果一定属于事件集合 A_H。基于这一信息，第二次结果出现 H 的概率为：

$$\widetilde{\mathbb{P}}\{\omega_2=H|\omega_1=H\}=\frac{\widetilde{\mathbb{P}}\{A_{HH}\}}{\widetilde{\mathbb{P}}\{A_H\}}=\frac{\frac{1}{3}}{\frac{1}{2}}=\frac{2}{3}$$

同理：

$$\widetilde{\mathbb{P}}\{\omega_2=T|\omega_1=H\}=\frac{\widetilde{\mathbb{P}}\{A_{HT}\}}{\widetilde{\mathbb{P}}\{A_H\}}=\frac{\frac{1}{6}}{\frac{1}{2}}=\frac{1}{3}$$

$$\widetilde{\mathbb{P}}\{\omega_2=H|\omega_1=T\}=\frac{\widetilde{\mathbb{P}}\{A_{TH}\}}{\widetilde{\mathbb{P}}\{A_T\}}=\frac{\frac{1}{4}}{\frac{1}{2}}=\frac{1}{2}$$

$$\widetilde{\mathbb{P}}\{\omega_2=T|\omega_1=T\}=\frac{\widetilde{\mathbb{P}}\{A_{TT}\}}{\widetilde{\mathbb{P}}\{A_T\}}=\frac{\frac{1}{4}}{\frac{1}{2}}=\frac{1}{2}$$

这些条件概率（我们将称之为 $\widetilde{\mathbb{P}}$ 的**转移概率**）都已标记在图 6.2.1 中。在图 6.2.1 中，每一路径的（无条件）概率则分别标记在这八条路径的右端。

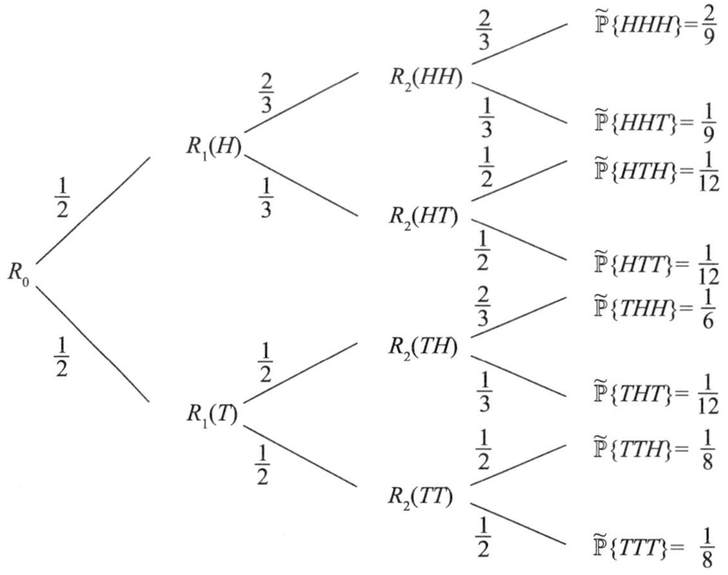

图 6.2.1　三时段利率模型

我们可用两种方法来计算 $\widetilde{\mathbb{P}}\{\omega_2=H,\omega_3=H|\omega_1=H\}$，即利用公式：

$$\begin{aligned}&\widetilde{\mathbb{P}}\{\omega_2=H,\omega_3=H|\omega_1=H\}\\&=\widetilde{\mathbb{P}}\{\omega_2=H|\omega_1=H\}\cdot\widetilde{\mathbb{P}}\{\omega_3=H|\omega_1=H,\omega_2=H\}\\&=\frac{2}{3}\cdot\frac{2}{3}=\frac{4}{9}\end{aligned}$$

或者利用公式:

$$\widetilde{\mathbb{P}}\{\omega_2=H,\omega_3=H|\omega_1=H\}=\frac{\widetilde{\mathbb{P}}\{HHH\}}{\widetilde{\mathbb{P}}\{A_H\}}=\frac{\frac{2}{9}}{\frac{1}{2}}=\frac{4}{9}$$

无论用哪种方法,我们都得到:

$$\widetilde{\mathbb{P}}\{\omega_2=H,\omega_3=H|\omega_1=H\}=\frac{4}{9},\quad \widetilde{\mathbb{P}}\{\omega_2=H,\omega_3=T|\omega_1=H\}=\frac{2}{9},$$

$$\widetilde{\mathbb{P}}\{\omega_2=T,\omega_3=H|\omega_1=H\}=\frac{1}{6},\quad \widetilde{\mathbb{P}}\{\omega_2=T,\omega_3=T|\omega_1=H\}=\frac{1}{6},$$

$$\widetilde{\mathbb{P}}\{\omega_2=H,\omega_3=H|\omega_1=T\}=\frac{1}{3},\quad \widetilde{\mathbb{P}}\{\omega_2=H,\omega_3=T|\omega_1=T\}=\frac{1}{6},$$

$$\widetilde{\mathbb{P}}\{\omega_2=T,\omega_3=H|\omega_1=T\}=\frac{1}{4},\quad \widetilde{\mathbb{P}}\{\omega_2=T,\omega_3=T|\omega_1=T\}=\frac{1}{4}$$

最后,设有随机变量 $X(\omega_1\omega_2\omega_3)$,我们利用以下公式定义基于第一次抛掷硬币结果该随机变量的条件期望:

$$\begin{aligned}\widetilde{\mathbb{E}}_1[X](H)=&X(HHH)\widetilde{\mathbb{P}}\{\omega_2=H,\omega_3=H|\omega_1=H\}\\&+X(HHT)\widetilde{\mathbb{P}}\{\omega_2=H,\omega_3=T|\omega_1=H\}\\&+X(HTH)\widetilde{\mathbb{P}}\{\omega_2=T,\omega_3=H|\omega_1=H\}\\&+X(HTT)\widetilde{\mathbb{P}}\{\omega_2=T,\omega_3=T|\omega_1=H\}\\=&\frac{4}{9}X(HHH)+\frac{2}{9}X(HHT)+\frac{1}{6}X(HTH)+\frac{1}{6}X(HTT)\end{aligned}$$

$$\begin{aligned}\widetilde{\mathbb{E}}_1[X](T)=&X(THH)\widetilde{\mathbb{P}}\{\omega_2=H,\omega_3=H|\omega_1=T\}\\&+X(THT)\widetilde{\mathbb{P}}\{\omega_2=H,\omega_3=T|\omega_1=T\}\\&+X(TTH)\widetilde{\mathbb{P}}\{\omega_2=T,\omega_3=H|\omega_1=T\}\\&+X(TTT)\widetilde{\mathbb{P}}\{\omega_2=T,\omega_3=T|\omega_1=T\}\\=&\frac{1}{3}X(THH)+\frac{1}{6}X(THT)+\frac{1}{4}X(TTH)+\frac{1}{4}X(TTT)\end{aligned}$$

注意 $\widetilde{\mathbb{E}}_1[X]$是随机变量,它依赖于第一次抛掷硬币的结果。我们利用以下公式定义基于前两次抛掷硬币结果随机变量 $X(\omega_1\omega_2\omega_3)$的条件期望:

$$\begin{aligned}\widetilde{\mathbb{E}}_2[X](HH)&=X(HHH)\widetilde{\mathbb{P}}\{\omega_3=H|\omega_1=H,\omega_2=H\}\\&\quad+X(HHT)\widetilde{\mathbb{P}}\{\omega_3=T|\omega_1=H,\omega_2=H\}\\&=\frac{2}{3}X(HHH)+\frac{1}{3}X(HHT)\end{aligned}$$

$$\begin{aligned}\widetilde{\mathbb{E}}_2[X](HT)&=X(HTH)\widetilde{\mathbb{P}}\{\omega_3=H|\omega_1=H,\omega_2=T\}\\&\quad+X(HTT)\widetilde{\mathbb{P}}\{\omega_3=T|\omega_1=H,\omega_2=T\}\\&=\frac{1}{2}X(HTH)+\frac{1}{2}X(HTT)\end{aligned}$$

$$\begin{aligned}\widetilde{\mathbb{E}}_2[X](TH)&=X(THH)\widetilde{\mathbb{P}}\{\omega_3=H|\omega_1=T,\omega_2=H\}\\&\quad+X(THT)\widetilde{\mathbb{P}}\{\omega_3=T|\omega_1=T,\omega_2=H\}\\&=\frac{2}{3}X(THH)+\frac{1}{3}X(THT)\end{aligned}$$

$$\begin{aligned}\widetilde{\mathbb{E}}_2[X](TT)&=X(TTH)\widetilde{\mathbb{P}}\{\omega_3=H|\omega_1=T,\omega_2=T\}\\&\quad+X(TTT)\widetilde{\mathbb{P}}\{\omega_3=T|\omega_1=T,\omega_2=T\}\\&=\frac{1}{2}X(TTH)+\frac{1}{2}X(TTT)\end{aligned}$$

注意 $\widetilde{\mathbb{E}}_2[X]$也是随机变量，它依赖于前两次抛掷硬币的结果。

如果随机变量 X 仅依赖于前两次抛掷硬币的结果，则上述条件期望的计算可以简化。特别地，我们有：

$$\begin{aligned}\widetilde{\mathbb{E}}_1[X](H)&=\left(\frac{4}{9}+\frac{2}{9}\right)X(HH)+\left(\frac{1}{6}+\frac{1}{6}\right)X(HT)\\&=\frac{2}{3}X(HH)+\frac{1}{3}X(HT)\end{aligned}$$

$$\begin{aligned}\widetilde{\mathbb{E}}_1[X](T)&=\left(\frac{1}{3}+\frac{1}{6}\right)X(TH)+\left(\frac{1}{4}+\frac{1}{4}\right)X(TT)\\&=\frac{1}{2}X(TH)+\frac{1}{2}X(TT)\end{aligned}$$

$$\widetilde{\mathbb{E}}_2[X](HH)=X(HH),\ \widetilde{\mathbb{E}}_2[X](HT)=X(HT)$$

$$\widetilde{\mathbb{E}}_2[X](TH)=X(TH),\ \widetilde{\mathbb{E}}_2[X](TT)=X(TT)$$ □

上述例子是以下定义的特殊情形。

定义 6.2.2 设 $\widetilde{\mathbb{P}}$ 是 N 次抛掷硬币所有可能结果的空间 Ω 上的概率测度，Ω 中每个结果序列 $\omega_1\omega_2\cdots\omega_N$ 在 $\widetilde{\mathbb{P}}$ 下都具有正概率。设 $1\leqslant n\leqslant N-1$，$\bar{\omega}_1\bar{\omega}_2\cdots\bar{\omega}_N$ 是 N 次抛掷硬币的一个结果序列。我们定义：

$$\widetilde{\mathbb{P}}\{\omega_{n+1}=\bar{\omega}_{n+1},\cdots,\omega_N=\bar{\omega}_N|\omega_1=\bar{\omega}_1,\cdots,\omega_n=\bar{\omega}_n\}=\frac{\widetilde{\mathbb{P}}\{\bar{\omega}_1\cdots\bar{\omega}_n\bar{\omega}_{n+1}\cdots\bar{\omega}_N\}}{\widetilde{\mathbb{P}}\{\omega_1=\bar{\omega}_1,\cdots,\omega_n=\bar{\omega}_n\}}$$

设 X 是随机变量，我们利用以下公式定义**基于时刻 n 的信息随机变量 X 的条件期望**：

$$\widetilde{\mathbb{E}}_n[X](\bar{\omega}_1\cdots\bar{\omega}_n)=\sum_{\bar{\omega}_{n+1},\cdots,\bar{\omega}_N}X(\bar{\omega}_1\cdots\bar{\omega}_n\bar{\omega}_{n+1}\cdots\bar{\omega}_N)\times\widetilde{\mathbb{P}}\{\omega_{n+1}=\bar{\omega}_{n+1},\cdots,\omega_N=\bar{\omega}_N\mid\omega_1=\bar{\omega}_1,\cdots,\omega_n=\bar{\omega}_n\}$$

我们还规定$\widetilde{\mathbb{E}}_0[X]=\widetilde{\mathbb{E}}X$ 以及$\widetilde{\mathbb{E}}_N[X]=X$。

注 6.2.3 上述定义的条件期望是定义 2.3.1 的推广，它允许非独立的抛掷硬币过程。这样定义的条件期望满足定理 2.3.2 中的所有性质。只要将附录中给出的证明作相应的修改，就得到这些性质的证明。

定义 6.2.4(零息债券价格) 设 $\widetilde{\mathbb{P}}$ 是 N 次抛掷硬币所有可能结果的空间 Ω 上的概率测度，Ω 中每个结果序列 $\omega_1\omega_2\cdots\omega_N$ 在 $\widetilde{\mathbb{P}}$ 下都具有正概率。设 $R_0,R_1,R_2,\cdots,R_{N-1}$ 是利率过程，其中每个 R_n 仅依赖于前 n 次抛掷硬币的结果并且满足式(6.2.1)。由式(6.2.2) 定义贴现过程 D_n，$n=0,1,\cdots,N$。对于 $0\leqslant n\leqslant m\leqslant N-1$，**时刻 m 到期的零息债券在时刻 n 的价格**定义为：

$$B_{n,m}=\widetilde{\mathbb{E}}_n\left[\frac{D_m}{D_n}\right]\tag{6.2.4}$$

根据式(6.2.4)，时刻 m 到期的零息债券在时刻 m 的价格为 $B_{m,m}=1$。这里，为方便起见，我们假定债券面值为 1。如果债券面值为其他某个 C，则在到期日 m 到期之前的任何时刻 n，债券价值为 $CB_{n,m}$。如果 $n=0$，式(6.2.4)便成为式(6.2.3)。

注 6.2.5 可以利用“提取已知量”的性质[定理 2.3.2(ii)]将式(6.2.4)改写为：

$$D_nB_{n,m}=\widetilde{\mathbb{E}}_n[D_m]\tag{6.2.5}$$

由此可见，零息债券的贴现价格过程 $D_nB_{n,m}$，$n=0,1,\cdots,m$ 在 $\widetilde{\mathbb{P}}$ 下是一个鞅。特别地，如果 $0\leqslant k\leqslant n\leqslant m$，则由式(6.2.5) 和“累次条件期望”性质[定理 2.3.2(iii)]得：

$$\widetilde{\mathbb{E}}_k[D_nB_{n,m}]=\widetilde{\mathbb{E}}_k[\widetilde{\mathbb{E}}_n[D_m]]=\widetilde{\mathbb{E}}_k[D_m]=D_kB_{k,m}$$

这正是鞅性质。选择定义 6.2.4，正是为了让零息债券的贴现价格过程是一个鞅。

假定投资者可以对每一到期日的零息债券进行交易，并且可以在货币市场投资。我们将证明投资者的贴现财富过程是一个鞅。由此可知，对于由式(6.2.4) 定义的零息债券价格，我们的模型不存在套利。设 $\Delta_{n,m}$ 是投资者在时刻 n 到时刻 $n+1$ 持有的到期日为 m 的零息债券的份额(由于时刻 m 以后到期日为 m 的零息债券不再存在，故必有 $n<m$)，这里的 $\Delta_{n,m}$ 仅依赖于

前 n 次硬币抛掷。投资者以非随机的初始财富 X_0 开始，在时刻 n 的财富记为 X_n。于是，投资者在时刻 $n+1$ 的财富由下式给出：

$$X_{n+1}=\Delta_{n,n+1}+\sum_{m=n+2}^{N}\Delta_{n,m}B_{n+1,m}+(1+R_n)(X_n-\sum_{m=n+1}^{N}\Delta_{n,m}B_{n,m}) \tag{6.2.6}$$

式(6.2.6)右端第一项是时刻 $n+1$ 到期的零息债券的支付乘以投资者在时刻 n 到时刻 $n+1$ 持有该债券的头寸。第二项是时刻 $n+2$ 及其以后到期的零息债券的价值乘以投资者在时刻 n 到时刻 $n+1$ 持有这些债券的头寸。第三项的第二个因子是投资者在时刻 n 的现金头寸，它是投资者在时刻 n 的总财富与时刻 n 调整头寸后持有的所有债券价值的差。这个因子被乘上了 1 加时刻 n 到时刻 $n+1$ 期间适用的利率。

定理 6.2.6 无论资产组合随机变量 $\Delta_{n,m}$ 如何选取(但必须满足 $\Delta_{n,m}$ 仅依赖于前 n 次硬币抛掷这一条件)，贴现财富过程 D_nX_n 在 $\widetilde{\mathbb{P}}$ 下都是鞅。

【证明】 利用 $\Delta_{n,m}$ 仅依赖于前 n 次硬币抛掷这一事实、"提取已知量"的性质[定理 2.3.2(ii)]、D_{n+1} 也仅依赖于前 n 次硬币抛掷这一事实以及注 6.2.5中的鞅性质，可算得：

$$\begin{aligned}\widetilde{\mathbb{E}}_n[X_{n+1}]&=\Delta_{n,n+1}+\sum_{m=n+2}^{N}\Delta_{n,m}\widetilde{\mathbb{E}}_n[B_{n+1,m}]+(1+R_n)\left(X_n-\sum_{m=n+1}^{N}\Delta_{n,m}B_{n,m}\right)\\&=\Delta_{n,n+1}+\sum_{m=n+2}^{N}\frac{\Delta_{n,m}}{D_{n+1}}\widetilde{\mathbb{E}}_n[D_{n+1}B_{n+1,m}]+\frac{D_n}{D_{n+1}}\left(X_n-\sum_{m=n+1}^{N}\Delta_{n,m}B_{n,m}\right)\\&=\Delta_{n,n+1}+\sum_{m=n+2}^{N}\frac{\Delta_{n,m}}{D_{n+1}}D_nB_{n,m}+\frac{D_n}{D_{n+1}}X_n-\frac{D_n}{D_{n+1}}\sum_{m=n+1}^{N}\Delta_{n,m}B_{n,m}\\&=\Delta_{n,n+1}+\frac{D_n}{D_{n+1}}X_n-\frac{D_n}{D_{n+1}}\Delta_{n,n+1}B_{n,n+1}\end{aligned}$$

由于$\frac{D_{n+1}}{D_n}$仅依赖于前 n 次硬币抛掷，故 $B_{n,n+1}=\widetilde{\mathbb{E}}_n\left[\frac{D_{n+1}}{D_n}\right]=\frac{D_{n+1}}{D_n}$。代入上式，即得：

$$\widetilde{\mathbb{E}}_n[X_{n+1}]=\frac{D_n}{D_{n+1}}X_n$$

再利用 D_{n+1} 仅依赖于前 n 次硬币抛掷这一事实，可将上式改写为：

$$\widetilde{\mathbb{E}}_n[D_{n+1}X_{n+1}]=D_nX_n$$

这就是贴现财富过程的鞅性质。 □

注 6.2.7 由于贴现财富过程在 $\widetilde{\mathbb{P}}$ 下是鞅，它具有常数期望：

$$\widetilde{\mathbb{E}}[D_nX_n]=X_0,\quad n=0,1,\cdots,N \tag{6.2.7}$$

如果可以通过零息债券交易以及货币市场投资进行套利，则存在初值 $X_0=0$

的资产组合,在未来某个时刻 n,不论抛掷硬币结果如何,总有 $X_n \geqslant 0$,并且相应于某些结果,$X_n>0$。在此情形下,$\widetilde{\mathbb{E}}[D_n X_n]>0=X_0$,而式(6.2.7) 表明这不可能。换言之,通过利用风险中性定价公式(6.2.4) 定义零息债券的价格,我们已经成功地建立了一个无套利模型。

注 6.2.8 由风险中性定价公式,对于 $0\leqslant n\leqslant m\leqslant N$,在时刻 m 支付为 V_m 的衍生证券(其中 V_m 仅依赖于前 m 次硬币抛掷)在时刻 n 的价格为:

$$V_n=\frac{1}{D_n}\widetilde{\mathbb{E}}_n[D_m V_m] \tag{6.2.8}$$

定理 6.2.6 对此提供了一个部分证明。也就是说,如果有可能构建一个对冲衍生证券空头的资产组合(即在时刻 m,不论抛掷硬币结果如何,资产组合的价值总是 V_m),则衍生证券在时刻 n 的价值 V_n 必由式(6.2.8) 给出。定理 6.2.6 并未保证这样的对冲资产组合可以构建。

注 6.2.9 在财富方程(6.2.6) 中,允许投资者投资于货币市场以及所有到期日的零息债券。然而,在时刻 n 投资于时刻 $n+1$ 到期的零息债券就相当于在货币市场投资。在时刻 n,投资 1 美元可以购买 $\frac{1}{B_{n,n+1}}$ 份时刻 $n+1$ 到期的零息债券,并且在时刻 $n+1$ 获得支付 $\frac{1}{B_{n,n+1}}$,而

$$\frac{1}{B_{n,n+1}}=\frac{1}{\widetilde{\mathbb{E}}_n\left[\frac{D_{n+1}}{D_n}\right]}=\frac{1}{\widetilde{\mathbb{E}}_n\left[\frac{1}{1+R_n}\right]}=\frac{1}{\frac{1}{1+R_n}}=1+R_n$$

这正是时刻 n 在货币市场投资 1 美元到时刻 $n+1$ 所获得的支付。在式(6.2.6) 中,我们为方便起见也同时考虑了货币市场账户。事实上,在这一离散时间模型的交易资产中不必包括货币市场账户。

给定 $m:0\leqslant m\leqslant N$。一个**附息债券**可以被看作一个常数(即非随机)支付序列 $C_0,C_1,\cdots,C_m$。对于 $0\leqslant n\leqslant m-1$,常数 C_n 是时刻 n 的息票支付(可能为 0)。常数 C_m 是本金与时刻 m 的息票支付之和。对于定义 6.2.4 中的零息债券,$C_0=C_1=\cdots=C_{m-1}=0$ 及 $C_m=1$。通常可将附息债券视为由 C_k 份时刻 k 到期的零息债券($k=0,1,\cdots,m$)的组合,于是,附息债券在时刻 0 的价格为:

$$\sum_{k=0}^{m}C_k B_{0,k}=\widetilde{\mathbb{E}}\left[\sum_{k=0}^{m}D_k C_k\right]$$

在时刻 n,支付 $C_0,C_1,\cdots,C_{n-1}$ 已兑现而 C_n 尚未兑现之前,附息债券的价格为:

$$\sum_{k=n}^{m}C_k B_{n,k}=\widetilde{\mathbb{E}}_n\left[\sum_{k=n}^{m}\frac{D_k C_k}{D_n}\right],\quad n=0,1,\cdots,m \tag{6.2.9}$$

这就将第二章中关于常数支付序列 $C_0,C_1,\cdots,C_m$ 的公式(2.4.13) 推广到

了(非常数)随机利率的情形。

6.3 固定收益衍生产品

在利率二叉树模型中考虑一个资产，我们将其在时刻 n 的价格记为 S_n。它可以是股票，但更多的时候是支付依赖于利率的一个合约。价格 S_n 可以依赖于前 n 次硬币抛掷。我们已取定风险中性概率测度 $\widetilde{\mathbb{P}}$，这意味着，贴现资产价格过程在 $\widetilde{\mathbb{P}}$ 下是一个鞅：

$$D_nS_n=\widetilde{\mathbb{E}}_n[D_{n+1}S_{n+1}],\quad n=0,1,\cdots,N-1 \tag{6.3.1}$$

定义 6.3.1 一份**远期合约**是关于在**交割日** m(这里 $0\leqslant m\leqslant N$)以指定的**交割价格** K 进行资产交易(时刻 m 的资产价格为 S_m)的一份协议。该资产在时刻 n 的 **m-远期价格**(这里 $0\leqslant n\leqslant m$)是使得远期合约在时刻 n 的无套利价格为 0 的交割价格 K 的值。

定理 6.3.2 在利率二叉树模型中考虑一个资产，其价格过程为 S_0，$S_1,\cdots,S_N$。假设所有到期日的零息债券均可交易。对于 $0\leqslant n\leqslant m\leqslant N$，该资产在时刻 n 的 m-远期价格为：

$$\mathrm{For}_{n,m}=\frac{S_n}{B_{n,m}} \tag{6.3.2}$$

【证明】 假设投资者在时刻 n 售出交割日为 m、交割价格为 K 的远期合约，并假定 K 的选取使得远期合约在时刻 n 的价格为 0。于是，售出远期合约并无收益。在时刻 n，投资者售出远期合约后立即做空$\frac{S_n}{B_{n,m}}$份零息债券，并用所得收入 S_n 购买一份资产。此后投资者不再进行交易，直到时刻 m 将其持有的资产根据远期合约进行交割，获得收入 K。在结清债券的空头以后，尚有余额 $K-\frac{S_n}{B_{n,m}}$。若余额为正，则有套利。若 $K-\frac{S_n}{B_{n,m}}$为负，投资者可进行反向操作，即在时刻 n 购入远期合约后，立即做空一份资产并购买$\frac{S_n}{B_{n,m}}$份零息债券，仍有套利。为了排除套利，K 的值必须由式(6.3.2)确定。 □

注 6.3.3 在上述定理 6.3.2 的证明中构建了远期合约的空头对冲。这称为**静态对冲**，因为在建立对冲的时刻 n 到远期合约的交割日 m 期间无任何交易。只要存在对冲，无论是否静态，对冲组合的贴现价值过程在风险中性测度下一定是鞅，从而有风险中性定价公式。这里，远期合约在时刻 m 的支付 S_m-K 在时刻 n 的贴现价格为：

$$\widetilde{\mathbb{E}}_n[D_m(S_m-K)]=\widetilde{\mathbb{E}}_n[D_mS_m]-KD_n\,\widetilde{\mathbb{E}}_n\left[\frac{D_m}{D_n}\right]=D_n(S_n-KB_{n,m})$$

其中我们用到了式(6.3.1)中的鞅性质以及 $B_{n,m}$ 的定义(6.2.4)。为了使远期合约在时刻 n 的价格为 0,必须有 $S_n-KB_{n,m}=0$,即 K 的值必须由式(6.3.2)确定。

除了资产的远期价格外,我们还可定义远期利率。给定 $0\leqslant n\leqslant m\leqslant N-1$,假设投资者在时刻 n 做空一份到期日为 m 的零息债券,并用所得收入购买 $\frac{B_{n,m}}{B_{n,m+1}}$ 份时刻 $m+1$ 到期的零息债券。在时刻 n 建立这一组合的成本为 0。在时刻 m,投资者需要投入 1 美元用以结清到期日为 m 的债券空头。在时刻 $m+1$,投资者由到期日为 $m+1$ 的债券多头获得收入 $\frac{B_{n,m}}{B_{n,m+1}}$。这样,在时刻 m 到时刻 $m+1$ 期间,投资者相当于按照以下利率投资于货币市场:

$$F_{n,m}=\frac{B_{n,m}}{B_{n,m+1}}-1=\frac{B_{n,m}-B_{n,m+1}}{B_{n,m+1}} \tag{6.3.3}$$

上述在时刻 m 到时刻 $m+1$ 期间进行投资的利率,是通过在时刻 n 建立债券组合事先"锁定"的。注意到:

$$F_{m,m}=\frac{B_{m,m}}{B_{m,m+1}}-1=\frac{1}{\frac{1}{1+R_m}}-1=R_m$$

能在时刻 m 被锁定的时刻 m 到时刻 $m+1$ 期间适用的利率就是 R_m。

定义 6.3.4 给定 $0\leqslant n\leqslant m\leqslant N-1$,时刻 n 关于在时刻 m 进行投资的**远期利率**由式(6.3.3)定义。

定理 6.3.5 给定 $0\leqslant n\leqslant m\leqslant N-1$,一份在时刻 $m+1$ 支付 R_m 的合约在时刻 n 的无套利价格为 $B_{n,m+1}F_{n,m}=B_{n,m}-B_{n,m+1}$。

【证明】 假设投资者在时刻 n 售出一份在时刻 $m+1$ 支付 R_m 的合约,并因此获得收入 $B_{n,m}-B_{n,m+1}$。然后,该投资者做空一份时刻 $m+1$ 到期的零息债券并购买一份时刻 m 到期的零息债券。建立这个由一份合约空头、一份债券空头和一份债券多头构成的组合成本为 0。投资者在时刻 m 由债券多头获得收入 1 美元,立即投资于货币市场(利率为 R_m)。到时刻 $m+1$,这一投资增长为 $1+R_m$。投资者用其中的 1 美元结清时刻 $m+1$ 到期的债券空头,并用余下的 R_m 支付合约。这样,投资者成功地对冲了在时刻 $m+1$ 支付 R_m 的合约空头。建立对冲组合所需要的初始资本是 $B_{n,m}-B_{n,m+1}$,这就是该合约的无套利价格。 □

根据定理 6.3.2 和定理 6.3.5,在时刻 $m+1$ 支付 R_m 的合约在时刻 n 的远期价格为 $F_{n,m}$[在式(6.3.2)中以 $m+1$ 替换 m,并令 $S_n=B_{n,m+1}F_{n,m}$]。这是"锁定"利率的另一种方式。假设你在时刻 n 做空一份利率的远期合约

(即你同意在时刻 $m+1$ 收到 $F_{n,m}$ 并同时支付 R_m),这不需要任何花费。这样,你就将时刻 m 的利率锁定在了 $F_{n,m}$。事实上,你可以在时刻 m 投资 1 美元,适用利率为 R_m。到时刻 $m+1$,这一投资增长为 $1+R_m$,而你已经同意在时刻 $m+1$ 收到 $F_{n,m}$ 并同时支付 R_m,清算以后你的净收入是 $1+F_{n,m}$。因此,你实际上在时刻 m 到时刻 $m+1$ 期间是以事先锁定的利率 $F_{n,m}$ 投资 1 美元。

定义 6.3.6 给定 m,$1\leqslant m\leqslant N$。一份 **m 期利率互换**是一份如下合约:它在时刻 $1,\cdots,m$ 的支付分别为 $S_1,\cdots,S_m$,其中

$$S_n=K-R_{n-1},\quad n=1,\cdots,m$$

固定利率 K 是常数。**m 期互换利率** SR_m 是使得 m 期利率互换在时刻 0 的无套利价格等于 0 的 K 的值。

作为互换多头("收到固定")的投资者,在每一时刻 n 都能收到常数支付 K(可以看作 1 美元本金的固定利率),同时付出浮动利率 R_{n-1}。如果该投资者已经有需要支付固定利率的贷款,则互换的多头头寸可将其转变为浮动利率贷款;互换的空头头寸可将浮动利率贷款转变为固定利率贷款。

定理 6.3.7 定义 6.3.6 中的 m 期利率互换在时刻 0 的无套利价格为:

$$\text{Swap}_m=\sum_{n=1}^{m}B_{0,n}(K-F_{0,n-1})=K\sum_{n=1}^{m}B_{0,n}-(1-B_{0,m})\qquad(6.3.4)$$

m 期互换利率为:

$$SR_m=\frac{\sum_{n=1}^{m}B_{0,n}F_{0,n-1}}{\sum_{n=1}^{m}B_{0,n}}=\frac{1-B_{0,m}}{\sum_{n=1}^{m}B_{0,n}}\qquad(6.3.5)$$

【证明】 时刻 n 的支付 K 在时刻 0 的无套利价格为 $KB_{0,n}$,而由定理 6.3.5,时刻 n 的支付 R_{n-1} 在时刻 0 的无套利价格为 $B_{0,n}F_{0,n-1}$。于是,S_n 在时刻 0 的价格为 $B_{0,n}(K-F_{0,n-1})$。关于 n 求和,可得式(6.3.4)中间的那项。又注意到:

$$\sum_{n=1}^{m}B_{0,n}F_{0,n-1}=\sum_{n=1}^{m}(B_{0,n-1}-B_{0,n})=1-B_{0,m}$$

由此给出式(6.3.4)的右端。令时刻 0 的互换价格为 0,求解 K,即得式(6.3.5)。 □

当然,m 期利率互换的无套利价格公式(6.3.4)与风险中性定价应该是一致的。事实上,由式(6.3.4)、(6.3.3)、(6.2.4)和(6.2.2)可以推得:

$$\begin{aligned}\text{Swap}_m&=\sum_{n=1}^{m}B_{0,n}(K-F_{0,n-1})\\&=\sum_{n=1}^{m}[KB_{0,n}-(B_{0,n-1}-B_{0,n})]\end{aligned}$$

$$
\begin{aligned}
&= \sum_{n=1}^{m}[K\widetilde{\mathbb{E}}D_n - (\widetilde{\mathbb{E}}D_{n-1} - \widetilde{\mathbb{E}}D_n)] \\
&= \sum_{n=1}^{m}[K\widetilde{\mathbb{E}}D_n - (\widetilde{\mathbb{E}}[D_n(1+R_{n-1})] - \widetilde{\mathbb{E}}D_n)] \\
&= \sum_{n=1}^{m}[K\widetilde{\mathbb{E}}D_n - \widetilde{\mathbb{E}}(D_nR_{n-1})] \\
&= \widetilde{\mathbb{E}}\sum_{n=1}^{m}D_n(K-R_{n-1}) \qquad (6.3.6)
\end{aligned}
$$

上面最后的表达式就是利率互换的风险中性定价公式。

在定理 6.3.2、定理 6.3.5 和定理 6.3.7 中,固定收益衍生证券的价格是通过构建衍生证券空头对冲组合来确定的。只要这样的对冲组合可以被建立,总可以得到风险中性定价,式(6.3.6) 就是一个例子。在这一节余下的部分,我们考虑利率上限和下限的风险中性定价,尽管对于这些工具的空头对冲一般都可以构建,我们不再详述。习题 6.4 提供了构建对冲的一个实例。

定义 6.3.8 给定 m,$1\leqslant m\leqslant N$。一份 ***m* 期利率上限**是一份如下合约:它在时刻 $1,\cdots,m$ 的支付分别为 $C_1,\cdots,C_m$,其中

$$C_n=(R_{n-1}-K)^+,\quad n=1,\cdots,m$$

一份 ***m* 期利率下限**是一份如下合约:它在时刻 $1,\cdots,m$ 的支付分别为 $F_1,\cdots,F_m$,其中

$$F_n=(K-R_{n-1})^+,\quad n=1,\cdots,m$$

一份仅在时刻 n 给出支付 C_n 的合约称为一份**利率上限单元**,一份仅在时刻 n 给出支付 F_n 的合约称为一份**利率下限单元**。m 期利率上限在时刻 0 的风险中性价格为:

$$\mathrm{Cap}_m=\widetilde{\mathbb{E}}\sum_{n=1}^{m}D_n(R_{n-1}-K)^+ \qquad (6.3.7)$$

m 期利率下限在时刻 0 的风险中性价格为:

$$\mathrm{Floor}_m=\widetilde{\mathbb{E}}\sum_{n=1}^{m}D_n(K-R_{n-1})^+ \qquad (6.3.8)$$

如果某人要为 1 美元贷款而在每个时刻 n 支付浮动利率 R_{n-1},那么持有一份利率上限可以使利率支付以 K 为限。一旦浮动利率超出 K,利率上限将支付差价。同理,如果某人投资 1 美元,在每个时刻 n 将收到浮动利率 R_{n-1},那么持有一份利率下限可以确保收到的利率至少是 K。一旦浮动利率低于 K,利率下限将支付差价。

注意到,我们总有:

$$K-R_{n-1}+(R_{n-1}-K)^{+}=(K-R_{n-1})^{+}$$

换言之，在任何时刻，持有一份利率互换和一份利率上限的组合相当于持有一份利率下限。由此可得：

$$\text{Swap}_m+\text{Cap}_m=\text{Floor}_m \tag{6.3.9}$$

特别地，如果 K 等于 m 期互换利率，则利率上限与利率下限的初始价格相等。

例 6.3.9 我们回到图 6.2.1 的例子，并在利率二叉树中标出利率的值，如图 6.3.1 所示。在表 6.1 中，给出了 $D_1=\frac{1}{1+R_0}$，$D_2=\frac{1}{(1+R_0)(1+R_1)}$，$D_3=\frac{1}{(1+R_0)(1+R_1)(1+R_2)}$。表格右端一列给出的是概率 $\widetilde{\mathbb{P}}\{A_{\omega_1\omega_2}\}$，即该列第一项是前两次抛掷硬币结果为 HH 的概率。

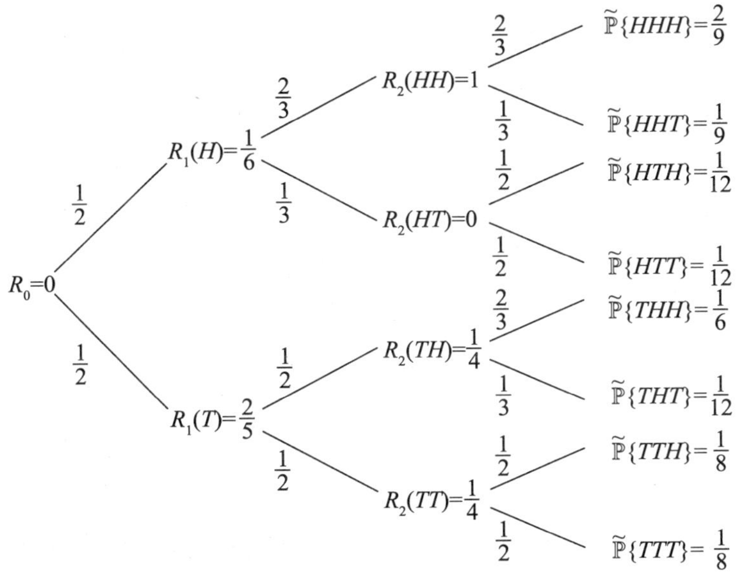

图 6.3.1 三时段利率模型

表 6.1

$\omega_1\omega_2$	$\frac{1}{1+R_0}$	$\frac{1}{1+R_1}$	$\frac{1}{1+R_2}$	D_1	D_2	D_3	$\widetilde{\mathbb{P}}$
HH	1	6/7	1/2	1	6/7	3/7	1/3
HT	1	6/7	1	1	6/7	6/7	1/6
TH	1	5/7	4/5	1	5/7	4/7	1/4
TT	1	5/7	4/5	1	5/7	4/7	1/4

我们可以算得时刻 0 的零息债券价格为：

$$B_{0,1}=\widetilde{\mathbb{E}}\,D_1=1$$

$$B_{0,2}=\widetilde{\mathbb{E}}\,D_2=\frac{6}{7}\cdot\frac{1}{3}+\frac{6}{7}\cdot\frac{1}{6}+\frac{5}{7}\cdot\frac{1}{4}+\frac{5}{7}\cdot\frac{1}{4}=\frac{11}{14}$$

$$B_{0,3}=\widetilde{\mathbb{E}}\,D_3=\frac{3}{7}\cdot\frac{1}{3}+\frac{6}{7}\cdot\frac{1}{6}+\frac{4}{7}\cdot\frac{1}{4}+\frac{4}{7}\cdot\frac{1}{4}=\frac{4}{7}$$

时刻 1 的零息债券价格为：

$$B_{1,1}=1$$

$$B_{1,2}(H)=\frac{1}{D_1(H)}\widetilde{\mathbb{E}}_1[D_2](H)=\frac{6}{7}\cdot\frac{2}{3}+\frac{6}{7}\cdot\frac{1}{3}=\frac{6}{7}$$

$$B_{1,2}(T)=\frac{1}{D_1(T)}\widetilde{\mathbb{E}}_1[D_2](T)=\frac{5}{7}\cdot\frac{1}{2}+\frac{5}{7}\cdot\frac{1}{2}=\frac{5}{7}$$

$$B_{1,3}(H)=\frac{1}{D_1(H)}\widetilde{\mathbb{E}}_1[D_3](H)=\frac{3}{7}\cdot\frac{2}{3}+\frac{6}{7}\cdot\frac{1}{3}=\frac{4}{7}$$

$$B_{1,3}(T)=\frac{1}{D_1(T)}\widetilde{\mathbb{E}}_1[D_3](T)=\frac{4}{7}\cdot\frac{1}{2}+\frac{4}{7}\cdot\frac{1}{2}=\frac{4}{7}$$

时刻 2 的零息债券价格为：

$$B_{2,2}=1$$

$$B_{2,3}(HH)=\frac{1}{D_2(HH)}\widetilde{\mathbb{E}}_2[D_3](HH)=\frac{D_3(HH)}{D_2(HH)}=\frac{7}{6}\cdot\frac{3}{7}=\frac{1}{2}$$

$$B_{2,3}(HT)=\frac{1}{D_2(HT)}\widetilde{\mathbb{E}}_2[D_3](HT)=\frac{D_3(HT)}{D_2(HT)}=\frac{7}{6}\cdot\frac{6}{7}=1$$

$$B_{2,3}(TH)=\frac{1}{D_2(TH)}\widetilde{\mathbb{E}}_2[D_3](TH)=\frac{D_3(TH)}{D_2(TH)}=\frac{7}{5}\cdot\frac{4}{7}=\frac{4}{5}$$

$$B_{2,3}(TT)=\frac{1}{D_2(TT)}\widetilde{\mathbb{E}}_2[D_3](TT)=\frac{D_3(TT)}{D_2(TT)}=\frac{7}{5}\cdot\frac{4}{7}=\frac{4}{5}$$

我们取 $K=\frac{1}{3}$，并对相应的 3 期利率上限定价。表 6.2 中是该利率上限的支付。

表 6.2

$\omega_1\omega_2$	R_0	$\left(R_0-\frac{1}{3}\right)^+$	R_1	$\left(R_1-\frac{1}{3}\right)^+$	R_2	$\left(R_2-\frac{1}{3}\right)^+$
HH	0	0	1/6	0	1	2/3
HT	0	0	1/6	0	0	0
TH	0	0	2/5	1/15	1/4	0
TT	0	0	2/5	1/15	1/4	0

时刻 1、时刻 2 和时刻 3 的利率上限单元在时刻 0 的价格分别为：

$$\widetilde{\mathbb{E}}\left[D_1\left(R_0-\frac{1}{3}\right)^+\right]=0$$

$$\widetilde{\mathbb{E}}\left[D_2\left(R_1-\frac{1}{3}\right)^+\right]=\frac{5}{7}\cdot\frac{1}{15}\cdot\frac{1}{4}+\frac{5}{7}\cdot\frac{1}{15}\cdot\frac{1}{4}=\frac{1}{42}$$

$$\widetilde{\mathbb{E}}\left[D_3\left(R_2-\frac{1}{3}\right)^+\right]=\frac{3}{7}\cdot\frac{2}{3}\cdot\frac{1}{3}=\frac{2}{21} \tag{6.3.10}$$

从而得到：

$$\text{Cap}_3=0+\frac{1}{42}+\frac{2}{21}=\frac{5}{42}$$

6.4 远期测度

设 V_m 是某个合约（衍生证券或者债券之类的“基础”证券）在时刻 m 的支付。在关于 m 之前某个时刻 n 的合约价格的风险中性定价公式中，涉及条件期望 $\widetilde{\mathbb{E}}_n[D_mV_m]$。事实上，该合约在时刻 n 的风险中性定价公式为［见式(6.2.8)］

$$V_n=\frac{1}{D_n}\widetilde{\mathbb{E}}_n[D_mV_m],\quad n=0,1,\cdots,m \tag{6.4.1}$$

在 D_m 是随机的情形下，为计算出现在上式中的条件期望，我们需要知道在风险中性测度 $\widetilde{\mathbb{P}}$ 下 D_m 和 V_m 的**联合**条件分布。这就造成固定收益衍生产品定价的困难。

摆脱困境的一种途径是利用**远期测度**而不是风险中性测度来建立利率模型。其想法是将式(6.4.1)右端的 D_m 作为拉东—尼柯迪姆导数，变换到另一测度，然后在这新的测度下计算条件期望，就不会再出现 D_m。为明确这一想法，我们从以下定义开始。

定义 6.4.1 给定 m，$1\leqslant m\leqslant N$。定义：

$$Z_{m,m}=\frac{D_m}{B_{0,m}} \tag{6.4.2}$$

并利用 $Z_{m,m}$，由以下公式定义 ***m*-远期测度** $\widetilde{\mathbb{P}}^m$：

$$\widetilde{\mathbb{P}}^m(\omega)=Z_{m,m}(\omega)\widetilde{\mathbb{P}}(\omega),\ \forall\,\omega\in\Omega$$

为验证 $\widetilde{\mathbb{P}}^m$ 是概率测度，我们必须验证 Ω 对应的概率值为 1，这可利用 $\widetilde{\mathbb{E}}Z_{m,m}=1$ 证得。事实上：

$$\widetilde{\mathbb{P}}^m(\Omega)=\sum_{\omega\in\Omega}\widetilde{\mathbb{P}}^m(\omega)=\sum_{\omega\in\Omega}Z_{m,m}(\omega)\widetilde{\mathbb{P}}(\omega)=\widetilde{\mathbb{E}}\,Z_{m,m}=\frac{1}{B_{0,m}}\widetilde{\mathbb{E}}\,D_m=1$$

其中最后的等式由零息债券价格的定义[见式(6.2.3)]推得。根据3.2节中的推导,我们可定义**拉东—尼柯迪姆导数过程**为:

$$Z_{n,m}=\widetilde{\mathbb{E}}_n Z_{m,m}, \quad n=0,1,\cdots,m \tag{6.4.3}$$

如果 V_m 是仅依赖于前 m 次硬币抛掷的随机变量,则由引理3.2.5得:

$$\widetilde{\mathbb{E}}^m V_m=\widetilde{\mathbb{E}}[Z_{m,m}V_m] \tag{6.4.4}$$

更一般地,如果 $0\leqslant n\leqslant m$ 并且 V_m 是仅依赖于前 m 次硬币抛掷的随机变量,则由引理3.2.6得:

$$\widetilde{\mathbb{E}}_n^m[V_m]=\frac{1}{Z_{n,m}}\widetilde{\mathbb{E}}_n[Z_{m,m}V_m] \tag{6.4.5}$$

由 $Z_{m,m}$ 的定义(6.4.2)以及公式(6.2.5),式(6.4.3)可以改写为:

$$Z_{n,m}=\frac{D_nB_{n,m}}{B_{0,m}}, \qquad n=0,\cdots,m \tag{6.4.6}$$

将式(6.4.6)分别代入式(6.4.4)和(6.4.5)中,我们得到下面的结果。

定理 6.4.2 给定 $m, 1\leqslant m\leqslant N$。设 $\widetilde{\mathbb{P}}^m$ 是 m-远期测度。如果 V_m 是仅依赖于前 m 次硬币抛掷的随机变量,则:

$$\widetilde{\mathbb{E}}^m[V_m]=\frac{1}{B_{0,m}}\widetilde{\mathbb{E}}[D_mV_m] \tag{6.4.7}$$

更一般地,如果 V_m 仅依赖于前 m 次硬币抛掷,则:

$$\widetilde{\mathbb{E}}_n^m[V_m]=\frac{1}{D_nB_{n,m}}\widetilde{\mathbb{E}}_n[D_mV_m], \quad n=0,1,\cdots,m \tag{6.4.8}$$

式(6.4.8)左端的计算并不涉及 V_m 和 D_m 的相关性,我们只需知道在 m-远期测度 $\widetilde{\mathbb{P}}^m$ 下 V_m 的条件分布。于是式(6.4.8)的左端往往比出现在右端的 $\widetilde{\mathbb{E}}_n[D_mV_m]$ 更容易计算。不过要注意:m-远期测度仅适用于在时刻 m(而不是其他时刻)支付的衍生产品的定价。

由式(6.4.8)和(6.4.1)可得:

$$\widetilde{\mathbb{E}}_n^m[V_m]=\frac{V_n}{B_{n,m}}, \quad n=0,1,\cdots,m \tag{6.4.9}$$

换言之,$\widetilde{\mathbb{E}}_n^m[V_m]$ 是在时刻 m 支付为 V_m 的任何衍生证券或资产在时刻 n 的**以时刻 m 到期的零息债券为计价单位的**价格。这也正是定理6.3.2中给出的衍生证券或资产的 ***m*-远期价格**。在式(6.4.9)的左端运用累次条件期望,不难证得这一计价方式下的资产价格过程在 m-远期测度 $\widetilde{\mathbb{P}}^m$ 下是一个鞅。总之,**(无红利支付)资产的 *m*-远期价格过程在 *m*-远期测度 $\widetilde{\mathbb{P}}^m$ 下**

是鞅。

例 6.4.3 由式(6.4.2)可知，与 D_m 一样，$Z_{m,m}$ 也仅依赖于前 $m-1$ 次硬币抛掷。在定义 6.4.1 中令 $m=3$ 并利用例 6.3.9 中的数据，可得式(6.4.2)给出的 $Z_{3,3}$：

$$Z_{3,3}(HH)=\frac{D_3(HH)}{B_{0,3}}=\frac{7}{4}\cdot\frac{3}{7}=\frac{3}{4},\quad Z_{3,3}(HT)=\frac{D_3(HT)}{B_{0,3}}=\frac{7}{4}\cdot\frac{6}{7}=\frac{3}{2},$$

$$Z_{3,3}(TH)=\frac{D_3(TH)}{B_{0,3}}=\frac{7}{4}\cdot\frac{4}{7}=1,\quad Z_{3,3}(TT)=\frac{D_3(TT)}{B_{0,3}}=\frac{7}{4}\cdot\frac{4}{7}=1$$

注意到确实有 $\widetilde{\mathbb{E}}Z_{3,3}=\frac{3}{4}\cdot\frac{1}{3}+\frac{3}{2}\cdot\frac{1}{6}+1\cdot\frac{1}{4}+1\cdot\frac{1}{4}=1$。对每一个 $\omega\in\Omega$，$\widetilde{\mathbb{P}}(\omega)$、$Z_{3,3}(\omega)$ 和 $\widetilde{\mathbb{P}}^3(\omega)=Z_{3,3}(\omega)\widetilde{\mathbb{P}}(\omega)$ 的值在下面的表 6.3 中给出。

表 6.3

$\omega_1\omega_2\omega_3$	$\widetilde{\mathbb{P}}(\omega_1\omega_2\omega_3)$	$Z_{3,3}(\omega_1\omega_2\omega_3)$	$\widetilde{\mathbb{P}}^3(\omega_1\omega_2\omega_3)$
HHH	$\frac{2}{9}$	$\frac{3}{4}$	$\frac{1}{6}$
HHT	$\frac{1}{9}$	$\frac{3}{4}$	$\frac{1}{12}$
HTH	$\frac{1}{12}$	$\frac{3}{2}$	$\frac{1}{8}$
HTT	$\frac{1}{12}$	$\frac{3}{2}$	$\frac{1}{8}$
THH	$\frac{1}{6}$	1	$\frac{1}{6}$
THT	$\frac{1}{12}$	1	$\frac{1}{12}$
TTH	$\frac{1}{8}$	1	$\frac{1}{8}$
TTT	$\frac{1}{8}$	1	$\frac{1}{8}$

如同在例 6.2.1 和图 6.2.1 中，我们可以计算在利率二叉树每个节点处(抛掷硬币出现 H 和 T)的 $\widetilde{\mathbb{P}}^m$ 条件概率，它们都被标记在图 6.4.1 中。

现在，我们来计算式(6.4.8)的左端，其中时刻 3 的支付 $V_3=\left(R_2-\frac{1}{3}\right)^+$ 是关于时刻 2 利率的利率上限单元。这里，V_3 仅依赖于前两次硬币抛掷，事实上：

$$V_3(\omega_1\omega_2)=\begin{cases}\frac{2}{3}, & \text{如果 } \omega_1=H,\omega_2=H\\ 0, & \text{其他}\end{cases}$$

由于 V_3 仅依赖于前两次硬币抛掷，我们有 $\widetilde{\mathbb{E}}_2^3[V_3]=V_3$。利用图 6.4.1 中的概率，我们算得：

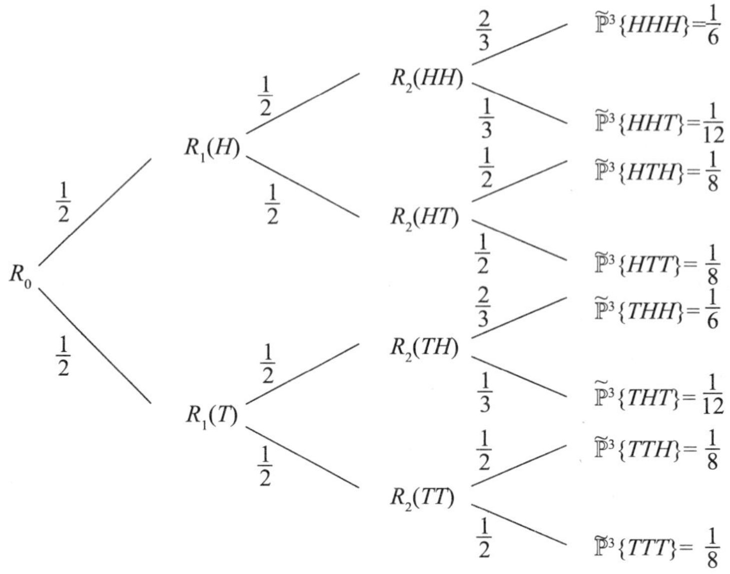

图 6.4.1 利率模型以及 $\widetilde{\mathbb{P}}^3$ 转移概率

$$\widetilde{\mathbb{E}}_1^3[V_3](H)=\frac{1}{2}V_3(HH)+\frac{1}{2}V_3(HT)=\frac{1}{3}$$

$$\widetilde{\mathbb{E}}_1^3[V_3](T)=\frac{1}{2}V_3(TH)+\frac{1}{2}V_3(TT)=0$$

$$\widetilde{\mathbb{E}}^3[V_3]=\frac{1}{4}V_3(HH)+\frac{1}{4}V_3(HT)+\frac{1}{4}V_3(TH)+\frac{1}{4}V_3(TT)=\frac{1}{6}$$

远期价格过程$\widetilde{\mathbb{E}}_n^3[V_3]$，$n=0,1,2,3$ 在图 6.4.2 中给出。我们注意到这一过

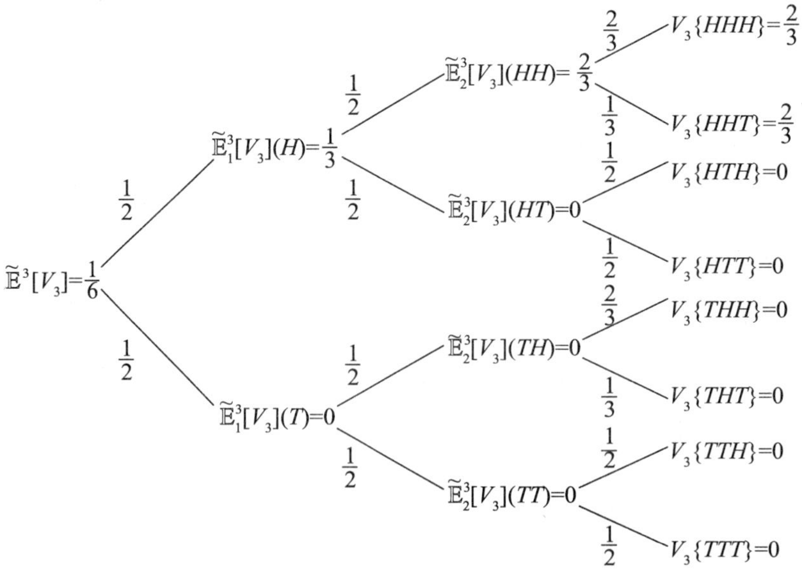

图 6.4.2 $\widetilde{\mathbb{P}}^3$鞅 $\widetilde{\mathbb{E}}_n^3[V_3]$

程在$\widetilde{\mathbb{P}}^3$下是一个鞅，它在每一节点处的值是紧接两个节点处的值利用$\widetilde{\mathbb{P}}^3$转移概率算得的加权平均。最后，我们利用式（6.4.9）计算时刻 3 的利率上限单元在时刻 0 的价格：

$$V_0=B_{0,3}\widetilde{\mathbb{E}}^3[V_3]=\frac{4}{7}\cdot\frac{1}{6}=\frac{2}{21}$$

其中用到了例 6.3.9 中算得的债券价格 $B_{0,3}=\frac{4}{7}$，这与（6.3.10）的结果一致。 □

例 6.4.4(霍—李模型) 在霍—李模型中，时刻 n 的利率为：

$$R_n(\omega_1\cdots\omega_n)=a_n+b_n\cdot \# H(\omega_1\cdots\omega_n)$$

其中 $a_0,a_1,\cdots$和 $b_1,b_2,\cdots$是用于模型校准的常数(即使得模型产生的价格与市场数据一致)。风险中性概率取为 $\tilde{p}=\tilde{q}=\frac{1}{2}$。

例 6.3.9 和例 6.4.3 中的数据都是为了简化计算而刻意选取的，而霍—李模型可用于在实际应用中产生数据。我们对图 6.4.3 中的三时段霍—李模型(其中 $a_0=0.05,a_1=0.045,a_2=0.04,b_1=b_2=0.01$)重复例 6.3.9 和例 6.4.3 中的计算。

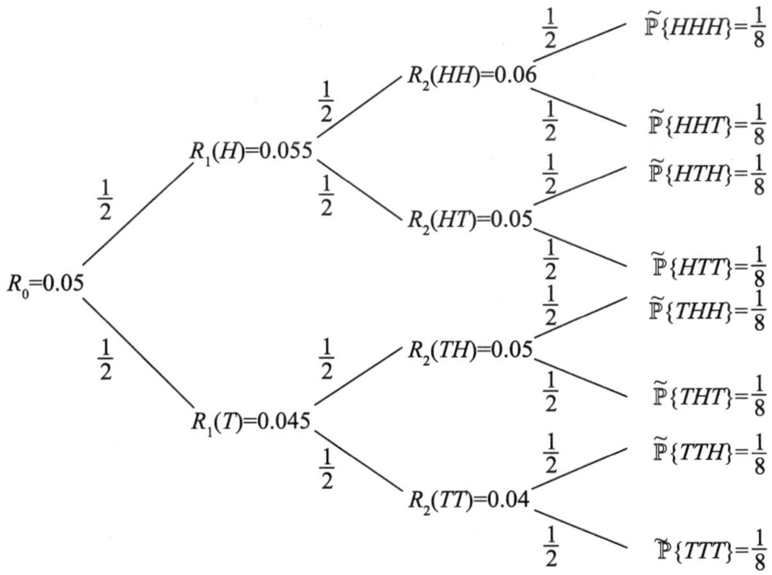

图 6.4.3 三时段霍—李利率模型

在表 6.4 中，给出了 $D_1=\frac{1}{1+R_0}$，$D_2=\frac{1}{(1+R_0)(1+R_1)}$，$D_3=\frac{1}{(1+R_0)(1+R_1)(1+R_2)}$。

表 6.4

$\omega_1\omega_2$	$\frac{1}{1+R_0}$	$\frac{1}{1+R_1}$	$\frac{1}{1+R_2}$	D_1	D_2	D_3	$\widetilde{\mathbb{P}}$
HH	0.952 4	0.947 9	0.943 4	0.952 4	0.902 7	0.851 6	1/4
HT	0.952 4	0.947 9	0.952 4	0.952 4	0.902 7	0.859 7	1/4
TH	0.952 4	0.956 9	0.952 4	0.952 4	0.911 4	0.868 0	1/4
TT	0.952 4	0.956 9	0.961 5	0.952 4	0.911 4	0.876 3	1/4

我们可以算得时刻 0 的零息债券价格为:

$$B_{0,1}=\widetilde{\mathbb{E}}D_1=0.952\,4,\quad B_{0,2}=\widetilde{\mathbb{E}}D_2=0.907\,1,\quad B_{0,3}=\widetilde{\mathbb{E}}D_3=0.863\,9$$

时刻 1 的零息债券价格为 $B_{1,1}=1$ 以及

$$B_{1,2}(H)=\frac{1}{D_1(H)}\widetilde{\mathbb{E}}_1[D_2](H)=0.947\,9$$

$$B_{1,2}(T)=\frac{1}{D_1(T)}\widetilde{\mathbb{E}}_1[D_2](T)=0.956\,9$$

$$B_{1,3}(H)=\frac{1}{D_1(H)}\widetilde{\mathbb{E}}_1[D_3](H)=0.898\,5$$

$$B_{1,3}(T)=\frac{1}{D_1(T)}\widetilde{\mathbb{E}}_1[D_3](T)=0.915\,8$$

时刻 2 的零息债券价格为 $B_{2,2}=1$ 以及

$$B_{2,3}(HH)=\frac{1}{D_2(HH)}\widetilde{\mathbb{E}}_2[D_3](HH)=0.943\,4$$

$$B_{2,3}(HT)=\frac{1}{D_2(HT)}\widetilde{\mathbb{E}}_2[D_3](HT)=0.952\,4$$

$$B_{2,3}(TH)=\frac{1}{D_2(TH)}\widetilde{\mathbb{E}}_2[D_3](TH)=0.952\,4$$

$$B_{2,3}(TT)=\frac{1}{D_2(TT)}\widetilde{\mathbb{E}}_2[D_3](TT)=0.961\,5$$

我们取 $K=0.05$,并对相应的 3 期利率上限定价。表 6.5 中是该利率上限的支付。

表 6.5

$\omega_1\omega_2$	R_0	$(R_0-0.05)^+$	R_1	$(R_1-0.05)^+$	R_2	$(R_2-0.05)^+$
HH	0.05	0	0.055	0.005	0.06	0.01
HT	0.05	0	0.055	0.005	0.05	0
TH	0.05	0	0.045	0	0.05	0
HT	0.05	0	0.045	0	0	0

时刻 1、时刻 2 和时刻 3 的利率上限单元在时刻 0 的价格分别为：

$$\widetilde{\mathbb{E}}[D_1(R_0-0.05)^+]=0$$
$$\widetilde{\mathbb{E}}[D_2(R_1-0.05)^+]=0.002\,257$$
$$\widetilde{\mathbb{E}}[D_3(R_2-0.05)^+]=0.002\,129$$

从而由这三个利率上限单元组成的利率上限的价格为 $\mathrm{Cap}_3=0.004\,386$。

以下计算 3 -远期测度 $\widetilde{\mathbb{P}}^3$，该测度关于风险中性测度 $\widetilde{\mathbb{P}}$ 的拉东—尼柯迪姆导数为：

$$Z_{3,3}(HH)=\frac{D_3(HH)}{B_{0,3}}=0.985\,8,\quad Z_{3,3}(HT)=\frac{D_3(HT)}{B_{0,3}}=0.995\,2,$$
$$Z_{3,3}(TH)=\frac{D_3(TH)}{B_{0,3}}=1.004\,7,\quad Z_{3,3}(TT)=\frac{D_3(TT)}{B_{0,3}}=1.014\,4$$

注意到确实有 $\widetilde{\mathbb{E}}Z_{3,3}=\frac{1}{4}[Z_{3,3}(HH)+Z_{3,3}(HT)+Z_{3,3}(TH)+Z_{3,3}(TT)]=1$。对每一个 $\omega\in\Omega$，$\widetilde{\mathbb{P}}(\omega)$、$Z_{3,3}(\omega)$和 $\widetilde{\mathbb{P}}^3(\omega)=Z_{3,3}(\omega)\widetilde{\mathbb{P}}(\omega)$的值在下面的表 6.6 中给出。

表 6.6

$\omega_1\omega_2\omega_3$	$\widetilde{\mathbb{P}}(\omega_1\omega_2\omega_3)$	$Z_{3,3}(\omega_1\omega_2\omega_3)$	$\widetilde{\mathbb{P}}^3(\omega_1\omega_2\omega_3)$
HHH	$\frac{1}{8}$	0.985 8	0.123 2
HHT	$\frac{1}{8}$	0.985 8	0.123 2
HTH	$\frac{1}{8}$	0.995 2	0.124 4
HTT	$\frac{1}{8}$	0.995 2	0.124 4
THH	$\frac{1}{8}$	1.004 7	0.125 6
THT	$\frac{1}{8}$	1.004 7	0.125 6
TTH	$\frac{1}{8}$	1.014 4	0.126 8
TTT	$\frac{1}{8}$	1.014 4	0.126 8

$\widetilde{\mathbb{P}}^3$转移概率被标记在图 6.4.4 中。

现在，我们来计算式(6.4.8) 的左端，其中时刻 3 的支付 $V_3=(R_2-0.05)^+$是关于时刻 2 利率的利率上限单元。这里，V_3 仅依赖于前两次硬币抛掷，事实上：

$$V_3(\omega_1\omega_2)=\begin{cases}0.01, & \text{如果 } \omega_1=H,\omega_2=H\\ 0, & \text{其他}\end{cases}$$

由于 V_3 仅依赖于前两次硬币抛掷,我们有$\widetilde{\mathbb{E}}_2^3[V_3]=V_3$。利用图 6.4.4 中的概率,我们算得的远期价格过程 $\widetilde{\mathbb{E}}_n^3[V_3]$,$n=0,1,2,3$ 在图 6.4.5 中给出。注意到这一过程在 $\widetilde{\mathbb{P}}^3$ 下是鞅,它在每一节点处的值是紧接两个节点处的值(利用 $\widetilde{\mathbb{P}}^3$转移概率算得)的加权平均。

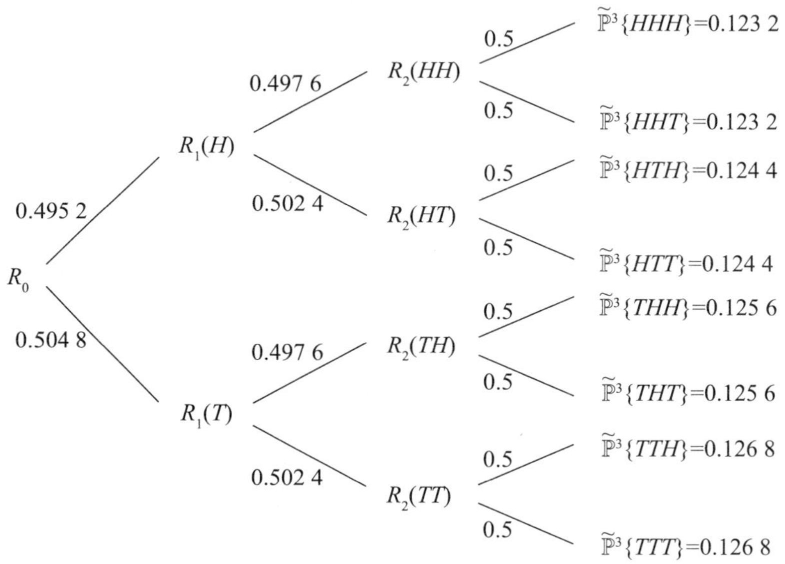

图 6.4.4　$\widetilde{\mathbb{P}}^3$转移概率

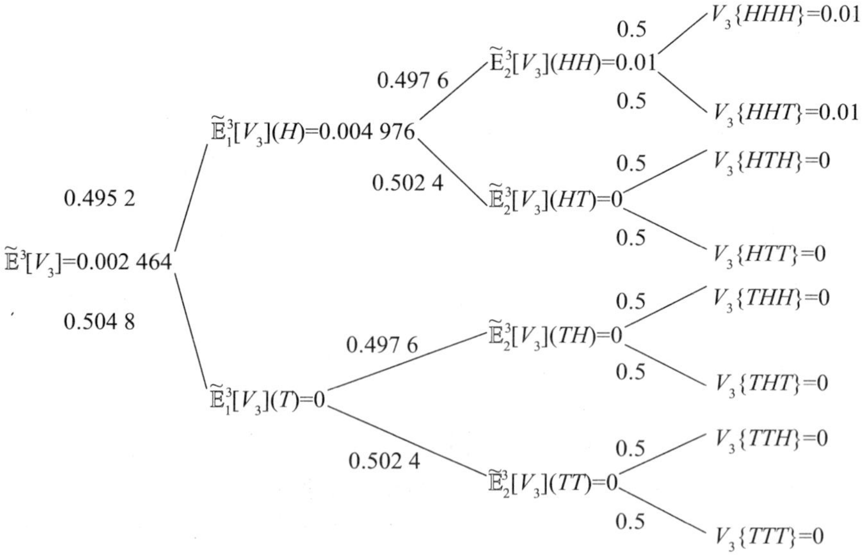

图 6.4.5　$\widetilde{\mathbb{P}}^3$鞅 $\widetilde{\mathbb{E}}_n^3[V_3]$

最后，我们利用式(6.4.9)计算时刻 3 的利率上限单元在时刻 0 的价格：

$$V_0=B_{0,3}\widetilde{\mathbb{E}}^3[V_3]=(0.863\,9)(0.002\,464)=0.002\,129 \qquad \square$$

6.5 期 货

类似于远期合约，**期货合约**也是为了在购买或出售某一资产之前，事先锁定交易价格。同时，采用期货合约可以避免远期合约的两个缺点。首先，在确定的交割日之前的任何一天，都可能存在对该交割日的远期合约的需求，因此，市场上就要为每一交割日准备大量起始日不同的远期合约。而期货合约的基本过程是只与交割日相关的**期货价格**，它与起始日无关。投资者可以在任何交易日进入期货合约，对自己关注的交割日的期货价格进行交易。其次，虽然远期合约在初始时刻具有零价格，但是随着标的资产价格的波动，合约价值会取正值或负值。无论何种情况下，都会有一方担心另一方违约。而期货合约采用**逐日盯市**的结算方法，要求投资者当日结算，以杜绝交易违约现象。

定义 6.5.1 在利率二叉树模型中考虑一个资产，其价格过程为 S_0，$S_1,\cdots,S_N$，假设所有到期日的零息债券均可交易。对于 $0\leqslant m\leqslant N$，**m-期货价格过程** $\mathrm{Fut}_{n,m}$，$n=0,1,\cdots,m$，是具有下列性质的一个适应过程：

(i) $\mathrm{Fut}_{m,m}=S_m$；

(ii) 给定 n，$0\leqslant n\leqslant m-1$。对所有 $k=n,\cdots,m-1$ 都将在时刻 $k+1$ 收到支付 $\mathrm{Fut}_{k+1,m}-\mathrm{Fut}_{k,m}$ 这一合约在时刻 n 的价格为 0，即：

$$\frac{1}{D_n}\widetilde{\mathbb{E}}_n\Big[\sum_{k=n}^{m-1}D_{k+1}(\mathrm{Fut}_{k+1,m}-\mathrm{Fut}_{k,m})\Big]=0 \tag{6.5.1}$$

在时刻 n，交割日为较后时刻 m 的期货合约多头将在每一时刻 $k+1$ $(k=n,\cdots,m-1)$ 收到支付 $\mathrm{Fut}_{k+1,m}-\mathrm{Fut}_{k,m}$，最后在时刻 m 按照标的资产的市场价格 S_m 进行交割。支付 $\mathrm{Fut}_{k+1,m}-\mathrm{Fut}_{k,m}$ 可能为负，此时，多头投资者必须付出而不是收入相应的资金。这种资金的划转是通过期货经纪人为投资者开设的保证金账户进行的。每日交易结束后，经纪人都要在投资者的保证金账户中存入或者提取相应的资金。如果保证金余额不足，经纪人就会发出追加保证金通知，要求投资者在账户中存入更多资金或者平仓(见下文)。

期货合约的空头投资者将在每一时刻 $k+1$ 给出支付 $\mathrm{Fut}_{k+1,m}-\mathrm{Fut}_{k,m}$ $(k=n,\cdots,m-1)$，并在时刻 m 按照市场价格 S_m 售出标的资产。空头投资者也同样需要开设保证金账户。

期货合约多头从时刻 n 到时刻 m 收到的支付总额为：

$$\sum_{k=n}^{m-1}(\mathrm{Fut}_{k+1,m}-\mathrm{Fut}_{k,m})=\mathrm{Fut}_{m,m}-\mathrm{Fut}_{n,m}=S_m-\mathrm{Fut}_{n,m}$$

在按照市场价格 S_m 购买标的资产后,尚余

$$S_m - \mathrm{Fut}_{n,m} - S_m = -\mathrm{Fut}_{n,m}$$

并且拥有该标的资产。实际上,如果忽略资金的时间价值,投资者通过付出 $\mathrm{Fut}_{n,m}$ 获得了标的资产。在这个意义上,未来时刻 m 购买该资产的价格已在时刻 n 被锁定。

条件(6.5.1) 旨在使得期货合约在初始时刻价值为 0。于是,投资者进入期货合约多头(或者空头)除了必须开设保证金账户外,不需要任何费用。由于条件(6.5.1) 对于 0 和 $m-1$ 之间的所有 n 成立,故期货合约在任何时刻价值为 0。特别地,期货合约的多头无需任何花费就可以"售出"其合约(即**平仓**)。此后,该多头投资者不再收到(正的或负的)支付,也不再承担在时刻 m 以市场价格购买资产的义务。同理,期货合约的空头投资者也可以无需任何花费而在任何时刻平仓。

定理 6.5.2 给定 $m, 0 \leqslant m \leqslant N$,则:

$$\mathrm{Fut}_{n,m} = \widetilde{\mathbb{E}}_n[S_m], \quad n = 0, 1, \cdots, m \tag{6.5.2}$$

是满足定义 6.5.1 条件的唯一过程。

【证明】 首先证明式(6.5.2) 的右端满足定义 6.5.1 的条件。由 $\widetilde{\mathbb{E}}_m[S_m] = S_m$,可知式(6.5.2) 的右端满足定义 6.5.1(i)。为了验证定义 6.5.1(ii),我们只需证明式(6.5.1) 和式中每一项的 $\widetilde{\mathbb{E}}_n$ 条件期望值为 0,即有:

$$\widetilde{\mathbb{E}}_n[D_{k+1}(\widetilde{\mathbb{E}}_{k+1}[S_m] - \widetilde{\mathbb{E}}_k[S_m])] = 0, \quad k = n, \cdots, m-1 \tag{6.5.3}$$

由于 D_{k+1} 仅依赖于前 k 次硬币抛掷,对于 $k = n, \cdots, m-1$,由累次条件期望可得:

$$\begin{aligned}
\widetilde{\mathbb{E}}_n[D_{k+1}(\widetilde{\mathbb{E}}_{k+1}[S_m] - \widetilde{\mathbb{E}}_k[S_m])] &= \widetilde{\mathbb{E}}_n[\widetilde{\mathbb{E}}_k[D_{k+1}(\widetilde{\mathbb{E}}_{k+1}[S_m] - \widetilde{\mathbb{E}}_k[S_m])] \\
&= \widetilde{\mathbb{E}}_n[D_{k+1}(\widetilde{\mathbb{E}}_k[\widetilde{\mathbb{E}}_{k+1}[S_m] - \widetilde{\mathbb{E}}_k[S_m])] \\
&= \widetilde{\mathbb{E}}_n[D_{k+1}(\widetilde{\mathbb{E}}_k[S_m] - \widetilde{\mathbb{E}}_k[S_m])] \\
&= 0
\end{aligned}$$

这就证得了式(6.5.1)。

以下证明式(6.5.2) 的右端是满足定义 6.5.1 的条件的唯一过程。由式(6.5.1),我们有:

$$\sum_{k=n}^{m-1} \widetilde{\mathbb{E}}_n[D_{k+1}(\mathrm{Fut}_{k+1,m} - \mathrm{Fut}_{k,m})] = 0, \quad \forall n = 0, 1, \cdots, m-1 \tag{6.5.4}$$

对于 $n = 0, 1, \cdots, m-2$,在上式中以 $n+1$ 替代 n,并将其从原式中减去,

得到：

$$0=\sum_{k=n}^{m-1}\widetilde{\mathbb{E}}_n[D_{k+1}(\mathrm{Fut}_{k+1,m}-\mathrm{Fut}_{k,m})]-\sum_{k=n+1}^{m-1}\widetilde{\mathbb{E}}_{n+1}[D_{k+1}(\mathrm{Fut}_{k+1,m}-\mathrm{Fut}_{k,m})]\tag{6.5.5}$$

在式(6.5.5)中取条件期望$\widetilde{\mathbb{E}}_n$并利用累次条件期望性质，我们有：

$$\begin{aligned}0&=\sum_{k=n}^{m-1}\widetilde{\mathbb{E}}_n[D_{k+1}(\mathrm{Fut}_{k+1,m}-\mathrm{Fut}_{k,m})]-\sum_{k=n+1}^{m-1}\widetilde{\mathbb{E}}_n[D_{k+1}(\mathrm{Fut}_{k+1,m}-\mathrm{Fut}_{k,m})]\\&=\widetilde{\mathbb{E}}_n[D_{n+1}(\mathrm{Fut}_{n+1,m}-\mathrm{Fut}_{n,m})]\end{aligned}\tag{6.5.6}$$

在式(6.5.4)中令$n=m-1$，可知式(6.5.6)对于$n=m-1$也成立。$\mathrm{Fut}_{n,m}$和D_{n+1}都仅依赖于前n次硬币抛掷，故式(6.5.6)可改写为：

$$D_{n+1}(\widetilde{\mathbb{E}}_n[\mathrm{Fut}_{n+1,m}]-\mathrm{Fut}_{n,m})=0$$

从而得到：

$$\widetilde{\mathbb{E}}_n[\mathrm{Fut}_{n+1,m}]=\mathrm{Fut}_{n,m},\quad n=0,1,\cdots,m-1$$

这表明$\mathrm{Fut}_{n,m}$，$n=0,1,\cdots,m$在$\widetilde{\mathbb{P}}$下是鞅。而由条件(i)$\mathrm{Fut}_{m,m}=S_m$，因此鞅性质蕴含了式(6.5.2)。 □

推论 6.5.3 给定m，$0\leqslant m\leqslant N$，则当且仅当D_m与S_m在$\widetilde{\mathbb{P}}$下不相关时有$\mathrm{For}_{0,m}=\mathrm{Fut}_{0,m}$。特别地，当利率非随机时，上式成立。

【证明】 由定理6.3.2，我们有：

$$\mathrm{For}_{0,m}=\frac{S_0}{B_{0,m}}=\frac{S_0}{\widetilde{\mathbb{E}}D_m}=\frac{\widetilde{\mathbb{E}}[D_mS_m]}{\widetilde{\mathbb{E}}D_m}$$

以及

$$\mathrm{Fut}_{0,m}=\widetilde{\mathbb{E}}S_m$$

以上两式相等的充要条件是$\widetilde{\mathbb{E}}[D_mS_m]=\widetilde{\mathbb{E}}[D_m]\widetilde{\mathbb{E}}[S_m]$，这正是$D_m$与$S_m$的不相关性。 □

注 6.5.4 我们注意到：当D_m与S_m负相关时，有$\widetilde{\mathbb{E}}[D_mS_m]<\widetilde{\mathbb{E}}[D_m]\cdot\widetilde{\mathbb{E}}[S_m]$，从而$\mathrm{For}_{0,m}<\mathrm{Fut}_{0,m}$。如果随着资产价格上涨，利率也在上升(从而贴现因子下降)，则D_m与S_m就会呈现负相关。在此情况下，期货多头比远期多头获益更大。因为期货多头能够即时获得支付，从而以较高利率再投资，而远期合约直到交割日m才能结算。由于期货多头更有利，期货合约的初始价格也就更高(即利用期货合约比利用远期合约锁定的资产购买价格

更高)。

例 6.5.5(布莱克—德曼—托伊利率模型) 在布莱克—德曼—托伊(BDT)模型中,时刻 n 的利率为:

$$R_n(\omega_1\cdots\omega_n) = a_n b_n^{\# H(\omega_1\cdots\omega_n)}$$

其中 $a_0, a_1, \cdots$ 和 $b_1, b_2, \cdots$ 是用于模型校准的常数。风险中性概率取为 $\widetilde{p}=\widetilde{q}=\frac{1}{2}$。图 6.5.1 中给出了三时段 BDT 模型,其中 $a_n=\frac{0.05}{1.2^n}, b_n=1.44$。在此模型中,零息债券的价格为:

$$B_{0,2}=0.9064,\quad B_{0,3}=0.8620,$$
$$B_{1,2}(H)=0.9434,\quad B_{1,2}(T)=0.9600,$$
$$B_{1,3}(H)=0.8893,\quad B_{1,3}(T)=0.9210$$

由此,我们可以计算远期利率 $F_{n,2}=\frac{B_{n,2}-B_{n,3}}{B_{n,3}}$,得到:

$$F_{0,2}=0.05147,\quad F_{1,2}(H)=0.06089,\quad F_{1,2}(T)=0.04231$$

这些是在时刻 3 支付 R_2 的合约的远期价格(这些远期利率中的下标 2 表示利率的起始时刻,不是支付发生的时刻)。在时刻 3 支付 R_2 的合约的期货价格由 $\mathrm{Fut}_{n,3}=\widetilde{\mathbb{E}}_n[R_2]$ 给出,它们是:

$$\mathrm{Fut}_{0,3}=0.05168,\quad \mathrm{Fut}_{1,3}(H)=0.06100,\quad \mathrm{Fut}_{1,3}(T)=0.04236$$

由于注 6.5.4 中讨论的原因,利率期货略高于远期利率。

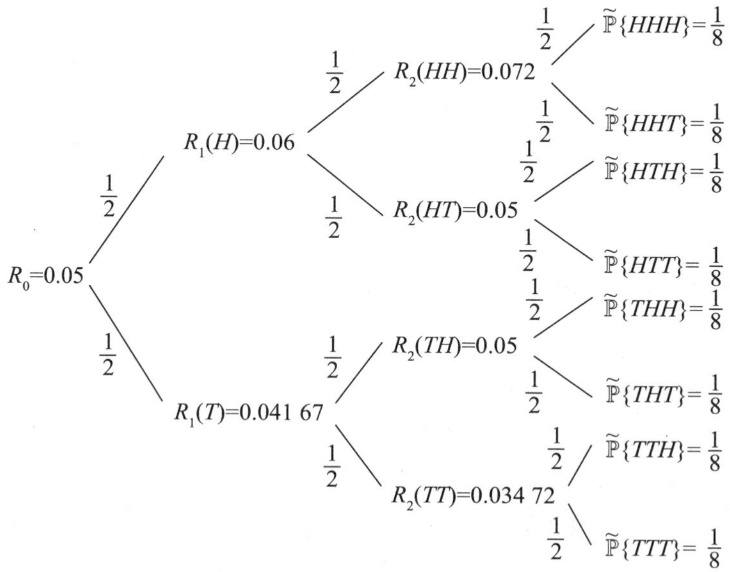

图 6.5.1 三时段布莱克—德曼—托伊利率模型

6.6 本章小结

对于利率为随机的情形，本章在简单的二叉树模型框架下介绍了一些概念。零息债券的价格由风险中性定价公式给出(定义 6.2.4)，并证明这一定价方法排除了套利(注 6.2.7)。然后介绍了远期合约、利率上限与利率下限以及期货合约。其中最后一项期货合约在 6.5 节中讨论，它与远期合约有联系(推论 6.5.3)。

6.4 节提出了**远期测度**的概念，在连续时间模型中，这一概念可用于简化利率上限与利率下限的定价。在例 6.4.3 中对此概念有所说明，但是这一方法的作用只有在连续时间模型中才能完全理解。

6.7 评　注

实际中的许多利率模型是在离散时间框架下建立或者具有离散时间实施形式(例如霍—李模型 [22]，赫斯—加罗—墨顿模型 [21]，以及布莱克—德曼—托伊模型 [4])。远期测度的概念源于杰姆希迪安(Jamshidian)[24]和杰曼、厄尔·卡露伊、罗歇(Geman, El Karoui and Rochet)[15]，在第二卷连续时间框架下还将讨论。这些测度奠定了所谓**市场模型**或**远期 LIBOR 模型**的基础，这些是由圣德曼和桑德曼(Sandmann and Sondermann)[38]和布瑞斯、盖特瑞克、姆斯拉(Brace, Gatarek and Musiela)[6]推导的符合**布莱克利率上限单元公式**的利率模型。远期合约与期货合约的区别由马格瑞伯(Margrabe)[31]和布莱克[3]指出。离散时间模型中期货的无套利定价由考克斯、英格索尔、罗斯[9]和加罗、欧德菲尔德(Oldfield) [25]推导。习题 6.7 取自备受推崇的达菲(Duffie) [14]。

6.8 习　题

习题 6.1　对于由定义 6.2.2 定义的条件期望，证明定理 2.3.2 中的性质成立。

习题 6.2　验证定理 6.3.2 证明中构造的静态对冲组合的价值贴现过程在$\widetilde{\mathbb{P}}$下是鞅。

习题 6.3　设 $0\leqslant n\leqslant m\leqslant N-1$，根据风险中性定价公式，时刻 $m+1$ 支付 R_m 的合约在时刻 n 的价格为$\frac{1}{D_n}\widetilde{\mathbb{E}}_n[D_{m+1}R_m]$。利用条件期望的性质，证明这与定理 6.3.5 给出的结果相同，即：

$$\frac{1}{D_n}\widetilde{\mathbb{E}}_n[D_{m+1}R_m]=B_{n,m}-B_{n,m+1}$$

习题 6.4 本题利用例 6.3.9 中的数据,对于时刻 3 支付为 $\left(R_2-\frac{1}{3}\right)^+$ 的利率上限单元构建空头对冲。由例 6.3.9 中的第二张表(表 6.2),该利率上限单元在时刻 3 的支付为:

$$V_3(HH)=\frac{2}{3},\quad V_3(HT)=V_3(TH)=V_3(TT)=0$$

由于该支付仅依赖于前两次硬币抛掷,故利率上限单元在时刻 2 的价格可由贴现确定:

$$V_2(HH)=\frac{1}{1+R_2(HH)}V_3(HH)=\frac{1}{3},\quad V_2(HT)=V_2(TH)=V_2(TT)=0$$

事实上,如果当事件 $\omega_1=H$ 和 $\omega_2=H$ 出现时,利率上限单元的空头对冲组合在时刻 2 的值为 $\frac{1}{3}$,则可以简单地将这 $\frac{1}{3}$ 投资于货币市场,从而在时刻 3 获得 $\frac{2}{3}$,成功地对冲该利率上限单元的支付。

在例 6.3.9 中,已求得该利率上限单元在时刻 0 的价格为 $\frac{2}{21}$[见式(6.3.10)]。

(i) 确定当事件 $\omega_1=H$ 和 $\omega_1=T$ 分别出现时,该利率上限单元在时刻 1 的价格 $V_1(H)$ 和 $V_1(T)$。

(ii) 如何以 $\frac{2}{21}$ 为初始资本,在时刻 0 投资于货币市场和时刻 2 到期的零息债券,使得不论第一次抛掷硬币结果如何,都有资产组合在时刻 1 的价值 $X_1=V_1$? 为什么投资于时刻 2 到期的零息债券而不是时刻 3 到期的零息债券?

(iii) 如何以资产组合在时刻 1 的值 X_1 投资于货币市场和时刻 3 到期的零息债券,使得不论前两次抛掷硬币结果如何,都有资产组合在时刻 2 的价值 $X_2=V_2$? 为什么投资于时刻 3 到期的零息债券而不是时刻 2 到期的零息债券?

习题 6.5 给定 m, $0\leqslant m\leqslant N-1$,考虑远期利率

$$F_{n,m}=\frac{B_{n,m}-B_{n,m+1}}{B_{n,m+1}},\quad n=0,1,\cdots,m$$

(i) 利用式(6.4.8) 和式(6.2.5),证明在 $(m+1)$—远期测度 $\widetilde{\mathbb{P}}^{m+1}$ 下,$F_{n,m}$, $n=0,1,\cdots,m$ 是一个鞅。

(ii) 计算例 6.4.4 中的 $F_{0,2}$, $F_{1,2}(H)$ 和 $F_{1,2}(T)$,并验证鞅性质

$$\widetilde{\mathbb{E}}^3[F_{1,2}]=F_{0,2}$$

习题 6.6 设利率二叉树模型中，某资产在时刻 m 的价值为 S_m。对于 $n=0,1,\cdots,m$，该资产的远期价格为 $\mathrm{For}_{n,m}=\dfrac{S_n}{B_{n,m}}$，期货价格为 $\mathrm{Fut}_{n,m}=\widetilde{\mathbb{E}}_n[S_n]$。

(i) 假设投资者在每一时刻 n 做多该资产的远期合约，并在时刻 $n+1$ 售出该合约。证明这样生成在时刻 $n+1$ 的现金流为 $S_{n+1}-\dfrac{S_nB_{n+1,m}}{B_{n,m}}$。

(ii) 如果利率为常数 r，假设投资者在每一时刻 n 做多 $(1+r)^{m-n-1}$ 份远期合约，并在时刻 $n+1$ 售出这些合约。证明这样生成的现金流等于期货价格差 $\mathrm{Fut}_{n+1,m}-\mathrm{Fut}_{n,m}$。

习题 6.7 考虑一个利率二叉树模型，其中时刻 n 的利率仅依赖于前 n 次抛掷硬币出现正面的次数。换言之，对每一个 n，存在函数 $r_n(k)$，使得：

$$R_n(\omega_1\cdots\omega_n)=r_n(\#H(\omega_1\cdots\omega_n))$$

假设风险中性概率为 $\widetilde{p}=\widetilde{q}=\dfrac{1}{2}$，霍—李模型(例 6.4 .4)以及布莱克—德曼—托伊模型(例 6.5.5)都满足这些条件。

考虑一个衍生证券，当且仅当前 n 次抛掷硬币出现 k 次正面，其在时刻 n 的支付为 1，即支付函数为 $V_n(k)=\widetilde{\mathbb{I}}_{\{\#H(\omega_1\cdots\omega_n)=k\}}$。定义 $\psi_0(0)=1$，并且对于 $n=1,2,\cdots$，定义

$$\psi_n(k)=\widetilde{\mathbb{E}}[D_nV_n(k)],\quad k=0,1,\cdots,n$$

为该衍生证券在时刻 0 的价格。证明函数 $\psi_n(k)$ 可以如下递归计算：

$$\psi_{n+1}(0)=\frac{\psi_n(0)}{2(1+r_n(0))}$$

$$\psi_{n+1}(k)=\frac{\psi_n(k-1)}{2(1+r_n(k-1))}+\frac{\psi_n(k)}{2(1+r_n(k))},\quad k=1,\cdots,n$$

$$\psi_{n+1}(n+1)=\frac{\psi_n(n)}{2(1+r_n(n))}$$

附录
条件期望基本性质的证明

本附录给出定理 2.3.2 的证明。

定理 2.3.2(条件期望的基本性质) 设 N 为正整数，X 和 Y 为依赖于前 N 次抛掷硬币结果的随机变量。对于给定的 $0\leqslant n\leqslant N$，以下性质成立：

(i) **(条件期望的线性性)** 对于所有常数 c_1 和 c_2，我们有：

$$\mathbb{E}_n[c_1X+c_2Y]=c_1\,\mathbb{E}_n[X]+c_2\,\mathbb{E}_n[Y]$$

(ii) **(提取已知量)** 如果 X 实际上只依赖于前 n 次硬币抛掷，则：

$$\mathbb{E}_n[XY]=X\cdot\mathbb{E}_n[Y]$$

(iii) **(累次条件期望)** 如果 $0\leqslant n\leqslant m\leqslant N$，则：

$$\mathbb{E}_n[\mathbb{E}_m[X]]=\mathbb{E}_n[X]$$

特别地，有：

$$\mathbb{E}\,[\mathbb{E}_m[X]]=\mathbb{E}\,X$$

(iv) **(独立性)** 如果 X 只依赖从第 $n+1$ 次至第 N 次抛掷硬币结果，则：

$$\mathbb{E}_n[X]=\mathbb{E}\,X$$

(v) **(条件詹森不等式)** 如果 $\varphi(x)$ 为哑变量 x 的凸函数，则：

$$\mathbb{E}_n[\varphi(X)]\geqslant\varphi(\mathbb{E}_n[X])$$

【证明】 我们先回顾条件期望的定义：

$$\widetilde{\mathbb{E}}_n[X](\omega_1\cdots\omega_n)=\sum_{\omega_{n+1}\cdots\omega_N}\widetilde{p}^{\,\#H(\omega_{n+1}\cdots\omega_N)}\widetilde{q}^{\,\#T(\omega_{n+1}\cdots\omega_N)}X(\omega_1\cdots\omega_n\omega_{n+1}\cdots\omega_N)$$

(i)的证明：

$\mathbb{E}_n[c_1X+c_2Y](\omega_1\cdots\omega_n)$

$$= \sum_{\omega_{n+1}\cdots\omega_N} p^{\#H(\omega_{n+1}\cdots\omega_N)} q^{\#T(\omega_{n+1}\cdots\omega_N)} [c_1 X(\omega_1\cdots\omega_N) + c_2 Y(\omega_1\cdots\omega_N)]$$
$$= c_1 \sum_{\omega_{n+1}\cdots\omega_N} p^{\#H(\omega_{n+1}\cdots\omega_N)} q^{\#T(\omega_{n+1}\cdots\omega_N)} X(\omega_1\cdots\omega_N)$$
$$+ c_2 \sum_{\omega_{n+1}\cdots\omega_N} p^{\#H(\omega_{n+1}\cdots\omega_N)} q^{\#T(\omega_{n+1}\cdots\omega_N)} Y(\omega_1\cdots\omega_N)$$
$$= c_1 \mathbb{E}_n[X](\omega_1\cdots\omega_n) + c_2 \mathbb{E}_n[Y](\omega_1\cdots\omega_n)$$

(ii)的证明：

$$\mathbb{E}_n[XY](\omega_1\cdots\omega_n)$$
$$= \sum_{\omega_{n+1}\cdots\omega_N} p^{\#H(\omega_{n+1}\cdots\omega_N)} q^{\#T(\omega_{n+1}\cdots\omega_N)} X(\omega_1\cdots\omega_n) Y(\omega_1\cdots\omega_n\omega_{n+1}\cdots\omega_N)$$
$$= X(\omega_1\cdots\omega_n) \sum_{\omega_{n+1}\cdots\omega_N} p^{\#H(\omega_{n+1}\cdots\omega_N)} q^{\#T(\omega_{n+1}\cdots\omega_N)} Y(\omega_1\cdots\omega_n\omega_{n+1}\cdots\omega_N)$$
$$= X(\omega_1\cdots\omega_n)\mathbb{E}_n[Y](\omega_1\cdots\omega_n)$$

(iii)的证明：

定义 $Z=\mathbb{E}_m[X]$，则 Z 实际上仅依赖于 $\omega_1\cdots\omega_m$。

$$\mathbb{E}_n[\mathbb{E}_m[X]](\omega_1\cdots\omega_n) = \mathbb{E}_n[Z](\omega_1\cdots\omega_n)$$
$$= \sum_{\omega_{n+1}\cdots\omega_N} p^{\#H(\omega_{n+1}\cdots\omega_N)} q^{\#T(\omega_{n+1}\cdots\omega_N)} Z(\omega_1\cdots\omega_n\omega_{n+1}\cdots\omega_m)$$
$$= \sum_{\omega_{n+1}\cdots\omega_m} p^{\#H(\omega_{n+1}\cdots\omega_m)} q^{\#T(\omega_{n+1}\cdots\omega_m)} Z(\omega_1\cdots\omega_m) \sum_{\omega_{m+1}\cdots\omega_N} p^{\#H(\omega_{m+1}\cdots\omega_N)} q^{\#T(\omega_{m+1}\cdots\omega_N)}$$
$$= \sum_{\omega_{n+1}\cdots\omega_m} p^{\#H(\omega_{n+1}\cdots\omega_m)} q^{\#T(\omega_{n+1}\cdots\omega_m)} Z(\omega_1\cdots\omega_m)$$
$$= \sum_{\omega_{n+1}\cdots\omega_m} p^{\#H(\omega_{n+1}\cdots\omega_m)} q^{\#T(\omega_{n+1}\cdots\omega_m)} \sum_{\omega_{m+1}\cdots\omega_N} p^{\#H(\omega_{m+1}\cdots\omega_N)} q^{\#T(\omega_{m+1}\cdots\omega_N)} X(\omega_1\cdots\omega_N)$$
$$= \sum_{\omega_{n+1}\cdots\omega_N} p^{\#H(\omega_{n+1}\cdots\omega_N)} q^{\#T(\omega_{n+1}\cdots\omega_N)} X(\omega_1\cdots\omega_N)$$
$$= \mathbb{E}_n[X](\omega_1\cdots\omega_n)$$

(iv)的证明：

$$\mathbb{E}_n[X](\omega_1\cdots\omega_n)$$
$$= \sum_{\omega_{n+1}\cdots\omega_N} p^{\#H(\omega_{n+1}\cdots\omega_N)} q^{\#T(\omega_{n+1}\cdots\omega_N)} X(\omega_{n+1}\cdots\omega_N)$$
$$= \sum_{\omega_1\cdots\omega_n} p^{\#H(\omega_1\cdots\omega_n)} q^{\#T(\omega_1\cdots\omega_n)} \sum_{\omega_{n+1}\cdots\omega_N} p^{\#H(\omega_{n+1}\cdots\omega_N)} q^{\#T(\omega_{n+1}\cdots\omega_N)} X(\omega_{n+1}\cdots\omega_N)$$
$$= \sum_{\omega_1\cdots\omega_N} p^{\#H(\omega_1\cdots\omega_N)} q^{\#T(\omega_1\cdots\omega_N)} X(\omega_{n+1}\cdots\omega_N)$$
$$= \mathbb{E}X$$

(v)的证明：

设 φ 是凸函数，L 是位于 φ 之下的线性函数 l 的全体[即 $l(y)\leqslant\varphi(y)$，

$\forall y$]。于是,如同定理 2.2.5 的证明,我们有:

$$\varphi(x)=\max_{l\in L} l(x), \quad \forall x$$

对任意随机变量 X 和所有 $l\in L$,我们有 $\varphi(X)\geqslant l(X)$,从而 $\mathbb{E}_n[\varphi(X)]\geqslant\mathbb{E}_n[l(X)]$。另一方面,由性质(i)(线性性),$\mathbb{E}_n[l(X)]=l(\mathbb{E}_n[X])$,因此就有:

$$\mathbb{E}_n[\varphi(X)]\geqslant l(\mathbb{E}_n[X]), \quad \forall l\in L$$

所以:

$$\mathbb{E}_n[\varphi(X)]\geqslant\max_{l\in L} l(\mathbb{E}_n[X])=\varphi(\mathbb{E}_n[X])$$

参考文献

[1] Arrow, K. & DEBREU, G. (1954) Existence of equilibrium for a competitive economy ,*Econometrica* **22**,265 - 290.

[2] Bensoussan, A. (1984) On the theory of option pricing , *Acta Appl. Math* . **2**, 139 - 158.

[3] Black, F. (1976) The pricing of commodity contracts, *J. Fin. Econ.* **3**, 167 - 179.

[4] Black, F. , DERMAN, E. , & TOY, W. (1990) A one-factor model of interest rates and its application to treasury bond options , *Fin. Anal. J.* **46**, 33 - 39.

[5] Black, F. & SCHOLES, M. (1973) The pricing of options and corporate liabilities, *J. Polit. Econ.* **81**,637 - 659.

[6] Brace, A. , GATAREK, D. , & MUSIELA, M. (1997) The market model of interest-rate dynamics, *Math. Fin.* **7**, 127 - 154.

[7] Cox, J. C. & HUANG, C. (1989) Optimal consumption and portfolio policies when asset prices follow a diffusion process, *J. Econ. Theory* **49**, 33 - 83.

[8] Cox, J. C. & HUANG, C. (1991) A variational problem arising in financial economics, *J. Math. Econ.* **20**, 465 - 487.

[9] Cox, J. C. , INGERSOLL, J. E. , & ROSS, S. (1981) The relation between forward prices and futures prices, *J. Fin. Econ.* **9**, 321 - 346.

[10] Cox, J. C. , INGERSOLL, J. E. , & ROSS, S. (1985) A theory of the term structure of interest rates, *Econometrica* **53**,385 - 407.

[11] Cox, J. C. , ROSS, S. , & RUBINSTEIN, M. (1979) Option pricing: a simplified approach, *J. Fin. Econ.* **3**, 145 - 166.

[12] Cox, J. C. , ROSS, S. , & RUBINSTEIN, M. (1985) *Option Markets*, Prentice-Hall, Englewood Cliffs, NJ.

[13] Doob, J. (1942) *Stochastic Processes*, J. Wiley & Sons, New York.

[14] Duffie, D. (1992) *Dynamic Asset Pricing Theory*, Princeton University Press, Princeton, NJ.

[15] Geman, H. , EL KAROUI, N. , & ROCHET, J.-C. (1995) Changes of

numéraire, changes of probability measure, and option pricing, *J. Appl. Prob.* **32**, 443 - 458.

[16] Hakansson, N. (1970) Optimal investment and consumption strategies under risk for a class of utility functions, *Econometrica* **38**, 587 - 607.

[17] Harrison, J. M. & KREPS, D. M. (1979) Martingales and arbitrage in multiperiod security markets, *J. Econ. Theory* **20**, 381 - 408.

[18] Harrison, J. M. & PLISKA, S. R. (1981) Martingales and stochastic integrals in the theory of continuous trading, *Stochastic Proccsses Appl.* **11**, 215 - 260.

[19] Heath, D. (1995) A continuous-time version of Kulldorf's result, preprint, Department of Mathematical Sciences , Carnegie Mellon University.

[20] Heath, D. , JARROW, R. , & MORTON, A. (1992) Bond pricing and the term structure of interest rates: a new methodology for contingent claims valuation, *Econometrica* **60**, 77 - 105.

[21] Heath, D. , JARROW, R. , & MORTON, A. (1996) Bond pricing and the term structure of interest rates: a discrete time approximation, *Fin. Quant. Anal.* **25**, 419 - 440.

[22] Ho, T. & LEE, S. (1986) Term-structure movements and pricing interest rate contingent claims, *J. Fin.* **41**, 1011 - 1029.

[23] Hull, J. & WHITE, A. (1990) Pricing interest rate derivative securities, *Rev. Fin. Stud.* **3**, 573 - 592.

[24] Jamshidian, F. (1997) LIBOR and swap market models and measures, *Fin. Stochastics* **1**, 261 - 291.

[25] Jarrow, R. A. & OLDFIELD, G. S. (1981) Forward contracts and futures contracts, *J. Fin. Econ.* **9**, 373 - 382.

[26] Karatzas, I. (1988) On the pricing of American options, *Appl. Math. Optim.* **17**, 37 - 60.

[27] Karatzas, I. , LEHOCZKY, J. , & SHREVE, S. (1987) Optimal portfolio and consumption decisions for a "small investor" on a finite horizon, *SIAM J. Control Optim.* **25**, 1557 - 1586.

[28] Karatzas, I. & SHREVE, S. (1998) *Methods of Mathematical Finance*, Springer, New York.

[29] Kolmogorov, A. N. (1933) Grundbegriffe der Wahrscheinlichkeitsrechnung, *Ergeb. Math.* **2**, No. 3. Reprinted by Chelsea Publishing Company, New York, 1946. English translation: *Foundations of Probability Theory*, Chelsca Publishing Co. , New York, 1950.

[30] Kulldorf, M. (1993) Optimal control of a favorable game with a time-limit, *SIAM J. Control Optim.* **31**, 52 - 69.

[31] Margrabe, W. (1978) A theory of forward and futures prices, preprint, Wharton School, University of Pennsylvania.

[32] Merton, R. (1969) Lifetime portfolio selection under uncertainty: the continuous-time case, *Rev. Econ. Statist.* **51**, 247 - 257.

[33] Merton, R. (1971) Optimum consumption and portfolio rules in a continuous-time model, *J. Econ. Theory* **3**, 373 - 413. Erratum: *ibid.* **6** (1973), 213 - 214.

[34] Merton, R. (1973) Theroy of rational option pricing, *Bell J. Econ. Manage. Sci.* **4**, 141 - 183.

[35] Merton, R. (1973) An intertemporal capital asset pricing model, *Econometrica* **41**, 867 - 888.

[36] Merton, R. (1990) *Continuous-Time Finance*, Basil Blackwell, Oxford and Cambridge.

[37] Pliska, S. R. (1986) A stochastic calculus model of continuous trading: optimal portfolios, *Math. Oper. Res.* **11**, 371 - 382.

[38] Sandmann, K. & SONDERMANN, D. (1993) A term-structure model for pricing interest-rate derivatives, *Rev. Futures Markets* **12**, 392 - 423.

[39] Shiryaev, A. N. (1978) *Optimal Stopping Rules*, Springer, New York.

[40] Shiryaev, A. N. (1999) *Essentials of Stochastic Finance: Facts, Models, Theory*, World Scientific, Singapore.

[41] Shiryaev, A. N., KABANOV, YU. M., KRAMKOV, D. O., & MELNIKOV, A. V. (1995) Towards the theory of pricing options of both European and American types. I. Discrete time, *Theory Prob. Appl.* **39**, 14 - 60.

[42] Vasicek, O. (1977) An equilibrium characterization of the term structure, *J. Fin. Econ.* **5**, 177 - 188.

[43] Ville, J. (1939) *Etude Critique de la Notion du Collectif*, Gauthier-Villars, Paris.

汉译经济学文库

金融随机分析 第二卷

——连续时间模型

(修订版)

[美] 史蒂文·E. 施里夫 (Steven E. Shreve) 著

陈启宏 陈迪华 译

上海财经大学出版社

图书在版编目(CIP)数据

金融随机分析/(美)施里夫(Shreve,S. E.)著;陈启宏,陈迪华译.
—修订版. —上海:上海财经大学出版社,2015.6
(汉译经济学文库)
书名原文:Stochastic Calculus for Finance
ISBN 978-7-5642-2155-3/F·2155

Ⅰ.①金… Ⅱ.①施… ②陈… ③陈… Ⅲ.①随机分析-应用-金融学 Ⅳ.F830

中国版本图书馆 CIP 数据核字(2015)第 086375 号

□策　　划　张美芳
□责任编辑　张美芳
□封面设计　钱宇辰

JINRONG SUIJI FENXI

金融随机分析(第二卷)

——连续时间模型

(修订版)

[美] 史蒂文·E.施里夫 (Steven E. Shreve) 著

陈启宏　陈迪华　译

上海财经大学出版社出版发行
(上海市中山北一路 369 号　邮编 200083)
网　　址:http://www.sufep.com
电子邮箱:webmaster@sufep.com
全国新华书店经销
上海华教印务有限公司印刷装订
2015 年 6 月修订版　2022 年 11 月第 8 次印刷

787mm×1092mm　1/16　40 印张(插页:1)　835 千字
印数:23 901—24 900　定价:88.00(两卷)

图字:09-2007-420 号

Translation from the English language edition:
Stochastic Calculus for Finance Ⅱ *by Steven E. Shreve*
Copyright © 2004 Springer-Verlag New York Inc.
Springer is a part of Springer Science+Business Media
All Rights Reserved

CHINESE SIMPLIFIED language edition published by SHANGHAI UNIVERSITY OF FINANCE AND ECONOMICS PRESS, copyright © 2015.

2015 年中文版专有出版权属上海财经大学出版社
版权所有　翻版必究

目　录
CONTENTS

10 期限结构模型 / 329

11 跳过程引论 / 378

1 一般概率论

1.1 无限概率空间

无限概率空间被用于随机试验存在无穷多个可能结果这种情形的建模。为了下文需要，我们考虑两个这样的随机试验：

(i) 在单位区间[0,1]中随机选择一个数；

(ii) 连续抛掷硬币无穷多次。

对每一情形，我们需要一个所有可能结果的样本空间。情形(i)的样本空间可以简单地取单位区间[0,1]。作为随机试验的可能结果，[0,1]中一般的元素将被记为 ω，而不像通常那样记作 x。

对于情形(ii)，我们定义：

$$\Omega_{\infty}=\{H\text{ 和 }T\text{ 的无穷序列}\} \tag{1.1.1}$$

Ω_{∞} 中的一般元素将被记为 $\omega=\omega_1\omega_2\cdots$，其中 ω_n 表示第 n 次抛掷硬币的结果。

上述两个样本空间不仅是无限的，而且还是**不可数无限**的(即其中的元素不可能被排成序列)。对于不可数无限样本空间，我们首先面临这样的问题：在大多数感兴趣的随机试验中，任何一个特定的结果出现的概率均为 0。于是我们不能如同第一卷中的式(2.1.5)那样通过对样本空间子集 A(所谓**事件**)的所有元素的概率求和来确定 A 的概率。我们必须直接定义事件的概率。尽管对于需要建模的随机试验我们可能有足够的了解，但仍有可能会存在一些很复杂的事件，给出其概率并非易事。我们并不试图对不可数无限样本空间的每一事件给出确定其概率的公式，这一般是不太可能的。我们将先对某些简单的事件给出其概率，再利用概率测度的性质，确定较复杂事件的概率。在给出如下定义之后，我们将描述在[0,1]上建立均匀概率测度的过程。

定义 1.1.1 设 Ω 为非空集合，$\mathcal{F}$ 为 Ω 的子集族。称 $\mathcal{F}$ 是一个 **σ-代数**(也称 **σ-域**)，如果：

(i) 空集 ϕ 属于 $\mathcal{F}$；

(ii) 只要 A 属于 $\mathcal{F}$，则余集 A^c 也属于 $\mathcal{F}$；

(iii) 只要一列集合 $A_1, A_2, \cdots$ 属于 $\mathcal{F}$，则并集 $\bigcup_{n=1}^{\infty} A_n$ 也属于 $\mathcal{F}$。

如果我们有一个σ-代数，则对其中的集合进行任何运算，其结果仍然在该σ-代数中。如果A和B是σ-代数中的两个集合，则通过考虑序列$A,B,\phi,\phi,\phi,\cdots$，我们由(i)和(iii)可推得$A\cup B$必定也在$\sigma$-代数中。同样可以证明：如果$A_1$，$A_2$，…，$A_N$是$\sigma$-代数中的有限多个集合，则它们的并集必定也在$\sigma$-代数中。最后，设$A_1$，$A_2$，…是$\sigma$-代数中的一列集合，因为：

$$\bigcap_{n=1}^{\infty} A_n = \left(\bigcup_{n=1}^{\infty} A_n^c\right)^c$$

将性质(ii)和(iii)运用于上式右端，可知$\bigcap_{n=1}^{\infty} A_n$必定也在$\sigma$-代数中。同理，$\sigma$-代数中有限多个集合的交集仍在$\sigma$-代数中。当然，如果$\mathcal{F}$是一个$\sigma$-代数，则全空间$\Omega$必为$\mathcal{F}$中的一个集合，因为$\Omega=\phi^c$。

定义 1.1.2 设Ω为非空集合，$\mathcal{F}$为Ω子集的一个σ-代数。**概率测度**$\mathbb{P}$是$\mathcal{F}$上的一个函数，它为每个集合$A\in\mathcal{F}$指定了$[0,1]$中的一个数$\mathbb{P}(A)$，称为A的**概率**。我们要求：

(i) $\mathbb{P}(\Omega)=1$；

(ii) (可数可加性)设A_1，A_2，…是$\mathcal{F}$中的一列互不相交的集合，则

$$\mathbb{P}\left(\bigcup_{n=1}^{\infty} A_n\right) = \sum_{n=1}^{\infty} \mathbb{P}(A_n) \tag{1.1.2}$$

三元组$(\Omega,\mathcal{F},\mathbb{P})$称为一个**概率**空间。

如果Ω为有限集合，$\mathcal{F}$为Ω所有子集的族，则$\mathcal{F}$是一个σ-代数，而定义 1.1.2 则归结为第一卷中的定义 2.1.1。在无限概率空间的情形，定义 1.1.2 的可数可加性条件(ii)保证了以上给出的概率测度的定义与我们的直觉是一致的。例如，我们希望确认$\mathbb{P}(\phi)=0$，这可通过在式(1.1.2)中取

$$A_1=A_2=A_3=\cdots=\phi$$

得到，这时式(1.1.2)中的等式成为$\mathbb{P}(\phi)=\sum_{n=1}^{\infty}\mathbb{P}(\phi)$，在$[0,1]$中，$\mathbb{P}(\phi)$唯一能取的值就是：

$$\mathbb{P}(\phi)=0 \tag{1.1.3}$$

我们还希望第一卷中的式(2.1.7)成立：如果A和B是$\mathcal{F}$中不相交的两个集合，我们希望有：

$$\mathbb{P}(A\cup B)=\mathbb{P}(A)+\mathbb{P}(B) \tag{1.1.4}$$

定义 1.1.2 的条件(ii)不仅保证了这一点，而且还保证了**有限可加性**条件，即如果$A_1,A_2,\cdots,A_N$是$\mathcal{F}$中有限多个互不相交的集合，则：

$$\mathbb{P}\left(\bigcup_{n=1}^{N} A_n\right) = \sum_{n=1}^{N} \mathbb{P}(A_n) \tag{1.1.5}$$

为了说明这一点，可在式(1.1.2)中取

$$A_{N+1}=A_{N+2}=A_{N+3}=\cdots=\phi$$

在 $N=2$ 的情形，$A_1=A$，$A_2=B$，我们就得到式(1.1.4)。在式(1.1.4)中令 $B=A^c$ 并利用定义 1.1.2 的条件(i)，我们得到：

$$\mathbb{P}(A^c)=1-\mathbb{P}(A) \tag{1.1.6}$$

综上所述，由定义 1.1.2 可知，任一概率测度必须满足式(1.1.3)～式(1.1.6)。

我们将通过例子来描述在不可数样本空间上建立概率测度的过程。考虑这一节刚开始给出的两个空间[0,1]和 Ω_∞。

例 1.1.3([0,1]上的均匀(勒贝格)测度) 我们将建立一个数学模型，使得在单位区间[0,1]上随机选数的概率均匀地分布在整个区间[0,1]上。首先，由下式定义闭区间$[a,b]$的概率为：

$$\mathbb{P}[a,b]=b-a,\quad 0\leqslant a\leqslant b\leqslant 1 \tag{1.1.7}$$

(即被选取的数位于 a 和 b 之间的概率为 $b-a$)。([0,1]上如此定义的概率测度称为**勒贝格测度**，本书中有时记为 $\mathcal{L}$。$\mathbb{R}$ 中子集的勒贝格测度是它的"长度"。)如果 $b=a$，则$[a,b]$仅包含一个数 a，式(1.1.7)表明这一集合的测度为 0(即我们选取的数恰好等于 a 的概率为 0)。由于单点集的概率为 0，开区间(a,b)的概率与闭区间$[a,b]$的概率相同，我们有：

$$\mathbb{P}(a,b)=b-a,\quad 0\leqslant a\leqslant b\leqslant 1 \tag{1.1.8}$$

[0,1]中还有许多子集的概率可利用式(1.1.7)以及概率测度的性质来确定。例如，集合$\left[0,\frac{1}{3}\right]\cup\left[\frac{2}{3},1\right]$并非区间，然而我们由式(1.1.7)以及式(1.1.4)可知其概率为$\frac{2}{3}$。

人们自然要问，是否存在某种方式，能够刻划其概率可由式(1.1.7)以及概率测度的性质来确定的集合的全体？结论是：这些集合的全体必为由闭区间出发而生成的 σ-代数。由于开区间可被表示为一列闭区间的并集：

$$(a,b)=\bigcup_{n=1}^{\infty}\left[a+\frac{1}{n},b-\frac{1}{n}\right]$$

故这一 σ-代数包括所有开区间。它也必定包括上一段提到的集合$\left[0,\frac{1}{3}\right]\cup\left[\frac{2}{3},1\right]$以及其他许多集合。

由全体闭区间出发而生成的 σ-代数称为[0,1]的子集的**博雷尔(Borel)σ-代数**，记为 $\mathcal{B}[0,1]$。这一 σ-代数中的集合称为**博雷尔集**。这些集合都是[0,1]的子集(所谓**事件**)，一旦我们指定了闭区间的概率，这些集合的概率就能被确定。本书中我们遇到的[0,1]的子集都是博雷尔集，它们都能被表示为一列闭区间的并、交和余集。[1] □

例 1.1.4(无穷次独立抛掷硬币的空间) 假设连续抛掷硬币无穷多次，式

---

〔1〕 参见附录 A 1.1 中**康托(Cantor)集**的构造，可以了解 $\mathcal{B}[0,1]$中的集合能有多么复杂。

(1.1.1)中的 Ω_∞ 表示所有可能结果的集合。假定每次抛掷硬币出现正面的概率为 $p>0$，出现背面的概率 $q=1-p>0$，并且各次抛掷都是互相独立的(下一章中将确切定义这一概念)。我们将建立相应于这一随机试验的概率测度。

首先，定义 $\mathbb{P}(\phi)=0$ 以及 $P(\Omega)=1$。这 $2^{(2^0)}=2$ 个集合形成一个 σ-代数，我们称之为 $\mathcal{F}_0$：

$$\mathcal{F}_0=\{\phi,\Omega\} \tag{1.1.9}$$

然后，对于以下两个集合：

$$A_H=\{\text{以 } H \text{ 开始的序列}\}=\{\omega;\omega_1=H\}$$
$$A_T=\{\text{以 } T \text{ 开始的序列}\}=\{\omega;\omega_1=T\}$$

定义 $\mathbb{P}(A_H)=p$，$\mathbb{P}(A_T)=q$。我们已经对 $2^{(2^1)}=4$ 个集合定义了 $\mathbb{P}$，并且这四个集合形成一个 σ-代数(由于 $A_H^c=A_T$，我们不需要再添加任何子集)，称之为 $\mathcal{F}_1$：

$$\mathcal{F}_1=\{\phi,\Omega,A_H,A_T\} \tag{1.1.10}$$

再对于以下四个集合：

$$A_{HH}=\{\text{以 } HH \text{ 开始的序列}\}=\{\omega;\omega_1=H,\omega_2=H\}$$
$$A_{HT}=\{\text{以 } HT \text{ 开始的序列}\}=\{\omega;\omega_1=H,\omega_2=T\}$$
$$A_{TH}=\{\text{以 } TH \text{ 开始的序列}\}=\{\omega;\omega_1=T,\omega_2=H\}$$
$$A_{TT}=\{\text{以 } TT \text{ 开始的序列}\}=\{\omega;\omega_1=T,\omega_2=T\}$$

定义：

$$\mathbb{P}(A_{HH})=p^2,\quad \mathbb{P}(A_{HT})=pq,\quad \mathbb{P}(A_{TH})=pq,\quad \mathbb{P}(A_{TT})=q^2 \tag{1.1.11}$$

由于式(1.1.6)，余集 A_{HH}^c，A_{HT}^c，A_{TH}^c，A_{TT}^c 的概率也可以确定。利用式(1.1.5)，可以确定并集 $A_{HH}\cup A_{TH}$，$A_{HH}\cup A_{TT}$，$A_{HT}\cup A_{TH}$，$A_{HT}\cup A_{TT}$ 的概率。另两对并集 $A_{HH}\cup A_{HT}=A_H$ 和 $A_{TH}\cup A_{TT}=A_T$ 的概率也已经确定。注意到三个集合的并集的概率事实上已经确定，因为它们都是式(1.1.11)中的集合的余集，例如：

$$A_{HH}\cup A_{HT}\cup A_{TH}=A_{TT}^c$$

至此，我们已经确定了 $2^{(2^2)}=16$ 个集合的概率，并且这些集合形成一个 σ-代数，称之为 $\mathcal{F}_2$：

$$\mathcal{F}_2=\begin{Bmatrix}\phi,\Omega,A_H,A_T,A_{HH},A_{HT},A_{TH},A_{TT},A_{HH}^c,A_{HT}^c,A_{TH}^c,A_{TT}^c,\\ A_{HH}\cup A_{TH},A_{HH}\cup A_{TT},A_{HT}\cup A_{TH},A_{HT}\cup A_{TT}\end{Bmatrix} \tag{1.1.12}$$

我们然后对能由前三次抛掷硬币的结果描述的每一个集合定义概率 $\mathbb{P}$，这些集合共有 $2^{(2^3)}=256$ 个，形成一个 σ-代数，称之为 $\mathcal{F}_3$。

继续这个过程，我们可以对所有能由有限多次抛掷硬币的结果描述的集合定义概率 $\mathbb{P}$。在所有这些集合的概率被指定以后，仍有其他一些集合，无法通过有限多次抛掷硬币的结果来描述。例如，仅含单个序列 $HHHH\cdots$ 的集合就无法通过有限多次抛掷硬币的结果来描述，但它是 A_H，A_{HH}，A_{HHH} 等集合的子集。注意到：

$$\mathbb{P}(A_H)=p,\quad \mathbb{P}(A_{HH})=p^2,\quad \mathbb{P}(A_{HHH})=p^3,\quad \cdots$$

由于这些概率收敛于0,我们必有:

$$\mathbb{P}(\text{每次抛掷硬币结果均为正面})=0$$

类似地,仅含单个序列 $HTHTHT\cdots$的集合,它是 A_H,A_{HT},A_{HTH}等集合的交集,其概率小于或等于以下每一个集合的概率:

$$\mathbb{P}(A_H)=p,\quad \mathbb{P}(A_{HT})=pq,\quad \mathbb{P}(A_{HTH})=p^2q,\quad \cdots$$

从而其概率为0。同样的论证表明:Ω_∞中任何单个序列的概率为0。

由所有能通过有限多次抛掷硬币的结果描述的集合出发而生成的σ-代数,称为$\mathcal{F}_\infty$。一旦指定了每一个能通过有限多次抛掷硬币的结果描述的集合的概率,$\mathcal{F}_\infty$中任何集合的概率都可以确定。存在$\mathcal{F}_\infty$中的集合,其概率虽然确定,但很难算得。例如,考虑满足以下条件的硬币抛掷结果序列$\omega=\omega_1\omega_2\cdots$的集合$A$:

$$\lim_{n\to\infty}\frac{H_n(\omega_1\cdots\omega_n)}{n}=\frac{1}{2} \tag{1.1.13}$$

其中$H_n(\omega_1\cdots\omega_n)$表示前$n$次抛掷硬币出现$H$的次数。换言之,$A$是这样的抛掷结果序列的集合,其出现正面的平均数随着n的增大趋近于$\frac{1}{2}$。由于这一描述涉及所有的硬币抛掷,无法由上述过程中的任何一步直接定义。另一方面,它在$\mathcal{F}_\infty$中,其概率总能由上述过程以及概率测度的性质确定。为了说明A在$\mathcal{F}_\infty$中,我们取定正整数m和n,并定义集合为:

$$S_{n,m}=\left\{\omega;\left|\frac{H_n(\omega_1\cdots\omega_n)}{n}-\frac{1}{2}\right|\leqslant\frac{1}{m}\right\}$$

这一集合在$\mathcal{F}_n$中,一旦n和m已知,其概率能由上述过程确定。根据极限的定义,硬币抛掷结果序列$\omega=\omega_1\omega_2\cdots$满足式(1.1.13)当且仅当对任一正整数$m$,存在正整数$N$,对所有$n\geqslant N$,都有$\omega\in S_{n,m}$。换言之,使得式(1.1.13)成立的$\omega$的集合可以表示为:

$$A=\bigcap_{m=1}^{\infty}\bigcup_{N=1}^{\infty}\bigcap_{n=N}^{\infty}S_{n,m}$$

由于A是$\mathcal{F}_\infty$中集合列的并集和交集,故A在$\mathcal{F}_\infty$中。这就告诉我们$\mathbb{P}(A)$总是确定的,尽管并未直接告诉我们如何计算$\mathbb{P}(A)$。事实上,由强大数定律可知:$p=\frac{1}{2}$时$\mathbb{P}(A)=1$;$p\neq\frac{1}{2}$时$\mathbb{P}(A)=0$。

本书中我们将遇到的Ω_∞中的子集都在$\mathcal{F}_\infty$中。事实上,试图给出不在$\mathcal{F}_\infty$中的集合是极为困难的,虽然这样的集合存在。 □

例1.1.4中关于任何单个序列都具有零概率的结论导致不可数概率空间中的一个悖论。我们总是称概率为0的事件不可能发生。尤其是,如果我们连续抛掷硬币无穷多次,不可能每次都出现正面(这里,我们假定每次抛掷硬币出现正面的

概率为 $p>0$,出现背面的概率 $q=1-p>0$)。人们通常认为概率为 0 的事件肯定不会发生,而概率为 1 的事件肯定会发生。尤其是,我们总是肯定至少会出现一次背面。然而,全为正面的序列存在于我们的样本空间中,而且其发生的可能性并不比其他任何序列更小(任何单个序列都具有零概率),于是数学家发明了一个含糊其词的术语。我们称至少会出现一次背面是**几乎必然**的。我们称一个事件几乎必然,是指它具有概率 1,尽管也许并不包括所有可能的结果。不在其内的结果的全体具有零概率。

定义 1.1.5 设$(\Omega,\mathcal{F},\mathbb{P})$是一个概率空间。如果集合 $A\in\mathcal{F}$ 满足$\mathbb{P}(A)=1$,则我们称事件 A **几乎必然**发生。

1.2 随机变量和分布

定义 1.2.1 设$(\Omega,\mathcal{F},\mathbb{P})$是一个概率空间。**随机变量** X 是定义在Ω 上满足以下性质的实值函数:对于$\mathbb{R}$ 的任何博雷尔子集 B,下列 Ω 的子集

$$\{X\in B\}=\{\omega\in\Omega;X(\omega)\in B\} \tag{1.2.1}$$

都在 σ-代数 $\mathcal{F}$ 中(有时候,我们也允许随机变量取值为$+\infty$和$-\infty$)。

为了得到$\mathbb{R}$ 中的博雷尔子集,我们从闭区间$[a,b]\subset\mathbb{R}$ 出发生成一个 σ-代数。尤其是,每一个开区间都是博雷尔集,因为开区间可以被写成一列闭区间的并集。从而,每一个开集(不论是否区间)都是博雷尔集,因为每一个开集都是一列开区间的并集。每一个闭集都是博雷尔集,因为闭集是开集的余集。我们将$\mathbb{R}$ 中的博雷尔子集的全体记为 $\mathcal{B}(\mathbb{R})$,并称之为$\mathbb{R}$ 的**博雷尔 σ-代数**。本书中,我们遇到的每个$\mathbb{R}$ 的子集都在这个 σ-代数中。

随机变量 X 是一个数值的量,其值由选取 $\omega\in\Omega$ 的随机试验确定。我们将对 X 取不同值的概率感兴趣。在很多情形下,X 取特定值的概率是 0,因此,我们将主要考虑 X 取值在某一集合上的概率,而不是 X 取某一特定值的概率。换言之,我们需要考虑$\mathbb{P}\{X\in B\}$。定义 1.2.1 要求对所有 $B\in\mathcal{B}(\mathbb{R})$,$\{X\in B\}$在 $\mathcal{F}$ 中,从而保证了该集合的概率有定义。

例 1.2.2(股票价格) 回顾例 1.1.4 中关于无穷次独立抛掷硬币结果的空间$(\Omega_\infty,\mathcal{F}_\infty,\mathbb{P})$。由以下公式定义股票价格:

$$S_0(\omega)=4,\quad \forall\,\omega\in\Omega_\infty$$

$$S_1(\omega)=\begin{cases}8, & \text{如果 } \omega_1=H\\ 2, & \text{如果 } \omega_1=T\end{cases}$$

$$S_2(\omega)=\begin{cases}16, & \text{如果 } \omega_1=\omega_2=H\\ 4, & \text{如果 } \omega_1\neq\omega_2\\ 1, & \text{如果 } \omega_1=\omega_2=T\end{cases}$$

一般地

$$S_{n+1}(\omega)=\begin{cases}2S_n(\omega), & \text{如果 } \omega_{n+1}=H\\ \dfrac{1}{2}S_n(\omega), & \text{如果 } \omega_{n+1}=T\end{cases}$$

所有这些都是随机变量。它们对每一个可能的抛掷硬币结果序列，指定了相应的数值。我们可以计算这些随机变量取不同值的概率。例如，利用例 1.1.4 中的记号，有：

$$\mathbb{P}\{S_2=4\}=\mathbb{P}(A_{HT}\cup A_{TH})=2pq$$

在上述例子中，随机变量 S_0,S_1,S_2 等都具有分布。事实上，$S_0=4$ 具有概率 1，故可将这一随机变量看作在数字 4 处放置了单位质量。另一方面，$\mathbb{P}\{S_2=16\}=p^2,\mathbb{P}\{S_2=4\}=2pq,\mathbb{P}\{S_2=1\}=q^2$。可将这一随机变量的分布设想为三块质量：一块大小为 p^2 位于数字 16，还有一块大小为 $2pq$ 位于 4，第三块大小为 q^2 位于 1。需要探讨这种可能性：所考虑的随机变量将单位质量“连续地”分布于整条直线。为此，我们应将随机变量的分布设想为在一个集合中有多少质量，而不是在一点有多少质量。换言之，随机变量的分布本身是一个概率测度，但这是$\mathbb{R}$（而不是 Ω）的子集上的测度。

定义 1.2.3 设 X 是概率空间$(\Omega,\mathcal{F},\mathbb{P})$上的一个随机变量。$X$ 的**分布测度**是如下的概率测度 μ_X：对$\mathbb{R}$ 的每一个博雷尔子集 B，指定质量 $\mu_X(B)=\mathbb{P}\{X\in B\}$（见图 1.2.1）。

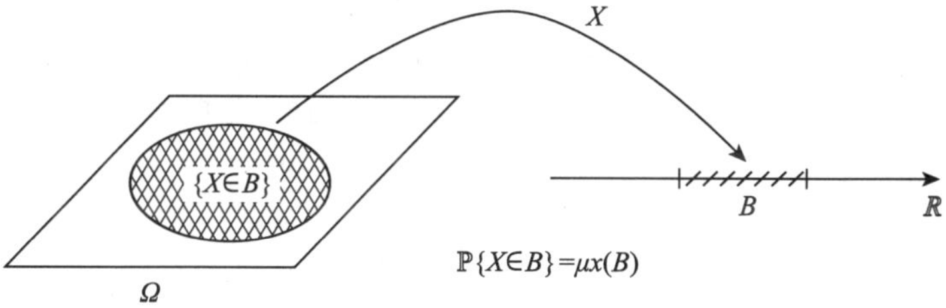

图 1.2.1 X 的分布测度

在此定义中，集合 B 可以仅含一个数。例如，如果 $B=\{4\}$，则在例 1.2.2 中，我们有 $\mu_{S_2}(B)=2pq$。如果 $B=[2,5]$，我们仍有 $\mu_{S_2}(B)=2pq$，因为 S_2 在区间$[2,5]$中所放置的质量只有放置在数字 4 处的那块质量。关于随机变量的分布测度的定义 1.2.3，不仅对于将单位质量“连续地”分布于整条直线的随机变量，而且对于离散随机变量都是有意义的。

随机变量具有分布，但是分布与随机变量是不同的概念。两个不同的随机变量可以具有相同的分布。同一个随机变量（在不同的概率测度下）可以有不同的分布。考虑以下例子。

例 1.2.4 设$\mathbb{P}$ 是例 1.1.3 中给出的$[0,1]$上的均匀测度。对所有 $\omega\in[0,1]$，定义 $X(\omega)=\omega,Y(\omega)=1-\omega$，则 X 的分布测度是均匀的，即由$\mathbb{P}$ 的定义知：

$$\mu_X[a,b]=\mathbb{P}\{\omega;a\leqslant X(\omega)\leqslant b\}=\mathbb{P}[a,b]=b-a,\quad 0\leqslant a\leqslant b\leqslant 1$$

虽然随机变量 Y 与随机变量 X 不同（X 取值为$\frac{1}{3}$时，Y 取值为$\frac{2}{3}$），但 Y 具有与 X 相同的分布：

$$\begin{aligned}\mu_Y[a,b]&=\mathbb{P}\{\omega;a\leqslant Y(\omega)\leqslant b\}=\mathbb{P}\{\omega;a\leqslant 1-\omega\leqslant b\}=\mathbb{P}[1-b,1-a]\\&=(1-a)-(1-b)=b-a=\mu_X[a,b],\quad 0\leqslant a\leqslant b\leqslant 1\end{aligned}$$

现在,由下式在[0,1]上定义另一个概率测度$\widetilde{\mathbb{P}}$:

$$\widetilde{\mathbb{P}}[a,b]=\int_a^b 2\omega d\omega=b^2-a^2,\quad 0\leqslant a\leqslant b\leqslant 1 \tag{1.2.2}$$

对$\mathbb{R}$的每一个博雷尔子集B,利用式(1.2.2)以及概率测度的性质可以确定$\widetilde{\mathbb{P}}(B)$。注意到$\widetilde{\mathbb{P}}[0,1]=1$,故$\widetilde{\mathbb{P}}$确实是一个概率测度。在$\widetilde{\mathbb{P}}$下,随机变量$X$不再具有均匀分布。将$X$在$\widetilde{\mathbb{P}}$下的分布测度记为$\widetilde{\mu}_X$,我们有:

$$\widetilde{\mu}_X[a,b]=\widetilde{\mathbb{P}}\{\omega;a\leqslant X(\omega)\leqslant b\}=\widetilde{\mathbb{P}}[a,b]=b^2-a^2,\quad 0\leqslant a\leqslant b\leqslant 1$$

在$\widetilde{\mathbb{P}}$下,Y的分布不再与X的分布相同。事实上,我们有:

$$\begin{aligned}\widetilde{\mu}_Y[a,b]&=\widetilde{\mathbb{P}}\{\omega;a\leqslant Y(\omega)\leqslant b\}=\widetilde{\mathbb{P}}[\omega;a\leqslant 1-\omega\leqslant b]=\widetilde{\mathbb{P}}[1-b,1-a]\\&=(1-a)^2-(1-b)^2,\qquad 0\leqslant a\leqslant b\leqslant 1\end{aligned}$$

□

除了指定分布测度μ_X外,还有其他记录随机变量的分布的方法。我们可以用**累积分布函数**

$$F(x)=\mathbb{P}\{X\leqslant x\},\quad x\in\mathbb{R} \tag{1.2.3}$$

来描述随机变量的分布。如果我们已知分布测度μ_X,则由$F(x)=\mu_X(-\infty,x]$可得累积分布函数F。另一方面,如果已知累积分布函数F,我们就能计算$\mu_X(x,y]=F(y)-F(x)$,其中$x<y$。对于$a\leqslant b$,我们有:

$$[a,b]=\bigcap_{n=1}^{\infty}\left(a-\frac{1}{n},b\right]$$

于是,可以算得:[1]

$$\mu_X[a,b]=\lim_{n\to\infty}\mu_X\left(a-\frac{1}{n},b\right]=F(b)-\lim_{n\to\infty}F\left(a-\frac{1}{n}\right) \tag{1.2.4}$$

一旦知道了每个区间$[a,b]\subset\mathbb{R}$的分布测度$\mu_X[a,b]$,就能确定$\mathbb{R}$的所有博雷尔子集的分布测度。因此,知道了随机变量的累积分布函数F,原则上等同于知道了其分布测度μ_X。

在两种特别的情况下,可以更详细地描述随机变量的分布。第一种情况是存在密度函数$f(x)$,这是对所有$x\in\mathbb{R}$有定义的非负函数,并且满足:

$$\mu_X[a,b]=\mathbb{P}\{a\leqslant X\leqslant b\}=\int_a^b f(x)dx,\quad -\infty<a\leqslant b<\infty \tag{1.2.5}$$

特别地,由于$\mathbb{R}$可以表示为所有闭区间$[-n,n]$的并集,从而必有:[2]

$$\begin{aligned}\int_{-\infty}^{\infty}f(x)dx&=\lim_{n\to\infty}\int_{-n}^{n}f(x)dx=\lim_{n\to\infty}\mathbb{P}\{-n\leqslant X\leqslant n\}\\&=\mathbb{P}\{X\in\mathbb{R}\}=\mathbb{P}(\Omega)=1\end{aligned} \tag{1.2.6}$$

---

〔1〕 详见附录A,定理A.1.1(ii)。

〔2〕 详见附录A,定量A.1.1(i)。

（这里，我们不考虑可以取值为$\pm\infty$的随机变量。）

第二种情况是存在概率质量函数，即存在有限序列 $x_1,x_2,\cdots,x_N$ 或者无穷序列 $x_1,x_2,\cdots$ 使得随机变量 X 以概率 1 取序列中的某一个值。定义 $p_i=\mathbb{P}\{X=x_i\}$，则每一个 p_i 非负，并且 $\sum_i p_i=1$。由 X 的分布测度在博雷尔集 $B\subset\mathbb{R}$ 上指定的质量为：

$$\mu_X(B)=\sum_{\{i;x_i\in B\}}p_i,\quad B\in\mathcal{B}(\mathbb{R})\tag{1.2.7}$$

某些随机变量的分布可以如同式(1.2.5)通过密度函数刻划。而对于其他一些随机变量，其分布必须如同式(1.2.7)由概率质量函数刻划。存在这样的随机变量，其分布由密度函数和概率质量函数混合给出，也有些随机变量的分布既非成块的质量又无密度。[1] 这最后一类随机变量在金融中也有应用，不过这已超出本书所讨论的范围。

例 1.2.5(在[0,1]上均匀分布的另一随机变量) 我们将构造一个定义在无限次抛掷硬币空间 Ω_∞ 上、取值在[0,1]中的均匀分布随机变量。假定在例 1.1.4 独立抛掷硬币的空间中，每次抛掷出现正面的概率 $p=\frac{1}{2}$。对于 $n=1,2,\cdots$，我们定义：

$$Y_n(\omega)=\begin{cases}1, & \text{如果 } \omega_n=H\\ 0, & \text{如果 } \omega_n=T\end{cases}\tag{1.2.8}$$

令：

$$X=\sum_{n=1}^{\infty}\frac{Y_n}{2^n}$$

如果 $Y_1=0$（其发生概率为$\frac{1}{2}$），则 $0\leqslant X\leqslant\frac{1}{2}$；如果 $Y_1=1$（其发生概率同样为$\frac{1}{2}$），则$\frac{1}{2}\leqslant X\leqslant 1$；如果 $Y_1=0$ 且 $Y_2=0$（其发生概率为$\frac{1}{4}$），则 $0\leqslant X\leqslant\frac{1}{4}$；如果 $Y_1=0$ 而 $Y_2=1$（其发生概率同样为$\frac{1}{4}$），则$\frac{1}{4}\leqslant X\leqslant\frac{1}{2}$；以此类推。事实上，对任何区间 $\left[\frac{k}{2^n},\frac{k+1}{2^n}\right]\subset[0,1]$，$X$ 的取值位于该区间的概率为$\frac{1}{2^n}$。利用分布测度 μ_X，这一事实可记为 $\mu_X\left[\frac{k}{2^n},\frac{k+1}{2^n}\right]=\frac{1}{2^n}$，其中整数 k 和 n 满足$0\leqslant k\leqslant 2^n-1$。取这些区间的并集，再利用概率测度的有限可加性，则对任何满足 $0\leqslant k\leqslant m\leqslant 2^n$ 的整数 k,m 和 n，我们有：

$$\mu_X\left[\frac{k}{2^n},\frac{m}{2^n}\right]=\frac{m}{2^n}-\frac{k}{2^n}\tag{1.2.9}$$

---

[1] 详见附录 A.3。

由式(1.2.9),可以证明:

$$\mu_X[a,b]=b-a,\quad 0\leqslant a\leqslant b\leqslant 1$$

换言之,X 的分布测度在[0,1]上是均匀的。

例 1.2.6(标准正态随机变量) 设

$$\varphi(x)=\frac{1}{\sqrt{2\pi}}e^{-\frac{x^2}{2}}$$

是**标准正态密度**,定义**累积正态分布函数**

$$N(x)=\int_{-\infty}^{x}\varphi(\xi)d\xi$$

$N(x)$是映射$\mathbb{R}$到(0,1)上的严格递增函数,故有严格递增的反函数$N^{-1}(y)$。换言之,对所有 $y\in(0,1)$,$N(N^{-1}(y))=y$。设 Y 是定义在概率空间$(\Omega,\mathcal{F},\mathbb{P})$上的均匀分布随机变量[例 1.2.4 和例 1.2.5 中提供了$(\Omega,\mathcal{F},\mathbb{P})$和 Y 这两个可能的例子],令 $X=N^{-1}(Y)$。对任意的$-\infty<a\leqslant b<\infty$,有:

$$\begin{aligned}\mu_X[a,b]&=\mathbb{P}\{\omega\in\Omega;a\leqslant X(\omega)\leqslant b\}\\&=\mathbb{P}\{\omega\in\Omega;a\leqslant N^{-1}(Y(\omega))\leqslant b\}\\&=\mathbb{P}\{\omega\in\Omega;N(a)\leqslant N(N^{-1}(Y(\omega)))\leqslant N(b)\}\\&=\mathbb{P}\{\omega\in\Omega;N(a)\leqslant Y(\omega)\leqslant N(b)\}\\&=N(b)-N(a)\\&=\int_a^b\varphi(x)dx\end{aligned}$$

由上述公式给出的$\mathbb{R}$上的测度 μ_X 称为**标准正态分布**。定义在任何概率空间$(\Omega,\mathcal{F},\mathbb{P})$上并具有这一分布的随机变量为**标准正态随机变量**。这里使用的由均匀分布随机变量生成标准正态随机变量的方法称为**概率积分变换**,它被广泛应用于蒙特卡罗模拟。

另一种构造标准正态随机变量的方法是取 $\Omega=\mathbb{R}$,$\mathcal{F}=\mathcal{B}(\mathbb{R})$,$\mathbb{P}$ 为$\mathbb{R}$上满足如下性质的概率测度:

$$\mathbb{P}[a,b]=\int_a^b\varphi(x)dx,\quad -\infty<a\leqslant b<\infty$$

并对任何 $\omega\in\mathbb{R}$,令 $X(\omega)=\omega$。 □

例 1.2.6 中第二种构造标准正态随机变量的方法十分经济,并且可以用于构造具有任何所希望的分布的随机变量。然而,如果我们希望有多个具有指定分布的随机变量,并且随机变量之间具有某些相关性,这一方法就不太适用。在这种情况下,我们构造(或者至少假定存在)一个概率空间$(\Omega,\mathcal{F},\mathbb{P})$,并让所有感兴趣的随机变量都定义在这个概率空间上。这一观点初看起来过于抽象,但是最终十分有利于概念的简化。

1.3 期 望

设 X 是定义在概率空间$(\Omega,\mathcal{F},\mathbb{P})$上的随机变量。我们希望计算 X 的"平均值",并且在计算平均时考虑概率的因素。如果 Ω 是有限空间,我们简单地由下式定义平均值:

$$\mathbb{E}X=\sum_{\omega\in\Omega}X(\omega)\ \mathbb{P}(\omega)$$

如果 Ω 是可数的无限空间,其中的元素可以排成序列 $\omega_1,\omega_2,\omega_3,\cdots$,我们可将$\mathbb{E}X$定义为无穷和:

$$\mathbb{E}X=\sum_{k=1}^{\infty}X(\omega_k)\ \mathbb{P}(\omega_k)$$

然而,如果 Ω 是不可数的无限空间,由于不可数的无穷和无法定义,我们必须考虑积分。

首先,复习一下黎曼(Riemann)积分。设 $f(x)$是闭区间$[a,b]$上的连续函数,我们如下定义黎曼积分$\int_a^b f(x)dx$:首先将$[a,b]$划分成子区间$[x_0,x_1]$,$[x_1,x_2]$,$\cdots$,$[x_{n-1},x_n]$,其中 $a=x_0<x_1<\cdots<x_n=b$。我们以 $\Pi=\{x_0,x_1,\cdots,x_n\}$表示所有分点的集合,并以

$$\|\Pi\|=\max_{1\leqslant k\leqslant n}(x_k-x_{k-1})$$

表示分划中最长子区间的长度。对每一子区间$[x_{k-1},x_k]$,我们令:

$$M_k=\max_{x_{k-1}\leqslant x\leqslant x_k}f(x),\quad m_k=\min_{x_{k-1}\leqslant x\leqslant x_k}f(x)$$

定义黎曼上和为:

$$RS_{\Pi}^{+}(f)=\sum_{k=1}^{n}M_k(x_k-x_{k-1})$$

黎曼下和(见图 1.3.1)为:

$$RS_{\Pi}^{-}(f)=\sum_{k=1}^{n}m_k(x_k-x_{k-1})$$

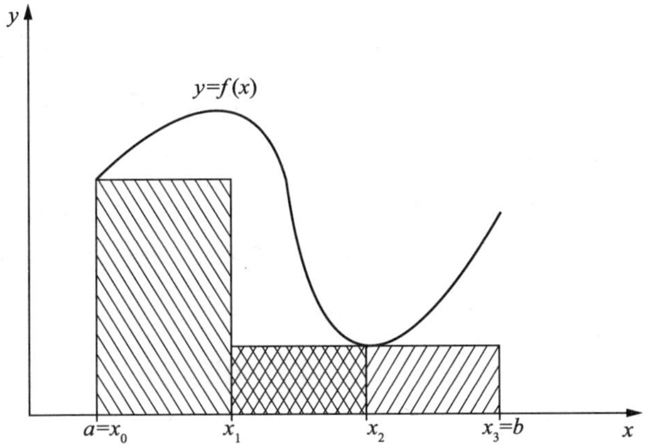

图 1.3.1 黎曼下和

当 $\|\Pi\|$ 趋近于 0(即随着增加越来越多的分点,分划中子区间的长度变得越来越短),黎曼上和 $RS_{\Pi}^{+}(f)$ 与黎曼下和 $RS_{\Pi}^{-}(f)$ 收敛于同一极限,记为 $\int_a^b f(x)dx$,这就是**黎曼积分**。

仿效上述过程定义期望将遇到这样的问题:随机变量 X 与上段中的函数 f 不同,它是 $\omega\in\Omega$ 的函数,而 Ω 通常并非$\mathbb{R}$ 的子集。图 1.3.2 中,“x -轴”不是实数,而是某个抽象空间,不存在一种自然的方式,如同上述划分区间$[a,b]$那样对 Ω 进行划分。因此,我们对图 1.3.2 中的“y -轴”进行划分。假定对所有 $\omega\in\Omega$,$0\leqslant X(\omega)<\infty$。设$\Pi=\{y_0,y_1,y_2,\cdots\}$,其中 $0=y_0<y_1<y_2<\cdots$。对每一子区间$[y_k,y_{k+1}]$,我们令:

$$A_k=\{\omega\in\Omega;y_k\leqslant X(\omega)<y_{k+1}\}$$

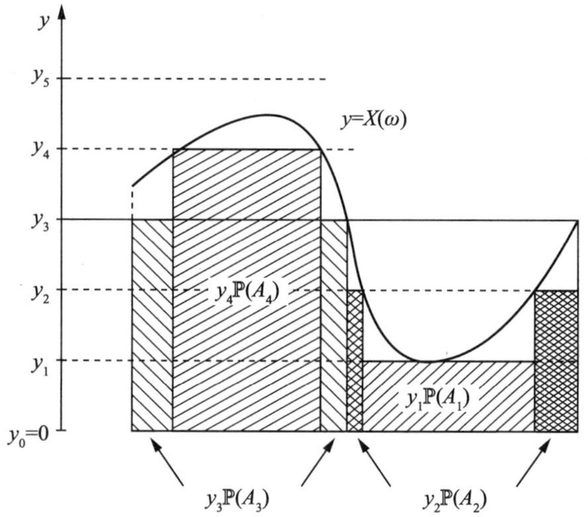

图 1.3.2　勒贝格下和

定义勒贝格下和(见图 1.3.2)为:

$$LS_{\Pi}^{-}(X)=\sum_{k=1}^{\infty}y_k\,\mathbb{P}(A_k)$$

当分点 y_k 之间的最大距离 $\|\Pi\|$ 趋近于 0 时,勒贝格下和收敛,我们定义其极限为**勒贝格积分** $\int_{\Omega}X(\omega)d\mathbb{P}(\omega)$,或简记为 $\int_{\Omega}Xd\mathbb{P}$。勒贝格积分可能为$\infty$,因为我们并未对 X 的值的上界作任何假定。

以上,我们假定了对所有 $\omega\in\Omega$,$0\leqslant X(\omega)<\infty$。如果破坏这一条件的 ω 的集合具有零概率,也并不影响我们刚才定义的积分。如果$\mathbb{P}\{\omega;X(\omega)\geqslant 0\}=1$ 而$\mathbb{P}\{\omega;X(\omega)=\infty\}>0$,我们定义 $\int_{\Omega}X(\omega)d\mathbb{P}(\omega)=\infty$。

最后,我们需要考虑既取正值又取负值的随机变量 X。对这样的随机变量,我们定义 X 的**正部**和**负部**:

$$X^{+}(\omega)=\max\{X(\omega),0\},\quad X^{-}(\omega)=\max\{-X(\omega),0\}\tag{1.3.1}$$

X^+ 和 X^- 均为非负随机变量，$X=X^+-X^-$ 且 $|X|=X^++X^-$。$\int_\Omega X^+(\omega)d\mathbb{P}(\omega)$ 和 $\int_\Omega X^-(\omega)d\mathbb{P}(\omega)$ 均可按上述方式定义，只要它们并不同时为∞，我们就能定义：

$$\int_\Omega X(\omega)d\mathbb{P}(\omega)=\int_\Omega X^+(\omega)d\mathbb{P}(\omega)-\int_\Omega X^-(\omega)d\mathbb{P}(\omega) \tag{1.3.2}$$

若 $\int_\Omega X^+(\omega)d\mathbb{P}(\omega)$ 和 $\int_\Omega X^-(\omega)d\mathbb{P}(\omega)$ 均为有限值，则称 X 可积，并且 $\int_\Omega X(\omega)d\mathbb{P}(\omega)$ 也是有限的。如果 $\int_\Omega X^+(\omega)d\mathbb{P}(\omega)=\infty$ 而 $\int_\Omega X^-(\omega)d\mathbb{P}(\omega)$ 为有限值，则 $\int_\Omega X(\omega)d\mathbb{P}(\omega)=\infty$。若 $\int_\Omega X^+(\omega)d\mathbb{P}(\omega)$ 为有限值而 $\int_\Omega X^-(\omega)d\mathbb{P}(\omega)=\infty$，则 $\int_\Omega X(\omega)d\mathbb{P}(\omega)=-\infty$。若同时有 $\int_\Omega X^+(\omega)d\mathbb{P}(\omega)=\infty$ 和 $\int_\Omega X^-(\omega)d\mathbb{P}(\omega)=\infty$，则在式(1.3.2)中出现"$\infty-\infty$"的情形，因而 $\int_\Omega X(\omega)d\mathbb{P}(\omega)$ 没有定义。

勒贝格积分具有以下基本性质。

定理 1.3.1 设 X 是定义在概率空间$(\Omega,\mathcal{F},\mathbb{P})$上的随机变量。

(i) 如果 X 仅取有限多个值 $y_0,y_1,y_2,\cdots,y_n$，则：

$$\int_\Omega X(\omega)d\mathbb{P}(\omega)=\sum_{k=0}^n y_k\,\mathbb{P}\{X=y_k\}$$

(ii)(**可积性**)随机变量 X 可积当且仅当

$$\int_\Omega |X(\omega)|\,d\mathbb{P}(\omega)<\infty$$

设 Y 是定义在概率空间$(\Omega,\mathcal{F},\mathbb{P})$上的另一个随机变量。

(iii)(**比较性**)如果 $X\leqslant Y$ 几乎必然成立(即 $\mathbb{P}\{X\leqslant Y\}=1$)，并且 $\int_\Omega X(\omega)d\mathbb{P}(\omega)$ 和 $\int_\Omega Y(\omega)d\mathbb{P}(\omega)$ 有定义，则：

$$\int_\Omega X(\omega)d\mathbb{P}(\omega)\leqslant\int_\Omega Y(\omega)d\mathbb{P}(\omega)$$

尤其是，如果 $X=Y$ 几乎必然成立，其中一个积分有定义，则两个积分都有定义且

$$\int_\Omega X(\omega)d\mathbb{P}(\omega)=\int_\Omega Y(\omega)d\mathbb{P}(\omega)$$

(iv)(**线性性**)如果 $\alpha,\beta\in\mathbb{R}$ 是常数并且 X 和 Y 可积，或者如果 $\alpha,\beta\in\mathbb{R}$ 是非负常数并且 X 和 Y 非负，则：

$$\int_\Omega(\alpha X(\omega)+\beta Y(\omega))d\mathbb{P}(\omega)=\alpha\int_\Omega X(\omega)d\mathbb{P}(\omega)+\beta\int_\Omega Y(\omega)d\mathbb{P}(\omega)$$

【部分证明】 先证(i)，仅考虑 X 几乎必然非负的情形。不妨假定 0 也在 y_k 中，即 $0=y_0<y_1<y_2<\cdots<y_n$。利用这些 y_k 作为分点，则 $A_k=\{y_k\leqslant X<y_{k+1}\}=$

$\{X=y_k\}$并且勒贝格下和为$LS_{\Pi}^{-}(X)=\sum_{k=0}^{n}y_k\mathbb{P}\{X=y_k\}$。如果增加更多的分点,勒贝格下和不再变化,因此这也就是勒贝格积分。

然后考虑(iii)。如果$X\leqslant Y$几乎必然成立,则$X^+\leqslant Y^+$和$X^-\geqslant Y^-$几乎必然成立。由于$X^+\leqslant Y^+$几乎必然成立,对任意分划Π,勒贝格下和满足$LS_{\Pi}^{-}(X^+)\leqslant LS_{\Pi}^{-}(Y^+)$,从而:

$$\int_{\Omega}X^+(\omega)d\mathbb{P}(\omega)\leqslant\int_{\Omega}Y^+(\omega)d\mathbb{P}(\omega) \tag{1.3.3}$$

由于$X^-\geqslant Y^-$几乎必然成立,故又有:

$$\int_{\Omega}X^-(\omega)d\mathbb{P}(\omega)\geqslant\int_{\Omega}Y^-(\omega)d\mathbb{P}(\omega) \tag{1.3.4}$$

从式(1.3.3)中减去式(1.3.4),并回顾积分定义(1.3.2),我们得到比较性质(iii)。

线性性质(iv)的证明需要对勒贝格积分的构造作更详细的分析,这里略去。

下面,我们利用比较性质(iii)和线性性质(iv)来证明(ii)。由$|X|=X^++X^-$可知,$X^+\leqslant|X|$以及$X^-\leqslant|X|$。如果$\int_{\Omega}|X(\omega)|d\mathbb{P}(\omega)<\infty$,则由比较性质可得$\int_{\Omega}|X^+(\omega)|d\mathbb{P}(\omega)<\infty$以及$\int_{\Omega}|X^-(\omega)|d\mathbb{P}(\omega)<\infty$,从而由定义$X$可积。另一方面,如果$X$可积,则$\int_{\Omega}X^+(\omega)d\mathbb{P}(\omega)<\infty$以及$\int_{\Omega}X^-(\omega)d\mathbb{P}(\omega)<\infty$,两式相加并利用性质(iv)可得,$\int_{\Omega}X(\omega)d\mathbb{P}(\omega)<\infty$。 □

注 1.3.2 我们经常需要在Ω的子集A,而不是在整个空间Ω上考虑随机变量X的积分。为此,我们定义:

$$\int_{A}X(\omega)d\mathbb{P}(\omega)=\int_{\Omega}\mathbb{I}_A(\omega)X(\omega)d\mathbb{P}(\omega),\quad \forall A\in\mathcal{F}$$

其中$\mathbb{I}_A$是集合A的**指示函数**(**随机变量**),它由下式给出:

$$\mathbb{I}_A(\omega)=\begin{cases}1, & 如果\ \omega\in A\\ 0, & 如果\ \omega\notin A\end{cases}$$

如果A和B是F中互不相交的集合,则$\mathbb{I}_A+\mathbb{I}_B=\mathbb{I}_{A\cup B}$,并由定理1.3.1的线性性质(iv)可得:

$$\int_{A\cup B}X(\omega)d\mathbb{P}(\omega)=\int_{A}X(\omega)d\mathbb{P}(\omega)+\int_{B}X(\omega)d\mathbb{P}(\omega)$$

定义 1.3.3 设X是定义在概率空间$(\Omega,\mathcal{F},\mathbb{P})$上的随机变量。$X$的**期望**(或**期望值**)定义为:

$$\mathbb{E}X=\int_{\Omega}X(\omega)d\mathbb{P}(\omega)$$

当$\mathbb{E}X^+$和$\mathbb{E}X^-$中至少一个为有限时,上式有意义。如果$\mathbb{E}X^+$为无穷,而$\mathbb{E}X^-$有限,

则$\mathbb{E}X=+\infty$；如果$\mathbb{E}X^+$有限，而$\mathbb{E}X^-$为无穷，则$\mathbb{E}X=-\infty$；如果$\mathbb{E}X^+$和$\mathbb{E}X^-$均有限，则$\mathbb{E}X$也有限。此时，我们称X可积。如果$\mathbb{E}X^+$和$\mathbb{E}X^-$均为无穷，则$\mathbb{E}X$没有定义。

我们已经对抽象概率空间$(\Omega,\mathcal{F},\mathbb{P})$上的随机变量$X$定义了期望$\mathbb{E}X$。以下借助于期望重述定理 1.3.1 中的基本性质，并且增加一条性质。

定理 1.3.4 设X是定义在概率空间$(\Omega,\mathcal{F},\mathbb{P})$上的随机变量。

(i) 如果X仅取有限多个值$x_0,x_1,\cdots,x_n$，则：

$$\mathbb{E}X=\sum_{k=0}^{n}x_k\,\mathbb{P}\{X=x_k\}$$

特别地，如果Ω是有限空间，则：

$$\mathbb{E}X=\sum_{\omega\in\Omega}X(\omega)\,\mathbb{P}(\omega)$$

(ii) (**可积性**)随机变量X可积当且仅当

$$\mathbb{E}|X|<\infty$$

设Y是定义在概率空间$(\Omega,\mathcal{F},\mathbb{P})$上的另一个随机变量。

(iii) (**比较性**)如果$X\leqslant Y$几乎必然成立，并且X,Y可积，或者X,Y几乎必然非负，则：

$$\mathbb{E}X\leqslant\mathbb{E}Y$$

特别地，如果$X=Y$几乎必然成立，其中一个随机变量可积或者几乎必然非负，则两个随机变量都可积或者几乎必然非负，且

$$\mathbb{E}X=\mathbb{E}Y$$

(iv) (**线性性**)如果$\alpha,\beta\in\mathbb{R}$是常数且$X,Y$可积，或者如果$\alpha,\beta\in\mathbb{R}$是非负常数且$X,Y$非负，则：

$$\mathbb{E}(\alpha X+\beta Y)=\alpha\,\mathbb{E}X+\beta\,\mathbb{E}Y$$

(v) (**詹森不等式**) 如果φ是定义在$\mathbb{R}$上的实值凸函数且$\mathbb{E}|X|<\infty$，则：

$$\varphi(\mathbb{E}X)\leqslant\mathbb{E}\varphi(X)$$

【证明】 只有詹森不等式是新增的性质，其证明与第一卷中定理 2.2.5 的证明相同。 □

例 1.3.5 考虑例 1.1.4 中的无穷多次独立抛掷硬币的空间Ω_∞，其上的测度$\mathbb{P}$相应于每次抛掷出现正面的概率$p=\frac{1}{2}$。令：

$$Y_n(\omega)=\begin{cases}1, & \text{如果 } \omega_n=H\\ 0, & \text{如果 } \omega_n=T\end{cases}$$

尽管概率空间Ω_∞不可数，由于随机变量只取两个值，故可利用定理1.3.4(i)计算期望：

$$\mathbb{E}Y_n=1\cdot\mathbb{P}\{Y_n=1\}+0\cdot\mathbb{P}\{Y_n=0\}=\frac{1}{2}$$

例 1.3.6 设$\Omega=[0,1]$,$\mathbb{P}$是$[0,1]$上的勒贝格测度(见例 1.1.3)。考虑随机变量

$$X(\omega)=\begin{cases}1, & \text{如果 } \omega \text{ 是无理数}\\ 0, & \text{如果 } \omega \text{ 是有理数}\end{cases}$$

还是由于随机变量只取两个值,我们可以利用定理 1.3.4(i)计算期望:

$$\mathbb{E}X=1\cdot\mathbb{P}\{\omega\in[0,1];\omega \text{ 是无理数}\}+0\cdot\mathbb{P}\{\omega\in[0,1];\omega \text{ 是有理数}\}$$

$[0,1]$中仅有可数多个有理数(即它们可以排成一列 $x_1,x_2,x_3,\cdots$)。序列中每个数具有概率 0,从而由定义 1.1.2 中的可数可加性质(ii),整个序列也具有概率 0。因此$\mathbb{P}\{\omega\in[0,1];\omega$是有理数$\}=0$。因为$\mathbb{P}[0,1]=1$,故必有 $\mathbb{P}\{\omega\in[0,1];\omega$ 是无理数$\}=1$。由此得到 $\mathbb{E}X=1$。

这个例子表明:如果我们按照均匀分布在$[0,1]$中随机选数,则选得无理数的概率为 1。因此,随机变量 X 几乎必然等于 1,从而它的期望值也等于 1。当然,在实际中我们设计的生成$[0,1]$中随机数的任何算法几乎都是生成有理数。均匀分布通常只是生成$[0,1]$中随机数的算法输出的一个合理的理想化。

如果采用黎曼积分而不是勒贝格积分,我们就会得到不同的结果。用我们熟悉的记号 x 和 $f(x)$,而不是 ω 和 $X(\omega)$,定义:

$$f(x)=\begin{cases}1, & \text{如果 } x \text{ 是无理数}\\ 0, & \text{如果 } x \text{ 是有理数}\end{cases} \tag{1.3.5}$$

我们刚才已知这一函数在$[0,1]$上的勒贝格积分值为 1。

为构造黎曼积分,我们取分点 $0=x_0<x_1<x_2<\cdots<x_n=1$,定义:

$$M_k=\max_{x_{k-1}\leqslant x\leqslant x_k} f(x),\quad m_k=\min_{x_{k-1}\leqslant x\leqslant x_k} f(x)$$

每一区间$[x_{k-1},x_k]$中既有有理数又有无理数,从而 $M_k=1$,$m_k=0$。对于这一分划 $\Pi=\{x_0,x_1,\cdots,x_n\}$,黎曼上和等于 1:

$$RS_\Pi^+(f)=\sum_{k=1}^n M_k(x_k-x_{k-1})=\sum_{k=1}^n(x_k-x_{k-1})=1$$

黎曼下和等于 0:

$$RS_\Pi^-(f)=\sum_{k=1}^n m_k(x_k-x_{k-1})=0$$

无论分划的子区间取得如何小,黎曼上和总是等于 1 而黎曼下和总是等于 0,这样上下和不可能收敛于同一极限,因此黎曼积分没有定义。对于离散 x-轴(而不是 y-轴)的黎曼积分而言,这一函数的间断性太甚,无法求得积分值。然而,对于离散 y-轴的勒贝格积分而言,这一函数则是仅取两个值的简单函数。

我们构造勒贝格积分是为了在抽象概率空间$(\Omega,\mathcal{F},\mathbb{P})$上求积分。例 1.3.6 表

明，我们可以取 Ω 为实数子集，比较勒贝格积分和黎曼积分。这一例子还表明，这两种积分有可能给出不同的结果。事实上，例 1.3.6 中给出的是最坏的情形。为了更确切地表述，我们先将勒贝格积分的构造推广到整个 $\mathbb{R}$（而不仅仅是 $[0,1]$ 区间）。

定义 1.3.7 设 $\mathcal{B}(\mathbb{R})$ 是 $\mathbb{R}$ 的博雷尔子集的 σ-代数（即包括所有闭区间 $[a,b]$ 的最小的 σ-代数）。[1] $\mathbb{R}$ 上的**勒贝格测度**（记为 $\mathcal{L}$）为每一子集 $B\in\mathcal{B}(\mathbb{R})$ 指定一个 $[0,\infty)$ 中的数或者 ∞，并且满足：

(i) $\mathcal{L}[a,b]=b-a,\ \forall\, a\leqslant b$；

(ii) 如果 $B_1,B_2,B_3,\cdots$ 是 $\mathcal{B}(\mathbb{R})$ 中一列互不相交的集合，则我们有可数可加性质

$$\mathcal{L}\left(\bigcup_{n=1}^{\infty} B_n\right) = \sum_{n=1}^{\infty}\mathcal{L}(B_n)$$

定义 1.3.7 类似于定义 1.1.2，只是现在某些集合的测度大于 1。每一区间的测度是其长度，因而 $\mathbb{R}$ 以及半直线 $[a,\infty)$ 和 $(-\infty,b]$ 具有勒贝格测度 ∞，单点集合具有勒贝格测度 0，并且空集的勒贝格测度为 0。勒贝格测度具有有限可加性质[见式(1.1.5)]。

$$\mathcal{L}\left(\bigcup_{n=1}^{N} B_n\right) = \sum_{n=1}^{N}\mathcal{L}(B_n)$$

其中 $B_1,B_2,\cdots,B_N$ 是 $\mathbb{R}$ 的任意互不相交的博雷尔子集。

设 $f(x)$ 是定义在 $\mathbb{R}$ 上的实值函数。在以下的构造中，我们需要假设对 $\mathbb{R}$ 的任一博雷尔子集 B，集合 $\{x;f(x)\in B\}$ 仍是 $\mathbb{R}$ 的博雷尔子集。具有这一性质的函数 f 称为**博雷尔可测**。在未加说明的情况下，本书中考虑的都是博雷尔可测函数。任何连续函数以及分段连续函数都博雷尔可测。事实上，要找出一个非博雷尔可测的函数是极为困难的。我们希望定义函数 f 在 $\mathbb{R}$ 上的勒贝格积分 $\int_{\mathbb{R}} f(x)d\mathcal{L}(x)$。为此，先假定对任何 $x\in\mathbb{R}$，$0\leqslant f(x)<\infty$。取分划 $\Pi=\{y_0,y_1,y_2,\cdots\}$，其中 $0=y_0<y_1<y_2<\cdots$。对每一子区间 $[y_k,y_{k+1}]$，定义：

$$B_k=\{x\in\mathbb{R};y_k\leqslant f(x)<y_{k+1}\}$$

由关于 f 是博雷尔可测的假定，尽管这些集合 B_k 可能相当复杂，但它们是 $\mathbb{R}$ 的博雷尔子集，因而它们的勒贝格测度是有定义的。定义勒贝格下和为：

$$LS_{\Pi}^{-}(f) = \sum_{k=1}^{\infty} y_k\mathcal{L}(B_k)$$

当 $\|\Pi\|$ 趋近于 0，这些勒贝格下和收敛于某一极限，我们将此极限定义为 $\int_{\mathbb{R}} f(x)d\mathcal{L}(x)$。这个积分的值有可能为 ∞。

以上，我们假定了对所有 $x\in\mathbb{R}$，$0\leqslant f(x)<\infty$。如果破坏这一条件的 x 的集

〔1〕 这一概念在附录 A.2 中有更为详细的讨论。

合具有零勒贝格测度，以上定义的 f 的积分不受影响。如果 $\mathcal{L}\{x\in\mathbb{R};f(x)<0\}=0$ 而 $\mathcal{L}\{x\in\mathbb{R};f(x)=\infty\}>0$，我们定义 $\int_{\mathbb{R}}f(x)d\mathcal{L}(x)=\infty$。

以下考虑既取正值又取负值的函数 $f(x)$。对这样的函数，我们定义：

$$f^+(x)=\max\{f(x),0\},\quad f^-(x)=\max\{-f(x),0\}$$

由于 f^+ 和 f^- 都非负，$\int_{\mathbb{R}}f^+(x)d\mathcal{L}(x)$ 和 $\int_{\mathbb{R}}f^-(x)d\mathcal{L}(x)$ 均可按上述方式定义，只要它们并不同时为 ∞，我们就能定义：

$$\int_{\mathbb{R}}f(x)d\mathcal{L}(x)=\int_{\mathbb{R}}f^+(x)d\mathcal{L}(x)-\int_{\mathbb{R}}f^-(x)d\mathcal{L}(x)$$

在 $\int_{\mathbb{R}}f^+(x)d\mathcal{L}(x)$ 和 $\int_{\mathbb{R}}f^-(x)d\mathcal{L}(x)$ 同时为 ∞ 的情形下，$\int_{\mathbb{R}}f(x)d\mathcal{L}(x)$ 没有定义。如果 $\int_{\mathbb{R}}f^+(x)d\mathcal{L}(x)$ 和 $\int_{\mathbb{R}}f^-(x)d\mathcal{L}(x)$ 均为有限值，则称 ***f* 可积**，这等价于 $\int_{\mathbb{R}}|f(x)|d\mathcal{L}(x)<\infty$。以上构造的勒贝格积分具有定理 1.3.1 中的比较性质和线性性质。此外，如果 f 仅取有限多个值 $y_0,y_1,y_2,\cdots,y_n$，则：

$$\int_{\mathbb{R}}f(x)d\mathcal{L}(x)=\sum_{k=0}^{n}y_k\mathcal{L}\{x\in\mathbb{R};f(x)=y_k\}$$

只要右端的计算不会出现 $\infty-\infty$ 的情形。

最后，我们有时候需要对定义在 $x\in\mathbb{R}$ 上的函数 $f(x)$ 计算其在 $\mathbb{R}$ 的一部分，比如集合 $B\in\mathcal{B}(\mathbb{R})$ 上的勒贝格积分。这时，我们将 $f(x)$ 乘以 B 的指示函数：

$$\mathbb{I}_B(x)=\begin{cases}1, & \text{如果 } x\in B\\ 0, & \text{如果 } x\notin B\end{cases}$$

乘积 $f(x)\mathbb{I}_B(x)$ 当 $x\in B$ 时与 $f(x)$ 相等，当 $x\notin B$ 时为 0。我们定义：

$$\int_B f(x)d\mathcal{L}(x)=\int_{\mathbb{R}}\mathbb{I}_B(x)f(x)d\mathcal{L}(x)$$

下面的定理给出了 $\mathbb{R}$ 上黎曼积分与勒贝格积分的联系，其证明超出了本书范围。

定理 1.3.8 (黎曼积分与勒贝格积分的比较) 设 f 是定义在 $\mathbb{R}$ 上的有界函数，$a<b$。

(i) 黎曼积分 $\int_a^b f(x)dx$ 有定义(即黎曼下和与上和收敛于同一极限)当且仅当 $[a,b]$ 中使得 $f(x)$ 不连续的点 x 的集合具有零勒贝格测度。

(ii) 如果黎曼积分 $\int_a^b f(x)dx$ 有定义，则 f 博雷尔可测(从而勒贝格积分 $\int_{[a,b]}f(x)d\mathcal{L}(x)$ 也有定义)，并且 f 的黎曼积分与勒贝格积分相等。

$\mathbb{R}$ 中的单点集合具有零勒贝格测度，从而任何有限点集具有零勒贝格测度。

如果$\mathbb{R}$上的实值函数 f 是除了在有限多个点之外连续，则定理 1.3.8 确保 f 的黎曼积分与勒贝格积分没有区别。

定义 1.3.9 如果$\mathbb{R}$中使得某一性质不成立的数集具有零勒贝格测度，则称该性质**几乎处处**成立。

定理 1.3.8(i)可以重述为：

黎曼积分 $\int_a^b f(x)dx$ 存在当且仅当 $f(x)$ 在$[a,b]$上几乎处处连续。

由于只要黎曼积分有定义，黎曼积分与勒贝格积分就一定相等。我们将用比 $\int_{[a,b]} f(x)d\mathcal{L}(x)$ 更为熟悉的记号 $\int_a^b f(x)dx$ 来表示勒贝格积分。如果集合 B 不是区间，就记为 $\int_B f(x)dx$。在进行理论推导时，我们将 $\int_B f(x)dx$ 理解为勒贝格积分，需要计算时，就利用微积分中学过的计算黎曼积分的技巧。

1.4 积分的收敛

随机变量序列可以按多种方式收敛。这一节，我们考虑几乎必然收敛的情形，定义如下。

定义 1.4.1 设 $X_1,X_2,X_3,\cdots$ 是定义在同一概率空间$(\Omega,\mathcal{F},\mathbb{P})$上的一列随机变量，$X$ 是定义在该空间上的另一随机变量。称 $X_1,X_2,X_3,\cdots$ **几乎必然收敛于 $\boldsymbol{X}$**，记为：

$$\lim_{n\to\infty} X_n = X \qquad a.s.$$

如果使得数列 $X_1(\omega),X_2(\omega),X_3(\omega),\cdots$ 收敛于 $X(\omega)$ 的 $\omega\in\Omega$ 的集合具有概率 1，或者等价地，使得数列 $X_1(\omega),X_2(\omega),X_3(\omega),\cdots$ 不收敛于 $X(\omega)$ 的 $\omega\in\Omega$ 的集合具有概率 0。

例 1.4.2 (强大数定律) 几乎必然收敛的一个直观的案例是**强大数定律**。考虑无穷次独立抛掷硬币的空间 Ω_∞，选定的概率测度相应于每次抛掷出现正面的概率 $p=\frac{1}{2}$。我们定义：

$$Y_k(\omega)=\begin{cases}1, & \text{如果 } \omega_k=H\\ 0, & \text{如果 } \omega_k=T\end{cases}$$

且

$$H_n = \sum_{k=1}^{n} Y_k$$

于是，H_n 是前 n 次抛掷出现正面的次数。强大数定律断言：

$$\lim_{n\to\infty}\frac{H_n}{n}=\frac{1}{2} \qquad a.s.$$

换言之，出现正面的次数与抛掷总次数的比值几乎必然趋近于$\frac{1}{2}$。这里的“几乎必然”是因为这样的事实：存在抛掷硬币结果的序列(例如全部为正面的序列)，使得相应的比值并不收敛于$\frac{1}{2}$。这样的序列事实上有不可数个。然而，在我们关于每次抛掷出现正面的概率为$\frac{1}{2}$以及抛掷是独立的假定下，所有这些序列的全体具有零概率。 □

定义 1.4.3 设 $f_1,f_2,f_3,\cdots$是定义在$\mathbb{R}$上的一列实值博雷尔可测函数，f是定义在$\mathbb{R}$上的另一实值博雷尔可测函数。我们称 $f_1,f_2,f_3,\cdots$**几乎处处收敛于 f**，记为：

$$\lim_{n\to\infty} f_n = f \qquad a.e.$$

如果使得数列 $f_1(x),f_2(x),f_3(x),\cdots$ 不收敛于 $f(x)$的 $x\in\mathbb{R}$ 的全体是勒贝格零测集。

由定义不难看出：几乎必然收敛与几乎处处收敛是不同记号表示的本质上相同的概念。

例 1.4.4 考虑一列正态密度，每个的均值为 0，第 n 个的方差为$\frac{1}{n}$(见图 1.4.1)：

$$f_n(x)=\sqrt{\frac{n}{2\pi}}e^{-\frac{nx^2}{2}}$$

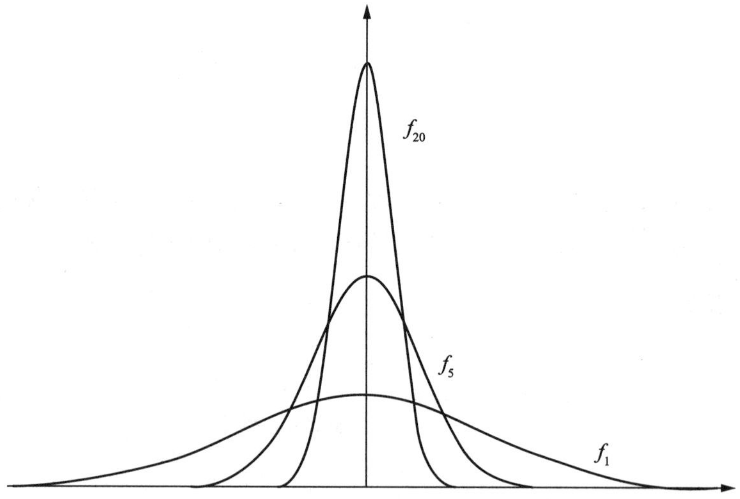

图 1.4.1 几乎处处收敛

如果 $x\neq 0$，则$\lim\limits_{n\to\infty} f_n(x)=0$，但是：

$$\lim_{n\to\infty} f_n(0)=\lim_{n\to\infty}\sqrt{\frac{n}{2\pi}}=\infty$$

因此，序列 $f_1,f_2,f_3,\cdots$处处收敛于函数

$$f^*(x)=\begin{cases}0, & \text{如果 } x\neq 0\\ \infty, & \text{如果 } x=0\end{cases}$$

并且几乎处处收敛于恒等于零的函数 f[对所有 $x\in\mathbb{R}, f(x)=0$]。不收敛于 $f(x)$ 的 x 的集合只含一个数 0，是勒贝格零测集。 □

当随机变量几乎必然收敛时，它们的期望值常常收敛于极限随机变量的期望值。类似地，当函数列几乎处处收敛时，它们的勒贝格积分也常常收敛于极限函数的勒贝格积分。然而，并非一定如此。例 1.4.4 中的一列正态密度满足：对所有 n，$\int_{-\infty}^{\infty} f_n(x)dx = 1$，但是几乎处处收敛的极限函数 f 却恒等于零。即使利用处处收敛的极限函数 $f^*(x)$ 也无济于事，因为仅在勒贝格零测集上有区别的任意两个函数必有相同的勒贝格积分。所以，$\int_{-\infty}^{\infty} f^*(x)dx = \int_{-\infty}^{\infty} f(x)dx = 0$。不可能有其他结果，由于对所有 $x\in\mathbb{R}$，$2f^*(x)=f^*(x)$，于是：

$$2\int_{-\infty}^{\infty} f^*(x)dx = \int_{-\infty}^{\infty} 2f^*(x)dx = \int_{-\infty}^{\infty} f^*(x)dx$$

由此必得 $\int_{-\infty}^{\infty} f^*(x)dx = 0$。如果把函数 f_n 替换为

$$g_n(x)=\begin{cases}f_n(x), & \text{如果 } x\neq 0\\ 0, & \text{如果 } x=0\end{cases}$$

也无济于事。序列 $g_1, g_2, \cdots$ **处处**收敛于 0，而积分 $\int_{-\infty}^{\infty} g_n(x)dx$ 与 $\int_{-\infty}^{\infty} f_n(x)dx$ 相等，它们收敛于 1，而不是 0。无可避免地，在这一例子中

$$\lim_{n\to\infty}\int_{-\infty}^{\infty} f_n(x)dx \neq \int_{-\infty}^{\infty} \lim_{n\to\infty} f_n(x)dx$$

左端等于 1 而右端等于 0。

顺便指出，如果考虑黎曼积分，事情将更糟糕：f^* 的黎曼积分没有定义；f^* 的黎曼上和为∞，而黎曼下和为 0。

为使函数列的积分收敛于极限函数的积分，需要施加条件。确保这点的一个条件是所有函数非负并且递增趋近于它们的极限。如果将积分视为曲线下方的面积，则我们的假定相当于使面积不断增加。这样，极限函数下方面积就是序列中的函数下方面积的极限。这一结果的确切表述由以下定理给出。

定理 1.4.5（单调收敛定理） 设一列随机变量 $X_1, X_2, X_3, \cdots$ 几乎必然收敛于另一随机变量 X。如果：

$$0\leqslant X_1\leqslant X_2\leqslant X_3\leqslant\cdots \qquad a.s.$$

则：

$$\lim_{n\to\infty}\mathbb{E}X_n=\mathbb{E}X$$

设一列 $\mathbb{R}$ 上的博雷尔可测函数 $f_1, f_2, f_3, \cdots$ 几乎处处收敛于另一博雷尔可测函数 f。如果：

$$0 \leqslant f_1 \leqslant f_2 \leqslant f_3 \leqslant \cdots \qquad a.e.$$

则：

$$\lim_{n\to\infty}\int_{-\infty}^{\infty} f_n(x)dx = \int_{-\infty}^{\infty} f(x)dx$$

单调收敛定理的以下推论拓展了定理 1.3.4(i)。

推论 1.4.6 假设非负随机变量 X 取可数多个值 $x_0, x_1, x_2, \cdots$，则：

$$\mathbb{E}X = \sum_{k=0}^{\infty} x_k \, \mathbb{P}\{X = x_k\} \tag{1.4.1}$$

【证明】 令 $A_k = \{X = x_k\}$，则 X 可写成：

$$X = \sum_{k=0}^{\infty} x_k \, \mathbb{I}_{A_k}$$

定义 $X_n = \sum_{k=0}^{n} x_k \mathbb{I}_{A_k}$，则 $0 \leqslant X_1 \leqslant X_2 \leqslant X_3 \leqslant \cdots$ 且 $\lim_{n\to\infty} X_n = X$ 几乎必然(事实上"必然")成立。由定理 1.3.4(i)，有：

$$\mathbb{E}X_n = \sum_{k=0}^{n} x_k \, \mathbb{P}\{X = x_k\}$$

在上式两边同时令 $n \to \infty$ 取极限，并利用单调收敛定理，我们得到：

$$\mathbb{E}X = \lim_{n\to\infty} \mathbb{E}X_n = \lim_{n\to\infty}\sum_{k=0}^{n} x_k \, \mathbb{P}\{X = x_k\} = \sum_{k=0}^{\infty} x_k \, \mathbb{P}\{X = x_k\} \qquad \square$$

注 1.4.7 如果 X 既取正值又取负值，我们可将推论 1.4.6 分别运用于 X^+ 和 X^-，再将得到的结果相减，只要不出现"$\infty - \infty$"的情形，仍得到公式(1.4.1)。

例 1.4.8[圣彼得堡(St. Petersburg)悖论] 考虑无穷次独立抛掷硬币的空间 Ω_∞，选定的概率测度相应于每次抛掷出现正面的概率 $p = \frac{1}{2}$。定义随机变量

$$X(\omega) = \begin{cases} 2, & \text{如果 } \omega_1 = H \\ 4, & \text{如果 } \omega_1 = T, \omega_2 = H \\ 8, & \text{如果 } \omega_1 = \omega_2 = T, \omega_3 = H \\ & \vdots \\ 2^k, & \text{如果 } \omega_1 = \omega_2 = \cdots = \omega_{k-1} = T, \omega_k = H \\ & \vdots \end{cases}$$

除了全部为背面的序列外，我们对所有抛掷硬币结果的序列定义了 $X(\omega)$。对于全部为背面的序列，我们定义 $X(TTT\cdots) = \infty$。这样，$X = \infty$ 的概率(即全部为背面的序列的概率)为 0。因此，X 几乎必然有限。根据推论 1.4.6，有：

$$\begin{aligned} \mathbb{E}X &= 2 \cdot \mathbb{P}\{X=2\} + 4 \cdot \mathbb{P}\{X=4\} + 8 \cdot \mathbb{P}\{X=8\} + \cdots \\ &= 2 \cdot \frac{1}{2} + 4 \cdot \frac{1}{4} + 8 \cdot \frac{1}{8} + \cdots \end{aligned}$$

$=1+1+1+\cdots$
$=\infty$

注意:尽管 X 几乎必然有限,$\mathbb{E}X$ 却等于∞。 □

以下定理提供了另一种确保函数列积分的极限等于极限函数积分的常见情形。

定理 1.4.9 (控制收敛定理) 设一列随机变量 $X_1, X_2, X_3, \cdots$ 几乎必然收敛于另一随机变量 X。如果存在另一个随机变量 Y,满足 $\mathbb{E}Y<\infty$ 并且对所有 n,$|X_n|\leqslant Y$ 几乎必然成立,则:

$$\lim_{n\to\infty}\mathbb{E}X_n=\mathbb{E}X$$

设一列$\mathbb{R}$上的博雷尔可测函数 $f_1, f_2, f_3, \cdots$ 几乎处处收敛于 f。如果存在另一博雷尔可测函数 g,满足 $\int_{-\infty}^{\infty} g(x)dx<\infty$ 并且对所有 n,$|f_n|\leqslant g$ 几乎必然成立,则

$$\lim_{n\to\infty}\int_{-\infty}^{\infty} f_n(x)dx=\int_{-\infty}^{\infty} f(x)dx$$

1.5 期望的计算

设 X 是定义在某一概率空间$(\Omega, \mathcal{F}, \mathbb{P})$上的随机变量,我们已将 X 的期望定义为勒贝格积分

$$\mathbb{E}X=\int_{\Omega} X(\omega)d\,\mathbb{P}(\omega)$$

其思想是在 Ω 上对 $X(\omega)$的值求平均,其中考虑到概率的因素。这一程度的抽象有时是很有用的。例如,利用积分的线性性,直接可得:

$$\mathbb{E}(X+Y)=\mathbb{E}X+\mathbb{E}Y$$

与此对比,如果利用 X 和 Y 的联合密度推导这一事实,将会招致相当繁冗、乏味的计算。

另一方面,对于积分的实际计算,抽象空间 Ω 并非是一个适宜的环境。实际计算中,我们常常需要借助于所考虑随机变量的密度,转而计算实数空间,而不是 Ω 上的积分。这一节中,我们推导 Ω 上的积分与$\mathbb{R}$上的积分之间的联系。

回顾一下,X 的分布测度是$\mathbb{R}$上的概率测度 μ_X,它由下式定义:

$$\mu_X(B)=\mathbb{P}\{X\in B\},\quad \forall B\in\mathcal{B}(\mathbb{R}) \tag{1.5.1}$$

由于 μ_X 是$\mathbb{R}$上的概率测度,我们可以用它在$\mathbb{R}$上对函数积分。以下是联系 Ω 上的积分与$\mathbb{R}$上的积分的基本定理。

定理 1.5.1 设 X 是定义在概率空间$(\Omega, \mathcal{F}, \mathbb{P})$上的随机变量,$g$ 是$\mathbb{R}$上的博雷尔可测函数,则:

$$\mathbb{E}|g(X)|=\int_{\mathbb{R}}|g(x)|d\mu_X(x) \tag{1.5.2}$$

如果此量有限，则：

$$\mathbb{E}g(X)=\int_{\mathbb{R}}g(x)d\mu_X(x) \tag{1.5.3}$$

【证明】 以下将定理证明分为四步，这套证法称为**标准程式**。

第一步，指示函数。假定函数 $g(x)=\mathbb{I}_B(x)$ 是$\mathbb{R}$ 中博雷尔集的指示函数。因为此函数非负，式(1.5.2)与式(1.5.3)相同，即：

$$\mathbb{E}\,\mathbb{I}_B(X)=\int_{\mathbb{R}}\mathbb{I}_B(x)d\mu_X(x) \tag{1.5.4}$$

由于随机变量$\mathbb{I}_B(X)$仅取 0 和 1 两个值，其期望值为：

$$\mathbb{E}\,\mathbb{I}_B(X)=1\cdot\mathbb{P}\{X\in B\}+0\cdot\mathbb{P}\{X\notin B\}=\mathbb{P}\{X\in B\}$$

类似地，哑变量(而非随机变量!) x 的函数$\mathbb{I}_B(x)$也仅取 0 和 1 两个值，由定理 1.3.1(i)(其中 $\Omega=\mathbb{R}, X=\mathbb{I}_B, \mathbb{P}=\mu_X$)，其积分为：

$$\int_{\mathbb{R}}\mathbb{I}_B(x)d\mu_X(x)=1\cdot\mu_X\{x;\mathbb{I}_B(x)=1\}+0\cdot\mu_X\{x;\mathbb{I}_B(x)=0\}=\mu_X(B)$$

根据式(1.5.1)，上述两者相等，从而式(1.5.4)得证。

第二步，非负简单函数。常数与指示函数乘积的有限和称为简单函数。这一步，我们假定：

$$g(x)=\sum_{k=1}^{n}\alpha_k\,\mathbb{I}_{B_k}(x)$$

其中 $\alpha_1,\alpha_2,\cdots,\alpha_n$ 是非负常数，$B_1,B_2,\cdots,B_n$ 是$\mathbb{R}$ 中的博雷尔集。由积分的线性性得：

$$\mathbb{E}g(X)=\mathbb{E}\sum_{k=1}^{n}\alpha_k\,\mathbb{I}_{B_k}(X)=\sum_{k=1}^{n}\alpha_k\,\mathbb{E}\,\mathbb{I}_{B_k}(X)=\sum_{k=1}^{n}\alpha_k\int_{\mathbb{R}}\mathbb{I}_{B_k}(x)d\mu_X(x)$$

其中最后一步利用了式(1.5.4)。由积分的线性性又可推得：

$$\sum_{k=1}^{n}\alpha_k\int_{\mathbb{R}}\mathbb{I}_{B_k}(x)d\mu_X(x)=\int_{\mathbb{R}}\Big(\sum_{k=1}^{n}\alpha_k\,\mathbb{I}_{B_k}(x)\Big)d\mu_X(x)=\int_{\mathbb{R}}g(x)d\mu_X(x)$$

于是就有：

$$\mathbb{E}g(X)=\int_{\mathbb{R}}g(x)d\mu_X(x)$$

其中 g 是非负简单函数。

第三步，非负博雷尔可测函数。设 $g(x)$是$\mathbb{R}$ 上的任意非负博雷尔可测函数。对每一正整数 n，定义集合

$$B_{k,n}=\left\{x;\frac{k}{2^n}\leqslant g(x)<\frac{k+1}{2^n}\right\},\quad k=0,1,2,\cdots,4^n-1$$

对每一固定的 n，集合 $B_{0,n},B_{1,n},\cdots,B_{4^n-1,n}$对应于分划

$$0<\frac{1}{2^n}<\frac{2}{2^n}<\cdots<\frac{4^n}{2^n}=2^n$$

在接下来第 $n+1$ 次分划中,包括了第 n 次分划的所有分点,并且新的分点都是相邻原分点之间的中点。由于这一事实,简单函数

$$g_n(x)=\sum_{k=0}^{4^n-1}\frac{k}{2^n}\mathbb{I}_{B_{k,n}}(x)$$

满足 $0\leqslant g_1\leqslant g_2\leqslant\cdots\leqslant g$。而且,随着 n 的增大,它们越来越精确地逼近函数 g;事实上,对任意 $x\in\mathbb{R}$,$\lim_{n\to\infty}g_n(x)=g(x)$。由第二步可知,对每一固定的 n,有:

$$\mathbb{E}g_n(X)=\int_{\mathbb{R}}g_n(x)d\mu_X(x)$$

在上式两边同时令 $n\to\infty$ 取极限,并利用单调收敛定理(定理 1.4.5),我们得到:

$$\mathbb{E}g(X)=\lim_{n\to\infty}\mathbb{E}g_n(X)=\lim_{n\to\infty}\int_{\mathbb{R}}g_n(x)d\mu_X(x)=\int_{\mathbb{R}}g(x)d\mu_X(x)$$

对于非负博雷尔可测函数 g,式(1.5.3)得证。

第四步,一般博雷尔可测函数。设 $g(x)$是$\mathbb{R}$ 上的一般博雷尔可测函数,既可能取正值,又可能取负值。这时,函数

$$g^+(x)=\max\{g(x),0\}\text{和 }g^-(x)=\max\{-g(x),0\}$$

均为非负博雷尔可测函数,由第三步,我们有:

$$\mathbb{E}g^+(X)=\int_{\mathbb{R}}g^+(x)d\mu_X(x),\ \mathbb{E}g^-(X)=\int_{\mathbb{R}}g^-(x)d\mu_X(x)$$

两式相加,得到式(1.5.2)。如果式(1.5.2)中的量有限,则:

$$\mathbb{E}g^+(X)=\int_{\mathbb{R}}g^+(x)d\mu_X(x)<\infty,\ \mathbb{E}g^-(X)=\int_{\mathbb{R}}g^-(x)d\mu_X(x)<\infty$$

于是两式相减不会出现"$\infty-\infty$"的情形。两式相减的结果便是式(1.5.3)。 □

定理 1.5.1 告诉我们:为了计算抽象空间 Ω 上的积分 $\mathbb{E}g(X)=\int_{\Omega}g(X(\omega))d\mathbb{P}(\omega)$,只需计算实数集上的积分 $\mathbb{E}g(X)=\int_{\mathbb{R}}g(x)d\mu_X(x)$。这仍然是一个勒贝格积分,只不过用的是分布测度 μ_X,而不是勒贝格测度。在实际计算时,我们还需要化为更熟悉的情形。根据随机变量 X 的不同特性,式(1.5.3)右端的分布测度 μ_X 可以有不同的形式。在最简单的情形,X 仅取有限多个值 $x_0,x_1,x_2,\cdots,x_n$,则 μ_X 在每一 x_k 处放置大小为 $p_k=\mathbb{P}\{X=x_k\}$的一块质量。这种情况下,公式(1.5.3)变为:

$$\mathbb{E}g(X)=\int_{\mathbb{R}}g(x)\mu_X(dx)=\sum_{k=0}^{n}g(x_k)p_k$$

在连续时间金融模型中,最为常见的是 X 具有密度。这意味着存在定义在$\mathbb{R}$ 上的非负博雷尔可测函数 f,使得:

$$\mu_X(B)=\int_B f(x)dx,\quad \forall B\in\mathcal{B}(\mathbb{R}) \tag{1.5.5}$$

有了密度,就可以通过计算 B 上的积分来求 $\mu_X(B)$。在大多数情况下,密度函数 f 是有界连续或者几乎处处连续的,因此式(1.5.5)右端的积分可以作为黎曼积分计算。

以下定理表明:如果 X 具有密度,我们可以利用这一密度来计算期望。

定理 1.5.2 设 X 是定义在概率空间$(\Omega,\mathcal{F},\mathbb{P})$上的随机变量,$g$ 是$\mathbb{R}$ 上的博雷尔可测函数。假设 X 具有密度 f[即 f 是满足式(1.5.5)的函数],则:

$$\mathbb{E}|g(X)|=\int_{-\infty}^{\infty}|g(x)|f(x)dx \tag{1.5.6}$$

如果此量有限,则:

$$\mathbb{E}g(X)=\int_{-\infty}^{\infty}g(x)f(x)dx \tag{1.5.7}$$

【证明】 定理证明仍采用标准程式。

第一步,指示函数。如果 $g(x)=\mathbb{I}_B(x)$,则由于 g 非负,式(1.5.6)与式(1.5.7)相同,即:

$$\mathbb{E}\,\mathbb{I}_B(X)=\int_B f(x)dx$$

上式左端为$\mathbb{P}\{X\in B\}=\mu_X(B)$,故由式(1.5.5)可知上式两边相等。

第二步,非负简单函数。如果 $g(x)=\sum_{k=1}^{n}\alpha_k\mathbb{I}_{B_k}(x)$,则:

$$\begin{aligned}\mathbb{E}g(X)&=\mathbb{E}\Big(\sum_{k=1}^{n}\alpha_k\,\mathbb{I}_{B_k}(X)\Big)=\sum_{k=1}^{n}\alpha_k\,\mathbb{E}\,\mathbb{I}_{B_k}(X)\\&=\sum_{k=1}^{n}\alpha_k\int_{-\infty}^{\infty}\mathbb{I}_{B_k}(x)f(x)dx\\&=\int_{-\infty}^{\infty}\sum_{k=1}^{n}\alpha_k\mathbb{I}_{B_k}(x)f(x)dx\\&=\int_{-\infty}^{\infty}g(x)f(x)dx\end{aligned}$$

第三步,非负博雷尔可测函数。与定理 1.5.1 的证明一样,我们构造一列非负简单函数 $0\leqslant g_1\leqslant g_2\leqslant\cdots\leqslant g$ 满足:对任意 $x\in\mathbb{R}$,$\lim\limits_{n\to\infty}g_n(x)=g(x)$。由第二步,对每一个 n,有:

$$\mathbb{E}g_n(X)=\int_{-\infty}^{\infty}g_n(x)f(x)dx$$

在上式两边同时令 $n\to\infty$,并利用单调收敛定理(定理 1.4.5),我们得到式(1.5.7)。

第四步,一般博雷尔可测函数。设 $g(x)$是$\mathbb{R}$ 上的一般博雷尔可测函数,既可能取正值,又可能取负值。由第三步,我们有:

$$\mathbb{E}g^{+}(X)=\int_{-\infty}^{\infty}g^{+}(x)f(x)dx, \quad \mathbb{E}g^{-}(X)=\int_{-\infty}^{\infty}g^{-}(x)f(x)dx$$

两式相加，得到式(1.5.6)。如果式(1.5.6)中的量有限，则两式相减得到式(1.5.7)。 □

1.6 测度变换

我们继续第一卷中3.1节的话题，在那里，我们利用取正值的随机变量 Z 来改变空间 Ω 上的概率测度。在金融市场的模型中，从真实概率测度 $\mathbb{P}$ 变为风险中性概率测度 $\widetilde{\mathbb{P}}$ 时，我们需要这么做。当 Ω 是不可数无限空间时，对每一个 $\omega\in\Omega$，$\mathbb{P}(\omega)=\widetilde{\mathbb{P}}(\omega)=0$，第一卷中式(3.1.1)的写法

$$Z(\omega)=\frac{\widetilde{\mathbb{P}}(\omega)}{\mathbb{P}(\omega)} \tag{1.6.1}$$

不再有意义，因为分母为0是没有定义的。我们可将上式重写为：

$$Z(\omega)\mathbb{P}(\omega)=\widetilde{\mathbb{P}}(\omega) \tag{1.6.2}$$

这样当两边同时为0时上式仍有意义，但此时它并不能揭示 $\mathbb{P}$，$\widetilde{\mathbb{P}}$ 和 Z 之间的关系。因为 $\mathbb{P}(\omega)=\widetilde{\mathbb{P}}(\omega)=0$，故对于 $Z(\omega)$ 的任何值，式(1.6.2)都成立。

然而，式(1.6.2)确实体现了测度变换的要义。为了从 $\mathbb{P}$ 变为 $\widetilde{\mathbb{P}}$，我们需要在 Ω 上重新指定概率，利用 Z 可以知道什么情况下增大了概率($Z>1$)，什么情况下减小了概率($Z<1$)。不过，我们应该按集合而不是按 ω 来做。具体过程见以下定理。

定理 1.6.1 设$(\Omega,\mathcal{F},\mathbb{P})$是概率空间，$Z$ 是几乎必然非负随机变量，满足 $\mathbb{E}Z=1$。对于 $A\in\mathcal{F}$，定义：

$$\widetilde{\mathbb{P}}(A)=\int_{A}Z(\omega)d\mathbb{P}(\omega) \tag{1.6.3}$$

则 $\widetilde{\mathbb{P}}$ 是概率测度。如果 X 是非负随机变量，则：

$$\widetilde{\mathbb{E}}X=\mathbb{E}[XZ] \tag{1.6.4}$$

如果 Z 是几乎必然严格为正的随机变量，则对任何非负随机变量 Y，有：

$$\mathbb{E}Y=\widetilde{\mathbb{E}}\left[\frac{Y}{Z}\right] \tag{1.6.5}$$

式(1.6.4)中出现的 $\widetilde{\mathbb{E}}$ 是概率测度 $\widetilde{\mathbb{P}}$ 下的期望[即 $\widetilde{\mathbb{E}}(X)=\int_{\Omega}X(\omega)d\widetilde{\mathbb{P}}(\omega)$]。

注 1.6.2 假设随机变量 X 既可能取正值，又可能取负值。对其正部 $X^{+}=\max\{X,0\}$ 和负部 $X^{-}=\max\{-X,0\}$ 分别运用式(1.6.4)，然后两式相减，只要不

出现“$\infty-\infty$”的情形，式(1.6.4)对这样的 X 仍然成立。式(1.6.5)也同样如此。

【定理 1.6.1 的证明】 根据定义 1.1.2，为了验证 $\widetilde{\mathbb{P}}$ 是概率测度，必须证明 $\widetilde{\mathbb{P}}(\Omega)=1$ 以及 $\widetilde{\mathbb{P}}$ 具有可数可加性质。由假设，我们有：

$$\widetilde{\mathbb{P}}(\Omega)=\int_{\Omega}Z(\omega)d\,\mathbb{P}(\omega)=\mathbb{E}Z=1$$

为证可数可加性，设 $A_1,A_2,\cdots$ 是 $\mathcal{F}$ 中一列互不相交的集合，并定义 $B_n=\bigcup_{n=1}^{n}A_k$，$B_\infty=\bigcup_{k=1}^{\infty}A_k$。由于

$$\mathbb{I}_{B_1}\leqslant\mathbb{I}_{B_2}\leqslant\mathbb{I}_{B_3}\leqslant\cdots$$

以及 $\lim\limits_{n\to\infty}\mathbb{I}_{B_n}=\mathbb{I}_{B_\infty}$，利用单调收敛定理(定理 1.4.5)，可得：

$$\widetilde{\mathbb{P}}(B_\infty)=\int_{\Omega}\mathbb{I}_{B_\infty}(\omega)Z(\omega)d\mathbb{P}(\omega)=\lim_{n\to\infty}\int_{\Omega}\mathbb{I}_{B_n}(\omega)Z(\omega)d\mathbb{P}(\omega)$$

但是，$\mathbb{I}_{B_n}(\omega)=\sum_{k=1}^{n}\mathbb{I}_{A_k}(\omega)$，因此：

$$\int_{\Omega}\mathbb{I}_{B_n}(\omega)Z(\omega)d\mathbb{P}(\omega)=\sum_{k=1}^{n}\int_{\Omega}\mathbb{I}_{A_k}(\omega)Z(\omega)d\mathbb{P}(\omega)=\sum_{k=1}^{n}\widetilde{\mathbb{P}}(A_k)$$

由上述两式，我们得到可数可加性质：

$$\widetilde{\mathbb{P}}\Big(\bigcup_{k=1}^{\infty}A_k\Big)=\lim_{n\to\infty}\sum_{k=1}^{n}\widetilde{\mathbb{P}}(A_k)=\sum_{k=1}^{\infty}\widetilde{\mathbb{P}}(A_k)$$

假设 X 是非负随机变量。如果 X 是指示函数 $X=\mathbb{I}_A$，则：

$$\widetilde{\mathbb{E}}X=\widetilde{\mathbb{P}}(A)=\int_{\Omega}\mathbb{I}_A(\omega)Z(\omega)d\,\mathbb{P}(\omega)=\mathbb{E}[\mathbb{I}_AZ]=\mathbb{E}[XZ]$$

这正是式(1.6.4)。利用定理 1.5.1 中给出的标准程式，可以完成式(1.6.4)的证明。如果 $Z>0$ 几乎必然成立，则 $\dfrac{Y}{Z}$ 有定义，在式(1.6.4)中以 $\dfrac{Y}{Z}$ 替代 X，就得到式(1.6.5)。 □

定义 1.6.3 设 Ω 是非空集合，$\mathcal{F}$ 是 Ω 的子集的 σ-代数。$(\Omega,\mathcal{F})$ 上的两个概率测度 $\mathbb{P}$ 和 $\widetilde{\mathbb{P}}$ 关于 $\mathcal{F}$ 中的哪些集合具有零概率是一致的，那么它们是等价的。

在定理 1.6.1 的假定下(包括 $Z>0$ 几乎必然成立的假定)，$\mathbb{P}$ 和 $\widetilde{\mathbb{P}}$ 是等价的。设给定 $A\in\mathcal{F}$ 且 $\mathbb{P}(A)=0$，则随机变量 $\mathbb{I}_AZ$ 在 $\mathbb{P}$ 下几乎必然为 0，由此可得：

$$\widetilde{\mathbb{P}}(A)=\int_{\Omega}\mathbb{I}_A(\omega)Z(\omega)d\mathbb{P}(\omega)=0$$

另一方面，假设 $B\in\mathcal{F}$ 满足 $\widetilde{\mathbb{P}}(B)=0$，则 $\dfrac{\mathbb{I}_B}{Z}=0$ 在 $\widetilde{\mathbb{P}}$ 下几乎必然成立，从而

$$\widetilde{\mathbb{E}}\Big[\frac{1}{Z}\mathbb{I}_B\Big]=0$$

由式(1.6.5)可推得$\mathbb{P}(B)=\mathbb{E}\mathbb{I}_B=0$。这表明$\mathbb{P}$和$\widetilde{\mathbb{P}}$关于$\mathcal{F}$中哪些集合具有零概率是一致的。由于具有概率1的集合是具有概率0的集合的余集,因此$\mathbb{P}$和$\widetilde{\mathbb{P}}$关于$\mathcal{F}$中哪些集合具有概率1也是一致的。因为$\mathbb{P}$和$\widetilde{\mathbb{P}}$等价,当我们称一个事件**几乎必然**发生时,就不必指明是在其中哪一个测度下成立。

在金融模型中,我们将首先建立一个样本空间Ω,它可被视为关于未来可能情景的集合。我们设想这个可能情境的集合具有真实概率测度$\mathbb{P}$。然而,为了定价衍生产品,我们将用到风险中性测度$\widetilde{\mathbb{P}}$。我们坚持这两个测度是等价的。它们关于哪些情形是可能的或者不可能的必须一致,尽管关于可能性的大小也许并不一致。这与二叉树模型中的情形是相同的:$\mathbb{P}$和$\widetilde{\mathbb{P}}$对于各股价路径指定了不同的概率,但$\mathbb{P}$和$\widetilde{\mathbb{P}}$关于哪些是可能的股价路径是一致的。在连续时间模型中,有了$\mathbb{P}$和$\widetilde{\mathbb{P}}$,我们将确定衍生产品的价格,使得相应的对冲组合可以建立并且以$\widetilde{\mathbb{P}}$-概率1有效,从而也以$\mathbb{P}$-概率1有效。虽然我们是利用风险中性概率计算价格,但由此建立的对冲组合在真实(和风险中性)概率测度下以概率1有效。

人们通常把真实概率测度下的计算看作**真实世界**中的计算,而把风险中性测度下的计算看作**风险中性世界**中的计算。这就产生一个问题:在"风险中性世界"中算得的价格,对于我们生活在其中并发生盈利和亏损的"真实世界"是否适用?关于这个问题,我们的答案是:**只有一个世界**。在我们的模型中,只有一个样本空间Ω,它包括了金融市场所有可能的未来状态;只有一个资产价格变量,它是随机变量(即市场未来状态的函数)。我们有时采用由经验估计给出的真实概率,有时采用风险中性概率,然而关于哪些可能、哪些不可能的看法并不改变。在一种概率测度下几乎必然有效的对冲,在另一概率测度下也几乎必然有效,因为这两个概率测度关于具有概率1的事件是一致的。

第一卷3.1节中讨论的测度变换是定理1.6.1相应于有限概率空间的特例。当期望是求和时,第一卷中的例3.1.2中提供了一个案例,其中$\mathbb{P}$,$\widetilde{\mathbb{P}}$和$\mathbb{Z}$具有显式表达式。这里,我们将给出两个不可数概率空间上的例子。

例1.6.4 回顾例1.2.4,其中$\Omega=[0,1]$,$\mathbb{P}$是均匀(即勒贝格)测度,并且:

$$\widetilde{\mathbb{P}}[a,b]=\int_a^b 2\omega d\omega=b^2-a^2,\quad 0\leqslant a\leqslant b\leqslant 1 \tag{1.2.2}$$

我们可以利用$\mathbb{P}(d\omega)=d\omega$这一事实,将式(1.2.2)重写为:

$$\widetilde{\mathbb{P}}[a,b]=\int_{[a,b]} 2\omega d\,\mathbb{P}(\omega) \tag{1.2.2$'$}$$

$\mathcal{B}[0,1]$是由闭区间生成的σ-代数,故由式(1.2.2)$'$对所有闭区间$[a,b]\subset[0,1]$成立可以推得它对$[0,1]$的所有博雷尔子集成立:

$$\widetilde{\mathbb{P}}(B)=\int_B 2\omega d\,\mathbb{P}(\omega),\quad \forall B\in\mathcal{B}[0,1]$$

这正是式(1.6.3),其中 $Z(\omega)=2\omega$。

注意到 $Z(\omega)=2\omega$ 几乎必然严格为正($\mathbb{P}\{0\}=0$),并且

$$\mathbb{E}Z=\int_0^1 2\omega d\omega=1$$

根据式(1.6.4),对任一非负随机变量 $X(\omega)$,我们有:

$$\int_0^1 X(\omega)d\widetilde{\mathbb{P}}(\omega)=\int_0^1 X(\omega)\cdot 2\omega d\omega$$

这表明:

$$d\widetilde{\mathbb{P}}(\omega)=2\omega d\omega=2\omega d\mathbb{P}(\omega) \tag{1.6.6}$$

□

通常,若$\mathbb{P}$、$\widetilde{\mathbb{P}}$ 和 Z 具有定理 1.6.1 中的关系,我们可将式(1.6.4)和式(1.6.5)改写为:

$$\int_\Omega X(\omega)d\widetilde{\mathbb{P}}(\omega)=\int_\Omega X(\omega)Z(\omega)d\mathbb{P}(\omega)$$
$$\int_\Omega Y(\omega)d\mathbb{P}(\omega)=\int_\Omega \frac{Y(\omega)}{Z(\omega)}d\widetilde{\mathbb{P}}(\omega)$$

记住这些公式的一个方法就是形式地记 $Z(\omega)=\dfrac{d\widetilde{\mathbb{P}}(\omega)}{d\mathbb{P}(\omega)}$。式(1.6.6)是这一记法的一个特例。它体现了隐藏在没有意义的公式(1.6.1)背后的思想:某种意义上,Z 是“概率之比”。在例 1.6.4 中,对所有 $\omega\in[0,1]$,$Z(\omega)=2\omega$ 事实上是密度之比,其中分母为均匀密度 1。

定义 1.6.5 设$(\Omega,\mathcal{F},\mathbb{P})$是概率空间,$\widetilde{\mathbb{P}}$ 是与$\mathbb{P}$ 等价的另一个$(\Omega,\mathcal{F})$上的概率测度,Z 是几乎必然为正的随机变量,满足$\mathbb{E}Z=1$,并且通过式(1.6.3)联系$\mathbb{P}$ 和$\widetilde{\mathbb{P}}$,则称 Z 是$\widetilde{\mathbb{P}}$ 关于$\mathbb{P}$ 的**拉东—尼柯迪姆导数**,记为:

$$Z=\frac{d\widetilde{\mathbb{P}}}{d\mathbb{P}}$$

例 1.6.6(正态随机变量的测度变换) 设 X 是定义在概率空间$(\Omega,\mathcal{F},\mathbb{P})$上的标准正态随机变量。在例 1.2.6 中描述了 X 和$(\Omega,\mathcal{F},\mathbb{P})$的两种构造方法。在本例中,我们不必了解概率空间$(\Omega,\mathcal{F},\mathbb{P})$的细节,只需注意到 Ω 是不可数无限空间,对任一 $\omega\in\Omega$,$\mathbb{P}(\omega)=0$。

我们称 X 为标准正态随机变量,是指

$$\mu_X(B)=\mathbb{P}\{X\in B\}=\int_B\varphi(x)dx,\quad \forall B\in\mathcal{B}(\mathbb{R}) \tag{1.6.7}$$

其中:

$$\varphi(x)=\frac{1}{\sqrt{2\pi}}e^{-\frac{x^2}{2}}$$

是标准正态密度。如果取 $B=(-\infty,b]$，就化为更熟悉的条件：

$$\mathbb{P}\{X \leqslant b\} = \int_{-\infty}^{b} \varphi(x)dx, \quad \forall b \in \mathbb{R} \tag{1.6.8}$$

事实上，式(1.6.8)与看起来似乎更强的条件式(1.6.7)是等价的。对于标准正态随机变量 X，我们有：期望 $\mathbb{E}X=0$，方差 $\mathrm{Var}(X)=\mathbb{E}(X-\mathbb{E}X)^2=1$。

设 θ 是一个常数，定义 $Y=X+\theta$，于是在概率测度 $\mathbb{P}$ 下，Y 是正态随机变量，$\mathbb{E}Y=\theta$，$\mathrm{Var}(Y)=\mathbb{E}(Y-\mathbb{E}Y)^2=1$。在以下的讨论中，假定 θ 是一个正数（尽管公式中并不要求）。我们希望变换到 Ω 上的新概率测度 $\widetilde{\mathbb{P}}$，使得在 $\widetilde{\mathbb{P}}$ 下 Y 是标准正态随机变量。换言之，我们希望 $\widetilde{\mathbb{E}}Y=0$，$\widetilde{\mathrm{Var}}(Y)=\widetilde{\mathbb{E}}(Y-\widetilde{\mathbb{E}}Y)^2=1$。为此，我们并不是直接从 Y 减去 θ，而是对使得 $Y(\omega)$ 取正数的 ω 指定较小的概率，对使得 $Y(\omega)$ 取负数的 ω 指定较大的概率。我们**希望改变 Y 的分布，而并不改变随机变量 Y**。在金融中，从真实概率测度到风险中性概率测度的变换改变了资产价格的分布，而并不改变资产价格本身，本例有助于理解这一过程。

首先定义随机变量

$$Z(\omega) = e^{-\theta X(\omega)-\frac{1}{2}\theta^2}, \quad \forall \omega \in \Omega$$

这个随机变量具有两条重要性质，从而能够作为拉东—尼柯迪姆导数，用以生成与 $\mathbb{P}$ 等价的概率测度 $\widetilde{\mathbb{P}}$：

(i) 对所有 $\omega\in\Omega$，$Z(\omega)>0$（$Z>0$ 几乎必然成立就已足够）；

(ii) $\mathbb{E}Z=1$。

由于 Z 是通过指数函数定义，故性质(i)显然。性质(ii)可由以下积分得到：

$$\begin{aligned}
\mathbb{E}Z &= \int_{-\infty}^{\infty} e^{-\theta x-\frac{1}{2}\theta^2}\varphi(x)dx \\
&= \frac{1}{\sqrt{2\pi}}\int_{-\infty}^{\infty} e^{-\frac{1}{2}(x^2+2\theta x+\theta^2)}dx \\
&= \frac{1}{\sqrt{2\pi}}\int_{-\infty}^{\infty} e^{-\frac{1}{2}(x+\theta)^2}dx \\
&= \frac{1}{\sqrt{2\pi}}\int_{-\infty}^{\infty} e^{-\frac{1}{2}y^2}dy
\end{aligned}$$

以上最后一步作了积分变量代换 $y=x+\theta$，而标准正态密度的积分 $\frac{1}{\sqrt{2\pi}}\int_{-\infty}^{\infty} e^{-\frac{1}{2}y^2}dy=1$。

我们利用随机变量 Z，通过调节 Ω 中事件的概率，产生新的概率测度 $\widetilde{\mathbb{P}}$。定义：

$$\widetilde{\mathbb{P}}(A) = \int_A Z(\omega)d\,\mathbb{P}(\omega), \quad \forall A \in \mathcal{F} \tag{1.6.9}$$

随机变量 Z 具有性质：如果 $X(\omega)>0$，则 $Z(\omega)<1$（我们仍假定 θ 是正数）。这表明对于使 X 取正值的集合，$\widetilde{\mathbb{P}}$ 指定了（与 $\mathbb{P}$ 相比）较小的概率。我们断言：不仅

$\widetilde{\mathbb{E}}Y=0$,而且在$\widetilde{\mathbb{P}}$下 Y 是标准正态随机变量。为证明这一断言,我们计算:

$$\begin{aligned}\widetilde{\mathbb{P}}\{Y\leqslant b\} &= \int_{\{\omega;Y(\omega)\leqslant b\}} Z(\omega)d\,\mathbb{P}(\omega)\\ &= \int_{\Omega}\mathbb{I}_{\{Y(\omega)\leqslant b\}}Z(\omega)d\mathbb{P}(\omega)\\ &= \int_{\Omega}\mathbb{I}_{\{X(\omega)\leqslant b-\theta\}}e^{-\theta X(\omega)-\frac{1}{2}\theta^2}d\mathbb{P}(\omega)\end{aligned}$$

我们已将$\widetilde{\mathbb{P}}\{Y\leqslant b\}$表示为随机变量 X 的函数关于概率测度$\mathbb{P}$的积分,而 X 在概率测度$\mathbb{P}$下是标准正态随机变量。根据定理 1.5.2,有:

$$\begin{aligned}&\int_{\Omega}\mathbb{I}_{\{X(\omega)\leqslant b-\theta\}}e^{-\theta X(\omega)-\frac{1}{2}\theta^2}d\,\mathbb{P}(\omega)\\ &\quad= \int_{-\infty}^{\infty}\mathbb{I}_{\{x\leqslant b-\theta\}}e^{-\theta x-\frac{1}{2}\theta^2}\varphi(x)dx\\ &\quad= \frac{1}{\sqrt{2\pi}}\int_{-\infty}^{b-\theta}e^{-\theta x-\frac{1}{2}\theta^2}e^{-\frac{x^2}{2}}dx\\ &\quad= \frac{1}{\sqrt{2\pi}}\int_{-\infty}^{b-\theta}e^{-\frac{1}{2}(x+\theta)^2}dx\\ &\quad= \frac{1}{\sqrt{2\pi}}\int_{-\infty}^{b}e^{-\frac{1}{2}y^2}dy\end{aligned}$$

以上最后一步作了积分变量代换 $y=x+\theta$,由此得到:

$$\widetilde{\mathbb{P}}\{Y\leqslant b\} = \frac{1}{\sqrt{2\pi}}\int_{-\infty}^{b}e^{-\frac{1}{2}y^2}dy$$

这表明在概率测度$\widetilde{\mathbb{P}}$下,Y 是标准正态随机变量。 □

紧接着第一卷中的推论 2.4.6,我们曾讨论过风险中性测度的存在如何确保金融模型无套利,即所谓的**资产定价第一基本定理**。同样的论证对于连续时间模型仍然适用,并且事实上这也是期限结构模型中赫斯—加罗—墨顿无套利条件的基础。因此,我们感兴趣的是风险中性测度的存在性。如同这一节前面的讨论,它们必须等价于真实概率测度。这样的概率测度$\widetilde{\mathbb{P}}$如何产生?在定理 1.6.1 中,我们从概率测度$\mathbb{P}$和几乎必然为正的随机变量 Z 出发,构造等价概率测度$\widetilde{\mathbb{P}}$。事实上,这是得到与 P 等价的概率测度$\widetilde{\mathbb{P}}$的唯一方法。以下重要定理的证明超出了本书的范围。

定理 1.6.7 (拉东—尼柯迪姆定理) 设$\mathbb{P}$和$\widetilde{\mathbb{P}}$是$(\Omega,\mathcal{F})$上等价的概率测度,则存在几乎必然为正的随机变量 Z,满足$\mathbb{E}Z=1$,并且:

$$\widetilde{\mathbb{P}}(A) = \int_A Z(\omega)d\mathbb{P}(\omega),\quad \forall A\in\mathcal{F}$$

1.7 本章小结

概率论以**概率空间**$(\Omega,\mathcal{F},\mathbb{P})$(定义 1.1.2)为起点。这里,$\Omega$ 是随机试验的所有可能结果的集合,$\mathcal{F}$ 是 Ω 中使得概率有定义的子集族,**概率测度**$\mathbb{P}$ 是映射 $\mathcal{F}$ 到$[0,1]$的函数。概率空间的两条公理是$\mathbb{P}(\Omega)=1$ 以及**可数可加性**:互不相交集合并集的概率等于各集合的概率之和。

上段中的集合族 $\mathcal{F}$ 是一个 σ-代数,这意味着:$\phi\in\mathcal{F}$,$\mathcal{F}$ 中任何集合的余集仍在 $\mathcal{F}$ 中,$\mathcal{F}$ 中一列集合的并集仍在 $\mathcal{F}$ 中。$\mathbb{R}$ 中的博雷尔 σ-代数是包括$\mathbb{R}$ 中所有闭区间$[a,b]$的最小的 σ-代数,记为 $\mathcal{B}(R)$。实际中遇到的实数子集都是博雷尔集[即属于 $\mathcal{B}(\mathbb{R})$]。

随机变量 X 是从 Ω 到$\mathbb{R}$ 的映射(定义 1.2.1)。由定义,它具有性质:对任一 $B\in\mathcal{B}(\mathbb{R})$,集合$\{\omega\in\Omega;X(\omega)\in B\}$属于 σ-代数 $\mathcal{F}$。随机变量 X 与 Ω 上的概率测度 $\mathbb{P}$ 一起确定了$\mathbb{R}$ 上的一个**分布**。分布不是随机变量。不同的随机变量可以有相同的分布,同一随机变量(在不同测度下)可以有不同的分布。我们将分布描述为一个测度 μ_X,它为$\mathbb{R}$ 中的每一博雷尔子集 B 指定了质量 $\mu_X(B)=\mathbb{P}\{X\in B\}$(定义 1.2.3)。如果 X 具有密度 $f(x)$,则 $\mu_X(B)=\int_B f(x)dx$。如果 X 是离散随机变量,这意味着其取值为可数多个 $x_1,x_2,\cdots$之一,则我们定义 $p_i=\mathbb{P}\{X=x_i\}$,并且有 $\mu_X(B)=\sum_{\{i;x_i\in B\}}p_i$。

随机变量 X 的**期望**是 $\mathbb{E}X=\int_\Omega X(\omega)d\mathbb{P}(\omega)$,其中右端是 Ω 上的勒贝格积分。勒贝格积分在 1.3 节中讨论。由于勒贝格积分通过划分 y(垂直)轴构造逼近和,这与通过划分 x(水平)轴构造逼近和的黎曼积分不同。勒贝格积分具有人们意料中的一些性质(定理 1.3.4):

- **比较性**:如果 $X\leqslant Y$ 几乎必然成立,则$\mathbb{E}X\leqslant\mathbb{E}Y$;
- **线性性**:$\mathbb{E}(\alpha X+\beta Y)\leqslant\alpha\mathbb{E}X+\beta\mathbb{E}Y$。

此外,如果 φ 是凸函数,我们有**詹森不等式**:$\varphi(\mathbb{E}X)\leqslant\mathbb{E}\varphi(X)$。

如果随机变量 X 具有密度 $f(x)$,则 $\mathbb{E}X=\int_{-\infty}^{\infty}xf(x)dx$,更一般地,$\mathbb{E}g(X)=\int_{-\infty}^{\infty}g(x)f(x)dx$(定理 1.5.2)。如果随机变量是离散的,$p_i=\mathbb{P}\{X=x_i\}$,则 $\mathbb{E}g(X)=\sum_i g(x_i)p_i$。

假定一列随机变量 $X_1,X_2,X_3,\cdots$几乎必然收敛于随机变量 X,我们并不恒有:

$$\mathbb{E}X=\lim_{n\to\infty}\mathbb{E}X_n \tag{1.7.1}$$

然而,如果 $0\leqslant X_1\leqslant X_2\leqslant X_3\leqslant\cdots$几乎必然成立,则式(1.7.1)为真(单调收敛定理,定理 1.4.5)。另外,如果存在随机变量 Y 满足$\mathbb{E}Y<\infty$并且对每一 n,$|X_n|\leqslant Y$ 几乎必然成立,则式(1.7.1)为真(控制收敛定理,定理 1.4.9)。

我们可以从初始的概率空间$(\Omega,\mathcal{F},\mathbb{P})$变换到不同的测度$\widetilde{\mathbb{P}}$。考虑两种测度的动机是由于在金融中既有真实概率测度又有风险中性概率测度。如果$\mathbb{P}$是概率测度,Z是满足$\mathbb{E}Z=1$的非负随机变量,则由

$$\widetilde{\mathbb{P}}(A)=\int_A Z(\omega)d\,\mathbb{P}(\omega),\quad \forall A\in\mathcal{F}$$

定义的$\widetilde{\mathbb{P}}$也是概率测度(定理 1.6.1)。如果Z是几乎必然严格为正的随机变量,则$\widetilde{\mathbb{P}}$与$\mathbb{P}$是**等价的**:它们关于哪些集合具有零概率是一致的。对于随机变量X,我们有期望变换公式$\widetilde{\mathbb{E}}X=\mathbb{E}[XZ]$。如果$Z$是几乎必然严格为正的随机变量,则存在反方向的期望变换公式,即对任何随机变量Y,$\mathbb{E}Y=\widetilde{\mathbb{E}}\left[\frac{Y}{Z}\right]$。

1.8 评　注

概率论学习通常分为两个层次。第一层次,学习具有概率质量函数的离散随机变量以及具有密度的连续随机变量。这些可用于计算期望和方差,甚至条件期望(将在第二章中讨论)。进而学习连续随机变量的变换如何改变密度。德格鲁特(DeGroot)[48]是包含上述所有内容的一本写得很好的书。

本章讨论的内容相应于概率论学习的第二层次,以测度论为基础。在这一层次,随机变量被视为从样本空间Ω到实数集$\mathbb{R}$的函数。Ω的某些子集被称为事件,所有事件的全体生成一个σ-代数$\mathcal{F}$。$\mathcal{F}$中的每一集合A具有概率$\mathbb{P}(A)$。在这样的观点下,离散随机变量与连续随机变量被置于一个统一的框架中。采用这样的观点,对于理解金融中从真实概率测度变换到风险中性测度是十分必要的。

测度论观点的概率论始于柯尔莫哥洛夫[104],这方面较为综合全面的书是比林斯利(Billingsley)[10]。关于测度论概率和鞅的较为简明的书是威廉姆斯(Williams)[161],较详细的书是钟(Chung)[35]。所有这些都相当于博士研究生数学课程的水平。

1.9 习　题

习题 1.1　利用关于概率测度$\mathbb{P}$定义 1.1.2 中的性质,证明以下命题:

(i) 如果$A\in\mathcal{F}$,$B\in\mathcal{F}$,并且$A\subset B$,则$\mathbb{P}(A)\leqslant\mathbb{P}(B)$。

(ii) 如果$A\in\mathcal{F}$,$\{A_n\}_{n=1}^{\infty}$是$\mathcal{F}$中的一列集合,满足$\lim\limits_{n\to\infty}\mathbb{P}(A_n)=0$,并且对所有$n$,$A\subset A_n$,则$\mathbb{P}(A)=0$。[这一性质在例 1.1.4 中证明所有抛掷结果为正面的序列(事实上是任何单个序列)具有零概率时已经被用到。]

习题 1.2　例 1.1.4 中无穷次硬币抛掷空间Ω_∞是不可数无限空间。换言之,我们无法将其所有元素排成一列。为了证明这一不可能性,假定Ω_∞中所有元素可以排成一列:

$$\omega^{(1)}=\omega_1^{(1)}\omega_2^{(1)}\omega_3^{(1)}\omega_4^{(1)}\cdots$$
$$\omega^{(2)}=\omega_1^{(2)}\omega_2^{(2)}\omega_3^{(2)}\omega_4^{(2)}\cdots$$
$$\omega^{(3)}=\omega_1^{(3)}\omega_2^{(3)}\omega_3^{(3)}\omega_4^{(3)}\cdots$$
$$\vdots$$

考虑这样一个元素：其第一个分量取为 H 如果 $\omega_1^{(1)}$ 是 T，取为 T 如果 $\omega_1^{(1)}$ 是 H；其第二个分量取为 H 如果 $\omega_2^{(2)}$ 是 T，取为 T 如果 $\omega_2^{(2)}$ 是 H；其第三个分量取为 H 如果 $\omega_3^{(3)}$ 是 T，取为 T 如果 $\omega_3^{(3)}$ 是 H……以此类推。该元素不可能出现在上面的列式中，因此上面的列式并未包括 Ω_∞ 中所有元素。

现在，考虑这样的硬币抛掷序列的集合：其偶数次抛掷均与上一次抛掷结果相同，即：

$$A=\{\omega=\omega_1\omega_2\omega_3\omega_4\omega_5\cdots;\omega_1=\omega_2,\omega_3=\omega_4,\cdots\}$$

(i) 证明：A 是不可数无限集。

(ii) 证明：当 $0<p<1$ 时，我们有 $\mathbb{P}(A)=0$。

不可数无限集可以具有 0 和 1 之间(包括 0 和 1)的任何概率。集合的不可数性质与其概率的确定没有关系。

习题 1.3 考虑这样一个定义在[0,1]的所有子集上的函数 $\mathbb{P}$：当 A 是有限集时，$\mathbb{P}(A)=0$；当 A 是无限集时，$\mathbb{P}(A)=\infty$。证明 $\mathbb{P}$ 满足式(1.1.3)～式(1.1.5)，但是 $\mathbb{P}$ 并不具有可数可加性质(1.1.2)。于是我们可知：有限可加性质(1.1.5)并不蕴含可数可加性质(1.1.2)。

习题 1.4 (i) 在每次硬币抛掷出现正面的概率均为 $p=\frac{1}{2}$ 的假定下，构造一个例 1.1.4 中的空间 $(\Omega_\infty,\mathcal{F}_\infty,\mathbb{P})$ 上的标准正态随机变量 Z。(提示：考虑例 1.2.5 和例 1.2.6。)

(ii) 定义 Ω_∞ 上的一列随机变量 $\{Z_n\}_{n=1}^{\infty}$ 满足：

$$\lim_{n\to\infty}Z_n(\omega)=Z(\omega),\quad \forall\,\omega\in\Omega_\infty$$

并且对每一个 n，Z_n 仅依赖于前 n 次硬币抛掷。(这就给出了利用有限次硬币抛掷生成的随机变量逼近标准正态随机变量的算法，对于蒙特卡罗模拟十分有用。)

习题 1.5 对于二重勒贝格积分，与二重黎曼积分一样，积分次序可以交换。所需要的唯一假定就是被积函数非负或者可积。以下是这一事实的一个应用。

设非负随机变量 X 具有累积分布函数 $F(x)=\mathbb{P}(X\leqslant x)$，证明：

$$\mathbb{E}X=\int_0^\infty(1-F(x))dx$$

[提示：先证明 $\int_\Omega\int_0^\infty \mathbb{I}_{[0,X(\omega))}(x)dxd\mathbb{P}(\omega)$ 既等于 $\mathbb{E}X$，又等于 $\int_0^\infty(1-F(x))dx$。]

习题 1.6 设 u 是 $\mathbb{R}$ 中的固定实数，定义凸函数 $\varphi(x)=e^{ux}$，$\forall\,x\in\mathbb{R}$。设 X 为均值 $\mu=\mathbb{E}X$，标准差 $\sigma=[\mathbb{E}(X-\mu)^2]^{\frac{1}{2}}$ 的正态随机变量，即具有密度

$$f(x) = \frac{1}{\sigma\sqrt{2\pi}}\exp\left\{-\frac{(x-\mu)^2}{2\sigma^2}\right\}$$

(i) 验证：

$$\mathbb{E}e^{uX} = \exp\left\{u\mu + \frac{1}{2}u^2\sigma^2\right\}$$

(ii) 验证詹森不等式成立：

$$\mathbb{E}\varphi(X) \geqslant \varphi(\mathbb{E}X)$$

习题 1.7 对每一个正整数 n，定义均值为 0，方差为 n 的正态密度 f_n：

$$f_n(x) = \frac{1}{\sqrt{2n\pi}}e^{-\frac{x^2}{2n}}$$

(i) 求 $f(x) = \lim\limits_{n\to\infty} f_n(x)$。

(ii) 求 $\lim\limits_{n\to\infty}\int_{-\infty}^{\infty} f_n(x)dx$。

(iii) 注意 $\lim\limits_{n\to\infty}\int_{-\infty}^{\infty} f_n(x)dx \neq \int_{-\infty}^{\infty} f(x)dx$，解释为何这并不破坏单调收敛定理(定理 1.4.5)，及为何这也不破坏控制收敛定理(定理 1.4.9)。

习题 1.8 (矩母函数) 设 X 为非负随机变量，假定对每一个 $t\in\mathbb{R}$，$\varphi(t) = \mathbb{E}e^{tX}$ 有限。进一步假定对每一个 $t\in\mathbb{R}$，$\mathbb{E}[Xe^{tX}] < \infty$。本题旨在证明 $\varphi'(t) = \mathbb{E}[Xe^{tX}]$，从而，特别有 $\varphi'(0) = \mathbb{E}X$。

回顾导数的定义：

$$\varphi'(t) = \lim_{s\to t}\frac{\varphi(t)-\varphi(s)}{t-s} = \lim_{s\to t}\frac{\mathbb{E}e^{tX}-\mathbb{E}e^{sX}}{t-s} = \lim_{s\to t}\mathbb{E}\left[\frac{e^{tX}-e^{sX}}{t-s}\right]$$

上述极限是关于**连续变量** s 取的，但是我们可以选取一列收敛于 t 的数 $\{s_n\}_{n=1}^{\infty}$，计算

$$\lim_{s_n\to t}\mathbb{E}\left[\frac{e^{tX}-e^{s_nX}}{t-s_n}\right]$$

现在，我们是对随机变量**序列**

$$Y_n = \frac{e^{tX}-e^{s_nX}}{t-s_n}$$

求期望值的极限。如果不论如何选取收敛于 t 的数列 $\{s_n\}_{n=1}^{\infty}$，上述极限都存在且相等，则其极限必与 $\lim\limits_{s\to t}\mathbb{E}\left[\frac{e^{tX}-e^{sX}}{t-s}\right]$ 相同，从而等于 $\varphi'(t)$。

由微积分中的中值定理，如果 $f(t)$ 是可微函数，则对任意两个数 s 和 t，必有介于 s 和 t 之间的数 θ，使得：

$$f(t) - f(s) = f'(\theta)(t-s)$$

固定 $\omega\in\Omega$，并定义 $f(t) = e^{tX(\omega)}$，则由上式得：

$$e^{tX(\omega)}-e^{sX(\omega)}=(t-s)X(\omega)e^{\theta(\omega)X(\omega)} \tag{1.9.1}$$

其中 $\theta(\omega)$ 是依赖于 ω 的数（即取值位于 s 和 t 之间的随机变量）。

(i) 利用控制收敛定理（定理 1.4.9）以及式（1.9.1），证明：

$$\lim_{n\to\infty}\mathbb{E}Y_n=\mathbb{E}[\lim_{n\to\infty}Y_n]=\mathbb{E}[Xe^{tX}] \tag{1.9.2}$$

这就得到了希望证明的公式 $\varphi'(t)=\mathbb{E}[Xe^{tX}]$。

(ii) 假设随机变量 X 既可能取正值也可能取负值，并且满足：对每一个 $t\in\mathbb{R}$，$\mathbb{E}e^{tX}<\infty$ 以及 $\mathbb{E}[|X|e^{tX}]<\infty$。证明 $\varphi'(t)=\mathbb{E}[Xe^{tX}]$ 仍成立。［提示：利用式（1.3.1）的记号将 X 写为 $X=X^+-X^-$。］

习题 1.9 设 X 是某个概率空间 $(\Omega,\mathcal{F},\mathbb{P})$ 上的随机变量，$A\in\mathcal{F}$，如果对任意的 $B\in\mathcal{B}(\mathbb{R})$，我们有：

$$\int_A \mathbb{I}_B(X(\omega))d\,\mathbb{P}(\omega)=\mathbb{P}(A)\cdot\mathbb{P}\{X\in B\} \tag{1.9.3}$$

则称 X **独立**于事件 A。

证明：如果 X 独立于事件 A，则对任意的博雷尔可测函数 g 有：

$$\int_A g(X(\omega))d\,\mathbb{P}(\omega)=\mathbb{P}(A)\cdot\mathbb{E}g(X)$$

习题 1.10 设 $\mathbb{P}$ 是 $\Omega=[0,1]$ 上的均匀（勒贝格）测度。定义：

$$Z(\omega)=\begin{cases}0, & 如果\ 0\leqslant\omega<\dfrac{1}{2}\\ 2, & 如果\ \dfrac{1}{2}\leqslant\omega\leqslant 1\end{cases}$$

对于 $A\in\mathcal{B}[0,1]$，定义：

$$\widetilde{\mathbb{P}}(A)=\int_A Z(\omega)d\,\mathbb{P}(\omega)$$

(i) 证明：$\widetilde{\mathbb{P}}$ 是概率测度。

(ii) 证明：如果 $\mathbb{P}(A)=0$，则 $\widetilde{\mathbb{P}}(A)=0$。这时，我们称 $\widetilde{\mathbb{P}}$ 关于 $\mathbb{P}$ **绝对连续**。

(iii) 证明：存在集合 A，使得 $\widetilde{\mathbb{P}}(A)=0$，但是 $\mathbb{P}(A)>0$。换言之，$\widetilde{\mathbb{P}}$ 和 $\mathbb{P}$ 并不等价。

习题 1.11 例 1.6.6 中讨论了测度 $\mathbb{P}$ 下的标准正态随机变量 X，根据习题 1.6，X 的矩母函数

$$\mathbb{E}e^{uX}=e^{\frac{1}{2}u^2},\quad \forall u\in\mathbb{R}$$

随机变量的矩母函数确定其分布。特别地，矩母函数是 $e^{\frac{1}{2}u^2}$ 的任何随机变量必为标准正态。在例 1.6.6 中，我们还定义了 $Y=X+\theta$，其中 θ 是常数。我们令 $Z=e^{-\theta X-\frac{1}{2}\theta^2}$，并由公式（1.6.9）定义 $\widetilde{\mathbb{P}}$：

$$\widetilde{\mathbb{P}}(A)=\int_A Z(\omega)d\,\mathbb{P}(\omega),\quad \forall A\in\mathcal{F}$$

通过考虑累积分布函数,我们证明了 Y 在 $\widetilde{\mathbb{P}}$ 下是标准正态随机变量。通过验证矩母函数公式

$$\widetilde{\mathbb{E}}e^{uY}=e^{\frac{1}{2}u^2},\quad \forall u\in\mathbb{R}$$

给出 Y 在 $\widetilde{\mathbb{P}}$ 下是标准正态随机变量的另一个证明。

习题 1.12 在例 1.6.6 中,我们讨论了概率空间 $(\Omega,\mathcal{F},\mathbb{P})$ 上的标准正态随机变量 X,并且定义了随机变量 $Y=X+\theta$,其中 θ 是常数。我们还令 $Z=e^{-\theta X-\frac{1}{2}\theta^2}$,并且利用 Z 作为拉东—尼柯迪姆导数,由公式(1.6.9)构造了概率测度 $\widetilde{\mathbb{P}}$:

$$\widetilde{\mathbb{P}}(A)=\int_A Z(\omega)d\,\mathbb{P}(\omega),\quad \forall A\in\mathcal{F}$$

在 $\widetilde{\mathbb{P}}$ 下,Y 被证明是标准正态随机变量。

现在,我们有概率空间 $(\Omega,\mathcal{F},\widetilde{\mathbb{P}})$ 上的标准正态随机变量 Y,而 $X=Y-\theta$。在上面的讨论中,以 Y 取代 X,并以 $-\theta$ 取代 θ,我们可以令 $\hat{Z}=e^{\theta Y-\frac{1}{2}\theta^2}$,并且利用 $\hat{Z}$ 作为拉东—尼柯迪姆导数,由以下公式构造概率测度 $\hat{\mathbb{P}}$:

$$\hat{\mathbb{P}}(A)=\int_A \hat{Z}(\omega)d\,\widetilde{\mathbb{P}}(\omega),\quad \forall A\in\mathcal{F}$$

于是,在 $\hat{\mathbb{P}}$ 下,X 是标准正态随机变量。证明:$\hat{Z}=\frac{1}{Z}$ 并且 $\hat{\mathbb{P}}=\mathbb{P}$。

习题 1.13(正态随机变量的测度变换) 本题中,我们将对例 1.6.6 中的拉东—尼柯迪姆导数 $Z(\omega)$ 的公式提供一个不太严格但却颇具启发性的推导。如同例 1.6.6,设 X 是某个概率空间 $(\Omega,\mathcal{F},\mathbb{P})$ 上的标准正态随机变量,令 $Y=X+\theta$。我们要定义一个严格为正的随机变量 $Z(\omega)$,使得 Y 在由

$$\widetilde{\mathbb{P}}(A)=\int_A Z(\omega)dP(\omega),\quad \forall A\in\mathcal{F} \tag{1.9.4}$$

定义的概率测度 $\widetilde{\mathbb{P}}$ 下是标准正态随机变量。给定 $\bar{\omega}\in\Omega$,选取一个包含 $\bar{\omega}$ 的"小"集合 A,则由式(1.9.4)得:

$$\widetilde{\mathbb{P}}(A)\approx Z(\bar{\omega})\mathbb{P}(A)$$

其中记号 $\approx$ 表示"近似等于"。两边同除以 $\mathbb{P}(A)$,可知对包含 $\bar{\omega}$ 的"小"集合 A,有:

$$\frac{\widetilde{\mathbb{P}}(A)}{\mathbb{P}(A)}\approx Z(\bar{\omega})$$

我们将利用此式来确定 $Z(\bar{\omega})$。

设 $x=X(\bar{\omega})$。对于 $\varepsilon>0$,定义 $B(x,\varepsilon)=\left[x-\frac{\varepsilon}{2},x+\frac{\varepsilon}{2}\right]$ 为以 x 为中心,长度

为 ε 的闭区间。令 $y=x+\theta, B(y,\varepsilon)=\left[y-\frac{\varepsilon}{2}, y+\frac{\varepsilon}{2}\right]$。

(i) 证明：

$$\frac{1}{\varepsilon}\mathbb{P}\{X\in B(x,\varepsilon)\}\approx\frac{1}{\sqrt{2\pi}}e^{-\frac{X^2(\bar{\omega})}{2}}$$

(ii) 证明：为使 Y 在 $\widetilde{\mathbb{P}}$ 下是标准正态随机变量，我们必须有

$$\frac{1}{\varepsilon}\widetilde{\mathbb{P}}\{Y\in B(y,\varepsilon)\}\approx\frac{1}{\sqrt{2\pi}}e^{-\frac{Y^2(\bar{\omega})}{2}}$$

(iii) 证明：$\{X\in B(x,\varepsilon)\}$ 与 $\{Y\in B(y,\varepsilon)\}$ 是同一个集合，记为 $A(\bar{\omega},\varepsilon)$。当 $\varepsilon>0$ 很小时，$A(\bar{\omega},\varepsilon)$ 是包含 $\bar{\omega}$ 的"小"集合。

(iv) 证明：

$$\frac{\widetilde{\mathbb{P}}(A(\bar{\omega},\varepsilon))}{\mathbb{P}(A(\bar{\omega},\varepsilon))}\approx e^{-\theta X(\bar{\omega})-\frac{1}{2}\theta^2}$$

上式右端就是我们需要推导的例 1.6.6 中 $Z(\bar{\omega})$ 的值。

习题 1.14（指数随机变量的测度变换） 设 X 是定义在概率空间 $(\Omega,\mathcal{F},\mathbb{P})$ 上的非负随机变量，并且具有**指数分布**，即：

$$\mathbb{P}\{X\leqslant a\}=1-e^{-\lambda a},\quad a\geqslant 0$$

其中 λ 是正的常数。设 $\bar{\lambda}$ 是另一个正的常数，定义：

$$Z=\frac{\bar{\lambda}}{\lambda}e^{-(\bar{\lambda}-\lambda)X}$$

由下式定义 $\widetilde{\mathbb{P}}$：

$$\widetilde{\mathbb{P}}(A)=\int_A Z d\,\mathbb{P},\quad \forall A\in\mathcal{F}$$

(i) 证明：$\widetilde{\mathbb{P}}(\Omega)=1$。

(ii) 在概率测度 $\widetilde{\mathbb{P}}$ 下计算随机变量 X 的累积分布函数：

$$\widetilde{\mathbb{P}}\{X\leqslant a\},\quad a\geqslant 0$$

习题 1.15［由亚历山大·额（Alexander Ng）提供］ 设 X 是概率空间 $(\Omega,\mathcal{F},\mathbb{P})$ 上的随机变量，假定 X 具有密度函数 $f(x)$ 满足：$f(x)>0, \forall x\in\mathbb{R}$。设 g 是严格递增的可微函数，并满足：

$$\lim_{y\to-\infty}g(y)=-\infty,\quad \lim_{y\to\infty}g(y)=\infty$$

定义随机变量 $Y=g(X)$。

设 $h(y)$ 是满足 $\int_{-\infty}^{\infty}h(y)dy=1$ 的任一非负函数。我们希望改变概率测度，使得 $h(y)$ 是随机变量 Y 的密度函数。为此，我们定义：

$$Z=\frac{h(g(X))g'(X)}{f(X)}$$

(i) 证明:随机变量 Z 是非负的且$\mathbb{E}Z=1$。

现在,定义$\widetilde{\mathbb{P}}$:

$$\widetilde{\mathbb{P}}(A)=\int_A Zd\,\mathbb{P}, \quad \forall A\in\mathcal{F}$$

(ii) 证明:随机变量 Y 在$\widetilde{\mathbb{P}}$下具有密度 h。

2 信息和条件期望

2.1 信息和 σ-代数

衍生证券的无套利定价理论是基于一系列应对方案的。为了对衍生证券进行定价，我们要确定建立该衍生证券空头的对冲资产组合所需要的初始财富。在未来的每一时刻，我们根据从现在到未来时刻之间不确定性的逐步化解，相应调整对冲组合中原生资产的头寸。为了作出这些应对方案，需要对未来我们的决策所依据的信息进行数学建模。在二叉树模型中，信息就是从初始时刻到未来时刻的硬币抛掷结果。对于连续时间模型，需要某些更为复杂的方法来刻划信息的概念。

我们总是设想在进行某个随机试验，其结果是所有可能结果的集合 Ω 中的一个元素 ω。我们可能获知一些信息，虽不足以确切地得知 ω，但可以逐步缩小可能结果的范围。例如，真实的 ω 也许是三次抛掷硬币的结果，而我们仅知晓第一次结果。或者也许我们被告知在时刻 2 的股价，但并不知道任何有关硬币抛掷的结果。在这样的情况下，虽然我们并不确切地知道真实的 ω，但我们可以列出那些肯定包含 ω 的集合以及肯定不含 ω 的集合。这就是**依信息分解**得到的集合。

事实上，假设 Ω 是三次硬币抛掷的 8 个可能结果的集合。如果我们仅知晓第一次结果，则有以下分解：

$$A_H=\{HHH,HHT,HTH,HTT\},$$
$$A_T=\{THH,THT,TTH,TTT\} \qquad (2.1.1)$$

一旦知晓第一次抛掷硬币结果，我们就能知道真实的 ω 是上述哪一个集合中的元素。即使没有任何信息，我们总是知道真实的 ω 不属于空集 ϕ，并且一定属于全空间 Ω。依第一次抛掷硬币结果分解得到的这四个集合构成 σ-代数

$$\mathcal{F}_1=\{\phi,\Omega,A_H,A_T\}$$

我们认为这个 σ-代数包含了由第一次硬币抛掷结果给出的信息。确切地说，如果我们不是被告知第一次硬币抛掷的结果，而被告知对 $\mathcal{F}_1$ 中每一个集合，真实的 ω 是否属于该集合，则我们就能知道第一次硬币抛掷的结果，并且无法知道更多的信息。

如果我们被告知前两次抛掷硬币的结果，则可以得到更精细的分解。尤其是可得到以下 4 个集合：

$$A_{HH}=\{HHH,HHT\},\quad A_{HT}=\{HTH,HTT\},$$
$$A_{TH}=\{THH,THT\},\quad A_{TT}=\{TTH,TTT\} \tag{2.1.2}$$

当然,$\mathcal{F}_1$中的集合仍可以得到。由分解得到的任一集合的余集也可得到,从而A_{HH}^c,A_{HT}^c,A_{TH}^c和A_{TT}^c都可以得到。任何两个由分解得到集合的并集仍可得到,这意味着$A_{HH}\cup A_{TH}$,$A_{HH}\cup A_{TT}$,$A_{HT}\cup A_{TH}$和$A_{HT}\cup A_{TT}$都可以得到。我们注意到,另两个并集$A_H=A_{HH}\cup A_{HT}$和$A_T=A_{TH}\cup A_{TT}$已经得到。至于3个集合的并集,它们是上述提及的集合的余集,例如:

$$A_{HH}\cup A_{HT}\cup A_{TH}=A_{TT}^c$$

总之,我们由此分解共得到16个集合,它们构成σ-代数$\mathcal{F}_2$,即:

$$\mathcal{F}_2=\begin{Bmatrix}\phi,\Omega,A_H,A_T,A_{HH},A_{HT},A_{TH},A_{TT},A_{HH}^c,A_{HT}^c,A_{TH}^c,A_{TT}^c,\\ A_{HH}\cup A_{TH},A_{HH}\cup A_{TT},A_{HT}\cup A_{TH},A_{HT}\cup A_{TT}\end{Bmatrix} \tag{2.1.3}$$

我们将认为这个σ-代数包含了由前两次硬币抛掷结果给出的信息。

如果我们被告知所有三次抛掷硬币结果,我们就知晓了真实的ω,这时Ω的所有子集可由分解得到。Ω共有256个子集,它们的全体构成σ-代数$\mathcal{F}_3$:

$$\mathcal{F}_3=\Omega\text{ 所有子集的全体}$$

如果我们未被告知有关硬币抛掷的任何信息,就只能得到空集ϕ和全空间Ω。这两个集合构成所谓**平凡的**σ-代数$\mathcal{F}_0$:

$$\mathcal{F}_0=\{\phi,\Omega\}$$

我们已经有了(按时间标序的)四个σ-代数$\mathcal{F}_0$,$\mathcal{F}_1$,$\mathcal{F}_2$和$\mathcal{F}_3$。随着时间的进展,得到的分解愈加精细。换言之,如果$n<m$,则$\mathcal{F}_m$包括了$\mathcal{F}_n$中的所有集合,甚至更多。这意味着$\mathcal{F}_m$包含了比$\mathcal{F}_n$更多的信息。这样一族σ-代数$\mathcal{F}_0$,$\mathcal{F}_1$,$\mathcal{F}_2$和$\mathcal{F}_3$是**域流**的一个例子。以下是连续时间情形下域流的定义。

定义 2.1.1 设Ω是非空集合。设T是固定的正数,并且对每一个$t\in[0,T]$,有一个σ-代数$\mathcal{F}(t)$。进一步假定:如果$s\leqslant t$,则$\mathcal{F}(s)$中的所有事件都在$\mathcal{F}(t)$中,则称σ-代数族$\mathcal{F}(t)$,$0\leqslant t\leqslant T$是一个**域流**。

域流告诉我们在未来时刻将获得的信息。确切地说,到时刻t,我们就能知道对$\mathcal{F}(t)$中的每一个集合,真实的ω是否属于该集合。

例 2.1.2 设样本空间$\Omega=C_0[0,T]$,这是定义在$[0,T]$上,在时刻0取零值的连续函数的集合。任取其中一个函数$\bar{\omega}$,并且观测它直到时刻t,其中$0\leqslant t\leqslant T$。也就是说,对于$0\leqslant s\leqslant t$,我们知道$\bar{\omega}(s)$的值;但是对于$t<s\leqslant T$,我们不知道$\bar{\omega}(s)$的值。某些Ω的子集可依直到时刻t的信息分解得到,例如集合$\{\omega\in\Omega;\max_{0\leqslant s\leqslant t}\omega(s)\leqslant 1\}$。我们可以将这样的集合放入$\sigma$-代数$\mathcal{F}(t)$。另一些$\Omega$的子集不能由直到时刻$t$的信息分解得到,例如集合$\{\omega\in\Omega;\omega(T)>0\}$(如果$t<T$)。事实上,在时刻$t$能由分解得到的集合恰是那些能够由直到时刻$t$的路径$\omega$描述的集合。[1] 到时刻$T$,

---

〔1〕 由于技术性原因,$\mathcal{F}(t)$中不包括这样的集合$\{\omega\in\Omega;\max_{0\leqslant s\leqslant t}\omega(s)\in B\}$,其中$B$是$\mathbb{R}$中的非博雷尔可测集。这些技术细节可以忽略。

$\Omega=C_0[0,T]$中每一个合理的[1]子集都可由分解得到。在时刻 0，我们仅知道$\bar{\omega}(0)$[由 Ω 的定义，$\bar{\omega}(0)=0$]。我们无法知道通过观测才能获得的有关选取 $\bar{\omega}$ 的随机试验的任何结果。在时刻 0，可以得到的只有 ϕ 和 Ω。因此，$\mathcal{F}(0)=\{\phi,\Omega\}$。 □

例 2.1.2 提供了一个可以构造布朗运动的最简单的情形。只要对$\mathcal{F}=\mathcal{F}(T)$中的集合指定概率，则 $\omega\in C_0[0,T]$就将是布朗运动的路径。

定义 2.1.1 前面的讨论表明，域流中的 σ-代数可以通过取某些基本集合的并集和余集来构建，就像由四个集合 A_{HH}，A_{HT}，A_{TH} 和 A_{TT} 来构造 $\mathcal{F}_2$ 那样。若果真如此，就只需考虑这些所谓的**原子**(σ-代数中的个别子集)，而不必考虑所有其他的集合了。然而，在不可数样本空间中，存在无法通过原子的可数并来构造的集合(不可数并是禁止的，因为无法将各集合的概率相加)。例如在例 2.1.2 中，固定 $t\in(0,T)$。选取对于 $0\leqslant u\leqslant t$ 有定义的连续函数 $f(u)$，并且满足 $f(0)=0$。所有在$[0,t]$上与 f 相等、在$(t,T]$上随意取值的连续函数 $\omega\in C_0[0,T]$构成 $\mathcal{F}(t)$中的原子。用记号表示，该原子为：

$$\{\omega\in C_0[0,T];\ \omega(u)=f(u),\quad \forall\, u\in[0,t]\}$$

每一时刻，选择了一个对于 $0\leqslant u\leqslant t$ 有定义的连续函数 $f(u)$，就得到一个新的原子。然而，通过这些原子的可数并无法得到重要的集合$\{\omega\in\Omega;\omega(t)>0\}$。而且，原子往往具有零概率。因此，以下我们考虑 $\mathcal{F}(t)$中的所有集合(尤其是具有正概率的集合)而不仅是原子。

除了观测经济变量随时间的演化(这是例 2.1.2 的背景)，还有第二种获取有关 ω 信息的方法。设 X 是随机变量。我们假定存在一个 X 的“公式”，并且在随机试验之前就已经知道这个公式。由于已经知道了这个公式，我们只要获知 ω 的值，就能代入公式求得 $X(\omega)$的值。假设我们未被告知 ω 的值，而是被告知 $X(\omega)$的值。由此可得到一些集合。例如，一旦知道 $X(\omega)$的值，就能判断 ω 是否属于集合$\{X\leqslant 1\}$[如果 $X(\omega)\leqslant 1$，则是；如果$X(\omega)>1$，则否]。事实上，所有形如$\{X\in B\}$的集合(其中 B 是$\mathbb{R}$ 的子集)都可以得到。还是由于技术性原因，我们只考虑 B 是$\mathbb{R}$ 的博雷尔子集的情形。

定义 2.1.3 设 X 是定义在非空样本空间 Ω 上的随机变量。**由 X 生成的 σ-代数**[记为 $\sigma(X)$]是所有形如$\{X\in B\}$[2]的 Ω 的子集族，其中 B 是$\mathbb{R}$ 的博雷尔子集。

例 2.1.4 我们回到第一卷中例 1.2.1 的三时段模型。在该模型中，Ω 是三次硬币抛掷的 8 个可能结果的集合，并且：

$$S_2(HHH)=S_2(HHT)=16$$
$$S_2(HTH)=S_2(HTT)=S_2(THH)=S_2(THT)=4$$
$$S_2(TTH)=S_2(TTT)=1$$

---

〔1〕 这里，又会存在一些病态的集合，例如$\{\omega\in\Omega;\omega(T)\in B\}$，其中 B 是$\mathbb{R}$ 中的非博雷尔可测集。$\mathcal{F}(T)$中不包括这样的集合。

〔2〕 我们回顾一下，$\{X\in B\}$是 Ω 的子集$\{\omega\in\Omega;X(\omega)\in B\}$的简洁记法。

在第一卷的图 1.2.2 中,我们将 S_2 写成前两次硬币抛掷结果的函数,这里为了完整起见,我们在自变量中包括了不相干的第三次抛掷结果。如果取 B 为仅含一个数 16 的集合,则$\{S_2\in B\}=\{HHH,HHT\}=A_{HH}$,其中我们采用了式(2.1.2)中的记号。由此可知,A_{HH}属于σ-代数$\sigma(S_2)$。类似地,取 B 为仅含一个数 4 的集合,可知 $A_{HT}\cup A_{TH}$属于$\sigma(S_2)$;取 B 为仅含一个数 1 的集合,可知 A_{TT}属于$\sigma(S_2)$。取 $B=\phi$,我们得到 ϕ;取 $B=\mathbb{R}$,我们得到Ω。取$B=[4,16]$,我们得到 $A_{HH}\cup A_{HT}\cup A_{TH}$。简言之,当 B 取遍$\mathbb{R}$ 的博雷尔子集,我们将得到一列集合:

$$\phi,\Omega,A_{HH},A_{HT}\cup A_{TH},A_{TT}$$

以及这些集合的并集和余集。这就是σ-代数$\sigma(S_2)$。

$\sigma(S_2)$中的所有集合都在式(2.1.3)所表示的(前两次硬币抛掷所包含的信息)σ-代数 $\mathcal{F}_2$中。另一方面,A_{HT}和 A_{TH}分别出现在 $\mathcal{F}_2$中,然而只有它们的并集才出现在$\sigma(S_2)$中。这是因为知道了前两次硬币抛掷的结果,我们能够识别是先出现正面,后出现背面;还是先出现背面,后出现正面。仅知道 S_2 的值,则无法作出这样的识别。在 $\mathcal{F}_2$中,有足够的信息来确定 S_2 的值,甚至更多。我们称 S_2 是 $\mathcal{F}_2$-**可测的**。

定义 2.1.5 设 X 是定义在非空样本空间Ω 上的随机变量。$\mathcal{G}$是Ω 子集的σ-代数。如果$\sigma(X)$中的所有集合都在$\mathcal{G}$中,则称 X 是 $\mathcal{G}$-可测的。

随机变量 X 是 $\mathcal{G}$-可测的,当且仅当$\mathcal{G}$中的信息足以确定 X 的值。如果 X 是 $\mathcal{G}$-可测的,则对任何博雷尔可测函数 f,$f(X)$也是 $\mathcal{G}$-可测的;如果 $\mathcal{G}$ 中的信息足以确定 X 的值,它也足以确定 $f(X)$的值。如果 X 和 Y 是 $\mathcal{G}$-可测的,则对任何两个变量的博雷尔可测函数 $f(x,y)$,$f(X,Y)$也是 $\mathcal{G}$-可测的;特别地,$X+Y$ 和 XY 也是 $\mathcal{G}$-可测的。

在时刻 t 所取的资产组合的头寸$\Delta(t)$必须是 $\mathcal{F}(t)$-可测的(即只依赖于投资者在时刻 t 所能获得的信息)。我们重温一下第一卷的定义 2.4.1 中引入的概念。

定义 2.1.6 设Ω是非空样本空间,并有域流 $\mathcal{F}(t)$,$0\leqslant t\leqslant T$。设 $X(t)$是以$t\in[0,T]$标记的一族随机变量。我们称这一族随机变量是一个**适应的随机过程**,如果对每一个 t,随机变量 $X(t)$都是 $\mathcal{F}(t)$-可测的。

在本书的连续时间模型中,资产价格、资产组合过程(即头寸)以及财富过程(即资产组合的价值过程)都是与作为公共信息流模型的域流相适应的。

2.2 独立性

如果一个随机变量关于σ-代数 $\mathcal{G}$可测,则 $\mathcal{G}$ 中包含的信息足以确定该随机变量的值。另一个极端是随机变量独立于一个σ-代数。在这种情形,σ-代数中包含的信息并不能提供关于该随机变量的值的任何线索。独立性是这一节的主题。在更为通常的情形,我们有一个σ-代数 $\mathcal{G}$,随机变量 X 既不关于 $\mathcal{G}$可测,也不独立于$\mathcal{G}$,$\mathcal{G}$中的信息不足以确定 X 的值,但是我们可以基于 $\mathcal{G}$ 中的信息给出关于 X 的估计。我们将在下一节中考虑这种情形。

与可测性概念不同，讨论独立性需要概率测度。因此，独立性将会受到概率测度变换的影响，而可测性则不会。

设$(\Omega,\mathcal{F},\mathbb{P})$是概率空间。我们称在$\mathcal{F}$中的两个集合$A$和$B$是独立的，如果：

$$\mathbb{P}(A\cap B)=\mathbb{P}(A)\cdot\mathbb{P}(B)$$

例如，考虑$\Omega=(HH,HT,TH,TT)$，其中$0\leqslant p\leqslant 1$，$q=1-p$，并且：

$$\mathbb{P}(HH)=p^2,\quad \mathbb{P}(HT)=pq,\quad \mathbb{P}(TH)=pq,\quad \mathbb{P}(TT)=q^2$$

集合

$$A=\{\text{第一次抛掷结果为正面}\}=\{HH,HT\}$$

和

$$B=\{\text{第二次抛掷结果为正面}\}=\{HH,TH\}$$

是独立的。事实上：

$$\mathbb{P}(A\cap B)=\mathbb{P}(HH)=p^2\ \text{且}\ \mathbb{P}(A)\mathbb{P}(B)=(p^2+pq)(p^2+pq)=p^2$$

集合A和B的独立性意味着：知晓一个随机试验的结果ω在A中，不改变我们对于该结果位于B中的概率的估计。如果我们知道第一次抛掷结果为正面，那么第二次抛掷出现正面的概率仍然是p。

我们将类似地定义两个随机变量X和Y的独立性，假设已知相应于ω随机变量X的值$X(\omega)$，那么我们关于随机变量Y的分布的估计与不知道$X(\omega)$的值的情形是相同的。正式定义如下：

定义 2.2.1 设$(\Omega,\mathcal{F},\mathbb{P})$是概率空间，$\mathcal{G}$和$\mathcal{H}$是$\mathcal{F}$的子$\sigma$-代数（即$\mathcal{G}$和$\mathcal{H}$中的集合都在$\mathcal{F}$中）。我们称这两个$\sigma$-代数是**独立的**，如果：

$$\mathbb{P}(A\cap B)=\mathbb{P}(A)\cdot\mathbb{P}(B),\quad \forall A\in\mathcal{G},B\in\mathcal{H}$$

设X和Y是$(\Omega,\mathcal{F},\mathbb{P})$上的随机变量。我们称这两个随机变量是**独立的**，如果它们生成的σ-代数$\sigma(X)$和$\sigma(Y)$是**独立的**。我们称随机变量X和σ-代数$\mathcal{G}$是独立的，如果$\sigma(X)$和$\mathcal{G}$是独立的。

回顾一下，$\sigma(X)$是形如$\{X\in C\}$的集合族，其中$C\in\mathcal{B}(\mathbb{R})$。类似地，$\sigma(Y)$是形如$\{Y\in D\}$的集合族，其中$D\in\mathcal{B}(\mathbb{R})$。由定义 2.2.1 知，$X$和$Y$是独立的，当且仅当

$$\mathbb{P}\{X\in C\ \text{且}\ Y\in D\}=\mathbb{P}\{X\in C\}\cdot\mathbb{P}\{Y\in D\},\quad \forall C,D\in\mathcal{B}(\mathbb{R})$$

例 2.2.2 设Ω_3是三次独立抛掷硬币的空间。第一卷的例 1.2.1 中构造了定义在其上的股价随机变量。设概率测度$\mathbb{P}$为：

$$\mathbb{P}(HHH)=p^3,\quad \mathbb{P}(HHT)=p^2q,\quad \mathbb{P}(HTH)=p^2q,\quad \mathbb{P}(HTT)=pq^2,$$
$$\mathbb{P}(THH)=p^2q,\quad \mathbb{P}(THT)=pq^2,\quad \mathbb{P}(TTH)=pq^2,\quad \mathbb{P}(TTT)=q^3$$

从直观上看，随机变量S_2和S_3不是独立的，因为如果已知S_2的值为 16，则S_3的值必为 8 或者 32，而不会是 2 或者 0.50。为说明这一点，考虑集合$\{S_3=32\}=$

$\{HHH\}$和$\{S_2=16\}=\{HHH,HHT\}$,其概率分别为$\mathbb{P}\{S_3=32\}=p^3$ 和$\mathbb{P}\{S_2=16\}=p^2$。独立性要求

$$\mathbb{P}\{S_2=16 \text{ 且 } S_3=32\}=\mathbb{P}\{S_2=16\}\cdot\mathbb{P}\{S_3=32\}=p^5$$

而$\mathbb{P}\{S_2=16 \text{ 且 } S_3=32\}=\mathbb{P}\{HHH\}=p^3$,因此独立性要求 $p=1$ 或者 $p=0$。事实上,如果 $p=1$,在得知 $S_2=16$ 以后,我们不会修正关于 S_3 的分布的估计;我们早已知道 S_3 将是 32。如果 $p=0$,则 S_2 不会等于 16,我们不会在$S_2=16$ 的情况下修正关于 S_3 的分布的估计,因为不会出现这种情况。

如上所述,在 $0<p<1$ 的情形,随机变量 S_2 和 S_3 不是独立的。然而随机变量 S_2 和$\frac{S_3}{S_2}$则是独立的。从直观上看,这是因为 S_2 依赖于前两次抛掷,而$\frac{S_3}{S_2}$仅依赖于第三次抛掷。由 S_2 生成的 σ-代数包含有 ϕ,Ω_3,以下原子(基本集合)及其并集:

$$\{S_2=16\}=\{HHH,HHT\}$$
$$\{S_2=4\}=\{HTH,HTT,THH,THT\}$$
$$\{S_2=1\}=\{TTH,TTT\}$$

由$\frac{S_3}{S_2}$生成的 σ-代数包含有 ϕ,Ω_3 以及原子

$$\left\{\frac{S_3}{S_2}=2\right\}=\{HHH,HTH,THH,TTH\}$$
$$\left\{\frac{S_3}{S_2}=\frac{1}{2}\right\}=\{HHT,HTT,THT,TTT\}$$

为了证明独立性,我们需要进行一系列如下形式的检验:

$$\mathbb{P}\left\{S_2=16 \text{ 且}\frac{S_3}{S_2}=2\right\}=\mathbb{P}\{S_2=16\}\cdot\mathbb{P}\left\{\frac{S_3}{S_2}=2\right\}$$

上式左端为:

$$\mathbb{P}\left\{S_2=16 \text{ 且}\frac{S_3}{S_2}=2\right\}=\mathbb{P}\{HHH\}=p^3$$

右端为:

$$\begin{aligned}&\mathbb{P}\{S_2=16\}\cdot\mathbb{P}\left\{\frac{S_3}{S_2}=2\right\}\\=&\mathbb{P}\{HHH,HHT\}\cdot\mathbb{P}(HHH,HTH,THH,TTH\}=p^2\cdot p\end{aligned}$$

事实上,对任何 $A\in\sigma(S_2)$ 和 $B\in\sigma\left(\frac{S_3}{S_2}\right)$,我们有

$$\mathbb{P}(A\cap B)=\mathbb{P}(A)\cdot\mathbb{P}(B)$$ □

关于多个随机变量的独立性,我们给出以下定义。

定义 2.2.3 设$(\Omega,\mathcal{F},\mathbb{P})$是概率空间,$\mathcal{G}_1$,$\mathcal{G}_2$,$\mathcal{G}_3$,…是 $\mathcal{F}$ 的一列子 σ-代数。对于固定的正整数 n,我们称 n 个 σ-代数 $\mathcal{G}_1$,$\mathcal{G}_2$,…,$\mathcal{G}_n$是**独立的**,如果

$$\mathbb{P}(A_1 \cap A_2 \cap \cdots \cap A_n) = \mathbb{P}(A_1) \cdot \mathbb{P}(A_2) \cdots \mathbb{P}(A_n),$$
$$\forall A_1 \in \mathcal{G}_1, A_2 \in \mathcal{G}_2, \cdots, A_n \in \mathcal{G}_n$$

设 $X_1, X_2, X_3, \cdots$ 是 $(\Omega, \mathcal{F}, \mathbb{P})$ 上的一列随机变量。我们称 n 个随机变量 $X_1, X_2, \cdots, X_n$ 是**独立的**，如果它们所生成的 σ-代数 $\sigma(X_1), \sigma(X_2), \cdots, \sigma(X_n)$ 是独立的。我们称整列 σ-代数 $\mathcal{G}_1, \mathcal{G}_2, \mathcal{G}_3, \cdots$ 是**独立的**，如果对每一个正整数 n，n 个 σ-代数 $\mathcal{G}_1, \mathcal{G}_2, \cdots, \mathcal{G}_n$ 是独立的。我们称整列随机变量 $X_1, X_2, X_3, \cdots$ 是**独立的**，如果对每一个正整数 n，n 个随机变量 $X_1, X_2, \cdots, X_n$ 是独立的。

例 2.2.4 例 1.1.4 的无穷次独立抛掷硬币的空间 $(\Omega_\infty, \mathcal{F}, \mathbb{P})$ 中，就存在定义 2.2.3 所描述的独立性。设 $\mathcal{G}_k$ 是第 k 次抛掷相关信息的 σ-代数。换言之，$\mathcal{G}_k$ 包含有 ϕ，Ω_∞ 以及原子

$$\{\omega \in \Omega_\infty; \omega_k = H\} \text{和} \{\omega \in \Omega_\infty; \omega_k = T\}$$

注意 $\mathcal{G}_k$ 与例 1.1.4 的前 k 次抛掷相关信息的 σ-代数 $\mathcal{F}_k$ 是不同的。在例 1.1.4 中构造的概率测度下，整列 σ-代数 $\mathcal{G}_1, \mathcal{G}_2, \mathcal{G}_3, \cdots$ 是独立的。现在，回顾式(1.2.8)中的随机变量：

$$Y_k(\omega) = \begin{cases} 1, & \text{如果 } \omega_k = H \\ 0, & \text{如果 } \omega_k = T \end{cases}$$

整列随机变量 $Y_1, Y_2, Y_3, \cdots$ 也是独立的。 □

以上随机变量独立性的定义，是通过它们所生成的 σ-代数的独立性给出的。这是一个很强的条件，在概念上很有用，但在实际中很难验证。我们用下面的定理来说明这第一点，然后再给出第二个定理(定理 2.2.7)，简化关于两个随机变量互相独立的验证。这里讨论的只是两个随机变量的情形，然而，对于 n 个随机变量也有类似的结果。

定理 2.2.5 设 X 和 Y 是独立的随机变量，f 和 g 是 $\mathbb{R}$ 上的博雷尔可测函数。则 $f(X)$ 和 $g(Y)$ 也是独立的随机变量。

【证明】 设 A 是由 $f(X)$ 生成的 σ-代数中的集合。这一 σ-代数是 $\sigma(X)$ 的子 σ-代数。为证明这一点，回顾一下，由定义，任一 $A \in \sigma(f(X))$ 都形如 $\{\omega \in \Omega; f(X(\omega)) \in C\}$，其中 $C \in \mathcal{B}(\mathbb{R})$。定义 $D = \{x \in \mathbb{R}; f(x) \in C\}$，则有

$$A = \{\omega \in \Omega; f(X(\omega)) \in C\} = \{\omega \in \Omega; X(\omega) \in D\} \tag{2.2.1}$$

式(2.2.1)右端是 $\sigma(X)$ 中的集合，因此 $A \in \sigma(X)$。

设 B 是由 $g(Y)$ 生成的 σ-代数中的集合。这一 σ-代数是 $\sigma(Y)$ 的子 σ-代数，因此 $B \in \sigma(Y)$。由于 X 和 Y 是独立的，有 $\mathbb{P}(A \cap B) = \mathbb{P}(A) \cdot \mathbb{P}(B)$。 □

定义 2.2.6 设 X 和 Y 是随机变量。随机变量序偶 (X, Y) 在平面 $\mathbb{R}^2$ 中取值，(X, Y) 的**联合分布测度**为：[1]

---

[1] 可由 $\mathbb{R}^2$ 中的所有闭矩形 $[a_1, b_1] \times [a_2, b_2]$ 出发，生成 σ-代数，其中任一集合称为 $\mathbb{R}^2$ 的博雷尔子集。通常遇到的 $\mathbb{R}^2$ 的子集一般都属于这个 σ-代数。

$$\mu_{X,Y}(C)=\mathbb{P}\{(X,Y)\in C\}，对任一博雷尔子集\ C\subset\mathbb{R}^2 \tag{2.2.2}$$

这是一个概率测度[即对$\mathbb{R}^2$的每一个博雷尔子集指定了一个 0 和 1 之间的数，并且满足$\mu_{X,Y}(\mathbb{R}^2)=1$以及可数可加性质]。$(X,Y)$的**联合累积分布函数**为：

$$\begin{aligned}F_{X,Y}(a,b) &= \mu_{X,Y}((-\infty,a]\times(-\infty,b]) \\ &= \mathbb{P}\{X\leqslant a,Y\leqslant b\},\quad a\in\mathbb{R},b\in\mathbb{R}\end{aligned} \tag{2.2.3}$$

非负博雷尔可测函数$f_{X,Y}(x,y)$称为随机变量序偶(X,Y)的**联合密度**，如果

$$\mu_{X,Y}(C)=\int_{-\infty}^{\infty}\int_{-\infty}^{\infty}\mathbb{I}_C(x,y)f_{X,Y}(x,y)dydx,\quad 对任一博雷尔子集\ C\subset\mathbb{R}^2 \tag{2.2.4}$$

条件(2.2.4)成立当且仅当

$$F_{X,Y}(a,b)=\int_{-\infty}^{a}\int_{-\infty}^{b}f_{X,Y}(x,y)dydx,\quad \forall a\in\mathbb{R},b\in\mathbb{R} \tag{2.2.5}$$

X和Y的**分布测度**(本书中一般称为**边际分布测度**)为：

$$\mu_X(A)=\mathbb{P}\{X\in A\}=\mu_{X,Y}(A\times\mathbb{R}),\quad \forall A\in\mathcal{B}(\mathbb{R})$$
$$\mu_Y(A)=\mathbb{P}\{Y\in B\}=\mu_{X,Y}(\mathbb{R}\times B),\quad \forall B\in\mathcal{B}(\mathbb{R})$$

边际累积分布函数为：

$$F_X(a)=\mu_X(-\infty,a]=\mathbb{P}\{X\leqslant a\},\quad \forall a\in\mathbb{R}$$
$$F_Y(b)=\mu_Y(-\infty,b]=\mathbb{P}\{Y\leqslant b\},\quad \forall b\in\mathbb{R}$$

如果联合密度$f_{X,Y}(x,y)$存在，则边际密度存在并由下式给出：

$$f_X(x)=\int_{-\infty}^{\infty}f_{X,Y}(x,y)dy\ 和\ f_Y(y)=\int_{-\infty}^{\infty}f_{X,Y}(x,y)dx$$

边际密度(如果存在)是非负博雷尔可测函数，并且满足：

$$\mu_X(A)=\int_A f_X(x)dx,\quad \forall A\in\mathcal{B}(\mathbb{R})$$

$$\mu_Y(B)=\int_B f_Y(y)dy,\quad \forall B\in\mathcal{B}(\mathbb{R})$$

最后的条件成立当且仅当

$$F_X(a)=\int_{-\infty}^{a}f_X(x)dx,\quad \forall a\in\mathbb{R} \tag{2.2.6}$$

$$F_Y(b)=\int_{-\infty}^{b}f_Y(y)dy,\quad \forall b\in\mathbb{R} \tag{2.2.7}$$

定理 2.2.7 设X和Y是随机变量。以下条件等价：

(i) X和Y是独立的随机变量。

(ii) 联合分布测度可以因子分解为：

$$\mu_{X,Y}(A\times B)=\mu_X(A)\cdot\mu_Y(B),\quad \forall A\in\mathcal{B}(\mathbb{R}),B\in\mathcal{B}(\mathbb{R}) \tag{2.2.8}$$

(iii) 联合累积分布函数可以因子分解为：

$$F_{X,Y}(a,b)=F_X(a)\cdot F_Y(b),\quad \forall a\in\mathbb{R},b\in\mathbb{R} \tag{2.2.9}$$

(iv) 联合矩母函数可以因子分解为：

$$\mathbb{E}e^{uX+vY}=\mathbb{E}e^{uX}\cdot\mathbb{E}e^{vY} \tag{2.2.10}$$

对所有使得期望值有限的 $u\in\mathbb{R},v\in\mathbb{R}$ 成立。

如果存在联合密度，上述任一条件等价于以下条件(v)。

(v) 联合密度可以因子分解为：

$$f_{X,Y}(x,y)=f_X(x)\cdot f_Y(y)\quad a.e.\quad x\in\mathbb{R},y\in\mathbb{R} \tag{2.2.11}$$

上述条件蕴含但是并不等价于以下条件(vi)。

(vi) 期望值可以因子分解：

$$\mathbb{E}[XY]=\mathbb{E}X\cdot\mathbb{E}Y \tag{2.2.12}$$

只要$\mathbb{E}|XY|<\infty$。

【证明概要】 **(i)⇒(ii)** 设 X 和 Y 是独立的随机变量，则：

$$\begin{aligned}\mu_{X,Y}(A\times B)&=\mathbb{P}\{X\in A\text{ 且 }Y\in B\}\\&=\mathbb{P}(\{X\in A\}\cap\{Y\in B\})\\&=\mathbb{P}\{X\in A\}\cdot\mathbb{P}\{Y\in B\}\\&=\mu_X(A)\cdot\mu_Y(B)\end{aligned}$$

(ii)⇒(i) $\sigma(X)$中的典型集合形如$\{X\in A\}$，$\sigma(Y)$中的典型集合形如$\{Y\in B\}$。设(ii)成立，则：

$$\begin{aligned}\mathbb{P}(\{X\in A\}\cap\{Y\in B\})&=\mathbb{P}\{X\in A\text{ 且 }Y\in B\}\\&=\mu_{X,Y}(A\times B)\\&=\mu_X(A)\cdot\mu_Y(B)\\&=\mathbb{P}\{X\in A\}\cdot\mathbb{P}\{Y\in B\}\end{aligned}$$

这表明$\sigma(X)$中的任一集合均独立于$\sigma(Y)$中的任一集合。

(ii)⇒(iii) 设式(2.2.8)成立，则：

$$\begin{aligned}F_{X,Y}(a,b)&=\mu_{X,Y}((-\infty,a]\times(-\infty,b])\\&=\mu_X(-\infty,a]\cdot\mu_Y(-\infty,b]\\&=F_X(a)\cdot F_Y(b)\end{aligned}$$

(iii)⇒(ii) 式(2.2.9)蕴含式(2.2.8)在$A=(-\infty,a]$，$B=(-\infty,b]$时成立。这足可证明式(2.2.8)对所有博雷尔集 A 和 B 成立，其细节已超出本书范围。

(iii)⇒(v) 如果存在联合密度，则由(iii)可得：

$$\int_{-\infty}^{a}\int_{-\infty}^{b}f_{X,Y}(x,y)dydx=\int_{-\infty}^{a}f_X(x)dx\cdot\int_{-\infty}^{b}f_Y(y)dy$$

先关于 a 再关于 b 求导数，我们得到：

$$f_{X,Y}(a,b)=f_X(a)\cdot f_Y(b)$$

这正是式(2.2.11)(只是哑变量记号不同)。

(v)⇒(iii) 假设存在联合密度。如果式(2.2.11)成立,则两边同时积分可得:

$$\begin{aligned}F_{X,Y}(a,b) &= \int_{-\infty}^{a}\int_{-\infty}^{b} f_{X,Y}(x,y)dydx \\ &= \int_{-\infty}^{a}\int_{-\infty}^{b} f_X(x)\cdot f_Y(y)dydx \\ &= \int_{-\infty}^{a} f_X(x)dx\cdot\int_{-\infty}^{b} f_Y(y)dy \\ &= F_X(a)\cdot F_Y(b)\end{aligned}$$

(i)⇒(iv) 首先利用定理 1.5.1 证明中的"标准程式",从$\mathbb{R}^2$ 中博雷尔集的指示函数出发,证明:对$\mathbb{R}^2$ 上的任一实值博雷尔可测函数 $h(x,y)$,我们有:

$$\mathbb{E}|h(X,Y)|=\int_{\mathbb{R}^2}|h(x,y)|d\mu_{X,Y}(x,y)$$

并且如果上式有限,则:

$$\mathbb{E}h(X,Y)=\int_{\mathbb{R}^2}h(x,y)d\mu_{X,Y}(x,y) \tag{2.2.13}$$

这对任何随机变量 X 和 Y(不论是否独立)都成立。如果 X 和 Y 是独立的,则联合分布 $\mu_{X,Y}$是边际分布的乘积,故可将式(2.2.13)重写为:

$$\mathbb{E}h(X,Y)=\int_{-\infty}^{\infty}\int_{-\infty}^{\infty}h(x,y)d\mu_Y(y)d\mu_X(x) \tag{2.2.14}$$

现在,给定 u 和 v,取 $h(x,y)=e^{ux+vy}$,则由式(2.2.14)知:

$$\begin{aligned}\mathbb{E}e^{uX+vY} &= \int_{-\infty}^{\infty}\int_{-\infty}^{\infty} e^{ux+vy}d\mu_Y(y)d\mu_X(x) \\ &= \int_{-\infty}^{\infty} e^{ux}d\mu_X(x)\cdot\int_{-\infty}^{\infty} e^{vy}d\mu_Y(y) \\ &= \mathbb{E}e^{uX}\cdot\mathbb{E}e^{vY}\end{aligned}$$

其中最后一步利用了定理 1.5.1。

(iv)⇒(i) 超出了本书范围。

(i)⇒(vi) 在 $h(x,y)=xy$ 这一特殊情形,由式(2.2.14)可得:

$$\mathbb{E}[XY]=\int_{-\infty}^{\infty}xd\mu_X(x)\cdot\int_{-\infty}^{\infty}yd\mu_Y(y)=\mathbb{E}X\cdot\mathbb{E}Y$$

其中最后一步还是利用了定理 1.5.1。 □

例 2.2.8 (独立的正态随机变量) X 和 Y 是独立的标准正态随机变量,如果它们具有联合密度

$$f_{X,Y}(x,y)=\frac{1}{2\pi}e^{-\frac{1}{2}(x^2+y^2)},\quad \forall x\in\mathbb{R},y\in\mathbb{R}$$

这是边际密度

$$f_X(x)=\frac{1}{\sqrt{2\pi}}e^{-\frac{1}{2}x^2}\text{ 和 }f_Y(y)=\frac{1}{\sqrt{2\pi}}e^{-\frac{1}{2}y^2}$$

的乘积。利用记号

$$N(a)=\frac{1}{\sqrt{2\pi}}\int_{-\infty}^{a}e^{-\frac{1}{2}x^2}dx \tag{2.2.15}$$

表示标准正态累积分布函数。(X,Y)的联合累积分布函数有因子分解：

$$\begin{aligned}F_{X,Y}(a,b)&=\int_{-\infty}^{a}\int_{-\infty}^{b}f_X(x)f_Y(y)dydx\\&=\int_{-\infty}^{a}f_X(x)dx\cdot\int_{-\infty}^{b}f_Y(y)dy\\&=N(a)\cdot N(b)\end{aligned}$$

联合分布 $\mu_{X,Y}$是$\mathbb{R}^2$ 上的一个概率测度，它对任一博雷尔子集 $C\subset\mathbb{R}^2$ 所指定的测度值等于 $f_{X,Y}(x,y)$在 C 上的积分。如果 $C=A\times B$，其中 $A\in\mathcal{B}(\mathbb{R})$，$B\in\mathcal{B}(\mathbb{R})$，则 $\mu_{X,Y}$有因子分解：

$$\begin{aligned}\mu_{X,Y}(A\times B)&=\int_A\int_B f_X(x)f_Y(y)dydx\\&=\int_A f_X(x)dx\cdot\int_B f_Y(y)dy\\&=\mu_X(A)\cdot\mu_Y(B)\end{aligned}$$

□

我们将举例说明定理 2.2.7 中的性质(vi)并不蕴含独立性。先给出以下定义。

定义 2.2.9 设随机变量 X 的期望值有限。X 的方差[记为 $\mathrm{Var}(X)$]定义为：

$$\mathrm{Var}(X)=\mathbb{E}[(X-\mathbb{E}X)^2]$$

由于$(X-\mathbb{E}X)^2$ 非负，$\mathrm{Var}(X)$总有定义，尽管它有可能取值为∞。X 的**标准差**定义为$\sqrt{\mathrm{Var}(X)}$。由期望的线性性得：

$$\mathrm{Var}(X)=\mathbb{E}[X^2]-(\mathbb{E}X)^2$$

设 Y 是另一个随机变量，并设$\mathbb{E}X$，$\mathrm{Var}(X)$，$\mathbb{E}Y$ 和 $\mathrm{Var}(Y)$均为有限。X 和 Y 的**协方差**定义为：

$$\mathrm{Cov}(X,Y)=\mathbb{E}[(X-\mathbb{E}X)(Y-\mathbb{E}Y)]$$

由期望的线性性得：

$$\mathrm{Cov}(X,Y)=\mathbb{E}[XY]-\mathbb{E}X\cdot\mathbb{E}Y$$

特别地，$\mathbb{E}[XY]=\mathbb{E}X\cdot\mathbb{E}Y$ 当且仅当 $\mathrm{Cov}(X,Y)=0$。除了期望和方差的有限性之外，再假定 $\mathrm{Var}(X)>0$ 以及 $\mathrm{Var}(Y)>0$。X 和 Y 的**相关系数**定义为：

$$\rho(X,Y)=\frac{\text{Cov}(X,Y)}{\sqrt{\text{Var}(X)\text{Var}(Y)}}$$

如果 $\rho(X,Y)=0$[或等价地,$\text{Cov}(X,Y)=0$],则称 X 和 Y **不相关**。

由定理 2.2.7 性质(vi),独立的随机变量不相关。反之不然,即使对于正态随机变量。然而,对于**联合正态**随机变量(见以下定义 2.2.11),反之亦然。

例 2.2.10 (既不相关又不独立的正态随机变量) 设 X 为标准正态随机变量,Z 独立于 X 并且满足:[1]

$$\mathbb{P}\{Z=1\}=\frac{1}{2}\text{和}\mathbb{P}\{Z=-1\}=\frac{1}{2} \tag{2.2.16}$$

定义 $Y=ZX$。我们将证明,和 X 一样,Y 也是标准正态随机变量;X 和 Y 不相关,但是它们并不独立;序偶(X,Y)不具有联合密度。

首先确定的 Y 分布。计算:

$$\begin{aligned}F_Y(b)&=\mathbb{P}\{Y\leqslant b\}\\&=\mathbb{P}\{Y\leqslant b\text{ 且 }Z=1\}+\mathbb{P}\{Y\leqslant b\text{ 且 }Z=-1\}\\&=\mathbb{P}\{X\leqslant b\text{ 且 }Z=1\}+\mathbb{P}\{-X\leqslant b\text{ 且 }Z=-1\}\end{aligned}$$

由于 Z 独立于 X,我们有:

$$\begin{aligned}&\mathbb{P}\{X\leqslant b\text{ 且 }Z=1\}+\mathbb{P}\{-X\leqslant b\text{ 且 }Z=-1\}\\&\quad=\mathbb{P}\{Z=1\}\cdot\mathbb{P}\{X\leqslant b\}+\mathbb{P}\{Z=-1\}\cdot\mathbb{P}\{-X\leqslant b\}\\&\quad=\frac{1}{2}\cdot\mathbb{P}\{X\leqslant b\}+\frac{1}{2}\cdot\mathbb{P}\{-X\leqslant b\}\end{aligned}$$

由于 X 为标准正态随机变量,故 $-X$ 也是。因此,$\mathbb{P}\{X\leqslant b\}=\mathbb{P}\{-X\leqslant b\}=N(b)$。由此可得 $F_Y(b)=N(b)$;换言之,Y 是标准正态随机变量。

因为$\mathbb{E}X=\mathbb{E}Y=0$,$X$ 和 Y 的协方差等于:

$$\text{Cov}(X,Y)=\mathbb{E}[XY]=\mathbb{E}[ZX^2]$$

由于 Z 独立于 X,故 Z 独立于 X^2,利用定理 2.2.7 的性质(vi),得:

$$\mathbb{E}[ZX^2]=\mathbb{E}Z\cdot\mathbb{E}[X^2]=0\cdot 1=0$$

因此,X 和 Y 不相关。

随机变量 X 和 Y 不可能独立。如果它们独立,则(由定理 2.2.5)$|X|$ 和 $|Y|$ 也独立。但是 $|X|=|Y|$,从而有:

$$\mathbb{P}\{|X|\leqslant 1,|Y|\leqslant 1\}=\mathbb{P}\{|X|\leqslant 1\}=N(1)-N(-1)$$

---

[1] 为构造这样的随机变量,取单位正方形 $\Omega=\{(\omega_1,\omega_2);0\leqslant\omega_1\leqslant 1,0\leqslant\omega_2\leqslant 1\}$ 以及二维勒贝格测度$\mathbb{P}$;据此,对 Ω 中的任一博雷尔子集 A,$\mathbb{P}(A)$等于其面积。令 $X(\omega_1,\omega_2)=N^{-1}(\omega_1)$,这在$\mathbb{P}$ 下是一个标准正态随机变量(关于这一概率积分变换的讨论见例 1.2.6)。再令 $Z(\omega_1,\omega_2)$当 $0\leqslant\omega_2\leqslant\frac{1}{2}$时等于$-1$;当$\frac{1}{2}\leqslant\omega_2\leqslant 1$ 时等于 1。

以及

$$\mathbb{P}\{|X|\leqslant 1\}\cdot\mathbb{P}\{|Y|\leqslant 1\}=(N(1)-N(-1))^2$$

这两个对于独立随机变量应该相等的表达式并不相等。

最后，我们考察序偶(X,Y)的联合分布测度$\mu_{X,Y}$。由于$|X|=|Y|$，序偶(X,Y)仅在集合

$$C=\{(x,y);x=\pm y\}$$

中取值；换言之，$\mu_{X,Y}(C)=1$且$\mu_{X,Y}(C^c)=0$。然而，C具有零面积。由此，对任何非负函数f，我们有：

$$\int_{-\infty}^{\infty}\int_{-\infty}^{\infty}\mathbb{I}_C(x,y)f(x,y)dydx=0$$

上式可以这样理解：如果在平面$\mathbb{R}^2$上积分函数$\mathbb{I}_C(x,y)f(x,y)$，我们可以先固定x，关于变量y积分，由于函数$\mathbb{I}_C(x,y)f(x,y)$除了当$y=x$和$y=-x$之外都等于0，我们得到0。再对变量x积分时，是在对零函数积分，结果自然为0。序偶(X,Y)不可能存在联合密度，因为对于集合C，式(2.2.4)的左端等于1而右端等于0。当然，因为X和Y都是标准正态随机变量，它们具有边际测度，而且，联合累积分布函数(总是存在)为：

$$\begin{aligned}F_{X,Y}(a,b)&=\mathbb{P}\{X\leqslant a\text{ 且 }Y\leqslant b\}\\&=\mathbb{P}\{X\leqslant a,X\leqslant b\text{ 且 }Z=1\}+\mathbb{P}\{X\leqslant a,-X\leqslant b\text{ 且 }Z=-1\}\\&=\mathbb{P}\{Z=1\}\cdot\mathbb{P}\{X\leqslant\min(a,b)\}+\mathbb{P}\{Z=-1\}\cdot\mathbb{P}\{-b\leqslant X\leqslant a\}\\&=\frac{1}{2}N(\min(a,b))+\frac{1}{2}\max\{N(a)-N(-b),0\}\end{aligned}$$

由于不存在联合密度$f_{X,Y}(x,y)$，上述函数无法写成式(2.2.4)的形式。 □

定义 2.2.11 两个随机变量X和Y称为**联合正态**，如果它们具有联合密度

$$f_{X,Y}(x,y)=\frac{1}{2\pi\sigma_1\sigma_2\sqrt{1-\rho^2}}\exp\left\{-\frac{1}{2(1-\rho^2)}\left[\frac{(x-\mu_1)^2}{\sigma_1^2}-\frac{2\rho(x-\mu_1)(y-\mu_2)}{\sigma_1\sigma_2}+\frac{(y-\mu_2)^2}{\sigma_2^2}\right]\right\}\tag{2.2.17}$$

其中$\sigma_1>0,\sigma_2>0,|\rho|<1,\mu_1,\mu_2$是实数。更一般地，随机列向量$\mathbf{X}=(X_1,\cdots,X_n)^{\mathrm{tr}}$(其中上标 tr 表示转置)称为**联合正态**，如果它具有联合密度

$$f_X(\mathbf{x})=\frac{1}{\sqrt{(2\pi)^n|C|}}\exp\left\{-\frac{1}{2}(\mathbf{x}-\mu)C^{-1}(\mathbf{x}-\mu)^{\mathrm{tr}}\right\}\tag{2.2.18}$$

其中，$\mathbf{x}=(x_1,\cdots,x_n)$是哑变量的行向量，$\mu=(\mu_1,\cdots,\mu_n)$是期望值的行向量，$C$是正定协方差矩阵。

在式(2.2.17)的情形，X是期望值为μ_1、方差为$\sigma_1{}^2$的正态随机变量，Y是期望值为μ_2、方差为$\sigma_2{}^2$的正态随机变量，X和Y之间的相关系数为ρ。密度可以因子分解(等价地，X和Y独立)当且仅当$\rho=0$。在式(2.2.18)的情形下，密度可以分解为n个正态密度的乘积[等价地，$\mathbf{X}=(X_1,\cdots,X_n)^{\mathrm{tr}}$的各分量独立]当且仅当$C$是对角矩阵(所有协方差为0)。

联合正态随机变量的线性组合(即常数与随机变量乘积之和)是联合正态的。由于独立正态随机变量是联合正态的,故产生联合正态随机变量的一个常用的方法是从一组独立正态随机变量出发,取它们的线性组合。反之,任何一组联合正态随机变量可以分解为独立正态随机变量的线性组合。在下面的例 2.2.12 中,我们考虑两个相关的正态随机变量的情形。

由于联合正态随机变量的分布是通过其均值和协方差来刻划的,而线性组合保持联合正态性质,因此在作变量的线性变换时不必直接考虑其密度。下面的例子也说明了这点。

例 2.2.12 设(X,Y)联合正态,具有联合密度(2.2.17)。定义 $W=Y-\frac{\rho\sigma_2}{\sigma_1}X$,则 X 和 W 互相独立。为了验证独立性,只需证明 X 和 W 的协方差为 0(因为它们是联合正态的)。我们计算:

$$
\begin{aligned}
\mathrm{Cov}(X,W)&=\mathbb{E}[(X-\mathbb{E}X)(W-\mathbb{E}W)]\\
&=\mathbb{E}[(X-\mathbb{E}X)(Y-\mathbb{E}Y)]-\mathbb{E}\left[\frac{\rho\sigma_2}{\sigma_1}(X-\mathbb{E}X)^2\right]\\
&=\mathrm{Cov}(X,Y)-\frac{\rho\sigma_2}{\sigma_1}\sigma_1^2=0
\end{aligned}
$$

W 的期望是 $\mu_3=\mu_2-\frac{\rho\sigma_2\mu_1}{\sigma_1}$,方差是:

$$
\begin{aligned}
\sigma_3^2&=\mathbb{E}[(W-\mathbb{E}W)^2]\\
&=\mathbb{E}[(Y-\mathbb{E}Y)^2]-\frac{2\rho\sigma_2}{\sigma_1}\mathbb{E}[(X-\mathbb{E}X)(Y-\mathbb{E}Y)]+\frac{\rho^2\sigma_2^2}{\sigma_1^2}\mathbb{E}[(X-\mathbb{E}X)^2]\\
&=(1-\rho^2)\sigma_2^2
\end{aligned}
$$

X 和 W 的联合密度是:

$$
f_{X,W}(x,w)=\frac{1}{2\pi\sigma_1\sigma_3}\exp\left\{-\frac{(x-\mu_1)^2}{2\sigma_1^2}-\frac{(w-\mu_3)^2}{2\sigma_3^2}\right\}
$$

最后,注意到我们已将 Y 分解为两个独立正态随机变量 X 和 W 的线性组合:

$$
Y=\frac{\rho\sigma_2}{\sigma_1}X+W \tag{2.2.19}
$$

2.3 一般条件期望

考虑定义在概率空间$(\Omega,\mathcal{F},\mathbb{P})$上的随机变量 X 以及 $\mathcal{F}$ 的子 σ-代数 $\mathcal{G}$。如果 X 是 $\mathcal{G}$-可测的,则 $\mathcal{G}$ 中的信息足以确定 X 的值。如果 X 独立于 $\mathcal{G}$,则 $\mathcal{G}$ 中的信息无助于确定 X 的值。对于介于上述两者之间的情形,我们可以利用 $\mathcal{G}$ 中的信息给出关于 X 的估计,但是无法确定 X 的值。**基于 $\mathcal{G}$,X 的条件期望**就是这样一种估计。

在第一卷第二章的二叉树模型中,我们已经讨论过条件期望。设 Ω 是 N 次抛掷硬币所有可能结果的集合,假定每次抛掷都是独立的,出现正面的概率为 p,出

现背面的概率为 $q=1-p$。$\mathbb{P}(\omega)$表示在上述假设下一列抛掷结果的概率。设 n 是正整数满足：$1\leqslant n\leqslant N-1$，$X$ 是随机变量。在$\mathbb{P}$下，基于时刻 n 的信息，X 的条件期望（见第一卷定义 2.3.1）为：

$$\mathbb{E}_n[X](\omega_1\cdots\omega_n)=\sum_{\omega_{n+1}\cdots\omega_N}p^{\#H(\omega_{n+1}\cdots\omega_N)}q^{\#T(\omega_{n+1}\cdots\omega_N)}X(\omega_1\cdots\omega_n\omega_{n+1}\cdots\omega_N) \quad (2.3.1)$$

在 $n=0$ 和 $n=N$ 的特殊情形，我们定义：

$$\mathbb{E}_0 X=\sum_{\omega_1\cdots\omega_N}p^{\#H(\omega_1\cdots\omega_N)}q^{\#T(\omega_1\cdots\omega_N)}X(\omega_1\cdots\omega_N)=\mathbb{E}X \quad (2.3.2)$$

$$\mathbb{E}_N[X](\omega_1\cdots\omega_N)=X(\omega_1\cdots\omega_N) \quad (2.3.3)$$

在式(2.3.2)中，我们给出没有任何信息情况下 X 的估计，而在式(2.3.3)中，我们给出基于全部信息 X 的估计。

我们需要推广式(2.3.1)～(2.3.3)，使之适用于连续时间模型。为此，我们以三时段为例，考察式(2.3.1)。考虑图 2.3.1 中的一般三时段模型。设出现正面的概率为 p，出现背面的概率为 $q=1-p$，并且计算：

$$\mathbb{E}_2[S_3](HH)=pS_3(HHH)+qS_3(HHT) \quad (2.3.4)$$

$$\mathbb{E}_2[S_3](HT)=pS_3(HTH)+qS_3(HTT) \quad (2.3.5)$$

$$\mathbb{E}_2[S_3](TH)=pS_3(THH)+qS_3(THT) \quad (2.3.6)$$

$$\mathbb{E}_2[S_3](TT)=pS_3(TTH)+qS_3(TTT) \quad (2.3.7)$$

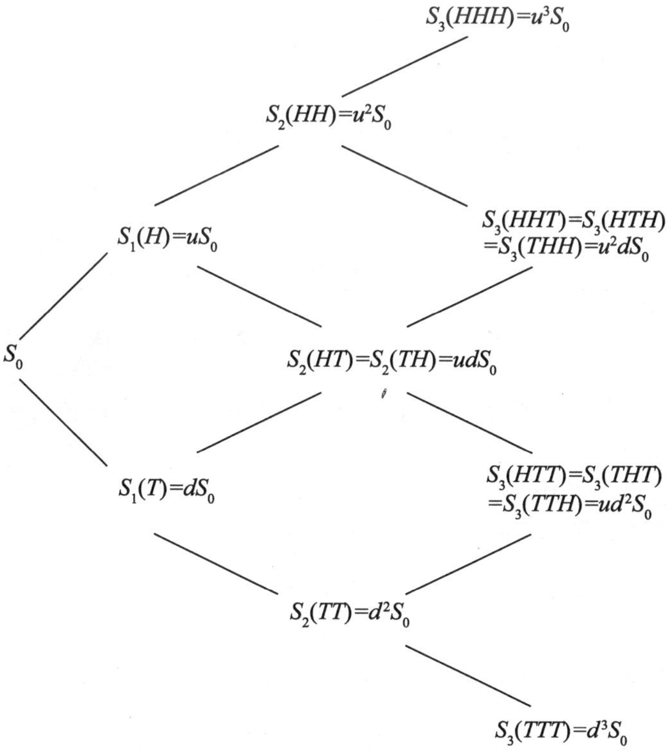

图 2.3.1　一般三时段模型

回顾一下,式(2.1.3)中的 σ-代数 $\mathcal{F}_2$ 是从式(2.1.2)中的四个基本集合 A_{HH},A_{HT},A_{TH} 和 A_{TT}(我们称之为原子,因为它们在 σ-代数中是不可细分的)出发建立的。以 $\mathbb{P}(A_{HH})=p^2$ 乘式(2.3.4),$\mathbb{P}(A_{HT})=pq$ 乘式(2.3.5),$\mathbb{P}(A_{TH})=pq$ 乘式(2.3.5),$\mathbb{P}(A_{TT})=q^2$ 乘式(2.3.6),得到的方程可以写为:

$$\mathbb{E}_2[S_3](HH)\mathbb{P}(A_{HH})=\sum_{\omega\in A_{HH}}S_3(\omega)\mathbb{P}(\omega) \tag{2.3.8}$$

$$\mathbb{E}_2[S_3](HT)\mathbb{P}(A_{HT})=\sum_{\omega\in A_{HT}}S_3(\omega)\mathbb{P}(\omega) \tag{2.3.9}$$

$$\mathbb{E}_2[S_3](TH)\mathbb{P}(A_{TH})=\sum_{\omega\in A_{TH}}S_3(\omega)\mathbb{P}(\omega) \tag{2.3.10}$$

$$\mathbb{E}_2[S_3](TT)\mathbb{P}(A_{TT})=\sum_{\omega\in A_{TT}}S_3(\omega)\mathbb{P}(\omega) \tag{2.3.11}$$

我们可以通过将上述每一个方程除以其左端第二个因子(原子的概率),重新得到条件期望的公式(2.3.4)~(2.3.7)。然而,在连续时间模型中,原子往往具有零概率,这样的步骤是无法实施的。这里,我们采取另一条路线来奠定连续时间模型的基础。

在 $\mathcal{F}_2$ 的每个原子上,条件期望 $\mathbb{E}_2[S_3]$ 是常数,因为条件期望不依赖于第三次抛掷,而在原子上前两次抛掷结果是固定不变的。由此可知,式(2.3.8)~式(2.3.11)的左端可以写成被积式 $\mathbb{E}_2[S_3]$ 在原子上的积分。为此,我们将条件期望写成 $\mathbb{E}_2[S_3](\omega)=\mathbb{E}_2[S_3](\omega_1\omega_2\omega_3)$,自变量中包含了第三次抛掷结果,尽管这与条件期望是无关的。式(2.3.8)~式(2.3.11)右端的和数是有限概率空间上的勒贝格积分,利用勒贝格积分的记号,式(2.3.8)~式(2.3.11)可以重写为:

$$\int_{A_{HH}}\mathbb{E}_2[S_3](\omega)d\mathbb{P}(\omega)=\int_{A_{HH}}S_3(\omega)d\mathbb{P}(\omega) \tag{2.3.12}$$

$$\int_{A_{HT}}\mathbb{E}_2[S_3](\omega)d\mathbb{P}(\omega)=\int_{A_{HT}}S_3(\omega)d\mathbb{P}(\omega) \tag{2.3.13}$$

$$\int_{A_{TH}}\mathbb{E}_2[S_3](\omega)d\mathbb{P}(\omega)=\int_{A_{TH}}S_3(\omega)d\mathbb{P}(\omega) \tag{2.3.14}$$

$$\int_{A_{TT}}\mathbb{E}_2[S_3](\omega)d\mathbb{P}(\omega)=\int_{A_{TT}}S_3(\omega)d\mathbb{P}(\omega) \tag{2.3.15}$$

换言之,条件期望在每个原子上的值是这样的常数:它等于被估计的随机变量 S_3 在原子上的积分平均。

现在,我们考虑 $\mathcal{F}_2$ 中的其他集合。式(2.1.3)中列出了 $\mathcal{F}_2$ 中的所有集合,除了空集外,它们都是原子的有限并集。将式(2.3.12)与式(2.3.13)相加,我们得到:

$$\int_{A_H}\mathbb{E}_2[S_3](\omega)d\mathbb{P}(\omega)=\int_{A_H}S_3(\omega)d\mathbb{P}(\omega)$$

类似地,将式(2.3.12)~式(2.3.15)的各种组合相加,可知对每个 $A\in\mathcal{F}_2\,(A\neq\phi)$ 有:

$$\int_{A}\mathbb{E}_2[S_3](\omega)d\mathbb{P}(\omega)=\int_{A}S_3(\omega)d\mathbb{P}(\omega) \tag{2.3.16}$$

而当$A=\phi$时，式(2.3.16)仍然成立(两边同时为0)。我们将式(2.3.16)称为条件期望的**部分平均性质**，因为它表明：如果在Ω的“部分”上求平均(这些“部分”必须是条件σ-代数$\mathcal{F}_2$中的集合)，则条件期望与被估计的随机变量将给出相同的值。

以下，我们利用性质(2.3.16)给出条件期望的确切定义。

定义 2.3.1 设$(\Omega,\mathcal{F},\mathbb{P})$是概率空间，$\mathcal{G}$是$\mathcal{F}$的子$\sigma$-代数，$X$是非负或者可积的随机变量。(**基于**$\mathcal{G}$)$X$的**条件期望**(记为$\mathbb{E}[X|\mathcal{G}]$)是满足以下性质的随机变量：

(i) (**可测性**)$\mathbb{E}[X|\mathcal{G}]$是$\mathcal{G}$-可测的；

(ii) (**部分平均**)

$$\int_A \mathbb{E}[X \mid \mathcal{G}](\omega)d\mathbb{P}(\omega)=\int_A X(\omega)d\mathbb{P}(\omega),\quad \forall A\in\mathcal{G} \tag{2.3.17}$$

如果$\mathcal{G}$是由另一随机变量W生成的σ-代数(即$\mathcal{G}=\sigma(W)$)，则我们一般将$\mathbb{E}[X|\sigma(W)]$记为$\mathbb{E}[X|W]$。

定义 2.3.1 中的性质(i)表明：虽然基于$\mathcal{G}$中的信息给出的X的估计本身是一个随机变量，但是$\mathbb{E}[X|\mathcal{G}]$的值可以由$\mathcal{G}$中的信息确定。性质(i)体现了关于$X$的估计$\mathbb{E}[X|\mathcal{G}]$是基于$\mathcal{G}$中的信息这一事实。注意到在式(2.3.4)～式(2.3.7)中，条件期望$\mathbb{E}_2[S_3]$在$\mathcal{F}_2$的每个原子上是常数；这正是离散情形下的性质(i)。

第二个性质表明：$\mathbb{E}[X|\mathcal{G}]$确实是$X$的一个估计。在$\mathcal{G}$中所有集合上，条件期望给出了与$X$相同的积分平均。如果$\mathcal{G}$中有许多集合，它们提供了关于$\omega$的不确定性的一个精细的分解，于是在$\mathcal{G}$中很“小”的集合上，部分平均性质仍成立，这表明$\mathbb{E}[X|\mathcal{G}]$能够给出$X$的很好的估计。如果$\mathcal{G}$中仅有少数几个集合，则部分平均性质表明$\mathbb{E}[X|\mathcal{G}]$只能给出$X$的一个粗糙的估计。

关于定义 2.3.1，立即产生两个问题：首先，满足性质(i)和(ii)的随机变量$\mathbb{E}[X|\mathcal{G}]$是否总是存在？第二，如果满足这些性质的随机变量存在，那么是否唯一？第一个问题答案是肯定的，$\mathbb{E}[X|\mathcal{G}]$的存在性证明是基于拉东—尼柯迪姆定理，即定理 1.6.7(见附录 B)。第二个问题的答案在一定意义下是肯定的，我们来解释这一点。假设Y和Z都满足定义 2.3.1 中的性质(i)和(ii)。由于Y和Z都$\mathcal{G}$-可测，故它们的差$Y-Z$也$\mathcal{G}$-可测，从而集合$A=\{Y-Z>0\}$在$\mathcal{G}$中。由式(2.3.17)，我们有：

$$\int_A Y(\omega)d\mathbb{P}(\omega)=\int_A X(\omega)d\mathbb{P}(\omega)=\int_A Z(\omega)d\mathbb{P}(\omega)$$

于是：

$$\int_A (Y(\omega)-Z(\omega))d\mathbb{P}(\omega)=0$$

被积式在集合A上严格为正，要使上式成立，只有A的测度为0(即$Y\leqslant Z$几乎必然成立)。在上述论证中对换Y和Z，可得$Z\leqslant Y$几乎必然成立。因此就有$Y=Z$几乎必然成立。这意味着，用不同的方法求$\mathbb{E}[X|\mathcal{G}]$也许得到不尽相同的随机变量，但是它们几乎必然相等。使得它们不相等的ω的集合测度为0。

一般情形下的条件期望仍然具有第一卷中定理 2.3.2 中给出的五条基本性

质。我们重述如下。

定理 2.3.2 设$(\Omega,\mathcal{F},\mathbb{P})$是概率空间,$\mathcal{G}$是$\mathcal{F}$的子$\sigma$-代数。

(i)(**条件期望的线性性**)如果X和Y是可积随机变量,c_1和c_2是常数,则:

$$\mathbb{E}[c_1X+c_2Y\mid\mathcal{G}]=c_1\,\mathbb{E}[X\mid\mathcal{G}]+c_2\,\mathbb{E}[Y\mid\mathcal{G}] \tag{2.3.18}$$

如果假设X和Y是非负随机变量(而不是可积),c_1和c_2是正数,则上式仍成立,尽管两边可能同为$+\infty$。

(ii)(**提取已知量**)如果X和Y是可积随机变量,XY可积,并且X为$\mathcal{G}$-可测,则:

$$\mathbb{E}[XY|\mathcal{G}]=X\,\mathbb{E}[Y|\mathcal{G}] \tag{2.3.19}$$

如果假设X是正的并且Y是非负随机变量(而不是可积),则上式仍成立,尽管两边可能同为$+\infty$。

(iii)(**累次条件期望**)如果$\mathcal{H}$是$\mathcal{G}$的子σ-代数(即$\mathcal{H}$包含的信息少于$\mathcal{G}$),并且X是可积随机变量,则:

$$\mathbb{E}[\mathbb{E}[X|\mathcal{G}]|\mathcal{H}]=\mathbb{E}[X|\mathcal{H}] \tag{2.3.20}$$

如果假设X是非负随机变量(而不是可积),则上式仍成立,尽管两边可能同为$+\infty$。

(iv)(**独立性**)如果X是可积随机变量,并且独立于$\mathcal{G}$,则:

$$\mathbb{E}[X|\mathcal{G}]=\mathbb{E}X \tag{2.3.21}$$

如果假设X是非负随机变量(而不是可积),则上式仍成立,尽管两边可能同为$+\infty$。

(v)(**条件詹森不等式**)如果$\varphi(x)$是哑变量x的凸函数,X是可积随机变量,则:

$$\mathbb{E}[\varphi(X)|\mathcal{G}]\geqslant\varphi(\mathbb{E}[X|\mathcal{G}]) \tag{2.3.22}$$

【讨论及证明概要】 (i)线性性允许我们通过先分别估计再求和来得到整体的估计。为证明$\mathbb{E}[c_1X+c_2Y|\mathcal{G}]$由式(2.3.18)的右端给出,我们注意到右端$\mathcal{G}$-可测(因为$\mathbb{E}[X|\mathcal{G}]$和$\mathbb{E}[Y|\mathcal{G}]$均为$\mathcal{G}$-可测),接下来必须验证定义2.3.1中的部分平均性质(ii)。利用$\mathbb{E}[X|\mathcal{G}]$和$\mathbb{E}[Y|\mathcal{G}]$均满足部分平均性质这一事实,我们有:

$$\begin{aligned}&\int_A(c_1\,\mathbb{E}[X\mid\mathcal{G}](\omega)+c_2\,\mathbb{E}[Y\mid\mathcal{G}](\omega))d\mathbb{P}(\omega)\\&=c_1\int_A\mathbb{E}[X\mid\mathcal{G}](\omega)d\mathbb{P}(\omega)+c_2\int_A\mathbb{E}[Y\mid\mathcal{G}](\omega)d\mathbb{P}(\omega)\\&=c_1\int_A X(\omega)d\mathbb{P}(\omega)+c_2\int_A Y(\omega)d\mathbb{P}(\omega)\\&=\int_A[c_1X(\omega)+c_2Y(\omega)]d\mathbb{P}(\omega),\quad\forall A\in\mathcal{G}\end{aligned}$$

这表明$c_1\,\mathbb{E}[X|\mathcal{G}]+c_2\,\mathbb{E}[Y|\mathcal{G}]$满足刻划$\mathbb{E}[c_1X+c_2Y|\mathcal{G}]$的部分平均性质,因此等式(2.3.18)成立。

(ii) 提取已知量的性质允许我们将 X 移出估计问题，只要 X 的值可由 $\mathcal{G}$ 中的信息确定。为估计 XY，只需先估计 Y，再乘以 X。为证明式(2.3.19)，我们注意到 $X\mathbb{E}[Y|\mathcal{G}]$为 $\mathcal{G}$-可测(因为 X 和$\mathbb{E}[Y|\mathcal{G}]$均为 $\mathcal{G}$-可测)，接下来必须验证部分平均性质。

首先考虑 X 为 $\mathcal{G}$-可测指示随机变量的情形(即 $X=\mathbb{I}_B$，其中 $B\in\mathcal{G}$)。利用$\mathbb{E}[Y|\mathcal{G}]$满足部分平均性质这一事实，我们有：

$$\int_A X(\omega)\,\mathbb{E}[Y\mid\mathcal{G}](\omega)d\mathbb{P}(\omega)=\int_{A\cap B}\mathbb{E}[Y\mid\mathcal{G}](\omega)d\mathbb{P}(\omega)=\int_{A\cap B}Y(\omega)d\mathbb{P}(\omega)$$

$$=\int_A X(\omega)Y(\omega)d\mathbb{P}(\omega),\quad \forall A\in\mathcal{G} \tag{2.3.23}$$

在对 $\mathcal{G}$-可测指示随机变量 X 证得式(2.3.23)以后，我们可以利用定理 1.5.1 证明中的标准程式，证得上式对所有使得 XY 可积的 $\mathcal{G}$-可测随机变量 X 成立。这表明 $X\mathbb{E}[Y|\mathcal{G}]$满足刻划$\mathbb{E}[XY|\mathcal{G}]$的部分平均性质，因此等式(2.3.19)成立。

(iii) 如果我们先基于 $\mathcal{G}$ 中的信息估计 X，再基于 $\mathcal{H}$ 中的较少的信息估计先前所得到的估计，这样得到的随机变量等同于直接基于 $\mathcal{H}$ 中的较少的信息得到的 X 的估计。首先根据定义，$\mathbb{E}[X|\mathcal{H}]$为 $\mathcal{H}$-可测。刻划$\mathbb{E}[\mathbb{E}[X|\mathcal{G}]|\mathcal{H}]$的部分平均性质为：

$$\int_A \mathbb{E}[\mathbb{E}[X\mid\mathcal{G}]\mid\mathcal{H}](\omega)d\mathbb{P}(\omega)=\int_A \mathbb{E}[X\mid\mathcal{G}](\omega)d\mathbb{P}(\omega),\quad \forall A\in\mathcal{H}$$

为证明式(2.3.20)，必须验证上式左端的$\mathbb{E}[\mathbb{E}[X|\mathcal{G}]|\mathcal{H}]$可被$\mathbb{E}[X|\mathcal{H}]$替换。当 $A\in\mathcal{H}$时，必有 $A\in\mathcal{G}$。因此，由关于$\mathbb{E}[X|\mathcal{H}]$和$\mathbb{E}[X|\mathcal{G}]$的部分平均性质，我们得到：

$$\int_A \mathbb{E}[X\mid\mathcal{H}](\omega)d\mathbb{P}(\omega)=\int_A X(\omega)d\mathbb{P}(\omega)=\int_A \mathbb{E}[X\mid\mathcal{G}](\omega)d\mathbb{P}(\omega)$$

这表明$\mathbb{E}[X|\mathcal{H}]$满足刻划$\mathbb{E}[\mathbb{E}[X|\mathcal{G}]|\mathcal{H}]$的部分平均性质，因此等式(2.3.20)成立。

(iv) 如果 X 独立于 $\mathcal{G}$，则我们能够给出的关于 X 的最好的估计就是 X 的期望值。这也是我们在没有任何信息的情况下对 X 的估计。为证明式(2.3.21)，首先注意到$\mathbb{E}X$ 是 $\mathcal{G}$-可测的(事实上，$\mathbb{E}X$ 并非随机，故关于任何 σ-代数都是可测的)。我们需要证明$\mathbb{E}X$ 满足刻划$\mathbb{E}[X|\mathcal{G}]$的部分平均性质，即：

$$\int_A \mathbb{E}X d\,\mathbb{P}(\omega)=\int_A X(\omega)d\mathbb{P}(\omega),\quad \forall A\in\mathcal{G} \tag{2.3.24}$$

首先考虑 X 是独立于 $\mathcal{G}$ 的指示随机变量的情形(即 $X=\mathbb{I}_B$，其中 B 独立 $\mathcal{G}$)。我们有：

$$\int_A X(\omega)d\mathbb{P}(\omega)=\mathbb{P}(A\cap B)=\mathbb{P}(A)\cdot\mathbb{P}(B)$$

$$=\mathbb{P}(A)\,\mathbb{E}X=\int_A \mathbb{E}X d\,\mathbb{P}(\omega),\quad \forall A\in\mathcal{G}$$

此时式(2.3.24)成立。然后,可以利用定理1.5.1的证明中的标准程式完成证明。

(v) 利用条件期望的线性性,重复第一卷中的定理2.2.5的证明可得条件詹森不等式。 □

我们注意到$\mathbb{E}[X|\mathcal{G}]$是$X$的一个无偏估计:

$$\mathbb{E}[\mathbb{E}[X|\mathcal{G}]]=\mathbb{E}X \tag{2.3.25}$$

上式正是$A=\Omega$时的部分平均性质(2.3.17)。

例2.3.3 设X和Y是联合正态随机变量,具有联合密度(2.2.17)。如同在例2.2.12中,定义$W=Y-\frac{\rho\sigma_2}{\sigma_1}X$,则$X$和$W$是独立的,并且:

$$Y=\frac{\rho\sigma_2}{\sigma_1}X+W \tag{2.2.19}$$

由例2.2.12,W是正态随机变量,具有均值$\mu_3=\mu_2-\frac{\rho\sigma_2\mu_1}{\sigma_1}$和方差$\sigma_3^2=(1-\rho^2)\sigma_2^2$。取条件$\sigma$-代数$\mathcal{G}=\sigma(X)$(当$\mathcal{G}$由$X$生成时,习惯写法是$\mathbb{E}[\cdots|X]$,而不是$\mathbb{E}[\cdots|\sigma(X)]$)。我们基于$X$的信息来估计$Y$,利用上式(2.2.19)以及定理2.3.2中的性质(i)(线性性)和(iv)(独立性),得到线性回归方程

$$\mathbb{E}[Y|X]=\frac{\rho\sigma_2}{\sigma_1}X+\mathbb{E}W=\frac{\rho\sigma_2}{\sigma_1}(X-\mu_1)+\mu_2 \tag{2.3.26}$$

注意式(2.3.26)的右端是随机的,然而是$\sigma(X)$-可测的[即如果知道$\sigma(X)$中的信息,这也相当于知道X的值,我们就能确定$\mathbb{E}[Y|X]$的值]。从式(2.2.19)中减去式(2.3.26),得到估计的误差为:

$$Y-\mathbb{E}[Y|X]=W-\mathbb{E}W$$

误差是随机的,具有期望值0(无偏估计),并且独立于估计$\mathbb{E}[Y|X]$[因为$\mathbb{E}[Y|X]$是$\sigma(X)$-可测的,而W独立于$\sigma(X)$]。误差与条件随机变量X的独立性是本例中联合正态的结果。通常,误差与条件随机变量是不相关的,但未必是独立的。见习题2.8。 □

第一卷中的引理2.5.3(独立性引理),现在有如下更一般的形式。

引理2.3.4 设$(\Omega,\mathcal{F},\mathbb{P})$是概率空间,$\mathcal{G}$是$\mathcal{F}$的子$\sigma$-代数。假定随机变量$X_1,\cdots,X_K$为$\mathcal{G}$-可测,而随机变量$Y_1,\cdots,Y_L$独立于$\mathcal{G}$。设$f(x_1,\cdots,x_K,y_1,\cdots,y_L)$是哑变量$x_1,\cdots,x_K$和$y_1,\cdots,y_L$的函数,定义

$$g(x_1,\cdots,x_K)=\mathbb{E}f(x_1,\cdots,x_K,Y_1,\cdots,Y_L) \tag{2.3.27}$$

则:

$$\mathbb{E}[f(X_1,\cdots,X_K,Y_1,\cdots,Y_L)|\mathcal{G}]=g(X_1,\cdots,X_K) \tag{2.3.28}$$

与第一卷中的引理2.5.3一样,引理2.3.4的思想是:由于$\mathcal{G}$中的信息足以确定$X_1,\cdots,X_K$的值,在估计$f(X_1,\cdots,X_K,Y_1,\cdots,Y_L)$的时候,我们应该让这些随机

变量保持常值。其他的随机变量 $Y_1,\cdots,Y_L$ 独立于 $\mathcal{G}$，因此我们可以计算出它们的积分，而不必理会 $\mathcal{G}$ 中的信息。这两个步骤（让 $X_1,\cdots,X_K$ 保持常值，计算关于 $Y_1,\cdots,Y_L$ 的积分）体现在式(2.3.27)中。我们得到的估计依赖于 $X_1,\cdots,X_K$ 的值，为了体现这一事实，在最后一步中，我们用随机变量 $X_1,\cdots,X_K$ 替代了（非随机的）哑变量 $x_1,\cdots,x_K$。虽然第一卷中引理 2.5.3 有一个相对简单的证明，引理 2.3.4 的证明需要用到测度论的一些概念，这已超出了本书的范围。

例 2.3.3(续) 沿用例 2.3.3 的记号。假设基于 X 的信息，我们需要对随机变量 X 和 Y 的某个函数 $f(X,Y)$ 作出估计。这里，不能直接利用独立性引理，因为 X 和 Y 并不独立。然而，我们有 $Y=\frac{\rho\sigma_2}{\sigma_1}X+W$。由于 X 为$\sigma(X)$-可测，W 独立于 $\sigma(X)$，并且 W 是均值为 μ_3、方差为 σ_3^2 的正态随机变量，独立性引理告诉我们如何计算$\mathbb{E}[f(X,Y)\mid X]$。我们应该先用哑变量 x 替代随机变量 X，再取期望（即关于 W 的分布计算积分）。于是，我们定义：

$$
\begin{aligned}
g(x) &= \mathbb{E}f\left(x,\frac{\rho\sigma_2}{\sigma_1}x+W\right)\\
&= \frac{1}{\sigma_3\sqrt{2\pi}}\int_{-\infty}^{\infty} f\left(x,\frac{\rho\sigma_2}{\sigma_1}x+w\right)e^{-\frac{(w-\mu_3)^2}{2\sigma_3^2}}dw
\end{aligned}
$$

从而

$$
\mathbb{E}[f(X,Y)\mid X]=g(X)
$$

我们最后得到的估计是随机的，然而是 $\sigma(X)$-可测的。 □

我们已经有了在连续时间框架下引进鞅和马尔可夫过程所需要的所有数学工具。以下先给出定义。例子将在下一章构造了布朗运动和伊藤积分以后给出。

定义 2.3.5 设$(\Omega,\mathcal{F},\mathbb{P})$是概率空间，$T$ 是固定的正数，$\mathcal{F}(t)$，$0\leqslant t\leqslant T$ 是 $\mathcal{F}$ 的子 σ-代数的域流。考虑一个适应的随机过程 $M(t)$，$0\leqslant t\leqslant T$。

(i) 如果：

$$
\mathbb{E}[M(t)\mid\mathcal{F}(s)]=M(s),\quad \forall\, 0\leqslant s\leqslant t\leqslant T
$$

则我们称 $M(t)$是一个**鞅**。鞅没有上升或者下降的趋势。

(ii) 如果：

$$
\mathbb{E}[M(t)\mid\mathcal{F}(s)]\geqslant M(s),\quad \forall\, 0\leqslant s\leqslant t\leqslant T
$$

则我们称 $M(t)$是一个**下鞅**。下鞅没有下降的趋势，但可能有上升趋势。

(iii) 如果：

$$
\mathbb{E}[M(t)\mid\mathcal{F}(s)]\leqslant M(s),\quad \forall\, 0\leqslant s\leqslant t\leqslant T
$$

则我们称 $M(t)$是一个**上鞅**。上鞅没有上升的趋势，但可能有下降趋势。

定义 2.3.6 设$(\Omega,\mathcal{F},\mathbb{P})$是概率空间，$T$ 是固定的正数，$\mathcal{F}(t)$，$0\leqslant t\leqslant T$ 是 $\mathcal{F}$ 的子 σ-代数的域流。考虑一个适应的随机过程 $X(t)$，$0\leqslant t\leqslant T$。如果对所有 $0\leqslant s\leqslant t\leqslant T$ 和任一非负博雷尔可测函数 f，存在另一个博雷尔可测函数 g，使得：

$$\mathbb{E}[f(X(t))\,|\,\mathcal{F}(s)]=g(X(s)) \qquad (2.3.29)$$

则我们称 $X(t)$ 是**一个马尔可夫过程**。

注 2.3.7 在定义 2.3.6 中,函数 f 允许依赖于 t,而函数 g 依赖于 s,这些依赖关系在式(2.3.29)中没有标明,因为我们希望强调的是对于样本点 ω 如何依赖[例如,式(2.3.29)的右端仅通过随机变量 $X(s)$ 依赖于 ω]。如果我们采用记号 $f(t,x)$[而不是 $f(x)$]以标明对时间的依赖关系,则可用 $f(s,x)$ 替代 $g(x)$(不必使用不同的记号 f 和 g,因为时间变量 t 和 s 表明在不同时刻对应的是不同的 x 的函数),于是式(2.3.29)可以改写为:

$$\mathbb{E}[f(t,X(t))\,|\,\mathcal{F}(s)]=f(s,X(s)), \quad \forall\, 0\leqslant s\leqslant t\leqslant T \qquad (2.3.30)$$

最终,我们将看到,式(2.3.30)蕴含 $f(t,x)$(作为两个变量的函数)将满足一个偏微分方程。该偏微分方程给出了由已知 $f(t,x)$ 确定 $f(s,x)$ 的一种方式。布莱克—斯科尔斯—默顿偏微分方程就是这样的一个特例。 □

2.4 本章小结

在以测度论为基础的概率论中,信息通过 σ-代数建模。可以如下理解与 σ-代数 $\mathcal{G}$ 相关的信息。设随机试验的结果为 ω,ω 的值尚未揭示,我们被告知的是:对于 σ-代数 $\mathcal{G}$ 中的每一个集合,ω 是否属于该集合。$\mathcal{G}$ 中的集合越多,从中获得的信息就越多。如果 $\mathcal{G}$ 是仅含 ϕ 和 Ω 的平凡 σ-代数,则无法从中获得信息。

随机变量 X 为 $\mathcal{G}$-**可测**当且仅当 $\forall B\in \mathcal{B}(\mathbb{R})$,集合 $\{X\in B\}=\{\omega\in\Omega;X(\omega)\in \mathbb{B}\}$ 在 $\mathcal{G}$ 中。在此情形,$\mathcal{G}$ 中的信息足以确定随机变量 $X(\omega)$ 的值,尽管也许并不足以确定随机试验的结果 ω 的值。

另一个极端是 σ-代数 $\mathcal{G}$ 中的信息与确定 X 的值无关。在此情形,我们称 X 独立于 $\mathcal{G}$。这一概念的数学表述是定义 2.2.3:X 和 $\mathcal{G}$ 是独立的,如果对任一 $A\in\mathcal{G}$ 和 $B\in\mathcal{B}(\mathbb{R})$,我们有:

$$\mathbb{P}\{\omega\in\Omega;\omega\in A \text{ 且 } X(\omega)\in B\}=\mathbb{P}(A)\cdot\mathbb{P}\{\omega\in\Omega;X(\omega)\in B\}$$

随机变量 X 和 Y 是独立的当且仅当**由 X 生成的 σ-代数**(定义为形如 $\{X\in B\}$ 的集合全体)独立于由 Y 生成的 σ-代数。换言之,X 和 Y 是独立的当且仅当

$$\mathbb{P}\{X\in B \text{ 且 } Y\in C\}=\mathbb{P}\{X\in B\}\cdot\mathbb{P}\{Y\in C\}, \quad \forall\, B\in\mathcal{B}(\mathbb{R}),C\in\mathcal{B}(\mathbb{R})$$

其中 $\mathcal{B}(\mathbb{R})$ 表示 $\mathbb{R}$ 中博雷尔子集的 σ-代数。两个随机变量的独立性有一些等价的描述,它们涉及联合累积分布函数的因子分解,联合矩母函数的因子分解和联合密度(如果存在)的因子分解(详见定理 2.2.7)。独立性蕴含不相关性,然而不相关的随机变量未必独立。联合正态分布随机变量(定义 2.2.11)是不相关的当且仅当它们是独立的,然而正态分布随机变量未必是联合正态的。

经常遇到的情形是介于随机变量 X 为 $\mathcal{G}$-可测和随机变量 X 独立于 $\mathcal{G}$ 这两个极端之间。在这样的情形,$\mathcal{G}$ 中的信息与确定 X 的值有关,但并不足以完全确定 X 的值。于是,我们希望利用 $\mathcal{G}$ 中的信息估计 X。我们用 $\mathbb{E}[X\,|\,\mathcal{G}]$ 表示估计,称之为

(**给定 $\mathcal{G}$**)X 的**条件期望**。条件期望本身是随机变量,然而是 $\mathcal{G}$-可测的(即仅利用 $\mathcal{G}$ 中的信息就能确定其值)。为保证它是 X 的好的估计,我们要求它满足部分平均性质[见定义 2.3.1(ii)]:

$$\int_A \mathbb{E}[X \mid \mathcal{G}](\omega)d\mathbb{P}(\omega) = \int_A X(\omega)d\mathbb{P}(\omega), \quad \forall A \in \mathcal{G}$$

条件期望在许多方面与期望很相像。所不同的是:期望不依赖于 ω,而条件期望则依赖于 ω。定理 2.3.2 中给出了条件期望的主要性质,这里简述如下:

- **线性性**:$\mathbb{E}[c_1X+c_2Y|\mathcal{G}]=c_1\mathbb{E}[X|\mathcal{G}]+c_2\mathbb{E}[Y|\mathcal{G}]$。
- **提取已知量**:$\mathbb{E}[XY|\mathcal{G}]=X\mathbb{E}[Y|\mathcal{G}]$,如果 X 为 $\mathcal{G}$-可测。
- **累次条件期望**:$\mathbb{E}[\mathbb{E}[X|\mathcal{G}]|\mathcal{H}]=\mathbb{E}[X|\mathcal{H}]$,如果 $\mathcal{H}$ 是 $\mathcal{G}$ 的子 σ-代数。
- **独立性**:$\mathbb{E}[X|\mathcal{G}]=\mathbb{E}X$,如果 X 独立于 $\mathcal{G}$。
- **条件詹森不等式**:$\mathbb{E}[\varphi(X)|\mathcal{G}]\geqslant\varphi(\mathbb{E}[X|\mathcal{G}])$,如果 $\varphi(x)$是凸函数。

在连续时间金融中,我们采用概率空间$(\Omega,\mathcal{F},\mathbb{P})$的框架。通常有一个固定的终端时刻 T 和一个**域流**,这是以时间变量 t 标记的一族 σ-代数$\{\mathcal{F}(t);0\leqslant t\leqslant T\}$。我们将 $\mathcal{F}(t)$解释为在时刻 t 可以获得的信息。对于 $0\leqslant s\leqslant t\leqslant T$,$\mathcal{F}(s)$中的任一集合都在 $\mathcal{F}(t)$中。换言之,信息与时俱增。在本书中,**适应随机过程**是以时间标记的一族随机变量 $\{X(t);0\leqslant t\leqslant T\}$,满足:对每一个 t,$X(t)$是 $\mathcal{F}(t)$-可测的;时刻 t 的信息足以确定随机变量 $X(t)$的值。我们可以设想 $X(t)$是某个资产在时刻 t 的价格,而 $\mathcal{F}(t)$则是观察市场中直到时刻 t 的所有价格所获得的信息。

两类重要的适应随机过程是**鞅**和**马尔可夫过程**。它们分别在定义 2.3.5 和定义 2.3.6 中被定义。鞅具有性质:

$$\mathbb{E}[M(t)|\mathcal{F}(s)]=M(s), \quad \forall\, 0\leqslant s\leqslant t\leqslant T$$

如果$\mathbb{E}[M(t)|\mathcal{F}(s)]\geqslant M(s)$,$\forall\, 0\leqslant s\leqslant t\leqslant T$,我们就有**下鞅**。如果不等式反向,我们就有**上鞅**。马尔可夫过程有如下性质:对于 $0\leqslant s\leqslant t\leqslant T$,任给函数 f,必有函数 g,使得:

$$\mathbb{E}[f(X(t))|\mathcal{F}(s)]=g(X(s))$$

这里重要特性是:$f(X(t))$在时刻 s 的估计仅依赖于过程在时刻 s 的值$X(s)$,而不依赖于时刻 s 之前的路径。

验证一个过程是马尔可夫的一个有用工具是**独立性引理**(引理 2.3.4)。在最简单的情形,如果 X 为 $\mathcal{G}$-可测,Y 独立于 $\mathcal{G}$,则:

$$\mathbb{E}[f(X,Y)|\mathcal{G}]=g(X)$$

其中 $g(x)=\mathbb{E}f(x,Y)$。

2.5 评　注

在测度论观点的概率论中,条件期望本身是一个随机变量,它关于条件 σ-代数可测。这一观点对于研究鞅论中出现的相当复杂的条件期望是必不可少的。它源于柯尔莫哥洛夫[104]。**鞅**这个名称由威利[158]首先使用,是对一种赌博策略的命名。这一概念可追溯到 1934 年列维的工作。杜布[53]中首次对鞅给出了系统的论述。

2.6 习 题

习题 2.1 设$(\Omega,\mathcal{F},\mathbb{P})$是一个一般概率空间,该空间上的随机变量 X 关于平凡的σ-代数 $\mathcal{F}_0=\{\phi,\Omega\}$可测。证明:$X$ 非随机[即存在常数 c,使得 $X(\omega)=c$, $\forall\omega\in\Omega$]。这样的随机变量称为**退化的**。

习题 2.2 随机变量的独立性会受到测度变换的影响。为了说明这一点,考虑两次抛掷硬币结果的空间 $\Omega_2=\{HH,HT,TH,TT\}$,设股价给出如下:

$$S_0=4,\quad S_1(H)=8,\quad S_1(T)=2$$
$$S_2(HH)=16,\quad S_2(HT)=S_2(TH)=4,\quad S_2(TT)=1$$

考虑两个概率测度:

$$\widetilde{\mathbb{P}}(HH)=\frac{1}{4},\quad \widetilde{\mathbb{P}}(HT)=\frac{1}{4},\quad \widetilde{\mathbb{P}}(TH)=\frac{1}{4},\quad \widetilde{\mathbb{P}}(TT)=\frac{1}{4}$$
$$\mathbb{P}(HH)=\frac{4}{9},\quad \mathbb{P}(HT)=\frac{2}{9},\quad \mathbb{P}(TH)=\frac{2}{9},\quad \mathbb{P}(TT)=\frac{1}{9}$$

定义随机变量:

$$X=\begin{cases}1, & \text{如果 } S_2=4\\ 0, & \text{如果 } S_2\neq 4\end{cases}$$

(i) 列出 $\sigma(X)$中的所有集合。

(ii) 列出 $\sigma(S_1)$中的所有集合。

(iii) 证明在概率测度$\widetilde{\mathbb{P}}$下,$\sigma(X)$和$\sigma(S_1)$是独立的。

(iv) 证明在概率测度$\mathbb{P}$下,$\sigma(X)$和$\sigma(S_1)$不是独立的。

(v) 在概率测度$\mathbb{P}$下,我们有$\mathbb{P}\{S_1=8\}=\frac{2}{3}$和$\mathbb{P}\{S_1=2\}=\frac{1}{3}$。如果你被告知 $X=1$,你将会修改关于 S_1 的分布的估计。试直观解释其原因。

习题 2.3 (轴的旋转) 设 X 和 Y 是独立的标准正态随机变量。设 θ 是常数,定义随机变量

$$V=X\cos\theta+Y\sin\theta \text{ 和 } W=-X\sin\theta+Y\cos\theta$$

证明:V 和 W 是独立的标准正态随机变量。

习题 2.4 在例 2.2.10 中,X 是标准正态随机变量,Z 是独立于 X 的随机变量并且满足:

$$\mathbb{P}\{Z=1\}=\mathbb{P}\{Z=-1\}=\frac{1}{2}$$

我们定义 $Y=XZ$,并证明了 Y 是标准正态的。我们还证明了虽然 X 和 Y 是不相关的,但它们不是独立的。本题中,我们利用矩母函数证明 Y 是标准正态的,X 和 Y 不是独立的。

(i) 建立联合矩母函数公式

$$\mathbb{E}e^{uX+vY}=e^{\frac{1}{2}(u^2+v^2)}\cdot\frac{e^{uv}+e^{-uv}}{2}$$

(ii) 利用上述公式证明:$\mathbb{E}e^{vY}=e^{\frac{1}{2}v^2}$。这是标准正态随机变量的矩母函数,因此 Y 一定是标准正态随机变量。

(iii) 利用(i)中的公式和定理 2.2.7(iv)证明:X 和 Y 不是独立的。

习题 2.5 设随机变量序偶(X,Y)具有联合密度函数

$$f_{X,Y}(x,y)=\begin{cases}\dfrac{2|x|+y}{\sqrt{2\pi}}e^{-\frac{(2|x|+y)^2}{2}}, & \text{如果 } y\geqslant-|x|\\ 0, & \text{如果 } y<-|x|\end{cases}$$

证明:X 和 Y 是标准正态随机变量,并且它们是不相关的,但并非独立的。

习题 2.6 设 Ω 是四个元素 a,b,c 和 d 组成的概率空间(即 $\Omega=\{a,b,c,d\}$)。σ-代数 F 是 Ω 中所有子集的全体,即 F 中的集合为:

$$\begin{aligned}&\Omega,\{a,b,c\},\{a,b,d\},\{a,c,d\},\{b,c,d\},\\&\{a,b\},\{a,c\},\{a,d\},\{b,c\},\{b,d\},\{c,d\},\\&\{a\},\{b\},\{c\},\{d\},\phi\end{aligned}$$

定义概率测度$\mathbb{P}$ 为:

$$\mathbb{P}\{a\}=\frac{1}{6},\quad \mathbb{P}\{b\}=\frac{1}{3},\quad \mathbb{P}\{c\}=\frac{1}{4},\quad \mathbb{P}\{d\}=\frac{1}{4}$$

F 中其他集合的概率都是其元素的概率之和,例如,$\mathbb{P}\{a,b,c\}=\mathbb{P}\{a\}+\mathbb{P}\{b\}+\mathbb{P}\{c\}=\frac{3}{4}$。

由如下公式定义两个随机变量 X 和 Y:

$$\begin{aligned}&X(a)=1,\quad X(b)=1,\quad X(c)=-1,\quad X(d)=-1,\\&Y(a)=1,\quad Y(b)=-1,\quad Y(c)=1,\quad Y(d)=-1\end{aligned}$$

然后定义 $Z=X+Y$。

(i) 列出 $\sigma(X)$中的所有集合。

(ii) 确定$\mathbb{E}[Y|X]$(即指定该随机变量对应于 a,b,c 和 d 的值),验证部分平均性质成立。

(iii) 确定$\mathbb{E}[Z|X]$,验证部分平均性质成立。

(iv) 计算$\mathbb{E}[Z|X]-\mathbb{E}[Y|X]$,从定理 2.3.2 中援引条件期望适当的性质,解释为何会得到 X。

习题 2.7 设 Y 是概率空间$(\Omega,\mathcal{F},\mathbb{P})$上的可积随机变量,$\mathcal{G}$ 是 $\mathcal{F}$ 的子 σ-代

数。基于$\mathcal{G}$中的信息,我们可以作出Y的估计$\mathbb{E}[Y|\mathcal{G}]$,定义估计的误差 $\mathrm{Err}=Y-\mathbb{E}[Y|\mathcal{G}]$。这是一个随机变量,具有期望 0 和方差 $\mathrm{Var}(\mathrm{Err})$。设$X$是另一个$\mathcal{G}$-可测随机变量,可将其看作$Y$的另一个估计。证明:

$$\mathrm{Var}(\mathrm{Err})\leqslant\mathrm{Var}(Y-X)$$

换言之,$\mathbb{E}[Y|\mathcal{G}]$是在基于$\mathcal{G}$中信息作出的$Y$的所有估计中使得误差的方差为最小的估计。(提示:设$\mu=\mathbb{E}[Y-X]$,计算$Y-X$的方差

$$\mathbb{E}[(Y-X-\mu)^2]=\mathbb{E}[((Y-\mathbb{E}[Y|\mathcal{G}])+(\mathbb{E}[Y|\mathcal{G}]-X-\mu))^2]$$

将右端的乘积展开后,利用累次条件期望性质证明交叉项为 0。)

习题 2.8 设X和Y是概率空间$(\Omega,\mathcal{F},\mathbb{P})$上的可积随机变量。于是$Y=Y_1+Y_2$,其中$Y_1=\mathbb{E}[Y|X]$是$\sigma(X)$-可测的,$Y_2=Y-\mathbb{E}[Y|X]$。证明$Y_2$和$X$是不相关的。更一般地,证明$Y_2$和每一个$\sigma(X)$-可测的随机变量都是不相关的。

习题 2.9 (i) 给出一个概率空间$(\Omega,\mathcal{F},\mathbb{P})$,一个定义在该空间上的随机变量$X$和一个函数$f$,使得由$f(X)$生成的$\sigma$-代数不是平凡的$\sigma$-代数$\{\phi,\Omega\}$,但是严格小于由$X$生成的$\sigma$-代数。

(ii) 由$f(X)$生成的σ-代数是否能够严格大于由X生成的σ-代数?

习题 2.10 设X和Y是(某个非特定概率空间$(\Omega,\mathcal{F},\mathbb{P})$上的)随机变量,假定它们具有联合密度$f_{X,Y}(x,y)$,并假定$\mathbb{E}|Y|<\infty$。尤其是,对$\mathbb{R}^2$中任一博雷尔子集$C$,有:

$$\mathbb{P}\{(X,Y)\in C\}=\int_C f_{X,Y}(x,y)dxdy$$

在初等概率论中,我们学过利用公式

$$\mathbb{E}[Y\mid X=x]=\int_{-\infty}^{\infty}yf_{Y|X}(y\mid x)dy \tag{2.6.1}$$

计算$\mathbb{E}[Y|X=x]$,这是**哑变量**x的**非随机**函数。其中**条件密度**$f_{Y|X}(y|x)$由下式定义:

$$f_{Y|X}(y|x)=\frac{f_{X,Y}(x,y)}{f_X(x)}$$

上式中的分母$f_X(x)=\int_{-\infty}^{\infty}f_{X,Y}(x,\eta)d\eta$是$X$的**边际密度**,我们必须假定它对每个$x$都严格为正。我们将式(2.6.1)中的函数$\mathbb{E}[Y|X=x]$记为$g(x)$,即:

$$g(x)=\int_{-\infty}^{\infty}yf_{Y|X}(y\mid x)dy=\int_{-\infty}^{\infty}\frac{yf_{X,Y}(x,y)}{f_X(x)}dy$$

在以测度论为基础的概率论中,条件期望是一个**随机变量**$\mathbb{E}[Y|X]$。本习题将证明:如果序偶(X,Y)具有联合密度,这个随机变量可以通过在$g(x)$中用随机变量X替换哑变量x得到。换言之,本习题将证明:

$$\mathbb{E}[Y|X]=g(X)$$

[我们引进记号 $g(x)$是为了避免数学上会引起混乱的表示式$\mathbb{E}[Y|X=X]$。]

由于 $g(X)$显然是 $\sigma(X)$-可测的，为了证明，我们只需验证部分平均性质。对每一个映射$\mathbb{R}$到$\mathbb{R}$的博雷尔可测函数 h，如果$\mathbb{E}|h(X)|<\infty$，则有：

$$\mathbb{E}h(X)=\int_{-\infty}^{\infty}h(x)f_X(x)dx \tag{2.6.2}$$

这是定理 1.5.2。类似地，如果 h 是 x 和 y 的函数，则：

$$\mathbb{E}h(X,Y)=\int_{-\infty}^{\infty}\int_{-\infty}^{\infty}h(x,y)f_{X,Y}(x,y)dxdy \tag{2.6.3}$$

只要(X,Y)具有联合密度 $f_{X,Y}(x,y)$。求解本题时，可以利用式(2.6.2)和式(2.6.3)。

设 $A\in\sigma(X)$。由 $\sigma(X)$的定义，存在 $B\in\mathcal{B}(\mathbb{R})$，使得 $A=\{\omega\in\Omega;X(\omega)\in B\}$，或更简单地，$A=\{X\in B\}$。证明部分平均性质：

$$\int_A g(X)d\mathbb{P}=\int_A Yd\mathbb{P}$$

习题 2.11 (i) 设 X 是概率空间$(\Omega,\mathcal{F},\mathbb{P})$上的随机变量，$W$ 是非负的 $\sigma(X)$-可测随机变量。证明：存在函数 g，使得 $W=g(X)$。[提示：$\sigma(X)$中的每一个集合形如$\{X\in B\}$，其中 $B\in\mathcal{B}(\mathbb{R})$。先假设 $W=\mathbb{I}_B$，再利用标准程式。]

(ii) 设 X 是概率空间$(\Omega,\mathcal{F},\mathbb{P})$上的随机变量，$Y$ 是该空间上的非负随机变量。我们并未假定 X 和 Y 具有联合密度。尽管如此，还是可以证明：存在函数 g，使得$\mathbb{E}[Y|X]=g(X)$。

3 布朗运动

3.1 引　言

本章中，我们定义布朗运动，并且推导其基本性质。布朗运动的定义在 3.3 节中给出。在此之前，3.2 节中先给出一些直观描述。布朗运动最重要的性质是：布朗运动是一个鞅（定理 3.3.4），布朗运动在单位时间内累积的二次变差为 1（定理 3.4.3）。二次变差的概念十分深刻，它也是随机分析与通常微积分的本质区别所在。因此，我们将在 3.2 节中就开始提及。

在 3.5 节～3.7 节中，我们推导以后需要用到的布朗运动的性质。这些性质在第四章的随机分析中并不用到。因此，在 3.4 节之后，读者也可以直接阅读第四章。马尔可夫性质的概念可被用于将随机分析与偏微分方程相联系。对于布朗运动，该性质在 3.5 节中给出。布朗运动某一水平的首达时间将在 3.6 节中提出，并在 8.3 节中被用于原生资产服从几何布朗运动的永久美式看跌期权分析。这是第一卷 5.4 节二叉树模型中永久美式看跌期权分析的继续。在 3.7 节中推导的反射原理，将在第七章中被用于定价奇异期权。

3.2 随机游动

3.2.1 *对称随机游动*

我们从对称随机游动出发，产生布朗运动。图 3.2.1 中是其中一条路径。为了构造对称随机游动，我们接连抛掷一枚均匀的硬币（每次抛掷，出现正面 H 的概率 p 以及出现背面 T 的概率 $q=1-p$ 都等于$\frac{1}{2}$）。抛掷结果记为 $\omega=\omega_1\omega_2\omega_3\cdots$。换言之，抛掷结果 ω 是无穷序列，ω_n 是第 n 次抛掷的结果。设：

$$X_j=\begin{cases}1, & \text{如果 } \omega_j=H\\ -1, & \text{如果 } \omega_j=T\end{cases} \tag{3.2.1}$$

并且定义 $M_0=0$ 以及

$$M_k = \sum_{j=1}^{k} X_j, \quad k = 1,2,\cdots \tag{3.2.2}$$

过程 $M_k(k=0,1,2,\cdots)$是一个**对称随机游动**。对应于每一次抛掷,它上升或者下降一个单位,并且两者的可能性相同。

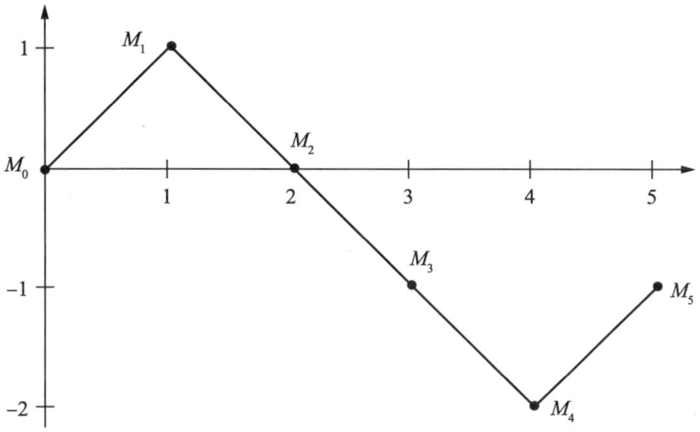

图 3.2.1　随机游动的前五步

3.2.2　*对称随机游动的增量*

随机游动具有**独立增量**。这意味着:对于非负整数 $0=k_0<k_1<\cdots<k_m$,随机变量

$$M_{k_1}=(M_{k_1}-M_{k_0}),(M_{k_2}-M_{k_1}),\cdots,(M_{k_m}-M_{k_{m-1}})$$

是两两独立的。每一个随机变量

$$M_{k_{i+1}} - M_{k_i} = \sum_{j=k_i+1}^{k_{i+1}} X_j \tag{3.2.3}$$

称为随机游动的**增量**。这是时刻 k_i 与 k_{i+1}之间随机游动位置的改变。不相交的时间区间上随机游动的增量是互相独立的,因为它们依赖于不同的硬币抛掷。

每个增量 $M_{k_{i+1}}-M_{k_i}$ 具有期望值 0 和方差 $k_{i+1}-k_i$。期望值为 0 很容易由出现在式(3.2.3)右端的每个 X_j 的期望值为 0 推得。我们还有$\mathrm{Var}(X_j)=\mathbb{E}X_j^2=1$,并且因为 X_j 是独立的,由式(3.2.3)可推得:

$$\mathrm{Var}(M_{k_{i+1}} - M_{k_i}) = \sum_{j=k_i+1}^{k_{i+1}} \mathrm{Var}(X_j) = \sum_{j=k_i+1}^{k_{i+1}} 1 = k_{i+1} - k_i \tag{3.2.4}$$

对称随机游动在单位时间内累积的方差为 1,于是对任何非负整数 $k<\ell$,从 k 到 ℓ 时间区间内增量的方差为 $\ell-k$。

3.2.3　*对称随机游动的鞅性质*

为了验证对称随机游动是鞅,对于任何非负整数 $k<\ell$,计算:

$$\begin{aligned}\mathbb{E}[M_\ell \mid \mathcal{F}_k] &= \mathbb{E}[(M_\ell - M_k) + M_k \mid \mathcal{F}_k] \\ &= \mathbb{E}[M_\ell - M_k \mid \mathcal{F}_k] + \mathbb{E}[M_k \mid \mathcal{F}_k] \\ &= \mathbb{E}[M_\ell - M_k \mid \mathcal{F}_k] + M_k \\ &= \mathbb{E}[M_\ell - M_k] + M_k = M_k \end{aligned} \tag{3.2.5}$$

这里,我们利用第二章中的记号$\mathbb{E}[\cdots \mid \mathcal{F}_k]$表示基于时刻 k 的信息(现在则是前 k 次抛掷硬币的结果)的条件期望。上述第二个等式是条件期望线性性的结果[定理 2.3.2(i)]。第三个等式是由于 M_k 仅依赖于前 k 次抛掷硬币的结果(即 M_k 是$\mathcal{F}_k$-可测的,其中,用定义 2.1.5 的语言,$\mathcal{F}_k$是相应于前 k 次硬币抛掷信息的 σ-代数)。第四个等式可由独立性推得[定理 2.3.2(iv)]。

3.2.4 对称随机游动的二次变差

考虑对称随机游动的**二次变差**。截至时刻 k 的二次变差定义为:

$$[M,M]_k = \sum_{j=1}^{k} (M_j - M_{j-1})^2 = k \tag{3.2.6}$$

注意这是沿路径计算的。计算沿某条路径截至时刻 k 的二次变差,可以取沿该路径每一步的增量 $M_j - M_{j-1}$(即 X_j,取值为 1 或者 -1),平方后再求和。由于不论$M_j - M_{j-1}$是 1 还是 -1,$(M_j - M_{j-1})^2 = 1$,因此式(3.2.6)中的和等于$\sum_{j=1}^{k} 1 = k$ 。

注意到$[M,M]_k$ 的值等同于 $\mathrm{Var}(M_k)$[在式(3.2.4)中令 $k_{i+1}=k, k_i=0$],然而,这两个量的计算是根本不同的。计算 $\mathrm{Var}(M_k)$时,关于所有路径,以其概率为权重求平均。如果随机游动非对称(即 p 与 q 不相等),将会影响 $\mathrm{Var}(M_k)$的值。而$[M,M]_k$ 则是沿单个路径计算的,计算中不涉及每一步上升或下降的概率。人们只是理论上能算得随机游动的方差,因为需要关于所有路径(包括能实现的以及不能实现的)求平均。然而,利用逐个时刻的数据,我们可以沿着真实的路径,确切计算出二次变差。对于随机游动,比较特别的是:$[M,M]_k$ 不依赖于计算时选取的路径,但是,以后我们将看到,随机过程的二次变差通常会依赖于计算时所选定的路径。

3.2.5 按比例缩小型对称随机游动

为了逼近一个布朗运动,我们加快时间并且缩小随机游动的步幅。确而言之,我们固定正整数 n,并且定义**按比例缩小型随机游动**

$$W^{(n)}(t) = \frac{1}{\sqrt{n}} M_{nt} \tag{3.2.7}$$

其中 nt 是整数。如果 nt 不是整数,取 t 左右两边最邻近的 s 和 u,使得 ns 和 nu 是整数,然后利用 s 和 u 处的值,通过插值定义 $W^{(n)}(t)$,令 $n\to\infty$,取极限,我们将得到一个布朗运动。图 3.2.2 展示了 $W^{(100)}$ 截至时刻 4 的一条模拟路径;这是通过 400 次硬币抛掷生成的,每次升降幅度为$\frac{1}{10}$。

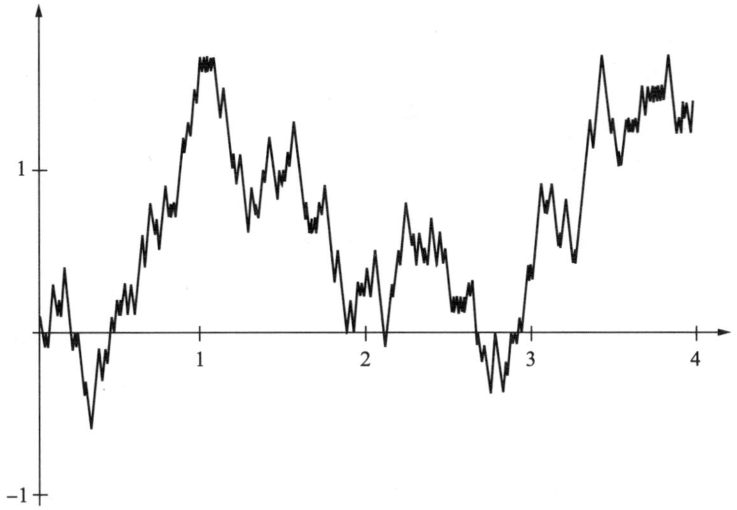

图 3.2.2　$W^{(100)}$ 的一条样本路径

类似于随机游动，按比例缩小型随机游动也具有独立增量。如果 $0=t_0<t_1<\cdots<t_m$ 使得每个 nt_j 是整数，则：

$$(W^{(n)}(t_1)-W^{(n)}(t_0)),(W^{(n)}(t_2)-W^{(n)}(t_1)),\cdots,(W^{(n)}(t_m)-W^{(n)}(t_{m-1}))$$

是独立的。这些随机变量依赖于不同次的硬币抛掷。例如：$W^{(100)}(0.20)-W^{(100)}(0)$ 依赖于前 20 次硬币抛掷，$W^{(100)}(0.70)-W^{(100)}(0.20)$ 依赖于接下来的 50 次抛掷。如果 $0\leqslant s\leqslant t$ 使得 ns 和 nt 是整数，则：

$$\mathbb{E}(W^{(n)}(t)-W^{(n)}(s))=0,\quad \mathrm{Var}(W^{(n)}(t)-W^{(n)}(s))=t-s \tag{3.2.8}$$

这是因为 $W^{(n)}(t)-W^{(n)}(s)$ 是 $n(t-s)$ 个独立随机变量求和，其中每一个都具有期望值 0 和方差 $\frac{1}{n}$。例如，$W^{(100)}(0.70)-W^{(100)}(0.20)$ 是 50 个取值为 $\frac{1}{10}$ 或者 $-\frac{1}{10}$ 的独立随机变量求和，其中每一个都具有期望值 0 和方差 $\frac{1}{100}$，从而 $W^{(100)}(0.70)-W^{(100)}(0.20)$ 的方差为 $50\cdot\frac{1}{100}=0.50$。

给定 $0\leqslant s\leqslant t$，将 $W^{(n)}(t)$ 分解为：

$$W^{(n)}(t)=(W^{(n)}(t)-W^{(n)}(s))+W^{(n)}(s)$$

如果选取 s 和 t 使得 ns 和 nt 是整数，则右端第一项独立于时刻 s（关于前 ns 次硬币抛掷的）信息的 σ-代数 $\mathcal{F}(s)$，而 $W^{(n)}(s)$ 是 $F(s)$-可测的（即仅依赖于前 ns 次硬币抛掷）。如同式(3.2.5)中关于随机游动的情形，我们可以证明按比例缩小型随机游动的鞅性质：对于使得 ns 和 nt 为整数的 $0\leqslant s\leqslant t$，有

$$\mathbb{E}[W^{(n)}(t)\mid\mathcal{F}(s)]=W^{(n)}(s) \tag{3.2.9}$$

最后，考虑按比例缩小型随机游动的二次变差。对于 $W^{(100)}$，截至时刻 1.37 的二次变差为：

$$[W^{(100)},W^{(100)}](1.37)=\sum_{j=1}^{137}\left[W^{(100)}\left(\frac{j}{100}\right)-W^{(100)}\left(\frac{j-1}{100}\right)\right]^2$$
$$=\sum_{j=1}^{137}\left[\frac{1}{10}X_j\right]^2=\sum_{j=1}^{137}\frac{1}{100}=1.37$$

通常,对于使得 nt 是整数的 $t\geqslant 0$,有:

$$[W^{(n)},W^{(n)}](t)=\sum_{j=1}^{nt}\left[W^{(n)}\left(\frac{j}{n}\right)-W^{(n)}\left(\frac{j-1}{n}\right)\right]^2$$
$$=\sum_{j=1}^{nt}\left[\frac{1}{\sqrt{n}}X_j\right]^2=\sum_{j=1}^{nt}\frac{1}{n}=t \tag{3.2.10}$$

沿着按比例缩小型随机游动的某一路径从 0 到 t 计算二次变差,先求出每一步的增量,平方后再相加,得到的是时间区间的长度 t。这是按路径计算的,而非关于所有可能路径求平均,因此原则上计算结果将会依赖于所取的路径。然而,事实上沿着每条路径我们都算得相同的结果 t。注意到[在式(3.2.8)第二个等式中令 $s=0$] $\mathrm{Var}W^{(n)}(t)$也等于 t,但这是关于所有可能路径求平均得到的结果。

3.2.6 *按比例缩小型随机游动的极限分布*

图 3.2.2 中是按比例缩小型随机游动的一条样本路径。换言之,我们取定一个硬币抛掷结果序列 $\omega=\omega_1\omega_2\cdots$,然后随着 t 的变化画出相应的路径。另一方面,可以固定时刻 t,考虑所有可能路径在该时刻的取值。换言之,我们可以取定 t,考虑相应于不同的硬币抛掷结果序列 ω 的按比例缩小型随机游动。例如,取 $t=0.25$,考虑 $W^{(100)}(0.25)=\frac{1}{10}M_{25}$的所有可能取值的集合。该随机变量由 25 次硬币抛掷生成。由于 M_{25}可以取-25 与 25 之间的任何奇数,按比例缩小型随机游动 $W^{(100)}(0.25)$可能的取值为:

$$-2.5,-2.3,-2.1,\cdots,-0.3,-0.1,0.1,0.3,\cdots,2.1,2.3,2.5$$

为了使 $W^{(100)}(0.25)$的取值为 0.1,25 次硬币抛掷中,必须出现 13 次正面以及 12 次背面,其概率为:

$$P\{W^{(100)}(0.25)=0.1\}=\frac{25!}{13!\ 12!}\left(\frac{1}{2}\right)^{25}=0.155\ 5 \tag{3.2.11}$$

在图 3.2.3 中,我们用底边中心位于 0.1,面积为 0.155 5 的直方图来记录这一信息。图 3.2.3 中展示了关于 $W^{(100)}(0.25)$在-1.5 与 1.5 之间所有可能值的直方图。

随机变量 $W^{(100)}(0.25)$具有期望值 0 和方差 0.25。图 3.2.3 中位于直方图上方的是具有这一均值与方差的正态曲线。可以看出,$W^{(100)}(0.25)$的分布接近正态。如果对于给定的有界连续函数 $g(x)$,需要计算$\mathbb{E}g(W^{(100)}(0.25))$,则一个很好的逼近是将 $g(x)$乘以图 3.2.3 中的正态密度,然后积分:

$$\mathbb{E}g(W^{(100)}(0.25)\approx\frac{2}{\sqrt{2\pi}}\int_{-\infty}^{\infty}g(x)e^{-2x^2}dx \tag{3.2.12}$$

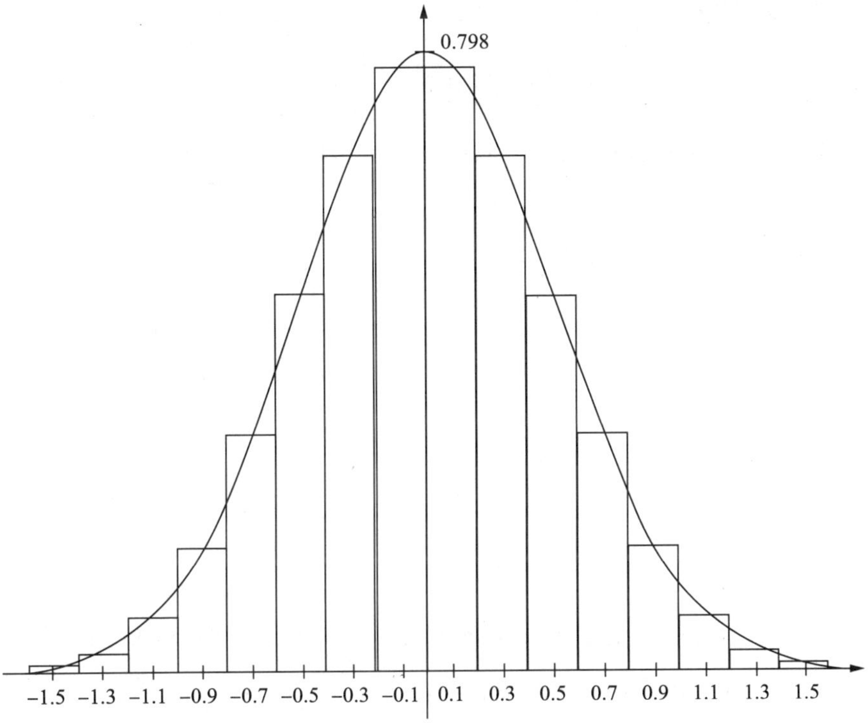

图 3.2.3 $W^{(100)}(0.25)$的分布以及正态曲线 $y=\frac{2}{\sqrt{2\pi}}e^{-2x^2}$

以下中心极限定理断言式(3.2.12)中的逼近成立。

定理 3.2.1 (中心极限定理) 固定 $t\geqslant 0$,按比例缩小型随机游动 $W^{(n)}(t)$在时刻 t 取值的分布当 $n\to\infty$时收敛于均值为 0、方差为 t 的正态分布。

【证明概要】 可以通过矩母函数来确定分布。对于均值为 0、方差为 t 的正态分布

$$f(x)=\frac{1}{\sqrt{2\pi t}}e^{-\frac{x^2}{2t}}$$

矩母函数为:

$$\varphi(u)=\int_{-\infty}^{\infty}e^{ux}f(x)dx=\frac{1}{\sqrt{2\pi t}}\int_{-\infty}^{\infty}e^{ux-\frac{x^2}{2t}}dx=e^{\frac{1}{2}u^2t}\cdot\frac{1}{\sqrt{2\pi t}}\int_{-\infty}^{\infty}e^{-\frac{(x-ut)^2}{2t}}dx=e^{\frac{1}{2}u^2t} \tag{3.2.13}$$

(由于$\frac{1}{\sqrt{2\pi t}}e^{-\frac{(x-ut)^2}{2t}}$是均值为 ut 方差为 t 的正态密度,故其积分值为 1。)

如果 t 使得 nt 是整数,则 $W^{(n)}(t)$的矩母函数为:

$$\varphi_n(u)=\mathbb{E}e^{uW^{(n)}(t)}=\mathbb{E}e^{\frac{u}{\sqrt{n}}M_{nt}}=\mathbb{E}e^{\frac{u}{\sqrt{n}}\sum_{j=1}^{nt}X_j}=\mathbb{E}\prod_{j=1}^{nt}e^{\frac{u}{\sqrt{n}}X_j} \tag{3.2.14}$$

由于随机变量的独立性,式(3.2.14)的右端可以被写成:

$$\prod_{j=1}^{nt}\mathbb{E}e^{\frac{u}{\sqrt{n}}X_j}=\prod_{j=1}^{nt}\left(\frac{1}{2}e^{\frac{u}{\sqrt{n}}}+\frac{1}{2}e^{-\frac{u}{\sqrt{n}}}\right)=\left(\frac{1}{2}e^{\frac{u}{\sqrt{n}}}+\frac{1}{2}e^{-\frac{u}{\sqrt{n}}}\right)^{nt}$$

我们需要证明:当 $n\to\infty$ 时,有

$$\varphi_n(u)=\left(\frac{1}{2}e^{\frac{u}{\sqrt{n}}}+\frac{1}{2}e^{-\frac{u}{\sqrt{n}}}\right)^{nt}$$

收敛于式(3.2.13)中的矩母函数 $\varphi(u)=e^{\frac{1}{2}u^2t}$。为此,只需考虑 $\varphi_n(u)$ 的对数,并证明:

$$\log\varphi_n(u)=nt\log\left(\frac{1}{2}e^{\frac{u}{\sqrt{n}}}+\frac{1}{2}e^{-\frac{u}{\sqrt{n}}}\right)$$

收敛于 $\log\varphi(u)=\frac{1}{2}u^2t$。

作变换 $x=\frac{1}{\sqrt{n}}$,于是:

$$\lim_{n\to\infty}\log\varphi_n(u)=t\lim_{x\downarrow 0}\frac{\log\left(\frac{1}{2}e^{ux}+\frac{1}{2}e^{-ux}\right)}{x^2}$$

如果将 $x=0$ 代入右端的表达式,就会得到 $\frac{0}{0}$,在此情形下,我们利用洛必达(L'Hôpital)法则。分子关于 x 的导数是:

$$\frac{\partial}{\partial x}\log\left(\frac{1}{2}e^{ux}+\frac{1}{2}e^{-ux}\right)=\frac{\frac{u}{2}e^{ux}-\frac{u}{2}e^{-ux}}{\frac{1}{2}e^{ux}+\frac{1}{2}e^{-ux}}$$

分母的导数是:

$$\frac{\partial}{\partial x}x^2=2x$$

因此:

$$\lim_{n\to\infty}\log\varphi_n(u)=t\lim_{x\downarrow 0}\frac{\frac{u}{2}e^{ux}-\frac{u}{2}e^{-ux}}{2x\left(\frac{1}{2}e^{ux}+\frac{1}{2}e^{-ux}\right)}=\frac{t}{2}\lim_{x\downarrow 0}\frac{\frac{u}{2}e^{ux}-\frac{u}{2}e^{-ux}}{x}$$

其中,我们用到了 $\lim_{x\downarrow 0}\left(\frac{1}{2}e^{ux}+\frac{1}{2}e^{-ux}\right)=1$ 这一事实。如果将 $x=0$ 代入右端的表达式,又会得到 $\frac{0}{0}$。在此情形下,我们再次利用洛必达法则。分子关于 x 的导数是:

$$\frac{\partial}{\partial x}\left(\frac{u}{2}e^{ux}-\frac{u}{2}e^{-ux}\right)=\frac{u^2}{2}e^{ux}+\frac{u^2}{2}e^{-ux}$$

分母的导数是 $\frac{\partial}{\partial x}x=1$,因此:

$$\lim_{n\to\infty}\log\varphi_n(u)=\frac{t}{2}\lim_{x\downarrow 0}\left(\frac{u^2}{2}e^{ux}+\frac{u^2}{2}e^{-ux}\right)=\frac{1}{2}u^2t$$

即得所证。 □

3.2.7 对数正态分布作为二叉树模型的极限

利用中心极限定理(定理 3.2.1)可以证明:适当的二叉树资产定价模型的极限给出了服从对数正态分布的股票价格。这里,我们在利率 r 为 0 的假定下给出这一极限论证。习题 3.8 给出了利率非零情形的证明概要。这些结果表明:二叉树模型是几何布朗运动模型的离散形式,这是布莱克—斯科尔斯—默顿期权定价公式的基础。

通过选取整数 n 并构造单位时间内取 n 步的二叉树模型,我们来构建从 0 到 t 时间区间上股票价格的模型。假定 n 和 t 的选取使得 nt 是整数。取上升因子为 $u_n=1+\frac{\sigma}{\sqrt{n}}$,下降因子为 $d_n=1-\frac{\sigma}{\sqrt{n}}$。这里 σ 是正数,事实上,它是极限股价过程的波动率。风险中性概率为[见第一卷中的式(1.1.8)]:

$$\tilde{p}=\frac{1+r-d_n}{u_n-d_n}=\frac{\sigma/\sqrt{n}}{2\sigma/\sqrt{n}}=\frac{1}{2}$$

$$\tilde{q}=\frac{u_n-1-r}{u_n-d_n}=\frac{\sigma/\sqrt{n}}{2\sigma/\sqrt{n}}=\frac{1}{2}$$

时刻 t 的股价由初始股价 $S(0)$ 以及前 nt 次硬币抛掷的结果确定。在前 nt 次硬币抛掷中,出现正面的数目 H_{nt} 与出现背面的数目 T_{nt} 之和为 nt,这一事实记为:

$$nt=H_{nt}+T_{nt}$$

在这 nt 次硬币抛掷中,出现正面的数目与出现背面的数目之差为随机游动 M_{nt}:

$$M_{nt}=H_{nt}-T_{nt}$$

以上两式相加并除以 2,得到:

$$H_{nt}=\frac{1}{2}(nt+M_{nt})$$

将两式相减并除以 2,又得到:

$$T_{nt}=\frac{1}{2}(nt-M_{nt})$$

在上升因子为 u_n、下降因子为 d_n 的模型中,时刻 t 的股价为:

$$S_n(t)=S(0)u_n^{H_{nt}}d_n^{T_{nt}}=S(0)\left(1+\frac{\sigma}{\sqrt{n}}\right)^{\frac{1}{2}(nt+M_{nt})}\left(1-\frac{\sigma}{\sqrt{n}}\right)^{\frac{1}{2}(nt-M_{nt})} \tag{3.2.15}$$

我们希望确定当 $n\to\infty$ 时,上述随机变量的分布的极限。

定理 3.2.2 当 $n\to\infty$ 时,式(3.2.15)中 $S_n(t)$ 的分布收敛于

$$S(t)=S(0)e^{\sigma W(t)-\frac{1}{2}\sigma^2 t} \tag{3.2.16}$$

的分布,其中 $W(t)$ 是均值为 0、方差为 t 的正态随机变量。

式(3.2.16)中 $S(t)$ 的分布被称为**对数正态**。更一般地,任何形如 ce^X 的随机变量(其中 c 是常数,X 服从正态分布)被称为具有对数正态分布。在现在的情形下,$X=\sigma W(t)-\frac{1}{2}\sigma^2 t$ 是均值为 $-\frac{1}{2}\sigma^2 t$、方差为 $\sigma^2 t$ 的正态随机变量。

【定理 3.2.2 的证明】 只需证明

$$\log S_n(t)=\log S(0)+\frac{1}{2}(nt+M_{nt})\log\left(1+\frac{\sigma}{\sqrt{n}}\right)+\frac{1}{2}(nt-M_{nt})\log\left(1-\frac{\sigma}{\sqrt{n}}\right) \tag{3.2.17}$$

的分布收敛于

$$\log S(t)=\log S(0)+\sigma W(t)-\frac{1}{2}\sigma^2 t$$

的分布,其中 $W(t)$ 是均值为 0、方差为 t 的正态随机变量。为此,需要用到 $f(x)=\log(1+x)$ 的泰勒展开式。容易算得 $f'(x)=(1+x)^{-1}$,$f''(x)=-(1+x)^{-2}$,$f'(0)=1$,$f''(0)=-1$。根据泰勒定理,有:

$$\log(1+x)=f(0)+f'(0)x+\frac{1}{2}f''(0)x^2+O(x^3)=x-\frac{1}{2}x^2+O(x^3)$$

其中 $O(x^3)$ 表示与 x^3 同阶的项。将上式运用于式(3.2.17)(先取 $x=\frac{\sigma}{\sqrt{n}}$,再取 $x=-\frac{\sigma}{\sqrt{n}}$)。因为要令 $n\to\infty$ 取极限,我们需要知道哪些项的分母中出现 n 的幂,哪些没有出现。前者的极限为 0,而后者的极限非 0。我们采用记号 $O(\cdot)$。以下等式中出现的几项 $O(n^{-\frac{3}{2}})$ 并非都相同,它们的共同特点是分母中都有 $n^{\frac{3}{2}}$。由式(3.2.17),我们有:

$$\begin{aligned}\log S_n(t)&=\log S(0)+\frac{1}{2}(nt+M_{nt})\left(\frac{\sigma}{\sqrt{n}}-\frac{\sigma^2}{2n}+O(n^{-\frac{3}{2}})\right)+\\&\quad\frac{1}{2}(nt-M_{nt})\left(-\frac{\sigma}{\sqrt{n}}-\frac{\sigma^2}{2n}+O(n^{-\frac{3}{2}})\right)\\&=\log S(0)+nt\left(-\frac{\sigma^2}{2n}+O(n^{-\frac{3}{2}})\right)+M_{nt}\left(\frac{\sigma}{\sqrt{n}}+O(n^{-\frac{3}{2}})\right)\\&=\log S(0)-\frac{1}{2}\sigma^2 t+O(n^{-\frac{1}{2}})+\sigma W^{(n)}(t)+O(n^{-1})W^{(n)}(t)\end{aligned}$$

以上最后一行中,有两处出现 $W^{(n)}(t)=\frac{1}{\sqrt{n}}M_{nt}$。根据中心极限定理(定理3.2.1),其分布收敛于均值为 0、方差为 t 的正态随机变量[我们称之为 $W(t)$]的分布。然而,其中有一处,$W^{(n)}(t)$ 的前面乘上了分母中有 n 的项,其极限为 0。$n\to\infty$ 时,$O(n^{-\frac{1}{2}})$ 项的极限也为 0。因此,当 $n\to\infty$ 时,$\log S_n(t)$ 的分布收敛于 $\log S(0)-\frac{1}{2}\sigma^2 t+\sigma W(t)$ 的分布,这正是我们想要证明的。 □

3.3 布朗运动

3.3.1 布朗运动的定义

作为按比例缩小型随机游动 $W^{(n)}(t)$ 当 $n\to\infty$时的极限,布朗运动继承了这些随机游动的性质。这就导致以下定义。

定义 3.3.1 设$(\Omega,\mathcal{F},\mathbb{P})$是概率空间。对每个 $\omega\in\Omega$,假设存在依赖于 ω 的,满足 $W(0)=0$ 的连续函数 $W(t)(t\geqslant 0)$。则 $W(t)(t\geqslant 0)$是一个**布朗运动**,如果对所有 $0=t_0<t_1<\cdots<t_m$,增量

$$W(t_1)=W(t_1)-W(t_0),\ W(t_2)-W(t_1),\cdots,W(t_m)-W(t_{m-1}) \tag{3.3.1}$$

两两独立,每个增量服从正态分布,并且

$$\mathbb{E}[W(t_{i+1})-W(t_i)]=0 \tag{3.3.2}$$

$$\mathrm{Var}[W(t_{i+1})-W(t_i)]=t_{i+1}-t_i \tag{3.3.3}$$

布朗运动 $W(t)$ 与按比例缩小型随机游动[例如,$W^{(100)}(t)$]的一个区别是:按比例缩小型随机游动存在时间的自然间隔$\left(\frac{1}{100}\right)$,在每个这样的间隔内,路径是线性的;而布朗运动的路径没有线性部分。另一个区别是:对每个 t,按比例缩小型随机游动[例如,$W^{(100)}(t)$]近似于正态(见图 3.2.3);而布朗运动确实为正态。这是中心极限定理(定理 3.2.1)的结论。不仅$W(t)=W(t)-W(0)$服从正态分布,而且对所有 $0\leqslant s<t$,增量 $W(t)-W(s)$服从正态分布。

对于定义 3.3.1 中的 ω,有两种理解。一种是将 ω 视同于布朗运动的路径。随机试验的结果就是布朗运动的路径。于是,$W(t)$是该路径在时刻 t 的值,该值当然与随机试验产生的路径有关。另一种是将 ω 视为比路径更加原始,相当于硬币抛掷结果的序列,尽管现在硬币抛掷是“无限快速”的。一旦得到抛掷结果 ω,就能给出布朗运动的路径。对于不同的抛掷结果 ω,则给出不同的路径。

无论对 ω 作何理解,样本空间 Ω 是随机试验所有可能结果的集合,$\mathcal{F}$ 是 Ω 中使得概率有定义的子集的 σ-代数,$\mathbb{P}$ 是概率测度。对每个 $A\in\mathcal{F}$,A 的概率$\mathbb{P}(A)$是位于 0 和 1 之间的数。布朗运动分布的表述都是关于概率测度$\mathbb{P}$ 的。

例如,我们想确定使得布朗运动的路径满足 $0\leqslant W(0.25)\leqslant 0.2$ 的所有 $\omega\in\Omega$ 的集合的概率。首先考虑按比例缩小型随机游动 $W^{(100)}$,集合 $A=\{\omega;0\leqslant W^{(100)}(0.25)\leqslant 0.2\}$。我们注意到:要使 $W^{(100)}$ 在时刻 0.25 位于 0 和 0.2 之间,随机游动 $M_{25}=10W^{(100)}(0.25)$在 25 次硬币抛掷后必须位于 0 和 2 之间。由于 M_{25} 只能取奇数,它的值位于 0 和 2 之间当且仅当其值为 1,或者等价地,当且仅当 $W^{(100)}(0.25)=0.1$。为此,前 25 次硬币抛掷中必须出现 13 次正面和 12 次背面。因此,A 是所有在前 25 次硬币抛掷中出现 13 次正面和 12 次背面的抛掷结果无穷序列的集合。这样的序列出现的概率由式(3.2.11)给出:$\mathbb{P}(A)=0.155\,5$。

对于布朗运动 W,也同样存在一个使得布朗运动的路径满足 $0\leqslant W(0.25)\leqslant$

0.2 的所有随机试验结果 ω 的集合。我们不再像对于按比例缩小型随机游动 $W^{(100)}$ 那样予以具体的描述。然而,这样一个 $\omega\in\Omega$ 的集合确实存在,并且其概率为:

$$\mathbb{P}\{0\leqslant W(0.25)\leqslant 0.2\}=\frac{2}{\sqrt{2\pi}}\int_0^{0.2}e^{-2x^2}dx$$

它是图 3.2.3 中底边位于 0 和 0.2 之间的正态曲线下方的面积,而不再等于图 3.2.3 中底边中心位于 0.1 的直方图面积(0.155 5)。这两个面积近似相等。

3.3.2 *布朗运动的分布*

由于式(3.3.1)中的增量

$$W(t_1)=W(t_1)-W(t_0),W(t_2)-W(t_1),\cdots,W(t_m)-W(t_{m-1})$$

是独立的正态随机变量,因此,$W(t_1),W(t_2),\cdots,W(t_m)$ 是联合正态随机变量。联合正态随机变量的联合分布可由它们的均值和协方差确定。每一个随机变量 $W(t_i)$ 的均值为 0。对任意两个时刻 $0\leqslant s<t$,$W(s)$ 和 $W(t)$ 的协方差为:

$$\begin{aligned}\mathbb{E}[W(s)W(t)]&=\mathbb{E}[W(s)(W(t)-W(s))+W^2(s)]\\&=\mathbb{E}[W(s)]\cdot\mathbb{E}[W(t)-W(s)]+\mathbb{E}[W^2(s)]\\&=0+\mathrm{Var}[W(s)]=s\end{aligned}$$

其中第二个等式用到了 $W(s)$ 与 $W(t)-W(s)$ 的独立性。于是,**布朗运动**[即 m 维随机向量 $(W(t_1),W(t_2),\cdots,W(t_m))$]的**协方差矩阵**为:

$$\begin{bmatrix}\mathbb{E}[W^2(t_1)] & \mathbb{E}[W(t_1)W(t_2)] & \cdots & \mathbb{E}[W(t_1)W(t_m)]\\ \mathbb{E}[W(t_2)W(t_1)] & \mathbb{E}[W^2(t_2)] & \cdots & \mathbb{E}[W(t_2)W(t_m)]\\ \vdots & \vdots & & \vdots\\ \mathbb{E}[W(t_m)W(t_1) & \mathbb{E}[W(t_m)W(t_2)] & \cdots & \mathbb{E}[W^2(t_m)]\end{bmatrix}$$

$$=\begin{bmatrix}t_1 & t_1 & \cdots & t_1\\ t_1 & t_2 & \cdots & t_2\\ \vdots & \vdots & & \vdots\\ t_1 & t_2 & \cdots & t_m\end{bmatrix}\tag{3.3.4}$$

上述随机向量的矩母函数可以利用均值为 0、方差为 t 的正态随机变量的矩母函数(3.2.13)以及(3.3.1)中增量的独立性算得。为配合这一计算,我们首先注意到:

$$\begin{aligned}&u_3W(t_3)+u_2W(t_2)+u_1W(t_1)\\&\quad=u_3(W(t_3)-W(t_2))+(u_2+u_3)(W(t_2)-W(t_1))+(u_1+u_2+u_3)W(t_1)\end{aligned}$$

更一般地:

$$\begin{aligned}&u_mW(t_m)+u_{m-1}W(t_{m-1})+u_{m-2}W(t_{m-2})+\cdots+u_1W(t_1)\\&\quad=u_m(W(t_m)-W(t_{m-1}))+(u_{m-1}+u_m)(W(t_{m-1})-W(t_{m-2}))\\&\qquad+(u_{m-2}+u_{m-1}+u_m)(W(t_{m-2})-W(t_{tm-3}))+\cdots+(u_1+u_2+\cdots+u_m)W(t_1)\end{aligned}$$

利用这些事实，我们来计算随机向量$(W(t_1),W(t_2),\cdots,W(t_m))$的矩母函数：

$$\begin{aligned}
&\varphi(u_1,u_2,\cdots,u_m)\\
&=\mathbb{E}\exp\{u_mW(t_m)+u_{m-1}W(t_{m-1})+u_{m-2}W(t_{m-2})+\cdots+u_1W(t_1)\}\\
&=\mathbb{E}\exp\{u_m(W(t_m)-W(t_{m-1}))+(u_{m-1}+u_m)(W(t_{m-1})-W(t_{m-2}))+\cdots\\
&\quad+(u_1+u_2+\cdots+u_m)W(t_1)\}\\
&=\mathbb{E}\exp\{u_m(W(t_m)-W(t_{m-1}))\}\cdot\mathbb{E}\exp\{(u_{m-1}+u_m)(W(t_{m-1})-W(t_{m-2}))\}\cdots\\
&\quad\mathbb{E}\exp\{(u_1+u_2+\cdots+u_m)W(t_1)\}\\
&=\exp\left\{\frac{1}{2}u_m^2(t_m-t_{m-1})\right\}\cdot\exp\left\{\frac{1}{2}(u_{m-1}+u_m)^2(t_{m-1}-t_{m-2})\right\}\cdots\\
&\quad\exp\left\{\frac{1}{2}(u_1+u_2+\cdots+u_m)^2t_1\right\}
\end{aligned}$$

总之，**布朗运动**[即m维随机向量$(W(t_1),W(t_2),\cdots,W(t_m))$]的**矩母函数**为：

$$\begin{aligned}
&\varphi(u_1,u_2,\cdots,u_m)\\
&=\mathbb{E}\exp\{u_mW(t_m)+u_{m-1}W(t_{m-1})+\cdots+u_1W(t_1)\}\\
&=\exp\left\{\frac{1}{2}(u_1+u_2+\cdots+u_m)^2t_1+\frac{1}{2}(u_2+u_3+\cdots u_m)^2(t_2-t_1)+\cdots\right.\\
&\quad\left.+\frac{1}{2}(u_{m-1}+u_m)^2(t_{m-1}-t_{m-2})+\frac{1}{2}u_m^2(t_m-t_{m-1})\right\}
\end{aligned}\tag{3.3.5}$$

式(3.3.1)中布朗运动增量的分布可由随机变量$W(t_1),W(t_2),\cdots,W(t_m)$的联合密度或联合矩母函数确定。由此得到以下定理。

定理 3.3.2（布朗运动的等价刻划） 设$(\Omega,\mathcal{F},\mathbb{P})$是概率空间。对每个$\omega\in\Omega$，假设存在依赖于$\omega$的，满足$W(0)=0$的连续函数$W(t)(t\geqslant0)$，则以下三条性质等价：

(i) 对所有$0=t_0<t_1<\cdots<t_m$，增量

$$W(t_1)=W(t_1)-W(t_0),W(t_2)-W(t_1),\cdots,W(t_m)-W(t_{m-1})$$

两两独立，每个增量服从正态分布，并且均值和方差由式(3.3.2)和式(3.3.3)给出。

(ii) 对所有$0=t_0<t_1<\cdots<t_m$，$W(t_1),W(t_2),\cdots,W(t_m)$为联合正态随机变量，均值为0，并且协方差矩阵为(3.3.4)。

(iii) 对所有$0=t_0<t_1<\cdots<t_m$，$W(t_1),W(t_2),\cdots,W(t_m)$具有联合矩母函数(3.3.5)。

如果(i)、(ii)、(iii)之一成立(从而全都成立)，则$W(t)(t\geqslant0)$是布朗运动。

3.3.3 *布朗运动的域流*

除了布朗运动本身之外，我们还需要关于每一时刻所获得信息的表示，这就是域流。

定义 3.3.3 设$W(t)(t\geqslant0)$是定义在概率空间$(\Omega,\mathcal{F},\mathbb{P})$上的布朗运动。**布朗运动的域流**是满足下列条件的一族σ-代数$\mathcal{F}(t)(t\geqslant0)$：

(i)（**信息累积**）对于$0\leqslant s<t$，$\mathcal{F}(s)$中的每一个集合也在$\mathcal{F}(t)$中。换言之，在较后时刻所获得的信息$\mathcal{F}(t)$至少包括较早时刻已获得的信息$\mathcal{F}(s)$。

(ii)（**适应性**）对每个$t\geqslant0$，在时刻t，布朗运动$W(t)$是$\mathcal{F}(t)$-可测的。换言

之,在时刻 t 所获得的信息足以确定布朗运动 $W(t)$ 在该时刻的值。

(iii)(**未来增量的独立性**)对于 $0\leqslant t<u$,增量 $W(u)-W(t)$ 独立于 $\mathcal{F}(t)$。换言之,时刻 t 以后布朗运动的任何增量都与时刻 t 所获得的信息无关。

设 $\Delta(t)(t\geqslant 0)$ 是随机过程。如果对每个 $t\geqslant 0$,随机变量 $\Delta(t)$ 是 $\mathcal{F}(t)$-可测的,则称 $\Delta(t)$ 适应于域流 $\mathcal{F}(t)$。[1]

以上定义中的性质(i)和(ii)确保在时刻 t 所获得的信息不少于截至时刻 t 观测布朗运动得到的信息。性质(iii)表明:时刻 t 所获得的信息无助于预测布朗运动未来的变动。在我们建立的资产定价模型中,性质(iii)导致有效市场假说。

关于布朗运动的域流 $\mathcal{F}(t)$,有两种可能性:一种是 $\mathcal{F}(t)$ 仅包含截至时刻 t 观测布朗运动得到的信息;另一种是 $\mathcal{F}(t)$ 中包含了观测布朗运动以及一个或多个其他过程得到的信息。然而,如果 $\mathcal{F}(t)$ 中包含了观测布朗运动 W 以外其他过程得到的信息,那么由于性质(iii),这些额外的信息不允许给出关于 W 的未来增量的任何线索。

3.3.4 *布朗运动的鞅性质*

定理 3.3.4 布朗运动是鞅。

【证明】 给定 $0\leqslant s\leqslant t$,则类似于式(3.2.5)的论证,可以推得:

$$
\begin{aligned}
\mathbb{E}[W(t)\mid\mathcal{F}(s)] &= \mathbb{E}[(W(t)-W(s))+W(s)\mid\mathcal{F}(s)] \\
&= \mathbb{E}[W(t)-W(s)\mid\mathcal{F}(s)]+\mathbb{E}[W(s)\mid\mathcal{F}(s)] \\
&= \mathbb{E}[W(t)-W(s)]+W(s) \\
&= W(s)
\end{aligned}
$$

3.4 二次变差

由式(3.2.10),我们算得按比例缩小型随机游动 $W^{(n)}$ 截至时刻 T 的二次变差为 T。这里的计算是将按比例缩小型随机游动从 0 到 T 之间每一步的增量平方,然后求和。

对于布朗运动,没有自然的步幅。如果给定 $T>0$,我们可以简单地选取 $\frac{T}{n}$(n 充分大)作为步幅,计算截至时刻 T 的二次变差。换言之,计算:

$$
\sum_{j=0}^{n-1}\left[W\left(\frac{(j+1)T}{n}\right)-W\left(\frac{jT}{n}\right)\right]^2 \tag{3.4.1}
$$

我们的兴趣在于步幅很小的情形,再令 $n\to\infty$ 取极限。最终得到 T,与式(3.2.10)中关于按比例缩小型随机游动的结果相同。这将在以下定理3.4.3中证明。

布朗运动路径的不寻常之处是其二次变差非零。这就使得随机分析与通常的微积分有本质区别,同时也是布莱克—斯科尔斯—默顿偏微分方程中含波动率项的由来。下一章中将对此进行讨论。

---

[1] 我们遇到的适应过程将会作为被积式,为此需要假定它们关于 t 和 ω 联合可测,从而积分有定义,并且也是一个适应过程。本书中,我们忽略这一技术性假定。

3.4.1 一阶变差

在证明布朗运动从 0 到 T 时间区间内累积了 T 单位二次变差之前，我们先讨论一下**一阶变差**（**二次变差**可以视为**二阶变差**）。考虑图 3.4.1 中的函数 $f(t)$。我们希望计算该函数在时刻 0 和 T 之间上下波动的振幅，称之为**一阶变差** $FV_T(f)$。对于图 3.4.1 中的函数 f，有：

$$\begin{aligned} FV_T(f) &= [f(t_1)-f(0)]-[f(t_2)-f(t_1)]+[f(T)-f(t_2)] \\ &= \int_0^{t_1} f'(t)dt + \int_{t_1}^{t_2}(-f'(t))dt + \int_{t_2}^{T} f'(t)dt \\ &= \int_0^T \mid f'(t) \mid dt \end{aligned} \tag{3.4.2}$$

中间的一项

$$-[f(t_2)-f(t_1)]=f(t_1)-f(t_2)$$

是函数 $f(t)$ 在 t_1 和 t_2 之间下降的幅度。

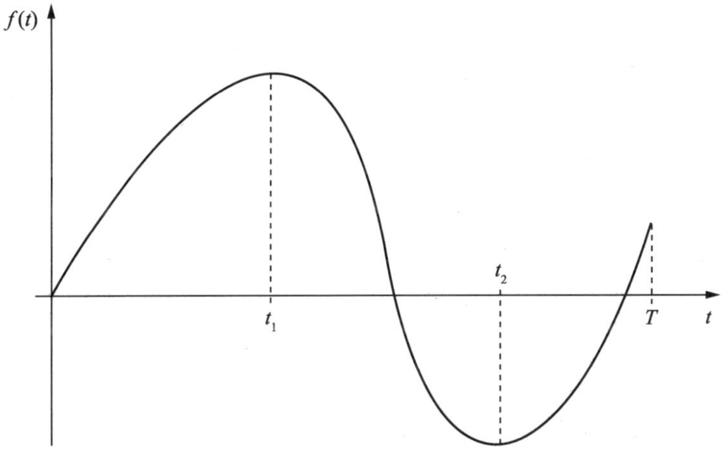

图 3.4.1 计算一阶变差

一般地，为了计算函数截至时刻 T 的一阶变差，先取 $[0,T]$ 的分划 $\Pi=\{t_0, t_1,\cdots,t_n\}$，其中的分点

$$0=t_0<t_1<\cdots<t_n=T$$

将被用来确定步幅。我们并不要求这些分点是等分点，尽管它们可以是等分点。该分划最大的步幅记为 $\|\Pi\|=\max_{j=0,\cdots,n-1}(t_{j+1}-t_j)$。然后定义：

$$FV_T(f) = \lim_{\|\Pi\|\to 0}\sum_{j=0}^{n-1}\mid f(t_{j+1})-f(t_j)\mid \tag{3.4.3}$$

在式(3.4.3)中，当分点的数目 $n\to\infty$ 并且最大子区间的长度 $t_{j+1}-t_j\to 0$ 时取极限。

我们首先验证定义式(3.4.3)与关于图 3.4.1 中的函数 $f(t)$ 的公式(3.4.2)是

一致的。为此,我们利用微分中值定理,该定理适用于导数 $f'(t)$ 处处有定义的函数 $f(t)$。由微分中值定理,在每个子区间 $[t_j, t_{j+1}]$ 内存在一点 t_j^* 使得:

$$\frac{f(t_{j+1})-f(t_j)}{t_{j+1}-t_j}=f'(t_j^*) \tag{3.4.4}$$

换言之,在 t_j 和 t_{j+1} 之间某一点处的切线平行于连接两点 $(t_j, f(t_j))$ 和 $(t_{j+1}, f(t_{j+1}))$ 的弦(见图 3.4.2)。

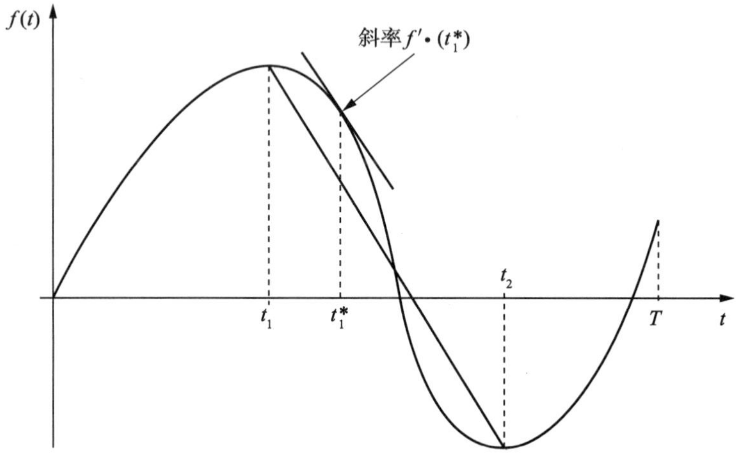

图 3.4.2 微分中值定理

式(3.4.4)两边同乘以 $t_{j+1}-t_j$,我们得到:

$$f(t_{j+1})-f(t_j)=f'(t_j^*)(t_{j+1}-t_j)$$

于是,式(3.4.3)右端的和式可以被写成:

$$\sum_{j=0}^{n-1} |f'(t_j^*)|(t_{j+1}-t_j)$$

这是关于函数 $|f'(t)|$ 的积分的黎曼和。因此:

$$FV_T(f)=\lim_{\|\Pi\|\to 0}\sum_{j=0}^{n-1} |f'(t_j^*)|(t_{j+1}-t_j)=\int_0^T |f'(t)|dt$$

我们重新得到了式(3.4.2)。

3.4.2 二次变差

定义 3.4.1 设 $f(t)$ 是关于 $0\leqslant t\leqslant T$ 有定义的函数。截至时刻 T,f 的**二次变差**为:

$$[f,f](T)=\lim_{\|\Pi\|\to 0}\sum_{j=0}^{n-1}[f(t_{j+1})-f(t_j)]^2 \tag{3.4.5}$$

其中 $\Pi=\{t_0, t_1, \cdots, t_n\}$ 并且 $0=t_0<t_1<\cdots<t_n=T$。

注 3.4.2 假设函数 f 具有连续导数,则

$$\sum_{j=0}^{n-1}[f(t_{j+1})-f(t_j)]^2=\sum_{j=0}^{n-1}|f'(t_j^*)|^2(t_{j+1}-t_j)^2$$
$$\leqslant \|\Pi\|\cdot\sum_{j=0}^{n-1}|f'(t_j^*)|^2(t_{j+1}-t_j)$$

于是：

$$\begin{aligned}[f,f](T)&\leqslant \lim_{\|\Pi\|\to 0}\left[\|\Pi\|\cdot\sum_{j=0}^{n-1}|f'(t_j^*)|^2(t_{j+1}-t_j)\right]\\&=\lim_{\|\Pi\|\to 0}\|\Pi\|\cdot\lim_{\|\Pi\|\to 0}\sum_{j=0}^{n-1}|f'(t_j^*)|^2(t_{j+1}-t_j)\\&=\lim_{\|\Pi\|\to 0}\|\Pi\|\cdot\int_0^T|f'(t)|^2dt=0\end{aligned}$$

在上述论证的最后一步，我们利用了 $f'(t)$连续蕴含$\int_0^T|f'(t)|^2dt$ 有限这一事实。如果$\int_0^T|f'(t)|^2dt$ 为无穷，则：

$$\lim_{\|\Pi\|\to 0}\left[\|\Pi\|\cdot\sum_{j=0}^{n-1}|f'(t_j^*)|^2(t_{j+1}-t_j)\right]$$

导致 $0\cdot\infty$的情形，这可以是 0 和∞之间的任何值。 □

我们通常遇到的是具有连续导数的函数，它们的二次变差为 0。因此，在通常的微积分中从不考虑二次变差。另一方面，布朗运动的路径关于时间变量不能求导数。对于不可求导的函数，微分中值定理不成立，从而注 3.4.2 不再适用。例如，考虑图 3.4.3 中的绝对值函数 $f(t)=|t|$。连接$(t_1,f(t_1))$和$(t_2,f(t_2))$的弦具有斜率$\frac{1}{5}$，但是，在 t_1 和 t_2 之间不存在使得函数 $f(t)=|t|$的导数等于$\frac{1}{5}$的点。事实上，当 $t<0$ 时，导数恒为-1；当 $t>0$ 时，导数恒为 1；当 $t=0$ 时，导数无定义，函数 $f(t)=|t|$的图像在这里有一个“尖点”。由图 3.2.2 不难想象，布朗运动的路径处处是“尖点”。事实上，对于布朗运动的路径 $W(t)$，在任何点 t，都不存在导数$\frac{d}{dt}W(t)$。

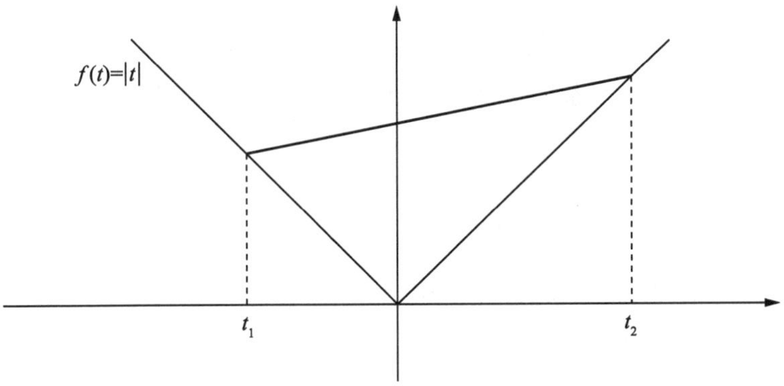

图 3.4.3 绝对值函数

定理 3.4.3 设 W 是布朗运动,则对所有 $T\geqslant 0$,$[W,W](T)=T$ 几乎必然成立。

回顾一下,术语**几乎必然**是指:可以存在布朗运动的某些路径,使得$[W,W](T)=T$ 不成立。然而,所有这些路径的集合具有零概率。使得定理结论成立的路径的集合具有概率 1。

【定理 3.4.3 的证明】 设 $\Pi=\{t_0,t_1,\cdots,t_n\}$ 是$[0,T]$的一个分划。相应于该分划的**样本二次变差**定义为:

$$Q_\Pi=\sum_{j=0}^{n-1}(W(t_{j+1})-W(t_j))^2$$

这是随机变量(即依赖于计算时所选取的布朗运动的路径)。我们必须证明:当 $\|\Pi\|\to 0$ 时,上述样本二次变差收敛于 T。为此,我们将证明其期望值为 T,并且其方差收敛于 0,从而无论路径如何选取,它都收敛于期望值 T。[1]

样本二次变差是独立随机变量之和,因此,其均值和方差也是这些随机变量的均值和方差之和。我们有:

$$\mathbb{E}[(W(t_{j+1})-W(t_j))^2]=\mathrm{Var}[W(t_{j+1})-W(t_j)]=t_{j+1}-t_j \tag{3.4.6}$$

由此可得:

$$\mathbb{E}Q_\Pi=\sum_{j=0}^{n-1}\mathbb{E}[(W(t_{j+1})-W(t_j))^2]=\sum_{j=0}^{n-1}(t_{j+1}-t_j)=T$$

此外:

$$\begin{aligned}\mathrm{Var}[(W(t_{j+1})-W(t_j))^2]&=\mathbb{E}[((W(t_{j+1})-W(t_j))^2-(t_{j+1}-t_j))^2]\\&=\mathbb{E}[(W(t_{j+1})-W(t_j))^4]-2(t_{j+1}-t_j)\\&\quad\mathbb{E}[(W(t_{j+1})-W(t_j))^2]+(t_{j+1}-t_j)^2\end{aligned}$$

均值为 0 的正态随机变量的四阶矩等于其方差平方的 3 倍(见习题 3.3)。因此:

$$\mathbb{E}[(W(t_{j+1})-W(t_j))^4]=3(t_{j+1}-t_j)^2$$

$$\begin{aligned}\mathrm{Var}[(W(t_{j+1})-W(t_j))^2]&=3(t_{j+1}-t_j)^2-2(t_{j+1}-t_j)^2+(t_{j+1}-t_j)^2\\&=2(t_{j+1}-t_j)^2\end{aligned} \tag{3.4.7}$$

$$\begin{aligned}\mathrm{Var}(Q_\Pi)&=\sum_{j=0}^{n-1}\mathrm{Var}[(W(t_{j+1})-W(t_j))^2]\\&=\sum_{j=0}^{n-1}2(t_{j+1}-t_j)^2\leqslant\sum_{j=0}^{n-1}2\|\Pi\|(t_{j+1}-t_j)\\&=2\|\Pi\|T\end{aligned}$$

于是,$\lim_{\|\Pi\|\to 0}\mathrm{Var}(Q_\Pi)=0$,从而可推得 $\lim_{\|\Pi\|\to 0}Q_\Pi=\mathbb{E}Q_\Pi=T$。 □

---

[1] 我们证明的收敛性其实是**均方收敛**,也称 **L^2-收敛**。这样的收敛性蕴含存在子列几乎必然收敛(即除了具有零概率的路径集合外,关于其他所有路径收敛)。我们对随机变量各种收敛性的差别不再细究。

注 3.4.4 在上述证明中，我们推得了式(3.4.6)和式(3.4.7)：

$$\mathbb{E}[(W(t_{j+1})-W(t_j))^2]=t_{j+1}-t_j$$
$$\mathrm{Var}[(W(t_{j+1})-W(t_j))^2]=2(t_{j+1}-t_j)^2$$

由此容易引发这样的论证：当 $t_{j+1}-t_j$ 很小时，$(t_{j+1}-t_j)^2$ **非常**小，因此 $(W(t_{j+1})-W(t_j))^2$ 虽然随机，但具有很高的概率接近其均值 $t_{j+1}-t_j$。于是，我们可以断言：

$$(W(t_{j+1})-W(t_j))^2\approx t_{j+1}-t_j \tag{3.4.8}$$

这种近似无疑是对的，因为 $t_{j+1}-t_j$ 很小时，上式两边都接近于 0。然而，如果将上式右端平方，或者乘以 2，或者作其他适当的改变，近似式仍然是对的。换言之，式(3.4.8)并没有实质性的内容。也许，表达上述论证的一个较好的方式是将式(3.4.8)改写为：

$$\frac{(W(t_{j+1})-W(t_j))^2}{t_{j+1}-t_j}\approx 1 \tag{3.4.9}$$

然而，无论 $t_{j+1}-t_j$ 取得如何小，事实上：

$$\frac{(W(t_{j+1})-W(t_j))^2}{t_{j+1}-t_j}$$

并不接近 1，它是标准正态随机变量

$$Y_{j+1}=\frac{W(t_{j+1})-W(t_j)}{\sqrt{t_{j+1}-t_j}}$$

的平方，无论 $t_{j+1}-t_j$ 取得如何小，其分布都是相同的。

为了更好地理解定理 3.4.3，我们取很大的 n，令 $t_j=\frac{jT}{n}$，$j=0,1,\cdots,n$，则对所有的 j，$t_{j+1}-t_j=\frac{T}{n}$，并且：

$$(W(t_{j+1})-W(t_j))^2=T\cdot\frac{Y_{j+1}^2}{n}$$

由于 $Y_1,Y_2,\cdots,Y_n$ 是独立同分布随机变量，根据大数定律，当 $n\to\infty$ 时，$\sum_{j=0}^{n-1}\frac{Y_{j+1}^2}{n}$ 收敛于共同的均值 $\mathbb{E}Y_{j+1}^2$。因此，$\sum_{j=0}^{n-1}(W(t_{j+1})-W(t_j))^2$ 收敛于 T。该和式中的每一项 $(W(t_{j+1})-W(t_j))^2$ 与其均值 $t_{j+1}-t_j=\frac{T}{n}$ 可以差别很大，但是这么多项相加后，这些差别被平均化而趋于 0。

我们可以形式地记为：

$$dW(t)dW(t)=dt \tag{3.4.10}$$

但是，对此既不能按式(3.4.8)也不能按式(3.4.9)来理解。只有将式(3.4.9)的两边求和，并且借助于大数定律消除误差，才能得到正确的表述：在区间[0,T]上，布朗运动累积了 T 单位二次变差。

如果在时间区间$[0,T_1]$上计算布朗运动的二次变差,我们得到$[W,W](T_1)=T_1$;如果在时间区间$[0,T_2]$(其中$0<T_1<T_2$)上计算二次变差,我们得到$[W,W](T_2)=T_2$;如果划分区间$[T_1,T_2]$,将各子区间上布朗运动的增量平方后求和,再令最大步幅(即最大子区间的长度)趋于0求极限,我们将得到极限值为$[W,W](T_2)-[W,W](T_1)=T_2-T_1$。因此,布朗运动在区间$[T_1,T_2]$上累积了$T_2-T_1$单位二次变差。由于对任何时间区间都是如此,我们的结论是:**布朗运动在单位时间内累积二次变差的速率为1**。我们用式(3.4.10)来记录这一事实。式(3.4.10)右端的dt应理解为被乘上了1。

正如前面所提及的,布朗运动的二次变差是由布朗运动驱动的资产价格波动的由来。我们有时候将布朗运动乘上时间依赖或者路径依赖的因子,以改变进入资产价格的波动的速率。 □

注3.4.5 设$\Pi=\{t_0,t_1,\cdots,t_n\}$是$[0,T]$的一个分划(即$0=t_0<t_1<\cdots<t_n=T$)。除了计算布朗运动的二次变差

$$\lim_{\|\Pi\|\to 0}\sum_{j=0}^{n-1}(W(t_{j+1})-W(t_j))^2=T \tag{3.4.11}$$

之外,我们还能计算$W(t)$与t的交互变差以及关于t的二次变差,它们是:

$$\lim_{\|\Pi\|\to 0}\sum_{j=0}^{n-1}(W(t_{j+1})-W(t_j))(t_{j+1}-t_j)=0 \tag{3.4.12}$$

$$\lim_{\|\Pi\|\to 0}\sum_{j=0}^{n-1}(t_{j+1}-t_j)^2=0 \tag{3.4.13}$$

为证式(3.4.12)中的极限为0,我们注意到:

$$|(W(t_{j+1})-W(t_j))(t_{j+1}-t_j)|\leqslant\max_{0\leqslant k\leqslant n-1}|W(t_{k+1})-W(t_k)|(t_{j+1}-t_j)$$

于是:

$$\left|\sum_{j=0}^{n-1}(W(t_{j+1})-W(t_j))(t_{j+1}-t_j)\right|\leqslant\max_{0\leqslant k\leqslant n-1}|W(t_{k+1})-W(t_k)|\cdot T$$

由于W是连续的,当最大子区间的长度$\|\Pi\|\to 0$时,$\max_{0\leqslant k\leqslant n-1}|W(t_{k+1})-W(t_k)|$的极限为0。为证式(3.4.13)中的极限为0,我们注意到:

$$\sum_{j=0}^{n-1}(t_{j+1}-t_j)^2\leqslant\max_{0\leqslant k\leqslant n-1}(t_{k+1}-t_k)\cdot\sum_{j=0}^{n-1}(t_{j+1}-t_j)=\|\Pi\|\cdot T$$

当$\|\Pi\|\to 0$时,易知上式极限为0。

正如可用式(3.4.10)表示式(3.4.11),我们可将式(3.4.12)和式(3.4.13)表示为:

$$dW(t)dt=0,\quad dtdt=0 \tag{3.4.14}$$

□

3.4.3 *几何布朗运动的波动率*

设α和$\sigma>0$是常数,定义**几何布朗运动**

$$S(t)=S(0)e^{\sigma W(t)+\left(\alpha-\frac{1}{2}\sigma^2\right)t}$$

这是布莱克—斯科尔斯—默顿期权定价公式中使用的资产价格模型。这里我们利用布朗运动的二次变差，通过几何布朗运动的路径确定其波动率 σ。

给定 $0\leqslant T_1<T_2$，观测几何布朗运动 $S(t)$，$T_1\leqslant t\leqslant T_2$。取区间 $[T_1,T_2]$ 的分划 $T_1=t_0<t_1<\cdots<t_m=T_2$，考察每个子区间 $[t_j,t_{j+1}]$ 上的"对数回报"

$$\log\frac{S(t_{j+1})}{S(t_j)}=\sigma(W(t_{j+1})-W(t_j))+\left(\alpha-\frac{1}{2}\sigma^2\right)(t_{j+1}-t_j)$$

对数回报的平方和（有时称为**实现波动率**）为：

$$\begin{aligned}&\sum_{j=0}^{m-1}\left(\log\frac{S(t_{j+1})}{S(t_j)}\right)^2\\&\quad=\sigma^2\sum_{j=0}^{m-1}(W(t_{j+1})-W(t_j))^2+\left(\alpha-\frac{1}{2}\sigma^2\right)^2\sum_{j=0}^{m-1}(t_{j+1}-t_j)^2\\&\quad\quad+2\sigma\left(\alpha-\frac{1}{2}\sigma^2\right)\sum_{j=0}^{m-1}(W(t_{j+1})-W(t_j))(t_{j+1}-t_j)\end{aligned}\tag{3.4.15}$$

当最大步幅 $\|\Pi\|=\max_{j=0,\cdots,m-1}(t_{j+1}-t_j)$ 很小时，式(3.4.15)的右端第一项近似等于其极限，即 σ^2 乘以布朗运动在区间 $[T_1,T_2]$ 上累积的二次变差 T_2-T_1。式(3.4.15)右端第二项近似于 $\left(\alpha-\frac{1}{2}\sigma^2\right)^2$ 乘以关于 t 的二次变差（由注 3.4.5，它为 0）；式(3.4.15)右端第三项近似于 $2\sigma\left(\alpha-\frac{1}{2}\sigma^2\right)$ 乘以 $W(t)$ 与 t 的交互变差（由注 3.4.5，它也为 0）。于是，当最大步幅 $\|\Pi\|$ 很小时，式(3.4.15)的右端近似等于 $\sigma^2(T_2-T_1)$，因此：

$$\frac{1}{T_2-T_1}\sum_{j=0}^{m-1}\left(\log\frac{S(t_{j+1})}{S(t_j)}\right)^2\approx\sigma^2\tag{3.4.16}$$

如果资产价格 $S(t)$ 果真服从具有常数波动率 σ 的几何布朗运动，则 σ 可以由观测得到的价格通过计算式(3.4.16)的左端，然后取平方根来确定。理论上，通过减小步幅，可使上述近似尽可能精确。实际中，步幅的减小是有限制的。在接连两次交易之间，没有关于价格的信息；而且，当交易发生时，有时按买入价成交，有时按卖出价成交。在很小的时间区间上，买入—卖出价差有时与区间上价格波动幅度一般大。

3.5 马尔可夫性质

这一节中，我们证明布朗运动是马尔可夫过程，并讨论其**转移密度**。

定理 3.5.1 设 $W(t)$，$t\geqslant0$ 是布朗运动，$\mathcal{F}(t)$，$t\geqslant0$ 是关于该布朗运动的域流（见定义 3.3.3），则 $W(t)$，$t\geqslant0$ 是马尔可夫过程。

【证明】 根据定义 2.3.6，我们必须证明对任意的 $0\leqslant s\leqslant t$ 以及博雷尔可测函数 f，存在另一个博雷尔可测函数 g，使得：

$$\mathbb{E}[f(W(t))|\mathcal{F}(s)]=g(W(s)) \tag{3.5.1}$$

为此,我们将式(3.5.1)左端写成:

$$\mathbb{E}[f(W(t))|\mathcal{F}(s)]=\mathbb{E}[f((W(t)-W(s))+W(s))|\mathcal{F}(s)] \tag{3.5.2}$$

随机变量 $W(t)-W(s)$独立于 $\mathcal{F}(s)$,而随机变量 $W(s)$为 $\mathcal{F}(s)$-可测,这就允许我们运用独立性引理(引理 2.3.4)。为了计算式(3.5.2)右端的期望,我们以哑变量 x 替换 $W(s)$,令其保持常值,并关于其他随机变量取无条件期望(即定义 $g(x)=\mathbb{E}f(W(t)-W(s)+x)$)。由于 $W(t)-W(s)$是均值为 0、方差为 $t-s$ 的正态随机变量,故

$$g(x)=\frac{1}{\sqrt{2\pi(t-s)}}\int_{-\infty}^{\infty}f(w+x)e^{-\frac{w^2}{2(t-s)}}dw \tag{3.5.3}$$

根据独立性引理,如果取由式(3.5.3)定义的函数 $g(x)$,并将哑变量 x 替换为随机变量 $W(s)$,则等式(3.5.1)成立。 □

在式(3.5.3)中作变量代换,令 $\tau=t-s$, $y=w+x$,则得:

$$g(x)=\frac{1}{\sqrt{2\pi\tau}}\int_{-\infty}^{\infty}f(y)e^{-\frac{(y-x)^2}{2\tau}}dy$$

定义布朗运动的**转移密度** $p(\tau,x,y)$为:

$$p(\tau,x,y)=\frac{1}{\sqrt{2\pi\tau}}e^{-\frac{(y-x)^2}{2\tau}}$$

则式(3.5.3)可以改写为:

$$g(x)=\int_{-\infty}^{\infty}f(y)p(\tau,x,y)dy \tag{3.5.4}$$

并且式(3.5.1)变为:

$$\mathbb{E}[f(W(t))\mid\mathcal{F}(s)]=\int_{-\infty}^{\infty}f(y)p(\tau,W(s),y)dy \tag{3.5.5}$$

这一等式可作如下解释:基于 $\mathcal{F}(s)$中的信息(其中包括截至时刻 s 观测布朗运动获得的所有信息),$W(t)$的条件密度是 $p(\tau,W(s),y)$(关于变量 y 的密度)。这是均值为 $W(s)$、方差为 $\tau=t-s$ 的正态密度。特别是,$\mathcal{F}(s)$中与我们有关的信息只是 $W(s)$的值。只有 $W(s)$的值与我们有关这一事实正是马尔可夫性质的要义所在。

3.6 首达时间分布

在第一卷第五章中,我们研究了随机游动的首达时间。首先,5.2 节中利用关于鞅的可选抽样定理求得分布;然后,在 5.3 节中利用反射原理重新推得了分布。这一节中,我们考虑上述第一种方法;下一节考虑第二种方法。第一卷 5.2 节和 5.3 节中,在得到关于对称随机游动首达时间的分布后,我们不难稍作修改,推得关于非对称随机游动首达时间的分布。这一节中,我们仅考虑连续时间情形与对

称随机游动相对应的布朗运动。习题 3.7 中考虑连续时间情形与非对称随机游动相对应的带漂移项的布朗运动。第七章中，我们将再次讨论这一问题（利用哥萨诺夫定理求解）。有关结果往往能提供关于奇异期权的定价和对冲公式。第七章中给出了关于这类期权的相关公式及其应用实例。

正如在第一卷 5.2 节中，我们是以指数函数中含有随机游动的鞅开始，这里我们以指数函数中含有布朗运动的鞅开始。给定常数 σ，相应于 σ 的所谓指数鞅

$$Z(t)=\exp\left\{\sigma W(t)-\frac{1}{2}\sigma^2 t\right\} \tag{3.6.1}$$

在本书后面的部分中，是一个十分关键和重要的过程。

定理 3.6.1(指数鞅) 设 $W(t),t\geqslant 0$ 是布朗运动，$\mathcal{F}(t),t\geqslant 0$ 是关于该布朗运动的域流，σ 是常数，则式(3.6.1)中的过程 $Z(t),t\geqslant 0$ 是鞅。

【证明】 对于 $0\leqslant s\leqslant t$，我们有：

$$\begin{aligned}
\mathbb{E}[Z(t)\mid\mathcal{F}(s)]&=\mathbb{E}\left[\exp\left\{\sigma W(t)-\frac{1}{2}\sigma^2 t\right\}\mid\mathcal{F}(s)\right]\\
&=\mathbb{E}\left[\exp\{\sigma(W(t)-W(s))\}\cdot\exp\left\{\sigma W(s)-\frac{1}{2}\sigma^2 t\right\}\mid\mathcal{F}(s)\right]\\
&=\exp\left\{\sigma W(s)-\frac{1}{2}\sigma^2 t\right\}\cdot\mathbb{E}[\exp\{\sigma(W(t)-W(s))\}\mid\mathcal{F}(s)]
\end{aligned} \tag{3.6.2}$$

其中最后一步用到了“提取已知量”[定理 2.3.2(ii)]。再利用“独立性”[定理 2.3.2(iv)]，我们有：

$$\mathbb{E}[\exp\{\sigma(W(t)-W(s))\}\mid\mathcal{F}(s)]=\mathbb{E}[\exp\{\sigma(W(t)-W(s))\}]$$

由于 $W(t)-W(s)$ 是均值为 0、方差为 $t-s$ 的正态随机变量，上述期望值为 $\exp\left\{\frac{1}{2}\sigma^2(t-s)\right\}$（见(3.2.13)）。将此代入式(3.6.2)，我们得到鞅性质

$$\mathbb{E}[Z(t)\mid\mathcal{F}(s)]=\exp\left\{\sigma W(s)-\frac{1}{2}\sigma^2 s\right\}=Z(s)$$

□

设 m 是实数，定义水平 m 的**首达时间**为：

$$\tau_m=\min\{t\geqslant 0;W(t)=m\} \tag{3.6.3}$$

这是布朗运动 W 达到水平 m 的第一时间。如果布朗运动永远达不到水平 m，则令 $\tau_m=\infty$。将一个鞅停止（“冻结”也许是更为恰当）于停时，得到的过程仍是鞅，从而具有常数期望（紧接第一卷定理 4.3.2，对此有较详细的讨论）。由此：

$$1=Z(0)=\mathbb{E}Z(t\wedge\tau_m)=\mathbb{E}\left[\exp\left\{\sigma W(t\wedge\tau_m)-\frac{1}{2}\sigma^2(t\wedge\tau_m)\right\}\right] \tag{3.6.4}$$

其中记号 $t\wedge\tau_m$ 表示 t 与 τ_m 的较小值。

我们先假设 $\sigma>0$ 以及 $m>0$。在此情形，当 $t\leqslant\tau_m$ 时，布朗运动总是不超过水平 m，于是：

$$0\leqslant\exp\{\sigma W(t\wedge\tau_m)\}\leqslant\exp\{\sigma m\} \tag{3.6.5}$$

如果 $\tau_m<\infty$，则对于充分大的 t，$e^{-\frac{1}{2}\sigma^2(t\wedge\tau_m)}$ 等于 $e^{-\frac{1}{2}\sigma^2\tau_m}$。另一方面，如果 $\tau_m=\infty$，则

$\exp\left\{-\frac{1}{2}\sigma^2(t\wedge\tau_m)\right\}$等于$\exp\left\{-\frac{1}{2}\sigma^2 t\right\}$，并且当$t\to\infty$时收敛于0。我们将这两种情形归结为：

$$\lim_{t\to\infty}\exp\left\{-\frac{1}{2}\sigma^2(t\wedge\tau_m)\right\}=\mathbb{I}_{\{\tau_m<\infty\}}\exp\left\{-\frac{1}{2}\sigma^2\tau_m\right\}$$

其中记号$\mathbb{I}_{\{\tau_m<\infty\}}$用来表示当$\tau_m<\infty$时取值为1，否则取值为0的随机变量。如果$\tau_m<\infty$，则当$t$充分大时，$\exp\{\sigma W(t\wedge\tau_m)\}=\exp\{\sigma W(\tau_m)\}=\exp\{\sigma m\}$。如果$\tau_m=\infty$，我们不知道当$t\to\infty$时，$\exp\{\sigma W(t\wedge\tau_m)\}$会怎么样，不过由于式(3.6.5)，我们至少知道这一项是有界的。这就足以保证$\exp\{\sigma W(t\wedge\tau_m)\}$与$\exp\left\{-\frac{1}{2}\sigma^2 t\right\}$的乘积具有极限0。总之，我们有：

$$\lim_{t\to\infty}\exp\left\{\sigma w(t\wedge\tau_m)-\frac{1}{2}\sigma^2(t\wedge\tau_m)\right\}=\mathbb{I}_{\{\tau_m<\infty\}}\exp\left\{\sigma m-\frac{1}{2}\sigma^2\tau_m\right\}$$

在式(3.6.4)中取极限[1]，我们得到：

$$1=\mathbb{E}\left[\mathbb{I}_{\{\tau_m<\infty\}}\exp\left\{\sigma m-\frac{1}{2}\sigma^2\tau_m\right\}\right]$$

或者，等价地有：

$$\mathbb{E}\left[\mathbb{I}_{\{\tau_m<\infty\}}\exp\left\{-\frac{1}{2}\sigma^2\tau_m\right\}\right]=e^{-\sigma m}\tag{3.6.6}$$

等式(3.6.6)当m和σ为正数时成立。我们不能在等式中直接令$\sigma=0$，但是由于等式(3.6.6)对所有正数σ成立，我们可以在等式两边令$\sigma\downarrow 0$取极限。这就得到[2]：

$$\mathbb{E}[\mathbb{I}_{\{\tau_m<\infty\}}]=1$$

或者，等价地有：

$$\mathbb{P}\{\tau_m<\infty\}=1\tag{3.6.7}$$

由于τ_m以概率1有限(我们称τ_m**几乎必然**有限)，我们可以在式(3.6.6)中去掉关于该事件的指示函数，即：

$$\mathbb{E}\left[\exp\left\{-\frac{1}{2}\sigma^2\tau_m\right\}\right]=e^{-\sigma m}\tag{3.6.8}$$

我们已经完成了下述定理的证明中最困难的部分。

定理 3.6.2 对于$m\in\mathbb{R}$，布朗运动关于水平m的首达时间几乎必然有限，并且其分布的拉普拉斯(Laplace)变换为：

$$\mathbb{E}\exp\{-\alpha\tau_m\}=\exp\{-|m|\sqrt{2\alpha}\},\quad\forall\alpha>0\tag{3.6.9}$$

【证明】 先考虑m为正数的情形。设α是正数，令$\sigma=\sqrt{2\alpha}$，于是$\frac{1}{2}\sigma^2=\alpha$。这时式(3.6.8)就成为式(3.6.9)。如果m是负数，由于布朗运动是对称的，首达时间τ_m与$\tau_{|m|}$具有相同的分布，从而可以得到关于负数m的等式(3.6.9)。 □

---

〔1〕 隐含在这一步中的关于极限与期望的可交换性，可以利用控制收敛定理(定理1.4.9)验证。

〔2〕 这里，我们利用单调收敛定理(定理1.4.5)。

注 3.6.3 在式(3.6.9)两边关于 α 求导数，得到：

$$\mathbb{E}[\tau_m \exp\{-\alpha\tau_m\}]=\frac{|m|}{\sqrt{2\alpha}}\exp\{-|m|\sqrt{2\alpha}\},\quad \forall\,\alpha>0$$

令 $\alpha\downarrow 0$，我们得到 $\mathbb{E}\tau_m=\infty$（只要 $m\neq 0$）。

3.7 反射原理

3.7.1 *反射等式*

这一节中，我们就布朗运动重复第一卷 5.3 节中关于随机游动的反射原理论证。读者也许希望先复习一下那一节中的有关内容。

固定一个正的水平 m 和正的时刻 t。我们希望对于在时刻 t 或者之前达到水平 m 的布朗运动路径（即使得水平 m 的首达时间 τ_m 小于或者等于 t 的那些路径）进行“计数”。这样的路径有两种类型：一类是在时刻 t 之前达到水平 m，但是在时刻 t 的水平 w 低于 m；另一类是在时刻 t 的水平超过 m。至于在时刻 t 的水平恰为 m 的路径，与第一卷 5.3 节中关于随机游动的情形不同的是，对于布朗运动，这些路径的概率为 0。于是，我们可以忽略这种可能性。

如图 3.7.1 所示，对于每一条在时刻 t 之前达到水平 m，但在时刻 t 的水平 w 低于 m 的布朗运动路径，都有一条“反射路径”，它在时刻 t 的水平为 $2m-w$。这条反射路径可以通过从时刻 τ_m 开始分别将所有上升和下降的变动反向得到。当然，在时刻 t 的水平恰为 w 或者 $2m-w$ 的布朗运动路径的概率为 0。为了得到非零概率，我们考虑在时刻 t 之前达到水平 m，但在时刻 t 的水平低于或者等于 w 的路径以及它们的反射路径（即在时刻 t 的水平超过或者等于 $2m-w$ 的路径）。这就得到十分关键的**反射等式**：

$$\mathbb{P}\{\tau_m\leqslant t, W(t)\leqslant w\}=\mathbb{P}\{W(t)\geqslant 2m-w\},\quad w\leqslant m, m>0 \tag{3.7.1}$$

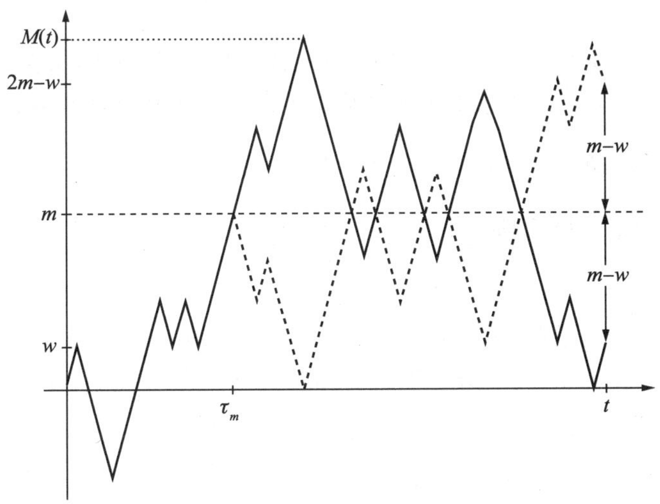

图 3.7.1 布朗运动路径及其反射路径

3.7.2 首达时间分布

由式(3.7.1)可以得到两个结论。第一个是关于随机变量 τ_m 的分布。

定理 3.7.1 对于所有 $m\neq 0$，随机变量 τ_m 具有累积分布函数

$$\mathbb{P}\{\tau_m \leqslant t\} = \frac{2}{\sqrt{2\pi}}\int_{\frac{|m|}{\sqrt{t}}}^{\infty} e^{-\frac{y^2}{2}} dy, \quad t \geqslant 0 \tag{3.7.2}$$

以及密度

$$f_{\tau_m}(t) = \frac{d}{dt}\mathbb{P}\{\tau_m \leqslant t\} = \frac{|m|}{t\sqrt{2\pi t}} e^{-\frac{m^2}{2t}}, \quad t \geqslant 0 \tag{3.7.3}$$

【证明】 首先考虑 $m>0$ 的情形。将 $w=m$ 代入反射公式(3.7.1)，得到：

$$\mathbb{P}\{\tau_m \leqslant t, W(t) \leqslant m\} = \mathbb{P}\{W(t) \geqslant m\}$$

另一方面，如果 $W(t)\geqslant m$，则必有 $\tau_m \leqslant t$。换言之，有：

$$\mathbb{P}\{\tau_m \leqslant t, W(t) \geqslant m\} = \mathbb{P}\{W(t) \geqslant m\}$$

将以上两式相加，就得到 τ_m 的累积分布函数：

$$\begin{aligned}\mathbb{P}\{\tau_m \leqslant t\} &= \mathbb{P}\{\tau_m \leqslant t, W(t) \geqslant m\} + \mathbb{P}\{\tau_m \leqslant t, W(t) \leqslant m\} \\ &= 2\,\mathbb{P}\{W(t) \geqslant m\} = \frac{2}{\sqrt{2\pi t}}\int_m^{\infty} e^{-\frac{x^2}{2t}} dx\end{aligned}$$

在积分中作变量代换 $y=\frac{x}{\sqrt{t}}$，就得到对于正数 m 的式(3.7.2)。如果 m 是负数，则 τ_m 与 $\tau_{|m|}$ 具有相同的分布，而式(3.7.2)给出了 $\tau_{|m|}$ 的累积分布函数。最后，式(3.7.3)可由式(3.7.2)关于 t 求导数得到。 □

注 3.7.2 由式(3.7.3)，我们有：

$$\mathbb{E}\exp\{-\alpha\tau_m\} = \int_0^{\infty} \exp\{-\alpha t\} f_{\tau_m}(t) dt = \int_0^{\infty} \frac{|m|}{t\sqrt{2\pi t}} \exp\left\{-\alpha t - \frac{m^2}{2t}\right\} dt, \quad \forall \alpha > 0 \tag{3.7.4}$$

式(3.7.4)看起来似乎与定理 3.6.2 中的拉普拉斯变换公式(3.6.9)不同。事实上，这两个公式是相同的。习题 3.9 中给出了两者相等的证明步骤。 □

3.7.3 布朗运动及其最大值的分布

布朗运动的**迄今最大值**定义为：

$$M(t) = \max_{0\leqslant s \leqslant t} W(s) \tag{3.7.5}$$

这一随机过程用于定价障碍期权。图 3.7.1 中也标出了随机变量 $M(t)$。对于正数 m，$M(t)\geqslant m$ 当且仅当 $\tau_m \leqslant t$。于是，我们可将反射等式(3.7.1)改写为：

$$\mathbb{P}\{M(t) \geqslant m, W(t) \leqslant w\} = \mathbb{P}\{W(t) \geqslant 2m - w\}, \quad w \leqslant m, m > 0 \tag{3.7.6}$$

由此，我们可以得到 $W(t)$ 和 $M(t)$ 的联合分布。

定理 3.7.3 对于 $t>0$，$(M(t), W(t))$ 的联合密度为：

$$f_{M(t),W(t)}(m,w)=\frac{2(2m-w)}{t\sqrt{2\pi t}}e^{-\frac{(2m-w)^2}{2t}},\quad w\leqslant m,m>0 \tag{3.7.7}$$

【证明】 由于

$$\mathbb{P}\{M(t)\geqslant m,W(t)\leqslant w\}=\int_m^{\infty}\int_{-\infty}^{w}f_{M(t),W(t)}(x,y)dydx$$

以及

$$\mathbb{P}\{W(t)\geqslant 2m-w\}=\frac{1}{\sqrt{2\pi t}}\int_{2m-w}^{\infty}e^{-\frac{z^2}{2t}}dz$$

由式(3.7.6),我们有:

$$\int_m^{\infty}\int_{-\infty}^{w}f_{M(t),W(t)}(x,y)dydx=\frac{1}{\sqrt{2\pi t}}\int_{2m-w}^{\infty}e^{-\frac{z^2}{2t}}dz$$

先关于 m 求导可得:

$$-\int_{-\infty}^{w}f_{M(t),W(t)}(m,y)dy=-\frac{2}{\sqrt{2\pi t}}e^{-\frac{(2m-w)^2}{2t}}$$

再关于 w 求导可得:

$$-f_{M(t),W(t)}(m,w)=-\frac{2(2m-w)}{t\sqrt{2\pi t}}e^{-\frac{(2m-w)^2}{2t}}$$

这就是式(3.7.7)。 □

在为定价奇异期权而模拟布朗运动时,往往先模拟布朗运动在某个时刻 $t>0$ 的值,再模拟布朗运动在时刻 0 与 t 之间的最大值。第二步需要用到已知 $W(t)$ 的值的条件下布朗运动在 $[0,t]$ 上的最大值 $M(t)$ 的分布。以下推论给出了这一条件分布。

推论 3.7.4 给定 $W(t)=w$,$M(t)$ 的条件密度为:

$$f_{M(t)|W(t)}(m|w)=\frac{2(2m-w)}{t}e^{\frac{-2m(m-w)}{t}},\quad w\leqslant m,m>0$$

【证明】 条件密度是联合密度除以条件随机变量的边际密度。这里,我们所求的条件密度为:

$$f_{M(t)|W(t)}(m|w)=\frac{f_{M(t),W(t)}(m,w)}{f_{W(t)}(w)}=\frac{2(2m-w)}{t\sqrt{2\pi t}}\cdot\sqrt{2\pi t}e^{\frac{-(2m-w)^2}{2t}+\frac{w^2}{2t}}$$

$$=\frac{2(2m-w)}{t}e^{\frac{-2m(m-w)}{t}}$$

□

3.8 本章小结

布朗运动是具有正态分布的独立增量的连续随机过程 $W(t)$,$t\geqslant 0$。本书中,我们约定布朗运动在时刻 0 的初值为 0,尽管我们也可以加上常数 a 而得到"初值为 a 的布朗运动"。对于无论是初值为 0 还是初值为 a 的布朗运动,如果 $0=t_0<t_1<\cdots<t_m$,则增量

$$W(t_1)-W(t_0), W(t_2)-W(t_1), \cdots, W(t_m)-W(t_{m-1})$$

是独立的，服从正态分布，并且

$$\mathbb{E}[W(t_{i+1})-W(t_i)]=0, \quad \mathrm{Var}[W(t_{i+1})-W(t_i)]=t_{i+1}-t_i$$

这是定义 3.3.1。相应于布朗运动的域流 $\mathcal{F}(t), t\geqslant 0$，使得对每个 $t\geqslant 0$ 以及 $u\geqslant t$，$W(t)$ 为 $\mathcal{F}(t)$-可测，并且 $W(u)-W(t)$ 独立于 $\mathcal{F}(t)$。

布朗运动既是鞅，也是马尔可夫过程。布朗运动的转移密度为：

$$p(\tau, x, y)=\frac{1}{\sqrt{2\pi\tau}} e^{-\frac{(y-x)^2}{2\tau}}$$

这是给定 $W(s)=x$ 条件下随机变量 $W(s+\tau)$ 的以 y 为变量的密度。

布朗运动的一个十分深刻的性质是：布朗运动在单位时间内累积二次变差的速率为 1(定理 3.4.3)。我们取定时间区间$[T_1, T_2]$，取分点 $T_1=t_0<t_1<\cdots<t_m=T_2$，并计算 $\sum_{j=0}^{m-1}(W(t_{j+1})-W(t_j))^2$，得到的结果依赖于计算时选取的路径。然而，如果令分点数目趋于无穷，并且最大子区间的长度 $t_{j+1}-t_j$ 趋于 0，该量的极限为 T_2-T_1，这正是计算二次变差的时间区间$[T_1, T_2]$的长度。无论沿着哪条路径，布朗运动在任一时间区间内累积的二次变差等于该区间的长度。我们用 $dW(t)dW(t)=dt$ 表示这一事实。

如果计算 $\sum_{j=0}^{m-1}(W(t_{j+1})-W(t_j))(t_{j+1}-t_j)$ 或者 $\sum_{j=0}^{m-1}(t_{j+1}-t_j)^2$，再取极限，结果为 0(注 3.4.5)。我们将此记为 $dW(t)dt=dtdt=0$。

布朗运动的首达时间

$$\tau_m=\min\{t\geqslant 0; W(t)=m\}$$

是布朗运动达到水平 m 的第一时间。对于 $m\neq 0$，我们有 $\mathbb{P}\{\tau_m<\infty\}=1$[等式(3.6.7)](即布朗运动可以达到任一非零水平)，但是 $\mathbb{E}\tau_m=\infty$(注 3.6.3)。随机变量 τ_m 是一个停时，具有密度(定理 3.7.1)为：

$$f_{\tau_m}(t)=\frac{|m|}{t\sqrt{2\pi t}} e^{-\frac{m^2}{2t}}$$

并且该密度的拉普拉斯变换为(定理 3.6.2，又见习题 3.9)：

$$\mathbb{E}e^{-\alpha\tau_m}=e^{-|m|\sqrt{2\alpha}}, \quad \forall \alpha>0$$

用来确定密度 $f_{\tau_m}(t)$ 的反射原理，也可以被用来确定布朗运动 $W(t)$ 与其迄今最大值 $M(t)=\max_{0\leqslant s\leqslant t}W(s)$ 的联合密度，该联合密度为(定理 3.7.3)：

$$f_{M(t),W(t)}(m, w)=\frac{2(2m-w)}{t\sqrt{2\pi t}} e^{-\frac{(2m-w)^2}{2t}}, \quad w\leqslant m, m>0$$

3.9 评 注

1828 年，罗伯特·布朗(Robert Brown)观测了悬浮在水中的花粉的无规则运动。按照爱因斯坦(Einstein)[62]中的解释，这一运动是由于花粉受到水分子的撞击引起的。巴舍利耶(Bachelier)[6]中利用布朗运动(不是几何布朗运动)作为股票价格的模型,尽管布朗运动可以取负值。列维[107]、[108]中发现了布朗运动许多非直观的性质。最早从数学上严格构造布朗运动归功于维纳(Wiener)[159]、[160],因而布朗运动有时也被称为**维纳过程**。

许多著作中,包括比林斯利[10],都讨论了布朗运动及其性质。本书中给出的是卡拉察斯和施里夫[101]中内容的一个简介。博罗金和萨尔米宁(Borodin and Salminen)[18]中给出了布朗运动的性质和对于定价奇异期权十分有用的许多公式。

在 3.2.7 中提及的关于离散时间和(或)离散状态模型收敛于连续时间模型在阿明和康纳(Amin and Khanna)[3],考克斯、罗斯和鲁宾斯坦[42],达菲和普若特(Protter)[60]以及维林格和塔克(Willinger and Taqqu)[162]中都有讨论。

3.10 习　题

习题 3.1　根据定义 3.3.3(iii),对于 $0\leqslant t<u$,布朗运动增量 $W(u)-W(t)$ 独立于 σ-代数 $\mathcal{F}(t)$。利用这一性质以及该定义中的性质(i),证明:对于 $0\leqslant t<u_1<u_2$,增量 $W(u_2)-W(u_1)$ 也独立于 $\mathcal{F}(t)$。

习题 3.2　设 $W(t),t\geqslant 0$ 是布朗运动,$\mathcal{F}(t),t\geqslant 0$ 是关于该布朗运动的域流。证明:$W^2(t)-t$ 是鞅。[提示:对于 $0\leqslant s\leqslant t$,将 $W^2(t)$ 写为 $(W(t)-W(s))^2+2W(t)W(s)-W^2(s)$。]

习题 3.3(正态峰度)　随机变量的**峰度**定义为其四阶中心矩与方差平方的比值。对于正态随机变量,峰度为 3。在推导式(3.4.7)时,用到了这一事实。本题验证这一事实。

设 X 是均值为 μ 的正态随机变量,于是 $X-\mu$ 的均值为 0。设 X 的方差(也是 $X-\mu$ 的方差)为 σ^2。由式(3.2.13),我们可以算得 $X-\mu$ 的矩母函数为 $\varphi(u)=\mathbb{E}e^{u(X-\mu)}=e^{\frac{1}{2}u^2\sigma^2}$,其中 u 是实变量。关于 u 求导,可得:

$$\varphi'(u)=\mathbb{E}[(X-\mu)e^{u(X-\mu)}]=\sigma^2 ue^{\frac{1}{2}\sigma^2u^2}$$

尤其是,$\varphi'(0)=\mathbb{E}(X-\mu)=0$。再次求导,我们得到:

$$\varphi''(u)=\mathbb{E}[(X-\mu)^2e^{u(X-\mu)}]=(\sigma^2+\sigma^4u^2)e^{\frac{1}{2}\sigma^2u^2}$$

尤其是,$\varphi''(0)=\mathbb{E}[(X-\mu)^2]=\sigma^2$。继续求导两次,就得到正态峰度公式:

$$\mathbb{E}[(X-\mu)^4]=3\sigma^4$$

习题 3.4(布朗运动的其他变差)　定理 3.4.3 断言:如果 T 是正数,选取分划 Π,其分点为 $0=t_0<t_1<\cdots<t_n=T$,则当分点数目 $n\to\infty$ 并且最大子区间长度 $\|\Pi\|\to 0$ 时,对布朗运动 W 的几乎所有路径,二次变差

$$\sum_{j=0}^{n-1}(W(t_{j+1})-W(t_j))^2$$

收敛于 T。在注 3.4.5 中,还证明了 $\sum_{j=0}^{n-1}(W(t_{j+1})-W(t_j))(t_{j+1}-t_j)$ 和 $\sum_{j=0}^{n-1}(t_{j+1}-t_j)^2$ 都有极限 0。我们将这些事实归结为以下乘法法则:

$$dW(t)dW(t)=dt,\quad dW(t)dt=0,\quad dtdt=0 \tag{3.10.1}$$

(i) 证明:当分点数目 $n\to\infty$ 并且最大子区间长度趋于 0 时,对布朗运动 W 的几乎所有路径,一阶变差

$$\sum_{j=0}^{n-1}|W(t_{j+1})-W(t_j)|$$

趋于∞。[提示:$\sum_{j=0}^{n-1}(W(t_{j+1})-W(t_j))^2\leqslant\max_{0\leqslant k\leqslant n-1}|W(t_{k+1})-W(t_k)|\cdot\sum_{j=0}^{n-1}|W(t_{j+1})-W(t_j)|$]

(ii) 证明:当分点数目 $n\to\infty$ 并且最大子区间长度趋于 0 时,对布朗运动 W 的几乎所有路径,三次变差

$$\sum_{j=0}^{n-1}|W(t_{j+1})-W(t_j)|^3$$

收敛于 0。

习题 3.5(布莱克—斯科尔斯—默顿公式) 设利率 r 和波动率 $\sigma>0$ 是常数。设

$$S(t)=S(0)e^{(r-\frac{1}{2}\sigma^2)t+\sigma W(t)}$$

是平均回报率为 r 的几何布朗运动,其中初始股价 $S(0)$ 大于 0。设 K 是正数,证明对于 $T>0$,有:

$$\mathbb{E}[e^{-rT}(S(T)-K)^+]=S(0)N(d_+(T,S(0)))-Ke^{-rT}N(d_-(T,S(0)))$$

其中:

$$d_\pm(T,S(0))=\frac{1}{\sigma\sqrt{T}}\left[\log\frac{S(0)}{K}+\left(r\pm\frac{\sigma^2}{2}\right)T\right]$$

并且 N 是累计标准正态分布函数

$$N(y)=\frac{1}{\sqrt{2\pi}}\int_{-\infty}^{y}e^{-\frac{1}{2}z^2}dz=\frac{1}{\sqrt{2\pi}}\int_{-y}^{\infty}e^{-\frac{1}{2}z^2}dz$$

习题 3.6 设 $W(t),t\geqslant0$ 是布朗运动,$\mathcal{F}(t),t\geqslant0$ 是关于该布朗运动的域流。

(i) 对于 $\mu\in\mathbb{R}$,考虑**漂移为 $\boldsymbol{\mu}$ 的布朗运动**:

$$X(t)=\mu t+W(t)$$

证明:对任何博雷尔可测函数 $f(y)$ 以及 $0\leqslant s<t$,函数

$$g(x)=\frac{1}{\sqrt{2\pi(t-s)}}\int_{-\infty}^{\infty}f(y)\exp\left\{-\frac{(y-x-\mu(t-s))^2}{2(t-s)}\right\}dy$$

满足$\mathbb{E}[f(X(t))|\mathcal{F}(s)]=g(X(s))$，从而 X 具有马尔可夫性质。我们可以将 $g(x)$ 改写为 $g(x)=\int_{-\infty}^{\infty}f(y)p(\tau,x,y)dy$，其中 $\tau=t-s$，并且：

$$p(\tau,x,y)=\frac{1}{\sqrt{2\pi\tau}}\exp\left\{-\frac{(y-x-\mu\tau)^2}{2\tau}\right\}$$

是带漂移 μ 的布朗运动的**转移密度**。

(ii) 对于 $\nu\in\mathbb{R}$ 和 $\sigma>0$，考虑**几何布朗运动**

$$S(t)=S(0)e^{\sigma W(t)+\nu t}$$

令 $\tau=t-s$ 以及

$$p(\tau,x,y)=\frac{1}{\sigma y\sqrt{2\pi\tau}}e^{-\frac{(\log\frac{y}{x}-\nu\tau)^2}{2\sigma^2\tau}}$$

证明：对任何博雷尔可测函数 $f(y)$ 以及 $0\leqslant s<t$，函数 $g(x)=\int_0^{\infty}f(y)p(\tau,x,y)dy$ 满足$\mathbb{E}[f(S(t))|\mathcal{F}(s)]=g(S(s))$，从而 S 具有马尔可夫性质；并且 $p(\tau,x,y)$ 是其转移密度。

习题 3.7 定理 3.6.2 给出了布朗运动首达时间密度函数的拉普拉斯变换。本题对于带漂移的布朗运动推导类似的公式。设 W 是布朗运动。给定 $m>0$ 和 $\mu\in\mathbb{R}$。对于 $0\leqslant t<\infty$，定义：

$$X(t)=\mu t+W(t)$$
$$\tau_m=\min\{t\geqslant 0;X(t)=m\}$$

如果 $X(t)$ 永远达不到水平 m，则令 $\tau_m=\infty$。设 σ 是正数，令

$$Z(t)=e^{\sigma X(t)-(\sigma\mu+\frac{1}{2}\sigma^2)t}$$

(i) 证明 $Z(t),t\geqslant 0$ 是鞅。

(ii) 利用(i)，推导

$$\mathbb{E}\left[e^{\sigma X(t\wedge\tau_m)-(\sigma\mu+\frac{1}{2}\sigma^2)(t\wedge\tau_m)}\right]=1,\quad t\geqslant 0$$

(iii) 假定 $\mu\geqslant 0$，证明对于 $\sigma>0$，有：

$$\mathbb{E}\left[\exp\left\{\sigma m-\left(\sigma\mu+\frac{1}{2}\sigma^2\right)\tau_m\right\}\mathbb{I}_{\{\tau_m<\infty\}}\right]=1$$

由此证明$\mathbb{P}\{\tau_m<\infty\}=1$，并且推得拉普拉斯变换

$$\mathbb{E}\exp\{-\alpha\tau_m\}=\exp\{m\mu-m\sqrt{2\alpha+\mu^2}\},\quad\forall\alpha>0$$

(iv) 证明如果 $\mu>0$，则$\mathbb{E}\tau_m<\infty$。推导关于$\mathbb{E}\tau_m$ 的公式。[提示：将(iii)中的公式关于 α 求导。]

(v) 现在假设 $\mu<0$，证明对于 $\sigma>-2\mu$，有：

$$\mathbb{E}\left[\exp\left\{\sigma m-\left(\sigma\mu+\frac{1}{2}\sigma^2\right)\tau_m\right\}\mathbb{I}_{\{\tau_m<\infty\}}\right]=1$$

由此证明$\mathbb{P}\{\tau_m<\infty\}=\exp\{-2x|\mu|\}$(它严格小于 1)并且推得拉普拉斯变换

$$\mathbb{E}\exp\{-\alpha\tau_m\}=\exp\{m\mu-m\sqrt{2\alpha+\mu^2}\},\quad \forall\,\alpha>0$$

习题 3.8 本题给出一列二叉树模型中股票价格的分布收敛于几何布朗运动的分布。与 3.2.7 中的分析不同的是,这里我们允许利率不等于 0。

给定 $\sigma>0$ 和 $r\geqslant 0$,对每个正整数 n,考虑每单位时间内取 n 步的二叉树模型。在此模型中,每一步的利率是$\frac{r}{n}$,上升因子是 $u_n=e^{\sigma/\sqrt{n}}$,下降因子是$d_n=e^{-\sigma/\sqrt{n}}$。于是,风险中性概率为:

$$\tilde{p}_n=\frac{\frac{r}{n}+1-e^{-\sigma/\sqrt{n}}}{e^{\sigma/\sqrt{n}}-e^{-\sigma/\sqrt{n}}},\quad \tilde{q}_n=\frac{e^{-\sigma/\sqrt{n}}-\frac{r}{n}-1}{e^{\sigma/\sqrt{n}}-e^{-\sigma/\sqrt{n}}}$$

设 t 是任一正有理数,对每个使得 nt 是整数的正整数 n,定义:

$$M_{nt,n}=\sum_{k=1}^{nt}X_{k,n}$$

其中 $X_{1,n},\cdots,X_{nt,n}$是独立同分布随机变量,满足:

$$\widetilde{\mathbb{P}}\{X_{k,n}=1\}=\tilde{p}_n,\quad \widetilde{\mathbb{P}}\{X_{k,n}=-1\}=\tilde{q}_n,\quad k=1,\cdots,nt$$

在此二叉树模型中,从初始时刻经过 nt 步,到时刻 t 的股票价格为[类似等式见式(3.2.15)]:

$$\begin{aligned}S_n(t)&=S(0)u_n^{\frac{1}{2}(nt+M_{nt,n})}d_n^{\frac{1}{2}(nt-M_{nt,n})}\\&=S(0)\exp\left\{\frac{\sigma}{2\sqrt{n}}(nt+M_{nt,n})\right\}\exp\left\{-\frac{\sigma}{2\sqrt{n}}(nt-M_{nt,n})\right\}\\&=S(0)\exp\left\{\frac{\sigma}{\sqrt{n}}M_{nt,n}\right\}\end{aligned}$$

本题将证明:当 $n\to\infty$时,出现在上式指数中的随机变量$\frac{\sigma}{\sqrt{n}}M_{nt,n}$的分布收敛于均值为$\left(r-\frac{1}{2}\sigma^2\right)t$、方差为 $\sigma^2 t$ 的正态分布。因此在时刻 t,$S_n(t)$的极限分布与几何布朗运动 $S(0)\exp\left\{\sigma W(t)+\left(r-\frac{1}{2}\sigma^2\right)t\right\}$的分布相同。

(i) 证明:$\frac{1}{\sqrt{n}}M_{nt,n}$的矩母函数 $\varphi_n(u)$为

$$\varphi_n(u)=\left[e^{\frac{u}{\sqrt{n}}}\left(\frac{\frac{r}{n}+1-e^{-\sigma/\sqrt{n}}}{e^{\sigma/\sqrt{n}}-e^{-\sigma/\sqrt{n}}}\right)-e^{-\frac{u}{\sqrt{n}}}\left(\frac{\frac{r}{n}+1-e^{\sigma/\sqrt{n}}}{e^{\sigma/\sqrt{n}}-e^{-\sigma/\sqrt{n}}}\right)\right]^{nt}$$

(ii) 我们希望计算

$$\lim_{n\to\infty}\varphi_n(u)=\lim_{x\downarrow 0}\varphi_{\frac{1}{x^2}}(u)$$

其中作了变量代换 $x=\frac{1}{\sqrt{n}}$。为此，我们将计算 $\log\varphi_{\frac{1}{x^2}}(u)$，再令 $x\downarrow 0$ 取极限。(定义 $\sinh z=\frac{e^z-e^{-z}}{2}$，$\cosh z=\frac{e^z+e^{-z}}{2}$)，证明：

$$\log\varphi_{\frac{1}{x^2}}(u)=\frac{t}{x^2}\log\left[\frac{(rx^2+1)\sinh ux+\sinh(\sigma-u)x}{\sinh\sigma x}\right]$$

并利用公式

$$\sinh(A-B)=\sinh A\cosh B-\cosh A\sinh B$$

将结果改写为：

$$\log\varphi_{\frac{1}{x^2}}(u)=\frac{t}{x^2}\log\left[\cosh ux+\frac{(rx^2+1-\cosh\sigma x)\sinh ux}{\sinh\sigma x}\right]$$

(iii) 利用泰勒级数展开式

$$\cosh z=1+\frac{1}{2}z^2+O(z^4),\quad \sinh z=z+O(z^3)$$

证明：

$$\cosh ux+\frac{(rx^2+1-\cosh\sigma x)\sinh ux}{\sinh\sigma x}=1+\frac{1}{2}u^2x^2+\frac{rux^2}{\sigma}-\frac{1}{2}ux^2\sigma+O(x^4) \tag{3.10.2}$$

记号 $O(x^j)$表示与 x^j 同阶的项。

(iv) 利用泰勒级数展开式 $\log(1+x)=x+O(x^2)$，计算 $\lim_{x\downarrow 0}\log\varphi_{\frac{1}{x^2}}(u)$。解释$\frac{\sigma}{\sqrt{n}}M_{nt,n}$的极限分布是均值为$\left(r-\frac{1}{2}\sigma^2\right)t$、方差为 $\sigma^2 t$ 的正态分布。

习题 3.9(首达时间密度的拉普拉斯变换，解答由陈开平和李季提供) 给定 $m>0$，定义：

$$f(t)=\frac{m}{t\sqrt{2\pi t}}\exp\left\{-\frac{m^2}{2t}\right\}$$

根据定理 3.7.1 中的式(3.7.3)，$f(t)$是首达时间 $\tau_m=\min\{t\geqslant 0;W(t)=m\}$的密度，其中 W 是无漂移项的布朗运动。设

$$g(\alpha)=\int_0^\infty\exp\{-\alpha t\}f(t)dt,\quad \alpha>0$$

是密度 $f(t)$的拉普拉斯变换。本题无需利用本章中的概率论证，而直接验证

$$g(\alpha)=e^{-m\sqrt{2\alpha}},\quad \alpha>0$$

这是定理 3.6.2 中推得的公式。

(i) 对于正数 a 和 b，定义：

$$\mathbb{I}(a,b)=\int_0^{\infty}\exp\left\{-a^2x^2-\frac{b^2}{x^2}\right\}dx$$

利用变量代换 $y=b/(ax)$,证明:

$$\mathbb{I}(a,b)=\frac{b}{a}\int_0^{\infty}\frac{1}{y^2}\exp\left\{-a^2y^2-\frac{b^2}{y^2}\right\}dy=\frac{b}{a}\int_0^{\infty}\frac{1}{x^2}\exp\left\{-a^2x^2-\frac{b^2}{x^2}\right\}dx$$

(ii) 将(i)中关于$\mathbb{I}(a,b)$的两个等式相加并除以 2,得到:

$$\mathbb{I}(a,b)=\frac{1}{2a}\int_0^{\infty}\left(a+\frac{b}{x^2}\right)\exp\left\{-a^2x^2-\frac{b^2}{x^2}\right\}dx$$

利用变量代换 $t=ax-b/x$,证明:

$$\mathbb{I}(a,b)=\frac{\sqrt{\pi}}{2a}e^{-2ab}$$

(提示:考虑均值为 0、方差为 1/2 的正态密度。)

(iii) 在 $g(\alpha)$的定义中作变量代换 $x=t^{-1/2}$,并利用(ii)的结果,证明:

$$g(\alpha)=\frac{2m}{\sqrt{2\pi}}\mathbb{I}(m/\sqrt{2},\sqrt{\alpha})=e^{-m\sqrt{2\alpha}}$$

4

随机分析

4.1 引　言

本章定义伊藤积分,并且推导积分的性质。它们将被用于连续时间情形可交易资产组合价值的建模。这类积分的运算基于 4.4 节的伊藤—德布林公式,与通常的微积分很不一样。这种区别,究其原因是由于布朗运动具有非零的二次变差,而且也是布莱克—斯科尔斯—默顿偏微分方程中波动率项的由来。布莱克—斯科尔斯—默顿方程在 4.5 节中给出。这里的思路与第一卷 1.1 节和 1.2 节中通过确定期权空头的对冲资产组合进行期权定价是一样的。本章不涉及风险中性定价,这将在第五章中讨论。

4.6 节将随机分析推广到多维过程。4.7 节讨论的布朗桥在蒙特卡罗定价方法中十分有用。本书中并不涉及蒙特卡罗方法,讨论布朗桥只是因为这是前面几节中推导的随机分析的一个自然的应用。

4.2 简单被积函数的伊藤积分

给定正数 T,我们来定义积分

$$\int_0^T \Delta(t)dW(t) \tag{4.2.1}$$

这里基本的要素是布朗运动 $W(t)$,$t\geqslant 0$ 以及相应的域流 $\mathcal{F}(t)$,$t\geqslant 0$。我们要求被积函数 $\Delta(t)$是适应的随机过程,这是因为 $\Delta(t)$最终将是在时刻 t 我们持有资产的头寸,通常依赖于截至时刻 t 的资产价格路径。依赖于随机过程路径的任何量都是随机的。要求 $\Delta(t)$是适应过程意味着要求对每个 $t\geqslant 0$,$\Delta(t)$是 $\mathcal{F}(t)$-可测的。换言之,在时刻 t 能够获得的信息足以确定该时刻 $\Delta(t)$的值。设 t 严格为正,在初始时刻 0,$\Delta(t)$是未知的,它是随机变量。到了时刻 t,我们就有足够的信息确定 $\Delta(t)$的值,其随机性得以化解。

时刻 t 之后布朗运动的增量独立于 $\mathcal{F}(t)$,而由于 $\Delta(t)$是 $\mathcal{F}(t)$-可测的,故 $\Delta(t)$也独立于未来的布朗运动增量。我们所持有的资产头寸可以依赖于该资产价格的历史,但是必须独立于驱动价格过程的布朗运动的未来增量。

在定义伊藤积分(4.2.1)时,我们面临的困难是布朗运动路径不能关于时间求微分。如果 $g(t)$ 是可微函数,我们可以定义:

$$\int_0^T \Delta(t)dg(t)=\int_0^T \Delta(t)g'(t)dt$$

其中右端是关于时间的通常(勒贝格)积分。这对于布朗运动不适用。

4.2.1 *积分的构造*

为了定义积分(4.2.1),伊藤采用以下方法来克服布朗运动路径的不可微性:先对于简单被积函数定义伊藤积分,再通过简单被积函数积分的极限推广到非简单被积函数的情形。

设 $\Pi=\{t_0,t_1,\cdots,t_n\}$ 是 $[0,T]$ 的一个分划,即

$$0=t_0<t_1<\cdots<t_n=T$$

假定 $\Delta(t)$ 在每个子区间 $[t_j,t_{j+1})$ 中是常量。这样的过程 $\Delta(t)$ 称为**简单过程**。

图 4.2.1 中是简单过程 $\Delta(t)$ 的一条路径。我们总是选取如图所示的简单过程,在时点 t_j 取一个值,然后保持不变,直到(但不包括)下一个时点 t_{j+1}。图 4.2.1 中给出的路径依赖于 ω,与布朗运动 $W(t)$ 的路径所依赖的相同(尽管图中并未显示)。如果选取不同的 ω,就会有不同的布朗运动路径,并且也可能有不同的 $\Delta(t)$ 的路径。然而,$\Delta(t)$ 的值只依赖于时刻 t 能获得的信息。由于时刻 0 没有任何信息,$\Delta(0)$ 的值关于所有路径都相同,因此,$\Delta(t)$ 的第一段(相应于 $0\leqslant t<t_1$)实际上并不依赖于 ω。$\Delta(t)$ 在第二个时间区间 $[t_1,t_2)$ 上的值,可以依赖于第一个时间区间 $[0,t_1)$ 上的观测获得的信息。

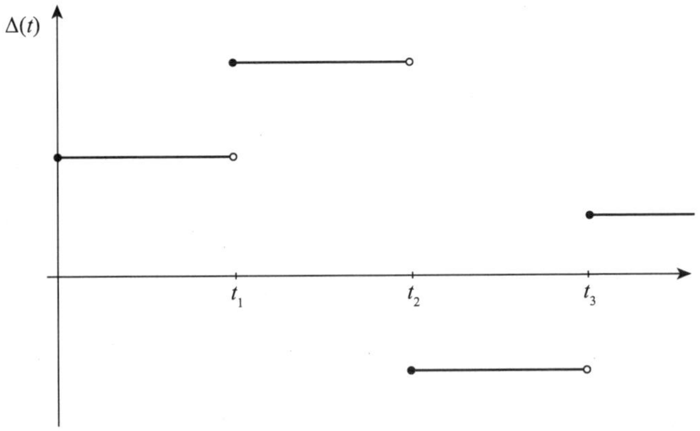

图 4.2.1 简单过程的一条路径

设想式(4.2.1)中的简单过程 $\Delta(t)$ 与布朗运动 $W(t)$ 按以下方式相互作用:将 $W(t)$ 看作每份资产在时刻 t 的价格。(由于布朗运动既取正值也取负值,因此对于股票之类有限责任资产的价格,它并非一个好的模型。这里只是为了给出一个说明,我们忽略这一点。)设 $t_0,t_1,\cdots,t_{n-1}$ 是资产的**交易日**,$\Delta(t_0),\Delta(t_1),\cdots,\Delta(t_{n-1})$ 是从每个交易日持有至下一个交易日的资产份额(即头寸)。在每个时刻 t 的收

益为：

$$I(t)=\Delta(t_0)[W(t)-W(t_0)]=\Delta(0)W(t),\quad 0\leqslant t\leqslant t_1$$
$$I(t)=\Delta(0)W(t_1)+\Delta(t_1)[W(t)-W(t_1)],\quad t_1\leqslant t\leqslant t_2$$
$$I(t)=\Delta(0)W(t_1)+\Delta(t_1)[W(t_2)-W(t_1)]+\Delta(t_2)[W(t)-W(t_2)],\quad t_2\leqslant t\leqslant t_3$$

等等。一般地，如果 $t_k\leqslant t\leqslant t_{k+1}$，则：

$$I(t)=\sum_{j=0}^{k-1}\Delta(t_j)[W(t_{j+1})-W(t_j)]+\Delta(t_k)[W(t)-W(t_k)] \tag{4.2.2}$$

式(4.2.2)中的过程 $I(t)$ 就是简单过程 $\Delta(t)$ 的伊藤积分，记为：

$$I(t)=\int_0^t\Delta(u)dW(u)$$

尤其是，取 $t=t_n=T$，式(4.2.2)就给出了伊藤积分式(4.2.1)的定义。以上，我们对于 0 和 T 之间的每一个积分上限 t 给出了积分的定义。

4.2.2 *积分的性质*

伊藤积分(4.2.2)可以看作在资产价格为鞅 $W(t)$ 的情形下，从事资产交易的收益。鞅没有上升或者下降的趋势，因而可以预期作为积分上限 t 的过程 $I(t)$ 也没有上升或者下降的趋势。这一观测归结为以下定理。

定理 4.2.1 由式(4.2.2)定义的伊藤积分是一个鞅。

【证明】 给定 $0\leqslant s\leqslant t\leqslant T$。我们假定 s 和 t 位于分划 Π 的不同的子区间内（即存在分点 t_l 和 t_k，使得 $t_l<t_k$，$s\in[t_l,t_{l+1})$，且 $t\in[t_k,t_{k+1})$）。如果 s 和 t 在同一子区间中，则以下证明可以简化。将等式(4.2.2)改写为：

$$\begin{aligned}I(t)=&\sum_{j=0}^{l-1}\Delta(t_j)[W(t_{j+1})-W(t_j)]+\Delta(t_l)[W(t_{l+1})-W(t_l)]\\&+\sum_{j=l+1}^{k-1}\Delta(t_j)[W(t_{j+1})-W(t_j)]+\Delta(t_k)[W(t)-W(t_k)]\end{aligned} \tag{4.2.3}$$

我们必须证明 $\mathbb{E}[I(t)\mid\mathcal{F}(s)]=I(s)$。关于式(4.2.3)右端四项中的每一项取条件期望。第一项和式 $\sum_{j=0}^{l-1}\Delta(t_j)[W(t_{j+1})-W(t_j)]$ 中所有随机变量都是 $\mathcal{F}(s)$-可测的，因为出现在该和式中最晚的时刻是 t_l，而 $t_l\leqslant s$。因此：

$$\mathbb{E}\Big[\sum_{j=0}^{l-1}\Delta(t_j)[W(t_{j+1})-W(t_j)]\;\Big|\;\mathcal{F}(s)\Big]=\sum_{j=0}^{l-1}\Delta(t_j)[W(t_{j+1})-W(t_j)] \tag{4.2.4}$$

通过"提取已知量"[定理 2.3.2(ii)]并且利用 W 的鞅性质，我们可将式(4.2.3)右端第二项写为：

$$\begin{aligned}\mathbb{E}[\Delta(t_l)(W(t_{l+1})-W(t_l))\mid\mathcal{F}(s)]&=\Delta(t_l)(\mathbb{E}[W(t_{l+1})\mid\mathcal{F}(s)]-W(t_l))\\&=\Delta(t_l)(W(s)-W(t_l))\end{aligned} \tag{4.2.5}$$

式(4.2.4)和式(4.2.5)相加，得到 $I(s)$。

余下只需证明式(4.2.3)右端第三项和第四项的条件期望为 0。从而我们就有：

$$\mathbb{E}[I(t)\,|\,\mathcal{F}(s)]=I(s)$$

第三项的和式中每个加项形如 $\Delta(t_j)[W(t_{j+1})-W(t_j)]$，其中 $t_j\geqslant t_{l+1}>s$。这就允许我们[基于定理 2.3.2 的性质(iii)(累次条件期望)和性质(ii)(提取已知量)]运用以下累次期望证法：

$$\begin{aligned}
&\mathbb{E}[\Delta(t_j)(W(t_{j+1})-W(t_j))\,|\,\mathcal{F}(s)]\\
&\quad=\mathbb{E}[\mathbb{E}[\Delta(t_j)(W(t_{j+1})-W(t_j))\,|\,\mathcal{F}(t_j)]\,|\,\mathcal{F}(s)]\\
&\quad=\mathbb{E}[\Delta(t_j)(\mathbb{E}[W(t_{j+1})\,|\,\mathcal{F}(t_j)]-W(t_j))\,|\,\mathcal{F}(s)]\\
&\quad=\mathbb{E}[\Delta(t_j)(W(t_j)-W(t_j))\,|\,\mathcal{F}(s)]=0
\end{aligned}$$

最终，我们又用到了 W 是鞅这一事实。由于式(4.2.3)右端第三项中每一个加项的条件期望为 0，因此整个第三项的条件期望为 0：

$$\mathbb{E}\Big[\sum_{j=l+1}^{k-1}\Delta(t_j)[W(t_{j+1})-W(t_j)]\,\Big|\,\mathcal{F}(s)\Big]=0$$

式(4.2.3)右端第四项与第三项中的加项类似，同样可以推得：

$$\begin{aligned}
\mathbb{E}[\Delta(t_k)(W(t)-W(t_k))\,|\,\mathcal{F}(s)]&=\mathbb{E}[\mathbb{E}[\Delta(t_k)(W(t)-W(t_k))\,|\,\mathcal{F}(t_k)]\,|\,\mathcal{F}(s)]\\
&=\mathbb{E}[\Delta(t_k)(\mathbb{E}[W(t))\,|\,\mathcal{F}(t_k)]-W(t_k))\,|\,\mathcal{F}(s)]\\
&=\mathbb{E}[\Delta(t_k)(W(t_k)-W(t_k))\,|\,\mathcal{F}(s)]=0
\end{aligned}$$

定理得证。 □

由于 $I(t)$ 是一个鞅，并且 $I(0)=0$，我们有 $\mathbb{E}I(t)=0$，$\forall\, t\geqslant 0$。由此可得 $\mathrm{Var}I(t)=\mathbb{E}I^2(t)$，以下定理给出其计算公式。

定理 4.2.2(伊藤等距) 由式(4.2.2)定义的伊藤积分满足：

$$\mathbb{E}I^2(t)=\mathbb{E}\int_0^t\Delta^2(u)du \tag{4.2.6}$$

【证明】 为简化记号起见，我们令 $D_j=W(t_{j+1})-W(t_j)$，$j=0,\cdots,k-1$ 以及 $D_k=W(t)-W(t_k)$，于是式(4.2.2)可以写成 $I(t)=\sum_{j=0}^{k}\Delta(t_j)D_j$ 并且

$$I^2(t)=\sum_{j=0}^{k}\Delta^2(t_j)D_j^2+2\sum_{0\leqslant i<j\leqslant k}\Delta(t_i)\Delta(t_j)D_iD_j$$

首先证明每一交叉项的期望值为 0。对于 $i<j$，随机变量 $\Delta(t_i)\Delta(t_j)D_i$ 为 $\mathcal{F}(t_j)$-可测，而布朗运动增量 D_j 独立于 $\mathcal{F}(t_j)$，并且 $\mathbb{E}D_j=0$。因此：

$$\mathbb{E}[\Delta(t_i)\Delta(t_j)D_iD_j]=\mathbb{E}[\Delta(t_i)\Delta(t_j)D_i]\cdot\mathbb{E}D_j=\mathbb{E}[\Delta(t_i)\Delta(t_j)D_i]\cdot 0=0$$

然后考虑平方项 $\Delta^2(t_j)D_j^2$。随机变量 $\Delta^2(t_j)$ 为 $\mathcal{F}(t_j)$-可测，而布朗运动增量的平方 D_j^2 独立于 $\mathcal{F}(t_j)$，并且 $\mathbb{E}D_j^2=t_{j+1}-t_j$，$j=0,\cdots,k-1$ 以及 $\mathbb{E}D_k^2=t-t_k$。因此：

$$\mathbb{E}I^2(t)=\sum_{j=0}^{k}\mathbb{E}[\Delta^2(t_j)D_j^2]=\sum_{j=0}^{k}\mathbb{E}\Delta^2(t_j)\cdot\mathbb{E}D_j^2$$

$$= \sum_{j=0}^{k-1} \mathbb{E}\Delta^2(t_j)(t_{j+1}-t_j) + \mathbb{E}\Delta^2(t_k)(t-t_k) \tag{4.2.7}$$

由于在区间$[t_j,t_{j+1})$上$\Delta(t_j)$是常数，因此$\Delta^2(t_j)(t_{j+1}-t_j)=\int_{t_j}^{t_{j+1}}\Delta^2(u)du$。类似地，$\Delta^2(t_k)(t-t_k)=\int_{t_k}^{t}\Delta^2(u)du$。于是由式(4.2.7)可得：

$$\begin{aligned}\mathbb{E}I^2(t) &= \sum_{j=0}^{k-1}\mathbb{E}\int_{t_j}^{t_{j+1}}\Delta^2(u)du + \mathbb{E}\int_{t_k}^{t}\Delta^2(u)du \\ &= \mathbb{E}\left[\sum_{j=0}^{k-1}\int_{t_j}^{t_{j+1}}\Delta^2(u)du + \int_{t_k}^{t}\Delta^2(u)du\right] = \mathbb{E}\int_0^t\Delta^2(u)du\end{aligned}$$

□

最后，考虑伊藤积分$I(t)$作为积分上限t的过程的二次变差。布朗运动在单位时间内累积二次变差的速率为1。然而在伊藤积分$I(t)=\int_0^t\Delta(u)dW(u)$中，布朗运动前面乘上了时间和路径依赖的被积函数$\Delta(u)$。由于计算伊藤积分的二次变差时，增量需要平方，因此布朗运动的二次变差也将乘上$\Delta^2(u)$。以下定理将给出确切的表述。

定理 4.2.3 截至时刻t，伊藤积分(4.2.2)累积的二次变差为：

$$[I,I](t) = \int_0^t\Delta^2(u)du \tag{4.2.8}$$

【证明】 我们先计算伊藤积分在子区间$[t_j,t_{j+1}]$上(此时$\Delta(u)$在$[t_j,t_{j+1})$上是常量)累积的二次变差。为此，取分点

$$t_j=s_0<s_1<\cdots<s_m=t_{j+1}$$

并考虑

$$\begin{aligned}\sum_{i=0}^{m-1}[I(s_{i+1})-I(s_i)]^2 &= \sum_{i=0}^{m-1}[\Delta(t_j)(W(s_{i+1})-W(s_i))]^2 \\ &= \Delta^2(t_j)\sum_{i=0}^{m-1}(W(s_{i+1})-W(s_i))^2\end{aligned} \tag{4.2.9}$$

当$m\to\infty$并且最大步幅$\max_{i=0,\cdots,m-1}(s_{i+1}-s_i)$趋于0时，$\sum_{i=0}^{m-1}(W(s_{i+1})-W(s_i))^2$收敛于布朗运动在时刻$t_j$与$t_{j+1}$之间累积的二次变差$t_{j+1}-t_j$。因此，式(4.2.9)的极限，即伊藤积分在时刻$t_j$与$t_{j+1}$之间累积的二次变差为：

$$\Delta^2(t_j)(t_{j+1}-t_j) = \int_{t_j}^{t_{j+1}}\Delta^2(u)du$$

其中我们再次用到了$\Delta(u)$关于$t_j\leqslant u<t_{j+1}$是常量的事实。类似地，伊藤积分在时刻t_k与t之间累积的二次变差为$\int_{t_k}^{t}\Delta^2(u)du$。关于所有子区间相加，我们便得到式(4.2.8)。

□

由定理4.2.2和定理4.2.3，我们看到一个过程的二次变差与方差是有区别

的。二次变差是按路径计算的,其结果依赖于路径。如果沿一条布朗运动路径,我们取较大的头寸 $\Delta(u)$,伊藤积分就有较大的二次变差;沿另一条不同的路径,取较小的头寸 $\Delta(u)$,伊藤积分就会有较小的二次变差。二次变差可以被视为风险的度量,它依赖于我们选取头寸的大小。$I(t)$ 的方差是其二次变差关于所有可能路径的平均值。由于是期望值,它不可能随机。作为关于所有可能(实现的或不能实现的)路径的平均值,方差是比二次变差更为理论的概念。需要强调的是:我们说的方差不是经验方差。经验(或样本)方差是由真实路径计算的,它是我们所讨论的理论方差的一个估计。经验方差有时不小心也称为方差,这就可能产生混淆。

最后,回顾注 3.4.4 中的等式(3.4.10),$dW(t)dW(t)=dt$。这一等式的解释为:布朗运动在单位时间内累积二次变差的速率为 1。这一事实的另一记法是:$[W,W](t)=t,t\geqslant 0$。伊藤积分公式 $I(t)=\int_0^t \Delta(u)dW(u)$ 的微分形式为 $dI(t)=\Delta(t)dW(t)$,我们可以利用式(3.4.10)计算 $dI(t)$ 的平方:

$$dI(t)dI(t)=\Delta^2(t)dW(t)dW(t)=\Delta^2(t)dt \tag{4.2.10}$$

上述等式表明:伊藤积分 $I(t)$ 在单位时间内累积二次变差的速率为 $\Delta^2(t)$,这是时间和路径依赖的速率。等式(4.2.10)是定理 4.2.3 中结果的另一记法。

注 4.2.4(关于记法) 记法

$$I(t)=\int_0^t \Delta(u)dW(u) \tag{4.2.11}$$

与

$$dI(t)=\Delta(t)dW(t) \tag{4.2.12}$$

的含义几乎相同,后者也许更为直观。等式(4.2.11)的确切含义由式(4.2.2)给出。等式(4.2.12)不太精确的含义是:当时间由时刻 t 向前变动一点,伊藤积分 I 的改变量约为 $\Delta(t)$ 乘以布朗运动 W 的改变量。等式(4.2.12)的确切含义可以通过两边同时取积分[记得加上积分常数 $I(0)$]得到:

$$I(t)=I(0)+\int_0^t \Delta(u)dW(u) \tag{4.2.13}$$

我们称式(4.2.12)是式(4.2.13)的**微分形式**;式(4.2.13)是式(4.2.12)的**积分形式**。这两个等式的含义完全相同。

式(4.2.11)与式(4.2.13)的唯一区别[从而式(4.2.11)与式(4.2.12)的唯一区别]在于式(4.2.11)指定了初始条件 $I(0)=0$,而在式(4.2.12)和式(4.2.13)中允许 $I(0)$ 为任意常数。 □

4.3 一般被积函数的伊藤积分

这一节,我们定义伊藤积分 $\int_0^T \Delta(t)dW(t)$,其中被积函数 $\Delta(t)$ 可以随时间连续变化,也可以有跳跃。我们不再假定 $\Delta(t)$ 是如图 4.2.1 所示的简单过程。我们

假定 $\Delta(t), t\geqslant 0$ 适应于域流 $\mathcal{F}(t), t\geqslant 0$，并且满足平方可积条件：

$$\mathbb{E}\int_0^T \Delta^2(t)dt < \infty \tag{4.3.1}$$

为了定义 $\int_0^T \Delta(t)dW(t)$，我们用简单过程逼近 $\Delta(t)$。图 4.3.1 提示了逼近的方法。图中连续变化的 $\Delta(t)$ 用实线表示，作为其逼近的简单被积函数用虚线表示。作为其逼近的简单被积函数构造如下：取分划 $0=t_0<t_1<t_2<t_3<t_4$，在每一点 t_j，令逼近的简单过程等于 $\Delta(t_j)$，并且在子区间 $[t_j, t_{j+1})$ 上保持不变。当分划的最大步幅趋于 0 时，逼近的被积函数将越来越趋近于连续变化的被积函数。

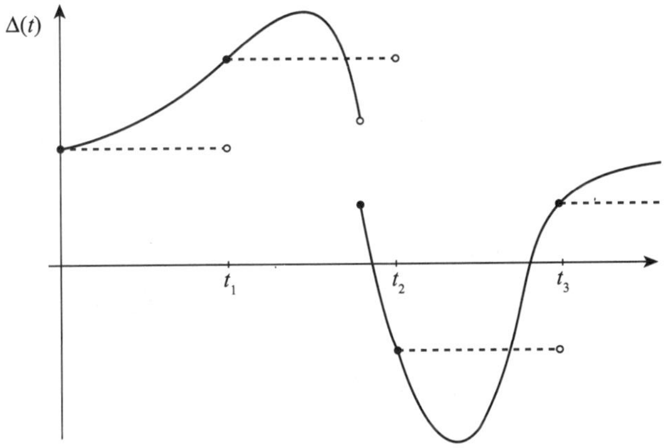

图 4.3.1　逼近连续变化的被积函数

通常，可以选取一列简单过程 $\Delta_n(t)$，当 $n\to\infty$ 时收敛于连续变化的 $\Delta(t)$。这里"收敛"的含义是：

$$\lim_{n\to\infty}\mathbb{E}\int_0^T |\Delta_n(t)-\Delta(t)|^2 dt = 0 \tag{4.3.2}$$

对于每个 $\Delta_n(t)$，伊藤积分 $\int_0^t \Delta_n(u)dW(u)$ 关于 $0\leqslant t\leqslant T$ 已经都有定义。连续变化的被积函数 $\Delta(t)$ 的伊藤积分定义为：[1]

$$\int_0^t \Delta(u)dW(u) = \lim_{n\to\infty}\int_0^t \Delta_n(u)dW(u), \quad 0\leqslant t\leqslant T \tag{4.3.3}$$

这一积分继承了简单过程伊藤积分的一些性质，我们将其归结为以下定理。

定理 4.3.1　设 T 是正数，$\Delta(t), 0\leqslant t\leqslant T$ 是满足式(4.3.1)的适应随机过程。则由式(4.3.3)定义的 $I(t)=\int_0^t \Delta(u)dW(u)$ 具有以下性质：

---

〔1〕 对每个 t，由于 $I_n(t)=\int_0^t \Delta_n(u)dW(u)$ 是 $L_2(\Omega,\mathcal{F},\mathbb{P})$ 中的柯西(Cauchy)列，式(4.3.3)中的极限存在。这是因为：由伊藤等距(定理 4.2.2)可得 $\mathbb{E}(I_n(t)-I_m(t))^2=\mathbb{E}\int_0^t |\Delta_n(u)-\Delta_m(u)|^2 du$。而由式(4.3.2)，当 n 和 m 趋于无穷时，右端的极限为 0。

(i)（**连续性**） 作为积分上限 t 的函数，$I(t)$的路径连续。

(ii)（**适应性**） 对每个 t，$I(t)$为 $\mathcal{F}(t)$-可测。

(iii)（**线性性**） 如果 $I(t)=\int_0^t \Delta(u)dW(u)$，$J(t)=\int_0^t \Gamma(u)dW(u)$，则 $I(t)\pm J(t)=\int_0^t(\Delta(u)\pm\Gamma(t))dW(u)$；对任意常数 c，$cI(t)=\int_0^t c\Delta(u)dW(u)$。

(iv)（**鞅性质**） $I(t)$是鞅。

(v)（**伊藤等距**） $\mathbb{E}I^2(t)=\mathbb{E}\int_0^t \Delta^2(u)du$。

(vi)（**二次变差**） $[I,I](t)=\int_0^t \Delta^2(u)du$。

例 4.3.2 我们来计算 $\int_0^T W(t)dW(t)$。为此，如图 4.3.2 所示，对于很大的正整数 n，取被积函数 $\Delta(t)=W(t)$的如下逼近：

$$\Delta_n(t)=\begin{cases} W(0)=0, & 0\leqslant t<\frac{T}{n} \\ W\left(\frac{T}{n}\right), & \frac{T}{n}\leqslant t<\frac{2T}{n} \\ \vdots & \\ W\left(\frac{(n-1)T}{n}\right), & \frac{(n-1)T}{n}\leqslant t<T \end{cases}$$

于是 $\lim\limits_{n\to\infty}\mathbb{E}\int_0^T|\Delta_n(t)-W(t)|^2dt=0$。由定义知：

$$\begin{aligned}\int_0^T W(t)dW(t)&=\lim_{n\to\infty}\int_0^T\Delta_n(t)dW(t)\\&=\lim_{n\to\infty}\sum_{j=0}^{n-1}W\left(\frac{jT}{n}\right)\left[W\left(\frac{(j+1)T}{n}\right)-W\left(\frac{jT}{n}\right)\right]\end{aligned}\tag{4.3.4}$$

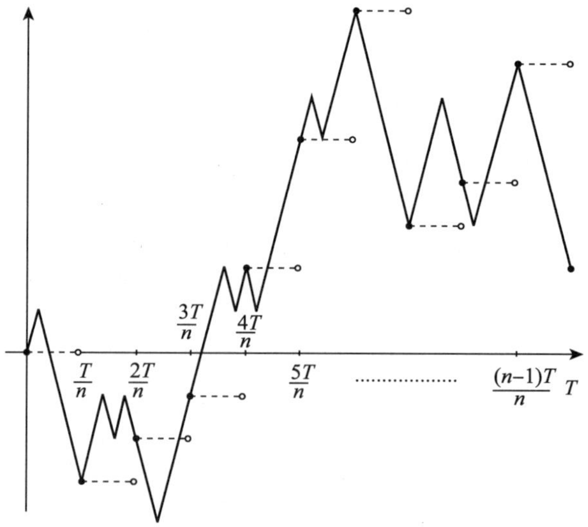

图 4.3.2 简单过程逼近布朗运动

为了简化记号，我们记 $W_j=W\left(\frac{jT}{n}\right)$。作为式(4.3.4)中极限计算的准备，我们先推导下面的等式(4.3.5)。其中的第二个等式通过在第一个和式中作求和指标变换 $k=j+1$ 得到，推导第三个等式利用了 $W_0=W(0)=0$ 这一事实。我们有：

$$\begin{aligned}
\frac{1}{2}\sum_{j=0}^{n-1}(W_{j+1}-W_j)^2 &= \frac{1}{2}\sum_{j=0}^{n-1}W_{j+1}^2-\sum_{j=0}^{n-1}W_jW_{j+1}+\frac{1}{2}\sum_{j=0}^{n-1}W_j^2 \\
&= \frac{1}{2}\sum_{k=1}^{n}W_k^2-\sum_{j=0}^{n-1}W_jW_{j+1}+\frac{1}{2}\sum_{j=0}^{n-1}W_j^2 \\
&= \frac{1}{2}W_n^2+\frac{1}{2}\sum_{k=0}^{n-1}W_k^2-\sum_{j=0}^{n-1}W_jW_{j+1}+\frac{1}{2}\sum_{j=0}^{n-1}W_j^2 \\
&= \frac{1}{2}W_n^2+\sum_{j=0}^{n-1}W_j^2-\sum_{j=0}^{n-1}W_jW_{j+1} \\
&= \frac{1}{2}W_n^2+\sum_{j=0}^{n-1}W_j(W_j-W_{j+1})
\end{aligned} \tag{4.3.5}$$

由式(4.3.5)可得：

$$\sum_{j=0}^{n-1}W_j(W_{j+1}-W_j)=\frac{1}{2}W_n^2-\frac{1}{2}\sum_{j=0}^{n-1}(W_{j+1}-W_j)^2$$

采用原先的记号，即有：

$$\begin{aligned}
&\sum_{j=0}^{n-1}W\left(\frac{jT}{n}\right)\left[W\left(\frac{(j+1)T}{n}\right)-W\left(\frac{jT}{n}\right)\right] \\
&\quad =\frac{1}{2}W^2(T)-\frac{1}{2}\sum_{j=0}^{n-1}\left[W\left(\frac{(j+1)T}{n}\right)-W\left(\frac{jT}{n}\right)\right]^2
\end{aligned}$$

在式(4.3.4)中令 $n\to\infty$，我们得到：

$$\int_0^T W(t)dW(t)=\frac{1}{2}W^2(T)-\frac{1}{2}[W,W](T)=\frac{1}{2}W^2(T)-\frac{1}{2}T \tag{4.3.6}$$

我们将式(4.3.6)与通常微积分作一比较。如果 g 是可微函数且 $g(0)=0$，则：

$$\int_0^T g(t)dg(t)=\int_0^T g(t)g'(t)dt=\frac{1}{2}g^2(t)\Big|_0^T=\frac{1}{2}g^2(T)$$

式(4.3.6)中额外的项 $-\frac{1}{2}T$ 来自布朗运动的非零二次变差以及伊藤积分的构造：积分和式中，被积函数总是在子区间左端点取值[见式(4.3.4)的右端]。如果改为在子区间中点取值，则式(4.3.4)的右端变为：

$$\lim_{n\to\infty}\sum_{j=0}^{n-1}W\left(\frac{\left(j+\frac{1}{2}\right)T}{n}\right)\left[W\left(\frac{(j+1)T}{n}\right)-W\left(\frac{jT}{n}\right)\right] \tag{4.3.7}$$

就不会得到这一项(见习题 4.4)。这样得到的积分被称为斯特拉托诺维奇(Stratonovich)积分，并且通常微积分的运算法则适用。但是，这种积分不适合金融建模。在金融中,被积函数是我们持有资产的头寸。我们不可能在下午 13:00 决定上午 9:00 所取的头寸。我们必须在每个时间区间的起始点就决定持有资产的头寸,这样的资产交易收益的极限就是伊藤积分。

对于可微函数 $g(t)$ 的积分 $\int_0^T g(t)dg(t)$,伊藤积分与斯特拉托诺维奇积分相同,都等于 $\frac{1}{2}g^2(T)$。对于具有非零二次变差的函数,积分关于逼近的被积函数在子区间何处取值是敏感的。

式(4.3.6)中的积分上限 T 是任意的,因此可换成任何 $t\geqslant 0$。换言之:

$$\int_0^t W(u)dW(u) = \frac{1}{2}W^2(t) - \frac{1}{2}t, \quad t \geqslant 0 \tag{4.3.8}$$

定理 4.3.1(iv)断言 $\int_0^t W(u)dW(u)$ 是鞅,因而具有常数期望。它在 $t=0$ 时为 0,从而期望值恒为 0。事实正是如此,因为 $\mathbb{E}W^2(t)=t$。如果没有 $-\frac{1}{2}t$ 这一项,就无法成为鞅。 □

4.4 伊藤—德布林公式

传统的伊藤公式的命名中为何添加德布林,我们将在 4.9 节的评注中解释。

4.4.1 *关于布朗运动的公式*

考虑对表达式 $f(W(t))$ 进行微分,其中 $f(x)$ 是可微函数,$W(t)$ 是布朗运动。如果 $W(t)$ 也可微,则由通常微积分中的**链式法则**知:

$$\frac{d}{dt}f(W(t)) = f'(W(t))W'(t)$$

写成微分形式,即为:

$$df(W(t)) = f'(W(t))W'(t)dt = f'(W(t))dW(t)$$

由于 W 具有非零的二次变差,正确的公式还要多加一项,即:

$$df(W(t)) = f'(W(t))dW(t) + \frac{1}{2}f''(W(t))dt \tag{4.4.1}$$

这是**微分形式的伊藤—德布林公式**。两边积分,我们得到**积分形式的伊藤—德布林公式**:

$$f(W(t)) - f(W(0)) = \int_0^t f'(W(u))dW(u) + \frac{1}{2}\int_0^t f''(W(u))du \tag{4.4.2}$$

数学上有意义的是伊藤—德布林公式的积分形式(4.4.2),因为出现在公式右边的两项都有确切的定义。第一项,$\int_0^t f'(W(u))dW(u)$,是上一节中定义的伊藤积分；第二项，$\int_0^t f''(W(u))du$，是通常的关于时间变量的（勒贝格）积分。

对于纸和笔的运算，伊藤—德布林公式的微分形式(4.4.1)更为方便。然而公式中出现的 $df(W(t))$，$dW(t)$ 和 dt 等项虽有直观含义，却没有精确的定义。其直观含义是：$df(W(t))$ 是相应于时间 t 的“微小”变化 dt，$f(W(t))$ 的改变量；$dW(t)$ 是相应于时间 t 的“微小”变化 dt，布朗运动的改变量，仅当“微小”是“无穷小”时，公式才是准确的。但由于“微小”和“无穷小”都没有确切的定义，只能凭借式(4.4.2)给出式(4.4.1)的确切含义。

式(4.4.1)与式(4.4.2)的关系有点类似于通常微积分中积分变量代换公式的推导。如果要计算不定积分 $\int f(u)f'(u)du$，我们可以作变量代换 $v=f(u)$，并写下 $dv=f'(u)du$，于是不定积分变成 $\int vdv$，算得结果 $\frac{1}{2}v^2+C=\frac{1}{2}f^2(u)+C$，其中 C 是积分常数。最后的公式

$$\int f(u)f'(u)du=\frac{1}{2}f^2(u)+C$$

是正确的，可以通过将 $\frac{1}{2}f^2(u)+C$ 微分得到 $f(u)f'(u)$ 来验证。我们并不需要对于推导时用到的等式 $dv=f'(u)du$ 中的 dv 和 du 给出确切的定义。

我们将上述讨论归结为以下定理。定理中给出的公式比式(4.4.2)略为一般些，允许 f 是 t 和 x 的函数。

定理 4.4.1（关于布朗运动的伊藤—德布林公式） 设函数 $f(t,x)$ 的偏导数 $f_t(t,x)$，$f_x(t,x)$ 和 $f_{xx}(t,x)$ 都有定义并且连续，$W(t)$ 是布朗运动，则对于每个 $T\geqslant 0$，有：

$$f(T,W(T))=f(0,W(0))+\int_0^T f_t(t,W(t))dt+\int_0^T f_x(t,W(t))dW(t)+\frac{1}{2}\int_0^T f_{xx}(t,W(t))dt \tag{4.4.3}$$

【证明概要】 首先证明当 $f(x)=\frac{1}{2}x^2$ 时，式(4.4.3)成立。在此情形下，$f'(x)=x$，$f''(x)=1$。设 x_j 和 x_{j+1} 是两个数，由泰勒公式得：

$$f(x_{j+1})-f(x_j)=f'(x_j)(x_{j+1}-x_j)+\frac{1}{2}f''(x_j)(x_{j+1}-x_j)^2 \tag{4.4.4}$$

现在的情形，由于 f''' 以及 f 的所有更高阶导数均为 0，二阶泰勒公式是精确的（没有余项）。我们后面还将回到这个问题。

给定 $T>0$，设 $\Pi=\{t_0,t_1,\cdots,t_n\}$ 是 $[0,T]$ 的一个分划（即 $0=t_0<t_1<\cdots<t_n=T$）。我们关心的是 $f(W(T))$ 与 $f(W(0))$ 的差，这是时刻 $t=0$ 与 $t=T$ 之间 $f(W(t))$ 的改变量，它可以写成在每个子区间 $[t_j,t_{j+1}]$ 上 $f(W(t))$ 的改变量之和。然后，利用泰勒公式(4.4.4)［其中令 $x_j=W(t_j)$，$x_{j+1}=W(t_{j+1})$］，我们得到：

$$f(W(T))-f(W(0))=\sum_{j=0}^{n-1}[f(W(t_{j+1}))-f(W(t_j))]$$

$$= \sum_{j=0}^{n-1} f'(W(t_j))[W(t_{j+1}) - W(t_j)] + \frac{1}{2}\sum_{j=0}^{n-1} f''(W(t_j))[W(t_{j+1}) - W(t_j)]^2 \qquad (4.4.5)$$

对于函数 $f(x)=\frac{1}{2}x^2$,式(4.4.5)的右端为:

$$\sum_{j=0}^{n-1} W(t_j)[W(t_{j+1}) - W(t_j)] + \frac{1}{2}\sum_{j=0}^{n-1}[W(t_{j+1}) - W(t_j)]^2 \qquad (4.4.6)$$

令 $\|\Pi\| \to 0$,则式(4.4.5)的左端不变,而右端的两项分别收敛于伊藤积分和布朗运动二次变差的一半:

$$\begin{aligned} & f(W(T)) - f(W(0)) \\ &= \lim_{\|\Pi\| \to 0} \sum_{j=0}^{n-1} W(t_j)[W(t_{j+1}) - W(t_j)] + \lim_{\|\Pi\| \to 0} \frac{1}{2}\sum_{j=0}^{n-1}[W(t_{j+1}) - W(t_j)]^2 \\ &= \int_0^T W(t)dW(t) + \frac{1}{2}T = \int_0^T f'(W(t))dW(t) + \frac{1}{2}\int_0^T f''(W(t))dt \qquad (4.4.7) \end{aligned}$$

这正是函数 $f(x)=\frac{1}{2}x^2$ 时的伊藤—德布林公式的积分形式。

如果不是二次函数 $f(x)=\frac{1}{2}x^2$,而是一般的函数 $f(x)$,则式(4.4.5)中还将出现含$[W(t_{j+1})-W(t_j)]^3$的和式。不过,根据习题 3.4,$\sum_{j=0}^{n-1} |W(t_{j+1}) - W(t_j)|^3$ 当 $\|\Pi\| \to 0$ 时的极限为 0。因此,这些项不影响最后结果。

如果取时间变量 t 以及变量 x 的函数 $f(t,x)$,则由泰勒定理得:

$$\begin{aligned} & f(t_{j+1},x_{j+1}) - f(t_j,x_j) \\ &= f_t(t_j,x_j)(t_{j+1}-t_j) + f_x(t_j,x_j)(x_{j+1}-x_j) \\ &\quad + \frac{1}{2}f_{xx}(t_j,x_j)(x_{j+1}-x_j)^2 + f_{tx}(t_j,x_j)(t_{j+1}-t_j)(x_{j+1}-x_j) \\ &\quad + \frac{1}{2}f_{tt}(t_j,x_j)(t_{j+1}-t_j)^2 + \text{高阶项} \qquad (4.4.8) \end{aligned}$$

在上式中令 $x_j=W(t_j)$,$x_{j+1}=W(t_{j+1})$,然后相加:

$$\begin{aligned} & f(T,W(T)) - f(0,W(0)) \\ &= \sum_{j=0}^{n-1}[f(t_{j+1},W(t_{j+1})) - f(t_j,W(t_j))] \\ &= \sum_{j=0}^{n-1} f_t(t_j,W(t_j))(t_{j+1}-t_j) + \sum_{j=0}^{n-1} f_x(t_j,W(t_j))(W(t_{j+1}) - W(t_j)) \\ &\quad + \frac{1}{2}\sum_{j=0}^{n-1} f_{xx}(t_j,W(t_j))(W(t_{j+1}) - W(t_j))^2 \\ &\quad + \sum_{j=0}^{n-1} f_{tx}(t_j,W(t_j))(t_{j+1}-t_j)(W(t_{j+1}) - W(t_j)) \\ &\quad + \frac{1}{2}\sum_{j=0}^{n-1} f_{tt}(t_j,W(t_j))(t_{j+1}-t_j)^2 + \text{高阶项} \qquad (4.4.9) \end{aligned}$$

令 $\|\Pi\|\to 0$，取极限，式(4.4.9)的左端不变，右端第一项收敛于式(4.4.3)右端的一项通常(勒贝格)积分：

$$\lim_{\|\Pi\|\to 0}\sum_{j=0}^{n-1} f_t(t_j,W(t_j))(t_{j+1}-t_j)=\int_0^T f_t(t,W(t))dt$$

当 $\|\Pi\|\to 0$ 时，右端第二项收敛于伊藤积分 $\int_0^T f_x(t,W(t))dW(t)$。右端第三项将给出另一个通常(勒贝格)积分 $\frac{1}{2}\int_0^T f_{xx}(t,W(t))dt$，类似于式(4.4.7)的推导。换言之，在右端第三项中可用 $t_{j+1}-t_j$ 替代 $(W(t_{j+1})-W(t_j))^2$。这样的替代虽不精确，但是求和以后当 $\|\Pi\|\to 0$ 时能够给出正确的极限(详见注 3.4.4 中的讨论)。替代以后右端第三项收敛于 $\frac{1}{2}\int_0^T f_{xx}(t,W(t))dt$，前三项的极限均出现在式(4.4.3)的右端，第四项和第五项的极限为 0。事实上，对于第四项，有：

$$\begin{aligned}
&\lim_{\|\Pi\|\to 0}\left|\sum_{j=0}^{n-1} f_{tx}(t_j,W(t_j))(t_{j+1}-t_j)(W(t_{j+1})-W(t_j))\right|\\
&\leqslant \lim_{\|\Pi\|\to 0}\sum_{j=0}^{n-1}|f_{tx}(t_j,W(t_j))|\cdot(t_{j+1}-t_j)\cdot|W(t_{j+1})-W(t_j)|\\
&\leqslant \lim_{\|\Pi\|\to 0}\max_{0\leqslant k\leqslant n-1}|W(t_{k+1})-W(t_k)|\cdot\lim_{\|\Pi\|\to 0}\sum_{j=0}^{n-1}|f_{tx}(t_j,W(t_j))|(t_{j+1}-t_j)\\
&=0\cdot\int_0^T|f_{tx}(t,W(t))|dt=0
\end{aligned}\tag{4.4.10}$$

第五项也可以同样推导：

$$\begin{aligned}
&\lim_{\|\Pi\|\to 0}\left|\frac{1}{2}\sum_{j=0}^{n-1} f_{tt}(t_j,W(t_j))(t_{j+1}-t_j)^2\right|\\
&\quad\leqslant \lim_{\|\Pi\|\to 0}\frac{1}{2}\sum_{j=0}^{n-1}|f_{tt}(t_j,W(t_j))|\cdot(t_{j+1}-t_j)^2\\
&\quad\leqslant \frac{1}{2}\lim_{\|\Pi\|\to 0}\max_{0\leqslant k\leqslant n-1}(t_{k+1}-t_k)\cdot\lim_{\|\Pi\|\to 0}\sum_{j=0}^{n-1}|f_{tt}(t_j,W(t_j))|(t_{j+1}-t_j)\\
&\quad=\frac{1}{2}\cdot 0\cdot\int_0^T|f_{tt}(t,W(t))|dt=0
\end{aligned}\tag{4.4.11}$$

类似地，所有高阶项的极限均为 0。 □

注 4.4.2 加项为乘积 $(t_{j+1}-t_j)(W(t_{j+1})-W(t_j))$ 的和式(4.4.10)极限为 0 这一事实可以形式地记为 $dtdW(t)=0$。类似地，可将加项为 $(t_{j+1}-t_j)^2$ 的和式(4.4.11)极限为 0 这一事实形式地记为 $dtdt=0$。在伊藤—德布林公式中也可以写上这些项，于是写成微分形式：

$$\begin{aligned}
&df(t,W(t))\\
&\quad=f_t(t,W(t))dt+f_x(t,W(t))dW(t)+\frac{1}{2}f_{xx}(t,W(t))dW(t)dW(t)\\
&\qquad+f_{tx}(t,W(t))dtdW(t)+\frac{1}{2}f_{tt}(t,W(t))dtdt
\end{aligned}$$

然而

$$dW(t)dW(t)=dt,\quad dtdW(t)=dW(t)dt=0,\quad dtdt=0 \tag{4.4.12}$$

因此伊藤—德布林公式的微分形式简化为：

$$df(t,W(t))=f_t(t,W(t))dt+f_x(t,W(t))dW(t)+\frac{1}{2}f_{xx}(t,W(t))dt \tag{4.4.13}$$

在图 4.4.1 中，我们对不依赖于 t 的函数 $f(x)$ 给出了增量 $f(W(t_{j+1}))-f(W(t_j))$ 的泰勒逼近的图解。一阶逼近为 $f'(W(t_j))(W(t_{j+1})-W(t_j))$，它的误差由函数 $f(x)$ 的凸性造成。加上二阶项 $\frac{1}{2}f''(W(t_j))(W(t_{j+1})-W(t_j))^2$［它体现函数 $f(x)$ 在 $x=W(t_j)$ 的曲率］，大部分误差将会消失。

换言之，我们有：

$$f(W(t_{j+1}))-f(W(t_j))=f'(W(t_j))(W(t_{j+1})-W(t_j))+\text{小误差} \tag{4.4.14}$$

以及

$$f(W(t_{j+1}))-f(W(t_j))=f'(W(t_j))(W(t_{j+1})-W(t_j))+ \\ +\frac{1}{2}f''(W(t_j))(W(t_{j+1})-W(t_j))^2+\text{更小的误差} \tag{4.4.15}$$

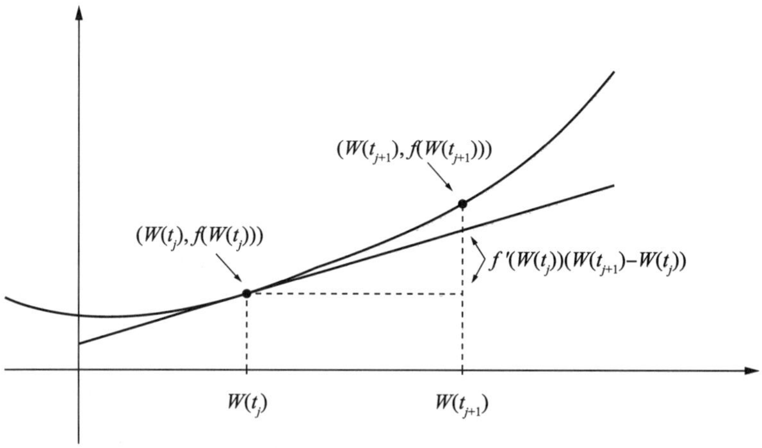

图 4.4.1 $f(W(t_{j+1}))-f(W(t_j))$ 的泰勒逼近

当 $\|\Pi\|\to 0$ 时式(4.4.14)和式(4.4.15)中的误差都趋于 0。然而，在令 $\|\Pi\|\to 0$ 之前，我们必须先关于 j 相加这些等式，而且 $\|\Pi\|$ 越小，加项就越多。在式(4.4.14)两边相加时，误差将会累积，尽管每一加项的误差当 $\|\Pi\|\to 0$ 时趋于 0，累积的误差并不趋于 0。采用更为精确的逼近(4.4.15)，就不会发生这样的情况；这些更小误差的总和仍趋于 0。由于布朗运动路径的波动过甚(即具有非零二次变差)，我们需要更为精确的式(4.4.15)。正是其中增加的那项，使得随机分析与

通常的微积分不一样。

伊藤—德布林公式常常可以简化伊藤积分的计算。例如，当 $f(x)=\frac{1}{2}x^2$ 时，由伊藤—德布林公式可得：

$$\begin{aligned}\frac{1}{2}W^2(T) &= f(W(T))-f(W(0))\\ &=\int_0^T f'(W(t))dW(t)+\frac{1}{2}\int_0^T f''(W(t))dt\\ &=\int_0^T W(t)dW(t)+\frac{1}{2}T\end{aligned}$$

由此可以得到公式(4.3.6)，而不必像例 4.3.2 中那样通过用简单过程逼近被积函数来计算。

4.4.2 关于伊藤过程的公式

这一小节，我们将伊藤—德布林公式推广到比布朗运动更为一般的随机过程。随机分析中主要考虑的是以下定义的伊藤过程。除了带跳的过程，几乎所有随机过程都是伊藤过程。

定义 4.4.3 设 $W(t),t\geqslant 0$ 是布朗运动，$\mathcal{F}(t),t\geqslant 0$ 是相应的域流。**伊藤过程**是以下形式的随机过程：

$$X(t)=X(0)+\int_0^t \Delta(u)dW(u)+\int_0^t \Theta(u)du \tag{4.4.16}$$

其中 $X(0)$ 非随机，$\Delta(u)$ 和 $\Theta(u)$ 是适应的随机过程。[1]

为了理解伊藤过程的波动率，我们必须确定其累积二次变差的速率。

引理 4.4.4 伊藤过程(4.4.16)的二次变差为：

$$[X,X](t)=\int_0^t \Delta^2(u)du \tag{4.4.17}$$

【证明】 引进记号 $I(t)=\int_0^t \Delta(u)dW(u)$，$R(t)=\int_0^t \Theta(u)du$。这两个过程关于积分上限 t 都是连续的。为了确定 X 在 $[0,t]$ 上的二次变差，取 $[0,t]$ 的分划 $\Pi=\{t_0,t_1,\cdots,t_n\}$（即 $0=t_0<t_1<\cdots<t_n=t$），考虑样本二次变差

$$\begin{aligned}\sum_{j=0}^{n-1}[X(t_{j+1})-X(t_j)]^2 &= \sum_{j=0}^{n-1}[I(t_{j+1})-I(t_j)]^2+\sum_{j=0}^{n-1}[R(t_{j+1})-R(t_j)]^2\\ &\quad +2\sum_{j=0}^{n-1}[I(t_{j+1})-I(t_j)][R(t_{j+1})-R(t_j)]\end{aligned}$$

---

〔1〕 我们假定对每个 $t>0$，$\mathbb{E}\int_0^t \Delta^2(u)du$ 和 $\int_0^t |\Theta(u)|du$ 均为有限，从而式(4.4.16)右端的积分都有定义，并且伊藤积分是鞅。我们总是作这样的可积性假定，尽管并不总是作出明显的表述。

当 $\|\Pi\| \to 0$ 时,右端第一项 $\sum_{j=0}^{n-1}|I(t_{j+1})-I(t_j)|^2$ 收敛于 I 在$[0,t]$上的二次变差$[I,I](t)$,根据定理 4.3.1(vi),$[I,I](t)=\int_0^t \Delta^2(u)du$。第二项绝对值的上界为:

$$\begin{aligned}&\max_{0\leqslant k\leqslant n-1}|R(t_{k+1})-R(t_k)|\cdot\sum_{j=0}^{n-1}|R(t_{j+1})-R(t_j)|\\&=\max_{0\leqslant k\leqslant n-1}|R(t_{k+1})-R(t_k)|\cdot\sum_{j=0}^{n-1}\left|\int_{t_j}^{t_{j+1}}\Theta(u)du\right|\\&\leqslant\max_{0\leqslant k\leqslant n-1}|R(t_{k+1})-R(t_k)|\cdot\sum_{j=0}^{n-1}\int_{t_j}^{t_{j+1}}|\Theta(u)|du\\&=\max_{0\leqslant k\leqslant n-1}|R(t_{k+1})-R(t_k)|\cdot\int_0^t|\Theta(u)|du\end{aligned}$$

由于 $R(t)$连续,当 $\|\Pi\| \to 0$ 时,上式右端极限为 $0\cdot\int_0^t|\Theta(u)|du=0$。第三项绝对值的上界为:

$$\begin{aligned}&2\max_{0\leqslant k\leqslant n-1}|I(t_{k+1})-I(t_k)|\cdot\sum_{j=0}^{n-1}|R(t_{j+1})-R(t_j)|\\&\leqslant 2\max_{0\leqslant k\leqslant n-1}|I(t_{k+1})-I(t_k)|\cdot\int_0^t|\Theta(u)|du\end{aligned}$$

由于 $I(t)$连续,当 $\|\Pi\| \to 0$ 时,上式右端极限为 $0\cdot\int_0^t|\Theta(u)|du=0$。因此,我们得到 $[X,X](t)=[I,I](t)=\int_0^t\Delta^2(u)du$。 □

引理 4.4.4 的结论非常容易记住,只要先写出式(4.4.16)的微分形式:

$$dX(t)=\Delta(t)dW(t)+\Theta(t)dt \tag{4.4.18}$$

再利用微分乘法表(4.4.12)算得:

$$\begin{aligned}dX(t)dX(t)&=\Delta^2(t)dW(t)dW(t)+2\Delta(t)\Theta(t)dW(t)dt+\Theta^2(t)dtdt\\&=\Delta^2(t)dt\end{aligned} \tag{4.4.19}$$

这表明:在每一时刻 t,伊藤过程 X 单位时间内累积二次变差的速率为$\Delta^2(u)$,从而在时间区间$[0,t]$上总共累积的二次变差为 $[X,X](t)=\int_0^t\Delta^2(u)du$。该二次变差完全是由伊藤积分 $I(t)=\int_0^t\Delta(u)dW(u)$ 的二次变差引起。通常积分 $R(t)=\int_0^t\Theta(u)du$ 的二次变差为 0,它对 X 的二次变差没有贡献。

注意:具有零二次变差并不一定意味着 $R(t)$非随机。由于 $\Theta(u)$可以随机,故 $R(t)$也可能随机。不过,$R(t)$不如 $I(t)$波动之甚。在每一时刻 t,对于 $R(t)$紧接的增量,我们有很好的估计。对于微小的时间步幅 $h>0$,有:

$$R(t+h)\approx R(t)+\Theta(t)h$$

而在时刻 t，$R(t)$和 $\Theta(t)$都是已知的。这有点像以可变利率投资于货币市场账户。在每一时刻，由于已知今天的利率，故对不久将来的回报，我们可以有很好的估计。然而，由于利率(类似于 Θ)可以变化，回报仍是随机的。与此相比较，I 波动更甚。在时刻 t，$I(t+h)$的一个估计是：

$$I(t+h)\approx I(t)+\Delta(t)(W(t+h)-W(t))$$

但在时刻 t，$W(t+h)-W(t)$是未知的。事实上，$W(t+h)-W(t)$独立于时刻 t 所能获得的信息。这有点像投资于股票市场。

到目前为止，我们讨论了关于时间的积分，例如式(4.4.16)中的 $R(t)=\int_0^t\Theta(u)du$，以及伊藤积分(关于布朗运动的积分)，例如也出现在式(4.4.16)中的 $I(t)=\int_0^t\Delta(u)dW(u)$。此外，我们还需要讨论关于伊藤过程的积分(即形如 $\int_0^t\Gamma(u)dX(u)$ 的积分，其中 Γ 是某个适应过程)。我们通过将 $dX(t)$分成 $dW(t)$项和 dt 项[如同式(4.4.18)]来定义这样的积分。

定义 4.4.5 设 $X(t)$，$t\geqslant 0$ 是定义 4.4.3 中描述的伊藤过程，$\Gamma(t)$，$t\geqslant 0$ 是一个适应过程。**关于伊藤过程的积分**定义为[1]

$$\int_0^t\Gamma(u)dX(u)=\int_0^t\Gamma(u)\Delta(u)dW(u)+\int_0^t\Gamma(u)\Theta(u)du \tag{4.4.20}$$

我们以伊藤过程 $X(t)$取代布朗运动 $W(t)$，重温定理 4.4.1 的证明概要。取代式(4.4.9)，我们现在有：

$$\begin{aligned}
&f(T,X(T))-f(0,X(0))\\
&=\sum_{j=0}^{n-1}f_t(t_j,X(t_j))(t_{j+1}-t_j)+\sum_{j=0}^{n-1}f_x(t_j,X(t_j))(X(t_{j+1})-X(t_j))\\
&\quad+\frac{1}{2}\sum_{j=0}^{n-1}f_{xx}(t_j,X(t_j))(X(t_{j+1})-X(t_j))^2\\
&\quad+\sum_{j=0}^{n-1}f_{tx}(t_j,X(t_j))(t_{j+1}-t_j)(X(t_{j+1})-X(t_j))\\
&\quad+\frac{1}{2}\sum_{j=0}^{n-1}f_{tt}(t_j,X(t_j))(t_{j+1}-t_j)^2+\text{高阶项}
\end{aligned} \tag{4.4.21}$$

与定理 4.4.1 的证明概要中类似，上式最后两项当 $\|\Pi\|\to 0$ 时极限为 0[参见式(4.4.10)和式(4.4.11)]。类似地，高阶项的极限也为 0。式(4.4.21)右端第一项的极限为 $\int_0^T f_t(t,X(t))dt$，第二项的极限为：

$$\int_0^T f_x(t,X(t))dX(t)=\int_0^T f_x(t,X(t))\Delta(t)dW(t)+\int_0^T f_x(t,X(t))\Theta(t)dt$$

---

[1] 我们假定对每个 $t>0$，$\mathbb{E}\int_0^t\Gamma^2(u)\Delta^2(u)du$ 和 $\int_0^t|\Gamma(u)\Theta(u)|du$ 均为有限，从而式(4.4.20)右端的积分都有定义。

由于伊藤过程 $X(t)$ 单位时间内累积二次变差的速率为 $\Delta^2(u)$(引理4.4.4),式(4.4.21)右端第三项的极限为:

$$\frac{1}{2}\int_0^T f_{xx}(t,X(t))d[X,X](t)=\frac{1}{2}\int_0^T f_{xx}(t,X(t))\Delta^2(t)dt$$

上述讨论导致以下关于定理 4.4.1 的推广。

定理 4.4.6(关于伊藤过程的伊藤—德布林公式) 设 $X(t),t\geqslant 0$ 是定义 4.4.3 中描述的伊藤过程,函数 $f(t,x)$ 的偏导数 $f_t(t,x)$,$f_x(t,x)$ 和 $f_{xx}(t,x)$ 都有定义并且连续,则对于每个 $T\geqslant 0$,有:

$$\begin{aligned}f(T,X(T))&=f(0,X(0))+\int_0^T f_t(t,X(t))dt+\int_0^T f_x(t,X(t))dX(t)\\&\quad+\frac{1}{2}\int_0^T f_{xx}(t,X(t))d[X,X](t)\\&=f(0,X(0))+\int_0^T f_t(t,X(t))dt+\int_0^T f_x(t,X(t))\Delta(t)dW(t)\\&\quad+\int_0^T f_x(t,X(t))\Theta(t)dt+\frac{1}{2}\int_0^T f_{xx}(t,X(t))\Delta^2(t)dt\end{aligned}\tag{4.4.22}$$

注 4.4.7(随机分析小结) 定理 4.4.6 是以数学上十分精确的语言叙述的。公式右端的每一项都有切实的定义,最终右端是一个非随机量 $f(0,X(0))$,三个关于时间变量的通常(勒贝格)积分以及一个伊藤积分之和。

然而,如果采用微分记法,则更便于记忆和使用该定理结果。我们可将式(4.4.22)改写为:

$$df(t,X(t))=f_t(t,X(t))dt+f_x(t,X(t))dX(t)+\frac{1}{2}f_{xx}(t,X(t))dX(t)dX(t)\tag{4.4.23}$$

这里的主导原则是:写出 $f(t,X(t))$ 关于所有变量[这里是 t 和 $X(t)$]的泰勒展开式。关于具有零二次变差的变量(这里是 t)展开到一阶,关于具有非零二次变差的变量[这里是 $X(t)$]展开到二阶。

利用伊藤过程的微分形式(4.4.18)[即 $dX(t)=\Delta(t)dW(t)+\Theta(t)dt$]以及 $X(t)$ 累积二次变差的速率公式(4.4.19)[即 $dX(t)dX(t)=\Delta^2(t)dt$],我们可以将式(4.4.23)化为仅含 dt 和 $dW(t)$ 的表达式。利用乘法表(4.4.12),由公式(4.4.18)计算 $dX(t)$ 的平方,并将结果代入式(4.4.23),我们得到:

$$\begin{aligned}df(t,X(t))&=f_t(t,X(t))dt+f_x(t,X(t))\Delta(t)dW(t)\\&\quad+f_x(t,X(t))\Theta(t)dt+\frac{1}{2}f_{xx}(t,X(t))\Delta^2(t)dt\end{aligned}\tag{4.4.24}$$

伊藤分析无非是在各种不同场合反复运用这一公式而已。

4.4.3 例 子

这一节的最后,我们以三个例子来具体说明注 4.4.7,在下一节以及习题中还将有更多的例子。

例 4.4.8(广义几何布朗运动) 设 $W(t), t\geqslant 0$ 是布朗运动，$\mathcal{F}(t), t\geqslant 0$ 是相应的域流，$\alpha(t)$ 和 $\sigma(t)$ 是适应过程。定义伊藤过程

$$X(t) = \int_0^t \sigma(s)dW(s) + \int_0^t \left(\alpha(s) - \frac{1}{2}\sigma^2(s)\right)ds \tag{4.4.25}$$

则：

$$dX(t)=\sigma(t)dW(t)+\left(\alpha(t)-\frac{1}{2}\sigma^2(t)\right)dt$$

$$dX(t)dX(t)=\sigma^2(t)dW(t)dW(t)=\sigma^2(t)dt$$

考虑由下式给出的资产价格过程

$$S(t) = S(0)e^{X(t)} = S(0)\exp\left\{\int_0^t \sigma(s)dW(s) + \int_0^t \left(\alpha(s) - \frac{1}{2}\sigma^2(s)\right)ds\right\} \tag{4.4.26}$$

其中 $S(0)$ 是非随机的正数。上式可以写成 $S(t)=f(X(t))$，其中 $f(x)=S(0)e^x$，$f'(x)=S(0)e^x$，$f''(x)=S(0)e^x$。根据伊藤—德布林公式得：

$$\begin{aligned}dS(t)&=df(X(t))\\&=f'(X(t))dX(t)+\frac{1}{2}f''(X(t))dX(t)dX(t)\\&=S(0)e^{X(t)}dX(t)+\frac{1}{2}S(0)e^{X(t)}dX(t)dX(t)\\&=S(t)dX(t)+\frac{1}{2}S(t)dX(t)dX(t)\\&=\alpha(t)S(t)dt+\sigma(t)S(t)dW(t)\end{aligned} \tag{4.4.27}$$

资产价格 $S(t)$ 具有瞬时平均回报率 $\alpha(t)$ 和波动率 $\sigma(t)$。瞬时平均回报率和波动率允许随时间变化，也可以是随机变量。

本例涵盖了所有不带跳跃、由单个布朗运动驱动、严格为正的资产价格过程。 尽管模型是由单个布朗运动驱动，但是 $S(t)$ 的分布未必是对数正态，因为 $\alpha(t)$ 和 $\sigma(t)$ 允许随时间变化，也可以是随机变量。如果 α 和 σ 是常数，就得到通常的几何布朗运动模型，此时，$S(t)$ 的分布为对数正态。

在 α 和 σ 为常数的情形，式(4.4.26)成为：

$$S(t)=S(0)\exp\left\{\sigma W(t)+\left(\alpha-\frac{1}{2}\sigma^2\right)t\right\} \tag{4.4.28}$$

由此公式，有人也许会误以为既然布朗运动是鞅(即整体上没有上升或者下降的趋势)，$S(t)$ 的平均回报率应为 $\alpha-\frac{1}{2}\sigma^2$。这一推断的错误在于：虽然 $W(t)$ 是鞅，但 $S(0)\exp\{\sigma W(t)\}$ 不是鞅。函数 $\exp\{\sigma x\}$ 的凸性给予 $S(0)\exp\{\sigma W(t)\}$ 向上的漂移。为了对此进行修正，需要在指数中减去 $\frac{1}{2}\sigma^2 t$；过程 $S(0)\exp\left\{\sigma W(t)-\frac{1}{2}\sigma^2 t\right\}$ 是鞅(见定理 3.6.1)。如果在指数中加上 αt，就得到 $S(t)$，其平均回报率为 α。

即使 α 和 σ 是时变和随机的,伊藤—德布林公式仍能体现上述效应。如果 $\alpha=0$,则由式(4.4.27)得:

$$dS(t)=\sigma(t)S(t)dW(t)$$

两边同时积分,可得:

$$S(t)=S(0)+\int_0^t\sigma(s)S(s)dW(s)$$

右端是非随机常数 $S(0)$加上伊藤积分(鞅),因此(在 $\alpha=0$ 的情形):

$$S(t)=S(0)\exp\left\{\int_0^t\sigma(s)dW(s)-\frac{1}{2}\int_0^t\sigma^2(s)ds\right\} \tag{4.4.29}$$

是鞅。换言之,式(4.4.27)右端的 $\sigma(t)S(t)dW(t)$ 对于资产价格的贡献只是波动率,没有漂移。

如果 $\alpha(t)$是非零随机过程,式(4.4.27)表明它相当于平均回报率。在$\alpha(t)$时变和随机的情形,我们称之为**瞬时**平均回报率,因为它依赖于时间(以及样本路径)。 □

上述例子提供了以下定理证明的核心部分。

定理 4.4.9(非随机被积函数的伊藤积分) 设 $W(s),s\geqslant 0$ 是布朗运动,$\Delta(s)$是时间变量的**非随机**函数。定义 $I(t)=\int_0^t\Delta(s)dW(s)$,对于每个 $t\geqslant 0$,$I(t)$是期望值为 0、方差为 $\int_0^t\Delta^2(s)ds$ 的正态随机变量。

【证明】 $I(t)$的均值和方差不难确定。由于 $I(t)$是鞅,并且 $I(0)=0$,我们必有$\mathbb{E}I(t)=I(0)=0$。由伊藤等距[定理 4.3.1(v)],我们有:

$$\mathrm{Var}I(t)=\mathbb{E}I^2(t)=\int_0^t\Delta^2(s)ds$$

由于 $\Delta(s)$非随机,上式右端的 $\int_0^t\Delta^2(s)ds$ 不需要取期望值。

关键是证明 $I(t)$服从正态分布。我们将证明:$I(t)$具有均值为 0、方差为 $\int_0^t\Delta^2(s)ds$ 的正态随机变量的矩母函数(见式(3.2.13)):

$$\mathbb{E}e^{uI(t)}=\exp\left\{\frac{1}{2}u^2\int_0^t\Delta^2(s)ds\right\},\quad \forall u\in\mathbb{R} \tag{4.4.30}$$

由于 $\Delta(s)$非随机,式(4.4.30)等价于:

$$\mathbb{E}\exp\left\{uI(t)-\frac{1}{2}u^2\int_0^t\Delta^2(s)ds\right\}=1$$

或者改写成:

$$\mathbb{E}\exp\left\{\int_0^t u\Delta(s)dW(s)-\frac{1}{2}\int_0^t(u\Delta(s))^2ds\right\}=1 \tag{4.4.31}$$

注意到过程

$$\exp\left\{\int_0^t u\Delta(s)dW(s)-\frac{1}{2}\int_0^t(u\Delta(s))^2ds\right\}$$

是鞅。事实上，它是平均回报率 $\alpha=0$ 的广义几何布朗运动[见式(4.4.29)，其中 $\sigma(s)=u\Delta(s)$]。而且该过程在 $t=0$ 时取值为1，因而期望值恒为1。这就给出式(4.4.31)。 □

注意：无论 $\Delta(s)$ 是否随机，式(4.4.31)总是成立。然而，我们需要假设 $\Delta(s)$ 非随机，是为了从式(4.4.31)得到矩母函数公式式(4.4.30)。在 $\Delta(s)$ 为随机的情形，没有理由断言 $\int_0^t \Delta(s)dW(s)$ 服从正态分布。

例 4.4.10(韦萨切克利率模型) 设 $W(t),t\geqslant 0$ 是布朗运动。关于利率过程 $R(t)$ 的韦萨切克模型为：

$$dR(t)=(\alpha-\beta R(t))dt+\sigma dW(t) \tag{4.4.32}$$

其中 α,β 和 σ 是正数。等式(4.4.32)是**随机微分方程**的一个例子。随机微分方程是通过给出未知随机过程[这里是 $R(t)$]的微分的一个公式(公式中含有随机过程本身以及布朗运动的微分)，来确定该随机过程。

随机微分方程(4.4.32)具有闭形式的解：

$$R(t)=e^{-\beta t}R(0)+\frac{\alpha}{\beta}(1-e^{-\beta t})+\sigma e^{-\beta t}\int_0^t e^{\beta s}dW(s) \tag{4.4.33}$$

我们现在来验证。我们利用伊藤—德布林公式计算式(4.4.33)右端的微分。令：

$$f(t,x)=e^{-\beta t}R(0)+\frac{\alpha}{\beta}(1-e^{-\beta t})+\sigma e^{-\beta t}x$$

以及 $X(t)=\int_0^t e^{\beta s}dW(s)$，则式(4.4.33)的右端可以写为 $f(t,X(t))$。这里我们使用的技巧是将右端分成两部分：一个通常的两个变量 t 和 x 的函数(不含随机性)以及一个伊藤过程 $X(t)$(包含了所有随机性)。为了运用伊藤—德布林公式，需要 $f(t,x)$ 的偏导数：

$$\begin{aligned}
&f_t(t,x)=-\beta e^{-\beta t}R(0)+\alpha e^{-\beta t}-\sigma\beta e^{-\beta t}x=\alpha-\beta f(t,x)\\
&f_x(t,x)=\sigma e^{-\beta t}\\
&f_{xx}(t,x)=0
\end{aligned}$$

还需要 $X(t)$ 的微分：$dX(t)=e^{\beta t}dW(t)$。由于 $f_{xx}(t,x)=0$，现在不需要用到 $dX(t)dX(t)=e^{2\beta t}dt$。由伊藤—德布林公式得：

$$\begin{aligned}
df(X(t))&=f_t(t,X(t))dt+f_x(t,X(t))dX(t)+\frac{1}{2}f_{xx}(t,X(t))dX(t)dX(t)\\
&=(\alpha-\beta f(t,X(t)))dt+\sigma dW(t)
\end{aligned}$$

这表明 $f(t,X(t))$ 满足确定 $R(t)$ 的随机微分方程(4.4.32)。而且 $f(0,X(0))=R(0)$。由于 $f(t,X(t))$ 满足确定 $R(t)$ 的方程，并具有与 $R(t)$ 相同的初始条件，因此对所有 $t\geqslant 0$，$f(t,X(t))=R(t)$。

由定理4.4.9，出现在式(4.4.33)右端的随机变量 $\int_0^t e^{\beta s}dW(s)$ 服从正态分布，

均值为 0,方差为:

$$\int_0^t e^{2\beta s}ds=\frac{1}{2\beta}(e^{2\beta t}-1)$$

因此,$R(t)$是均值为 $e^{-\beta t}R(0)+\frac{\alpha}{\beta}(1-e^{-\beta t})$ 、方差为 $\frac{\sigma^2}{2\beta}(1-e^{-2\beta t})$ 的正态随机变量。特别是,无论参数 $\alpha>0,\beta>0$ 和 $\sigma>0$ 如何选取,总有正概率使得$R(t)$取负值,对于利率模型,这是不希望有的性质。

韦萨切克模型具有如下我们所希望的性质:利率是**均值回复**的。当$R(t)=\frac{\alpha}{\beta}$时,式(4.4.32)中漂移项($dt$ 项)为 0。当 $R(t)>\frac{\alpha}{\beta}$ 时,这一项是负的,迫使 $R(t)$回向$\frac{\alpha}{\beta}$。当 $R(t)<\frac{\alpha}{\beta}$时,这一项是正的,仍迫使 $R(t)$回向$\frac{\alpha}{\beta}$。如果 $R(0)=\frac{\alpha}{\beta}$,则对所有 $t\geqslant 0$,$\mathbb{E}R(t)=\frac{\alpha}{\beta}$。如果 $R(0)\neq\frac{\alpha}{\beta}$,则$\lim\limits_{t\to\infty}\mathbb{E}R(t)=\frac{\alpha}{\beta}$。

例 4.4.11[考克斯—英格索尔—罗斯(CIR)利率模型] 设 $W(t),t\geqslant 0$ 是布朗运动。关于利率过程 $R(t)$的 CIR 模型为:

$$dR(t)=(\alpha-\beta R(t))dt+\sigma\sqrt{R(t)}dW(t) \tag{4.4.34}$$

其中α,β和σ 是正数。与韦萨切克方程(4.4.32)不同,CIR 方程(4.4.34)不再具有闭形式的解。式(4.4.34)优于韦萨切克模型之处是:CIR 模型中,利率不会取负值。如果 $R(t)$达到 0,则 $dW(t)$前面的因子为 0,从而方程(4.4.34)中正的漂移项 αdt 驱动利率回到取正值的范围。类似于韦萨切克模型,CIR 模型也具有均值回复性质。

虽然无法推得式(4.4.34)的闭形式解,对每个正数 t,$R(t)$的分布还是能被确定的,只是其计算过程会使我们离题太远。我们仅限于 $R(t)$ 的均值和方差的推导。为此,令 $f(t,x)=e^{\beta t}x$,由伊藤—德布林公式计算

$$\begin{aligned}d(e^{\beta t}R(t))&=df(t,R(t))\\&=f_t(t,R(t))dt+f_x(t,R(t))dR(t)+\frac{1}{2}f_{xx}(t,R(t))dR(t)dR(t)\\&=\beta e^{\beta t}R(t)dt+e^{\beta t}(\alpha-\beta R(t))dt+e^{\beta t}\sigma\sqrt{R(t)}dW(t)\\&=\alpha e^{\beta t}dt+\sigma e^{\beta t}\sqrt{R(t)}dW(t)\end{aligned} \tag{4.4.35}$$

将式(4.4.35)两边同时积分,可得:

$$\begin{aligned}e^{\beta t}R(t)&=R(0)+\alpha\int_0^t e^{\beta u}du+\sigma\int_0^t e^{\beta u}\sqrt{R(u)}dW(u)\\&=R(0)+\frac{\alpha}{\beta}(e^{\beta t}-1)+\sigma\int_0^t e^{\beta u}\sqrt{R(u)}dW(u)\end{aligned}$$

由于伊藤积分的期望值为 0,我们有:

$$e^{\beta t}\mathbb{E}R(t)=R(0)+\frac{\alpha}{\beta}(e^{\beta t}-1)$$

或者,等价地:

$$\mathbb{E}R(t)=e^{-\beta t}R(0)+\frac{\alpha}{\beta}(1-e^{-\beta t}) \tag{4.4.36}$$

这与韦萨切克模型中利率的期望值相同。

为了计算 $R(t)$的方差，令 $X(t)=e^{\beta t}R(t)$，我们已经算得

$$dX(t)=\alpha e^{\beta t}dt+\sigma e^{\beta t}\sqrt{R(t)}dW(t)=\alpha e^{\beta t}dt+\sigma e^{\frac{\beta t}{2}}\sqrt{X(t)}dW(t)$$

以及 $\mathbb{E}X(t)=R(0)+\frac{\alpha}{\beta}(e^{\beta t}-1)$。根据伊藤—德布林公式[其中 $f(x)=x^2$，$f'(x)=2x,f''(x)=2$]，有：

$$\begin{aligned}d(X^2(t))&=2X(t)dX(t)+dX(t)dX(t)\\&=2\alpha e^{\beta t}X(t)dt+2\sigma e^{\frac{\beta t}{2}}X^{\frac{3}{2}}(t)dW(t)+\sigma^2e^{\beta t}X(t)dt\end{aligned} \tag{4.4.37}$$

将式(4.4.37)两边同时积分，可得：

$$X^2(t)=X^2(0)+(2\alpha+\sigma^2)\int_0^t e^{\beta u}X(u)du+2\sigma\int_0^t e^{\frac{\beta u}{2}}X^{\frac{3}{2}}(u)dW(u)$$

两边取期望，利用伊藤积分的期望值为 0 这一事实以及关于$\mathbb{E}X(t)$已经推得的公式，我们得到：

$$\begin{aligned}\mathbb{E}X^2(t)&=X^2(0)+(2\alpha+\sigma^2)\int_0^t e^{\beta u}\,\mathbb{E}X(u)du\\&=R^2(0)+(2\alpha+\sigma^2)\int_0^t e^{\beta u}\left(R(0)+\frac{\alpha}{\beta}(e^{\beta u}-1)\right)du\\&=R^2(0)+\frac{2\alpha+\sigma^2}{\beta}\left(R(0)-\frac{\alpha}{\beta}\right)(e^{\beta t}-1)+\frac{2\alpha+\sigma^2}{2\beta}\cdot\frac{\alpha}{\beta}(e^{2\beta t}-1)\end{aligned}$$

因此：

$$\begin{aligned}\mathbb{E}R^2(t)&=e^{-2\beta t}\mathbb{E}X^2(t)\\&=e^{-2\beta t}R^2(0)+\frac{2\alpha+\sigma^2}{\beta}\left(R(0)-\frac{\alpha}{\beta}\right)(e^{-\beta t}-e^{-2\beta t})+\frac{\alpha(2\alpha+\sigma^2)}{2\beta^2}(1-e^{-2\beta t})\end{aligned}$$

最后：

$$\begin{aligned}\mathrm{Var}(R(t))&=\mathbb{E}R^2(t)-(\mathbb{E}R(t))^2\\&=e^{-2\beta t}R^2(0)+\frac{2\alpha+\sigma^2}{\beta}\left(R(0)-\frac{\alpha}{\beta}\right)(e^{-\beta t}-e^{-2\beta t})\\&\quad+\frac{\alpha(2\alpha+\sigma^2)}{2\beta^2}(1-e^{-2\beta t})-e^{-2\beta t}R^2(0)\\&\quad-\frac{2\alpha}{\beta}R(0)(e^{-\beta t}-e^{-2\beta t})-\frac{\alpha^2}{\beta^2}(1-e^{-\beta t})^2\\&=\frac{\sigma^2}{\beta}R(0)(e^{-\beta t}-e^{-2\beta t})+\frac{\alpha\sigma^2}{2\beta^2}(1-2e^{-\beta t}+e^{-2\beta t})\end{aligned} \tag{4.4.38}$$

特别地：

$$\lim_{t\to\infty}\mathrm{Var}(R(t))=\frac{\alpha\sigma^2}{2\beta^2}$$

4.5 布莱克—斯科尔斯—默顿方程

传统的布莱克—斯科尔斯方程的命名中为何添加默顿,我们将在 4.9 节的评注中解释。

这一节中,我们推导关于原生资产以几何布朗运动建模的期权定价的布莱克—斯科尔斯—默顿偏微分方程。其思想与第一卷第一章二叉树模型中的相同,都是旨在确定为了完全对冲期权空头所需要的初始资本。

4.5.1 *资产组合价值的演化*

设每个时刻 t,投资者资产组合的价值为 $X(t)$,这一组合投资于支付常数利率 r 的货币市场账户以及股票市场,股票价格过程服从几何布朗运动

$$dS(t)=\alpha S(t)dt+\sigma S(t)dW(t) \tag{4.5.1}$$

假设在时刻 t 投资者持有股票的份额为 $\Delta(t)$,头寸 $\Delta(t)$ 可以随机,但是必须与相应于布朗运动 $W(t),t\geqslant 0$ 的域流相适应。资产组合中余下部分 $X(t)-\Delta(t)S(t)$ 投资于货币市场账户。

投资者在时刻 t 资产组合价值的微分 $dX(t)$ 由两个因素引起:关于股票头寸的资本增值 $\Delta(t)dS(t)$ 以及关于现金头寸的利息收入 $r(X(t)-\Delta(t)S(t))dt$。换言之:

$$\begin{aligned}dX(t)&=\Delta(t)dS(t)+r(X(t)-\Delta(t)S(t))dt\\&=\Delta(t)(\alpha S(t)dt+\sigma S(t)dW(t))+r(X(t)-\Delta(t)S(t))dt\\&=rX(t)dt+\Delta(t)(\alpha-r)S(t)dt+\Delta(t)\sigma S(t)dW(t)\end{aligned} \tag{4.5.2}$$

出现在式(4.5.2)最后一行中的三项可以如下理解:

(i) 资产组合平均的保底回报率 r,由 $rX(t)dt$ 项体现;

(ii) 投资于股票的风险溢价 $\alpha-r$,由 $\Delta(t)(\alpha-r)S(t)dt$ 项体现;

(iii) 正比于股票投资份额的波动率项,它是 $\Delta(t)\sigma S(t)dW(t)$。

离散时间情形,相应于方程(4.5.2)的是第一卷中的式(1.2.12):

$$X_{n+1}=\Delta_nS_{n+1}+(1+r)(X_n-\Delta_nS_n)$$

上式可以改写为:

$$X_{n+1}-X_n=\Delta_n(S_{n+1}-S_n)+r(X_n-\Delta_nS_n) \tag{4.5.3}$$

它类似于式(4.5.2)的第一行,区别仅在于式(4.5.3)中时间步长为 1 个单位,而式(4.5.2)中时间连续变化。关于期权定价中方程(4.5.2)的更多讨论见习题 4.10。

我们将经常考虑贴现股价 $e^{-rt}S(t)$ 以及贴现资产组合价值 $e^{-rt}X(t)$。根据伊藤—德布林公式[其中 $f(t,x)=e^{-rt}x$],贴现股价的微分是:

$$\begin{aligned}d(e^{-rt}S(t))&=df(t,S(t))\\&=f_t(t,S(t))dt+f_x(t,S(t))dS(t)+\frac{1}{2}f_{xx}(t,S(t))dS(t)dS(t)\end{aligned}$$

$$=-re^{-rt}S(t)dt+e^{-rt}dS(t)$$
$$=(\alpha-r)e^{-rt}S(t)dt+\sigma e^{-rt}S(t)dW(t) \tag{4.5.4}$$

贴现资产组合价值的微分是：

$$d(e^{-rt}X(t))=df(t,X(t))$$
$$=f_t(t,X(t))dt+f_x(t,X(t))dX(t)+\frac{1}{2}f_{xx}(t,X(t))dX(t)dX(t)$$
$$=-re^{-rt}X(t)dt+e^{-rt}dX(t)$$
$$=\Delta(t)(\alpha-r)e^{-rt}S(t)dt+\Delta(t)\sigma e^{-rt}S(t)dW(t)$$
$$=\Delta(t)d(e^{-rt}S(t)) \tag{4.5.5}$$

股价的贴现使得平均回报率从 α[式(4.5.1)中 $S(t)dt$ 前面的因子]减少到 $\alpha-r$[式(4.5.4)中 $e^{-rt}S(t)dt$ 前面的因子]。资产组合价值的贴现去除了保底回报率 r[比较式(4.5.2)的最后一行与式(4.5.5)的最后第二行]。式(4.5.5)最后一行表明：贴现资产组合价值的改变完全由贴现股价的改变引起。

4.5.2 期权价值的演化

考虑在时刻 T 支付为 $(S(T)-K)^+$ 的欧式看涨期权。敲定价格 K 是某个非负常数。布莱克、斯科尔斯和默顿论证了看涨期权在任何时刻的价值依赖于时间(更确切地，是离到期日尚余的时间)和该时刻的股价，当然还依赖于模型参数 r 和 σ 以及合约中的敲定价格 K。只有两个量，时间和股价是可以获知的。顺此思路，如果时刻 t 的股价 $S(t)=x$，我们用 $c(t,x)$ 表示看涨期权在时刻 t 的价值。函数 $c(t,x)$ 不存在任何随机性。然而，期权的价值是随机的；它是在函数 $c(t,x)$ 中用随机的股价 $S(t)$ 取代哑变量 x 后得到的随机过程 $c(t,S(t))$。在初始时刻，我们并不知道未来的股价 $S(t)$，因而也并不知道未来的期权价值 $c(t,S(t))$。我们的目标是确定函数 $c(t,x)$，从而至少得到一个用未来股价表示的未来期权价值的公式。

我们首先计算 $c(t,S(t))$ 的微分。根据伊藤—德布林公式，有：

$$dc(t,S(t))=c_t(t,S(t))dt+c_x(t,S(t))dS(t)+\frac{1}{2}c_{xx}(t,S(t))dS(t)dS(t)$$
$$=c_t(t,S(t))dt+c_x(t,S(t))(\alpha S(t)dt+\sigma S(t)dW(t))$$
$$+\frac{1}{2}c_{xx}(t,S(t))\sigma^2S^2(t)dt$$
$$=\left[c_t(t,S(t))+\alpha S(t)c_x(t,S(t))+\frac{1}{2}\sigma^2S^2(t)c_{xx}(t,S(t))\right]dt$$
$$+\sigma S(t)c_x(t,S(t))dW(t) \tag{4.5.6}$$

然后计算贴现期权价值 $e^{-rt}c(t,S(t))$ 的微分。令 $f(t,x)=e^{-rt}x$，根据伊藤—德布林公式得：

$$d(e^{-rt}c(t,S(t)))=df(t,c(t,S(t)))$$
$$=f_t(t,c(t,S(t)))dt+f_x(t,c(t,S(t)))dc(t,S(t))$$
$$+\frac{1}{2}f_{xx}(t,c(t,S(t)))dc(t,S(t))dc(t,S(t))$$

$$=-re^{-rt}c(t,S(t))dt+e^{-rt}dc(t,S(t))$$
$$=e^{-rt}\left[-rc(t,S(t))+c_t(t,S(t))+\alpha S(t)c_x(t,S(t))+\frac{1}{2}\sigma^2 S^2(t)c_{xx}(t,S(t))\right]dt$$
$$+e^{-rt}\sigma S(t)c_x(t,S(t))dW(t) \quad (4.5.7)$$

4.5.3 演化相等

(期权空头)对冲组合以初始资本 $X(0)$ 投资于股票和货币市场账户,使得在每个时刻 $t\in[0,T]$,资产组合价值 $X(t)$ 与 $c(t,S(t))$ 相同。这等价于对所有 t,$e^{-rt}X(t)=e^{-rt}c(t,S(t))$。确保这个等式的一个方法是确定

$$d(e^{-rt}X(t))=d(e^{-rt}c(t,S(t))),\quad \forall t\in[0,T) \quad (4.5.8)$$

并且 $X(0)=c(0,S(0))$。事实上,将式(4.5.8)两边从 0 到 t 积分,可得:

$$e^{-rt}X(t)-X(0)=e^{-rt}c(t,S(t))-c(0,S(0)),\quad \forall t\in[0,T) \quad (4.5.9)$$

如果 $X(0)=c(0,S(0))$,我们可在式(4.5.9)中消去这项,得到所要的等式。

比较式(4.5.5)和式(4.5.7),可知式(4.5.8)成立当且仅当

$$\Delta(t)(\alpha-r)S(t)dt+\Delta(t)\sigma S(t)dW(t)$$
$$=\left[-rc(t,S(t))+c_t(t,S(t))+\alpha S(t)c_x(t,S(t))+\frac{1}{2}\sigma^2 S^2(t)c_{xx}(t,S(t))\right]dt$$
$$+\sigma S(t)c_x(t,S(t))dW(t) \quad (4.5.10)$$

我们考察如何能使式(4.5.10)成立。

首先,令式(4.5.10)中的 $dW(t)$ 项相等,从而给出:

$$\Delta(t)=c_x(t,S(t)),\quad \forall t\in[0,T) \quad (4.5.11)$$

这称为 **delta-对冲法则**。在到期日之前的每个时刻 t,期权空头对冲组合中持有股票的份额等于该时刻期权价值关于股价的偏导数。$c_x(t,S(t))$ 这个量被称为期权的 **delta**。

然后,令式(4.5.10)中的 dt 项相等,利用式(4.5.11),可得:

$$(\alpha-r)S(t)c_x(t,S(t))=-rc(t,S(t))+c_t(t,S(t))+\alpha S(t)c_x(t,S(t))$$
$$+\frac{1}{2}\sigma^2 S^2(t)c_{xx}(t,S(t)),\quad \forall t\in[0,T) \quad (4.5.12)$$

在式(4.5.12)的两边同时出现 $\alpha S(t)c_x(t,S(t))$,消去这一项后,我们得到:

$$rc(t,S(t))=c_t(t,S(t))+rS(t)c_x(t,S(t))+\frac{1}{2}\sigma^2 S^2(t)c_{xx}(t,S(t)),\quad \forall t\in[0,T)$$
$$(4.5.13)$$

总之,我们应寻求连续函数 $c(t,x)$,满足布莱克—斯科尔斯—默顿偏微分方程

$$c_t(t,x)+rxc_x(t,x)+\frac{1}{2}\sigma^2 x^2 c_{xx}(t,x)=rc(t,x),\quad \forall t\in[0,T),x\geqslant 0$$
$$(4.5.14)$$

以及终值条件

$$c(T,x)=(x-K)^+ \tag{4.5.15}$$

假定我们已经求得这一函数。如果投资者以 $X(0)=c(0,S(0))$ 为初始资本，取对冲头寸 $\Delta(t)=c_x(t,S(t))$，则对所有 $t\in[0,T)$，式(4.5.10)成立。事实上，由于 $\Delta(t)=c_x(t,S(t))$，式(4.5.10)两边的 $dW(t)$ 项相等；由于式(4.5.14)确保式(4.5.13)成立，故式(4.5.10)两边的 dt 项也相等。由式(4.5.10)可以推得式(4.5.9)。消去等式(4.5.9)中的 e^{-rt} 以及 $X(0)=c(0,S(0))$，可知对所有 $t\in[0,T)$，$X(t)=c(t,S(t))$。令 $t\uparrow T$ 取极限，并利用$X(t)$和 $c(t,S(t))$都连续这一事实，我们得到 $X(T)=c(T,S(T))=(S(T)-K)^+$。这意味着期权空头被成功对冲。无论股价的路径如何，在期权到期日，进行期权空头对冲的投资者所持有的资产组合价值与期权的支付相等。

4.5.4 *布莱克—斯科尔斯—默顿方程的解*

布莱克—斯科尔斯—默顿方程(4.5.14)不涉及概率。它是偏微分方程，t 和 x 是哑变量，而非随机变量。可以利用偏微分方程方法求解该方程，然而在这一节中我们将直接给出解的表达式，在 5.2.5 中，我们将基于概率论推导出解的表达式。

我们希望布莱克—斯科尔斯—默顿方程对所有 $x\geqslant 0$ 和 $t\in[0,T)$ 成立，从而无论股价的路径如何，式(4.5.14)恒成立。如果初始股价是正的，则股价恒为正，并且可以取任何正值；如果初始股价为 0，则此后的股价恒为 0。我们要求式(4.5.14)对所有 $x\geqslant 0$ 成立，就包括了所有情形。我们并不要求式(4.5.14)在$t=T$ 成立，但是我们要求函数 $c(t,x)$在 $t=T$ 连续。如果在 T 之前所有时刻对冲有效，则由连续性，在时刻 T，对冲也有效。

方程(4.5.14)是一个**倒向抛物型**偏微分方程。为求解此方程，除了终值条件，我们还需要在 $x=0$ 和 $x=\infty$的边界条件。为得到在 $x=0$ 的边界条件，将 $x=0$ 代入式(4.5.14)，我们有：

$$c_t(t,0)=rc(t,0) \tag{4.5.16}$$

这是关于 t 的函数 $c(t,0)$的常微分方程，其解为：

$$c(t,0)=e^{rt}c(0,0)$$

将 $t=T$ 代入上式，并利用 $c(T,0)=(0-K)^+=0$ 这一事实，可知 $c(0,0)=0$。因此：

$$c(t,0)=0,\quad \forall t\in[0,T] \tag{4.5.17}$$

这就是在 $x=0$ **的边界条件**。

当 $x\to\infty$时，函数 $c(t,x)$的增长没有上界。在这样的情形，我们可以通过指定其增长速率来给出在 $x=\infty$的边界条件。对于欧式看涨期权，指定其在 $x=\infty$的边界条件的一种方式是：

$$\lim_{x\to\infty}[c(t,x)-(x-e^{-r(T-t)}K)]=0,\quad \forall t\in[0,T] \tag{4.5.18}$$

这表明：$c(t,x)$与 x 当 $x\to\infty$时的增长速率相同。$c(t,x)$是时刻 t 股价为 x 的股票看涨期权在时刻 t 的价值。对于很大的 x，该期权深度实值，并且很可能到期时仍为实值。在此情形，看涨期权的价值与下面的 4.5.6 讨论的远期合约价格[见式(4.5.26)]几乎相等。这正是式(4.5.18)的断言。

布莱克—斯科尔斯—默顿方程(4.5.14)满足终值条件(4.5.15)以及边界条件(4.5.17)和(4.5.18)的解为：

$$c(t,x)=xN(d_+(T-t,x))-Ke^{-r(T-t)}N(d_-(T-t,x)),\quad 0\leqslant t<T,x>0 \tag{4.5.19}$$

其中：

$$d_\pm(\tau,x)=\frac{1}{\sigma\sqrt{\tau}}\left[\log\frac{x}{K}+\left(r\pm\frac{\sigma^2}{2}\right)\tau\right] \tag{4.5.20}$$

并且 N 是累积标准正态分布

$$N(y)=\frac{1}{\sqrt{2\pi}}\int_{-\infty}^{y}e^{-\frac{z^2}{2}}dz=\frac{1}{\sqrt{2\pi}}\int_{-y}^{\infty}e^{-\frac{z^2}{2}}dz \tag{4.5.21}$$

我们有时记为：

$$\mathrm{BSM}(\tau,x;K,r,\sigma)=xN(d_+(\tau,x))-Ke^{-r\tau}N(d_-(\tau,x)) \tag{4.5.22}$$

并且称 $\mathrm{BSM}(\tau,x;K,r,\sigma)$为**布莱克—斯科尔斯—默顿函数**。在此公式中，τ 和 x 分别表示离到期日尚余的时间和当前股价。参数 K,r 和 σ 分别是敲定价格、利率和股价波动率。

公式(4.5.19)当 $t=T$ 时并不定义 $c(t,x)$[由于 $\tau=T-t$ 出现在式(4.5.20)的分母中，而 $t=T$ 时 τ 为 0]，当 $x=0$ 时也不定义 $c(t,x)$[由于 $\log x$ 出现在式(4.5.20)中，而 $\log 0$ 不是实数]。然而，由式(4.5.19)定义的函数 $c(t,x)$满足：$\lim\limits_{t\to T}c(t,x)=(x-K)^+$ 以及$\lim\limits_{x\downarrow 0}c(t,x)=0$。以上所有论断的验证见习题 4.9。

4.5.5 *希腊字母*

式(4.5.19)中函数 $c(t,x)$关于各变量的导数称为**希腊字母**。习题 4.9 中推导了其中的两个，即 **delta**：

$$c_x(t,x)=N(d_+(T-t,x)) \tag{4.5.23}$$

以及 **theta**：

$$c_t(t,x)=-rKe^{-r(T-t)}N(d_-(T-t,x))-\frac{\sigma x}{2\sqrt{T-t}}N'(d_+(T-t,x)) \tag{4.5.24}$$

由于 N 和 N'恒为正值，因此 delta 恒为正值而 theta 恒为负值。另一个希腊字母是 **gamma**：

$$c_{xx}(t,x)=N'(d_+(T-t,x))\frac{\partial}{\partial x}d_+(T-t,x)=\frac{1}{\sigma x\sqrt{T-t}}N'(d_+(T-t,x)) \tag{4.5.25}$$

类似于 delta，gamma 也恒为正值。

为简化记号，以下讨论中有时略去 $c(t,x)$ 中的变量 (t,x) 和 $d_{\pm}(T-t,x)$ 中的变量 $(T-t,x)$。若时刻 t 股价为 x，则式(4.5.11)的期权空头对冲要求持有 $c_x(t,x)$ 份股票，价值为 $xc_x=xN(d_+)$。对冲组合的价值为 $c=xN(d_+)-Ke^{-r(T-t)}N(d_-)$，由于其中 $xc_x(t,x)$ 投资于股票，故在货币市场账户的投资额

$$c(t,x)-xc_x(t,x)=-Ke^{-r(T-t)}N(d_-)$$

为负数。看涨期权的空头对冲需要借贷资金，看涨期权的多头对冲正好相反。换言之，看涨期权的多头对冲应持有 $-c_x$ 份股票(即持有股票空头)，并且将 $Ke^{-r(T-t)}N(d_-)$ 投资于货币市场账户。

由于 delta 和 gamma 都是正值，对于固定的 t，$c(t,x)$ 是变量 x 的递增凸函数(如图 4.5.1 所示)。假设时刻 t 的股价为 x_1，我们希望取期权的多头并且进行对冲。为此，以价格 $c(t,x_1)$ 买入期权，卖空 $c_x(t,x_1)$ 份股票，收入为 $x_1c_x(t,x_1)$，并将差额

$$M=x_1c_x(t,x_1)-c(t,x_1)$$

投资于货币市场账户。考虑资产组合关于股价变动的敏感性，我们的资产组合含三种成分：期权多头、股票空头和货币市场账户多头。在我们建立头寸的时刻 t，初始资产组合价值 $c(t,x_1)-x_1c_x(t,x_1)+M$ 为 0。

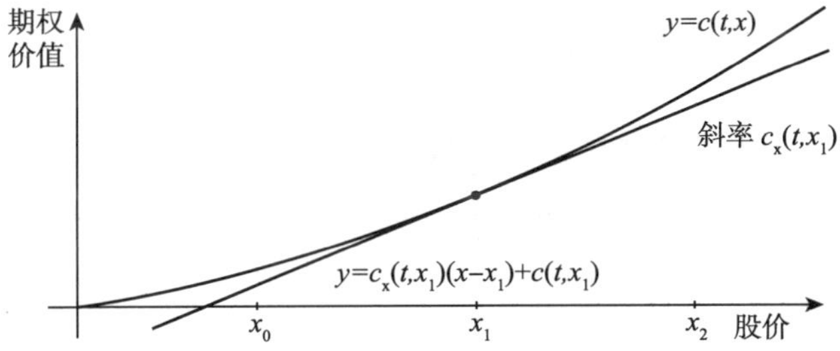

图 4.5.1 delta-中性头寸

如果股价瞬间下跌至 x_0(如图 4.5.1 所示)，而我们的股票和货币市场账户头寸未变，则我们持有的期权价值降至 $c(t,x_0)$，而股票空头引起的负债也降至 $x_0c_x(t,x_1)$，包括货币市场账户的投资 M 的资产组合总价值为：

$$c(t,x_0)-x_0c_x(t,x_1)+M=c(t,x_0)-c_x(t,x_1)(x_0-x_1)-c(t,x_1)$$

这是图 4.5.1 中在 x_0 处曲线 $y=c(t,x)$ 与直线 $y=c_x(t,x_1)(x-x_1)+c(t,x_1)$ 的纵坐标之差。由于这个差是正的，我们的资产组合在股价瞬间下跌时获益。

另一方面，如果股价瞬间上涨至 x_2，而我们的股票和货币市场账户头寸未变，则我们持有的期权价值升至 $c(t,x_2)$，而股票空头引起的负债也升至 $x_2c_x(t,x_1)$，包括货币市场账户的投资 M 的资产组合总价值为：

$$c(t,x_2)-x_2c_x(t,x_1)+M=c(t,x_2)-c_x(t,x_1)(x_2-x_1)-c(t,x_1)$$

这是图 4.5.1 中在 x_2 处曲线 $y=c(t,x)$ 与直线 $y=c_x(t,x_1)(x-x_1)+c(t,x_1)$ 的

纵坐标之差。由于这个差是正的,我们的资产组合在股价瞬间上涨时获益。

我们建立的资产组合称为**delta-中性**并且是**多头 gamma**。之所以称为多头 gamma,是由于资产组合能从 $c(t,x)$ 的凸性中获益。不论股价瞬间上涨或下跌,资产组合价值都会增长。多头 gamma 资产组合在股价波动率较高的情形能够获益。

"delta-中性"是指图 4.5.1 中的直线与曲线 $y=c(t,x)$ 相切。于是,当股价有微小变动时,由期权价值相应变化引起的资产组合价值的改变被由股票空头引起的价值改变几乎抵消。**对于股价的微小变动**,该直线是期权价值的很好的近似。如果在起始点 x_1 处直线比期权价值曲线更为陡峭,则相应于**空头 delta**;股价的上涨将使资产组合价值受损,因为股票空头引起负债的增长快于期权价值的增长。另一方面,股价的下跌将使资产组合价值获益,因为期权价值的下降慢于股票空头引起负债的下降。除非交易者具有某种(偏多或者偏空的)市场观点,一般总是建立 delta-中性的资产组合。如果预计有较高的股价波动率,则同时还选择多头 gamma 资产组合。

初看起来,上述资产组合似乎提供了套利机会。随着时间增加,不仅多头 gamma 头寸提供了获利机会,在货币市场账户的正投资还将增进这一机会。对我们不利的是:$c(t,x)$ 关于时间的导数 theta 是负的。随着时间增加,曲线 $y=c(t,x)$ 将下移。图 4.5.1 是对于固定的 t 作出的,因而有所误导。一般而言,由于曲线 $y=c(t,x)$ 的往下移动要快于货币市场投资和多头 gamma 头寸收益的增加,资产组合有可能亏损。4.5.3 中对冲论证的要义在于:如果股价过程确为几何布朗运动,并且我们取对了波动率 σ 的值,那么只要连续调整资产组合的头寸,所有上述效应将恰好抵消!

当然,原生资产并非真的是具有常数波动率的几何布朗运动,不过以上论述仍给出了现实世界的很好的一阶近似,同时也表明:波动率是至关重要的参数。事实上,股票的平均回报率 α 并不在布莱克—斯科尔斯—默顿方程(4.5.14)中出现。由无套利定价的观点,股价的涨跌是无关紧要的,因为 delta-中性头寸同时对冲了这两种可能性。股价的波动率才是重要的,因为我们需要知道能从多头 gamma 头寸中获利多少。对于用股票空头对冲看涨期权多头的资产组合,股价波动愈甚,获利机会愈大,因而看涨期权愈贵。期权价值关于波动率 σ 的导数被称为 **vega**,它恒取正值。在布莱克—斯科尔斯—默顿模型中,期权价值随波动率变大而递增。

4.5.6 *看跌—看涨平价公式*

交割价格为 K 的**远期合约**的持有人在到期日 T 必须支付 K 用以购买一份股票。在到期日,远期合约的价值为 $S(T)-K$。在之前的时刻 $t\in[0,T]$,如果股价 $S(t)=x$,以 $f(t,x)$ 表示远期合约的价值。

我们来论证远期合约的价值由以下公式给出:

$$f(t,x)=x-e^{-r(T-t)}K \tag{4.5.26}$$

如果投资者在时刻 0 以价格 $f(0,S(0))=S(0)-e^{-rT}K$ 售出该远期合约,则为了自我保护,可以建立一个**静态对冲**,即除了初始时刻外,不作交易的对冲。确切地说，投资者应该购买一份股票。由于出售远期合约获得的初始资本仅为 $S(0)-e^{-rT}K$，故尚需从货币市场账户借贷 $e^{-rT}K$，投资者不再进行任何交易。在远期合约到期日，投资者持有一份股票，同时其在货币市场账户的负债达到 K，因而资产组合价值为 $S(T)-K$，恰好等于远期合约的价值。由于投资者可以通过在每个时刻 t 价值为 $S(t)-e^{-r(T-t)}K$ 的资产组合复制远期合约的支付，因此远期合约在每个时刻 t 的价值为 $S(t)-e^{-r(T-t)}K=f(t,S(t))$，其中 $f(t,x)$ 由式(4.5.26)定义。

股票在时刻 t 的**远期价格**定义为使得在时刻 t 的远期合约价值为 0 的 K 的值[即满足方程 $S(t)-e^{-r(T-t)}K=0$ 的 K 的值]。因此，在常数利率模型中，时刻 t 的远期价格为：

$$\text{For}(t)=e^{r(T-t)}S(t) \tag{4.5.27}$$

注意：远期价格不是远期合约的价格(或价值)。对于 $0\leqslant t\leqslant T$，时刻 t 的远期价格是能在时刻 t 锁定的在时刻 T 购买一份股票需要支付的价格。在锁定这一价格时，不存在资金换手。

在时刻 $t=0$，我们可以锁定在时刻 T 购买一份股票的价格 $\text{For}(0)=e^{rT}S(0)$。这意味着在式(4.5.26)中，令 $K=e^{rT}S(0)$。这一远期合约在时刻 $t=0$ 的价值为 0，但是随着时间增加，远期合约的价值也将变化。事实上，它在时刻 t 的价值为：

$$f(t,S(t))=S(t)-e^{rt}S(0)$$

最后，考虑**欧式看跌期权**，其在到期日 T 的支付为 $(K-S(T))^+$。我们注意到：对任何实数 x，等式

$$x-K=(x-K)^+-(K-x)^+ \tag{4.5.28}$$

成立。事实上，如果 $x\geqslant K$，则 $(x-K)^+=x-K$ 且 $(K-x)^+=0$。另一方面，如果 $x\leqslant K$，则 $(x-K)^+=0$ 并且 $-(K-x)^+=-(K-x)=x-K$。无论何种情形，式(4.5.28)左右两边都相等。在时刻 t，如果股价 $S(t)=x$，则用 $p(t,x)$ 表示欧式看跌期权的价值。类似地，用 $c(t,x)$ 表示到期日为 T、敲定价格为 K 的欧式看涨期权的价值，用 $f(t,x)$ 表示在到期日 T 以交割价格 K 购买一份股票的远期合约的价值。由等式(4.5.28)可得：

$$f(T,S(T))=c(T,S(T))-p(T,S(T))$$

由于远期合约在时刻 T 的价值等同于一份看涨期权多头和一份看跌期权空头组合的价值，它们在之前所有时刻的价值也必定相同：

$$f(t,x)=c(t,x)-p(t,x),\quad x\geqslant 0,\quad 0\leqslant t\leqslant T \tag{4.5.29}$$

若不然，投资者可以在某个时刻 t 售出或者买入一份远期合约多头、一份看涨期权空头以及一份看跌期权多头的组合，实现即刻获利，并且在到期日没有任何债务。关系式(4.5.29)被称为**看跌—看涨平价公式**。

注意：我们在推导看跌—看涨平价公式(4.5.29)时，并未借助关于常数利率并且股价为几何布朗运动假设下的布莱克—斯科尔斯—默顿模型。事实上，只要有足够的流动性允许我们建立一份看涨期权多头和一份看跌期权空头的组合，不需

要任何关于股价的其他假设,我们都有看跌—看涨平价公式。如果我们假设利率为常数 r,则 $f(t,x)$ 由式(4.5.26)给出。如果进一步假设股价过程服从具有常数波动率 $\sigma>0$ 的几何布朗运动,则我们又有布莱克—斯科尔斯—默顿看涨期权定价公式(4.5.19)。于是,我们可以从式(4.5.29)解得布莱克—斯科尔斯—默顿看跌期权定价公式

$$\begin{aligned} p(t,x) &= x(N(d_+(T-t,x))-1)-Ke^{-r(T-t)}(N(d_-(T-t,x))-1) \\ &= Ke^{-r(T-t)}N(-d_-(T-t,x))-xN(-d_+(T-t,x)) \end{aligned} \tag{4.5.30}$$

其中 $d_\pm(T-t,x)$ 由式(4.5.20)给出。

4.6 多元随机分析

4.6.1 *多维布朗运动*

定义 4.6.1 d 维布朗运动是过程

$$W(t)=(W_1(t),\cdots,W_d(t))$$

并且满足以下性质:

(i) 每个 $W_i(t)$ 是一维布朗运动。

(ii) 如果 $i\neq j$,则过程 $W_i(t)$ 与 $W_j(t)$ 相互独立。

相应于 d 维布朗运动,我们有域流 $\mathcal{F}(t)$,$t\geqslant 0$ 使得以下性质成立:

(iii) (**信息累积**)对于 $0\leqslant s<t$,$\mathcal{F}(s)$ 中每个集合也在 $\mathcal{F}(t)$ 中。

(iv) (**适应性**)对每个 $t\geqslant 0$,随机向量 $W(t)$ 为 $\mathcal{F}(t)$-可测。

(v) (**未来增量的独立性**)对于 $0\leqslant t<u$,增量向量 $W(u)-W(t)$ 独立于 $\mathcal{F}(t)$。

虽然我们将多维布朗运动定义为**独立的**一维布朗运动组成的向量,但在例 4.6.6 中我们将看到如何由此建立相关的布朗运动。

由于 d 维布朗运动 W 的每个分量 W_i 是一维布朗运动,我们有二次变差公式 $[W_i,W_i](t)=t$,形式上,可以记为:

$$dW_i(t)dW_i(t)=dt$$

然而,如果 $i\neq j$,我们将看到:由 W_i 与 W_j 的独立性可得 $[W_i,W_j](t)=0$,这可以形式上记为:

$$dW_i(t)dW_j(t)=0,\quad i\neq j$$

我们来证明这一论断。

设 $\Pi=\{t_0,t_1,\cdots,t_n\}$ 是 $[0,T]$ 的一个分划。对于 $i\neq j$,W_i 与 W_j 在 $[0,T]$ 上的**样本交互变差**定义为:

$$C_\Pi=\sum_{k=0}^{n-1}[W_i(t_{k+1})-W_i(t_k)][W_j(t_{k+1})-W_j(t_k)]$$

出现在上式右端的增量两两独立,并且均值都为 0。因此,$\mathbb{E}C_\Pi=0$。

我们计算 $\mathrm{Var}(C_\Pi)$，首先注意到：

$$
\begin{aligned}
C_\Pi^2 = &\sum_{k=0}^{n-1}[W_i(t_{k+1})-W_i(t_k)]^2[W_j(t_{k+1})-W_j(t_k)]^2 \\
&+2\sum_{\ell<k}^{n-1}[W_i(t_{\ell+1})-W_i(t_\ell)][W_j(t_{\ell+1})-W_j(t_\ell)]\cdot \\
&[W_i(t_{k+1})-W_i(t_k)][W_j(t_{k+1})-W_j(t_k)]
\end{aligned}
$$

出现在交叉项和式中的所有增量两两独立，并且均值都为 0，因此：

$$
\mathrm{Var}(C_\Pi)=\mathbb{E}C_\Pi^2=\mathbb{E}\sum_{k=0}^{n-1}[W_i(t_{k+1})-W_i(t_k)]^2[W_j(t_{k+1})-W_j(t_k)]^2
$$

由于$[W_i(t_{k+1})-W_i(t_k)]^2$与$[W_j(t_{k+1})-W_j(t_k)]^2$ 相互独立，并且都具有期望值$(t_{k+1}-t_k)$，由此可得：

$$
\mathrm{Var}(C_\Pi)=\sum_{k=0}^{n-1}(t_{k+1}-t_k)^2\leqslant\|\Pi\|\cdot\sum_{k=0}^{n-1}(t_{k+1}-t_k)=\|\Pi\|\cdot T
$$

当$\|\Pi\|\to 0$ 时，我们有 $\mathrm{Var}(C_\Pi)\to 0$，因此 C_Π 收敛于常数$\mathbb{E}C_\Pi=0$。

4.6.2 *多个过程的伊藤—德布林公式*

为了使得记号尽可能简单，我们以下仅给出关于由二维布朗运动驱动的两个过程的伊藤—德布林公式。显然，公式可以推广到由任意维数的布朗运动驱动的任意多个过程(过程的数目未必与布朗运动的维数相同)。

设 $X(t)$和 $Y(t)$是两个伊藤过程：

$$
X(t)=X(0)+\int_0^t\Theta_1(u)du+\int_0^t\sigma_{11}(u)dW_1(u)+\int_0^t\sigma_{12}(u)dW_2(u)
$$

$$
Y(t)=Y(0)+\int_0^t\Theta_2(u)du+\int_0^t\sigma_{21}(u)dW_1(u)+\int_0^t\sigma_{22}(u)dW_2(u)
$$

假定被积函数 $\Theta_i(u)$和 $\sigma_{ij}(u)$都是适应过程。利用微分记号，可以写成：

$$
dX(t)=\Theta_1(t)dt+\sigma_{11}(t)dW_1(t)+\sigma_{12}(t)dW_2(t) \tag{4.6.1}
$$

$$
dY(t)=\Theta_2(t)dt+\sigma_{21}(t)dW_1(t)+\sigma_{22}(t)dW_2(t) \tag{4.6.2}
$$

伊藤积分$\int_0^t\sigma_{11}(u)dW_1(u)$ 单位时间内累积二次变差的速率为 $\sigma_{11}^2(u)$，伊藤积分$\int_0^t\sigma_{12}(u)dW_2(u)$ 单位时间内累积二次变差的速率为 $\sigma_{12}^2(u)$。由于这两个积分同时出现在 $X(t)$中，故过程 $X(t)$单位时间内累积二次变差的速率为 $\sigma_{11}^2(u)+\sigma_{12}^2(u)$：

$$
[X,X](t)=\int_0^t(\sigma_{11}^2(u)+\sigma_{12}^2(u))du
$$

写成微分形式，即为：

$$dX(t)dX(t)=(\sigma_{11}^2(t)+\sigma_{12}^2(t))dt \tag{4.6.3}$$

我们可以将式(4.6.1)两边平方,并利用乘法法则

$$dtdt=0,\quad dtdW_i(t)=0,\quad dW_i(t)dW_i(t)=dt,\quad dW_i(t)dW_j(t)=0,\quad i\neq j$$

形式地推导式(4.6.3)。

类似地,可以推得微分公式:

$$dY(t)dY(t)=(\sigma_{21}^2(t)+\sigma_{22}^2(t))dt \tag{4.6.4}$$

$$dX(t)dY(t)=(\sigma_{11}(t)\sigma_{21}(t)+\sigma_{12}(t)\sigma_{22}(t))dt \tag{4.6.5}$$

等式(4.6.5)表明:对任意的 $T\geqslant 0$,有

$$[X,Y](T)=\int_0^T(\sigma_{11}(t)\sigma_{21}(t)+\sigma_{12}(t)\sigma_{22}(t))dt \tag{4.6.6}$$

上式左端的 $[X,Y](T)$ 定义如下:设 $\Pi=\{t_0,t_1,\cdots,t_n\}$ 是 $[0,T]$ 的一个分划(即 $0=t_0<t_1<\cdots<t_n=T$),建立样本交互变差

$$\sum_{k=0}^{n-1}[X(t_{k+1})-X(t_k)][Y(t_{k+1})-Y(t_k)] \tag{4.6.7}$$

令最大子区间的长度 $\|\Pi\|=\max_{0\leqslant k\leqslant n-1}(t_{k+1}-t_k)$ 趋于0(此时分点数目 $n\to\infty$),式(4.6.7)中和式的极限就是 $[X,Y](T)$。该极限由式(4.6.6)的右端给出。这一论断的证明类似于引理4.4.4的证明,不过,这里需要用到 $[W_1,W_2](t)=0$ 这一事实。证明细节从略。

以下定理推广了定理4.4.6中的伊藤—德布林公式,其证明(这里从略)类似于定理4.4.6。

定理 4.6.2 (二维伊藤—德布林公式)设函数 $f(t,x,y)$ 的偏导数 $f_t,f_x,f_y,f_{xx},f_{xy},f_{yx}$ 和 f_{yy} 有定义并且连续。设 $X(t)$ 和 $Y(t)$ 是如上讨论的两个伊藤过程。**二维伊藤—德布林公式的微分形式**为

$$\begin{aligned}&df(t,X(t),Y(t))\\&=f_t(t,X(t),Y(t))dt+f_x(t,X(t),Y(t))dX(t)+f_y(t,X(t),Y(t))dY(t)\\&\quad+\frac{1}{2}f_{xx}(t,X(t),Y(t))dX(t)dX(t)+f_{xy}(t,X(t),Y(t))dX(t)dY(t)\\&\quad+\frac{1}{2}f_{yy}(t,X(t),Y(t))dY(t)dY(t)\end{aligned} \tag{4.6.8}$$

在讨论公式(4.6.8)之前,先将它写成更为紧凑的形式:

$$df(t,X,Y)=f_tdt+f_xdX+f_ydY+\frac{1}{2}f_{xx}dXdX+f_{xy}dXdY+\frac{1}{2}f_{yy}dYdY \tag{4.6.9}$$

式(4.6.9)的右端是 f 的二阶泰勒展开式。完整的二阶展开式还包括二阶项 $\frac{1}{2}f_{tt}dtdt$,$\frac{1}{2}f_{tx}dtdX$ 和 $\frac{1}{2}f_{ty}dtdY$,但是 $dtdt,dtdX,dtdY$ 均为0。泰勒展开式中

实际有两项混合偏导数：$\frac{1}{2}f_{xy}dXdY$ 和 $\frac{1}{2}f_{yx}dYdX$。对于二阶偏导数存在且连续的函数 f，$f_{xy}=f_{yx}$，于是在式(4.6.9)中，这两项混合偏导数被合并成一项 $f_{xy}dXdY$。

出现在式(4.6.9)中的微分 dX，dY，$dXdX$，$dXdY$ 和 $dYdY$ 由式(4.6.1)～(4.6.5)给出，将这些代入式(4.6.9)，我们得到伊藤—德布林公式的积分形式：

$$
\begin{aligned}
&f(t,X(t),Y(t))-f(0,X(0),Y(0))\\
=&\int_0^t[\sigma_{11}(u)f_x(u,X(u),Y(u))+\sigma_{21}(u)f_y(u,X(u),Y(u))]dW_1(u)\\
&+\int_0^t[\sigma_{12}(u)f_x(u,X(u),Y(u))+\sigma_{22}(u)f_y(u,X(u),Y(u))]dW_2(u)\\
&+\int_0^t\Big[f_t(u,X(u),Y(u))+\Theta_1(u)f_x(u,X(u),Y(u))\\
&+\Theta_2(u)f_y(u,X(u),Y(u))\\
&+\frac{1}{2}(\sigma_{11}^2(u)+\sigma_{12}^2(u))f_{xx}(u,X(u),Y(u))\\
&+(\sigma_{11}(u)\sigma_{21}(u)+\sigma_{12}(u)\sigma_{22}(u))f_{xy}(u,X(u),Y(u))\\
&+\frac{1}{2}(\sigma_{21}^2(u)+\sigma_{22}^2(u))f_{yy}(u,X(u),Y(u))\Big]du
\end{aligned}
\tag{4.6.10}
$$

上式右端包括一个关于 du 的通常(勒贝格)积分和两个伊藤积分(一个关于 $dW_1(u)$，另一个关于 $dW_2(u)$)。所有项都有确切的数学涵义。这一等式说明为何我们宁可采用微分记法(4.6.9)。

推论 4.6.3(伊藤乘积法则) 设 $X(t)$和 $Y(t)$是两个伊藤过程，则：

$$d(X(t)Y(t))=X(t)dY(t)+Y(t)dX(t)+dX(t)dY(t)$$

【证明】 在式(4.6.9)中令 $f(t,x,y)=xy$，于是 $f_t=0$，$f_x=y$，$f_y=x$，$f_{xx}=0$，$f_{xy}=1$ 以及 $f_{yy}=0$。 □

4.6.3 *布朗运动的辨识*

布朗运动 $W(t)$是一个鞅，其路径连续，并且具有二次变差 $[W,W](t)=t$。在以下定理意义下，这些条件刻划了布朗运动的特征。

定理 4.6.4(列维定理，一维情形) 设 $M(t)$，$t\geqslant 0$ 是相应于域流 $\mathcal{F}(t)$，$t\geqslant 0$ 的鞅。假定 $M(0)=0$，$M(t)$具有连续路径，并且对所有 $t\geqslant 0$，$[M,M](t)=t$。则$M(t)$是布朗运动。

【证明思路】 布朗运动是增量服从正态分布的鞅。奇怪的是，列维定理假设中并未提及正态性，然而定理结论中隐含了 $M(t)$服从正态分布。

为了验证正态性，我们首先注意到在关于布朗运动的伊藤—德布林公式(定理 4.4.1)的推导中所用到的布朗运动的性质在本定理中也作了假定：$M(t)$具有连续路径，并且对所有 $t\geqslant 0$，$[M,M](t)=t$。因此，伊藤—德布林公式也适用于 M，从而对任何存在连续导数的函数 $f(t,x)$，有：

$$df(t,M(t))=f_t(t,M(t))dt+f_x(t,M(t))dM(t)+\frac{1}{2}f_{xx}(t,M(t))dt \tag{4.6.11}$$

上式最后一项中用到了 $dM(t)dM(t)=dt$ 的事实。式(4.6.11)的积分形式为：

$$f(t,M(t)) = f(0,M(0))+\int_0^t\left[f_t(s,M(s))+\frac{1}{2}f_{xx}(s,M(s))\right]ds$$
$$+\int_0^t f_x(s,M(s))dM(s) \tag{4.6.12}$$

由于 $M(t)$是鞅，故随机积分 $\int_0^t f_x(s,M(s))dM(s)$ 也是鞅(简单被积函数的情形见习题 4.1，一般情形可通过取极限论证)。在 $t=0$，该随机积分取值为 0，于是期望值为 0。在式(4.6.12)两边取期望值，我们得到：

$$\mathbb{E}f(t,M(t)) = f(0,M(0))+\mathbb{E}\int_0^t\left[f_t(s,M(s))+\frac{1}{2}f_{xx}(s,M(s))\right]ds \tag{4.6.13}$$

固定数 u，定义

$$f(t,x)=e^{ux-\frac{1}{2}u^2t}$$

则 $f_t(t,x)=-\frac{1}{2}u^2f(t,x)$，$f_x(t,x)=uf(t,x)$并且 $f_{xx}(t,x)=u^2f(t,x)$。于是：

$$f_t(t,x)+\frac{1}{2}f_{xx}(t,x)=0$$

对此函数 $f(t,x)$，式(4.6.13)右端第二项(被积函数)为 0，从而等式成为：

$$\mathbb{E}e^{uM(t)-\frac{1}{2}u^2t}=1$$

换言之，我们有矩母函数公式：

$$\mathbb{E}e^{uM(t)}=e^{\frac{1}{2}u^2t}$$

这是均值为 0、方差为 t 的正态分布的矩母函数(见式(3.2.13))。因此，$M(t)$必定服从这样的分布。 □

利用定理 4.6.4 的证明思路，结合二维伊藤—德布林公式，可以证明独立性。尤其是，我们有以下二维情形的列维定理。

定理 4.6.5(列维定理，二维情形) *设 $M_1(t)$和 $M_2(t)$，$t\geqslant 0$ 是相应于域流 $\mathcal{F}(t)$，$t\geqslant 0$ 的鞅。假定对于 $i=1,2$，$M_i(0)=0$，$M_i(t)$具有连续路径，并且对所有 $t\geqslant 0$，$[M_i,M_i](t)=t$。此外，还假定对所有 $t\geqslant 0$，$[M_1,M_2](t)=0$。则 $M_1(t)$和 $M_2(t)$是相互独立的布朗运动。*

【证明思路】 由一维情形的列维定理(定理 4.6.4)，M_1 和 M_2 都是布朗运动。为了证明独立性，我们来考察联合矩母函数。

设函数 $f(t,x,y)$的导数有定义并且连续。由二维伊藤—德布林公式，

$$df(t,M_1,M_2)=f_t dt+f_x dM_1+f_y dM_2+\frac{1}{2}f_{xx}dM_1 dM_1$$
$$+f_{xy}dM_1 dM_2+\frac{1}{2}f_{yy}dM_2 dM_2$$
$$=f_t dt+f_x dM_1+f_y dM_2+\frac{1}{2}f_{xx}dt+\frac{1}{2}f_{yy}dt$$

其中用到了定理假设$[M_1,M_1](t)=t$,$[M_2,M_2](t)=t$ 和$[M_1,M_2](t)=0$ 的等价形式 $dM_1(t)dM_1(t)=dt$,$dM_2(t)dM_2(t)=dt$ 和 $dM_1(t)dM_2(t)=0$。两边同时积分,得到:

$$\begin{aligned}&f(t,M_1(t),M_2(t))\\&=f(0,M_1(0),M_2(0))+\int_0^t\Big[f_t(s,M_1(s),M_2(s))\\&\quad+\frac{1}{2}f_{xx}(s,M_1(s),M_2(s))+\frac{1}{2}f_{yy}(s,M_1(s),M_2(s))\Big]ds\\&\quad+\int_0^t f_x(s,M_1(s),M_2(s))dM_1(s)+\int_0^t f_y(x,M_1(s),M_2(s))dM_2(s)\end{aligned}$$

上式右端最后两项是鞅,时刻 0 的初值为 0,因而期望值为 0。于是:

$$\mathbb{E}f(t,M_1(t),M_2(t))=f(0,M_1(0),M_2(0))+\mathrm{E}\int_0^t\Big[f_t(s,M_1(s),M_2(s))$$
$$+\frac{1}{2}f_{xx}(s,M_1(s),M_2(s))+\frac{1}{2}f_{yy}(s,M_1(s),M_2(s))\Big]ds \tag{4.6.14}$$

固定数 u_1 和 u_2,定义:

$$f(t,x,y)=e^{u_1x+u_2y-\frac{1}{2}(u_1^2+u_2^2)t}$$

则 $f_t(t,x,y)=-\frac{1}{2}(u_1^2+u_2^2)f(t,x,y)$,$f_x(t,x,y)=u_1f(t,x,y)$,$f_y(t,x,y)=u_2f(t,x,y)$,$f_{xx}(t,x,y)=u_1^2f(t,x,y)$并且 $f_{yy}(t,x,y)=u_2^2f(t,x,y)$。对此函数 $f(t,x,y)$,式(4.6.14)右端第二项(被积函数)为 0,我们有:

$$\mathbb{E}e^{u_1M_1(t)+u_2M_2(t)-\frac{1}{2}(u_1^2+u_2^2)t}=1$$

从而给出矩母函数公式:

$$\mathbb{E}e^{u_1M_1(t)+u_2M_2(t)}=e^{\frac{1}{2}u_1^2t}\cdot e^{\frac{1}{2}u_2^2t}$$

由于联合矩母函数可以因子分解,故 $M_1(t)$和 $M_2(t)$必定独立。

例 4.6.6(相关股价) 设:

$$\frac{dS_1(t)}{S_1(t)}=\alpha_1dt+\sigma_1dW_1(t)$$
$$\frac{dS_2(t)}{S_2(t)}=\alpha_2dt+\sigma_2\left[\rho dW_1(t)+\sqrt{1-\rho^2}dW_2(t)\right]$$

其中 $W_1(t)$ 和 $W_2(t)$ 是相互**独立的**布朗运动，$\sigma_1>0$，$\sigma_2>0$ 和 $-1\leqslant\rho\leqslant1$ 是常数。为了分析第二个股价过程，我们定义：

$$W_3(t)=\rho W_1(t)+\sqrt{1-\rho^2}W_2(t)$$

于是，$W_3(t)$ 是连续鞅，满足 $W_3(0)=0$，以及

$$\begin{aligned}dW_3(t)dW_3(t)&=\rho^2dW_1(t)dW_1(t)+2\rho\sqrt{1-\rho^2}dW_1(t)dW_2(t)\\&\quad+(1-\rho^2)dW_2(t)dW_2(t)\\&=\rho^2dt+(1-\rho^2)dt=dt\end{aligned}$$

换言之，$[W_3,W_3](t)=t$。根据一维情形的列维定理(定理 4.6.4)，$W_3(t)$ 是布朗运动。由于我们可以将 $S_2(t)$ 的微分写为：

$$\frac{dS_2(t)}{S_2(t)}=\alpha_2dt+\sigma_2dW_3(t)$$

故可知 $S_2(t)$ 是平均回报率为 α_2、波动率为 σ_2 的几何布朗运动。

布朗运动 $W_1(t)$ 和 $W_3(t)$ 是相关的。根据伊藤乘积法则(推论 4.6.3)，有：

$$\begin{aligned}d(W_1(t)W_3(t))&=W_1(t)dW_3(t)+W_3(t)dW_1(t)+dW_1(t)dW_3(t)\\&=W_1(t)dW_3(t)+W_3(t)dW_1(t)+\rho dt\end{aligned}$$

两边积分可得：

$$W_1(t)W_3(t)=\int_0^tW_1(s)dW_3(s)+\int_0^tW_3(s)dW_1(s)+\rho t$$

上式右端的伊藤积分期望值为 0，于是 $W_1(t)$ 和 $W_3(t)$ 的协方差为：

$$\mathbb{E}[W_1(t)W_3(t)]=\rho t$$

由于 $W_1(t)$ 和 $W_3(t)$ 的标准差均为 $\sqrt{t}$，数 ρ 是 $W_1(t)$ 与 $W_3(t)$ 的相关性系数。习题 4.17 中考虑了非常数相关性 ρ 的情形。

4.7 布朗桥

我们以关于布朗桥的讨论结束本章。布朗桥是类似于布朗运动的随机过程，区别在于：布朗桥以概率 1 在某个指定(正)时刻到达某个指定点。我们首先讨论(布朗桥所属的)一般的高斯过程，然后定义布朗桥并给出其性质。布朗桥在金融中最初的应用是作为蒙特卡罗模拟的辅助工具。本书中我们并不用到。

4.7.1 *高斯过程*

定义 4.7.1 高斯过程 $X(t)$，$t\geqslant0$ 是满足以下性质的随机过程：对任意的时刻 $0<t_1<t_2<\cdots<t_n$，随机变量 $X(t_1)$，$X(t_2)$，$\cdots$，$X(t_n)$ 服从联合正态分布。

随机向量的联合正态分布由它们的均值和协方差确定。因此，对于高斯过程 $X(t_1)$，$X(t_2)$，$\cdots X(t_n)$ 的联合分布由这些随机变量的均值和协方差确定。我们用

$m(t)$表示 $X(t)$的均值,并且对于 $s\geqslant 0,t\geqslant 0$,用 $c(s,t)$表示$X(s)$与 $X(t)$的协方差,即:

$$m(t)=\mathbb{E}X(t),\quad c(s,t)=\mathbb{E}[(X(s)-m(s))(X(t)-m(t))]$$

例 4.7.2(布朗运动) 布朗运动 $W(t)$是高斯过程。对于 $0<t_1<\cdots<t_n$,增量

$$I_1=W(t_1),\quad I_2=W(t_2)-W(t_1),\quad \cdots,\quad I_n=W(t_n)-W(t_{n-1})$$

是两两独立的正态随机变量。我们有:

$$W(t_1)=I_1,\quad W(t_2)=\sum_{j=1}^{2}I_j,\quad \cdots,\quad W(t_n)=\sum_{j=1}^{n}I_j$$

易知 $W(t_1),W(t_2),\cdots,W(t_n)$是联合正态随机变量。这些随机变量并**非**独立。布朗运动的**增量**才是独立的。当然布朗运动的均值函数恒为 0:

$$m(t)=\mathbb{E}W(t)=0$$

我们可以计算协方差。给定 $0\leqslant s\leqslant t$,注意到:

$$\begin{aligned}c(s,t)&=\mathbb{E}[W(s)W(t)]\\&=\mathbb{E}[W(s)(W(t)-W(s)+W(s))]\\&=\mathbb{E}[W(s)(W(t)-W(s))]+\mathbb{E}[W^2(s)]\end{aligned}$$

由于 $W(s)$和 $W(t)-W(s)$是相互独立的,而且均值都为 0,故$\mathbb{E}[W(s)\cdot(W(t)-W(s))]=0$。另一项,$\mathbb{E}[W^2(s)]$,是 $W(s)$的方差,它等于 s。于是,当 $0\leqslant s\leqslant t$ 时,$c(s,t)=s$。互换 s 和 t,可知当 $0\leqslant t\leqslant s$ 时,$c(s,t)=t$。通常,布朗运动的协方差函数为:

$$c(s,t)=s\wedge t$$

其中,$s\wedge t$ 表示 s 和 t 的较小值。 □

例 4.7.3(非随机被积函数的伊藤积分) 设 $\Delta(t)$是时间变量的非随机函数,定义:

$$I(t)=\int_0^t\Delta(s)dW(s)$$

其中 $W(t)$是布朗运动。我们来证明:$I(t)$是一个高斯过程。

在定理 4.4.9 的证明中,我们证明了对于固定的 $u\in\mathbb{R}$,过程

$$M_u(t)=e^{uI(t)-\frac{1}{2}u^2\int_0^t\Delta^2(s)ds}$$

是一个鞅。由此可知:

$$1=M_u(0)=\mathbb{E}M_u(t)=e^{-\frac{1}{2}u^2\int_0^t\Delta^2(s)ds}\cdot\mathbb{E}e^{uI(t)}$$

于是得到矩母函数公式:

$$\mathbb{E}e^{uI(t)}=e^{\frac{1}{2}u^2\int_0^t\Delta^2(s)ds}\qquad(4.7.1)$$

上式右端是均值为0、方差为$\int_0^t \Delta^2(s)ds$的正态随机变量的矩母函数。因此，这是$I(t)$的分布。

虽然，我们已证明$I(t)$服从正态分布，然而，验证$I(t)$是高斯过程仅此还不够。我们必须验证：对于$0<t_1<t_2<\cdots<t_n$，随机变量$I(t_1),I(t_2),\cdots,I(t_n)$服从联合正态分布。事实上，可以证明增量

$$I(t_1)-I(0)=I(t_1),\quad I(t_2)-I(t_1),\quad \cdots,\quad I(t_n)-I(t_{n-1})$$

两两独立并且服从正态分布。由此，(如同例4.7.2中关于布朗运动的论证)可知$I(t_1),I(t_2),\cdots,I(t_n)$服从联合正态分布。

我们来证明：对于$0<t_1<t_2$，随机增量$I(t_1)-I(t_0)=I(t_1)$和$I(t_2)-I(t_1)$相互独立并且服从正态分布。累次利用这里提供的证法，可以证明任意多个增量的情形结果也成立。对于固定的$u_2\in\mathbb{R}$，由M_{u_2}的鞅性质可知：

$$M_{u_2}(t_1)=\mathbb{E}[M_{u_2}(t_2)\,|\,\mathcal{F}(t_1)]$$

再固定$u_1\in\mathbb{R}$。由于$\dfrac{M_{u_1}(t_1)}{M_{u_2}(t_1)}$为$\mathcal{F}(t_1)$-可测，以此同乘上式两边，可得：

$$\begin{aligned}M_{u_1}(t_1)&=\mathbb{E}\left[\frac{M_{u_1}(t_1)M_{u_2}(t_2)}{M_{u_2}(t_1)}\,\middle|\,\mathcal{F}(t_1)\right]\\&=\mathbb{E}\left[e^{u_1I(t_1)+u_2(I(t_2)-I(t_1))-\frac{1}{2}u_1^2\int_0^{t_1}\Delta^2(s)ds-\frac{1}{2}u_2^2\int_{t_1}^{t_2}\Delta^2(s)ds}\,\middle|\,\mathcal{F}(t_1)\right]\end{aligned}$$

两边取期望值，得到：

$$\begin{aligned}1=M_{u_1}(0)=\mathbb{E}M_{u_1}(t_1)&=\mathbb{E}\left[e^{u_1I(t_1)+u_2(I(t_2)-I(t_1))-\frac{1}{2}u_1^2\int_0^{t_1}\Delta^2(s)ds-\frac{1}{2}u_2^2\int_{t_1}^{t_2}\Delta^2(s)ds}\right]\\&=\mathbb{E}\left[e^{u_1I(t_1)+u_2(I(t_2)-I(t_1))}\right]\cdot e^{-\frac{1}{2}u_1^2\int_0^{t_1}\Delta^2(s)ds-\frac{1}{2}u_2^2\int_{t_1}^{t_2}\Delta^2(s)ds}\end{aligned}$$

在上式右端，我们利用$\Delta^2(s)$非随机这一事实，将$\Delta^2(s)$的积分提出期望外。由上，得到矩母函数公式：

$$\mathbb{E}\left[e^{u_1I(t_1)+u_2(I(t_2)-I(t_1))}\right]=e^{\frac{1}{2}u_1^2\int_0^{t_1}\Delta^2(s)ds}\cdot e^{\frac{1}{2}u_2^2\int_{t_1}^{t_2}\Delta^2(s)ds}$$

上式右端是均值为0、方差为$\int_0^{t_1}\Delta^2(s)ds$的正态随机变量矩母函数以及均值为0、方差为$\int_{t_1}^{t_2}\Delta^2(s)ds$的正态随机变量矩母函数的乘积。$I(t_1)$和$I(t_2)-I(t_1)$服从这些分布，并由于联合矩母函数可分解为各自矩母函数的乘积，故$I(t_1)$和$I(t_2)-I(t_1)$相互独立。

利用例4.7.2中关于布朗运动协方差的同样计算方法，我们得到$I(t_1)$与$I(t_2)$的协方差：

$$\begin{aligned}c(t_1,t_2)&=\mathbb{E}[I(t_1)I(t_2)]\\&=\mathbb{E}[I(t_1)(I(t_2)-I(t_1)+I(t_1))]\end{aligned}$$

$$=\mathbb{E}[I(t_1)(I(t_2)-I(t_1))]+\mathbb{E}I^2(t_1)$$
$$=\mathbb{E}I(t_1)\cdot\mathbb{E}[I(t_2)-I(t_1)]+\int_0^{t_1}\Delta^2(s)ds$$
$$=\int_0^{t_1}\Delta^2(s)ds$$

对于一般的 $s\geqslant 0$ 和 $t\geqslant 0$,我们有协方差公式:

$$c(s,t)=\int_0^{s\wedge t}\Delta^2(u)du \qquad \square$$

4.7.2 布朗桥作为高斯过程

定义 4.7.4 设 $W(t)$ 是布朗运动。对于 $T>0$,$[0,T]$**上从 0 到 0 的布朗桥**定义为过程

$$X(t)=W(t)-\frac{t}{T}W(T),\quad 0\leqslant t\leqslant T \tag{4.7.2}$$

注意(作为 t 的函数)$\frac{t}{T}W(T)$ 是连接 $(0,0)$ 与 $(T,W(T))$ 的直线。在式(4.7.2)中,我们由布朗运动减去该直线,得到的过程 $X(t)$ 满足

$$X(0)=X(T)=0$$

由于 $X(t)$,$0\leqslant t\leqslant T$ 的定义中出现 $W(T)$,布朗桥 $X(t)$ 并不适应于由 $W(t)$ 生成的域流 $\mathcal{F}(t)$。后面我们将得到与过程 $X(t)$ 的分布相同,但是适应于域流的过程。

对于 $0<t_1<t_2<\cdots<t_n<T$,随机变量

$$X(t_1)=W(t_1)-\frac{t_1}{T}W(T),\cdots,X(t_n)=W(t_n)-\frac{t_n}{T}W(T)$$

为联合正态,这是因为 $W(t_1),\cdots,W(t_n),W(T)$ 联合正态。于是,从 0 到 0 的布朗桥为高斯过程。易知,其均值函数为:

$$m(t)=\mathbb{E}X(t)=\mathbb{E}\left[W(t)-\frac{t}{T}W(T)\right]=0$$

对于 $s,t\in(0,T)$,可以算得协方差函数:

$$c(s,t)=\mathbb{E}\left[\left(W(s)-\frac{s}{T}W(T)\right)\left(W(t)-\frac{t}{T}W(T)\right)\right]$$
$$=\mathbb{E}[W(s)W(t)]-\frac{t}{T}\mathbb{E}[W(s)W(T)]-\frac{s}{T}\mathbb{E}[W(t)W(T)]+\frac{st}{T^2}\mathbb{E}W^2(T)$$
$$=s\wedge t-\frac{2st}{T}+\frac{st}{T}=s\wedge t-\frac{st}{T} \tag{4.7.3}$$

定义 4.7.5 设 $W(t)$ 是布朗运动。给定 $T>0$,$a\in\mathbb{R}$ 和 $b\in\mathbb{R}$。$[0,T]$**上从 a 到 b 的布朗桥**定义为过程

$$X^{a\to b}(t)=a+\frac{(b-a)t}{T}+X(t),\quad 0\leqslant t\leqslant T$$

其中 $X(t)=X^{0\to0}$ 是定义 4.7.4 中的从 0 到 0 的布朗桥。

作为 t 的函数，$a+\frac{(b-a)t}{T}$ 是连接 $(0,a)$ 与 (T,b) 的直线。由 $[0,T]$ 上从 0 到 0 的布朗桥加上该直线，我们得到时刻 0 以 a 开始到时刻 T 以 b 结束的过程。高斯过程加上非随机函数仍为高斯过程。均值函数受到了影响：

$$m^{a\to b}(t)=\mathbb{E}X^{a\to b}(t)=a+\frac{(b-a)t}{T}$$

然而，协方差函数不受影响：

$$c^{a\to b}(s,t)=\mathbb{E}[(X^{a\to b}(s)-m^{a\to b}(s))(X^{a\to b}(t)-m^{a\to b}(t))]=s\wedge t-\frac{st}{T}$$

4.7.3 布朗桥作为按比例缩放型随机积分

我们无法将布朗桥表示为非随机被积函数的随机积分，因为布朗桥的方差为：

$$\mathbb{E}X^2(t)=c(t,t)=t-\frac{t^2}{T}=\frac{t(T-t)}{T}$$

当 $0\leqslant t\leqslant\frac{T}{2}$ 时递增，当 $\frac{T}{2}\leqslant t\leqslant T$ 时递减。而由例 4.7.3，积分 $I(t)=\int_0^t\Delta(u)dW(u)$ 的方差为 $\int_0^t\Delta^2(u)du$，它是 t 的非减函数。然而，我们能得到这样一个过程：它是按比例缩放的随机积分，并且具有与从 0 到 0 的布朗桥相同的分布。考虑：

$$Y(t)=(T-t)\int_0^t\frac{1}{T-u}dW(u),\quad 0\leqslant t<T \tag{4.7.4}$$

积分

$$I(t)=\int_0^t\frac{1}{T-u}dW(u)$$

当 $t<T$ 时，被积函数有定义，并且是例 4.7.3 中所讨论的那种类型的高斯过程。对于 $0<t_1<t_2<\cdots<t_n<T$，随机变量

$$Y(t_1)=(T-t_1)I(t_1),Y(t_2)=(T-t_2)I(t_2),\cdots,Y(t_n)=(T-t_n)I(t_n)$$

为联合正态，这是因为 $I(t_1),I(t_2),\cdots,I(t_n)$ 联合正态。于是，Y 为高斯过程。

I 的均值和协方差函数为：

$$m^I(t)=0$$

$$c^I(s,t)=\int_0^{s\wedge t}\frac{1}{(T-u)^2}du=\frac{1}{T-s\wedge t}-\frac{1}{T},\quad\forall s,t\in[0,T)$$

这意味着，Y 的均值函数为 $m^Y(t)=0$。为了计算 Y 的协方差，我们假定 $0\leqslant s\leqslant t<T$，于是：

$$c^I(s,t)=\frac{1}{T-s}-\frac{1}{T}=\frac{s}{T(T-s)}$$

从而

$$\begin{aligned} c^Y(s,t) &= \mathbb{E}[(T-s)(T-t)I(s)I(t)] \\ &= (T-s)(T-t)\frac{s}{T(T-s)} \\ &= \frac{(T-t)s}{T} \\ &= s-\frac{st}{T} \end{aligned}$$

如果 $0 \leqslant t \leqslant s < T$，则须将 s 和 t 互换。一般地，我们有：

$$c^Y(s,t) = s \wedge t - \frac{st}{T}, \quad \forall s,t \in [0,T) \tag{4.7.5}$$

这与布朗桥的协方差公式(4.7.3)相同。由于高斯过程的分布由其均值和协方差函数完全确定，因此，过程 Y 与 $[0,T]$ 上从 0 到 0 的布朗桥具有相同的分布。

我们现在考虑方差

$$\mathbb{E}Y^2(t) = c^Y(t,t) = \frac{t(T-t)}{T}, \quad 0<t<T$$

注意：当 $t \uparrow T$ 时，方差趋于 0。换言之，当 $t \uparrow T$ 时，均值恒为 0 的随机过程 $Y(t)$ 的方差收敛于 0。我们一开始并未定义 $Y(T)$，但是由上可知，如果定义 $Y(T)=0$，将是合理的。如果这样定义，则 $Y(t)$ 在 $t=T$ 是连续的。我们将上述讨论归结为以下定理。

定理 4.7.6 定义过程

$$Y(t) = \begin{cases} (T-t)\int_0^t \frac{1}{T-u} dW(u), & 0 \leqslant t < T \\ 0, & t = T \end{cases}$$

则 $Y(t)$ 是 $[0,T]$ 上的连续高斯过程，其均值和协方差函数为：

$$m^Y(t) = 0, \quad t \in [0,T]$$

$$c^Y(s,t) = s \wedge t - \frac{st}{T}, \quad \forall s,t \in [0,T]$$

特别地，过程 $Y(t)$ 与 $[0,T]$ 上从 0 到 0 的布朗桥(定义 4.7.4)具有相同的分布。

我们注意到：过程 $Y(t)$ 适应于由布朗运动 $W(t)$ 生成的域流。计算 $Y(t)$ 的随机微分，可以得到有趣的结果：

$$\begin{aligned} dY(t) &= \int_0^t \frac{1}{T-u} dW(u) \cdot d(T-t) + (T-t) \cdot d\int_0^t \frac{1}{T-u} dW(u) \\ &= -\int_0^t \frac{1}{T-u} dW(u) \cdot dt + dW(t) \\ &= -\frac{Y(t)}{T-t} dt + dW(t) \end{aligned}$$

当 $t \uparrow T$ 时，如果 $Y(t)$是正的，则漂移项$-\frac{Y(t)}{T-t}dt$ 是负的，并且绝对值很大，这就驱使 $Y(t)$趋向 0；另一方面，如果 $Y(t)$是负的，则漂移项是正的，并且值很大，这又驱使 $Y(t)$趋向 0。这强烈地暗示当 $t \uparrow T$ 时，过程 $Y(t)$几乎必然收敛于 0。事实上也正是如此。

4.7.4 布朗桥的多维分布

给定 $a \in \mathbb{R}$ 和 $b \in \mathbb{R}$，设 $X^{a \to b}(t)$为$[0,T]$上从 a 到 b 的布朗桥。固定 $0=t_0<t_1<t_2<\cdots<t_n<T$。这一小节，我们计算 $X^{a\to b}(t_1),\cdots,X^{a\to b}(t_n)$的联合密度。

从 a 到 b 的布朗桥具有均值函数

$$m^{a\to b}(t)=a+\frac{(b-a)t}{T}=\frac{(T-t)a}{T}+\frac{bt}{T}$$

和协方差函数

$$c(s,t)=s \wedge t-\frac{st}{T}$$

当 $s \leqslant t$ 时，上式可以写成：

$$c(s,t)=s-\frac{st}{T}=\frac{s(T-t)}{T}, \quad 0 \leqslant s \leqslant t \leqslant T$$

为了简化记号，令 $\tau_j=T-t_j$，于是 $\tau_0=T$。定义随机变量

$$Z_j=\frac{X^{a\to b}(t_j)}{\tau_j}-\frac{X^{a\to b}(t_{j-1})}{\tau_{j-1}}$$

由于 $X^{a\to b}(t_1),\cdots,X^{a\to b}(t_n)$为联合正态，故 $Z_1,\cdots,Z_n$ 也联合正态。计算可得：

$$\begin{aligned}
\mathbb{E}Z_j &=\frac{1}{\tau_j}\mathbb{E}X^{a\to b}(t_j)-\frac{1}{\tau_{j-1}}\mathbb{E}X^{a\to b}(t_{j-1}) \\
&=\frac{a}{T}+\frac{bt_j}{T\tau_j}-\frac{a}{T}-\frac{bt_{j-1}}{T\tau_{j-1}} \\
&=\frac{bt_j(T-t_{j-1})-bt_{j-1}(T-t_j)}{T\tau_j\tau_{j-1}} \\
&=\frac{b(t_j-t_{j-1})}{\tau_j\tau_{j-1}}
\end{aligned}$$

并且

$$\begin{aligned}
\mathrm{Var}(Z_j)=&\frac{1}{\tau_j^2}\mathrm{Var}(X^{a\to b}(t_j))-\frac{2}{\tau_j\tau_{j-1}}\mathrm{Cov}(X^{a\to b}(t_j), \\
&X^{a\to b}(t_{j-1}))+\frac{1}{\tau_{j-1}^2}\mathrm{Var}(X^{a\to b}(t_{j-1})) \\
=&\frac{1}{\tau_j^2}c(t_j,t_j)-\frac{2}{\tau_j\tau_{j-1}}c(t_j,t_{j-1})+\frac{1}{\tau_{j-1}^2}c(t_{j-1},t_{j-1}) \\
=&\frac{t_j}{T\tau_j}-\frac{2t_{j-1}}{T\tau_{j-1}}+\frac{t_{j-1}}{T\tau_{j-1}}
\end{aligned}$$

$$=\frac{t_j(T-t_{j-1})-2t_{j-1}(T-t_j)+t_{j-1}(T-t_j)}{T\tau_j\tau_{j-1}}$$

$$=\frac{t_j-t_{j-1}}{\tau_j\tau_{j-1}}$$

最后，当 $i<j$ 时，计算 Z_i 与 Z_j 的协方差。我们得到：

$$\begin{aligned}\operatorname{Cov}(Z_i,Z_j)&=\frac{1}{\tau_i\tau_j}c(t_i,t_j)-\frac{1}{\tau_i\tau_{j-1}}c(t_i,t_{j-1})-\frac{1}{\tau_{i-1}\tau_j}c(t_{i-1},t_j)+\frac{1}{\tau_{i-1}\tau_{j-1}}c(t_{i-1},t_{j-1})\\&=\frac{t_i(T-t_j)}{T\tau_i\tau_j}-\frac{t_i(T-t_{j-1})}{T\tau_i\tau_{j-1}}-\frac{t_{i-1}(T-t_j)}{T\tau_{i-1}\tau_j}+\frac{t_{i-1}(T-t_{j-1})}{T\tau_{i-1}\tau_{j-1}}\\&=0\end{aligned}$$

由此可知，正态随机变量 $Z_1,\cdots,Z_n$ 是两两独立的，它们的联合密度可以表示为：

$$\begin{aligned}&f_{Z(t_1),\cdots,Z(t_n)}(z_1,\cdots,z_n)\\&=\prod_{j=1}^{n}\frac{1}{\sqrt{2\pi\frac{t_j-t_{j-1}}{\tau_j\tau_{j-1}}}}\exp\left\{-\frac{1}{2}\cdot\frac{\left(z_j-\frac{b(t_j-t_{j-1})}{\tau_j\tau_{j-1}}\right)^2}{\frac{t_j-t_{j-1}}{\tau_j\tau_{j-1}}}\right\}\\&=\exp\left\{-\frac{1}{2}\cdot\sum_{j=1}^{n}\frac{\left(z_j-\frac{b(t_j-t_{j-1})}{\tau_j\tau_{j-1}}\right)^2}{\frac{t_j-t_{j-1}}{\tau_j\tau_{j-1}}}\right\}\cdot\prod_{j=1}^{n}\frac{1}{\sqrt{2\pi\frac{t_j-t_{j-1}}{\tau_j\tau_{j-1}}}}\end{aligned}$$

为了求得 $X^{a\to b}(t_1),\cdots,X^{a\to b}(t_n)$的联合密度，我们作变量代换：

$$z_j=\frac{x_j}{\tau_j}-\frac{x_{j-1}}{\tau_{j-1}},\quad j=1,\cdots,n$$

其中 $x_0=a$，我们首先考察这一变量代换对以上指数中的和式的影响。我们有：

$$\begin{aligned}&\sum_{j=1}^{n}\frac{\left(z_j-\frac{b(t_j-t_{j-1})}{\tau_j\tau_{j-1}}\right)^2}{\frac{t_j-t_{j-1}}{\tau_j\tau_{j-1}}}\\&=\sum_{j=1}^{n}\frac{\tau_j\tau_{j-1}}{t_j-t_{j-1}}\left(\frac{x_j}{\tau_j}-\frac{x_{j-1}}{\tau_{j-1}}-\frac{b(t_j-t_{j-1})}{\tau_j\tau_{j-1}}\right)^2\\&=\sum_{j=1}^{n}\frac{\tau_j\tau_{j-1}}{t_j-t_{j-1}}\left(\frac{x_j^2}{\tau_j^2}+\frac{x_{j-1}^2}{\tau_{j-1}^2}+\frac{b^2(t_j-t_{j-1})^2}{\tau_j^2\tau_{j-1}^2}-\frac{2x_jx_{j-1}}{\tau_j\tau_{j-1}}\right.\\&\quad\left.-\frac{2x_jb(t_j-t_{j-1})}{\tau_j^2\tau_{j-1}}+\frac{2x_{j-1}b(t_j-t_{j-1})}{\tau_j\tau_{j-1}^2}\right)\\&=\sum_{j=1}^{n}\left(\frac{\tau_{j-1}x_j^2}{\tau_j(t_j-t_{j-1})}+\frac{\tau_jx_{j-1}^2}{\tau_{j-1}(t_j-t_{j-1})}+\frac{b^2(t_j-t_{j-1})}{\tau_j\tau_{j-1}}\right.\\&\quad\left.-\frac{2x_jx_{j-1}}{t_j-t_{j-1}}-\frac{2x_jb}{\tau_j}+\frac{2x_{j-1}b}{\tau_{j-1}}\right)\\&=\sum_{j=1}^{n}\left[\frac{x_j^2}{t_j-t_{j-1}}\left(1+\frac{\tau_{j-1}-\tau_j}{\tau_j}\right)+\frac{x_{j-1}^2}{t_j-t_{j-1}}\left(1-\frac{\tau_{j-1}-\tau_j}{\tau_{j-1}}\right)-\frac{2x_jx_{j-1}}{t_j-t_{j-1}}\right]\end{aligned}$$

$$+b^2\sum_{j=1}^{n}\left(\frac{1}{\tau_j}-\frac{1}{\tau_{j-1}}\right)-2b\sum_{j=1}^{n}\left(\frac{x_j}{\tau_j}-\frac{x_{j-1}}{\tau_{j-1}}\right)$$

由于

$$\tau_{j-1}-\tau_j=(T-t_{j-1})-(T-t_j)=t_j-t_{j-1}$$

故上式等于：

$$\sum_{j=1}^{n}\left[\frac{x_j^2-2x_jx_{j-1}+x_{j-1}^2}{t_j-t_{j-1}}\right]+\sum_{j=1}^{n}\left(\frac{x_j^2}{\tau_j}-\frac{x_{j-1}^2}{\tau_{j-1}}\right)+b^2\sum_{j=1}^{n}\left(\frac{1}{\tau_j}-\frac{1}{\tau_{j-1}}\right)-2b\sum_{j=1}^{n}\left(\frac{x_j}{\tau_j}-\frac{x_{j-1}}{\tau_{j-1}}\right)$$
$$=\sum_{j=1}^{n}\frac{(x_j-x_{j-1})^2}{t_j-t_{j-1}}+\frac{x_n^2}{T-t_n}-\frac{a^2}{T}+b^2\left(\frac{1}{T-t_n}-\frac{1}{T}\right)-2b\left(\frac{x_n}{T-t_n}-\frac{a}{T}\right)$$
$$=\sum_{j=1}^{n}\frac{(x_j-x_{j-1})^2}{t_j-t_{j-1}}+\frac{(b-x_n)^2}{T-t_n}-\frac{(b-a)^2}{T}$$

因此，将 z_j 变回到 x_j，我们有：

$$\exp\left\{-\frac{1}{2}\cdot\sum_{j=1}^{n}\frac{\left(z_j-\dfrac{b(t_j-t_{j-1})}{\tau_j\tau_{j-1}}\right)^2}{\dfrac{t_j-t_{j-1}}{\tau_j\tau_{j-1}}}\right\}$$
$$=\exp\left\{-\frac{1}{2}\cdot\sum_{j=1}^{n}\frac{(x_j-x_{j-1})^2}{t_j-t_{j-1}}-\frac{(b-x_n)^2}{2(T-t_n)}+\frac{(b-a)^2}{2T}\right\}$$

为了改变密度，我们还需考虑变量代换的雅可比(Jacobi)矩阵的行列式。在现在的情形下，我们有：

$$\frac{\partial z_j}{\partial x_j}=\frac{1}{\tau_j},\quad j=1,\cdots,n$$
$$\frac{\partial z_j}{\partial x_{j-1}}=-\frac{1}{\tau_{j-1}},\quad j=2,\cdots,n$$

而其他的偏导数均为 0。故得雅可比矩阵：

$$J=\begin{bmatrix}\frac{1}{\tau_1} & 0 & \cdots & 0\\ -\frac{1}{\tau_1} & \frac{1}{\tau_2} & \cdots & 0\\ \vdots & \vdots & \vdots & \\ 0 & 0 & \cdots & \frac{1}{\tau_n}\end{bmatrix}$$

其行列式为 $\prod_{j=1}^{n}\frac{1}{\tau_j}$。将 $f_{Z(t_1),\cdots,Z(t_n)}(z_1,\cdots,z_n)$ 乘上这一行列式，并利用上面给出的变量代换，我们得到 $X^{a\to b}(t_1),\cdots,X^{a\to b}(t_n)$ 的联合密度：

$$f_{X^{a\to b}(t_1),\cdots,X^{a\to b}(t_n)}(x_1,\cdots,x_n)$$
$$=\prod_{j=1}^{n}\frac{1}{\sqrt{2\pi(t_j-t_{j-1})}}\sqrt{\frac{\tau_{j-1}}{\tau_j}}\cdot\exp\left\{-\frac{1}{2}\cdot\sum_{j=1}^{n}\frac{(x_j-x_{j-1})^2}{t_j-t_{j-1}}\right.$$

$$-\frac{(b-x_n)^2}{2(T-t_n)}+\frac{(b-a)^2}{2T}\Bigg\}$$

$$=\sqrt{\frac{T}{T-t_n}}\cdot\prod_{j=1}^{n}\frac{1}{\sqrt{2\pi(t_j-t_{j-1})}}\cdot\exp\Bigg\{-\frac{1}{2}\cdot\sum_{j=1}^{n}\frac{(x_j-x_{j-1})^2}{t_j-t_{j-1}}$$

$$-\frac{(b-x_n)^2}{2(T-t_n)}+\frac{(b-a)^2}{2T}\Bigg\}$$

$$=\frac{p(T-t_n,x_n,b)}{p(T,a,b)}\prod_{j=1}^{n}p(t_j-t_{j-1},x_{j-1},x_j) \tag{4.7.6}$$

其中：

$$p(\tau,x,y)=\frac{1}{\sqrt{2\pi\tau}}e^{-\frac{(y-x)^2}{2\tau}}$$

是布朗运动的转移密度。

4.7.5 *布朗桥作为条件布朗运动*

$X^{a\to b}(t_1),\cdots,X^{a\to b}(t_n)$ 的联合密度(4.7.6)允许我们对 $[0,T]$ 上从 a 到 b 的布朗桥作出如下解释：它是时间区间 $[0,T]$ 上以 $W(0)=a$ 开始，以时刻 T 到达 b 为条件[即以 $W(T)=b$ 为条件]的布朗运动 $W(t)$。给定 $0=t_0<t_1<t_2<\cdots<t_n<T$，$W(t_1),\cdots,W(t_n),W(T)$ 的联合密度为：

$$f_{W(t_1),\cdots,W(t_n),W(T)}(x_1,\cdots,x_n,b)=p(T-t_n,x_n,b)\prod_{j=1}^{n}p(t_j-t_{j-1},x_{j-1},x_j) \tag{4.7.7}$$

其中 $W(0)=x_0=a$。这是因为 $p(t_1-t_0,x_0,x_1)=p(t_1,a,x_1)$ 是布朗运动在 $t=0$ 与 $t=t_1$ 之间从 $W(0)=a$ 到 $W(t_1)=x_1$ 的密度。类似地，$p(t_2-t_1,x_1,x_2)$ 是在 $t=t_1$ 与 $t=t_2$ 之间从 $W(t_1)=x_1$ 到 $W(t_2)=x_2$ 的密度。于是，$W(t_1)$ 和 $W(t_2)$ 的联合密度就是乘积

$$p(t_1,a,x_1)p(t_2-t_1,x_1,x_2)$$

如此继续，我们就得到联合密度(4.7.7)。$W(T)$ 的边际密度为 $p(T,a,b)$。因此以 $W(T)=b$ 为条件，$W(t_1),\cdots,W(t_n)$ 的密度为：

$$\frac{p(T-t_n,x_n,b)}{p(T,a,b)}\prod_{j=1}^{n}p(t_j-t_{j-1},x_{j-1},x_j)$$

而这正是式(4.7.6)中的 $f_{X^{a\to b}(t_1),\cdots,X^{a\to b}(t_n)}(x_1,\cdots,x_n)$。

最后，定义

$$M^{a\to b}(T)=\max_{0\leqslant t\leqslant T}X^{a\to b}(t)$$

为 $[0,T]$ 上从 a 到 b 的布朗桥的最大值。则该随机变量具有以下分布。

推论 4.7.7 $M^{a\to b}(T)$ 的密度为：

$$f_{M^{a\to b}(T)}(y)=\frac{2(2y-b-a)}{T}e^{-\frac{2}{T}(y-a)(y-b)},\quad y>\max\{a,b\} \tag{4.7.8}$$

【证明】 由于$[0,T]$上从 0 到 w 的布朗桥是以 $W(T)=w$ 为条件的布朗运动,$[0,T]$上 $X^{0\to w}(T)$的最大值就是$[0,T]$上以 $W(T)=w$ 为条件 W 的最大值。因此,$M^{0\to w}(T)$的密度可由推论 3.7.4 算得:

$$f_{M^{0\to w}(T)}(m)=\frac{2(2m-w)}{T}e^{-\frac{2m(m-w)}{T}},\quad w<m,m>0 \tag{4.7.9}$$

密度 $f_{M^{a\to b}(T)}(y)$可以通过(变初始条件 $W(0)=a$ 为 $W(0)=0$ 的)平移,并利用式(4.7.9)得到。即在式(4.7.9)中以 $y-a$ 取代 m,并以 $b-a$ 取代 w,这就导致式(4.7.8)。 □

4.8 本章小结

设 $W(t)$是布朗运动,$\Delta(t)$是适应于关于布朗运动的域流的随机过程。伊藤积分

$$I(t)=\int_0^t \Delta(u)dW(u) \tag{4.8.1}$$

是一个鞅。由于在时刻 $t=0$ 其值为 0,故对所有 t,期望值为 0。其方差由**伊藤等距**给出:

$$\mathbb{E}I^2(t)=\mathbb{E}\int_0^t \Delta^2(u)du \tag{4.8.2}$$

截至时刻 t,伊藤积分累积的二次变差为:

$$[I,I](t)=\int_0^t \Delta^2(u)du \tag{4.8.3}$$

这些都是定理 4.3.1 中的论断。注意二次变差式(4.8.3)是按路径计算的,其结果将依赖于路径,而方差(4.8.2)则是关于所有路径的平均值。采用微分记号,式(4.8.1)可以记为:

$$dI(t)=\Delta(t)dW(t)$$

式(4.8.3)可以记为:

$$dI(t)dI(t)=\Delta^2(t)dW(t)dW(t)=\Delta^2(t)dt$$

伊藤过程(定义 4.4.3)是形如下式的过程:

$$X(t)=X(0)+\int_0^t \Delta(u)dW(u)+\int_0^t \Theta(u)du \tag{4.8.4}$$

其中 $X(0)$非随机,$\Delta(t)$和 $\Theta(t)$是适应随机过程。根据引理 4.4.4,截至时刻 t,X 累积的二次变差为:

$$[X,X](t)=\int_0^t \Delta^2(u)du \tag{4.8.5}$$

采用微分记号,式(4.8.4)可以记为:

$$dX(t)=\Delta(t)dW(t)+\Theta(t)dt$$

式(4.8.5)可以记为:

$$dX(t)dX(t)=(\Delta(t)dW(t)+\Theta(t)dt)^2$$
$$=\Delta^2(t)dW(t)dW(t)+2\Delta(t)\Theta(t)dW(t)dt+\Theta^2(t)dtdt$$
$$=\Delta^2(t)dt$$

其中我们用到了乘法表

$$dW(t)dW(t)=dt,\qquad dW(t)dt=dtdW(t)=0,\qquad dtdt=0$$

设 X 和 Y 是伊藤过程,它们的微分

$$dX(t)=\Theta_1(t)dt+\sigma_{11}(t)dW_1(t)+\sigma_{12}(t)dW_2(t) \tag{4.8.6}$$
$$dY(t)=\Theta_2(t)dt+\sigma_{21}(t)dW_1(t)+\sigma_{22}(t)dW_2(t) \tag{4.8.7}$$

其中 W_1 和 W_2 是相互独立的布朗运动。则:

$$dX(t)dX(t)=(\sigma_{11}^2(t)+\sigma_{12}^2(t))dt \tag{4.8.8}$$
$$dX(t)dY(t)=(\sigma_{11}(t)\sigma_{21}(t)+\sigma_{12}(t)\sigma_{22}(t))dt \tag{4.8.9}$$
$$dY(t)dY(t)=(\sigma_{21}^2(t)+\sigma_{22}^2(t))dt \tag{4.8.10}$$

等式(4.8.8)~(4.8.10)可以通过将关于 dX 和 dY 的等式(4.8.6)和(4.8.7)相乘并利用乘法表

$$dW_i(t)dW_i(t)=dt,\qquad dW_i(t)dt=dtdW_i(t)=0,\qquad dtdt=0$$

以及

$$dW_1(t)dW_2(t)=0 \tag{4.8.11}$$

得到。等式(4.8.11)关于相互**独立的**布朗运动成立。如果有常数 $\rho\in[-1,1]$,使得:

$$dW_1(t)dW_2(t)=\rho dt$$

则 ρ 是 $W_1(t)$ 与 $W_2(t)$ 之间的相关系数(即 $\mathbb{E}[W_1(t)W_2(t)]=\rho t$)。

设 $f(t,x,y)$ 是时间变量 t 以及两个哑变量 x 和 y 的函数。根据多维伊藤—德布林公式(定理 4.6.2)可知:

$$\begin{aligned}&df(t,X(t),Y(t))\\&=f_t(t,X(t),Y(t))dt+f_x(t,X(t),Y(t))dX(t)+f_y(t,X(t),Y(t))dY(t)\\&\quad+\frac{1}{2}f_{xx}(t,X(t),Y(t))dX(t)dX(t)+f_{xy}(t,X(t),Y(t))dX(t)dY(t)\\&\quad+\frac{1}{2}f_{yy}(t,X(t),Y(t))dY(t)dY(t)\end{aligned} \tag{4.8.12}$$

将式(4.8.12)右端的所有微分用各自的公式(4.8.6)~(4.8.10)代入后积分,就得到随机过程 $f(t,X(t),Y(t))$ 的公式[作为 $f(0,X(0),Y(0))$,一个关于时间变量的通常积分、一个关于 dW_1 的伊藤积分以及一个关于 dW_2 的伊藤积分之和]。

式(4.8.12)有两个重要的特殊情形。如果第二个过程 Y 不出现,式(4.8.12)就化为关于单个过程的伊藤—德布林公式(定理 4.4.6):

$$df(t,X(t))=f_t(t,X(t))dt+f_x(t,X(t))dX(t)+\frac{1}{2}f_{xx}(t,X(t))dX(t)dX(t)$$

如果 X 和 Y 都出现并且 $f(t,x,y)=xy$,则式(4.8.12)给出**伊藤乘积法则**(推论 4.6.3):

$$d(X(t)Y(t))=X(t)dY(t)+Y(t)dX(t)+dX(t)dY(t)$$

利用伊藤—德布林公式,可以推导布莱克—斯科尔斯—默顿偏微分方程。这是 4.5 节的内容,这里归结如下。假定股价 $S(t)$ 服从几何布朗运动:

$$dS(t)=\alpha S(t)dt+\sigma S(t)dW(t)$$

设 $c(t,S(t))$ 是在到期日 T 支付为 $(S(T)-R)^+$ 的欧式看涨期权在时刻 $t\in[0,T]$ 的价值。假设我们在初始时刻 0 按 $X(0)=c(0,S(0))$ 售出看涨期权,并且以初始资本 $X(0)$ 投资于股票和利率为常数 r 的货币市场账户。如果 $\Delta(t)$ 是资产组合在时刻 t 持有股票的份额,则:

$$dX(t)=\Delta(t)dS(t)+r(X(t)-\Delta(t)S(t))dt$$

我们计算贴现资产组合价值 $e^{-rt}X(t)$ 的微分和贴现看涨期权价值 $e^{-rt}c(t,S(t))$ 的微分,并且令两者相等,这就导致 **delta-对冲法则**(4.5.11):

$$\Delta(t)=c_x(t,S(t)) \tag{4.8.13}$$

以及布莱克—斯科尔斯—默顿偏微分方程(4.5.14):

$$c_t(t,x)+rxc_x(t,x)+\frac{1}{2}\sigma^2x^2c_{xx}(t,x)=rc(t,x)$$

除了满足这一偏微分方程,函数 $c(t,x)$ 还必须满足边界条件:

$$c(T,x)=(x-K)^+,\quad c(t,0)=0,\quad \lim_{x\to\infty}[c(t,x)-(x-e^{-r(T-t)}K)]=0$$

满足这些条件的函数是[见式(4.5.19)]:

$$c(t,x)=xN(d_+(T-t,x))-Ke^{-r(T-t)}N(d_-(T-t,x)) \tag{4.8.14}$$

其中

$$d_\pm(\tau,x)=\frac{1}{\sigma\sqrt{\tau}}\left[\log\frac{x}{K}+\left(r\pm\frac{\sigma^2}{2}\right)\tau\right]$$

利用式(4.8.14)给出的函数,若以 $X(0)=c(0,S(0))$ 为初始资本,运用 delta-对冲法则(4.8.13),则在每一时刻 t,$X(t)=c(t,S(t))$。尤其是在最后时刻,几乎必然地对冲资产组合的价值 $X(T)=c(T,S(T))=(S(T)-K)^+$。欧式看涨期权的空头得到对冲。

根据列维定理(定理 4.6.4),如果 $M(t)$ 是连续鞅,满足 $M(0)=0$,$[M,M](t)=t$ [即 $dM(t)dM(t)=dt$],则 $M(t)$ 是布朗运动。如果 $M_1(t)$ 和 $M_2(t)$ 是两个这样的过程,并且 $[M_1,M_2](t)=0$ [即 $dM_1(t)dM_2(t)=0$],则 $M_1(t)$ 和 $M_2(t)$ 是相互独立的布朗运动(定理 4.6.5)。利用这一定理,可以由相关的布朗运动构造独立的布朗

运动(见习题 4.13)。

高斯过程 $X(t)$ 是这样的过程:对任意的时刻 $0<t_1<t_2<\cdots<t_n$,随机变量 $X(t_1),X(t_2),\cdots,X(t_n)$ 服从联合正态分布(定义 4.7.1)。由于联合正态随机变量的联合分布由均值、方差和协方差确定,因此,高斯过程的分布由均值函数 $m(t)=\mathbb{E}X(t)$ 和协方差函数 $c(s,t)=\mathrm{Cov}(X(s),X(t))$ 确定。布朗运动是高斯过程,均值函数 $m(t)=0$,协方差函数 $c(s,t)=s\wedge t$(例4.7.2)。如果 $\Delta(u)$ 非随机,则 $I(t)=\int_0^t\Delta(u)dW(u)$ 是高斯过程,均值函数 $m(t)=0$,协方差函数 $c(s,t)=\int_0^{s\wedge t}\Delta^2(u)du$(例 4.7.3)。$[0,T]$ 上从 a 到 b 的布朗桥是高斯过程,均值函数 $m(t)=\frac{(T-t)a+bt}{T}$ $t\in[0,T]$,协方差函数 $c(s,t)=s\wedge t-\frac{st}{T}$,$s,t\in[0,T]$(见 10.7.2)。$[0,T]$ 上从 a 到 b 的布朗桥是 $t=0$ 时从 a 开始,以 $W(T)=b$ 为条件的布朗运动(见 10.7.5)。

4.9 评 注

随机分析的现代理论是由伊藤的工作[92]发展而来。伊藤不仅定义了关于布朗运动的积分,而且推导了变量替换公式,通常称为**伊藤法则**或者**伊藤公式**。如本章所表明,这一公式是许多重要演算的核心部分。最近披露一个关于随机分析的传奇故事。1940 年 2 月,法兰西国家科学院收到对德作战前线的法国士兵德布林(W. Doeblin)寄来的一袋文件。此后不久,德布林不幸阵亡。文件袋直到 2000 年 5 月才被打开,人们发现,这份文件中给出了(与伊藤仅略有区别的)随机积分的构造以及变量替换公式的清晰的论述。德布林的文稿[52],约尔(Yor)关于这一文稿的评析 [166] 以及布吕(Bru)关于文稿来历的详述[24]被刊登在《自然科学院报告》(*Comptes Rendus de L' Académie des Sciences*) 2000 年 12 月这一期上。[25]是上述材料的英文版。由于这一异乎寻常的进展,本书中变量替换公式被称为伊藤—德布林公式。

我们是在条件

$$\mathbb{E}\int_0^T\Delta^2(t)dt<\infty \tag{4.3.1}$$

下定义伊藤积分 $\int_0^T\Delta(t)dW(t)$。我们也可以在较弱的条件

$$\int_0^T\Delta^2(t)dt<\infty \qquad a.s.$$

下定义伊藤积分,但此时不能确保伊藤积分是鞅。不过,这样定义的伊藤积分仍然是**局部鞅**。这是关于随机分析更进一步的论题(例如,参见[101]),本书中不考虑局部鞅。我们仅在条件(4.3.1)下讨论,因而所遇到的每个伊藤积分都是鞅。

布朗运动由巴舍利耶 [6] 引入到金融研究中。萨缪尔森(Samuelson) 在[143]、[145]中提出:几何布朗运动才是关于股票价格较好的模型。随机分析在金

融中的应用始于默顿的论文[121](默顿的论文[121] 以及运用随机分析研究金融的许多其他论文都汇集在默顿的著作[124]中)。布莱克—斯科尔斯—默顿公式基于关于股票价格的几何布朗运动模型。然而,无套利定价理论的进展已远远超越了这一假定。在本章以及后面几章中我们看到:这一理论和相应的风险中性定价公式可以被运用于出现时变的随机波动率、时变的随机平均回报率以及时变的随机利率的情形。

许多金融方面的著作,包括(按数学难度排序)赫尔[87]、多森(Dothan) [54] 以及达菲 [56],都含有关于伊藤积分和伊藤—德布林公式的章节。其他关于金融中动态模型的著作有:考克斯和罗宾斯坦[43]、黄和利曾伯格(Litzenberger)[86]、英格索尔 [91] 以及加罗[97]。威尔莫特(Wilmott) [164] 是一本内容广泛的教材。对于实务工作者,较好的参考书有:巴克斯特和伦尼(Baxter and Rennie)[8](书评见 [134])、比约克(Björk)[11] (书评见[135]) 以及姆斯拉和鲁特科夫斯基(Rutkowski)[126] (书评见 [134])。含金融应用的关于随机分析的数学教材有:兰伯顿和拉佩尔(Lamberton and Lapeyre)[105] (书评见 [134])以及斯蒂尔(Steele)[150] (书评见 [136])。其他关于随机分析的教材有:钟和威廉姆斯[36]、卡拉察斯和施里夫[101],奥克森多(øksendal)[129],以及普若特[133]。卡拉察斯和施里夫[102]是[101]的后继,主要聚焦于金融。普若特[133]也许是关于带跳过程的随机分析最易学的教材,不过这方面内容并不容易。我们将在第十一章中引进这一论题。

无套利定价理论以及相应的风险中性定价公式在关于市场无套利的假定下是可以预期的。套利被定义为这样一种交易策略:初始资本为 0,在以后时刻拥有正资本的概率大于 0,并且没有任何亏损风险。无套利类似于但不同于**有效市场假说**。有效市场假说意味着关于股票价格的技术分析是没有价值的;股价走势对于其未来回报分布的参数估计也许有用,但并不提供关于下一时刻股价涨跌的任何线索。特别是,技术分析并不能使投资者胜出市场。在不允许套利的情况下,投资者仍可能以较高的概率胜出市场,因为还有非零概率败于市场。这有时被称为**统计套利**。法玛(Fama)[64]中给出了支持有效市场假说的实证研究,其中也讨论了比几何布朗运动更为适合的股价分布。勒罗伊(LeRoy)[106]中对于有效市场假说提出了质疑,而维林格、塔克和捷韦罗夫斯基(Teverovsky) 近期的论文 [163]中也发现股价数据存在多头排列依赖。关于股价变动之源的一篇引起争论的文章是布莱克[14]。

几何分数布朗运动作为股票价格的另一种模型被提出,与几何布朗运动相比,它具有厚尾。可以在这一模型假定下计算衍生证券的价格(作为贴现支付的期望值),但是该模型与通常的 delta-对冲公式不相一致。事实上,几何分数布朗运动严重违背了有效市场假说,它允许套利(并非仅仅是"统计套利",而是实际的套利)。罗杰斯(Rogers)[138]中给出了这样的例子。凯里迪托(Cheridito)[33]中提供了更多套利的例子以及在这样的市场中旨在防止套利的市场交易限制。

例 4.4.10 的韦萨切克模型取自[154]。例 4.4.11 的 CIR 模型中利率过程的分布由[41]给出。

4.5 节中布莱克—斯科尔斯—默顿公式的推导与布莱克和斯科尔斯当初在[17]中给出的相似，并且很大程度上也有赖于默顿[122]中的无套利思想。据记载，他们三人在期权定价公式的推导方面有过合作，而斯科尔斯和默顿同时获得1997年诺贝尔经济学奖也印证了这一点。(布莱克于1995年去世，诺贝尔奖不授予已过世者。)本书中，我们将公式命名为**布莱克—斯科尔斯—默顿**期权定价公式。尽管几何布朗运动并非完美的股价模型，关于欧式看涨期权和看跌期权的布莱克—斯科尔斯—默顿定价公式对于该模型的缺陷看来并不是非常敏感。

4.5.1 提及的关于资产组合价值演化模型由离散时间过渡到连续时间情形，在达菲和普若特[60]中有较详细的讨论，也可参见习题4.10。

4.10 习 题

习题 4.1 设 $M(t),0\leqslant t\leqslant T$ 关于某个域流 $\mathcal{F}(t),0\leqslant t\leqslant T$ 是鞅。设 $\Delta(t)$，$0\leqslant t\leqslant T$ 是适应于 $\mathcal{F}(t)$ 的简单过程(即存在 $[0,T]$ 的分划 $\Pi=\{t_0,t_1,\cdots,t_n\}$ 使得对每个 j，$\Delta(t_j)$ 为 $\mathcal{F}(t_j)$-可测，并且在每个子区间 $[t_j,t_{j+1})$ 上，$\Delta(t)$ 关于 t 是常数)。对于 $t\in[t_k,t_{k+1})$，定义随机积分

$$I(t)=\sum_{j=0}^{k-1}\Delta(t_j)[M(t_{j+1})-M(t_j)]+\Delta(t_k)[M(t)-M(t_k)]$$

设想 $M(t)$ 是时刻 t 的资产价格，$\Delta(t_j)$ 是投资者在时刻 t_j 到 t_{j+1} 期间所持有资产的份额。于是，$I(t)$ 是投资者在时刻0到时刻 t 期间因持有资产而产生的资本增值。

证明：$I(t),0\leqslant t\leqslant T$ 是鞅。

习题 4.2 设 $W(t),0\leqslant t\leqslant T$ 是布朗运动，$\mathcal{F}(t),0\leqslant t\leqslant T$ 是相应的域流。设 $\Delta(t),0\leqslant t\leqslant T$ 是**非随机**简单过程(即存在 $[0,T]$ 的分划 $\Pi=\{t_0,t_1,\cdots,t_n\}$ 使得对每个 j，$\Delta(t_j)$ 是非随机量，并且在每个子区间 $[t_j,t_{j+1})$ 上，$\Delta(t)=\Delta(t_j)$ 关于 t 是常数)。对于 $t\in[t_k,t_{k+1})$，定义随机积分

$$I(t)=\sum_{j=0}^{k-1}\Delta(t_j)[W(t_{j+1})-W(t_j)]+\Delta(t_k)[W(t)-W(t_k)]$$

(i) 证明：对任意的 $0\leqslant s<t\leqslant T$，增量 $I(t)-I(s)$ 独立于 $\mathcal{F}(s)$。[简化：如果 s 位于两个分点之间，我们可以增加 s 作为分点。然后将分点重新编号，并且仍记为 $t_0,t_1,\cdots,t_n$，不过现在 n 增大了，并且存在某个 k，$s=t_k$。当然，我们必须令 $\Delta(s)=\Delta(t_{k-1})$，于是 Δ 在区间 $[s,t_{k+1})$ 和 $[t_{k-1},s)$ 上的取值相同。类似地，如果 t 位于两个分点之间，我们也可以增加 t 作为分点。总而言之，为了证明对任意的 $0\leqslant s<t\leqslant T$，$I(t)-I(s)$ 独立于 $\mathcal{F}(s)$，只需证明对任意两个满足 $t_l<t_k$ 的分点 t_k 和 t_l，$I(t_k)-I(t_l)$ 独立于 $\mathcal{F}(t_l)$。]

(ii) 证明：对任意的 $0\leqslant s<t\leqslant T$，增量 $I(t)-I(s)$ 是均值为0、方差为 $\int_s^t\Delta^2(u)du$ 的正态随机变量。

(iii) 利用(i)和(ii)，证明：$I(t),0\leqslant t\leqslant T$ 是鞅。

(iv) 证明：$I^2(t)-\int_0^t \Delta^2(u)du$，$0\leqslant t\leqslant T$ 是鞅。

习题 4.3 现在考虑习题 4.2 中 $\Delta(t)$ 是简单随机过程的情形。设 $t_0=0, t_1=s, t_2=t, \Delta(0)$ 非随机以及 $\Delta(s)=W(s)$，以下论断中哪个是正确的？证明你的回答。

(i) $I(t)-I(s)$ 独立于 $\mathcal{F}(s)$。

(ii) $I(t)-I(s)$ 服从正态分布。(提示：核查四阶矩是否是方差平方的 3 倍，见习题 3.3。)

(iii) $\mathbb{E}[I(t)\mid\mathcal{F}(s)]=I(s)$。

(iv) $\mathbb{E}\left[I^2(t)-\int_0^t \Delta^2(u)du \mid \mathcal{F}(s)\right]=I^2(s)-\int_0^s \Delta^2(u)du$。

习题 4.4(斯特拉托诺维奇积分) 设 $W(t), t\geqslant 0$ 是布朗运动。设 T 是固定正数，$\Pi=\{t_0, t_1, \cdots, t_n\}$ 是 $[0, T]$ 的分划(即 $0=t_0<t_1<\cdots<t_n=T$)。对于每个 j，定义 $t_j^*=\frac{t_j+t_{j+1}}{2}$ 为区间 $[t_j, t_{j+1}]$ 的中点。

(i) 定义相应于 Π 的**半样本二次变差**为：

$$Q_{\Pi/2}=\sum_{j=0}^{n-1}(W(t_j^*)-W(t_j))^2$$

证明：当 $\|\Pi\|\to 0$ 时，$Q_{\Pi/2}$ 具有极限 $\frac{1}{2}T$。[提示：只需证明 $\mathbb{E}Q_{\Pi/2}=\frac{1}{2}T$ 并且 $\lim_{\|\Pi\|\to 0}\operatorname{Var}(Q_{\Pi/2})=0$。]

(ii) 定义 $W(t)$ 关于 $W(t)$ 的斯特拉托诺维奇积分为：

$$\int_0^T W(t)\cdot dW(t)=\lim_{\|\Pi\|\to 0}\sum_{j=0}^{n-1}W(t_j^*)(W(t_{j+1})-W(t_j)) \tag{4.10.1}$$

与式(4.3.4)的伊藤积分 $\int_0^T W(t)dW(t)=\frac{1}{2}W^2(T)-\frac{1}{2}T$ 定义中，被积函数在每个子区间左端点处取值不同的是，这里被积函数在每个子区间的中点 t_j^* 处取值。证明：

$$\int_0^T W(t)\cdot dW(t)=\frac{1}{2}W^2(T)$$

[提示：将式(4.10.1)中近似和写成伊藤积分 $\int_0^T W(t)dW(t)$ 近似和与 $Q_{\Pi/2}$ 相加的形式，其中伊藤积分近似和相应于分划 $0=t_0<t_0^*<t_1<t_1^*<\cdots<t_{n-1}^*<t_n=T$，而不是分划 Π。]

习题 4.5(求解广义几何布朗运动方程) 设 $S(t)$ 是取正值的随机过程，满足广义几何布朗运动微分方程(见例 4.4.8)：

$$dS(t)=\alpha(t)S(t)dt+\sigma(t)S(t)dW(t) \tag{4.10.2}$$

其中 $\alpha(t)$ 和 $\sigma(t)$ 是与相应于布朗运动 $W(t), t\geqslant 0$ 的域流 $\mathcal{F}(t), t\geqslant 0$ 相适应的随机过程。本题中，我们证明 $S(t)$ 必由公式(4.4.26)给出[即公式(4.4.26)给出了随机

微分方程(4.10.2)的唯一解]。同时,我们提供方程的求解方法。

(i) 利用式(4.10.2)和伊藤—德布林公式,计算 $d\log S(t)$。化简后得到 $d\log S(t)$的不含 $S(t)$的公式。

(ii) 将(i)中得到的公式积分,然后再取指数,得到式(4.4.26)。

习题 4.6 设 $S(t)=S(0)e^{\sigma W(t)+(\alpha-\frac{1}{2}\sigma^2)t}$是几何布朗运动,$p$ 是正数。计算 $S(t)$ 的 p 次幂的微分 $d(S^p(t))$。

习题 4.7 (i) 计算 $dW^4(t)$,然后将 $W^4(T)$写成关于时间变量的通常(勒贝格)积分与伊藤积分之和。

(ii) 在(i)中得到的公式两边取期望,利用 $\mathbb{E}W^2(t)=t$,推导公式 $\mathbb{E}W^4(T)=3T^2$。

(iii) 利用(i)和(ii)中的方法推导关于$\mathbb{E}W^6(T)$的公式。

习题 4.8(求解韦萨切克方程) 考虑韦萨切克利率随机微分方程(4.4.32):

$$dR(t)=(\alpha-\beta R(t))dt+\sigma dW(t)$$

其中 α,β 和 σ 都是正数。该方程的解已在例 4.4.10 中给出。本题给出解的推导。

(i) 利用式(4.4.32)和伊藤—德布林公式,计算 $d(e^{\beta t}R(t))$。化简后得到 $d(e^{\beta t}R(t))$的不含 $R(t)$的公式。

(ii) 将(i)中得到的公式积分,然后解出 $R(t)$,得到式(4.4.33)。

习题 4.9 设时刻 t 的股价是 x、时刻 T 到期、敲定价格为 K 的欧式看涨期权在时刻 t 的布莱克—斯科尔斯—默顿价格为:

$$c(t,x)=xN(d_+(T-t,x))-Ke^{-r(T-t)}N(d_-(T-t,x))$$

其中:

$$d_+(\tau,x)=\frac{1}{\sigma\sqrt{\tau}}\left[\log\frac{x}{K}+\left(r+\frac{1}{2}\sigma^2\right)\tau\right]$$

$$d_-(\tau,x)=d_+(\tau,x)-\sigma\sqrt{\tau}$$

$N(y)$是累积标准正态分布

$$N(y)=\frac{1}{\sqrt{2\pi}}\int_{-\infty}^{y}e^{-\frac{z^2}{2}}dz=\frac{1}{\sqrt{2\pi}}\int_{-y}^{\infty}e^{-\frac{z^2}{2}}dz$$

本题的目的是证明函数 c 满足布莱克—斯科尔斯—默顿偏微分方程

$$c_t(t,x)+rxc_x(t,x)+\frac{1}{2}\sigma^2x^2c_{xx}(t,x)=rc(t,x),\quad 0\leqslant t<T,x>0 \tag{4.10.3}$$

终端条件

$$\lim_{t\uparrow T}c(t,x)=(x-K)^+,\qquad x>0,x\neq K \tag{4.10.4}$$

以及**边界条件**

$$\lim_{x \downarrow 0} c(t,x)=0, \quad \lim_{x \downarrow 0}[c(t,x)-(x-e^{-r(T-t)}K)]=0, \quad 0 \leqslant t < T \tag{4.10.5}$$

条件(4.10.4)和(4.10.5)的第一部分常被简单地(但不够确切)写成:

$$c(T,x)=(x-K)^{+}, \qquad x \geqslant 0$$

和

$$c(t,0)=0, \qquad 0 \leqslant t \leqslant T$$

本题中,我们将 $c(t,x)$ 简记为 c,并将 $d_{\pm}(T-t,x)$ 简记为 $d_{\pm}$。

(i) 首先验证:

$$Ke^{-r(T-t)}N'(d_{-})=xN'(d_{+}) \tag{4.10.6}$$

(ii) 证明 $c_x=N(d_+)$,这是期权的 **delta**。(小心! 切记 d_+ 是 x 的函数。)

(iii) 证明:

$$c_t=-rKe^{-r(T-t)}N(d_{-})-\frac{\sigma x}{2\sqrt{T-t}}N'(d_{+})$$

这是期权的 **theta.**

(iv) 利用以上公式证明:函数 c 满足方程(4.10.3)。

(v) 证明:对于 $x>K$, $\lim_{t \uparrow T} d_{\pm}=\infty$;对于 $0<x<K$, $\lim_{t \uparrow T} d_{\pm}=-\infty$。利用这些等式推导终端条件(4.10.4)。

(vi) 证明:对于 $0 \leqslant t < T$, $\lim_{x \downarrow 0} d_{\pm}=-\infty$。利用这一事实,验证边界条件(4.10.5)的第一部分($x \downarrow 0$ 的情形)。

(vii) 证明:对于 $0 \leqslant t < T$, $\lim_{x \to \infty} d_{\pm}=\infty$。利用这一事实,验证边界条件(4.10.5)的第二部分($x \to \infty$的情形)。在验证时,需要证明

$$\lim_{x \to \infty} \frac{N(d_{+})-1}{x^{-1}}=0$$

这是$\frac{0}{0}$型未定式,由洛必达法则可知它等于以下极限:

$$\lim_{x \to \infty} \frac{\frac{d}{dx}[N(d_{+})-1]}{\frac{d}{dx}x^{-1}}$$

求出上式中的函数表达式,并利用

$$x=Ke^{\sigma\sqrt{T-t}d_{+}-(T-t)(r+\frac{1}{2}\sigma^2)}$$

将表达式完全用 d_+ 表出[即除了作为 $d_+(T-t,x)$ 中的自变量之外,表达式中不再出现 x]。然后论证当 $d_+ \to \infty$时该表达式的极限为 0。

习题 4.10(自融资交易) 无套利定价背后的基本思想是通过对原生资产(我们称之为股票)和货币市场账户进行交易来复制衍生证券的支付。在离散时间的情形,设 X_k 表示对冲资产组合在时刻 k 的价值, Δ_k 表示时刻 k 到 $k+1$ 期间资产组合中持有股票的份额。于是,在时刻 k 调整头寸之后(即股票头寸由 Δ_{k-1} 变为

Δ_k)，货币市场账户的余额为 $X_k - S_k\Delta_k$。在时刻 $k+1$，资产组合价值为：

$$X_{k+1} = \Delta_k S_{k+1} + (1+r)(X_k - \Delta_k S_k) \qquad (4.10.7)$$

上述公式经移项后成为：

$$X_{k+1} - X_k = \Delta_k (S_{k+1} - S_k) + r(X_k - \Delta_k S_k) \qquad (4.10.8)$$

这表明：在时刻 k 到 $k+1$ 期间资产组合的增益是持有股票产生的资本增值 $\Delta_k(S_{k+1}-S_k)$ 与货币市场账户获得的利息 $r(X_k - \Delta_k S_k)$ 之和。连续时间情形，类似于式(4.10.8)，我们有：

$$dX(t) = \Delta(t)dS(t) + r(X(t) - \Delta(t)S(t))dt \qquad (4.10.9)$$

换一种方式，我们可以定义 1 份货币市场账户在时刻 k 的价值

$$M_k = (1+r)^k$$

并且利用 Δ_k 和 Γ_k 两个过程建立离散时间模型，其中 Δ_k 如前，Γ_k 表示时刻 k 调整头寸之后资产组合中持有货币市场账户的份额。于是：

$$X_k = \Delta_k S_k + \Gamma_k M_k \qquad (4.10.10)$$

从而式(4.10.7)变为：

$$X_{k+1} = \Delta_k S_{k+1} + (1+r)\Gamma_k M_k = \Delta_k S_{k+1} + \Gamma_k M_{k+1} \qquad (4.10.11)$$

从式(4.10.11)中减去式(4.10.10)，(取代式(4.10.8))我们得到：

$$X_{k+1} - X_k = \Delta_k (S_{k+1} - S_k) + \Gamma_k (M_{k+1} - M_k) \qquad (4.10.12)$$

这表明：在时刻 k 到 $k+1$ 期间资产组合的增益是持有股票产生的资本增值 $\Delta_k(S_{k+1}-S_k)$ 与货币市场的投资收益 $\Gamma_k(M_{k+1}-M_k)$ 之和。

然而，Δ_k 和 Γ_k 不能任意选取。到时刻 $k+1$，投资者的资产组合中持有 Δ_k 份股票，Γ_k 份货币市场账户，然后调整头寸。用 Δ_k 和 Γ_k 表示，资产组合在时刻 $k+1$ 的价值由式(4.10.11)给出。调整头寸后，有：

$$X_{k+1} = \Delta_{k+1} S_{k+1} + \Gamma_{k+1} M_{k+1}$$

令两者相等，我们得到**离散时间自融资条件**：

$$S_{k+1}(\Delta_{k+1} - \Delta_k) + M_{k+1}(\Gamma_{k+1} - \Gamma_k) = 0 \qquad (4.10.13)$$

其中第一项是调整股票头寸的代价，第二项是调整货币市场账户头寸的代价。如果两项之和非零，则必有资金的注入或者流出。要点在于：用两个过程 Δ_k 和 Γ_k 描述资产组合价值 X_k 的演化，我们需要两个方程(4.10.12)和(4.10.13)，而仅用一个过程 Δ_k 来描述，只需要单个方程(4.10.8)。

最后，注意到**离散时间自融资条件**(4.10.13)可以改写为：

$$\begin{aligned} &S_k(\Delta_{k+1} - \Delta_k) + (S_{k+1} - S_k)(\Delta_{k+1} - \Delta_k) + M_k(\Gamma_{k+1} - \Gamma_k) \\ &+ (M_{k+1} - M_k)(\Gamma_{k+1} - \Gamma_k) = 0 \end{aligned} \qquad (4.10.14)$$

由此提示我们,**连续时间自融资条件**似应为:

$$S(t)d\Delta(t)+dS(t)d\Delta(t)+M(t)d\Gamma(t)+dM(t)d\Gamma(t)=0 \tag{4.10.15}$$

我们以下来推导这一条件。

(i) 在连续时间情形,设 $M(t)=e^{rt}$ 是 1 份货币市场账户在时刻 t 的价格,$\Delta(t)$ 表示资产组合在时刻 t 持有股票的份额,$\Gamma(t)$ 表示资产组合在时刻 t 持有货币市场账户的份额,于是在时刻 t,资产组合总价值为:

$$X(t)=\Delta(t)S(t)+\Gamma(t)M(t) \tag{4.10.16}$$

利用式(4.10.16)和式(4.10.9),推导连续时间自融资条件(4.10.15)。

布莱克—斯科尔斯—默顿偏微分方程以及 delta-对冲公式也可以类似推导。设 $c(t,x)$ 是时刻 t[股价 $S(t)=x$]欧式看涨期权的价格。考虑由1 份看涨期权多头和 $\Delta(t)$ 份股票空头构成的资产组合,该组合在时刻 t 的价值为 $N(t)=c(t,S(t))-\Delta(t)S(t)$。我们希望选择 $\Delta(t)$ 使得组合"瞬时无风险",由此,组合价值增长率应等于利率(否则必有套利)。这意味着应有 $dN(t)=rN(t)dt$。计算 $N(t)$ 的微分,得到:

$$\begin{aligned}dN(t)&=c_t(t,S(t))dt+c_x(t,S(t))dS(t)+\frac{1}{2}c_{xx}(t,S(t))dS(t)dS(t)-\Delta(t)dS(t)\\&=[c_x(t,S(t))-\Delta(t)]dS(t)+\left[c_t(t,S(t))+\frac{1}{2}\sigma^2S^2(t)c_{xx}(t,S(t))\right]dt\end{aligned} \tag{4.10.17}$$

为了满足瞬时无套利,必须消去含有风险的 $dS(t)$ 项,这就得到 delta-对冲公式 $\Delta(t)=c_x(t,S(t))$。如此选定 $\Delta(t)$,再由 $dN(t)=rN(t)dt$,我们得到:

$$rN(t)dt=\left[c_t(t,S(t))+\frac{1}{2}\sigma^2S^2(t)c_{xx}(t,S(t))\right]dt \tag{4.10.18}$$

由于

$$N(t)=c(t,S(t))-\Delta(t)S(t)=c(t,S(t))-S(t)c_x(t,S(t)) \tag{4.10.19}$$

将式(4.10.19)代入式(4.10.18),便得到布莱克—斯科尔斯—默顿偏微分方程:

$$c_t(t,S(t))+rS(t)c_x(t,S(t))+\frac{1}{2}\sigma^2S^2(t)c_{xx}(t,S(t))=rc(t,S(t)) \tag{4.10.20}$$

我们可以质疑上述论证的第一步,在式(4.10.17)中计算 $N(t)$ 的微分时对于 $\Delta(t)S(t)$ 项未使用伊藤乘积法则(推论 4.6.3)。在离散时间情形,我们令 Δ_k 在相应时段内固定,只有 S 变动,故能根据公式 $\Delta_k(S_{k+1}-S_k)$ 计算资本增值。在连续时间情形,我们也试图仿造离散情形。然而,只要我们取的是 $\Delta(t)=c_x(t,S(t))$,则 $\Delta(t)$ 将随时间连续变动,因此 $N(t)$ 的微分应该是:

$$\begin{aligned}dN(t)=&c_t(t,S(t))dt+c_x(t,S(t))dS(t)+\frac{1}{2}c_{xx}(t,S(t))dS(t)dS(t)\\&-\Delta(t)dS(t)-S(t)d\Delta(t)-d\Delta(t)dS(t)\end{aligned} \tag{4.10.21}$$

而不是式(4.10.17)中的表达式。

本题将证明上述论证最终的结果是对的。至少，等式(4.10.18)是正确的，从而布莱克—斯科尔斯—默顿偏微分方程(4.10.20)可以由此推得。

回顾4.5.3中的论述，如果我们取 $X(0)=c(0,S(0))$，在每个时刻 t 持有 $\Delta(t)=c_x(t,S(t))$ 份股票，必要时在货币市场投资或者借贷以维持自融资，则在每个时刻 t，我们的股票和货币市场账户的资产组合价值为 $X(t)=c(t,S(t))$。在每个时刻 t，投资于货币市场账户的总价值为：

$$X(t)-\Delta(t)S(t)=c(t,S(t))-\Delta(t)S(t)=N(t)$$

因而持有货币市场账户的份额为：

$$\Gamma(t)=\frac{N(t)}{M(t)}$$

(ii) 现在，用修正后的公式(4.10.21)取代式(4.10.17)，并利用(i)中得到的连续时间自融资条件，推导式(4.10.18)。

习题 4.11 设

$$c(t,x)=xN(d_+(T-t,x))-Ke^{-r(T-t)}N(d_-(T-t,x))$$

表示时刻 T 到期、敲定价格为 K 的欧式看涨期权的价格，其中：

$$d_\pm(T-t,x)=\frac{1}{\sigma_1\sqrt{T-t}}\left[\log\frac{x}{K}+\left(r\pm\frac{\sigma_1^2}{2}\right)(T-t)\right]$$

这一期权价格假定股票是波动率为 $\sigma_1>0$ 的几何布朗运动。本题中，我们将此作为期权的市场价格。

假设真正的股价服从波动率为 $\sigma_2>\sigma_1$ 的几何布朗运动，即：

$$dS(t)=\alpha S(t)dt+\sigma_2 S(t)dW(t)$$

因而，上述看涨期权的市场价格不正确。

建立资产组合，其在时刻 t 的价值记为 $X(t)$。我们以 $X(0)=0$ 为初值。在每个时刻 t，资产组合中持有1份欧式看涨期权多头，$c_x(t,S(t))$ 份股票空头，于是现金头寸为：

$$X(t)-c(t,S(t))+S(t)c_x(t,S(t))$$

以常数利率 r 投资。此外，我们以速率 $\frac{1}{2}(\sigma_2^2-\sigma_1^2)S^2(t)c_{xx}(t,S(t))$ 从资产组合中抽走资金。于是，资产组合价值的微分

$$\begin{aligned}dX(t)=&dc(t,S(t))-c_x(t,S(t))dS(t)+r[X(t)-c(t,S(t))\\&+S(t)c_x(t,S(t))]dt-\frac{1}{2}(\sigma_2^2-\sigma_1^2)S^2(t)c_{xx}(t,S(t))dt,0\leqslant t\leqslant T\end{aligned}$$

证明：对所有 $t\in[0,T]$，$X(t)=0$。特别是，由于 $c_{xx}(t,S(t))>0$ 以及 $\sigma_2>\sigma_1$，我们有套利机会；我们从零资本开始，在时刻0到 T 期间以正速率抽走资金，到时

刻 T 的债务还是为 0。[提示:计算 $d(e^{-rt}X(t))$。]

习题 4.12 (i) 利用式(4.5.23)~(4.5.25),式(4.5.26)和式(4.5.29)确定欧式看跌期权的 delta $p_x(t,x)$,gamma $p_{xx}(t,x)$ 以及 theta $p_t(t,x)$。

(ii) 证明:为了对冲欧式看跌期权的空头,投资者应该取股票空头头寸和货币市场账户多头头寸。

(iii) 证明:式(4.5.26)的 $f(t,x)$ 以及 $p(t,x)$ 均满足与 $c(t,x)$ 所满足的相同的布莱克—斯科尔斯—默顿偏微分方程(4.5.14)。

习题 4.13(相关布朗运动分解为独立布朗运动) 设 $B_1(t)$和 $B_2(t)$是布朗运动,并且

$$dB_1(t)dB_2(t)=\rho(t)dt$$

其中 ρ 是取值严格位于−1 和 1 之间的随机过程。定义过程 $W_1(t)$和$W_2(t)$,使得:

$$B_1(t)=W_1(t)$$

$$B_2(t)=\int_0^t \rho(s)dW_1(s)+\int_0^t \sqrt{1-\rho^2(s)}dW_2(s)$$

并且证明 $W_1(t)$和 $W_2(t)$是相互独立的布朗运动。

习题 4.14 在伊藤—德布林公式(定理 4.4.1)的推导中,我们仅考虑了函数 $f(x)=\frac{1}{2}x^2$ 的情形。由于它满足 $f''(x)=1$,这就使得式(4.4.5)中最后一项

$$\frac{1}{2}\sum_{j=0}^{n-1} f''(W(t_j))[W(t_{j+1})-W(t_j)]^2$$

的极限容易被确定。事实上:

$$\begin{aligned}\lim_{\|\Pi\|\to 0}\sum_{j=0}^{n-1} f''(W(t_j))[W(t_{j+1})-W(t_j)]^2 &= \lim_{\|\Pi\|\to 0}\sum_{j=0}^{n-1}[W(t_{j+1})-W(t_j)]^2\\ &=[W,W](T)=T\\ &=\int_0^T f''(W(t))dt\end{aligned}$$

若是一般的函数 $f(x)$,则不能如同上述论证,用 1 取代 $f''(W(t_j))$。人们容易认为:$[W(t_{j+1})-W(t_j)]^2$ 近似于$(t_{j+1}-t_j)$,因而:

$$\sum_{j=0}^{n-1} f''(W(t_j))[W(t_{j+1})-W(t_j)]^2$$

近似等于:

$$\sum_{j=0}^{n-1} f''(W(t_j))(t_{j+1}-t_j)$$

而当$\|\Pi\|\to 0$ 时,上式极限为$\int_0^T f''(W(t))dt$。然而,正如注 3.4.4 中所讨论的,$[W(t_{j+1})-W(t_j)]^2$ 近似于 $(t_{j+1}-t_j)$ 的说法没有确切意义。本题中,我们将给出等式

$$\lim_{\|\Pi\|\to 0}\sum_{j=0}^{n-1} f''(W(t_j))[W(t_{j+1})-W(t_j)]^2=\int_0^T f''(W(t))dt \tag{4.10.22}$$

的正确解释。

定义：

$$Z_j=f''(W(t_j))[(W(t_{j+1})-W(t_j))^2-(t_{j+1}-t_j)]$$

于是：

$$\sum_{j=0}^{n-1} f''(W(t_j))[W(t_{j+1})-W(t_j)]^2=\sum_{j=0}^{n-1} Z_j+\sum_{j=0}^{n-1} f''(W(t_j))(t_{j+1}-t_j) \tag{4.10.23}$$

(i) 证明：Z_j 为 $\mathcal{F}(t_{j+1})$-可测，并且：

$$\mathbb{E}[Z_j\,|\,\mathcal{F}(t_j)]=0,\quad \mathbb{E}[Z_j^2\,|\,\mathcal{F}(t_j)]=2[f''(W(t_j))]^2(t_{j+1}-t_j)^2$$

尚需证明：

$$\lim_{\|\Pi\|\to 0}\sum_{j=0}^{n-1} Z_j=0 \tag{4.10.24}$$

这样，在式(4.10.23)中取极限，就能得到式(4.10.22)。按以下步骤证明式(4.10.24)。

(ii) 证明：$\mathbb{E}\sum_{j=0}^{n-1} Z_j=0$。

(iii) 在$\mathbb{E}\int_0^T[f''(W(t))]^2dt$ 有限的假定下证明：

$$\lim_{\|\Pi\|\to 0}\mathrm{Var}\Big[\sum_{j=0}^{n-1} Z_j\Big]=0$$

(注意：随机变量 $Z_1,Z_2,\cdots,X_{n-1}$未必独立。)

由(iii)，我们可知 $\sum_{j=0}^{n-1} Z_j$ 收敛于其均值 0，式(4.10.24)得证。

习题 4.15(由独立布朗运动产生相关布朗运动) 设$(W_1(t),\cdots,W_d(t))$是 d 维布朗运动。特别是，这些布朗运动两两相互独立。设$(\sigma_{ij}(t))_{i=1,\cdots,m;j=1,\cdots,d}$是 $m\times d$矩阵值过程，并与相应于 d 维布朗运动的域流相适应。对于 $i=1,\cdots,m$，定义：

$$\sigma_i(t)=\Big[\sum_{j=0}^{d}\sigma_{ij}^2(t)\Big]^{\frac{1}{2}}$$

并设其恒不为 0。又定义：

$$B_i(t)=\sum_{j=1}^{d}\int_0^t\frac{\sigma_{ij}(u)}{\sigma_i(u)}dW_j(u)$$

(i) 证明：对每个 i，B_i 是布朗运动。

(ii) 证明：$dB_i(t)dB_k(t)=\rho_{ik}(t)dt$，其中

$$\rho_{ik}(t)=\frac{1}{\sigma_i(t)\sigma_k(t)}\sum_{j=1}^{d}\sigma_{ij}(t)\sigma_{kj}(t)$$

习题 4.16(产生独立布朗运动表示相关布朗运动) 设 $B_1(t),\cdots,B_m(t)$是 m 个一维布朗运动,满足:

$$dB_i(t)dB_k(t)=\rho_{ik}(t)dt,\quad \forall i,k=1,\cdots,m$$

其中 $\rho_{ik}(t)$是适应过程,对于 $i\neq k$,取值在 $(-1,1)$中;对于 $i=k$,$\rho_{ik}(t)=1$。假定对所有 t,对称矩阵

$$C(t)=\begin{bmatrix}\rho_{11}(t) & \rho_{12}(t) & \rho_{1m}(t)\\ \rho_{21}(t) & \rho_{22}(t) & \rho_{2m}(t)\\ \vdots & \vdots & \vdots\\ \rho_{m1}(t) & \rho_{m2}(t) & \rho_{mm}(t)\end{bmatrix}$$

几乎必然正定。由于矩阵 $C(t)$对称正定,故存在**矩阵平方根**。换言之,存在矩阵

$$A(t)=\begin{bmatrix}a_{11}(t) & a_{12}(t) & a_{1m}(t)\\ a_{21}(t) & a_{22}(t) & a_{2m}(t)\\ \vdots & \vdots & \vdots\\ a_{m1}(t) & a_{m2}(t) & a_{mm}(t)\end{bmatrix}$$

使得 $C(t)=A(t)A^{tr}(t)$,按分量写出即为:

$$\rho_{ik}(t)=\sum_{j=1}^{m}a_{ij}(t)a_{kj}(t),\quad \forall i,k=1,\cdots,m \tag{4.10.25}$$

这一矩阵可以被如此选取,使得分量 $a_{ik}(t)$ 是适应过程。此外,矩阵 $A(t)$存在逆矩阵

$$A^{-1}(t)=\begin{bmatrix}\alpha_{11}(t) & \alpha_{12}(t) & \alpha_{1m}(t)\\ \alpha_{21}(t) & \alpha_{22}(t) & \alpha_{2m}(t)\\ \vdots & \vdots & \vdots\\ \alpha_{m1}(t) & \alpha_{m2}(t) & \alpha_{mm}(t)\end{bmatrix}$$

这意味着:

$$\sum_{j=1}^{m}a_{ij}(t)\alpha_{jk}(t)=\sum_{j=1}^{m}\alpha_{ij}(t)a_{jk}(t)=\delta_{ik} \tag{4.10.26}$$

其中我们定义:

$$\delta_{ik}=\begin{cases}1, & i=k\\ 0, & i\neq k\end{cases}$$

是所谓**克罗内克尔符号**(Kronecker delta)。证明:存在 m 个独立布朗运动 $W_1(t),\cdots,W_m(t)$使得:

$$B_i(t)=\sum_{j=1}^{m}\int_0^t a_{ij}(u)dW_j(u),\quad \forall i=1,\cdots,m \tag{4.10.27}$$

习题 4.17(瞬时相关系数) 设

$$X_1(t)=X_1(0)+\int_0^t \Theta_1(u)du+\int_0^t \sigma_1(u)dB_1(u)$$
$$X_2(t)=X_2(0)+\int_0^t \Theta_2(u)du+\int_0^t \sigma_2(u)dB_2(u)$$

其中 $B_1(t)$和 $B_2(t)$是满足 $dB_1(t)dB_2(t)=\rho(t)dt$ 的布朗运动,$\rho(t)$,$\Theta_1(t)$,$\Theta_2(t)$,$\sigma_1(t)$和 $\sigma_2(t)$是适应过程。则:

$$dX_1(t)dX_2(t)=\sigma_1(t)\sigma_2(t)dB_1(t)dB_2(t)=\rho(t)\sigma_1(t)\sigma_2(t)dt$$

我们称 $\rho(t)$是 $X_1(t)$与 $X_2(t)$之间的**瞬时相关系数**,本题解释其理由。

我们首先考虑 $\rho,\Theta_1,\Theta_2,\sigma_1$ 和 σ_2 均为常数的情形。此时:

$$X_1(t)=X_1(0)+\Theta_1 t+\sigma_1 B_1(t)$$
$$X_2(t)=X_2(0)+\Theta_2 t+\sigma_2 B_2(t)$$

给定 $t_0>0,\varepsilon>0$。

(i) 利用伊藤乘积法则,证明:

$$\mathbb{E}[(B_1(t_0+\varepsilon)-B_1(t_0))(B_2(t_0+\varepsilon)-B_2(t_0))\mid\mathcal{F}(t_0)]=\rho\varepsilon$$

(ii) 证明:基于条件 $\mathcal{F}(t_0)$,随机变量序偶

$$(X_1(t_0+\varepsilon)-X_1(t_0),X_2(t_0+\varepsilon)-X_2(t_0))$$

具有均值、方差和协方差:

$$M_i(\varepsilon)=\mathbb{E}[X_i(t_0+\varepsilon)-X_i(t_0)\mid\mathcal{F}(t_0)]=\Theta_i\varepsilon,\quad i=1,2 \tag{4.10.28}$$

$$V_i(\varepsilon)=\mathbb{E}[(X_i(t_0+\varepsilon)-X_i(t_0))^2\mid\mathcal{F}(t_0)]-M_i^2(\varepsilon)=\sigma_i^2\varepsilon,\quad i=1,2 \tag{4.10.29}$$

$$C(\varepsilon)=\mathbb{E}[(X_1(t_0+\varepsilon)-X_1(t_0))(X_2(t_0+\varepsilon)-X_2(t_0))\mid\mathcal{F}(t_0)]-M_1(\varepsilon)M_2(\varepsilon)$$
$$=\rho\sigma_1\sigma_2\varepsilon \tag{4.10.30}$$

特别地,基于条件 $\mathcal{F}(t_0)$,增量 $X_1(t_0+\varepsilon)-X_1(t_0)$与 $X_2(t_0+\varepsilon)-X_2(t_0)$之间的相关系数为:

$$\frac{C(\varepsilon)}{\sqrt{V_1(\varepsilon)V_2(\varepsilon)}}=\rho$$

现在我们允许 $\rho(t)$,$\Theta_1(t)$,$\Theta_2(t)$,$\sigma_1(t)$和 $\sigma_2(t)$为连续适应过程,只是假定存在常数 M,使得对所有 $t\geqslant 0$,有:

$$|\Theta_1(t)|\leqslant M,\quad |\sigma_1(t)|\leqslant M,\quad |\Theta_2(t)|\leqslant M,\quad |\sigma_2(t)|\leqslant M,\quad |\rho(t)|\leqslant M \tag{4.10.31}$$

几乎必然成立。我们仍固定 $t_0\geqslant 0$。

(iii) 证明:基于条件 $\mathcal{F}(t_0)$,我们有条件均值公式

$$M_i(\varepsilon)=\mathbb{E}[X_i(t_0+\varepsilon)-X_i(t_0)\mid\mathcal{F}(t_0)]=\Theta_i(t_0)\varepsilon+o(\varepsilon),\quad i=1,2 \tag{4.10.32}$$

其中,我们用 $o(\varepsilon)$ 表示满足 $\lim_{\varepsilon \downarrow 0} \frac{o(\varepsilon)}{\varepsilon}=0$ 的很小的量。换言之,证明:

$$\lim_{\varepsilon \downarrow 0} \frac{1}{\varepsilon} M_i(\varepsilon)=\Theta_i(t_0), \quad i=1,2 \tag{4.10.33}$$

[提示:首先证明

$$M_i(\varepsilon) = \mathbb{E}\left[\int_{t_0}^{t_0+\varepsilon} \Theta_i(u)du \mid \mathcal{F}(t_0)\right] \tag{4.10.34}$$

在下面所述意义下,控制收敛定理(定理 1.4.9)对于条件期望也适用。设 X 是随机变量。假定对每个 $\varepsilon>0$,我们有随机变量 $X(\varepsilon)$,使得 $\lim_{\varepsilon \downarrow 0} X(\varepsilon)=X$ 几乎必然成立。最后,假定存在另一个满足 $\mathbb{E}Y<\infty$ 的随机变量 Y,使得对每个 $\varepsilon>0$, $|X(\varepsilon)| \leqslant Y$ 几乎必然成立。则:

$$\lim_{\varepsilon \downarrow 0} \mathbb{E}[X(\varepsilon) \mid \mathcal{F}(t_0)]=\mathbb{E}[X \mid \mathcal{F}(t_0)]$$

由此,可从式(4.10.34)得到式(4.10.33)。]

(iv) 证明:对于 $i=1,2$ 和 $j=1,2$,由

$$D_{ij}(\varepsilon)=\mathbb{E}[(X_i(t_0+\varepsilon)-X_i(t_0))(X_j(t_0+\varepsilon)-X_j(t_0)) \mid \mathcal{F}(t_0)]-M_i(\varepsilon)M_j(\varepsilon)$$

定义的 $D_{ij}(\varepsilon)$ 满足:

$$D_{ij}(\varepsilon)=\rho_{ij}(t_0)\sigma_i(t_0)\sigma_j(t_0)\varepsilon+o(\varepsilon) \tag{4.10.35}$$

其中我们令 $\rho_{11}(t)=\rho_{22}(t)=1$, $\rho_{12}(t)=\rho_{21}(t)=\rho(t)$。[提示:定义鞅

$$Y_i(t) = \int_0^t \sigma_i(u)dB_i(u), \quad i = 1,2$$

于是可以将 $D_{ij}(\varepsilon)$ 表示为:

$$\begin{aligned} D_{ij}(\varepsilon) = \mathbb{E}\Big[&\Big(Y_i(t_0+\varepsilon)-Y_i(t_0)+\int_{t_0}^{t_0+\varepsilon}\Theta_i(u)du\Big) \cdot \Big(Y_j(t_0+\varepsilon)-Y_j(t_0) \\ &+\int_{t_0}^{t_0+\varepsilon}\Theta_j(u)du\Big) \mid \mathcal{F}(t_0)\Big]-M_i(\varepsilon)M_j(\varepsilon) \end{aligned} \tag{4.10.36}$$

展开式(4.10.36)的右端。利用伊藤乘积法则,证明展开式的第一项为:

$$\begin{aligned} &\mathbb{E}[(Y_i(t_0+\varepsilon)-Y_i(t_0))(Y_j(t_0+\varepsilon)-Y_j(t_0)) \mid \mathcal{F}(t_0)] \\ &= \mathbb{E}\left[\int_{t_0}^{t_0+\varepsilon} \rho_{ij}(u)\sigma_i(u)\sigma_j(u)du \mid \mathcal{F}(t_0)\right] \end{aligned}$$

这类似于式(4.10.34),利用(iii)的提示中所述的控制收敛定理,可得:

$$\lim_{\varepsilon \downarrow 0} \frac{1}{\varepsilon}\mathbb{E}[(Y_i(t_0+\varepsilon)-Y_i(t_0))(Y_j(t_0+\varepsilon)-Y_j(t_0)) \mid F(t_0)]=\rho_{ij}(t_0)\sigma_i(t_0)\sigma_j(t_0)$$

对于式(4.10.36)右端展开式中其他项的讨论,需要用到式(4.10.31)以及以下事实:

$$\lim_{\varepsilon \downarrow 0} \mathbb{E}[\,|Y_i(t_0+\varepsilon)-Y_i(t_0)|\,|\,\mathcal{F}(t_0)]=0 \tag{4.10.37}$$

读者可以不加证明,直接利用式(4.10.37)。]

(v) 证明:基于条件 $\mathcal{F}(t_0)$,随机变量序偶

$$(X_1(t_0+\varepsilon)-X_1(t_0),\quad X_2(t_0+\varepsilon)-X_2(t_0))$$

具有方差和协方差:

$$V_i(\varepsilon)=\mathbb{E}[(X_i(t_0+\varepsilon)-X_i(t_0))^2\,|\,\mathcal{F}(t_0)]-M_i^2(\varepsilon)=\sigma_i^2(t_0)\varepsilon+o(\varepsilon),\quad i=1,2 \tag{4.10.38}$$

$$\begin{aligned}C(\varepsilon)&=\mathbb{E}[(X_1(t_0+\varepsilon)-X_1(t_0))(X_2(t_0+\varepsilon)-X_2(t_0))\,|\,\mathcal{F}(t_0)]-M_1(\varepsilon)M_2(\varepsilon)\\&=\rho(t_0)\sigma_1(t_0)\sigma_2(t_0)\varepsilon+o(\varepsilon)\end{aligned} \tag{4.10.39}$$

(vi) 证明:

$$\lim_{\varepsilon \downarrow 0}\frac{C(\varepsilon)}{\sqrt{V_1(\varepsilon)V_2(\varepsilon)}}=\rho(t_0) \tag{4.10.40}$$

换言之,对于很小的 $\varepsilon>0$,基于条件 $\mathcal{F}(t_0)$,增量 $X_1(t_0+\varepsilon)-X_1(t_0)$ 与 $X_2(t_0+\varepsilon)-X_2(t_0)$ 之间的相关系数近似等于 $\rho(t_0)$,并且当 $\varepsilon \downarrow 0$ 时,这一近似成为精确。

习题 4.18 设股价为几何布朗运动

$$dS(t)=\alpha S(t)dt+\sigma S(t)dW(t)$$

利率为常数 r。定义**风险的市场价格**为:

$$\theta=\frac{\alpha-r}{\sigma}$$

以及**状态价格密度过程**为:

$$\zeta(t)=e^{-\theta W(t)-(r+\frac{1}{2}\theta^2)t}$$

(i) 证明:

$$d\zeta(t)=-\theta\zeta(t)dW(t)-r\zeta(t)dt$$

(ii) 设 X 表示投资者采用组合过程 $\Delta(t)$ 时其资产组合的价值。由式(4.5.2),我们有:

$$dX(t)=rX(t)dt+\Delta(t)(\alpha-r)S(t)dt+\Delta(t)\sigma S(t)dW(t)$$

证明:$\zeta(t)X(t)$ 是鞅。[提示:证明微分 $d(\zeta(t)X(t))$ 不含 dt 项。]

(iii) 设 $T>0$ 是固定的终端时刻。证明:如果投资者从初始资本 $X(0)$ 出发,希望在时刻 T 资产组合价值为 $V(T)$,其中 $V(T)$ 是给定的 $\mathcal{F}(T)$-可测随机变量,则其初始资本必为:

$$X(0)=\mathbb{E}[\zeta(T)V(T)]$$

换言之,时刻 T 的随机支付 $V(T)$ 在时刻 0 的**现值**是 $\mathbb{E}[\zeta(T)V(T)]$。这就是称

$\zeta(t)$为状态价格密度过程的原因。

习题 4.19 设 $W(t)$是布朗运动。定义:

$$B(t)=\int_0^t \text{sign}(W(s))dW(s)$$

其中:

$$\text{sign}(x)=\begin{cases}1, & x\geqslant 0\\ -1, & x<0\end{cases}$$

(i) 证明:$B(t)$是布朗运动。

(ii) 利用伊藤乘积法则,计算 $d[B(t)W(t)]$。将所得等式两边同时积分并取期望。证明:$\mathbb{E}[B(t)W(t)]=0$[即 $B(t)$和 $W(t)$不相关]。

(iii) 验证:

$$dW^2(t)=2W(t)dW(t)+dt$$

(iv) 利用伊藤乘积法则,计算 $d[B(t)W^2(t)]$。将所得等式两边同时积分并取期望,推得:

$$\mathbb{E}[B(t)W^2(t)]\neq\mathbb{E}B(t)\cdot\mathbb{E}W^2(t)$$

解释为何尽管 $B(t)$和 $W(t)$是不相关正态随机变量,但是它们不独立。

习题 4.20(局部时间) 设 $W(t)$是布朗运动。微分形式的伊藤—德布林公式为:

$$df(W(t))=f'(W(t))dW(t)+\frac{1}{2}f''(W(t))dt \qquad (4.10.41)$$

积分形式的伊藤—德布林公式为:

$$f(W(T))=f(W(0))+\int_0^T f'(W(t))dW(t)+\frac{1}{2}\int_0^T f''(W(t))dt \qquad (4.10.42)$$

这一公式的表述中通常假定函数 $f''(x)$对每个 $x\in\mathbb{R}$ 有定义,并且是x 的连续函数。事实上,如果存在有限多个点 x,使得 $f''(x)$没有定义,公式仍然成立,只要 $f'(x)$对每个 $x\in\mathbb{R}$ 有定义,并且是 x 的连续函数[并假定$|f''(x)|$有界,从而积分 $\int_0^T f''(W(t))dt$ 有定义]。然而如本题将表明的,如果 $f'(x)$在某些点没有定义,简单套用伊藤—德布林公式将会给出错误的答案。

(i) 设 K 是正数,定义 $f(x)=(x-K)^+$,计算 $f'(x)$和 $f''(x)$。注意:存在使得 $f'(x)$没有定义的点 x,$f''(x)$在该点也没有定义,除了该点之外,$f''(x)$处处为 0。

(ii) 将函数 $f(x)=(x-K)^+$代入式(4.10.42),用 0 替换 $\frac{1}{2}\int_0^T f''(W(t))dt$ 这一项,因为 f''除了一点之外处处为 0。通过计算两边的期望值,证明两边不可能相等。

(iii) 为了解这里发生的情况,定义一列函数$\{f_n\}_{n=1}^{\infty}$:

$$f_n(x)=\begin{cases}0, & x\leqslant K-\dfrac{1}{2n}\\ \dfrac{n}{2}(x-K)^2+\dfrac{1}{2}(x-K)+\dfrac{1}{8n}, & K-\dfrac{1}{2n}\leqslant x\leqslant K+\dfrac{1}{2n}\\ x-K, & x\geqslant K+\dfrac{1}{2n}\end{cases}$$

证明:

$$f'_n(x)=\begin{cases}0, & x\leqslant K-\dfrac{1}{2n}\\ n(x-K)+\dfrac{1}{2}, & K-\dfrac{1}{2n}\leqslant x\leqslant K+\dfrac{1}{2n}\\ 1, & x\geqslant K+\dfrac{1}{2n}\end{cases}$$

尤其是,不论是对于$x\leqslant K-\dfrac{1}{2n}$,还是对于$K-\dfrac{1}{2n}\leqslant x\leqslant K+\dfrac{1}{2n}$运用公式,我们得到相同的$f'_n\left(K-\dfrac{1}{2n}\right)$,因此导数$f'_n\left(K-\dfrac{1}{2n}\right)$有定义。同样,$f'_n\left(K+\dfrac{1}{2n}\right)$也有定义。验证:

$$f''_n(x)=\begin{cases}0, & x<K-\dfrac{1}{2n}\\ n, & K-\dfrac{1}{2n}<x<K+\dfrac{1}{2n}\\ 0, & x<K+\dfrac{1}{2n}\end{cases}$$

当$x=K\pm\dfrac{1}{2n}$时,二阶导数$f''(x)$没有定义,因为以上公式在这些点不能给出相同值。

(iv) 证明:对每个$x\in\mathbb{R}$,有

$$\lim_{n\to\infty}f_n(x)=(x-K)^+$$

且

$$\lim_{n\to\infty}f'_n(x)=\begin{cases}0, & x<K\\ \dfrac{1}{2}, & x=K\\ 1, & x>K\end{cases}$$

在以下(v)中积分时,$\lim\limits_{n\to\infty}f'_n(x)$在单个点的值是无关紧要的,故在下面的式(4.10.44)中,我们不用刚才推得的公式,而将$\lim\limits_{n\to\infty}f'_n(x)$替换为:

$$\mathbb{I}_{(K,\infty)}(x)=\begin{cases}0, & x\leqslant K\\ 1, & x>K\end{cases}$$

除了单个点 $x=K$ 之外,函数$\lim\limits_{n\to\infty}f'_n(x)$与$\mathbb{I}_{(K,\infty)}(x)$处处相等。

对每个 n,伊藤—德布林公式适用于函数 f_n,因为 $f'_n(x)$对每个 x 有定义并且是 x 的连续函数,除了两个点 $x=K\pm\frac{1}{2n}$之外,$f_n''(x)$对每个 x 有定义并且 $|f''(x)|$有上界 n。将积分形式的伊藤—德布林公式运用于 f_n,给出:

$$f_n(W(T))=f_n(W(0))+\int_0^T f'_n(W(t))dW(t)+\int_0^T f''_n(W(t))dt \tag{4.10.43}$$

在上式中令 $n\to\infty$,我们得到:

$$(W(T)-K)^+=(W(0)-K)^++\int_0^T \mathbb{I}_{(K,\infty)}(W(t))dW(t)+\lim_{n\to\infty}n\int_0^T \mathbb{I}_{\left(K-\frac{1}{2n},K+\frac{1}{2n}\right)}(W(t))dt \tag{4.10.44}$$

定义**布朗运动在 K 处的局部时间**为:

$$L_K(T)=\lim_{n\to\infty}n\int_0^T \mathbb{I}_{\left(K-\frac{1}{2n},K+\frac{1}{2n}\right)}(W(t))dt$$

[这一公式有时也被写为:

$$L_K(T)=\int_0^T\delta_K(W(t))dt$$

其中 δ_K 是在 K 处的狄拉克脉冲函数(Dirac delta function)。]对于固定的 n,表达式 $\int_0^T \mathbb{I}_{\left(K-\frac{1}{2n},K+\frac{1}{2n}\right)}(W(t))dt$ 给出在时刻 0 到 T 期间布朗运动位于以 K 为中心、宽度为$\frac{1}{n}$的带状区域的时间度量。当 $n\to\infty$时,其极限为 0,因为带宽趋于 0。然而,在取极限之前乘上了因子 n,就不清楚其极限将是 0,$+\infty$,或者别的什么情况。极限当然也是随机的,它依赖于布朗运动的路径。

(v) 证明:如果在时间区间 $[0,T]$上,布朗运动的路径严格位于 K 的下方,则有 $L_K(T)=0$。

(iv) 利用 $W(0)=0$ 以及 $K>0$ 的事实,我们可以从式(4.10.44)中解出 $L_K(T)$,得到:

$$L_K(T)=(W(T)-K)^+-\int_0^T \mathbb{I}_{(K,\infty)}(W(t))dW(t) \tag{4.10.45}$$

由此可知 $L_K(T)$不会是$+\infty$。证明:$L_K(T)=0$ 不会几乎必然成立。换言之,存在布朗运动的路径,使得 $L_K(T)>0$。(事实上,对于时刻 T 之前达到水平 K 的那些路径,就有 $L_K(T)>0$。)

习题 4.21(止损趋盈悖论) 设 $S(t)$是平均回报率为 0 的几何布朗运动。换言之:

$$dS(t)=\sigma S(t)dW(t)$$

其中波动率 σ 是常数。假定利率 $r=0$。

我们希望对冲在时刻 T 到期，敲定价格为 K 的欧式看涨期权。假设初始时刻看涨期权为虚值(即 $S(0)<K$)。从零资本出发($X(0)=0$)，我们采用以下组合策略：在股价严格高于 K 时，持有 1 份股票；在股价等于或者低于 K 时，持有 0 份股票。换言之，我们取对冲组合过程

$$\Delta(t)=\mathbb{I}_{(K,\infty)}(S(t))$$

该对冲组合的价值过程服从随机微分方程

$$dX(t)=\Delta(t)dS(t)+r(X(t)-\Delta(t)S(t))dt$$

由于 $r=0$ 和 $X(0)=0$，我们有：

$$X(T)=\sigma\int_0^T \mathbb{I}_{(K,\infty)}(S(t))S(t)dW(t) \tag{4.10.46}$$

实施这一对冲策略，在股价上升超越 K 时，需要从货币市场借贷以购买 1 份股票；在股价下跌回落至 K 时，抛售股票并偿还货币市场债务。(回顾我们关于利率为 0 的假定。我们所描述的情况也可能在非零利率时发生，其讨论将复杂得多。)在到期日，如果股价 $S(T)$ 低于 K，则股价偶数次穿越水平 K，一半是上升穿越，一半是下跌回落，于是我们偶数次买卖股票，每次以相同价格 K，最终资产组合中既无股票也无货币市场债务。换言之，如果 $S(T)<K$，则 $X(T)=0$。另一方面，如果到期日股价 $S(T)$ 高于 K，则我们购买股票比抛售股票多了一次，到期日仍持有 1 份股票并且在货币市场欠下债务 K。因此，如果 $S(T)>K$，我们有 $X(T)=S(T)-K$。如果在到期日 $S(T)=K$，则我们或者仍持有 1 份股票并且在货币市场欠下债务 K，或者已抛售股票并且也无货币市场债务。不论何种情形，$X(T)=0$。根据以上论证，不论到期日股价如何，我们总有 $X(T)=(S(T)-K)^+$。这种对冲被称为**止损趋盈策略**。

(i) 讨论上述止损趋盈策略在实际操作方面是否可行？

(ii) 从连续时间随机分析的数学角度，上述止损趋盈策略是否可行？换言之，对于由式(4.10.46)定义的 $X(T)$，是否真有 $X(T)=(S(T)-K)^+$？

5 风险中性定价

5.1 引 言

在第一卷第一章的二叉树资产定价模型中，我们通过确定对冲衍生证券空头所需要的初始资本给出衍生证券的定价。在第一卷的两时段模型中，这一定价方法导致关于六个未知量的六个方程，即(1.2.2)、(1.2.3)以及(1.2.5)～(1.2.8)。其中三个未知量分别是：对冲组合在时刻0应持有原生资产的头寸；在时刻1相应于第一次抛掷硬币结果为H，对冲组合应持有的头寸；以及相应于第一次抛掷硬币结果为T，对冲组合应持有的头寸。另外三个未知量分别是：衍生证券在时刻0的价值；在时刻1相应于第一次抛掷硬币结果为H，衍生证券的价值；以及相应于第一次抛掷硬币结果为T，衍生证券的价值。这六个方程的解，给出了所有时刻衍生证券的价值及其空头对冲组合在所有时刻的头寸(不论第一次抛掷硬币结果如何)。

在第一卷定理1.2.2中，我们给出了求解关于这六个未知量的六个方程的巧妙方法：首先利用风险中性概率$\widetilde{p}$和$\widetilde{q}$由式(1.2.16)解得衍生证券价值V_n，然后由式(1.2.17)计算对冲组合的头寸。等式(1.2.16)表明：在风险中性概率下，贴现的衍生证券价值是一个鞅。

在本卷4.5节中，我们重复了这一程式的第一部分。为了确定欧式看涨期权的价值，我们先确定建立能以概率1对冲衍生证券空头的资产组合所需要的初始资本。在本卷4.5.3中，我们令贴现资产组合价值的演化与贴现期权价值的演化相等，从而给出第一卷中六个方程(1.2.2)、(1.2.3)以及(1.2.5)～(1.2.8)的解法在连续时间情形的类似过程，由此得到delta-对冲法则(4.5.11)，并且得到关于看涨期权定价的布莱克—斯科尔斯—默顿偏微分方程(4.5.14)。

现在，我们来实施这一程式的第二部分。本章中，我们将利用风险中性概率测度，给出偏微分方程(4.5.14)的精妙解法。求得该方程的解以后，我们就能够利用式(4.5.11)计算期权空头对冲的头寸。

为了完成这一程式的第二部分，在5.2节中，我们对于单个原生资产的模型建立风险中性测度。这一步有赖于5.2节中给出的哥萨诺夫定理。风险中性定价是计算衍生证券价格的有力工具，但需要关于所定价证券空头的对冲与之相伴。在

5.3 节中，我们对于单个原生资产的模型给出这一对冲存在的条件。在 5.4 节中，我们将 5.2 节和 5.3 节中的思想推广到多个原生资产的模型。5.4 节中，我们还给出了确保模型无套利以及所有衍生证券可以得到对冲的条件。

5.2 风险中性测度

5.2.1 *关于单个布朗运动的哥萨诺夫定理*

在定理 1.6.1 中，我们从概率空间$(\Omega,\mathcal{F},\mathbb{P})$以及满足$\mathbb{E}Z=1$ 的非负随机变量 Z 出发，由以下公式定义一个新的概率测度$\widetilde{\mathbb{P}}$：

$$\widetilde{\mathbb{P}}(A)=\int_A Z(\omega)d\,\mathbb{P}(\omega),\quad \forall A\in\mathcal{F} \tag{5.2.1}$$

现在，任何随机变量 X 都有两个期望值：一个是在原概率测度$\mathbb{P}$ 下的期望值，记为$\mathbb{E}X$；另一个是在新概率测度$\widetilde{\mathbb{P}}$ 下的期望值，记为$\widetilde{\mathbb{E}}X$。这两个期望值通过以下公式相联系：

$$\widetilde{\mathbb{E}}X=\mathbb{E}[XZ] \tag{5.2.2}$$

如果$\mathbb{P}\{Z>0\}=1$，则P 和$\widetilde{\mathbb{P}}$ 具有相同的零概率集，并且与式(5.2.2)相伴，我们有公式

$$\mathbb{E}X=\widetilde{\mathbb{E}}\left[\frac{X}{Z}\right] \tag{5.2.3}$$

我们称 Z 是$\widetilde{\mathbb{P}}$ 关于$\mathbb{P}$ 的**拉东-尼柯迪姆导数**，记为：

$$Z=\frac{d\widetilde{\mathbb{P}}}{d\mathbb{P}}$$

这一记法提示我们：Z 似乎是这两个概率测度之比。第一卷的 3.1 节中，我们曾在有限概率空间中讨论过这一概念。对于有限概率空间的情形，我们确实有：

$$Z(\omega)=\frac{\widetilde{\mathbb{P}}(\omega)}{\mathbb{P}(\omega)} \tag{5.2.4}$$

在式(5.2.4)两边同乘以$\mathbb{P}(\omega)$，并关于 A 中的ω 求和，我们得到：

$$\widetilde{\mathbb{P}}(A)=\sum_{\omega\in A}Z(\omega)\,\mathbb{P}(\omega),\quad \forall A\subset\Omega \tag{5.2.5}$$

对于一般的概率空间，我们不能采用式(5.2.4)的写法，因为对于每个ω，$\mathbb{P}(\omega)$ 通常为 0。然而，我们有类似于式(5.2.5)的写法，这就是式(5.2.1)。

在例 1.6.6 中，我们曾利用这一测度变换的思路，来改变正态随机变量的均值。如果 X 是概率空间$(\Omega,\mathcal{F},\mathbb{P})$上的标准正态随机变量，$\theta$ 是常数。我们定义：

$$Z=e^{-\theta X-\frac{1}{2}\theta^2}$$

于是在式(5.2.1)给出的概率测度$\widetilde{\mathbb{P}}$下,$Y=X+\theta$是标准正态随机变量。特别是,$\widetilde{\mathbb{E}}Y=0$,而$\mathbb{E}Y=\mathbb{E}X+\theta=\theta$。通过概率测度的变换,我们改变了$Y$的期望值。

这一节中,我们施行类似的测度变换以改变均值,不过是对整个过程而不是对单个随机变量。设$(\Omega,\mathcal{F},\mathbb{P})$是概率空间,$\mathcal{F}(t)$,$0\leqslant t\leqslant T$是域流,其中$T$是给定的终端时刻。假定随机变量$Z$几乎必然为正,并且满足$\mathbb{E}Z=1$,$\widetilde{\mathbb{P}}$由式(5.2.1)给出。定义**拉东—尼柯迪姆导数过程**

$$Z(t)=\mathbb{E}[Z|\mathcal{F}(t)],\quad 0\leqslant t\leqslant T \tag{5.2.6}$$

第一卷3.2节中就离散时间情形讨论过这一过程。由累次条件期望性质[定理2.3.2(iii)]可知拉东—尼柯迪姆导数过程(5.2.6)是鞅:对于$0\leqslant s\leqslant t\leqslant T$,

$$\mathbb{E}[Z(t)|\mathcal{F}(s)]=\mathbb{E}[\mathbb{E}[Z|\mathcal{F}(t)]|\mathcal{F}(s)]=\mathbb{E}[Z|\mathcal{F}(s)]=Z(s) \tag{5.2.7}$$

以下两个引理给出的是(连续时间情形)与第一卷引理3.2.5和引理3.2.6类似的性质。

引理 5.2.1 给定$0\leqslant t\leqslant T$,设Y是$\mathcal{F}(t)$-可测随机变量,则:

$$\widetilde{\mathbb{E}}Y=\mathbb{E}[YZ(t)] \tag{5.2.8}$$

【证明】 利用式(5.2.2),条件期望的无偏性(2.3.25),"提取已知量"性质[定理2.3.2(ii)],以及$Z(t)$的定义,我们有:

$$\widetilde{\mathbb{E}}Y=\mathbb{E}[YZ]=\mathbb{E}[\mathbb{E}[YZ|\mathcal{F}(t)]]=\mathbb{E}[Y\,\mathbb{E}[Z|\mathcal{F}(t)]]=\mathbb{E}[YZ(t)] \qquad \square$$

引理 5.2.2 给定$0\leqslant s\leqslant t\leqslant T$,设$Y$是$\mathcal{F}(t)$-可测随机变量。则:

$$\widetilde{\mathbb{E}}[Y|\mathcal{F}(s)]=\frac{1}{Z(s)}\mathbb{E}[YZ(t)|\mathcal{F}(s)] \tag{5.2.9}$$

【证明】 易知$\frac{1}{Z(s)}\mathbb{E}[YZ(t)|\mathcal{F}(s)]$为$\mathcal{F}(s)$-可测。我们必须验证部分平均性质[定义2.3.1(ii)],在此情形下,即:

$$\int_A \frac{1}{Z(s)}\,\mathbb{E}[YZ(t)\mid\mathcal{F}(s)]d\,\widetilde{\mathbb{P}}=\int_A Yd\,\widetilde{\mathbb{P}},\forall A\in\mathcal{F}(s) \tag{5.2.10}$$

注意:由于我们要证式(5.2.9)的右端是Y在$\widetilde{\mathbb{P}}$下的条件期望,因此在部分平均性质式(5.2.10)中必须关于测度$\widetilde{\mathbb{P}}$积分。式(5.2.10)的左端可以写成:

$$\widetilde{\mathbb{E}}\left[\mathbb{I}_A\frac{1}{Z(s)}\mathbb{E}[YZ(t)|\mathcal{F}(s)]\right]$$

于是,利用关于$\mathcal{F}(s)$-可测随机变量的引理5.2.1,"提取已知量"性质[定理2.3.2(ii)],条件期望的无偏性(2.3.25),最后再利用关于$\mathcal{F}(t)$-可测随机变量的引理5.2.1,我们得到:

$$\widetilde{\mathbb{E}}\left[\mathbb{I}_A \frac{1}{Z(s)}\mathbb{E}[YZ(t) \mid \mathcal{F}(s)]\right] = \mathbb{E}[\mathbb{I}_A \mathbb{E}[YZ(t) \mid \mathcal{F}(s)]]$$
$$= \mathbb{E}[\mathbb{E}[\mathbb{I}_A YZ(t) \mid \mathcal{F}(s)]]$$
$$= \mathbb{E}[\mathbb{I}_A YZ(t)]$$
$$= \widetilde{\mathbb{E}}[\mathbb{I}_A Y]$$
$$= \int_A Y d\widetilde{\mathbb{P}}$$

这就验证了式(5.2.10),从而式(5.2.9)得证。 □

定理 5.2.3(哥萨诺夫定理,一维情形) 设 $W(t),0\leqslant t\leqslant T$ 是概率空间$(\Omega,\mathcal{F},\mathbb{P})$上的布朗运动,$\mathcal{F}(t),0\leqslant t\leqslant T$ 是关于该布朗运动的域流。设$\Theta(t),0\leqslant t\leqslant T$ 是一个适应过程。定义:

$$Z(t) = \exp\left\{-\int_0^t \Theta(u)dW(u) - \frac{1}{2}\int_0^t \Theta^2(u)du\right\} \tag{5.2.11}$$

$$\widetilde{W}(t) = W(t) + \int_0^t \Theta(u)du \tag{5.2.12}$$

并且假设[1]:

$$\mathbb{E}\int_0^T \Theta^2(u)Z^2(u)du < \infty \tag{5.2.13}$$

令 $Z=Z(T)$,则$\mathbb{E}Z=1$,并且在式(5.2.1)给出的概率测度$\widetilde{\mathbb{P}}$ 下,过程 $\widetilde{W}(t),0\leqslant t\leqslant T$ 是一个布朗运动。

【证明】 利用列维定理(定理 4.6.4),该定理断言在时刻 0 初值为 0、具有连续路径、在时刻 t 二次变差等于 t 的鞅是布朗运动。过程 $\widetilde{W}$ 在时刻 0 的初始值为 0,并且连续。由于 $\widetilde{W}(t)$的定义中 $\int_0^t \Theta(u)du$ 这项二次变差为 0,因此$[\widetilde{W},\widetilde{W}](t)=[W,W](t)=t$。换言之,有:

$$d\widetilde{W}(t)d\widetilde{W}(t)=(dW(t)+\Theta(t)dt)^2=dW(t)dW(t)=dt$$

还需证明,$\widetilde{W}(t)$在$\widetilde{\mathbb{P}}$ 下是鞅。我们首先验证 $Z(t)$在$\mathbb{P}$ 下是鞅。令:

$$X(t) =-\int_0^t \Theta(u)dW(u) - \frac{1}{2}\int_0^t \Theta^2(u)du$$

以及 $f(x)=e^x$,于是 $f'(x)=e^x$,$f''(x)=e^x$,我们有:

$$dZ(t)=df(X(t))=f'(X(t))dX(t)+\frac{1}{2}f''(X(t))dX(t)dX(t)$$
$$=e^{X(t)}\left(-\Theta(t)dW(t)-\frac{1}{2}\Theta^2(t)dt\right)+\frac{1}{2}e^{X(t)}\Theta^2(t)dt$$
$$=-\Theta(t)Z(t)dW(t)$$

---

〔1〕 施加条件(5.2.13)是为了确保式(5.2.14)中的伊藤积分有定义并且是鞅。这相当于伊藤积分构造中的条件(4.3.1)。

两边同时积分,得到:

$$Z(t)=Z(0)-\int_0^t \Theta(u)Z(u)dW(u) \tag{5.2.14}$$

由于伊藤积分是鞅,故 $Z(t)$ 是鞅。特别地,$\mathbb{E}Z=\mathbb{E}Z(T)=Z(0)=1$。

由于 $Z(t)$ 是鞅,并且 $Z=Z(T)$,我们有:

$$Z(t)=\mathbb{E}[Z(T)\mid\mathcal{F}(t)]=\mathbb{E}[Z\mid\mathcal{F}(t)],\quad 0\leqslant t\leqslant T$$

这表明:$Z(t)$,$0\leqslant t\leqslant T$ 是如同式(5.2.6)所定义的拉东—尼柯迪姆导数过程,从而引理 5.2.1 和引理 5.2.2 适用。

然后验证 $\widetilde{W}(t)Z(t)$ 在 $\mathbb{P}$ 下是鞅。为此,利用伊藤乘积法则(推论 4.6.3)计算其微分:

$$\begin{aligned}d(\widetilde{W}(t)Z(t))&=\widetilde{W}(t)dZ(t)+Z(t)d\widetilde{W}(t)+d\widetilde{W}(t)dZ(t)\\&=-\widetilde{W}(t)\Theta(t)Z(t)dW(t)+Z(t)dW(t)+Z(t)\Theta(t)dt\\&\quad+(dW(t)+\Theta(t)dt)(-\Theta(t)Z(t)dW(t))\\&=(-\widetilde{W}(t)\Theta(t)+1)Z(t)dW(t)\end{aligned}$$

由于最后的表达式不含 dt 项,因此过程 $\widetilde{W}(t)Z(t)$ 在 $\mathbb{P}$ 下是鞅。

现在给定 $0\leqslant s\leqslant t\leqslant T$,由引理 5.2.2 以及 $\widetilde{W}(t)Z(t)$ 在 $\mathbb{P}$ 下的鞅性质,我们可得:

$$\widetilde{\mathbb{E}}[\widetilde{W}(t)\mid\mathcal{F}(s)]=\frac{1}{Z(s)}\mathbb{E}[\widetilde{W}(t)Z(t)\mid\mathcal{F}(s)]=\frac{1}{Z(s)}\widetilde{W}(s)Z(s)=\widetilde{W}(s)$$

这表明 $\widetilde{W}(t)$ 在 $\widetilde{\mathbb{P}}$ 下是鞅。定理得证。 □

哥萨诺夫定理中的概率测度 $\mathbb{P}$ 和 $\widetilde{\mathbb{P}}$ 是等价的(即关于哪些集合概率为 0 是一致的,从而关于哪些集合概率为 1 也是一致的),这是因为 $\mathbb{P}\{Z>0\}=1$;见定义 1.6.3 及其后面的讨论。在这一节的余下部分,我们将建立的资产价格模型中,$\mathbb{P}$ 是真实概率测度,$\widetilde{\mathbb{P}}$ 是风险中性概率测度。我们希望这些概率关于哪些可能、哪些不可能是一致的,事实也确实如此。在第一卷的离散时间二叉树模型中,真实概率测度与风险中性概率测度关于股价的哪些变动为可能是一致的[即不论是在真实概率测度或者是在风险中性概率测度下,股价向上变动的概率同时为正,股价向下变动的概率也同时为正,并且上下变动的幅度(而不是概率)相同]。在二叉树模型中,可能的资产价格路径的集合是树,真实概率测度和风险中性概率测度都基于相同的树。在连续时间模型中,存在无穷多条可能的路径,关于哪些路径可能及哪些路径不可能的一致性就是定义 1.6.3 中的(测度)等价性。

5.2.2 *风险中性测度下的股价*

设 $W(t)$,$0\leqslant t\leqslant T$ 是概率空间 $(\Omega,\mathcal{F},\mathbb{P})$ 上的布朗运动,$\mathcal{F}(t)$,$0\leqslant t\leqslant T$ 是关于该布朗运动的域流。这里,T 是给定的终端时刻。考虑股价过程,其微分等于:

$$dS(t)=\alpha(t)S(t)dt+\sigma(t)S(t)dW(t),\quad 0\leqslant t\leqslant T \tag{5.2.15}$$

其中平均回报率 $\alpha(t)$ 和波动率 $\sigma(t)$ 可以是适应过程。我们假定，对所有 $t\in[0,T]$，$\sigma(t)$ 几乎必然非零。这样的股价是广义几何布朗运动[见例4.4.8，特别是式(4.4.27)]，式(5.2.15)的一个等价的写法[见式(4.4.26)]为：

$$S(t)=S(0)\exp\left\{\int_0^t\sigma(s)dW(s)+\int_0^t\left(\alpha(s)-\frac{1}{2}\sigma^2(s)\right)ds\right\} \tag{5.2.16}$$

此外，假设我们有适应的利率过程 $R(t)$。定义**贴现过程**

$$D(t)=\exp\left\{-\int_0^t R(s)ds\right\} \tag{5.2.17}$$

注意到：

$$dD(t)=-R(t)D(t)dt \tag{5.2.18}$$

为了从式(5.2.17)得到式(5.2.18)，我们可以定义 $I(t)=\int_0^t R(s)ds$，于是 $dI(t)=R(t)dt$，$dI(t)dI(t)=0$。引进函数 $f(x)=e^{-x}$，则 $f'(x)=-f(x)$，$f''(x)=f(x)$，由伊藤—德布林公式可得：

$$\begin{aligned}dD(t)&=df(I(t))\\&=f'(I(t))dI(t)+\frac{1}{2}f''(I(t))dI(t)dI(t)\\&=-f(I(t))R(t)dt\\&=-R(t)D(t)dt\end{aligned}$$

注意：虽然 $D(t)$ 是随机的，但它具有零二次变差。这是因为它比较“光滑”。它具有导数，即 $D'(t)=-R(t)D(t)$，其计算并不需要随机分析。股价 $S(t)$ 是随机的并且具有非零二次变差。它比 $D(t)$“更随机”。如果投资于股票，我们并不知道下一时刻(驱动过程)布朗运动的升降如何，而这种变动直接影响股票价格。因此，我们面临高度的不确定性。另一方面，考虑货币市场账户，其中货币以可变利率 $R(t)$ 连续计息。如果在时刻 0，一份货币市场账户的价值为 1，则在时刻 t，其价值为 $e^{\int_0^t R(s)ds}=\frac{1}{D(t)}$。如果投资于货币市场账户，由于我们知道投资时刻的利率，关于以后短时间内的投资回报就有较高程度的确定性。对于较长时间的投资，就不那么确定，因为利率可变，在投资时刻我们并不知道未来适用的利率。然而，由利率变动引起的随机性对于货币市场账户的影响是比较间接的。利率的变动对于货币市场账户没有瞬间的影响，只是一段时间后产生作用。(注意：货币市场账户不是债券，利率变动对于债券价格有瞬间的影响。)与货币市场账户不同，股票的价格对于无法预料的瞬间变化十分敏感，在这个意义上，它比 $D(t)$“更随机”。由于 $S(t)$ 具有非零二次变差，而 $D(t)$ 的二次变差为 0，我们的数学模型体现了上述效应。

贴现股价过程为：

$$D(t)S(t)=S(0)\exp\left\{\int_0^t\sigma(s)dW(s)+\int_0^t\left(\alpha(s)-R(s)-\frac{1}{2}\sigma^2(s)\right)ds\right\} \tag{5.2.19}$$

其微分等于：

$$d(D(t)S(t))=(\alpha(t)-R(t))D(t)S(t)dt+\sigma(t)D(t)S(t)dW(t)$$
$$=\sigma(t)D(t)S(t)[\Theta(t)dt+dW(t)] \quad (5.2.20)$$

其中我们定义**风险的市场价格**为:

$$\Theta(t)=\frac{\alpha(t)-R(t)}{\sigma(t)} \quad (5.2.21)$$

式(5.2.20)可以通过对式(5.2.19)右端运用伊藤—德布林公式得到,也可以利用伊藤乘积法则以及式(5.2.15)和式(5.2.18)两式推得。式(5.2.20)的第一行[与式(5.2.15)比较]表明:贴现股价的平均回报率为 $\alpha(t)-R(t)$,这是未贴现股价的平均回报率 $\alpha(t)$减去利率 $R(t)$的差。贴现股价的波动率与未贴现股价的波动率相同。

引进哥萨诺夫定理(定理 5.2.3)中定义的概率测度$\widetilde{\mathbb{P}}$,其中用到式(5.2.21)给出的风险的市场价格 $\Theta(t)$。利用定理中的布朗运动 $\widetilde{W}(t)$,式(5.2.20)可以改写为:

$$d(D(t)S(t))=\sigma(t)D(t)S(t)d\widetilde{W}(t) \quad (5.2.22)$$

我们称哥萨诺夫定理中定义的概率测度$\widetilde{\mathbb{P}}$ 为**风险中性测度**,因为它等价于原测度$\mathbb{P}$,并且使得贴现股价过程成为鞅。事实上,根据式(5.2.22),有:

$$D(t)S(t) = S(0) + \int_0^t \sigma(u)D(u)S(u)d\widetilde{W}(u)$$

而在$\widetilde{\mathbb{P}}$ 下,过程 $\int_0^t \sigma(u)D(u)S(u)d\widetilde{W}(u)$ 是伊藤积分,因而是鞅。

未贴现股价 $S(t)$在$\widetilde{\mathbb{P}}$ 下的平均回报率等于利率 $R(t)$,这可以通过在式(5.2.15)中做替换 $dW(t)=-\Theta(t)dt+d\widetilde{W}(t)$来验证。做替换后,式(5.2.15)成为:

$$dS(t)=R(t)S(t)dt+\sigma(t)S(t)d\widetilde{W}(t) \quad (5.2.23)$$

我们可以直接求解,也可以在式(5.2.16)中将伊藤积分 $\int_0^t \sigma(s)dW(s)$ 等价地替换为 $\int_0^t \sigma(s)d\widetilde{W}(s)-\int_0^t (\alpha(s)-R(s))ds$,得到 $S(t)$的公式:

$$S(t) = S(0)e^{\int_0^t \sigma(s)d\widetilde{W}(s)+\int_0^t (R(s)-\frac{1}{2}\sigma^2(s))ds} \quad (5.2.24)$$

在离散时间情形,测度的变换并不改变二叉树,改变的只是二叉树每一分支上的概率。在连续时间情形,由真实概率测度$\mathbb{P}$ 变换为风险中性测度$\widetilde{\mathbb{P}}$,改变的是股票的平均回报率,而波动率不变。波动率告诉我们什么样的股价路径是可能的,即使得股价的对数在单位时间内累积二次变差的速率为 $\sigma^2(t)$的那些路径。在测度变换后,我们仍考虑同样的股价路径集合,不过改变了其上的概率。如果 $\alpha(t)>R(t)$,则测度变换对于回报较低的路径赋予更大的概率,从而整个平均回报率由

$\alpha(t)$减为 $R(t)$。

5.2.3 风险中性测度下资产组合过程的价值

设投资者以 $X(0)$ 为初始资本，在每个时刻 t，$0\leqslant t\leqslant T$ 持有 $\Delta(t)$ 份股票，其余按利率 $R(t)$ 投资（或借贷），维持自融资。投资者资产组合价值的微分类似于式(4.5.2)，不过现在的情形，$\alpha(t)$，$\sigma(t)$ 和 $R(t)$ 是随机变量，结果为：

$$\begin{aligned} dX(t) &= \Delta(t)dS(t) + R(t)(X(t) - \Delta(t)S(t))dt \\ &= \Delta(t)(\alpha(t)S(t)dt + \sigma(t)S(t)dW(t)) + R(t)(X(t) - \Delta(t)S(t))dt \\ &= R(t)X(t)dt + \Delta(t)(\alpha(t) - R(t))S(t)dt + \Delta(t)\sigma(t)S(t)dW(t) \\ &= R(t)X(t)dt + \Delta(t)\sigma(t)S(t)[\Theta(t)dt + dW(t)] \end{aligned} \tag{5.2.25}$$

利用伊藤乘积法则以及式(5.2.18)和式(5.2.20)，可以推得：

$$\begin{aligned} d(D(t)X(t)) &= \Delta(t)\sigma(t)D(t)S(t)[\Theta(t)dt + dW(t)] \\ &= \Delta(t)d(D(t)S(t)) \end{aligned} \tag{5.2.26}$$

贴现资产组合价值的变化完全由贴现股价的波动引起。利用式(5.2.22)，式(5.2.26)可以改写为：

$$d(D(t)X(t)) = \Delta(t)\sigma(t)D(t)S(t)d\widetilde{W}(t) \tag{5.2.27}$$

投资者有两种投资选择：(1)回报率为 $R(t)$ 的货币市场账户；(2)在$\widetilde{\mathbb{P}}$ 下，平均回报率为 $R(t)$ 的股票。不论如何投资，在$\widetilde{\mathbb{P}}$ 下，其资产组合的平均回报率总是 $R(t)$，因此贴现资产组合价值过程 $D(t)X(t)$ 是鞅。这就是式(5.2.27)的涵义。

5.2.4 风险中性测度下的定价

在 4.5 节中，通过确定为了对冲看涨期权的空头[即为了 $X(T)=(S(T)-K)^+$ 几乎必然成立]所需要的初始资本 $X(0)$ 以及资产组合过程$\Delta(t)$，我们推得了关于欧式看涨期权价值的布莱克—斯科尔斯—默顿方程。这一节中，我们将这一问题推广。设 $V(T)$ 是 $\mathcal{F}(T)$-可测的随机变量。它表示在时刻 T 衍生证券的支付。我们允许该支付路径依赖(即依赖于时刻 0 与时刻 T 之间发生的任何情况)，这也是 $\mathcal{F}(T)$-可测的涵义。我们希望确定为了对冲该衍生证券空头，即为了使得

$$X(T) = V(T) \quad a.s. \tag{5.2.28}$$

所需要的初始资本 $X(0)$ 以及资产组合过程 $\Delta(t)$，$0\leqslant t\leqslant T$。在 4.5 节中，平均回报率、波动率以及利率都是常数。这一节中，我们并不假定平均回报率、波动率以及利率是常数。

投资者希望选择初始资本 $X(0)$ 以及组合策略 $\Delta(t)$，$0\leqslant t\leqslant T$，使得式(5.2.28)成立。下一节，我们将看到，这是能够做到的。一旦式(5.2.28)成立，由于 $D(t)X(t)$ 在$\widetilde{\mathbb{P}}$ 下是鞅，故有：

$$D(t)X(t)=\widetilde{\mathbb{E}}[D(T)X(T)\mid\mathcal{F}(t)]=\widetilde{\mathbb{E}}[D(T)V(T)\mid\mathcal{F}(t)] \tag{5.2.29}$$

式(5.2.29)中对冲资产组合的价值 $X(t)$是为了成功对冲支付为 $V(T)$的衍生证券的空头在时刻 t 所需要的资本。因此,可以将此称为衍生证券在时刻 t 的价格 $V(t)$,从而式(5.2.29)成为:

$$D(t)V(t)=\widetilde{\mathbb{E}}[D(T)V(T)\mid\mathcal{F}(t)],\quad 0\leqslant t\leqslant T \tag{5.2.30}$$

这是连续时间情形与第一卷二叉树模型中风险中性定价公式(2.4.10)相应的公式。在式(5.2.30)两边同时除以 $D(t)$,由于 $D(t)$为 $\mathcal{F}(t)$-可测,可以被移入式(5.2.30)右端的条件期望,再回顾 $D(t)$的定义,我们可将式(5.2.30)写成:

$$V(t)=\widetilde{\mathbb{E}}\left[\exp\left\{-\int_t^T R(u)du\right\}V(T)\mid\mathcal{F}(t)\right],\quad 0\leqslant t\leqslant T \tag{5.2.31}$$

这是连续时间情形与第一卷式(2.4.11)相应的公式。我们将式(5.2.30)和式(5.2.31)称为关于连续时间模型的**风险中性定价公式**。

5.2.5 *布莱克—斯科尔斯—默顿公式的推导*

传统的布莱克—斯科尔斯公式的命名中为何添加默顿,已经在4.9节的评注中解释。

为了得到欧式看涨期权的布莱克—斯科尔斯—默顿价格,我们假设波动率 σ 和利率 r 为常数,衍生证券的支付为 $V(T)=(S(T)-K)^+$。式(5.2.31)的右端成为:

$$\widetilde{\mathbb{E}}[e^{-r(T-t)}(S(T)-K)^+\mid\mathcal{F}(t)]$$

由于几何布朗运动是马尔可夫过程,上述表达式依赖于股价 $S(t)$,当然也依赖于计算条件期望的时刻 t,但不依赖于时刻 t 之前的股价。换言之,存在函数 $c(t,x)$ 使得:

$$c(t,S(t))=\widetilde{\mathbb{E}}[e^{-r(T-t)}(S(T)-K)^+\mid\mathcal{F}(t)] \tag{5.2.32}$$

我们利用独立性引理(引理2.3.4)来计算 $c(t,x)$。在 σ 和 r 为常数的情形,等式(5.2.24)成为:

$$S(t)=S(0)e^{\sigma\widetilde{W}(t)+(r-\frac{1}{2}\sigma^2)t}$$

于是:

$$S(T)=S(t)e^{\sigma(\widetilde{W}(T)-\widetilde{W}(t))+(r-\frac{1}{2}\sigma^2)\tau}=S(t)e^{-\sigma\sqrt{\tau}Y+(r-\frac{1}{2}\sigma^2)\tau}$$

其中 Y 是标准正态随机变量

$$Y=-\frac{\widetilde{W}(T)-\widetilde{W}(t)}{\sqrt{T-t}}$$

$\tau=T-t$ 是“离到期日尚余时间”。我们看到:$S(T)$是 $\mathcal{F}(t)$-可测随机变量$S(t)$与

独立于 $\mathcal{F}(t)$ 的随机变量

$$e^{-\sigma\sqrt{\tau}Y+(r-\frac{1}{2}\sigma^2)\tau}$$

的乘积。因此，式(5.2.32)成立，其中：

$$\begin{aligned}c(t,x) &= \widetilde{\mathbb{E}}\left[e^{-r\tau}\left(xe^{-\sigma\sqrt{\tau}Y+(r-\frac{1}{2}\sigma^2)\tau}-K\right)^+\right]\\ &= \frac{1}{\sqrt{2\pi}}\int_{-\infty}^{\infty}e^{-r\tau}\left(xe^{-\sigma\sqrt{\tau}y+(r-\frac{1}{2}\sigma^2)\tau}-K\right)^+e^{-\frac{1}{2}y^2}dy\end{aligned}$$

被积函数

$$\left(xe^{-\sigma\sqrt{\tau}y+(r-\frac{1}{2}\sigma^2)\tau}-K\right)^+$$

取正值当且仅当

$$y<d_-(\tau,x)=\frac{1}{\sigma\sqrt{\tau}}\left[\log\frac{x}{K}+\left(r-\frac{1}{2}\sigma^2\right)\tau\right] \tag{5.2.33}$$

因此：

$$\begin{aligned}c(t,x) &= \frac{1}{\sqrt{2\pi}}\int_{-\infty}^{d_-(\tau,x)}e^{-r\tau}\left(xe^{-\sigma\sqrt{\tau}y+(r-\frac{1}{2}\sigma^2)\tau}-K\right)e^{-\frac{1}{2}y^2}dy\\ &= \frac{1}{\sqrt{2\pi}}\int_{-\infty}^{d_-(\tau,x)}xe^{-\frac{y^2}{2}-\sigma\sqrt{\tau}y-\frac{\sigma^2\tau}{2}}dy-\frac{1}{\sqrt{2\pi}}\int_{-\infty}^{d_-(\tau,x)}e^{-r\tau}Ke^{-\frac{1}{2}y^2}dy\\ &= \frac{x}{\sqrt{2\pi}}\int_{-\infty}^{d_-(\tau,x)}e^{-\frac{1}{2}(y+\sigma\sqrt{\tau})^2}dy-e^{-r\tau}KN(d_-(\tau,x))\\ &= \frac{x}{\sqrt{2\pi}}\int_{-\infty}^{d_-(\tau,x)+\sigma\sqrt{\tau}}e^{-\frac{z^2}{2}}dz-e^{-r\tau}KN(d_-(\tau,x))\\ &= xN(d_+(\tau,x))-e^{-r\tau}KN(d_-(\tau,x))\end{aligned}$$

其中：

$$d_+(\tau,x)=d_-(\tau,x)+\sigma\sqrt{\tau}=\frac{1}{\sigma\sqrt{\tau}}\left[\log\frac{x}{K}+\left(r+\frac{1}{2}\sigma^2\right)\tau\right] \tag{5.2.34}$$

为了便于将来引用，我们引进记号：

$$\mathrm{BSM}(\tau,x;K,r,\sigma)=\widetilde{\mathbb{E}}\left[e^{-r\tau}\left(xe^{-\sigma\sqrt{\tau}Y+(r-\frac{1}{2}\sigma^2)\tau}-K\right)^+\right] \tag{5.2.35}$$

其中 Y 是 $\widetilde{\mathbb{P}}$ 下的标准正态随机变量。我们以上证明了：

$$\mathrm{BSM}(\tau,x;K,r,\sigma)=xN(d_+(\tau,x))-e^{-r\tau}KN(d_-(\tau,x)) \tag{5.2.36}$$

在 4.5 节中，我们推导了布莱克—斯科尔斯—默顿偏微分方程(4.5.14)，然后直接给出解的表达式(4.5.19)，但是没有说明如何得到该解的公式[尽管我们可以验证式(4.5.19)确实是方程(4.5.14)满足边值和终值条件的解；参见习题 4.9]。这里，通过变换到风险中性测度，我们推得了解的表达式。

5.3 鞅表示定理

关于时刻 T 支付为 $V(T)$ 的衍生证券在时刻 t 的价值的风险中性定价公式(5.2.31)是在这样的假定下推得的:假定投资者从正确的初始资本开始,存在资产组合过程 $\Delta(t)$,$0\leqslant t\leqslant T$,使得终端时刻 T 的资产组合价值几乎必然地等于 $V(T)$。在此假定下,我们确定"正确的初始资本"为[在式(5.2.31)中令 $t=0$]:

$$V(0)=\widetilde{\mathbb{E}}[D(T)V(T)]$$

并且在每个时刻 t,$0\leqslant t\leqslant T$,对冲资产组合的价值为式(5.2.31)给出的$V(t)$。这一节,我们对于由单个布朗运动驱动的单个股票的模型,验证上述假定。关于多个布朗运动以及多个股票的情形,将在下一节考虑。

5.3.1 *单一布朗运动的鞅表示*

关于单个布朗运动驱动的单个股票的模型,对冲资产组合的存在性有赖于以下定理,我们不加证明地叙述如下。

定理 5.3.1(鞅表示定理,一维情形) 设 $W(t)$,$0\leqslant t\leqslant T$ 是概率空间$(\Omega,\mathcal{F},\mathbb{P})$上的布朗运动,$\mathcal{F}(t)$,$0\leqslant t\leqslant T$ 是由该布朗运动生成的域流。设$M(t)$,$0\leqslant t\leqslant T$ 关于这一域流是一个鞅[即对每个 t,$M(t)$ 为 $\mathcal{F}(t)$-可测,并且对于 $0\leqslant s\leqslant t\leqslant T$,$\mathbb{E}[M(t)\mid\mathcal{F}(s)]=M(s)$]。则存在一个适应过程 $\Gamma(u)$,$0\leqslant u\leqslant T$,使得:

$$M(t)=M(0)+\int_0^t\Gamma(u)dW(u),\quad 0\leqslant t\leqslant T \tag{5.3.1}$$

鞅表示定理断言:当域流是由一个布朗运动生成时(即 $\mathcal{F}(t)$中仅含截至时刻 t 观测该布朗运动所获得的信息),关于这个域流的每个鞅都可以表示为初始条件加上关于该布朗运动的一个伊藤积分。这里与对冲有关的是:模型中**唯一的**不确定性源是出现在定理 5.3.1 中的布朗运动,从而只有一个不确定性源需要通过对冲来消除。由于伊藤积分是连续的,这就蕴含了鞅不能有跳跃。如果我们希望有带跳的鞅,则需要建立一个含有不同于布朗运动的不确定性源的模型。

定理 5.3.1 中域流是由布朗运动生成的这一假定比哥萨诺夫定理(定理 5.2.3)中关于域流的假定更强,那里的域流可以比由布朗运动生成的更大。如果哥萨诺夫定理中换上这一更强的假定,就得到以下推论。推论的第一段只是哥萨诺夫定理的重复,第二部分包含了新的结论。

推论 5.3.2 设 $W(t)$,$0\leqslant t\leqslant T$ 是概率空间$(\Omega,\mathcal{F},\mathbb{P})$上的布朗运动,$\mathcal{F}(t)$,$0\leqslant t\leqslant T$ 是由该布朗运动生成的域流。设 $\Theta(t)$,$0\leqslant t\leqslant T$ 是一个适应过程,定义:

$$Z(t)=\exp\left\{-\int_0^t\Theta(u)dW(u)-\frac{1}{2}\int_0^t\Theta^2(u)du\right\}$$

$$\widetilde{W}(t)=W(t)+\int_0^t\Theta(u)du$$

并且假设 $\mathbb{E}\int_0^T\Theta^2(u)Z^2(u)du<\infty$。令 $Z=Z(T)$,则$\mathbb{E}Z=1$,并且在式(5.2.1)给

出的概率测度$\widetilde{\mathbb{P}}$下，过程$\widetilde{W}(t)$，$0 \leqslant t \leqslant T$是一个布朗运动。

设$\widetilde{M}(t)$，$0 \leqslant t \leqslant T$在$\widetilde{\mathbb{P}}$下是一个鞅。则存在一个适应过程$\widetilde{\Gamma}(u)$，$0 \leqslant u \leqslant T$，使得：

$$\widetilde{M}(t) = \widetilde{M}(0) + \int_0^t \widetilde{\Gamma}(u) d\widetilde{W}(u), \quad 0 \leqslant t \leqslant T \tag{5.3.2}$$

推论 5.3.2 并非在鞅表示定理（定理 5.3.1）中将$W(t)$换为$\widetilde{W}(t)$的简单推论，因为这一推论中的域流$\mathcal{F}(t)$是由过程$W(t)$，而不是$\widetilde{\mathbb{P}}$-布朗运动$\widetilde{W}(t)$生成。然而推论的证明不难，留给读者作为习题 5.5。

5.3.2 单一股票的对冲

现在我们回到对冲问题。还是从 5.2.2 的模型出发，那里我们有股价过程(5.2.15)以及生成贴现过程(5.2.17)的利率过程$R(t)$。回顾我们的假定：对所有$t \in [0,T]$，波动率$\sigma(t)$几乎必然非零。我们补充假定：域流$\mathcal{F}(t)$，$0 \leqslant t \leqslant T$是由布朗运动$W(t)$，$0 \leqslant t \leqslant T$生成。

设$V(T)$是$\mathcal{F}(T)$-可测随机变量，并且对于$0 \leqslant t \leqslant T$，由风险中性定价公式(5.2.31)定义$V(t)$。于是，根据式(5.2.30)，有：

$$D(t)V(t) = \widetilde{\mathbb{E}}[D(T)V(T) \mid \mathcal{F}(t)]$$

这是一个$\widetilde{\mathbb{P}}$-鞅；事实上，由累次条件期望性质可知：对于$0 \leqslant s \leqslant t \leqslant T$，有

$$\begin{aligned}\widetilde{\mathbb{E}}[D(t)V(t) \mid \mathcal{F}(s)] &= \widetilde{\mathbb{E}}[\widetilde{\mathbb{E}}[D(T)V(T) \mid \mathcal{F}(t)] \mid \mathcal{F}(s)] \\ &= \widetilde{\mathbb{E}}[D(T)V(T) \mid \mathcal{F}(s)] \\ &= D(s)V(s)\end{aligned} \tag{5.3.3}$$

因此，$D(t)V(t)$具有如下表示式[回顾$D(0)V(0) = V(0)$]：

$$D(t)V(t) = V(0) + \int_0^t \widetilde{\Gamma}(u) d\widetilde{W}(u), \quad 0 \leqslant t \leqslant T \tag{5.3.4}$$

另一方面，对于任何组合过程$\Delta(t)$，贴现资产组合的价值由式(5.2.27)给出，于是：

$$D(t)X(t) = X(0) + \int_0^t \Delta(u)\sigma(u)D(u)S(u) d\widetilde{W}(u), \quad 0 \leqslant t \leqslant T \tag{5.3.5}$$

为了得到对所有t，$X(t) = V(t)$，我们必须选取：

$$X(0) = V(0) \tag{5.3.6}$$

并选取$\Delta(t)$满足：

$$\Delta(t)\sigma(t)D(t)S(t) = \widetilde{\Gamma}(t), \quad 0 \leqslant t \leqslant T \tag{5.3.7}$$

这等价于：

$$\Delta(t)=\frac{\widetilde{\Gamma}(t)}{\sigma(t)D(t)S(t)}, \quad 0\leqslant t\leqslant T \tag{5.3.8}$$

这样的选取,就给出了关于时刻 T 支付为 $V(T)$的衍生证券空头的对冲。

这里有两个关键的假定使得对冲成为可能。首先是波动率 $\sigma(t)$非零,因而可从式(5.3.7)中解得 $\Delta(t)$。如果波动率为零,则布朗运动的随机性并不进入股票,尽管它仍可能进入衍生证券的支付 $V(T)$。在此情形,股票不再是有效的对冲工具。另一个关键假定是 $\mathcal{F}(t)$由布朗运动生成(即除了能够通过股票交易进行对冲的布朗运动的随机性,衍生证券中不含任何其他随机性)。在这两个假定下,每个 $\mathcal{F}(T)$-可测衍生证券可以得到对冲。这样的模型被称为是**完全**的。

这一节中,借助鞅表示定理,验证了风险中性定价公式(5.2.30)和(5.2.31),但是并未提供求出对冲组合 $\Delta(t)$的实际方法。最后关于 $\Delta(t)$的公式(5.3.8)中涉及贴现衍生证券价格的鞅表示式(5.3.4)中的被积函数$\widetilde{\Gamma}(t)$。尽管鞅表示定理保证了这样的过程 $\widetilde{\Gamma}$ 存在,从而对冲 $\Delta(t)$存在,但是并未提供寻求 $\widetilde{\Gamma}(t)$的方法。在第六章中,我们还将讨论这一点。

5.4 资产定价的基本定理

这一节中,我们将 5.2 节和 5.3 节中的讨论推广到由多维布朗运动驱动的多个股票的情形。我们将推导两个关于资产定价的基本定理。此外,我们还将给出连续时间衍生证券定价模型中一些基本概念的确切定义。

5.4.1 *哥萨诺夫定理和鞅表示定理*

这一节的基础是两个定理:多维哥萨诺夫定理和多维鞅表示定理。我们叙述如下。

在这一节中:

$$W(t)=(W_1(t),\cdots,W_d(t))$$

是概率空间$(\Omega,\mathcal{F},\mathbb{P})$上的多维布朗运动。我们将$\mathbb{P}$ 解释为**真实概率测度**,这是可以由关于价格数据的实证研究观测得到的。与布朗运动相联系,我们有域流 $\mathcal{F}(t)$(见定义 3.3.3)。固定终端时刻 T,假定 $\mathcal{F}=\mathcal{F}(T)$。我们并不总是假定域流是由布朗运动生成。如果需要作此假定,我们将会明确叙述。

定理 5.4.1(哥萨诺夫定理,多维情形) 设 $\Theta(t)=(\Theta_1(t),\cdots,\Theta_d(t))$是一个 d 维适应过程,T 是给定的正数。定义:

$$Z(t)=\exp\left\{-\int_0^t\Theta(u)\cdot dW(u)-\frac{1}{2}\int_0^t\|\Theta(u)\|^2du\right\} \tag{5.4.1}$$

$$\widetilde{W}(t)=W(t)+\int_0^t\Theta(u)du \tag{5.4.2}$$

并且假设:

$$\mathbb{E}\int_0^T\|\Theta(u)\|^2Z^2(u)du<\infty \tag{5.4.3}$$

令 $Z=Z(T)$，则$\mathbb{E}Z=1$，在由

$$\widetilde{\mathbb{P}}(A)=\int_A Z(\omega)d\,\mathbb{P}(\omega),\forall A\in\mathcal{F}$$

给出的概率测度$\widetilde{\mathbb{P}}$下，过程$\widetilde{W}(t)$是 d 维布朗运动。

式(5.4.1)中的伊藤积分

$$\int_0^t \Theta(u)\cdot dW(u)=\int_0^t \sum_{j=1}^{d}\Theta_j(u)dW_j(u)=\sum_{j=1}^{d}\int_0^t \Theta_j(u)dW_j(u)$$

式(5.4.1)中的$\|\Theta(u)\|$表示欧几里得(Euclid)范数：

$$\|\Theta(u)\|=\Big(\sum_{j=1}^{d}\Theta_j^2(u)\Big)^{\frac{1}{2}}$$

式(5.4.2)是关于$\widetilde{W}(t)=(\widetilde{W}_1(t),\cdots,\widetilde{W}_d(t))$的简洁记法，其中：

$$\widetilde{W}_j(t)=W_j(t)+\int_0^t \Theta_j(u)du,\quad j=1,\cdots,d$$

多维哥萨诺夫定理中值得注意的结论是$\widetilde{W}(t)$的分量过程在$\widetilde{\mathbb{P}}$下的独立性，这是它作为 d 维布朗运动应具有的性质之一。$W(t)$的分量过程在$\mathbb{P}$下是独立的，但是，每一个$\Theta_j(t)$过程以路径依赖的、适应的方式依赖于所有布朗运动$W_1(t),\cdots,W_d(t)$。因此，$\widetilde{W}(t)$的各分量在$\mathbb{P}$下未必独立。然而，变换到测度$\widetilde{\mathbb{P}}$以后，这些分量则是独立的。定理 5.4.1 的证明类似于一维哥萨诺夫定理的情形，只是要用到 d 维列维定理。$d=2$ 的情形，用到 2 维列维定理(定理 4.6.5)，留给读者作为习题 5.6。

定理 5.4.2(鞅表示定理，多维情形) 给定正数 T，$\mathcal{F}(t)$，$0\leqslant t\leqslant T$ 是由 d 维布朗运动 $W(t)$，$0\leqslant t\leqslant T$ 生成的域流。设 $M(t)$，$0\leqslant t\leqslant T$ 在$\mathbb{P}$下关于这一域流是一个鞅。则存在一个适应的 d 维过程$\Gamma(u)=(\Gamma_1(u),\cdots,\Gamma_d(u))$，$0\leqslant u\leqslant T$，使得：

$$M(t)=M(0)+\int_0^t \Gamma(u)\cdot dW(u),\quad 0\leqslant t\leqslant T \tag{5.4.4}$$

此外，在定理 5.4.1 的假定下，如果$\widetilde{M}(t)$，$0\leqslant t\leqslant T$ 是一个$\widetilde{\mathbb{P}}$-鞅，则存在一个适应的 d 维过程$\widetilde{\Gamma}(u)=(\widetilde{\Gamma}_1(u),\cdots,\widetilde{\Gamma}_d(u))$，使得：

$$\widetilde{M}(t)=\widetilde{M}(0)+\int_0^t \widetilde{\Gamma}(u)\cdot d\widetilde{W}(u),\quad 0\leqslant t\leqslant T \tag{5.4.5}$$

5.4.2 *多维市场模型*

假定有 m 个股票，每个股价的随机微分

$$dS_i(t)=\alpha_i(t)S_i(t)dt+S_i(t)\sum_{j=1}^{d}\sigma_{ij}(t)dW_j(t),\quad i=1,\cdots,m \tag{5.4.6}$$

假设平均回报率$(\alpha_i(t))_{i=1,\cdots,m}$以及波动率矩阵$(\sigma_{ij}(t))_{i=1,\cdots,m;j=1,\cdots,d}$是适应过程。

这些股票通常是相关的。令 $\sigma_i(t)=\sqrt{\sum_{j=1}^{d}\sigma_{ij}^2(t)}$(假定恒不为 0),定义过程

$$B_i(t)=\sum_{j=1}^{d}\int_0^t \frac{\sigma_{ij}(u)}{\sigma_i(u)}dW_j(u),\quad i=1,\cdots,m \tag{5.4.7}$$

作为伊藤积分的和,每个 $B_i(t)$是连续鞅。我们还有:

$$dB_i(t)dB_i(t)=\sum_{j=1}^{d}\frac{\sigma_{ij}^2(t)}{\sigma_i^2(t)}dt=dt$$

根据列维定理(定理 4.6.4),$B_i(t)$是布朗运动。我们可以将式(5.4.6)用布朗运动 $B_i(t)$表示,改写为:

$$dS_i(t)=\alpha_i(t)S_i(t)dt+\sigma_i(t)S_i(t)dB_i(t) \tag{5.4.8}$$

由此公式,可知 $\sigma_i(t)$是 $S_i(t)$的波动率。

对于 $i\neq k$,布朗运动 $B_i(t)$与 $B_k(t)$通常不是独立的。注意到:

$$dB_i(t)dB_k(t)=\sum_{j=1}^{d}\frac{\sigma_{ij}(t)\sigma_{kj}(t)}{\sigma_i(t)\sigma_k(t)}dt=\rho_{ik}(t)dt \tag{5.4.9}$$

其中:

$$\rho_{ik}(t)=\frac{1}{\sigma_i(t)\sigma_k(t)}\sum_{j=1}^{d}\sigma_{ij}(t)\sigma_{kj}(t) \tag{5.4.10}$$

由伊藤乘积法则

$$d(B_i(t)B_k(t))=B_i(t)dB_k(t)+B_k(t)dB_i(t)+dB_i(t)dB_k(t)$$

两边同时积分,可得:

$$B_i(t)B_k(t)=\int_0^t B_i(u)dB_k(u)+\int_0^t B_k(u)dB_i(u)+\int_0^t \rho_{ik}(u)du \tag{5.4.11}$$

两边取期望,并利用伊藤积分的期望值为 0 这一事实,我们得到协方差公式

$$\mathrm{Cov}[B_i(t),B_k(t)]=\mathbb{E}\int_0^t \rho_{ik}(u)du \tag{5.4.12}$$

如果过程 $\sigma_{ij}(t)$和 $\sigma_{kj}(t)$都是常数(即与 t 无关并且非随机),则 $\sigma_i(t)$,$\sigma_k(t)$,以及 $\rho_{ik}(t)$都是常数。在此情形,式(5.4.12)成为 $\mathrm{Cov}[B_i(t),B_k(t)]=\rho_{ik}t$。由于 $B_i(t)$和 $B_k(t)$都具有标准差$\sqrt{t}$,$B_i(t)$与 $B_k(t)$之间的相关系数为 ρ_{ik}。当 $\sigma_{ij}(t)$和 $\sigma_{kj}(t)$为随机过程时,我们称 $\rho_{ik}(t)$为 $B_i(t)$与 $B_k(t)$之间的**瞬时相关系数**。沿一条特定的路径,在固定的时刻 t,$\rho_{ik}(t)$是在紧接着的"微小"时间区间内 B_i 与 B_k 的增量之间的条件相关系数(见习题 4.17,其中$\Theta_1=\Theta_2=0$,$\sigma_1=\sigma_2=1$)。

最后,由式(5.4.8)和式(5.4.9)可得:

$$\begin{aligned}dS_i(t)dS_k(t)&=\sigma_i(t)\sigma_k(t)S_i(t)S_k(t)dB_i(t)dB_k(t)\\&=\rho_{ik}(t)\sigma_i(t)\sigma_k(t)S_i(t)S_k(t)dt\end{aligned} \tag{5.4.13}$$

将式(5.4.13)改写成“相对微分”形式，我们得到：

$$\frac{dS_i(t)}{S_i(t)} \cdot \frac{dS_k(t)}{S_k(t)} = \rho_{ik}(t)\sigma_i(t)\sigma_k(t)dt$$

波动率过程 $\sigma_i(t)$ 和 $\sigma_k(t)$ 分别是 S_i 和 S_k 在时刻 t 的相对变化的**瞬时标准差**，过程 $\rho_{ik}(t)$ 是这两个相对变化之间的**瞬时相关系数**。

下一小节中可知：变换到风险中性测度后，平均回报率将受到影响。然而，瞬时标准差和瞬时相关系数不变[习题 5.12(ii)和(iii)]。如果瞬时标准差和相关系数非随机，则(非瞬时)标准差和相关系数在测度变换下不变[相关系数情形，见习题 5.12(iv)]。但是，当瞬时标准差和相关系数为随机变量时，(非瞬时)标准差和相关系数在测度变换下可能会受到影响[相关系数情形，见习题 5.12(v)和习题 5.13]。

定义**贴现过程**

$$D(t) = \exp\left\{-\int_0^t R(u)du\right\} \tag{5.4.14}$$

我们假定利率 $R(t)$ 是适应过程。除了股价，我们经常还要考虑贴现股价。贴现股价的微分

$$\begin{aligned} d(D(t)S_i(t)) &= D(t)[dS_i(t) - R(t)S_i(t)dt] \\ &= D(t)S_i(t)\left[(\alpha_i(t) - R(t))dt + \sum_{j=1}^{d}\sigma_{ij}(t)dW_j(t)\right] \\ &= D(t)S_i(t)[(\alpha_i(t) - R(t))dt + \sigma_i(t)dB_i(t)], \quad i=1,\cdots,m \end{aligned} \tag{5.4.15}$$

5.4.3 *风险中性测度的存在性*

定义 5.4.3 称概率测度 $\widetilde{\mathbb{P}}$ 是**风险中性**的，如果：

(i) $\widetilde{\mathbb{P}}$ 与 $\mathbb{P}$ 等价(即对每个 $A \in \mathcal{F}$，$\mathbb{P}(A)=0$ 当且仅当 $\widetilde{\mathbb{P}}(A)=0$)；

(ii) 在 $\widetilde{\mathbb{P}}$ 下，贴现股价 $D(t)S_i(t)$，$i=1,\cdots,m$ 是鞅。

为了使贴现股价过程成为鞅，我们希望能将式(5.4.15)改写为：

$$d(D(t)S_i(t)) = D(t)S_i(t)\sum_{j=1}^{d}\sigma_{ij}(t)[\Theta_j(t)dt + dW_j(t)] \tag{5.4.16}$$

如果能找到使得式(5.4.16)成立的风险的市场价格过程 $\Theta_j(t)$，我们就能利用多维哥萨诺夫定理构造等价的概率测度 $\widetilde{\mathbb{P}}$，使得由式(5.4.2)给出的 $\widetilde{W}(t)$ 在 $\widetilde{\mathbb{P}}$ 下是 d 维布朗运动。这就允许我们将式(5.4.16)化为：

$$d(D(t)S_i(t)) = D(t)S_i(t)\sum_{j=1}^{d}\sigma_{ij}(t)d\widetilde{W}_j(t) \tag{5.4.17}$$

从而 $D(t)S_i(t)$ 在 $\widetilde{\mathbb{P}}$ 下是鞅。于是，求风险中性测度的问题，归结为求过程 $\Theta_j(t)$ 使得式(5.4.15)与式(5.4.16)相同。由于这两个等式中每一项 $dW_j(t)$ 前面的系数

相等,因此两者相同当且仅当 dt 项前面的系数相等,这意味着:

$$\alpha_i(t)-R(t)=\sum_{j=1}^{d}\sigma_{ij}(t)\Theta_j(t),\quad i=1,\cdots,m \tag{5.4.18}$$

我们称之为**风险的市场价格方程**。这是关于 d 个未知过程 $\Theta_1(t),\cdots,\Theta_d(t)$ 的 m 个方程。

如果风险的市场价格方程无解,则模型中潜伏着套利机会,这样的模型不能用于定价。我们不打算详细证明这一事实,而是给出一个简单的例子予以说明。

例 5.4.4 设有两个股票($m=2$)和一个布朗运动($d=1$),并假定所有系数过程都是常数。于是,风险的市场价格方程为:

$$\alpha_1-r=\sigma_1\theta \tag{5.4.19}$$

$$\alpha_2-r=\sigma_2\theta \tag{5.4.20}$$

上述方程有解当且仅当

$$\frac{\alpha_1-r}{\sigma_1}=\frac{\alpha_2-r}{\sigma_2}$$

如果上式不成立,则有套利机会。例如,假定:

$$\frac{\alpha_1-r}{\sigma_1}>\frac{\alpha_2-r}{\sigma_2}$$

定义:

$$\mu=\frac{\alpha_1-r}{\sigma_1}-\frac{\alpha_2-r}{\sigma_2}>0$$

投资者可以在每个时刻持有 $\Delta_1(t)=\dfrac{1}{S_1(t)\sigma_1}$ 份股票 i 以及 $\Delta_2(t)=-\dfrac{1}{S_2(t)\sigma_2}$ 份股票 ii,其余以利率 r 在货币市场账户投资(或者借贷),维持自融资。建立股票头寸需要的初始资本为 $\dfrac{1}{\sigma_1}-\dfrac{1}{\sigma_2}$,如果这是正值,就向货币市场账户借贷;如果这是负值,就投资于货币市场账户。于是,建立整个资产组合(包括货币市场账户的头寸)所需要的初始资本为 $X(0)=0$。资产组合价值 $X(t)$ 的微分

$$\begin{aligned}dX(t)&=\Delta_1(t)dS_1(t)+\Delta_2(t)dS_2(t)+r(X(t)-\Delta_1(t)S_1(t)-\Delta_2(t)S_2(t))dt\\&=\frac{\alpha_1-r}{\sigma_1}dt+dW(t)-\frac{\alpha_2-r}{\sigma_2}dt-dW(t)+rX(t)dt\\&=\mu dt+rX(t)dt\end{aligned}$$

贴现资产组合价值的微分

$$d(D(t)X(t))=D(t)(dX(t)-rX(t)dt)=\mu D(t)dt$$

上式右端的 $\mu D(t)$ 严格为正并且非随机。因此,该资产组合确保增值,并且增值速度快于利率 r,因为贴现资产组合价值具有非随机的正的导数。这样,我们设法构成了另一个回报率高于 r 的货币市场账户,从而套利机会无限。 □

当风险的市场价格方程无解时，模型中潜在的套利机会也许并不像例 5.4.4 那么明显，但是确实存在。如果风险的市场价格方程有解，则无套利机会。为证明这一点，需要引进一些记号和术语。设市场中利率过程为$R(t)$，股价过程 $S_i(t)$由式(5.4.6)给出，投资者以 $X(0)$为初始资本，关于每个 $S_i(t)$，选取适应的组合过程 $\Delta_i(t)$，这样的资产组合价值的微分

$$\begin{aligned} dX(t) &= \sum_{i=1}^{m}\Delta_i(t)dS_i(t)+R(t)\Big(X(t)-\sum_{i=1}^{m}\Delta_i(t)S_i(t)\Big)dt \\ &= R(t)X(t)dt+\sum_{i=1}^{m}\Delta_i(t)(dS_i(t)-R(t)S_i(t)dt) \\ &= R(t)X(t)dt+\sum_{i=1}^{m}\frac{\Delta_i(t)}{D(t)}d(D(t)S_i(t)) \end{aligned} \tag{5.4.21}$$

贴现资产组合价值的微分

$$d(D(t)X(t))=D(t)(dX(t)-R(t)X(t)dt)=\sum_{i=1}^{m}\Delta_i(t)d(D(t)S_i(t)) \tag{5.4.22}$$

如果$\widetilde{\mathbb{P}}$是风险中性测度，则过程 $D(t)S_i(t)$在$\widetilde{\mathbb{P}}$下是鞅，从而过程 $D(t)X(t)$也必定是鞅。换一种说法，在$\widetilde{\mathbb{P}}$下股票的平均回报率是 $R(t)$，与货币市场账户的回报率相同。因此，不论如何投资，资产组合价值的平均回报率必定是 $R(t)$，从而贴现资产组合价值必定是鞅。我们事实上证明了以下结果。

引理 5.4.5 设$\widetilde{\mathbb{P}}$是风险中性测度，$X(t)$是资产组合价值。则在$\widetilde{\mathbb{P}}$下，贴现资产组合价值 $D(t)X(t)$是鞅。

定义 5.4.6 **套利**是满足以下条件的资产组合价值过程 $X(t)$：$X(0)=0$，并且存在某个时刻 $T>0$，

$$\mathbb{P}\{X(T)\geqslant 0\}=1,\quad \mathbb{P}\{X(T)>0\}>0 \tag{5.4.23}$$

套利是一种交易策略，使得初始资本为 0，而在以后的某个时刻 $T>0$ 确保不会亏损，并且盈利的概率为正。这样的机会存在当且仅当从正资本$X(0)$开始，有办法胜过货币市场账户。换言之，套利存在当且仅当有办法从 $X(0)>0$ 开始，在未来某个时刻 $T>0$ 资产组合价值满足：

$$\mathbb{P}\left\{X(T)\geqslant\frac{X(0)}{D(T)}\right\}=1,\quad \mathbb{P}\left\{X(T)>\frac{X(0)}{D(T)}\right\}>0 \tag{5.4.24}$$

(见习题 5.7)。

定理 5.4.7(资产定价第一基本定理) 具有风险中性概率测度的市场模型中不会存在套利。

【证明】 如果市场模型具有风险中性概率测度$\widetilde{\mathbb{P}}$，则在$\widetilde{\mathbb{P}}$下，任何贴现资产组合价值过程都是鞅。特别是，每个资产组合价值过程都满足$\widetilde{\mathbb{E}}[D(T)X(T)]=$

$X(0)$。设 $X(t)$是满足 $X(0)=0$ 的资产组合价值过程。于是,我们有:

$$\widetilde{\mathbb{E}}[D(T)X(T)]=0 \tag{5.4.25}$$

假设 $X(T)$满足式(5.4.23)的第一部分(即$\mathbb{P}\{X(T)<0\}=0$)。由于$\widetilde{\mathbb{P}}$等价于$\mathbb{P}$,我们也有$\widetilde{\mathbb{P}}\{X(T)<0\}=0$。再结合式(5.4.25),我们有$\widetilde{\mathbb{P}}\{X(T)>0\}=0$[不然的话,就会有$\widetilde{\mathbb{P}}\{D(T)X(T)>0\}>0$,从而$\widetilde{\mathbb{E}}[D(T)X(T)]>0$]。由于$\widetilde{\mathbb{P}}$等价于$\mathbb{P}$,我们又有$\mathbb{P}\{X(T)>0\}=0$。所以 $X(t)$不是套利。由于每个满足 $X(0)=0$ 的资产组合价值过程 $X(t)$都不是套利,因此市场模型中不存在套利。

存在套利的市场模型不能用于定价,而第一基本定理提供了一个简单的条件,使得我们能够用来验证所使用的模型中不存在这一致命的缺陷。对于由 d 维布朗运动驱动的 m 个股票的模型,这相当于风险的市场价格方程(5.4.18)有解。在利率期限结构模型(即给出相应于每个到期日债券价格的模型)中,可以有很多交易工具,模型价格中存在套利的可能性是一个十分现实的问题。在该模型中运用资产定价第一基本定理直接导致关于期限结构模型无套利的赫斯—加罗—默顿条件。

5.4.4 *风险中性测度的唯一性*

定义 5.4.8 如果任何衍生证券都能得到对冲,则称市场模型是**完全的**。

假设我们有市场模型,其中域流由 d 维布朗运动生成,并且具有风险中性测度$\widetilde{\mathbb{P}}$[即风险的市场价格方程(5.4.18)有解,利用解得的风险的市场价格 $\Theta_1(t),\cdots,\Theta_d(t)$定义拉东—尼柯迪姆导数过程 $Z(t)$,从而变换到测度$\widetilde{\mathbb{P}}$,由式(5.4.2)定义的$\widetilde{W}(t)$在$\widetilde{\mathbb{P}}$下是一个 d 维布朗运动]。给定 $\mathcal{F}(T)$-可测的随机变量 $V(T)$,假定它是某个衍生证券的支付。

我们希望确定能够对冲在时刻 $T>0$ 支付为 $V(T)$的衍生证券的空头。我们可以由式(5.2.31)定义 $V(t)$,于是 $D(t)V(t)$满足式(5.2.30),并且如同式(5.3.3),可以证明:$D(t)V(t)$在$\widetilde{\mathbb{P}}$下是鞅。根据鞅表示定理(定理5.4.2),存在过程 $\widetilde{\Gamma}_1(u),\cdots,\widetilde{\Gamma}_d(u)$,使得:

$$D(t)V(t)=V(0)+\sum_{j=1}^{d}\int_0^t\widetilde{\Gamma}_j(u)d\widetilde{W}_j(u),\quad 0\leqslant t\leqslant T \tag{5.4.26}$$

考虑初值为 $X(0)$的资产组合价值过程。根据式(5.4.22)和式(5.4.17),

$$d(D(t)X(t))=\sum_{j=1}^{m}\Delta_i(t)d(D(t)S_i(t))=\sum_{j=1}^{d}\sum_{i=1}^{m}\Delta_i(t)D(t)S_i(t)\sigma_{ij}(t)d\widetilde{W}_j(t) \tag{5.4.27}$$

或者,等价地:

$$D(t)X(t)=X(0)+\sum_{j=1}^{d}\int_0^t\sum_{i=1}^{m}\Delta_i(u)D(u)S_i(u)\sigma_{ij}(u)d\widetilde{W}_j(u) \tag{5.4.28}$$

比较式(5.4.26)和式(5.4.28),可知为了对冲衍生证券空头,我们应取 $X(0)=V(0)$,并且选择组合过程 $\Delta_1(t),\cdots,\Delta_m(t)$,满足以下**对冲方程**:

$$\frac{\widetilde{\Gamma}_j(t)}{D(t)}=\sum_{i=1}^{m}\Delta_i(t)S_i(t)\sigma_{ij}(t),\quad j=1,\cdots,d \tag{5.4.29}$$

这是关于 m 个未知过程 $\Delta_1(t),\cdots,\Delta_m(t)$ 的 d 个方程。

定理 5.4.9(资产定价第二基本定理) 考虑具有风险中性概率测度的市场模型。则模型是完全的当且仅当风险中性概率测度是唯一的。

【证明概要】 首先假定市场模型是完全的。我们希望证明只有一个风险中性测度。假设有两个风险中性测度 $\widetilde{\mathbb{P}}_1$ 和 $\widetilde{\mathbb{P}}_2$,设 $A\in\mathcal{F}$[这一节开始时,我们曾假定 $\mathcal{F}=\mathcal{F}(T)$],考虑支付为 $V(T)=\mathbb{I}_A\dfrac{1}{D(T)}$ 的衍生证券。由于模型是完全的,这一衍生证券的空头可以被对冲(即存在具有相同初始条件 $X(0)$ 的资产组合价值过程满足 $X(T)=V(T)$)。由于 $\widetilde{\mathbb{P}}_1$ 和 $\widetilde{\mathbb{P}}_2$ 都是风险中性测度,贴现资产组合价值过程 $D(t)X(t)$ 在 $\widetilde{\mathbb{P}}_1$ 和 $\widetilde{\mathbb{P}}_2$ 下都是鞅。于是:

$$\begin{aligned}\widetilde{\mathbb{P}}_1(A)&=\widetilde{\mathbb{E}}_1[D(T)V(T)]=\widetilde{\mathbb{E}}_1[D(T)X(T)]=X(0)\\&=\widetilde{\mathbb{E}}_2[D(T)X(T)]=\widetilde{\mathbb{E}}_2[D(T)V(T)]=\widetilde{\mathbb{P}}_2(A)\end{aligned}$$

由于 A 是 F 中的任一集合,而 $\widetilde{\mathbb{P}}_1(A)=\widetilde{\mathbb{P}}_2(A)$,因此这两个风险中性测度完全相同。

反之,假定只有一个风险中性测度。这首先意味着模型中的域流由驱动资产价格的 d 维布朗运动生成。若不然(即模型中除了 d 维布朗运动还存在其他不确定性源),我们可以对这些不确定性源任意指定概率,同时不改变 d 维布朗运动的分布,从而不改变资产价格的分布。这就会产生多个风险中性测度。由于 d 维布朗运动是唯一的不确定性源,多个风险中性测度只能由风险的市场价格方程(5.4.18)的多个解产生。因此,由风险中性测度唯一性可知风险的市场价格方程(5.4.18)仅有唯一的解 $(\Theta_1(t),\cdots,\Theta_d(t))$。对于固定的 t 和 ω,这些方程形如

$$Ax=b \tag{5.4.30}$$

其中 A 是 $m\times d$ 矩阵

$$A=\begin{bmatrix}\sigma_{11}(t) & \sigma_{12}(t) & \cdots & \sigma_{1d}(t)\\ \sigma_{21}(t) & \sigma_{22}(t) & \cdots & \sigma_{2d}(t)\\ \vdots & \vdots & \vdots & \vdots\\ \sigma_{m1}(t) & \sigma_{m2}(t) & \cdots & \sigma_{md}(t)\end{bmatrix} \tag{5.4.31}$$

x 是 d 维列向量:

$$x=\begin{bmatrix}\Theta_1(t)\\ \Theta_2(t)\\ \vdots\\ \Theta_d(t)\end{bmatrix}$$

b 是 m 维列向量：

$$b=\begin{bmatrix}\alpha_1(t)-R(t)\\ \alpha_2(t)-R(t)\\ \vdots\\ \alpha_m(t)-R(t)\end{bmatrix}$$

关于风险中性测度唯一性的假定意味着方程组(5.4.30)仅有唯一解 x。

为了确保任何衍生证券能够被对冲，我们必须能够求解关于 $\Delta_1(t),\cdots,\Delta_m(t)$ 的对冲方程(5.4.29)，而不论出现在方程左端的 $\frac{\widetilde{\Gamma}_j(t)}{D(t)}$ 是什么值。对于固定的 t 和 ω，对冲方程形如

$$A^{tr}y=c \tag{5.4.32}$$

其中 A^{tr} 是式(5.4.31)中矩阵的转置，y 是 m 维列向量：

$$y=\begin{bmatrix}y_1\\ y_2\\ \vdots\\ y_m\end{bmatrix}=\begin{bmatrix}\Delta_1(t)S_1(t)\\ \Delta_2(t)S_2(t)\\ \vdots\\ \Delta_m(t)S_m(t)\end{bmatrix}$$

c 是 d 维列向量：

$$c=\begin{bmatrix}\frac{\widetilde{\Gamma}_1(t)}{D(t)}\\ \frac{\widetilde{\Gamma}_2(t)}{D(t)}\\ \vdots\\ \frac{\widetilde{\Gamma}_d(t)}{D(t)}\end{bmatrix}$$

为了确保市场模型是完全的，方程组(5.4.32)必须存在解 y，而不论出现在右端的 c 是什么向量。如果总是存在解 $y_1,\cdots,y_m$，则存在过程 $\Delta_i(t)=\frac{y_i}{S_i(t)}$ 满足对冲方程(5.4.29)，而不论出现在方程左端的 $\frac{\widetilde{\Gamma}_j(t)}{D(t)}$ 是什么过程。这样，任何衍生证券的空头都能得到对冲。

由式(5.4.30)解 x 的唯一性可以得到式(5.4.32)解 y 的存在性。这一事实的证明在附录C中给出。最终，由风险中性测度的唯一性，可以得到市场模型的完全性。 □

5.5 支付红利的股票

根据定义 5.4.3，贴现股价过程在风险中性测度下是鞅。对于股票不支付红利的情形，总是如此。风险中性测度的主要特征是使得贴现资产组合价值过程为

鞅(见引理 5.4.5),并确保无套利(资产定价第一基本定理,定理 5.4.7)。为了使得投资于支付红利的股票的贴现资产组合价值过程为鞅,**将红利再投资的**贴现股价过程必须是鞅,但是贴现股价过程本身不是鞅。这一节详细讨论股票支付红利的情形。我们考虑由单个布朗运动驱动的单个股票的价格过程,这里得到的结论对于由多维布朗运动驱动的多个股票也是适用的。

5.5.1 *连续支付的红利*

设股价模型为广义几何布朗运动,并且连续支付红利,每单位时间红利率为 $A(t)$。这里,$A(t)$,$0\leqslant t\leqslant T$ 是非负适应过程。对于共同基金而言,由于经常在不同的时间收到不同股票(一次结付)的红利,连续支付红利也许是不错的模型。在单个股票的情形,假设红利是周期性一次结付才更为合理。我们将在 5.5.3 和 5.5.4 中考虑这种情形。

支付红利将会降低股票价值,于是,我们取股价模型为:

$$dS(t)=\alpha(t)S(t)dt+\sigma(t)S(t)dW(t)-A(t)S(t)dt \tag{5.5.1}$$

如果股票未曾支付红利,其平均回报率为 $\alpha(t)$。等价地,如果持有股票的投资者将红利再投资,其投资的平均回报率也将是 $\alpha(t)$。假定下式(5.5.2)中出现的平均回报率 $\alpha(t)$、波动率 $\sigma(t)$,以及利率 $R(t)$ 都是适应过程。

持有股票的投资者既会由于股价变动而引起资本损益,又将收到连续支付的红利。因此,如果 $\Delta(t)$ 是时刻 t 持有股票的份额,则资产组合价值 $X(t)$ 满足:

$$\begin{aligned}dX(t)&=\Delta(t)dS(t)+\Delta(t)A(t)S(t)dt+R(t)[X(t)-\Delta(t)S(t)]dt\\&=R(t)X(t)dt+(\alpha(t)-R(t))\Delta(t)S(t)dt+\sigma(t)\Delta(t)S(t)dW(t)\\&=R(t)X(t)dt+\Delta(t)S(t)\sigma(t)[\Theta(t)dt+dW(t)]\end{aligned} \tag{5.5.2}$$

其中:

$$\Theta(t)=\frac{\alpha(t)-R(t)}{\sigma(t)} \tag{5.5.3}$$

是通常的风险的市场价格。

我们定义:

$$\widetilde{W}(t)=W(t)+\int_0^t\Theta(u)du \tag{5.5.4}$$

并利用哥萨诺夫定理改变到测度 $\widetilde{\mathbb{P}}$,使得在 $\widetilde{\mathbb{P}}$ 下,$\widetilde{W}$ 是一个布朗运动,从而,式(5.5.2)可以改写为:

$$dX(t)=R(t)X(t)dt+\Delta(t)S(t)\sigma(t)d\widetilde{W}(t)$$

贴现资产组合价值过程满足:

$$d[D(t)X(t)]=\Delta(t)D(t)S(t)\sigma(t)d\widetilde{W}(t)$$

特别是,在风险中性测度 $\widetilde{\mathbb{P}}$ 下,贴现资产组合价值过程是鞅。这里,$D(t)=$

$\exp\left\{-\int_0^t R(u)du\right\}$ 表示通常的贴现过程。

如果我们希望对在时刻 T 支付为 $V(T)$ 的衍生证券进行空头对冲,其中 $V(T)$ 为 $\mathcal{F}(T)$-可测的随机变量,则需要选取初始资本 $X(0)$ 以及资产组合过程 $\Delta(t)$,$0\leqslant t\leqslant T$,使得 $X(T)=V(T)$。由于在 $\widetilde{\mathbb{P}}$ 下,$D(t)X(t)$ 是鞅,我们必有:

$$D(t)X(t)=\widetilde{\mathbb{E}}[D(T)V(T)\mid\mathcal{F}(t)],\quad 0\leqslant t\leqslant T$$

在每个时刻 t 资产组合的价值 $X(t)$ 就是衍生证券在该时刻的价值(或价格),我们记之为 $V(t)$。代入上述公式,得到风险中性定价公式:

$$D(t)V(t)=\widetilde{\mathbb{E}}[D(T)V(T)\mid\mathcal{F}(t)],\quad 0\leqslant t\leqslant T \tag{5.5.5}$$

我们得到的公式与无红利支付情形的风险中性定价公式(5.2.30)相同。而且,确保衍生证券空头得到对冲的条件也与无红利支付情形相同,见 5.3 节。

有红利支付与无红利支付情形的区别在于风险中性测度下股价的演化方程。由式(5.5.1)和 $\widetilde{W}(t)$ 的定义,我们有:

$$dS(t)=[R(t)-A(t)]S(t)dt+\sigma(t)S(t)d\widetilde{W}(t) \tag{5.5.6}$$

在风险中性测度下,股票平均回报率不是 $R(t)$,因此,贴现股价过程不是鞅。事实上:

$$S(t)=S(0)\exp\left\{\int_0^t\sigma(u)d\widetilde{W}(u)+\int_0^t\left[R(u)-A(u)-\frac{1}{2}\sigma^2(u)\right]du\right\} \tag{5.5.7}$$

过程

$$\exp\left\{\int_0^t A(u)du\right\}D(t)S(t)=S(0)\exp\left\{\int_0^t\sigma(u)d\widetilde{W}(u)-\frac{1}{2}\int_0^t\sigma^2(u)du\right\}$$

是一个鞅。这是初始时刻购入一份股票,并且将红利连续再投资于该股票的账户在时刻 t 的利率贴现值。

5.5.2 连续支付且红利率为常数

在波动率 σ、利率 r 以及红利率 a 均为常数的情形,由式(5.5.7)给出的时刻 t 的股价为:

$$S(t)=S(0)\exp\left\{\sigma\widetilde{W}(t)+\left(r-a-\frac{1}{2}\sigma^2\right)t\right\} \tag{5.5.8}$$

对于 $0\leqslant t\leqslant T$,我们有:

$$S(T)=S(t)\exp\left\{\sigma(\widetilde{W}(T)-\widetilde{W}(t))+\left(r-a-\frac{1}{2}\sigma^2\right)(T-t)\right\}$$

根据风险中性定价公式,时刻 T 到期、敲定价格为 K 的欧式看涨期权在时刻 t 的价值为:

$$V(t)=\widetilde{\mathbb{E}}[e^{-r(T-t)}(S(T)-K)^+\mid\mathcal{F}(t)] \tag{5.5.9}$$

为了求得上述条件期望值,我们首先计算:

$$
\begin{aligned}
c(t,x) &= \widetilde{\mathbb{E}}\left[e^{-r(T-t)}\left(xe^{\sigma(\widetilde{W}(T)-\widetilde{W}(t))+(r-a-\frac{1}{2}\sigma^2)(T-t)}-K\right)^+\right] \\
&= \widetilde{\mathbb{E}}\left[e^{-r\tau}\left(xe^{-\sigma\sqrt{\tau}Y+(r-a-\frac{1}{2}\sigma^2)\tau}-K\right)^+\right]
\end{aligned} \tag{5.5.10}
$$

其中 $\tau=T-t$,并且

$$
Y=-\frac{\widetilde{W}(T)-\widetilde{W}(t)}{\sqrt{T-t}}
$$

是 $\widetilde{\mathbb{P}}$ 下的标准正态随机变量。定义:

$$
d_{\pm}(\tau,x)=\frac{1}{\sigma\sqrt{\tau}}\left[\log\frac{x}{K}+\left(r-a\pm\frac{1}{2}\sigma^2\right)\tau\right] \tag{5.5.11}
$$

注意到式(5.5.10)中计算期望的随机变量取非零值当且仅当 $Y<d_-(\tau,x)$。因此:

$$
\begin{aligned}
c(t,x) &= \frac{1}{\sqrt{2\pi}}\int_{-\infty}^{d_-(\tau,x)} e^{-r\tau}\left(xe^{-\sigma\sqrt{\tau}y+(r-a-\frac{1}{2}\sigma^2)\tau}-K\right)e^{-\frac{1}{2}y^2}dy \\
&= \frac{1}{\sqrt{2\pi}}\int_{-\infty}^{d_-(\tau,x)} xe^{-\sigma\sqrt{\tau}y-(a+\frac{1}{2}\sigma^2)\tau-\frac{1}{2}y^2}dy-\frac{1}{\sqrt{2\pi}}\int_{-\infty}^{d_-(\tau,x)} e^{-r\tau}Ke^{-\frac{1}{2}y^2}dy \\
&= \frac{1}{\sqrt{2\pi}}\int_{-\infty}^{d_-(\tau,x)} xe^{-a\tau}e^{-\frac{1}{2}(y+\sigma\sqrt{\tau})^2}dy-e^{-r\tau}KN(d_-(\tau,x))
\end{aligned}
$$

作积分变量代换 $z=y+\sigma\sqrt{\tau}$,便得到公式:

$$
\begin{aligned}
c(t,x) &= \frac{1}{\sqrt{2\pi}}\int_{-\infty}^{d_+(\tau,x)} xe^{-a\tau}e^{-\frac{z^2}{2}}dz-e^{-r\tau}KN(d_-(\tau,x)) \\
&= xe^{-a\tau}N(d_+(\tau,x))-e^{-r\tau}KN(d_-(\tau,x))
\end{aligned} \tag{5.5.12}
$$

根据独立性引理(引理 2.3.4),式(5.5.9)中的期权价值 $V(t)$ 等于 $c(t,S(t))$。这一公式与无红利支付情形的区别仅在于式(5.5.11)中 $d_{\pm}(\tau,x)$ 的定义[见式(5.2.33)和式(5.2.34)]以及式(5.5.12)右端第一项中出现的 $e^{-a\tau}$。

5.5.3 一次结付的红利

最后,考虑红利一次结付的情形。设有时刻 $0<t_1<t_2\cdots<t_n<T$,在每个时刻 t_j,红利支付为 $a_jS(t_j-)$,其中 $S(t_j-)$ 表示红利支付之前瞬间的股价。红利支付后的股价是支付前股价减去红利:

$$
S(t_j)=S(t_j-)-a_jS(t_j-)=(1-a_j)S(t_j-) \tag{5.5.13}
$$

我们假定每个 a_j 是在[0,1]中取值的 $\mathcal{F}(t_j)$-可测随机变量。如果 $a_j=0$,在时刻 t_j 无红利支付;如果 $a_j=1$,在时刻 t_j 所支付的红利等于整个股价,从而支付后股价为 0。为了记号简单起见,令 $t_0=0$ 以及 $t_{n+1}=T$。然而,$t_0=0$ 和 $t_{n+1}=T$ 都不是红利支付日(即 $a_0=0$ 以及 $a_{n+1}=0$)。在红利支付日之间,假定股价服从广义几何布朗运动:

$$
dS(t)=\alpha(t)S(t)dt+\sigma(t)S(t)dW(t),\quad t_j\leqslant t<t_{j+1},j=0,1,\cdots,n \tag{5.5.14}
$$

式(5.5.13)和式(5.5.14)完全确定了股价的演化过程。

在相邻的红利支付日之间,相应于资产组合过程 $\Delta(t)$,$0\leqslant t\leqslant T$ 的资产组合价值的微分等于:

$$\begin{aligned} dX(t) &= \Delta(t)dS(t)+R(t)[X(t)-\Delta(t)S(t)]dt \\ &= R(t)X(t)dt+(\alpha(t)-R(t))\Delta(t)S(t)dt+\sigma(t)\Delta(t)S(t)dW(t) \\ &= R(t)X(t)dt+\Delta(t)\sigma(t)S(t)[\Theta(t)dt+dW(t)] \end{aligned}$$

其中风险的市场价格 $\Theta(t)$ 仍由式(5.5.3)定义。在红利支付日,资产组合中所持有股票的价值降低了 $a_j\Delta(t_j)S(t_j-)$,但是资产组合中增加了红利 $a_j\Delta(t_j)S(t_j-)$,于是资产组合的价值并不发生跳跃。因此,在所有时刻 t

$$dX(t)=R(t)X(t)dt+\Delta(t)\sigma(t)S(t)[\Theta(t)dt+dW(t)] \tag{5.5.15}$$

都是资产组合价值演化的正确公式。仍由式(5.5.4)定义 $\widetilde{W}$,变换到测度 $\widetilde{\mathbb{P}}$,使得 $\widetilde{W}$ 在 $\widetilde{\mathbb{P}}$ 下是一个布朗运动,就得到风险中性定价公式(5.5.5)。

5.5.4 一次结付且红利率为常数

在 σ,r 以及每个 a_j 都是常数的假定下,我们来定价欧式看涨期权。由式(5.5.14)以及 $\widetilde{W}$ 的定义,我们有:

$$dS(t)=rS(t)dt+\sigma S(t)d\widetilde{W}(t),\quad t_j\leqslant t<t_{j+1},j=0,1,\cdots,n$$

因此:

$$S(t_{j+1}-)=S(t_j)\exp\left\{\sigma(\widetilde{W}(t_{j+1})-\widetilde{W}(t_j))+\left(r-\frac{1}{2}\sigma^2\right)(t_{j+1}-t_j)\right\} \tag{5.5.16}$$

由式(5.5.13)可知:

$$S(t_{j+1})=(1-a_{j+1})S(t_j)\exp\left\{\sigma(\widetilde{W}(t_{j+1})-\widetilde{W}(t_j))+\left(r-\frac{1}{2}\sigma^2\right)(t_{j+1}-t_j)\right\}$$

或者,等价地,对于 $j=0,1,\cdots,n$,有:

$$\frac{S(t_{j+1})}{S(t_j)}=(1-a_{j+1})\exp\left\{\sigma(\widetilde{W}(t_{j+1})-\widetilde{W}(t_j))+\left(r-\frac{1}{2}\sigma^2\right)(t_{j+1}-t_j)\right\}$$

由此可得:

$$\frac{S(T)}{S(0)}=\frac{S(t_{n+1})}{S(t_0)}=\prod_{j=0}^{n}\frac{S(t_{j+1})}{S(t_j)}=\prod_{j=0}^{n-1}(1-a_{j+1})\exp\left\{\sigma\widetilde{W}(T)+\left(r-\frac{1}{2}\sigma^2\right)T\right\}$$

换言之:

$$S(T)=S(0)\prod_{j=0}^{n-1}(1-a_{j+1})\cdot\exp\left\{\sigma\widetilde{W}(T)+\left(r-\frac{1}{2}\sigma^2\right)T\right\} \tag{5.5.17}$$

这与服从几何布朗运动的无红利支付的股票在时刻 T 的价格公式几乎相同,只是初始股价不是 $S(0)$,而是 $S(0)\prod_{j=0}^{n-1}(1-a_{j+1})$。因此,原生资产有红利支付的时刻 T 到期、敲定价格为 K 的欧式看涨期权在时刻 0 的价值,可以通过在经典的布莱克—斯科尔斯—默顿公式中将初始股价替换为 $S(0)\prod_{j=0}^{n-1}(1-a_{j+1})$ 得到：

$$S(0)\prod_{j=0}^{n-1}(1-a_{j+1})N(d_+)-e^{-rT}KN(d_-)$$

其中：

$$d_\pm=\frac{1}{\sigma\sqrt{\tau}}\left[\log\frac{S(0)}{K}+\sum_{j=0}^{n-1}\log(1-a_{j+1})+\left(r\pm\frac{1}{2}\sigma^2\right)T\right]$$

对于 0 和 T 之间的时刻 t，类似的欧式看涨期权定价公式也成立。在此情形，公式中只含有相应于时刻 t 与 T 之间的红利支付日的那些项 $(1-a_{j+1})$。

5.6 远期和期货

这一节中，我们假定存在唯一的风险中性测度 $\widetilde{\mathbb{P}}$，所有资产都满足风险中性定价公式。在此假定下，我们研究远期和期货价格以及它们之间的关系。我们所推得的公式适用于任何无红利支付的可交易资产，而不仅仅是股票。第一卷 6.3 节和 6.5 节中，我们曾在二叉树模型中涉及这些论题。

5.6.1 *远期合约*

设 $S(t),0\leqslant t\leqslant\overline{T}$ 是资产价格过程，$R(t),0\leqslant t\leqslant\overline{T}$ 是利率过程。这里，我们选择很大的时刻 $\overline{T}$，所有债券和衍生证券都将在时刻 $\overline{T}$ 或者之前到期。如通常那样定义贴现过程 $D(t)=e^{-\int_0^t R(u)du}$。根据风险中性定价公式(5.2.30)，在时刻 T 支付为 1 的零息债券在时刻 t 的价格为：

$$B(t,T)=\frac{1}{D(t)}\widetilde{\mathbb{E}}[D(T)\mid\mathcal{F}(t)],\quad 0\leqslant t\leqslant T\leqslant\overline{T}\tag{5.6.1}$$

这一定价公式确保在这些债券的交易中不存在套利，因为任何这样的资产组合的贴现价格过程在风险中性测度下都是鞅。二叉树模型中，这一论证的细节见第一卷中的定理 6.2.6 和注 6.2.7。

定义 5.6.1　远期合约是关于在指定的交割日期 T(其中 $0\leqslant T\leqslant\overline{T}$)以指定的交割价格 K 购买在时刻 t 价格为 $S(t)$ 的资产的一份协议。该资产在时刻 t 的 T-远期价格 $\mathrm{For}_S(t,T)$(其中 $0\leqslant t\leqslant T\leqslant\overline{T}$)是使得远期合约在时刻 t 的无套利价格为 0 的 K 的值。

定理 5.6.2　假定所有到期日的零息债券都能被交易，则：

$$\mathrm{For}_S(t,T)=\frac{S(t)}{B(t,T)},\quad 0\leqslant t\leqslant T\leqslant\overline{T}\tag{5.6.2}$$

【证明】　假设投资者在时刻 t 售出交割日期为 T 交割价格为 K 的远期合约，并且假设 K 的值的选取使得远期合约在时刻 t 的价格为 0。于是，出售远期合约并无收入。假设投资者在时刻 t 售出远期合约以后，立即做空 $\frac{S(t)}{B(t,T)}$ 份零息债券,并且利用由此获得的收入 $S(t)$ 购买 1 份资产。此后,投资者不再进行任何交易。到时刻 T,投资者拥有 1 份资产,并且根据远期合约进行交割,收到 K。投资者在冲抵债券空头以后,尚余 $K-\dfrac{S(t)}{B(t,T)}$。如果此余额为正值,则有套利;如果此余额为负值,投资者一开始就应该取相反的头寸。即做多远期合约,做多到期日为 T 的债券,并且做空资产,仍有套利。为了排除套利,K 必须由式(5.6.2)给出。□

注 5.6.3 定理 5.6.2 的证明并未用到风险中性定价的概念。为了排除套利,远期价格必须由式(5.6.2)给出。由于我们已假定风险中性测度存在,并且所有资产满足风险中性定价公式,式(5.6.2)应该也能由风险中性定价公式推得。事实上,利用式(5.2.30),(5.6.1)以及贴现资产价格过程在 $\widetilde{\mathbb{P}}$ 下是鞅这一事实,我们可以算得远期合约在时刻 t 的价格为:

$$\begin{aligned}\frac{1}{D(t)}\widetilde{\mathbb{E}}[D(T)(S(T)-K)\mid\mathcal{F}(t)]&=\frac{1}{D(t)}\widetilde{\mathbb{E}}[D(T)S(T)\mid\mathcal{F}(t)]-\frac{K}{D(t)}\widetilde{\mathbb{E}}[D(T)\mid\mathcal{F}(t)]\\&=S(t)-KB(t,T)\end{aligned}$$

为了使得这一价格为 0,K 必须由式(5.6.2)给出。

5.6.2 *期货合约*

考虑时间区间 $[0,T]$,利用分点 $0=t_0<t_1<\cdots<t_n=T$ 将其划分为子区间,每个子区间 $[t_k,t_{k+1})$ 将被视为“一天”。

假设利率在每一天内是常值。于是贴现过程:$D(0)=1$,对于 $k=0,1,\cdots,n-1$,

$$D(t_{k+1})=e^{-\int_0^{t_{k+1}}R(u)du}=e^{-\sum\limits_{j=0}^{k}R(t_j)(t_{j+1}-t_j)}$$

是 $\mathcal{F}(t_k)$-可测随机变量。根据风险中性定价公式(5.6.1),在时刻 T 支付为 1 的零息债券的时刻 t_k 价格为

$$B(t_k,T)=\frac{1}{D(t_k)}\widetilde{\mathbb{E}}[D(T)\mid\mathcal{F}(t_k)]$$

在时刻 t 价格为 $S(t)$ 的资产具有 t_k-远期价格

$$\mathrm{For}_S(t_k,T)=\frac{S(t_k)}{B(t_k,T)}\tag{5.6.3}$$

这是 $\mathcal{F}(t_k)$-可测随机变量。假设我们在时刻 t_k 取远期合约的多头(即同意在时刻 T 支付 $\mathrm{For}_S(t_k,T)$ 以获取 $S(T)$)。这一头寸在时刻 $t_j\geqslant t_k$ 的价值为:

$$\begin{aligned}V_{k,j}&=\frac{1}{D(t_j)}\widetilde{\mathbb{E}}\left[D(T)\left(S(T)-\frac{S(t_k)}{B(t_k,T)}\right)\middle|\mathcal{F}(t_j)\right]\\&=\frac{1}{D(t_j)}\widetilde{\mathbb{E}}[D(T)S(T)\mid\mathcal{F}(t_j)]-\frac{S(t_k)}{B(t_k,T)}\cdot\frac{1}{D(t_j)}\widetilde{\mathbb{E}}[D(T)\mid\mathcal{F}(t_j)]\\&=S(t_j)-S(t_k)\cdot\frac{B(t_j,T)}{B(t_k,T)}\end{aligned}$$

如果 $t_j=t_k$,上式为 0。然而,当 $t_j>t_k$ 时,上式一般不为 0。例如:若利率为常数 r,

从而 $B(t,T)=e^{-r(T-t)}$，则：

$$V_{k,j}=S(t_j)-e^{r(t_j-t_k)}S(t_k)$$

如果资产增值快于利率，远期合约取正值；否则，远期合约取负值。无论何种情形，总有远期合约的一方会担心另一方违约。

为了减轻违约风险问题，远期合约的双方将会同意在合约起始一天后结算。远期合约原先的买主可以重新购买一天后起始的新合约。重复这一过程，远期合约的买主将会生成现金流

$$V_{0,1}=S(t_1)-S(t_0)\cdot\frac{B(t_1,T)}{B(t_0,T)}=S(t_1)-S(t_0)\cdot\frac{B(t_1,T)}{B(0,T)}$$

$$V_{1,2}=S(t_2)-S(t_1)\cdot\frac{B(t_2,T)}{B(t_1,T)}$$

$$\vdots$$

$$V_{n-1,n}=S(t_n)-S(t_{n-1})\cdot\frac{B(t_n,T)}{B(t_{n-1},T)}=S(T)-\frac{S(t_{n-1})}{B(t_{n-1},T)}$$

这里存在两个问题。首先，远期合约的买主可能是出于对冲标的资产价格上涨的考虑。然而，多大程度上可以通过收到这一现金流提供这种对冲，并不清楚。其次，远期合约每天的买卖需要市场上当天和一天前起始的远期合约具有很好的流动性。这一般无法满足。

比起每天重新购买远期合约，更好的想法是产生一个如下所述的**期货价格** $\mathrm{Fut}_S(t,T)$。如果投资者在时刻 t_k 与 t_{k+1} 之间持有期货多头，则在时刻 t_{k+1} 将收到支付

$$\mathrm{Fut}_S(t_{k+1},T)-\mathrm{Fut}_S(t_k,T)$$

这被称为**逐日盯市**。随机过程 $\mathrm{Fut}_S(t,T)$ 的构造使得对每个 t，$\mathrm{Fut}_S(t,T)$ 为 $F(t)$-可测，并且

$$\mathrm{Fut}_S(T,T)=S(T)$$

于是，在时刻 0 购买期货合约，并且一直持有到交割日 T 的投资者收到支付的总和为：

$$\begin{aligned}
&(\mathrm{Fut}_S(t_1,T)-\mathrm{Fut}_S(t_0,T))+(\mathrm{Fut}_S(t_2,T)-\mathrm{Fut}_S(t_1,T))+\cdots\\
&\quad+(\mathrm{Fut}_S(t_n,T)-\mathrm{Fut}_S(t_{n-1},T))\\
&=\mathrm{Fut}_S(T,T)-\mathrm{Fut}_S(0,T)\\
&=S(T)-\mathrm{Fut}_S(0,T)
\end{aligned}$$

如果投资者在时刻 T 实施交割，以市场价格 $S(T)$ 购买标的资产，则由期货合约以及交割支付产生的总收入为 $-\mathrm{Fut}_S(0,T)$。不计货币的时间价值，投资者实际上是以时刻 0 锁定的价格 $\mathrm{Fut}_S(0,T)$ 购买标的资产。

与远期合约比较，期货合约的支付是分散于合约的存续期，而不是最后总体结算。这些支付是通过保证金账户进行的。期货合约持有人在购买合约的同时必须

开设保证金账户,以后根据期货价格的演化,可以在账户中存取资金。远期合约持有人面临对方的违约风险,而期货合约的持有人则面临由于某些中间支付(追加保证金通知)在到期日之前被迫平仓的风险。

除了满足 $\text{Fut}_S(T,T)=S(T)$ 之外,期货价格过程还满足:在时刻 t_{k+1}(事实上,所有 $t_j>t_k$)将收到的支付在时刻 t_k 的价值为 0。这意味着,在任何时刻投资者都可以开仓或者平仓,除了已经发生的支付,不再需要任何其他费用。在时刻 t_{k+1} 将收到的支付在时刻 t_k 的价值为 0 这一条件可以写成:

$$\begin{aligned}0&=\frac{1}{D(t_k)}\widetilde{\mathbb{E}}[D(t_{k+1})(\text{Fut}_S(t_{k+1},T)-\text{Fut}_S(t_k,T))\mid\mathcal{F}(t_k)]\\&=\frac{D(t_{k+1})}{D(t_k)}\{\widetilde{\mathbb{E}}[\text{Fut}_S(t_{k+1},T)\mid\mathcal{F}(t_k)]-\text{Fut}_S(t_k,T)\}\end{aligned}$$

其中我们利用 $D(t_{k+1})$ 为 $\mathcal{F}(t_k)$-可测这一事实,将 $D(t_{k+1})$ 移至条件期望之外。由上式可知:

$$\widetilde{\mathbb{E}}[\text{Fut}_S(t_{k+1},T)\mid\mathcal{F}(t_k)]=\text{Fut}_S(t_k,T),\quad k=0,1,\cdots,n-1 \tag{5.6.4}$$

这表明 $\text{Fut}_S(t_k,T)$ 在 $\widetilde{\mathbb{P}}$ 下一定是离散时间鞅。然而,我们还要求 $\text{Fut}_S(T,T)=S(T)$,因此期货价格必定满足:

$$\text{Fut}_S(t_k,T)=\widetilde{\mathbb{E}}[S(T)\mid\mathcal{F}(t_k)],\quad k=0,1,\cdots,n \tag{5.6.5}$$

事实上,在 $\text{Fut}_S(T,T)=S(T)$ 条件下,式(5.6.4)与式(5.6.5)是等价的。

最后,对于式(5.6.5)给出的 $\text{Fut}_S(t,T)$,在时刻 t_j,$\forall j\geqslant k+1$ 将收到的支付在时刻 t_k 的价值为 0。事实上,利用 $D(t_j)$ 的 $F(t_{j-1})$-可测性以及 $\text{Fut}_S(t,T)$ 的鞅性质,我们有:

$$\begin{aligned}&\frac{1}{D(t_k)}\widetilde{\mathbb{E}}[D(t_j)(\text{Fut}_S(t_j,T)-\text{Fut}_S(t_{j-1},T))\mid\mathcal{F}(t_k)]\\&\quad=\frac{1}{D(t_k)}\widetilde{\mathbb{E}}[\widetilde{\mathbb{E}}[D(t_j)(\text{Fut}_S(t_j,T)-\text{Fut}_S(t_{j-1},T))\mid\mathcal{F}(t_{j-1})]\mid\mathcal{F}(t_k)]\\&\quad=\frac{1}{D(t_k)}\widetilde{\mathbb{E}}[D(t_j)\widetilde{\mathbb{E}}[\text{Fut}_S(t_j,T)\mid\mathcal{F}(t_{j-1})]-D(t_j)\text{Fut}_S(t_{j-1},T)\mid\mathcal{F}(t_k)]\\&\quad=\frac{1}{D(t_k)}\widetilde{\mathbb{E}}[D(t_j)\text{Fut}_S(t_{j-1},T)-D(t_j)\text{Fut}_S(t_{j-1},T)\mid\mathcal{F}(t_k)]=0\end{aligned}$$

上述讨论导致关于连续情形(即仅假定 $R(t)$ 是适应随机过程,不要求在形如 $[t_k,t_{k+1})$ 的时间区间上为常值)的以下定义。

定义 5.6.4 在时刻 T 价值为 $S(T)$ 的资产的期货价格为:

$$\text{Fut}_S(t,T)=\widetilde{\mathbb{E}}[S(T)\mid\mathcal{F}(t)],\quad 0\leqslant t\leqslant T \tag{5.6.6}$$

期货合约多头是关于在持有头寸期间收到期货价格的变动(可正可负)的现金流的协议。**期货合约空头**则收到相反的现金流。

定理 5.6.5 期货价格在风险中性测度 $\widetilde{\mathbb{P}}$ 下是鞅,满足 $\text{Fut}_S(T,T)=S(T)$,并

且在时间区间上持有期货合约多头(或者空头)的价值恒为 0。

【证明概要】 由通常的累次条件期望论证可以证明式(5.6.6)给出的 $\mathrm{Fut}_S(t,T)$ 是 $\widetilde{\mathbb{P}}$-鞅,并且满足终值条件 $\mathrm{Fut}_S(T,T)=S(T)$。事实上,它是满足这一终值条件的唯一的 $\widetilde{\mathbb{P}}$-鞅。

如果域流 $\mathcal{F}(t),0\leqslant t\leqslant T$ 由布朗运动 $W(t),0\leqslant t\leqslant T$ 生成,则由鞅表示定理的推论 5.3.2,存在某个适应被积过程 $\widetilde{\Gamma}$,使得:

$$\mathrm{Fut}_S(t,T)=\mathrm{Fut}_S(0,T)+\int_0^t\widetilde{\Gamma}(u)d\widetilde{W}(u),\quad 0\leqslant t\leqslant T$$

[即 $d\mathrm{Fut}_S(t,T)=\widetilde{\Gamma}(t)d\widetilde{W}(t)$]。给定 $0\leqslant t_0<t_1\leqslant T$,设投资者在 t_0 与 t_1 之间的时刻 t 持有 $\Delta(t)$ 份期货合约。改变期货头寸不需要任何费用,但是由于期货合约产生现金流,投资者也许有现金需要投资或者需要借贷以实施这一投资策略。这里的投资或者借贷都按当时适用的利率 $R(t)$ 进行。投资者由此获得的盈利 $X(t)$ 满足:

$$dX(t)=\Delta(t)d\mathrm{Fut}_S(t,T)+R(t)X(t)dt=\Delta(t)\widetilde{\Gamma}(t)d\widetilde{W}(t)+R(t)X(t)dt$$

于是:

$$d(D(t)X(t))=D(t)\Delta(t)\widetilde{\Gamma}(t)d\widetilde{W}(t)$$

假设在时刻 t_0,投资者的盈利 $X(t_0)=0$。在时刻 t_1,投资者的盈利 $X(t_1)$ 满足:

$$D(t_1)X(t_1)=\int_{t_0}^{t_1}D(u)\Delta(u)\widetilde{\Gamma}(u)d\widetilde{W}(u)\tag{5.6.7}$$

因为伊藤积分是鞅,我们有:

$$\begin{aligned}&\widetilde{\mathbb{E}}[D(t_1)X(t_1)\mid\mathcal{F}(t_0)]\\&=\widetilde{\mathbb{E}}\left[\int_0^{t_1}D(u)\Delta(u)\widetilde{\Gamma}(u)d\widetilde{W}(u)-\int_0^{t_0}D(u)\Delta(u)\widetilde{\Gamma}(u)d\widetilde{W}(u)\mid\mathcal{F}(t_0)\right]\\&=\widetilde{\mathbb{E}}\left[\int_0^{t_1}D(u)\Delta(u)\widetilde{\Gamma}(u)d\widetilde{W}(u)\mid\mathcal{F}(t_0)\right]-\int_0^{t_0}D(u)\Delta(u)\widetilde{\Gamma}(u)d\widetilde{W}(u)\\&=0\end{aligned}\tag{5.6.8}$$

由风险中性定价公式,时刻 t_1 的支付 $X(t_1)$ 在时刻 t_0 的价值为 $\frac{1}{D(t_0)}\cdot\widetilde{\mathbb{E}}[D(t_1)X(t_1)\mid\mathcal{F}(t_0)]$,而我们已经证明这是 0。在 t_0 到 t_1 区间上持有期货多头的价值可以通过令 $\Delta(u)=1,\forall u$ 得到;持有期货空头的价值可以通过令 $\Delta(u)=-1,\forall u$ 得到。无论哪种情形,其价值都是 0。

如果域流 $\mathcal{F}(t),0\leqslant t\leqslant T$ 并非由布朗运动生成,则我们不能运用推论5.3.2,这时必须将式(5.6.7)写成:

$$D(t_1)X(t_1)=\int_{t_0}^{t_1}D(u)\Delta(u)d\mathrm{Fut}_S(u,T)\tag{5.6.9}$$

这一积分可以定义,并且是鞅。我们将仍有:

$$\widetilde{\mathbb{E}}[D(t_1)X(t_1)\mid\mathcal{F}(t_0)]=0$$

注 5.6.6(现金流的风险中性定价) 假定某资产生成一个在时刻 0 和 u 之间总额为 $C(u)$ 的现金流，其中 $C(u)$ 为 $\mathcal{F}(u)$-可测。在时刻 t 以 1 份资产开始，从时刻 t 到 T 期间一直持有(必要时以利率 R 投资或者借贷)，这一资产组合的价值过程满足：

$$dX(u)=dC(u)+R(u)X(u)du$$

或者，等价地：

$$d(D(u)X(u))=D(u)dC(u)$$

假设 $X(t)=0$，将上式积分可得：

$$D(T)X(T)=\int_t^T D(u)dC(u)$$

从时刻 t 到 T 期间收到的现金流 $X(T)$ 在时刻 t 的风险中性价值为：

$$\frac{1}{D(t)}\widetilde{\mathbb{E}}[D(T)X(T)\mid\mathcal{F}(t)]=\frac{1}{D(t)}\widetilde{\mathbb{E}}\left[\int_t^T D(u)dC(u)\mid\mathcal{F}(t)\right],\quad 0\leqslant t\leqslant T \tag{5.6.10}$$

公式(5.6.10)将关于单个时刻 T 的支付的风险中性定价公式(5.2.30)推广到现金流。在式(5.6.10)中，过程 $C(u)$ 可以表示一系列在时刻 $t_1<t_2<\cdots<t_n$ 的一次结付的支付 $A_1,A_2,\cdots,A_n$ 之和，其中 A_i 是 $F(t_i)$-可测随机变量。用公式表示：

$$C(u)=\sum_{i=1}^n A_i\,\mathbb{I}_{[0,u]}(t_i)$$

在此情形下，有：

$$\int_t^T D(u)dC(u)=\sum_{i=1}^n D(t_i)A_i\,\mathbb{I}_{(t,T]}(t_i)$$

上述和式中仅出现(严格地)在时刻 t 之后的支付。而由式(5.6.10)，(严格地)在时刻 t 之后的一系列支付在时刻 t 的价值为：

$$\frac{1}{D(t)}\widetilde{\mathbb{E}}\left[\sum_{i=1}^n D(t_i)A_i\,\mathbb{I}_{(t,T]}(t_i)\mid\mathcal{F}(t)\right]=\sum_{i=1}^n\mathbb{I}_{(t,T]}(t_i)\frac{1}{D(t)}\widetilde{\mathbb{E}}[D(t_i)A_i\mid\mathcal{F}(t)]$$

这是(严格地)在时刻 t 之后的支付在时刻 t 的价值之和。

过程 $C(u)$ 也可以如式(5.6.9)那样是连续的。过程 $C(u)$ 可以递减，也可以递增(即现金流可以为负，也可以为正)。

5.6.3 *远期—期货价差*

在这最后一小节中，我们来比较远期价格与期货价格。这些价格的定义为：

$$\mathrm{For}_S(t,T)=\frac{S(t)}{B(t,T)}$$

$$\mathrm{Fut}_S(t,T)=\widetilde{\mathbb{E}}[S(T)\mid\mathcal{F}(t)]$$

如果利率为常数 r,则 $B(t,T)=e^{-r(T-t)}$,从而:

$$\mathrm{For}_S(t,T)=e^{r(T-t)}S(t)$$

$$\begin{aligned}\mathrm{Fut}_S(t,T)&=e^{rT}\widetilde{\mathbb{E}}[e^{-rT}S(T)\mid\mathcal{F}(t)]\\&=e^{rT}e^{-rt}S(t)\\&=e^{r(T-t)}S(t)\end{aligned}$$

在此情形下,远期价格与期货价格是相同的。

我们就随机利率的情形比较 $\mathrm{For}_S(0,T)$ 与 $\mathrm{Fut}_S(0,T)$。在此情形,我们有 $B(0,T)=\widetilde{\mathbb{E}}D(T)$,所谓**远期—期货价差**为:

$$\begin{aligned}\mathrm{For}_S(0,T)-\mathrm{Fut}_S(0,T)&=\frac{S(0)}{\widetilde{\mathbb{E}}D(T)}-\widetilde{\mathbb{E}}S(T)\\&=\frac{1}{\widetilde{\mathbb{E}}D(T)}\{\widetilde{\mathbb{E}}[(D(T)S(T)]-\widetilde{\mathbb{E}}D(T)\cdot\widetilde{\mathbb{E}}S(T)\}\\&=\frac{1}{B(0,T)}\widetilde{\mathrm{Cov}}(D(T),S(T))\end{aligned}\tag{5.6.11}$$

其中 $\widetilde{\mathrm{Cov}}(D(T),S(T))$ 表示 $D(T)$ 与 $S(T)$ 在风险中性测度下的协方差。如果利率非随机,则协方差为 0,期货价格与远期价格相同。

人们可以对最后的公式作如下解释:如果 $D(T)$ 与 $S(T)$ 正相关,则较高的资产价格对应于较高的贴现水平,也对应于较低的利率。然而,资产价格上涨时,期货合约多头将收到支付(因为期货价格与标的资产价格正相关)。于是,期货合约多头在利率(偏低)不利于投资的情形将收到支付,而在利率(偏高)不利于借贷的情形却需要付钱。这样,期货合约持有人宁可持有远期合约(其所有支付直到最终才结算)。因此,为使期货合约有吸引力,期货价格必须低于远期价格(这一价格是投资者为购买资产的最终支付)。所以,当贴现因子 $D(T)$ 与资产价格 $S(T)$ 正相关时,就产生正的远期—期货价差。注意:在这一论证中所有相关性都是在风险中性测度(而不是真实概率测度)下计算的。在由布朗运动驱动的模型中,是利用多维哥萨诺夫定理(定理 5.4.1)变换到风险中性测度,资产的瞬时相关系数在两种测度下是相同的(见习题 5.12)。然而,随机变量之间的相关性系数(不同于随机过程之间的瞬时相关系数)会受到测度变换的影响(见习题 5.13)。

5.7 本章小结

本章给出哥萨诺夫定理(定理 5.4.1)和鞅表示定理(定理 5.4.2)这两个主要定理在金融中的应用。这些导致两个**资产定价基本定理**(定理 5.4.7 和定理 5.4.9)。这两个定理都是关于由多维布朗运动驱动的多资产模型表述的。

根据资产定价基本定理,在我们建立多资产市场的数学模型时,会有三种可能的情形。

情形 1：不存在风险中性测度(即从风险的市场价格方程(5.4.18)中无法解得$\Theta_1(t),\cdots,\Theta_d(t)$)。这是坏模型。以模型给出的价格交易，必然会有某种方式形成套利。不要使用这样的模型。

情形 2：存在多个风险中性测度(即风险的市场价格方程(5.4.18)存在多个解)。不同的风险中性测度，导致模型中衍生证券的不同价格。具有多个模型价格的衍生证券无法复制(即衍生证券的头寸不能得到对冲)。(如果衍生证券都能得到对冲，这将确定唯一的价格，见定理 5.4.9 的证明。)虽然仍有可能进行模型校准(即确定模型中的参数，使得模型价格与市场价格一致，从而模型有可能对非交易工具给出合理的定价)，但是不能完全对冲与衍生证券头寸相联系的风险。

目前，信用衍生品模型属于情形 2。它们被用于定价，但是不完全。这些衍生品的支付针对某一方的违约，完全对冲原生资产交易产生的违约风险一般是不可能的。这些模型具有多个风险中性测度，它们都能与原生资产市场价格相一致，但是给出衍生产品的不同价格。实际应用中，往往选择其中一个风险中性测度用于定价。哪一个风险中性测度被选中有赖于模型被指定和校准的方式。

情形 3：风险的市场价格方程(5.4.18)存在唯一的解过程$\Theta_1(t),\cdots,\Theta_d(t)$。在此情形，存在唯一的风险中性测度，并且风险中性定价公式成立。换言之，任何在时刻 T 的支付为 $V(T)$ 的证券在时刻 t 的价格(或价值)为：

$$V(t)=\frac{1}{D(t)}\widetilde{\mathbb{E}}[D(T)V(T)\mid\mathcal{F}(t)] \tag{5.7.1}$$

特别地，时刻 0 的衍生证券价格是贴现支付的风险中性期望值。衍生证券的风险中性价格是投资者建立衍生证券空头的完全对冲所需要的初始资本。这些完全对冲是对冲方程(5.4.29)的解过程$\Delta_1(t),\cdots,\Delta_m(t)$，这些解过程确保存在(见定理 5.4.9 的证明)。然而，我们一般并不是通过求解式(5.4.29)来确定对冲头寸$\Delta_1(t),\cdots,\Delta_m(t)$，而是利用第六章中将给出的方法确定对冲头寸。

对于支付**红利**的资产，其贴现价格过程在风险中性测度下不再是鞅。进行资产交易，并且收到与持有资产头寸成比例的红利的任何资产组合的贴现价值在风险中性测度下是鞅。在以常数红利率连续支付红利的情形，布莱克—斯科尔斯—默顿公式由式(5.5.12)给出。如果红利以一系列一次结付红利之和的方式支付，则经典的布莱克—斯科尔斯—默顿公式应作必要的修改，见 5.5.4。

资产的**远期价格**被定义为现在能够锁定的在未来交割日购买资产的价格，并且该价格使得远期合约的现值为 0。对于不支付红利的资产(而且不同于大多数商品，持有资产并不产生费用支出)，远期价格等于资产价格除以面值为 1、到期日与交割日期相同的零息债券价格：

$$\mathrm{For}_S(t,T)=\frac{S(t)}{B(t,T)},\quad 0\leqslant t\leqslant T$$

资产的**期货价格**是满足以下两条性质的适应随机过程$\mathrm{Fut}_S(t,T)$。

(i) 在交割日，期货价格与资产价格相同[即$\mathrm{Fut}_S(T,T)=S(T)$]；

(ii) 在一段时间内持有期货合约,并且收到相应于此头寸的现金流的价值为 0:

$$\frac{1}{D(t_0)}\widetilde{\mathbb{E}}\left[\int_{t_0}^{t_1} D(u)d\mathrm{Fut}_S(u,T) \mid \mathcal{F}(t)\right], \quad 0\leqslant t_0 < t_1 \leqslant T$$

具有这两条性质的唯一过程是:

$$\mathrm{Fut}_S(t,T)=\widetilde{\mathbb{E}}[S(T)\,|\,F(t)], \quad 0\leqslant t\leqslant T$$

当利率过程非随机时,远期价格与期货价格相同。当利率为随机过程时,远期价格与期货价格之间的价差正比于风险中性测度下贴现因子 $D(T)$ 和标的资产价格 $S(T)$ 的协方差[见式(5.6.11)]。

5.8 评 注

风险中性定价的思想隐含在经典的论文布莱克和斯科尔斯[17]以及默顿(Merton)[122]中,但是在罗斯[140]、哈里森和克雷普斯[77],以及哈里森和普利斯卡[78]、[79]之前,一直未有充分的发展和评价。罗斯[140]考虑单时段模型,哈里森和克雷普斯[77]考虑离散交易日的连续时间模型,哈里森和普利斯卡[78]、[79]考虑连续交易的连续时间模型。与之密切相关的状态价格密度的概念(见习题 5.2)来自阿罗和德布鲁[5]。

本章叙述的形式较为一般的哥萨诺夫定理(定理 5.2.3)来自哥萨诺夫[72],θ 为常数情形的结果则要早得多,是由卡梅伦和马丁(Cameron and Martin)在[26]中给出。该定理需要一个技术性条件以保证$\mathbb{E}Z(T)=1$,从而$\widetilde{\mathbb{P}}$是概率测度。为此,我们施加了条件(5.2.13)。诺维科夫(Novikov)[128]中给出较容易验证的条件:

$$\mathbb{E}\exp\left\{\frac{1}{2}\int_0^T \Theta^2(u)du\right\}<\infty$$

见卡拉察斯和施里夫[101],第 198 页。多维情形的哥萨诺夫定理和鞅表示定理(定理 5.4.1 和定理 5.4.2)可见卡拉察斯和施里夫[101](该书第三章的定理 5.1 和定理 4.15)。卡拉察斯和施里夫[102]中将这些定理(数学上严格地)应用于金融中由布朗运动驱动的模型。

哥萨诺夫定理在风险中性定价中的运用来自哈里森和普利斯卡[78]。这一方法摆脱了由布朗运动驱动的模型中关于利率和波动率为常数的假设。当利率和波动率均为随机时,对于不存在套利的连续股价,由布朗运动驱动的模型(数学上)是最一般的情形。特别地,**关于资产价格的对数正态模型乃是由布朗运动驱动的模型的一个特例。**

关于资产定价的基本定理(定理 5.4.7 和定理 5.4.9)可见哈里森和普利斯卡[78]、[79]。人们容易认为:对于定理 5.4.7,其逆亦真(即无套利蕴涵风险中性测度的存在性)。这对于离散时间模型是成立的(见达朗(Dalang)、默顿和维林格

[45]),但对于连续时间模型,需要一个稍强的条件来确保风险中性测度的存在性。德尔伯恩和沙赫尔迈尔(Delbaen and Schachermayer)[49]中有相关结果的简要介绍。

远期合约与期货的区别由马格瑞伯[118]以及布莱克(Black)[13]指出。离散时间模型中,期货的无套利定价方法由考克斯、英格索尔和罗斯[40]以及加罗和欧德菲尔德[98]给出。

5.9 习 题

习题 5.1 考虑式(5.2.19)的贴现股价 $D(t)S(t)$,本题采用两种方法推导关于 $d(D(t)S(t))$的公式(5.2.20)。

(i) 定义 $f(x)=S(0)e^x$,并且令

$$X(t)=\int_0^t \sigma(s)dW(s)+\int_0^t \left(\alpha(s)-R(s)-\frac{1}{2}\sigma^2(s)\right)ds$$

于是 $D(t)S(t)=f(X(t))$,利用伊藤—德布林公式计算 $df(X(t))$。

(ii) 根据伊藤乘积法则,有:

$$d(D(t)S(t))=S(t)dD(t)+D(t)dS(t)+dD(t)dS(t)$$

利用式(5.2.15)和式(5.2.18),计算上式右端。

习题 5.2(状态价格密度过程) 证明风险中性定价公式(5.2.30)可以改写为

$$D(t)Z(t)V(t)=\mathbb{E}[D(T)Z(T)V(T)\mid\mathcal{F}(t)] \tag{5.9.1}$$

这里,$Z(t)$是拉东—尼柯迪姆导数过程(5.2.11),其中风险的市场价格过程$\Theta(t)$由式(5.2.21)给出)。式(5.9.1)的右端是在真实概率测度$\mathbb{P}$,而不是风险中性测度$\widetilde{\mathbb{P}}$下取条件期望。尤其是,如果对于某个 $A\in\mathcal{F}(T)$,衍生证券的支付为$\mathbb{I}_A$(即如果 A 发生,支付为 1;如果 A 不发生,支付为 0),则该衍生证券在时刻 0 的价值为$\mathbb{E}[D(T)Z(T)\mathbb{I}_A]$。出现在式(5.9.1)中的 $D(t)Z(t)$被称为状态价格密度过程。

习题 5.3 根据布莱克—斯科尔斯—默顿公式,初始股价 $S(0)=x$ 的股票上的欧式看涨期权在时刻 0 的价值为:

$$c(0,x)=xN(d_+(T,x))-Ke^{-rT}N(d_-(T,x))$$

其中:

$$d_+(T,x)=\frac{1}{\sigma\sqrt{\tau}}\left[\log\frac{x}{K}+\left(r+\frac{1}{2}\sigma^2\right)T\right]$$

$$d_-(T,x)=d_+(T,x)-\sigma\sqrt{T}$$

股价通过波动率为常数 $\sigma>0$、利率为常数 r 的几何布朗运动建模,看涨期权的敲定价格为 K,到期时刻为 T。这一公式可以通过计算看涨期权的贴现支付在风险中性测度下的期望值得到:

$$c(0,x)=\widetilde{\mathbb{E}}[e^{-rT}(S(T)-K)^+]=\widetilde{\mathbb{E}}[e^{-rT}(xe^{\sigma\widetilde{W}(T)+(r-\frac{1}{2}\sigma^2)T}-K)^+] \quad (5.9.2)$$

其中 $\widetilde{W}$ 是风险中性测度 $\widetilde{\mathbb{P}}$ 下的布朗运动。在习题 4.9(ii)中，曾经算得该期权的 delta 为 $c_x(0,x)=N(d_+(T,x))$。本题给出另一种方法计算 $c_x(0,x)$。

(i) 首先注意到：如果 $h(s)=(s-K)^+$，则：

$$h'(s)=\begin{cases}0, & s<K\\ 1, & s>K\end{cases}$$

当 $s=K$ 时，$h'(s)$ 没有定义，但这不影响以下的讨论，因为 $S(T)$ 取值为 K 的概率为 0。利用关于 $h'(s)$ 的公式，对式(5.9.2)右端的期望值求导数，得到关于 $c_x(0,x)$ 的公式。

(ii) 证明：(i)中得到的公式可以改写为

$$c_x(0,x)=\hat{\mathbb{P}}(S(T)>K)$$

其中 $\hat{\mathbb{P}}$ 是与 $\widetilde{\mathbb{P}}$ 等价的概率测度。证明：

$$\hat{W}(t)=\widetilde{W}(t)-\sigma t$$

在 $\hat{\mathbb{P}}$ 下是布朗运动。

(iii) 将 $S(T)$ 用 $\hat{W}(T)$ 表示，然后证明：

$$\hat{\mathbb{P}}\{S(T)>K\}=\hat{\mathbb{P}}\left\{-\frac{\hat{W}(T)}{\sqrt{T}}<d_+(T,x)\right\}=N(d_+(T,x))$$

习题 5.4(时变非随机利率和波动率情形的布莱克一斯科尔斯一默顿公式) 设股价的微分

$$dS(t)=r(t)S(t)dt+\sigma(t)S(t)d\widetilde{W}(t)$$

其中 $r(t)$ 和 $\sigma(t)$ 是 t 的非随机函数，$\widetilde{W}$ 是风险中性测度 $\widetilde{\mathbb{P}}$ 下的布朗运动。给定 $T>0$，考虑欧式看涨期权，时刻 0 的期权价值为：

$$c(0,S(0))=\widetilde{\mathbb{E}}[e^{-\int_0^T r(t)dt}(S(T)-K)^+]$$

(i) 证明 $S(T)$ 形如 $S(0)e^X$(其中 X 是正态随机变量)。并确定 X 的均值和方差。

(ii) 设：

$$\begin{aligned}\mathrm{BSM}(T,x;K,R,\Sigma)=&xN\left(\frac{1}{\Sigma\sqrt{T}}\left[\log\frac{x}{K}+\left(R+\frac{\Sigma^2}{2}\right)T\right]\right)\\&-e^{-RT}KN\left(\frac{1}{\Sigma\sqrt{T}}\left[\log\frac{x}{K}+\left(R-\frac{\Sigma^2}{2}\right)T\right]\right)\end{aligned}$$

表示当股价波动率 Σ 和利率 R 均为常数时，到期时刻为 T 的欧式看涨期权在时刻 0 的价值。证明：

$$c(0,S(0))=\mathrm{BSM}\left(T,S(0);K,\frac{1}{T}\int_0^T r(t)dt,\sqrt{\frac{1}{T}\int_0^T \sigma^2(t)dt}\right)$$

习题 5.5 按以下步骤证明推论 5.3.2。

(i) 计算$\frac{1}{Z(t)}$的微分,其中 $Z(t)$由推论 5.3.2 给出。

(ii) 设 $\widetilde{M}(t),0\leqslant t\leqslant T$ 在$\widetilde{\mathbb{P}}$下是鞅。证明:$M(t)=Z(t)\widetilde{M}(t)$在$\mathbb{P}$下是鞅。

(iii) 根据定理 5.3.1,存在适应过程 $\Gamma(u),0\leqslant u\leqslant T$,使得:

$$M(t)=M(0)+\int_0^t \Gamma(u)dW(u),\quad 0\leqslant t\leqslant T$$

利用伊藤乘积法则,计算 $\widetilde{M}(t)=M(t)\frac{1}{Z(t)}$ 的微分。

(iv) 证明:$\widetilde{M}(t)$的微分是某一适应过程 $\widetilde{\Gamma}(t)$乘以 $d\widetilde{W}(t)$与 0 乘以 dt 之和。积分便得到式(5.3.2)。

习题 5.6 利用二维列维定理(定理 4.6.5)证明二维哥萨诺夫定理(即定理 5.4.1,其中 $d=2$)。

习题 5.7 (i) 假设 5.4.2 中描述的多维市场模型存在套利。换言之,假设存在满足$X_1(0)=0$ 的资产组合,对于某个正数 T,有:

$$\mathbb{P}\{X_1(T)\geqslant 0\}=1,\quad \mathbb{P}\{X_1(T)>0\}>0 \tag{5.4.23}$$

证明:如果 $X_2(0)$严格为正,则存在以 $X_2(0)$为初值的资产组合价值过程 $X_2(t)$,满足:

$$\mathbb{P}\left\{X_2(T)\geqslant\frac{X_2(0)}{D(T)}\right\}=1,\quad \mathbb{P}\left\{X_2(T)>\frac{X_2(0)}{D(T)}\right\}>0 \tag{5.4.24}$$

(ii) 证明:如果多维市场模型中存在初值 $X_2(0)$严格为正的资产组合价值过程 $X_2(t)$,使得式(5.4.24)成立,则必存在初值 $X_1(0)=0$ 的资产组合价值过程 $X_1(t)$,使得式(5.4.23)成立。

习题 5.8(任一严格正值的资产必为广义几何布朗运动) 设$(\Omega,\mathcal{F},\mathbb{P})$是概率空间,$W(t),0\leqslant t\leqslant T$ 是其上定义的布朗运动,$\mathcal{F}(t),0\leqslant t\leqslant T$ 是由此布朗运动生成的域流。假设存在唯一的风险中性测度$\widetilde{\mathbb{P}}$,并假设 $\widetilde{W}(t),0\leqslant t\leqslant T$是运用哥萨诺夫定理(定理 5.2.3)得到的在$\widetilde{\mathbb{P}}$下的布朗运动。

鞅表示定理的推论 5.3.2 断言:每一个在$\widetilde{\mathbb{P}}$下的鞅 $\widetilde{M}(t),0\leqslant t\leqslant T$ 都能被写成关于$\widetilde{W}(t),0\leqslant t\leqslant T$ 的随机积分。换言之,存在适应过程 $\widetilde{\Gamma}(t),0\leqslant t\leqslant T$,使得:

$$\widetilde{M}(t)=\widetilde{M}(0)+\int_0^T \widetilde{\Gamma}(u)d\widetilde{W}(u),\quad 0\leqslant t\leqslant T$$

现在,设 $V(T)$是一个几乎必然为正的 $\mathcal{F}(T)$-可测随机变量(这里“几乎必然”意味着在$\mathbb{P}$下和$\widetilde{\mathbb{P}}$下都具有概率 1,因为这两个测度等价)。根据风险中性定价公

式(5.2.31),时刻 T 支付为 $V(T)$ 的衍生证券在时刻 t 的价格为:

$$V(t) = \widetilde{\mathbb{E}}[e^{-\int_t^T R(u)du}V(T) \mid \mathcal{F}(t)], \quad 0 \leqslant t \leqslant T$$

(i) 证明:存在适应过程 $\widetilde{\Gamma}(t)$,$0\leqslant t\leqslant T$,使得

$$dV(t)=R(t)V(t)dt+\frac{\widetilde{\Gamma}(t)}{D(t)}d\widetilde{W}(t), \quad 0\leqslant t\leqslant T$$

(ii) 证明:对每个 $t\in[0,T]$,衍生证券 $V(t)$ 在时刻 t 的价格几乎必然为正。

(iii) 由(i)和(ii)推得:存在适应过程 $\sigma(t)$,$0\leqslant t\leqslant T$,使得

$$dV(t)=R(t)V(t)dt+\sigma(t)V(t)d\widetilde{W}(t), \quad 0\leqslant t\leqslant T$$

换言之,在到期时刻 T 之前,任何在时刻 T 的价格几乎必然为正的资产,其价格过程必定服从广义(由于波动率可能随机)几何布朗运动。

习题 5.9(隐含风险中性分布) 设原生资产的价格 $S(t)$ 未必是几何布朗运动(即未必具有常数波动率)。记 $S(0)=x$,关于时刻 T 支付为 $(S(T)-K)^+$ 的欧式看涨期权在时刻 0 价格的风险中性定价公式为:

$$c(0,T,x,K)=\widetilde{\mathbb{E}}[e^{-rT}(S(T)-K)^+]$$

(通常将期权价格视为当前时刻 0 和当前股价 x 的函数,本题中,我们将到期时刻 T 和敲定价格 K 也视为变量,从而被包括在 c 的自变量中。)我们用变量 y 的函数 $\widetilde{p}(0,T,x,y)$ 表示当 $S(0)=x$ 时关于 $S(T)$ 的分布的风险中性密度。于是,风险中性定价公式可以改写为:

$$c(0,T,x,K) = e^{-rT}\int_K^\infty (y-K)\widetilde{p}(0,T,x,y)dy \tag{5.9.3}$$

假设我们已知相应于所有敲定价格的看涨期权的市场价格[即对所有 $K>0$,已知 $c(0,T,x,K)$]。[1] 于是,可以计算期权价格关于敲定价格的一阶导数 $c_K(0,T,x,K)$ 和二阶导数 $c_{KK}(0,T,x,K)$。在式(5.9.3)中关于 K 求导两次,得到:

$$c_K(0,T,x,K) =- e^{-rT}\int_K^\infty \widetilde{p}(0,T,x,y)dy =- e^{-rT}\ \widetilde{\mathbb{P}}\{S(T) > K\}$$
$$c_{KK}(0,T,x,K)=e^{-rT}\widetilde{p}(0,T,x,K)$$

以上第二个等式给出了 $S(T)$ 的风险中性分布由期权价格表示的公式:

$$\widetilde{p}(0,T,x,K)=e^{rT}c_{KK}(0,T,x,K), \quad \forall K>0$$

习题 5.10(选择期权) 考虑一个具有常数利率 r 以及唯一的风险中性测度 $\widetilde{\mathbb{P}}$ 的模型。根据风险中性定价公式,对于 $0\leqslant t\leqslant T$,时刻 T 到期的欧式看涨期权在时刻 t 的价格为:

---

[1] 实际中,一般没有那么多价格。我们只有相应于某些敲定价格的看涨期权价格;对于另一些敲定价格,如果已知相应的看跌期权价格,则可以利用看跌—看涨平价公式算得看涨期权价格。对于其他敲定价格,相应的看涨期权价格只能通过已知的价格进行插值计算得到。

$$C(t)=\widetilde{\mathbb{E}}[e^{-r(T-t)}(S(T)-K)^{+}\mid\mathcal{F}(t)]$$

其中 $S(T)$ 是时刻 T 的原生资产价格，K 是看涨期权的敲定价格。类似地，时刻 T 到期的欧式看跌期权在时刻 t 的价格为：

$$P(t)=\widetilde{\mathbb{E}}[e^{-r(T-t)}(K-S(T))^{+}\mid\mathcal{F}(t)]$$

最后，由于 $e^{-rt}S(t)$ 在 $\widetilde{\mathbb{P}}$ 下是鞅，在交割时刻 T 为了获得一份股票而支付 K 的远期合约在时刻 t 的价格为：

$$\begin{aligned}F(t)&=\widetilde{\mathbb{E}}[e^{-r(T-t)}(S(T)-K)\mid\mathcal{F}(t)]\\&=e^{rt}\widetilde{\mathbb{E}}[e^{-rT}S(T)\mid\mathcal{F}(t)]-e^{-r(T-t)}K\\&=S(t)-e^{-r(T-t)}K\end{aligned}$$

由于

$$(S(T)-K)^{+}-(K-S(T))^{+}=S(T)-K$$

我们得到看跌—看涨平价关系：

$$\begin{aligned}C(t)-P(t)&=\widetilde{\mathbb{E}}[e^{-r(T-t)}(S(T)-K)^{+}-e^{-r(T-t)}(K-S(T))^{+}\mid\mathcal{F}(t)]\\&=\widetilde{\mathbb{E}}[e^{-r(T-t)}(S(T)-K)\mid\mathcal{F}(t)]=F(t)\end{aligned}$$

现在，设 t_0 是 0 和 T 之间的某个时刻，我们考虑**选择期权**，该期权持有人可以在时刻 t_0 选择拥有看涨期权或者看跌期权。

(i) 证明：选择期权在时刻 t_0 的价格为

$$C(t_0)+\max\{0,-F(t_0)\}=C(t_0)+(e^{-r(T-t_0)}K-S(t_0))^{+}$$

(ii) 证明：选择期权在时刻 0 的价格为时刻 T 到期且敲定价格为 K 的看涨期权价值与时刻 t_0 到期且敲定价格为 $e^{-r(T-t_0)}K$ 的看跌期权价值之和。

习题 5.11(现金流对冲) 设 $(\Omega,\mathcal{F},\mathbb{P})$ 是概率空间，$W(t)$，$0\leqslant t\leqslant T$ 是其上定义的布朗运动，$\mathcal{F}(t)$，$0\leqslant t\leqslant T$ 是由此布朗运动生成的域流。设平均回报率 $\alpha(t)$、利率 $R(t)$ 和波动率 $\sigma(t)$ 都是适应过程，并且 $\sigma(t)$ 恒不为 0。考虑股价过程，其微分由式(5.2.15)给出：

$$dS(t)=\alpha(t)S(t)dt+\sigma(t)S(t)dW(t),\quad 0\leqslant t\leqslant T$$

假设投资者在每个时刻 t 必须以速率 $C(t)$ 支付现金流，其中 $C(t)$，$0\leqslant t\leqslant T$ 是一个适应过程。如果投资者在每个时刻 t 持有 $\Delta(t)$ 份股票，那么，其资产组合价值过程的微分

$$dX(t)=\Delta(t)dS(t)+R(t)(X(t)-\Delta(t)S(t))dt-C(t)dt \tag{5.9.4}$$

证明：存在非随机的初值 $X(0)$ 以及资产组合过程 $\Delta(t)$，$0\leqslant t\leqslant T$，使得 $X(T)=0$ 几乎必然成立。[提示：定义风险中性测度，并且将鞅表示定理的推论 5.3.2 运用于过程

$$\widetilde{M}(t)=\widetilde{\mathbb{E}}\left[\int_0^T D(u)C(u)du \mid \mathcal{F}(t)\right], \quad 0\leqslant t\leqslant T \tag{5.9.5}$$

其中 $D(t)$ 是贴现过程(5.2.17)。]

习题 5.12(测度变换下的相关性) 考虑5.4.2中的多维市场模型，设 $B_i(t)$ 由式(5.4.7)定义。假定风险的市场价格方程(5.4.18)有解 $\Theta_1(t),\cdots,\Theta_d(t)$，并设 $\widetilde{\mathbb{P}}$ 是相应的风险中性测度，在 $\widetilde{\mathbb{P}}$ 下：

$$\widetilde{W}_j(t)=W_j(t)+\int_0^t \Theta_j(u)du, \quad j=1,\cdots,d$$

是两两独立的布朗运动。

(i) 对于 $i=1,\cdots,d$，定义 $\gamma_i(t)=\sum_{j=1}^d \frac{\sigma_{ij}(t)\Theta_j(t)}{\sigma_i(t)}$，证明：

$$\widetilde{B}_i(t)=B_i(t)+\int_0^t \gamma_i(u)du$$

在 $\widetilde{\mathbb{P}}$ 下是布朗运动。

(ii) 在式(5.4.8)中，我们有：

$$dS_i(t)=\alpha_i(t)S_i(t)dt+\sigma_i(t)S_i(t)dB_i(t), \quad i=1,\cdots,m$$

证明：

$$dS_i(t)=R(t)S_i(t)dt+\sigma_i(t)S_i(t)d\widetilde{B}_i(t), \quad i=1,\cdots,m$$

(iii) 在式(5.4.9)中，我们有 $dB_i(t)dB_k(t)=\rho_{ik}(t)dt$，这是 $B_i(t)$ 与 $B_k(t)$ 之间的**瞬时相关系数**。由于式(5.4.9)不涉及概率测度，由习题4.17可知：不论是在 $\mathbb{P}$ 下还是在 $\widetilde{\mathbb{P}}$ 下，增量 $B_i(t_0+\varepsilon)-B_i(t_0)$ 与 $B_k(t_0+\varepsilon)-B_k(t_0)$ 之间的相关系数大约等于 $\rho_{ik}(t_0)$。证明：

$$d\widetilde{B}_i(t)d\widetilde{B}_k(t)=\rho_{ik}(t)dt$$

公式表明：基于条件 $\mathcal{F}(t_0)$，不论是在 P 下还是在 $\widetilde{\text{P}}$ 下，增量 $\widetilde{B}_i(t_0+\varepsilon)-\widetilde{B}_i(t_0)$ 与 $\widetilde{B}_k(t_0+\varepsilon)-\widetilde{B}_k(t_0)$ 之间的相关系数大约等于 $\rho_{ik}(t_0)$。

(iv) 证明：如果 $\rho_{ik}(t)$ 非随机(尽管仍可能依赖于 t)，则对每个 $t\geqslant 0$，

$$\mathbb{E}[B_i(t)B_k(t)]=\widetilde{\mathbb{E}}[\widetilde{B}_i(t)\widetilde{B}_k(t)]=\int_0^t \rho_{ik}(u)du$$

由于 $B_i(t)$ 和 $B_k(t)$ 在 $\mathbb{P}$ 下都具有方差 t 并且 $\widetilde{B}_i(t)$ 和 $\widetilde{B}_k(t)$ 在 $\widetilde{\mathbb{P}}$ 下都具有方差 t，上式表明在 $\mathbb{P}$ 下 $B_i(t)$ 与 $B_k(t)$ 之间的相关系数相同于在 $\widetilde{\mathbb{P}}$ 下 $\widetilde{B}_i(t)$ 与 $\widetilde{B}_k(t)$ 之间的相关系数，均为 $\frac{1}{t}\int_0^t \rho_{ik}(u)du$。如果 ρ_{ik} 是常数，则相关系数就等于 ρ_{ik}。

(v) 如果 $\rho_{ik}(t)$ 随机，则可能会有：

$$\mathbb{E}[B_i(t)B_k(t)]\neq\widetilde{\mathbb{E}}[\widetilde{B}_i(t)\widetilde{B}_k(t)]$$

尽管瞬时相关系数不受测度变换的影响,相关系数会受到测度变换的影响。为了说明这点,我们取 $m=d=2$,并设 $W_1(t)$ 和 $W_2(t)$ 在 $\mathbb{P}$ 下是相互独立的布朗运动。取 $\sigma_{11}(t)=\sigma_{21}(t)=0$,$\sigma_{12}(t)=1$ 以及 $\sigma_{22}(t)=\text{sign}(W_1(t))$,其中:

$$\text{sign}(x)=\begin{cases}1, & x\geqslant 0\\ -1, & x<0\end{cases}$$

则 $\sigma_1(t)=1$,$\sigma_2(t)=1$,$\rho_{11}(t)=1$,$\rho_{22}(t)=1$,$\rho_{12}(t)=\rho_{21}(t)=\text{sign}(W_1(t))$。取 $\Theta_1(t)=1$和 $\Theta_2(t)=0$,则有 $\widetilde{W}_1(t)=W_1(t)+t$ 和 $\widetilde{W}_2(t)=W_2(t)$。因此 $\gamma_1(t)=\gamma_2(t)=0$。我们有:

$$B_1(t)=W_2(t),\quad B_2(t)=\int_0^t \text{sign}(W_1(u))dW_2(u)$$
$$\widetilde{B}_1(t)=B_1(t),\quad \widetilde{B}_2(t)=B_2(t)$$

证明:

$$\mathbb{E}[B_1(t)B_2(t)]\neq\widetilde{\mathbb{E}}[\widetilde{B}_1(t)\widetilde{B}_2(t)],\quad \forall t>0$$

习题 5.13 在习题 5.12(v)中,我们看到:如果瞬时相关系数随机,则当测度和布朗运动改变时,相关性系数可能会改变。本题将证明:如果风险的市场价格随机,则当测度改变而布朗运动不变时,相关性系数仍可能会改变。

设 $W_1(t)$和 $W_2(t)$是概率测度$\mathbb{P}$ 下相互独立的布朗运动。在多维哥萨诺夫定理(定理 5.4.1)中取 $\Theta_1(t)=0$ 和 $\Theta_2(t)=W_1(t)$,于是有 $\widetilde{W}_1(t)=W_1(t)$ 和 $\widetilde{W}_2(t)=W_2(t)+\int_0^t W_1(u)du$ 。

(i) 由于 $\widetilde{W}_1(t)$和 $\widetilde{W}_2(t)$在$\widetilde{\mathbb{P}}$ 下是布朗运动,方程$\widetilde{\mathbb{E}}\widetilde{W}_1(t)=\widetilde{\mathbb{E}}\widetilde{W}_2(t)=0$ 必定对所有 $t\in[0,T]$ 成立。由此推得:

$$\widetilde{\mathbb{E}}W_1(t)=\widetilde{\mathbb{E}}W_2(t)=0,\quad \forall t\in[0,T]$$

(ii) 根据伊藤乘积法则,我们有:

$$d(W_1(t)W_2(t))=W_1(t)dW_2(t)+W_2(t)dW_1(t)$$

由此证明:

$$\widetilde{\text{Cov}}(W_1(T),W_2(T))=\widetilde{\mathbb{E}}[W_1(T)W_2(T)]=-\frac{1}{2}T^2$$

这不同于

$$\text{Cov}(W_1(T),W_2(T))=\mathbb{E}[W_1(T)W_2(T)]=0$$

习题 5.14(持有成本) 考虑商品,其时刻 t 的单价为 $S(t)$。拥有每单位商品需要按单位时间费率 a 支付储存费用(**持有成本**)。注意:这一支付是按单位商品而不是按商品价格的一定比例。在时刻 t 持有 $\Delta(t)$单位商品,同时也以常数利率 r 投资于货币市场账户,这样的资产组合价值过程的微分

$$dX(t)=\Delta(t)dS(t)-a\Delta(t)dt+r(X(t)-\Delta(t)S(t))dt \tag{5.9.6}$$

如同 5.5 中股票支付红利的情形，我们必须选择风险中性测度，使得贴现资产组合价值 $e^{-rt}X(t)$过程是鞅。假定波动率是常数，故类似于式(5.5.6)，我们有：

$$dS(t)=rS(t)dt+\sigma S(t)d\widetilde{W}(t)+adt \tag{5.9.7}$$

其中 $\widetilde{W}(t)$在风险中性测度$\widetilde{\mathbb{P}}$下是鞅。

(i) 证明：当 $dS(t)$由式(5.9.7)给出时，贴现资产价值过程 $e^{-rt}X(t)$(其中 $X(t)$由式(5.9.6)给出)在$\widetilde{\mathbb{P}}$下是鞅。

(ii) 定义：

$$Y(t)=e^{\sigma\widetilde{W}(t)+(r-\frac{1}{2}\sigma^2)t}$$

验证：对于 $0\leqslant t\leqslant T$，有

$$dY(t)=rY(t)dt+\sigma Y(t)d\widetilde{W}(t)$$

$e^{-rt}Y(t)$在$\widetilde{\mathbb{P}}$下是鞅，并且：

$$S(t) = S(0)Y(t)+Y(t)\int_0^t \frac{a}{Y(s)}ds \tag{5.9.8}$$

满足式(5.9.7)。

(iii) 对于 $0\leqslant t\leqslant T$，通过简化下式

$$\widetilde{\mathbb{E}}[S(T)\mid F(t)] = S(0)\,\widetilde{\mathbb{E}}[Y(T)\mid F(t)]+\widetilde{\mathbb{E}}[Y(T)\mid \mathcal{F}(t)]\int_0^t \frac{a}{Y(s)}ds$$
$$+a\int_t^T\widetilde{\mathbb{E}}[\frac{Y(T)}{Y(s)}\mid \mathcal{F}(t)]ds \tag{5.9.9}$$

的右端，推导关于 $\widetilde{\mathbb{E}}[S(T)|\mathcal{F}(t)]$(由 $S(t)$表示)的公式。

(iv) $\widetilde{\mathbb{E}}[S(T)\mid\mathcal{F}(t)]$是关于商品的期货价格过程(即 $\mathrm{Fut}_S(t,T)=\widetilde{\mathbb{E}}[S(T)|\mathcal{F}(t)]$)。这必定是$\widetilde{\mathbb{P}}$下的鞅。将(iii)中得到的公式微分，并验证 $\widetilde{\mathbb{E}}[S(T)|\mathcal{F}(t)]$在$\widetilde{\mathbb{P}}$下是鞅。

(v) 给定 $0\leqslant t\leqslant T$。考虑在时刻 T 以价格 K 购买 1 单位商品的远期合约。该合约在起始时刻 t 的价值为：

$$\widetilde{\mathbb{E}}[e^{-r(T-t)}(S(T)-K)|\mathcal{F}(t)] \tag{5.9.10}$$

使得合约价值(5.9.10)为 0 的 K 的值被称为远期价格，记为 $\mathrm{For}_S(t,T)$。证明：

$$\mathrm{For}_S(t,T)=\mathrm{Fut}_S(t,T)$$

(vi) 设投资者在时刻 0 取远期合约的空头，这在时刻 0 既无任何花费，也没有任何收入。为了对冲这一空头头寸，投资者从货币市场账户借入$S(0)$，购买 1 单位商品，并一直持有到时刻 T。在时刻 T，该投资者按照远期合约进行商品交割，并

且收到时刻 0 就已设定的远期价格 $\mathrm{For}_S(0,T)$。证明这样恰好能结清该投资者在货币市场账户的债务。债务由两部分组成：首先，为了购买 1 单位商品，投资者在时刻 0 曾从货币市场账户借入 $S(0)$；其次，在时刻 0 到 T 期间，投资者通过在货币市场账户借贷融资每单位时间支付持有成本 a。[提示：投资者由商品以及货币市场账户构成的资产组合价值过程的初值为 $X(0)=0$(1 单位商品再加上货币市场头寸 $-S(0)$)，并且服从式(5.9.6)，其中 $\Delta(t)=1$。利用这一方程，确定 $d(e^{-rt}X(t))$，两边同时从 0 到 T 积分，解得 $X(T)$。这里需要用到 $e^{-rt}(dS(t)-rS(t)dt)=d(e^{-rt}S(t))$ 这一事实。最后应该得到 $X(T)=S(T)-\mathrm{For}_S(0,T)$。]

6 与偏微分方程的关系

6.1 引　言

计算衍生证券的价格有两种方法：(i)利用蒙特卡罗模拟产生原生证券在风险中性测度下的路径，并利用这些路径估计贴现支付的风险中性期望值；(ii)利用数值方法求解偏微分方程。本章针对第二种方法，阐明如何将风险中性定价问题与偏微分方程相联系。6.2 节解释随机微分方程的概念，它被用于原生资产价格的建模。6.3 节中的讨论表明：随机微分方程的解具有马尔可夫性质。由此，与每个随机微分方程相联系，有两个偏微分方程：其中一个包含贴现，另一个则不含贴现。这些偏微分方程及其推导，是6.4 节的主题。6.5 节将这些思想运用于利率模型，计算债券价格以及债券衍生品的价格。6.2～6.5 节中的讨论仅涉及一维过程。6.6 节介绍多维理论，还将给出一个代表性的例子：利用多维理论，对亚式期权进行定价和对冲。

6.2　随机微分方程

随机微分方程是如下形式的方程：

$$dX(u)=\beta(u,X(u))du+\gamma(u,X(u))dW(u) \tag{6.2.1}$$

其中，$\beta(u,x)$和$\gamma(u,x)$是给定的函数，分别称为**漂移**和**扩散**。除了方程之外，通常还需指定**初始条件**：$X(t)=x$，其中 $t\geqslant 0$，$x\in\mathbb{R}$。于是，定解问题表述为：寻求对于 $T\geqslant t$ 有定义的随机过程 $X(T)$，使得

$$X(t)=x \tag{6.2.2}$$

$$X(T)=X(t)+\int_t^T\beta(u,X(u))du+\int_t^T\gamma(u,X(u))dW(u) \tag{6.2.3}$$

在关于 $\beta(u,x)$和 $\gamma(u,x)$的较温和的条件下，存在唯一的过程 $X(T)$，$T\geqslant t$ 满足式(6.2.2)和式(6.2.3)。然而，这一过程难以被显式确定，因为它同时出现在式(6.2.3)的左右两端。

在时刻 T，解 $X(T)$将是 $\mathcal{F}(T)$-可测的[即 $X(T)$仅依赖于布朗运动截至时刻

T 的路径]。事实上,由于初始条件 $X(t)=x$ 已经指定,为了确定$X(T)$,真正需要知道的是在时刻 t 与 T 之间布朗运动的路径。

虽然,随机微分方程一般难以求解,但是一维线性随机微分方程是可以被显式求解的。这是形如下式的随机微分方程 :

$$dX(u)=(a(u)+b(u)X(u))du+(\gamma(u)+\sigma(u)X(u))dW(u) \tag{6.2.4}$$

其中 $a(u)$,$b(u)$,$\gamma(u)$以及 $\sigma(u)$是时间变量的非随机函数。事实上,甚至当 $a(u)$,$b(u)$,$\gamma(u)$以及 $\sigma(u)$是适应随机过程时,上述方程也能求解,尽管此时方程已不再是式(6.2.1)的形式。为了确保式(6.2.1)的解具有下面 6.3 节中讨论的马尔可夫性质,我们所允许方程(6.2.1)右端的随机性仅限于解$X(u)$以及布朗运动 $W(u)$中的随机性。我们不允许有其他随机性,例如出现在式(6.2.4)右端的 $a(u)$,$b(u)$,$\gamma(u)$以及 $\sigma(u)$中任何一个为随机。接下来的两个例子是式(6.2.4)的特殊情形,其中 $a(u)$,$b(u)$,$\gamma(u)$以及 $\sigma(u)$非随机。

例 6.2.1(几何布朗运动) 关于几何布朗运动的随机微分方程为:

$$dS(u)=\alpha S(u)du+\sigma S(u)dW(u)$$

按照式(6.2.1)中的记号,$\beta(u,x)=\alpha x$,$\gamma(u,x)=\sigma x$。我们已经知道当初始时刻为 0、初始位置为 $S(0)$时这一随机微分方程的解,即:

$$S(t)=S(0)\exp\left\{\sigma W(t)+\left(\alpha-\frac{1}{2}\sigma^2\right)t\right\}$$

类似地,对于 $T\geqslant t$,有:

$$S(T)=S(0)\exp\left\{\sigma W(T)+\left(\alpha-\frac{1}{2}\sigma^2\right)T\right\}$$

用 $S(t)$除 $S(T)$,我们得到:

$$\frac{S(T)}{S(t)}=\exp\left\{\sigma(W(T)-W(t))+\left(\alpha-\frac{1}{2}\sigma^2\right)(T-t)\right\}$$

如果在时刻 t 而非时刻 0 给定初始条件 $S(t)=x$,则上式成为:

$$S(T)=x\exp\left\{\sigma(W(T)-W(t))+\left(\alpha-\frac{1}{2}\sigma^2\right)(T-t)\right\}$$

不出所料,在采用初始条件 $S(t)=x$ 时,$S(T)$仅依赖于时刻 t 与 T 之间布朗运动的路径。

例 6.2.2[赫尔—怀特(Hull-White)利率模型] 考虑随机微分方程

$$dR(u)=(a(u)-b(u)R(u))du+\sigma(u)d\widetilde{W}(u)$$

其中 $a(u)$,$b(u)$以及 $\sigma(u)$是时间变量 u 的非随机正函数,$\widetilde{W}(u)$是风险中性测度$\widetilde{\mathbb{P}}$下的布朗运动。在这里,我们使用哑变量 r 而不是 x,$\beta(u,r)=a(u)-b(u)r$,$\gamma(u,r)=\sigma(u)$。取初始条件 $R(t)=r$。为了求解这一随机微分方程,我们首先利用该随机微分方程计算

$$d(e^{\int_0^u b(v)dv}R(u))=e^{\int_0^u b(v)dv}(b(u)R(u)du+dR(u))=e^{\int_0^u b(v)dv}(a(u)du+\sigma(u)d\widetilde{W}(u))$$

两边从 t 到 T 积分，并利用初始条件 $R(t)=r$，我们得到：

$$e^{\int_0^T b(v)dv}R(T)=re^{\int_0^t b(v)dv}+\int_t^T e^{\int_0^u b(v)dv}a(u)du+\int_t^T e^{\int_0^u b(v)dv}\sigma(u)d\widetilde{W}(u)$$

由此解出：

$$R(T)=re^{-\int_t^T b(v)dv}+\int_t^T e^{-\int_u^T b(v)dv}a(u)du+\int_t^T e^{-\int_u^T b(v)dv}\sigma(u)d\widetilde{W}(u)$$

这是关于解 $R(T)$的显式公式。上式右端除初始条件 $R(t)=r$ 外，并不涉及利率过程 $R(u)$；它只含初始条件，一个关于时间的积分以及一个给定函数的伊藤积分。而且，公式中仅涉及时刻 t 与 T 之间布朗运动的路径。

由定理 4.4.9，非随机被积函数 $e^{-\int_u^T b(v)dv}\sigma(u)$ 的伊藤积分 $\int_t^T e^{-\int_u^T b(v)dv}\sigma(u)d\widetilde{W}(u)$ 是均值为 0、方差为 $\int_t^T e^{-2\int_u^T b(v)dv}\sigma^2(u)du$ 的正态随机变量。出现在以上关于 $R(T)$的公式中的其他各项均非随机，因此，在风险中性测度 $\widetilde{\mathbb{P}}$ 下，$R(T)$服从正态分布，均值为：

$$re^{-\int_t^T b(v)dv}+\int_t^T e^{-\int_u^T b(v)dv}a(u)du$$

方差为：

$$\int_t^T e^{-2\int_u^T b(v)dv}\sigma^2(u)du$$

特别地，存在正概率使得 $R(T)$取负值。这是赫尔一怀特模型的主要缺陷之一。

例 6.2.3(CIR 利率模型) 在 CIR 模型中，利率由以下随机微分方程给出：

$$dR(u)=(a-bR(u))du+\sigma\sqrt{R(u)}d\widetilde{W}(u) \tag{6.2.5}$$

其中 a，b 和 σ 是正数。给定初值条件 $R(t)=r$，虽然我们无法求得 $R(T)$的公式，上述随机微分方程满足初始条件的解存在并且唯一，该解可由蒙特卡罗模拟逼近。尽管没有解的显式公式，解的许多性质仍然可以被确定。例如在例 4.4.11 中，当初始时刻 $t=0$ 以及初始利率为 $R(0)$时，$R(T)$的均值和方差已经被算得。

与赫尔一怀特模型不同，在 CIR 模型中，利率不能取负值。当利率趋于 0 时，$\sigma\sqrt{R(u)}d\widetilde{W}(u)$也趋于 0。随着波动率渐趋消失，利率在接近 0 时的性态依赖于漂移项 $a-bR(u)$，而当 $R(u)=0$ 时，其值为 $a>0$。严格为正的漂移将阻止利率跌破 0 进入负值区域。

关于式(6.2.5)的解的更多信息将在习题 6.6 及其后面的注 6.9.1 中给出。

6.3 马尔可夫性质

考虑随机微分方程(6.2.1)。给定 $0\leqslant t\leqslant T$，设 $h(y)$是博雷尔可测函数。对于式(6.2.1)满足初始条件 $X(t)=x$ 的解 $X(T)$，$h(X(T))$的期望值记为：

$$g(t,x)=\mathbb{E}^{t,x}h(X(T)) \tag{6.3.1}$$

(我们假定$\mathbb{E}^{t,x}|h(X(T))|<\infty$。)注意:$g(t,x)$并非随机,它是两个哑变量 t 和 x 的通常(实际上,博雷尔可测)函数。

如果没有关于 $X(T)$的分布的显式公式,我们可以从 $X(t)=x$ 开始,通过模拟随机微分方程,给出 $g(t,x)$的数值计算。例如,可以采用**欧拉(Euler)方法**,这是一种特殊类型的蒙特尔罗方法:选取很小的正数 δ 作为步幅(假设 δ 的选取使得 $\frac{T-t}{\delta}$ 是整数)。令:

$$X(t+\delta)=x+\beta(t,x)\delta+\gamma(t,x)\sqrt{\delta}\varepsilon_1$$

其中 ε_1 是标准正态随机变量。再令:

$$X(t+2\delta)=X(t+\delta)+\beta(t+\delta,X(t+\delta))\delta+\gamma(t+\delta,X(t+\delta))\sqrt{\delta}\varepsilon_2$$

其中 ε_2 是与 ε_1 独立的标准正态随机变量。按此方法,最终可得到 $X(T)$(相应于某个 ω)的一个实现。多次重复这一过程,然后对于所有模拟路径计算 $h(X(T))$的平均值,就得到 $g(t,x)$的一个近似。注意:如果我们从不同的时刻 t 和初值 x 开始,就会得到不同的结果(即计算结果是 t 和 x 的函数)。式(6.3.1)中的记号$\mathbb{E}^{t,x}$强调了这种关于 t 和 x 的依赖性。

推论 6.3.1 设 $X(u),u\geqslant 0$ 是随机微分方程(6.2.1)满足时刻 0 的初始条件的解。则对于 $0\leqslant t\leqslant T$,有:

$$\mathbb{E}[h(X(T))|\mathcal{F}(t)]=g(t,X(t)) \tag{6.3.2}$$

定理 6.3.1 的证明细节颇具技术性,这里不拟给出,不过定理结论的直观含义是清楚的。假设过程 $X(u)$从时刻 0 开始,由随机微分方程(6.2.1)生成,并且我们了解其截至时刻 t 的信息。现在,需要基于这些信息计算$h(X(T))$的条件期望,其中 $T\geqslant t$。我们设想该过程是从时刻 t(处于现在的位置 x)开始,以此为初始条件生成随机微分方程(6.2.1)的解,然后计算$h(X(T))$的期望值。换言之,将 $X(t)$替换为哑变量 x,使它保持常值,计算 $g(t,x)=\mathbb{E}^{t,x}|h(X(T))|$,在得到这一函数以后,再将哑变量 x 换回到随机变量$X(t)$。这正是独立性引理(引理 2.3.4)中给出的程式,它适用于现在的情形,因为 $X(T)$的值是由 $X(t)$($\mathcal{F}(t)$-可测)以及时刻 t 与 T 之间布朗运动的增量[独立于 $\mathcal{F}(t)$]确定。

注意到在以上讨论中,尽管我们了解 $X(u)$, $\forall\, 0\leqslant u\leqslant t$ 的信息,但与计算$\mathbb{E}[h(X(T))|\mathcal{F}(t)]$有关的信息只是 $X(t)$的值。这表明 $X(t)$是马尔可夫过程(定义 2.3.6)。我们用以下推论来强调这一事实。

推论 6.3.2 随机微分方程的解是马尔可夫过程。

6.4 偏微分方程

以下费曼一卡茨定理将随机微分方程与偏微分方程相联系。求解这一偏微分方程(一般只能是数值求解),就得到式(6.3.1)中的函数 $g(t,x)$。上一节中描述的确定这一函数的欧拉方法收敛较慢，而且仅给出在(t,x)处的函数值。对于这里所考虑的一维情形，以下求解方程(6.4.1)的数值方法收敛较快，并且同时对于所有(t,x)给出函数$g(t,x)$。几何布朗运动与布莱克—斯科尔斯—默顿偏微分方程的关系乃是以下定理中给出的随机微分方程与偏微分方程之间关系的一个特例。

定理 6.4.1(费曼—卡茨定理) 考虑随机微分方程

$$dX(u)=\beta(u,X(u))du+\gamma(u,X(u))dW(u) \tag{6.2.1}$$

设$h(y)$是博雷尔可测函数。给定$T>0, t\in[0,T]$。定义函数

$$g(t,x)=\mathbb{E}^{t,x}h(X(T)) \tag{6.3.1}$$

(我们假定对所有t和x，$\mathbb{E}^{t,x}|h(X(T))|<\infty$。)则$g(t,x)$满足偏微分方程

$$g_t(t,x)+\beta(t,x)g_x(t,x)+\frac{1}{2}\gamma^2(t,x)g_{xx}(t,x)=0 \tag{6.4.1}$$

以及终值条件

$$g(T,x)=h(x),\quad \forall x \tag{6.4.2}$$

费曼—卡茨定理的证明有赖于以下引理。

引理 6.4.2 设$X(u)$是随机微分方程(6.2.1)满足时刻0的初始条件的解，$h(y)$是博雷尔可测函数。给定$T>0$，设$g(t,x)$由式(6.3.1)给出。则随机过程

$$g(t,X(t)),\quad 0\leqslant t\leqslant T$$

是鞅。

【证明】 给定$0\leqslant s\leqslant t\leqslant T$，由定理6.3.1知：

$$\mathbb{E}[h(X(T))|\mathcal{F}(s)]=g(s,X(s))$$
$$\mathbb{E}[h(X(T))|\mathcal{F}(t)]=g(t,X(t))$$

第二个等式两边取条件期望，利用累次条件期望以及第一个等式，我们得到：

$$\begin{aligned}\mathbb{E}[g(t,X(t))|\mathcal{F}(s)]&=\mathbb{E}[\mathbb{E}[h(X(T))|\mathcal{F}(t)]|\mathcal{F}(s)]\\&=\mathbb{E}[h(X(T))|\mathcal{F}(s)]\\&=g(s,X(s))\end{aligned}$$

□

【定理 6.4.1 的证明概要】 设$X(t)$是从时刻0开始的随机微分方程(6.2.1)的解。由于$g(t,X(t))$是鞅，微分$dg(t,X(t))$中的dt项必为0。在任何时刻，如果dt项为正，则$g(t,X(t))$在该时刻将有上升趋势；如果dt项为负，则$g(t,X(t))$将有下降趋势。计算微分[下式右端函数中略去了$(t,X(t))$]：

$$\begin{aligned}dg(t,X(t))&=g_t dt+g_x dX+\frac{1}{2}g_{xx}dXdX\\&=g_t dt+\beta g_x dt+\gamma g_x dW+\frac{1}{2}\gamma^2 g_{xx}dt\\&=\left[g_t+\beta g_x+\frac{1}{2}\gamma^2 g_{xx}\right]dt+\gamma g_x dW\end{aligned}$$

令 dt 项为 0,我们得到:

$$g_t(t,X(t))+\beta(t,X(t))g_x(t,X(t))+\frac{1}{2}\gamma^2(t,X(t))g_{xx}(t,X(t))=0$$

沿着 X 的任何路径成立。因此:

$$g_t(t,x)+\beta(t,x)g_x(t,x)+\frac{1}{2}\gamma^2(t,x)g_{xx}(t,x)=0$$

在$(t,X(t))$可能达到的任何点(t,x)成立。例如,若 $X(t)$ 是几何布朗运动,则式(6.4.1)对每个 $t\in[0,T)$ 以及 $x>0$ 成立;若 $X(t)$ 是赫尔—怀特利率过程(它能取到任何正值和负值),则式(6.4.1)对每个 $t\in[0,T)$ 以及 $x\in\mathbb{R}$ 成立。

费曼—卡茨定理的证明中的一般原理是:

- ◆ 找到鞅;
- ◆ 取微分;
- ◆ 令 dt 项等于 0。

由此得到偏微分方程,从而可以数值求解。在以下定理和例子中,我们将解释上述三步程式。

定理 6.4.3(含贴现费曼—卡茨定理) 考虑随机微分方程

$$dX(u)=\beta(u,X(u))du+\gamma(u,X(u))dW(u) \tag{6.2.1}$$

设 $h(y)$ 是博雷尔可测函数,利率 r 是常数。给定 $T>0,t\in[0,T]$。定义函数

$$f(t,x)=\mathbb{E}^{t,x}[e^{-r(T-t)}h(X(T))] \tag{6.4.3}$$

(我们假定对所有 t 和 x,$\mathbb{E}^{t,x}|h(X(T))|<\infty$。)则 $f(t,x)$满足偏微分方程

$$f_t(t,x)+\beta(t,x)f_x(t,x)+\frac{1}{2}\gamma^2(t,x)f_{xx}(t,x)=rf(t,x) \tag{6.4.4}$$

以及终值条件

$$f(T,x)=h(x),\quad \forall x \tag{6.4.5}$$

【证明概要】 设 $X(t)$是从时刻 0 开始的随机微分方程(6.2.1)的解。则:

$$f(t,X(t))=\mathbb{E}[e^{-r(T-t)}h(X(T))|\mathcal{F}(t)]$$

然而,$f(t,X(t))$并不是鞅。事实上,如果 $0\leqslant s\leqslant t\leqslant T$,则:

$$\begin{aligned}\mathbb{E}[f(t,X(t))|\mathcal{F}(s)]&=\mathbb{E}[\mathbb{E}[e^{-r(T-t)}h(X(T))|\mathcal{F}(t)]|\mathcal{F}(s)]\\&=\mathbb{E}[e^{-r(T-t)}h(X(T))|\mathcal{F}(s)]\end{aligned}$$

这不同于

$$f(s,X(s))=\mathbb{E}[e^{-r(T-s)}h(X(T))|\mathcal{F}(s)]$$

因为两者的贴现项不同。问题在于:为了由累次条件期望得到鞅性质,我们需要被估计的随机变量不依赖于条件时刻 t。为此,我们采用"完全贴现",注意到:

$$e^{-rt}f(t,X(t))=\mathbb{E}[e^{-rT}h(X(T))|\mathcal{F}(t)]$$

现在,我们可以运用累次条件期望证明 $e^{-rt}f(t,X(t))$是鞅。这个鞅的微分是:

$$d(e^{-rt}f(t,X(t)))=e^{-rt}\left[-rfdt+f_tdt+f_xdX+\frac{1}{2}f_{xx}dXdX\right]$$
$$=e^{-rt}\left[-rf+f_t+\beta f_x+\frac{1}{2}\gamma^2 f_{xx}\right]dt+e^{-rt}\gamma f_x dW$$

令 dt 项等于 0,我们得到式(6.4.4)。 □

例 6.4.4(几何布朗运动上的期权) 设 $h(S(T))$是衍生证券在时刻 T 的支付,其原生资产为几何布朗运动

$$dS(u)=\alpha S(u)du+\sigma S(u)dW(u) \tag{6.4.6}$$

我们可将其改写为:

$$dS(u)=rS(u)du+\sigma S(u)d\widetilde{W}(u) \tag{6.4.7}$$

其中 $\widetilde{W}(u)$是风险中性概率测度$\widetilde{\mathbb{P}}$下的布朗运动。这里,我们假定 σ 和利率 r 是常数。根据风险中性定价公式(5.2.31),衍生证券在时刻 t 的价值为:

$$V(t)=\widetilde{\mathbb{E}}[e^{-r(T-t)}h(S(T))\,|\,\mathcal{F}(t)] \tag{6.4.8}$$

由于股价是马尔可夫过程,支付是股价的函数,故存在函数 $v(t,x)$,使得 $V(t)=v(t,S(t))$。而且,函数 $v(t,x)$必定满足贴现偏微分方程(6.4.4)。这是布莱克—斯科尔斯—默顿方程

$$v_t(t,x)+rxv_x(t,x)+\frac{1}{2}\sigma^2x^2v_{xx}(t,x)=rv(t,x) \tag{6.4.9}$$

当原生资产为几何布朗运动时,这是欧式看涨期权、欧式看跌期权、远期合约以及在时刻 T 的支付为 $S(T)$的函数的任何其他期权的正确的定价方程。

注意:为了推导式(6.4.9),我们使用的是当原生资产价格的随机微分方程为(6.4.7)[而不是(6.4.6)]时的贴现偏微分方程(6.4.4)[即在式(6.4.9)中我们有 $rxv_x(t,x)$而不是 $\alpha xv_x(t,x)$]。这是因为在式(6.4.8)中,我们计算的是风险中性测度$\widetilde{\mathbb{P}}$下的期望,故必须使用由$\widetilde{\mathbb{P}}$下的布朗运动$\widetilde{W}(u)$表示的 $S(u)$的微分方程。换言之,我们利用含贴现的费曼—卡茨定理,其中以 $\widetilde{W}(u)$替换 $W(u)$,以$\widetilde{\mathbb{P}}$替换$\mathbb{P}$。 □

在上面的例子中,如果 σ 是时间和股价的函数[即 $\sigma(t,x)$],则股价不再是几何布朗运动,布莱克—斯科尔斯—默顿公式也不再适用。然而,我们仍可以通过求解偏微分方程(6.4.9)得到期权价格。此时,式(6.4.9)中常数 σ^2 被替换为 $\sigma^2(t,x)$:

$$v_t(t,x)+rxv_x(t,x)+\frac{1}{2}\sigma^2(t,x)x^2v_{xx}(t,x)=rv(t,x) \tag{6.4.10}$$

这一方程不难数值求解。

市场上已经观测到:如果假定常数波动率,则对于敲定价格不同的期权,使得由式(6.4.9)给出的理论期权价格与市场价格相同的参数 σ,即所谓**隐含波动率**的值是不同的。事实上,隐含波动率通常是敲定价格的凸函数。这一现象被称为**波**

动率微笑。

具有非常数波动率的一个简单模型是**常弹性方差**(CEV)模型,其中$\sigma(t,x)=\sigma x^{\delta-1}$依赖于 x 但是不依赖于 t。参数 $\delta\in(0,1)$的选取,使得模型能够很好地拟合市场上相应于同一到期日、不同敲定价格的各期权价格。该模型中,股价服从以下随机微分方程:

$$dS(t)=rS(t)dt+\sigma S^{\delta}(t)d\widetilde{W}(t)$$

这里,波动率 $\sigma S^{\delta-1}(t)$是股价的递减函数。

为了解释不同到期日、不同敲定价格的期权隐含了不同的波动率,我们需要允许 σ 既依赖于 x,又依赖于 t。这样的函数 $\sigma(t,x)$称为**波动率曲面**(见习题 6.10)。

6.5 利率模型

固定收益市场最简单的模型从利率的随机微分方程开始,例如:

$$dR(t)=\beta(t,R(t))dt+\gamma(t,R(t))d\widetilde{W}(t) \tag{6.5.1}$$

其中 $\widetilde{W}(t)$是风险中性概率测度$\widetilde{\mathbb{P}}$ 下的布朗运动。在这类模型中,我们从风险中性测度$\widetilde{\mathbb{P}}$ 出发,所有资产都由风险中性定价公式定价。这就确保风险中性测度下贴现资产价格过程是鞅,从而不存在套利。关于这类模型的校准(即选择模型以及模型参数,使之能够很好地拟合市场价格)本书中不作讨论。

关于利率 $R(t)$的模型有时被称为**短期利率模型**,因为 $R(t)$是适用于短期借贷的利率。如果利率(正如这一节中)仅由一个随机微分方程确定,则称之为**单因子模型**。单因子模型的主要缺点是不能体现复杂的收益率曲线的特性,它们倾向于产生平行移动(斜率和曲率未有改变)的收益率曲线。

贴现过程如同式(5.2.17)所给出:

$$D(t) = e^{-\int_0^t R(s)ds}$$

我们用

$$\frac{1}{D(t)} = e^{\int_0^t R(s)ds}$$

表示**货币市场账户价格过程**。这是在时刻 0 投资于货币市场账户的 1 单位现金,按照短期利率 $R(s)$,$s\geqslant 0$ 连续计息,到时刻 t 的价值。根据式(5.2.18)后面的讨论,我们有微分公式

$$dD(t)=-R(t)D(t)dt,\quad d\left(\frac{1}{D(t)}\right)=\frac{R(t)}{D(t)}dt$$

零息债券是许诺在确定的到期日 T 支付一定数量"面值"(通常取为 1)的一份协议。到期日之前,债券没有支付。由风险中性定价公式(5.2.30),债券的贴现价格在风险中性测度下是鞅。换言之,对于 $0\leqslant t\leqslant T$,债券价格 $B(t,T)$应满足

$$D(t)B(t,T)=\widetilde{\mathbb{E}}[D(T)\mid\mathcal{F}(t)] \tag{6.5.2}$$

（注意到 $B(T,T)=1$。）这就给出**零息债券定价公式**：

$$B(t,T)=\widetilde{\mathbb{E}}[e^{-\int_t^T R(s)ds}\mid\mathcal{F}(t)] \tag{6.5.3}$$

我们将其作为定义。一旦算得零息债券价格，我们可以定义时刻 t 到 T 的**收益率**为：

$$Y(t,T)=-\frac{1}{T-t}\log B(t,T)$$

或者，等价地：

$$B(t,T)=e^{-Y(t,T)(T-t)}$$

收益率 $Y(t,T)$ 是与债券价格 $B(t,T)$ 一致的从时刻 t 到 T 的常数连续复利。时刻 t 的 30 年利率为 $Y(t,30+t)$，这是长期利率的一个例子。注意：一旦采用了短期利率模型(6.5.1)，长期利率就由以上公式确定了，我们不再为长期利率另外建模。

由于 R 由随机微分方程给出，故为马尔可夫过程，从而必有哑变量 t 和 r 的某个函数 $f(t,r)$，使得：

$$B(t,T)=f(t,R(t))$$

这与我们前面运用马尔可夫性质的情形略有不同；因为在式(6.5.3)中被估计的随机变量 $e^{-\int_t^T R(s)ds}$ 依赖于路径段 $R(s)$，$t\leqslant s\leqslant T$，而不仅是 $R(T)$。然而，时刻 t 之前 R 的路径与我们的估计有关的只是 R 在时刻 t 的值，因此，债券价格 $B(t,T)$ 必为时刻 t 以及 $R(t)$ 的函数。

为了得到关于未知函数 $f(t,r)$ 的偏微分方程，我们找一个鞅，取微分，再令 dt 项等于 0。现在的情形，要找的鞅就是 $D(t)B(t,T)=D(t)f(t,R(t))$，其微分

$$\begin{aligned}d(D(t)f(t,R(t)))&=f(t,R(t))dD(t)+D(t)df(t,R(t))\\&=D(t)\left[-Rfdt+f_tdt+f_rdR+\frac{1}{2}f_{rr}dRdR\right]\\&=D(t)\left[-Rf+f_t+\beta f_r+\frac{1}{2}\gamma^2 f_{rr}\right]dt+D(t)\gamma f_r d\widetilde{W}\end{aligned}$$

令 dt 项等于 0，我们得到偏微分方程：

$$f_t(t,r)+\beta(t,r)f_r(t,r)+\frac{1}{2}\gamma^2(t,r)f_{rr}(t,r)=rf(t,r) \tag{6.5.4}$$

我们还有终值条件：

$$f(T,r)=1,\quad \forall r \tag{6.5.5}$$

因为在到期日债券的价值等于其面值 1。

例 6.5.1(赫尔—怀特利率模型) 在赫尔—怀特模型中，利率的演化过程由以下方程给出：

$$dR(t)=(a(t)-b(t)R(t))dt+\sigma(t)d\widetilde{W}(t)$$

其中 $a(t)$,$b(t)$和 $\sigma(t)$是时间变量的非随机(正值)函数。关于零息债券价格的偏微分方程为:

$$f_t(t,r)+(a(t)-b(t)r)f_r(t,r)+\frac{1}{2}\sigma^2(t)f_{rr}(t,r)=rf(t,r) \tag{6.5.6}$$

我们先猜测然后验证方程(6.5.6)解具有如下形式:

$$f(t,r)=e^{-rC(t,T)-A(t,T)}$$

其中 $C(t,T)$和 $A(t,T)$是待定的非随机函数。它们都是 $t\in[0,T]$的函数,到期日 T 是固定的。在此情形下,收益率

$$Y(t,T)=-\frac{1}{T-t}\log f(t,r)=\frac{1}{T-t}(rC(t,T)+A(t,T))$$

是 r 的**仿射**函数(即一个数乘以 r 再加上另一个数)。赫尔—怀特模型是被称为**仿射收益率模型**的一类模型中的一个特例。

此外:

$$f_t(t,r)=(-rC'(t,T)-A'(t,T))f(t,r)$$
$$f_r(t,r)=-C(t,T)f(t,r)$$
$$f_{rr}(t,r)=C^2(t,T)f(t,r)$$

其中 $C'(t,T)=\frac{\partial}{\partial t}C(t,T)$,$A'(t,T)=\frac{\partial}{\partial t}A(t,T)$。代入偏微分方程(6.5.6),得到:

$$\begin{aligned}&[(-C'(t,T)+b(t)C(t,T)-1)r-A'(t,T)-a(t)C(t,T)\\&\quad+\frac{1}{2}\sigma^2(t)C^2(t,T)]f(t,r)=0\end{aligned} \tag{6.5.7}$$

由于上式对所有 r 成立,故等式中 r 前面的因子必为 0。若不然,改变 r 的值将会改变式(6.5.7)左端的值,从而不可能恒为 0。这就给出自变量为 t 的常微分方程

$$C'(t,T)=b(t)C(t,T)-1 \tag{6.5.8}$$

将其代入式(6.5.7)中,我们又有:

$$A'(t,T)=-a(t)C(t,T)+\frac{1}{2}\sigma^2(t)C^2(t,T) \tag{6.5.9}$$

终值条件(6.5.5)对所有 r 成立,由此可得 $C(T,T)=A(T,T)=0$。方程(6.5.8)和(6.5.9)以及这些终值条件提供了足够的信息,使我们能够确定函数 $C(t,T)$和 $A(t,T)$,$0\leqslant t\leqslant T$。它们是:

$$C(t,T)=\int_t^T e^{-\int_t^s b(v)dv}ds \tag{6.5.10}$$

$$A(t,T)=\int_t^T\left(a(s)C(s,T)-\frac{1}{2}\sigma^2(s)C^2(s,T)\right)ds \tag{6.5.11}$$

显然，这些公式给出的函数满足 $C(T,T)=A(T,T)=0$。习题 6.3 中将验证这些公式给出了式(6.5.8)和式(6.5.9)的唯一解。

总之，我们推得了一个显式公式，将零息债券价格表示为赫尔—怀特模型中利率的函数。这就是：

$$B(t,T)=e^{-R(t)C(t,T)-A(t,T)},\quad 0\leqslant t\leqslant T$$

其中 $C(t,T)$ 和 $A(t,T)$ 由式(6.5.10)和式(6.5.11)给出。 □

例 6.5.2(CIR 利率模型) 在 CIR 模型中，利率的演化过程由以下方程给出：

$$dR(t)=(a-bR(t))dt+\sigma\sqrt{R(t)}d\widetilde{W}(t)$$

其中 a，b 和 σ 是正数。关于零息债券价格的偏微分方程(6.5.4)为：

$$f_t(t,r)+(a-br)f_r(t,r)+\frac{1}{2}\sigma^2 rf_{rr}(t,r)=rf(t,r) \tag{6.5.12}$$

我们还是先猜测然后验证方程(6.5.12)的解具有如下形式：

$$f(t,r)=e^{-rC(t,T)-A(t,T)}$$

CIR 模型是仿射收益率模型的另一个特例。将上式代入偏微分方程(6.5.12)，得到：

$$\left[\left(-C'(t,T)+bC(t,T)+\frac{1}{2}\sigma^2C^2(t,T)-1\right)r-A'(t,T)-aC(t,T)\right]f(t,r)=0 \tag{6.5.13}$$

我们仍可推知 r 前面的因子必为 0 以及另一项也为 0，从而得到自变量为 t 的两个常微分方程：

$$C'(t,T)=bC(t,T)+\frac{1}{2}\sigma^2C^2(t,T)-1 \tag{6.5.14}$$

$$A'(t,T)=-aC(t,T) \tag{6.5.15}$$

这两个方程满足终值条件 $C(T,T)=A(T,T)=0$ 的解为：

$$C(t,T)=\frac{\sinh(\gamma(T-t))}{\gamma\cosh(\gamma(T-t))+\frac{1}{2}b\sinh(\gamma(T-t))} \tag{6.5.16}$$

$$A(t,T)=-\frac{2a}{\sigma^2}\log\left[\frac{\gamma e^{\frac{1}{2}b(T-t)}}{\gamma\cosh(\gamma(T-t))+\frac{1}{2}b\sinh(\gamma(T-t))}\right] \tag{6.5.17}$$

其中 $\gamma=\frac{1}{2}\sqrt{b^2+2\sigma^2}$，$\sinh u=\frac{e^u-e^{-u}}{2}$，$\cosh u=\frac{e^u+e^{-u}}{2}$。这一论断的验证见习题 6.4。 □

例 6.5.3(债券期权) 考虑一般短期利率模型(6.5.1)，给定 $0\leqslant t\leqslant T_1<T_2$。在本例中，固定的时刻 T_2 是零息债券的到期日，固定的时刻 T_1 是该债券的欧式看涨期权的到期日。我们希望确定这一看涨期权在时刻 t 的价值。

假定我们已经求得偏微分方程(6.5.4)满足初始条件(6.5.5)的解$f(t,r)$。它给出零息债券的价格作为时间和利率的函数。

根据风险中性定价公式(5.2.31)以及马尔可夫性质,看涨期权在时刻 t 的价值为:

$$\begin{aligned} c(t,R(t)) &= \widetilde{\mathbb{E}}[e^{-\int_t^{T_1}R(s)ds}(f(T_1,R(T_1))-K)^+ \mid \mathcal{F}(t)] \\ &= \frac{1}{D(t)}\widetilde{\mathbb{E}}[D(T_1)(f(T_1,R(T_1))-K)^+ \mid \mathcal{F}(t)] \end{aligned}$$

这里 $c(t,r)$是哑变量 t 和 r 的某个函数。贴现看涨期权价格

$$D(t)c(t,R(t))=\widetilde{\mathbb{E}}[D(T_1)(f(T_1,R(T_1))-K)^+ \mid \mathcal{F}(t)],\quad 0\leqslant t\leqslant T_1$$

是鞅。贴现看涨期权价格的微分

$$\begin{aligned} d(D(t)c(t,R(t))) &= c(t,R(t))dD(t)+D(t)dc(t,R(t)) \\ &= D[-Rcdt+c_t dt+c_r dR+\frac{1}{2}c_{rr}dRdR] \\ &= D[-Rc+c_t+\beta c_r+\frac{1}{2}\gamma^2 c_{rr}]dt+D\gamma c_r d\widetilde{W} \end{aligned}$$

令 dt 项为 0,我们得到偏微分方程:

$$c_t(t,r)+\beta(t,r)c_r(t,r)+\frac{1}{2}\gamma^2(t,r)c_{rr}(t,r)=rc(t,r)$$

这与 $f(t,r)$满足的偏微分方程相同。然而,$c(t,r)$具有与 $f(t,r)$不同的终值条件。$c(t,r)$的终值条件为

$$c(T_1,r)=(f(T_1,r)-K)^+,\quad \forall r$$

我们可以利用这些条件进行数值计算,确定看涨期权的价格函数 $c(t,r)$。 □

6.6 多维费曼—卡茨定理

这一节,我们考虑费曼—卡茨定理和含贴现的费曼—卡茨定理(定理6.4.1和定理 6.4.3)的多维推广。随机微分方程的数目以及这些随机微分方程中布朗运动的数目都大于1,而且不必相等。我们详细讨论由二维布朗运动驱动的两个随机微分方程的情形。

设 $W(t)=(W_1(t),W_2(t))$是二维布朗运动(即两个相互独立的一维布朗运动组成的向量)。考虑两个随机微分方程:

$$\begin{aligned} dX_1(u) &= \beta_1(u,X_1(u),X_2(u))du+\gamma_{11}(u,X_1(u),X_2(u))dW_1(u) \\ &\quad +\gamma_{12}(u,X_1(u),X_2(u))dW_2(u) \\ dX_2(u) &= \beta_2(u,X_1(u),X_2(u))du+\gamma_{21}(u,X_1(u),X_2(u))dW_1(u) \\ &\quad +\gamma_{22}(u,X_1(u),X_2(u))dW_2(u) \end{aligned}$$

这一对随机微分方程满足初始条件 $X_1(t)=x_1$ 和 $X_2(t)=x_2$ 的解依赖于指定的初始时刻 t 以及初始位置 x_1 和 x_2。不论初始条件如何，解都是马尔可夫过程。

给定博雷尔可测函数 $h(y_1,y_2)$，相应于初始条件 t,x_1 和 x_2，其中 $0\leqslant t\leqslant T$，我们定义：

$$g(t,x_1,x_2)=\mathbb{E}^{t,x_1,x_2}h(X_1(T),X_2(T)) \tag{6.6.1}$$

$$f(t,x_1,x_2)=\mathbb{E}^{t,x_1,x_2}\left[e^{-r(T-t)}h(X_1(T),X_2(T))\right] \tag{6.6.2}$$

则：

$$g_t+\beta_1 g_{x_1}+\beta_2 g_{x_2}+\frac{1}{2}(\gamma_{11}^2+\gamma_{12}^2)g_{x_1x_1}+(\gamma_{11}\gamma_{21}+\gamma_{12}\gamma_{22})g_{x_1x_2}$$
$$+\frac{1}{2}(\gamma_{21}^2+\gamma_{22}^2)g_{x_2x_2}=0 \tag{6.6.3}$$

$$f_t+\beta_1 f_{x_1}+\beta_2 f_{x_2}+\frac{1}{2}(\gamma_{11}^2+\gamma_{12}^2)f_{x_1x_1}+(\gamma_{11}\gamma_{21}+\gamma_{12}\gamma_{22})f_{x_1x_2}$$
$$+\frac{1}{2}(\gamma_{21}^2+\gamma_{22}^2)f_{x_2x_2}=rf \tag{6.6.4}$$

当然，这些函数也满足终值条件

$$g(T,x_1,x_2)=f(T,x_1,x_2)=h(x_1,x_2),\quad \forall\, x_1,x_2$$

方程(6.6.3)和(6.6.4)的推导由一对随机过程 X_1,X_2 从时刻 0 开始，注意到过程 $g(t,X_1(t),X_2(t))$ 和 $e^{-rt}f(t,X_1(t),X_2(t))$ 都是鞅，取微分，并且令 dt 项等于 0 即得。在取微分时，要用到 W_1 和 W_2 相互独立这一事实。细节留给读者作为习题 6.5. 该习题中还给出了当 W_1 和 W_2 是相关的布朗运动时，与式(6.6.3)和式(6.6.4)相应的方程。

例 6.6.1(亚式期权) 我们通过例子表明如何利用含贴现的费曼—卡茨定理给出(甚至是路径依赖的)期权的定价和对冲。本例中的期权为亚式期权。关于该期权更为详尽的讨论见 7.5 节。我们所考虑期权的支付为：

$$V(T)=\left(\frac{1}{T}\int_0^T S(u)du-K\right)^+$$

其中 $S(u)$ 是几何布朗运动，到期时刻 T 是给定正数，K 是正的敲定价格。利用风险中性测度 $\widetilde{\mathbb{P}}$ 下的布朗运动 $\widetilde{W}(u)$，我们可将关于 $S(u)$ 的随机微分方程写为：

$$dS(u)=rS(u)du+\sigma S(u)d\widetilde{W}(u) \tag{6.6.5}$$

由于支付(通过积分)依赖于股价的整个路径，在到期日之前的任何时刻 t，仅知道在该时刻的股价还不足以确定期权的价值，我们还必须知道在当前时刻 t 股价的积分

$$Y(t)=\int_0^t S(u)du$$

类似地，仅知道积分 $Y(t)$ 也是不够的，我们还必须知道当前时刻的股价 $S(t)$。事实

上,对于相同的$Y(t)$的值,亚式期权对于股价$S(t)$较高的值比起较低的值更有价值,因为较高的$S(t)$的值使得期权更有可能具有较高的支付。

对于过程$Y(u)$,我们有随机微分方程

$$dY(u)=S(u)du \tag{6.6.6}$$

由于随机过程序偶$(S(u),Y(u))$由随机微分方程(6.6.5)和(6.6.6)给出,故$(S(u),Y(u))$是二维马尔可夫过程。

注意:单独$Y(u)$不是马尔可夫过程,因为其随机微分方程涉及过程$S(u)$。然而,序偶$(S(u),Y(u))$是马尔可夫过程,因为关于这些过程的随机微分方程中仅涉及这些过程(当然还有作为驱动过程的布朗运动$\widetilde{W}(u)$)。

如果我们从时刻0的初始值$S(0)>0$和$Y(0)=0$出发,利用式(6.6.5)和式(6.6.6)生成过程$S(u)$和$Y(u)$,则亚式期权在到期时刻T的支付为$V(T)=\left(\frac{1}{T}Y(T)-K\right)^+$。根据风险中性定价公式(5.2.31),亚式期权在到期之前时刻的价值为:

$$V(t)=\widetilde{\mathbb{E}}\left[e^{-r(T-t)}\left(\frac{1}{T}Y(T)-K\right)^+ \mid \mathcal{F}(t)\right],\quad 0\leqslant t\leqslant T$$

由于序偶$(S(u),Y(u))$是马尔可夫过程,上式可以被写成变量t以及该过程在时刻t的值的函数。换言之,存在函数$v(t,x,y)$,使得:

$$v(t,S(t),Y(t))=V(t)=\widetilde{\mathbb{E}}\left[e^{-r(T-t)}\left(\frac{1}{T}Y(T)-K\right)^+ \mid \mathcal{F}(t)\right]$$

注意:该函数必须满足终值条件

$$v(T,x,y)=\left(\frac{y}{T}-K\right)^+,\quad \forall x,y \tag{6.6.7}$$

利用累次条件期望,不难证明贴现期权价值$e^{-rt}v(t,S(t),Y(t))$是鞅。其微分

$$\begin{aligned}
&d(e^{-rt}v(t,S(t),Y(t)))\\
&=e^{-rt}\Big[-rvdt+v_tdt+v_xdS+v_ydY\\
&\quad+\frac{1}{2}v_{xx}dSdS+v_{xy}dSdY+\frac{1}{2}v_{yy}dYdY\Big]\\
&=e^{-rt}\left[-rvdt+v_tdt+v_x(rSdt+\sigma Sd\widetilde{W})+v_ySdt+\frac{1}{2}\sigma^2S^2v_{xx}dt\right]\\
&=e^{-rt}\Big[-rv(t,S(t),Y(t))+v_t(t,S(t),Y(t))+rS(t)v_x(t,S(t),Y(t))\\
&\quad+S(t)v_y(t,S(t),Y(t))+\frac{1}{2}\sigma^2S^2(t)v_{xx}(t,S(t),Y(t))\Big]dt\\
&\quad+e^{-rt}\sigma S(t)v_x(t,S(t),Y(t))d\widetilde{W}(t)
\end{aligned} \tag{6.6.8}$$

由于贴现期权价值是鞅,上述微分中的dt项必为0。于是得到偏微分方程

$$v_t(t,x,y)+rxv_x(t,x,y)+xv_y(t,x,y)+\frac{1}{2}\sigma^2x^2v_{xx}(t,x,y)=rv(t,x,y) \tag{6.6.9}$$

这是含贴现的费曼一卡茨定理的一个例子，方程(6.6.4)的一个特殊情形。特别地，式(6.6.8)简化为：

$$d(e^{-rt}v(t,S(t),Y(t)))=e^{-rt}\sigma S(t)v_x(t,S(t),Y(t))d\widetilde{W}(t) \tag{6.6.10}$$

回顾式(5.2.27)，资产组合的贴现价值满足

$$d(e^{-rt}X(t))=e^{-rt}\sigma S(t)\Delta(t)d\widetilde{W}(t) \tag{6.6.11}$$

如果我们在时刻 0 以价格 $v(0,S(0),0)$ 售出亚式期权，以此作为对冲组合的初始资本(即取 $X(0)=v(0,S(0),0)$)，并在每一时刻 t，取资产组合过程 $\Delta(t)=v_x(t,S(t),Y(t))$，则对于所有时刻 t，我们有：

$$d(e^{-rt}X(t))=d(e^{-rt}v(t,S(t),Y(t)))$$

从而：

$$X(T)=v(T,S(T),Y(T))=\left(\frac{1}{T}Y(T)-K\right)^+$$

这就成功对冲了亚式期权的空头。我们得到了通常的公式：为了对冲亚式期权空头所需要持有股票的份额等于期权价值关于股价的导数。然而，在关于亚式期权定价的偏微分方程中含有 $xv_y(t,x,y)$ 这一项，这在关于欧式期权定价的偏微分方程中是没有的。 □

6.7 本章小结

当原生资产的价格由随机微分方程给出时，资产价格是马尔可夫过程，并且基于该资产的任何非路径依赖衍生证券的价格由偏微分方程给出。为了定价路径依赖衍生证券，我们首先确定与路径依赖的支付有关的变量，然后引进一个或者多个额外的随机微分方程，组成描述这些相关变量的方程组。如果这些能够做到，那么衍生证券的价格仍由偏微分方程给出。

这就导致寻找定价偏微分方程以及构建衍生证券对冲组合的如下四步程式：

◆ 确定与衍生证券价格有关的变量。除了时间 t，有原生资产价格 $S(t)$，可能还有其他随机过程。我们称这些随机过程为**状态过程**。我们必须能用这些状态过程来表示衍生证券的支付。

◆ 写下关于状态过程的随机微分方程组。除了作为驱动过程的布朗运动之外，在这些方程右端出现的随机过程只能是状态过程本身。这就保证了状态过程向量是(多维)马尔可夫过程。

◆ 马尔可夫性质确保在每一时刻衍生证券价格是时间变量以及状态过程的函数。在风险中性测度下，贴现衍生证券价格是鞅。计算贴现衍生证券价格的微分，令 dt 项等于 0，就得到定价偏微分方程。

◆ 贴现衍生证券价格微分中的布朗运动微分前面的因子必须与对冲组合价值演化方程中布朗运动微分前面的因子相同,见式(5.4.27)。令两者相等,就确定了衍生证券空头的对冲。

6.8 评　注

卡拉察斯和施里夫在[101]第五章第二节中给出了随机微分方程存在唯一解的条件,同时,在该书第五章第四节中还证明了随机微分方程的解具有马尔可夫性质。这是基于斯特鲁克和瓦拉汉(Stroock and Varadhan)[151]的工作。费曼—卡茨定理背后的思想(尽管这里没有给出)可以追溯到费曼[65]和卡茨[99]。

赫尔和怀特在[88]提出了他们的利率模型,将韦萨切克[154]中的模型推广到允许时变系数。CIR 模型源于[41],其中我们可以发现关于模型中利率分布的闭形式的公式。这些都是达菲和阚睿(Kan)[58]中定义的一类**仿射收益率模型**的例子。它们有时被称为**多因子 CIR 模型**。

例 6.6.1 中得到了关于亚式期权定价的偏微分方程,但是没有考虑计算问题。就这里给出的形式,方程的数值计算是困难的。韦切日(Večeř)[156]以及罗杰斯和施(Shi)[139]中对方程进行了变换,使之在计算上更为稳定。关于将本书第九章中计价单位变换的思想运用于离散样本的亚式期权,可见安德利亚森(Andreasen)[4]。本书 7.5 节中给出了韦切日的变换及其在连续样本和离散样本的亚式期权中的应用。

习题 6.7 中的赫斯顿(Heston)随机波动率模型取自赫斯顿[84]。关于隐含波动率曲面的习题 6.10 源自迪皮尔(Dupire)[61]。对于二叉树的同样的思想由德曼(Derman)等人在[50]、[51]中提出。

6.9 习　题

习题 6.1　考虑随机微分方程

$$dX(u)=(a(u)+b(u)X(u))du+(\gamma(u)+\sigma(u)X(u))dW(u) \tag{6.2.4}$$

其中 $W(u)$ 是相应于域流 $F(u)$,$u\geqslant 0$ 的布朗运动,我们允许 $a(u)$,$b(u)$,$\gamma(u)$ 和 $\sigma(u)$ 是与该域流适应的随机过程。给定初始时刻 $t\geqslant 0$ 和初始位置 $x\in\mathbb{R}$,定义:

$$Z(u)=\exp\left\{\int_t^u\sigma(v)dW(v)+\int_t^u\left(b(v)-\frac{1}{2}\sigma^2(v)\right)dv\right\}$$

$$Y(u)=x+\int_t^u\frac{a(v)-\sigma(v)\gamma(v)}{Z(v)}dv+\int_t^u\frac{\gamma(v)}{Z(v)}dW(v)$$

(i) 证明:$Z(t)=1$ 并且

$$dZ(u)=b(u)Z(u)du+\sigma(u)Z(u)dW(u),\quad u\geqslant t$$

(ii) 由定义,$Y(u)$ 满足 $Y(t)=x$ 并且

$$dY(u)=\frac{a(u)-\sigma(u)\gamma(u)}{Z(u)}du+\frac{\gamma(u)}{Z(u)}dW(u),\quad u\geqslant t$$

证明：$X(u)=Y(u)Z(u)$是随机微分方程(6.2.4)的解并且满足初始条件

$$X(t)=x$$

习题 6.2(债券定价方程的无套利推导) 6.5 节中，我们从风险中性测度$\widetilde{\mathbb{P}}$下关于利率的随机微分方程(6.5.1)出发，利用风险中性定价公式(6.5.3)，考虑时刻 T 到期的零息债券，其在到期之前时刻 t 的价格 $B(t,T)$是时间和利率的函数 $f(t,R(t))$，并且推导了函数 $f(t,r)$所满足的偏微分方程(6.5.4)。本题中，我们从无套利的角度，而不是利用风险中性定价公式推导这一偏微分方程。

假定利率由以下随机微分方程给出：

$$dR(t)=\alpha(t,R(t))dt+\gamma(t,R(t))dW(t) \tag{6.9.1}$$

其中 $W(t)$是概率测度(并未假定风险中性)$\mathbb{P}$下的布朗运动。进而假定，对每个 T，到期日为 T 的零息债券价格是当前时刻 t、当前利率 $R(t)$以及债券到期日 T 的函数 $f(t,R(t),T)$。我们并不假定债券价格由风险中性定价公式(6.5.3)给出。

现假设对所有 r 的值以及 $0\leqslant t\leqslant T$，$f_r(t,r,T)\neq 0$，于是我们可以定义：

$$\beta(t,r,T)=-\frac{1}{f_r(t,r,T)}\left[-rf(t,r,T)+f_t(t,r,T)+\frac{1}{2}\gamma^2(t,r)f_{rr}(t,r,T)\right] \tag{6.9.2}$$

从而有：

$$f_t(t,r,T)+\beta(t,r,T)f_r(t,r,T)+\frac{1}{2}\gamma^2(t,r)f_{rr}(t,r,T)=rf(t,r,T) \tag{6.9.3}$$

如果我们能够证明 $\beta(t,r,T)$不依赖于 T，则关于函数 $f(t,r,T)$的方程(6.9.3)将化为式(6.5.4)。

(i) 考虑两个到期日 $0<T_1<T_2$，并考虑如下资产组合：在每个时刻$t\leqslant T_1$持有 $\Delta_1(t)$份时刻 T_1到期的债券以及 $\Delta_2(t)$份时刻 T_2到期的债券，以利率 $R(t)$投资或者借贷维持自融资。证明：该资产组合的价值满足

$$\begin{aligned}d(D(t)X(t))=&\Delta_1(t)D(t)\Big[-R(t)f(t,R(t),T_1)+f_t(t,R(t),T_1)\\&+\alpha(t,R(t))f_r(t,R(t),T_1)+\frac{1}{2}\gamma^2(t,R(t))f_{rr}(t,R(t),T_1)\Big]dt\\&+\Delta_2(t)D(t)\Big[-R(t)f(t,R(t),T_2)+f_t(t,R(t),T_2)\\&+\alpha(t,R(t))f_r(t,R(t),T_2)+\frac{1}{2}\gamma^2(t,R(t))f_{rr}(t,R(t),T_2)\Big]dt\\&+D(t)\gamma(t,R(t))[\Delta_1(t)f_r(t,R(t),T_1)\\&+\Delta_2(t)f_r(t,R(t),T_2)]dW(t)\end{aligned}$$

$$
\begin{aligned}
&=\Delta_1(t)D(t)[\alpha(t,R(t))-\beta(t,R(t),T_1)]f_r(t,R(t),T_1)dt\\
&\quad+\Delta_2(t)D(t)[\alpha(t,R(t))-\beta(t,R(t),T_2)]f_r(t,R(t),T_2)dt\\
&\quad+D(t)\gamma(t,R(t))[\Delta_1(t)f_r(t,R(t),T_1)\\
&\quad+\Delta_2(t)f_r(t,R(t),T_2)]dW(t)
\end{aligned}
\tag{6.9.4}
$$

(ii) 记

$$
\text{sign}(x)=\begin{cases}1, & x>0\\ 0, & x=0\\ -1, & x<0\end{cases}
$$

以及

$$
S(t)=\text{sign}\{[\beta(t,R(t),T_2)-\beta(t,R(t),T_1)]f_r(t,R(t),T_1)f_r(t,R(t),T_2)\}
$$

证明:资产组合过程 $\Delta_1(t)=S(t)f_r(t,R(t),T_2)$ 和 $\Delta_2(t)=-S(t)f_r(t,R(t),T_1)$ 将导致套利,除非 $\beta(t,R(t),T_1)=\beta(t,R(t),T_2)$。由于 T_1 和 T_2 任意,因此 $\beta(t,r,T)$ 不依赖于 T。

(iii) 现在给定到期日 $T>0$,并且考虑仅投资于到期日为 T 的债券的资产组合 $\Delta(t)$,以利率 $R(t)$ 投资或者借贷维持自融资。证明:该资产组合的价值满足

$$
\begin{aligned}
d(D(t)X(t))=&\Delta(t)D(t)\Big[-R(t)f(t,R(t),T)+f_t(t,R(t),T)\\
&+\alpha(t,R(t))f_r(t,R(t),T)+\frac{1}{2}\gamma^2(t,R(t))f_{rr}(t,R(t),T)\Big]dt\\
&+D(t)\Delta(t)\gamma(t,R(t))f_r(t,R(t),T)dW(t)
\end{aligned}
\tag{6.9.5}
$$

证明:如果 $f_r(t,r,T)=0$,则必有套利,除非

$$
f_t(t,r,T)+\frac{1}{2}\gamma^2(t,r)f_{rr}(t,r,T)=rf(t,r,T) \tag{6.9.6}
$$

换言之,如果 $f_r(t,r,T)=0$,则不论 $\beta(t,r,T)$ 如何选取,式(6.9.3)必定成立。

总而言之,我们已证明:如果零息债券交易不存在套利机会,则对使得 $f_r(t,r,T)\neq 0$ 的所有 t,r 和 T,可以由式(6.9.2)定义 $\beta(t,r)$,因为式(6.9.2)的右端不依赖于 T。于是,我们有:

$$
f_t(t,r,T)+\beta(t,r)f_r(t,r,T)+\frac{1}{2}\gamma^2(t,r)f_{rr}(t,r,T)=rf(t,r,T) \tag{6.9.7}
$$

这是关于到期日为 T 的债券的定价方程(6.5.4)。如果 $f_r(t,r,T)=0$,则式(6.9.6)成立,从而不论 $\beta(t,r)$ 如何定义,式(6.9.7)仍成立。如果我们变换到测度 $\widetilde{\mathbb{P}}$,在 $\widetilde{\mathbb{P}}$ 下有:

$$
\widetilde{W}(t)=W(t)+\int_0^t\frac{1}{\gamma(u,R(u))}[\alpha(u,R(u))-\beta(u,R(u))]du
$$

是布朗运动,则式(6.9.1)可以改写为式(6.5.1)。概率测度 $\widetilde{\mathbb{P}}$ 是风险中性测度。

习题 6.3(赫尔—怀特模型的解) 本题求解常微分方程(6.5.8)和(6.5.9)得到由式(6.5.10)和式(6.5.11)给出的解 $C(t,T)$ 和 $A(t,T)$。

(i) 利用方程(6.5.8),其中以 s 替换 t,证明:

$$\frac{d}{ds}\left[e^{-\int_0^s b(v)dv}C(s,T)\right]=-e^{-\int_0^s b(v)dv}$$

(ii) 将(i)中得到的方程从 $s=t$ 到 $s=T$ 积分,并利用终端条件 $C(T,T)=0$,推得式(6.5.10)。

(iii) 在式(6.5.9)中以 s 替换 t,从 $s=t$ 到 $s=T$ 积分,并利用终端条件 $A(T,T)=0$,推得式(6.5.11)。

习题 6.4(CIR 模型的解) 本题求解常微分方程(6.5.14)和(6.5.15)得到由式(6.5.16)和式(6.5.17)给出的解 $C(t,T)$ 和 $A(t,T)$。

(i) 定义函数

$$\varphi(t)=e^{\frac{1}{2}\sigma^2\int_t^T C(u,T)du}$$

证明:

$$C(t,T)=-\frac{2\varphi'(t)}{\sigma^2\varphi(t)} \tag{6.9.8}$$

$$C'(t,T)=-\frac{2\varphi''(t)}{\sigma^2\varphi(t)}+\frac{1}{2}\sigma^2C^2(t,T) \tag{6.9.9}$$

(ii) 利用方程(6.5.14)证明:

$$\varphi''(t)-b\varphi'(t)-\frac{1}{2}\sigma^2\varphi(t)=0 \tag{6.9.10}$$

这是常系数线性常微分方程,其所有解形如

$$\varphi(t)=a_1e^{\lambda_1 t}+a_2e^{\lambda_2 t}$$

其中 λ_1 和 λ_2 是所谓**特征方程** $\lambda^2-b\lambda-\frac{1}{2}\sigma^2=0$ 的解,a_1 和 a_2 是常数。

(iii) 证明:存在常数 c_1 和 c_2,使得

$$\varphi(t)=\frac{c_1}{\frac{1}{2}b+\gamma}e^{-(\frac{1}{2}b+\gamma)(T-t)}-\frac{c_2}{\frac{1}{2}b-\gamma}e^{-(\frac{1}{2}b-\gamma)(T-t)} \tag{6.9.11}$$

其中,$\gamma=\frac{1}{2}\sqrt{b^2+2\sigma^2}$。

(iv) 证明:

$$\varphi'(t)=c_1e^{-\left(\frac{1}{2}b+\gamma\right)(T-t)}-c_2e^{-\left(\frac{1}{2}b-\gamma\right)(T-t)} \tag{6.9.12}$$

利用终端条件 $C(T,T)=0$,得到 $c_1=c_2$。

(v) 证明:

$$\varphi(t)=c_1e^{-\frac{1}{2}b(T-t)}\left[\frac{\frac{1}{2}b-\gamma}{\frac{1}{4}b^2-\gamma^2}e^{-\gamma(T-t)}-\frac{\frac{1}{2}b+\gamma}{\frac{1}{4}b^2-\gamma^2}e^{\gamma(T-t)}\right]$$

$$=\frac{2c_1}{\sigma^2}e^{-\frac{1}{2}b(T-t)}[b\sinh(\gamma(T-t))+2\gamma\cosh(\gamma(T-t))]$$

$$\varphi'(t)=-2c_1e^{-\frac{1}{2}b(T-t)}\sinh(\gamma(T-t))$$

由此推得由式(6.5.16)给出的 $C(t,T)$。

(vi) 由式(6.5.15)和式(6.9.8),我们有:

$$A'(t,T)=\frac{2a\varphi'(t)}{\sigma^2\varphi(t)}$$

上式中以 s 替换 t,从 $s=t$ 到 $s=T$ 积分,推得由式(6.5.17)给出的 $A(t,T)$。

习题 6.5(二维费曼—卡茨定理) (i) 对于由式(6.6.1)和式(6.6.2)定义的 $g(t,x_1,x_2)$ 和 $f(t,x_1,x_2)$,证明:$g(t,X_1(t),X_2(t))$ 和 $e^{-rt}f(t,X_1(t),X_2(t))$ 是鞅。

(ii) 假定 W_1 和 W_2 是相互独立的布朗运动,利用伊藤—德布林公式计算 $g(t,X_1(t),X_2(t))$ 和 $e^{-rt}f(t,X_1(t),X_2(t))$ 的微分,令 dt 项为 0,推得偏微分方程(6.6.3)和(6.6.4)。

(iii) 考虑 $dW_1(t)dW_2(t)=\rho dt$ 的情形,其中 ρ 是常数。计算 $g(t,X_1(t),X_2(t))$ 和 $e^{-rt}f(t,X_1(t),X_2(t))$ 的微分,令 dt 项为 0,推得偏微分方程

$$\begin{aligned}g_t&+\beta_1g_{x_1}+\beta_2g_{x_2}+\left(\frac{1}{2}\gamma_{11}^2+\rho\gamma_{11}\gamma_{12}+\frac{1}{2}\gamma_{12}^2\right)g_{x_1x_1}\\&+(\gamma_{11}\gamma_{21}+\rho\gamma_{11}\gamma_{22}+\rho\gamma_{12}\gamma_{21}+\gamma_{12}\gamma_{22})g_{x_1x_2}\\&+\left(\frac{1}{2}\gamma_{21}^2+\rho\gamma_{21}\gamma_{22}+\frac{1}{2}\gamma_{22}^2\right)g_{x_2x_2}=0\end{aligned}\tag{6.9.13}$$

$$\begin{aligned}f_t&+\beta_1f_{x_1}+\beta_2f_{x_2}+\left(\frac{1}{2}\gamma_{11}^2+\rho\gamma_{11}\gamma_{12}+\frac{1}{2}\gamma_{12}^2\right)f_{x_1x_1}\\&+(\gamma_{11}\gamma_{21}+\rho\gamma_{11}\gamma_{22}+\rho\gamma_{12}\gamma_{21}+\gamma_{12}\gamma_{22})f_{x_1x_2}\\&+\left(\frac{1}{2}\gamma_{21}^2+\rho\gamma_{21}\gamma_{22}+\frac{1}{2}\gamma_{22}^2\right)f_{x_2x_2}=rf\end{aligned}\tag{6.9.14}$$

习题 6.6(CIR 过程的矩母函数) (i) 设 $W_1,\cdots,W_d$ 是两两独立的布朗运动,a 和 σ 是正数。对于 $j=1,\cdots,d$,设 $X_j(t)$ 是如下奥恩斯坦—乌伦贝克(Ornstein-Uhlenbeck)随机微分方程的解:

$$dX_j(t)=-\frac{b}{2}X_j(t)dt+\frac{1}{2}\sigma dW_j(t)\tag{6.9.15}$$

证明:

$$X_j(t)=e^{-\frac{1}{2}bt}\left[X_j(0)+\frac{\sigma}{2}\int_0^te^{\frac{1}{2}bu}dW_j(u)\right]\tag{6.9.16}$$

进而证明:对于固定的 t,$X_j(t)$ 是正态随机变量,并且

$$\mathbb{E}X_j(t)=e^{-\frac{1}{2}bt}X_j(0),\quad \mathrm{Var}(X_j(t))=\frac{\sigma^2}{4b}[1-e^{bt}] \tag{6.9.17}$$

(提示:利用定理 4.4.9。)

(ii) 定义

$$R(t)=\sum_{j=1}^{d}X_j^2(t) \tag{6.9.18}$$

证明:

$$dR(t)=(a-bR(t))dt+\sigma\sqrt{R(t)}dB(t) \tag{6.9.19}$$

其中 $a=\frac{d\sigma^2}{4}$ 并且

$$B(t)=\sum_{j=1}^{d}\int_0^t\frac{X_j(s)}{\sqrt{R(s)}}dW_j(s) \tag{6.9.20}$$

是布朗运动。换言之,$R(t)$是 CIR 利率过程(例 6.5.2)。[提示:利用列维定理(定理 4.6.4)证明 $B(t)$是布朗运动。]

(iii) 给定 $R(0)>0$,定义:

$$X_j(0)=\sqrt{\frac{R(0)}{d}}$$

证明:$X_1(t),\cdots,X_d(t)$是独立同分布正态随机变量,具有期望

$$\mu(t)=e^{-\frac{1}{2}bt}\sqrt{\frac{R(0)}{d}}$$

以及方差

$$v(t)=\frac{\sigma^2}{4b}[1-e^{-bt}]$$

(iv) 由(iii)可知:式(6.9.18)给出的 $R(t)$是独立同分布正态随机变量的平方和,从而具有**非中心 χ^2 分布**,这里“非中心”是指 $\mu(t)=\mathbb{E}X_j(t)$非零。为了计算 $R(t)$的矩母函数,首先计算矩母函数

$$\mathbb{E}\exp\{uX_j^2(t)\}=\frac{1}{\sqrt{1-2v(t)u}}\exp\left\{\frac{u\mu^2(t)}{1-2v(t)u}\right\},\quad \forall u<\frac{1}{2v(t)} \tag{6.9.21}$$

[提示:需要配方,推导并利用以下等式

$$ux^2-\frac{1}{2v(t)}(x-\mu(t))^2=-\frac{1-2v(t)u}{2v(t)}\left(x-\frac{\mu(t)}{1-2v(t)u}\right)^2+\frac{u\mu^2(t)}{1-2v(t)u}$$

注意到均值为 $\mu(t)/(1-2v(t)u)$、方差为 $v(t)/(1-2v(t)u)$的正态密度

$$\sqrt{\frac{1-2v(t)u}{2\pi v(t)}}\exp\left\{-\frac{1-2v(t)u}{2v(t)}\left(x-\frac{\mu(t)}{1-2v(t)u}\right)^2\right\}$$

从$-\infty$到∞的积分等于 1。]

(v) 证明:由式(6.9.19)给出的$R(t)$的矩母函数为

$$\begin{aligned}\widetilde{\mathbb{E}}\exp\{uR(t)\} &= \left(\frac{1}{1-2v(t)u}\right)^{\frac{d}{2}}\exp\left\{\frac{e^{-bt}uR(0)}{1-2v(t)u}\right\} \\ &= \left(\frac{1}{1-2v(t)u}\right)^{\frac{2a}{\sigma^2}}\exp\left\{\frac{e^{-bt}uR(0)}{1-2v(t)u}\right\}, \quad \forall u<\frac{1}{2v(t)}\end{aligned} \tag{6.9.22}$$

注 6.9.1(CIR 过程触及 0) 尽管我们是在d为正整数的假定下推得式(6.9.22),但是式(6.9.22)中的第二行只含方程(6.9.19)中的参数a,b和σ,该公式对所有$a>0$,$b>0$和$\sigma>0$成立。当$d\geqslant 2$(即$a\geqslant\frac{1}{2}\sigma^2$)时,多维过程$(X_1(t),\cdots,X_d(t))$不会触及$\mathbb{R}^d$中的原点,于是$R(t)$恒不为 0。事实上,$R(t)$恒不为 0 当且仅当$a\geqslant\frac{1}{2}\sigma^2$。如果$0<a<\frac{1}{2}\sigma^2$,则$R(t)$不断地触及 0,但是每次触及 0 以后又回到正值。

习题 6.7(赫斯顿随机波动率模型) 假设在风险中性测度$\widetilde{\mathbb{P}}$下,股价服从

$$dS(t)=rS(t)dt+\sqrt{V(t)}S(t)d\widetilde{W}_1(t) \tag{6.9.23}$$

其中利率r是常数,波动率$\sqrt{V(t)}$本身是随机过程,并且服从方程

$$dV(t)=(a-bV(t))dt+\sigma\sqrt{V(t)}d\widetilde{W}_2(t) \tag{6.9.24}$$

参数a,b和σ是正数,$\widetilde{W}_1(t)$和$\widetilde{W}_2(t)$是$\widetilde{\mathbb{P}}$下相关的布朗运动,满足:

$$d\widetilde{W}_1(t)d\widetilde{W}_2(t)=\rho dt$$

其中$\rho\in(-1,1)$。由于二维过程$(S(t),V(t))$服从随机微分方程(6.9.23)和(6.9.24),故必为二维马尔可夫过程。

只要交易仅限于股票和货币市场账户,模型是不完全的。通过改变式(6.9.24)中的dt项,可以产生单参数族风险中性测度,而不影响式(6.9.23)。

在此随机波动率模型中,时刻$T\geqslant t$到期的看涨期权在时刻t的风险中性价格为$\widetilde{\mathbb{E}}[e^{-r(T-t)}(S(T)-K)^+|\mathcal{F}(t)]$。由马尔可夫性质,存在函数$c(t,s,v)$,使得:

$$c(t,S(t),V(t))=\widetilde{\mathbb{E}}[e^{-r(T-t)}(S(T)-K)^+|\mathcal{F}(t)],\quad 0\leqslant t\leqslant T \tag{6.9.25}$$

本题中的讨论表明:对于$0\leqslant t<T$,$s\geqslant 0$和$v\geqslant 0$,函数$c(t,s,v)$满足偏微分方程

$$c_t+rsc_s+(a-bv)c_v+\frac{1}{2}s^2vc_{ss}+\rho\sigma svc_{sv}+\frac{1}{2}\sigma^2vc_{vv}=rc \tag{6.9.26}$$

函数$c(t,s,v)$还满足边界条件:

$$c(T,s,v)=(s-K)^+\qquad \forall s\geqslant 0,v\geqslant 0 \tag{6.9.27}$$

$$c(t,0,v)=0,\qquad \forall 0\leqslant t\leqslant T,v\geqslant 0 \tag{6.9.28}$$

$$c(t,s,0)=(s-e^{-r(T-t)}K)^+,\qquad \forall 0\leqslant t\leqslant T,s\geqslant 0 \tag{6.9.29}$$

$$\lim_{s\to\infty}\frac{c(t,s,v)}{s-K}=1,\qquad \forall\, 0\leqslant t\leqslant T, v\geqslant 0 \tag{6.9.30}$$

$$\lim_{s\to\infty}c(t,s,v)=s,\qquad \forall\, 0\leqslant t\leqslant T, s\geqslant 0 \tag{6.9.31}$$

本题中，我们只考虑式(6.9.27)。

(i) 证明：$e^{-rt}c(t,S(t),V(t))$在$\widetilde{\mathbb{P}}$下是鞅并由此推得式(6.9.26)。

(ii) 假设对于$0\leqslant t<T$，$-\infty<x<\infty$和$v\geqslant 0$，存在函数$f(t,x,v)$和$g(t,x,v)$，满足：

$$f_t+\left(r+\frac{1}{2}v\right)f_x+(a-bv+\rho\sigma v)f_v+\frac{1}{2}vf_{xx}+\rho\sigma vf_{xv}+\frac{1}{2}\sigma^2 vf_{vv}=0 \tag{6.9.32}$$

$$g_t+\left(r-\frac{1}{2}v\right)g_x+(a-bv)g_v+\frac{1}{2}vg_{xx}+\rho\sigma vg_{xv}+\frac{1}{2}\sigma^2 vg_{vv}=0 \tag{6.9.33}$$

证明：如果定义

$$c(t,s,v)=sf(t,\log s,v)-e^{-r(T-t)}Kg(t,\log s,v) \tag{6.9.34}$$

则$c(t,s,v)$满足偏微分方程(6.9.26)。

(iii) 假设过程序偶$(X(t),V(t))$服从随机微分方程

$$dX(t)=\left(r+\frac{1}{2}V(t)\right)dt+\sqrt{V(t)}\,dW_1(t) \tag{6.9.35}$$

$$dV(t)=(a-bV(t)+\rho\sigma V(t))dt+\sigma\sqrt{V(t)}\,dW_2(t) \tag{6.9.36}$$

其中$W_1(t)$和$W_2(t)$是某个概率测度$\mathbb{P}$下的布朗运动，满足$dW_1(t)dW_2(t)=\rho dt$。定义：

$$f(t,x,v)=\mathbb{E}^{t,x,v}\mathbb{I}_{\{X(T)\geqslant \log K\}} \tag{6.9.37}$$

证明：$f(t,x,v)$满足偏微分方程(6.9.32)以及边界条件

$$f(T,x,v)=\mathbb{I}_{\{X\geqslant \log K\}},\qquad \forall\, x\in\mathbb{R}, v\geqslant 0 \tag{6.9.38}$$

(vi) 假设过程序偶$(X(t),V(t))$服从随机微分方程

$$dX(t)=\left(r-\frac{1}{2}V(t)\right)dt+\sqrt{V(t)}\,dW_1(t) \tag{6.9.39}$$

$$dV(t)=(a-bV(t))dt+\sigma\sqrt{V(t)}\,dW_2(t) \tag{6.9.40}$$

其中$W_1(t)$和$W_2(t)$是某个概率测度$\mathbb{P}$下的布朗运动，满足$dW_1(t)dW_2(t)=\rho dt$。定义：

$$g(t,x,v)=\mathbb{E}^{t,x,v}\mathbb{I}_{\{X(T)\geqslant \log K\}} \tag{6.9.41}$$

证明：$g(t,x,v)$满足偏微分方程(6.9.33)以及边界条件

$$g(T,x,v)=\mathbb{I}_{\{X\geqslant \log K\}},\qquad \forall\, x\in\mathbb{R}, v\geqslant 0 \tag{6.9.42}$$

(v) 证明：对于(iii)和(vi)中给出的函数$f(t,x,v)$和$g(t,x,v)$，式(6.9.34)中的函数$c(t,s,v)$满足边界条件(6.9.27)。

注 6.9.2 事实上,对于(iii)和(vi)中给出的函数 $f(t,x,v)$ 和 $g(t,x,v)$,式(6.9.34)中的函数 $c(t,s,v)$ 满足所有边界条件式(6.9.27)～式(6.9.31),并且正是出现在式(6.9.25)左端的函数。

习题 6.8(柯尔莫哥洛夫倒向方程) 考虑随机微分方程

$$dX(u)=\beta(u,X(u))du+\gamma(u,X(u))dW(u)$$

我们假定,正如几何布朗运动,如果在任何初始时刻 t,过程的初值为任意正数 $X(t)=x$,根据该方程随时间演化,在时刻 $T>t$,过程的取值可以是任何正数,但不会小于或等于 0。对于 $0\leqslant t<T$,设 $p(t,T,x,y)$ 是该方程的解的转移密度(即如果由初始条件 $X(t)=x$ 求解方程,则随机变量 $X(T)$ 具有变量 y 的密度函数 $p(t,T,x,y)$)。上述假定表明:对于 $0\leqslant t<T$ 和 $y\leqslant 0$,$p(t,T,x,y)=0$。

证明:$p(t,T,x,y)$ 满足**柯尔莫哥洛夫倒向方程**

$$-p_t(t,T,x,y)=\beta(t,x)p_x(t,T,x,y)+\frac{1}{2}\gamma^2(t,x)p_{xx}(t,T,x,y) \tag{6.9.43}$$

[提示:由费曼—卡茨定理(定理 6.4.1)可知,对任意的 $h(y)$,函数

$$g(t,x)=\mathbb{E}^{t,x}h(X(T))=\int_0^\infty h(y)p(t,T,x,y)dy \tag{6.9.44}$$

满足偏微分方程

$$g_t(t,x)+\beta(t,x)g_x(t,x)+\frac{1}{2}\gamma^2(t,x)g_{xx}(t,x)=0 \tag{6.9.45}$$

利用式(6.9.44)计算 g_t,g_x 和 g_{xx},然后论证要使式(6.9.45)始终成立,不论 $h(y)$ 如何选取,只有 $p(t,T,x,y)$ 满足柯尔莫哥洛夫倒向方程。]

习题 6.9(柯尔莫哥洛夫前向方程) [也称福克—普朗克(Fokker-Planck)方程]考虑与习题 6.8 中同样的随机微分方程

$$dX(u)=\beta(u,X(u))du+\gamma(u,X(u))dW(u) \tag{6.9.46}$$

利用同样的记号 $p(t,T,x,y)$ 表示转移密度,并且仍假定:对于 $0\leqslant t<T$ 和 $y\leqslant 0$,$p(t,T,x,y)=0$。本题中,我们证明 $p(t,T,x,y)$ 满足**柯尔莫哥洛夫前向方程**

$$\frac{\partial}{\partial T}p(t,T,x,y)=-\frac{\partial}{\partial y}(\beta(T,y)p(t,T,x,y))+\frac{1}{2}\frac{\partial^2}{\partial y^2}(\gamma^2(T,y)p(t,T,x,y)) \tag{6.9.47}$$

在柯尔莫哥洛夫倒向方程中,T 和 y 保持常值,变量是 t 和 x;而在柯尔莫哥洛夫前向方程中,t 和 x 保持常值,变量是 T 和 y。t 和 x 有时被称为**倒向变量**,而 T 和 y 被称为**前向变量**。

(i) 设 b 是正数,函数 $h_b(y)$ 具有连续的一阶和二阶导数,并且满足:对所有 $x\leqslant 0$,$h_b(x)=0$;对所有 $x\geqslant b$,$h_b'(x)=0$;$h_b(b)=h_b'(b)=0$。设 $X(u)$ 是随机微分方程(6.9.46)满足初始条件 $X(t)=x\in(0,b)$ 的解。利用伊藤—德布林公式计算 $dh_b(X(u))$。

(ii) 给定 $0\leqslant t<T$，将(i)中得到的等式从 t 到 T 积分，再取期望。利用 $X(u)$ 具有变量 y 的密度函数 $p(t,u,x,y)$ 的事实，我们得到：

$$\int_0^b h_b(y)p(t,T,x,y)dy = h_b(x)+\int_t^T\int_0^b \beta(u,y)p(t,u,x,y)h'_b(y)dydu + \frac{1}{2}\int_t^T\int_0^b \gamma^2(u,y)p(t,u,x,y)h''_b(y)dydu \tag{6.9.48}$$

(iii) 将式(6.9.48)右端的积分 $\int_0^b \cdots dy$ 进行分部积分，得到：

$$\int_0^b h_b(y)p(t,T,x,y)dy = h_b(x)-\int_t^T\int_0^b \frac{\partial}{\partial y}[\beta(u,y)p(t,u,x,y)]h_b(y)dydu + \frac{1}{2}\int_t^T\int_0^b \frac{\partial^2}{\partial y^2}[\gamma^2(u,y)p(t,u,x,y)]h_b(y)dydu \tag{6.9.49}$$

(iv) 在式(6.9.49)中关于 T 求导数，得到：

$$\int_0^b h_b(y)[\frac{\partial}{\partial T}p(t,T,x,y)+\frac{\partial}{\partial y}(\beta(T,y)p(t,T,x,y)) - \frac{1}{2}\frac{\partial^2}{\partial y^2}(\gamma^2(T,y)p(t,T,x,y)]dy = 0 \tag{6.9.50}$$

(v) 利用式(6.9.50)证明：不存在 $0<y_1<y_2$，使得

$$\frac{\partial}{\partial T}p(t,T,x,y)+\frac{\partial}{\partial y}(\beta(T,y)p(t,T,x,y)) -\frac{1}{2}\frac{\partial^2}{\partial y^2}(\gamma^2(T,y)p(t,T,x,y))>0, \quad \forall\, y\in(y_1,y_2)$$

类似地，不存在 $0<y_1<y_2$，使得：

$$\frac{\partial}{\partial T}p(t,T,x,y)+\frac{\partial}{\partial y}(\beta(T,y)p(t,T,x,y)) -\frac{1}{2}\frac{\partial^2}{\partial y^2}(\gamma^2(T,y)p(t,T,x,y))<0, \quad \forall\, y\in[y_1,y_2]$$

上述结果对于本题求解已经足够。很明显，如果

$$\frac{\partial}{\partial T}p(t,T,x,y)+\frac{\partial}{\partial y}(\beta(T,y)p(t,T,x,y))-\frac{1}{2}\frac{\partial^2}{\partial y^2}(\gamma^2(T,y)p(t,T,x,y))$$

是 y 的连续函数，则对每个 $y>0$，该表达式必为 0。因此，如本题开始所述，$p(t,T,x,y)$ 满足柯尔莫哥洛夫前向方程。

习题 6.10(隐含波动率曲面) 假设股价过程根据以下随机微分方程演化：

$$dS(u)=rS(u)du+\sigma(u,S(u))S(u)d\widetilde{W}(u)$$

其中利率 r 是常数，波动率 $\sigma(u,x)$ 是时间和股票价格的函数，$\widetilde{W}$ 是风险中性测度 $\widetilde{\mathbb{P}}$

下的布朗运动。这是随机微分方程(6.9.46)中 $\beta(u,x)=rx,\gamma(u,x)=\sigma(u,x)x$ 的特殊情形。设 $\widetilde{p}(t,T,x,y)$表示转移密度。

根据习题 6.9,转移密度 $\widetilde{p}(t,T,x,y)$满足柯尔莫哥洛夫前向方程

$$\frac{\partial}{\partial T}\widetilde{p}(t,T,x,y)=-\frac{\partial}{\partial y}(ry\widetilde{p}(t,T,x,y))+\frac{1}{2}\frac{\partial^2}{\partial y^2}(\sigma^2(T,y)y^2\widetilde{p}(t,T,x,y)) \tag{6.9.51}$$

设:

$$c(0,T,x,K)=e^{-rT}\int_K^\infty(y-K)\widetilde{p}(0,T,x,y)dy \tag{6.9.52}$$

表示当初始股价 $S(0)=x$ 时,到期时刻为 T、敲定价格为 K 的欧式看涨期权在时刻 0 的价格。注意到:

$$c_T(0,T,x,K)=-rc(0,T,x,K)+e^{-rT}\int_K^\infty(y-K)\widetilde{p}_T(0,T,x,y)dy \tag{6.9.53}$$

(i) 利用分部积分证明:

$$-\int_K^\infty(y-K)\frac{\partial}{\partial y}(ry\widetilde{p}(0,T,x,y))dy=\int_K^\infty ry\widetilde{p}(0,T,x,y)dy \tag{6.9.54}$$

这里,可以假定:

$$\lim_{y\to\infty}(y-K)ry\widetilde{p}(0,T,x,y)=0 \tag{6.9.55}$$

(ii) 先分部积分,然后再积分,证明:

$$\frac{1}{2}\int_K^\infty(y-K)\frac{\partial^2}{\partial y^2}(\sigma^2(T,y)y^2\widetilde{p}(0,T,x,y))dy=\frac{1}{2}\sigma^2(T,K)K^2\widetilde{p}(0,T,x,K) \tag{6.9.56}$$

这里,可以假定:

$$\lim_{y\to\infty}(y-K)\frac{\partial}{\partial y}(\sigma^2(T,y)y^2\widetilde{p}(0,T,x,y))=0 \tag{6.9.57}$$

$$\lim_{y\to\infty}\sigma^2(T,y)y^2\widetilde{p}(0,T,x,y)=0 \tag{6.9.58}$$

(iii) 现在,依次利用式(6.9.53),式(6.9.52),式(6.9.51),式(6.9.54),式(6.9.56)以及第五章的习题 5.9,推导方程

$$\begin{aligned}c_T(0,T,x,K)&=e^{-rT}rK\int_K^\infty\widetilde{p}(0,T,x,y)dy+\frac{1}{2}e^{-rT}\sigma^2(T,K)K^2\widetilde{p}(0,T,x,K)\\&=-rKc_K(0,T,x,K)+\frac{1}{2}\sigma^2(T,K)K^2c_{KK}(0,T,x,K)\end{aligned} \tag{6.9.59}$$

这是本题的目标。注意:在 $c_{KK}(0,T,x,K)\neq0$ 的假设下,可以从式(6.9.59)中解出波动率项 $\sigma^2(T,K)$,其表达式中用到的量 $c_T(0,T,x,K)$,$c_K(0,T,x,K)$和 $c_{KK}(0,T,x,K)$都能通过市场价格推得。

7 奇异期权

7.1 引　言

本书中一再考虑的欧式看涨和看跌期权有时被称为**普通**期权或者**简单普通**期权。它们的支付仅依赖于原生资产在最终时刻的价值。支付依赖于原生资产路径的期权称为**路径依赖**或者**奇异**期权。

本章中，我们给出几何布朗运动资产上的三种类型的奇异期权，并且对每一种类型的期权给出详尽的分析。这三种类型的期权分别是：**障碍期权**、**回望期权**以及**亚式期权**。对于每一种情形，我们推导出期权价格满足的标准的偏微分方程。基于布朗运动的反射原理，前两种期权有显式定价公式。对于亚式期权，没有推得这样的公式。不过，可以利用计价单位变换将亚式期权的定价偏微分方程化为易于数值求解的简单形式。我们在 7.5.3 小节中给出相关的论证。

7.2 带漂移布朗运动的最大值

这一节，我们推导带漂移的布朗运动及其迄今最大值的联合密度。这一密度在 7.3 节和 7.4 节中被用于推导障碍期权和回望期权的显式定价公式。考虑定义在概率空间$(\Omega,\mathcal{F},\widetilde{\mathbb{P}})$上的布朗运动 $\widetilde{W}(t)$，$0\leqslant t\leqslant T$。在$\widetilde{\mathbb{P}}$ 下，布朗运动 $\widetilde{W}(t)$具有零漂移(即它是鞅)。给定常数 α，定义：

$$\hat{W}(t)=\alpha t+\widetilde{W}(t),\quad 0\leqslant t\leqslant T \tag{7.2.1}$$

在$\widetilde{\mathbb{P}}$ 下，这一布朗运动$\hat{W}(t)$具有漂移 α。再定义：

$$\hat{M}(T)=\max_{0\leqslant t\leqslant T}\hat{W}(t) \tag{7.2.2}$$

由于$\hat{W}(0)=0$，我们有$\hat{M}(T)\geqslant 0$。我们还有$\hat{W}(T)\leqslant\hat{M}(T)$。于是，随机变量序偶$(\hat{M}(T),\hat{W}(T))$在图 7.2.1 所示的集合$\{(m,w);w\leqslant m,m\geqslant 0\}$中取值。

定理 7.2.1　在$\widetilde{\mathbb{P}}$ 下，序偶$(\hat{M}(T),\hat{W}(T))$的联合密度为：

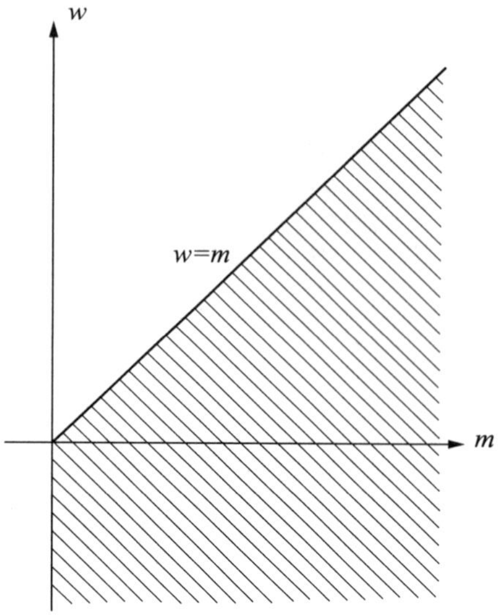

图 7.2.1 $(\hat{M}(T),\hat{W}(T))$的值域

$$\widetilde{f}_{\hat{M}(T),\hat{W}(T)}(m,w)=\frac{2(2m-w)}{T\sqrt{2\pi T}}e^{\alpha w-\frac{1}{2}\alpha^2T-\frac{1}{2T}(2m-w)^2},\quad w\leqslant m,m\geqslant 0 \tag{7.2.3}$$

对于 m 和 w 的其他值,联合密度为 0。

【证明】 定义指数鞅

$$\hat{Z}(t)=e^{-\alpha\widetilde{W}(t)-\frac{1}{2}\alpha^2t}=e^{-\alpha\hat{W}(t)+\frac{1}{2}\alpha^2t},\quad 0\leqslant t\leqslant T$$

并且利用$\hat{Z}(T)$定义新的概率测度$\hat{\mathbb{P}}$

$$\hat{\mathbb{P}}(A)=\int_A\hat{Z}(T)d\widetilde{\mathbb{P}},\quad \forall A\in\mathcal{F}$$

根据哥萨诺夫定理(定理 5.2.3),$\hat{W}(t)$在$\hat{\mathbb{P}}$下是布朗运动(具有零漂移)。由定理 3.7.3,在$\hat{\mathbb{P}}$下$(\hat{M}(T),\hat{W}(T))$的联合密度为:

$$\hat{f}_{\hat{M}(T),\hat{W}(T)}(m,w)=\frac{2(2m-w)}{T\sqrt{2\pi T}}e^{-\frac{1}{2T}(2m-w)^2},\quad w\leqslant m,m\geqslant 0 \tag{7.2.4}$$

对于 m 和 w 的其他值,联合密度为 0。为了得到在$\widetilde{\mathbb{P}}$下$(\hat{M}(T),\hat{W}(T))$的联合密度,我们利用引理 5.2.1,有:

$$\begin{aligned}
&\widetilde{\mathbb{P}}\{\hat{M}(T)\leqslant m,\hat{W}(T)\leqslant w\}\\
&=\widetilde{\mathbb{E}}[\mathbb{I}_{\{\hat{M}(T)\leqslant m,\hat{W}(T)\leqslant w\}}]\\
&=\hat{\mathbb{E}}\left[\frac{1}{\hat{Z}(T)}\mathbb{I}_{\{\hat{M}(T)\leqslant m,\hat{W}(T)\leqslant w\}}\right]\\
&=\hat{\mathbb{E}}[e^{\alpha\hat{W}(T)-\frac{1}{2}\alpha^2T}\mathbb{I}_{\{\hat{M}(T)\leqslant m,\hat{W}(T)\leqslant w\}}]\\
&=\int_{-\infty}^{w}\int_{-\infty}^{m}e^{\alpha y-\frac{1}{2}\alpha^2T}\hat{f}_{\hat{M}(T),\hat{W}(T)}(x,y)dxdy
\end{aligned}$$

于是，在$\widetilde{\mathbb{P}}$下$(\hat{M}(T),\hat{W}(T))$的联合密度为：

$$\frac{\partial^2}{\partial m\partial w}\widetilde{\mathbb{P}}\{\hat{M}(T)\leqslant m,\hat{W}(T)\leqslant w\}=e^{\alpha w-\frac{1}{2}\alpha^2 T}\hat{f}_{\hat{M}(T),\hat{W}(T)}(m,w) \tag{7.2.5}$$

当$w\leqslant m$且$m\geqslant 0$时，这就是公式(7.2.3)。对于m和w的其他值，我们得到0，因为$\hat{f}_{\hat{M}(T),\hat{W}(T)}(m,w)$等于0。 □

推论 7.2.2 我们有：

$$\widetilde{\mathbb{P}}\{\hat{M}(T)\leqslant m\}=N\left(\frac{m-\alpha T}{\sqrt{T}}\right)-e^{2\alpha m}N\left(\frac{-m-\alpha T}{\sqrt{T}}\right),\quad m\geqslant 0 \tag{7.2.6}$$

并且在$\widetilde{\mathbb{P}}$下，随机变量$\hat{M}(T)$的密度为：

$$\widetilde{f}_{\hat{M}(T)}(m)=\frac{2}{\sqrt{2\pi T}}e^{-\frac{1}{2T}(m-\alpha T)^2}-2\alpha e^{2\alpha m}N\left(\frac{-m-\alpha T}{\sqrt{T}}\right),\quad m\geqslant 0 \tag{7.2.7}$$

而当$m<0$时，密度为0。

【证明】 将联合密度公式(7.2.3)在图7.2.2所示区域上积分，算得：

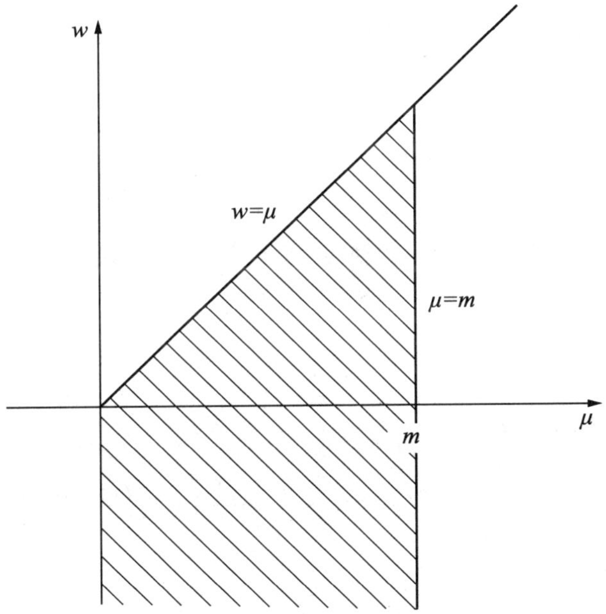

图 7.2.2 $\hat{M}(T)\leqslant m$的区域

$$\begin{aligned}\widetilde{\mathbb{P}}\{\hat{M}(T)\leqslant m\}&=\int_0^m\int_w^m\frac{2(2\mu-w)}{T\sqrt{2\pi T}}e^{\alpha w-\frac{1}{2}\alpha^2 T-\frac{1}{2T}(2\mu-w)^2}\,d\mu\,dw\\&\quad+\int_{-\infty}^0\int_0^m\frac{2(2\mu-w)}{T\sqrt{2\pi T}}e^{\alpha w-\frac{1}{2}\alpha^2 T-\frac{1}{2T}(2\mu-w)^2}\,d\mu\,dw\\&=-\int_0^m\frac{1}{\sqrt{2\pi T}}e^{\alpha w-\frac{1}{2}\alpha^2 T-\frac{1}{2T}(2\mu-w)^2}\Bigg|_{\mu=w}^{\mu=m}dw\end{aligned}$$

$$
\begin{aligned}
&-\int_{-\infty}^{0}\frac{1}{\sqrt{2\pi T}}e^{\alpha w-\frac{1}{2}\alpha^2 T-\frac{1}{2T}(2\mu-w)^2}\Bigg|\begin{matrix}\mu=m\\ \mu=0\end{matrix}\,dw\\
=&-\frac{1}{\sqrt{2\pi T}}\int_{0}^{m}e^{\alpha w-\frac{1}{2}\alpha^2 T-\frac{1}{2T}(2m-w)^2}dw\\
&+\frac{1}{\sqrt{2\pi T}}\int_{0}^{m}e^{\alpha w-\frac{1}{2}\alpha^2 T-\frac{1}{2T}w^2}dw\\
&-\frac{1}{\sqrt{2\pi T}}\int_{-\infty}^{0}e^{\alpha w-\frac{1}{2}\alpha^2 T-\frac{1}{2T}(2m-w)^2}dw\\
&+\frac{1}{\sqrt{2\pi T}}\int_{-\infty}^{0}e^{\alpha w-\frac{1}{2}\alpha^2 T-\frac{1}{2T}w^2}dw\\
=&-\frac{1}{\sqrt{2\pi T}}\int_{-\infty}^{m}e^{\alpha w-\frac{1}{2}\alpha^2 T-\frac{1}{2T}(2m-w)^2}dw\\
&+\frac{1}{\sqrt{2\pi T}}\int_{-\infty}^{m}e^{\alpha w-\frac{1}{2}\alpha^2 T-\frac{1}{2T}w^2}dw
\end{aligned}
$$

我们利用配方,注意到:

$$
-\frac{1}{2T}(w-2m-\alpha T)^2=-\frac{(2m-w)^2}{2T}+\alpha w-2\alpha m-\frac{1}{2}\alpha^2 T
$$

$$
-\frac{1}{2T}(w-\alpha T)^2=-\frac{w^2}{2T}+\alpha w-\frac{1}{2}\alpha^2 T
$$

因此:

$$
\widetilde{\mathbb{P}}\{\hat{M}(T)\leqslant m\}=-\frac{e^{2\alpha m}}{\sqrt{2\pi T}}\int_{-\infty}^{m}e^{-\frac{1}{2T}(w-2m-\alpha T)^2}dw+\frac{1}{\sqrt{2\pi T}}\int_{-\infty}^{m}e^{-\frac{1}{2T}(w-\alpha T)^2}dw
$$

在上式右端第一个积分中作变量代换 $y=\frac{w-2m-\alpha T}{\sqrt{T}}$,第二个积分中作变量代换 $y=\frac{w-\alpha T}{\sqrt{T}}$,我们得到:

$$
\begin{aligned}
\widetilde{\mathbb{P}}\{\hat{M}(T)\leqslant m\}&=-\frac{e^{2\alpha m}}{\sqrt{2\pi}}\int_{-\infty}^{\frac{-m-\alpha T}{\sqrt{T}}}e^{-\frac{1}{2}y^2}dy+\frac{1}{\sqrt{2\pi}}\int_{-\infty}^{\frac{m-\alpha T}{\sqrt{T}}}e^{-\frac{1}{2}y^2}dy\\
&=-e^{2\alpha m}N\left(\frac{-m-\alpha T}{\sqrt{T}}\right)+N\left(\frac{m-\alpha T}{\sqrt{T}}\right)
\end{aligned}
$$

这就证明了式(7.2.6)。

为了得到密度公式(7.2.7),我们将式(7.2.6)关于 m 求导数:

$$
\begin{aligned}
&\frac{d}{dm}\widetilde{\mathbb{P}}\{\hat{M}(T)\leqslant m\}\\
&=N'\left(\frac{m-\alpha T}{\sqrt{T}}\right)\left(\frac{1}{\sqrt{T}}\right)-2\alpha e^{2\alpha m}N\left(\frac{-m-\alpha T}{\sqrt{T}}\right)\\
&\quad-e^{2\alpha m}N'\left(\frac{-m-\alpha T}{\sqrt{T}}\right)\left(-\frac{1}{\sqrt{T}}\right)\\
&=\frac{1}{\sqrt{2\pi T}}e^{-\frac{1}{2T}(m-\alpha T)^2}-2\alpha e^{2\alpha m}N\left(\frac{-m-\alpha T}{\sqrt{T}}\right)+\frac{e^{2\alpha m}}{\sqrt{2\pi T}}e^{-\frac{1}{2T}(-m-\alpha T)^2}
\end{aligned}
$$

第三项中的指数

$$2\alpha m-\frac{(-m-\alpha T)^2}{2T}=\frac{4\alpha mT}{2T}-\frac{m^2+2\alpha mT+\alpha^2T^2}{2T}$$
$$=-\frac{m^2-2\alpha mT+\alpha^2T^2}{2T}$$
$$=-\frac{(m-\alpha T)^2}{2T}$$

与第一项中的指数相同。合并第一项和第三项,我们得到式(7.2.7)。 □

7.3 敲出障碍期权

有多种类型的障碍期权。有些当原生资产价格穿过障碍时“敲出”(即变为无价值)。如果原生资产初始价格低于障碍,期权在资产价格上行穿过障碍时敲出,称之为**向上敲出**;如果障碍低于初始资产价格,期权在资产价格下行穿过障碍时敲出,则称之为**向下敲出**。另一些当资产价格穿过障碍时“敲入”(即除非穿过障碍,否则支付为 0)。敲入期权也分为两类:**向上敲入**和**向下敲入**。障碍期权在到期日的支付通常为看跌或者看涨期权支付。更复杂的障碍期权不仅要求资产价格穿过障碍,而且要求穿过障碍后停留一段时间才能敲入或者敲出。

这一节中,我们讨论几何布朗运动上的向上敲出看涨期权。我们的推导方法同样适用于向上敲入、向下敲出以及向下敲入的看跌和看涨期权。

7.3.1 *向上敲出看涨期权*

我们的原生风险资产价格服从几何布朗运动

$$dS(t)=rS(t)dt+\sigma S(t)d\widetilde{W}(t)$$

其中 $\widetilde{W}(t),0\leqslant t\leqslant T$ 是风险中性测度 $\widetilde{\mathbb{P}}$ 下的布朗运动。考虑在时刻 T 到期,具有敲定价格 K 和向上敲出障碍 B 的欧式看涨期权。假定 $K<B$;否则,期权必须敲出才可能实值,从而支付只能为 0。资产价格随机微分方程的解为:

$$S(t)=S(0)e^{\sigma\widetilde{W}(t)+(r-\frac{1}{2}\sigma^2)t}=S(0)e^{\sigma\widehat{W}(t)} \tag{7.3.1}$$

其中 $\widehat{W}(t)=\alpha t+\widetilde{W}(t)$,以及

$$\alpha=\frac{1}{\sigma}(r-\frac{1}{2}\sigma^2)$$

我们定义 $\widehat{M}(T)=\max\limits_{0\leqslant t\leqslant T}\widehat{W}(t)$,于是:

$$\max_{0\leqslant t\leqslant T}S(t)=S(0)e^{\sigma\widehat{M}(T)}$$

期权敲出当且仅当 $S(0)e^{\sigma\widehat{M}(T)}>B$;如果 $S(0)e^{\sigma\widehat{M}(T)}\leqslant B$,则期权支付为:

$$(S(T)-K)^{+}=(S(0)e^{\sigma\hat{W}(T)}-K)^{+}$$

换言之,期权的支付为:

$$\begin{aligned}V(T)&=(S(0)e^{\sigma\hat{W}(T)}-K)^{+}\mathbb{I}_{\{S(0)e^{\sigma\hat{M}(T)}\leqslant B\}}\\&=(S(0)e^{\sigma\hat{W}(T)}-K)\mathbb{I}_{\{S(0)e^{\sigma\hat{W}(T)}\geqslant K,S(0)e^{\sigma\hat{M}(T)}\leqslant B\}}\\&=(S(0)e^{\sigma\hat{W}(T)}-K)\mathbb{I}_{\{\hat{W}(T)\geqslant k,\hat{M}(T)\leqslant b\}}\end{aligned}\tag{7.3.2}$$

其中:

$$k=\frac{1}{\sigma}\log\frac{K}{S(0)},b=\frac{1}{\sigma}\log\frac{B}{S(0)}\tag{7.3.3}$$

7.3.2 *布莱克—斯科尔斯—默顿方程*

向上敲出看涨期权的价格满足针对障碍有所修改的布莱克—斯科尔斯—默顿方程。可以通过求解方程得到定价。对于这里的特殊情形则不必如此,因为我们有解析定价公式(见 7.3.3)。然而,我们还是给出方程及其推导,因为这里的方法适用于不存在解析解的情形。

定理 7.3.1 设向上敲出看涨期权在时刻 t 之前未曾敲出,$S(t)=x$,用 $v(t,x)$ 表示向上敲出看涨期权在时刻 t 的价格。则 $v(t,x)$ 在矩形区域$\{(t,x);0\leqslant t<T,0\leqslant x\leqslant B\}$中满足布莱克—斯科尔斯—默顿偏微分方程

$$v_t(t,x)+rxv_x(t,x)+\frac{1}{2}\sigma^2x^2v_{xx}(t,x)=rv(t,x)\tag{7.3.4}$$

并且满足边界条件

$$v(t,0)=0,\quad 0\leqslant t\leqslant T\tag{7.3.5}$$

$$v(t,B)=0,\quad 0\leqslant t<T\tag{7.3.6}$$

$$v(T,x)=(x-K)^{+},\quad 0\leqslant x\leqslant B\tag{7.3.7}$$

下边界条件(7.3.5)来自通常的布莱克—斯科尔斯—默顿框架:如果资产价格从 0 开始,则资产价格恒为 0 并且期权到期为虚值。上边界条件来自这一事实:几何布朗运动 $S(t)$一旦触及水平 B,立刻上行穿过 B。事实上,由于具有非零二次变差,资产价格 $S(t)$振荡很厉害,在触及水平 B 的瞬间就在 B 的上下穿越无穷多次。当资产价格触及 B 时,期权价格为 0,因为期权即将敲出。唯一的例外是:如果水平 B 在到期时刻 T 首次被触及,则期权来不及被敲出。在此情形,期权价格由终端条件(7.3.7)给出。特别是,函数$v(t,x)$在其定义域的角点($t=T$ 且 $x=B$)处不连续。在矩形$\{(t,x);0\leqslant t\leqslant T,0\leqslant x\leqslant B\}$的其他点,函数 $v(t,x)$均连续。

习题 7.8 中将从下一小节中给出的解析公式(7.3.20)出发,通过直接计算,验证布莱克—斯科尔斯—默顿方程。这里,我们推导偏微分方程(7.3.4)所采用的是前面给出的较简单并且更一般适用的方法:(1)寻找鞅;(2)取微分;(3)令 dt 项等

于 0。

我们从初始资产价格 $S(0)\in(0,B)$ 出发。由式(7.3.2)定义期权支付。在初始时刻与到期时刻之间的任何时刻 t,期权价格由以下风险中性定价公式给出:

$$V(t)=\widetilde{\mathbb{E}}[e^{-r(T-t)}V(T)\mid F(t)],\quad 0\leqslant t\leqslant T \tag{7.3.8}$$

通常的累次条件期望论证[例如式(5.3.3)]表明:

$$e^{-rt}V(t)=\widetilde{\mathbb{E}}[e^{-rT}V(T)\mid F(t)],\quad 0\leqslant t\leqslant T \tag{7.3.9}$$

是鞅。我们希望如同例 6.4.4 中那样,能够利用马尔可夫性质得到:$V(t)=v(t,S(t))$,其中 $v(t,x)$ 是定理 7.3.1 中的函数。然而,此式并非对所有 t 的值沿所有路径成立。回顾一下,$v(t,S(t))$ 是在时刻 t 之前期权未曾敲出假定下期权的价值,而 $V(t)$ 则是没有任何假定的期权的价值。尤其是,如果原生资产价格上升超出障碍 B,然后在时刻 t 回落至障碍以下,则 $V(t)$ 的值将为 0,因为期权已经敲出;但是 $v(t,S(t))$ 将严格为正,因为对于所有 $0\leqslant t<T$ 且 $0<x<B$,由式(7.3.20)给出的 $v(t,x)$ 严格为正。过程 $V(t)$ 是路径依赖的并且记住了期权已经敲出。过程 $v(t,S(t))$ 则非路径依赖,如果 $S(t)<B$,在期权未曾敲出的假定下它可以给出期权的价值,**即使假定不正确**,它仍给出同样的值。

为了克服这一困扰,我们定义 ρ 为资产价格首次触及障碍 B 的时刻。换言之,以路径依赖的方式选取 ρ,使得对于 $0\leqslant t<\rho$,$S(t)<B$ 且 $S(\rho)=B$。由于资产价格在触及障碍后的瞬间几乎必然会超出障碍,我们可以将 ρ 视为期权的敲出时刻。如果直到期权到期,资产价格达不到障碍,则令 $\rho=\infty$。如果资产价格在时刻 T 触及障碍,则 $\rho=T$,然而敲出不会发生,因为资产价格来不及超出障碍。不过,资产价格在时刻 T 触及障碍的概率为 0,故这一例外情形无关紧要。

随机变量 ρ 是一个**停时**,因为其值的选取基于截至时刻 ρ 的资产价格路径。二叉树模型中的停时,见第一卷定义 4.3.1. 可选抽样定理(第一卷中定理 4.3.2)断言:将鞅停止于停时,得到的仍是一个鞅。这在连续时间情形仍然成立。尤其是,过程

$$e^{-r(t\wedge\rho)}V(t\wedge\rho)=\begin{cases}e^{-rt}V(t), & 0\leqslant t\leqslant\rho\\ e^{-r\rho}V(\rho), & \rho<t\leqslant T\end{cases} \tag{7.3.10}$$

是一个 $\widetilde{\mathbb{P}}$-鞅。对于 ρ 之前的时刻 t,这就是鞅 $e^{-rt}V(t)$。一旦达到 ρ,尽管时间仍在继续,但是过程的值却冻结在 $e^{-r\rho}V(\rho)$。一个没有变动的过程是一个平凡的鞅。在决定停止过程时,如果 ρ 是"超前"的,则会破坏鞅性质。如果当过程将要上行时将其停止,而在将要下行时让其继续,这样的停止过程将具有下降的趋势。只要在时刻 ρ 作出的停止决定只是基于截至当前时刻的路径,那么在时刻 ρ 停止一个鞅将使鞅性质得以保持。

引理 7.3.2 我们有:

$$V(t)=v(t,S(t)),\quad 0\leqslant t\leqslant\rho \tag{7.3.11}$$

特别地,截至时刻 ρ,$e^{-rt}v(t,S(t))$ 是一个 $\widetilde{\mathbb{P}}$-鞅,或者换一种说法,停止过程

$$e^{-r(t\wedge\rho)}v(t\wedge\rho,S(t\wedge\rho)),\quad 0\leqslant t\leqslant T \tag{7.3.12}$$

在$\widetilde{\mathbb{P}}$下是一个鞅。

【证明概要】 由于$v(t,S(t))$是向上敲出看涨期权在时刻t之前未曾敲出假定下的价值,而当$t\leqslant\rho$时,这一假定正确,故当$t\leqslant\rho$时我们有式(7.3.11)。而由式(7.3.11)可知:过程式(7.3.12)就是$\widetilde{\mathbb{P}}$-鞅(7.3.10)。 □

【定理7.3.1的证明】 我们计算微分

$$\begin{aligned}d(e^{-rt}v(t,S(t)))&=e^{-rt}[-rv(t,S(t))dt+v_t(t,S(t))dt+v_x(t,S(t))dS(t)\\&\quad+\frac{1}{2}v_{xx}(t,S(t))dS(t)dS(t)]\\&=e^{-rt}[-rv(t,S(t))+v_t(t,S(t))+rS(t)v_x(t,S(t))\\&\quad+\frac{1}{2}\sigma^2S^2(t)v_{xx}(t,S(t))]dt\\&\quad+e^{-rt}\sigma S(t)v_x(t,S(t))d\widetilde{W}(t)\end{aligned} \tag{7.3.13}$$

对于$0\leqslant t\leqslant\rho$(即期权敲出之前),上式中$dt$项必为0。由于在期权敲出之前,$(t,S(t))$可以达到矩形$\{(t,x);0\leqslant t<T,0\leqslant x\leqslant B\}$中的任意点,因此,布莱克—斯科尔斯—默顿方程(7.3.4)对任何$t\in[0,T)$和$x\in[0,B]$成立。 □

注7.3.3 由定理7.3.1及其证明,至少在理论上我们知道如何构造对冲。在式(7.3.13)中令dt项等于0,我们得到:

$$d(e^{-rt}v(t,S(t)))=e^{-rt}\sigma S(t)v_x(t,S(t))d\widetilde{W}(t),\quad 0\leqslant t\leqslant\rho \tag{7.3.14}$$

在时刻t持有原生资产份额为$\Delta(t)$的资产组合的贴现价值过程的微分[见(式5.2.27)]由下式给出:

$$d(e^{-rt}X(t))=e^{-rt}\sigma S(t)\Delta(t)d\widetilde{W}(t)$$

至少在理论上,如果向上敲出看涨期权的空头投资者具有初始资本$X(0)=v(0,S(0))$,则直到期权敲出时刻ρ或者到期时刻T(两者中首先到来的时刻),通常的delta-对冲公式

$$\Delta(t)=v_x(t,S(t)) \tag{7.3.15}$$

将令资产组合价值$X(t)$等同于期权价值$v(t,S(t))$。

在实际中,如果临近期权到期日,期权尚未敲出,而原生资产价格趋近障碍,则delta-对冲难以实现。函数$v(T,x)$在$x=B$是间断的,存在从$B-K$到0的跳跃。对于靠近T的t以及刚好在B下方的x,函数$v(t,x)$趋近一个间断,并且具有绝对值很大的负delta值$v_x(t,x)$和负gamma值$v_{xx}(t,x)$。临近到期日并且靠近障碍时,delta-对冲公式(7.3.15)要求投资者取很大的原生资产空头头寸并进行剧烈的头寸调整(由于绝对值很大的负gamma值)。布莱克—斯科尔斯—默顿模型假设买卖价差为0,这与现在的实际情形不符。delta-对冲公式要求如此之大的交易量,以致买卖价差不可忽视。在向上敲出看涨期权的定价和对冲实务中,通常将障碍水平设置得比B略高些。这样,绝对值很大的delta和gamma值将出现在高于

合约规定的障碍 B 的区域，而在资产价格到达这一区域之前，对冲头寸由于(资产价格触及合约规定的障碍)期权敲出而已经平仓。 □

7.3.3 向上敲出看涨期权价格的计算

到期时刻支付 $V(T)$ 由式(7.3.2)给出的向上敲出看涨期权在时刻 0 的风险中性价格为 $V(0)=\widetilde{\mathbb{E}}[e^{-rT}V(T)]$。我们利用密度公式(7.2.3)进行计算。如果 $k\geqslant 0$，积分区域为 $\{(m,w);k\leqslant w\leqslant m\leqslant b\}$；如果 $k<0$，积分区域为 $\{(m,w);k\leqslant w\leqslant m, 0\leqslant m\leqslant b\}$。两种情形下的积分区域可以被统一描述为 $\{(m,w);k\leqslant w\leqslant b, w^+\leqslant m\leqslant b\}$(见图 7.3.1)。这里，我们假定 $S(0)\leqslant B$，从而 $b>0$(否则的话，积分区域具有零面积，看涨期权的时刻 0 价值为 0，而不是下面计算的积分)。我们还假定 $S(0)>0$，从而 b 和 k 有限。

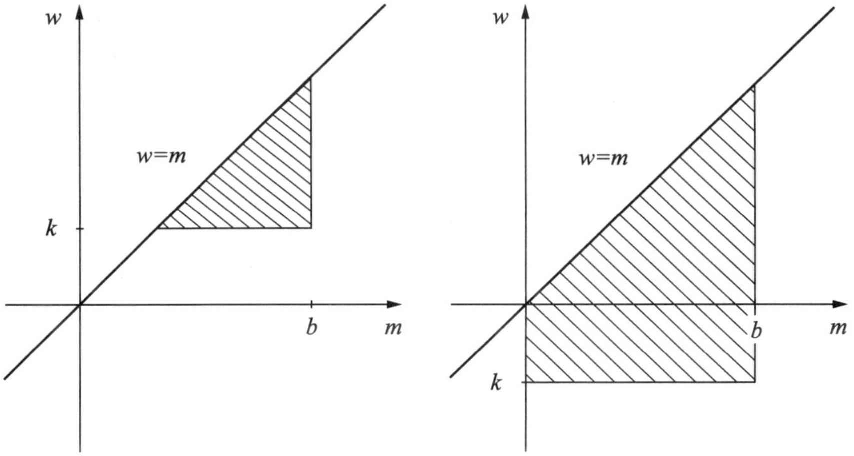

图 7.3.1 $k\geqslant 0$ 以及 $k<0$ 时的积分区域

当 $0<S(0)\leqslant B$ 时，向上敲出看涨期权在时刻 0 的价值为：

$$
\begin{aligned}
V(0) &= \int_k^b\int_{w^+}^b e^{-rT}(S(0)e^{\sigma w}-K)\frac{2(2m-w)}{T\sqrt{2\pi T}}e^{\alpha w-\frac{1}{2}\alpha^2T-\frac{1}{2T}(2m-w)^2}dmdw \\
&= -\int_k^b e^{-rT}(S(0)e^{\sigma w}-K)\frac{1}{\sqrt{2\pi T}}e^{\alpha w-\frac{1}{2}\alpha^2T-\frac{1}{2T}(2m-w)^2}\Bigg|_{m=w^+}^{m=b}dw \\
&= \frac{1}{\sqrt{2\pi T}}\int_k^b(S(0)e^{\sigma w}-K)e^{-rT+\alpha w-\frac{1}{2}\alpha^2T-\frac{1}{2T}w^2}dw \\
&\quad -\frac{1}{\sqrt{2\pi T}}\int_k^b(S(0)e^{\sigma w}-K)e^{-rT+\alpha w-\frac{1}{2}\alpha^2T-\frac{1}{2T}(2b-w)^2}dw \\
&= S(0)I_1-KI_2-S(0)I_3+KI_4
\end{aligned}
$$

其中：

$$I_1=\frac{1}{\sqrt{2\pi T}}\int_k^b e^{\sigma w-rT+\alpha w-\frac{1}{2}\alpha^2T-\frac{1}{2T}w^2}dw$$

$$I_2=\frac{1}{\sqrt{2\pi T}}\int_k^b e^{-rT+\alpha w-\frac{1}{2}\alpha^2T-\frac{1}{2T}w^2}dw$$

$$I_3=\frac{1}{\sqrt{2\pi T}}\int_k^b e^{\sigma w-rT+\alpha w-\frac{1}{2}\alpha^2T-\frac{1}{2T}(2b-w)^2}dw$$
$$=\frac{1}{\sqrt{2\pi T}}\int_k^b e^{\sigma w-rT+\alpha w-\frac{1}{2}\alpha^2T-\frac{2}{T}b^2+\frac{2}{T}bw-\frac{1}{2T}w^2}dw$$
$$I_4=\frac{1}{\sqrt{2\pi T}}\int_k^b e^{-rT+\alpha w-\frac{1}{2}\alpha^2T-\frac{1}{2T}(2b-w)^2}dw$$
$$=\frac{1}{\sqrt{2\pi T}}\int_k^b e^{-rT+\alpha w-\frac{1}{2}\alpha^2T-\frac{2}{T}b^2+\frac{2}{T}bw-\frac{1}{2T}w^2}dw$$

这些积分中的每一个都形如

$$\frac{1}{\sqrt{2\pi T}}\int_k^b e^{\beta+\gamma w-\frac{1}{2T}w^2}dw=\frac{1}{\sqrt{2\pi T}}\int_k^b e^{-\frac{1}{2T}(w-\gamma T)^2+\frac{1}{2}\gamma^2T+\beta}dw$$
$$=e^{\frac{1}{2}\gamma^2T+\beta}\frac{1}{\sqrt{2\pi}}\int_{\frac{1}{\sqrt{T}}(k-\gamma T)}^{\frac{1}{\sqrt{T}}(b-\gamma T)}e^{-\frac{1}{2}y^2}dy \qquad (7.3.16)$$

其中已经作了积分变量代换 $y=\frac{w-\gamma T}{\sqrt{T}}$。利用标准正态累积分布性质 $N(z)=1-N(-z)$以及式(7.3.3),我们继续有:

$$\frac{1}{\sqrt{2\pi T}}\int_k^b e^{\beta+\gamma w-\frac{w^2}{2T}}dw=e^{\frac{1}{2}\gamma^2T+\beta}\left[N\left(\frac{b-\gamma T}{\sqrt{T}}\right)-N\left(\frac{k-\gamma T}{\sqrt{T}}\right)\right]$$
$$=e^{\frac{1}{2}\gamma^2T+\beta}\left[N\left(\frac{-k+\gamma T}{\sqrt{T}}\right)-N\left(\frac{-b+\gamma T}{\sqrt{T}}\right)\right]$$
$$=e^{\frac{1}{2}\gamma^2T+\beta}\left[N\left(\frac{1}{\sigma\sqrt{T}}\left[\log\frac{S(0)}{K}+\gamma\sigma T\right]\right)\right.$$
$$\left.-N\left(\frac{1}{\sigma\sqrt{T}}\left[\log\frac{S(0)}{B}+\gamma\sigma T\right]\right)\right] \qquad (7.3.17)$$

令:

$$\delta_{\pm}(\tau,s)=\frac{1}{\sigma\sqrt{\tau}}\left[\log s+\left(r\pm\frac{1}{2}\sigma^2\right)\tau\right] \qquad (7.3.18)$$

积分 I_1 形如式(7.3.17),其中 $\beta=-rT-\frac{1}{2}\alpha^2T$,$\gamma=\alpha+\sigma$,于是 $\frac{1}{2}\gamma^2T+\beta=0$,$\gamma\sigma=r+\frac{1}{2}\sigma^2$。因此:

$$I_1=N\left(\delta_+\left(T,\frac{S(0)}{K}\right)\right)-N\left(\delta_+\left(T,\frac{S(0)}{B}\right)\right)$$

积分 I_2 形如式(7.3.17),其中 $\beta=-rT-\frac{1}{2}\alpha^2T$,$\gamma=\alpha$,于是 $\frac{1}{2}\gamma^2T+\beta=-rT$,$\gamma\sigma=r-\frac{1}{2}\sigma^2$。因此:

$$I_2=e^{-rT}\left[N\left(\delta_-\left(T,\frac{S(0)}{K}\right)\right)-N\left(\delta_-\left(T,\frac{S(0)}{B}\right)\right)\right]$$

对于 I_3，我们有 $\beta=-rT-\frac{1}{2}\alpha^2T-\frac{2b^2}{T}$，$\gamma=\alpha+\sigma+\frac{2b}{T}$，则：

$$\frac{1}{2}\gamma^2T+\beta=\log\left(\frac{S(0)}{B}\right)^{-\frac{2r}{\sigma^2}-1}$$

$$\gamma\sigma T=\left(r+\frac{1}{2}\sigma^2\right)T+\log\left(\frac{B}{S(0)}\right)^2$$

因此：

$$I_3=\left(\frac{S(0)}{B}\right)^{-\frac{2r}{\sigma^2}-1}\left[N\left(\delta_+\left(T,\frac{B^2}{KS(0)}\right)\right)-N\left(\delta_+\left(T,\frac{B}{S(0)}\right)\right)\right]$$

最后，对于 I_4，我们有 $\beta=-rT-\frac{1}{2}\alpha^2T-\frac{2b^2}{T}$，$\gamma=\alpha+\frac{2b}{T}$，则：

$$\frac{1}{2}\gamma^2T+\beta=-rT+\log\left(\frac{S(0)}{B}\right)^{-\frac{2r}{\sigma^2}+1}$$

$$\gamma\sigma T=\left(r-\frac{1}{2}\sigma^2\right)T+\log\left(\frac{B}{S(0)}\right)^2$$

因此：

$$I_4=e^{-rT}\left(\frac{S(0)}{B}\right)^{-\frac{2r}{\sigma^2}+1}\left[N\left(\delta_-\left(T,\frac{B^2}{KS(0)}\right)\right)-N\left(\delta_-\left(T,\frac{B}{S(0)}\right)\right)\right]$$

综上，在 $0<S(0)\leqslant B$ 的假定下，我们有向上敲出看涨期权定价公式：

$$\begin{aligned}V(0)=&S(0)\left[N\left(\delta_+\left(T,\frac{S(0)}{K}\right)\right)-N\left(\delta_+\left(T,\frac{S(0)}{B}\right)\right)\right]\\&-e^{-rT}K\left[N\left(\delta_-\left(T,\frac{S(0)}{K}\right)\right)-N\left(\delta_-\left(T,\frac{S(0)}{B}\right)\right)\right]\\&-B\left(\frac{S(0)}{B}\right)^{-\frac{2r}{\sigma^2}}\left[N\left(\delta_+\left(T,\frac{B^2}{KS(0)}\right)\right)-N\left(\delta_+\left(T,\frac{B}{S(0)}\right)\right)\right]\\&+e^{-rt}K\left(\frac{S(0)}{B}\right)^{-\frac{2r}{\sigma^2}+1}\left[N\left(\delta_-\left(T,\frac{B^2}{KS(0)}\right)\right)-N\left(\delta_-\left(T,\frac{B}{S(0)}\right)\right)\right]\end{aligned}\tag{7.3.19}$$

给定 $t\in[0,T)$，设原生资产在时刻 t 的价格为 $S(t)=x$。如上，我们假定 $0<x\leqslant B$。如果看涨期权在时刻 t 之前未曾敲出，它在时刻 t 的价格可以通过在式(7.3.19)中将 T 替换为离到期日尚余时间 $\tau=T-t$ 并将 $S(0)$ 替换为 x 得到。这就给出向上敲出看涨期权价格作为两个变量 t 和 x 的函数$v(t,x)$：

$$\begin{aligned}v(t,x)=&x\left[N\left(\delta_+\left(\tau,\frac{x}{K}\right)\right)-N\left(\delta_+\left(\tau,\frac{x}{B}\right)\right)\right]\\&-e^{-r\tau}K\left[N\left(\delta_-\left(\tau,\frac{x}{K}\right)\right)-N\left(\delta_-\left(\tau,\frac{x}{B}\right)\right)\right]\end{aligned}$$

$$-B\left(\frac{x}{B}\right)^{-\frac{2r}{\sigma^2}}\left[N\left(\delta_+\left(\tau,\frac{B^2}{Kx}\right)\right)-N\left(\delta_+\left(\tau,\frac{B}{x}\right)\right)\right]$$
$$+e^{-r\tau}K\left(\frac{x}{B}\right)^{-\frac{2r}{\sigma^2}+1}\left[N\left(\delta_-\left(\tau,\frac{B^2}{Kx}\right)\right)-N\left(\delta_-\left(\tau,\frac{B}{x}\right)\right)\right],$$
$$0\leqslant t<T,0<x\leqslant B \tag{7.3.20}$$

公式(7.3.20)是在 $\tau>0$(即 $t<T$)和 $0<x\leqslant B$ 的假定下推得。对于 $0\leqslant t\leqslant T$ 且 $x>B$,我们有 $v(t,x)=0$,因为期权当资产价格超出障碍 B 时敲出。事实上,如果资产价格在期权到期之前触及障碍,则在之后瞬间几乎必然超出障碍,于是 $v(t,B)=0,0\leqslant t<T$。然而,$v(T,B)=B-K$。我们还有 $v(t,0)=0$,因为从 0 出发的几何布朗运动恒为 0,从而看涨期权到期为虚值。最后,如果期权在到期之前未曾敲出,则其支付等于欧式看涨期权的支付(即 $v(T,x)=(x-K)^+$)。综上所述,$v(t,x)$满足边界条件(7.3.5)~(7.3.7)。公式(7.3.6)可以在式(7.3.20)中令 $x=B$得到,但是对于 $x>B$,式(7.3.20)的右端并不等于 $v(t,x)=0$。公式(7.3.20)是在 $0<x\leqslant B$ 的假定下推得,当 $x>B$ 时,它不正确。公式(7.3.5)和(7.3.7)不能在式(7.3.20)中令 $x=0$ 和 $t=T(\tau=0)$得到,因为这将导致分母为 0,但是可以证明:令$x\downarrow 0$以及$\tau\downarrow 0$ 取极限,式(7.3.20)将会给出这些公式;见习题 7.2。

7.4 回望期权

若支付基于期权到期之前原生资产价格在某个时间区间上的最大值,这样的期权被称为**回望期权**。这一节中,我们定价**浮动敲定价格回望期权**。该期权的支付为初始时刻与到期时刻之间资产价格的最大值减去到期时刻资产价格的差。关于该期权的讨论引进了一个新的微分,它既非 dt 也非 $d\widetilde{W}(t)$。

7.4.1 *浮动敲定价格的回望期权*

我们首先考虑几何布朗运动资产价格,它可以如同式(7.3.1)被写成:

$$S(t)=S(0)e^{\sigma\hat{W}(t)} \tag{7.4.1}$$

这里如同 7.3.1 小节,$\hat{W}(t)=\alpha t+\widetilde{W}(t)$并且

$$\alpha=\frac{1}{\sigma}\left(r-\frac{1}{2}\sigma^2\right)$$

记

$$\hat{M}(t)=\max_{0\leqslant u\leqslant t}\hat{W}(u),\quad 0\leqslant t\leqslant T \tag{7.4.2}$$

我们可以将截至时刻 t 资产价格的最大值写成:

$$Y(t)=\max_{0\leqslant u\leqslant t}S(u)=S(0)e^{\sigma\hat{M}(t)} \tag{7.4.3}$$

这一节所考虑的回望期权在到期时刻 T 的支付为:

$$V(T)=Y(T)-S(T) \tag{7.4.4}$$

该支付非负,因为 $Y(T)\geqslant S(T)$。

给定 $t\in[0,T]$。在时刻 t,回望期权的风险中性价格为:

$$V(t)=\widetilde{\mathbb{E}}[e^{-r(T-t)}(Y(T)-S(T))\mid\mathcal{F}(t)] \tag{7.4.5}$$

由于随机过程序偶 $(S(t),Y(t))$ 具有 Markov 性质(见习题 7.3),故必存在函数 $v(t,x,y)$,使得:

$$V(t)=v(t,S(t),Y(t))$$

在 7.4.2 小节中,我们通过布莱克—斯科尔斯—默顿方程刻划这一函数。在 7.4.4 小节中,我们给出显式计算。

7.4.2 布莱克—斯科尔斯—默顿方程

定理 7.4.1 设 $v(t,x,y)$ 表示在 $S(t)=x$ 和 $Y(t)=y$ 的假定下浮动敲定价格回望期权在时刻 t 的价格。则 $v(t,x,y)$ 在矩形区域 $\{(t,x,y);0\leqslant t<T,0\leqslant x\leqslant y\}$ 中满足布莱克—斯科尔斯—默顿偏微分方程

$$v_t(t,x,y)+rxv_x(t,x,y)+\frac{1}{2}\sigma^2x^2v_{xx}(t,x,y)=rv(t,x,y) \tag{7.4.6}$$

并且满足边界条件

$$v(t,0,y)=e^{-r(T-t)}y,\quad 0\leqslant t\leqslant T,y\geqslant 0 \tag{7.4.7}$$

$$v_y(t,y,y)=0,\quad 0\leqslant t\leqslant T,y>0 \tag{7.4.8}$$

$$v(T,x,y)=y-x,\quad 0\leqslant x\leqslant y \tag{7.4.9}$$

由累次条件期望,可知 $e^{-rt}V(t)=e^{-rt}v(t,S(t),Y(t))$[其中 $V(t)$ 由式(7.4.5)给出]在 $\widetilde{\mathbb{P}}$ 下是鞅。计算其微分并且令 dt 项等于 0,便得到式(7.4.6)。在计算过程中,将出现 $dY(t)$ 项。这项与 $dS(t)$ 项不同,$S(t)$ 具有非零二次变差,而 $Y(t)$ 具有零二次变差。这是因为 $Y(t)$ 连续并且关于 t 非减。设 $0=t_0<t_1<\cdots<t_m=T$ 是 $[0,T]$ 的一个分划,则:

$$\begin{aligned}&\sum_{j=1}^{m}(Y(t_j)-Y(t_{j-1}))^2\\&\quad\leqslant\max_{j=1,\cdots,m}(Y(t_j)-Y(t_{j-1}))\sum_{j=1}^{m}(Y(t_j)-Y(t_{j-1}))\\&\quad=\max_{j=1,\cdots,m}(Y(t_j)-Y(t_{j-1}))\cdot(Y(T)-Y(0))\end{aligned} \tag{7.4.10}$$

由于 $Y(t)$ 连续,当 $\max_{j=1,\cdots,m}(t_j-t_{j-1})$ 趋于 0 时,$\max_{j=1,\cdots,m}(Y(t_j)-Y(t_{j-1}))$ 的极限为 0。因此,$Y(t)$ 在 $[0,T]$ 上累积的二次变差为 0,我们将这一事实记为:

$$dY(t)dY(t)=0 \tag{7.4.11}$$

上述论证中利用了 $Y(t_j)-Y(t_{j-1})$ 非负这一事实,从而在式(7.4.10)中这些项不必取绝对值。这一论证表明:在任何区间上,连续非减函数累积的二次变差为 0。

另一方面,$dY(t)$ 不是 dt 项:不存在过程 $\Theta(t)$,使得 $dY(t)=\Theta(t)dt$。换言之,

我们不能将 $Y(t)$ 写成:

$$Y(t) = Y(0) + \int_0^t \Theta(u)du \tag{7.4.12}$$

如果有如上表示,则对 $Y(t)$ 的"平坦部分",即 $S(t)$ 位于其迄今最大值下方的部分(见图 7.4.1)中的 u,$\Theta(u)$ 为 0。由图 7.4.1,似乎存在使得 $Y(t)$ 严格递增的时间区间,而事实上这样的区间并不存在。在这样的区间上,$S(t)$ 必定严格递增,从而 $S(t)$ 在此区间上累积的二次变差为 0(见上段论证),但这不可能发生,因为对所有 t,$dS(t)dS(t) = \sigma S^2(t)dt$ 严格为正。于是,在任何时间区间$[0,T]$上,$Y(t)$ 的"平坦部分"的长度之和都等于 T。因此,如果式(7.4.12)成立,则 $\Theta(u) = 0$ 在$[0,T]$上(勒贝格)几乎处处为真。这将导致 $Y(t) = Y(0)$,$0 \leqslant t \leqslant T$。但事实上,对所有 $t > 0$,$Y(t) > Y(0)$。我们的结论是:$Y(t)$ 不能被表示为式(7.4.12)的形式,$dY(t)$ 不是 dt 项。

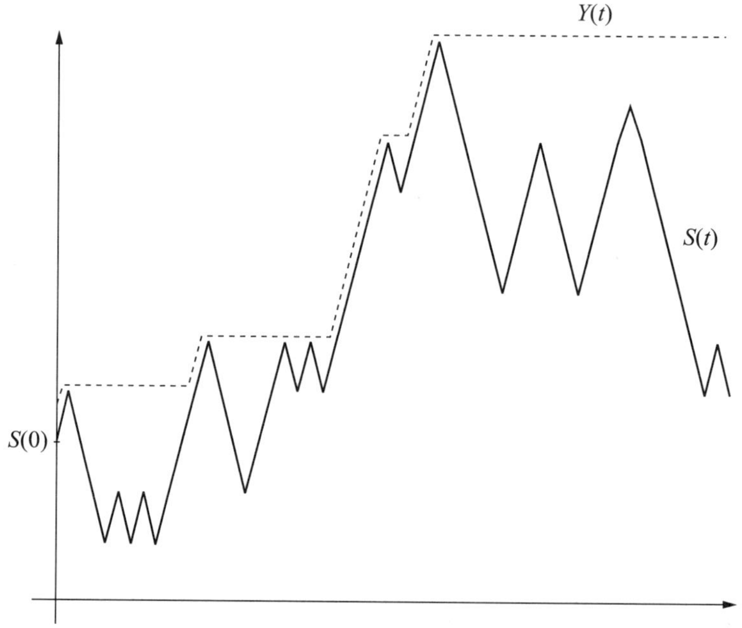

图 7.4.1 几何布朗运动及其迄今最大值

$Y(t)$ 的路径随时间递增,但它仅在勒贝格测度为 0 的时点集合上严格递增。每一个时间区间$[0,T]$包含长度总和为 T 的一系列子区间,在这些子区间上,$Y(t)$ 是常数。具体的子区间与路径有关,但不论路径如何,这些子区间的长度之和总是 T。在附录 A 中描述了类似的情形,在那里 $T = 1$,所有子区间的并集是康托尔集的余集。在那里还证明了:尽管所有子区间长度之和为 1,仍有不可数无穷多个点不在这些子区间中。附录 A 中描述的函数 $F(x)$ 是递增的,但是仅在康托尔集上严格递增。而且,$F(x)$ 是连续的。这类函数被称为**奇异连续**。

幸好,我们能够处理 $Y(t)$ 的微分。我们已证明了:$dY(t)dY(t) = 0$。类似地,我们有:

$$dY(t)dS(t) = 0 \tag{7.4.13}$$

(见习题 7.4)。以下我们来证明定理 7.4.1。

【定理 7.4.1 的证明】 我们利用伊藤—德布林公式以及式(7.4.11) 和式(7.4.13) 计算贴 $e^{-rt}v(t,S(t),Y(t))$ 的微分,得到:

$$
\begin{aligned}
& d(e^{-rt}v(t,S(t),Y(t))) \\
= & e^{-rt}[-rv(t,S(t),Y(t))dt + v_t(t,S(t),Y(t))dt \\
& + v_x(t,S(t),Y(t))dS(t) + \frac{1}{2}v_{xx}(t,S(t),Y(t))dS(t)dS(t) \\
& + v_y(t,S(t),Y(t))dY(t)] \\
= & e^{-rt}[-rv(t,S(t),Y(t)) + v_t(t,S(t),Y(t)) + rS(t)v_x(t,S(t)Y(t)) \\
& + \frac{1}{2}\sigma^2 S^2(t)v_{xx}(t,S(t),Y(t))]dt + e^{-rt}\sigma S(t)v_x(t,S(t),Y(t))d\widetilde{W}(t) \\
& + e^{-rt}v_y(t,S(t),Y(t))dY(t)
\end{aligned} \tag{7.4.14}
$$

令上式中的 dt 项为0,就得到布莱克—斯科尔斯—默顿方程(7.4.6)。这里新的特点是 $e^{-rt}v_y(t,S(t),Y(t))dY(t)$ 项也必须为 0。它无法通过 dt 项和 $d\widetilde{W}(t)$ 项被消去,因为它与这两项根本不同。在 $Y(t)$ 的"平坦部分"[即当 $S(t)<Y(t)$],$dY(t)$ 项自然为 0。然而,在 $Y(t)$ 递增的时刻,即当 $S(t)=Y(t)$,由于 $dY(t)$ 是"正的",故必有 $e^{-rt}v_y(t,S(t),Y(t))$ 为 0。这就给出边界条件(7.4.8)。

边界条件(7.4.9) 是期权的支付。在任何时刻 t,如果 $S(t)=0$,则必有 $S(T)=0$,并且在$[t,T]$ 上 Y 是常数;如果 $Y(t)=y$,则 $Y(T)=y$,并且期权在时刻 t 的价格是 y 从 T 回到 t 的贴现值。这就给出边界条件(7.4.7)。 □

注 7.4.2 定理 7.4.1 的证明中给出

$$d(e^{-rt}v(t,S(t),Y(t))) = e^{-rt}\sigma S(t)v_x(t,S(t),Y(t))d\widetilde{W}(t)$$

如同注 7.3.3,由此可推得 delta- 对冲公式(7.4.15) 成立。与注 7.3.3 中的情形不同的是,这里的函数 $v(t,x,y)$ 是连续的,不存在 delta 和 gamma 的绝对值很大的问题。 □

7.4.3 降 维

浮动敲定价格的回望期权的价格具有线性比例缩放性质:

$$v(t,\lambda x,\lambda y) = \lambda v(t,x,y), \quad \forall \lambda > 0 \tag{7.4.15}$$

这是因为在到期之前时刻 t,$S(t)$ 和 $Y(t)$ 同时乘以相同的正数将导致到期支付 $Y(T)-S(T)$ 也乘以同一个正数。特别地,如果已知两个变量的函数:

$$u(t,z) = v(t,z,1), \quad 0 \leqslant t \leqslant T, 0 \leqslant z \leqslant 1 \tag{7.4.16}$$

则很容易通过以下公式确定三个变量的函数 $v(t,x,y)$:

$$v(t,x,y) = yv\left(t,\frac{x}{y},1\right) = yu\left(t,\frac{x}{y}\right), \quad 0 \leqslant t \leqslant T, 0 \leqslant x \leqslant y, y > 0 \tag{7.4.17}$$

由式(7.4.17),计算偏导数:

$$v_t(t,x,y) = yu_t\left(t,\frac{x}{y}\right)$$

$$v_x(t,x,y) = yu_z\left(t,\frac{x}{y}\right)\cdot\frac{\partial}{\partial x}\left(\frac{x}{y}\right) = u_z\left(t,\frac{x}{y}\right)$$

$$v_{xx}(t,x,y) = u_{zz}\left(t,\frac{x}{y}\right)\cdot\frac{\partial}{\partial x}\left(\frac{x}{y}\right) = \frac{1}{y}u_{zz}\left(t,\frac{x}{y}\right)$$

$$v_y(t,x,y) = u\left(t,\frac{x}{y}\right) + yu_z\left(t,\frac{x}{y}\right)\frac{\partial}{\partial y}\left(\frac{x}{y}\right) = u\left(t,\frac{x}{y}\right) - \frac{x}{y}u_z\left(t,\frac{x}{y}\right)$$

代入布莱克—斯科尔斯—默顿方程(7.4.6),得到:

$$\begin{aligned}0 &= -rv(t,x,y) + v_t(t,x,y) + rxv_x(t,x,y) + \frac{1}{2}\sigma^2x^2v_{xx}(t,x,y)\\ &= y\left[-ru\left(t,\frac{x}{y}\right) + u_t\left(t,\frac{x}{y}\right) + r\left(\frac{x}{y}\right)u_z\left(t,\frac{x}{y}\right) + \frac{1}{2}\sigma^2\left(\frac{x}{y}\right)^2u_{zz}\left(t,\frac{x}{y}\right)\right]\end{aligned}$$

消去 y,并且作变量代换 $z = \frac{x}{y}$,可知 $u(t,z)$ 满足布莱克—斯科尔斯—默顿方程:

$$u_t(t,z) + rzu_z(t,z) + \frac{1}{2}\sigma^2z^2u_{zz}(t,z) = ru(t,z),\quad 0 \leqslant t < T, 0 < z < 1 \tag{7.4.18}$$

关于 $u(t,z)$ 的边界条件可以由关于 $v(t,x,y)$ 的边界条件(7.4.7) ~ (7.4.9)得到。特别地,由

$$e^{-r(T-t)}y = v(t,0,y) = yu(t,0)$$

可得:

$$u(t,0) = e^{-r(T-t)},\quad 0 \leqslant t \leqslant T \tag{7.4.19}$$

由

$$0 = v_y(t,y,y) = u(t,1) - u_z(t,1)$$

可得:

$$u(t,1) = u_z(t,1),\quad 0 \leqslant t < T \tag{7.4.20}$$

最后,由

$$y - x = v(T,x,y) = yu\left(T,\frac{x}{y}\right)$$

可得:

$$u(T,z) = 1 - z,\quad 0 \leqslant z \leqslant 1 \tag{7.4.21}$$

方程(7.4.18)以及边界条件(7.4.19) ~ (7.4.21)能够唯一确定函数 $u(t,z)$。由此,定理7.4.1中的布莱克—斯科尔斯—默顿方程以及边界条件能够唯一确定函数 $v(t,x,y)$。

7.4.4 回望期权价格的计算

这一小节，我们计算定理7.4.1中的函数$v(t,x,y)$。只需对于$0\leqslant t<T$和$0<x\leqslant y$进行计算，因为对所有t,$Y(t)\geqslant S(t)$，我们不必对于$x>y$计算$v(t,x,y)$的值。习题7.5中将要求读者计算$v(t,x,y)$的偏导数，并且验证函数$v(t,x,y)$满足定理7.4.1中的布莱克—斯科尔斯—默顿方程以及边界条件。

对于$0\leqslant t<T$和$\tau=T-t$，我们注意到：

$$Y(T)=S(0)e^{\sigma\hat{M}(t)}e^{\sigma(\hat{M}(T)-\hat{M}(t))}=Y(t)e^{\sigma(\hat{M}(T)-\hat{M}(t))}$$

如果$\max\limits_{t\leqslant u\leqslant T}\hat{W}(u)>\hat{M}(t)$(即如果$\hat{W}$在$[t,T]$中取得新的最大值)，则：

$$\hat{M}(T)-\hat{M}(t)=\max_{t\leqslant u\leqslant T}\hat{W}(u)-\hat{M}(t)$$

另一方面，如果$\max\limits_{t\leqslant u\leqslant T}\hat{W}(u)\leqslant\hat{M}(t)$，则$\hat{M}(T)=\hat{M}(t)$，从而

$$\hat{M}(T)-\hat{M}(t)=0$$

不论何种情形，我们有：

$$\begin{aligned}\hat{M}(T)-\hat{M}(t)&=[\max_{t\leqslant u\leqslant T}\hat{W}(u)-\hat{M}(t)]^{+}\\&=[\max_{t\leqslant u\leqslant T}(\hat{W}(u)-\hat{W}(t))-(\hat{M}(t)-\hat{W}(t))]^{+}\end{aligned}$$

上式两边同乘以σ，并利用式(7.4.1)和式(7.4.3)，我们得到：

$$\sigma(\hat{M}(T)-\hat{M}(t))=\left[\max_{t\leqslant u\leqslant T}\sigma(\hat{W}(u)-\hat{W}(t))-\log\frac{Y(t)}{S(t)}\right]^{+}\tag{7.4.22}$$

于是，式(7.4.5)中的$V(t)$可以表示为：

$$\begin{aligned}V(t)=e^{-r\tau}\ &\widetilde{\mathbb{E}}\left[Y(t)e^{\left[\max\limits_{t\leqslant u\leqslant T}\sigma(\hat{W}(u)-\hat{W}(t))-\log\frac{Y(t)}{S(t)}\right]^{+}}\mid\mathcal{F}(t)\right]\\&-e^{rt}\ \widetilde{\mathbb{E}}[e^{-rT}S(T)\mid\mathcal{F}(t)]\end{aligned}\tag{7.4.23}$$

由于贴现资产价格在$\widetilde{\mathbb{P}}$下是鞅，式(7.4.23)中的第二项等于$-e^{rt}e^{-rt}S(t)=-S(t)$。对于 第一项，我们可以“提取已知量”[见定理2.3.2(ii)]，得到：

$$e^{-r\tau}Y(t)\ \widetilde{\mathbb{E}}\left[e^{\left[\max\limits_{t\leqslant u\leqslant T}\sigma(\hat{W}(u)-\hat{W}(t))-\log\frac{Y(t)}{S(t)}\right]^{+}}\mid\mathcal{F}(t)\right]\tag{7.4.24}$$

由于$Y(t)$和$S(t)$为$\mathcal{F}(t)$-可测并且$\max\limits_{t\leqslant u\leqslant T}\sigma(\hat{W}(u)-\hat{W}(t))$独立于$\mathcal{F}(t)$，我们可以利用独立性引理(引理2.3.4)将式(7.4.24)中的条件期望写成$g(S(t),Y(t))$，其中：

$$g(x,y)=\widetilde{\mathbb{E}}e^{\left[\max\limits_{t\leqslant u\leqslant T}\sigma(\hat{W}(u)-\hat{W}(t))-\log\frac{y}{x}\right]^{+}}\tag{7.4.25}$$

注意式(7.4.25)中的期望不再是条件期望。综上，我们有：

$$V(t)=e^{-r\tau}Y(t)g(S(t),Y(t))-S(t)$$

或者,等价地:

$$v(t,x,y)=e^{-r\tau}yg(x,y)-x \tag{7.4.26}$$

以下计算函数 $g(x,y)$。由于

$$\max_{t\leqslant u\leqslant T}\sigma(\hat{W}(u)-\hat{W}(t))=\sigma\max_{t\leqslant u\leqslant T}(\hat{W}(u)-\hat{W}(t))$$

和 $\max\limits_{t\leqslant u\leqslant T}(\hat{W}(u)-\hat{W}(t))$ 在 $\widetilde{\mathbb{P}}$ 下具有与 $\max\limits_{0\leqslant u\leqslant \tau}(\hat{W}(u)-\hat{W}(0))=\hat{M}(\tau)$ 相同的无条件分布,故式(7.4.25)中的函数 $g(x,y)$ 可以改写为:

$$\begin{aligned}g(x,y)&=\widetilde{\mathbb{E}}e^{\left[\sigma\hat{M}(\tau)-\log\frac{y}{x}\right]^+}\\&=\widetilde{P}\left\{\hat{M}(\tau)\leqslant\frac{1}{\sigma}\log\frac{y}{x}\right\}+\frac{x}{y}\widetilde{E}\left[e^{\sigma\hat{M}(\tau)}\ \mathbb{I}_{\left\{\hat{M}(\tau)\geqslant\frac{1}{\sigma}\log\frac{y}{x}\right\}}\right]\end{aligned} \tag{7.4.27}$$

我们分别计算式(7.4.27)右端的两项。

为了计算式(7.4.27)右端第一项,我们利用式(7.2.6),其中 T 替换为 τ 并且 m 替换为 $\frac{1}{\sigma}\log\frac{y}{x}$。这时,式(7.2.6)右端两个 N 中的变量分别为:

$$\begin{aligned}\frac{1}{\sqrt{\tau}}\left[\frac{1}{\sigma}\log\frac{y}{x}-\alpha\tau\right]&=\frac{1}{\sigma\sqrt{\tau}}\left[\log\frac{y}{x}-\left(r-\frac{1}{2}\sigma^2\right)\tau\right]\\&=-\frac{1}{\sigma\sqrt{\tau}}\left[\log\frac{x}{y}+\left(r-\frac{1}{2}\sigma^2\right)\tau\right]\\&=-\delta_-\left(\tau,\frac{x}{y}\right)\end{aligned}$$

$$\begin{aligned}\frac{1}{\sqrt{\tau}}\left[-\frac{1}{\sigma}\log\frac{y}{x}-\alpha\tau\right]&=\frac{1}{\sigma\sqrt{\tau}}\left[-\log\frac{y}{x}-\left(r-\frac{1}{2}\sigma^2\right)\tau\right]\\&=-\delta_-\left(\tau,\frac{y}{x}\right)\end{aligned}$$

其中 $\delta_\pm(\tau,s)$ 由式(7.3.18)定义。式(7.2.6)右端的 $e^{2\alpha m}$ 成为:

$$e^{\frac{2\alpha}{\sigma}\log\frac{y}{x}}=e^{\left(\frac{2r}{\sigma^2}-1\right)\log\frac{y}{x}}=\left(\frac{y}{x}\right)^{\frac{2r}{\sigma^2}-1}$$

由式(7.2.6)可得:

$$\widetilde{\mathbb{P}}\left\{\hat{M}(\tau)\leqslant\frac{1}{\sigma}\log\frac{y}{x}\right\}=N\left(-\delta_-\left(\tau,\frac{x}{y}\right)\right)-\left(\frac{y}{x}\right)^{\frac{2r}{\sigma^2}-1}N\left(-\delta_-\left(\tau,\frac{y}{x}\right)\right) \tag{7.4.28}$$

式(7.4.27)右端的第二项可以利用式(7.2.7)(其中以 τ 替换 T)给出的 $\hat{M}(\tau)$ 在 $\widetilde{\mathbb{P}}$ 下的密度函数计算。事实上:

$$\frac{x}{y}\widetilde{\mathbb{E}}[e^{\sigma\hat{M}(\tau)}\mathbb{I}_{\{M(\tau)\geqslant\frac{1}{\sigma}\log\frac{y}{x}\}}]=\frac{x}{y}\int_{\frac{1}{\sigma}\log\frac{y}{x}}^{\infty}e^{\sigma m}\widetilde{f}_{\hat{M}(\tau)}(m)dm$$
$$=\frac{x}{y}\int_{\frac{1}{\sigma}\log\frac{y}{x}}^{\infty}\frac{2}{\sqrt{2\pi\tau}}e^{\sigma m-\frac{1}{2\tau}(m-\alpha\tau)^2}dm$$
$$-\frac{x}{y}\int_{\frac{1}{\sigma}\log\frac{y}{x}}^{\infty}2\alpha e^{(\sigma+2\alpha)m}N\left(\frac{-m-\alpha\tau}{\sqrt{\tau}}\right)dm \qquad (7.4.29)$$

先计算式(7.4.29)右端第一个积分。由于

$$r\tau-\frac{1}{2\tau}(m-\alpha\tau-\sigma\tau)^2$$
$$=r\tau-\frac{1}{2\tau}(m-\alpha\tau)^2+\sigma(m-\alpha\tau)-\frac{1}{2}\sigma^2\tau$$
$$=r\tau-\frac{1}{2\tau}(m-\alpha\tau)^2+\sigma m-\left(r-\frac{1}{2}\sigma^2\right)\tau-\frac{1}{2}\sigma^2\tau$$
$$=\sigma m-\frac{1}{2\tau}(m-\alpha\tau)^2$$

我们可将式(7.4.29)右端第一项改写为：

$$\frac{x}{y}\int_{\frac{1}{\sigma}\log\frac{y}{x}}^{\infty}\frac{2}{\sqrt{2\pi\tau}}e^{\sigma m-\frac{1}{2\tau}(m-\alpha\tau)^2}dm$$
$$=\frac{2xe^{r\tau}}{y\sqrt{2\pi\tau}}\int_{\frac{1}{\sigma}\log\frac{y}{x}}^{\infty}e^{-\frac{1}{2\tau}(m-\alpha\tau-\sigma\tau)^2}dm \qquad (7.4.30)$$

取变量代换 $\xi=\frac{\alpha\tau+\sigma\tau-m}{\sqrt{\tau}}$，积分下限 $\frac{1}{\sigma}\log\frac{y}{x}$ 成为：

$$\frac{1}{\sqrt{\tau}}\left(\alpha\tau+\sigma\tau-\frac{1}{\sigma}\log\frac{y}{x}\right)=\frac{1}{\sigma\sqrt{\tau}}\left(\log\frac{x}{y}+r\tau+\frac{1}{2}\sigma^2\tau\right)=\delta_+\left(\tau,\frac{x}{y}\right)$$

在式(7.4.30)右端的积分中作此变量代换，我们得到关于式(7.4.29)右端第一项的公式

$$\frac{x}{y}\int_{\frac{1}{\sigma}\log\frac{y}{x}}^{\infty}\frac{2}{\sqrt{2\pi\tau}}e^{\sigma m-\frac{1}{2\tau}(m-\alpha\tau)^2}dm=\frac{2xe^{r\tau}}{y\sqrt{2\pi}}\int_{-\infty}^{\delta_+\left(\tau,\frac{x}{y}\right)}e^{-\frac{1}{2}\xi^2}d\xi$$
$$=\frac{2xe^{r\tau}}{y}N\left(\delta_+\left(\tau,\frac{x}{y}\right)\right) \qquad (7.4.31)$$

式(7.4.29)右端第二项的计算需要在图 7.4.2 所示区域上的积分中交换积分次序。由于 $\sigma+2\alpha=\frac{2r}{\sigma}$，这一项可以写为：

$$-\frac{x}{y}\int_{\frac{1}{\sigma}\log\frac{y}{x}}^{\infty}2\alpha e^{(\sigma+2\alpha)m}N\left(\frac{-m-\alpha\tau}{\sqrt{\tau}}\right)dm$$
$$=-\frac{2\alpha x}{y\sqrt{2\pi}}\int_{\frac{1}{\sigma}\log\frac{y}{x}}^{\infty}\int_{-\infty}^{\frac{1}{\sqrt{\tau}}(-m-\alpha\tau)}e^{\frac{2}{\sigma}rm-\frac{1}{2}\xi^2}d\xi dm$$
$$=-\frac{2\alpha x}{y\sqrt{2\pi}}\int_{-\infty}^{-\delta_-\left(\tau,\frac{y}{x}\right)}\int_{\frac{1}{\sigma}\log\frac{y}{x}}^{-\xi\sqrt{\tau}-\alpha\tau}e^{\frac{2}{\sigma}rm-\frac{1}{2}\xi^2}dmd\xi \qquad (7.4.32)$$

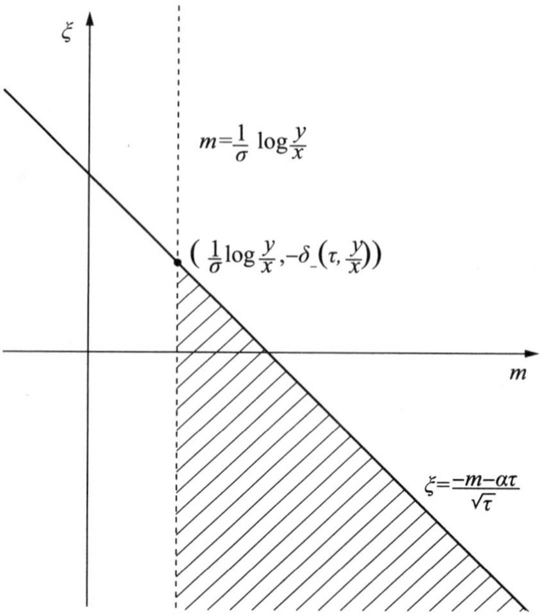

图 7.4.2　式(7.4.32)中积分的换序

式(7.4.32)右端内层的积分可以如下计算：

$$\int_{\frac{1}{\sigma}\log\frac{y}{x}}^{-\xi\sqrt{\tau}-\alpha\tau} e^{\frac{2rm}{\sigma}-\frac{\xi^2}{2}}dm = \frac{\sigma}{2r}e^{\frac{2rm}{\sigma}-\frac{\xi^2}{2}}\Bigg|_{m=\frac{1}{\sigma}\log\frac{y}{x}}^{m=-\xi\sqrt{\tau}-\alpha\tau}$$

$$= \frac{\sigma}{2r}e^{\frac{2r}{\sigma}(-\xi\sqrt{\tau}-\alpha\tau)-\frac{1}{2}\xi^2} - \frac{\sigma}{2r}e^{\frac{2r}{\sigma^2}\log\frac{y}{x}-\frac{1}{2}\xi^2}.$$

由于

$$\begin{aligned}\frac{2r}{\sigma}(-\xi\sqrt{\tau}-\alpha\tau)-\frac{\xi^2}{2} &= -\frac{1}{2}\xi^2-\frac{2r\xi\sqrt{\tau}}{\sigma}-\frac{2r\alpha\tau}{\sigma}\\ &= -\frac{1}{2}\left(\xi+\frac{2r\sqrt{\tau}}{\sigma}\right)^2+\frac{2r^2\tau}{\sigma^2}-\frac{2r\alpha\tau}{\sigma}\\ &= -\frac{1}{2}\left(\xi+\frac{2r\sqrt{\tau}}{\sigma}\right)^2+\frac{2r\tau}{\sigma^2}(r-\sigma\alpha)\\ &= -\frac{1}{2}\left(\xi+\frac{2r\sqrt{\tau}}{\sigma}\right)^2+r\tau\end{aligned}$$

以及

$$e^{\frac{2r}{\sigma^2}\log\frac{y}{x}-\frac{\xi^2}{2}} = \left(\frac{y}{x}\right)^{\frac{2r}{\sigma^2}}e^{-\frac{\xi^2}{2}}$$

因此：

$$\int_{\frac{1}{\sigma}\log\frac{y}{x}}^{-\xi\sqrt{\tau}-\alpha\tau} e^{\frac{2rm}{\sigma}-\frac{\xi^2}{2}}dm = \frac{\sigma}{2r}e^{r\tau-\frac{1}{2}(\xi+\frac{2r\sqrt{\tau}}{\sigma})^2} - \frac{\sigma}{2r}\left(\frac{y}{x}\right)^{\frac{2r}{\sigma^2}}e^{-\frac{\xi^2}{2}}$$

将其代入式(7.4.32)，得到：

$$
\begin{aligned}
&-\frac{x}{y}\int_{\frac{1}{\sigma}\log\frac{y}{x}}^{\infty} 2\alpha e^{(\sigma+2\alpha)m} N\left(\frac{-m-\alpha\tau}{\sqrt{\tau}}\right)dm \\
&=-\frac{\alpha\sigma x}{ry\sqrt{2\pi}}\int_{-\infty}^{-\delta_-\left(\tau,\frac{y}{x}\right)} e^{r\tau-\frac{1}{2}\left(\xi+\frac{2r\sqrt{\tau}}{\sigma}\right)^2} d\xi+\frac{\alpha\sigma}{r\sqrt{2\pi}}\left(\frac{y}{x}\right)^{\frac{2r}{\sigma^2}-1}\int_{-\infty}^{-\delta_-\left(\tau,\frac{y}{x}\right)} e^{-\frac{\xi^2}{2}} d\xi \\
&=-\frac{\alpha\sigma x e^{r\tau}}{ry\sqrt{2\pi}}\int_{-\infty}^{-\delta_-\left(\tau,\frac{y}{x}\right)} e^{-\frac{1}{2}\left(\xi+\frac{2r\sqrt{\tau}}{\sigma}\right)^2} d\xi+\frac{\alpha\sigma}{r}\left(\frac{y}{x}\right)^{\frac{2r}{\sigma^2}-1} N\left(-\delta_-\left(\tau,\frac{y}{x}\right)\right) \qquad (7.4.33)
\end{aligned}
$$

在式(7.4.33)右端第一个积分中作变量代换 $\eta=\xi+\dfrac{2r\sqrt{\tau}}{\sigma}$，积分上限成为：

$$
\begin{aligned}
-\delta_-\left(\tau,\frac{y}{x}\right)+\frac{2r\sqrt{\tau}}{\sigma}&=\frac{1}{\sigma\sqrt{\tau}}\left[-\log\frac{y}{x}-\left(r-\frac{1}{2}\sigma^2\right)\tau+2r\tau\right] \\
&=\frac{1}{\sigma\sqrt{\tau}}\left[\log\frac{x}{y}+\left(r+\frac{1}{2}\sigma^2\right)\tau\right] \\
&=\delta_+\left(\tau,\frac{x}{y}\right)
\end{aligned}
$$

于是就有：

$$
\begin{aligned}
&-\frac{x}{y}\int_{\frac{1}{\sigma}\log\frac{y}{x}}^{\infty} 2\alpha e^{(\sigma+2\alpha)m} N\left(\frac{-m-\alpha\tau}{\sqrt{\tau}}\right)dm \\
&=-\frac{\alpha\sigma x}{ry} e^{r\tau} N\left(\delta_+\left(\tau,\frac{x}{y}\right)\right)+\frac{\alpha\sigma}{r}\left(\frac{y}{x}\right)^{\frac{2r}{\sigma^2}-1} N\left(-\delta_-\left(\tau,\frac{y}{x}\right)\right) \qquad (7.4.34)
\end{aligned}
$$

综上所述，对于 $0\leqslant t<T$ 和 $0<x\leqslant y$，函数 $v(t,x,y)$ 由式(7.4.26) 给出，其中 $g(x,y)$ 由式(7.4.27) 给出。我们已算得式(7.4.27) 右端的两项。第一项由式(7.4.28) 给出；第二项是式(7.4.29) 中两项之和，它们分别由式(7.4.31) 和式(7.4.34) 给出。此外，在这些公式中出现的$\dfrac{\alpha\sigma}{r}$ 等于 $1-\dfrac{\sigma^2}{2r}$。我们的结果是：

$$
\begin{aligned}
v(t,x,y)=e^{-r\tau}y\Bigg[&N\left(-\delta_-\left(\tau,\frac{x}{y}\right)\right)-\left(\frac{y}{x}\right)^{\frac{2r}{\sigma^2}-1} N\left(-\delta_-\left(\tau,\frac{y}{x}\right)\right) \\
&+2\left(\frac{x}{y}\right)e^{r\tau}N\left(\delta_+\left(\tau,\frac{x}{y}\right)\right)-\left(1-\frac{\sigma^2}{2r}\right)\left(\frac{x}{y}\right)e^{r\tau}N\left(\delta_+\left(\tau,\frac{x}{y}\right)\right) \\
&+\left(1-\frac{\sigma^2}{2r}\right)\left(\frac{y}{x}\right)^{\frac{2r}{\sigma^2}-1} N\left(-\delta_-\left(\tau,\frac{y}{x}\right)\right)\Bigg]-x
\end{aligned}
$$

简化后，得到解的公式：

$$
\begin{aligned}
v(t,x,y)=&\left(1+\frac{\sigma^2}{2r}\right)xN\left(\delta_+\left(\tau,\frac{x}{y}\right)\right)+e^{-r\tau}yN\left(-\delta_-\left(\tau,\frac{x}{y}\right)\right) \\
&-\frac{\sigma^2}{2r}e^{-r\tau}\left(\frac{y}{x}\right)^{\frac{2r}{\sigma^2}} xN\left(-\delta_-\left(\tau,\frac{y}{x}\right)\right)-x,\quad 0\leqslant t<T,0<x\leqslant y
\end{aligned}
$$

(7.4.35)

通过式(7.4.16)与 v 相联系的 u 满足：

$$u\left(t,\frac{x}{y}\right)=\left(1+\frac{\sigma^2}{2r}\right)\left(\frac{x}{y}\right)N\left(\delta_+\left(\tau,\frac{x}{y}\right)\right)+e^{-r\tau}N\left(-\delta_-\left(\tau,\frac{x}{y}\right)\right)$$
$$-\frac{\sigma^2}{2r}e^{-r\tau}\left(\frac{x}{y}\right)^{1-\frac{2r}{\sigma^2}}N\left(-\delta_-\left(\tau,\frac{y}{x}\right)\right)-\frac{x}{y}$$

作变量代换 $z=\dfrac{x}{y}$,我们得到：

$$u(t,z)=\left(1+\frac{\sigma^2}{2r}\right)zN(\delta_+(\tau,z))+e^{-r\tau}N(-\delta_-(\tau,z))$$
$$-\frac{\sigma^2}{2r}e^{-r\tau}z^{1-\frac{2r}{\sigma^2}}N(-\delta_-(\tau,z^{-1}))-z,\quad 0\leqslant t<T,0<z\leqslant 1 \tag{7.4.36}$$

7.5 亚式期权

亚式期权到期支付中含有原生资产(关于时间)的平均价格。可以是关于从初始时刻直至到期时刻整个时段取的平均,也可以是关于从初始时刻之后某个时刻直至到期时刻取的平均。平均可以取自连续抽样

$$\frac{1}{T}\int_0^T S(t)dt$$

也可以取自离散抽样

$$\frac{1}{m}\sum_{j=1}^{m}S(t_j)$$

其中 $0<t_1<t_2<\cdots<t_m=T$。让期权支付基于资产的平均价格,其初衷是使得任何人都难以通过操纵原生资产价格对期权支付产生显著的影响。

亚式期权尚无闭形式定价公式。因此,这一节中我们讨论推导亚式期权定价偏微分方程的两种方法。其中第一种方法已在例 6.6.1 中简要地给出。计算亚式期权价格的另一方法是蒙特卡罗模拟。

7.5.1 *固定敲定价格的亚式期权*

我们仍从下式给出的几何布朗运动 $S(t)$ 开始：

$$dS(t)=rS(t)dt+\sigma S(t)d\widetilde{W}(t) \tag{7.5.1}$$

其中 $\widetilde{W}(t),0\leqslant t\leqslant T$ 是风险中性测度 $\widetilde{\mathbb{P}}$ 下的布朗运动。考虑**固定敲定价格亚式看涨期权**,其在时刻 T 的支付为：

$$V(T)=\left(\frac{1}{T}\int_0^T S(t)dt-K\right)^+ \tag{7.5.2}$$

其中敲定价格 K 是非负常数。在到期时刻 T 之前的时刻 t,该看涨期权的价格由

风险中性定价公式给出：

$$V(t)=\widetilde{\mathbb{E}}[e^{-r(T-t)}V(T)\mid\mathcal{F}(t)],\quad 0\leqslant t\leqslant T \tag{7.5.3}$$

通常的累次条件期望论证表明：

$$e^{-rt}V(t)=\widetilde{\mathbb{E}}[e^{-rT}V(T)\mid\mathcal{F}(t)],0\leqslant t\leqslant T$$

在$\widetilde{\mathbb{P}}$下是鞅。这正是我们所希望计算的。在以下两小节中，我们将描述两种不同的方法。

7.5.2 状态的扩充

式(7.5.2)中亚式期权的支付$V(T)$是**路径依赖**的。期权在时刻t的价格不仅依赖于t和$S(t)$，而且依赖于截至时刻t资产价格的路径。特别是，我们无法借助于马尔可夫性质断言$V(t)$是t和$S(t)$的函数，因为$V(T)$不是T和$S(T)$的函数，$V(T)$依赖于S的整个路径。

为了克服这一困难，我们将状态$S(t)$加以扩充，引进第二个过程

$$Y(t)=\int_0^t S(u)du \tag{7.5.4}$$

于是，$Y(t)$的随机微分方程为：

$$dY(t)=S(t)dt \tag{7.5.5}$$

由于随机过程序偶$(S(t),Y(t))$服从随机微分方程(7.5.1)和(7.5.5)，它们组成二维马尔可夫过程(推论6.3.2)。而且，看涨期权支付$V(T)$是T和该过程终端值$(S(T),Y(T))$的函数。事实上，由公式

$$V(T)=\left(\frac{1}{T}Y(T)-K\right)^+ \tag{7.5.6}$$

可知，$V(T)$仅依赖于T和$Y(T)$。由此可知，必定存在某个函数$v(t,x,y)$使得亚式期权价格(7.5.3)可以表示为：

$$\begin{aligned}v(t,S(t),Y(t))&=\widetilde{\mathbb{E}}\left[e^{-r(T-t)}\left(\frac{1}{T}Y(T)-K\right)^+\mid\mathcal{F}(t)\right]\\&=\widetilde{\mathbb{E}}[e^{-r(T-t)}V(T)\mid\mathcal{F}(t)]\end{aligned} \tag{7.5.7}$$

函数$v(t,x,y)$满足一个偏微分方程。这一方程以及三个边界条件在接下来的定理中给出。为了方程的数值求解的需要，通常有必要指定当x趋于∞并且y趋于∞或$-\infty$时$v(t,x,y)$的性态。7.5.3小节中讨论的方法可以避免这一要求，参见注7.5.4。

定理7.5.1 式(7.5.7)中的亚式看涨期权价格函数$v(t,x,y)$满足偏微分方程

$$v_t(t,x,y)+rxv_x(t,x,y)+xv_y(t,x,y)+\frac{1}{2}\sigma^2x^2v_{xx}(t,x,y)=rv(t,x,y),$$
$$0\leqslant t<T,x\geqslant 0,y\in\mathbb{R} \tag{7.5.8}$$

以及边界条件

$$v(t,0,y)=e^{-r(T-t)}\left(\frac{y}{T}-K\right)^{+},\quad 0\leqslant t<T, y\in\mathbb{R} \tag{7.5.9}$$

$$\lim_{y\downarrow -\infty} v(t,x,y)=0,\quad 0\leqslant t<T, x\geqslant 0 \tag{7.5.10}$$

$$v(T,x,y)=\left(\frac{y}{T}-K\right)^{+},\quad x\geqslant 0, y\in\mathbb{R} \tag{7.5.11}$$

【证明】 用随机微分方程(7.5.1)和(7.5.5)并注意到 $dS(t)dY(t)=dY(t)dY(t)=0$,我们取$\widetilde{\mathbb{P}}$-鞅 $e^{-rt}V(t)=e^{-rt}v(t,S(t),Y(t))$的微分:

$$\begin{aligned} &d(e^{-rt}v(t,S(t),Y(t)))\\ &\quad=e^{-rt}[-rvdt+v_tdt+v_xdS+v_ydY+\frac{1}{2}v_{xx}dSdS]\\ &\quad=e^{-rt}[-rv+v_t+rSv_x+Sv_y+\frac{1}{2}\sigma^2S^2v_{xx}]dt+e^{-rt}\sigma Sv_xd\widetilde{W}(t) \end{aligned} \tag{7.5.12}$$

令 dt 项为0,得到:

$$\begin{aligned} &v_t(t,S(t),Y(t))+rS(t)v_x(t,S(t),Y(t))+S(t)v_y(t,S(t),Y(t))\\ &\qquad+\frac{1}{2}\sigma^2S^2(t)v_{xx}(t,S(t),Y(t))=rv(t,S(t),Y(t)) \end{aligned}$$

用哑变量 x 和 y 分别取代 $S(t)$和 $Y(t)$,我们得到式(7.5.8)。

注意到 $S(t)$永远非负,故式(7.5.8)对于 $x\geqslant 0$ 成立。如果对于某个 t 的值,$S(t)=0$且 $Y(t)=y$,则对所有 $u\in[t,T]$,$S(u)=0$,从而 $Y(u)$在$[t,T]$上是常数。于是,$Y(T)=y$,亚式看涨期权在时刻 t 的价值为支付$\left(\frac{y}{T}-K\right)^{+}$(从 T 回到t)的贴现值。这就给出边界条件(7.5.9)。

与上不同的是:由对某个时刻 t,$Y(t)=0$,无法推得对所有 $u\geqslant t$,$Y(u)=0$。于是,$v(t,x,0)$的值难以确定,我们不考虑在边界 $y=0$ 上提出条件。事实上,至少从数学角度,可以允许 y 取负值。如果在时刻 t,令 $Y(t)=y$,则$Y(T)$由式(7.5.5)确定。写成积分形式,公式为:

$$Y(T) = y+\int_t^T S(u)du \tag{7.5.13}$$

即使 y 是负值,上式仍有意义,并且仍可能有 $Y(T)>0$,甚至$\frac{1}{T}Y(T)-K>0$,从而看涨期权到期为实值。在利用微分方程(7.5.1)和(7.5.5)描述“状态”过程 $S(t)$和 $Y(t)$时,没有理由要求 $Y(t)$一定非负。[我们仍要求 $S(t)$非负,因为 $x=0$ 是关于 $S(t)$的自然边界。]由于这一原因,我们在偏微分方程(7.5.8)中没有限制 y 的值。关于 y 的自然边界是 $y=-\infty$。如果 $Y(t)=y$,$S(t)=x$,固定 x,令 $y\to-\infty$,则 $Y(T)$趋于$-\infty$[见式(7.5.13)],看涨期权到期实值的概率趋于0,从而期权价值趋于0。关于 y 的自然边界是 $y=-\infty$,相应的边界条件是(7.5.10)。

边界条件(7.5.11)就是看涨期权的支付。 □

注 7.5.2 令式(7.5.12)中的 dt 项等于 0，我们有：

$$d(e^{-rt}v(t,S(t),Y(t)))=e^{-rt}\sigma S(t)v_x(t,S(t),Y(t))d\widetilde{W}(t) \tag{7.5.14}$$

在每个时刻 t，持有 $\Delta(t)$ 份原生资产的资产组合的贴现价值[见(式 5.2.27)]为：

$$d(e^{-rt}X(t))=e^{-rt}\sigma S(t)\Delta(t)d\widetilde{W}(t) \tag{7.5.15}$$

为了对冲亚式看涨期权空头，令上述两个微分相等，从而得到 delta-对冲公式

$$\Delta(t)=v_x(t,S(t),Y(t))$$

7.5.3 *计价单位变换*

这一小节中，我们将推导出一个偏微分方程，其解也给出亚式期权价格。这一方法同时适用于连续平均和离散平均情形。方程的推导涉及将在第九章中详细讨论的**计价单位变换**的概念。这一节中，我们是在利率 r 非零的假设下推导公式。习题 7.8 中考虑 $r=0$ 的情形。

首先考虑支付为：

$$V(T)=\left(\frac{1}{c}\int_{T-c}^{T}S(t)dt-K\right)^{+} \tag{7.5.16}$$

的亚式看涨期权的情形，其中 c 是满足 $0<c\leqslant T$ 的常数，K 是非负常数。如果 $c=T$，这是前面第二小节中考虑的亚式看涨期权(7.5.2)。这里，我们也允许不是在从初始时刻至到期时刻整个时段上取平均的可能性。

为了定价这一看涨期权，我们构造一个资产组合过程，其在时刻 T 的价值为：

$$X(T)=\frac{1}{c}\int_{T-c}^{T}S(u)du-K$$

我们考虑时间变量的非随机函数 $\gamma(t)$，$0\leqslant t\leqslant T$，作为资产组合中持有风险资产的份额。由于 $\gamma(t)$ 中不含布朗运动项，故必有 $d\gamma(t)d\gamma(t)=d\gamma(t)dS(t)=0$，从而可得：

$$d(\gamma(t)S(t))=\gamma(t)dS(t)+S(t)d\gamma(t) \tag{7.5.17}$$

进而可得：

$$\begin{aligned}d(e^{r(T-t)}\gamma(t)S(t))&=e^{r(T-t)}d(\gamma(t)S(t))-re^{r(T-t)}\gamma(t)S(t)dt\\&=e^{r(T-t)}\gamma(t)dS(t)+e^{r(T-t)}S(t)d\gamma(t)-re^{r(T-t)}\gamma(t)S(t)dt\end{aligned} \tag{7.5.18}$$

重新排列式(7.5.18)中各项，我们有：

$$e^{r(T-t)}\gamma(t)(dS(t)-rS(t)dt)=d(e^{r(T-t)}\gamma(t)S(t))-e^{r(T-t)}S(t)d\gamma(t) \tag{7.5.19}$$

设投资者在每个时刻 t 持有 $\gamma(t)$ 份风险资产，并且以利率 r 投资或者借贷于货币市场账户维持自融资，其资产组合价值演化方程为：

$$dX(t)=\gamma(t)dS(t)+r(X(t)-\gamma(t)S(t))dt$$
$$=rX(t)dt+\gamma(t)(dS(t)-rS(t)dt) \tag{7.5.20}$$

利用上式以及式(7.5.19),我们得到:

$$d(e^{r(T-t)}X(t))=-re^{r(T-t)}X(t)dt+e^{r(T-t)}dX(t)$$
$$=e^{r(T-t)}\gamma(t)(dS(t)-rS(t)dt)$$
$$=d(e^{r(T-t)}\gamma(t)S(t))-e^{r(T-t)}S(t)d\gamma(t) \tag{7.5.21}$$

取

$$\gamma(t)=\begin{cases}\frac{1}{rc}(1-e^{-rc}), & 0\leqslant t\leqslant T-c\\ \frac{1}{rc}(1-e^{-r(T-t)}), & T-c\leqslant t\leqslant T\end{cases} \tag{7.5.22}$$

并取初始资本

$$X(0)=\frac{1}{rc}(1-e^{-rc})S(0)-e^{-rT}K \tag{7.5.23}$$

在时间区间$[0,T-c]$中,过程 $\gamma(t)$秉持买入并持有的策略。在时刻 0,我们买入$\frac{1}{rc}(1-e^{-rc})$份风险资产,需要花费$\frac{1}{rc}(1-e^{-rc})S(0)$。由于初始资本不足,必须从货币市场账户借入 $e^{-rT}K$。对于 $0\leqslant t\leqslant T-c$,我们持有风险资产的价值为$\frac{1}{rc}(1-e^{-rc})S(t)$,在货币市场账户的债务为 $e^{-r(T-t)}K$。因此:

$$X(t)=\frac{1}{rc}(1-e^{-rc})S(t)-e^{-r(T-t)}K,\quad 0\leqslant t\leqslant T-c \tag{7.5.24}$$

特别地:

$$X(T-c)=\frac{1}{rc}(1-e^{-rc})S(T-c)-e^{-rc}K \tag{7.5.25}$$

对于 $T-c\leqslant t\leqslant T$,我们有 $d\gamma(t)=-\frac{1}{c}e^{-r(T-t)}dt$,将式(7.5.21)从 $T-c$ 到 t 积分并利用式(7.5.25)和式(7.5.22)可得:

$$e^{r(T-t)}X(t)$$
$$=e^{rc}X(T-c)+\int_{T-c}^{t}d(e^{r(T-u)}\gamma(u)S(u))-\int_{T-c}^{t}e^{r(T-u)}S(u)d\gamma(u)$$
$$=\frac{1}{rc}e^{rc}(1-e^{-rc})S(T-c)-K+e^{r(T-t)}\gamma(t)S(t)$$
$$-\frac{1}{rc}e^{rc}(1-e^{-rc})S(T-c)+\frac{1}{c}\int_{T-c}^{t}S(u)du$$
$$=-K+e^{r(T-t)}\gamma(t)S(t)+\frac{1}{c}\int_{T-c}^{t}S(u)du$$

因此:

$$X(t)=\frac{1}{rc}(1-e^{-r(T-t)})S(t)+e^{-r(T-t)}\frac{1}{c}\int_{T-c}^{t}S(u)du$$
$$-e^{-r(T-t)}K,\quad T-c\leqslant t\leqslant T \tag{7.5.26}$$

特别地：

$$X(T)=\frac{1}{c}\int_{T-c}^{T}S(u)du-K \tag{7.5.27}$$

正是我们所希望的。注意到：

$$V(T)=X^{+}(T)=\max\{X(T),0\} \tag{7.5.28}$$

亚式看涨期权在到期之前时刻 t 的价格为：

$$V(t)=\widetilde{\mathbb{E}}[e^{-r(T-t)}V(T)\mid\mathcal{F}(t)]=\widetilde{\mathbb{E}}[e^{-r(T-t)}X^{+}(T)\mid\mathcal{F}(t)] \tag{7.5.29}$$

式(7.5.29)右端的计算要利用计价单位变换，我们现在来解释这一方法。定义：

$$Y(t)=\frac{X(t)}{S(t)}=\frac{e^{-rt}X(t)}{e^{-rt}S(t)}$$

这是以风险资产而不是美元为计价单位的资产组合的价值。我们已将计价单位由美元(货币市场账户)变换到风险资产。

我们来计算 $Y(t)$的微分。首先注意到：

$$d(e^{-rt}S(t))=-re^{-rt}S(t)dt+e^{-rt}dS(t)=\sigma e^{-rt}S(t)d\widetilde{W}(t) \tag{7.5.30}$$

于是：

$$\begin{aligned}&d[(e^{-rt}S(t))^{-1}]\\&=-(e^{-rt}S(t))^{-2}d(e^{-rt}S(t))+(e^{-rt}S(t))^{-3}d(e^{-rt}S(t))d(e^{-rt}S(t))\\&=-(e^{-rt}S(t))^{-2}\sigma(e^{-rt}S(t))d\widetilde{W}(t)+(e^{-rt}S(t))^{-3}(e^{-rt}S(t))^{2}\sigma^{2}dt\\&=-\sigma(e^{-rt}S(t))^{-1}d\widetilde{W}(t)+\sigma^{2}(e^{-rt}S(t))^{-1}dt\end{aligned}$$

另一方面，由式(7.5.20)和式(7.5.30)可得：

$$\begin{aligned}d(e^{-rt}X(t))&=-re^{-rt}X(t)dt+e^{-rt}dX(t)\\&=\gamma(t)e^{-rt}(dS(t)-rS(t)dt)\\&=\gamma(t)\sigma e^{-rt}S(t)d\widetilde{W}(t)\end{aligned}$$

利用伊藤乘积法则，有：

$$\begin{aligned}dY(t)&=d[(e^{-rt}X(t))(e^{-rt}S(t))^{-1}]\\&=e^{-rt}X(t)d[(e^{-rt}S(t))^{-1}]+(e^{-rt}S(t))^{-1}d(e^{-rt}X(t))\\&\quad+d(e^{-rt}X(t))d[(e^{-rt}S(t))^{-1}]\\&=-\sigma Y(t)d\widetilde{W}(t)+\sigma^{2}Y(t)dt+\sigma\gamma(t)d\widetilde{W}(t)-\sigma^{2}\gamma(t)dt\\&=\sigma[\gamma(t)-Y(t)][d\widetilde{W}(t)-\sigma dt]\end{aligned} \tag{7.5.31}$$

由于式(7.5.31)含有 dt 项，过程 $Y(t)$在$\widetilde{\mathbb{P}}$ 下不是鞅。然而，我们可以变换测度，使得 $Y(t)$是鞅，这将简化式(7.5.31)。令

$$\widetilde{W}^S(t)=\widetilde{W}(t)-\sigma t \tag{7.5.32}$$

则：

$$dY(t)=\sigma[\gamma(t)-Y(t)]d\widetilde{W}^S(t) \tag{7.5.33}$$

根据哥萨诺夫定理(定理 5.2.3)，我们可以变换测度，使得 $\widetilde{W}^S(t), 0\leqslant t\leqslant T$ 是一个布朗运动。现在的情形，$-\sigma$ 相当于定理 5.2.3 中的 Θ，$\widetilde{W}$ 和 $\widetilde{P}$ 相当于 W 和 P。式(5.2.11)中的拉东—尼柯迪姆导数过程为：

$$Z(t)=e^{\sigma\widetilde{W}(t)-\frac{1}{2}\sigma^2 t}$$

换言之：

$$Z(t)=\frac{e^{-rt}S(t)}{S(0)} \tag{7.5.34}$$

在由

$$\widetilde{\mathbb{P}}^S(A)=\int_A Z(T)d\,\widetilde{\mathbb{P}}, \quad \forall A\in\mathcal{F}$$

定义的概率测度 $\widetilde{\mathbb{P}}^S$ 下，$\widetilde{W}^S(t)$ 是布朗运动，从而 $Y(t)$ 是鞅。

在概率测度 $\widetilde{\mathbb{P}}^S$ 下，$Y(t)$ 是马尔可夫过程。它由随机微分方程(7.5.33)给出，由于 $\gamma(t)$ 非随机，式(7.5.33)中 $d\widetilde{W}^S(t)$ 前面的因子是 t 和 $Y(t)$ 的函数，不含 $Y(t)$ 以外的随机源。因此，式(7.5.33)是形如(6.2.1)的随机微分方程，这类方程的解是马尔可夫过程(见推论 6.3.2)。

我们回到式(7.5.29)中的期权价格 $V(t)$，并利用引理 5.2.2 改写式(7.5.29)：

$$\begin{aligned}V(t)&=e^{rt}\widetilde{\mathbb{E}}[e^{-rT}X^+(T)\mid\mathcal{F}(t)]\\&=\frac{S(t)}{e^{-rt}S(t)}\widetilde{\mathbb{E}}\left[e^{-rT}S(T)\left(\frac{e^{-rT}X(T)}{e^{-rT}S(T)}\right)^+\mid\mathcal{F}(t)\right]\\&=\frac{S(t)}{Z(t)}\widetilde{\mathbb{E}}[Z(T)Y^+(T)\mid\mathcal{F}(t)]\\&=S(t)\widetilde{\mathbb{E}}^S[Y^+(T)\mid\mathcal{F}(t)]\end{aligned} \tag{7.5.35}$$

其中 $\widetilde{\mathbb{E}}^S[\cdots\mid\mathcal{F}(t)]$ 表示在概率测度 $\widetilde{\mathbb{P}}^S$ 下的条件期望。由于 Y 在 $\widetilde{\mathbb{P}}^S$ 下是马尔可夫过程，必定存在某个函数 $g(t,y)$，使得：

$$g(t,Y(t))=\widetilde{\mathbb{E}}^S[Y^+(T)\mid\mathcal{F}(t)] \tag{7.5.36}$$

由式(7.5.36)，我们有：

$$g(T,Y(T))=\widetilde{\mathbb{E}}^S[Y^+(T)\mid\mathcal{F}(T)]=Y^+(T) \tag{7.5.37}$$

注意到 $Y(T)=\dfrac{X(T)}{S(T)}$ 可以取任意值，因为分子 $X(T)$ 由式(7.5.27)给出，取值可正可负，而分母 $S(T)$ 可以取任何正数。因此，由式(7.5.37)得到边界条件

$$g(T,y)=y^+,\quad y\in\mathbb{R} \tag{7.5.38}$$

通常的累次条件期望论证表明：式(7.5.36)右端在$\widetilde{\mathbb{P}}^S$下是鞅，从而$g(t,Y(t))$的微分应该仅含$d\widetilde{W}^S(t)$项。这一微分是：

$$\begin{aligned}dg(t,Y(t))&=g_t(t,Y(t))dt+g_y(t,Y(t))dY(t)\\&\quad+\frac{1}{2}g_{yy}(t,Y(t))dY(t)dY(t)\\&=\left[g_t(t,Y(t))+\frac{1}{2}\sigma^2(\gamma(t)-Y(t))^2g_{yy}(t,Y(t))\right]dt\\&\quad+\sigma(\gamma(t)-Y(t))g_y(t,Y(t))d\widetilde{W}^S(t)\end{aligned}$$

由此可知，$g(t,y)$满足偏微分方程

$$g_t(t,y)+\frac{1}{2}\sigma^2(\gamma(t)-y)^2g_{yy}(t,y)=0,\quad 0\leqslant t<T,y\in\mathbb{R} \tag{7.5.39}$$

我们将上述讨论归结为以下定理。

定理 7.5.3（韦切日定理） 对于$0\leqslant t\leqslant T$，到期时刻T的支付为式(7.5.16)的连续平均亚式看涨期权在时刻t的价格为：

$$V(t)=S(t)g\left(t,\frac{X(t)}{S(t)}\right) \tag{7.5.40}$$

其中$g(t,y)$满足式(7.5.39)，$X(t)$由式(7.5.24)和式(7.5.26)给出。关于$g(t,y)$的边界条件为式(7.5.38)以及

$$\lim_{y\to-\infty}g(t,y)=0,\quad \lim_{y\to\infty}[g(t,y)-y]=0,\quad 0\leqslant t\leqslant T \tag{7.5.41}$$

注 7.5.4（边界条件） 给定$0\leqslant t\leqslant T$，式(7.5.41)中第一个边界条件可由以下事实推得：当$Y(t)$为绝对值很大的负值时，$Y(T)$为负值的概率接近于1，从而$Y^+(T)=0$的概率接近于1。这就使得式(7.5.36)中的$g(t,Y(t))$接近于0。式(7.5.41)中第二个边界条件是以下事实的结果：当$Y(t)$很大时，$Y(T)>0$的概率接近于1。因此，由式(7.5.36)给出的$g(t,Y(t))$近似等于$\widetilde{\mathbb{E}}^S[Y(T)\mid F(t)]$，而由于$Y$在$\widetilde{\mathbb{P}}^S$下是鞅，故此条件期望值为$Y(t)$。

推导关于$g(t,y)$在$y=\pm\infty$的边界条件比定理7.5.1中推导关于$v(t,x,y)$的边界条件要容易，因为$v(t,x,y)$有两个变量x和y，都可能绝对值很大。例如，当$x\to\infty$并且$y\to-\infty$时，$v(t,x,y)$的形态如何，我们一无所知。定理7.5.3给出了亚式期权定价问题的简化，它降低了问题的维数，并且简化了边界条件；它还消除了方程(7.5.8)中因缺少$v_{yy}(t,x,y)$项引起的所谓“退化”。这种退化使得式(7.5.8)的数值求解复杂化。 □

在这一小节的余下部分我们将修改上述论证，使之适用于**离散抽样亚式看涨期权**。假设对于给定的时刻$0=t_0<t_1<\cdots<t_m=T$，亚式看涨期权的支付为：

$$V(T)=\left(\frac{1}{m}\sum_{j=1}^{m}S(t_j)-K\right)^+ \tag{7.5.42}$$

我们希望构造一个资产组合过程,使得:

$$X(T)=\frac{1}{m}\sum_{j=1}^{m}S(t_j)-K$$

取代式(7.5.22),我们定义:

$$\gamma(t_j)=\frac{1}{m}\sum_{i=j}^{m}e^{-r(T-t_i)},\quad j=0,1,\cdots,m \tag{7.5.43}$$

则:

$$\gamma(t_j)=\gamma(t_{j-1})-\frac{1}{m}e^{-r(T-t_{j-1})},\quad j=1,\cdots,m \tag{7.5.44}$$

以及 $\gamma(T)=\gamma(t_m)=\frac{1}{m}$。为了补全 $\gamma(t)$ 的定义,令

$$\gamma(t)=\gamma(t_j),t_{j-1}<t\leqslant t_j \tag{7.5.45}$$

这就对所有 $t\in[0,T]$,定义了 $\gamma(t)$。现在的情形,式(7.5.21)仍成立,不过在每个子区间 (t_{j-1},t_j) 内 $d\gamma(t)=0$。将式(7.5.21)从 t_{j-1} 到 t_j 积分,并利用式(7.5.44)以及 $\gamma(t)=\gamma(t_j)$ 对所有 $t\in(t_{j-1},t_j]$ 成立这一事实,我们得到:

$$\begin{aligned}
&e^{r(T-t_j)}X(t_j)-e^{r(T-t_{j-1})}X(t_{j-1})\\
&=\gamma(t_j)[(e^{r(T-t_j)}S(t_j)-e^{r(T-t_{j-1})}S(t_{j-1})]\\
&=\gamma(t_j)e^{r(T-t_j)}S(t_j)-(\gamma(t_{j-1})-\frac{1}{m}e^{-r(T-t_{j-1})})e^{r(T-t_{j-1})}S(t_{j-1})\\
&=\gamma(t_j)e^{r(T-t_j)}S(t_j)-\gamma(t_{j-1})e^{r(T-t_{j-1})}S(t_{j-1})+\frac{1}{m}S(t_{j-1})
\end{aligned}$$

将这些等式从 $j=1$ 到 $j=k$ 相加,我们有:

$$\begin{aligned}
&e^{r(T-t_k)}X(t_k)-e^{rT}X(0)\\
&=\gamma(t_k)e^{r(T-t_k)}S(t_k)-\gamma(0)e^{rT}S(0)+\frac{1}{m}\sum_{j=1}^{k}S(t_{j-1})\\
&=\gamma(t_k)e^{r(T-t_k)}S(t_k)+\frac{1}{m}\sum_{i=1}^{k-1}S(t_i)+\left(-\gamma(0)e^{rT}+\frac{1}{m}\right)S(0)
\end{aligned}$$

令

$$X(0)=e^{-rT}\left[\gamma(0)e^{rT}-\frac{1}{m}\right]S(0)-e^{-rT}K$$

则上式成为:

$$e^{r(T-t_k)}X(t_k)=\gamma(t_k)e^{r(T-t_k)}S(t_k)+\frac{1}{m}\sum_{i=1}^{k-1}S(t_i)-K$$

或者,等价地:

$$X(t_k)=\gamma(t_k)S(t_k)+e^{-r(T-t_k)}\frac{1}{m}\sum_{i=1}^{k-1}S(t_i)-e^{-r(T-t_k)}K \tag{7.5.46}$$

特别地：

$$X(T)=X(t_m)=\frac{1}{m}\sum_{i=1}^{m}S(t_i)-K \tag{7.5.47}$$

正是我们所希望的。

为了对于 $t_k \leqslant t \leqslant t_{k+1}$ 确定 $X(t)$，我们将式(7.5.21)从 t_k 到 t 积分，得到：

$$\begin{aligned}
&e^{r(T-t)}X(t)\\
&=e^{r(T-t_k)}X(t_k)+\gamma(t_{k+1})[e^{r(T-t)}S(t)-e^{r(T-t_k)}S(t_k)]\\
&=\gamma(t_k)e^{r(T-t_k)}S(t_k)+\frac{1}{m}\sum_{i=1}^{k-1}S(t_i)-K+\gamma(t_{k+1})e^{r(T-t)}S(t)\\
&\quad-\left(\gamma(t_k)-\frac{1}{m}e^{-r(T-t_k)}\right)e^{r(T-t_k)}S(t_k)\\
&=\gamma(t_{k+1})e^{r(T-t)}S(t)+\frac{1}{m}\sum_{i=1}^{k}S(t_i)-K
\end{aligned}$$

因此：

$$X(t)=\gamma(t_{k+1})S(t)+e^{-r(T-t)}\frac{1}{m}\sum_{i=1}^{k}S(t_i)-e^{-r(T-t)}K,\quad t_k\leqslant t\leqslant t_{k+1} \tag{7.5.48}$$

现在，我们可以如前所述变换计价单位。这将得到关于支付为式(7.5.42)的离散抽样亚式看涨期权定价的定理 7.5.3。在时刻 t，期权价格由式(7.5.40)给出，其中 $g(t,y)$ 满足方程(7.5.39)以及边界条件(7.5.38)和(7.5.41)。仅有的区别是：出现在方程(7.5.39)中的非随机函数 $\gamma(t)$ 现在由式(7.5.43)和式(7.5.45)给出，并且式(7.5.40)中的过程 $X(t)$ 现在由式(7.5.48)给出。

7.6 本章小结

本章中考虑了几何布朗运动上的三种特殊的奇异期权：向上敲出障碍看涨期权、回望期权以及亚式看涨期权。在每一种情形，贴现期权价格在风险中性测度下是鞅，由此推得布莱克—斯科尔斯—默顿型的定价偏微分方程。在回望期权和亚式看涨期权的定价方程中，含有资产价格之外的状态变量。

对于障碍看涨期权和回望期权，我们得到了显式的期权定价公式。通过变换计价单位，亚式期权定价问题被简化为关于单个状态变量的偏微分方程的定解问题。这一方法对于连续抽样和离散抽样亚式期权都适用。

7.7 评　注

大约有数十种不同的奇异期权，寻找显式定价公式将导致相当复杂的计算。张(Zhang)[167]以及豪格(Haug)[80]中给出了许多奇异期权的分析。利普顿(Lipton)[110]中收集了许多(包括以下所引用的)由不同作者撰写的关于奇异期权的论文。在外汇市场上，奇异期权很流行。哈卡拉和威斯图普(Hakala and

Wystup)[76]中给出了关于这些市场上出现的一些产品的分析。博罗金和萨尔米宁[18]中收集了大量能由关于布朗运动分布的公式导出的奇异期权定价公式。

这里给出的关于障碍期权的分析来自鲁宾斯坦和赖纳(Reiner)[142]。障碍期权的蒙特卡罗模拟通常只在离散时刻检验障碍穿越的情形得到价格。布罗迪、格拉斯曼和寇星罡(Broadie, Glasserman and Kou)[22]提出一个修正项改进这一结果,在障碍被连续监测的情形也能得到期权的价格。关于障碍期权在临近到期日并接近障碍时产生绝对值很大的 delta 和 gamma 值的问题,可以通过设置关于对冲策略的先验约束加以改善,参见西莫克(Schmock)、施里夫和威斯图普[148]。

7.5.3 小节中阐述的关于亚式期权的变换计价单位方法源自韦切日[155]和[156]。这一方法被韦切日和徐(Xu)[157]推广到跳过程情形。安德烈亚森(Andreasen)[4]、利普顿[109],以及罗杰斯和施[139]中给出了其他一些定价亚式期权的偏微分方程。

杰曼和约尔[71]中得到了关于亚式期权价格的拉普拉斯变换的闭形式公式。傅、马登和王(Fu, Madan and Wang)[67]中对于亚式期权定价的蒙特卡罗方法和拉普拉斯方法作了比较。

7.8 习 题

习题 7.1 (向上敲出看涨期权的布莱克—斯科尔斯—默顿方程) 本题通过直接计算,证明式(7.3.20)的函数 $v(t,x)$满足布莱克—斯科尔斯—默顿方程(7.3.4)。

(i) 回顾 $\tau=T-t$,于是$\frac{d\tau}{dt}=-1$。证明:由式(7.3.18)给出的函数$\delta_{\pm}(\tau,s)$满足

$$\frac{\partial}{\partial t}\delta_{\pm}(\tau,s)=-\frac{1}{2\tau}\delta_{\pm}\left(\tau,\frac{1}{s}\right) \tag{7.8.1}$$

(ii) 证明:对任何正数 c,有

$$\frac{\partial}{\partial t}\delta_{\pm}\left(\tau,\frac{x}{c}\right)=\frac{1}{x\sigma\sqrt{\tau}},\frac{\partial}{\partial x}\delta_{\pm}\left(\tau,\frac{c}{x}\right)=-\frac{1}{x\sigma\sqrt{\tau}} \tag{7.8.2}$$

(iii) 证明:

$$\frac{N'(\delta_{+}(\tau,s))}{N'(\delta_{-}(\tau,s))}=\frac{e^{-r\tau}}{s}$$

从而

$$e^{-r\tau}N'(\delta_{-}(\tau,s))=sN'(\delta_{+}(\tau,s)) \tag{7.8.3}$$

(iv) 证明:

$$\frac{N'(\delta_{\pm}(\tau,s))}{N'(\delta_{-}(\tau,s^{-1}))}=s^{-\left(\frac{2r}{\sigma^2}\pm 1\right)}$$

从而

$$N'(\delta_{\pm}(\tau,s^{-1}))=s^{\frac{2r}{\sigma^2}\pm 1}N'(\delta_{\pm}(\tau,s)) \tag{7.8.4}$$

(v) 证明：

$$\delta_{+}(\tau,s)-\delta_{-}(\tau,s)=\sigma\sqrt{\tau} \tag{7.8.5}$$

(vi) 证明：

$$\delta_{\pm}(\tau,s)-\delta_{\pm}(\tau,s^{-1})=-\frac{2}{\sigma\sqrt{\tau}}\log s \tag{7.8.6}$$

(vii) 证明：

$$N''(y)=-yN'(y) \tag{7.8.7}$$

(viii) 利用(i)计算 $v_t(t,x)$并利用式(7.8.3)～(7.8.5)简化，得到：

$$\begin{aligned}v_t(t,x)=&-\frac{x\sigma}{2\sqrt{\tau}}N'\left(\delta_{+}\left(\tau,\frac{x}{K}\right)\right)-\frac{x(B-K)}{B\sigma\tau\sqrt{\tau}}\log\frac{x}{B}N'\left(\delta_{+}\left(\tau,\frac{x}{B}\right)\right)\\&+\frac{B\sigma}{2\sqrt{\tau}}\left(\frac{x}{B}\right)^{-\frac{2r}{\sigma^2}}N'\left(\delta_{+}\left(\tau,\frac{B^2}{Kx}\right)\right)\\&-re^{-r\tau}K\left[N\left(\delta_{-}\left(\tau,\frac{x}{K}\right)\right)-N\left(\delta_{-}\left(\tau,\frac{x}{B}\right)\right)\right]\\&+re^{-r\tau}K\left(\frac{x}{B}\right)^{-\frac{2r}{\sigma^2}+1}\left[N\left(\delta_{-}\left(\tau,\frac{B^2}{Kx}\right)\right)-N\left(\delta_{-}\left(\tau,\frac{B}{x}\right)\right)\right]\end{aligned} \tag{7.8.8}$$

(ix) 利用(ii)计算 $v_x(t,x)$并利用式(7.8.3)和式(7.8.4)简化，得到：

$$\begin{aligned}v_x(t,x)=&\left[N\left(\delta_{+}\left(\tau,\frac{x}{K}\right)\right)-N\left(\delta_{+}\left(\tau,\frac{x}{B}\right)\right)\right]-\frac{2(B-K)}{B\sigma\sqrt{\tau}}N'\left(\delta_{+}\left(\tau,\frac{x}{B}\right)\right)\\&+\frac{2r}{\sigma^2}\left(\frac{x}{B}\right)^{-\frac{2r}{\sigma^2}-1}\left[N\left(\delta_{+}\left(\tau,\frac{B^2}{Kx}\right)\right)-N\left(\delta_{+}\left(\tau,\frac{B}{x}\right)\right)\right]\\&+\frac{e^{-r\tau}K}{B}\left(-\frac{2r}{\sigma^2}+1\right)\left(\frac{x}{B}\right)^{-\frac{2r}{\sigma^2}}\left[N\left(\delta_{-}\left(\tau,\frac{B^2}{Kx}\right)\right)-N\left(\delta_{-}\left(\tau,\frac{B}{x}\right)\right)\right]\end{aligned} \tag{7.8.9}$$

(x) 利用(ii)和式(7.8.9)计算 $v_{xx}(t,x)$并利用式(7.8.3)和式(7.8.4)简化，得到：

$$\begin{aligned}v_{xx}(t,x)=&\frac{1}{x\sigma\sqrt{\tau}}N'\left(\delta_{+}\left(\tau,\frac{x}{K}\right)\right)-\frac{1}{B\sigma\sqrt{\tau}}\left(\frac{x}{B}\right)^{-\frac{2r}{\sigma^2}-2}N'\left(\delta_{+}\left(\tau,\frac{B^2}{Kx}\right)\right)\\&+\frac{2(B-K)}{xB\sigma\sqrt{\tau}}\left(\frac{2r}{\sigma^2}+\frac{1}{\sigma^2\tau}\log\frac{x}{B}\right)N'\left(\delta_{+}\left(\tau,\frac{x}{B}\right)\right)\\&-\frac{2r}{B\sigma^2}\left(\frac{2r}{\sigma^2}+1\right)\left(\frac{x}{B}\right)^{-\frac{2r}{\sigma^2}-2}\left[N\left(\delta_{+}\left(\tau,\frac{B^2}{Kx}\right)\right)-N\left(\delta_{+}\left(\tau,\frac{B}{x}\right)\right)\right]\\&-\frac{e^{-r\tau}K}{B^2}\left(\frac{2r}{\sigma^2}\right)\left(-\frac{2r}{\sigma^2}+1\right)\left(\frac{x}{B}\right)^{-\frac{2r}{\sigma^2}-1}\\&\times\left[N\left(\delta_{-}\left(\tau,\frac{B^2}{Kx}\right)\right)-N\left(\delta_{-}\left(\tau,\frac{B}{x}\right)\right)\right]\end{aligned} \tag{7.8.10}$$

(xi) 现在,验证 $v(t,x)$ 满足布莱克—斯科尔斯—默顿方程(7.3.4)。

习题 7.2 (向上敲出看涨期权的边界条件) 本题中将验证式(7.3.20)给出的向上敲出看涨期权价格 $v(t,x)$ 满足边界条件(7.3.6)。并且,当 $x\downarrow 0$ 时,其极限满足式(7.3.5);当 $t\uparrow T$ 时,其极限满足式(7.3.7)。

(i) 通过直接代入式(7.3.20),验证式(7.3.6)成立。

(ii) 证明:对任何正数 c,有:

$$\lim_{x\downarrow 0}\delta_{\pm}\left(\tau,\frac{x}{c}\right)=-\infty,\lim_{x\downarrow 0}\delta_{\pm}\left(\tau,\frac{c}{x}\right)=\infty \tag{7.8.11}$$

由此证明:对任何 $p\in\mathbb{R}$ 以及正数 c_1 和 c_2,我们有:

$$\lim_{x\downarrow 0}x^p\left[N\left(\delta_{\pm}\left(\tau,\frac{x}{c_1}\right)\right)-N\left(\delta_{\pm}\left(\tau,\frac{x}{c_2}\right)\right)\right]=0 \tag{7.8.12}$$

$$\lim_{x\downarrow 0}x^p\left[N\left(\delta_{\pm}\left(\tau,\frac{c_1}{x}\right)\right)-N\left(\delta_{\pm}\left(\tau,\frac{c_2}{x}\right)\right)\right]=0 \tag{7.8.13}$$

如果 $p\geqslant 0$,式(7.8.12)和式(7.8.13)是式(7.8.11)的直接结果。然而,如果 $p<0$,需要首先利用洛必达法则证明:

$$\lim_{x\downarrow 0}x^p e^{-\frac{1}{2}\delta_{\pm}^2\left(\tau,\frac{x}{c_i}\right)}=0,\quad \lim_{x\downarrow 0}x^p e^{-\frac{1}{2}\delta_{\pm}^2\left(\tau,\frac{c_i}{x}\right)}=0 \tag{7.8.14}$$

建立式(7.8.14)可能要用到不等式

$$\frac{1}{2}a^2-b^2\leqslant(a+b)^2,\quad \forall a,b\in\mathcal{R} \tag{7.8.15}$$

由上述结果,证明:对于 $0\leqslant t<T$,$\lim\limits_{x\downarrow 0}v(t,x)=0$。

(iii) 证明:对任何正数 c,有:

$$\lim_{\tau\downarrow 0}\delta_{\pm}(\tau,c)=\begin{cases}-\infty, & 0<c<1\\ 0, & c=1\\ \infty, & c>1\end{cases} \tag{7.8.16}$$

由此证明:对于 $0<x<B$,$\lim\limits_{\tau\downarrow 0}v(t,x)=(x-K)^+$。

习题 7.3 (几何布朗运动及其迄今最大值的马尔可夫性质) 回顾式(7.4.1)中的几何布朗运动 $S(t)$ 以及式(7.4.3)中的迄今最大值过程 $Y(t)$,根据定义 2.3.6,为了证明过程序偶 $(S(t),Y(t))$ 是马尔可夫过程,我们必须证明:对任意 $0\leqslant t\leqslant T$ 和函数 $f(x,y)$,存在另一个函数 $g(x,y)$,使得

$$\mathbb{E}[f(S(T),Y(T))\mid F(t)]=g(S(t),Y(t)) \tag{7.8.17}$$

利用独立性引理(引理 2.3.4),证明这样的函数 $g(x,y)$ 存在。

习题 7.4 (几何布朗运动及其迄今最大值的交互变差) 设 $S(t)$ 是式(7.4.1)中的几何布朗运动,$Y(t)$ 是式(7.4.3)中的迄今最大值过程。固定 T,设 $0=t_0<t_1<\cdots<t_m=T$ 是 $[0,T]$ 的分划。证明:当分点数目 m 趋于无穷并且最大子区间的

长度 $\max_{j=1,\cdots,m}(t_j-t_{j-1})$ 趋于 0 时，和式

$$\sum_{j=1}^{m}(Y(t_j)-Y(t_{j-1}))(S(t_j)-S(t_{j-1}))$$

具有极限 0。

习题 7.5 (回望期权的布莱克—斯科尔斯—默顿方程) 本题通过直接计算，证明式(7.4.35)的函数 $v(t,x,y)$ 满足布莱克—斯科尔斯—默顿方程(7.4.6)。由 7.4.3 小节可知：这等价于证明式(7.4.36)定义的函数 u 满足布莱克—斯科尔斯—默顿方程(7.4.18)。我们通过以下步骤验证 $u(t,z)$ 满足式(7.4.18)。给定 $0\leqslant t<T$，定义 $\tau=T-t$。

(i) 利用式(7.8.1)计算：$u_t(t,z)$ 并利用式(7.8.3)和式(7.8.4)简化，从而验证：

$$u_t(t,z)=re^{-r\tau}N(-\delta_-(\tau,z))-\frac{1}{2}\sigma^2e^{-r\tau}z^{1-\frac{2r}{\sigma^2}}N(-\delta_-(\tau,z^{-1}))-\frac{\sigma z}{\sqrt{\tau}}N'(\delta_+(\tau,z)) \tag{7.8.18}$$

(ii) 利用(7.8.2)计算 $u_z(t,z)$ 并利用式(7.8.3)和式(7.8.4)简化，从而验证：

$$u_z(t,z)=\left(1+\frac{\sigma^2}{2r}\right)N(\delta_+(\tau,z))+\left(1-\frac{\sigma^2}{2r}\right)e^{-r\tau}z^{-\frac{2r}{\sigma^2}}N(-\delta_-(\tau,z^{-1}))-1 \tag{7.8.19}$$

(iii) 利用式(7.8.19)和式(7.8.2)计算 $u_{zz}(t,z)$ 并利用式(7.8.3)和式(7.8.4)简化，从而验证：

$$u_{zz}(t,z)=\left(1-\frac{2r}{\sigma^2}\right)e^{-r\tau}z^{-\frac{2r}{\sigma^2}-1}N(-\delta_-(\tau,z^{-1}))+\frac{2}{z\sigma\sqrt{\tau}}N'(\delta_+(\tau,z)) \tag{7.8.20}$$

(iv) 验证：$u(t,z)$ 满足布莱克—斯科尔斯—默顿方程(7.4.18)。

(v) 验证：$u(t,z)$ 满足边界条件(7.4.20)。

习题 7.6 (回望期权的边界条件) 式(7.4.35)的回望期权价格 $v(t,x,y)$ 必须满足边界条件(7.4.7)～(7.4.9)。由 7.4.3 小节可知：这等价于式(7.4.36)定义的函数

$$u(t,z)=\left(1+\frac{\sigma^2}{2r}\right)zN(\delta_+(\tau,z))+e^{-r\tau}N(-\delta_-(\tau,z))-\frac{\sigma^2}{2r}e^{-r\tau}z^{1-\frac{2r}{\sigma^2}}N(-\delta_-(\tau,z^{-1}))-z,\quad 0\leqslant t<T,0<z\leqslant 1$$

满足边界条件(7.4.19)～(7.4.21)。在习题 7.5(v)中，已经验证了这一函数满足边界条件(7.4.20)。这里，我们通过直接计算验证：当 $z\downarrow 0$ 时，$u(t,z)$ 的极限满足式(7.4.19)；当 $t\uparrow T(\tau\downarrow 0)$ 时，$u(t,z)$ 的极限满足式(7.4.21)。

(i) 如果尚未完成习题 7.2，验证式(7.8.11)、式(7.8.14)中的第二个等式以及式(7.8.16)。

(ii) 利用式(7.8.11)和式(7.8.14)中的第二个等式,证明:对于 $0\leqslant t<T$,有:

$$\lim_{z\downarrow 0}u(t,z)=e^{-r\tau}$$

(iii) 利用式(7.8.16),证明:对于 $0<z\leqslant 1$,$\lim_{\tau\downarrow 0}u(t,z)=1-z$。

习题 7.7 (敲定价格为 0 的亚式看涨期权) 考虑敲定价格为 0 的亚式看涨期权,其在时刻 T 的支付为:

$$V(T)=\frac{1}{T}\int_0^T S(u)du$$

(i) 假设在时刻 t,我们有 $S(t)=x\geqslant 0$ 以及 $\int_0^t S(u)du=y\geqslant 0$。利用 $e^{-ru}S(u)$ 在 $\widetilde{\mathbb{P}}$ 下是鞅这一事实,计算

$$e^{-r(T-t)}\widetilde{\mathbb{E}}\left[\frac{1}{T}\int_0^T S(u)du \mid \mathcal{F}(t)\right]$$

将计算结果记为 $v(t,x,y)$。

(ii) 验证(i) 中得到的函数 $v(t,x,y)$ 满足定理 7.5.11 中的布莱克—斯科尔斯—默顿方程(7.5.8) 以及边界条件(7.5.9) 和(7.5.11)[不必验证式(7.5.10),因为这里的 $v(t,x,y)$ 只对 $y\geqslant 0$ 有定义]。

(iii) 显式地确定过程 $\Delta(t)=v_x(t,S(t),Y(t))$,注意到它非随机。

(iv) 利用伊藤—德布林公式证明:如果从初始资本 $X(0)=v(0,S(0),0)$ 出发,在每一时刻持有 $\Delta(t)$ 份原生资产,以利率 r 投资或者借贷维持自融资,到时刻 T,资产组合的价值为:

$$X(T)=\frac{1}{T}\int_0^T S(u)du$$

习题 7.8 考虑 7.5.3 小节中的连续抽样亚式期权,但是现在假设利率 $r=0$,取初始资本 $X(0)$ 以及非随机函数 $\gamma(t)$ 取代式(7.5.22),使得:

$$X(T)=\frac{1}{c}\int_{T-c}^T S(u)du-K \tag{7.5.27}$$

仍成立。给出过程 $X(t)$,$0\leqslant t\leqslant T$ 的公式,以取代式(7.5.24)和式(7.5.26)。对于这样的函数 $\gamma(t)$ 和过程 $X(t)$,定理 7.5.3 仍成立。

习题 7.9 设 $g(t,y)$ 是定理 7.5.3 中的函数。亚式期权在时刻 t 的价值为 $V(t)=v(t,S(t),X(t))$,其中 $v(t,s,x)=sg(t,y)$,$y=\frac{x}{s}$,过程 $S(t)$ 由式(7.5.1)给出。为确定起见,考虑连续抽样情形并设 $r\neq 0$,于是 $\gamma(t)$ 由式(7.5.22)给出,$X(t)$ 由式(7.5.24)和式(7.5.26)给出。

(i) 验证导数公式

$$v_t(t,s,x)=sg_t(t,y)$$
$$v_s(t,s,x)=g(t,y)-yg_y(t,y)$$

$$v_x(t,s,x)=g_y(t,y)$$

$$v_{ss}(t,s,x)=\frac{y^2}{s}g_{yy}(t,y)$$

$$v_{sx}(t,s,x)=-\frac{y}{s}g_{yy}(t,y)$$

$$v_{xx}(t,s,x)=\frac{1}{s}g_{yy}(t,y)$$

(ii) 通过计算微分(用 dt 和 $d\widetilde{W}$ 表示),验证 dt 项为 0,证明:$e^{-rt}v(t,S(t),X(t))$在$\widetilde{\mathbb{P}}$ 下是鞅。[提示:利用 $g(t,y)$满足式(7.5.39)这一事实。]

(iii) 以 $v(0,S(0),X(0))$为初始资本,在每一时刻 t,风险资产的头寸取为$\Delta(t)$,以利率 r 投资或者借贷维持自融资。我们希望在最终时刻资产组合价值为$\left(\frac{1}{c}\int_{T-c}^{T}S(u)du-K\right)^+$。给出关于$\Delta(t)$的公式,用函数 v 以及过程$S(t)$和 $X(t)$表示。[注意:出现在本题中的,也是出现在定理 7.5.3 中的$X(t)$不是对冲资产组合的价值过程。例如 $X(0)$由式(7.5.23)给出,它与对冲资产组合的初值 $v(0,S(0),X(0))$不同。]

8 美式衍生证券

8.1 引　言

欧式期权合约规定了到期日，如果期权被实施，则必须在到期日行权。如果持有人可以在到期之前任何时刻(包括到期日)行权，这样的期权被称为**美式期权**。由于具有提前实施特性，美式期权的价值不应低于相应的欧式期权价值。有些时候，两者的价差可以忽略或者甚至为0，从而美式期权与欧式期权近似或者完全相等。本章中，我们将看到：对于无红利支付股票的看涨期权，提前实施特性没有价值。这样的股票上的欧式期权和美式期权具有相同的价格。在其他情形，特别是看跌期权，这种提前实施特性的价值(所谓**提前实施溢价**)可以很可观。介于美式期权和欧式期权之间的是**百慕大期权**，它允许持有人在合约规定的有限多个日期行权。

由于美式期权持有人可以在到期之前任何时刻行权，其价值不会低于即时行权所获得的支付。这被称为期权的**内在价值**。

欧式期权的贴现价值过程在风险中性测度下是鞅，与此不同，美式期权的贴现价值过程在此测度下是上鞅。美式期权的持有人可能会错过最优实施时刻，在此情形下，贴现期权价格具有下降趋势；这就得到上鞅性质。然而，在行权并非最优选择的任何时段内，美式期权的贴现价格过程具有鞅性质。

如同欧式期权的情形，为了定价美式期权，我们设想售出期权，利用所得作为初始资本，考虑如何对冲期权空头。现在的情形，我们需要在期权到期日之前的任何时刻随时准备支付，因为我们不知道持有人何时会行权。我们能够确定从我们的角度持有人行权的最坏时刻。从持有人的角度，这是**最优实施时刻**；我们以后也如此称呼。然后我们计算在持有人于最优实施时刻行权的情况下对冲期权空头所需要的初始资本。最后，我们考虑从这一初始资本出发，如何投资可以对冲我们的期权空头，即使持有人是在非最优实施时刻行权。在以下几节的论述中，我们采用与欧式期权情形不同的出发点。我们利用风险中性定价公式定义美式期权的价格，然后证明该价格是构造上述对冲所需要的最小初始资本。

对于二叉树模型，上述有关论证见第一卷的第四章。这里，我们给出连续时间情形的相关讨论。8.3节中首先考虑永久美式看跌期权，它并不是真实交易的产品。关于这一期权的分析将为以后几节给出一些提示。8.4 节中讨论有限到期日的美式看跌期权，这是真实交易的产品。8.5 节中讨论美式看涨期权。在股票无红利支付的情形，我们证明美式看涨期权与欧式看涨期权具有相同的价格。然而，对于支付红利的股票，它们的价格不同。在后者的情形下，我们给出美式看涨期权价格的计算。

8.2 停 时

整个第八章都需要停时的概念。这在第一卷的 4.3 节中曾在二叉树模型下定义并讨论过。停时 τ 是在$[0,\infty]$中取值的随机变量。我们将遇到的停时是美式期权的行权时刻。投资者的行权决定可以依赖于该时刻能够获得的所有信息，但不依赖于未来信息。在以下定义 8.2.1 中，我们给出这一性质的数学表述。在叙述定义之前，先给出想法的由来。

在第一卷的 N 时段模型中，域流由抛掷硬币生成，并且仅有有限多个日期。我们定义停时是取值为 $0,1,\cdots,N$ 或∞的随机变量，并且具有性质：如果 $\tau(\omega_1\cdots\omega_n\omega_{n+1}\cdots\omega_N)=n$，则对所有 $\omega'_{n+1}\cdots\omega'_N$，$\tau(\omega_1\cdots\omega_n\omega'_{n+1}\cdots\omega'_N)=n$。这一条件确保在时刻 n 停止的决定不依赖于时刻 n 以后抛掷硬币的结果。

类似地，在连续时间情形，要求对每个非随机的 $t\geqslant 0$，集合$\{\tau=t\}=\{\omega\in\Omega;\tau(\omega)=t\}$在 $\mathcal{F}(t)$中（即投资者在时刻 t 行权的决定基于时刻 t 所能获得的信息）。然而，我们将对形如$\{\omega\in\Omega;T_1\leqslant\tau(\omega)\leqslant T_2\}$的集合感兴趣，而这些集合无法由形如$\{\omega\in\Omega;\tau(\omega)=t\}$的集合取可数并集得到。于是，在以下定义 8.2.1 中，我们施加略微较强的条件。

定义 8.2.1 停时 τ 是在$[0,\infty]$中取值的随机变量，并且满足

$$\{\tau\leqslant t\}\in\mathcal{F}(t),\quad \forall\, t\geqslant 0 \tag{8.2.1}$$

注 8.2.2 给定 $t\geqslant 0$，注意到由式(8.2.1)以及 σ-代数的性质，对所有正整数 n，$\left\{\tau>t-\frac{1}{n}\right\}=\left\{\tau\leqslant t-\frac{1}{n}\right\}^c\in\mathcal{F}\left(t-\frac{1}{n}\right)$。由于 $\mathcal{F}\left(t-\frac{1}{n}\right)$中的每个集合都在 $\mathcal{F}(t)$中，故对每个 n，$\left\{\tau>t-\frac{1}{n}\right\}$在 $\mathcal{F}(t)$中，从而

$$\{\tau=t\}=\{\tau\leqslant t\}\cap\left(\bigcap_{n=1}^{\infty}\left\{\tau>t-\frac{1}{n}\right\}\right)$$

也在 $\mathcal{F}(t)$中。换言之，由定义 8.2.1，停时 τ 具有性质：在时刻 t 停止的决定基于时刻 t 所能获得的信息。

例 8.2.3（连续过程的首达时间） 设 $X(t)$是具有连续路径的适应过程，m 是数，令

$$\tau_m=\min\{t\geqslant 0;X(t)=m\} \tag{8.2.2}$$

这是过程 $X(t)$首次达到水平 m 的时刻。如果 $X(t)$达不到水平 m，则令$\tau_m=\infty$。直观上，由于 τ_m 的值由 $X(t)$截至时刻 τ_m 的路径决定，故 τ_m 必为停时。投资者可

以在原生资产价格首次达到某一水平时行权,行权策略并不依赖于行权时刻之后原生资产价格的变动。

我们利用定义 8.2.1 以及 σ-代数的性质,从数学上证明 τ_m 是一个停时。给定 $t\geqslant 0$,我们需要证明$\{\tau\leqslant t\}$在 $\mathcal{F}(t)$中。

如果 $t=0$,则$\{\tau\leqslant t\}=\{\tau=0\}$为 Ω 或者 ϕ,这取决于 $X(0)=m$ 或者$X(0)\neq m$。不论何种情形,都有$\{\tau\leqslant 0\}\in\mathcal{F}(0)$。

考虑 $t>0$ 的情形。设 $\omega\in\Omega$ 满足 $\tau(\omega)\leqslant t$,则存在某个 $s\leqslant t$,使得 $X(s,\omega)=m$,这里我们标明了 X 依赖于 ω。对每个正整数 n,存在包含 s 的时间开区间,使得过程 X 的相应值位于$\left(m-\frac{1}{n},m+\frac{1}{n}\right)$中。在这时间开区间内,存在有理数 $q\leqslant s\leqslant t$。于是,ω 属于集合

$$A=\bigcap_{n=1}^{\infty}\bigcup_{0\leqslant q\leqslant t,q\text{为有理数}}\left\{m-\frac{1}{n}<X(q)<m+\frac{1}{n}\right\}$$

我们证明了$\{\tau\leqslant t\}\subset A$。

另一方面,如果 $\omega\in A$,则对每个正整数 n,存在有理数 $q_n\leqslant t$,使得:

$$m-\frac{1}{n}<X(q_n,\omega)<m+\frac{1}{n}$$

有界闭区间$[0,t]$中的无穷序列$\{q_n\}_{n=1}^{\infty}$必有聚点 s。换言之,存在数 $s\in[0,t]$以及子列$\{q_{n_k}\}_{k=1}^{\infty}$,使得 $\lim_{k\to\infty}q_{n_k}=s$。由于

$$m-\frac{1}{n_k}<X(q_{n_k},\omega)<m+\frac{1}{n_k},\quad\forall k=1,2,\cdots$$

在上述不等式中令 $k\to\infty$,并利用 X 具有连续路径这一事实,我们有 $X(s,\omega)=m$。由此可知 $\tau(\omega)\leqslant t$。我们证明了 $A\subset\{\tau\leqslant t\}$,因此 $A=\{\tau\leqslant t\}$。

由于 X 适应于域流,对每个正整数 n 和有理数 $q\in[0,t]$,集合

$$\left\{m-\frac{1}{n}<X(q)<m+\frac{1}{n}\right\}$$

在 $\mathcal{F}(q)$中,从而也在更大的 σ-代数 $\mathcal{F}(t)$中。由于$[0,t]$中只有可数多个有理数 q,它们可以被排成一列,并集

$$B_n=\bigcup_{0\leqslant q\leqslant t,q\text{为有理数}}\left\{m-\frac{1}{n}<X(q)<m+\frac{1}{n}\right\}$$

其实是 $\mathcal{F}(t)$中一列集合的并集,因而必在 $\mathcal{F}(t)$中。由于对每个正整数 n,B_n 在 $\mathcal{F}(t)$中,故交集$\bigcap_{n=1}^{\infty}B_n=A$ 也在 $\mathcal{F}(t)$中。前面已证明 $A=\{\tau\leqslant t\}$,因此$\{\tau\leqslant t\}\in\mathcal{F}(t)$。 □

现在,假设有一个适应过程 $X(t)$和一个停时 τ,我们定义一个停止过程 $X(t\wedge\tau)$,其中$\wedge$表示两个量中的较小者(即 $t\wedge\tau=\min\{t,\tau\}$)。截至时刻 τ,停止过程 $X(t\wedge\tau)$与 $X(t)$相同,之后,停止过程便冻结在 $X(\tau)$的值(见图 8.2.1)。

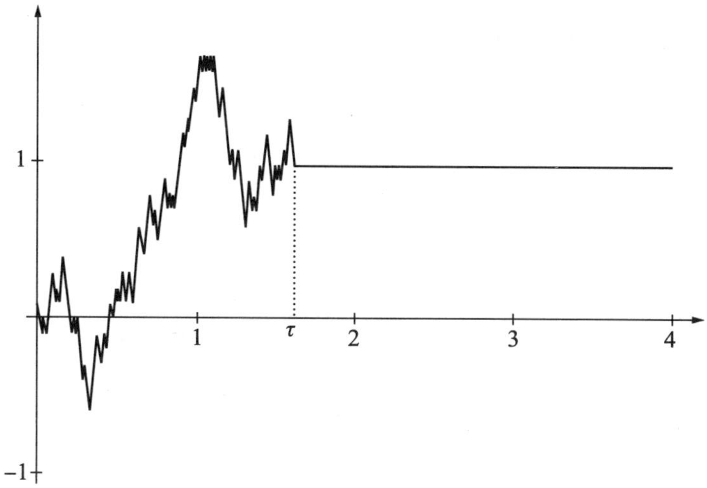

图 8.2.1　停止过程

定理 8.2.4（可选抽样定理）　将一个鞅停止于停时得到的停止过程仍是一个鞅。将一个上鞅(或下鞅)停止于停时得到的停止过程仍是一个上鞅(或下鞅)。

定理 8.2.4 的证明细节这里不准备给出，定理的直观含义是清楚的。如果 $M(t)$是鞅，则停止过程 $M(t\wedge\tau)$在时刻 τ 之前与 $M(t)$相同，因而也是鞅。时刻 τ 之后，停止过程被冻结(即不再随时间变化)，是一个平凡的鞅。"平均而言"，鞅既不上升也不下降。在被冻结以后，过程的路径既不上升也不下降。仅当停止过程的决定是"超前"的，才会破坏鞅性质。如果当过程将要上行时将其停止(冻结)，而在将要下行时让其继续，这样的停止过程由于去除了上升的可能性将具有下降的趋势。图 8.2.2 给出了离散时间模型中在 H(上升)的概率 $\widetilde{p}=\frac{1}{2}$ 并且 T(下降)的概率 $\widetilde{q}=\frac{1}{2}$ 假定下的鞅。图 8.2.2～图 8.2.4 取自第一卷的 4.3 节，其中图 8.2.2 中的鞅是风险中性测度下的贴现股票价格。图 8.2.3 给出了非停时的随机时间 ρ。

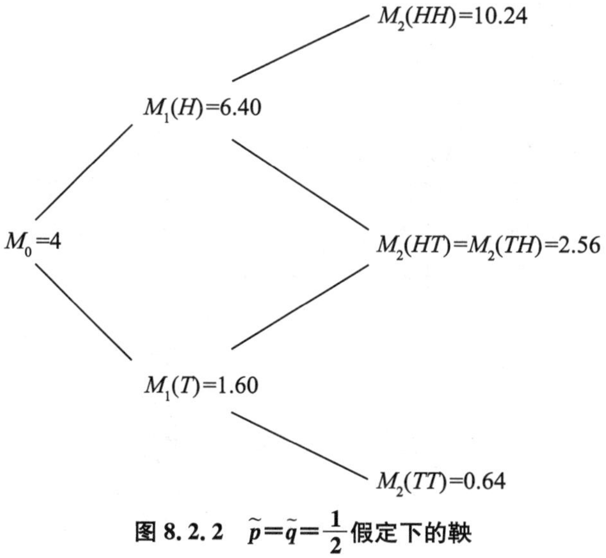

图 8.2.2　$\widetilde{p}=\widetilde{q}=\frac{1}{2}$ 假定下的鞅

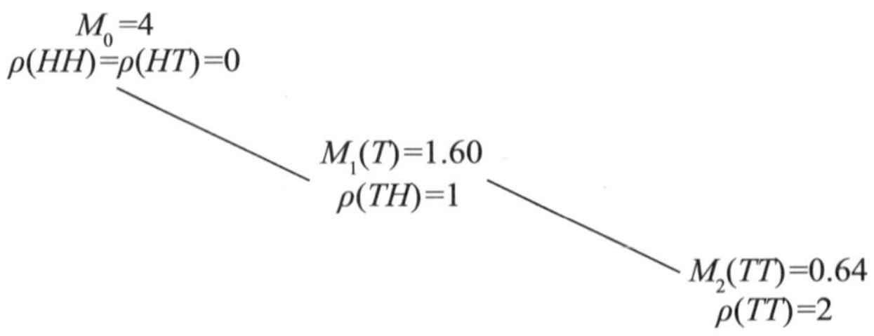

图 8.2.3　非停时的随机时间 ρ

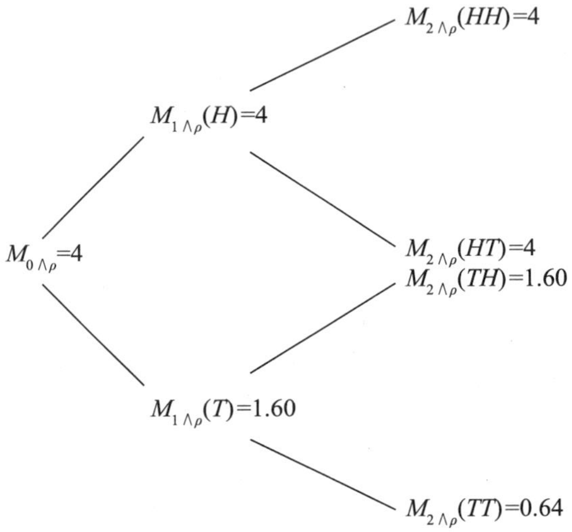

图 8.2.4　鞅停止于非停时的随机时间 ρ

如果第一次硬币抛掷结果为 H(上升),随机时间 ρ 在时刻 0 停止;如果第一次抛掷结果为 T(下降),则过程继续。类似地,如果第一次抛掷结果为 T 并且第二次抛掷结果为 H,ρ 在时刻 1 停止;而如果第一次抛掷结果为 T 并且第二次抛掷结果为 T,则过程继续。将图 8.2.2 中的鞅停止于非停时的随机时间 ρ,得到的过程见图 8.2.4,它不是鞅。例如:

$$\widetilde{\mathbb{E}}M_{2\wedge\rho}=\frac{1}{4}(4+4+1.60+0.64)=2.56<M_0=4$$

而鞅的期望值不会随时间变化。我们关于停时的定义排除了这类停止过程。

类似的直观解释也适用于上鞅。将一个上鞅停止于停时得到的停止过程在被冻结之前是上鞅,被冻结之后是鞅(上鞅的特殊情形)。下鞅的情形也类似。我们再次强调:必须停止于停时。超前的停止决定将破坏上鞅(下鞅)性质。

8.3　永久美式看跌期权

最为简单而有趣的美式期权是**永久美式看跌期权**。说它有趣是因为最优实施策略并不显然,说它简单则因为这一策略可以被显式地确定。尽管它不是真实交易的产品,但是从它开始讨论可以对更为现实的期权的分析背后的思想给出一个简单的阐述。

本章中大部分原生资产(除了 8.5.2 小节中支付红利的资产),其价格过程 $S(t)$ 如下给出:

$$dS(t)=rS(t)dt+\sigma S(t)d\widetilde{W}(t) \tag{8.3.1}$$

其中利率 r 和波动率 σ 都是严格为正的常数,$\widetilde{W}(t)$ 是风险中性概率测度 $\widetilde{\mathbb{P}}$ 下的布朗运动。永久美式看跌期权如果在时刻 t 行权,支付为 $K-S(t)$,这是它的内在价值。

定义 8.3.1 设 $\mathscr{S}$ 是所有停时的集合。**永久美式看跌期权的价格**被定义为:

$$v_*(x)=\max_{\tau\in\mathscr{S}}\widetilde{\mathbb{E}}[e^{-r\tau}(K-S(\tau))] \tag{8.3.2}$$

其中式(8.3.2)中的 $x=S(0)$ 是初始股价。在 $\tau=\infty$ 的情形下,我们将 $e^{-r\tau}(K-S(\tau))$ 理解为 0。

定义 8.3.1 背后的思想是:永久美式看跌期权的持有人在选择行权时刻 τ 时,仅受限于一个条件——不能超前确定行权时刻。"不能超前"这一约束的数学表述就是 τ 必须是停时。时刻 0 的期权价格是从行权时刻回到时刻 0 的贴现支付的风险中性期望值。如果期权永远不被实施,则支付为 0。这就解释了式(8.3.2)右端取期望的项。期权持有人应当选择行权策略,最大化贴现(回到时刻 0 的)支付的期望值,因此,我们将期权价格定义为贴现期望支付在 $\tau\in\mathscr{S}$ 上的最大值。

永久美式看跌期权风险中性价格的这一定义,初看似乎与 4.5 节中欧式期权价格的构造不同。在那里,期权价格等于期权空头投资者为了对冲其空头头寸建立对冲组合所需要的初始资本(即以初始资本投资于股票和货币市场账户,使得期权到期日资产组合价值与期权支付相等)。事实上,以上定义的 $v_*(x)$ 也是美式看跌期权空头对冲所需要的初始资本(**不论看跌期权持有人使用何种行权策略 τ**)。

永久美式看跌期权的持有人任何时刻都能行权。特别地,期权没有终止日期。这就使得每一天都相似于其他任何一天;离到期日尚余时间都相同(即无限)。由于每一天都相似于其他任何一天,认为最优行权策略仅依赖于股价 $S(t)$ 而不依赖于时间变量 t 应是合理的。一旦股价 $S(t)$ 跌至 K 下方"足够远",看跌期权持有人就应行权。换言之,可以合理地假设最优行权策略具有如下形式:

"一旦股价 $S(t)$ 跌至水平 L_*,立即实施看跌期权。"

我们需要回答两个问题:

(i) L_* 的值是多少?何以知道这对应于最优实施?

(ii) 看跌期权的价值是多少?

对于永久美式看跌期权,我们可以基于显式计算给出上述问题的回答。

8.3.1 *随意行权的价格*

定理 8.3.2 (带漂移布朗运动首达时间的拉普拉斯变换) 设 $\widetilde{W}(t)$ 是概率测度 $\widetilde{\mathbb{P}}$ 下的布朗运动,μ 是实数,m 是正数。定义 $X(t)=\mu t+\widetilde{W}(t)$,并且令

$$\tau_m=\min\{t\geqslant 0;X(t)=m\}$$

于是 τ_m 是例 8.2.3 中的停时。如果 $X(t)$ 达不到水平 m,我们认为 $\tau_m=\infty$。则有:

$$\widetilde{\mathbb{E}}e^{-\lambda\tau_m}=\exp\{-m(-\mu+\sqrt{\mu^2+2\lambda})\},\quad \forall\lambda>0 \tag{8.3.3}$$

如果 $\tau_m=\infty$,我们将 $e^{-\lambda\tau_m}$ 理解为 0。

【证明】 定义 $\sigma=-\mu+\sqrt{\mu^2+2\lambda}$,则 $\sigma>0$ 并且

$$\begin{aligned}\sigma\mu+\frac{1}{2}\sigma^2&=-\mu^2+\mu\sqrt{\mu^2+2\lambda}+\frac{1}{2}(-\mu+\sqrt{\mu^2+2\lambda})^2\\&=-\mu^2+\mu\sqrt{\mu^2+2\lambda}+\frac{1}{2}\mu^2-\mu\sqrt{\mu^2+2\lambda}+\frac{1}{2}\mu^2+\lambda\\&=\lambda\end{aligned}$$

则:

$$\exp\{\sigma X(t)-\lambda t\}=\exp\left\{\sigma\mu t+\sigma\widetilde{W}(t)-\sigma\mu t-\frac{1}{2}\sigma^2 t\right\}=\exp\left\{\sigma\widetilde{W}(t)-\frac{1}{2}\sigma^2 t\right\}$$

这是$\widetilde{\mathbb{P}}$下的一个鞅[其微分含 $d\widetilde{W}(t)$项而不含 dt 项]。根据定理 8.2.4(可选抽样定理),停止过程

$$M(t)=\exp\left\{\sigma\widetilde{W}(t\wedge\tau_m)-\frac{1}{2}\sigma^2(t\wedge\tau_m)\right\}$$

也是鞅。因此,对每个正整数 n,有:

$$\begin{aligned}1&=M(0)=\widetilde{\mathbb{E}}M(n)\\&=\widetilde{\mathbb{E}}[e^{\sigma X(n\wedge\tau_m)-\lambda(n\wedge\tau_m)}]\\&=\widetilde{\mathbb{E}}[e^{\sigma m-\lambda\tau_m}\mathbb{I}_{\{\tau_m\leqslant n\}}]+\widetilde{\mathbb{E}}[e^{\sigma X(n)-\lambda n}\mathbb{I}_{\{\tau_m>n\}}]\end{aligned} \tag{8.3.4}$$

非负随机变量 $e^{\sigma m-\lambda\tau_m}\mathbb{I}_{\{\tau_m\leqslant n\}}$ 关于 n 递增,其极限为 $e^{\sigma m-\lambda\tau_m}\mathbb{I}_{\{\tau_m<\infty\}}$。换言之,有:

$$0\leqslant e^{\sigma m-\lambda\tau_m}\mathbb{I}_{\{\tau_m\leqslant 1\}}\leqslant e^{\sigma m-\lambda\tau_m}\mathbb{I}_{\{\tau_m\leqslant 2\}}\leqslant\cdots\quad a.s.$$

并且

$$\lim_{n\to\infty}e^{\sigma m-\lambda\tau_m}\mathbb{I}_{\{\tau_m\leqslant n\}}\leqslant e^{\sigma m-\lambda\tau_m}\mathbb{I}_{\{\tau_m<\infty\}}\quad a.s.$$

由单调收敛定理(定理 1.4.5),可得:

$$\lim_{n\to\infty}\widetilde{\mathbb{E}}[e^{\sigma m-\lambda\tau_m}\mathbb{I}_{\{\tau_m\leqslant n\}}]=\widetilde{\mathbb{E}}[e^{\sigma m-\lambda\tau_m}\mathbb{I}_{\{\tau_m<\infty\}}] \tag{8.3.5}$$

另一方面,对于 $n<\tau_m$,$X(n)\leqslant m$,并且 σ 是正数,故随机变量 $e^{\sigma X(n)-\lambda n}\mathbb{I}_{\{\tau_m>n\}}$ 满足:

$$0\leqslant e^{\sigma X(n)-\lambda n}\mathbb{I}_{\{\tau_m>n\}}\leqslant e^{\sigma m-\lambda n}\leqslant e^{\sigma m}\quad a.s.$$

由于 λ 是正数,我们有:

$$\lim_{n\to\infty}e^{\sigma X(n)-\lambda n}\mathbb{I}_{\{\tau_m>n\}}\leqslant\lim_{n\to\infty}e^{\sigma m-\lambda n}=0$$

根据控制收敛定理(定理 1.4.9),有:

$$\lim_{n\to\infty}\widetilde{\mathbb{E}}[e^{\sigma X(n)-\lambda n}\mathbb{I}_{\{\tau_m>n\}}]=0 \tag{8.3.6}$$

在式(8.3.4)中取极限并利用式(8.3.5)和式(8.3.6),我们得到:

$$1=\widetilde{\mathbb{E}}[e^{\sigma m-\lambda\tau_m}\mathbb{I}_{\{\tau_m<\infty\}}]$$

或者,等价地:

$$\widetilde{\mathbb{E}}[e^{-\lambda\tau_m}\mathbb{I}_{\{\tau_m<\infty\}}]=e^{-\sigma m}=e^{-m(-\mu+\sqrt{\mu^2+2\lambda})},\quad \forall\lambda>0 \tag{8.3.7}$$

如果对于 $\tau_m=\infty$,将 $e^{-\lambda\tau_m}$ 理解为 0,那么这就是式(8.3.3)。 □

注 8.3.3 我们在 λ 严格为正的假设下推得了式(8.3.7),现在,我们可以令 $\lambda\downarrow 0$取极限。当 $\lambda\downarrow 0$ 时,随机变量 $e^{-\lambda\tau_m}\mathbb{I}_{\{\tau_m<\infty\}}$ 非负递增趋于$\mathbb{I}_{\{\tau_m<\infty\}}$,故由单调收敛定理可得:

$$\widetilde{\mathbb{P}}\{\tau_m<\infty\}=\widetilde{\mathbb{E}}\,\mathbb{I}_{\{\tau_m<\infty\}}=\lim_{\lambda\downarrow 0}e^{-m(-\mu+\sqrt{\mu^2+2\lambda})}=e^{m\mu-m|\mu|}$$

如果 $\mu\geqslant 0$,$X(t)$中的漂移为 0 或者向上(指向水平 m),并且$\widetilde{\mathbb{P}}\{\tau_m<\infty\}=1$;$X(t)$以概率 1 达到水平 m。另一方面,如果 $\mu<0$,$X(t)$中的漂移向下(远离水平 m),并且$\widetilde{\mathbb{P}}\{\tau_m<\infty\}=e^{-2m|\mu|}<1$;$X(t)$具有正概率达不到水平 m。

方程(8.3.1)的解为:

$$S(t)=S(0)e^{\sigma\widetilde{W}(t)+(r-\frac{1}{2}\sigma^2)t} \tag{8.3.8}$$

假定永久美式看跌期权的持有人设置了一个正的水平 $L<K$,并决意在股价首次跌至水平 L 时实施看跌期权。如果初始股价等于或者低于 L,就(在时刻 0)立即行权。在此情形,看跌期权的价值 $v_L(S(0))=K-S(0)$。如果初始股价高于 L,就在(停时)时刻

$$\tau_L=\min\{t\geqslant 0;S(t)=L\} \tag{8.3.9}$$

行权;如果股价达不到水平 L,则 $\tau_L=\infty$。这时,看跌期权的支付为 $K-S(\tau_L)=K-L$。贴现回到时刻 0 并取风险中性期望值,我们算得在这一实施策略下看跌期权的价值为:

$$v_L(S(0))=(K-L)\widetilde{\mathbb{E}}e^{-r\tau_L},\quad \forall S(0)\geqslant L \tag{8.3.10}$$

对于 $\tau_L=\infty$的那些路径,将 $e^{-r\tau_L}$ 理解为 0(回顾这一节一开始的假定:利率 r 严格为正)。尽管记号中没有明显标明,τ_L 的分布依赖于初始股价 $S(0)$,故式(8.3.10)的右端是 $S(0)$的函数。

引理 8.3.4 函数 $v_L(x)$ 由以下公式给出:

$$v_L(x)=\begin{cases}K-x, & 0\leqslant x\leqslant L\\ (K-L)\left(\dfrac{x}{L}\right)^{-\frac{2r}{\sigma^2}}, & x\geqslant L\end{cases} \tag{8.3.11}$$

【证明】 只需证明式(8.3.11)中的第二行。如果 $x=L$,则 $\tau_L=0$ 并且由式(8.3.10)可得 $v_L(x)=K-L$。

考虑 $S(0)=x>L$ 的情形。停时 τ_L 是

$$S(t)=xe^{\sigma\widetilde{W}(t)+(r-\frac{1}{2}\sigma^2)t}$$

首次达到水平 L 的时刻。由于 $S(t)=L$ 当且仅当

$$-\widetilde{W}(t)-\frac{1}{\sigma}\left(r-\frac{1}{2}\sigma^2\right)t=\frac{1}{\sigma}\log\frac{x}{L}$$

现在,我们运用定理 8.3.2,其中 $X(t)$ 被替换为 $-\widetilde{W}(t)-\frac{1}{\sigma}\left(r-\frac{1}{2}\sigma^2\right)t$[过程 $\widetilde{W}(t)$ 和 $-\widetilde{W}(t)$ 在 $\widetilde{\mathbb{P}}$ 下都是布朗运动],λ 被替换为 r,μ 被替换为 $-\frac{1}{\sigma}\left(r-\frac{1}{2}\sigma^2\right)$,以及 m 被替换为 $\frac{1}{\sigma}\log\frac{x}{L}$(这是正数)。在这样的替换下,定理 8.3.2 中的 τ_m 就是 τ_L,并且

$$\begin{aligned}\mu^2+2\lambda&=\frac{1}{\sigma^2}\left(r^2-r\sigma^2+\frac{1}{4}\sigma^4\right)+2r\\&=\frac{1}{\sigma^2}\left(r^2+r\sigma^2+\frac{1}{4}\sigma^4\right)\\&=\frac{1}{\sigma^2}\left(r+\frac{1}{2}\sigma^2\right)^2\end{aligned}$$

则:

$$-\mu+\sqrt{\mu^2+2\lambda}=\frac{1}{\sigma}\left(r-\frac{1}{2}\sigma^2\right)+\frac{1}{\sigma}\left(r+\frac{1}{2}\sigma^2\right)=\frac{2r}{\sigma}$$

由式(8.3.3)可得:

$$\widetilde{\mathbb{E}}e^{-r\tau_L}=e^{-\frac{1}{\sigma}\log\frac{x}{L}\cdot\frac{2r}{\sigma}}=\left(\frac{x}{L}\right)^{-\frac{2r}{\sigma^2}}$$

式(8.3.11)中的第二行得证。 □

8.3.2 *最优行权的价格*

图 8.3.1 中给出相应于 L 的三个不同值的函数 $v_L(x)$。当 x 取值在 L_1 与 L_2 之间时,图中的函数 $v_{L_1}(x)$ 位于内在价值 $K-x$ 下方。如果初始股价在 L_1 与 L_2 之间,在股价首次跌至 L_1 时行权的策略显然不好;不如在初始时刻行权,还能获得内在价值。函数 $v_{L_2}(x)$ 当 $0\leqslant x\leqslant L_2$ 时等于内在价值,当 $x\geqslant L_2$ 时为图中标出的曲线。函数 $v_{L_*}(x)$ 当 $0\leqslant x\leqslant L_*$ 时等于内在价值,当 $x\geqslant L_*$ 时为图中标出的曲线。当 $x\geqslant L_*$ 时,函数 $v_{L_*}(x)$ 严格大于函数 $v_{L_2}(x)$;因此,在股价首次跌至 L_* 时行权的策略优于在股价首次跌至 L_2 时行权的策略。

从图 8.3.1 中看到:对任何小于 L_* 的 L,函数 $v_L(x)$ 当 $0\leqslant x\leqslant L$ 时等于内在价值,当 x 刚超过 L 时位于内在价值下方,并且当 $x\geqslant L$ 时始终位于 $v_{L_*}(x)$ 的下方。对任何大于 L_* 的 L,函数 $v_L(x)$ 当 $0\leqslant x\leqslant L$ 时等于内在价值,并且对所有 $x\geqslant L_*$ 位于 $v_{L_*}(x)$ 的下方。于是,在所有形如

"一旦股价 $S(t)$ 跌至水平 L,立即实施看跌期权"

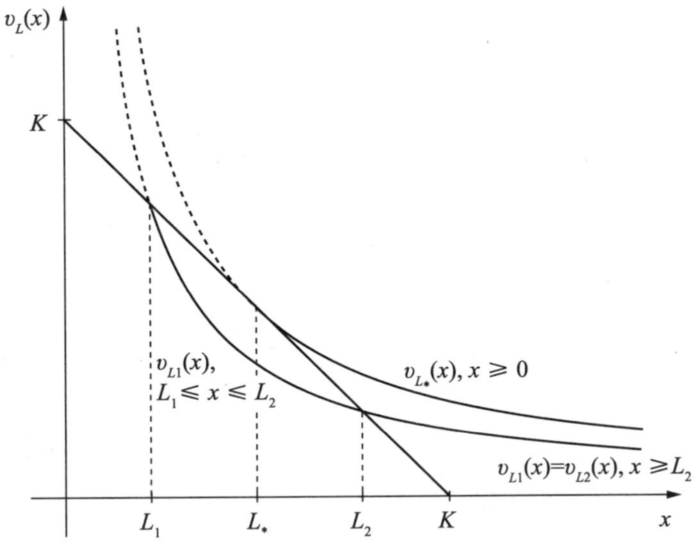

图 8.3.1 $(K-L)\left(\frac{x}{L}\right)^{-\frac{2r}{\sigma^2}}$(相应于 L 的三个值)

的行权策略中，选取 $L=L_*$ 是最优策略。因此，我们有理由期望 $v_{L_*}(x)$ 就是定义 8.3.1 中看跌期权的价格 $v_*(x)$。以下，我们证明之。

首先必须确定 L_* 的值。注意到：

$$v_L(x)=(K-L)L^{\frac{2r}{\sigma^2}}x^{-\frac{2r}{\sigma^2}},\quad \forall x \geqslant L$$

由图 8.3.1 可知：L_* 是对于固定的 x，使得上述量为最大的 L 的值。于是，我们定义：

$$g(L)=(K-L)L^{\frac{2r}{\sigma^2}}$$

然后对于 $L\geqslant 0$ 寻求最大化这一函数的 L 的值。由于 $\frac{2r}{\sigma^2}$ 严格为正，我们有 $g(0)=0$ 以及 $\lim\limits_{L\to\infty}g(L)=-\infty$。此外：

$$g'(L)=-L^{\frac{2r}{\sigma^2}}+\frac{2r}{\sigma^2}(K-L)L^{\frac{2r}{\sigma^2}-1}=-\frac{2r+\sigma^2}{\sigma^2}L^{\frac{2r}{\sigma^2}}+\frac{2r}{\sigma^2}KL^{\frac{2r}{\sigma^2}-1}$$

令其等于 0，我们解得：

$$L_*=\frac{2r}{2r+\sigma^2}K \tag{8.3.12}$$

这是 0 和 K 之间的一个数，而且

$$g(L_*)=\frac{\sigma^2}{2r+\sigma^2}\left(\frac{2r}{2r+\sigma^2}\right)^{\frac{2r}{\sigma^2}}K^{\frac{2r+\sigma^2}{\sigma^2}}$$

严格为正。因此，函数 $y=g(L)$ 的图形必如图 8.3.2 所示，并且由式(8.3.12)给出的 L_* 是使得 $g(L)$ 取最大值的点。

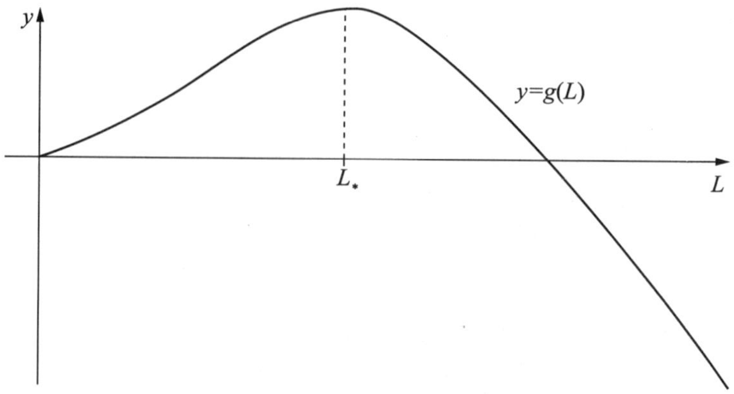

图 8.3.2　$g(L)$的图形

8.3.3　看跌期权价格的解析特征

我们有：

$$v_{L_*}(x)=\begin{cases}K-x, & 0\leqslant x\leqslant L_*\\(K-L_*)\left(\dfrac{x}{L_*}\right)^{-\frac{2r}{\sigma^2}}, & x\geqslant L_*\end{cases}\tag{8.3.13}$$

则：

$$v'_{L_*}(x)=\begin{cases}-1, & 0\leqslant x\leqslant L_*\\-(K-L_*)\dfrac{2r}{\sigma^2 x}\left(\dfrac{x}{L_*}\right)^{-\frac{2r}{\sigma^2}}, & x\geqslant L_*\end{cases}\tag{8.3.14}$$

关于式(8.3.14)第二行在 $x=L_*$ 的取值，我们有右导数

$$\begin{aligned}v'_{L_*}(L_*+)&=-\frac{2r}{\sigma^2L_*}(K-L*)=-\frac{2rK}{\sigma^2L_*}+\frac{2r}{\sigma^2}\\&=-\frac{2r}{\sigma^2}\cdot\frac{2r+\sigma^2}{2r}+\frac{2r}{\sigma^2}=-1\end{aligned}$$

它与由式(8.3.14)第一行得到的左导数 $v'_{L_*}(L_*-)=-1$ 相同。$v_{L_*}(x)$的导数在 $x=L_*$ 处连续。这就是所谓的**光滑粘结**。$v_{L_*}(x)$定义中的两部分在 $x=L_*$ 处粘结，使得 $v_{L_*}(x)$ 和 $v'_{L_*}(x)$ 在这一点同时连续。这是由于函数 $y=(K-L_*)\left(\dfrac{x}{L_*}\right)^{-\frac{2r}{\sigma^2}}$ 的图形与直线 $y=K-x$ 在 $x=L_*$ 处相切，见图 8.3.1。事实上，我们可以利用光滑粘结条件解得 L_*(见习题 8.1)。

$v_{L_*}(x)$的二阶导数在 $x=L_*$ 处有跳跃，从而在该点没有定义。事实上，

$$v''_{L_*}(x)=\begin{cases}0, & 0\leqslant x<L_*\\(K-L_*)\dfrac{2r(2r+\sigma^2)}{\sigma^4x^2}\left(\dfrac{x}{L_*}\right)^{-\frac{2r}{\sigma^2}}, & x>L_*\end{cases}\tag{8.3.15}$$

在 $x=L_*$ 点的左、右二阶导数分别为 $v''_{L_*}(L_*-)=0$ 和 $v''_{L_*}(L_*+)=(K-L_*)$

$\frac{2r(2r+\sigma^2)}{\sigma^4 L_*^2}>0$。

对于 $x>L_*$，通过直接计算可得：

$$rv_{L_*}(x)-rxv'_{L_*}(x)-\frac{1}{2}\sigma^2x^2v''_{L_*}(x)$$
$$=(K-L_*)\left(r+\frac{2r^2}{\sigma^2}-\frac{r(2r+\sigma^2)}{\sigma^2}\right)\left(\frac{x}{L_*}\right)^{-\frac{2r}{\sigma^2}}=0 \qquad (8.3.16)$$

另一方面，对于 $0\leqslant x<L_*$，有：

$$rv_{L_*}(x)-rxv'_{L_*}(x)-\frac{1}{2}\sigma^2x^2v''_{L_*}(x)=r(K-x)+rx=rK \qquad (8.3.17)$$

特别是，$v_{L_*}(x)$ 满足所谓的**线性互补条件**：

$$v(x)\geqslant(K-x)^+, \qquad \forall x\geqslant 0 \qquad (8.3.18)$$
$$rv(x)-rxv'(x)-\frac{1}{2}\sigma^2x^2v''(x)\geqslant 0, \ \forall x\geqslant 0 \qquad (8.3.19)$$

对每个 $x\geqslant 0$，式(8.3.18)和式(8.3.19)中至少有一个等式成立。 (8.3.20)

将 L_* 代入式(8.3.19)会有问题，因为 $v''_{L_*}(L_*)$没有定义。不过，如果将式(8.3.19)中的 $v''_{L_*}(L_*)$换为 $v''_{L_*}(L_*-)$或者 $v''_{L_*}(L_*+)$，不等式仍成立。

线性互补条件(8.3.18)～(8.3.20)确定了函数 $v_{L_*}(x)$。更确切地，由式(8.3.13)给出的函数 $v_{L_*}(x)$是满足这些条件的唯一有界连续并且具有连续导数的函数；见习题 8.3。

8.3.4 *看跌期权价格的概率特征*

定理 8.3.5 设 $S(t)$是由式(8.3.1)给出的股价，τ_{L_*} 是由式(8.3.9)(其中 $L=L_*$)给出的停时。则在$\widetilde{\mathbb{P}}$ 下 $e^{-rt}v_{L_*}(S(t))$是上鞅，并且停止过程 $e^{-r(t\wedge\tau_{L_*})}v_{L_*}(S(t\wedge\tau_{L_*}))$是鞅。

【证明】 幸好，伊藤—德布林公式适用于二阶导数有跳跃的函数，只要其一阶导数连续(见习题 4.20 中与此相关的讨论)。于是，我们可以计算

$$\begin{aligned}&d[e^{-rt}v_{L_*}(S(t))]\\&=e^{-rt}\left[-rv_{L_*}(S(t))dt+v'_{L_*}(S(t))dS(t)+\frac{1}{2}v''_{L_*}(S(t))dS(t)dS(t)\right]\\&=e^{-rt}\left[-rv_{L_*}(S(t))+rS(t)v'_{L_*}(S(t))+\frac{1}{2}\sigma^2S^2(t)v''_{L_*}(S(t))\right]dt\\&\quad+e^{-rt}\sigma S(t)v'_{L_*}(S(t))d\widetilde{W}(t)\end{aligned}$$

由于式(8.3.16)和式(8.3.17)，上式中 dt 项等于 0 或者 $-rK$，取决于$S(t)>L_*$或者 $S(t)<L_*$。如果 $S(t)=L_*$，$v''_{L_*}(S(t))$没有定义，但 $S(t)=L_*$ 的概率为 0，故无关紧要。这样，我们有：

$$d[e^{-rt}v_{L_*}(S(t))]=-e^{-rt}rK\,\mathbb{I}_{\{S(t)<L_*\}}dt+e^{-rt}\sigma S(t)v'_{L_*}(S(t))d\widetilde{W}(t) \qquad (8.3.21)$$

由于式(8.3.21)中的 dt 项小于或者等于 0,$e^{-rt}v_{L_*}(S(t))$是一个上鞅;当 $S(t)<L_*$ 时,它具有下降趋势。如果初始股价高于 L_*,那么在股价首次跌至 L_* 的时刻 τ_{L_*} 之前,式(8.3.21)中的 dt 项为 0,从而 $e^{-r(t\wedge\tau_{L_*})}v_{L_*}(S(t\wedge\tau_{L_*}))$是鞅。事实上,将式(8.3.21)两边积分,可得:

$$e^{-r(t\wedge\tau_{L_*})}v_{L_*}(S(t\wedge\tau_{L_*}))=v_{L_*}(S(0))+\int_0^{t\wedge\tau_{L_*}}e^{-ru}\sigma S(u)v'_{L_*}(S(u))d\widetilde{W}(u)$$

伊藤积分是鞅,故将伊藤积分停止于停时 τ_{L_*},得到的上述积分也是鞅。 □

推论 8.3.6 回顾 $\mathscr{S}$是所有停时(而不仅仅是形如式(8.3.9)的停时)的集合。我们有:

$$v_{L_*}(x)=\max_{\tau\in\mathscr{S}}\widetilde{\mathbb{E}}[e^{-r\tau}(K-S(\tau))]$$

其中 $x=S(0)$是初始股价。换言之,$v_{L_*}(x)$是定义 8.3.1 中给出的永久美式看跌期权价格。

【证明】 由于 $e^{-rt}v_{L_*}(S(t))$在$\widetilde{\mathbb{P}}$下是上鞅,根据定理 8.2.4(可选抽样定理),对每个停时 $\tau\in\mathscr{S}$,有:

$$v_{L_*}(x)=v_{L_*}(S(0))\geqslant\widetilde{\mathbb{E}}[e^{-r(t\wedge\tau)}v_{L_*}(S(t\wedge\tau))] \tag{8.3.22}$$

由于 $v_{L_*}(S(t\wedge\tau))$有界,我们可以在式(8.3.22)中令 $t\to\infty$,并利用控制收敛定理(定理 1.4.9),得到:

$$v_{L_*}(x)\geqslant\widetilde{\mathbb{E}}[e^{-r\tau}v_{L_*}(S(\tau))]\geqslant\widetilde{\mathbb{E}}[e^{-r\tau}(K-S(\tau))]$$

其中我们由式(8.3.18)得到最后的不等式。上述不等式对所有 $\tau\in\mathscr{S}$成立,因此我们有:

$$v_{L_*}(x)\geqslant\max_{\tau\in\mathscr{S}}\widetilde{\mathbb{E}}[e^{-r\tau}(K-S(\tau))]$$

另一方面,因为 $e^{-r(t\wedge\tau_{L_*})}v_{L_*}(S(t\wedge\tau_{L_*}))$在$\widetilde{\mathbb{P}}$下是鞅,以 τ_{L_*} 替换 τ,我们将在式(8.3.22)中得到等式。令 $t\to\infty$,并利用控制收敛定理,我们得到

$$v_{L_*}(x)=\widetilde{\mathbb{E}}[e^{-r\tau_{L_*}}v_{L_*}(S(\tau_{L_*}))]$$

由于当 $\tau_{L_*}<\infty$时,有:

$$\begin{aligned}e^{-r\tau_{L_*}}v_{L_*}(S(\tau_{L_*}))&=e^{-r\tau_{L_*}}v_{L_*}(L_*)=e^{-r\tau_{L_*}}(K-L_*)\\&=e^{-r\tau_{L_*}}(K-S(\tau_{L_*}))\end{aligned}$$

(当 $\tau_{L_*}=\infty$ 时,将上述量理解为 0),我们有:

$$v_{L_*}(x)=\widetilde{\mathbb{E}}[e^{-r\tau_{L_*}}(K-S(\tau_{L_*}))] \tag{8.3.23}$$

由此可得:

$$v_{L_*}(x)\leqslant\max_{\tau\in\mathscr{S}}\widetilde{\mathbb{E}}[e^{-r\tau}(K-S(\tau))]$$ □

在风险中性概率测度下,贴现欧式期权价格是鞅。贴现美式期权价格截至期权应该被实施的时刻是鞅。如果在应被实施的时刻未被实施,其价值将下降。由于鞅是上鞅的特殊情形,并且具有下降趋势的过程是上鞅,故贴现美式期权价格是上鞅。持有美式期权空头的投资者在贴现期权价格为鞅的时段内可用通常方式对冲其空头头寸。如果在应被实施的时刻未被实施,则该投资者可以继续其对冲,并能从中抽走一些资金。以下推论就这一节的永久美式看跌期权作出了说明。

推论 8.3.7 假设投资者以永久美式看跌期权的初始价格作为初始资本[即 $X(0)=v_{L_*}(S(0))$],并且假设投资者采用资产组合过程 $\Delta(t)=v'_{L_*}(S(t))$ 并且以速率 $C(t)=rK\mathbb{I}_{\{S(t)<L_*\}}$ 消费现金[即只要 $S(t)<L_*$,就以速率 rK 消费现金]。则在期权被实施之前所有时刻 t,资产组合的价值 $X(t)$ 与期权价值 $v_{L_*}(S(t))$ 相同。特别是,在期权被实施之前所有时刻 t,$X(t)\geqslant(K-S(t))^+$,从而不论期权何时被实施,投资者都足以支付其空头头寸。

【证明】 投资者资产组合价值过程的微分

$$dX(t)=\Delta(t)dS(t)+r(X(t)-\Delta(t)S(t))dt-C(t)dt$$

从而贴现资产组合价值过程的微分

$$\begin{aligned}d(e^{-rt}X(t))&=e^{-rt}(-rX(t)dt+dX(t))\\&=e^{-rt}(\Delta(t)dS(t)-r\Delta(t)S(t)dt-C(t)dt)\\&=e^{-rt}(\Delta(t)\sigma S(t)d\widetilde{W}(t)-C(t)dt)\end{aligned}\tag{8.3.24}$$

将 $\Delta(t)=v'_{L_*}(S(t))$ 和 $C(t)=rK\mathbb{I}_{\{S(t)<L_*\}}$ 代入式(8.3.24)后与式(8.3.21)进行比较,我们有 $d[e^{-rt}X(t)]=d[e^{-rt}v_{L_*}(S(t))]$。两边同时积分并利用初始条件 $X(0)=v_{L_*}(S(0))$,我们得到 $X(t)=v_{L_*}(S(t))$ 对期权被实施之前所有 t 成立。

□

注 8.3.8 在满足 $S(t)<L_*$ 的任何时段内,推论 8.3.7 中的投资者持有股票头寸为 $\Delta(t)=v'_{L_*}(S(t))=-1$(即做空一份股票),资产组合价值为 $X(t)=v_{L_*}(S(t))=K-S(t)$。于是,该投资者在货币市场账户的投资为 K。如果看跌期权持有人行权,则推论 8.3.7 中的投资者收到一份股票,正好弥补其股票空头,同时从货币市场账户支出 K。如果看跌期权持有人不行权,则投资者继续持有其头寸,还能消费由货币市场投资所产生的利息(即以每单位时间 rK 的速率消费现金)。 □

推论 8.3.7 中的论证适用于一般情形。在完全市场中,只要贴现价格过程是上鞅,构造一个相应的对冲资产组合过程总是可能的,这一对冲组合有时还允许消费。在永久美式看跌期权的情形,贴现看跌期权价格的上鞅性质来自式(8.3.19)。此外,如果价格过程不低于某个内在价值[永久美式看跌期权的情形,见式(8.3.18)]则具有该内在价值的美式期权的空头头寸可以被对冲。关于任何美式期权的价格,总有两个对应于式(8.3.18)和式(8.3.19)的条件。这些条件确保相应的价格足以使得看跌期权出售者满意。

然而,仅有条件(8.3.18)和(8.3.19)尚不足以确定永久美式看跌期权的价格。可能存在满足这些条件的函数,却严格大于我们在式(8.3.13)中构造的价格 $v_{L_*}(x)$(见习题 8.2)。还需要其他条件才能确保价格使得看跌期权的购买者也满意。对于永久美式看跌期权,一种这样的条件就是(8.3.20)。条件(8.3.20)保证存在实施策略,使得看跌期权持有人有机会获取看跌期权的全部价值。这一条件是说,如果将半直线$[0,\infty)$分为两个集合:**停止集**

$$\mathcal{S}=(x\geqslant 0;v_{L_*}(x)=(K-x)^+\} \tag{8.3.25}$$

以及**延续集**

$$\mathcal{C}=(x\geqslant 0;v_{L_*}(x)>(K-x)^+\} \tag{8.3.26}$$

则对于$x\in\mathcal{C}$,式(8.3.19)中的等式成立。如果初始股价在$\mathcal{S}$中,则看跌期权持有人立即行权就能获取期权的全部价值。另一方面,如果初始股价在$\mathcal{C}$中,则看跌期权与其内在价值相比更有价值。看跌期权持有人可以等待,一旦股价进入$\mathcal{S}$,立即行权,以获取期权的全部价值。股价首次进入$\mathcal{S}$的时刻,实际上就是定理8.3.5中的τ_{L_*}。由式(8.3.23)可知:

$$v(S(0))=\widetilde{\mathbb{E}}[e^{-r\tau_{L_*}}v(S(\tau_{L_*}))]=\widetilde{\mathbb{E}}[e^{-r\tau_{L_*}}(K-S(\tau_{L_*}))]$$

综上所述,三个线性互补条件可以用概率论表述来取代其解析表述[即不用$v(x)$的导数来叙述这些条件]。设$V(t)=v(S(t))$是永久美式看跌期权的价格。则随机过程$V(t)$满足以下三个条件:

(i) 对所有$t\geqslant 0$,$V(t)\geqslant(K-S(t))^+$;

(ii) $e^{-rt}V(t)$ 在$\widetilde{\mathbb{P}}$下是上鞅;

(iii) 存在停时τ_*,使得

$$V(0)=\widetilde{\mathbb{E}}[e^{-r\tau_*}(K-S(\tau^*))^+]$$

这三个条件确定了$V(0)$的值。

8.4 有限到期的美式看跌期权

这一节,我们考虑其价格为几何布朗运动(8.3.1小节)的股票上的美式看跌期权,现在该看跌期权具有有限到期时刻T。

定义 8.4.1 给定$0\leqslant t\leqslant T$和$x\geqslant 0$,假设$S(t)=x$,$\mathcal{F}_u^{(t)}$,$t\leqslant u\leqslant T$表示由过程$S(v)$(v在$[t,u]$中变化)生成的σ-代数;$\mathcal{S}_{t,T}$表示关于域流$\mathcal{F}_u^{(t)}$,$t\leqslant u\leqslant T$的所有停时的集合,这些停时取值在$[t,T]$中或者取值为∞。换言之,对每个$u\in[t,T]$,$\{\tau\leqslant u\}\in\mathcal{F}_u^{(t)}$;$\mathcal{S}_{t,T}$中的停时作出在时刻$u\in[t,T]$停止的决定仅仅基于时刻$t$与$u$之间的股价路径。**时刻$T$到期的美式看跌期权在时刻$t$的价格**被定义为[1]:

$$v(t,x)=\max_{\tau\in\mathcal{S}_{t,T}}\widetilde{\mathbb{E}}[e^{-r(\tau-t)}(K-S(\tau))\mid S(t)=x] \tag{8.4.1}$$

〔1〕 这里,我们用$v(t,x)$而不是用上一节中的$v_*(x)$来表示看跌期权价格,这是因为这一节中我们不考虑除了看跌期权价格以外其他关于t和x的函数。

在 $\tau=\infty$ 的情形下，我们将 $e^{-r\tau}(K-S(\tau))$ 理解为 0。这是看跌期权始终未被实施的情形。

在 8.4.1 小节中，我们不加证明地给出有限到期日美式看跌期权价格 $v(t,x)$ 的主要解析性质。这些性质是 8.3 节中所推导的永久美式期权性质的时间依赖版本。在 8.4.2 小节中，我们将证明具有 8.4.1 小节中给出的解析性质的唯一函数是由式(8.4.1)定义的 $v(t,x)$。

8.4.1 *看跌期权价格的解析特征*

有限到期日美式看跌期权价格函数 $v(t,x)$ 满足**线性互补条件**[参见条件(8.3.18)～(8.3.20)]

$$v(t,x)\geqslant(K-x)^{+},\quad \forall\, t\in[0,T],x\geqslant 0 \tag{8.4.2}$$

$$rv(t,x)-v_t(t,x)-rxv_x(t,x)-\frac{1}{2}\sigma^2x^2v_{xx}(t,x)\geqslant 0,\quad \forall\, t\in[0,T),x\geqslant 0 \tag{8.4.3}$$

对每个 $t\in[0,T)$ 和 $x\geqslant 0$，式(8.4.2)和式(8.4.3)中至少有一个等式成立。 (8.4.4)

如同永久美式看跌期权的情形，有限到期日美式看跌期权的持有人也将等到股价跌至低于或等于 K 的某一水平才行权，现在这一水平 $L(T-t)$ 依赖于离到期尚余时间 $T-t$。式(8.3.12)中关于永久美式看跌期权的水平 L_* 是 $\lim_{T\to\infty}L(T)$。另一个极端是 $L(0)=K$；在到期时刻，如果股价低于 K，看跌期权持有人应该行权；如果股价高于 K，则不应行权；如果股价等于 K，行权与否，没有区别。虽无关于函数 $L(T-t)$ 的公式，但由下一小节中给出的关于看跌期权价格的解析刻划，该函数可以通过数值计算确定。如图8.4.1所示，$L(T)$ 随 T 增加而减少。集合 $\{(t,x);0\leqslant t\leqslant T,x\geqslant 0\}$ 可以被分为两部分：**停止集**

$$\mathcal{S}=\{(t,x);v(t,x)=(K-x)^{+}\} \tag{8.4.5}$$

以及**延续集**

$$\mathcal{C}=\{(t,x);v(t,x)>(K-x)^{+}\} \tag{8.4.6}$$

函数 $x=L(T-t)$ 的图形构成 $\mathcal{C}$ 和 $\mathcal{S}$ 之间的边界并且属于 $\mathcal{S}$。由于条件(8.4.4)，当 $t\neq T$ 时，对于 $\mathcal{C}$ 中的 (t,x)，式(8.4.3)中的等式成立。对于 $\mathcal{S}$ 中的 (t,x)，式(8.4.3)中的严格不等式成立，除了在曲线 $x=L(T-t)$ 上[该曲线上，式(8.4.3)中的等式成立]。当 $0\leqslant x\leqslant L(T-t)$ 时，$v(t,x)=(K-x)^{+}=K-x$，我们有(见图8.4.1)：

$$rv(t,x)-v_t(t,x)-rxv_x(t,x)-\frac{1}{2}\sigma^2x^2v_{xx}(t,x)=rK,\quad \forall\,(t,x)\in\mathcal{S}$$

由于当 $0\leqslant x\leqslant L(T-t)$ 时，$v(t,x)=K-x$，在曲线 $x=L(T-t)$ 上，我们有左导数 $v_x(t,x-)=-1$。看跌期权价格 $v(t,x)$ 满足**光滑粘结**条件：包括在曲线 $x=L(T-t)$ 上，$v_x(t,x)$ 连续。换言之：

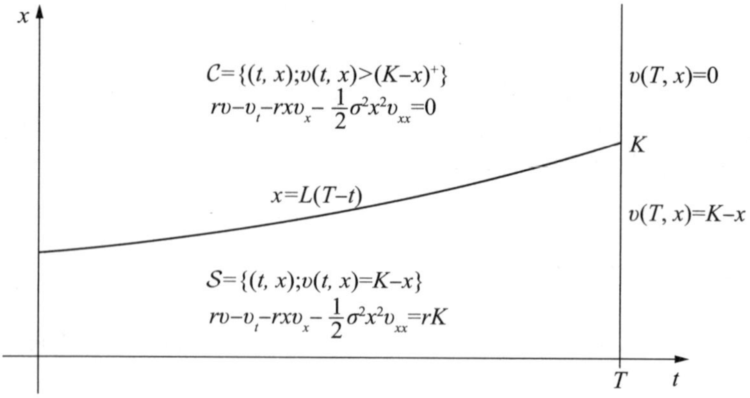

图 8.4.1　有限到期的美式看跌期权

$$v_x(t,x+)=v_x(t,x-)=-1,\quad \forall\, x=L(T-t),0\leqslant t<T \tag{8.4.7}$$

当 $t=T$ 时,光滑粘结条件不成立。事实上:

$$L(0)=K,\quad v(T,x)=(K-x)^+ \tag{8.4.8}$$

于是对于 $x=L(0)$,$v_x(T,x-)=-1$,而 $v_x(T,x+)=0$。沿着曲线$x=L(T-t)$,$v_t(t,x)$和 $v_{xx}(t,x)$也不连续。

方程

$$rv(t,x)-v_t(t,x)-rxv_x(t,x)-\frac{1}{2}\sigma^2x^2v_{xx}(t,x)=0,\quad x\geqslant L(T-t)$$

$$v(t,x)=K-x,\quad 0\leqslant x\leqslant L(T-t)$$

连同光滑粘结条件(8.4.7)、终端条件(8.4.8)以及渐近条件

$$\lim_{x\to\infty}v(t,x)=0 \tag{8.4.9}$$

确定了函数 $v(t,x)$。利用这些方程,我们可以建立有限差分格式,同时算得 $v(t,x)$和 $L(T-t)$。

8.4.2　*看跌期权价格的概率特征*

定理 8.4.2　设 $S(u)$,$t\leqslant u\leqslant T$ 是从 $S(t)=x$ 出发由式(8.3.1)给定的股价,停止集 $\mathcal{S}$ 由式(8.4.5)定义。令

$$\tau_*=\min\{u\in[t,T];(u,S(u))\in\mathcal{S}\} \tag{8.4.10}$$

如果对任何 $u\in[t,T]$,$(u,S(u))$ 都不进入 $\mathcal{S}$,则令 $\tau_*=\infty$。那么 $e^{-ru}v(u,S(u))$,$t\leqslant u\leqslant T$在$\widetilde{\mathbb{P}}$ 下是上鞅,并且停止过程 $e^{-r(u\wedge\tau_*)}v(u\wedge\tau_*,S(u\wedge\tau_*))$,$t\leqslant u\leqslant T$ 是鞅。

【证明】　即使 $v_u(u,x)$和 $v_{xx}(u,x)$沿着曲线 $x=L(T-u)$不连续,但由于过程 $S(u)$在曲线上停留时间为 0,伊藤—德布林公式仍适用于 $e^{-ru}v(u,S(u))$。为了援用伊藤—德布林公式,所需要的仅仅是 $v_x(u,x)$的连续性(见习题 4.20 中的有关

讨论)，而这由光滑粘结条件(8.4.7)可以得到。于是，我们可以计算

$$\begin{aligned}
&d[e^{-ru}v(u,S(u))]\\
&=e^{-ru}[-rv((u,S(u))du+v_u(u,S(u))du+v_x(u,S(u))dS(u)\\
&\quad+\frac{1}{2}v_{xx}(u,S(u))dS(u))dS(u)]\\
&=e^{-ru}[-rv(u,S(u))+v_u(u,S(u))+rS(u)v_x(u,S(u))\\
&\quad+\frac{1}{2}\sigma^2S^2(u)v_{xx}(u,S(u))]du+e^{-ru}\sigma S(u)v_x(u,S(u))d\widetilde{W}(u)
\end{aligned}\tag{8.4.11}$$

根据图 8.4.1，式(8.4.11)中的 du 项为 $-e^{-ru}rK\mathbb{I}_{\{S(u)<L(T-u)\}}$。由于这一项非正，故 $e^{-ru}v(u,S(u))$ 在 $\widetilde{\mathbb{P}}$ 下是上鞅。事实上，从初始时刻 $u=t$ 到时刻 τ_*，恒有 $S(u)>L(T-u)$，于是 du 项为 0。因此，停止过程 $e^{-r(u\wedge\tau_*)}v(u\wedge\tau_*,S(u\wedge\tau_*))$，$t\leqslant u\leqslant T$ 是鞅。 □

推论 8.4.3 设投资者以有限到期日美式看跌期权的初始价格作为初始资本[即 $X(0)=v(0,S(0))$]。假设投资者采用资产组合过程 $\Delta(u)=v_x(u,S(u))$ 并且单位时间内以速率 $C(u)=rK\mathbb{I}_{\{S(u)<L(T-u)\}}$ 消费现金，则在初始时刻 $u=0$ 与期权被实施或者到期之间的所有时刻 u，$X(u)=v(u,S(u))$。特别是，在期权被实施或者到期之前所有时刻 u，$X(u)\geqslant(K-S(u))^+$，从而不论期权何时被实施，投资者都足以支付其空头头寸。

【证明】 投资者贴现资产组合价值过程的微分由式(8.3.24)给出。将 $\Delta(u)$ 和 $C(u)$ 代入式(8.3.24)，然后与式(8.4.11)进行比较，我们有 $d[e^{-ru}\cdot X(u)]=d[e^{-ru}v(u,S(u))]$。两边同时积分并利用初始条件 $X(0)=v(0,S(0))$，我们得到 $X(t)=v(t,S(t))$ 对期权被实施或者到期之前所有 t 成立。 □

注 8.4.4 在定理 8.4.2 和推论 8.4.3 的证明中，利用了图 8.4.1 中给出的美式看跌期权价格的解析刻划以及光滑粘结条件，该条件确保包括在曲线 $x=L(T-t)$ 上 $v_x(t,x)$ 的连续性，从而伊藤—德布林公式适用。这里，我们证明满足这些条件的唯一函数是由式(8.4.1)定义的函数 $v(t,x)$。为此，首先给定 $0\leqslant t\leqslant T$。由定理 8.4.2 中关于 $e^{-rt}v(t,S(t))$ 的上鞅性质以及定理 8.2.4（可选抽样定理)可得：

$$e^{-r(t\wedge\tau)}v(t\wedge\tau,S(t\wedge\tau))\geqslant\widetilde{\mathbb{E}}[e^{-r(T\wedge\tau)}v(T\wedge\tau,S(T\wedge\tau))\mid\mathcal{F}(t)]$$

对于 $\tau\in\mathcal{S}_{t,T}$，我们有 $t\wedge\tau=t$，而当 $\tau<\infty$ 时 $T\wedge\tau=\tau$，当 $\tau=\infty$ 时 $T\wedge\tau=T$。于是，对于 $\tau\in\mathcal{S}_{t,T}$，有：

$$\begin{aligned}
e^{-rt}v(t,S(t))&\geqslant\widetilde{\mathbb{E}}[e^{-r\tau}v(\tau,S(\tau))\mathbb{I}_{\{\tau<\infty\}}+e^{-rT}v(T,S(T))\mathbb{I}_{\{\tau=\infty\}}\mid\mathcal{F}(t)]\\
&\geqslant\widetilde{\mathbb{E}}[e^{-r\tau}v(\tau,S(\tau))\mid\mathcal{F}(t)]
\end{aligned}\tag{8.4.12}$$

这里，如通常一样，在 $\tau=\infty$ 的情形下，我们将 $e^{-r\tau}v(\tau,S(\tau))$ 理解为 0。由不等式(8.4.2)以及 $(K-S(t))^+\geqslant K-S(t)$ 这一事实，我们有：

$$\widetilde{\mathbb{E}}[e^{-r\tau}v(\tau,S(\tau))\mid\mathcal{F}(t)]\geqslant\widetilde{\mathbb{E}}[e^{-r\tau}(K-S(\tau))\mid\mathcal{F}(t)]\tag{8.4.13}$$

结合(8.4.12)和式(8.4.13),我们得到:

$$e^{-rt}v(t,S(t))\geqslant\widetilde{\mathbb{E}}[e^{-r\tau}(K-S(\tau))\,|\,\mathcal{F}(t)] \tag{8.4.14}$$

由于$S(t)$是马尔可夫过程,式(8.4.14)的右端是t和$S(t)$的函数。特别是,如果将$S(t)$的值记为x,我们可以将式(8.4.14)改写为:

$$e^{-rt}v(t,x)\geqslant\widetilde{\mathbb{E}}[e^{-r\tau}(K-S(\tau))\,|\,S(t)=x] \tag{8.4.15}$$

由于式(8.4.15)对所有$\tau\in\mathcal{S}_{t,T}$成立,我们得到:

$$v(t,x)\geqslant\max_{\tau\in\mathcal{S}_{t,T}}\widetilde{\mathbb{E}}[e^{-r(\tau-t)}(K-S(\tau))\,|\,S(t)=x] \tag{8.4.16}$$

至于反向的不等式,我们回顾定理8.4.2,停止过程$e^{-r(t\wedge\tau_*)}v(t\wedge\tau_*,S(t\wedge\tau_*))$是鞅,其中$\tau_*$由式(8.4.10)定义。在式(8.4.12)中以τ_*替换τ,就使第一个不等式成为等式。如果$\tau_*=\infty$,我们有$(T,S(T))\in\mathcal{C}$[即$S(T)>K$],于是$v(T,S(T))\mathbb{I}_{\{\tau_*=\infty\}}=0$。这就使式(8.4.12)中第二个不等式成为等式。最后,由于$\tau_*<\infty$时,$v(\tau_*,S(\tau_*))=K-S(\tau_*)$,故式(8.4.13)中的不等式成为等式。因此,式(8.4.15)成为:

$$v(t,x)=\widetilde{\mathbb{E}}[e^{-r(\tau_*-t)}(K-S(\tau_*))\,|\,S(t)=x] \tag{8.4.17}$$

等式(8.4.17)表明式(8.4.16)中必定等式成立,这就得到式(8.4.1)。 □

8.5 美式看涨期权

这一节中,我们讨论美式看涨期权,首先考虑原生资产价格服从通常的几何布朗运动(8.3.1小节)的情形,然后考虑在离散日期支付红利的资产。8.5.1小节讨论前者的情形,我们看到:在此情形,美式看涨期权与欧式看涨期权价格相同。8.5.2小节讨论后者的情形,我们将给出计算美式看涨期权价格的递推公式。

8.5.1 *原生资产不支付红利*

首先考虑比看涨期权略为一般的情形。设股价过程$S(t)$如下给出:

$$dS(t)=rS(t)dt+\sigma S(t)d\widetilde{W}(t) \tag{8.5.1}$$

其中利率r和波动率σ严格为正,$\widetilde{W}(t)$是风险中性概率测度$\widetilde{\mathbb{P}}$下的布朗运动。

引理8.5.1 设$h(x)$是$x\geqslant 0$的凸函数,满足$h(0)=0$,则行权支付为$h(S(t))$的美式衍生证券的贴现内在价值过程$e^{-rt}h(S(t))$是下鞅。

【证明】 由于$h(x)$是凸函数,对于$0\leqslant\lambda\leqslant 1$和$0\leqslant x_1\leqslant x_2$,我们有:

$$h((1-\lambda)x_1+\lambda x_2)\leqslant(1-\lambda)h(x_1)+\lambda h(x_2) \tag{8.5.2}$$

关于看涨期权支付$h(x)=(x-K)^+$的情形,见图8.5.1。

取$x_1=0$,$x_2=x$,并利用$h(0)=0$这一事实,我们由式(8.5.2)可得:

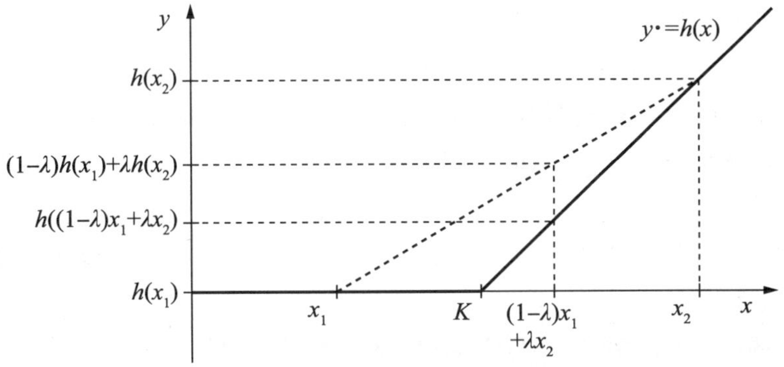

图 8.5.1　凸函数 $h(x)=(x-K)^+$

$$h(\lambda x)\leqslant\lambda h(x),\quad \forall\, x\geqslant 0, 0\leqslant\lambda\leqslant 1 \tag{8.5.3}$$

对于 $0\leqslant u\leqslant t\leqslant T$，我们有 $0\leqslant e^{-r(t-u)}\leqslant 1$，故由式(8.5.3)可得：

$$\widetilde{\mathbb{E}}[e^{-r(t-u)}h(S(t))\mid\mathcal{F}(u)]\geqslant\widetilde{\mathbb{E}}[h(e^{-r(t-u)}S(t))\mid\mathcal{F}(u)] \tag{8.5.4}$$

由条件詹森不等式[定理 2.3.2(v)]，又可得：

$$\begin{aligned}\widetilde{\mathbb{E}}[h(e^{-r(t-u)}S(t))\mid\mathcal{F}(u)]&\geqslant h(\widetilde{\mathbb{E}}[e^{-r(t-u)}S(t)\mid\mathcal{F}(u)])\\&=h(e^{ru}\widetilde{\mathbb{E}}[e^{-rt}S(t)\mid\mathcal{F}(u)])\end{aligned} \tag{8.5.5}$$

由于 $e^{-rt}S(t)$ 在 $\widetilde{\mathbb{P}}$ 下是鞅，我们有：

$$h(e^{ru}\widetilde{\mathbb{E}}[e^{-rt}S(t)\mid\mathcal{F}(u)])=h(e^{ru}e^{-ru}S(u))=h(S(u)) \tag{8.5.6}$$

综合式(8.5.4)～(8.5.6)，我们得到：

$$\widetilde{\mathbb{E}}[e^{-r(t-u)}h(S(t))\mid\mathcal{F}(u)]\geqslant h(S(u)) \tag{8.5.7}$$

或者，等价地：

$$\widetilde{\mathbb{E}}[e^{-rt}h(S(t))\mid\mathcal{F}(u)]\geqslant e^{-ru}h(S(u)) \tag{8.5.8}$$

这正是关于 $e^{-rt}h(S(t))$ 的下鞅性质。 □

定理 8.5.2　设 $h(x)$ 是 $x\geqslant 0$ 的非负凸函数，满足 $h(0)=0$。则时刻 T 到期、具有内在价值 $h(S(t))$，$0\leqslant t\leqslant T$ 的美式衍生证券的价格与时刻 T 到期、支付为 $h(S(T))$ 的欧式衍生证券价格相同。

【证明】　在式(8.5.7)中以 T 替换 t，我们得到：

$$\widetilde{\mathbb{E}}[e^{-r(T-u)}h(S(T))\mid\mathcal{F}(u)]\geqslant h(S(u)),\quad 0\leqslant u\leqslant T$$

换言之，欧式衍生证券价格不低于美式衍生证券的内在价值。这表明提前实施没有价值，美式衍生证券的价格与欧式衍生证券价格相同。 □

推论 8.5.3　原生资产无红利支付的美式看涨期权的价格等于同一资产上到期日相同的欧式看涨期权价格。

【证明】 在定理 8.5.2 中取 $h(x)=(x-K)^+$。 □

推论 8.5.3 背后的思想是：贴现过程 $e^{-rt}(S(t)-K)^+$ 在 $\widetilde{\mathbb{P}}$ 下是下鞅，有上升趋势。因而，一路持有直至到期日是最优选择。有两个因素促成了 $e^{-rt}(S(t)-K)^+$ 的下鞅性质。首先是敲定价格的贴现。事实上，$e^{-rt}(S(t)-K)$（没有$^+$）是下鞅，因为在风险中性测度 $\widetilde{\mathbb{P}}$ 下 $e^{-rt}S(t)$ 是鞅，并且 $-e^{-rt}K$ 随 t 的增加而递增（本章中自始至终假设利率 r 严格为正）。加上$^+$，相当于取下鞅的凸函数，由于詹森不等式，这增强了其上升趋势。

上述讨论对于美式看跌期权不适用。美式看跌期权的贴现内在价值 $e^{-rt}(K-S(t))$（没有$^+$）是上鞅[$e^{-rt}K$ 递减而 $-e^{-rt}S(t)$ 是鞅]。詹森不等式的上升趋势与上鞅性质相抵触，导致其分析变得复杂。

如果原生资产支付红利（下一小节将考虑这一情形），上述讨论便不再适用于美式看涨期权。在此情形，由于红利的流出，$e^{-rt}S(t)$ 是上鞅，有下降趋势。

8.5.2 *原生资产支付红利*

这一小节，我们考虑美式看涨期权，其原生资产的价格过程在相邻红利支付日之间服从几何布朗运动(8.5.1)。假定时刻 $0<t_1<t_2<\cdots<t_n<T$，在每个时刻 t_j 支付的红利为 $a_jS(t_j-)$，其中 $S(t_j-)$ 表示红利支付之前瞬间的资产价格。支付红利后的资产价格 $S(t_j)$ 等于支付前资产价格减去所支付的红利：

$$S(t_j)=S(t_j-)-a_jS(t_j-)=(1-a_j)S(t_j-) \tag{8.5.9}$$

假定每个 $a_j, j=1,\cdots,n$ 是 0 和 1 之间的数。令 $t_0=0$，它不是红利支付日。假设 T 也不是红利支付日，尽管修改以下给出的分析使之适用于 T 是红利支付日的情形并非难事。

我们将证明：实施美式看涨期权不是最优的选择，除了红利支付前的瞬间有可能是例外。在相邻红利支付日之间，看涨期权的价格满足布莱克—斯科尔斯—默顿偏微分方程。在红利支付日，看涨期权的价格是其内在价值和除息后股价所对应的期权价格这两者的较大值。这一小节中将给出确定期权价格的递推算法。

这里的资产价格过程曾在 5.5.4 小节中考虑过。对于 $t_j\leqslant t\leqslant t_{j+1}$，我们有：

$$S(t)=S(t_j)e^{\sigma(\widetilde{W}(t)-\widetilde{W}(t_j))+(r-\frac{1}{2}\sigma^2)(t-t_j)}$$

由此可得：

$$S(t_{j+1}-)=S(t_j)e^{\sigma(\widetilde{W}(t_{j+1})-\widetilde{W}(t_j))+(r-\frac{1}{2}\sigma^2)(t_{j+1}-t_j)} \tag{8.5.10}$$

以及

$$S(t_{j+1})=(1-a_{j+1})S(t_j)e^{\sigma(\widetilde{W}(t_{j+1})-\widetilde{W}(t_j))+(r-\frac{1}{2}\sigma^2)(t_{j+1}-t_j)} \tag{8.5.11}$$

我们还有：

$$S(T)=S(t_n)e^{\sigma(\widetilde{W}(T)-\widetilde{W}(t_n))+(r-\frac{1}{2}\sigma^2)(T-t_n)} \tag{8.5.12}$$

考虑时刻 T 到期敲定价格为 K 的美式看涨期权。对于 $t_n\leqslant t\leqslant T$,贴现资产价格过程 $e^{-rt}S(t)$ 在 $\widetilde{\mathbb{P}}$ 下是鞅,并且由引理 8.5.1 可知 $e^{-rt}(S(t)-K)^+$ 是下鞅。于是:

$$\widetilde{\mathbb{E}}[e^{-rT}(S(T)-K)^+\mid\mathcal{F}(t)]\geqslant e^{-rt}(S(t)-K)^+,\quad t_n\leqslant t\leqslant T \tag{8.5.13}$$

这表明:对所有 $t\in[t_n,T]$,欧式看涨期权在时刻 t 的价格

$$c_n(t,S(t))=\widetilde{\mathbb{E}}[e^{-r(T-t)}(S(T)-K)^+\mid\mathcal{F}(t)]$$

高于美式看涨期权的内在价值 $(S(t)-K)^+$。因此,美式看涨期权的提前实施特征没有价值,对于 $t_n\leqslant t\leqslant T$,美式看涨期权与欧式看涨期权在时刻 t 的价格相等。该价格由布莱克—斯科尔斯—默顿公式给出:

$$c_n(t,x)=xN(d_+(T-t,x))-Ke^{-r(T-t)}N(d_-(T-t,x)) \tag{8.5.14}$$

其中:

$$d_\pm(\tau,x)=\frac{1}{\sigma\sqrt{\tau}}\left[\log\frac{x}{K}+\left(r\pm\frac{1}{2}\sigma^2\right)\tau\right]$$

尽管不能简单地将 $x=0$ 代入式(8.5.14)中,我们还是有 $c_n(t,0)=0$;参见式(4.5.17)和习题 4.9。公式(8.5.14)可以通过计算式(8.5.13)中[在 $S(t)=x$ 条件下]的条件期望得到。在 $t=t_n$ 的情形,利用式(8.5.12)可得:

$$c_n(t_n,x)=\widetilde{\mathbb{E}}[e^{-r(T-t_n)}(xe^{\sigma(\widetilde{W}(T)-\widetilde{W}(t_n))+(r-\frac{1}{2}\sigma^2)(T-t_n)}-K)^+] \tag{8.5.15}$$

函数 $c_n(t,x)$ 还满足布莱克—斯科尔斯—默顿偏微分方程

$$\frac{\partial}{\partial t}c_n(t,x)+rx\frac{\partial}{\partial x}c_n(t,x)+\frac{1}{2}\sigma^2x^2\frac{\partial^2}{\partial x^2}c_n(t,x)=rc_n(t,x),\quad t_n\leqslant t<T,x\geqslant 0 \tag{8.5.16}$$

以及终值条件

$$c_n(T,x)=(x-K)^+,\quad x\geqslant 0 \tag{8.5.17}$$

函数 $c_n(t_n,x)$ 关于变量 x 是凸的。这是熟知的结果,我们这里仍给出其证明。为证关于 x 的凸性,只需验证:对任意的 $0\leqslant\lambda\leqslant 1$ 和 $0\leqslant x_1\leqslant x_2$,我们有:

$$c_n(t_n,(1-\lambda)x_1+\lambda x_2)\leqslant(1-\lambda)c_n(t_n,x_1)+\lambda c_n(t_n,x_2) \tag{8.5.18}$$

首先注意到:对任何数 α,函数 $(\alpha x-K)^+$ 关于 x 是凸的,于是

$$(xe^{\sigma(\widetilde{W}(T)-\widetilde{W}(t_n))+(r-\frac{1}{2}\sigma^2)(T-t_n)}-K)^+$$

关于 x 是凸的。由此可得:

$$\begin{aligned}&c_n(t_n,(1-\lambda)x_1+\lambda x_2)\\&=\widetilde{\mathbb{E}}[e^{-r(T-t_n)}(((1-\lambda)x_1+\lambda x_2)e^{\sigma(\widetilde{W}(T)-\widetilde{W}(t_n))+(r-\frac{1}{2}\sigma^2)(T-t_n)}-K)^+]\end{aligned}$$

$$\leqslant (1-\lambda)\widetilde{\mathbb{E}}\left[e^{-r(T-t_n)}\left(x_1 e^{\sigma(\widetilde{W}(T)-\widetilde{W}(t_n))+(r-\frac{1}{2}\sigma^2)(T-t_n)}-K\right)^+\right]$$
$$+\lambda\widetilde{\mathbb{E}}\left[e^{-r(T-t_n)}\left(x_2 e^{\sigma(\widetilde{W}(T)-\widetilde{W}(t_n))+(r-\frac{1}{2}\sigma^2)(T-t_n)}-K\right)^+\right]$$
$$=(1-\lambda)c_n(t_n,x_1)+\lambda c_n(t_n,x_2) \tag{8.5.19}$$

从而,式(8.5.18)得证。

在时刻 t_n 红利支付前的瞬间,美式看涨期权持有人可以有两种选择:即时行权[获取 $S(t_n-)-K$]或者放弃行权[除息后资产价格降为 $S(t_n)=(1-a_n)S(t_n-)$,从而期权价值为 $c_n(t_n,(1-a_n)S(t_n-))$]。最优的选择是:当$S(t_n-)-K>c_n(t_n,(1-a_n)S(t_n-))$时行权;当 $S(t_n-)-K<c_n(t_n,(1-a_n)S(t_n-))$时放弃行权。$S(t_n-)-K=c_n(t_n,(1-a_n)S(t_n-))$的情形下,不论是否行权,结果都一样。因此,美式看涨期权在时刻 t_n 红利支付之前瞬间的价值为 $h_n(S(t_n-))$,其中:

$$h_n(x)=\max\{x-K,c_n(t_n,(1-a_n)x)\},\quad x\geqslant 0 \tag{8.5.20}$$

我们来验证 $h_n(x)$满足引理 8.5.1 中的假设。易知:对所有 $x\geqslant 0$,$h_n(x)\geqslant 0$,因为对所有 $x\geqslant 0$,$c_n(t_n,(1-a_n)x)\geqslant 0$;且 $h_n(0)=0$,因为 $c_n(t_n,(1-a_n)0)=0$。为了证明 $h_n(x)$是凸函数,我们利用 $c_n(t_n,x)$关于变量 x 的凸性不等式(8.5.18)。对于 $0\leqslant\lambda\leqslant 1$ 和 $0\leqslant x_1\leqslant x_2$,在式(8.5.18)中以$(1-a_n)x_1$ 替换 x_1,并以$(1-a_n)x_2$ 替换 x_2,可得:

$$c_n(t_n,(1-a_n)((1-\lambda)x_1+\lambda x_2))\leqslant(1-\lambda)c_n(t_n,(1-a_n)x_1)$$
$$+\lambda c_n(t_n,(1-a_n)x_2)$$

这表明 $c_n(t_n,(1-a_n)x)$是 x 的凸函数。两个凸函数取较大值,仍得到凸函数(见习题 8.7),因此由式(8.5.20)定义的 $h_n(x)$是凸函数。

对于 $t_{n-1}\leqslant t<t_n$,从时刻 t 开始,美式看涨期权持有人可以在任何时刻 $u\in[t,t_n)$行权以获取 $S(u)-K$。如果在 t_n 之前未行权,到时刻 t_n 红利支付前的瞬间,其持有的美式看涨期权价值为以上刚确定的 $h_n(S(t_n-))$。以下我们来证明:对于 $t_{n-1}\leqslant t<t_n$,时刻 T 到期的美式看涨期权价格与时刻 t_n 红利支付前瞬间到期并且支付为 $h_n(S(t_n-))$的欧式看涨期权价格相等。

由于从时刻 t_{n-1} 红利支付后瞬间直到时刻 t_n,原生资产价格服从几何布朗运动,根据引理 8.5.1,$e^{-rt}h_n(S(t))$,$t_{n-1}\leqslant t<t_n$ 是一个下鞅。特别地:

$$\widetilde{\mathbb{E}}[e^{-r(u-t)}h_n(S(u))\mid\mathcal{F}(t)]\geqslant h_n(S(t)),\quad t_{n-1}\leqslant t\leqslant u<t_n$$

令 $u\uparrow t_n$,我们得到:

$$\widetilde{\mathbb{E}}[e^{-r(t_n-t)}h_n(S(t_n-))\mid\mathcal{F}(t)]\geqslant h_n(S(t)) \tag{8.5.21}$$

而由 $h_n(x)$的定义知:

$$h_n(S(t))\geqslant S(t)-K \tag{8.5.22}$$

这表明:时刻 t_n 红利支付前瞬间到期并且支付为 $h_n(S(t_n-))$的欧式看涨期权的价值[即式(8.5.21)的左端]大于或等于时刻 T 到期的美式看涨期权的内在价值[即式(8.5.22)的右端]。因此,对于 $t_{n-1}\leqslant t<t_n$,美式看涨期权在时刻 t_n 之前的提前

实施特征没有价值，其价格与上述欧式看涨期权价格相等。

由于 $S(t)$ 是马尔可夫过程，故存在函数 $c_{n-1}(t,x)$，使得上述欧式看涨期权的价值[即式(8.5.21)的左端]可以表为：

$$c_{n-1}(t,S(t))=\widetilde{\mathbb{E}}[e^{-r(t_n-t)}h_n(S(t_n-))\mid\mathcal{F}(t)] \tag{8.5.23}$$

函数 $c_{n-1}(t,x)$ 可以通过计算式(8.5.23)中[在 $S(t)=x$ 条件下]的条件期望得到。在 $t=t_{n-1}$ 的情形，利用式(8.5.10)可得：

$$c_{n-1}(t_{n-1},x))=\widetilde{\mathbb{E}}[e^{-r(t_n-t_{n-1})}h_n(xe^{\sigma(\widetilde{W}(t_n)-\widetilde{W}(t_{n-1}))+(r-\frac{1}{2}\sigma^2)(t_n-t_{n-1})})] \tag{8.5.24}$$

函数 $c_{n-1}(t,x)$ 还满足布莱克—斯科尔斯—默顿偏微分方程

$$\begin{aligned}&\frac{\partial}{\partial t}c_{n-1}(t,x)+rx\frac{\partial}{\partial x}c_{n-1}(t,x)+\frac{1}{2}\sigma^2x^2\frac{\partial^2}{\partial x^2}c_{n-1}(t,x)\\&=rc_{n-1}(t,x),\quad t_{n-1}\leqslant t<t_n,x\geqslant 0\end{aligned} \tag{8.5.25}$$

以及终值条件

$$c_{n-1}(t_n,x)=h_n(x),\quad x\geqslant 0 \tag{8.5.26}$$

重复这一过程，定义：

$$h_{n-1}(x)=\max\{x-K,c_{n-1}(t_{n-1},(1-a_{n-1})x)\},\quad x\geqslant 0$$

如同前面，可以验证 $h_{n-1}(x)$ 满足引理 8.5.1 中的假设，从而我们可以继续上述论证。

综上所述，我们得到了关于原生资产在 $t_1,t_2,\cdots,t_n$ 支付红利的美式看涨期权价格的算法：对于 $j=n,n-1,\cdots,0$，递推地求解偏微分方程

$$\begin{aligned}&\frac{\partial}{\partial t}c_{j-1}(t,x)+rx\frac{\partial}{\partial x}c_{j-1}(t,x)+\frac{1}{2}\sigma^2x^2\frac{\partial^2}{\partial x^2}c_{j-1}(t,x)\\&=rc_{j-1}(t,x),\quad t_{j-1}\leqslant t<t_j,x\geqslant 0\end{aligned} \tag{8.5.27}$$

以及终值条件

$$c_{j-1}(t_j,x)=h_j(x),x\geqslant 0 \tag{8.5.28}$$

这一算法起始所需要的函数 $c_n(t,x)$ 和 $h_n(x)$ 由式(8.5.14)和式(8.5.20)给出，接着需要的函数 $h_{j-1}(x)$ 由如下公式给出：

$$h_{j-1}(x)=\max\{x-K,c_{j-1}(t_{j-1},(1-a_{j-1})x)\},\quad x\geqslant 0 \tag{8.5.29}$$

对于 $t_{j-1}\leqslant t<t_j$，若 $S(t)=x$，则 $c_{j-1}(t,x)$ 就是美式看涨期权的价格。在每个区间 $[t_{j-1},t_j)$ 中，美式看涨期权的价格实际上也是时刻 t_j 到期的欧式看涨期权的价格。最优行权时刻是使得 $S(t_j-)-K$ 超过 $c_j(t_j,(1-a_j)S(t_j-))$ 的最早的时刻 t_j 红利支付前的瞬间。如果满足这一条件的时刻 t_j 不存在，那么当 $S(T)>K$ 时，最优行权时刻为 T；否则，永不行权。

8.6 本章小结

本章讨论美式看跌和看涨期权。为此,我们在 8.2 节中引进了停时以及可选抽样的概念。美式期权的价值可以被定义为在停时的期权支付贴现值的风险中性期望关于所有停时的最大值。8.3 节中讨论了永久美式看跌期权,8.4 节中讨论了有限到期日美式看跌期权。这一期权价值定义,给出了无套利价格。从定义给出的初始资本出发,持有期权空头的投资者可以建立对冲资产组合,不论期权何时被实施,都足以支付其空头头寸。而且,定义给出的美式期权价格是确保成功对冲所需的最小初始资本。存在一个最优停时,美式期权持有人在这一时刻行权,才能获取期权的全部价值。

在 8.3.3 小节和 8.4.1 小节中给出的线性互补条件,刻划了美式看跌期权的解析特征。根据这一刻划,关于时间和股价(t,x)的空间中,存在两个部分,在其中一个部分(停止集),行权是最优选择;在另一部分(延续集),则不应行权。在这两部分之间的边界上,看跌期权价格 $v(t,x)$及其一阶导数$v_x(t,x)$连续(光滑粘结),并且由此条件可知:在此边界上 $v_x(t,x)=-1$。我们可以利用光滑粘结条件,进行美式看跌期权价格的数值求解。

无红利支付股票上的美式看涨期权与相应的欧式看涨期权具有相同的价格;见 8.5.1 小节。对于支付红利的股票,美式看涨期权比欧式看涨期权更有价值。在 8.5.2 小节中,我们就离散日期支付红利的情形,给出了美式看涨期权价格的计算方法。

8.7 评　注

最早利用停时鞅的是杜布[53],其中给出了本章中的定理 8.2.4。在许多教材中都有关于这方面的讨论,包括钟[35]和威廉姆斯[161]对离散时间情形的讨论以及卡拉察斯和施里夫[101]对连续时间情形的讨论。

麦基恩(McKean)[119]中首先解决了永久美式看跌期权问题,并且给出有限到期日美式看跌期权价格的解析刻划。这一解析刻划能够确定有限到期日美式看跌期权的价格,这一事实由范・默尔贝克(Van Moerbeke)[153]中的最优停时理论得到。对于美式看跌期权的特殊情形,这一事实的一个较为简单的推导由杰卡(Jacka)[93]给出,参见卡拉察斯和施里夫[102]中的第 2.7 节。尽管无法得到美式看跌期权的显式定价公式,然而给出关于提前实施溢价(即美式看跌期权与相应的欧式看跌期权的价差)的各种刻划还是有可能的;见卡尔(Carr)、加罗和麦纳尼(Myneni)[27],杰卡[93]以及金(Kim)[103]。

美式看跌期权价格的概率刻划由本苏桑[9]和卡拉察斯[100]给出。卡拉察斯和施里夫[102]的第 2.5 节中也有记载。麦纳尼[127]中给出了关于这方面的全面综述和丰富的文献。默顿[122]中注意到无红利支付的股票上的美式看涨期权与相应的欧式看涨期权具有相同的价值。

期权价格的数值计算有两个主要方法：有限差分格式和蒙特卡罗模拟。威尔莫特、豪伊森(Howison)和杜威尼(Dewynne)[165]中描述了美式看跌期权的有限差分格式。蒙特卡罗方法的推导较为复杂，因为必须同时确定看跌期权的价格以及停止集与延续集之间的边界。近来，朗斯坦夫和舒瓦茨(Longstaff and Schwartz)[112]以及齐特斯克里斯和范·罗伊(Tsitsiklis and Van Roy)[152]给出了一种新颖的处理方法。关于修正的朗斯坦夫—舒瓦茨算法的收敛性结果见克莱门特(Clément)、兰伯顿和普若特[37]以及格拉斯曼和余(Yu)[75]。卡拉察斯和施里夫[102]的第2.8节中列出了利用二叉树以及解析逼近方法的有关论文。

8.8 习 题

习题 8.1 (由光滑粘结确定 L_*) 考虑式(8.3.11)中的函数 $v_L(x)$。由式(8.3.11)中的第一行可知 $v_L(x)$在 $x=L$ 的左导数等于 $v'_L(L-)=-1$。利用(8.3.11)中的第二行计算右导数 $v'_L(L+)$。证明：满足光滑粘结条件

$$v'_{L_*}(L_*-)=v'_{L_*}(L_*+)$$

的仅有(8.3.12)中给出的 L_*。

习题 8.2 考虑几何布朗运动(8.3.1)上的两个永久美式看跌期权，它们具有不同的敲定价格 K_1 和 K_2，其中 $0<K_1<K_2$。设 $v_1(x)$和 $v_2(x)$分别是它们(由8.3.2中确定)的价格。证明：$v_2(x)$满足关于敲定价格为 K_1 的永久美式看跌期权的线性互补条件

$$v_2(x)\geqslant(K_1-x)^+,\qquad \forall x\geqslant 0 \tag{8.8.1}$$

$$rv_2(x)-rxv'_2(x)-\frac{1}{2}\sigma^2x^2v''_2(x)\geqslant 0,\quad \forall x\geqslant 0 \tag{8.8.2}$$

但是 $v_2(x)$不满足第三个线性互补条件

对每个 $x\geqslant 0$，式(8.8.1)和式(8.8.2)中至少有一个等式成立。　　(8.8.3)

习题 8.3 (求解线性互补条件) 假设 $v(x)$有界连续并且具有连续导数，满足线性互补条件(8.3.18)～(8.3.20)。本题将证明 $v(x)$必为由式(8.3.13)给出的函数 $v_{L_*}(x)$，其中 L_* 由式(8.3.12)给出。我们假定 K 严格为正。

(i) 首先考虑 x 取值的一个区间，使得 $v(x)$满足条件(8.3.19)中的等式，即：

$$rv(x)-rxv'(x)-\frac{1}{2}\sigma^2x^2v''(x)=0 \tag{8.8.4}$$

式(8.8.4)是一个线性二阶常微分方程，具有两个形如 x^p 的解，这两个解由于 p 的不同而不同。将 x^p 代入方程(8.8.4)，证明：使得 x^p 满足式(8.8.4)的 p 的值只能是 $p=-\frac{2r}{\sigma^2}$和 $p=1$。

(ii) 称函数 $x^{-\frac{2r}{\sigma^2}}$和 x 是式(8.8.4)的线性无关的解。每个在区间上满足式(8.8.4)的函数必定形如

$$f(x)=Ax^{-\frac{2r}{\sigma^2}}+Bx$$

其中 A 和 B 是两个常数。利用这一事实以及 $v(x)$ 和 $v'(x)$ 都连续的事实,证明:不存在区间 $[x_1,x_2]$,其中 $0<x_1<x_2<\infty$,使得 $v(x)$ 在 $[x_1,x_2]$ 上满足条件(8.3.19)中的等式并且对于紧贴 x_1 左侧以及 x_2 右侧的 x 满足条件(8.3.18)中的等式,除非 $v(x)$ 在 $[x_1,x_2]$ 上恒等于 0。

(iii) 利用 $v(0)$ 必等于 K 这一事实,证明:不存在 $x_2>0$,使得 $v(x)$ 在 $[0,x_2]$ 上满足(8.3.19)中的等式。

(iv) 解释 $v(x)$ 为何不能对所有 $x\geqslant 0$,满足条件(8.3.19)中的等式。

(v) 解释 $v(x)$ 为何不能对所有 $x\geqslant 0$,满足条件(8.3.18)中的等式。

(vi) 由(iv)和(v)以及条件(8.3.20),我们可知:$v(x)$ 有时满足条件(8.3.18)中的等式,而有时不满足条件(8.3.18)中的等式,在后一情形,它必满足条件(8.3.19)中的等式。由(ii)和(iii)可知:使得 $v(x)$ 不满足条件(8.3.18)中的等式,但是满足条件(8.3.19)中的等式的那部分 x 的集合不会是区间 $[x_1,x_2]$,其中 $0\leqslant x_1<x_2<\infty$,也不会是互不相交的形如这样的区间的并集。因此,它必定是半直线 $[x_1,\infty)$,其中 $x_1>0$。在 $[0,x_1]$ 中,$v(x)$ 满足条件(8.3.18)中的等式。证明:$v(x)$ 必定等于式(8.3.12)给出的 L_*,并且 $v(x)$ 必定等于式(8.3.13)给出的 $v_{L_*}(x)$。

习题 8.4 在 8.3.3 小节的结尾我们断言,并且在习题 8.3 中证明了:具有连续导数,并且满足线性互补条件(8.3.18)~(8.3.20)的**有界**连续函数只能是式(8.3.13)给出的函数 $v_{L_*}(x)$。然而,可能存在满足这些条件的无界函数。给定 $0<L<K$,假设:

$$\frac{2r}{2r+\sigma^2}K>L \tag{8.8.5}$$

(i) 证明:对任何常数 A 和 B,函数

$$f(x)=Ax^{-\frac{2r}{\sigma^2}}+Bx \tag{8.8.6}$$

满足微分方程

$$rf(x)-rxf'(x)-\frac{1}{2}\sigma^2x^2f''(x)=0,\quad \forall x\geqslant 0 \tag{8.8.7}$$

(ii) 可以选取常数 A 和 B,使得:

$$f(L)=K-L,\quad f'(L)=-1 \tag{8.8.8}$$

(iii) 利用(ii)中选取的常数 A 和 B,证明:对所有 $x\geqslant L$,$f(x)\geqslant(K-x)^+$。

(iv) 定义:

$$v(x)=\begin{cases}K-x, & 0\leqslant x\leqslant L\\ f(x), & x\geqslant L\end{cases}$$

证明:$v(x)$ 满足线性互补条件(8.3.18)~(8.3.20),但是 $v(x)$ 不是由式(8.3.13)给出的函数 $v_{L_*}(x)$。

(v) 微分方程(8.8.7)的每个解都形如式(8.8.6)。为了得到有界解，必须有 $B=0$。

证明：为了使得 $B=0$，必须有 $L=\frac{2r}{2r+\sigma^2}K$，并且在此情形，$v(x)$ 等于式(8.3.13)给出的函数 $v_{L_*}(x)$.

习题 8.5（支付红利股票上的美式看跌期权） 考虑原生资产价格服从几何布朗运动的永久美式看跌期权，原生资产以常数红利率 $a>0$ 连续支付红利，资产价格的微分

$$dS(t)=(r-a)S(t)dt+\sigma S(t)d\widetilde{W}(t) \tag{8.8.9}$$

其中 $\widetilde{W}(t)$ 是风险中性测度 $\widetilde{\mathbb{P}}$ 下的布朗运动。[方程(8.8.9)可以通过在式(5.5.8)中计算微分得到。]

(i) 假定我们采用在资产价格首次跌至(或低于)水平 L 时行权的策略，相应的贴现支付的风险中性期望值是多少？将其表示为初始资产价格 x 的函数 $v_L(x)$。[提示：定义正数

$$\gamma=\frac{1}{\sigma^2}\left(r-a-\frac{1}{2}\sigma^2\right)+\frac{1}{\sigma}\sqrt{\frac{1}{\sigma^2}\left(r-a-\frac{1}{2}\sigma^2\right)^2+2r}$$

并利用 γ 表示 $v_L(x)$。]

(ii) 确定使得(i)中计算的贴现支付的风险中性期望值取最大值的 L 的值 L_*。

(iii) 证明：对于任何初始资产价格 $S(0)=x$，过程 $e^{-rt}v_{L_*}(S(t))$ 在 $\widetilde{\mathbb{P}}$ 下是上鞅。

证明：如果 $S(0)=x>L_*$，并且过程 $e^{-rt}v_{L_*}(S(t))$ 在资产价格首次跌至 L_* 时停止，则得到的停止过程是鞅。[提示：只需证明

$$r+(r-a)\gamma-\frac{1}{2}\sigma^2\gamma(\gamma+1)=0。] \tag{8.8.10}$$

(iv) 证明：对任何初始资产价格 $S(0)=x$，

$$v_{L_*}(x)=\max_{\tau\in\mathcal{S}}\widetilde{\mathbb{E}}[e^{-r\tau}(K-S(\tau))] \tag{8.8.11}$$

习题 8.6 定理 8.2.4(可选抽样定理)还有第二部分，可以叙述如下：

定理 8.8.1（可选抽样-Ⅱ） 设 $X(t)$，$t\geqslant 0$ 是下鞅，τ 是停时。则 $\mathbb{E}X(t\wedge\tau)\leqslant\mathbb{E}X(t)$。如果 $X(t)$ 是上鞅，则 $\mathbb{E}X(t\wedge\tau)\geqslant\mathbb{E}X(t)$。如果 $X(t)$ 是鞅，则 $\mathbb{E}X(t\wedge\tau)=\mathbb{E}X(t)$。

定理证明过于技术化而略去。定理叙述背后的思想如下：下鞅有上升趋势。由于 $t\wedge\tau\leqslant t$，可以期望这一上升趋势将导致不等式 $\mathbb{E}X(t\wedge\tau)\leqslant\mathbb{E}X(t)$。当 τ 是停时，这一直觉是正确的。一旦有关于下鞅的定理，我们容易得到关于上鞅的定理，因为上鞅的相反数是下鞅。由于鞅既是下鞅，又是上鞅，我们得到关于鞅的等式 $\mathbb{E}X(t\wedge\tau)=\mathbb{E}X(t)$。

利用定理 8.8.1 和引理 8.5.1,证明:

$$\widetilde{\mathbb{E}}[e^{-rT}(S(T)-K)^+]=\max_{\tau\in\mathcal{S}_{0,T}}\widetilde{\mathbb{E}}[e^{-r\tau}(S(\tau)-K)^+] \tag{8.8.12}$$

其中如通常一样,如果 $\tau=\infty$,则将 $e^{-r\tau}(S(\tau)-K)^+$ 理解为 0。上式右端是美式看涨期权的价格,类似关于美式看跌期权价格的定义 8.4.1;左端是欧式看涨期权的价格。

习题 8.7 函数 $f(x)(x\geqslant 0)$ 被称为是**凸**的,如果对每个 $0\leqslant\lambda\leqslant 1$ 和 $0\leqslant x_1\leqslant x_2$,不等式

$$f((1-\lambda)x_1+\lambda x_2)\leqslant(1-\lambda)f(x_1)+\lambda f(x_2)$$

成立。假定对于 $x\geqslant 0$,$f(x)$ 和 $g(x)$ 是凸函数,证明:

$$h(x)=\max\{f(x),g(x)\}$$

也是凸函数。

9 计价单位变换

9.1 引　言

资产的价值可以通过某一基准资产(作为**计价单位**)来计量。通常采用某国的货币作为计价单位,也可以将计价单位变换为另一国的货币。在某些应用中,出于金融的考虑,必须改变计价单位;有时则为了便于模型处理而变换计价单位。一个模型是简单还是复杂,往往与计价单位的选取有关。

本章中,我们采用 5.4 节中多维市场模型的框架。我们的模型由定义在概率空间$(\Omega,\mathcal{F},\mathbb{P})$上的 d 维布朗运动 $W(t)=(W_1(t),\cdots,W_d(t)),0\leqslant t\leqslant T$ 驱动。特别是,$W_1,\cdots,W_d$ 为独立的布朗运动。域流 $\mathcal{F}(t),0\leqslant t\leqslant T$ 由该布朗运动向量生成。存在一个适应的利率过程 $R(t),0\leqslant t\leqslant T$,由此可以产生货币市场账户,在时刻 t,其每一份价格为:

$$M(t)=e^{\int_0^t R(u)du}$$

这是投资者于时刻 0 在货币市场账户中投入 1 个单位的资金后,按照即期利率连续计息,在时刻 t 所拥有的资金。定义贴现过程

$$D(t)=e^{-\int_0^t R(u)du}=\frac{1}{M(t)}$$

本章模型中,存在 m 个原生资产,它们的价格满足方程(5.4.6),这里重写如下:

$$dS_i(t)=\alpha_i(t)S_i(t)dt+S_i(t)\sum_{j=1}^{d}\sigma_{ij}(t)dW_j(t),i=1,\cdots,m \tag{9.1.1}$$

我们假定存在唯一的风险中性测度$\widetilde{\mathbb{P}}$[即存在唯一的过程 $\Theta(t)=(\Theta_1(t),\cdots,\Theta_d(t))$ 满足风险的市场价格方程(5.4.18)]。风险中性测度可由多维哥萨诺夫定理(定理 5.4.1)构造。在$\widetilde{\mathbb{P}}$下,布朗运动

$$\widetilde{W}_j(t)=W_j(t)+\int_0^t\Theta_j(u)du,j=1,\cdots,d$$

是两两独立的。根据资产定价第二基本定理(定理 5.4.9),市场是完全的,任何衍生证券都能通过原生资产和货币市场账户的交易进行对冲。

在$\widetilde{\mathbb{P}}$下,贴现资产价格 $D(t)S_i(t)$是鞅,从而任何资产的贴现价值过程都是鞅。于是,风险中性测度$\widetilde{\mathbb{P}}$以下述方式与货币市场账户价格 $M(t)$相联系:如果以货币市场账户作为计价单位,则第 i 种资产的价格为 $S_i(t)/M(t)=D(t)S_i(t)$。换言之,第 i 种资产的价值相当于 $D(t)S_i(t)$份货币市场账户。以货币市场账户作为计价单位,第 i 种资产的价格过程在$\widetilde{\mathbb{P}}$下是鞅;我们称**测度$\widetilde{\mathbb{P}}$关于货币市场账户计价单位是风险中性的**。

当计价单位改变后,资产的价格过程在$\widetilde{\mathbb{P}}$下不再是鞅。为了保持风险中性,我们在变换计价单位的同时也要变换风险中性测度。本章中将就此详细讨论,并且给出其应用。

9.2 计价单位

原则上,我们可以取任何具有正价值的资产作为**计价单位**,其他资产的价格都以该计价单位来计量。与此相联系,我们将有一个风险中性测度。在作这一联系时,我们总是选取无红利支付的资产作为计价单位。特别是,$\widetilde{\mathbb{P}}$是与本国货币市场账户,而不是本国货币相联系的风险中性测度。货币是支付红利的资产,因为它可以投资于货币市场。而在我们的模型中,一份货币市场账户的价值会增长,但不支付红利。

本章中,我们考虑的计价单位有:

◆ 本国货币市场账户。与其相联系的风险中性测度记为$\widetilde{\mathbb{P}}$,这是 9.1 节中讨论过的。

◆ 外国货币市场账户。与其相联系的风险中性测度记为$\widetilde{\mathbb{P}}^f$,这将在 9.3 节中构造。

◆ 时刻 T 到期的零息债券。与其相联系的风险中性测度记为$\widetilde{\mathbb{P}}^T$,称为***T*-远期测度**,这在 9.4 节中将会用到。

作为计价单位的资产也可以是式(9.1.1)中给出的原生资产之一,或者是衍生资产。不论取何种资产,都有以下定理给出的随机表示。

定理 9.2.1(资产的随机表示) 在 9.1 节多维市场模型中,设 N 是某一无红利支付资产(无论是原生资产还是衍生资产)的严格为正的价格过程。则存在**波动率向量过程**

$$\nu(t)=(\nu_1(t),\cdots,\nu_d(t))$$

使得:

$$dN(t)=R(t)N(t)dt+N(t)\nu(t)\cdot d\widetilde{W}(t) \tag{9.2.1}$$

该方程等价于以下每一个方程

$$d(D(t)N(t))=D(t)N(t)\nu(t)\cdot d\widetilde{W}(t) \tag{9.2.2}$$

$$D(t)N(t)=N(0)\exp\left\{\int_0^t \nu(u)\cdot d\widetilde{W}(u)-\frac{1}{2}\int_0^t \|\nu(u)\|^2 du\right\} \tag{9.2.3}$$

$$N(t)=N(0)\exp\left\{\int_0^t \nu(u)\cdot d\widetilde{W}(u)+\int_0^t (R(u)-\frac{1}{2}\|\nu(u)\|^2)du\right\} \tag{9.2.4}$$

换言之，在风险中性测度下，**任何资产的平均回报等于利率**。资产的风险中性回报完全由其波动率向量过程刻划（因为初始条件对回报没有影响）。

【证明】 在风险中性测度$\widetilde{\mathbb{P}}$下，贴现价格过程$D(t)N(t)$是一个鞅。对于原生资产，这是风险中性测度的构造使然；对于衍生资产，这是风险中性定价公式的结论。根据鞅表示定理（定理5.4.2），存在某个适应的d维过程$\widetilde{\Gamma}(t)=(\widetilde{\Gamma}_1(t),\cdots,\widetilde{\Gamma}_d(t))$，使得：

$$d(D(t)N(t))=\sum_{j=1}^{d}\widetilde{\Gamma}_j(t)d\widetilde{W}_i(t)=\widetilde{\Gamma}(t)\cdot d\widetilde{W}(t)$$

由于$N(t)$严格为正，我们可以如下定义向量过程$\nu(t)=(\nu_1(t),\cdots,\nu_d(t))$：

$$\nu_j(t)=\frac{\widetilde{\Gamma}_j(t)}{D(t)N(t)}$$

则：

$$d(D(t)N(t))=D(t)N(t)\nu(t)\cdot d\widetilde{W}(t)$$

这就是式(9.2.2)。

我们以下证明式(9.2.2)的解就是式(9.2.3)。定义：

$$\begin{aligned}X(t)&=\int_0^t \nu(u)\cdot d\widetilde{W}(u)-\frac{1}{2}\int_0^t \|\nu(u)\|^2 du\\&=\sum_{j=1}^{d}\int_0^t \nu_j(u)d\widetilde{W}_j(u)-\frac{1}{2}\sum_{j=1}^{d}\int_0^t \nu_j^2(u)du\end{aligned}$$

则：

$$\begin{aligned}dX(t)&=\nu(t)\cdot d\widetilde{W}(t)-\frac{1}{2}\|\nu(t)\|^2 dt\\&=\sum_{j=1}^{d}\nu_j(t)d\widetilde{W}_j(t)-\frac{1}{2}\sum_{j=1}^{d}\nu_j^2(t)dt\end{aligned}$$

$$dX(t)dX(t)=\sum_{j=1}^{d}\nu_j^2(t)dt=\|\nu(t)\|^2 dt$$

令$f(x)=N(0)e^x$，计算可得：

$$\begin{aligned}df(X(t))&=f'(X(t))dX(t)+\frac{1}{2}f''(X(t))dX(t)dX(t)\\&=f(X(t))\nu(t)\cdot d\widetilde{W}(t)\end{aligned}$$

因此，$f(X(t))$是式(9.2.2)的解，$f(X(t))$满足初始条件 $f(X(0))=N(0)$，并且 $f(X(t))$就是式(9.2.3)的右端。

由式(9.2.3)，立即得到式(9.2.4)。对式(9.2.4)运用伊藤—德布林公式，我们得到式(9.2.1)。 □

根据多维哥萨诺夫定理(定理 5.4.1)，我们可以利用 $N(t)$的波动率向量变换测度。定义：

$$\widetilde{W}_j^{(N)}(t)=-\int_0^t \nu_j(u)du+\widetilde{W}_j(t),j=1,\cdots,d \tag{9.2.5}$$

以及新的概率测度

$$\widetilde{\mathbb{P}}^{(N)}(A)=\frac{1}{N(0)}\int_A D(T)N(T)d\,\widetilde{\mathbb{P}},\forall A\in\mathcal{F} \tag{9.2.6}$$

由式(9.2.3)可知：$\frac{D(T)N(T)}{N(0)}$ 就是出现在多维哥萨诺夫定理中(5.4.1)中的随机变量 $Z(T)$[定理 5.4.1 中的 $\Theta_j(t)$取为 $-\nu_j(t),j=1,2,\cdots,m$]。这里我们用概率测度$\widetilde{\mathbb{P}}$ 取代定理 5.4.1 中的$\mathbb{P}$，并且用$\widetilde{\mathbb{P}}$ 下的 d 维布朗运动($\widetilde{W}_1(t),\cdots,\widetilde{W}_d(t)$)取代$\mathbb{P}$ 下的 d 维布朗运动($W_1(t),\cdots,W_d(t)$)。

经过这些替代，由定理 5.4.1 可知：在$\widetilde{\mathbb{P}}^{(N)}$下，过程 $\widetilde{W}^{(N)}(t)=(\widetilde{W}_1^{(N)}(t),\cdots,\widetilde{W}_d^{(N)}(t))$是 d 维布朗运动。特别是，在$\widetilde{\mathbb{P}}^{(N)}$下，布朗运动 $\widetilde{W}_1^{(N)},\cdots,\widetilde{W}_d^{(N)}$ 两两独立。任何随机变量 X 在$\widetilde{\mathbb{P}}^{(N)}$下的期望值可由以下公式计算：

$$\widetilde{\mathbb{E}}^{(N)}X=\frac{1}{N(0)}\widetilde{\mathbb{E}}[XD(T)N(T)] \tag{9.2.7}$$

更一般地，

$$\frac{D(t)N(t)}{N(0)}=\widetilde{\mathbb{E}}\left[\frac{D(T)N(T)}{N(0)}\mid\mathcal{F}(t)\right],0\leqslant t\leqslant T$$

是定理 5.4.1 中的拉东—尼柯迪姆导数过程 $Z(t)$，并且由引理 5.2.2 可知：对所有 $0\leqslant s\leqslant t\leqslant T$ 以及 $F(t)$-可测随机变量 Y，有：

$$\widetilde{\mathbb{E}}^{(N)}[Y\mid\mathcal{F}(s)]=\frac{1}{D(s)N(s)}\widetilde{\mathbb{E}}[YD(t)N(t)\mid\mathcal{F}(s)] \tag{9.2.8}$$

定理 9.2.2 (风险中性测度变换) 设 $S(t)$和 $N(t)$是以同一货币计量的两种资产的价格过程，$\sigma(t)=(\sigma_1(t),\cdots,\sigma_d(t))$和 $\nu(t)=(\nu_1(t),\cdots,\nu_d(t))$分别表示它们的波动率向量过程：

$$d(D(t)S(t))=D(t)S(t)\sigma(t)\cdot d\widetilde{W}(t),d(D(t)N(t))=D(t)N(t)\nu(t)\cdot d\widetilde{W}(t)$$

取 $N(t)$作为计价单位，则 $S(t)$的价格变为 $S^{(N)}(t)=\frac{S(t)}{N(t)}$。在测度$\widetilde{\mathbb{P}}^{(N)}$下，过程 $S^{(N)}(t)$是一个鞅。而且，我们有：

$$dS^{(N)}(t)=S^{(N)}(t)[\sigma(t)-\nu(t)]\cdot d\widetilde{W}^{(N)}(t) \tag{9.2.9}$$

注 9.2.3 式(9.2.9)表明：$S^{(N)}(t)$的波动率向量是 $S(t)$和 $N(t)$的波动率向量的差。特别是，作了计价单位变换后，新计价单位本身的价格变为恒等于 1：

$$N^{(N)}(t)=\frac{N(t)}{N(t)}=1$$

并且波动率为零向量：

$$dN^{(N)}(t)=N^{(N)}(t)[\nu(t)-\nu(t)]\cdot d\widetilde{W}^{(N)}(t)=0$$

这里说的是：计价单位变换后，波动率**向量**相减，而不是波动率相减。定理 9.2.2中的过程 $N(t)$具有随机微分方程表示(9.2.1)，我们可以将其重写为：

$$dN(t)=R(t)N(t)dt+\|\nu(t)\|N(t)dB^N(t) \tag{9.2.10}$$

其中：

$$B^N(t)=\int_0^t\sum_{j=1}^d\frac{\nu_j(u)}{\|\nu(u)\|}d\widetilde{W}_j(u)$$

根据列维定理(定理 4.6.4)，$B^{(N)}(t)$是 1 维布朗运动。由式(9.2.10)可见，$N(t)$的波动率(不是波动率向量)为 $\|\nu(t)\|$。类似地，定理 9.2.2 中的过程 $S(t)$的波动率为 $\|\sigma(t)\|$。与推导(9.2.9)同样的论证表明：$S^{(N)}(t)$的波动率为 $\|\sigma(t)-\nu(t)\|$。这并不等于波动率的差 $\|\sigma(t)\|-\|\nu(t)\|$，除非波动率向量 $\sigma(t)$是大于 1 的常数与波动率向量 $\nu(t)$的乘积。

注 9.2.4 如果在定理 9.2.2 中取货币市场账户作为新的计价单位，即取 $N(t)=M(t)=\frac{1}{D(t)}$，则有 $d(D(t)N(t))=0$。货币市场账户的波动率向量 $\nu(t)=0$，从而，以货币市场账户计量的资产价格 $S^{(N)}(t)$与以货币计量的资产价格 $S(t)$具有相同的波动率向量。利用货币市场账户贴现一个资产，不会影响其波动率向量。

注 9.2.5 定理 9.2.2 是更一般结果的特例。如果 $M_1(t)$和 $M_2(t)$是测度$\mathbb{P}$ 下的鞅，$M_2(0)=1$，并且 $M_2(t)$取值严格为正，则可以如下定义测度：

$$\mathbb{P}^{(M_2)}(A)=\int_A M_2(T)d\,\mathbb{P}$$

在$\mathbb{P}^{(M_2)}$下，$M_1(t)/M_2(t)$是一个鞅(见习题 9.1)。

【定理 9.2.2 的证明】 我们有：

$$D(t)S(t)=S(0)\exp\left\{\int_0^t\sigma(u)\cdot d\widetilde{W}(u)-\frac{1}{2}\int_0^t\|\sigma(u)\|^2du\right\}$$

$$D(t)N(t)=N(0)\exp\left\{\int_0^t\nu(u)\cdot d\widetilde{W}(u)-\frac{1}{2}\int_0^t\|\nu(u)\|^2du\right\}$$

因此：

$$S^{(N)}(t)=\frac{S(0)}{N(0)}\exp\left\{\int_0^t(\sigma(u)-\nu(u))\cdot d\widetilde{W}(u)\right.$$
$$\left.-\frac{1}{2}\int_0^t(\|\sigma(u)\|^2-\|\nu(u)\|^2)du\right\}$$

为了运用伊藤—德布林公式,我们先定义:

$$X(t)=\int_0^t(\sigma(u)-\nu(u))\cdot d\widetilde{W}(u)-\frac{1}{2}\int_0^t(\|\sigma(u)\|^2-\|\nu(u)\|^2)du$$

则:

$$\begin{aligned}dX(t)&=(\sigma(t)-\nu(t))\cdot d\widetilde{W}(t)-\frac{1}{2}(\|\sigma(t)\|^2-\|\nu(t)\|^2)dt\\&=\sum_{j=1}^d(\sigma_j(t)-\nu_j(t))d\widetilde{W}_j(t))-\frac{1}{2}\sum_{j=1}^d(\sigma_j^2(t)-\nu_j^2(t))dt\\dX(t)dX(t)&=\sum_{j=1}^d(\sigma_j(t)-\nu_j(t))^2dt\\&=\sum_{j=1}^d(\sigma_j^2(t)-2\sigma_j(t)\nu_j(t)+\nu_j^2(t))dt\\&=\|\sigma(t)\|^2dt-2\sigma(t)\cdot\nu(t)dt+\|\nu(t)\|^2dt\end{aligned}$$

令 $f(x)=\dfrac{S(0)}{N(0)}e^x$,我们有 $S^{(N)}(t)=f(X(t))$,并且

$$\begin{aligned}dS^{(N)}(t)&=df(X(t))\\&=f'(X)dX+\frac{1}{2}f''(X)dXdX\\&=S^{(N)}\Big[(\sigma-\nu)\cdot d\widetilde{W}-\frac{1}{2}\|\sigma\|^2dt+\frac{1}{2}\|\nu\|^2dt\\&\quad+\frac{1}{2}\|\sigma\|^2dt-\sigma\cdot\nu dt+\frac{1}{2}\|\nu\|^2dt\Big]\\&=S^{(N)}[(\sigma-\nu)\cdot d\widetilde{W}-\nu\cdot(\sigma-\nu)dt]\\&=S^{(N)}(\sigma-\nu)\cdot(-\nu dt+d\widetilde{W})\\&=S^{(N)}(\sigma-\nu)\cdot d\widetilde{W}^{(N)}\end{aligned}$$

由于在测度$\widetilde{\mathbb{P}}^{(N)}$下 $\widetilde{W}^{(N)}(t)$是 d 维布朗运动,过程 $S^{(N)}(t)$在测度$\widetilde{\mathbb{P}}^{(N)}$下是一个鞅。

□

9.3 外国和本国风险中性测度

9.3.1 *基本过程*

现在,我们将上一节中的思想运用于有两种货币(外国货币和本国货币)的市场。模型由概率空间$(\Omega,\mathcal{F},\mathbb{P})$上的二维布朗运动 $W(t)=(W_1(t),W_2(t))$驱动。假定在测度$\mathbb{P}$下,W_1 和 W_2 是独立的布朗运动。以本国货币计量的股票价格 $S(t)$满足:

$$dS(t)=\alpha(t)S(t)dt+\sigma_1(t)S(t)dW_1(t) \tag{9.3.1}$$

存在本国利率 $R(t)$,由此得到本国货币市场账户价格以及本国贴现过程为:

$$M(t)=\exp\left\{\int_0^t R(u)du\right\},\quad D(t)=\exp\left\{-\int_0^t R(u)du\right\}$$

又存在外国利率 $R^f(t)$，由此得到外国货币市场账户价格以及外国贴现过程为：

$$M^f(t)=\exp\left\{\int_0^t R^f(u)du\right\},\quad D^f(t)=\exp\left\{-\int_0^t R^f(u)du\right\}$$

最后，存在汇率 $Q(t)$，即每单位外国货币折合 $Q(t)$ 单位本国货币。假定汇率满足：

$$dQ(t)=\gamma(t)Q(t)dt+\sigma_2(t)Q(t)\left[\rho(t)dW_1(t)+\sqrt{1-\rho^2(t)}dW_2(t)\right] \tag{9.3.2}$$

定义：

$$W_3(t)=\int_0^t \rho(u)dW_1(u)+\int_0^t \sqrt{1-\rho^2(u)}dW_2(u) \tag{9.3.3}$$

由列维定理(定理 4.6.4)，在测度$\mathbb{P}$下，$W_3(t)$是布朗运动。我们将式(9.3.2)改写为：

$$dQ(t)=\gamma(t)Q(t)dt+\sigma_2(t)Q(t)dW_3(t) \tag{9.3.4}$$

其中，$\sigma_2(t)$是 $Q(t)$的波动率。

假定关于由二维布朗运动 $W(t)=(W_1(t),W_2(t))$生成域流 $\mathcal{F}(t)$；$R(t)$，$R^f(t)$，$\sigma_1(t)$，$\sigma_2(t)$和 $\rho(t)$都是适应的过程，并且

$$\sigma_1(t)>0,\sigma_2(t)>0,-1<\rho(t)<1$$

几乎必然对所有 t 成立。由于

$$\frac{dS(t)}{S(t)}\cdot\frac{dQ(t)}{Q(t)}=\rho(t)\sigma_1(t)\sigma_2(t)dt$$

过程 $\rho(t)$是 $S(t)$和 $Q(t)$的相对变化之间的瞬时相关系数。

9.3.2 本国风险中性测度

现在有三种可交易资产：本国货币市场账户、股票以及外国货币市场账户。考虑它们以本国货币计量的价格并且按本国利率贴现，这样得到的是它们以本国货币市场账户计量的价格。在本国风险中性测度下，所有三种资产以本国货币市场账户计量的价格过程都是鞅。我们将利用这一事实，求本国风险中性测度。

首先注意到第一种资产(本国货币市场账户)以本国货币市场账户计量的价格恒为 1。无论在什么测度下，这总是一个鞅。

第二种资产(股票)以本国货币市场账户计量的价格 $D(t)S(t)$满足随机微分方程：

$$d(D(t)S(t))=D(t)S(t)\left[(\alpha(t)-R(t))dt+\sigma_1(t)dW_1(t)\right] \tag{9.3.5}$$

构造过程：

$$\widetilde{W}_1(t)=\int_0^t\Theta_1(u)du+W_1(t)$$

使得式(9.3.5)可改写为:

$$d(D(t)S(t))=\sigma_1(t)D(t)S(t)d\widetilde{W}_1(t) \tag{9.3.6}$$

令式(9.3.5)和式(9.3.6)的右端相等,可知 $\Theta_1(t)$ 必须满足**第一个风险的市场价格方程**:

$$\sigma_1(t)\Theta_1(t)=\alpha(t)-R(t) \tag{9.3.7}$$

第三种资产可以如下方式在本国市场获得:投资于外国货币市场并将该投资兑换为本国货币。外国货币市场账户以本国货币计量的价值为 $M^f(t)Q(t)$,其贴现价值 $D(t)M^f(t)Q(t)$ 的微分为:

$$d(D(t)M^f(t)Q(t))=D(t)M^f(t)Q(t)[(R^f(t)-R(t)+\gamma(t))dt$$
$$+\sigma_2(t)\rho(t)dW_1(t)+\sigma_2(t)\sqrt{1-\rho^2(t)}dW_2(t)] \tag{9.3.8}$$

式(9.3.8)可以如下推导:利用

$$d(M^f(t))=R^f(t)M^f(t)dt$$

并利用伊藤乘积微分公式,可以算得:

$$d(M^f(t)Q(t))=M^f(t)Q(t)[(R^f(t)+\gamma(t))dt$$
$$+\sigma_2(t)\rho(t)dW_1(t)+\sigma_2(t)\sqrt{1-\rho^2(t)}dW_2(t)]$$

再对 $D(t)\cdot M^f(t)Q(t)$ 运用伊藤乘积微分公式,就得到式(9.3.8)。$Q(t)$ 的平均回报率是 $\gamma(t)$;将 $Q(t)$ 按外国利率升水,再按本国利率贴现,由式(9.3.8)可知其平均回报率变为 $R^f(t)-R(t)+\gamma(t)$,而波动率不变。

除了 $\widetilde{W}_1(t)$ 之外,再构造过程

$$\widetilde{W}_2(t)=\int_0^t\Theta_2(u)du+W_2(t)$$

使得式(9.3.8)可改写为:

$$d(D(t)M^f(t)Q(t))=D(t)M^f(t)Q(t)[\sigma_2(t)\rho(t)d\widetilde{W}_1(t)$$
$$+\sigma_2(t)\sqrt{1-\rho^2(t)}d\widetilde{W}_2(t)] \tag{9.3.9}$$

令式(9.3.9)和式(9.3.8)的右端相等,我们得到**第二个风险的市场价格方程**:

$$\sigma_2(t)\rho(t)\Theta_1(t)+\sigma_2(t)\sqrt{1-\rho^2(t)}\Theta_2(t)=R^f(t)-R(t)+\gamma(t) \tag{9.3.10}$$

由风险的市场价格方程式(9.3.7)和式(9.3.10),可以确定过程 $\Theta_1(t)$ 和 $\Theta_2(t)$:先由式(9.3.7)解得 $\Theta_1(t)$,代入式(9.3.10)并从中解得 $\Theta_2(t)$。这里需要用到条件

$$\sigma_1(t)>0,\sigma_2(t)>0,-1<\rho(t)<1$$

$\Theta_1(t)$ 和 $\Theta_2(t)$ 的具体公式并不重要,关键是风险的市场价格方程有且仅有一

个解，从而存在唯一的由多维哥萨诺夫定理给出的的风险中性测度$\widetilde{\mathbb{P}}$。在此测度下，$\widetilde{W}(t)=(\widetilde{W}_1(t),\widetilde{W}_2(t))$是二维布朗运动，过程 1，$D(t)S(t)$和$D(t)M^f(t)Q(t)$是鞅。与式(9.3.3)相仿，我们可以定义：

$$\widetilde{W}_3(t)=\int_0^t\rho(u)d\widetilde{W}_1(u)+\int_0^t\sqrt{1-\rho^2(u)}d\widetilde{W}_2(u) \tag{9.3.11}$$

于是在测度$\widetilde{\mathbb{P}}$下，$\widetilde{W}_3(t)$是布朗运动，并且

$$d\widetilde{W}_1(t)d\widetilde{W}_3(t)=\rho(t)dt,d\widetilde{W}_2(t)d\widetilde{W}_3(t)=\sqrt{1-\rho^2(t)}dt \tag{9.3.12}$$

通过乘以因子$M(t)=\dfrac{1}{D(t)}$，将过程 1，$D(t)S(t)$和 $D(t)M^f(t)Q(t)$写成未贴现形式，然后利用公式 $dM(t)=R(t)M(t)dt$ 以及伊藤乘积微分公式，我们可以得到：

$$dM(t)=R(t)M(t)dt \tag{9.3.13}$$

$$dS(t)=S(t)[R(t)dt+\sigma_1(t)d\widetilde{W}_1(t)] \tag{9.3.14}$$

$$\begin{aligned}d(M^f(t)Q(t))&=M^f(t)Q(t)[R(t)dt+\sigma_2(t)\rho(t)d\widetilde{W}_1(t)+\sigma_2(t)\sqrt{1-\rho^2(t)}d\widetilde{W}_2(t)]\\&=M^f(t)Q(t)[R(t)dt+\sigma_2(t)d\widetilde{W}_3(t)]\end{aligned} \tag{9.3.15}$$

在本国风险中性测度$\widetilde{\mathbb{P}}$下，所有这些价格过程都具有平均回报率 $R(t)$。

将 $M^f(t)Q(t)$乘以 $D^f(t)$，再利用伊藤乘积微分公式，可得：

$$\begin{aligned}dQ(t)&=Q(t)[(R(t)-R^f(t))dt+\sigma_2(t)\rho(t)d\widetilde{W}_1(t)+\sigma_2(t)\sqrt{1-\rho^2(t)}d\widetilde{W}_2(t)]\\&=Q(t)[(R(t)-R^f(t))dt+\sigma_2(t)d\widetilde{W}_3(t)]\end{aligned} \tag{9.3.16}$$

在本国风险中性测度$\widetilde{\mathbb{P}}$下，汇率的平均回报率是本国与外国利率之差 $R(t)-R^f(t)$，而非 $R(t)$。如果将汇率视为资产(即持有 1 单位外国货币，其价值总是等于 $Q(t)$)，那么它是**支付红利**的资产。1 单位外国货币投资于外国货币市场，将获得连续复利 $R^f(t)$。如果红利再投资于外国货币市场，我们就得到式(9.3.15)中的具有平均回报率 $R(t)$的资产；如果红利不再投资，回报率就会减少 $R^f(t)$，从而我们有式(9.3.16)[参见式(5.5.6)]。

重要的是，式(9.3.16)告诉了我们在本国风险中性测度$\widetilde{\mathbb{P}}$下汇率的平均回报率。而在真实概率测度$\mathbb{P}$下，汇率的平均回报率任意，因为对于式(9.3.2)中的过程 $\gamma(t)$没有任何限制。

9.3.3 *外国风险中性测度*

在我们的模型中有三种资产：本国货币市场账户、股票以及外国货币市场账户。在表 9.1 的顶上一行列出了这些资产，接下来列出了它们的四种计价。

前面小节中我们构造了本国风险中性测度$\widetilde{\mathbb{P}}$，表 9.1 中第二行的三项在$\widetilde{\mathbb{P}}$下都是鞅。这一小节，我们构造外国风险中性测度$\widetilde{\mathbb{P}}^f$，使得表 9.1 中第四行的各项在$\widetilde{\mathbb{P}}^f$

下都是鞅。[我们无法使第一行的所有各项成为鞅，因为过程 $M(t)$ 的任何路径都是递增的，从而在任何测度下它都不会是鞅。第三行也是如此，它含有递增的过程 $M^f(t)$。]

注意到，表 9.1 中第四行可由第二行的各项除以 $D(t)M^f(t)Q(t)$ 得到。换言之，为了求外国风险中性测度，我们取外国货币市场账户作为计价单位。其在时刻 t 以本国货币市场账户计量的价值为 $D(t)M^f(t)Q(t)$，以本国货币计量的价值为 $M^f(t)Q(t)$。由 $M^f(t)Q(t)$ 的微分表达式(9.3.15)，可知其波动率向量为：

$$(\nu_1(t),\nu_2(t))=(\sigma_2(t)\rho(t),\sigma_2(t)\sqrt{1-\rho^2(t)})$$

表 9.1 **不同计价单位下的价格**

	本国货币市场账户	股票	外国货币市场账户
本国货币	$M(t)$	$S(t)$	$M^f(t)Q(t)$
本国货币市场账户	1	$D(t)S(t)$	$D(t)M^f(t)Q(t)$
外国货币	$M(t)/Q(t)$	$S(t)/Q(t)$	$M^f(t)$
外国货币市场账户	$M(t)D^f(t)/Q(t)$	$D^f(t)S(t)/Q(t)$	1

根据定理 9.2.2，与计价单位 $M^f(t)Q(t)$ 相联系的风险中性测度为：

$$\widetilde{\mathbb{P}}^f(A)=\frac{1}{Q(0)}\int_A D(T)M^f(T)Q(T)d\widetilde{\mathbb{P}},\quad \forall A\in\mathcal{F} \tag{9.3.17}$$

其中用到了 $D(0)=M^f(0)=1$ 这一事实。由

$$\widetilde{W}_1^f(t)=-\int_0^t\sigma_2(u)\rho(u)du+\widetilde{W}_1(t) \tag{9.3.18}$$

$$\widetilde{W}_2^f(t)=-\int_0^t\sigma_2(u)\sqrt{1-\rho^2(u)}du+\widetilde{W}_2(t) \tag{9.3.19}$$

给出的过程 $\widetilde{W}^f(t)=(\widetilde{W}_1^f(t),\widetilde{W}_2^f(t))$ 在 $\widetilde{\mathbb{P}}^f$ 下是二维布朗运动。我们称 $\widetilde{\mathbb{P}}^f$ 为**外国风险中性测度**。类似于式(9.3.11)，我们可以定义：

$$\begin{aligned}\widetilde{W}_3^f(t)&=\int_0^t\rho(u)d\widetilde{W}_1^f(u)+\int_0^t\sqrt{1-\rho^2(u)}d\widetilde{W}_2^f(t)\\&=\int_0^t\rho(u)(-\sigma_2(u)\rho(u)du+d\widetilde{W}_1(u))\\&\quad+\int_0^t\sqrt{1-\rho^2(u)}(-\sigma^2(u)\sqrt{1-\rho^2(u)}du+d\widetilde{W}_2(u))\\&=-\int_0^t\sigma_2(u)d(u)+\int_0^t(\rho(u)d\widetilde{W}_1(u)+\sqrt{1-\rho^2(u)}d\widetilde{W}_2(u))\\&=-\int_0^t\sigma_2(u)du+\widetilde{W}_3(t)\end{aligned} \tag{9.3.20}$$

于是在测度 $\widetilde{\mathbb{P}}^f$ 下，$\widetilde{W}_3^f(t)$ 是布朗运动，并且

$$d\widetilde{W}_1^f(t)d\widetilde{W}_3^f(t)=\rho(t)dt,d\widetilde{W}_2^f(t)d\widetilde{W}_3^f(t)=\sqrt{1-\rho^2(t)}dt \tag{9.3.21}$$

我们可以利用伊藤微积分直接验证表 9.1 最后一行中前两项在$\widetilde{\mathbb{P}}^f$ 下是鞅(第三项 1 显然是鞅)。直接计算可得:

$$d\left(\frac{M(t)D^f(t)}{Q(t)}\right)=\frac{M(t)D^f(t)}{Q(t)}\left[-\sigma_2(t)\rho(t)d\widetilde{W}_1^f(t)-\sigma_2(t)\sqrt{1-\rho^2(t)}d\widetilde{W}_2^f(t)\right]$$
$$=-\frac{M(t)D^f(t)}{Q(t)}\sigma_2(t)d\widetilde{W}_3^f(t) \tag{9.3.22}$$

$$d\left(\frac{D^f(t)S(t)}{Q(t)}\right)=\frac{D^f(t)S(t)}{Q(t)}\left[(\sigma_1(t)-\sigma_2(t)\rho(t))d\widetilde{W}_1^f(t)-\sigma_2(t)\sqrt{1-\rho^2(t)}d\widetilde{W}_2^f(t)\right]$$
$$=\frac{D^f(t)S(t)}{Q(t)}\left[\sigma_1(t)d\widetilde{W}_1^f(t)-\sigma_2(t)d\widetilde{W}_3^f(t)\right] \tag{9.3.23}$$

由于 $\widetilde{W}_1^f(t)$,$\widetilde{W}_2^f(t)$以及 $\widetilde{W}_3^f(t)$在$\widetilde{\mathbb{P}}^f$ 下是布朗运动,故上述过程在$\widetilde{\mathbb{P}}^f$ 下是鞅。在$\widetilde{\mathbb{P}}^f$ 下,$\widetilde{W}_1^f(t)$和 $\widetilde{W}_2^f(t)$是独立的布朗运动,而 $\widetilde{W}_3^f(t)$与 $\widetilde{W}_1^f(t)$和 $\widetilde{W}_2^f(t)$的即时相关系数由式(9.3.21)给出。

9.3.4 西格尔(Siegel)汇率悖论

由式(9.3.16),在本国风险中性测度$\widetilde{\mathbb{P}}$ 下,汇率 $Q(t)$的平均回报率是$R(t)-R^f(t)$;而从外国角度,汇率是$\frac{1}{Q(t)}$。人们或许以为汇率$\frac{1}{Q(t)}$的平均回报率是$R^f(t)-R(t)$。换言之,人们或许认为如果美元对欧元的平均回报率是 5%,则欧元对美元的平均回报率应是-5%。

事实不然。例如,设汇率为 0.90 欧元兑 1 美元,即 1.111 1 美元兑 1 欧元。如果欧元的美元价格下跌了 5%,则 1 欧元仅值 0.95×1.111 1=1.055 6美元。此时汇率为 0.947 4 欧元兑 1 美元。从 0.90 欧元兑 1 美元到 0.947 4 欧元兑 1 美元,美元的欧元价格上涨了 5.26%而不是 5%。

令 $f(x)=\frac{1}{x}$,则 $f'(x)=-\frac{1}{x^2}$,$f''(x)=\frac{2}{x^3}$。利用式(9.3.16),我们得到:

$$\begin{aligned}d\left(\frac{1}{Q}\right)&=df(Q)\\&=f'(Q)dQ+\frac{1}{2}f''(Q)dQdQ\\&=\frac{1}{Q}\left[(R^f-R)dt-\sigma_2d\widetilde{W}_3\right]+\frac{1}{Q}\sigma_2^2d\widetilde{W}_3d\widetilde{W}_3\\&=\frac{1}{Q(t)}\left[(R^f-R+\sigma_2^2)dt-\sigma_2d\widetilde{W}_3\right]\end{aligned} \tag{9.3.24}$$

在本国风险中性测度$\widetilde{\mathbb{P}}$ 下,$\frac{1}{Q(t)}$的平均回报率是 $R^f(t)-R(t)+\sigma_2^2$,而不是 $R^f(t)-R(t)$。

然而,如果变换到外国风险中性测度,它适用于以外国货币计量的衍生证券定价,则由函数 $f(x)=\frac{1}{x}$ 的凸性引起的这种非对称性可以避免。首先,由式(9.3.20),有:

$$d\widetilde{W}_3^f(t)=-\sigma_2(t)dt+d\widetilde{W}_3(t)$$

用 $\widetilde{W}_3^f(t)$表示，式(9.3.24)可以改写为：

$$d\left(\frac{1}{Q}\right)=\frac{1}{Q}[(R^f-R)dt-\sigma_2 d\widetilde{W}_3^f] \tag{9.3.25}$$

在外国风险中性测度下，$\frac{1}{Q}$的平均回报率是R^f-R。

在真实概率测度$\mathbb{P}$下，这种非对称性仍然存在。由式(9.3.4)[重写为下面的式(9.3.26)]，在$\mathbb{P}$下，汇率的平均回报率是$\gamma(t)$。类似于式(9.3.24)中的推导，利用伊藤—德布林公式，我们得到下面的式(9.3.27)：

$$dQ(t)=\gamma(t)Q(t)dt+\sigma_2(t)Q(t)dW_3(t) \tag{9.3.26}$$

$$d\left(\frac{1}{Q(t)}\right)=\frac{1}{Q(t)}(-\gamma(t)+\sigma_2^2(t))dt-\frac{1}{Q(t)}\sigma_2(t)dW_3(t) \tag{9.3.27}$$

Q与$\frac{1}{Q}$具有相同的波动率(波动率符号的改变没有影响，因为布朗运动是对称的)。然而，Q与$\frac{1}{Q}$的平均回报率并非互为相反数。

9.3.5 *远期汇率*

在这一小节中，我们假定本国和外国利率都是常数，分别记为r和r^f。回顾一下，1单位外国货币折合Q单位本国货币。从**本国**角度的汇率Q服从随机微分方程(9.3.16)

$$dQ(t)=Q(t)[(r-r^f)dt+\sigma_2(t)\rho(t)d\widetilde{W}_1(t)+\sigma_2(t)\sqrt{1-\rho^2(t)}d\widetilde{W}_2(t)]$$

因此：

$$e^{-(r-r^f)t}Q(t)$$

在**本国**风险中性测度$\widetilde{\mathbb{P}}$下是一个鞅。

在时刻0，时刻T交割的1单位外国货币的远期价格F(以本国货币计量)由以下方程确定：

$$\widetilde{\mathbb{E}}[e^{-rT}(Q(T)-F)]=0$$

上式左端是将风险中性定价公式运用于在时刻T支付$Q(T)$以换取F的衍生证券的结果。令其为0，便确定了远期价格。我们可以由此方程解得F，注意到：

$$e^{-rT}F=\widetilde{\mathbb{E}}[e^{-rT}Q(T)]=e^{-r^fT}\widetilde{\mathbb{E}}[e^{-(r-r^f)T}Q(T)]=e^{-r^fT}Q(0)$$

从而得到T-远期汇率(每单位外国货币的本国货币价格)为：

$$F=e^{(r-r^f)T}Q(0)$$

从外国角度的汇率服从随机微分方程(9.3.25)

$$d\left(\frac{1}{Q(t)}\right)=\left(\frac{1}{Q(t)}\right)[(r^f-r)dt-\sigma_2(t)\rho(t)d\widetilde{W}_1^f(t)-\sigma_2(t)\sqrt{1-\rho^2(t)}d\widetilde{W}_2^f(t)]$$

因此：

$$e^{-(r^f-r)t}\frac{1}{Q(t)}$$

在**外国**风险中性测度$\widetilde{\mathbb{P}}^f$下是一个鞅。

在时刻0，时刻T交割的1单位本国货币的远期价格F^f（以外国货币计量）由以下方程确定：

$$\widetilde{\mathbb{E}}^f\left[e^{-r^fT}\left(\frac{1}{Q(T)}-F^f\right)\right]=0$$

上式左端是将风险中性定价公式运用于在时刻T支付$\frac{1}{Q(T)}$换取F^f（均以外国货币计量）的衍生证券的结果。令其为0，便确定了远期价格。我们可以由此方程解得F^f，注意到：

$$e^{-r^fT}F^f=\widetilde{\mathbb{E}}^f\left[e^{-r^fT}\frac{1}{Q(T)}\right]=e^{-rT}\widetilde{\mathbb{E}}^f\left[e^{-(r^f-r)T}\frac{1}{Q(T)}\right]=e^{-rT}\frac{1}{Q(0)}$$

从而得到T-远期汇率（每单位本国货币的外国货币价格）为：

$$F^f=e^{(r^f-r)T}\frac{1}{Q(0)}=\frac{1}{F}$$

9.3.6 *加曼—柯尔哈根（Garman-Kohlhagen）公式*

在这一小节中，我们假定本国和外国利率r和r^f以及波动率σ_2都是常数。考虑1单位外国货币上的看涨期权，其支付为$(Q(T)-K)^+$（以本国货币计量）。在时刻0，其价值为：

$$\widetilde{\mathbb{E}}e^{-rT}(Q(T)-K)^+$$

在此情形下，式(9.3.16)成为：

$$dQ(t)=Q(t)[(r-r^f)dt+\sigma_2 d\widetilde{W}_3(t)]$$

由此可得：

$$Q(T)=Q(0)\exp\left\{\sigma_2\widetilde{W}_3(T)+\left(r-r^f-\frac{1}{2}\sigma_2^2\right)T\right\}$$

定义：

$$Y=-\frac{\widetilde{W}_3(T)}{\sqrt{T}}$$

则在$\widetilde{\mathbb{P}}$下，Y是标准正态随机变量。于是，看涨期权的价格为：

$$\widetilde{\mathbb{E}}e^{-rT}(Q(T)-K)^+=\widetilde{\mathbb{E}}[e^{-rT}(Q(0)e^{-\sigma_2\sqrt{T}Y+(r-r^f-\frac{1}{2}\sigma_2^2)T}-K)^+]$$

这一表达式正如同于式(5.5.10)，其中$\tau=T$，x被$Q(0)$取代，红利率a被r^f

取代。根据式(5.5.12),看涨期权的价格为:

$$\widetilde{\mathbb{E}}e^{-rT}(Q(T)-K)^{+}=e^{-r^{f}T}Q(0)N(d_{+})-e^{-rT}KN(d_{-}) \tag{9.3.28}$$

其中:

$$d_{\pm}=\frac{1}{\sigma_2\sqrt{T}}\left[\log\frac{Q(0)}{K}+\left(r-r^{f}\pm\frac{1}{2}\sigma_2^2\right)T\right]$$

并且 N 是累积标准正态分布函数。式(9.3.28)称为加曼—柯尔哈根公式。

9.3.7 汇率看跌—看涨对偶性

在这一小节中,我们将推导本国货币上的看涨期权(以外国货币计量)与外国货币上的看跌期权(以本国货币计量)之间的关系。

回顾计价单位 $M^{f}(t)Q(t)$,它是外国货币市场账户的本国价格。外国风险中性测度关于本国风险中性测度的拉东—尼柯迪姆导数为[见式(9.3.17)]:

$$\frac{d\widetilde{\mathbb{P}}^{f}}{d\widetilde{\mathbb{P}}}=\frac{D(T)M^{f}(T)Q(T)}{Q(0)}$$

于是,对任何随机变量 X,有:

$$\widetilde{\mathbb{E}}^{f}X=\widetilde{\mathbb{E}}\left[\frac{D(T)M^{f}(T)Q(T)}{Q(0)}X\right]$$

(以外国货币计量)1 单位本国货币上的敲定价格为 K 的看涨期权在到期日 T 的支付为 $\left(\frac{1}{Q(T)}-K\right)^{+}$ 单位外国货币。在时刻 0,该看涨期权(以外国货币计量)的价值是贴现支付的外国风险中性期望值:

$$\begin{aligned}&\widetilde{\mathbb{E}}^{f}\left[D^{f}(T)\left(\frac{1}{Q(T)}-K\right)^{+}\right]\\&=\widetilde{\mathbb{E}}\left[\frac{D(T)M^{f}(T)Q(T)}{Q(0)}\cdot D^{f}(T)\left(\frac{1}{Q(T)}-K\right)^{+}\right]\\&=\frac{1}{Q(0)}\widetilde{\mathbb{E}}[D(T)(1-KQ(T))^{+}]\\&=\frac{K}{Q(0)}\widetilde{\mathbb{E}}\left[D(T)\left(\frac{1}{K}-Q(T)\right)^{+}\right]\end{aligned}$$

这是 $\frac{K}{Q(0)}$ 份汇率看跌期权在时刻 0 的价值。具体而言,该期权是(以本国货币计量)1 单位外国货币上的敲定价格为 $\frac{1}{K}$ 的看跌期权,它在到期日 T 的支付为 $\left(\frac{1}{K}-Q(T)\right)^{+}$ 单位本国货币。在时刻 0,该看跌期权(以本国货币计量)的价值是贴现支付的本国风险中性期望值:

$$\widetilde{\mathbb{E}}\left[D(T)\left(\frac{1}{K}-Q(T)\right)^{+}\right]$$

1 单位外国货币上的敲定价格为$\frac{1}{K}$的看跌期权的(以外国货币计量的)价格为：

$$\frac{1}{Q(0)}\widetilde{\mathbb{E}}\left[D(T)\left(\frac{1}{K}-Q(T)\right)^{+}\right]$$

我们一开始考虑的看涨期权的价值是上述价格的 K 倍。同时以外国货币计量上述看涨期权和看跌期权的价值,就能理解最终结果。事实上,1 份用 K 单位外国货币换取 1 单位本国货币的(看涨)期权等同于 K 份用$\frac{1}{K}$单位本国货币换取 1 单位外国货币的(看跌)期权。这样表述,结果几乎是显然的。

9.4 远期测度

尽管这一节中的模型可以由多个布朗运动驱动,但是为了记号简单起见,我们假定这一节中的布朗运动都是一维的。人们不难在 d 维布朗运动假设下重新推导这里给出的结果。

9.4.1 *远期价格*

回顾 5.6.1 中的讨论。考虑在到期日 T 支付 1 单位货币(这一节中所有货币都是本国的)的零息债券。根据风险中性定价公式,该债券在时刻 $t\in[0,T]$的价值为：

$$B(t,T)=\frac{1}{D(t)}\widetilde{\mathbb{E}}[D(T)\mid\mathcal{F}(t)] \tag{9.4.1}$$

特别地，$B(T,T)=1$。

考虑某种资产,其以货币计量的价格为 $S(t)$。在时刻 T 交割一份该资产以换取 K 的**远期合约**在时刻 T 的支付为 $S(T)-K$。根据风险中性定价公式，该合约在较早时刻 t 的价值为：

$$V(t)=\frac{1}{D(t)}\widetilde{\mathbb{E}}[D(T)(S(T)-K)\mid\mathcal{F}(t)]$$

由于 $D(t)S(t)$在$\widetilde{\mathbb{P}}$ 下是鞅,上式化为：

$$V(t)=S(t)-\frac{K}{D(t)}\widetilde{\mathbb{E}}[D(T)\mid\mathcal{F}(t)]=S(t)-KB(t,T) \tag{9.4.2}$$

该资产在时刻 $t\in[0,T]$的 **T-远期价格** $\mathrm{For}_S(t,T)$是使得式(9.4.2)中远期价格为 0 的 K 的值：

$$\mathrm{For}_S(t,T)=\frac{S(t)}{B(t,T)} \tag{9.4.3}$$

9.4.2 零息债券作为计价单位

零息债券是一种资产,因此贴现债券价格 $D(t)B(t,T)$在风险中性测度$\widetilde{\mathbb{P}}$ 下是一个鞅。根据定理 9.2.1,存在该债券的波动率过程 $\sigma^*(t,T)$(关于 t 的过程,T 固定)使得:

$$d(D(t)B(t,T)) = -\sigma^*(t,T)D(t)B(t,T)d\widetilde{W}(t) \tag{9.4.4}$$

为了与第十章中讨论赫斯—加罗—墨顿模型时将使用的记号一致,我们在式(9.4.4)中写的是$-\sigma^*(t,T)$,而不是 $\sigma^*(t,T)$。这对于债券价格过程的分布没有影响,因为我们也可以将式(9.4.4)写成:

$$d(D(t)B(t,T)) = \sigma^*(t,T)D(t)B(t,T)d(-\widetilde{W}(t))$$

与 $\widetilde{W}(t)$一样,过程$-\widetilde{W}(t)$在$\widetilde{\mathbb{P}}$ 下也是一个布朗运动。

定义 9.4.1 设 T 是固定的到期日。如下定义 ***T*-远期测度** $\widetilde{\mathbb{P}}^T$:

$$\widetilde{\mathbb{P}}^T(A) = \frac{1}{B(0,T)}\int_A D(T)d\widetilde{P}, \quad \forall A \in \mathcal{F} \tag{9.4.5}$$

T-远期测度对应于在式(9.2.7)和式(9.2.8)中取 $N(t)=B(t,T)$。根据定理 9.2.2,过程

$$\widetilde{W}^T(t) = \int_0^t \sigma^*(u,T)du + \widetilde{W}(t)$$

在$\widetilde{\mathbb{P}}^T$ 下是一个布朗运动。而且,以到期日为 T 的零息债券为计价单位,所有资产价格在 T-远期测度下都是鞅。换言之,***T*-远期价格在 *T*-远期测度 $\widetilde{\mathbb{P}}^T$ 下是鞅。**此外,任一资产 T-远期价格的波动率向量是该资产的波动率向量与到期日为 T 的零息债券的波动率向量的差(见注 9.2.3)。

之所以引进 T-远期测度是因为它常常可以简化风险中性定价公式。根据该公式,时刻 T 支付为 $V(T)$的合约在时刻 t 的价值为:

$$V(t) = \frac{1}{D(t)}\widetilde{\mathbb{E}}[D(T)V(T)\mid\mathcal{F}(t)] \tag{9.4.6}$$

为了计算上述公式的右端,我们需要了解关于贴现因子 $D(T)$与衍生证券的支付 $V(T)$之间的依赖性。特别是当衍生证券依赖于利率时,建模十分困难。然而根据式(9.2.8)(其中 s 由 t 替换,t 由 T 替换),我们有:

$$\widetilde{\mathbb{E}}^T[V(T)\mid\mathcal{F}(t)] = \frac{1}{D(t)B(t,T)}\widetilde{\mathbb{E}}[D(T)V(T)\mid\mathcal{F}(t)] = \frac{1}{B(t,T)}V(t)$$

这就给出了较为简单的公式:

$$V(t) = B(t,T)\widetilde{\mathbb{E}}^T[V(T)\mid\mathcal{F}(t)] \tag{9.4.7}$$

如果我们能够在 T-远期测度下建立比较简单的资产价格演化方程,我们就能用只

需估计 $V(T)$ 的式(9.4.7)来取代需要估计 $D(T)V(T)$ 的式(9.4.6)。下一小节，我们将给出体现这一方法的作用的例证。

9.4.3 *随机利率下的期权定价*

经典的布莱克—斯科尔斯—默顿期权定价公式中假定利率是常数。对于债券期权以及其他利率衍生产品，利率变动的影响是很重要的。因此，对于这些"固定收益"衍生产品，关于常数利率的假定是不合适的。

这一小节，我们将给出一个广义的布莱克—斯科尔斯—默顿期权定价公式，其中假定利率是随机的。经典的布莱克—斯科尔斯—默顿期权定价公式中关于原生资产的波动率为常数的假定，现在被原生资产远期价格的波动率为常数的假定取代。由于在远期测度下，远期价格是鞅，$\widetilde{W}^T(t)$ 是远期测度下用于推导资产价格的布朗运动，因此远期价格波动率为常数的假定等价于

$$d\mathrm{For}_S(t,T)=\sigma\mathrm{For}_S(t,T)d\widetilde{W}^T(t) \tag{9.4.8}$$

其中，σ 是常数。选取期权到期日 T 与债券到期日 T 相同。

定理 9.4.2(随机利率下的布莱克—斯科尔斯—默顿期权定价公式) 设 $S(t)$ 是以(本国)货币计量的资产价格，假定该资产的远期价格满足式(9.4.8)，其中 σ 是正的常数。则该资产的到期日为 T、敲定价格为 K 的欧式看涨期权在时刻 $t\in[0,T]$ 的价值为：

$$V(t)=S(t)N(d_+(t))-KB(t,T)N(d_-(t)) \tag{9.4.9}$$

其中 $d_\pm(t)$ 是由下式给出的适应过程：

$$d_\pm(t)=\frac{1}{\sigma\sqrt{T-t}}\left[\log\frac{\mathrm{For}_S(t,T)}{K}\pm\frac{1}{2}\sigma^2(T-t)\right] \tag{9.4.10}$$

此外，期权的空头可以通过在时刻 t 持有 $N(d_+(t))$ 份原生资产同时做空 $KN(d_-(t))$ 份时刻 T 到期的零息债券来对冲。

注 9.4.3 如果利率 r 是常数，则 $B(t,T)=e^{-r(T-t)}$，$\mathrm{For}_S(t,T)=e^{r(T-t)}S(t)$，此时定理就是通常的布莱克—斯科尔斯—默顿期权公式以及对冲策略。

【定理 9.4.2 的证明】 我们对于 $t=0$ 证明式(9.4.9)。不难将证明修改后适用于一般的 t。

注意到 $\mathrm{For}_S(0,T)=\dfrac{S(0)}{B(0,T)}$，于是，式(9.4.8)的解为：

$$\mathrm{For}_S(t,T)=\frac{S(0)}{B(0,T)}e^{\sigma\widetilde{W}^T(t)-\frac{1}{2}\sigma^2t} \tag{9.4.11}$$

对每个 t，在 T-远期测度 $\widetilde{\mathbb{P}}^T$ 下，$\widetilde{W}^T(t)$ 是布朗运动，故 $\mathrm{For}_S(t,T)$ 服从对数正态分布。

我们需要再作一次测度变换。取资产价格 $S(t)$ 作为计价单位(以此计量，资产价格恒为 1)，相应的风险中性测度为：

$$\widetilde{\mathbb{P}}^S(A)=\frac{1}{S(0)}\int_A D(T)S(T)d\,\widetilde{\mathbb{P}},\quad \forall A\in\mathcal{F}$$

以 $S(t)$ 计量,零息债券的价格为:

$$\frac{B(t,T)}{S(t)}=\frac{1}{\mathrm{For}_S(t,T)},\quad 0\leqslant t\leqslant T$$

并且,根据定理 9.2.2,它在 $\widetilde{\mathbb{P}}^S$ 下是鞅。

事实上,利用伊藤—德布林公式、函数 $f(x)=\frac{1}{x}$ 以及式(9.4.8),我们可以计算 $\frac{1}{\mathrm{For}_S(t,T)}$ 的微分。由于 $f'(x)=-\frac{1}{x^2}$,$f''(x)=\frac{2}{x^3}$,我们有:

$$\begin{aligned}
&d\left(\frac{1}{\mathrm{For}_S(t,T)}\right)\\
&=df(\mathrm{For}_S(t,T))\\
&=f'(\mathrm{For}_S(t,T))d\mathrm{For}_S(t,T)\\
&\quad+\frac{1}{2}f''(\mathrm{For}_S(t,T))d\mathrm{For}_S(t,T)d\mathrm{For}_S(t,T)\\
&=-\frac{\sigma}{\mathrm{For}_S(t,T)}d\widetilde{W}^T(t)+\frac{\sigma^2}{\mathrm{For}_S(t,T)}dt\\
&=-\frac{\sigma}{\mathrm{For}_S(t,T)}(-\sigma dt+d\widetilde{W}^T)
\end{aligned}\tag{9.4.12}$$

由定理 9.2.2 已知 $\frac{1}{\mathrm{For}_S(t,T)}$ 在 $\widetilde{\mathbb{P}}^S$ 下是鞅,故

$$\widetilde{W}^S(t)=-\sigma t+\widetilde{W}^T(t)$$

在 $\widetilde{\mathbb{P}}^S$ 下是布朗运动,它也具有波动率 σ。式(9.4.12)的解为:

$$\frac{1}{\mathrm{For}_S(t,T)}=\frac{B(0,T)}{S(0)}e^{-\sigma\widetilde{W}^S(t)-\frac{1}{2}\sigma^2 t}\tag{9.4.13}$$

对每个 t,在 $\widetilde{\mathbb{P}}^S$ 下,$\widetilde{W}^S(t)$ 是布朗运动,故 $\frac{1}{\mathrm{For}_S(t,T)}$ 服从对数正态分布。

根据风险中性定价公式,到期日为 T、敲定价格为 K 的欧式看涨期权在时刻 0 的价值为:

$$\begin{aligned}
V(0)&=\widetilde{\mathbb{E}}[D(T)(S(T)-K)^+]\\
&=\widetilde{\mathbb{E}}[D(T)S(T)\mathbb{I}_{\{S(T)>K\}}]-K\widetilde{\mathbb{E}}[D(T)\mathbb{I}_{\{S(T)>K\}}]\\
&=S(0)\widetilde{\mathbb{E}}\left[\frac{D(T)S(T)}{S(0)}\mathbb{I}_{\{S(T)>K\}}\right]-KB(0,T)\widetilde{\mathbb{E}}\left[\frac{D(T)}{B(0,T)}\mathbb{I}_{\{S(T)>K\}}\right]\\
&=S(0)\widetilde{\mathbb{P}}^S\{S(T)>K\}-KB(0,T)\widetilde{\mathbb{P}}^T\{S(T)>K\}\\
&=S(0)\widetilde{\mathbb{P}}^S\{\mathrm{For}_S(T,T)>K\}-KB(0,T)\widetilde{\mathbb{P}}^T\{\mathrm{For}_S(T,T)>K\}\\
&=S(0)\widetilde{\mathbb{P}}^S\left\{\frac{1}{\mathrm{For}_S(T,T)}<\frac{1}{K}\right\}-KB(0,T)\widetilde{\mathbb{P}}^T\{\mathrm{For}_S(T,T)>K\}
\end{aligned}$$

其中倒数第二步我们用到了 $\mathrm{For}_S(T,T)=S(T)$ 这一事实。利用 $\widetilde{W}^S(T)$ 在 $\widetilde{\mathbb{P}}^S$ 下是均值为 0、方差为 T 的正态随机变量这一事实，我们算得：

$$
\begin{aligned}
&\widetilde{\mathbb{P}}^S\left\{\frac{1}{\mathrm{For}_S(T,T)}<\frac{1}{K}\right\}\\
&=\widetilde{\mathbb{P}}^S\left\{-\sigma\widetilde{W}^S(T)-\frac{1}{2}\sigma^2T<\log\frac{S(0)}{KB(0,T)}\right\}\\
&=\widetilde{\mathbb{P}}^S\left\{\frac{-\widetilde{W}^S(T)}{\sqrt{T}}<\frac{1}{\sigma\sqrt{T}}\left[\log\frac{S(0)}{KB(0,T)}+\frac{1}{2}\sigma^2T\right]\right\}\\
&=N(d_+(0))
\end{aligned}
$$

利用 $\widetilde{W}^T(T)$ 在 $\widetilde{\mathbb{P}}^T$ 下是均值为 0、方差为 T 的正态随机变量这一事实，我们算得：

$$
\begin{aligned}
&\widetilde{\mathbb{P}}^T\{\mathrm{For}_S(T,T)>K\}\\
&=\widetilde{\mathbb{P}}^T\left\{\sigma\widetilde{W}^T(T)-\frac{1}{2}\sigma^2T>\log\frac{KB(0,T)}{S(0)}\right\}\\
&=\widetilde{\mathbb{P}}^T\left\{\frac{\widetilde{W}^T(T)}{\sqrt{T}}>\frac{1}{\sigma\sqrt{T}}\left[\log\frac{KB(0,T)}{S(0)}+\frac{1}{2}\sigma^2T\right]\right\}\\
&=\widetilde{\mathbb{P}}^T\left\{-\frac{\widetilde{W}^T(T)}{\sqrt{T}}<\frac{1}{\sigma\sqrt{T}}\left[\log\frac{S(0)}{KB(0,T)}-\frac{1}{2}\sigma^2T\right]\right\}\\
&=N(d_-(0))
\end{aligned}
$$

这样，至少在 $t=0$ 的情形，我们证明了式(9.4.9)。

现在考虑式(9.4.9)给出的对冲。取零息债券作为计价单位比货币作为计价单位更便于讨论。式(9.4.9)两边同除以 $B(t,T)$，我们得到：

$$
\frac{V(t)}{B(t,T)}=\mathrm{For}_S(t,T)N(d_+(t))-KN(d_-(t)) \tag{9.4.14}
$$

这是以零息债券计量的期权价格。假设我们为了对冲期权空头，在时刻 t 持有 $N(d_+(t))$ 份原生资产，同时做空 $KN(d_-(t))$ 份时刻 T 到期的零息债券，该资产组合(以零息债券计量)的价值恰与式(9.4.14)相同。为了确认对冲有效，我们必须验证上述资产组合是**自融资**的。换言之，我们必须确认不必再注入任何资金以维持我们的头寸。(第四章习题 4.10 提供了从离散时间到连续时间相关的讨论。)与上述资产组合相应的资本增值的微分(仍以零息债券计量)为：

$$
N(d_+(t))d\mathrm{For}_S(t,T)
$$

(在以零息债券计量财富时，债券价格的变动不会产生资本增值。)根据伊藤—德布林公式，资产组合价值的微分为：

$$
\begin{aligned}
d\left(\frac{V(t)}{B(t,T)}\right)=&N(d_+(t))d\mathrm{For}_S(t,T)+\mathrm{For}_S(t,T)dN(d_+(t))\\
&+d\mathrm{For}_S(t,T)dN(d_+(t))-KdN(d_-(t))
\end{aligned} \tag{9.4.15}
$$

为了证明资产组合是自融资的，我们必须有：

$$\mathrm{For}_S(t,T)dN(d_+(t))+d\mathrm{For}_S(t,T)dN(d_+(t))-KdN(d_-(t))=0 \tag{9.4.16}$$

从而,资产组合价值的变化完全由资本增值引起。式(9.4.16)的验证见习题 9.6。 □

9.5 本章小结

本章中讨论了这样一个事实:在变换基准资产即所谓**计价单位**的同时,必须变换风险中性测度。幸好,作用于这一测度变换的拉东—尼柯迪姆导数过程较简单;它由计价单位本身,经过贴现使之成为鞅,再利用初始条件使其标准化(具有期望值 1)。这些构成定理 9.2.2 的主要内容。

本章中,我们将计价单位变换的思想运用于两种情形:汇率模型以及随机利率下的期权定价。在 7.5 节关于亚式期权的讨论中也用到了这一思想。

在汇率模型的讨论中,我们证明了汇率的平均回报率是**在该汇率所在经济体的风险中性测度下**相应两种经济体的利率之差。我们证明了:只要小心使用适当的风险中性测度,我们可以推导其他一些对称性质(例如,一种货币计量的远期汇率是另一种货币计量的远期汇率的倒数)。

在随机利率的情形,经典的布莱克—斯科尔斯—默顿期权定价公式不再适用。然而,在原生资产 T-远期价格具有常数波动率的假设下,到期日为 T 的欧式看涨期权仍然具有较为简单的定价公式和对冲策略(定理 9.4.2)。10.4 节建立 ***LIBOR* 模型**时将利用这一事实。

9.6 评　注

本章中给出的外国和本国市场模型是姆斯拉和鲁特科夫斯基[126] 中模型的简化。[126] 中的模型(来自阿明和加罗[2])允许外国利率和本国利率为随机。9.3.6 小节中的加曼—柯尔哈根公式取自加曼和柯尔哈根[68]。马格瑞伯[117] 研究了以一种风险资产换取另一种风险资产的期权(9.3.7 小节是其特殊情形)。

定理 9.4.2(随机利率下的期权定价公式)取自杰曼、厄尔·卡露伊和罗歇[70]。这至少可以追溯到杰曼[69]和杰姆希迪安[94],他们注意到资产的远期价格是以到期日与远期交割日相同的零息债券为计价单位时该资产的价格。在此之前,默顿[122]提出利用到期日与期权到期日相同的零息债券对冲欧式期权。

9.7 习　题

习题 9.1 本题给出定理 9.2.2 主要论断的另一种证法。

(i) 利用引理 5.2.2 证明注 9.2.5。

(ii) 设 $S(t)$和 $N(t)$是以同一种货币计量的两种资产的价格,并设$N(t)$严格为正。设$\widetilde{\mathbb{P}}$ 是风险中性测度,在$\widetilde{\mathbb{P}}$ 下,贴现资产价格 $D(t)S(t)$和$D(t)N(t)$是鞅。运

用注 9.2.5,证明:$S^{(N)}(t)=\dfrac{S(t)}{N(t)}$在式(9.2.6)定义的测度$\widetilde{\mathbb{P}}^{(N)}$下是鞅。

习题 9.2(计价单位变换下的资产组合) 考虑两种资产,其价格过程$S(t)$和给 $N(t)$出如下:

$$S(t)=S(0)e^{\sigma\widetilde{W}(t)+(r-\frac{1}{2}\sigma^2)t}$$
$$N(t)=N(0)e^{\nu\widetilde{W}(t)+(r-\frac{1}{2}\nu^2)t}$$

其中 $\widetilde{W}(t)$是风险中性测度$\widetilde{\mathbb{P}}$下的一维布朗运动，波动率 σ 和 ν 以及利率 r 都是正数。定义第三种资产(货币市场账户)在时刻 t 的每一份价格为$M(t)=e^{rt}$。

现在,取 N 为计价单位,则第一种资产的价格为:

$$\hat{S}(t)=\frac{S(t)}{N(t)}$$

货币市场账户的价格为:

$$\hat{M}(t)=\frac{M(t)}{N(t)}$$

根据定理 9.2.2,$d\hat{S}(t)=(\sigma-\nu)\hat{S}(t)d\hat{W}(t)$,其中$\hat{W}(t)=\widetilde{W}(t)-\nu t$。

(i) 计算$\dfrac{1}{N(t)}$的微分。

(ii) 计算$\hat{M}(t)$的微分,用 $d\hat{W}(t)$表示。

考虑资产组合:在时刻 t 持有$\Delta(t)$份第一种资产,并且在货币市场投资或者借贷。根据通常的公式,该资产组合价值 $X(t)$的微分为:

$$dX(t)=\Delta(t)dS(t)+r(X(t)-\Delta(t)S(t))dt$$

定义:

$$\Gamma(t)=\frac{X(t)-\Delta(t)S(t)}{M(t)}$$

为该资产组合在时刻 t 持有货币市场账户的份额,则 $X(t)$的微分可以改写为:

$$dX(t)=\Delta(t)dS(t)+\Gamma(t)dM(t) \tag{9.7.1}$$

由 $\Gamma(t)$的定义,我们有:

$$X(t)=\Delta(t)S(t)+\Gamma(t)M(t) \tag{9.7.2}$$

重新计量资产组合的价值,定义:

$$\hat{X}(t)=\frac{X(t)}{N(t)} \tag{9.7.3}$$

于是[式(9.7.2)的两边同除以 $N(t)$],我们有:

$$\hat{X}(t)=\Delta(t)\hat{S}(t)+\Gamma(t)\hat{M}(t) \tag{9.7.4}$$

(iii) 利用随机微积分证明：

$$d\hat{X}(t)=\Delta(t)d\hat{S}(t)+\Gamma(t)d\hat{M}(t)$$

上式是式(9.7.1)对应于新计价单位的形式，它表明$\hat{X}(t)$的变动完全由资产组合持有的资产价格的变动引起。[提示：由式(9.7.3)出发，利用式(9.7.1)和式(9.7.4)。]

习题 9.3(计价单位变换下波动率的改变) 设 $S(t)$和 $N(t)$是以同一种货币计量的两种资产的价格，σ 和 ν 分别表示它们的波动率。假设波动率和利率 r 都是常数。则：

$$dS(t)=rS(t)dt+\sigma S(t)d\widetilde{W}_1(t)$$
$$dN(t)=rN(t)dt+\nu N(t)d\widetilde{W}_3(t)$$

其中 $\widetilde{W}_1(t)$和 $\widetilde{W}_3(t)$是风险中性测度$\widetilde{\mathbb{P}}$ 下的布朗运动。假设这两个布朗运动是相关的，存在常数 ρ，$d\widetilde{W}_1(t)d\widetilde{W}_3(t)=\rho dt$。

(i) 证明：$S^{(N)}(t)=\dfrac{S(t)}{N(t)}$ 具有波动率 $\gamma=\sqrt{\sigma^2-2\rho\sigma\nu+\nu^2}$。换言之，存在$\widetilde{\mathbb{P}}$ 下的布朗运动 $\widetilde{W}_4$，使得：

$$\frac{dS^{(N)}(t)}{S^{(N)}(t)}=(\cdots)dt+\gamma d\widetilde{W}_4(t)$$

(ii) 在$\widetilde{\mathbb{P}}$ 下构造独立于 $\widetilde{W}_1(t)$的布朗运动 $\widetilde{W}_2(t)$，使得 $dN(t)$可以被写成：

$$dN(t)=rN(t)dt+\nu N(t)\left[\rho d\widetilde{W}_1(t)+\sqrt{1-\rho^2}d\widetilde{W}_2(t)\right]$$

(iii) 利用定理 9.2.2，确定 $S^{(N)}(t)$的波动率向量。换言之，求向量(ν_1, v_2)，使得：

$$dS^{(N)}(t)=S^{(N)}(t)\left[\nu_1 d\widetilde{W}_1^{(N)}(t)+v_2 d\widetilde{W}_2^{(N)}(t)\right]$$

其中 $W_1^{(N)}(t)$和 $W_2^{(N)}(t)$是$\widetilde{\mathbb{P}}^{(N)}$下独立的布朗运动。证明：

$$\sqrt{\nu_1^2+\nu_2^2}=\sqrt{\sigma^2-2\rho\sigma\nu+\nu^2}$$

习题 9.4 利用由本国风险中性测度下的布朗运动表示的微分公式(9.3.14)和(9.3.15)推导由**外国**风险中性测度下的布朗运动表示的(关于以外国货币计量并按外国利率贴现的本国货币市场账户和股票价格过程的)微分公式(9.3.22)和(9.3.23)。

习题 9.5(双币种期权) 双币种期权根据原生资产在一种货币下的价格，不经换算，给出另一种货币的支付。例如，一个关于英国资产的双币种期权，敲定价格为 25 美元；如果在到期日资产价格为 30 英镑，则支付为 5 美元。在计算期权支付时，资产价格 30 的单位原本是英镑，却被看作是美元。

本题中，我们在 9.3 节的汇率模型下考虑双币种期权。本国利率和外国利率分别假设为常数 r 和 r^f，并且假设 $\sigma_1>0$，$\sigma_2>0$ 和 $\rho\in(-1,1)$都是常数。

(i) 利用式(9.3.14)证明：

$$S(t)=S(0)\exp\left\{\sigma_1 W_1(t)+(r-\frac{1}{2}\sigma_1^2)t\right\}$$

(ii) 利用式(9.3.16)证明：

$$Q(t)=Q(0)\exp\left\{\sigma_2\rho\widetilde{W}_1(t)+\sigma_2\sqrt{1-\rho^2}\widetilde{W}_2(t)+(r-r^f-\frac{1}{2}\sigma_2^2)t\right\}$$

(iii) 证明：

$$\frac{S(t)}{Q(t)}=\frac{S(0)}{Q(0)}\exp\left\{\sigma_4\widetilde{W}_4(t)+(r-a-\frac{1}{2}\sigma_4^2)t\right\}$$

其中：

$$\sigma_4=\sqrt{\sigma_1^2-2\rho\sigma_1\sigma_2+\sigma_2^2}$$

$$a=r-r^f+\rho\sigma_1\sigma_2-\sigma_2^2$$

并且

$$\widetilde{W}_4(t)=\frac{\sigma_1-\sigma_2\rho}{\sigma_4}\widetilde{W}_1(t)-\frac{\sigma_2\sqrt{1-\rho^2}}{\sigma_4}\widetilde{W}_2(t)$$

是布朗运动。

(iv) 考虑双币种看涨期权，其在时刻 T 的支付

$$\left(\frac{S(T)}{Q(T)}-K\right)^+$$

单位本国货币。[注意$\frac{S(T)}{Q(T)}$的单位是外国货币，但在这里计算支付时，被看作是本国货币。]证明：如果在时刻 t，我们有$\frac{S(t)}{Q(t)}=x$，则双币种看涨期权在时刻 t 的价格为：

$$q(t,x)=xe^{-a\tau}N(d_+(\tau,x))-e^{-r\tau}KN(d_-(\tau,x))$$

其中 $\tau=T-t$，并且

$$d_\pm(\tau,x)=\frac{1}{\sigma_4\sqrt{\tau}}\left[\log\frac{x}{K}+\left(r-a\pm\frac{1}{2}\sigma_4^2\right)\tau\right]$$

[提示：论证这是式(5.5.12)的一种情形。]

习题 9.6 利用按照以下步骤验证方程(9.4.16)：

$$\mathrm{For}_S(t,T)dN(d_+(t))+d\mathrm{For}_S(t,T)dN(d_+(t))-KdN(d_-(t))=0$$

(i) 利用式(9.4.10)证明：

$$d_-(t)=d_+(t)-\sigma\sqrt{T-t}$$

(ii) 利用式(9.4.10)证明：

$$d_+^2(t)-d_-^2(t)=2\log\frac{\mathrm{For}_S(t,T)}{K}$$

(iii) 利用(ii)证明：

$$\mathrm{For}_S(t,T)e^{-d_+^2(t)/2}-Ke^{-d_-^2(t)/2}dt=0$$

(iv) 利用式(9.4.8)以及伊藤—德布林公式证明：

$$dd_+(t)=\frac{1}{2\sigma(T-t)^{\frac{3}{2}}}\log\frac{\mathrm{For}_S(t,T)}{K}dt-\frac{3\sigma}{4\sqrt{T-t}}dt+\frac{1}{\sqrt{T-t}}d\widetilde{W}^T(t)$$

(v) 利用(i)证明：

$$dd_-(t)=dd_+(t)+\frac{\sigma}{2\sqrt{T-t}}dt$$

(vi) 利用(iv)和(v)证明：

$$dd_+(t)dd_+(t)=dd_-(t)dd_-(t)=\frac{dt}{T-t}$$

(vii) 利用伊藤—德布林公式证明：

$$dN(d_+(t))=\frac{1}{\sqrt{2\pi}}e^{-d_+^2(t)/2}dd_+(t)-\frac{d_+(t)}{2(T-t)\sqrt{2\pi}}e^{-d_+^2(t)/2}dt$$

(viii) 利用伊藤—德布林公式、(v)、(i)和(vi)证明：

$$dN(d_-(t))=\frac{1}{\sqrt{2\pi}}e^{-d_-^2(t)/2}dd_+(t)+\frac{\sigma}{\sqrt{2\pi(T-t)}}e^{-d_-^2(t)/2}dt$$
$$-\frac{d_+(t)}{2(T-t)\sqrt{2\pi}}e^{-d_-^2(t)/2}dt$$

(ix) 利用式(9.4.8)，(vii)和(iv)证明：

$$d\mathrm{For}_S(t,T)dN(d_+(t))=\frac{\sigma\mathrm{For}_S(t,T)}{\sqrt{2\pi(T-t)}}e^{-d_+^2(t)/2}dt$$

(x) 证明式(9.4.16)。

10 期限结构模型

10.1 引　言

真实市场中并非只有单一的利率。市场上存在不同到期日的债券(包括零息债券和附息债券),其中隐含了相应于不同到期日的**收益率**。设 $0=T_0<T_1<T_2<\cdots<T_n$ 是一组给定的日期,$B(0,T_j)$表示在到期日 T_j 支付为 1 美元的零息债券时刻 0 的价格。考虑一个附息债券,它在 $T_1,T_2,\cdots,T_j$ 的支付分别为 $C_1,C_2,\cdots,C_j$,其中 $C_1,C_2,\cdots,C_{j-1}$表示附息(利息支付),C_j 表示在到期日 T_j 支付的利息加上本金。该债券在时刻 0 的价格为:

$$\sum_{i=1}^{j} C_i B(0,T_i) \tag{10.1.1}$$

另一方面,如果相应于每个到期日 $T_1,T_2,\cdots,T_n$ 附息债券的价格已经给出,则利用式(10.1.1)可以归纳地求得 $B(0,T_1),\cdots,B(0,T_n)$:首先,$B(0,T_1)$是到期日为 T_1 的债券价格除以它在 T_1 的支付;然后利用已求得的$B(0,T_1)$和到期日为 T_2 的债券价格来求解 $B(0,T_2)$,以此类推。由附息债券价格确定零息债券价格的这一方法称为**自助法**。

这样,在任何情况下,由市场数据可以确定不同到期日的零息债券的价格。每一个债券都有一个相应于它的期限的**收益率**,其中收益率定义为在债券存续期内与债券价格一致的常数连续复利,即:

$$\text{零息债券价格}=\text{面值}\times e^{-\text{收益率}\times\text{存续期}}$$

零息债券的**面值**就是债券在到期日的支付。上述公式表明:以相等于债券价格的初始资本,在债券存续期内按照与收益率相等的连续复利计息,其最终支付恰为债券的面值。在本章中,为了标准化起见,我们规定零息债券的面值为 1 美元。

总之,真实市场中并非只有一个利率,而是存在**收益率曲线**,它可以理解为相应于不同期限的一组有限多个收益率,或者将期限—收益率坐标平面上由市场数据提供的有限多个点通过插值得到的时间变量的非负函数。利率(有时称为**短期利率**)是相应于最短期限的收益率,或者也许是政府提供的具有特殊用途的隔夜利率。

本章中,我们总是假定债券没有违约风险。人们通常认为美国政府债券是不可能违约的。

利率模型已经在本书中出现过,尤其是在 6.5 节中,我们推导了在单因子短期利率模型中,零息债券满足的偏微分方程,并且给出了赫尔—怀特模型以及 CIR 模型作为例子。在 10.2 节中,我们将这些模型推广到多因子情形。这些都是马尔可夫模型,其中任何时刻模型的状态都是多维向量。

与以前考虑的证券以及后面将考虑的赫斯—加罗—默顿(HJM)模型不同的是,10.2 节中的多因子模型并不直接提供可交易资产的价格演化机制。在以前的模型中,我们先设定一个或多个原生资产在真实概率测度下的价格演化模型,然后确定风险的市场价格,使得我们能够转换到风险中性测度。在 10.2 节中,我们从抽象的“因子”演化模型出发得到利率。由于利率不是资产价格,我们无法由此得到风险的市场价格。如果我们有某个原生资产(例如零息债券)的价格,就能确定风险的市场价格。然而,在 10.2 节的模型中,得到零息债券价格的唯一途径是利用风险中性定价公式,这就必须先有风险中性测度。因此,我们一开始就在风险中性测度下建立这些模型。零息债券的价格由风险中性定价公式给出。这就蕴含了零息债券价格的贴现过程在风险中性测度下是鞅,从而在零息债券和货币市场的交易中不存在套利。模型建立后,再利用零息债券或者某些固定收益衍生证券的市场数据对模型进行校准。这里,不出现真实概率测度以及风险的市场价格。

与 10.2 节的模型不同,HJM 模型在每一时刻的状态是该时刻的远期曲线。HJM 模型的状态是远期利率 $f(t,T)$,它是能在时刻 t 预先锁定的适用于以后时刻 $T\geqslant t$ 借贷的即时利率。对于固定的 t,我们将定义在 $T\geqslant t$ 上的函数 $T\mapsto f(t,T)$ 称为**远期利率曲线**。HJM 模型提供了关于这些(变量为 T 的)曲线随时间(变量 t)的演化机制。远期利率曲线可以由零息债券价格推得,而零息债券价格也能够由远期利率曲线导出。零息债券的价格由 HJM 模型直接给出(并非间接地通过风险中性定价公式),注意到模型给出的是无套利价格,因此 HJM 不仅仅是一个模型,它还提供了关于一个服从布朗运动的模型是无套利的充分必要条件。每一个服从布朗运动的模型必须满足 HJM 无套利条件,为了说明这一点,我们提供了习题 10.10,验证赫尔—怀特模型和 CIR 模型满足这一条件。

若能建立一个使得远期利率具有对数正态分布的模型,这对于实际应用将会非常方便。然而,一般不可能。为了克服这一问题,我们考虑单利$L(t,T)$,它是能在时刻 t 预先锁定的适用于以后时段$[T,T+\delta]$借贷的利率,其中 δ 是正数。$L(t,T)$称为**远期 LIBOR(伦敦银行间同业拆借利率)**。常数 δ 一般是 0.25(**三个月 LIBOR**)或者 0.50(**六个月 LIBOR**)。状态取为远期 LIBOR 的模型通常称为**远期 LIBOR 模型**、**市场模型**或**布瑞斯—盖特瑞克—姆斯拉(Brace-Gatrek-Musiela,BGM)模型**。这方面的讨论见 10.4 节。

10.2 仿射收益率模型

6.5 节中的单因子 CIR 模型和赫尔—怀特模型称为**仿射收益率**模型,因为在这些模型中,零息债券价格的收益率是利率的仿射函数(即线性函数加上常数)。这一节中,我们将就两因子常系数的情形讨论这些模型。(常系数赫尔—怀特模型是韦萨切克模型。)关于三因子或多因子模型的讨论可以沿用这一节关于两因子的方法。

实质上有三类不同的两因子仿射收益率模型:一类是两个因子都是常数扩散项(从而是高斯过程,取负值的概率为正),一类是两个因子都出现在扩散项中的平方根号下(因而任何时刻都非负),一类是只有一个因子出现在扩散项中的平方根号下(因而只有这个因子任何时刻都非负,另一个因子可以取负值)。以上三类模型分别称为**两因子韦萨切克**、**两因子 CIR** 以及**两因子混合**期限结构模型。上述模型中,每一类都有一个典范形式(即形式最简单的模型)。

出现在文献中的两因子模型(看起来往往比这一节中的典范模型复杂得多)一般都可以通过变量代换由三类典范模型之一得到。在模型校准前,最好先通过变量代换,使得参数的数目最少,否则几套参数导致同样的结果,将使得模型校准难以进行。典范模型都具有最少的参数。

10.2.1 *两因子韦萨切克模型*

对于两因子韦萨切克模型,设因子 $X_1(t)$ 和 $X_2(t)$ 由以下随机微分方程组给出:

$$dX_1(t)=(a_1-b_{11}X_1(t)-b_{12}X_2(t))dt+\sigma_1 d\widetilde{B}_1(t) \tag{10.2.1}$$

$$dX_2(t)=(a_2-b_{21}X_1(t)-b_{22}X_2(t))dt+\sigma_2 d\widetilde{B}_2(t) \tag{10.2.2}$$

其中过程 $\widetilde{B}_1(t)$ 和 $\widetilde{B}_2(t)$ 是风险中性测度 $\widetilde{\mathbb{P}}$ 下的布朗运动,具有常相关系数 $\nu\in(-1,1)$(即 $d\widetilde{B}_1(t)d\widetilde{B}_2(t)=\nu dt$)。常数 σ_1 和 σ_2 假设严格为正。进一步,假设矩阵

$$B=\begin{bmatrix}b_{11} & b_{12}\\ b_{21} & b_{22}\end{bmatrix}$$

的特征值 λ_1 和 λ_2 严格为正。这些特征值严格为正,导致因子 $X_1(t)$ 和 $X_2(t)$ 以及下面定义的典范因子 $Y_1(t)$ 和 $Y_2(t)$ 都具有均值回复性质。最后,假定利率是因子的仿射函数

$$R(t)=\varepsilon_0+\varepsilon_1 X_1(t)+\varepsilon_2 X_2(t) \tag{10.2.3}$$

其中 $\varepsilon_0,\varepsilon_1$ 和 ε_2 是常数。这是最一般的两因子韦萨切克模型。

❖ 典范形式

以上给出的两因子韦萨切克模型是“参数过剩”的[即由参数 a_i,b_{ij},σ_i 和 ε_i 的不同选择会得到过程 $R(t)$ 的相同的分布]。为消除这种参数过剩性,我们将模型(10.2.1)~(10.2.3)化为**典范两因子韦萨切克模型**

$$dY_1(t)=-\lambda_1 Y_1(t)dt+d\widetilde{W}_1(t) \tag{10.2.4}$$

$$dY_2(t)=-\lambda_{21}Y_1(t)dt-\lambda_2 Y_2(t)dt+d\widetilde{W}_2(t) \tag{10.2.5}$$

$$R(t)=\delta_0+\delta_1 Y_1(t)+\delta_2 Y_2(t) \tag{10.2.6}$$

其中 $\widetilde{W}_1(t)$ 和 $\widetilde{W}_2(t)$ 是独立的布朗运动。

典范两因子韦萨切克模型有六个参数：

$$\lambda_1>0,\lambda_2>0,\lambda_{21},\delta_0,\delta_1,\delta_2$$

可以利用这些参数进行模型校准。实际应用中，为了使模型与初始收益率曲线相一致，我们可以允许某些参数随时间变化(但非随机)；见习题 10.3。

为完成这样的简化，我们先将矩阵 B 化为若当(Jordan)标准型；即选择非奇异矩阵

$$P=\begin{bmatrix} p_{11} & p_{12} \\ p_{21} & p_{22} \end{bmatrix}$$

使得：

$$K=PBP^{-1}=\begin{bmatrix} \lambda_1 & 0 \\ \kappa & \lambda_2 \end{bmatrix}$$

如果 $\lambda_1\neq\lambda_2$，则 P^{-1} 的列向量是矩阵 B 的特征向量，并且 $\kappa=0$(即 K 是对角矩阵)。如果 $\lambda_1=\lambda_2$，则 κ 可能为 0，但是也有可能 $\kappa\neq0$。在此情形下，我们选择 P，使得 $\kappa=1$。利用记号

$$X(t)=\begin{bmatrix} X_1(t) \\ X_2(t) \end{bmatrix},\quad A=\begin{bmatrix} a_1 \\ a_2 \end{bmatrix},\quad \sum=\begin{bmatrix} \sigma_1 & 0 \\ 0 & \sigma_2 \end{bmatrix},\quad \widetilde{B}(t)=\begin{bmatrix} \widetilde{B}_1(t) \\ \widetilde{B}_2(t) \end{bmatrix}$$

我们可将式(10.2.1)和式(10.2.2)改写为向量形式：

$$dX(t)=Adt-BX(t)dt+\sum d\widetilde{B}(t)$$

两边同乘以 P，并定义 $\overline{X}(t)=PX(t)$，可得：

$$d\overline{X}(t)=PAdt-K\overline{X}(t)dt+P\sum d\widetilde{B}(t)$$

将上述方程按分量写出，得到：

$$d\overline{X}_1(t)=(p_{11}a_1+p_{12}a_2)dt-\lambda_1\overline{X}_1(t)dt+p_{11}\sigma_1 d\widetilde{B}_1(t)+p_{12}\sigma_2 d\widetilde{B}_2(t) \tag{10.2.7}$$

$$d\overline{X}_2(t)=(p_{21}a_1+p_{22}a_2)dt-\kappa\overline{X}_1(t)dt-\lambda_2\overline{X}_2(t)dt+p_{21}\sigma_1 d\widetilde{B}_1(t)+p_{22}\sigma_2 d\widetilde{B}_2(t) \tag{10.2.8}$$

引理 10.2.1 在 $\sigma_1>0,\sigma_2>0,\nu\in(-1,1)$ 以及 P 非奇异的假定下，我们有：

$$\gamma_i=p_{i1}^2\sigma_1^2+2\nu p_{i1}p_{i2}\sigma_1\sigma_2+p_{i2}^2\sigma_2^2,\quad i=1,2 \tag{10.2.9}$$

严格为正，并且

$$\rho=\frac{1}{\sqrt{\gamma_1\gamma_2}}(p_{11}p_{21}\sigma_1^2+\nu(p_{11}p_{22}+p_{12}p_{21})\sigma_1\sigma_2+p_{12}p_{22}\sigma_2^2) \tag{10.2.10}$$

在(－1,1)中。

【证明】 由于$\nu\in(-1,1)$,矩阵

$$N=\begin{bmatrix}1 & \nu\\ \nu & 1\end{bmatrix}$$

具有矩阵平方根。事实上,它有一个平方根为:

$$\sqrt{N}=\begin{bmatrix}a & \sqrt{1-a^2}\\ \sqrt{1-a^2} & a\end{bmatrix}$$

其中 $a=\operatorname{sign}(\nu)\sqrt{\frac{1}{2}+\frac{1}{2}\sqrt{1-\nu^2}}$,这可以利用下面的计算来验证:

$$\begin{aligned}2a\sqrt{1-a^2}&=2\operatorname{sign}(\nu)\sqrt{\frac{1}{2}+\frac{1}{2}\sqrt{1-\nu^2}}\cdot\sqrt{\frac{1}{2}-\frac{1}{2}\sqrt{1-\nu^2}}\\&=2\operatorname{sign}(\nu)\sqrt{\frac{1}{4}-\frac{1}{4}(1-\nu^2)}=2\operatorname{sign}(\nu)\cdot\frac{1}{2}|\nu|=\nu\end{aligned}$$

由于$\sqrt{N}$,Σ,P^{tr}均非奇异,故以下矩阵非奇异:

$$\sqrt{N}\Sigma P^{tr}=\begin{bmatrix}p_{11}\sigma_1 a+p_{12}\sigma_2\sqrt{1-a^2} & p_{21}\sigma_1 a+p_{22}\sigma_2\sqrt{1-a^2}\\ p_{11}\sigma_1\sqrt{1-a^2}+p_{12}\sigma_2 a & p_{21}\sigma_1\sqrt{1-a^2}+p_{22}\sigma_2 a\end{bmatrix}$$

设 c_1 是该矩阵的第一列向量,c_2 是第二列向量。由$\sqrt{N}\Sigma P^{tr}$的非奇异性,这些向量线性无关,从而都是非零向量。因此:

$$\gamma_i=\|c_i\|^2>0,\quad i=1,2$$

对于线性无关向量,由柯西—施瓦茨(Cauchy-Schwarz)不等式知:

$$-\|c_1\|\|c_2\|<c_1\cdot c_2<\|c_1\|\|c_2\|$$

这等价于$-1<\rho<1$。

定义:

$$\overline{B}_i(t)=\frac{1}{\sqrt{\gamma_i}}p_{i1}\sigma_1\widetilde{B}_1(t)+p_{i2}\sigma_2\widetilde{B}_2(t),\quad i=1,2$$

过程 $\overline{B}_1(t)$和 $\overline{B}_2(t)$是初始值为 0 的连续鞅,并且

$$d\overline{B}_1(t)d\overline{B}_1(t)=d\overline{B}_2(t)d\overline{B}_2(t)=dt$$

根据列维定理(定理 4.6.4),$\overline{B}_1(t)$和 $\overline{B}_2(t)$是布朗运动。我们还有:

$$d\overline{B}_1(t)d\overline{B}_2(t)=\rho dt$$

其中 ρ 由式(10.2.10)定义。式(10.2.7)和式(10.2.8)可以重写为:

$$d\overline{X}_1(t)=(p_{11}a_1+p_{12}a_2)dt-\lambda_1\overline{X}_1(t))dt+\sqrt{\gamma_1}d\overline{B}_1(t)\qquad(10.2.11)$$

$$d\overline{X}_2(t)=(p_{21}a_1+p_{22}a_2)dt-\kappa\overline{X}_1(t)dt-\lambda_2\overline{X}_2(t)dt+\sqrt{\gamma_2}d\overline{B}_2(t) \tag{10.2.12}$$

令

$$\hat{X}_1(t)=\frac{1}{\sqrt{\gamma_1}}\left(\overline{X}_1(t)-\frac{p_{11}a_1+p_{12}a_2}{\lambda_1}\right)$$

$$\hat{X}_2(t)=\frac{1}{\sqrt{\gamma_2}}\left(\overline{X}_2(t)+\frac{\kappa(p_{11}a_1+p_{12}a_2)}{\lambda_1\lambda_2}-\frac{p_{21}a_1+p_{22}a_2}{\lambda_2}\right)$$

我们可将式(10.2.11)和式(10.2.12)进一步改写为：

$$d\hat{X}_1(t)=-\lambda_1\hat{X}_1(t)dt+d\overline{B}_1(t) \tag{10.2.13}$$

$$d\hat{X}_2(t)=-\kappa\sqrt{\frac{\gamma_1}{\gamma_2}}\hat{X}_1(t)dt-\lambda_2\hat{X}_2(t)dt+d\overline{B}_2(t) \tag{10.2.14}$$

作为最后一步，我们定义：

$$\widetilde{W}_1(t)=\overline{B}_1(t),\quad \widetilde{W}_2(t)=\frac{1}{\sqrt{1-\rho^2}}[-\rho\overline{B}_1(t)+\overline{B}_2(t)]$$

$\widetilde{W}_1(t)$和 $\widetilde{W}_2(t)$都是连续鞅，并且不难验证

$$d\widetilde{W}_1(t)d\widetilde{W}_1(t)=dt,\quad d\widetilde{W}_1(t)d\widetilde{W}_2(t)=0,\quad d\widetilde{W}_2(t)d\widetilde{W}_2(t)=dt$$

根据列维定理(定理 4.6.4)，$\widetilde{W}_1(t)$和 $\widetilde{W}_2(t)$是独立的布朗运动。令

$$Y_1(t)=\hat{X}_1(t),\quad Y_2(t)=\frac{-\rho\hat{X}_1(t)+\hat{X}_2(t)}{\sqrt{1-\rho^2}}$$

我们有：

$$\begin{aligned}dY_2(t)&=\frac{1}{\sqrt{1-\rho^2}}[-\rho d\hat{X}_1(t)+d\hat{X}_2(t)]\\&=\frac{1}{\sqrt{1-\rho^2}}\left[\left(\rho\lambda_1-\kappa\sqrt{\frac{\gamma_1}{\gamma_2}}\right)\hat{X}_1(t)-\lambda_2\hat{X}_2(t)\right]dt\\&\quad+\frac{1}{\sqrt{1-\rho_2}}[-\rho d\overline{B}_1(t)+d\overline{B}_2(t)]\\&=\frac{1}{\sqrt{1-\rho^2}}\left(\rho\lambda_1-\rho\lambda_2-\kappa\sqrt{\frac{\gamma_1}{\gamma_2}}\right)Y_1(t)dt-\lambda_2Y_2(t)dt+d\widetilde{W}_2(t)\end{aligned}$$

于是，可将式(10.2.13)和式(10.2.14)重写为：

$$dY_1(t)=-\lambda_1Y_1(t)dt+d\widetilde{W}_1(t)$$

$$dY_2(t)=-\lambda_{21}Y_1(t)dt-\lambda_2Y_2(t)dt+d\widetilde{W}_2(t)$$

其中：

$$\lambda_{21}=\frac{1}{\sqrt{1-\rho^2}}\left(-\rho\lambda_1+\rho\lambda_2+\kappa\sqrt{\frac{\gamma_1}{\gamma_2}}\right)$$

这就是典范方程式(10.2.4)和式(10.2.5)。

为了得到式(10.2.6),我们通过变量回代,可知:

$$\begin{aligned}Y_1(t)&=\hat{X}_1(t)\\&=\frac{1}{\sqrt{\gamma_1}}\left(\overline{X}_1(t)-\frac{p_{11}a_1+p_{12}a_2}{\lambda_1}\right)\\&=\frac{1}{\sqrt{\gamma_1}}\left(p_{11}X_1(t)+p_{12}X_2(t)-\frac{p_{11}a_1+p_{12}a_2}{\lambda_1}\right)\end{aligned}$$

$$\begin{aligned}Y_2(t)&=\frac{1}{\sqrt{1-\rho^2}}[-\rho\hat{X}_1(t)+\hat{X}_2(t)]\\&=-\frac{\rho}{\sqrt{\gamma_1(1-\rho_2)}}\left(\overline{X}_1(t)-\frac{p_{11}a_1+p_{12}a_2}{\lambda_1}\right)\\&\quad+\frac{1}{\sqrt{\gamma_2(1-\rho^2)}}\left(\overline{X}_2(t)+\frac{\kappa(p_{11}a_1+p_{12}a_2)}{\lambda_1\lambda_2}-\frac{p_{21}a_1+p_{22}a_2}{\lambda_2}\right)\\&=-\frac{\rho}{\sqrt{\gamma_1(1-\rho^2)}}\left(p_{11}X_1(t)+p_{12}X_2(t)-\frac{p_{11}a_1+p_{12}a_2}{\lambda_1}\right)\\&\quad+\frac{1}{\sqrt{\gamma_2(1-\rho^2)}}\left(p_{21}X_1(t)+p_{22}X_2(t)+\frac{\kappa(p_{11}a_1+p_{12}a_2)}{\lambda_1\lambda_2}-\frac{p_{21}a_1+p_{22}a_2}{\lambda_2}\right)\end{aligned}$$

采用向量记法

$$Y(t)=\Gamma(PX(t)+V) \tag{10.2.15}$$

其中:

$$Y(t)=\begin{bmatrix}Y_1(t)\\Y_2(t)\end{bmatrix},\quad \Gamma=\begin{bmatrix}\frac{1}{\sqrt{\gamma_1}} & 0\\ -\frac{\rho}{\sqrt{\gamma_1(1-\rho^2)}} & \frac{1}{\sqrt{\lambda_2(1-\rho^2)}}\end{bmatrix}$$

$$V=\begin{bmatrix}-\frac{p_{11}a_1+p_{12}a_2}{\lambda_1}\\ \frac{\kappa(p_{11}a_1+p_{12}a_2)}{\lambda_1\lambda_2}-\frac{p_{21}a_1+p_{22}a_2}{\lambda_2}\end{bmatrix}$$

由式(10.2.15)解出 $X(t)$:

$$X(t)=P^{-1}(\Gamma^{-1}Y(t)-V)$$

因此:

$$\begin{aligned}R(t)&=\varepsilon_0+[\varepsilon_1\quad\varepsilon_2]X(t)\\&=\varepsilon_0+[\varepsilon_1\quad\varepsilon_2]P^{-1}\Gamma^{-1}Y(t)-[\varepsilon_1\quad\varepsilon_2]P^{-1}V\\&=\delta_0+[\delta_1\quad\delta_2]Y(t)\end{aligned}$$

其中：

$$\delta_0=\varepsilon_0-[\varepsilon_1\quad \varepsilon_2]P^{-1}V,\quad [\delta_1\quad \delta_2]=[\varepsilon_1\quad \varepsilon_2]P^{-1}\Gamma^{-1}$$

这就得到了式(10.2.6)。

❖ **债券价格**

我们在典范两因子韦萨切克模型中推导零息债券的价格公式。根据风险中性定价公式，在时刻 T 支付 1 美元的零息债券在时刻 t 的价格为：

$$B(t,T)=\widetilde{\mathbb{E}}[e^{-\int_t^T R(u)du}\mid \mathcal{F}(t)],\quad 0\leqslant t\leqslant T$$

由于式(10.2.6)给出的 $R(t)$ 是因子 $Y_1(t)$ 和 $Y_2(t)$ 的函数，而随机微分方程组(10.2.4)～(10.2.5)的解是马尔可夫过程，因此必有函数 $f(t,y_1,y_2)$ 使得：

$$B(t,T)=f(t,Y_1(t),Y_2(t)) \tag{10.2.16}$$

贴现因子 $D(t)=e^{-\int_0^t R(u)du}$ 满足 $dD(t)=-R(t)D(t)dt$[见式(5.2.18)]。由累次条件期望性质，债券价格的贴现过程 $D(t)B(t,T)$ 在 $\widetilde{\mathbb{P}}$ 下是一个鞅。因此，$D(t)B(t,T)$ 的微分中含有 dt 的项为 0。我们计算这一微分：

$$\begin{aligned}
&d(D(t)B(t,T))\\
&\quad =d(D(t)f(t,Y_1(t),Y_2(t)))\\
&\quad =-R(t)D(t)f(t,Y_1(t),Y_2(t))dt+D(t)df(t,Y_1(t),Y_2(t))\\
&\quad =D\Big[-Rfdt+f_tdt+f_{y_1}dY_1+f_{y_2}dY_2+\frac{1}{2}f_{y_1y_1}dY_1dY_1\\
&\qquad +f_{y_1y_2}dY_1dY_2+\frac{1}{2}f_{y_2y_2}dY_2dY_2\Big]
\end{aligned}\tag{10.2.17}$$

利用式(10.2.4)～(10.2.6)可得：

$$\begin{aligned}
&d(D(t)B(t,T))\\
&\quad =D[-(\delta_0+\delta_1Y_1+\delta_2Y_2)f+f_t-\lambda_1Y_1f_{y_1}-\lambda_{21}Y_1f_{y_2}\\
&\qquad -\lambda_2Y_2f_{y_2}+\frac{1}{2}f_{y_1y_1}+\frac{1}{2}f_{y_2y_2}]dt+D[f_{y_1}d\widetilde{W}_1+f_{y_2}d\widetilde{W}_2]
\end{aligned}$$

令含有 dt 的项为 0，我们得到偏微分方程：

$$\begin{aligned}
&-(\delta_0+\delta_1y_1+\delta_2y_2)f(t,y_1,y_2)+f_t(t,y_1,y_2)-\lambda_1y_1f_{y_1}(t,y_1,y_2)\\
&\quad -\lambda_{21}y_1f_{y_2}(t,y_1,y_2)-\lambda_2y_2f_{y_2}(t,y_1,y_2)+\frac{1}{2}f_{y_1y_1}(t,y_1,y_2)\\
&\quad +\frac{1}{2}f_{y_2y_2}(t,y_1,y_2)=0,\quad \forall t\in[0,T),\ y_1\in\mathbb{R},y_2\in\mathbb{R}
\end{aligned}\tag{10.2.18}$$

我们还有终值条件

$$f(T,y_1,y_2)=1,\quad \forall y_1\in\mathbb{R},y_2\in\mathbb{R}\tag{10.2.19}$$

为了求解上述方程，我们寻找函数 $C_1(\tau)$，$C_2(\tau)$ 和 $A(\tau)$，使得：

$$f(t,y_1,y_2)=e^{-y_1C_1(T-t)-y_2C_2(T-t)-A(T-t)} \tag{10.2.20}$$

是方程(10.2.18)的仿射收益率形式的解。这里,$\tau=T-t$ 为**相对到期日**(即到期日之前的债券存续期)。只要模型参数不依赖于 t,零息债券价格仅通过 τ 依赖于 t 和 T。由终值条件(10.2.19)可得:

$$C_1(0)=C_2(0)=A(0)=0 \tag{10.2.21}$$

我们来计算导数,其中$'$表示关于 τ 求导。利用$\frac{d}{dt}C_i(\tau)=C_i'(\tau)\cdot\frac{d}{dt}\tau=-C_i'(\tau)$,$i=1,2$以及 $\frac{d}{dt}A(\tau)=-A'(\tau)$,可得:

$$f_t=[y_1C_1'+y_2C_2'+A']f,\quad f_{y_1}=-C_1f,\quad f_{y_2}=-C_2f,$$
$$f_{y_1y_1}=C_1^2f,\quad f_{y_1y_2}=C_1C_2f,\quad f_{y_2y_2}=C_2^2f$$

方程(10.2.18)变为:

$$[(C_1'+\lambda_1C_1+\lambda_{21}C_2-\delta_1)y_1+(C_2'+\lambda_2C_2-\delta_2)y_2+(A'+\frac{1}{2}C_1^2+\frac{1}{2}C_2^2-\delta_0)]f=0 \tag{10.2.22}$$

由于式(10.2.22)对所有 y_1 和 y_2 成立,y_1 前面的系数 $C_1'+\lambda_1C_1+\lambda_{21}C_2-\delta_1$ 必为 0。若不然,如果式(10.2.22)对某个 y_1 成立,则改变 y_1 的值,式(10.2.22)就不再成立。类似地,y_2 前面的系数 $C_2'+\lambda_2C_2-\delta_2$ 必为 0。从而,余下的一项 $A'+\frac{1}{2}C_1^2+\frac{1}{2}C_2^2-\delta_0$ 必为 0。这样就得到三个常微分方程:

$$C_1'(\tau)=-\lambda_1C_1(\tau)-\lambda_{21}C_2(\tau)+\delta_1 \tag{10.2.23}$$
$$C_2'(\tau)=-\lambda_2C_2(\tau)+\delta_2 \tag{10.2.24}$$
$$A'(\tau)=-\frac{1}{2}C_1^2(\tau)-\frac{1}{2}C_2^2(\tau)+\delta_0 \tag{10.2.25}$$

方程(10.2.24) 满足初值条件 $C_2(0)=0$[见式(10.2.21)]的解为:

$$C_2(\tau)=\frac{\delta_2}{\lambda_2}(1-e^{-\lambda_2\tau}) \tag{10.2.26}$$

将其代入方程(10.2.23),并利用初值条件 $C_1(0)=0$ 来求解。由式(10.2.23)得:

$$\begin{aligned}\frac{d}{d\tau}e^{\lambda_1\tau}C_1(\tau)&=e^{\lambda_1\tau}(\lambda_1C_1(\tau)+C_1'(\tau))\\&=e^{\lambda_1\tau}(-\lambda_{21}C_2(\tau)+\delta_1)\\&=e^{\lambda_1\tau}\left(-\frac{\lambda_{21}\delta_2}{\lambda_2}(1-e^{-\lambda_2\tau})+\delta_1\right)\end{aligned}$$

如果 $\lambda_1\neq\lambda_2$,将上式从 0 到 τ 积分,可得:

$$C_1(\tau)=\frac{1}{\lambda_1}\left(\delta_1-\frac{\lambda_{21}\delta_2}{\lambda_2}\right)(1-e^{-\lambda_1\tau})+\frac{\lambda_{21}\delta_2}{\lambda_2(\lambda_1-\lambda_2)}(e^{-\lambda_2\tau}-e^{-\lambda_1\tau}) \tag{10.2.27}$$

如果 $\lambda_1=\lambda_2$，则得：

$$C_1(\tau)=\frac{1}{\lambda_1}\left(\delta_1-\frac{\lambda_{21}\delta_2}{\lambda_1}\right)(1-e^{-\lambda_1\tau})+\frac{\lambda_{21}\delta_2}{\lambda_1}\tau e^{-\lambda_1\tau} \tag{10.2.28}$$

最后，由式(10.2.25)和初值条件 $A(0)=0$ 可解得：

$$A(\tau)=\int_0^\tau\left[-\frac{1}{2}C_1^2(u)-\frac{1}{2}C_2^2(u)+\delta_0\right]du \tag{10.2.29}$$

闭形式的解可以通过直接计算(较为冗长)得到。

❖ **短期利率与长期利率**

固定一个正的相对到期日 $\bar{\tau}$(比如说 3 年)，我们称在时刻 t，相对到期日为 $\bar{\tau}$ 的零息债券(即债券在 $t+\bar{\tau}$ 到期)的收益率为长期利率 $L(t)$。一旦我们有了风险中性测度下短期利率 $R(t)$ 的模型，则对每一个 $t\geqslant 0$，在 $t+\bar{\tau}$ 到期的零息债券的价格可以由风险中性定价公式确定。因此，短期利率模型可以确定长期利率。于是，我们不能随便写下一个随机微分方程作为长期利率的模型。然而，在任何仿射收益率模型中，长期利率满足某个随机微分方程，我们可以求出这一方程。

考虑典范两因子韦萨切克模型。由前面的讨论，在此模型中，零息债券价格形如

$$B(t,T)=e^{-Y_1(t)C_1(T-t)-Y_2(t)C_2(T-t)-A(T-t)}$$

其中函数 $C_1(\tau)$，$C_2(\tau)$和 $A(\tau)$由式(10.2.26)～(10.2.29)给出。于是，时刻 t 的长期利率为：

$$L(t)=-\frac{1}{\bar{\tau}}\log B(t,t+\bar{\tau})=\frac{1}{\bar{\tau}}[C_1(\bar{\tau})Y_1(t)+C_2(\bar{\tau})Y_2(t)+A(\bar{\tau})] \tag{10.2.30}$$

这是时刻 t 的典范因子 $Y_1(t)$和 $Y_2(t)$的仿射函数。由于典范因子并没有经济解释，我们希望利用 $R(t)$和 $L(t)$作为模型因子。以下，我们来推导形如式(10.2.1)、式(10.2.2)和式(10.2.3)的两因子韦萨切克模型，其中 $X_1(t)$被 $R(t)$替换，$X_2(t)$被 $L(t)$替换。

首先，将式(10.2.6)和式(10.2.30)写成向量形式：

$$\begin{bmatrix}R(t)\\L(t)\end{bmatrix}=\begin{bmatrix}\delta_1 & \delta_2\\ \frac{1}{\bar{\tau}}C_1(\bar{\tau}) & \frac{1}{\bar{\tau}}C_2(\bar{\tau})\end{bmatrix}\begin{bmatrix}Y_1(t)\\Y_2(t)\end{bmatrix}+\begin{bmatrix}\delta_0\\ \frac{1}{\bar{\tau}}A(\bar{\tau})\end{bmatrix} \tag{10.2.31}$$

我们希望由此解得$(Y_1(t),Y_2(t))$。

引理 10.2.2 矩阵

$$D=\begin{bmatrix}\delta_1 & \delta_2\\ \frac{1}{\bar{\tau}}C_1(\bar{\tau}) & \frac{1}{\bar{\tau}}C_2(\bar{\tau})\end{bmatrix}$$

非奇异当且仅当 $\delta_2\neq 0$，并且

$$(\lambda_1-\lambda_2)\delta_1+\lambda_{21}\delta_2\neq 0 \tag{10.2.32}$$

【证明】 考虑函数 $f(x)=1-e^{-x}-xe^{-x}$。由于 $f(0)=0$ 并且 $f'(x)=xe^{-x}>0$。我们有 $f(x)>0,\forall x>0$。定义 $h(x)=\frac{1}{x}(1-e^{-x})$，由于 $h'(x)=-x^2f(x)<0,\forall x>0$，$h(x)$在$(0,\infty)$上严格递减。

为考察矩阵 D 的非奇异性，先考虑 $\lambda_1\neq\lambda_2$ 的情形。在此情形，由式(10.2.26)和式(10.2.27)可得：

$$\begin{aligned}\det(D)&=\frac{1}{\bar{\tau}}[\delta_1C_2(\bar{\tau})-\delta_2C_1(\bar{\tau})]\\&=\frac{\delta_1\delta_2}{\lambda_2\bar{\tau}}(1-e^{-\lambda_2\bar{\tau}})-\frac{\delta_1\delta_2}{\lambda_1\bar{\tau}}(1-e^{-\lambda_1\bar{\tau}})\\&\quad+\frac{\lambda_{21}\delta_2^2}{(\lambda_1-\lambda_2)\lambda_1\lambda_2\bar{\tau}}[(\lambda_1-\lambda_2)(1-e^{-\lambda_1\bar{\tau}})-\lambda_1e^{\lambda_2\bar{\tau}}+\lambda_1e^{\lambda_1\bar{\tau}}]\\&=\delta_1\delta_2\left[\frac{1}{\lambda_2\bar{\tau}}(1-e^{-\lambda_2\bar{\tau}})-\frac{1}{\lambda_1\bar{\tau}}(1-e^{-\lambda_1\bar{\tau}})\right]\\&\quad+\frac{\lambda_{21}\delta_2^2}{(\lambda_1-\lambda_2)\lambda_1\lambda_2\bar{\tau}}[\lambda_1(1-e^{-\lambda_2\bar{\tau}})-\lambda_2(1-e^{-\lambda_1\bar{\tau}})]\\&=\delta_2\left(\delta_1+\frac{\lambda_{21}\delta_2}{\lambda_1-\lambda_2}\right)\left[\frac{1}{\lambda_2\bar{\tau}}(1-e^{-\lambda_2\bar{\tau}})-\frac{1}{\lambda_1\bar{\tau}}(1-e^{-\lambda_1\bar{\tau}})\right]\\&=\delta_2\left(\delta_1+\frac{\lambda_{21}\delta_2}{\lambda_1-\lambda_2}\right)[h(\lambda_2\bar{\tau})-h(\lambda_1\bar{\tau})]\end{aligned}$$

由于 $\lambda_1\neq\lambda_2$ 并且 h 严格递减，故 $h(\lambda_2\bar{\tau})\neq h(\lambda_1\bar{\tau})$。$D$ 的行列式非零当且仅当 $\delta_2\neq 0$，并且式(10.2.32)成立。

再考虑 $\lambda_1=\lambda_2$ 的情形。在此情形，由式(10.2.26)和式(10.2.28)可得：

$$\begin{aligned}\det(D)&=\frac{1}{\bar{\tau}}[\delta_1C_2(\bar{\tau})-\delta_2C_1(\bar{\tau})]\\&=\frac{\delta_1\delta_2}{\lambda_1\bar{\tau}}(1-e^{-\lambda_1\bar{\tau}})-\frac{\delta_2}{\lambda_1\bar{\tau}}\left(\delta_1-\frac{\lambda_{21}\delta_2}{\lambda_1}\right)(1-e^{-\lambda_1\bar{\tau}})-\frac{\lambda_{21}\delta_2^2}{\lambda_1}e^{-\lambda_1\bar{\tau}}\\&=\frac{\lambda_{21}\delta_2^2}{\lambda_1^2\bar{\tau}}f(\lambda_1\bar{\tau})\end{aligned}$$

由于 $\lambda_1\bar{\tau}>0$，故 $f(\lambda_1\bar{\tau})\neq 0$。现在，式(10.2.32)等价于 $\delta_2\neq 0$ 并且 $\lambda_{21}\neq 0$。D 的行列式非零当且仅当式(10.2.32)成立，$\delta_2\neq 0$ 且 $\lambda_{21}\neq 0$。 □

在引理 10.2.2 的假设下，我们能够从式(10.2.31)反求得：

$$\begin{bmatrix}Y_1(t)\\Y_2(t)\end{bmatrix}=\begin{bmatrix}\delta_1 & \delta_2\\ \frac{1}{\bar{\tau}}C_1(\bar{\tau}) & \frac{1}{\bar{\tau}}C_2(\bar{\tau})\end{bmatrix}^{-1}\left(\begin{bmatrix}R(t)\\L(t)\end{bmatrix}-\begin{bmatrix}\delta_0\\ \frac{1}{\bar{\tau}}A(\bar{\tau})\end{bmatrix}\right) \tag{10.2.33}$$

利用式(10.2.4)和式(10.2.5)计算式(10.2.31)的微分，得到的公式右端出现 $Y_1(t)$和 $Y_2(t)$，再利用式(10.2.33)将右端用 $R(t)$和 $L(t)$表示：

$$\begin{bmatrix} dR(t) \\ dL(t) \end{bmatrix}=\begin{bmatrix} \delta_1 & \delta_2 \\ \frac{1}{\bar{\tau}}C_1(\bar{\tau}) & \frac{1}{\bar{\tau}}C_2(\bar{\tau}) \end{bmatrix}\begin{bmatrix} dY_1(t) \\ dY_2(t) \end{bmatrix}$$

$$=\begin{bmatrix} \delta_1 & \delta_2 \\ \frac{1}{\bar{\tau}}C_1(\bar{\tau}) & \frac{1}{\bar{\tau}}C_2(\bar{\tau}) \end{bmatrix}\left(-\begin{bmatrix} \lambda_1 & 0 \\ \lambda_{21} & \lambda_2 \end{bmatrix}\begin{bmatrix} Y_1(t) \\ Y_2(t) \end{bmatrix}dt+\begin{bmatrix} d\widetilde{W}_1(t) \\ d\widetilde{W}_2(t) \end{bmatrix}\right)$$

$$=\begin{bmatrix} \delta_1 & \delta_2 \\ \frac{1}{\bar{\tau}}C_1(\bar{\tau}) & \frac{1}{\bar{\tau}}C_2(\bar{\tau}) \end{bmatrix}\begin{bmatrix} \lambda_1 & 0 \\ \lambda_{21} & \lambda_2 \end{bmatrix}\begin{bmatrix} \delta_1 & \delta_2 \\ \frac{1}{\bar{\tau}}C_1(\bar{\tau}) & \frac{1}{\bar{\tau}}C_2(\bar{\tau}) \end{bmatrix}^{-1}\begin{bmatrix} \delta_0 \\ \frac{1}{\bar{\tau}}A(\bar{\tau}) \end{bmatrix}dt$$

$$-\begin{bmatrix} \delta_1 & \delta_2 \\ \frac{1}{\bar{\tau}}C_1(\bar{\tau}) & \frac{1}{\bar{\tau}}C_2(\bar{\tau}) \end{bmatrix}\begin{bmatrix} \lambda_1 & 0 \\ \lambda_{21} & \lambda_2 \end{bmatrix}\begin{bmatrix} \delta_1 & \delta_2 \\ \frac{1}{\bar{\tau}}C_1(\bar{\tau}) & \frac{1}{\bar{\tau}}C_2(\bar{\tau}) \end{bmatrix}^{-1}\begin{bmatrix} R(t) \\ L(t) \end{bmatrix}dt$$

$$+\begin{bmatrix} \delta_1 & \delta_2 \\ \frac{1}{\bar{\tau}}C_1(\bar{\tau}) & \frac{1}{\bar{\tau}}C_2(\bar{\tau}) \end{bmatrix}\begin{bmatrix} d\widetilde{W}_1(t) \\ d\widetilde{W}_2(t) \end{bmatrix}$$

这是关于短期利率 $R(t)$ 和长期利率 $L(t)$ 的形如式(10.2.1)～(10.2.2)的两因子韦萨切克模型的向量形式。相应于式(10.2.1)～(10.2.2)中的参数 a_1 和 a_2 为：

$$\begin{bmatrix} a_1 \\ a_2 \end{bmatrix}=\begin{bmatrix} \delta_1 & \delta_2 \\ \frac{1}{\bar{\tau}}C_1(\bar{\tau}) & \frac{1}{\bar{\tau}}C_2(\bar{\tau}) \end{bmatrix}\begin{bmatrix} \lambda_1 & 0 \\ \lambda_{21} & \lambda_2 \end{bmatrix}\begin{bmatrix} \delta_1 & \delta_2 \\ \frac{1}{\bar{\tau}}C_1(\bar{\tau}) & \frac{1}{\bar{\tau}}C_2(\bar{\tau}) \end{bmatrix}^{-1}\begin{bmatrix} \delta_0 \\ \frac{1}{\bar{\tau}}A(\bar{\tau}) \end{bmatrix}$$

矩阵 B 为：

$$\begin{bmatrix} b_{11} & b_{12} \\ b_{21} & b_{22} \end{bmatrix}=\begin{bmatrix} \delta_1 & \delta_2 \\ \frac{1}{\bar{\tau}}C_1(\bar{\tau}) & \frac{1}{\bar{\tau}}C_2(\bar{\tau}) \end{bmatrix}\begin{bmatrix} \lambda_1 & 0 \\ \lambda_{21} & \lambda_2 \end{bmatrix}\begin{bmatrix} \delta_1 & \delta_2 \\ \frac{1}{\bar{\tau}}C_1(\bar{\tau}) & \frac{1}{\bar{\tau}}C_2(\bar{\tau}) \end{bmatrix}^{-1}$$

并且 B 的特征值 $\lambda_1>0,\lambda_2>0$。相应于式(10.2.1)～(10.2.2)中的布朗运动为：

$$\widetilde{B}_1(t)=\frac{1}{\sigma_1}(\delta_1\widetilde{W}_1(t)+\delta_2\widetilde{W}_2(t))$$

$$\widetilde{B}_2(t)=\frac{1}{\sigma_2\bar{\tau}}(C_1(\bar{\tau})\widetilde{W}_1(t)+C_2(\bar{\tau})\widetilde{W}_2(t))$$

其中：

$$\sigma_1=\sqrt{\delta_1^2+\delta_2^2},\quad \sigma_2=\frac{1}{\bar{\tau}}\sqrt{C_1^2(\bar{\tau})+C_2^2(\bar{\tau})}$$

最后，相应的式(10.2.3)为：

$$R(t)=0+1\cdot R(t)+0\cdot L(t)$$

(即 $\varepsilon_0=\varepsilon_1=0,\varepsilon_1=1$)。

❖ 高斯因子过程

典范两因子韦萨切克模型的向量形式为：

$$dY(t)=-\Lambda Y(t)dt+d\widetilde{W}(t) \tag{10.2.34}$$

其中：

$$Y(t)=\begin{bmatrix}Y_1(t)\\Y_2(t),\end{bmatrix},\quad \Lambda=\begin{bmatrix}\lambda_1 & 0\\ \lambda_{21} & \lambda_2\end{bmatrix},\quad \widetilde{W}(t)=\begin{bmatrix}\widetilde{W}_1(t)\\ \widetilde{W}_2(t)\end{bmatrix}$$

注意到$\lambda_1>0,\lambda_2>0$,上述矩阵微分方程存在闭形式解。为推导这样的解,先定义矩阵指数函数

$$e^{\Lambda t}=\sum_{n=0}^{\infty}\frac{1}{n!}(\Lambda t)^n$$

其中$(\Lambda t)^0=I$是2×2恒等矩阵。

引理 10.2.3 如果$\lambda_1\neq\lambda_2$,则:

$$e^{\Lambda t}=\begin{bmatrix}e^{\lambda_1 t} & 0\\ \dfrac{\lambda_{21}}{\lambda_1-\lambda_2}(e^{\lambda_1 t}-e^{\lambda_2 t}) & e^{\lambda_2 t}\end{bmatrix}\tag{10.2.35}$$

如果$\lambda_1=\lambda_2$,则:

$$e^{\Lambda t}=\begin{bmatrix}e^{\lambda_1 t} & 0\\ \lambda_{21}te^{\lambda_1 t} & e^{\lambda_1 t}\end{bmatrix}\tag{10.2.36}$$

无论何种情形,都有:

$$\frac{d}{dt}e^{\Lambda t}=\Lambda e^{\Lambda t}=e^{\Lambda t}\Lambda\tag{10.2.37}$$

其中导数定义为按分量求导,并且

$$e^{-\Lambda t}=(e^{\Lambda t})^{-1}\tag{10.2.38}$$

其中$e^{-\Lambda t}$由$e^{\Lambda t}$公式中λ_1,λ_2和λ_{21}分别替换为$-\lambda_1,-\lambda_2$和$-\lambda_{21}$得到。

【证明】 先考虑$\lambda_1\neq\lambda_2$的情形。在此情形,我们有:

$$(\Lambda t)^n=\begin{bmatrix}(\lambda_1 t)^n & 0\\ \lambda_{21}t^n\dfrac{\lambda_1^n-\lambda_2^n}{\lambda_1-\lambda_2} & (\lambda_2 t)^n\end{bmatrix},\quad n=0,1,\cdots\tag{10.2.39}$$

上式对于$n=0$成立:$(\Lambda t)^0=\begin{bmatrix}1 & 0\\0 & 1\end{bmatrix}$。我们采用数学归纳法证明一般情形。假设式(10.2.39)对于n成立,则:

$$\begin{aligned}(\Lambda t)^{n+1}&=(\Lambda t)(\Lambda t)^n\\&=\begin{bmatrix}\lambda_1 t & 0\\ \lambda_{21}t & \lambda_2 t\end{bmatrix}\begin{bmatrix}(\lambda_1 t)^n & 0\\ \lambda_{21}t^n\dfrac{\lambda_1^n-\lambda_2^n}{\lambda_1-\lambda_2} & (\lambda_2 t)^n\end{bmatrix}\\&=\begin{bmatrix}(\lambda_1 t)^{n+1} & 0\\ \lambda_{21}t^{n+1}\left(\lambda_1^n+\lambda_2\dfrac{\lambda_1^n-\lambda_2^n}{\lambda_1-\lambda_2}\right) & (\lambda_2 t)^{n+1}\end{bmatrix}\\&=\begin{bmatrix}(\lambda_1 t)^{n+1} & 0\\ \lambda_{21}t^{n+1}\dfrac{\lambda_1^{n+1}-\lambda_2^{n+1}}{\lambda_1-\lambda_2} & (\lambda_2 t)^{n+1}\end{bmatrix}\end{aligned}$$

这正是 n 被 $n+1$ 替换后的式(10.2.39)。证明了式(10.2.39)对所有 n 成立,我们就有:

$$\begin{aligned} e^{\Lambda t} &= \sum_{n=0}^{\infty} \frac{1}{n!}(\Lambda t)^n \\ &= \begin{bmatrix} \sum_{n=0}^{\infty} \frac{1}{n!}(\lambda_1 t)^n & 0 \\ \frac{\lambda_{21}}{\lambda_1 - \lambda_2}\left(\sum_{n=0}^{\infty} \frac{1}{n!}(\lambda_1 t)^n - \sum_{n=0}^{\infty} \frac{1}{n!}(\lambda_2 t)^n\right) & \sum_{n=0}^{\infty} \frac{1}{n!}(\lambda_2 t)^n \end{bmatrix} \\ &= \begin{bmatrix} e^{\lambda_1 t} & 0 \\ \frac{\lambda_{21}}{\lambda_1 - \lambda_2}(e^{\lambda_1 t} - e^{\lambda_2 t}) & e^{\lambda_2 t} \end{bmatrix} \end{aligned}$$

这就是式(10.2.35)。

再考虑 $\lambda_1=\lambda_2$ 的情形。在此情形,我们有:

$$(\Lambda t)^n = \begin{bmatrix} (\lambda_1 t)^n & 0 \\ n\lambda_{21}\lambda_1^{n-1}t^n & (\lambda_1 t)^n \end{bmatrix}, \quad n=1,2,\cdots \tag{10.2.40}$$

上式对于 $n=0$ 成立:$(\Lambda t)^0 = \begin{bmatrix} 1 & 0 \\ 0 & 1 \end{bmatrix}$。我们仍用数学归纳法证明一般情形。假设式(10.2.40)对于 n 成立,则:

$$\begin{aligned} (\Lambda t)^{n+1} &= (\Lambda t)(\Lambda t)^n \\ &= \begin{bmatrix} \lambda_1 t & 0 \\ \lambda_{21} t & \lambda_1 t \end{bmatrix} \begin{bmatrix} (\lambda_1 t)^n & 0 \\ n\lambda_{21}\lambda_1^{n-1}t^n & (\lambda_1 t)^n \end{bmatrix} \\ &= \begin{bmatrix} (\lambda_1 t)^{n+1} & 0 \\ (\lambda_{21}\lambda_1^n + n\lambda_{21}\lambda_1^n)t^{n+1} & (\lambda_1 t)^{n+1} \end{bmatrix} \\ &= \begin{bmatrix} (\lambda_1 t)^{n+1} & 0 \\ (n+1)\lambda_{21}\lambda_1^n t^{n+1} & (\lambda_1 t)^{n+1} \end{bmatrix} \end{aligned}$$

这正是 n 被 $n+1$ 替换后的式(10.2.40)。证明了式(10.2.40)对所有 n 成立,我们就有:

$$e^{\Lambda t} = \sum_{n=0}^{\infty} \frac{1}{n!}(\Lambda t)^n = \begin{bmatrix} \sum_{n=0}^{\infty} \frac{1}{n!}(\lambda_1 t)^n & 0 \\ \lambda_{21} \sum_{n=0}^{\infty} \frac{n}{n!}\lambda_1^{n-1} t^n & \sum_{n=0}^{\infty} \frac{1}{n!}(\lambda_1 t)^n \end{bmatrix} \tag{10.2.41}$$

而

$$\lambda_{21} \sum_{n=0}^{\infty} \frac{n}{n!}\lambda_1^{n-1} t^n = \lambda_{21} \frac{d}{d\lambda_1} \sum_{n=0}^{\infty} \frac{1}{n!}(\lambda_1 t)^n = \lambda_{21} \frac{d}{d\lambda_1} e^{\lambda_1 t} = \lambda_{21} t e^{\lambda_1 t}$$

将其代入式(10.2.41),我们得到式(10.2.36)。

当 $\lambda_1 \neq \lambda_2$ 时,我们有:

$$\frac{d}{dt}e^{\Lambda t}=\begin{bmatrix}\lambda_1 e^{\lambda_1 t} & 0\\ \frac{\lambda_{21}}{\lambda_1-\lambda_2}(\lambda_1 e^{\lambda_1 t}-\lambda_2 e^{\lambda_2 t}) & \lambda_2 e^{\lambda_2 t}\end{bmatrix}$$

并且

$$e^{-\Lambda t}=\begin{bmatrix}e^{-\lambda_1 t} & 0\\ \frac{\lambda_{21}}{\lambda_1-\lambda_2}(e^{-\lambda_1 t}-e^{-\lambda_2 t}) & e^{-\lambda_2 t}\end{bmatrix}$$

当 $\lambda_1=\lambda_2$ 时，有：

$$\frac{d}{dt}e^{\Lambda t}=\begin{bmatrix}\lambda_1 e^{\lambda_1 t} & 0\\ \lambda_{21}(1+\lambda_1 t)e^{\lambda_1 t} & \lambda_1 e^{\lambda_1 t}\end{bmatrix}$$

并且

$$e^{-\Lambda t}=\begin{bmatrix}e^{-\lambda_1 t} & 0\\ -\lambda_{21}te^{-\lambda_1 t} & e^{-\lambda_1 t}\end{bmatrix}$$

直接通过矩阵乘法运算，可以验证式(10.2.37)和式(10.2.38)。 □

利用式(10.2.34)，可以算得：

$$d(e^{\Lambda t}Y(t))=e^{\Lambda t}(\Lambda Y(t)dt+dY(t))=e^{\Lambda t}d\widetilde{W}(t)$$

上式两边从 0 到 t 积分，我们有：

$$e^{\Lambda t}Y(t)=Y(0)+\int_0^t e^{\Lambda u}d\widetilde{W}(u)$$

由此解得：

$$Y(t)=e^{-\Lambda t}Y(0)+e^{-\Lambda t}\int_0^t e^{\Lambda u}d\widetilde{W}(u)=e^{-\Lambda t}Y(0)+\int_0^t e^{-\Lambda(t-u)}d\widetilde{W}(u) \tag{10.2.42}$$

如果 $\lambda_1\neq\lambda_2$，式(10.2.42) 可以写成分量形式：

$$Y_1(t)=e^{-\lambda_1 t}Y_1(0)+\int_0^t e^{-\lambda_1(t-u)}d\widetilde{W}_1(u) \tag{10.2.43}$$

$$\begin{aligned}Y_2(t)=&\frac{\lambda_{21}}{\lambda_1-\lambda_2}(e^{-\lambda_1 t}-e^{-\lambda_2 t})Y_1(0)+e^{-\lambda_2 t}Y_2(0)\\&+\frac{\lambda_{21}}{\lambda_1-\lambda_2}\int_0^t(e^{-\lambda_1(t-u)}-e^{-\lambda_2(t-u)})d\widetilde{W}_1(u)+\int_0^t e^{-\lambda_2(t-u)}d\widetilde{W}_2(u)\end{aligned} \tag{10.2.44}$$

如果 $\lambda_1=\lambda_2$，式(10.2.42) 的分量形式为：

$$Y_1(t)=e^{-\lambda_1 t}Y_1(0)+\int_0^t e^{-\lambda_1(t-u)}d\widetilde{W}_1(u) \tag{10.2.45}$$

$$Y_2(t)=-\lambda_{21}te^{-\lambda_1 t}Y_1(0)+e^{-\lambda_1 t}Y_2(0)-\lambda_{21}\int_0^t(t-u)e^{-\lambda_1(t-u)}d\widetilde{W}_1(u)$$
$$+\int_0^t e^{-\lambda_1(t-u)}d\widetilde{W}_2(u) \qquad (10.2.46)$$

$Y_1(t)$和$Y_2(t)$都是非随机量加上非随机被积式的伊藤积分,它们都是高斯过程,于是$R(t)=\delta_0+\delta_1 Y_1(t)+\delta_2 Y_2(t)$服从正态分布。$Y_1(t)$和$Y_2(t)$的统计量计算见习题10.1。

10.2.2 两因子 CIR 模型

在两因子韦萨切克模型中,典范因子$Y_1(t)$和$Y_2(t)$服从联合正态分布。由于这两个因子由独立的布朗运动驱动,它们不相关,因此对所有$t>0$,有:

$$R(t)=\delta_0+\delta_1 Y_1(t)+\delta_2 Y_2(t) \qquad (10.2.47)$$

是具有正方差的正态随机变量(除非退化情形$\delta_1=\delta_2=0$)。特别地,对每一个$t>0$,$R(t)$取严格负值具有正概率。

在这一小节的**两因子 CIR 模型**中,两个因子在任何时刻都几乎必然非负。我们仍由式(10.2.47)定义利率,不过现在假定

$$\delta_0\geqslant 0,\qquad \delta_1>0,\qquad \delta_2>0 \qquad (10.2.48)$$

取定非负的初始利率$R(0)$,则对所有$t\geqslant 0$,$R(t)\geqslant 0$几乎必然成立。

在典范两因子 CIR 模型中,因子过程给出如下:

$$dY_1(t)=(\mu_1-\lambda_{11}Y_1(t)-\lambda_{12}Y_2(t))dt+\sqrt{Y_1(t)}d\widetilde{W}_1(t) \qquad (10.2.49)$$
$$dY_2(t)=(\mu_2-\lambda_{21}Y_1(t)-\lambda_{22}Y_2(t))dt+\sqrt{Y_2(t)}d\widetilde{W}_2(t) \qquad (10.2.50)$$

除了式(10.2.48)外,我们还假定:

$$\mu_1\geqslant 0,\mu_2\geqslant 0,\lambda_{11}>0,\lambda_{22}>0,\lambda_{12}\leqslant 0,\lambda_{21}\leqslant 0 \qquad (10.2.51)$$

在这些条件下,虽然漂移项$\mu_1-\lambda_{11}Y_1(t)-\lambda_{12}Y_2(t)$可以为负,但只要$Y_1(t)=0$和$Y_2(t)\geqslant 0$成立,它就非负。类似地,当$Y_2(t)=0$和$Y_1(t)\geqslant 0$成立时,漂移项$\mu_2-\lambda_{21}Y_1(t)-\lambda_{22}Y_2(t)$非负。若在初始时刻$Y_1(0)\geqslant 0$和$Y_2(0)\geqslant 0$成立,则对所有$t\geqslant 0$,$Y_1(t)\geqslant 0$和$Y_2(t)\geqslant 0$几乎必然成立。

我们假设式(10.2.49)和式(10.2.50)中的布朗运动$\widetilde{W}_1(t)$和$\widetilde{W}_2(t)$是独立的。这一假设对于确保$Y_1(t)$和$Y_2(t)$的非负性其实并不需要,而只是为了得到下面的仿射收益率结果;见注10.2.4。

❖ 债券价格

我们在典范两因子 CIR 模型中推导零息债券的价格公式。如同在两因子韦萨切克模型中,必有某个函数$f(t,y_1,y_2)$,使得时刻T到期的零息债券在时刻t的价格形如

$$B(t,T)=f(t,Y_1(t),Y_2(t))$$

贴现债券价格的微分

$$
\begin{aligned}
& d(D(t)B(t,T)) \\
& =d(D(t)f(t,Y_1(t),Y_2(t))) \\
& =-R(t)D(t)f(t,Y_1(t),Y_2(t))dt+D(t)df(t,Y_1(t),Y_2(t)) \\
& =D\Big[-Rfdt+f_t dt+f_{y_1}dY_1+f_{y_2}dY_2+\frac{1}{2}f_{y_1y_1}dY_1dY_1 \\
& \quad +f_{y_1y_2}dY_1dY_2+\frac{1}{2}f_{y_2y_2}dY_2dY_2\Big] \\
& =D\Big[-(\delta_0+\delta_1Y_1+\delta_2Y_2)f+f_t+(\mu_1-\lambda_{11}Y_1-\lambda_{12}Y_2)f_{y_1} \\
& \quad +(\mu_2-\lambda_{21}Y_1-\lambda_{22}Y_2)f_{y_2}+\frac{1}{2}Y_1f_{y_1y_1}+\frac{1}{2}Y_2f_{y_2y_2}\Big]dt \\
& \quad +D[\sqrt{Y_1}f_{y_1}d\widetilde{W}_1+\sqrt{Y_2}f_{y_2}d\widetilde{W}_2]
\end{aligned}
$$

令含有 dt 的项为 0，我们得到偏微分方程：

$$
\begin{aligned}
& -(\delta_0+\delta_1y_1+\delta_2y_2)f(t,y_1,y_2)+f_t(t,y_1,y_2) \\
& \quad +(\mu_1-\lambda_{11}y_1-\lambda_{12}y_2)f_{y_1}(t,y_1,y_2) \\
& \quad +(\mu_2-\lambda_{21}y_1-\lambda_{22}y_2)f_{y_2}(t,y_1,y_2)+\frac{1}{2}y_1f_{y_1y_1}(t,y_1,y_2) \\
& \quad +\frac{1}{2}y_2f_{y_2y_2}(t,y_1,y_2)=0, \quad \forall t\in[0,T),\ y_1\geqslant 0,y_2\geqslant 0
\end{aligned}
\tag{10.2.52}
$$

为了求解上述方程，我们寻找函数 $C_1(\tau)$，$C_2(\tau)$和 $A(\tau)$（其中 $\tau=T-t$），使得：

$$
f(t,y_1,y_2)=e^{-y_1C_1(T-t)-y_2C_2(T-t)-A(T-t)} \tag{10.2.53}
$$

是方程(10.2.52)的仿射收益率形式的解。由终值条件

$$
f(T,Y_1(T),Y_2(T))=B(T,T)=1
$$

可得：

$$
C_1(0)=C_2(0)=A(0)=0 \tag{10.2.54}
$$

用′表示关于 τ 求导，我们有 $\frac{d}{dt}C_i(\tau)=-C_i'(\tau)$，$i=1,2$，以及$\frac{d}{dt}A(\tau)=-A'(\tau)$，方程(10.2.52)变为：

$$
\begin{aligned}
& [(C_1'+\lambda_{11}C_1+\lambda_{21}C_2+\frac{1}{2}C_1^2-\delta_1)y_1 \\
& \quad +(C_2'+\lambda_{12}C_1+\lambda_{22}C_2+\frac{1}{2}C_2^2-\delta_2)y_2+(A'-\mu_1C_1-\mu_2C_2-\delta_0)]f=0
\end{aligned}
\tag{10.2.55}
$$

由于式(10.2.55)对所有 $y_1\geqslant 0$ 和 $y_2\geqslant 0$ 成立，y_1 前面的系数 $C_1'+\lambda_{11}C_1+\lambda_{21}C_2+\frac{1}{2}C_1^2-\delta_1$ 必为 0。类似地，y_2 前面的系数 $C_2'+\lambda_{12}C_1+\lambda_{22}C_2+\frac{1}{2}C_2^2-\delta_2$ 必为 0，从而余下的一项 $A'-\mu_1C_1-\mu_2C_2-\delta_0$ 必为 0。这样就得到三个常微分方程：

$$C_1'(\tau)=-\lambda_{11}C_1(\tau)-\lambda_{21}C_2(\tau)-\frac{1}{2}C_1^2(\tau)+\delta_1 \tag{10.2.56}$$

$$C_2'(\tau)=-\lambda_{12}C_1(\tau)-\lambda_{22}C_2(\tau)-\frac{1}{2}C_2^2(\tau)+\delta_2 \tag{10.2.57}$$

$$A'(\tau)=\mu_1 C_1(\tau)+\mu_2 C_2(\tau)+\delta_0 \tag{10.2.58}$$

上述方程满足初值条件(10.2.54)的解可通过数值方法求得。与偏微分方程(10.2.52)相比,上述常微分方程组的数值求解相对简单一些。

注 10.2.4 如果式(10.2.49)和式(10.2.50)中的布朗运动 $\widetilde{W}_1(t)$ 和 $\widetilde{W}_2(t)$ 是相关的,具有相关系数 $\rho\neq 0$,则偏微分方程(10.2.52)左端将增加一项 $\rho\sqrt{y_1y_2}f_{y_1y_2}$。这样将难以导出常微分方程组(10.2.56)~(10.2.58)。因此,我们从一开始就假定布朗运动是独立的。

10.2.3 *混合模型*

在两因子 CIR 模型中,两个因子总是非负。在两因子韦萨切克模型中,两个因子都可能取负值。在两因子混合模型中,一个因子总是非负,而另一个因子可能取负值。

典范两因子混合模型为:

$$dY_1(t)=(\mu-\lambda_1 Y_1(t))dt+\sqrt{Y_1(t)}d\widetilde{W}_1(t) \tag{10.2.59}$$

$$dY_2(t)=-\lambda_2 Y_2(t)dt+\sigma_{21}\sqrt{Y_1(t)}d\widetilde{W}_1(t)+\sqrt{\alpha+\beta Y_1(t)}d\widetilde{W}_2(t) \tag{10.2.60}$$

假设 $\mu\geqslant 0,\lambda_1>0,\lambda_2>0,\alpha\geqslant 0,\beta\geqslant 0$ 以及 $\sigma_{21}\in\mathbb{R}$。布朗运动 $\widetilde{W}_1(t)$ 和 $\widetilde{W}_2(t)$ 是独立的。假定 $Y_1(0)\geqslant 0$,于是对所有 $t\geqslant 0$,$Y_1(t)\geqslant 0$ 几乎必然成立。另一方面,即使 $Y_2(0)>0$,当 $t>0$ 时,$Y_2(t)$ 仍可能取负值。利率定义为:

$$R(t)=\delta_0+\delta_1 Y_1(t)+\delta_2 Y_2(t) \tag{10.2.61}$$

在此模型中,零息债券价格具有仿射收益率形式

$$B(t,T)=e^{-Y_1(t)C_1(T-t)-Y_2(t)C_2(T-t)-A(T-t)} \tag{10.2.62}$$

与两因子韦萨切克模型和两因子 CIR 模型一样,函数 $C_1(\tau)$,$C_2(\tau)$ 和 $A(\tau)$ 必须满足终值条件

$$C_1(0)=C_2(0)=A(0) \tag{10.2.63}$$

习题 10.2 中将推导确定函数 $C_1(\tau)$,$C_2(\tau)$ 和 $A(\tau)$ 的常微分方程组。

10.3 赫斯—加罗—墨顿模型

这一节的赫斯—加罗—墨顿(HJM)模型考虑收益率曲线的整体。收益率曲线的表示有多种可能的方法,HJM 模型采用的是**远期利率**,它是能够预先锁定的在未来时刻的借贷利率。这一节中,我们先讨论远期利率,给出其演化的 HJM 模型,讨论模型无套利的条件,最后给出 HJM 模型的校准方法。

10.3.1 *远期利率*

固定一个时限 $\overline{T}$(比方说 50 年)。以下讨论的所有债券都将在时刻 $\overline{T}$ 或者之前到期。对于 $0\leqslant t\leqslant T\leqslant\overline{T}$,如同以前,我们将面值为 1 美元于时刻 T 到期的零息债券在时刻 t 的价格记为 $B(t,T)$,假定该债券不存在违约风险。进一步假定对所有满足 $0\leqslant t\leqslant T\leqslant\overline{T}$ 的 t 和 T,债券价格 $B(t,T)$ 有定义。对任何 $0\leqslant t<T$,如果时刻 t 与时刻 T 之间的利率严格为正,则 $B(t,T)$ 必定严格小于 1。这点必须牢记。

在时刻 t,我们可以通过建立以下资产组合参与未来时刻 T 的**远期投资**。这里 δ 是正数。

- 取 1 份时刻 T 到期债券的空头。由此获得收入 $B(t,T)$。
- 取 $\frac{B(t,T)}{B(t,T+\delta)}$ 份时刻 $T+\delta$ 到期债券的多头。这将支付 $B(t,T)$。

在时刻 t 建立上述资产组合的净支出为 0。到时刻 T,作为该资产组合的持有者,我们将用 1 美元支付时刻 T 到期债券的空头。在较后的时刻 $T+\delta$,由于时刻 $T+\delta$ 到期债券的多头,我们将收到 $\frac{B(t,T)}{B(t,T+\delta)}$。换言之,我们在时刻 T 投资 1 美元,在时刻 $T+\delta$ 收到了超过 1 美元,解释在时刻 $T+\delta$ 的超额收入的收益率为:

$$\frac{1}{\delta}\log\frac{B(t,T)}{B(t,T+\delta)}=-\frac{\log B(t,T+\delta)-\log B(t,T)}{\delta} \tag{10.3.1}$$

这是适用于在时刻 T 投资 1 美元,在时刻 $T+\delta$ 收到 $\frac{B(t,T)}{B(t,T+\delta)}$ 的连续复利。如果较长期限的债券价格较低(当利率严格为正时,理应如此),则 $\frac{B(t,T)}{B(t,T+\delta)}$ 严格大于 1,故收益率严格为正。

注意,式(10.3.1)中的收益率是 $\mathcal{F}(t)$-可测的。虽然这是在时刻 T 投资的利率,但可以在较早时刻 t 被预先"锁定"。事实上,如果在时刻 t 设定任何适用于时刻 T 投资(或借贷)的其他利率,人们都可以接受该利率,并且通过建立上述资产组合或者相反头寸的组合进行套利。

我们定义**在时刻 t 适用于时刻 T 投资的远期利率**为:

$$f(t,T)=-\lim_{\delta\downarrow 0}\frac{\log B(t,T+\delta)-\log B(t,T)}{\delta}=-\frac{\partial}{\partial T}\log B(t,T) \tag{10.3.2}$$

这是式(10.3.1)中的收益率当 $\delta\downarrow 0$ 时的极限,故可被视为能在较早时刻 t 预先锁定的时刻 T 的**即时利率**。

如果对所有 $0\leqslant t\leqslant T\leqslant\overline{T}$ 已知 $f(t,T)$,则可由以下公式求得 $B(t,T)$:

$$\int_t^T f(t,v)dv=-[\log B(t,T)-\log B(t,t)]=-\log B(t,T),0\leqslant t\leqslant T\leqslant\overline{T}$$

其中用到了 $B(t,t)=1$ 这一事实。因此:

$$B(t,T)=e^{-\int_t^T f(t,v)dv},\quad 0\leqslant t\leqslant T\leqslant\overline{T} \tag{10.3.3}$$

由债券价格,我们可利用式(10.3.2)确定远期利率。由远期利率,我们可利用式(10.3.3)确定债券价格。因此,至少在理论上,建立远期利率模型还是建立债券价格模型,并无区别。事实上,建立远期利率模型,相应的无套利条件具有较简单的形式。从实际应用的角度来看,利用市场数据确定远期利率比较困难,因为式(10.3.2)中的微分对于债券价格的微小变化很敏感。另一方面,一旦有了远期利率,确定债券价格则较为容易,因为式(10.3.3)中的积分对于远期利率的微小变化不太敏感。

时刻 t 的利率为:

$$R(t)=f(t,t) \tag{10.3.4}$$

这是我们能在时刻 t 锁定的在时刻 t 借贷的即时利率。

10.3.2 *远期利率和债券价格的动态方程*

假设在时刻 0 已知 $f(0,T)$,$0\leqslant T\leqslant \overline{T}$,我们称之为**初始远期利率曲线**。在 HJM 模型中,较后时刻 t 的适用于更后时刻 T 投资的远期利率由下式给出:

$$f(t,T)=f(0,T)+\int_0^t \alpha(u,T)du+\int_0^t \sigma(u,T)dW(u) \tag{10.3.5}$$

我们可以将其写成微分形式:

$$df(t,T)=\alpha(t,T)dt+\sigma(t,T)dW(t),\quad 0\leqslant t\leqslant T \tag{10.3.6}$$

这里以及这一节的其他地方,d 表示关于变量 t 的微分;式(10.3.6)中,变量 T 保持为常值。

这里,$W(u)$是真实概率测度$\mathbb{P}$ 下的布朗运动。$\alpha(t,T)$是 $f(t,T)$在真实概率测度下的漂移。过程 $\alpha(t,T)$和 $\sigma(t,T)$可以是随机的。对于固定的 T,关于变量 t 它们是适应过程。为了简化记号,我们假设远期利率是由单个布朗运动驱动。远期利率由多个布朗运动驱动的情形,见习题 10.9。

由式(10.3.6),我们可以得到式(10.3.3)给出的债券价格所满足的动态方程。首先注意到:由于有两处含变量 t,其微分也有两项。事实上:

$$d\left(-\int_t^T f(t,v)dv\right)=f(t,t)dt-\int_t^T df(t,v)dv$$

右端第一项是关于积分下限 t 取微分的结果。关于积分下限取微分产生的负号被左端积分号前的负号冲抵。另一项是积分号下关于 t 取微分的结果。利用式(10.3.4)和式(10.3.6),我们有:

$$d\left(-\int_t^T f(t,v)dv\right)=R(t)dt-\int_t^T [\alpha(t,v)dt+\sigma(t,v)dW(t)]dv$$

交换积分次序(见习题 10.8),记

$$\int_t^T \alpha(t,v)dtdv=\int_t^T \alpha(t,v)dvdt=\alpha^*(t,T)dt \tag{10.3.7}$$

$$\int_t^T \sigma(t,v)dW(t)dv = \int_t^T \sigma(t,v)dvdW(t) = \sigma^*(t,T)dW(t) \qquad (10.3.8)$$

其中：

$$\alpha^*(t,T) = \int_t^T \alpha(t,v)dv, \quad \sigma^*(t,T) = \int_t^T \sigma(t,v)dv \qquad (10.3.9)$$

最终，我们有：

$$d\left(-\int_t^T f(t,v)dv\right) = R(t)dt - \alpha^*(t,T)dt - \sigma^*(t,T)dW(t) \qquad (10.3.10)$$

令 $g(x)=e^x$，则 $g'(x)=e^x, g''(x)=e^x$。根据式(10.3.3)有：

$$B(t,T) = g\left(-\int_t^T f(t,v)dv\right)$$

由伊藤—德布林公式可得：

$$\begin{aligned} dB(t,T) &= g'\left(-\int_t^T f(t,v)dv\right)d\left(-\int_t^T f(t,v)dv\right) \\ &\quad + \frac{1}{2}g''\left(-\int_t^T f(t,v)dv\right)\left[d\left(-\int_t^T f(t,v)dv\right)\right]^2 \\ &= B(t,T)[R(t)dt - \alpha^*(t,T)dt - \sigma^*(t,T)dW(t)] \\ &\quad + \frac{1}{2}B(t,T)(\sigma^*(t,T))^2 dt \\ &= B(t,T)\left[R(t) - \alpha^*(t,T) + \frac{1}{2}(\sigma^*(t,T))^2\right]dt \\ &\quad - \sigma^*(t,T)B(t,T)dW(t) \end{aligned} \qquad (10.3.11)$$

10.3.3 *无套利条件*

在 HJM 模型中，对每一个 $T\in[0,\overline{T}]$，有到期日为 T 的零息债券。我们需要确信在这些债券的交易中不存在套利机会。资产定价第一基本定理(定理 5.4.7)表明：为了保证市场无套利，我们应寻求概率测度$\widetilde{\mathbb{P}}$，使得在$\widetilde{\mathbb{P}}$下贴现债券价格

$$D(t)B(t,T) = e^{-\int_0^t R(u)du}B(t,T), \quad 0 \leqslant t \leqslant T$$

是一个鞅。由于 $dD(t)=-R(t)D(t)dt$，我们有微分

$$\begin{aligned} &d(D(t)B(t,T)) \\ &\quad = -R(t)D(t)B(t,T)dt + D(t)dB(t,T) \\ &\quad = D(t)B(t,T)\left[\left(-\alpha^*(t,T) + \frac{1}{2}(\sigma^*(t,T))^2\right)dt - \sigma^*(t,T)dW(t)\right] \end{aligned} \qquad (10.3.12)$$

我们希望将方括号中的项写成：

$$-\sigma^*(t,T)[\Theta(t)dt + dW(t)]$$

然后利用哥萨诺夫定理(定理 5.2.3)变换到概率测度$\widetilde{\mathbb{P}}$,使得在$\widetilde{\mathbb{P}}$下

$$\widetilde{W}(t)=\int_0^t \Theta(u)du+W(t) \tag{10.3.13}$$

是一个布朗运动。利用这个布朗运动,式(10.3.12)可改写为:

$$d(D(t)B(t,T))=-D(t)B(t,T)\sigma^*(t,T)d\widetilde{W}(t) \tag{10.3.14}$$

由此可见,$D(t)B(t,T)$在$\widetilde{\mathbb{P}}$下是一个鞅(即$\widetilde{\mathbb{P}}$为风险中性)。

为了使上述计划可行,我们必须求解关于$\Theta(t)$的方程

$$\left[\left(-\alpha^*(t,T)+\frac{1}{2}(\sigma^*(t,T))^2\right)dt-\sigma^*(t,T)dW(t)\right]$$
$$=-\sigma^*(t,T)[\Theta(t)dt+dW(t)]$$

换言之,必须寻求过程$\Theta(t)$,满足:

$$-\alpha^*(t,T)+\frac{1}{2}(\sigma^*(t,T))^2=-\sigma^*(t,T)\Theta(t) \tag{10.3.15}$$

实际上,式(10.3.15)表示无穷多个方程,相应于每个到期日$T\in(0,\overline{T}]$,都有一个方程。它们称为**风险的市场价格方程**,相应于每个债券(到期日),都有一个这样的方程。然而,只有一个过程$\Theta(t)$。这个过程称为**风险的市场价格**,有多少不确定性源,就有多少这样的过程。现在的情形,驱动模型的布朗运动只有一个。

为了求解式(10.3.15),我们注意到由式(10.3.9)可得:

$$\frac{\partial}{\partial T}\alpha^*(t,T)=\alpha(t,T),\quad \frac{\partial}{\partial T}\sigma^*(t,T)=\sigma(t,T)$$

将式(10.3.15)关于T求微分,我们得到:

$$-\alpha(t,T)+\sigma^*(t,T)\sigma(t,T)=-\sigma(t,T)\Theta(t)$$

或者,等价地:

$$\alpha(t,T)=\sigma(t,T)[\sigma^*(t,T)+\Theta(t)] \tag{10.3.16}$$

定理 10.3.1(赫斯—加罗—墨顿无套利条件) 如果存在过程$\Theta(t)$使得式(10.3.16)对所有$0\leqslant t\leqslant T\leqslant\overline{T}$成立,由单个布朗运动驱动的关于所有到期日$T\in(0,\overline{T}]$的零息债券价格的期限结构模型不存在套利。这里$\alpha(t,T)$和$\sigma(t,T)$分别是远期利率[即满足式(10.3.6)的过程]的漂移和扩散,$\sigma^*(t,T)=\int_t^T\sigma(t,v)dv$,$\Theta(t)$是风险的市场价格。

【证明】 只需验证如果$\Theta(t)$满足式(10.3.16),则它也满足式(10.3.15),因为这样的话,由上述哥萨诺夫定理(定理 5.2.3),可以构造风险中性测度。风险中性测度的存在性保证了无套利。

假设$\Theta(t)$满足式(10.3.16)。以v替换T,改写此方程:

$$\alpha(t,v)=\sigma(t,v)[\sigma^*(t,v)+\Theta(t)]$$

两边关于 v 从 $v=t$ 到 $v=T$ 积分，我们得到：

$$\alpha^*(t,v)\Big|_{v=t}^{v=T}=\frac{1}{2}(\sigma^*(t,v))^2\Big|_{v=t}^{v=T}+\sigma^*(t,v)\Theta(t)\Big|_{v=t}^{v=T}$$

由于 $\alpha^*(t,t)=\sigma^*(t,t)=0$，因此

$$\alpha^*(t,T)=\frac{1}{2}(\sigma^*(t,T))^2+\sigma^*(t,T)\Theta(t)$$

这就是式(10.3.15)。 □

只要 $\sigma(t,T)$ 非零，我们总是可以由式(10.3.16)解得 $\Theta(t)$：

$$\Theta(t)=\frac{\alpha(t,T)}{\sigma(t,T)}-\sigma^*(t,T),\qquad 0\leqslant t\leqslant T \tag{10.3.17}$$

这表明 $\Theta(t)$ 是唯一的，从而风险中性测度唯一。在此情形下，资产定价第二基本定理(定理 5.4.9)确保模型是完全的(即所有利率衍生产品均可通过零息债券的交易进行对冲)。

10.3.4 风险中性测度下的 HJM 模型

考虑远期利率的演化公式(10.3.5)，其中驱动过程 $W(u)$ 是真实概率测度 $\mathbb{P}$ 下的布朗运动。假定模型满足 HJM 无套利条件(10.3.16)，则式(10.3.5)可以重写为：

$$\begin{aligned}df(t,T)&=\alpha(t,T)dt+\sigma(t,T)dW(t)\\&=\sigma(t,T)\sigma^*(t,T)dt+\sigma(t,T)[\Theta(t)dt+dW(t)]\\&=\sigma(t,T)\sigma^*(t,T)dt+\sigma(t,T)d\widetilde{W}(t)\end{aligned}$$

其中 $\widetilde{W}(t)$ 由式(10.3.13)给出。为了得到无套利的结果，远期利率的漂移在风险中性测度下应该等于 $\sigma(t,T)\sigma^*(t,T)$。由定理 10.3.1 的证明可知：无套利条件(10.3.16)蕴含式(10.3.15)。利用式(10.3.15)，贴现债券价格的微分(10.3.12)可以重写为：

$$\begin{aligned}d(D(t)B(t,T))&=-\sigma^*(t,T)D(t)B(t,T)[\Theta(t)dt+dW(t)]\\&=-\sigma^*(t,T)D(t)B(t,T)d\widetilde{W}(t)\end{aligned}$$

由于 $d\,\frac{1}{D(t)}=\frac{R(t)}{D(t)}dt$，未贴现债券价格的微分为：

$$\begin{aligned}dB(t,T)&=d\left(\frac{1}{D(t)}\cdot D(t)B(t,T)\right)\\&=\frac{R(t)}{D(t)}D(t)B(t,T)dt-\sigma^*(t,T)\frac{1}{D(t)}D(t)B(t,T)d\widetilde{W}(t)\\&=R(t)B(t,T)dt-\sigma^*(t,T)B(t,T)d\widetilde{W}(t)\end{aligned}$$

上述讨论归结为以下定理。

定理 10.3.2(风险中性测度下期限结构的演化) *在满足定理 10.3.1 的 HJM*

无套利条件的期限结构模型中，远期利率的演化方程为：

$$df(t,T)=\sigma(t,T)\sigma^*(t,T)dt+\sigma(t,T)d\widetilde{W}(t) \tag{10.3.18}$$

零息债券价格的演化方程为：

$$dB(t,T)=R(t)B(t,T)dt-\sigma^*(t,T)B(t,T)d\widetilde{W}(t) \tag{10.3.19}$$

其中 $\widetilde{W}(t)$是风险中性测度$\widetilde{\mathbb{P}}$下的布朗运动。这里，$\sigma^*(t,T)=\int_t^T\sigma(t,v)dv$，并且 $R(t)=f(t,t)$是利率。贴现债券价格满足

$$d(D(t)B(t,T))=-\sigma^*(t,T)D(t)B(t,T)d\widetilde{W}(t) \tag{10.3.20}$$

其中 $D(t)=e^{-\int_0^t R(u)du}$ 是贴现过程。随机微分方程(10.3.19)的解为：

$$\begin{aligned}B(t,T)&=B(0,T)\exp\left\{\int_0^t R(u)du-\int_0^t\sigma^*(u,T)d\widetilde{W}(u)-\frac{1}{2}\int_0^t(\sigma^*(u,T))^2du\right\}\\&=\frac{B(0,T)}{D(t)}\exp\left\{-\int_0^t\sigma^*(u,T)d\widetilde{W}(u)-\frac{1}{2}\int_0^t(\sigma^*(u,T))^2du\right\}\end{aligned} \tag{10.3.21}$$

10.3.5 与仿射收益率模型的关系

每一个由布朗运动驱动的期限结构模型都是 HJM 模型。在任何一个这样的模型中，存在远期利率。为保证风险中性测度存在，从而排除套利，远期利率的漂移和扩散必须满足定理 10.3.1 中的条件。在这些条件下，定理 10.3.2 中的公式描述了在风险中性测度下远期利率和债券价格的演化。

我们以例 6.5.1 和例 6.5.2 中的单因子赫尔—怀特模型和 CIR 模型来说明。对于这两个模型，利率的动态方程形如

$$dR(t)=\beta(t,R(t))dt+\gamma(t,R(t))d\widetilde{W}(t)$$

其中 $\widetilde{W}(t)$是风险中性测度$\widetilde{\mathbb{P}}$下的布朗运动。在赫尔—怀特模型的情形下，有：

$$\beta(t,r)=a(t)-b(t)r,\quad \gamma(t,r)=\sigma(t)$$

其中 $a(t)$，$b(t)$，$\sigma(t)$是非随机正函数。对于 CIR 模型，有：

$$\beta(t,r)=a-br,\quad \gamma(t,r)=\sigma\sqrt{r} \tag{10.3.22}$$

其中 a，b，σ 是正常数。零息债券价格为：

$$B(t,T)=e^{-R(t)C(t,T)-A(t,T)} \tag{10.3.23}$$

其中 $C(t,T)$和 $A(t,T)$是非随机函数。在赫尔—怀特模型的情形，$C(t,T)$和 $A(t,T)$由式(6.5.10)和式(6.5.11)给出，这里我们再次给出如下：

$$C(t,T)=\int_t^T e^{-\int_t^s b(v)dv}ds \tag{10.3.24}$$

$$A(t,T)=\int_t^T\left(a(s)C(s,T)-\frac{1}{2}\sigma^2(s)C^2(s,T)\right)ds \tag{10.3.25}$$

在 CIR 模型的情形，$C(t,T)$和 $A(t,T)$由式(6.5.16)和式(6.5.17)给出。根据式(10.3.2)，远期利率为：

$$f(t,T)=-\frac{\partial}{\partial T}\log B(t,T)=R(t)\frac{\partial}{\partial T}C(t,T)+\frac{\partial}{\partial T}A(t,T)$$

用 $C'(t,T)$和 $A'(t,T)$表示关于 t 的导数，我们有远期利率的微分

$$\begin{aligned}df(t,T)&=\frac{\partial}{\partial T}C(t,T)dR(t)+R(t)\frac{\partial}{\partial T}C'(t,T)dt+\frac{\partial}{\partial T}A'(t,T)dt\\&=\left[\frac{\partial}{\partial T}C(t,T)\beta(t,R(t))+R(t)\frac{\partial}{\partial T}C'(t,T)+\frac{\partial}{\partial T}A'(t,T)\right]dt\\&\quad+\frac{\partial}{\partial T}C(t,T)\gamma(t,R(t))d\widetilde{W}(t)\end{aligned}$$

这是 HJM 模型，其中：

$$\sigma(t,T)=\frac{\partial}{\partial T}C(t,T)\gamma(t,R(t)) \tag{10.3.26}$$

由于是在风险中性测度下推导，由定理 10.3.2，模型中的漂移项应等于 $\sigma(t,T)\sigma^*(t,T)=\sigma(t,T)\int_t^T\sigma(t,v)dv$。换言之，对于仿射收益率模型，HJM 无套利条件为：

$$\begin{aligned}&\frac{\partial}{\partial T}C(t,T)\beta(t,R(t))+R(t)\frac{\partial}{\partial T}C'(t,T)+\frac{\partial}{\partial T}A'(t,T)\\&\quad=\left(\frac{\partial}{\partial T}C(t,T)\right)\gamma(t,R(t))\int_t^T\frac{\partial}{\partial v}C(t,v)\gamma(t,R(t))dv\\&\quad=\left(\frac{\partial}{\partial T}C(t,T)\right)\gamma(t,R(t))[C(t,T)-C(t,t)]\gamma(t,R(t))\\&\quad=\left(\frac{\partial}{\partial T}C(t,T)\right)C(t,T)\gamma^2(t,R(t))\end{aligned} \tag{10.3.27}$$

我们就韦萨切克模型（即 a,b,σ 为常数的赫尔—怀特模型）验证(10.3.27)。关于赫尔—怀特模型和 CIR 模型的验证留作习题 10.10。对于韦萨切克模型，式(10.3.24)和式(10.3.25)化为：

$$C(t,T)=\frac{1}{b}(1-e^{-b(T-t)})$$

$$A'(t,T)=-aC(t,T)+\frac{1}{2}\sigma^2C^2(t,T)$$

因此：

$$\frac{\partial}{\partial T}C(t,T)=e^{-b(T-t)}$$

$$\frac{\partial}{\partial T}A'(t,T)=\left(\frac{\sigma^2}{b}-a\right)e^{-b(T-t)}-\frac{\sigma^2}{b}e^{-2b(T-t)}$$

从而，$\sigma(t,T)=\sigma e^{-b(T-t)}$以及

$$\sigma^*(t,T)=\int_t^T\sigma(t,u)du=\sigma\int_t^T e^{-b(u-t)}du=\frac{\sigma}{b}(1-e^{-b(T-t)})$$

由此可得：

$$\begin{aligned}&\frac{\partial}{\partial T}C(t,T)\beta(t,R(t))+R(t)\frac{\partial}{\partial T}C'(t,T)+\frac{\partial}{\partial T}A'(t,T)\\&=e^{-b(T-t)}(a-bR(t))+R(t)be^{-b(T-t)}+\left(\frac{\sigma^2}{b}-a\right)e^{-b(T-t)}-\frac{\sigma^2}{b}e^{-2b(T-t)}\\&=\frac{\sigma^2}{b}(e^{-b(T-t)}-e^{-2b(T-t)})\\&=\sigma(t,T)\sigma^*(t,T)\end{aligned}$$

这正是所要验证的。

10.3.6 *HJM模型的实现方法*

为了实施HJM模型，我们需要对于$0\leqslant t\leqslant T\leqslant \overline{T}$求出$\sigma(t,T)$。由于真实概率测度$\mathbb{P}$下由布朗运动$W(t)$驱动的随机微分方程(10.3.6)和风险中性测度$\widetilde{\mathbb{P}}$下由布朗运动$\widetilde{W}(t)$驱动的随机微分方程(10.3.18)具有相同的扩散过程$\sigma(t,T)$，我们可以利用历史数据对它作出估计。一旦有了$\sigma(t,T)$，就能计算$\sigma^*(t,T)=\int_t^T\sigma(t,v)dv$。由此，连同初始远期曲线$f(0,T)$，$0\leqslant T\leqslant\overline{T}$，我们就能确定出现在定理10.3.2的公式中的所有各项。尤其是，可以利用初始远期曲线计算

$$R(t)=f(t,t)=f(0,t)+\int_0^t\sigma(u,t)\sigma^*(u,t)du+\int_0^t\sigma(u,t)d\widetilde{W}(u)\qquad(10.3.28)$$

利率衍生产品定价中的所有期望都是在风险中性测度$\widetilde{\mathbb{P}}$下计算，因此我们只需用到定理10.3.2中的公式；风险的市场价格$\Theta(t)$以及方程(10.3.6)中的远期利率的漂移$\alpha(t,T)$与衍生产品定价无关。然而，如果我们要利用历史数据估计非扩散项(例如违约债券信用评级的转移概率)或者利用真实概率测度计算在险价值这类量，它们则是有关的。

现在假定$\sigma(t,T)$具有如下形式

$$\sigma(t,T)=\tilde{\sigma}(T-t)\min\{M,f(t,T)\}\qquad(10.3.29)$$

其中$\tilde{\sigma}(\tau)$，$\tau\geqslant 0$是非随机函数，M是正常数。在式(10.3.29)右端出现的是上方有限的远期利率$\min\{M,f(t,T)\}$，而不是远期利率$f(t,T)$本身，这是为了防止远期利率的爆破现象发生，对此，10.4.1小节中将会详述。这一事实导致远期利率不可能对数正态。这是关于远期利率，而不是关于HJM模型的论断[这里，我们的远期利率是连续复利，见式(10.3.29)]。10.4节将讨论如何通过建立单利远期利率模型来克服连续复利远期利率导致的这一后果。

我们选择$\tilde{\sigma}(T-t)$来拟合历史数据。远期利率的演化服从连续时间模型

$$df(t,T)=\alpha(t,T)dt+\tilde{\sigma}(T-t)\min\{M,f(t,T)\}dW(t)$$

假设我们在过去时刻 $t_1<t_2<\cdots<t_J<0$ 已观测到相对到期日为 $\tau_1<\tau_2<\cdots<\tau_K$ 的远期利率[即我们已观测到 $f(t_j,t_j+\tau_k),j=1,\cdots,J,k=1,\cdots,K$],并假设我们也已观测到 $f(t_j+\delta,t_j+\tau_k)$。其中 δ 是充分小的正数,使得 $t_j+\delta<t_{j+1},j=1,\cdots,J-1$,并且 $t_J+\delta\leqslant 0$)。根据我们的模型

$$\begin{aligned}&f(t_j+\delta,t_j+\tau_k)-f(t_j,t_j+\tau_k)\\&\quad\approx\delta\alpha(t_j,t_j+\tau_k)+\tilde{\sigma}(\tau_k)\min\{M,f(t_j,t_j+\tau_k)\}(W(t_j+\delta)-W(t_j))\end{aligned}$$

定义:

$$D_{j,k}=\frac{f(t_j+\delta,t_j+\tau_k)-f(t_j,t_j+\tau_k)}{\sqrt{\delta}\min\{M,f(t_j,t_j+\tau_k)\}}\tag{10.3.30}$$

并注意到:

$$D_{j,k}\approx\frac{\sqrt{\delta}\alpha(t_j,t_j+\tau_k)}{\min\{M,f(t_j,t_j+\tau_k)\}}+\tilde{\sigma}(\tau_k)\frac{W(t_j+\delta)-W(t_j)}{\sqrt{\delta}}$$

因为含有因子$\sqrt{\delta}$,上式右端第一项相比第二项是很小的量。定义:

$$X_j=\frac{W(t_j+\delta)-W(t_j)}{\sqrt{\delta}},\quad j=1,\cdots,J\tag{10.3.31}$$

这是标准正态随机变量。我们有:

$$D_{j,k}\approx\tilde{\sigma}(\tau_k)X_j\tag{10.3.32}$$

注意到 $X_1,\cdots,X_J$ 不仅是标准正态随机变量,而且相互独立。由近似等式(10.3.32),我们可将 $D_{1k},D_{2k}\cdots,D_{Jk}$看作在时刻 $t_1,t_2,\cdots,t_J$ 关于同一相对到期日 τ_k 远期利率的独立观测。计算经验协方差

$$C_{k_1,k_2}=\frac{1}{J}\sum_{j=1}^{J}D_{j,k_1}D_{j,k_2}$$

由式(10.3.32)右端算得的理论协方差为:

$$\mathbb{E}[\tilde{\sigma}(\tau_{k_1})\tilde{\sigma}(\tau_{k_2})X_j^2]=\tilde{\sigma}(\tau_{k_1})\tilde{\sigma}(\tau_{k_2})$$

我们希望选择 $\tilde{\sigma}(\tau_1),\tilde{\sigma}(\tau_2),\cdots,\tilde{\sigma}(\tau_K)$,使得:

$$C_{k_1,k_2}=\tilde{\sigma}(\tau_{k_1})\tilde{\sigma}(\tau_{k_2}),\quad k_1,k_2=1,2,\cdots,K\tag{10.3.33}$$

然而,我们有 K^2 个方程,却只有 K 个未知量。[实际上,对于不同的 k_1 和 k_2,方程 $C_{k_1k_2}=\tilde{\sigma}(\tau_{k_1})\tilde{\sigma}(\tau_{k_2})$和 $C_{k_2k_1}=\tilde{\sigma}(\tau_{k_2})\tilde{\sigma}(\tau_{k_1})$是相同的。去除重复的,我们有$\frac{1}{2}K(K+1)$个方程,当 $K\geqslant 2$ 时,仍多于未知量的个数。]

为了选择最佳的 $\tilde{\sigma}(\tau_1),\tilde{\sigma}(\tau_2),\cdots,\tilde{\sigma}(\tau_K)$,我们利用**主成分分析法**。令

$$D=\begin{bmatrix} D_{1,1}D_{1,2}\cdots D_{1,K} \\ D_{2,1}D_{2,2}\cdots D_{2,K} \\ \vdots \quad \vdots \quad\quad \vdots \\ D_{J,1}D_{J,2}\cdots D_{J,K} \end{bmatrix}$$

D 的 J 行相应于观测时间,K 列相应于相对到期日。则:

$$C=\begin{bmatrix} C_{1,1}C_{1,2}\cdots C_{1,K} \\ C_{2,1}C_{2,2}\cdots C_{2,K} \\ \vdots \quad \vdots \quad\quad \vdots \\ C_{K,1}C_{K,2}\cdots C_{K,K} \end{bmatrix}=\frac{1}{J}D^{tr}D$$

是对称半正定矩阵。每一个对称半正定矩阵都有主成分分解

$$C=\lambda_1 e_1 e_1^{tr}+\lambda_2 e_2 e_2^{tr}+\cdots+\lambda_K e_K e_K^{tr}$$

其中 $\lambda_1\geqslant\lambda_2\geqslant\cdots\geqslant\lambda_K\geqslant 0$ 是 C 的特征值,$e_1,e_2,\cdots,e_K$ 是相互正交的单位特征向量。我们希望

$$C=\begin{bmatrix} \tilde{\sigma}(\tau_1) \\ \tilde{\sigma}(\tau_2) \\ \vdots \\ \tilde{\sigma}(\tau_K) \end{bmatrix}[\tilde{\sigma}(\tau_1),\tilde{\sigma}(\tau_2),\cdots,\tilde{\sigma}(\tau_K)]$$

然而,这无法精确达到。最佳逼近为:

$$\begin{bmatrix} \tilde{\sigma}(\tau_1) \\ \tilde{\sigma}(\tau_2) \\ \vdots \\ \tilde{\sigma}(\tau_K) \end{bmatrix}=\sqrt{\lambda_1}\,e_1$$

为了得到 C 的更好的近似,我们可以在方程中引入多个驱动远期利率的布朗运动,见习题 10.9。其中每一个布朗运动都有自己的 $\tilde{\sigma}$ 向量,可以分别取为 $\sqrt{\lambda_2}\,e_2$,$\sqrt{\lambda_3}\,e_3$,等等。

至此,我们仅利用了历史数据。作为模型校准的最后一步,我们在风险中性测度下远期利率的演化方程中引入非随机函数 $s(t)$:

$$df(t,T)=\sigma(t,T)\sigma^*(t,T)dt+s(t)\tilde{\sigma}(T-t)\min\{M,f(t,T)\}d\widetilde{W}(t) \quad (10.3.34)$$

这是我们最后的模型。在 $s(t)\equiv 1$ 的假定下,我们利用历史数据估得 $\tilde{\sigma}(T-t)$,然后允许 $s(t)$ 不等于 1,我们有 $\sigma(t,T)=s(t)\tilde{\sigma}(T-t)\min\{M,f(t,T)\}$,以及

$$\sigma^*(t,T)=\int_t^T\sigma(t,v)dv=s(t)\int_t^T\tilde{\sigma}(v-t)\min\{M,f(t,v)\}dv \quad (10.3.35)$$

再将它们代入远期利率的演化方程(10.3.34)。尽管最后模型中引入了 $s(t)$,当式(10.3.34)中的 $\sigma^*(t,T)$ 由式(10.3.35)定义时,模型仍然是无套利的。通常,我们

假定 $s(t)$ 为分段常数，这些常数的值是自由参数，用来使模型价格与市场价格一致。模型的再校准只影响 $s(t)$。

10.4 远期 LIBOR 模型

这一节，我们将给出**远期 LIBOR 模型**，并由此导出**布莱克上限单元公式**。这就需要对 LIBOR 建模，并利用 9.4 节中引进的远期测度。我们首先解释为何上一节的连续复利远期利率对于这一节是不适用的。

10.4.1 *远期利率产生的问题*

由 10.3.2 小节我们已知，在无套利期限结构模型中远期利率的演化方程为：

$$df(t,T)=\sigma(t,T)\sigma^*(t,T)dt+\sigma(t,T)d\widetilde{W}(t) \qquad (10.3.18)$$

其中 $\widetilde{W}$ 是风险中性测度 $\widetilde{\mathbb{P}}$ 下的布朗运动。为使关于证券期权的布莱克—斯科尔斯公式适用于固定收益市场，从而得到布莱克上限单元公式(见以下定理 10.4.2)，我们希望建立这样的模型，其中远期利率在风险中性测度下为对数正态的。为此，我们应在式(10.3.18)中令 $\sigma(t,T)=\sigma f(t,T)$，其中 σ 是正常数。这样就有：

$$\sigma^*(t,T)=\int_t^T\sigma(t,v)dv=\sigma\int_t^T f(t,v)dv$$

并且式(10.3.18)中 dt 项将是：

$$\sigma^2 f(t,T)\int_t^T f(t,v)dv \qquad (10.4.1)$$

赫斯、加曼和墨顿[83]中证明这样的漂移项将会引起远期利率发生爆破。对于 T 靠近 t 的情形，dt 项(10.4.1)近似等于 $\sigma^2(T-t)f^2(t,T)$，正是这里的远期利率平方项引起问题。含 dt 项(10.4.1)的方程(10.3.18)类似于确定性的常微分方程

$$f'(t)=\sigma^2 f^2(t) \qquad (10.4.2)$$

对应于初值条件 $f(0)>0$，式(10.4.2)的解为：

$$f(t)=\frac{f(0)}{1-\sigma^2 f(0)t}$$

这很容易通过以下计算验证：

$$f'(t)=\frac{\sigma^2 f^2(0)}{(1-\sigma^2 f(0)t)^2}$$

函数 $f(t)$ 在时刻 $t=\dfrac{1}{\sigma^2 f(0)}$ 发生爆破。事实上，漂移项为(10.4.1)的随机微分方程(10.3.18)比常微分方程(10.4.2)更糟糕：由于式(10.3.18)的随机性，不论初值条件如何给定，都有可能沿着某些路径爆破迅即发生。采用连续复利远期利率产生的问题促使我们引进**远期 LIBOR 模型**。

10.4.2 *LIBOR 和远期 LIBOR*

给定 $0\leqslant t\leqslant T$ 和 $\delta>0$,10.3.1 中的讨论告诉我们，如何通过取 1 份时刻 T 到期零息债券空头和 $\frac{B(t,T)}{B(t,T+\delta)}$ 份时刻 $T+\delta$ 到期零息债券多头在时刻 t 锁定未来时段 $[T,T+\delta]$ 的投资利率。在时刻 t 建立这些头寸的净支付为 0,在时刻 T 需要用 1 美元支付债券空头,并且在时刻 $T+\delta$ 获得偿付 $\frac{B(t,T)}{B(t,T+\delta)}$。式(10.3.1)给出了解释未来时段 $[T,T+\delta]$ 中投资 1 美元获得偿付 $\frac{B(t,T)}{B(t,T+\delta)}$ 的连续复利。这一节中,我们考虑如下确定的**单利** $L(t,T)$:

投资×(1+投资期限×利率)=偿付

或者用公式表示为:

$$1+\delta L(t,T)=\frac{B(t,T)}{B(t,T+\delta)} \tag{10.4.3}$$

由此解出 $L(t,T)$:

$$L(t,T)=\frac{B(t,T)-B(t,T+\delta)}{\delta B(t,T+\delta)} \tag{10.4.4}$$

当 $0\leqslant t<T$ 时,我们称 $L(t,T)$ 为**远期 LIBOR**; 当 $t=T$ 时,我们称 $L(T,T)$ 为时刻 T 的**即时 LIBOR**,或者简称 LIBOR。正数 δ 称为 LIBOR 的**期限**,它通常是 0.25 年或者 0.50 年。

10.4.3 *后置 LIBOR 合约的定价*

利率互换是由 A、B 双方达成的一个协议:A 方定期向 B 方支付关于一笔“名义本金”的固定利率, B 方在同一时间定期向 A 方支付关于同一笔“名义本金”的浮动利率。这一浮动利率通常是**后置 LIBOR**,即上一个支付日的即时 LIBOR。以下定理给出名义本金为 1 的后置 LIBOR 的无套利价格。

定理 10.4.1(后置 LIBOR 的价格) 给定 $\delta>0$ 和 $0\leqslant t\leqslant T+\delta$,在时刻 $T+\delta$ 支付 $L(T,T)$ 的合约在时刻 t 的无套利价格为:

$$S(t)=\begin{cases}B(t,T+\delta)L(t,T), & 0\leqslant t\leqslant T\\ B(t,T+\delta)L(T,T), & T\leqslant t\leqslant T+\delta\end{cases} \tag{10.4.5}$$

【证明】 需要考虑两种情形。第一种情形,$T\leqslant t\leqslant T+\delta$,在时刻 t 已经知道 LIBOR$L(T,T)$。在时刻 $T+\delta$ 支付为 1 的合约在时刻 t 的价值为 $B(t,T+\delta)$,因此,在时刻 $T+\delta$ 支付 $L(T,T)$ 的合约在时刻 t 的价值为 $B(t,T+\delta)L(T,T)$。

第二种情形,$0\leqslant t\leqslant T$,由式(10.4.4)可知:

$$B(t,T+\delta)L(t,T)=\frac{1}{\delta}[B(t,T)-B(t,T+\delta)]$$

我们必须证明上式右端是后置 LIBOR 合约在时刻 t 的价值。为此，假设在时刻 t 我们拥有$\frac{1}{\delta}[B(t,T)-B(t,T+\delta)]$并且以此为初始资本建立资产组合：

- ◆ 做多$\frac{1}{\delta}$份时刻 T 到期零息债券；
- ◆ 做空$\frac{1}{\delta}$份时刻 $T+\delta$ 到期零息债券。

到时刻 T，我们利用由债券多头获得的收入$\frac{1}{\delta}$，购买$\frac{1}{\delta B(T,T+\delta)}$份时刻 $T+\delta$ 到期债券，这样我们拥有 $T+\delta$ 到期债券的头寸为$\frac{1}{\delta B(T,T+\delta)}-\frac{1}{\delta}$。到时刻 $T+\delta$ 可获得偿付

$$\frac{1}{\delta B(T,T+\delta)}-\frac{1}{\delta}=\frac{B(T,T)-B(T,T+\delta)}{\delta B(T,T+\delta)}=L(T,T)$$

于是可知，我们在时刻 t 用于建立资产组合的资本 $\frac{1}{\delta}[B(t,T)-B(t,T+\delta)]$ 就是在时刻 $T+\delta$ 支付 $L(T,T)$ 的合约在时刻 t 的价值。 □

以上我们利用无套利方法证明了定理 10.4.1. 我们也可以通过风险中性定价公式得到式(10.4.5)。$t=0$ 的情形，见习题 10.12。

10.4.4 *布莱克上限单元公式*

利率上限是一种常见的固定收益衍生证券，该合约支付关于同一笔本金浮动利率与固定利率(即**上限**)的差额，只要浮动利率超出固定利率。设**期限 $\boldsymbol{\delta}$**、**本金 $\boldsymbol{P}$(也称名义本金)**和**上限 $\boldsymbol{K}$** 为固定正数，则利率上限在时刻 $\delta(j+1)$ 的支付为 $(\delta PL(\delta j,\delta j)-K)^+$。为了确定利率上限在时刻 0 的价格，我们只需定价其中一个支付，所谓**利率上限单元**，然后关于所有支付求和。我们将推导这一定价方法，并且得到**布莱克上限单元公式**。注意到每一个支付都形如 $\delta P(L(\delta j,\delta j)-K')^+$，其中 $K'=\frac{K}{\delta P}$。我们只需对任意 T 和 $K>0$，确定时刻 $T+\delta$ 支付 $(L(T,T)-K)^+$ 的合约在时刻 0 的价格。

考虑在时刻 $T+\delta$ 支付 $L(T,T)$ 的合约，其在较早时刻 t 的价格 $S(t)$ 已由定理 10.4.1 给出。利用零息债券价格 $B(t,T+\delta)$ 作为计价单位，则支付后置 LIBOR 的合约的价格为：

$$\frac{S(t)}{B(t,T+\delta)}=\begin{cases}L(t,T), & 0\leqslant t\leqslant T\\ L(T,T), & T\leqslant t\leqslant T+\delta\end{cases}\qquad(10.4.6)$$

回顾定义 5.6.1 和定理 5.6.2，我们可知：至少对于 $0\leqslant t\leqslant T$，远期 LIBOR $L(t,T)$ 是在时刻 $T+\delta$ 支付后置 LIBOR$L(T,T)$ 的合约的 $(T+\delta)$-远期价格。

如果我们在真实概率测度 $\mathbb{P}$ 下建立一个由单个布朗运动驱动的满足定理 10.3.1中的 HJM 无套利条件的期限结构模型，则存在风险中性测度 $\widetilde{\mathbb{P}}$ 下的布朗运动 $\widetilde{W}(t)$，使得远期利率由式(10.3.18)给出，零息债券价格由式(10.3.19)给出。

由定理 9.2.2 可知,相应于计价单位 $B(t,T+\delta)$ 的风险中性测度为:

$$\widetilde{\mathbb{P}}^{T+\delta}(A)=\frac{1}{B(0,T+\delta)}\int_A D(T+\delta)d\widetilde{\mathbb{P}},\quad \forall A\in F \tag{10.4.7}$$

并且

$$\widetilde{W}^{T+\delta}(t)=\int_0^t \sigma^*(u,T+\delta)du+\widetilde{W}(t) \tag{10.4.8}$$

是 $\widetilde{\mathbb{P}}^{T+\delta}$ 下的布朗运动。我们称 $\widetilde{\mathbb{P}}^{T+\delta}$ 为 $(T+\delta)$-远期测度。

由定理 9.2.2 可知,$\dfrac{S(t)}{B(t,T+\delta)}$ 在 $\widetilde{\mathbb{P}}^{T+\delta}$ 下是鞅(见 9.4.1 小节和 9.4.2 小节中的讨论)。根据鞅表示定理(见推论 5.3.2),存在对每个固定的 T、关于 $t\in[0,T]$ 的过程 $\gamma(t,T)$,使得:

$$dL(t,T)=\gamma(t,T)L(t,T)d\widetilde{W}^{T+\delta}(t),\quad 0\leqslant t\leqslant T \tag{10.4.9}$$

在 10.4.5 小节中,我们将给出过程 $\gamma(t,T)$ 与零息债券波动率的关系。式(10.4.9)的要点是不含 dt 项,正是这样的项引起远期利率的爆破现象,见 10.4.1 小节。通过变换到 $(T+\delta)$-远期测度,dt 项被消去,从而 $L(t,T)$ 在 $(T+\delta)$-远期测度下是一个鞅。

以上构造的远期 LIBOR 模型中,$\gamma(t,T)$,$0\leqslant t\leqslant T\leqslant \overline{T}$ 非随机,远期LIBOR$L(t,T)$ 在 $(T+\delta)$-远期测度 $\widetilde{\mathbb{P}}^{T+\delta}$ 下是对数正态的。由此得到以下定价结果。

定理 10.4.2(布莱克上限单元公式) 考虑在时刻 $T+\delta$ 支付为 $(L(T,T)-K)^+$ 的**上限单元**,其中 K 是非负常数。假定远期 LIBOR 由式(10.4.9)给出,其中 $\gamma(t,T)$ 非随机。上限单元在时刻 0 的价格为:

$$B(0,T+\delta)[L(0,T)N(d_+)-KN(d_-)] \tag{10.4.10}$$

其中:

$$d_{\pm}=\frac{1}{\sqrt{\int_0^T \gamma^2(t,T)dt}}\left[\log\frac{L(0,T)}{K}\pm\frac{1}{2}\int_0^T\gamma^2(t,T)dt\right] \tag{10.4.11}$$

【证明】 根据风险中性定价公式,上限单元在时刻 0 的价格是其支付(在 $\widetilde{\mathbb{P}}$ 下)的风险中性贴现期望值,即:

$$\begin{aligned}
&\widetilde{\mathbb{E}}[D(T+\delta)(L(T,T)-K)^+]\\
&=B(0,T+\delta)\widetilde{\mathbb{E}}\left[\frac{D(T+\delta)}{B(0,T+\delta)}(L(T,T)-K)^+\right]\\
&=B(0,T+\delta)\widetilde{\mathbb{E}}^{T+\delta}(L(T,T)-K)^+
\end{aligned} \tag{10.4.12}$$

利用随机微分方程(10.4.9)的解,可得:

$$L(T,T)=L(0,T)\exp\left\{\int_0^T\gamma(t,T)d\widetilde{W}^{T+\delta}(t)-\frac{1}{2}\int_0^T\gamma^2(t,T)dt\right\}$$

定义 $\bar{\gamma}(T)=\sqrt{\frac{1}{T}\int_0^T\gamma^2(t,T)dt}$。根据例 4.7.3，伊藤积分 $\int_0^T\gamma(t,T)d\widetilde{W}^{T+\delta}(t)$ 在 $\widetilde{\mathbb{P}}^{T+\delta}$ 下是均值为 0、方差为 $\bar{\gamma}^2(T)T$ 的正态随机变量；我们可以将其写为 $-\bar{\gamma}(T)\sqrt{T}X$，其中 $X=-\frac{1}{\bar{\gamma}(T)\sqrt{T}}\int_0^T\gamma(t,T)\,d\widetilde{W}^{T+\delta}(t)$ 在 $\widetilde{\mathbb{P}}^{T+\delta}$ 下是标准正态随机变量。利用这一记号

$$L(T,T)=L(0,T)\exp\left\{-\bar{\gamma}(T)\sqrt{T}X-\frac{1}{2}\bar{\gamma}^2(T)T\right\}$$

并且

$$\widetilde{\mathbb{E}}^{T+\delta}(L(T,T)-K)^+=\widetilde{\mathbb{E}}^{T+\delta}\left[(L(0,T)e^{-\bar{\gamma}(T)\sqrt{T}X-\frac{1}{2}\bar{\gamma}^2(T)T}-K)^+\right]$$

这是与式(5.2.35)相同的计算，结果导致式(5.2.36)。因此：

$$\widetilde{\mathbb{E}}^{T+\delta}(L(T,T)-K)^+=BS(T,L(0,T);K,0,\bar{\gamma}(T))=L(0,T)N(d_+)-KN(d_-)$$

从而上限单元的风险中性价格(10.4.12)等于(10.4.10)。 □

10.4.5 *远期 LIBOR 和零息债券波动率*

回顾一下，远期 LIBOR 是由式(10.4.3)确定，可将其重写为 $L(t,T)+\frac{1}{\delta}=\frac{B(t,T)}{\delta B(t,T+\delta)}$。我们来推导 $L(t,T)$ 在远期测度 $\widetilde{\mathbb{P}}^{T+\delta}$ 下的演化方程。根据定理 10.3.2知：

$$D(t)B(t,T)=B(0,T)\exp\left\{-\int_0^t\sigma^*(u,T)d\widetilde{W}(u)-\frac{1}{2}\int_0^t(\sigma^*(u,T))^2du\right\}$$

$$D(t)B(t,T+\delta)=B(0,T+\delta)\exp\left\{-\int_0^t\sigma^*(u,T+\delta)d\widetilde{W}(u)-\frac{1}{2}\int_0^t(\sigma^*(u,T+\delta))^2du\right\}$$

由此可得：

$$\begin{aligned}L(t,T)+\frac{1}{\delta}&=\frac{B(t,T)}{\delta B(t,T+\delta)}\\&=\frac{B(0,T)}{\delta B(0,T+\delta)}\exp\left\{\int_0^t[\sigma^*(u,T+\delta)-\sigma^*(u,T)]d\widetilde{W}(u)\right.\\&\qquad\left.+\frac{1}{2}\int_0^t[(\sigma^*(u,T+\delta))^2-(\sigma^*(u,T))^2]du\right\}\end{aligned}$$

由伊藤—德布林公式知：

$$\begin{aligned}dL(t,T)=\left(L(t,T)+\frac{1}{\delta}\right)\{&[\sigma^*(t,T+\delta)-\sigma^*(t,T)]d\widetilde{W}(t)\\&+\frac{1}{2}[(\sigma*(t,T+\delta))^2-(\sigma^*(t,T))^2]dt\end{aligned}$$

$$+\frac{1}{2}[\sigma^*(t,T+\delta)-\sigma^*(t,T)]^2 d\widetilde{W}(t)d\widetilde{W}(t)\}$$

$$=\left(L(t,T)+\frac{1}{\delta}\right)\{[\sigma^*(t,T+\delta)-\sigma^*(t,T)]d\widetilde{W}(t)$$

$$+\frac{1}{2}[(\sigma^*(t,T+\delta))^2-(\sigma^*(t,T))^2+(\sigma^*(t,T+\delta))^2$$

$$-2\sigma^*(t,T+\delta)\sigma^*(t,T)+(\sigma^*(t,T))^2]dt\}$$

$$=\left(L(t,T)+\frac{1}{\delta}\right)\{[\sigma^*(t,T+\delta)-\sigma^*(t,T)]d\widetilde{W}(t)$$

$$+[(\sigma^*(t,T+\delta))^2-\sigma^*(t,T+\delta)\sigma^*(t,T)]dt\}$$

$$=\left(L(t,T)+\frac{1}{\delta}\right)[\sigma^*(t,T+\delta)-\sigma^*(t,T)][(\sigma^*(t,T+\delta)dt+d\widetilde{W}(t)]$$

由式(10.4.8),我们有:

$$d\widetilde{W}^{T+\delta}(t)=\sigma^*(t,T+\delta)dt+d\widetilde{W}(t) \tag{10.4.13}$$

因此:

$$dL(t,T)=\frac{1}{\delta}(1+\delta L(t,T))[\sigma^*(t,T+\delta)-\sigma^*(t,T)]d\widetilde{W}^{T+\delta}(t) \tag{10.4.14}$$

与式(10.4.9)相比较,我们得到结论:式(10.4.9)中远期 LIBOR 的波动率$\gamma(t,T)$与时刻 $T+\delta$ 和时刻 T 到期零息债券的波动率$\sigma^*(t,T+\delta)$和$\sigma^*(t,T)$之间通过以下公式相联系:

$$\gamma(t,T)=\frac{1+\delta L(t,T)}{\delta L(t,T)}[\sigma^*(t,T+\delta)-\sigma^*(t,T)] \tag{10.4.15}$$

10.4.6 *远期 LIBOR 期限结构模型*

可以利用定理 10.4.2 的布莱克上限单元公式对远期 LIBOR 模型进行校准。然而,这样的校准尚无法确定完整的期限结构模型中的所有参数。这一小节中,我们讨论模型校准以及若干尚待解决的问题。首先,我们将这一小节中需要用到的前面已出现过的方程列出如下:

$$1+\delta L(t,T)=\frac{B(t,T)}{B(t,T+\delta)},\quad 0\leqslant t\leqslant T\leqslant \overline{T}-\delta \tag{10.4.3}$$

$$\widetilde{\mathbb{P}}^{T+\delta}(A)=\frac{1}{B(0,T+\delta)}\int_A D(T+\delta)d\widetilde{\mathbb{P}},\quad \forall A\in\mathcal{F},0\leqslant t\leqslant T\leqslant\overline{T}-\delta \tag{10.4.7}$$

$$d\widetilde{W}^{T+\delta}(t)=\sigma^*(t,T+\delta)dt+d\widetilde{W}(t),\quad 0\leqslant t\leqslant T\leqslant\overline{T}-\delta \tag{10.4.8}$$

$$dL(t,T)=\gamma(t,T)L(t,T)d\widetilde{W}^{T+\delta}(t),\quad 0\leqslant t\leqslant T\leqslant\overline{T}-\delta \tag{10.4.9}$$

$$\gamma(t,T)=\frac{1+\delta L(t,T)}{\delta L(t,T)}[\sigma^*(t,T+\delta)-\sigma^*(t,T)],\quad 0\leqslant t\leqslant T\leqslant\overline{T}-\delta \tag{10.4.15}$$

假定由时刻 0 的市场数据能够确定相应于到期日 $T_j=j\delta,j=1,\cdots,n$ 的上限单元的价格。这些价格隐含了出现在定理 10.4.2 证明中的波动率 $\bar{\gamma}(T_j),j=1,\cdots,n$。

我们希望建立与这些数据相一致的期限结构模型。首先，令上述方程中的 $\bar{T}$ 等于 $(n+1)\delta$。

◆ 我们选取非随机的非负函数

$$\gamma(t,T_j),\quad 0\leqslant t\leqslant T_j, j=1,\cdots,n$$

使得：

$$\sqrt{\frac{1}{T_j}\int_0^{T_j}\gamma^2(t,T_j)dt}=\bar{\gamma}(T_j)$$

例如，可以取

$$\gamma(t,T_j)=\bar{\gamma}(T_j),\quad 0\leqslant t\leqslant T_j$$

得到了这些波动率函数 $\gamma(t,T_j)$，至少对于 $T=T_j, j=1,\cdots,n$ 我们能够求解远期 LIBOR 的演化方程(10.4.9)，得到的远期 LIBOR 与从市场得到的上限单元的价格是一致的。然而，对应 $T=T_j$ 的式(10.4.9)给出的是借助于远期布朗运动 $\widetilde{W}^{T_{j+1}}(t)$表示的远期 LIBOR$L(t,T_j)$，它们随 j 而不同。在利用式(10.4.9)求解远期 LIBOR 之前，我们必须先确定这些不同方程之间的关系。

❖ 远期 LIBOR 过程的构造

由式(10.4.8)知：

$$d\widetilde{W}^{T_j}(t)=\sigma^*(t,T_j)dt+d\widetilde{W}(t),\quad 0\leqslant t\leqslant T_j$$

类似地：

$$d\widetilde{W}^{T_{j+1}}(t)=\sigma^*(t,T_{j+1})dt+d\widetilde{W}(t),\quad 0\leqslant t\leqslant T_{j+1}$$

两式相减，得到：

$$\begin{aligned}d\widetilde{W}^{T_j}(t)&=[\sigma^*(t,T_j)-\sigma^*(t,T_{j+1})]dt+d\widetilde{W}^{T_{j+1}}(t)\\&=-\frac{\delta\gamma(t,T_j)L(t,T_j)}{1+\delta L(t,T_j)}dt+d\widetilde{W}^{T_{j+1}}(t),\quad 0\leqslant t\leqslant T_j\end{aligned}\tag{10.4.16}$$

其中第二个等式用到了式(10.4.15)。在式(10.4.16)中令 $j=n$，我们有：

$$d\widetilde{W}^{T_n}(t)=-\frac{\delta\gamma(t,T_n)L(t,T_n)}{1+\delta L(t,T_n)}dt+d\widetilde{W}^{T_{n+1}}(t),\quad 0\leqslant t\leqslant T_n\tag{10.4.17}$$

在式(10.4.16)中令 $j=n-1$，并利用式(10.4.17)，我们有：

$$\begin{aligned}d\widetilde{W}^{T_{n-1}}(t)=&-\frac{\delta\gamma(t,T_{n-1})L(t,T_{n-1})}{1+\delta L(t,T_{n-1})}dt+d\widetilde{W}^{T_n}(t)\\=&-\frac{\delta\gamma(t,T_{n-1})L(t,T_{n-1})}{1+\delta L(t,T_{n-1})}dt-\frac{\delta\gamma(t,T_n)L(t,T_n)}{1+\delta L(t,T_n)}dt\\&+d\widetilde{W}^{T_{n+1}}(t),\quad 0\leqslant t\leqslant T_{n-1}\end{aligned}$$

重复这一过程，我们得到：

$$d\widetilde{W}^{T_{j+1}}(t)=-\sum_{i=j+1}^{n}\frac{\delta\gamma(t,T_i)L(t,T_i)}{1+\delta L(t,T_i)}dt+d\widetilde{W}^{T_{n+1}}(t),\quad 0\leqslant t\leqslant T_{j+1}\tag{10.4.18}$$

方程(10.4.18)对于 $j=0,1,\cdots,n$ 成立(我们将 $\sum_{i=n+1}^{n}$ 解释为 0)。

利用式(10.4.18),方程(10.4.9)可以改写为:

$$dL(t,T_j)=\gamma(t,T_j)L(t,T_j)\left[-\sum_{i=j+1}^{n}\frac{\delta\gamma(t,T_i)L(t,T_i)}{1+\delta L(t,T_i)}dt+d\widetilde{W}^{T_{n+1}}(t)\right],$$
$$0\leqslant t\leqslant T_j,j=1,\cdots,n\tag{10.4.19}$$

现在,所有 n 个方程都由同一个布朗运动驱动。为了构造远期 LIBOR,我们在概率测度 $\widetilde{\mathbb{P}}^{T_{n+1}}$ 下选择一个布朗运动 $\widetilde{W}^{T_{n+1}}(t)$,$0\leqslant t\leqslant T_{n+1}$;即从概率空间$(\Omega,\mathcal{F},\widetilde{\mathbb{P}}^{T_{n+1}})$出发,其上定义了一个布朗运动 $\widetilde{W}^{T_{n+1}}(t)$,$0\leqslant t\leqslant T_{n+1}$。我们假定初始远期 LIBOR$L(0,T_j)$,$j=1,\cdots,n+1$ 由市场数据得到。利用这些初始条件,可通过式(10.4.19)生成远期 LIBOR 过程 $L(t,T_j)$,$0\leqslant t\leqslant T_j$。首先生成 $L(t,T_n)$,它所对应的方程(10.4.19)中不含漂移项;再将 $L(t,T_n)$代入关于 $L(t,T_{n-1})$的方程,生成 $L(t,T_{n-1})$;然后再利用 $L(t,T_n)$和 $L(t,T_{n-1})$,生成 $L(t,T_{n-2})$;以此类推。这一算法隐含了这些不同的远期LIBOR过程的依赖性。

❖ 时刻 T_j 到期零息债券贴现价格过程的构造

我们先构造时刻 T_j 到期零息债券的波动率 $\sigma^*(t,T_j)$,$j=1,\cdots,n+1$。对于 $T_{j-1}\leqslant t<T_j$,我们可以任取债券波动率 $\sigma^*(t,T_j)$的值,唯一的约束条件是:

$$\lim_{t\uparrow T_j}\sigma^*(t,T_j)=\sigma^*(T_j,T_j)=0\tag{10.4.20}$$

提出这一约束条件是因为当 $t\uparrow T_j$ 时,债券价格 $B(t,T_j)$收敛于 1,因此波动率必定趋于 0。当然,由式(10.3.9)的第二式,这一约束条件也是显然的。

◆ 对于 $j=1,\cdots,n+1$,选取 $\sigma^*(t,T_j)$当 $T_{j-1}\leqslant t<T_j$ 时的值,使得式(10.4.20)满足。

我们证明这样就能对所有 $t\in[0,T_j)$,确定 $\sigma^*(t,T_j)$的值。[从一开始我们就知道 $\sigma^*(T_j,T_j)=0$,这不必选取或者确定。]

首先,初始选择对所有 $0\leqslant t<T_1$,确定了 $\sigma^*(t,T_1)$的值。由式(10.4.15),我们有:

$$\sigma^*(t,T_2)=\sigma^*(t,T_1)+\frac{\delta\gamma(t,T_1)L(t,T_1)}{1+\delta L(t,T_1)}$$

对于 $0\leqslant t<T_1$,由于 $\sigma^*(t,T_1)$的值已经确定,故 $\sigma^*(t,T_2)$的值通过上述等式也能确定;对于 $T_1\leqslant t<T_2$,$\sigma^*(t,T_2)$的值已经取定。因此,对所有 $0\leqslant t<T_2$,$\sigma^*(t,T_2)$的值能够确定。由式(10.4.15),我们又有:

$$\sigma^*(t,T_3)=\sigma^*(t,T_2)+\frac{\delta\gamma(t,T_2)L(t,T_2)}{1+\delta L(t,T_2)}$$

对于 $0\leqslant t<T_2$,由于 $\sigma^*(t,T_2)$的值已经确定,故 $\sigma^*(t,T_3)$的值通过上述等式也能

确定；对于 $T_2 \leqslant t < T_3$，$\sigma^*(t,T_3)$的值已经取定。因此，对所有 $0 \leqslant t < T_3$，$\sigma^*(t,T_3)$的值能够确定。以此类推，对所有 $j=1,\cdots,n+1$ 和 $t \in [0,T_j)$，我们能够确定 $\sigma^*(t,T_j)$的值。

利用债券波动率$\sigma^*(t,T_j)$和式(10.4.8)，可将定理10.3.2中的零息债券价格公式(10.3.19)写为：

$$\begin{aligned} dB(t,T_j) &= R(t)B(t,T_j)dt - \sigma^*(t,T_j)B(t,T_j)d\widetilde{W}(t) \\ &= R(t)B(t,T_j)dt + \sigma^*(t,T_j)\sigma^*(t,T_{n+1})B(t,T_j)dt \\ &\quad - \sigma^*(t,T_j)B(t,T_j)d\widetilde{W}^{T_{n+1}}(t) \end{aligned}$$

由于我们尚未确定利率过程 $R(t)$，故将上述方程改写为贴现形式。对于 $j=1,\cdots,n+1$，有：

$$\begin{aligned} &d(D(t)B(t,T_j)) \\ &\quad = \sigma^*(t,T_j)\sigma^*(t,T_{n+1})D(t)B(t,T_j)dt \\ &\quad\quad - \sigma^*(t,T_j)D(t)B(t,T_j)d\widetilde{W}^{T_{n+1}}(t), \quad 0 \leqslant t \leqslant T_j \end{aligned} \tag{10.4.21}$$

初始条件可以利用式(10.4.3)推得：

$$D(0)B(0,T_j) = B(0,T_j) = \prod_{i=0}^{j-1} \frac{B(0,T_{i+1})}{B(0,T_i)} = \prod_{i=0}^{j-1} (1 + \delta L(0,T_i))^{-1} \tag{10.4.22}$$

由此，我们能够生成贴现债券价格 $D(t)B(t,T_j)$，$j=1,\cdots,n+1$。事实上，方程(10.4.21)的解为：

$$\begin{aligned} D(t)B(t,T_j) = B(0,T_j)\exp\Big\{ &-\int_0^t \sigma^*(u,T_j)d\widetilde{W}^{T_{n+1}}(u) \\ &- \int_0^t \Big[\frac{1}{2}(\sigma^*(u,T_j))^2 - \sigma^*(u,T_j)\sigma^*(u,T_{n+1})\Big]du \Big\} \end{aligned} \tag{10.4.23}$$

注 10.4.3 由式(10.4.23)无法分别确定贴现过程 $D(t)$和债券价格$B(t,T_j)$，除非 $t=T_j$。在 $t=T_j$ 的情形，我们有 $B(T_j,T_j)=1$，故：

$$\begin{aligned} D(T_j) &= D(T_j)B(T_j,T_j) \\ &= B(0,T_j)\exp\Big\{-\int_0^{T_j} \sigma^*(u,T_j)d\widetilde{W}^{T_{n+1}}(u) \\ &\quad - \int_0^{T_j} \Big[\frac{1}{2}(\sigma^*(u,T_j))^2 - \sigma^*(u,T_j)\sigma^*(u,T_{n+1})\Big]du\Big\} \end{aligned} \tag{10.4.24}$$

在 $j=n+1$ 的特殊情形，我们得到：

$$\begin{aligned} D(T_{n+1}) = B(0,T_{n+1})\exp\Big\{ &-\int_0^{T_{n+1}} \sigma^*(u,T_{n+1})d\widetilde{W}^{T_{n+1}}(u) \\ &+ \frac{1}{2}\int_0^{T_{n+1}} (\sigma^*(u,T_{n+1}))^2 du \Big\} \end{aligned} \tag{10.4.25}$$

❖ **风险中性测度**

风险中性测度$\widetilde{\mathbb{P}}$与远期测度$\widetilde{\mathbb{P}}^{T_{n+1}}$之间的关系由式(10.4.7)可以推得：

$$\widetilde{\mathbb{P}}^{T_{n+1}}(A)=\int_A \frac{D(T_{n+1})}{B(0,T_{n+1})}d\widetilde{\mathbb{P}},\quad \forall A\in\mathcal{F}$$

或者，等价地：

$$\widetilde{\mathbb{P}}(A)=\int_A \frac{B(0,T_{n+1})}{D(T_{n+1})}d\widetilde{\mathbb{P}}^{T_{n+1}}\quad \forall A\in\mathcal{F} \tag{10.4.26}$$

由于我们是从$\widetilde{\mathbb{P}}^{T_{n+1}}$，而非$\widetilde{\mathbb{P}}$出发，利用式(10.4.26)定义$\widetilde{\mathbb{P}}$。根据式(10.4.25)，有：

$$\frac{B(0,T_{n+1})}{D(T_{n+1})}=\exp\left\{\int_0^{T_{n+1}}\sigma^*(u,T_{n+1})d\widetilde{W}^{T_{n+1}}(u)-\frac{1}{2}\int_0^{T_{n+1}}(\sigma^*(u,T_{n+1}))^2du\right\} \tag{10.4.27}$$

于是，出现在式(10.4.26)右端的项是有定义的。以下定理证实了$\widetilde{\mathbb{P}}$是风险中性测度。

定理 10.4.4 在由式(10.4.26)给出的$\widetilde{\mathbb{P}}$下，由式(10.4.21)和式(10.4.22)，或者等价地，由式(10.4.23)给出的零息债券价格贴现过程是一个鞅。

【证明】 利用

$$\widetilde{W}(t)=\widetilde{W}^{T_{n+1}}(t)-\int_0^t\sigma^*(u,T_{n+1})du,\quad 0\leqslant t\leqslant T_{n+1}$$

式(10.4.21)可以改写为：

$$d(D(t)B(t,T_j))=-\sigma^*(t,T_j)D(t)B(t,T_j)d\widetilde{W}(t) \tag{10.4.28}$$

只需证明在式(10.4.26)定义的$\widetilde{\mathbb{P}}$下，$\widetilde{W}(t)$是布朗运动。由于$\widetilde{W}^{T_{n+1}}(t)$是$\widetilde{\mathbb{P}}^{T_{n+1}}$下的一个布朗运动，根据哥萨诺夫定理(定理5.2.3)，其中取$\Theta(u)=-\sigma^*(u,T_{n+1})$，则$\widetilde{W}(t)$是测度$\widehat{\mathbb{P}}$下的布朗运动，测度$\widehat{\mathbb{P}}$的定义为：

$$\widehat{\mathbb{P}}(A)=\int_A Z(T_{n+1})d\widetilde{\mathbb{P}}^{T_{n+1}},\forall A\in\mathcal{F}$$

其中：

$$Z(T_{n+1})=\exp\left\{-\int_0^{T_{n+1}}\Theta(u)d\widetilde{W}^{T_{n+1}}(u)-\frac{1}{2}\int_0^{T_{n+1}}\Theta^2(u)du\right\}$$

由式(10.4.27)，可知$Z(T_{n+1})=\dfrac{B(0,T_{n+1})}{D(T_{n+1})}$，因此$\widehat{\mathbb{P}}=\widetilde{\mathbb{P}}$。 □

注 10.4.5 为了确定关于所有到期日T的债券价格，贴现过程和远期利率的完全期限结构模型，必须对于$0\leqslant t\leqslant T$，$T\in(0,T_{n+1})/\{T_1,\cdots,T_n\}$选定$\gamma(t,T)$和$\sigma^*(t,T)$。这能做到，从而远期LIBOR模型与完全期限结构模型是一致的。然而，通过这些任意选择得到的模型对于依赖这些选择的产品并非可靠的定价工具。

10.5 本章小结

在本章中，我们给出了三种期限结构模型：短期利率的有限因子马尔可夫模型、HJM 模型和远期 LIBOR 模型。

短期利率的有限因子模型有很多。对于这种模型，人们通常先写下关于“因子”的随机微分方程或方程组，并给出一个表达式将利率作为这些因子的函数。然后，利用风险中性定价公式得到债券以及固定收益衍生产品的价格。特别需要指出的是，人们总是在风险中性测度下考虑这些模型，否则的话，无法通过这些因子过程和利率推得资产的价格。

仿射收益率模型属于有限因子短期利率模型，我们所给出的是两因子仿射收益率模型。在这些模型中，利率由以下形式的方程给出：

$$R(t)=\delta_0+\delta_1 Y_1(t)+\delta_2 Y_2(t) \tag{10.2.6}$$

其中 δ_0，δ_1 和 δ_2 是常数或者时间 t 的非随机函数（见习题 10.3），$Y_1(t)$ 和 $Y_2(t)$ 是因子过程。作为二维过程，$(Y_1(t),Y_2(t))$ 是马尔可夫过程，因而债券价格以及利率衍生产品价格是这些过程的函数。这些函数可通过求解偏微分方程来确定，边界条件则依赖于所需定价的具体产品。对于零息债券所对应的边界条件，偏微分方程可简化为常微分方程组，相应的模型校准较为便捷。

对于两因子仿射收益率模型，在到期时刻 T 支付为 1 的零息债券在较早时刻 t 的价格为：

$$B(t,T)=e^{-Y_1(t)C_1(t,T)-Y_2(t)C_2(t,T)-A(t,T)} \tag{10.5.1}$$

其中非随机函数 $C_1(t,T)$，$C_2(t,T)$ 和 $A(t,T)$ 由时间变量 t 的常微分方程组给出，边界条件为：

$$C_1(T,T)=C_2(T,T)=A(T,T)=0$$

当所有模型系数，包括式(10.2.6)中的 δ_0，δ_1 和 δ_2 以及因子过程所满足的随机微分方程的系数都是常数时，函数 $C_1(t,T)$，$C_2(t,T)$ 和 $A(t,T)$ 仅通过 $\tau=T-t$ 依赖于 t 和 T。

仿射收益率模型通过选择式(10.2.6)中的系数和(或)因子过程所满足的随机微分方程的系数进行校准。为在模型校准时引入更多变量，习惯的做法是将这些系数设为时间变量的非随机函数（往往是分段常数）。在进行模型校准之前，最好事先确认模型已经化为最经济的形式，这样我们不至于由两套不同的参数选择得到相同的模型统计数据。在此意义下，本章给出的典范方程是“最经济”的。

有三类典范两因子仿射收益率模型，分别被称为**两因子韦萨切克模型**、**两因子 CIR 模型**和**两因子混合模型**。第一类模型中，两个因子都可能取负值；第二类模型确保两个因子都取非负值；第三类模型中，一个因子确保非负，另一个因子可能取负值。所有三类模型都在风险中性测度 $\widetilde{\mathbb{P}}$ 下由独立的布朗运动 $\widetilde{W}_1(t)$ 和 $\widetilde{W}_2(t)$ 驱动。

典范两因子韦萨切克模型为：

$$dY_1(t)=-\lambda_1 Y_1(t)dt+d\widetilde{W}_1(t) \tag{10.2.4}$$

$$dY_2(t)=-\lambda_{21} Y_1(t)dt-\lambda_2 Y_2(t)dt+d\widetilde{W}_2(t) \tag{10.2.5}$$

其中 $\lambda_1>0,\lambda_2>0$。这些因子都是高斯过程,它们的统计量计算以及相应的利率 $R(t)$ 的统计量计算都不难得到(见习题 10.1)。零息债券在较早时刻 t 的价格公式(10.5.1)中的函数 $C_1(T-t)$,$C_2(T-t)$ 和 $A(T-t)$ 由常微分方程组(10.2.23)～(10.2.25)确定,该方程组的解由式(10.2.26)～(10.2.29)给出。典范两因子 CIR 模型为:

$$dY_1(t)=(\mu_1-\lambda_{11}Y_1(t)-\lambda_{12}Y_2(t))dt+\sqrt{Y_1(t)}d\widetilde{W}_1(t) \tag{10.2.49}$$

$$dY_2(t)=(\mu_2-\lambda_{21}Y_1(t)-\lambda_{22}Y_2(t))dt+\sqrt{Y_2(t)}d\widetilde{W}_2(t) \tag{10.2.50}$$

其中,$\mu_1\geqslant0,\mu_2\geqslant0,\lambda_{11}>0,\lambda_{22}>0,\lambda_{12}\leqslant0,\lambda_{21}\leqslant0$。由常微分方程组(10.2.56)～(10.2.58)可以确定式(10.5.1)中的函数 $C_1(T-t)$,$C_2(T-t)$ 和 $A(T-t)$。典范两因子混合模型为:

$$dY_1(t)=(\mu-\lambda_1Y_1(t))dt+\sqrt{Y_1(t)}d\widetilde{W}_1(t) \tag{10.2.59}$$

$$dY_2(t)=-\lambda_2Y_2(t)dt+\sigma_{21}\sqrt{Y_1(t)}d\widetilde{W}_1(t)+\sqrt{\alpha+\beta Y_1(t)}d\widetilde{W}_2(t) \tag{10.2.60}$$

其中,$\mu\geqslant0,\lambda_1>0,\lambda_2>0,\alpha\geqslant0,\beta\geqslant0$。式(10.5.1)中的函数 $C_1(T-t)$,$C_2(T-t)$ 和 $A(T-t)$ 由常微分方程组(10.7.4)～(10.7.6)确定。如果模型系数依赖于时间,以上三类模型相应微分方程中的常系数应替换为时变系数,方程中的 C_i'(即 C_i 关于 $\tau=T-t$ 的导数)应替换为 $-\frac{\partial}{\partial t}C_i(t,T)$,对于 A' 也应作相应的替换。

HJM 模型给出完整的远期收益率曲线,而不是因子的有限集合。收益率曲线本应属于无限维的范畴,然而注意到 HJM 模型由有限多个布朗运动(事实上,在 10.3 节中是一个布朗运动,在习题 10.9 中是多个布朗运动)驱动,故并非所有可能的收益率曲线都能从模型中得到。在此意义下,HJM 模型是“有限维”的。

HJM 模型中的收益率曲线通过**远期利率**刻划。远期利率 $f(t,T)$ 是能在时刻 t 被锁定的适用于较后的时刻 T 借贷的即时利率。HJM 模型以真实概率测度 $\mathbb{P}$ 开始,推导出关于 $f(t,T)$ 的漂移 $\alpha(t,T)$ 和扩散 $\sigma(t,T)$ 的一个条件确保风险中性测度 $\widetilde{\mathbb{P}}$ 存在,从而保证市场无套利。这一条件就是:存在不依赖于 T 的**风险的市场价格过程** $\Theta(t)$ 满足:

$$\alpha(t,T)=\sigma(t,T)[\sigma^*(t,T)+\Theta(t)],\quad 0\leqslant t\leqslant T \tag{10.3.16}$$

见定理 10.3.1。虽然这一条件是在 HJM 模型中推得的,然而,人们在实际中尚未遇到过不满足这一条件的由单个布朗运动驱动的无套利期限结构模型。对于由多个布朗运动驱动的期限结构模型,类似的条件见习题10.9(i)。

借助于风险中性测度下的布朗运动 $\widetilde{W}(t)$,在 HJM 模型中,债券价格过程满足:

$$dB(t,T)=R(t)B(t,T)dt-\sigma^*(t,T)B(t,T)d\widetilde{W}(t)$$

其中 $\sigma^*(t,T)=\int_t^T\sigma(t,v)dv$;见定理 10.3.2。10.3.6 小节中提供了 HJM 模型的校准方法。

HJM 模型基于连续复利远期利率 $f(t,T)$，与此不同的是，远期 LIBOR 模型中的 $L(t,T)$则是单利，它是能在时刻 t 被锁定的较后的时刻 T 的借贷在时段$[T, T+\delta]$中适用的利率。这里，$\delta>0$ 是一个常数，虽然在记号中并未直接标明，远期 LIBOR 模型中的 $L(t,T)$依赖于常数 $\delta>0$ 的选择。

10.4 节中引进了远期 LIBOR 模型。人们可以建立这一模型使得远期 LIBOR$L(t,T)$在远期测度$\widetilde{\mathbb{P}}^{T+\delta}$下为对数正态，从而给出布莱克上限单元公式的严格数学推导。这一公式与关于证券的布莱克—斯科尔斯—默顿公式类似，但适用于固定收益市场，其中利率是随机的，这与布莱克—斯科尔斯—默顿的假设有本质区别。

10.6 评　注

韦萨切克模型出现在［154］中，CIR 模型出现在［41］中。赫尔和怀特在［88］中推广了韦萨切克模型。多因子仿射收益率模型的一般概念由达菲和卡恩在［57］、［58］中给出。将仿射收益率模型简化为典范形式源于戴和辛格尔顿（Dai and Singleton）［44］。关于仿射收益率模型的其他代表性文献包括艾特—沙哈里尔（Ait-Sahalia）［1］，巴尔杜齐、达斯、福雷西和孙达拉姆（Balduzzi，Das，Foresi and Sundaram）［7］，陈（Chen）［29］，陈和斯科特（Scott）［30］、［31］和［32］，科林—杜弗雷斯内和寇斯汀（Collin-Dufresne and Goldstein）［38］、［39］，杜菲（Duffee）［55］及皮亚泽西（Piazzesi）［132］。马赫苏底（Maghsoodi）［116］对于时变系数的一维 CIR 方程作了细致的研究。

虽然仿射收益率模型中债券价格公式简单，但固定收益衍生产品的定价仍较复杂。然而，利用傅立叶（Fourier）变换可以避免偏微分方程的数值求解，见达菲、潘（Pan）和辛格尔顿［59］。

其他常见的短期利率模型见布莱克、德曼和托伊［15］，布莱克和卡拉辛斯基（Karasinski）［16］以及朗斯坦夫和舒瓦茨［111］。陈家强（Chan）等人［28］中给出了各种短期利率模型的实证比较。

霍和李［85］中给出了关于收益率曲线演化的离散时间模型。霍—李模型的连续时间极限是常数扩散远期利率。特别是，其利率的表现与韦萨切克模型中的利率有点相似，可以取到负值。

关于收益率曲线连续时间演化的无套利框架由赫斯、加罗和墨顿在［83］中建立。相关的论文是［81］和［82］。本章中给出的是 HJM 模型的一般框架，但是可以具体用于得到马尔可夫实现方法；见布瑞斯和姆斯拉［20］，切耶特（Cheyette）［34］，以及亨特、肯尼迪和佩尔塞（Hunt，Kennedy and Pelsser）［90］。菲利波维奇（Filipović）［66］考察了如何使得由 HJM 模型生成收益率曲线与通常用于生成初始收益率曲线的方法相一致。雅拉（Jara）［96］考虑了利率期货而不是远期利率的 HJM 模型。该模型的优点是 10.4.1 小节中讨论的引起爆破现象的漂移项在模型中并不出现。

为了去除 10.4.1 小节中描述的爆破现象而将连续复利远期利率改变为单利远期利率是由圣德曼和桑德曼在［146］、［147］中提出的。米尔特森（Miltersen），

圣德曼和桑德曼在 [125]中利用对数正态单利定价利率上限和下限。这一思想被嵌入于布瑞斯、盖特瑞克和姆斯拉[19]给出的远期 LIBOR 完整期限结构模型中。这是第一个与布莱克[13]在 1976 年提出并且自此被广泛运用的启发性公式相一致的完整期限结构模型。

近来,又发展出适用于互换市场的远期 LIBOR 模型,见杰姆希迪安[95]和下面将引述的三本著作。比约克、卡巴诺夫(Kabanov)和伦加尔迪耶(Runggaldier)[12],达斯[46],达斯和福雷西[47] ,格拉斯曼和库[73],格拉斯曼和梅雷纳(Merener)[74] 以及希拉卡特(Shirakawa)[149]研究了带跳的期限结构模型。

由在期限结构模型方面具有实际经验的作者撰写的三本近期出版的著作是佩尔塞[131],布里戈和默丘里奥(Brigo and Mercurio)[21]以及雷博纳托(Rebonato)[137]。佩尔塞的书 [131]简明而又不失全面,布里戈和默丘里奥的书 [21]相当详细,雷博纳托的书 [137]则有关远期 LIBOR 模型。

10.7 习　题

习题 10.1(两因子韦萨切克模型统计量计算) 根据例 4.7.3,式(10.2.43)~(10.2.46)中的 $Y_1(t)$和 $Y_2(t)$是高斯过程。

(i) 证明:

$$\widetilde{\mathbb{E}}Y_1(t)=e^{-\lambda_1 t}Y_1(0) \tag{10.7.1}$$

当 $\lambda_1\neq\lambda_2$ 时,

$$\widetilde{\mathbb{E}}Y_2(t)=\frac{\lambda_{21}}{\lambda_1-\lambda_2}(e^{-\lambda_1 t}-e^{-\lambda_2 t})Y_1(0)+e^{-\lambda_2 t}Y_2(0) \tag{10.7.2}$$

当 $\lambda_1=\lambda_2$ 时,

$$\widetilde{\mathbb{E}}Y_2(t)=-\lambda_{21}te^{-\lambda_1 t}Y_1(0)+e^{-\lambda_1 t}Y_2(0) \tag{10.7.3}$$

我们有:

$$Y_1(t)-\widetilde{\mathbb{E}}Y_1(t)=-e^{-\lambda_1 t}I_1(t)$$

当 $\lambda_1\neq\lambda_2$ 时,

$$Y_2(t)-\widetilde{\mathbb{E}}Y_2(t)=\frac{\lambda_{21}}{\lambda_1-\lambda_2}(e^{-\lambda_1 t}I_1(t)-e^{-\lambda_2 t}I_2(t))-e^{-\lambda_2 t}I_3(t)$$

当 $\lambda_1=\lambda_2$ 时,

$$Y_2(t)-\widetilde{\mathbb{E}}Y_2(t)=-\lambda_{21}te^{-\lambda_1 t}I_1(t)+\lambda_{21}e^{-\lambda_1 t}I_4(t)+e^{-\lambda_1 t}I_3(t)$$

其中伊藤积分

$$I_1(t)=\int_0^t e^{\lambda_1 u}d\widetilde{W}_1(u),\quad I_2(t)=\int_0^t e^{\lambda_2 u}d\widetilde{W}_1(u),$$

$$I_3(t)=\int_0^t e^{\lambda_2 u}d\widetilde{W}_2(u),\quad I_4(t)=\int_0^t ue^{\lambda_1 u}d\widetilde{W}_1(u)$$

在风险中性测度$\widetilde{\mathbb{P}}$下的期望值均为 0。由此,我们可以在风险中性测度下利用 $I_j(t)$和 $I_k(t)$的方差和协方差确定 $Y_1(t)$和 $Y_2(t)$的方差和协方差。例如,当 $\lambda_1=\lambda_2$ 时,有:

$$\mathrm{Var}(Y_1(t))=e^{-2\lambda_1 t}\widetilde{\mathbb{E}}I_1^2(t)$$

$$\begin{aligned}\mathrm{Var}(Y_2(t))=&\lambda_{21}^2t^2e^{-2\lambda_1 t}\widetilde{\mathbb{E}}I_1^2(t)+\lambda_{21}^2e^{-2\lambda_1 t}\widetilde{\mathbb{E}}I_4^2(t)+e^{-2\lambda_1 t}\widetilde{\mathbb{E}}I_3^2(t)\\&-2\lambda_{21}^2te^{-2\lambda_1 t}\widetilde{\mathbb{E}}[I_1(t)I_4(t)]-2\lambda_{21}te^{-2\lambda_1 t}\widetilde{\mathbb{E}}[I_1(t)I_3(t)]\\&+2\lambda_{21}^2e^{-2\lambda_1 t}\widetilde{\mathbb{E}}[I_4(t)I_3(t)]\end{aligned}$$

$$\begin{aligned}\mathrm{Cov}(Y_1(t),Y_2(t))=&-\lambda_{21}te^{-2\lambda_1 t}\widetilde{\mathbb{E}}I_1^2(t)+\lambda_{21}e^{-2\lambda_1 t}\widetilde{\mathbb{E}}[I_1(t)I_4(t)]\\&+e^{-2\lambda_1 t}\widetilde{\mathbb{E}}[I_1(t)I_3(t)]\end{aligned}$$

以上方差和协方差都是在风险中性测度$\widetilde{\mathbb{P}}$下计算。

(ii) 计算以下五项:

$$\widetilde{\mathbb{E}}I_1^2(t),\widetilde{\mathbb{E}}[I_1(t)I_2(t)],\widetilde{\mathbb{E}}[I_1(t)I_3(t)],\widetilde{\mathbb{E}}[I_1(t)I_4(t)],\widetilde{\mathbb{E}}I_4^2(t)$$

未要求计算的另外五项为:

$$\widetilde{\mathbb{E}}I_2^2(t)=\frac{1}{2\lambda_2}(e^{2\lambda_2 t}-1)$$

$$\widetilde{\mathbb{E}}[I_2(t)I_3(t)]=0$$

$$\widetilde{\mathbb{E}}[I_2(t)I_4(t)]=\frac{t}{\lambda_1+\lambda_2}e^{(\lambda_1+\lambda_2)t}+\frac{1}{(\lambda_1+\lambda_2)^2}(1-e^{(\lambda_1+\lambda_2)t})$$

$$\widetilde{\mathbb{E}}I_3^2(t)=\frac{1}{\lambda_2}e^{2\lambda_2 t}-1$$

$$\widetilde{\mathbb{E}}[I_3(t)I_4(t)]=0$$

(iii) 有些衍生证券涉及**时间利差**(即它们依赖于两个不同时刻的利率)。在此情形,我们的兴趣在于不同时刻因子过程的联合统计。它们仍为联合正态并且依赖于不同时刻伊藤积分 I_j 的统计。计算 $\widetilde{\mathbb{E}}[I_1(s)I_2(t)]$,其中 $0\leqslant s<t$。[提示:固定 $s\geqslant 0$ 并定义 $J_1(t)=\int_0^t e^{\lambda_1 u}\mathbb{I}_{\{u\leqslant s\}}d\widetilde{W}_1(u)$,其中,$\mathbb{I}_{\{u\leqslant s\}}$是 u 的函数,当 $u\leqslant s$ 时等于 1;当 $u>s$ 时等于 0。注意到当 $t\geqslant s$ 时,$J_1(t)=I_1(s)$。]

习题 10.2(混合仿射收益率模型的常微分方程) 如同两因子韦萨切克模型和两因子 CIR 模型,10.2.3 的混合模型中,零息债券价格也具有仿射收益率形式

$$f(t,y_1,y_2)=e^{-y_1C_1(T-t)-y_2C_2(T-t)-A(T-t)}$$

其中 $C_1(0)=C_2(0)=A(0)=0$。

(i) 求 $f(t,y_1,y_2)$满足的偏微分方程;

(ii) 证明:C_1,C_2 和 A 满足以下常微分方程组

$$C_1' = -\lambda_1 C_1 - \frac{1}{2}C_1^2 - \sigma_{21}C_1C_2 - \frac{1}{2}(\sigma_{21}^2 + \beta)C_2^2 + \delta_1 \tag{10.7.4}$$

$$C_2' = -\lambda_2 C_2 + \delta_2 \tag{10.7.5}$$

$$A' = uC_1 - \frac{1}{2}\alpha C_2^2 + \delta_0 \tag{10.7.6}$$

习题 10.3(两因子韦萨切克模型的校准) 考虑典范两因子韦萨切克模型(10.2.4)～(10.2.5),并将利率方程(10.2.6)替换为:

$$R(t) = \delta_0(t) + \delta_1 Y_1(t) + \delta_2 Y_2(t) \tag{10.7.7}$$

其中,δ_1 和 δ_2 是常数,$\delta_0(t)$是时间 t 的非随机函数。假定对每个 T,存在时刻 T 到期的零息债券。该债券在时刻 $t\in[0,T]$的价格为:

$$B(t,T) = \widetilde{\mathbb{E}}[e^{-\int_t^T R(u)du} \mid \mathcal{F}(t)]$$

由于序偶$(Y_1(t),Y_2(t))$是马尔可夫过程,故必有函数 $f(t,T,y_1,y_2)$,使得 $B(t,T)=f(t,T,y_1(t),y_2(t))$。(这里,我们指明 f 对于到期日 T 的依赖性,是因为与10.2.1小节不同,这里我们将考虑多于一个 T 的值。)

(i) 函数 $f(t,T,y_1,y_2)$具有仿射收益率形式

$$f(t,T,y_1,y_2) = e^{-y_1C_1(t,T) - y_2C_2(t,T) - A(t,T)} \tag{10.7.8}$$

固定 T,推导关于$\frac{d}{dt}C_1(t,T)$,$\frac{d}{dt}C_2(t,T)$和$\frac{d}{dt}A(t,T)$的常微分方程组。

(ii) 利用终值条件 $C_1(T,T)=C_2(T,T)=0$,求解(i)中关于 $C_1(t,T)$和 $C_2(t,T)$的方程[如同10.2.1小节中,C_1 和 C_2 仅通过 $\tau=T-t$ 依赖于 t 和 T;然而,以下(iii)中将讨论的函数 A 则分别地依赖于 t 和 T。]

(iii) 利用终值条件 $A(T,T)=0$,写出 $A(t,T)$的公式[含有 $C_1(u,T)$,$C_2(u,T)$和 $\delta_0(u)$的积分,不必计算积分]。

(iv) 给定模型参数 $\lambda_1>0$,$\lambda_2>0$,λ_{21},δ_1 和 δ_2 以及初值条件 $Y_1(0)$和$Y_2(0)$。我们希望选择**函数** δ_0,使得在初始时刻0,由模型给出的零息债券价格与市场给出的债券价格吻合。换言之,我们希望选择函数 $\delta_0(T)$,$T\geqslant 0$,使得:

$$f(0,T,Y_1(0),Y_2(0)) = B(0,T),\ T\geqslant 0$$

这里,我们将 t 和 T 都看作变量,利用$\frac{\partial}{\partial t}$表示当 T 固定时关于 t 的导数而$\frac{\partial}{\partial T}$表示当 t 固定时关于 T 的导数。给出利用$\frac{\partial}{\partial T}\log B(0,T)$和模型参数表示 $\delta_0(T)$的公式。[提示:分别利用式(10.7.8)和(iii)中得到的公式这两种途径计算$\frac{\partial}{\partial T}A(0,T)$。由于 $C_i(t,T)$仅通过 $\tau=T-t$ 依赖于 t 和 T,故存在函数 $\overline{C}_i(\tau)$,使得 $\overline{C}_i(\tau)=\overline{C}_i(T-t)=C_i(t,T)$,$i=1,2$。则:

$$\frac{\partial}{\partial t}C_i(t,T) = -\overline{C}_i{}'(\tau),\ \frac{\partial}{\partial T}C_i(t,T) = \overline{C}_i{}'(\tau)$$

其中′表示关于 τ 求导。由此可得：

$$\frac{\partial}{\partial T}C_i(t,T)=-\frac{\partial}{\partial t}C_i(t,T),i=1,2 \tag{10.7.9}$$

这是可能需要用到的事实。]

习题 10.4 赫尔和怀特[89]中提出两因子模型

$$dU(t)=-\lambda_1 U(t)dt+\sigma_1 d\widetilde{B}_2(t) \tag{10.7.10}$$

$$dR(t)=[\theta(t)+U(t)-\lambda_2 R(t)]dt+\sigma_2 d\widetilde{B}_1(t) \tag{10.7.11}$$

其中 $\lambda_1,\lambda_2,\sigma_1$ 和 σ_2 是正的常数，$\theta(t)$是非随机函数，$\widetilde{B}_1(t)$和 $\widetilde{B}_2(t)$是相关的布朗运动，$d\widetilde{B}_1(t)d\widetilde{B}_2(t)=\rho dt,\rho\in(-1,1)$。本题中我们将此模型化为 10.2.1 小节中的两因子韦萨切克模型，只是利率由式(10.7.7)而不是式(10.2.6)给出，其中 $\delta_0(t)$ 是时间 t 的非随机函数。

(i) 定义：

$$X(t)=\begin{bmatrix}U(t)\\R(t)\end{bmatrix},\ K=\begin{bmatrix}\lambda_1 & 0\\-1 & \lambda_2\end{bmatrix},\ \Sigma=\begin{bmatrix}\sigma_1 & 0\\0 & \sigma_2\end{bmatrix}$$

$$\Theta(t)=\begin{bmatrix}0\\\theta(t)\end{bmatrix},\qquad \widetilde{B}(t)=\begin{bmatrix}\widetilde{B}_1(t)\\\widetilde{B}_2(t)\end{bmatrix}$$

于是式(10.7.10)～(10.7.11)可以写成向量形式：

$$dX(t)=\Theta(t)dt-KX(t)dt+\Sigma d\widetilde{B}(t) \tag{10.7.12}$$

令：

$$\hat{X}(t)=X(t)-e^{-Kt}\int_0^t e^{Ku}\Theta(u)du$$

证明：

$$d\hat{X}(t)=-K\hat{X}(t)dt+\Sigma d\widetilde{B}(t) \tag{10.7.13}$$

(ii) 记

$$C=\begin{bmatrix}\frac{1}{\sigma_1} & 0\\-\frac{\rho}{\sigma_1\sqrt{1-\rho^2}} & \frac{1}{\sigma_2\sqrt{1-\rho^2}}\end{bmatrix}$$

定义：

$$Y(t)=C\hat{X}(t),\quad \widetilde{W}(t)=C\Sigma\widetilde{B}(t)$$

证明：两个分量 $\widetilde{W}_1(t)$和 $\widetilde{W}_2(t)$是独立的布朗运动，并且

$$dY(t)=-\Lambda Y(t)+d\widetilde{W}(t) \tag{10.7.14}$$

其中：

$$\Lambda=CKC^{-1}=\begin{bmatrix}\lambda_1 & 0\\ \dfrac{\rho\sigma_2(\lambda_2-\lambda_1)-\sigma_1}{\sigma_2\sqrt{1-\rho^2}} & \lambda_2\end{bmatrix}$$

方程(10.7.14)是典范两因子韦萨切克模型(10.2.4)～(10.2.5)的向量形式。

(iii) 求形如式(10.7.7)的 $R(t)$ 的公式[分别求出 $\delta_0(t)$,δ_1 和 δ_2]。

习题 10.5(单因子韦萨切克模型中长期利率与短期利率的相关性) 单因子韦萨切克模型是模型参数为常数的单因子赫尔—怀特模型(参见例6.5.1)：

$$dR(t)=(a-bR(t))dt+\sigma d\widetilde{W}(t) \tag{10.7.15}$$

其中 a,b 和 σ 是正的常数,$\widetilde{W}(t)$是一维布朗运动。此模型中,时刻 T 到期的零息债券在时刻 $t\in[0,T]$的价格为：

$$B(t,T)=\exp\{-C(t,T)R(t)-A(t,T)\}$$

其中 $C(t,T)$和 $A(t,T)$由式(6.5.10)和式(6.5.11)给出：

$$C(t,T)=\int_t^T e^{-\int_t^s b dv}ds=\frac{1}{b}(1-e^{-b(T-t)})$$

$$A(t,T)=\int_t^T\left(aC(s,T)-\frac{1}{2}\sigma^2C^2(s,T)\right)ds$$

$$=\frac{2ab-\sigma^2}{2b^2}(T-t)+\frac{\sigma^2-ab}{b^3}(1-e^{-b(T-t)})-\frac{\sigma^2}{4b^3}(1-e^{-2b(T-t)})$$

按照 10.2.1 小节中关于短期利率与长期利率的讨论,我们给定正的相对到期日 $\bar{\tau}$,并且由式(10.2.30)定义时刻 t 的长期利率 $L(t)$：

$$L(t)=-\frac{1}{\bar{\tau}}\log B(t,t+\bar{\tau})$$

证明:$L(t)$和 $R(t)$的变化完全相关[即对任何 $0\leqslant t_1<t_2$,$L(t_2)-L(t_1)$与$R(t_2)-R(t_1)$相关系数等于 1]。单因子模型的这一特性是导致多因子模型发展的一个原因。

习题 10.6(退化的两因子韦萨切克模型) 10.2.1 关于两因子韦萨切克模型短期利率与长期利率的讨论中,我们假定 $\delta_2\neq0$ 并且$(\lambda_1-\lambda_2)\delta_1+\lambda_{21}\delta_2\neq0$(见引理 10.2.2)。本题中我们将证明:如果上述条件之一不成立,则两因子韦萨切克模型退化为单因子模型,在此情形,长期利率与短期利率完全相关(见习题 10.5)。

(i) 证明:如果 $\delta_2=0$(并且 $\delta_0>0$,$\delta_1>0$),则由式(10.2.4)～(10.2.6)给出的短期利率 $R(t)$满足一维随机微分方程

$$dR(t)=(a-bR(t))dt+d\widetilde{W}_1(t) \tag{10.7.16}$$

其中 a,b 可由式(10.2.4)～(10.2.6)中的参数表示。

(ii) 证明:如果$(\lambda_1-\lambda_2)\delta_1+\lambda_{21}\delta_2=0$(并且 $\delta_0>0$,$\delta_1^2+\delta_2^2\neq0$),则由方程组(10.2.4)～(10.2.6)给出的短期利率 $R(t)$满足一维随机微分方程

$$dR(t)=(a-bR(t))dt+\sigma d\widetilde{B}(t) \tag{10.7.17}$$

其中 a,b 可由式(10.2.4)～(10.2.6)中的参数表示，布朗运动 $\widetilde{B}(t)$ 可由式(10.2.4)和式(10.2.5)中独立的布朗运动 $\widetilde{W}_1(t)$ 和 $\widetilde{W}_2(t)$ 表示。

习题 10.7(两因子韦萨切克模型中的远期测度) 固定到期日 $T>0$，在 10.2.1 小节的两因子韦萨切克模型中，考虑 T-远期测度 $\widetilde{\mathbb{P}}^T$(定义 9.4.1)：

$$\widetilde{\mathbb{P}}^T(A)=\frac{1}{B(0,T)}\int_A D(T)d\,\widetilde{\mathbb{P}},\forall A\in\mathcal{F}$$

(i) 证明：式(9.2.5)的两维 $\widetilde{\mathbb{P}}^T$-布朗运动，$\widetilde{W}_1^T(t)$，$\widetilde{W}_2^T(t)$ 为：

$$\widetilde{W}_j^T(t)=\int_0^t C_j(T-u)du+\widetilde{W}_j(t),j=1,2 \tag{10.7.18}$$

其中，$C_1(\tau)$ 和 $C_2(\tau)$ 由式(10.2.26)～(10.2.28)给出。

(ii) 考虑时刻 $\overline{T}>T$ 到期债券的看涨期权，期权到期日为 T，敲定价格为 K。证明：该期权在时刻 0 的风险中性价格为：

$$B(0,T)\widetilde{\mathbb{E}}^T\left[\left(e^{-C_1(\overline{T}-T)Y_1(T)-C_2(\overline{T}-T)Y_2(T)-A(\overline{T}-T)}-K\right)^+\right] \tag{10.7.19}$$

(iii) 证明：在 T-远期测度 $\widetilde{\mathbb{P}}^T$ 下，出现在式(10.7.19)的指数式中的项

$$X=-C_1(\overline{T}-T)Y_1(T)-C_2(\overline{T}-T)Y_2(T)-A(\overline{T}-T)$$

服从正态分布。

(iv) 通过类似于习题 10.1 中的直接计算，可以确定 X 的均值和方差。设其方差为 σ^2，均值为 $\mu-\frac{1}{2}\sigma^2$，于是 X 可写成：

$$X=\mu-\frac{1}{2}\sigma^2-\sigma Z$$

其中，Z 是 $\widetilde{\mathbb{P}}^T$ 下的标准正态随机变量。证明：式(10.7.19)中的看涨期权价格为：

$$B(0,T)(e^{\mu}N(d_+)-KN(d_-))$$

其中：

$$d_\pm=\frac{1}{\sigma}\left(\mu-\log K\pm\frac{1}{2}\sigma^2\right)$$

习题 10.8(远期利率中积分次序的交换) 在远期利率公式(10.3.5)中以 v 替换 T，得：

$$f(t,v)=f(0,v)+\int_0^t\alpha(u,v)du+\int_0^t\sigma(u,v)dW(u)$$

因此：

$$-\int_t^T f(t,v)dv=-\int_t^T\left[f(0,v)+\int_0^t\alpha(u,v)du+\int_0^t\sigma(u,v)dW(u)\right]dv \tag{10.7.20}$$

(i) 定义:

$$\hat{\alpha}(u,t,T)=\int_t^T\alpha(u,v)dv,\quad \hat{\sigma}(u,t,T)=\int_t^T\sigma(u,v)dv$$

证明:在式(10.7.20)中交换积分次序,可得:

$$-\int_t^T f(t,v)dv=-\int_t^T f(0,v)dv-\int_0^t\hat{\alpha}(u,t,T)du-\int_0^t\hat{\sigma}(u,t,T)dW(u) \tag{10.7.21}$$

(其中有些是两个黎曼积分交换次序,利用通常的微积分理论可知其合理性。另一些则涉及黎曼积分与伊藤积分交换次序,其合理性的论证在[83]的附录中。这里可以不加证明假定交换积分次序的合理性。)

(ii) 在式(10.7.21)中关于 t 求微分,积分 $\int_0^t\hat{\alpha}(u,t,T)du$ 和 $\int_0^t\hat{\sigma}(u,t,T)du(u)$ 中,每一个的微分都有两项,因为需要关于每个积分所含的两个 t 求微分。

(iii) 验证(ii)中得到的公式与式(10.3.10)一致。

习题 10.9(多因子 HJM 模型) 假定 HJM 模型是由 d 维布朗运动驱动,于是 $\sigma(t,T)$ 也是 d 维向量,远期利率动态方程为:

$$df(t,T)=\alpha(t,T)dt+\sum_{j=1}^{d}\sigma_j(t,T)dW_j(t)$$

(i) 证明:多因子情形的无套利条件(10.3.16)为:

$$\alpha(t,T)=\sum_{j=1}^{d}\sigma_j(t,T)[\sigma_j^*(t,T)+\Theta_j(t)]$$

(ii) 假设存在适应的 d 维过程

$$\Theta(t)=(\Theta_1(t),\cdots,\Theta_d(t))$$

对所有 $0\leqslant t\leqslant T\leqslant\overline{T}$ 满足以上方程。证明:如果存在到期日 $T_1,\cdots,T_d$,使得 $d\times d$ 矩阵 $(\sigma_j(t,T_i))_{i,j}$ 非奇异,则 $\Theta(t)$ 唯一。

习题 10.10 (i) 利用单因子赫尔—怀特模型中函数 $A(t,T)$ 和 $C(t,T)$ 满足的常微分方程(6.5.8)和(6.5.9),证明该模型满足 HJM 无套利条件(10.3.27)。

(ii) 利用单因子 CIR 模型中函数 $A(t,T)$ 和 $C(t,T)$ 满足的常微分方程(6.5.14)和(6.5.15),证明该模型满足 HJM 无套利条件(10.3.27)。

习题 10.11 给定 $\delta>0$。考虑一个利率互换:在每一个支付日 $T_j=\delta j$,$j=1,2,\cdots,n+1$,支付关于本金 1 的固定利率 K,同时收到后置 LIBOR $L(T_{j-1},T_{j-1})$。证明:该互换合约的初始价值为:

$$\delta K\sum_{j=1}^{n+1}B(0,T_j)-\delta\sum_{j=1}^{n+1}B(0,T_j)L(0,T_{j-1}) \tag{10.7.22}$$

注 10.7.1 使得互换的初始价值等于 0 的 K 的值称为互换利率。于是,互换利率为

$$K=\frac{\sum_{j=1}^{n+1}B(0,T_j)L(0,T_{j-1})}{\sum_{j=1}^{n+1}B(0,T_j)} \tag{10.7.23}$$

习题 10.12 在定理 10.4.1 的证明中，我们利用无套利论证给出在时刻 $T+\delta$ 支付后置 LIBOR$L(T,T)$的合约在时刻 0 的价值为 $B(0,T+\delta)L(0,T)$。在时刻 0，这一支付的的风险中性价格为：

$$\widetilde{\mathbb{E}}[D(T+\delta)L(T,T)]$$

利用定义

$$L(T,T)=\frac{1-B(T,T+\delta)}{\delta B(T,T+\delta)}$$

$$B(0,T+\delta)=\widetilde{\mathbb{E}}[D(T+\delta)]$$

以及条件期望的性质，证明：

$$\widetilde{\mathbb{E}}[D(T+\delta)L(T,T)]=B(0,T+\delta)L(0,T)$$

11 跳过程引论

11.1 引　言

本章研究**跳扩散**过程。其中“扩散”是指这些过程中含有布朗运动的成分，或者更一般的，关于布朗运动的积分。此外，这些过程的路径可能有跳跃。本章中考虑的是在每个有限时间区间中仅发生有限多次跳跃的特殊情形。

人们也可以构造在有限时间区间中发生无穷多次跳跃的过程，尽管这样的过程对于每个正的阈值，在任何有限时间区间中幅度超过这一阈值的跳跃至多只发生有限多次。幅度超过这一阈值的跳跃次数与阈值有关，当阈值趋于零时，该数目可以任意大。这里不考虑这样的过程，然而这里给出的理论提供了如何分析这样的过程的一些思想。

基本的纯跳过程是**泊松(Poisson)过程**，这将在 11.2 节中讨论。泊松过程的所有跳跃幅度为 1。**复合泊松过程**的跳跃幅度可以随机，其他与泊松过程相仿。复合泊松过程将在 11.3 节中讨论。

在 11.4 节中，我们定义**跳过程**为一个非随机初始条件，一个关于布朗运动 $dW(t)$的伊藤积分、一个关于 dt 的黎曼积分以及一个**纯跳**过程的和。纯跳过程初始值为 0，在每个有限时间区间中仅发生有限多次跳跃，接连两次跳跃之间为常数。11.4 节中定义了关于跳过程的随机积分。这些随机积分本身是跳过程。11.4 节中也讨论了跳过程的二次变差及其随机积分。

在 11.5 节中，我们给出了关于跳过程的随机分析。关键的结果是适用于这些过程的伊藤—德布林公式的推广。

在 11.6 节中，我们就泊松过程和复合泊松过程考虑测度变换。最后讨论了如何关于一个泊松过程和一个复合泊松过程同时变换测度。这一变换的作用是调节布朗运动的漂移并且调节复合泊松过程的**强度**(跳跃频率)和跳跃幅度的分布。

在 11.7 节中，我们将上述理论运用于跳扩散模型中欧式看涨期权的定价和部分对冲问题。

11.2 泊松过程

正如布朗运动是连续路径过程的基本构件，泊松过程是跳过程的起点。这一节中,我们构造泊松过程,并推导其基本性质。

11.2.1 *指数随机变量*

设随机变量 τ 具有密度

$$f(t)=\begin{cases}\lambda e^{-\lambda t}, & t\geqslant 0\\ 0, & t<0\end{cases} \tag{11.2.1}$$

其中 λ 是正数。我们称 τ 具有**指数分布**,或者简称 τ 是一个**指数随机变量**。

指数随机变量 τ 的期望值可由分部积分算得:

$$\begin{aligned}\mathbb{E}\tau &= \int_0^\infty tf(t)dt = \lambda\int_0^\infty te^{-\lambda t}dt = -te^{-\lambda t}\Big|_{t=0}^{t=\infty} + \int_0^\infty e^{-\lambda t}dt \\ &= 0-\frac{1}{\lambda}e^{-\lambda t}\Big|_{t=0}^{t=\infty} = \frac{1}{\lambda}\end{aligned}$$

关于指数随机变量的累积分布函数,我们有:

$$F(t) = \mathbb{P}\{\tau\leqslant t\} = \int_0^t \lambda e^{-\lambda u}du = -e^{-\lambda u}\Big|_{u=0}^{u=t} = 1-e^{-\lambda t},\quad t\geqslant 0$$

因此:

$$\mathbb{P}\{\tau>t\}=e^{-\lambda t},\quad t\geqslant 0 \tag{11.2.2}$$

假设我们正在等待一个事件,诸如债券的违约,并且知道该事件发生的时刻服从均值为$\frac{1}{\lambda}$的指数分布[即具有密度(11.2.1)]。假设我们已经等待了 s 个时间单位,我们想知道(在时间区间$[0,s]$内事件没有发生的条件下)还需等待 t 个时间单位的概率。这一概率为:

$$\begin{aligned}\mathbb{P}\{\tau>t+s\,|\,\tau>s\} &= \frac{\mathbb{P}\{\tau>t+s \text{ 且 } \tau>s\}}{\mathbb{P}\{\tau>s\}} = \frac{\mathbb{P}\{\tau>t+s\}}{\mathbb{P}\{\tau>s\}} \\ &= \frac{e^{-\lambda(t+s)}}{e^{-\lambda s}} = e^{-\lambda t}\end{aligned} \tag{11.2.3}$$

换言之,在已经等待了 s 个时间单位后还需等待 t 个时间单位的概率与初始时刻 0 将要等待 t 时间单位的概率相同。已经等待了 s 个时间单位这一事实并不改变剩余的等待时间的分布。指数分布的这一性质称为**无记忆性**。

11.2.2 *泊松过程的构造*

为了构造泊松过程,我们考虑一列独立的指数随机变量 $\tau_1,\tau_2,\cdots$,它们具有相同的均值$\frac{1}{\lambda}$。我们将建立一个模型,其中一个事件(称为“跳跃”)随时会发生。第一次跳跃在时刻 τ_1 发生,第二次跳跃发生在第一次的 τ_2 个时间单位之后,第三次发生在第二次的 τ_3 个时间单位之后,等等。随机变量 τ_k 称为**间歇时间**。第 n 次跳跃的**发生时刻**为:

$$S_n = \sum_{k=1}^{n} \tau_k \tag{11.2.4}$$

泊松过程 $N(t)$给出了截至时刻 t 跳跃发生的次数。确切地,有:

$$N(t)=\begin{cases} 0, & \text{如果 } 0\leqslant t<S_1 \\ 1, & \text{如果 } S_1\leqslant t<S_2 \\ \vdots & \vdots \\ n, & \text{如果 } S_n\leqslant t<S_{n+1} \\ \vdots & \vdots \end{cases}$$

注意到 $N(t)$在跳跃发生时刻的定义表明它是**右连续**的[即 $N(t)=\lim_{s\downarrow t}N(s)$]。我们将通过观测 $N(s)$,$0\leqslant s\leqslant t$ 获得的信息的σ-代数记为$F(t)$。

由于间歇时间的期望值为$\frac{1}{\lambda}$,单位时间内平均发生 λ 次跳跃。我们称泊松过程 $N(t)$具有**强度** λ。图 11.2.1 展示了泊松过程的一条路径。

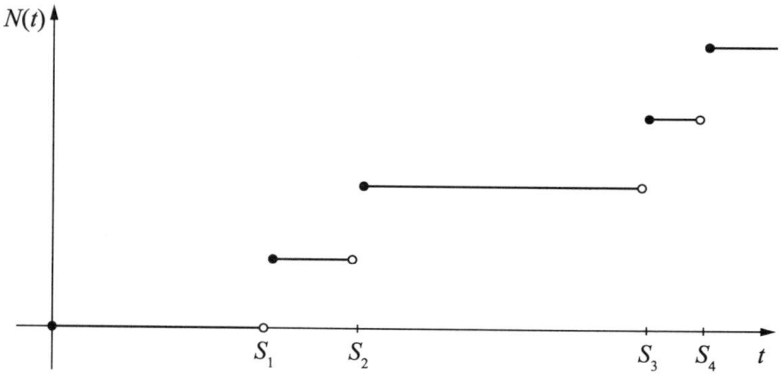

图 11.2.1 泊松过程的一条路径

11.2.3 *泊松过程增量的分布*

为了确定泊松过程增量的分布,必须首先确定跳时刻 S_1,S_2,…的分布。

引理 11.2.1 对于 $n\geqslant 1$,由式(11.2.4)定义的随机变量 S_n 具有gamma**密度**:

$$g_n(s)=\frac{(\lambda s)^{n-1}}{(n-1)!}\lambda e^{-\lambda s}, \quad s\geqslant 0 \tag{11.2.5}$$

【证明】 对 n 用归纳法证明式(11.2.5)。$n=1$ 时,$S_1=\tau_1$ 是指数分布,而此时式(11.2.5)是指数密度

$$g_1(s)=\lambda e^{-\lambda s}, \quad s\geqslant 0$$

(这里用到了定义 0! =1。)现在假设式(11.2.5)对 n 成立,要证明对 $n+1$ 也成立。换言之,假设 S_n 具有式(11.2.5)给出的密度 $g_n(s)$,我们要计算$S_{n+1}=S_n+\tau_{n+1}$的密度。由于 S_n 与 τ_{n+1}独立,故 S_{n+1}的密度可由卷积算得:

$$\int_0^s g_n(v)f(s-v)dv = \int_0^s \frac{(\lambda v)^{n-1}}{(n-1)!}\lambda e^{-\lambda v}\cdot\lambda e^{-\lambda(s-v)}dv$$
$$= \frac{\lambda^{n+1}e^{-\lambda s}}{(n-1)!}\int_0^s v^{n-1}dv = \frac{\lambda^{n+1}e^{-\lambda s}}{n!}v^n\Big|_{v=0}^{v=s}$$
$$= \frac{(\lambda s)^n}{n!}\lambda e^{-\lambda s} = g_{n+1}(s)$$

根据归纳原理，引理得证。 □

引理 11.2.2 强度为 λ 的泊松过程 $N(t)$ 具有分布

$$\mathbb{P}\{N(t)=k\}=\frac{(\lambda t)^k}{k!}e^{-\lambda t},\quad k=0,1,\cdots \tag{11.2.6}$$

【证明】 对于 $k\geqslant 1$，我们有 $N(t)\geqslant k$ 当且仅当截至时刻 t，至少发生 k 次跳跃（即当且仅当第 k 次跳跃的发生时刻小于或者等于 t）。因此：

$$\mathbb{P}\{N(t)\geqslant k\}=\mathbb{P}\{S_k\leqslant t\}=\int_0^t \frac{(\lambda s)^{k-1}}{(k-1)!}\lambda e^{-\lambda s}ds$$

类似地：

$$\mathbb{P}\{N(t)\geqslant k+1\}=\mathbb{P}\{S_{k+1}\leqslant t\}=\int_0^t \frac{(\lambda s)^k}{k!}\lambda e^{-\lambda s}ds$$

将上式分部积分，得到：

$$\mathbb{P}\{N(t)\geqslant k+1\}=-\frac{(\lambda s)^k}{k!}e^{-\lambda s}\Big|_{s=0}^{s=t}+\int_0^t \frac{(\lambda s)^{k-1}}{(k-1)!}\lambda e^{-\lambda s}ds$$
$$=-\frac{(\lambda t)^k}{k!}e^{-\lambda t}+\mathbb{P}\{N(t)\geqslant k\}$$

由此可得，对于 $k\geqslant 1$，有：

$$\mathbb{P}\{N(t)=k\}=\mathbb{P}\{N(t)\geqslant k\}-\mathbb{P}\{N(t)\geqslant k+1\}=\frac{(\lambda t)^k}{k!}e^{-\lambda t}$$

对于 $k=0$，由式(11.2.2)，我们有：

$$\mathbb{P}\{N(t)=0\}=\mathbb{P}\{S_1>t\}=\mathbb{P}\{\tau_1>t\}=e^{-\lambda t}$$

这正是 $k=0$ 时的式(11.2.6)。 □

假设我们观测泊松过程直到时刻 s，在知晓截至时刻 s 的信息的条件下，希望得到 $N(t+s)-N(s)$ 的分布。事实上，截至时刻 s 的信息与 $N(t+s)-N(s)$ 的分布无关。这是由于指数随机变量的无记忆性[见式(11.2.3)]。由于 $N(t+s)-N(s)$ 是时间区间 $(s,s+t]$ 内发生跳跃的次数，为了计算 $N(t+s)-N(s)$ 的分布，我们感兴趣的是在 s 以后下一次跳跃发生的时刻。在时刻 s，我们知道自上一次跳跃发生以来的时间，但是从时刻 s 到下一次跳跃的时间与此无关。事实上，从时刻 s 到其后第一次跳跃的时间服从均值为 $\frac{1}{\lambda}$ 的指数分布，独立于截至时刻 s 所发生的任何事情。从时刻 s 以后第一次跳跃时刻到再下一次跳跃的时间仍服从均值为 $\frac{1}{\lambda}$

的指数分布,独立于截至时刻 s 所发生的任何事情。对于以后的每次跳跃,都是如此。因此,$N(t+s)-N(s)$ 独立于 $\mathcal{F}(s)$;而且,$N(t+s)-N(s)$ 与 $N(t)$ 的分布相同,它们都是长度为 t 的时间区间内发生跳跃的计数,跳跃的间歇时间是独立的并且服从均值为 $\frac{1}{\lambda}$ 的指数分布。如果一个过程的增量的分布仅依赖于相应两个时间点之差,则称该过程具有**平稳**增量。泊松过程和布朗运动都具有独立的平稳增量。

定理 11.2.3 设 $N(t)$ 是强度为 $\lambda>0$ 的泊松过程,给定 $0=t_0<t_1<\cdots<t_n$,则增量

$$N(t_1)-N(t_0),N(t_2)-N(t_1),\cdots,N(t_n)-N(t_{n-1})$$

是独立和平稳的,并且

$$\mathbb{P}\{N(t_{j+1})-N(t_j)=k\}=\frac{\lambda^k(t_{j+1}-t_j)^k}{k!}e^{-\lambda(t_{j+1}-t_j)},\quad k=0,1,\cdots \tag{11.2.7}$$

【证明概要】 设 $\mathcal{F}(t)$ 是通过观测 $N(s)$,$0\leqslant s\leqslant t$ 获得的信息的 σ- 代数。根据以上讨论,$N(t_n)-N(t_{n-1})$ 独立于 $\mathcal{F}(t_{n-1})$,并且具有与 $N(t_n-t_{n-1})$ 相同的分布,由引理 11.2.2,这就是式(11.2.7)中 $j=n-1$ 时给出的分布。由于其他增量 $N(t_{n-1})-N(t_{n-2}),\cdots,N(t_1)-N(t_0)$ 都 $\mathcal{F}(t_{n-1})$-可测,故它们都独立于 $N(t_n)-N(t_{n-1})$。然后依次对于 $N(t_{n-1})-N(t_{n-2}),\cdots,N(t_1)-N(t_0)$ 重复上述论证即可。 □

11.2.4 *泊松过程增量的均值和方差*

给定 $0\leqslant s\leqslant t$,根据定理 11.2.3,泊松增量 $N(t)-N(s)$ 服从分布

$$\mathbb{P}\{N(t)-N(s)=k\}=\frac{\lambda^k(t-s)^k}{k!}e^{-\lambda(t-s)},\quad k=0,1,\cdots \tag{11.2.8}$$

回顾指数函数的幂级数展开式,我们将用到以下三种不同的形式:

$$e^x=\sum_{k=0}^{\infty}\frac{x^k}{k!}=\sum_{k=1}^{\infty}\frac{x^{k-1}}{(k-1)!}=\sum_{k=2}^{\infty}\frac{x^{k-2}}{(k-2)!}$$

首先注意到,由此可得:

$$\begin{aligned}\sum_{k=0}^{\infty}\mathbb{P}\{N(t)-N(s)=k\}&=e^{-\lambda(t-s)}\sum_{k=0}^{\infty}\frac{\lambda^k(t-s)^k}{k!}\\&=e^{-\lambda(t-s)}\cdot e^{\lambda(t-s)}=1\end{aligned}$$

然后计算期望增量

$$\begin{aligned}\mathbb{E}[N(t)-N(s)]&=\sum_{k=0}^{\infty}k\frac{\lambda^k(t-s)^k}{k!}e^{-\lambda(t-s)}\\&=\lambda(t-s)e^{-\lambda(t-s)}\sum_{k=1}^{\infty}\frac{\lambda^{k-1}(t-s)^{k-1}}{(k-1)!}\\&=\lambda(t-s)e^{-\lambda(t-s)}\cdot e^{\lambda(t-s)}\\&=\lambda(t-s)\end{aligned}\tag{11.2.9}$$

这与前面第二小节中关于单位时间内平均发生 λ 次跳跃的论述一致。因此，在从 s 到 t 这段时间内跳跃发生的平均次数为 $\mathbb{E}[N(t)-N(s)]=\lambda(t-s)$。

最后，计算增量的二阶矩

$$\begin{aligned}\mathbb{E}[(N(t)-N(s))^2] &= \sum_{k=0}^{\infty} k^2 \frac{\lambda^k (t-s)^k}{k!} e^{-\lambda(t-s)} \\ &= e^{-\lambda(t-s)} \sum_{k=1}^{\infty} (k-1+1) \frac{\lambda^k (t-s)^k}{(k-1)!} \\ &= e^{-\lambda(t-s)} \sum_{k=2}^{\infty} \frac{\lambda^k (t-s)^k}{(k-2)!} + e^{-\lambda(t-s)} \sum_{k=1}^{\infty} \frac{\lambda^k (t-s)^k}{(k-1)!} \\ &= \lambda^2 (t-s)^2 e^{-\lambda(t-s)} \sum_{k=2}^{\infty} \frac{\lambda^{k-2} (t-s)^{k-2}}{(k-2)!} \\ &\quad + \lambda(t-s) e^{-\lambda(t-s)} \sum_{k=1}^{\infty} \frac{\lambda^{k-1} (t-s)^{k-1}}{(k-1)!} \\ &= \lambda^2 (t-s)^2 + \lambda(t-s)\end{aligned}$$

由此可得：

$$\begin{aligned}\mathrm{Var}[N(t)-N(s)] &= \mathbb{E}[(N(t)-N(s))^2] - (\mathbb{E}[N(t)-N(s)])^2 \\ &= \lambda^2(t-s)^2 + \lambda(t-s) - \lambda^2(t-s)^2 \\ &= \lambda(t-s) \qquad (11.2.10)\end{aligned}$$

方差与均值相等。

11.2.5 *鞅性质*

定理 11.2.4 设 $N(t)$ 是强度为 λ 的泊松过程。定义**补偿泊松过程**(见图 11.2.2)为：

$$M(t)=N(t)-\lambda t$$

则 $M(t)$ 是鞅。

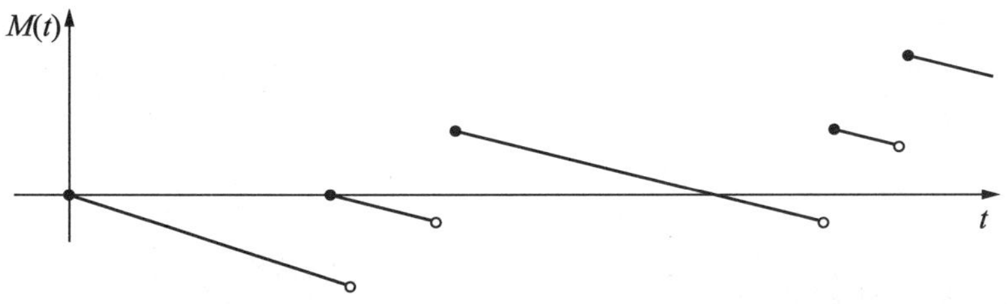

图 11.2.2 补偿泊松过程的一条路径

【证明】 给定 $0\leqslant s\leqslant t$，由于 $N(t)-N(s)$ 独立于 $\mathcal{F}(s)$，并且具有期望值 $\lambda(t-s)$，我们有：

$$\begin{aligned}\mathbb{E}[M(t)\mid\mathcal{F}(s)] &= \mathbb{E}[M(t)-M(s)\mid\mathcal{F}(s)] + \mathbb{E}[M(s)\mid\mathcal{F}(s)] \\ &= \mathbb{E}[N(t)-N(s)-\lambda(t-s)\mid\mathcal{F}(s)] + M(s) \\ &= \mathbb{E}[N(t)-N(s)] - \lambda(t-s) + M(s) = M(s)\end{aligned}$$ □

11.3 复合泊松过程

当泊松过程或者补偿泊松过程发生跳跃时,都是上跳 1 个单位。对于金融市场模型,我们需要允许跳跃幅度随机。这一节中,我们引入随机跳跃幅度。

11.3.1 *复合泊松过程的构造*

设 $N(t)$是强度为 λ 的泊松过程, $Y_1,Y_2,\cdots$是一列均值为 $\beta=\mathbb{E}Y_i$ 的同分布随机变量。假设随机变量 $Y_1,Y_2,\cdots$两两独立,并且也独立于泊松过程 $N(t)$。定义**复合泊松过程**

$$Q(t)=\sum_{i=1}^{N(t)}Y_i,\quad t\geqslant 0 \tag{11.3.1}$$

$Q(t)$与 $N(t)$在同一时刻发生跳跃,$N(t)$的跳跃幅度恒为 1,而 $Q(t)$的跳跃幅度则随机。第一次跳跃幅度为 Y_1,第二次跳跃幅度为 Y_2,等等。图 11.3.1 展示了复合泊松过程的一条路径。

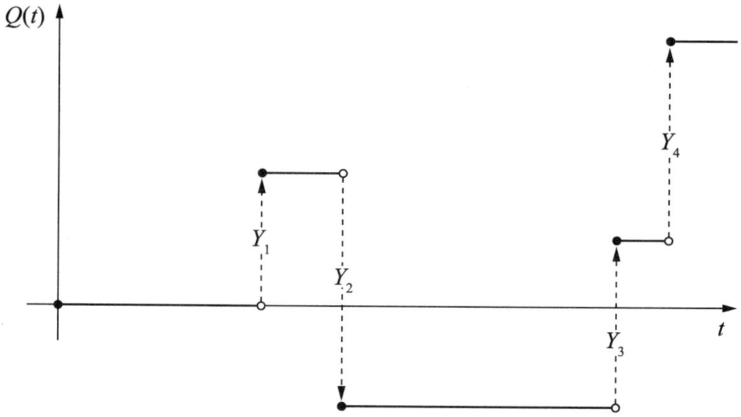

图 11.3.1　复合泊松过程的一条路径

类似于简单泊松过程 $N(t)$,复合泊松过程 $Q(t)$的增量是独立的。特别地,对于 $0\leqslant s\leqslant t$,有:

$$Q(s)=\sum_{i=1}^{N(s)}Y_i$$

这是关于前 $N(s)$次跳跃求和,而

$$Q(t)-Q(s)=\sum_{i=N(s)+1}^{N(t)}Y_i$$

这是关于第 $N(s)+1$ 次到第 $N(t)$次跳跃求和,它们是独立的。而且,由于 $N(t)-N(s)$与 $N(t-s)$具有相同的分布,$Q(t)-Q(s)$与 $Q(t-s)$也具有相同的分布。

复合泊松过程的均值为:

$$\begin{aligned}\mathbb{E}Q(t) &= \sum_{k=0}^{\infty} \mathbb{E}\Big[\sum_{i=1}^{k} Y_i \mid N(t)=k\Big]\mathbb{P}\{N(t)=k\} \\ &= \sum_{k=0}^{\infty} \beta k \frac{(\lambda t)^k}{k!} e^{-\lambda t} = \beta\lambda t e^{-\lambda t} \sum_{k=1}^{\infty} \frac{(\lambda t)^{k-1}}{(k-1)!} = \beta\lambda t\end{aligned}$$

平均而言,在时间区间 $[0,t]$ 内发生 λt 次跳跃,跳跃的平均幅度是 β,跳跃的次数与跳跃幅度互相独立。因此,$\mathbb{E}Q(t)$等于乘积 $\beta\lambda t$。

定理 11.3.1 设 $Q(t)$是复合泊松过程,则**补偿复合泊松过程** $Q(t)-\beta\lambda t$ 是一个鞅。

【证明】 给定 $0\leqslant s\leqslant t$,设 $\mathcal{F}(s)$是与截至时刻 s 观测复合泊松过程相关的σ-代数。于是,$Q(t)-Q(s)$独立于 $\mathcal{F}(s)$,并且具有期望值 $\beta\lambda(t-s)$,我们有:

$$\begin{aligned}\mathbb{E}[Q(t)-\beta\lambda t \mid \mathcal{F}(s)] &= \mathbb{E}[Q(t)-Q(s) \mid \mathcal{F}(s)] + Q(s) - \beta\lambda t \\ &= \beta\lambda(t-s) + Q(s) - \beta\lambda t = Q(s) - \beta\lambda s\end{aligned}$$

□

如同泊松过程,复合泊松过程也具有独立的平稳增量。以下给出确切的表述。

定理 11.3.2 设 $Q(t)$是复合泊松过程,给定 $0=t_0<t_1<\cdots<t_n$,则增量

$$Q(t_1)-Q(t_0), Q(t_2)-Q(t_1), \cdots, Q(t_n)-Q(t_{n-1})$$

是独立和平稳的。并且,$Q(t_j)-Q(t_{j-1})$与 $Q(t_j-t_{j-1})$具有相同的分布。

11.3.2 *矩母函数*

定理 11.3.2 中,我们并未写出关于 $Q(t_j-t_{j-1})$的分布的表达式,因为该随机变量的密度或概率质量函数相当复杂。然而,其矩母函数较为简单。因此,在以下大多数情况下,我们使用的是矩母函数而非密度或概率质量函数。

设 $Q(t)$是由式(11.3.1)定义的复合泊松过程。定义随机变量 Y_i 的矩母函数为:

$$\varphi_Y(u) = \mathbb{E}e^{uY_i}$$

这一定义与指标 i 无关,因为 $Y_1, Y_2, \cdots$具有相同的分布。复合泊松过程的矩母函数为:

$$\begin{aligned}\varphi_{Q(t)}(u) &= \mathbb{E}e^{uQ(t)} = \mathbb{E}e^{u\sum_{i=1}^{N(t)} Y_i} \\ &= \mathbb{P}\{N(t)=0\} + \sum_{k=1}^{\infty} \mathbb{E}\big[e^{u\sum_{i=1}^{k} Y_i} \mid N(t)=k\big]\mathbb{P}\{N(t)=k\} \\ &= \mathbb{P}\{N(t)=0\} + \sum_{k=1}^{\infty} \mathbb{E}\big[e^{u\sum_{i=1}^{k} Y_i}\big]\mathbb{P}\{N(t)=k\} \\ &= e^{-\lambda t} + \sum_{k=1}^{\infty} \mathbb{E}e^{uY_1}\,\mathbb{E}e^{uY_2}\cdots\mathbb{E}e^{uY_k} \frac{(\lambda t)^k}{k!} e^{-\lambda t} \\ &= e^{-\lambda t} + e^{-\lambda t} \sum_{k=1}^{\infty} \frac{(\varphi_Y(u)\lambda t)^k}{k!}\end{aligned}$$

$$= e^{-\lambda t}\sum_{k=0}^{\infty}\frac{(\varphi_Y(u)\lambda t)^k}{k!}$$
$$= e^{\lambda t(\varphi_Y(u)-1)} \tag{11.3.2}$$

如果 Y_i 并非随机，而是恒取常数值 y，则复合泊松过程 $Q(t)$ 为 $yN(t)$，并且 $\varphi_Y(u)=e^{uy}$。由此可知，常数 y 乘以泊松过程具有矩母函数

$$\varphi_{yN(t)}(u)=\mathbb{E}e^{uyN(t)}=e^{\lambda t(e^{uy}-1)} \tag{11.3.3}$$

当 $y=1$，我们得到泊松过程的矩母函数为：

$$\varphi_{N(t)}(u)=\mathbb{E}e^{uN(t)}=e^{\lambda t(e^{u}-1)} \tag{11.3.4}$$

最后，考虑 Y_i 仅取有限多个非零值 $y_1,y_2,\cdots,y_M$ 的情形。假设 $p(y_m)=\mathbb{P}\{Y_i=y_m\}$ 满足：对每个 m，$p(y_m)>0$，并且 $\sum_{m=1}^{M}p(y_m)=1$。于是 $\varphi_Y(u)=\sum_{m=1}^{M}p(y_m)e^{uy_m}$。由式(11.3.2)可得：

$$\varphi_{Q(t)}(u)=e^{\lambda t\left(\sum\limits_{m=1}^{M}p(y_m)e^{uy_m}-1\right)}$$
$$=e^{\sum\limits_{m=1}^{M}\lambda p(y_m)t(e^{uy_m}-1)}$$
$$=e^{\lambda p(y_1)t(e^{uy_1}-1)}e^{\lambda p(y_2)t(e^{uy_2}-1)}\cdots e^{\lambda p(y_m)t(e^{uy_m}-1)} \tag{11.3.5}$$

最后的表达式是 M 个按比例缩放的泊松过程矩母函数的乘积，其中第 m 个过程强度为 $\lambda p(y_m)$，跳跃幅度为 y_m[见式(11.3.3)]。这就导出以下定理。

定理 11.3.3(复合泊松过程的分解) 设 $y_1,y_2,\cdots,y_M$ 是非零常数的有限集，$p(y_1),p(y_2),\cdots,p(y_M)$ 是总和为 1 的正数。给定 $\lambda>0$，设 $\overline{N}_1(t),\overline{N}_2(t),\cdots,\overline{N}_M(t)$ 是两两独立的泊松过程，每个 $\overline{N}_m(t)$ 具有强度 $\lambda p(y_m)$。定义：

$$\overline{Q}(t)=\sum_{m=1}^{M}y_m\overline{N}_m(t),\qquad t\geqslant 0 \tag{11.3.6}$$

则 $\overline{Q}(t)$ 是复合泊松过程。如果 $\overline{Y}_1$ 是 $\overline{Q}(t)$ 的第一次跳跃的幅度，$\overline{Y}_2$ 是 $\overline{Q}(t)$ 的第二次跳跃的幅度，等等，并且

$$\overline{N}(t)=\sum_{m=1}^{M}\overline{N}_m(t),\quad t\geqslant 0$$

是时间区间 $(0,t]$ 内的跳跃总数，则 $\overline{N}(t)$ 是强度为 λ 的泊松过程，随机变量 $\overline{Y}_1$，$\overline{Y}_2,\cdots$ 两两独立，$\mathbb{P}\{\overline{Y}_i=y_m\}=p(y_m)$，$m=1,\cdots,M$，随机变量 $\overline{Y}_1,\cdots,\overline{Y}_M$ 独立于 $\overline{N}(t)$，并且

$$\overline{Q}(t)=\sum_{i=1}^{\overline{N}(t)}\overline{Y}_i,\quad t\geqslant 0$$

【证明概要】 根据式(11.3.3)，对每个 m，$y_m\overline{N}_m(t)$ 的矩母函数为：

$$\varphi_{y_m\overline{N}_m(t)}(u)=e^{\lambda p(y_m)t(e^{uy_m}-1)}$$

对于式(11.3.6)定义的 $\bar{Q}(t)$，利用 $\bar{N}_1(t),\bar{N}_2(t),\cdots,\bar{N}_M(t)$ 是两两独立的这一事实，我们有：

$$\begin{aligned}\varphi_{\bar{Q}(t)}(u) &= \mathbb{E}e^{u\left(\sum_{m=1}^{M} y_m\bar{N}_m(t)\right)} \\ &= \mathbb{E}e^{uy_1\bar{N}_1(t)}\ \mathbb{E}e^{uy_2\bar{N}_2(t)}\cdots\ \mathbb{E}e^{uy_m\bar{N}_M(t)} \\ &= \varphi_{y_1\bar{N}_1(t)}(u)\varphi_{y_2\bar{N}_2(t)}(u)\cdots\varphi_{y_M\bar{N}_M(t)}(u) \\ &= e^{\lambda p(y_1)t(e^{uy_1}-1)}e^{\lambda p(y_2)t(e^{uy_2}-1)}\cdots e^{\lambda p(y_M)t(e^{uy_M}-1)}\end{aligned}$$

这正是式(11.3.5)的右端。由此可知：式(11.3.6)定义的 $\bar{Q}(t)$ 与出现在式(11.3.5)左端的 $Q(t)$ 具有相同的分布。可以证明：式(11.3.6)定义的 $\bar{Q}$ 的全体路径的分布与出现在式(11.3.5)左端的 Q 的全体路径的分布相一致。

出现在式(11.3.5)左端的过程 Q 是由式(11.3.1)定义的复合泊松过程。对这一过程，截至时刻 t 的跳跃总数 $N(t)$ 是强度为 λ 的泊松过程，跳跃幅度 $Y_1,Y_2,\cdots$ 是两两独立，并且也独立于 $N(t)$ 的同分布随机变量，并且满足 $\mathbb{P}\{Y_i=y_m\}=p(y_m)$，$m=1,\cdots,M$。由于 $\bar{Q}$ 与 Q 具有相同的分布，对于式(11.3.6)定义的 $\bar{Q}$ 的跳跃总数和跳跃幅度，上述论断也成立，从而定理得证。 □

定理 11.3.3 的本质是对跳跃幅度仅取有限多个可能值的复合泊松过程可以有两种等价的理解方式：它可以被看作单个泊松过程，其中幅度为 1 的跳跃被换成随机幅度的跳跃；它也可以被看作若干两两独立的泊松过程的和，每一个过程中，幅度为 1 的跳跃被换成某个常值幅度的跳跃。为了阐明这一点，我们将定理 11.3.3 重新表述如下。

推论 11.3.4 设 $y_1,y_2,\cdots,y_M$ 是非零常数的有限集，$p(y_1),p(y_2),\cdots,p(y_M)$ 是总和为 1 的正数。设 $Y_1,Y_2,\cdots$ 是一列两两独立的同分布随机变量，$\mathbb{P}\{Y_i=y_m\}=p(y_m)$，$m=1,\cdots,M$。设 $N(t)$ 是泊松过程，定义复合泊松过程

$$Q(t)=\sum_{i=1}^{N(t)}Y_i$$

对于 $m=1,\cdots,M$，截至时刻 t，Q 中幅度为 y_m 的跳跃总数记为 $N_m(t)$，则：

$$N(t)=\sum_{m=1}^{M}N_m(t) \quad 且 \quad Q(t)=\sum_{m=1}^{M}y_mN_m(t)$$

这样定义的过程 $N_1,N_2,\cdots,N_M$ 是两两独立的泊松过程，每个 N_m 具有强度 $\lambda p(y_m)$。

11.4 跳过程及其积分

这一节，我们引进关于跳过程的随机积分，并推导积分的性质。这里涉及布朗运动、泊松过程和复合泊松过程，在以下定义的意义上，它们都相应于同一个域流。

定义 11.4.1 设 $(\Omega,\mathcal{F},\mathbb{P})$ 是概率空间，$\mathcal{F}(t),t\geqslant0$ 是该空间上的一个域流。称布朗运动 W 是与 $\mathcal{F}(t)$ **相关的布朗运动**，如果对每个 t，$W(t)$ 为 $\mathcal{F}(t)$-可测并且对所有 $u>t$，增量 $W(u)-W(t)$ 独立于 $\mathcal{F}(t)$。称泊松过程 N 是与 $\mathcal{F}(t)$ **相关的泊**

松过程，如果对每个 t，$N(t)$ 为 $\mathcal{F}(t)$-可测并且对所有 $u>t$，增量 $N(u)-N(t)$ 独立于 $\mathcal{F}(t)$。称复合泊松过程 Q 是与 $\mathcal{F}(t)$ **相关的复合泊松过程**，如果对每个 t，$Q(t)$ 为 $\mathcal{F}(t)$-可测并且对所有 $u>t$，增量 $Q(u)-Q(t)$ 独立于 $\mathcal{F}(t)$。

11.4.1 *跳过程*

我们希望定义随机积分

$$\int_0^t \Phi(s)dX(s)$$

其中 X 可以有跳跃。设 $\mathcal{F}(t)$，$t\geqslant 0$ 是概率空间 $(\Omega,\mathcal{F},\mathbb{P})$ 上的一个域流。所有过程都将适应于这个域流。这一节所考虑积分中的过程 X 是右连续的，并且形如

$$X(t)=X(0)+I(t)+R(t)+J(t) \tag{11.4.1}$$

在式(11.4.1)中，$X(0)$是非随机的初始条件。过程

$$I(t)=\int_0^t \Gamma(s)dW(s) \tag{11.4.2}$$

是某个适应过程 $\Gamma(s)$关于与域流相关的布朗运动 W 的**伊藤积分**。我们称$I(t)$为 X 的**伊藤积分部分**。式(11.4.1)中的过程 $R(t)$是某个适应过程$\Theta(s)$的黎曼积分[1]

$$R(t)=\int_0^t \Theta(s)ds \tag{11.4.3}$$

我们称 $R(t)$为 X 的**黎曼积分部分**。$X(t)$的**连续部分**定义为：

$$\begin{aligned} X^c(t) &= X(0)+I(t)+R(t) \\ &= X(0)+\int_0^t \Gamma(s)dW(s)+\int_0^t \Theta(s)ds \end{aligned}$$

该过程的二次变差为：

$$[X^c,X^c](t)=\int_0^t \Gamma^2(s)ds$$

写成微分形式：

$$dX^c(t)dX^c(t)=\Gamma^2(t)dt$$

最后，在式(11.4.1)中，$J(t)$是一个适应的右连续**纯跳过程**，满足$J(0)=0$。**右连续**是指对所有 $t\geqslant 0$，$J(t)=\lim_{s\downarrow t}J(s)$。这样的过程的**左连续**形式记为 $J(t-)$。换言之，如果 J 在时刻t 发生跳跃，则 $J(t)$是 J 在跳后瞬间的值，而 $J(t-)$是 J 在跳之前瞬间的值。假定 J 在时刻 0 不发生跳跃，在任何有限时间区间$(0,T]$内仅发生有限多次跳，接连两次跳之间取值为常数。$J(t)$在接连两次跳之间取常数值

[1] 通常取关于 dt 的勒贝格积分，不过对于我们所考虑的情形，黎曼积分都有定义，并且等同于勒贝格积分。

是其被称为**纯**跳过程的依据。泊松过程和复合泊松过程具有这一性质。补偿泊松过程不满足这一性质，因为它在接连两次跳之间是递减的。我们称 $J(t)$ 为 X 的**纯跳部分**。

定义 11.4.2 具有伊藤积分部分 $I(t)$、黎曼积分部分 $R(t)$ 以及纯跳部分 $J(t)$ 的形如式(11.4.1)的过程 $X(t)$ 称为**跳过程**。该过程的连续部分为 $X^c(t)=X(0)+I(t)+R(t)$。

本书中的跳过程不是最一般的，因为在有限时间区间内，我们只允许发生有限多次跳跃。对于许多实际应用，这些过程也已够用。对于这些过程的随机分析也为更一般的情形提供了很好的启示。

跳过程 $X(t)$ 是右连续和适应的。由于 $I(t)$ 和 $R(t)$ 是连续的，$X(t)$ 的左连续形式为：

$$X(t-)=X(0)+I(t)+R(t)+J(t-)$$

X 在时刻 t 的跳跃幅度记为：

$$\Delta X(t)=X(t)-X(t-)$$

如果 X 在时刻 t 连续，则 $\Delta X(t)=0$。如果 X 在时刻 t 发生跳跃，则 $\Delta X(t)$ 就是跳跃幅度，它也是过程 J 在时刻 t 的跳跃幅度 $\Delta J(t)=J(t)-J(t-)$。下文公式中，只要出现 $X(0-)$，就理解为 $X(0)$。特别是，$\Delta X(0)=0$，X 在时刻 0 不发生跳跃。

定义 11.4.3 设 $X(t)$ 是形如式(11.4.1)～(11.4.3)的跳过程，$\Phi(s)$ 是适应过程。Φ 关于 X 的**随机积分**定义为：

$$\int_0^t \Phi(s)dX(s)=\int_0^t \Phi(s)\Gamma(s)dW(s)+\int_0^t \Phi(s)\Theta(s)ds + \sum_{0<s\leqslant t}\Phi(s)\Delta J(s) \tag{11.4.4}$$

写成微分形式：

$$\begin{aligned}\Phi(t)dX(t)&=\Phi(t)dI(t)+\Phi(t)dR(t)+\Phi(t)dJ(t)\\&=\Phi(t)dX^c(t)+\Phi(t)dJ(t)\end{aligned}$$

其中：

$$\Phi(t)dI(t)=\Phi(t)\Gamma(t)dW(t),\ \Phi(t)dR(t)=\Phi(t)\Theta(t)dt$$
$$\Phi(t)dX^c(t)=\Phi(t)\Gamma(t)dW(t)+\Phi(t)\Theta(t)dt$$

例 11.4.4 设 $X(t)=M(t)=N(t)-\lambda t$，其中 $N(t)$ 是强度为 λ 的泊松过程，从而 $M(t)$ 是定理 11.2.4 中的补偿泊松过程。按照定义 11.4.2 中的记号，$I(t)=0$，$X^c(t)=R(t)=-\lambda t$，$J(t)=N(t)$。设 $\Phi(s)=\Delta N(s)$[即当 N 在时刻 s 发生跳跃时，$\Phi(s)$ 取值为 1；其他情形，$\Phi(s)$ 取值为 0]。对于 $s\in[0,t]$，除了有限多个 s 的值以外，$\Phi(s)$ 总是等于 0。则：

$$\begin{aligned}\int_0^t \Phi(s)dX^c(s)&=\int_0^t \Phi(s)dR(s)\\&=-\lambda\int_0^t \Phi(s)ds=0\end{aligned}$$

然而：

$$\int_0^t \Phi(s)dN(s)=\sum_{0<s\leqslant t}(\Delta N(s))^2=N(t)$$

因此：

$$\int_0^t \Phi(s)dM(s)=-\lambda\int_0^t \Phi(s)ds+\int_0^t \Phi(s)dN(s)=N(t) \tag{11.4.5}$$

对于布朗运动 $W(t)$，我们定义随机积分 □

$$I(t)=\int_0^t \Gamma(s)dW(s)$$

使得 $I(t)$ 是一个鞅。首先将被积式 $\Gamma(s)$ 用简单被积式 $\Gamma_n(s)$ 逼近，记

$$I_n(t)=\int_0^t \Gamma_n(s)dW(s)$$

然后验证对每个 n，$I_n(t)$ 是鞅。最后定义 $I(t)$ 为 $I_n(t)$ 当 $n\to\infty$ 的极限，由于这是鞅的极限，$I(t)$ 也是鞅。为了实现上述定义，我们需要的唯一条件是 $\Gamma(s)$ 为适应过程，并且满足技术性条件：$\mathbb{E}\int_0^t \Gamma^2(s)ds<\infty,\forall t>0$。

取 $\Gamma(s)$ 为某资产的头寸，并用该资产价格过程取代 $W(t)$，则上述构造具有金融意义。如果资产价格是鞅(即只有波动，没有升降趋势)，则投资于该资产的收益应该也是一个鞅。随机积分就是投资收益。

在跳过程情形，我们仍希望关于鞅的随机积分也是一个鞅。然而，例 11.4.4 表明并非总是如此。例中的 $M(t)$ 是鞅(见定理 11.2.4)，但是式(11.4.5)中的积分 $N(t)$ 却不是鞅。它只升不降。

投资于补偿泊松过程 $M(t)$ 的投资者按照公式 $\Phi(s)=\Delta N(s)$ 选取头寸可以套利。为此，始终取零头寸，除非在 $N(s)$ 发生跳的时刻[同时也是 $M(s)$ 的跳时刻]，取头寸 1。由于 $M(s)$ 总是向上跳，在跳时刻持有多头总能获得正收益，而无亏损可能。

在实际中，资产组合 $\Phi(s)=\Delta N(s)$ 是无法实现的，因为投资者必须在跳跃发生前取定头寸。没有内幕信息的投资者，难以恰好在(上)跳时刻持有多头。$\Phi(s)$ 仅依赖于截至时刻 s 的路径，不依赖于关于路径的未来信息。这是我们构造关于布朗运动的随机积分时对被积式过程的适应性假定。这里我们看到，只要求被积式为适应过程还是不够的。为了添加额外条件，数学上较为简便的是要求被积式**左连续**。这一条件排除了 $\Phi(s)=\Delta N(s)$。在接连两次跳之间的时间区间内该过程取值为 0，如果是左连续过程，则在跳时刻也为 0。

我们不加证明给出以下定理。

定理 11.4.5 假定式(11.4.1)～(11.4.3)中的跳过程 $X(s)$ 是鞅，被积式 $\Phi(s)$ 是**左连续**适应过程，并且

$$\mathbb{E}\int_0^t \Gamma^2(s)\Phi^2(s)ds<\infty,\forall t\geqslant 0$$

则随机积分 $\int_0^t \Phi(s)dX(s)$ 也是鞅。

关于跳过程积分的数学文献中给出了定理 11.4.5 略微一般的形式，其中仅假定被积式是**可料**过程。大致上，这样的过程可以作为左连续过程的极限得到。我们不需要这一更一般的概念。

虽然在定理 11.4.5 中我们要求 $\Phi(s)$ 是左连续的，但是 $X(t)$ 总是取右连续过程，从而积分 $\int_0^t \Phi(s)dX(s)$ 关于积分上限 t 是右连续的。在 X 发生跳跃同时 Φ 非零的时刻积分值也发生跳跃。如果 X 在时刻 t 发生跳跃，则时刻 t 的积分值包括这一跳跃；见式(11.4.4)。

例 11.4.6 设 $N(t)$ 是强度为 λ 的泊松过程，$M(t)=N(t)-\lambda t$ 是补偿泊松过程。取

$$\Phi(s)=\mathbb{I}_{[0,S_1]}(s)$$

截至首次跳发生时刻，Φ 取值为 1；之后 Φ 恒为 0. 注意到 Φ 是左连续的，我们有：

$$\begin{aligned}\int_0^t \Phi(s)dM(s) &= \begin{cases}-\lambda t, & 0\leqslant t<S_1\\ 1-\lambda S_1, & t\geqslant S_1\end{cases}\\ &=\mathbb{I}_{[S_1,\infty)}(t)-\lambda(t\wedge S_1)\end{aligned} \tag{11.4.6}$$

式(11.4.6)中的记号 $t\wedge S_1$ 表示取 t 和 S_1 的较小值。见图 11.4.1

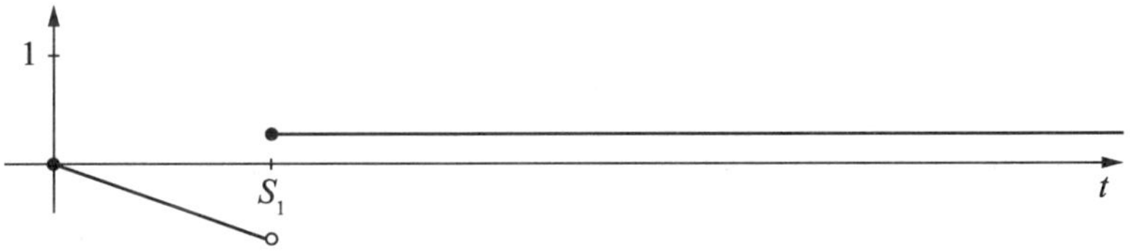

图 11.4.1 $\mathbb{I}_{[S_1,\infty)}(t)-\lambda(t\wedge S_1)$

我们通过直接计算验证过程 $\mathbb{I}_{[S_1,\infty)}(t)-\lambda(t\wedge S_1)$ 的鞅性质。对于 $0\leqslant s<t$，我们有：

$$\mathbb{E}[\mathbb{I}_{[S_1,\infty]}(t)-\lambda(t\wedge S_1)\,|\,\mathcal{F}(s)]=\mathbb{P}\{S_1\leqslant t\,|\,\mathcal{F}(s)\}-\lambda\,\mathbb{E}[t\wedge S_1\,|\,\mathcal{F}(s)] \tag{11.4.7}$$

如果 $S_1\leqslant s$，则在时刻 s，我们已知道了 S_1 的值，以上条件期望所给出的正是被估计的随机变量。这时，式(11.4.7)的右端为 $1-\lambda S_1=\mathbb{I}_{[S_1,\infty)}(s)-\lambda(s\wedge S_1)$，鞅性质满足。另一方面，如果 $S_1>s$，则：

$$\mathbb{P}\{S_1\leqslant t\,|\,\mathcal{F}(s)\}=1-\mathbb{P}\{S_1>t\,|\,S_1>s\}=1-e^{-\lambda(t-s)} \tag{11.4.8}$$

其中用到了 S_1 服从指数分布的事实以及指数随机变量的无记忆性(11.2.3)。事实上，无记忆性表明：在 $S_1>s$ 的条件下，S_1 的密度为：

$$-\frac{\partial}{\partial u}\mathbb{P}\{S_1>u\,|\,S_1>s\}=-\frac{\partial}{\partial u}e^{-\lambda(u-s)}=\lambda e^{-\lambda(u-s)},\quad u>s$$

由此可得，当 $S_1>s$ 时，

$$\begin{aligned}\lambda\mathbb{E}[t\wedge S_1\mid\mathcal{F}(s)]&=\lambda\mathbb{E}[t\wedge S_1\mid S_1>s]\\&=\lambda^2\int_s^\infty(t\wedge u)e^{-\lambda(u-s)}du\\&=\lambda^2\left\{\int_s^t ue^{-\lambda(u-s)}du+\lambda^2\int_t^\infty te^{-\lambda(u-s)}du\right.\\&=-\lambda ue^{-\lambda(u-s)}\Big|_{u=s}^{u=t}+\lambda\int_s^t e^{-\lambda(u-s)}du-\lambda te^{-\lambda(u-s)}\Big|_{u=t}^{u=\infty}\\&=\lambda s-\lambda te^{-\lambda(t-s)}-e^{-\lambda(u-s)}\Big|_{u=s}^{u=t}+\lambda te^{-\lambda(t-s)}\\&=\lambda s-e^{-\lambda(t-s)}+1\end{aligned}\tag{11.4.9}$$

从式(11.4.8)中减去式(11.4.9)，在 $S_1>s$ 的情形我们得到：

$$\mathbb{E}[\mathbb{I}_{[S_1,\infty]}(t)-\lambda(t\wedge S_1)\mid\mathcal{F}(s)]=-\lambda s=\mathbb{I}_{[S_1,\infty)}(s)-\lambda(s\wedge S_1)$$

于是，我们验证了式(11.4.6)中随机积分的鞅性质。

注意，如果取式(11.4.6)中的被积式取为 $\mathbb{I}_{[0,S_1)}(t)$，它在 S_1 是右连续而非左连续的，我们将得到：

$$\int_0^t\mathbb{I}_{[0,S_1)}(u)dM(u)=-\lambda(t\wedge S_1)\tag{11.4.10}$$

根据 $s=0$ 时的式(11.4.9)，有：

$$\mathbb{E}[-\lambda(t\wedge S_1)]=e^{-\lambda t}-1$$

它关于 t 严格递减。这样，从右连续被积式 $\mathbb{I}_{[0,S_1)}(t)$ 得到的积分(11.4.10)不是鞅。 □

11.4.2 二次变差

为了给出适用于跳过程的伊藤—德布林公式，我们需要讨论**二次变差**。设 $X(t)$ 是跳过程。为了计算 X 在$[0,T]$上的二次变差，取 $0=t_0<t_1<t_2<\cdots<t_n=T$，记这些时点的集合为 $\Pi=\{t_0,t_1,\cdots,t_n\}$，记最长小区间的长度为 $\|\Pi\|=\max_j(t_{j+1}-t_j)$，并且定义

$$Q_\Pi(X)=\sum_{j=0}^{n-1}(X(t_{j+1})-X(t_j))^2$$

X 在$[0,T]$上的**二次变差**定义为：

$$[X,X](T)=\lim_{\|\Pi\|\to0}Q_\Pi(X)$$

其中，当 $\|\Pi\|\to0$ 时，Π 中的时点数目自然趋于无穷。

一般而言，$[X,X](T)$可以随机(即可以依赖于 X 的路径)。然而，在布朗运动的情形，$[X,X](T)=T$ 并不依赖于路径。在关于布朗运动的伊藤积分 $I(T)=\int_0^T\Gamma(s)dW(s)$ 的情形，$[I,I](T)=\int_0^T\Gamma^2(s)ds$ 可能依赖于路径，因为 $\Gamma(s)$ 可能依

赖于路径。

我们还需要**交互变差**的概念。设 $X_1(t)$ 和 $X_2(t)$ 是跳过程。我们定义：

$$C_{\Pi}(X_1,X_2)=\sum_{j=0}^{n-1}(X_1(t_{j+1})-X_1(t_j))(X_2(t_{j+1})-X_2(t_j))$$

以及

$$[X_1,X_2](T)=\lim_{\|\Pi\|\to 0}C_{\Pi}(X_1,X_2)$$

定理 11.4.7 设 $X_1(t)=X_1(0)+I_1(t)+R_1(t)+J_1(t)$ 是跳过程，其中 $I_1(t)=\int_0^t\Gamma_1(s)dW(s)$，$R_1(t)=\int_0^t\Theta_1(s)ds$，$J_1(t)$ 是右连续纯跳过程。则：

$$X_1^c(t)=X_1(0)+I_1(t)+R_1(t)$$

并且

$$\begin{aligned}[X_1,X_1](T)&=[X_1^c,X_1^c](T)+[J_1,J_1](T)\\&=\int_0^T\Gamma_1^2(s)ds+\sum_{0<s\leqslant T}(\Delta J_1(s))^2\end{aligned}\tag{11.4.11}$$

设 $X_2(t)=X_2(0)+I_2(t)+R_2(t)+J_2(t)$ 是另一个跳过程，其中 $I_2(t)=\int_0^t\Gamma_2(s)dW(s)$，$R_2(t)=\int_0^t\Theta_2(s)ds$，$J_2(t)$ 是右连续纯跳过程。则：

$$X_2^c(t)=X_2(0)+I_2(t)+R_2(t)$$

并且

$$\begin{aligned}[X_1,X_2](T)&=[X_1^c,X_2^c](T)+[J_1,J_2](T)\\&=\int_0^T\Gamma_1(s)\Gamma_2(s)ds+\sum_{0<s\leqslant T}\Delta J_1(s)\Delta J_2(s)\end{aligned}\tag{11.4.12}$$

【证明】 只需证明式(11.4.12)，因为式(11.4.11)是式(11.4.12) $X_2=X_1$ 时的特殊情形。我们有：

$$\begin{aligned}C_{\Pi}(X_1,X_2)&=\sum_{j=0}^{n-1}(X_1(t_{j+1})-X_1(t_j))(X_2(t_{j+1})-X_2(t_j))\\&=\sum_{j=0}^{n-1}(X_1^c(t_{j+1})-X_1^c(t_j)+J_1(t_{j+1})-J_1(t_j))\\&\quad\times(X_2^c(t_{j+1})-X_2^c(t_j)+J_2(t_{j+1})-J_2(t_j))\\&=\sum_{j=0}^{n-1}(X_1^c(t_{j+1})-X_1^c(t_j))(X_2^c(t_{j+1})-X_2^c(t_j))\\&\quad+\sum_{j=0}^{n-1}(X_1^c(t_{j+1})-X_1^c(t_j))(J_2(t_{j+1})-J_2(t_j))\\&\quad+\sum_{j=0}^{n-1}(J_1(t_{j+1})-J_1(t_j))(X_2^c(t_{j+1})-X_2^c(t_j))\\&\quad+\sum_{j=0}^{n-1}(J_1(t_{j+1})-J_1(t_j))(J_2(t_{j+1})-J_2(t_j))\end{aligned}\tag{11.4.13}$$

由连续过程的理论可知：

$$\lim_{\|\Pi\|\to 0}\sum_{j=0}^{n-1}(X_1^c(t_{j+1})-X_1^c(t_j))(X_2^c(t_{j+1})-X_2^c(t_j))=[X_1^c,X_2^c](T)$$
$$=\int_0^T\Gamma_1(s)\Gamma_2(s)ds$$

我们将证明：当 $\|\Pi\|\to 0$ 时，出现在式(11.4.13)右端的第二项和第三项的极限为0，第四项的极限为：

$$[J_1,J_2](T)=\sum_{0<s\leqslant T}\Delta J_1(s)\Delta J_2(s)$$

考虑式(11.4.13)右端的第二项：

$$\left|\sum_{j=0}^{n-1}(X_1^c(t_{j+1})-X_1^c(t_j))(J_2(t_{j+1})-J_2(t_j))\right|$$
$$\leqslant \max_{0\leqslant j\leqslant n-1}|(X_1^c(t_{j+1})-X_1^c(t_j)|\cdot\sum_{j=0}^{n-1}|(J_2(t_{j+1})-J_2(t_j)|$$
$$\leqslant \max_{0\leqslant j\leqslant n-1}|(X_1^c(t_{j+1})-X_1^c(t_j)|\cdot\sum_{0<s\leqslant T}|\Delta J_2(s)|$$

当 $\|\Pi\|\to 0$ 时，因子 $\max\limits_{0\leqslant j\leqslant n-1}|(X_1^c(t_{j+1})-X_1^c(t_j)|$ 极限为0，$\sum\limits_{0<s\leqslant T}|\Delta J_2(s)|$ 是不依赖于 Π 的有限数。因此，当 $\|\Pi\|\to 0$ 时，式(11.4.13)右端第二项极限为0。类似地，式(11.4.13)右端第三项极限为0。

任意给定 $\omega\in\Omega$，从而固定了这些过程的路径。选取 Π，其中的时点足够密集，使得每一个区间 $(t_j,t_{j+1}]$ 内至多仅含 J_1 的一个跳时刻，也至多仅含 J_2 的一个跳时刻，并且如果某一区间内既含有 J_1 的跳时刻，又含有 J_2 的跳时刻，则必相等(两个跳跃同时发生)。设 A_1 是区间 $(t_j,t_{j+1}]$ 内含有 J_1 的跳时刻的指标 j 的全体，A_2 是区间 $(t_j,t_{j+1}]$ 内含有 J_2 的跳时刻的指标 j 的全体。式(11.4.13)右端的第四项为：

$$\sum_{j=0}^{n-1}(J_1(t_{j+1})-J_1(t_j))(J_2(t_{j+1})-J_2(t_j))$$
$$=\sum_{j\in A_1\cap A_2}(J_1(t_{j+1})-J_1(t_j))(J_2(t_{j+1})-J_2(t_j))$$
$$=\sum_{0<s\leqslant t}\Delta J_1(s)\Delta J_2(s)$$

定理得证。 □

注 11.4.8 利用微分记号，定理11.4.7的式(11.4.12)表明：如果

$$X_1(t)=X_1(0)+X_1^c(t)+J_1(t),\quad X_2(t)=X_2(0)+X_2^c(t)+J_2(t)$$

则：

$$dX_1(t)dX_2(t)=dX_1^c(t)dX_2^c(t)+dJ_1(t)dJ_2(t)$$

特别地，我们有：

$$dX_1^c(t)dJ_2(t)=dX_2^c(t)dJ_1(t)=0$$

连续过程与纯跳过程的交互变差为 0。由此可知：布朗运动与泊松过程的交互变差为 0。

更一般地，连续过程与不含伊藤积分部分的任何过程的交互变差为 0。为了得到非零的交互变差，必须两个过程都含有 dW 项或者两个过程必有相同的跳时刻。这意味着布朗运动与补偿泊松过程的交互变差为 0。我们将这最后的事实表述为推论。 □

推论 11.4.9 设 $W(t)$ 是布朗运动，$M(t)=N(t)-\lambda t$ 是补偿泊松过程，它们相应于同一个域流 $F(t)$（定义 11.4.1）。则：

$$[W,M](t)=0, \quad t\geqslant 0$$

【证明】 只需在定理 11.4.7 中取 $I_1(t)=W(t)$，$R_1(t)=J_1(t)=0$；并取 $I_2(t)=0$，$R_2(t)=-\lambda t$，$J_2(t)=N(t)$。 □

我们将由推论 11.5.3 知道：方程 $[W,M](t)=0$ 蕴含 W 与 M 独立，从而 W 与 N 独立。因此，**相应于同一个域流的布朗运动与泊松过程必定相互独立。**

推论 11.4.10 对于 $i=1,2$，设 $X_i(t)$ 是适应的右连续跳过程。换言之，

$$X_i(t)=X_i(0)+I_i(t)+R_i(t)+J_i(t)$$

其中 $I_i(t)=\int_0^t \Gamma_i(s)dW(s)$，$R_i(t)=\int_0^t \Theta_i(s)ds$，$J_i(t)$ 是纯跳过程。设 $\widetilde{X}_i(0)$ 是常数，$\Phi_i(s)$ 是适应过程，令

$$\widetilde{X}_i(t)=\widetilde{X}_i(0)+\int_0^t \Phi_i(s)dX_i(s)$$

由定义知：

$$\widetilde{X}_i(t)=\widetilde{X}_i(0)+\widetilde{I}_i(t)+\widetilde{R}_i(t)+\widetilde{J}_i(t)$$

其中：

$$\widetilde{I}_i(t)=\int_0^t \Phi_i(s)\Gamma_i(s)dW(s), \quad \widetilde{R}_i(t)=\int_0^t \Phi_i(s)\Theta_i(s)ds$$

$$\widetilde{J}_i(t)=\sum_{0<s\leqslant t}\Phi_i(s)\Delta J_i(s)$$

注意 $\widetilde{X}_i(t)$ 是跳过程，其连续部分为 $\widetilde{X}_i^c(t)=\widetilde{X}_i(0)+\widetilde{I}_i(t)+\widetilde{R}_i(t)$，纯跳部分为 $\widetilde{J}_i(t)$。我们有：

$$\begin{aligned}[\widetilde{X}_1,\widetilde{X}_2](t)&=[\widetilde{X}_1^c,\widetilde{X}_2^c](t)+[\widetilde{J}_1,\widetilde{J}_2](t)\\&=\int_0^t \Phi_1(s)\Phi_2(s)\Gamma_1(s)\Gamma_2(s)ds+\sum_{o<s\leqslant t}\Phi_1(s)\Phi_2(s)\Delta J_1(s)\Delta J_2(s)\\&=\int_0^t \Phi_1(s)\Phi_2(s)d[X_1,X_2](s)\end{aligned}$$

注 11.4.11 利用微分记号，推论 11.4.10 表明：如果

$$d\widetilde{X}_1(t)=\Phi_1(t)dX_1(t), \quad d\widetilde{X}_2(t)=\Phi_2(t)dX_2(t)$$

则：

$$d\widetilde{X}_1(t)d\widetilde{X}_2(t)=\Phi_1(t)\Phi_2(t)dX_1(t)dX_2(t)$$

11.5 跳过程的随机分析

11.5.1 关于单个跳过程的伊藤—德布林公式

对于连续路径过程,伊藤—德布林公式如下:设

$$X^c(t)=X^c(0)+\int_0^t\Gamma(s)dW(s)+\int_0^t\Theta(s)ds \tag{11.5.1}$$

其中 $\Gamma(t)$ 和 $\Theta(t)$ 是适应过程。利用微分记号,可以写成:

$$dX^c(t)=\Gamma(s)dW(s)+\Theta(s)ds,\quad dX^c(s)dX^c(s)=\Gamma^2(s)ds$$

设函数 $f(x)$ 具有连续的一阶和二阶导数。则:

$$\begin{aligned}df(X^c(s))&=f'(X^c(s))dX^c(s)+\frac{1}{2}f''(X^c(s))dX^c(s)dX^c(s)\\&=f'(X^c(s))\Gamma(s)dW(s)+f'(X^c(s))\Theta(s)ds+\\&\quad\frac{1}{2}f''(X^c(s))\Gamma^2(s)ds\end{aligned} \tag{11.5.2}$$

写成积分形式为:

$$\begin{aligned}f(X^c(t))&=f(X^c(0))+\int_0^t f'(X^c(s))\Gamma(s)dW(s)\\&\quad+\int_0^t f'(X^c(s))\Theta(s)ds+\frac{1}{2}\int_0^t f''(X^c(s))\Gamma^2(s)ds\end{aligned}$$

现在,我们在式(11.5.1)中添加纯跳项 J,令

$$X(t)=X(0)+I(t)+R(t)+J(t)$$

其中 $I(t)=\int_0^t\Gamma(s)dW(s)$,$R(t)=\int_0^t\Theta(s)ds$。按照常用的表示法,$X(t)$ 的连续部分为 $X^c(t)=X(0)+I(t)+R(t)$。在 J 的接连两次跳跃之间,类似于式(11.5.2),我们有:

$$\begin{aligned}df(X(s))&=f'(X(s))dX(s)+\frac{1}{2}f''(X(s))dX(s)dX(s)\\&=f'(X(s))\Gamma(s)dW(s)+f'(X(s))\Theta(s)ds\\&\quad+\frac{1}{2}f''(X(s))\Gamma^2(s)ds\\&=f'(X(s))dX^c(s)+\frac{1}{2}f''(X(s))dX^c(s)dX^c(s)\end{aligned} \tag{11.5.3}$$

如果 X 发生从 $X(s-)$ 到 $X(s)$ 的跳跃,通常 $f(X)$ 也发生从 $f(X(s-))$ 到 $f(X(s))$ 的跳跃。将式(11.5.3)两边从 0 到 t 积分时,我们必须考虑在此期间发生的所有跳跃。这就导致以下定理。

定理 11.5.1(单个跳过程的伊藤—德布林公式) 设 $X(t)$ 是跳过程并且 $f(x)$ 具有连续的一阶导数 $f'(x)$ 和二阶导数 $f''(x)$,则:

$$f(X(t)) = f(X(0)) + \int_0^t f'(X(s))dX^c(s) + \frac{1}{2}\int_0^t f''(X(s))dX^c(s)dX^c(s) + \sum_{0<s\leq t} f(X(s)) - f(X(s-)) \quad (11.5.4)$$

【证明】 任意给定 $\omega\in\Omega$，从而固定了过程 X 的路径。设 $0<\tau_1<\tau_2<\cdots<t_{n-1}<t$ 是该路径在 $[0,t)$ 内的所有跳时刻。记 $\tau_0=0$（不是跳时刻），并记 $\tau_n=t$。只要 $u<v$ 位于同一区间 (τ_j,τ_{j+1}) 内，则在 u 和 v 之间不发生跳跃，从而关于连续过程的伊藤—德布林公式(11.5.3)适用。于是，我们有：

$$f(X(v)) - f(X(u)) = \int_u^v f'(X(s))dX^c(s) + \frac{1}{2}\int_u^v f''(X(s))dX^c(s)dX^c(s)$$

令 $u\downarrow\tau_j$ 和 $v\uparrow\tau_{j+1}$，并利用 X 的右连续性，我们得到：

$$f(X(\tau_{j+1}-)) - f(X(\tau_j)) = \int_{\tau_j}^{\tau_{j+1}} f'(X(s))dX^c(s) + \frac{1}{2}\int_{\tau_j}^{\tau_{j+1}} f''(X(s))dX^c(s)dX^c(s) \quad (11.5.5)$$

[注意，这里我们有：

$$\lim_{v\uparrow\tau_{j+1}}\int_u^v f'(X(s))dX^c(s) = \int_u^{\tau_{j+1}} f'(X(s))dX^c(s)$$

但是若以 $dX(s)$ 取代 $dX^c(s)$，则上式不再成立。因为作了这样的替换后，X 在 τ_{j+1} 的跳跃将出现在上式右端，却不会出现在左端。正是由于这个原因，我们在式(11.5.5)中关于 $dX^c(s)$ 积分。]在式(11.5.5)的两边加上 $f(X)$ 在 τ_{j+1} 的跳跃，便得到：

$$f(X(\tau_{j+1})) - f(X(\tau_j)) = \int_{\tau_j}^{\tau_{j+1}} f'(X(s))dX^c(s) + \frac{1}{2}\int_{\tau_j}^{\tau_{j+1}} f''(X(s))dX^c(s)dX^c(s) + f(X(\tau_{j+1})) - f(X(\tau_{j+1}-))$$

关于 $j=0,1,\cdots,n-1$ 求和，我们得到：

$$\begin{aligned} f(X(t)) - f(X(0)) &= \sum_{j=0}^{n-1}[f(X(\tau_{j+1})) - f(X(\tau_j))] \\ &= \int_0^t f'(X(s))dX^c(s) + \frac{1}{2}\int_0^t f''(X(s))dX^c(s)dX^c(s) \\ &\quad + \sum_{j=0}^{n-1}[f(X(\tau_{j+1})) - f(X(\tau_{j+1}-))] \end{aligned}$$

这就是式(11.5.4)。注意，如果在 $\tau_n=t$ 不发生跳跃，则上式右端和式中的最后一项 $f(X(\tau_n))-f(X(\tau_n-))$ 为 0。 □

由于含有关于跳跃求和的项,式(11.5.4)并非总是能够写成微分形式。在下面的例子中,我们给出伊藤—德布林公式具有微分形式的一种情形。

例 11.5.2(几何泊松过程) 考虑几何泊松过程

$$S(t)=S(0)e^{N(t)\log(\sigma+1)-\lambda\sigma t}$$
$$=S(0)e^{-\lambda\sigma t}(\sigma+1)^{N(t)} \tag{11.5.6}$$

其中 $\sigma>-1$ 是常数。如果 $\sigma>0$,该过程在接连两次跳之间是向上跳后向下变动;如果 $-1<\sigma<0$,该过程在接连两次跳之间是向下跳后向上变动。我们将证明该过程是一个鞅。

我们可将该过程写为 $S(t)=f(X(t))$,其中 $f(x)=S(0)e^x$,并且

$$X(t)=N(t)\log(\sigma+1)-\lambda\sigma t$$

具有连续部分 $X^c(t)=-\lambda\sigma t$ 以及纯跳部分 $J(t)=N(t)\log(\sigma+1)$。根据关于跳过程的伊藤—德布林公式可知:

$$\begin{aligned}S(t) &= f(X(t))\\ &= f(X(0))-\lambda\sigma\int_0^t f'(X(u))du+\sum_{0<u\leqslant t}[f(X(u))-f(X(u-))]\\ &= S(0)-\lambda\sigma\int_0^t S(u)du+\sum_{0<u\leqslant t}[S(u)-S(u-)]\end{aligned} \tag{11.5.7}$$

如果在时刻 u 发生跳跃,则 $S(u)=(\sigma+1)S(u-)$。因此,只要 u 是跳时刻,就有:

$$S(u)-S(u-)=\sigma S(u-) \tag{11.5.8}$$

当然,如果 u 不是跳时刻,则 $S(u)-S(u-)=0$。无论何种情形,我们都有:

$$S(u)-S(u-)=\sigma S(u-)\Delta N(u)$$

于是,我们可将式(11.5.7)右端的和式改写为:

$$\sum_{0<u\leqslant t}[S(u)-S(u-)]=\sum_{0<u\leqslant t}\sigma S(u-)\Delta N(u)=\sigma\int_0^t S(u-)dN(u)$$

式(11.5.7)右端的黎曼积分写成 $\int_0^t S(u)du$ 还是 $\int_0^t S(u-)du$ 并不重要,因为两个积分的被积式仅在有限多个时点不同,不影响关于 du 的积分。因此,可将式(11.5.7)改写为:

$$\begin{aligned}S(t) &= S(0)-\lambda\sigma\int_0^t S(u-)du+\sigma\int_0^t S(u-)dN(u)\\ &= S(0)+\sigma\int_0^t S(u-)dM(u)\end{aligned}$$

其中 M 是补偿泊松过程 $M(u)=N(u)-\lambda u$,它是一个鞅。由于被积式 $S(u-)$ 左连续,由定理 11.4.5,$S(t)$ 是一个鞅。

对于现在的情形,伊藤—德布林公式(11.5.7)具有微分形式,即:

$$dS(t)=\sigma S(t-)dM(u)=-\lambda\sigma S(t)dt+\sigma S(t-)dN(t) \tag{11.5.9}$$

我们能够得到这一微分形式，是因为在式(11.5.8)中我们能将 $f(X)$ 的跳跃(即 S 的跳跃)用 $f(X(u-))$ 表示[即用 $S(u-)$ 表示]。 □

推论 11.5.3 设 $W(t)$ 是布朗运动，$N(t)$ 是强度为 λ 的泊松过程，它们定义在同一个概率空间 $(\Omega, \mathcal{F}, \mathbb{P})$ 上并且相应于同一个域流 $\mathcal{F}(t)$，$t \geqslant 0$，则 $W(t)$ 和 $N(t)$ 是独立的。

【证明的关键步骤】 设 u_1 和 u_2 是固定实数，定义：

$$Y(t) = \exp\left\{u_1 W(t) + u_2 N(t) - \frac{1}{2}u_1^2 t - \lambda(e^{u_2} - 1)t\right\}$$

我们利用伊藤—德布林公式证明 Y 是一个鞅。

为此，我们定义：

$$X(s) = u_1 W(s) + u_2 N(s) - \frac{1}{2}u_1^2 s - \lambda(e^{u_2} - 1)s$$

以及 $f(x) = e^x$，于是 $Y(s) = f(X(s))$。过程 $X(s)$ 具有伊藤积分部分 $I(s) = u_1 W(s)$，黎曼积分部分 $R(s) = -\frac{1}{2}u_1^2 s - \lambda(e^{u_2} - 1)s$ 以及纯跳部分 $J(s) = u_2 N(s)$。特别地：

$$dX^c(s) = u_1 dW(s) - \frac{1}{2}u_1^2 ds - \lambda(e^{u_2} - 1)ds,\ dX^c(s)dX^c(s) = u_1^2 ds$$

我们注意到：如果 Y 在时刻 s 发生跳跃，则

$$Y(s) = \exp\left\{u_1 W(s) + u_2(N(s-) + 1) - \frac{1}{2}u_1^2 s - \lambda(e^{u_2} - 1)s\right\} = Y(s-)e^{u_2}$$

因此：

$$Y(s) - Y(s-) = (e^{u_2} - 1)Y(s-)\Delta N(s)$$

根据关于跳过程的伊藤—德布林公式可知：

$$\begin{aligned}
Y(t) &= f(X(t)) \\
&= f(X(0)) + \int_0^t f'(X(s))dX^c(s) + \frac{1}{2}\int_0^t f''(X(s))dX^c(s)dX^c(s) \\
&\quad + \sum_{0<s\leqslant t}[f(X(s)) - f(X(s-))] \\
&= 1 + u_1\int_0^t Y(s)dW(s) - \frac{1}{2}u_1^2\int_0^t Y(s)ds - \lambda(e^{u_2} - 1)\int_0^t Y(s)ds \\
&\quad + \frac{1}{2}u_1^2\int_0^t Y(s)ds + \sum_{0<s\leqslant t}[Y(s) - Y(s-)] \\
&= 1 + u_1\int_0^t Y(s))dW(s) - \lambda(e^{u_2} - 1)\int_0^t Y(s-)ds \\
&\quad + (e^{u_2} - 1)\int_0^t Y(s-)dN(s) \\
&= 1 + u_1\int_0^t Y(s)dW(s) + (e^{u_2} - 1)\int_0^t Y(s-)dM(s)
\end{aligned} \tag{11.5.10}$$

其中 $M(s)=N(s)-\lambda s$ 是补偿泊松过程。这里，我们利用了这一事实：由于 Y 只有有限多个跳跃，$\int_0^t Y(s)ds=\int_0^t Y(s-)ds$。式(11.5.10)最后一行中的伊藤积分 $\int_0^t Y(s)dW(s)$ 是一个鞅，并且左连续过程 $Y(s-)$ 关于鞅 $M(s)$ 的积分也是一个鞅，所以，Y 是一个鞅。

由于 $Y(0)=1$ 并且 Y 是鞅，我们对所有 t，$\mathbb{E}Y(t)=1$。换言之：

$$\mathbb{E}\exp\left\{u_1W(t)+u_2N(t)-\frac{1}{2}u_1^2t-\lambda(e^{u_2}-1)t\right\}=1,\quad \forall t\geqslant 0$$

我们得到了联合矩母函数公式：

$$\mathbb{E}e^{u_1W(t)+u_2N(t)}=\exp\left\{\frac{1}{2}u_1^2t\right\}\cdot\exp\{\lambda t(e^{u_2}-1)\}$$

这是 $W(t)$ 的矩母函数 $\mathbb{E}\exp\{u_1W(t)\}=\exp\left\{\frac{1}{2}u_1^2t\right\}$[见习题 1.6(i)]与 $N(t)$ 的矩母函数 $\mathbb{E}\exp\{u_2N(t)\}=\exp\{\lambda t(e^{u_2}-1)\}$[见式(11.3.4)]的乘积。由于联合矩母函数可以因子分解，故随机变量 $W(t)$ 和 $N(t)$ 是独立的。

本推论的最终结果不仅是对于固定的 t，$W(t)$ 独立于 $N(t)$，而是过程 W 独立于 N（即任何仅依赖于 W 的路径的随机变量独立于任何仅依赖于 N 的路径的随机变量）。例如，根据本推论，$\max_{0\leqslant s\leqslant t}W(s)$ 独立于 $\int_0^t N(s)ds$。我们以上给出的是本推论证明的第一步，证明了：对每个固定的 t，**随机变量** $W(t)$ 独立于 $N(t)$，接下去一步（这里略去不证）是要证明对于任何有限多个时点 $0\leqslant t_1<t_2<\cdots<t_n$ 随机变量**向量** $(W(t_1),W(t_2),\cdots,W(t_n))$ 独立于 $(N(t_1),N(t_2),\cdots,N(t_n))$。本推论的最终结果由此推得。

11.5.2 *关于多个跳过程的伊藤—德布林公式*

关于跳过程的伊藤—德布林公式也有多维形式。这里，我们给出二维形式。高维的情形可以类似推导。

定理 11.5.4(二维跳过程的伊藤—德布林公式) 设 $X_1(t)$ 和 $X_2(t)$ 是跳过程，函数 $f(t,x_1,x_2)$ 出现在以下公式中的一阶和二阶偏导数存在并连续。则：

$$\begin{aligned}
&f(t,X_1(t)X_2(t))\\
&\quad=f(0,X_1(0),X_2(0))+\int_0^t f_t(s,X_1(s),X_2(s))ds\\
&\qquad+\int_0^t f_{x_1}(s,X_1(s),X_2(s))dX_1^c(s)\\
&\qquad+\int_0^t f_{x_2}(s,X_1(s),X_2(s))dX_2^c(s)\\
&\qquad+\frac{1}{2}\int_0^t f_{x_1,x_1}(s,X_1(s),X_2(s))dX_1^c(s)dX_1^c(s)\\
&\qquad+\int_0^t f_{x_1,x_2}(s,X_1(s),X_2(s))dX_1^c(s)dX_2^c(s)
\end{aligned}$$

$$+\frac{1}{2}\int_0^t f_{x_2,x_2}(s,X_1(s),X_2(s))dX_2^c(s)dX_2^c(s)$$

$$+\sum_{0<s\leqslant t}[f(s,X_1(s),X_2(s))-f(s,X_1(s-),X_2(s-))]$$

推论 11.5.5(跳过程的伊藤乘积法则) 设 $X_1(t)$和 $X_2(t)$是跳过程。则：

$$\begin{aligned}
&X_1(t)X_2(t)\\
&\quad=X_1(0)X_2(0)+\int_0^t X_2(s)dX_1^c(s)+\int_0^t X_1(s)dX_2^c(s)\\
&\qquad+[X_1^c,X_2^c](t)+\sum_{o<s\leqslant t}[X_1(s)X_2(s)-X_1(s-)X_2(s-)]\\
&\quad=X_1(0)X_2(0)+\int_0^t X_2(s-)dX_1(s)+\int_0^t X_1(s-)dX_2(s)\\
&\qquad+[X_1,X_2](t)
\end{aligned}\tag{11.5.11}$$

【证明】 取 $f(x_1,x_2)=x_1x_2$,则：

$$f_{x_1}=x_2,f_{x_2}=x_1,f_{x_1x_1}=0,f_{x_1x_2}=1,f_{x_2x_2}=0$$

由二维伊藤—德布林公式,可得：

$$\begin{aligned}
&X_1(t)X_2(t)\\
&\quad=X_1(0)X_2(0)+\int_0^t X_2(s)dX_1^c(s)+\int_0^t X_1(s)dX_2^c(s)\\
&\qquad+\int_0^t 1dX_1^c(s)dX_2^c(s)+\sum_{o<s\leqslant t}[X_1(s)X_2(s)-X_1(s-)X_2(s-)]
\end{aligned}\tag{11.5.12}$$

式(11.5.12)中的 $\int_0^t 1dX_1^c(s)dX_2^c(s)$ 表示$[X_1^c,X_2^c](t)$(见注 11.4.8)。这就证明了式(11.5.11)中的第一个等式。

为了证明式(11.5.11)中的第二个等式,分别将 $X_1(t)$和 $X_2(t)$的纯跳部分记为 $J_1(t)=X_1(t)-X_1^c(t)$和 $J_2(t)=X_2(t)-X_2^c(t)$,从式(11.5.11)的最后一行出发,利用式(11.4.12)算得：

$$\begin{aligned}
&X_1(0)X_2(0)+\int_0^t X_2(s-)dX_1(s)+\int_0^t X_1(s-)dX_2(s)+[X_1,X_2](t)\\
&=X_1(0)X_2(0)+\int_0^t X_2(s-)dX_1^c(s)+\int_0^t X_2(s-)dJ_1(s)\\
&\quad+\int_0^t X_1(s-)dX_2^c(s)+\int_0^t X_1(s-)dJ_2(s)\\
&\quad+[X_1^c,X_2^c](t)+\sum_{0<s\leqslant t}\Delta J_1(s)\Delta J_2(s)\\
&=X_1(0)X_2(0)+\int_0^t X_2(s)dX_1^c(s)+\int_0^t X_1(s)dX_2^c(s)+[X_1^c,X_2^c](t)\\
&\quad+\sum_{0<s\leqslant t}[X_2(s-)\Delta X_1(s)+X_1(s-)\Delta X_2(s)+\Delta X_1(s)\Delta X_2(s)]
\end{aligned}\tag{11.5.13}$$

这里,我们用到了 $X_i(t)$与 $J_i(t)$同时发生跳跃这一事实。还需证明上式中最后的和式与式(11.5.11)中的和式

$$\sum_{0<s\leqslant t}[X_1(s)X_2(s)-X_1(s-)X_2(s-)]$$

相等。将其典型项展开：

$$\begin{aligned}&X_1(s)X_2(s)-X_1(s-)X_2(s-)\\&\quad=(X_1(s-)+\Delta X_1(s))(X_2(s-)+\Delta X_2(s))-X_1(s-)X_2(s-)\\&\quad=X_1(s-)X_2(s-))+X_1(s-)\Delta X_2(s)+\Delta X_1(s)X_2(s-)\\&\qquad+\Delta X_1(s)\Delta X_2(s)-X_1(s-)X_2(s-)\\&\quad=X_1(s-)\Delta X_2(s)+\Delta X_1(s)X_2(s-)+\Delta X_1(s)\Delta X_2(s)\end{aligned}$$

这正是式(11.5.13)最后的和式中的典型项。 □

在不涉及跳过程的随机分析中，哥萨诺夫定理告诉我们如何利用拉东—尼柯迪姆导数过程

$$Z(t)=\exp\left\{-\int_0^t\Gamma(s)dW(s)-\frac{1}{2}\int_0^t\Gamma^2(s)ds\right\}$$

变换测度。该过程满足随机微分方程

$$dZ(t)=-\Gamma(t)Z(t)dW(t)=Z(t)dX^c(t)$$

其中 $X^c(t)=-\int_0^t\Gamma(s)dW(s)$，从而$[X^c,X^c](t)=\int_0^t\Gamma^2(s)ds$ 。于是 $Z(t)$可以改写为：

$$Z(t)=\exp\left\{X^c(t)-\frac{1}{2}[X^c,X^c](t)\right\}\tag{11.5.14}$$

在关于跳过程的随机分析中，类似的随机微分方程为：

$$dZ^X(t)=Z^X(t-)dX(t)\tag{11.5.15}$$

其中 X 可以是跳过程。式(11.5.15)的解类似于式(11.5.14)的解，不过，在 X 的任何跳时刻，方程(11.5.15)表明，Z^X 也发生幅度为

$$\Delta Z^X(s)=Z^X(s-)\Delta X(s)$$

的跳跃。因此：

$$Z^X(s)=Z^X(s-)+\Delta Z^X(s)=Z^X(s-)(1+\Delta X(s))$$

以下推论给出了式(11.5.15)的解。

推论 11.5.6 设 $X(t)$是跳过程。定义 X 的多莱昂—戴德(Doleans-Dade)指数为如下过程：

$$Z^X(t)=\exp\left\{X^c(t)-\frac{1}{2}[X^c,X^c](t)\right\}\prod_{0<s\leqslant t}(1+\Delta X(s))$$

这一过程是随机微分方程(11.5.15)满足初始条件 $Z^X(0)=1$ 的解，其积分形式为：

$$Z^X(t)=1+\int_0^t Z^X(s-)dX(s)\tag{11.5.16}$$

【证明】 我们可将 $X(t)$ 写为 $X(t)=X^c(t)+J(t)$，其中：

$$X^c(t) = \int_0^t \Gamma(s)dW(s) + \int_0^t \Theta(s)ds \tag{11.5.17}$$

是 X 的连续部分，$J(t)$ 是纯跳部分。定义：

$$\begin{aligned} Y(t) &= \exp\left\{\int_0^t \Gamma(s)dW(s) + \int_0^t \Theta(s)ds - \frac{1}{2}\int_0^t \Gamma^2(s)ds\right\} \\ &= \exp\left\{X^c(t) - \frac{1}{2}[X^c, X^c](t)\right\} \end{aligned} \tag{11.5.18}$$

由关于连续过程的伊藤—德布林公式，我们有：

$$dY(t)=Y(t)dX^c(t)=Y(t-)dX^c(t) \tag{11.5.19}$$

对于 0 与 X 的首跳时刻之间的 t，令 $K(t)=1$；对大于或者等于 X 的首跳时刻的 t，则令：

$$K(t) = \prod_{0<s\leqslant t}(1+\Delta X(s)) \tag{11.5.20}$$

这样定义的 $K(t)$ 是纯跳过程，并且 $Z^X(t)=Y(t)K(t)$。如果 X 在时刻 t 发生跳跃，则 $K(t)=K(t-)(1+\Delta X(t))$，因此：

$$\Delta K(t)=K(t)-K(t-)=K(t-)\Delta X(t) \tag{11.5.21}$$

由于 $Y(t)$ 是连续过程，而 $K(t)$ 是纯跳过程，故 $[Y,K](t)=0$。利用关于跳过程的伊藤乘积法则，我们得到：

$$\begin{aligned} Z^X(t) &= Y(t)K(t) \\ &= Y(0) + \int_0^t K(s-)dY(s) + \int_0^t Y(s-)dK(s) \\ &= 1 + \int_0^t Y(s-)K(s-)dX^c(s) + \sum_{0<s\leqslant t} Y(s-)K(s-)\Delta X(s) \\ &= 1 + \int_0^t Y(s-)K(s-)dX(s) \\ &= 1 + \int_0^t Z^X(s-)dX(s) \end{aligned} \tag{11.5.22}$$

这正是式(11.5.16)。 □

11.6 测度变换

正如利用哥萨诺夫定理可以变换测度使得含漂移的布朗运动变为不含漂移的布朗运动，我们也可以关于泊松过程和复合泊松过程变换测度。对于泊松过程，测度的改变影响其强度；对于复合泊松过程，测度的改变既影响其强度，也影响其跳跃幅度的分布。接下来两个小节分别考虑这两种情形，而在第三小节中，我们所考虑的过程包括布朗运动的成分。

11.6.1 关于泊松过程的测度变换

设 $N(t)$是概率空间$(\Omega,\mathcal{F},\mathbb{P})$上相应于域流 $\mathcal{F}(t),t\geqslant 0$ 的泊松过程。$N(t)$的强度记为 λ[即$\mathbb{E}N(t)=\lambda t$],λ 是一个正数。补偿泊松过程 $M(t)=N(t)-\lambda t$ 在$\mathbb{P}$ 下是一个鞅(定理 11.2.4)。设 $\tilde{\lambda}$ 也是一个正数,定义

$$Z(t)=e^{(\lambda-\tilde{\lambda})t}\left(\frac{\tilde{\lambda}}{\lambda}\right)^{N(t)} \tag{11.6.1}$$

固定 $T>0$,我们将利用 $Z(T)$变换到新的测度$\widetilde{\mathbb{P}}$,使得 $N(t),0\leqslant t\leqslant T$ 在$\widetilde{\mathbb{P}}$ 下的强度为 $\tilde{\lambda}$,而不再是 λ。显然,$Z(T)>0$ 几乎必然成立。为了利用 $Z(T)$变换测度,我们还需验证$\mathbb{E}Z(T)=1$。

定理 11.6.1 式(11.6.1)的过程 $Z(t)$满足:

$$dZ(t)=\frac{\tilde{\lambda}-\lambda}{\lambda}Z(t-)dM(t) \tag{11.6.2}$$

特别地,$Z(t)$在$\mathbb{P}$ 下是一个鞅,并且对所有 t,$\mathbb{E}Z(t)=1$。

【证明】 定义 $X(t)=\frac{\tilde{\lambda}-\lambda}{\lambda}M(t)$,这是一个鞅,具有连续部分 $X^c(t)=(\lambda-\tilde{\lambda})t$ 以及纯跳部分 $J(t)=\frac{\tilde{\lambda}-\lambda}{\lambda}N(t)$。于是$[X^c,X^c](t)=0$,并且,如果 t 是跳时刻,则 $\Delta X(t)=\frac{\tilde{\lambda}-\lambda}{\lambda}$,从而

$$1+\Delta X(t)=\frac{\tilde{\lambda}}{\lambda}$$

因此,式(11.6.1)的过程 $Z(t)$可以改写为:

$$Z(t)=e^{X^c(t)-\frac{1}{2}[X^c,X^c](t)}\prod_{0<s\leqslant t}(1+\Delta X(s))$$

由此公式可知:$Z(t)$是推论 11.5.6 中的多莱昂—戴德指数 $Z^X(t)$,从而有:

$$Z(t)=1+\int_0^t Z(s-)dX(s)$$

由于 X 是鞅并且 $Z(s-)$左连续,故 $Z(t)$是鞅。根据 $Z(t)$是鞅而 $Z(0)=1$,可知对所有 $t\geqslant 0$,$\mathbb{E}Z(t)=1$。 □

现在,我们可以取定正数 T,并利用 $Z(T)$变换测度。定义:

$$\widetilde{\mathbb{P}}(A)=\int_A Z(T)d\,\mathbb{P},\quad \forall A\in\mathcal{F} \tag{11.6.3}$$

定理 11.6.2(泊松强度的变换) 在概率测度$\widetilde{\mathbb{P}}$ 下,过程 $N(t),0\leqslant t\leqslant T$ 是强度为 $\tilde{\lambda}$ 的泊松过程。

【证明的关键步骤】 我们计算 $N(t)$在$\widetilde{\mathbb{P}}$ 下的矩母函数。对于 $0\leqslant t\leqslant T$,我们可以利用 $Z(t)$,而不是 $Z(T)$作为拉东—尼柯迪姆导数将 $e^{uN(t)}$ 的$\widetilde{\mathbb{E}}$ 期望变换为$\mathbb{E}$

期望(见引理 5.2.1)。利用 $Z(t)$的公式和矩母函数公式(11.3.4),我们得到:

$$\begin{aligned}\widetilde{\mathbb{E}}[e^{uN(t)}]&=\mathbb{E}[e^{uN(t)}Z(t)]=e^{(\lambda-\tilde{\lambda})t}\mathbb{E}\left[e^{uN(t)}\left(\frac{\tilde{\lambda}}{\lambda}\right)^{N(t)}\right]\\&=e^{(\lambda-\tilde{\lambda})t}\mathbb{E}\left[e^{\left(u+\log\frac{\tilde{\lambda}}{\lambda}\right)N(t)}\right]\\&=e^{(\lambda-\tilde{\lambda})t}e^{\lambda t\left(e^{u+\log\frac{\tilde{\lambda}}{\lambda}}-1\right)}\\&=e^{\tilde{\lambda}t(e^u-1)}\end{aligned}$$

这是强度为 $\tilde{\lambda}$ 的泊松过程的矩母函数[见式(11.3.4)]。 □

例 11.6.3 考虑股票价格作为几何泊松过程

$$S(t)=S(0)e^{\alpha t+N(t)\log(\sigma+1)-\lambda\sigma t}=S(0)e^{(\alpha-\lambda\sigma)t}(\sigma+1)^{N(t)}$$

其中 $\sigma>-1,\sigma\neq0,N(t)$是真实概率测度$\mathbb{P}$ 下强度为 λ 的泊松过程。由例 11.5.2 可知 $e^{-\alpha t}S(t)$在$\mathbb{P}$ 下是鞅,从而 $S(t)$具有平均回报率 α。事实上,取代式(11.5.9),我们现在有:

$$dS(t)=\alpha S(t)dt+\sigma S(t-)dM(t) \tag{11.6.4}$$

其中 $M(t)$是补偿泊松过程 $M(t)=N(t)-\lambda t$。我们将变换到新测度$\widetilde{\mathbb{P}}$,在$\widetilde{\mathbb{P}}$ 下有:

$$dS(t)=rS(t)dt+\sigma S(t-)d\widetilde{M}(t) \tag{11.6.5}$$

其中 r 是利率,$N(t)$是测度$\widetilde{\mathbb{P}}$ 下强度为 $\tilde{\lambda}$ 的泊松过程,$\widetilde{M}(t)=N(t)-\tilde{\lambda}t$ 是$\widetilde{\mathbb{P}}$ 下的补偿泊松过程。这样,在$\widetilde{\mathbb{P}}$ 下,几何泊松过程将具有与利率相等的平均回报率,$\widetilde{\mathbb{P}}$ 将成为风险中性测度。

为此,我们注意到式(11.6.4)中的"dt"项为:

$$(\alpha-\lambda\sigma)S(t)dt \tag{11.6.6}$$

[回顾 $dM(t)=dN(t)-\lambda dt$]而式(11.6.5)中的"dt"项为:

$$(r-\tilde{\lambda}\sigma)S(t)dt \tag{11.6.7}$$

[这里利用 $S(t-)dt$ 与 $S(t)dt$ 积分相等的事实,我们可以将这两项随意替换。]令式(11.6.6)与式(11.6.7)相等,解得:

$$\tilde{\lambda}=\lambda-\frac{\alpha-r}{\sigma}$$

然后利用公式(11.6.3)变换到风险中性测度,其中 $Z(T)$由式(11.6.1)定义。

为了能够作此测度变换,必须有 $\tilde{\lambda}>0$,这等价于

$$\lambda>\frac{\alpha-r}{\sigma} \tag{11.6.8}$$

如果条件(11.6.8)不成立,则不存在风险中性测度,从而必有套利机会。事实上,如果 $\sigma>0$ 并且式(11.6.8)不成立,则:

$$S(t)\geqslant S(0)e^{rt}(\sigma+1)^{N(t)}\geqslant S(0)e^{rt}$$

于是,按市场利率借贷并投资于股票市场是一个套利策略;如果 $-1<\sigma<0$,则该不等式反向,从而做空股票并投资于货币市场账户是一个套利策略。 □

11.6.2 关于复合泊松过程的测度变换

设 $N(t)$是强度为 λ 的泊松过程,$Y_1,Y_2,\cdots$ 是定义在概率空间$(\Omega,\mathcal{F},\mathbb{P})$上的一列同分布随机变量。我们假定 $Y_1,Y_2,\cdots$两两独立,并且独立于泊松过程 $N(t)$。定义**复合泊松过程**为:

$$Q(t)=\sum_{i=1}^{N(t)}Y_i \tag{11.6.9}$$

注意到:如果 N 在时刻 t 发生跳跃,则 Q 也在时刻 t 发生跳跃,并且

$$\Delta Q(t)=Y_{N(t)} \tag{11.6.10}$$

我们的目标是变换测度使得 $N(t)$的强度以及跳跃幅度 $Y_1,Y_2,\cdots$的分布同时改变。我们首先考虑跳跃幅度随机变量具有离散分布的情形(即每个 Y_i 取值为有限多个可能的非零值 $y_1,y_2,\cdots,y_M$之一。) 设 $p(y_m)$表示跳跃幅度为 y_m 的概率:

$$p(y_m)=\mathbb{P}\{Y_i=y_m\},\quad m=1,\cdots,M$$

这与 i 无关,因为 $Y_1,Y_2,\cdots$ 是同分布随机变量。我们假定对每个 m,$p(y_m)>0$ 并且 $\sum_{m=1}^{M}p(y_m)=1$。

设 $N_m(t)$是截至时刻 t,$Q(t)$中幅度为 y_m 的跳跃次数,则:

$$N(t)=\sum_{m=1}^{M}N_m(t),\quad Q(t)=\sum_{m=1}^{M}y_mN_m(t)$$

根据推论 11.3.4 ,$N_1,\cdots,N_M$ 是独立泊松过程,并且每个 N_m 具有强度 $\lambda_m=\lambda p(y_m)$。

给定正数 $\tilde{\lambda}_1,\cdots,\tilde{\lambda}_M$,令

$$Z_m(t)=e^{(\lambda_m-\tilde{\lambda}_m)t}\left(\frac{\tilde{\lambda}_m}{\lambda_m}\right)^{N_m(t)},Z(t)=\prod_{m=1}^{M}Z_m(t) \tag{11.6.11}$$

引理 11.6.4 式(11.6.11)中的过程 $Z(t)$是一个鞅,并且对所有 t,$\mathbb{E}Z(t)=1$。

【证明】 由引理 11.6.1,我们有:

$$dZ_m(t)=\frac{\tilde{\lambda}_m-\lambda_m}{\lambda_m}Z_m(t-)dM_m(t) \tag{11.6.12}$$

其中:

$$M_m(t)=N_m(t)-\lambda_mt$$

由于式(11.6.12)中的被积式左连续,并且补偿泊松过程是鞅,故过程 Z_m 是鞅(定理 11.4.5)。

对于 $m\neq n$,泊松过程 N_m 和 N_n 没有相同的跳时刻,因而$[Z_m,Z_n]=0$。由伊藤乘积法则(推论 11.5.5)可得:

$$d(Z_1(t)Z_2(t))=Z_2(t-)dZ_1(t)+Z_1(t-)dZ_2(t) \tag{11.6.13}$$

由于 Z_1 和 Z_2 都是鞅，并且式(11.6.13)中的被积式左连续，过程 Z_1Z_2 是鞅。由于 Z_1Z_2 和 Z_3 没有相同的跳时刻，因而由伊藤乘积法则又可得：

$$d(Z_1(t)Z_2(t)Z_3(t))=Z_3(t-)d(Z_1(t)Z_2(t))+(Z_1(t-)Z_2(t-))dZ_3(t)$$

由于 Z_1、Z_2 和 Z_3 都是鞅，并且被积式左连续，因此过程 $Z_1Z_2Z_3$ 是鞅。以此类推，最后可得 $Z(t)=Z_1(t)Z_2(t)\cdots Z_m(t)$ 是鞅。 □

固定 $T>0$，由于 $Z(T)>0$ 几乎必然成立，并且 $\mathbb{E}Z(T)=1$，我们可以利用 $Z(T)$ 变换测度，定义：

$$\widetilde{\mathbb{P}}(A)=\int_A Z(T)d\,\mathbb{P},\quad \forall A\in\mathcal{F}$$

定理 11.6.5（复合泊松强度及有限多个跳跃幅度分布的变换） 在 $\widetilde{\mathbb{P}}$ 下，$Q(t)$ 是强度为 $\widetilde{\lambda}=\sum_{m=1}^{M}\widetilde{\lambda}_m$ 的复合泊松过程，并且 $Y_1,Y_2,\cdots$ 是独立同分布随机变量，满足：

$$\widetilde{\mathbb{P}}\{Y_i=y_m\}=\widetilde{p}(y_m)=\frac{\widetilde{\lambda}_m}{\widetilde{\lambda}} \tag{11.6.14}$$

【证明的关键步骤】 利用 $N_1,\cdots,N_M$ 在 $\mathbb{P}$ 下的独立性，计算 $Q(t)$ 在 $\widetilde{\mathbb{P}}$ 的矩母函数。对于 $0\leqslant t\leqslant T$，由引理 5.2.1 以及矩母函数公式(11.3.4)可得：

$$\begin{aligned}
\widetilde{\mathbb{E}}[e^{uQ(t)}] &= \mathbb{E}[e^{uQ(t)}Z(t)]\\
&= \mathbb{E}\left[\exp\left\{u\sum_{m=1}^{M}y_mN_m(t)\right\}\cdot\prod_{m=1}^{M}e^{(\lambda_m-\widetilde{\lambda}_m)t}\left(\frac{\widetilde{\lambda}_m}{\lambda_m}\right)^{N_m(t)}\right]\\
&= \prod_{m=1}^{M}\exp\{(\lambda_m-\widetilde{\lambda}_m)t\}\cdot\mathbb{E}\left[\exp\left\{\left(uy_m+\log\frac{\widetilde{\lambda}_m}{\lambda_m}\right)N_m(t)\right\}\right]\\
&= \prod_{m=1}^{M}\exp\{(\lambda_m-\widetilde{\lambda}_m)t\}\exp\left\{\lambda_mt\left(e^{uy_m+\log\frac{\widetilde{\lambda}_m}{\lambda_m}}-1\right)\right\}\\
&= \prod_{m=1}^{M}\exp\{(\lambda_m-\widetilde{\lambda}_m)t+\widetilde{\lambda}_mte^{uy_m}-\lambda_mt\}\\
&= \prod_{m=1}^{M}\exp\{\widetilde{\lambda}_mt(e^{uy_m}-1)\}\\
&= \prod_{m=1}^{M}\exp\{\widetilde{\lambda}t\widetilde{p}(y_m)e^{uy_m}-\widetilde{\lambda}_mt\}\\
&= \exp\left\{\widetilde{\lambda}t\left(\sum_{m=1}^{M}\widetilde{p}(y_m)e^{uy_m}-1\right)\right\}
\end{aligned}$$

根据式(11.3.5)，这是强度为 $\widetilde{\lambda}$ 并且跳跃幅度分布为式(11.6.14)的复合泊松过程的矩母函数。 □

式(11.6.11)中的拉东—尼柯迪姆导数过程 $Z(t)$ 可以写成：

$$Z(t)=e^{\sum_{m=1}^{M}(\lambda_m-\widetilde{\lambda}_m)t}\cdot\prod_{m=1}^{M}\left(\frac{\widetilde{\lambda}\widetilde{p}(y_m)}{\lambda p(y_m)}\right)^{N_m(t)}=e^{(\lambda-\widetilde{\lambda})t}\prod_{i=1}^{N(t)}\frac{\widetilde{\lambda}\widetilde{p}(Y_i)}{\lambda p(Y_i)}$$

由此看出：如果 $Y_1, Y_2, \cdots$ 具有同一个密度 $f(y)$（非离散），我们可以利用拉东—尼柯迪姆导数过程

$$Z(t) = e^{(\lambda-\tilde{\lambda})t} \prod_{i=1}^{N(t)} \frac{\tilde{\lambda}\tilde{f}(Y_i)}{\lambda f(Y_i)} \tag{11.6.15}$$

进行测度变换，使得 $Q(t)$ 具有强度 $\tilde{\lambda}$ 并且 $Y_1, Y_2, \cdots$ 具有密度 $\tilde{f}(y)$。事实正是如此，尽管以下将给出的证明比前面离散跳跃幅度分布的情形更为复杂。

为了避免式(11.6.15)中分母为零，我们假定当 $f(y)=0$ 时 $\tilde{f}(y)=0$。这表明：如果跳跃幅度的某个集合在 $\mathbb{P}$ 下具有零概率，则在以下定理 11.6.7 中考虑的 $\widetilde{\mathbb{P}}$ 下也具有零概率。

引理 11.6.6 式(11.6.15)中的过程 $Z(t)$ 是一个鞅，并且对所有 $t \geqslant 0$，$\mathbb{E}Z(t)=1$。

【证明】 定义纯跳过程

$$J(t) = \prod_{i=1}^{N(t)} \frac{\tilde{\lambda}\tilde{f}(Y_i)}{\lambda f(Y_i)} \tag{11.6.16}$$

在 Q 的跳时刻（同时也是 N 和 J 的跳时刻），我们有[回顾式(11.6.10)]：

$$J(t)=J(t-)\frac{\tilde{\lambda}\tilde{f}(Y_{N(t)})}{\lambda f(Y_{N(t)})}=J(t-)\frac{\tilde{\lambda}\tilde{f}(\Delta Q(t))}{\lambda f(\Delta Q(t))}$$

因此，在 Q 的跳时刻

$$\Delta J(t)=J(t)-J(t-)=\left[\frac{\tilde{\lambda}\tilde{f}(\Delta Q(t))}{\lambda f(\Delta Q(t))}-1\right]J(t-) \tag{11.6.17}$$

定义复合泊松过程

$$H(t) = \sum_{i=1}^{N(t)} \frac{\tilde{\lambda}\tilde{f}(Y_i)}{\lambda f(Y_i)} \tag{11.6.18}$$

则有：

$$\Delta H(t)=\frac{\tilde{\lambda}\tilde{f}(\Delta Q(t))}{\lambda f(\Delta Q(t))} \tag{11.6.19}$$

由于

$$\mathbb{E}\left[\frac{\tilde{\lambda}\tilde{f}(Y_i)}{\lambda f(Y_i)}\right]=\frac{\tilde{\lambda}}{\lambda}\int_{-\infty}^{\infty}\frac{\tilde{f}(y)}{f(y)}f(y)dy=\frac{\tilde{\lambda}}{\lambda}\int_{-\infty}^{\infty}\tilde{f}(y)dy=\frac{\tilde{\lambda}}{\lambda}$$

补偿复合泊松过程 $H(t)-\tilde{\lambda}t$ 是鞅（定理 11.3.1，其中取 $\beta=\frac{\tilde{\lambda}}{\lambda}$）。可将式(11.6.17)写为：

$$\Delta J(t)=J(t-)\Delta H(t)-J(t-)\Delta N(t) \tag{11.6.20}$$

由于在非跳时刻两边同为 0，因此上式对所有时刻 t（不仅是跳时刻）成立。由于 J，H 和 N 都是纯跳过程，我们也可将式(11.6.20)写成：

$$dJ(t)=J(t-)dH(t)-J(t-)dN(t)$$

由于 $J(t)$是纯跳过程，并且 $e^{(\lambda-\tilde{\lambda})t}$连续，这两个过程的交互变差为 0。因此，由关于跳过程的伊藤乘积法则（推论 11.5.5），$Z(t)=e^{(\lambda-\tilde{\lambda})t}J(t)$可以写成：

$$\begin{aligned}Z(t) &= Z(0)+\int_0^t J(s-)(\lambda-\tilde{\lambda})e^{(\lambda-\tilde{\lambda})s}ds+\int_0^t e^{(\lambda-\tilde{\lambda})s}dJ(s)\\ &= 1+\int_0^t e^{(\lambda-\tilde{\lambda})s}J(s-)(\lambda-\tilde{\lambda})ds+\int_0^t e^{(\lambda-\tilde{\lambda})s}J(s-)dH(s)\\ &\quad -\int_0^t e^{(\lambda-\tilde{\lambda})s}J(s-)dN(s)\\ &= 1+\int_0^t e^{(\lambda-\tilde{\lambda})s}J(s-)d(H(s)-\tilde{\lambda}s)-\int_0^t e^{(\lambda-\tilde{\lambda})s}J(s-)d(N(s)-\lambda s)\\ &= 1+\int_0^t Z(s-)d(H(s)-\tilde{\lambda}s)-\int_0^t Z(s-)d(N(s)-\lambda s) \qquad (11.6.21)\end{aligned}$$

定理 11.4.5 蕴含 $Z(t)$是一个鞅。由于 $Z(t)$是鞅，而 $Z(0)=1$，可知对所有$t\geqslant 0$，$\mathbb{E}Z(t)=1$。 □

为了便于今后引用，我们将式(11.6.21)改写为微分形式

$$dZ(t)=Z(t-)d(H(t)-\tilde{\lambda}t)-Z(t-)d(N(t)-\lambda t)$$

该方程蕴含

$$\Delta Z(t)=Z(t-)\Delta H(t)-Z(t-)\Delta N(t) \qquad (11.6.22)$$

给定 $T>0$，定义：

$$\widetilde{\mathbb{P}}(A)=\int_A Z(T)d\,\mathbb{P},\forall A\in\mathcal{F} \qquad (11.6.23)$$

定理 11.6.7 (复合泊松强度及跳跃幅度密度的变换) 在概率测度$\widetilde{\mathbb{P}}$下，式(11.6.9)的 $Q(t)$是强度为 $\tilde{\lambda}$ 的复合泊松过程，$Q(t)$的跳跃幅度 $Y_1,Y_2,\cdots$是两两独立的同分布随机变量，具有密度 $\tilde{f}(y)$。

【证明的关键步骤】 需要证明在$\widetilde{\mathbb{P}}$下，$Q(t)$具有强度为 $\tilde{\lambda}$，跳跃密度为$\tilde{f}(y)$的复合泊松过程所对应的矩母函数。换言之，我们必须证明[见式(11.3.2)]：

$$\widetilde{\mathbb{E}}e^{uQ(t)}=e^{\tilde{\lambda}t(\tilde{\varphi}_Y(u)-1)} \qquad (11.6.24)$$

其中：

$$\tilde{\varphi}_Y(u)=\int_{-\infty}^{\infty}e^{uy}\tilde{f}(y)dy \qquad (11.6.25)$$

定义：

$$X(t)=e^{uQ(t)-\tilde{\lambda}t(\tilde{\varphi}_Y(u)-1)}$$

我们先证明 $X(t)Z(t)$在真实概率测度$\mathbb{P}$下是鞅。在 Q 的跳时刻，有：

$$X(t)=X(t-)e^{u\Delta Q(t)}$$

因此：

$$\Delta X(t)=X(t)-X(t-)=X(t-)(e^{u\Delta Q(t)}-1) \tag{11.6.26}$$

引进复合泊松过程

$$V(t)=\sum_{i=1}^{N(t)} e^{uY_i}\frac{\tilde{\lambda}\tilde{f}(Y_i)}{\lambda f(Y_i)}$$

由于

$$\mathbb{E}\left[e^{uY_i}\frac{\tilde{\lambda}\tilde{f}(Y_i)}{\lambda f(Y_i)}\right]=\frac{\tilde{\lambda}}{\lambda}\int_{-\infty}^{\infty} e^{uy}\frac{\tilde{f}(y)}{f(y)}f(y)dy=\frac{\tilde{\lambda}}{\lambda}\tilde{\varphi}_Y(u)$$

补偿复合泊松过程 $V(t)-\tilde{\lambda}t\tilde{\varphi}_Y(u)$ 是一个鞅[见定理 11.3.1,其中取 $\beta=\frac{\tilde{\lambda}}{\lambda}\tilde{\varphi}_Y(u)$]。在 Q 的跳时刻,有:

$$\Delta V(t)=e^{u\Delta Q(t)}\frac{\tilde{\lambda}\tilde{f}(\Delta Q(t))}{\lambda f(\Delta Q(t))}=e^{u\Delta Q(t)}\Delta H(t) \tag{11.6.27}$$

其中 $H(t)$ 由式(11.6.18)定义,在 Q 的跳时刻满足式(11.6.19)。

由于 $X(t)$ 和 $Z(t)$ 不含伊藤积分部分,由式(11.6.26)、式(11.6.22)和式(11.6.27),可得:

$$\begin{aligned}
[X,Z](t) &= \sum_{0<s\leqslant t}\Delta X(s)\Delta Z(s)\\
&= \sum_{0<s\leqslant t}X(s-)Z(s-)(e^{u\Delta Q(s)}-1)\Delta H(s)\\
&\quad - \sum_{0<s\leqslant t}X(s-)Z(s-)(e^{u\Delta Q(s)}-1)\Delta N(s)\\
&= \sum_{0<s\leqslant t}X(s-)Z(s-)\Delta V(s)-\sum_{0<s\leqslant t}X(s-)Z(s-)\Delta H(s)\\
&\quad - \sum_{0<s\leqslant t}X(s-)Z(s-)(e^{u\Delta Q(s)}-1)
\end{aligned} \tag{11.6.28}$$

这里最后一项中,我们略去了 $\Delta N(s)$,因为其值非 1 即 0,而在它等于 0 时,$e^{u\Delta Q(s)}-1$ 也取值为 0。换言之,有:

$$(e^{u\Delta Q(s)}-1)\Delta N(s)=(e^{u\Delta Q(s)}-1)$$

利用关于跳过程的伊藤乘积法则:

$$X(t)Z(t)=1+\int_0^t X(s-)dZ(s)+\int_0^t Z(s-)dX(s)+[X,Z](t)$$

我们证明上式右端在$\mathbb{P}$下是鞅。积分 $\int_0^t X(s-)dZ(s)$ 是鞅(因为被积式左连续,而 Z 是鞅)。下面利用式(11.6.26)和式(11.6.28)验证其他几项:

$$\begin{aligned}
&\int_0^t Z(s-)dX(s)+[X,Z](t)\\
&=\int_0^t Z(s-)dX^c(s)+\sum_{0<s\leqslant t}Z(s-)\Delta X(s)+[X,Z](t)\\
&=-\tilde{\lambda}(\tilde{\varphi}_Y(u)-1)\int_0^t X(s-)Z(s-)ds+\sum_{0<s\leqslant t}X(s-)Z(s-)(e^{u\Delta Q(s)}-1)
\end{aligned}$$

$$+\sum_{0<s\leqslant t}X(s-)Z(s-)\Delta V(s)-\sum_{0<s\leqslant t}X(s-)Z(s-)\Delta H(s)$$
$$-\sum_{0<s\leqslant t}X(s-)Z(s-)(e^{u\Delta Q(s)}-1)$$
$$=\int_0^t X(s-)Z(s-)d(V(s)-\tilde{\lambda}s\tilde{\varphi}_Y(u))-\int_0^t X(s-)Z(s-)d(H(s)-\tilde{\lambda}s)$$

由于 $V(t)-\tilde{\lambda}t\tilde{\varphi}_Y(u)$ 和 $H(t)-\tilde{\lambda}t$ 是鞅，而被积式左连续，这是一个鞅。

现在可以证明式(11.6.24)。利用引理 5.2.1，有：

$$\widetilde{\mathbb{E}}[e^{uQ(t)}]=\mathbb{E}[e^{uQ(t)}Z(t)] \tag{11.6.29}$$

由于鞅 $X(t)Z(t)$ 具有常数期望值 1，我们有：

$$1=\mathbb{E}[X(t)Z(t)]=e^{-\tilde{\lambda}t(\tilde{\varphi}_Y(u)-1)}\cdot\mathbb{E}[e^{uQ(t)}Z(t)] \tag{11.6.30}$$

结合式(11.6.29)和式(11.6.30)，便得到式(11.6.24)。 □

11.6.3 关于复合泊松过程和布朗运动的测度变换

现在考虑概率空间$(\Omega,\mathcal{F},\mathbb{P})$，其上定义了一个布朗运动 $W(t)$。同时，也定义了一个强度为 λ，跳跃密度函数为 $f(y)$ 的复合泊松过程[如同式(11.3.1)]：

$$Q(t)=\sum_{i=1}^{N(t)}Y_i$$

假设布朗运动和复合泊松过程相应于同一个域流 $\mathcal{F}(t)$，$t\geqslant0$。此时，布朗运动和复合泊松过程必定互相独立(布朗运动独立于泊松过程的情形见推论 11.4.9，布朗运动独立于复合泊松过程的情形见习题 11.6)。

设 $\tilde{\lambda}$ 是另一个正数，$\tilde{f}(y)$ 是另一个密度函数，满足：当 $f(y)=0$ 时 $\tilde{f}(y)=0$，并设 $\Theta(t)$ 是一个适应过程。定义：

$$Z_1(t)=e^{-\int_0^t\Theta(u)dW(u)-\frac{1}{2}\int_0^t\Theta^2(u)du} \tag{11.6.31}$$

$$Z_2(t)=e^{(\lambda-\tilde{\lambda})t}\prod_{i=1}^{N(t)}\frac{\tilde{\lambda}\tilde{f}(Y_i)}{\lambda f(Y_i)} \tag{11.6.32}$$

$$Z(t)=Z_1(t)Z_2(t) \tag{11.6.33}$$

引理 11.6.8 式(11.6.33)的过程 $Z(t)$ 是一个鞅，并且对所有 $t\geqslant0$，$\mathbb{E}Z(t)=1$。

【证明】 由关于连续过程的随机分析，可知 $Z_1(t)$ 是鞅，并由引理 11.6.6 可知 $Z_2(t)$ 是鞅。由于 $Z_1(t)$ 连续而 $Z_2(t)$ 不含伊藤积分部分，故$[Z_1,Z_2](t)=0$。于是，由关于跳过程的伊藤乘积法则可知：

$$Z_1(t)Z_2(t)=Z_1(0)Z_2(0)+\int_0^t Z_1(s-)dZ_2(s)$$
$$+\int_0^t Z_2(s-)dZ_1(s) \tag{11.6.34}$$

由定理 11.4.5 可知上式中两个积分都是鞅。这表明 $Z(t)$ 是一个鞅，并且由于

$Z(0)=1$,故对所有 $t\geqslant 0$,$\mathbb{E}Z(t)=1$。 □

固定 $T>0$,定义:

$$\widetilde{\mathbb{P}}(A)=\int_A Z(T)d\,\mathbb{P},\quad \forall A\in\mathcal{F}$$

我们有以下定理。

定理 11.6.9 在概率测度$\widetilde{\mathbb{P}}$下,过程

$$\widetilde{W}(t)=W(t)+\int_0^t\Theta(s)ds$$

是布朗运动,$Q(t)$是强度为 $\tilde{\lambda}$ 的复合泊松过程,$Q(t)$的跳跃幅度 $Y_1,Y_2,\cdots$是两两独立的同分布随机变量,具有密度 $\tilde{f}(y)$。并且,$\widetilde{W}(t)$独立于 $Q(t)$。

证明定理 11.6.9 的关键是验证在$\widetilde{\mathbb{P}}$下 $\widetilde{W}(t)$和 $Q(t)$的联合矩母函数可以因子分解。换言之,我们须证

$$\widetilde{\mathbb{E}}[e^{u_1\widetilde{W}(t)+u_2Q(t)}]=\exp\left\{\frac{1}{2}u_1^2t\right\}\cdot\exp\{\tilde{\lambda}t(\tilde{\varphi}_Y(u_2)-1)\}\tag{11.6.35}$$

其中 $\tilde{\varphi}_Y(u_2)$由式(11.6.25)给出。由于 $e^{\frac{1}{2}u_1^2t}$是均值为 0、方差为 t 的正态随机变量的矩母函数,$e^{\tilde{\lambda}t(\tilde{\varphi}_Y(u_2)-1)}$是强度为 $\tilde{\lambda}$ 跳跃密度为 $\tilde{f}(y)$的复合泊松过程的矩母函数,而且联合矩母函数可以分解为这样两个矩母函数的乘积,因此,$\widetilde{W}(t)$独立于 $Q(t)$。

如果过程 $\Theta(t)$独立于过程 $Q(t)$,则 Z_1 独立于 Q,式(11.6.35)可由以下基于独立性的计算得到:

$$\begin{aligned}\widetilde{\mathbb{E}}[e^{u_1\widetilde{W}(t)+u_2Q(t)}]&=\mathbb{E}[e^{u_1\widetilde{W}(t)}Z_1(t)\cdot e^{u_2Q(t)}Z_2(t)]\\&=\mathbb{E}[e^{u_1\widetilde{W}(t)}Z_1(t)]\cdot\mathbb{E}[e^{u_2Q(t)}Z_2(t)]\end{aligned}$$

由关于连续过程的哥萨诺夫定理可知:

$$\mathbb{E}[e^{u_1\widetilde{W}(t)}Z_1(t)]=\exp\left\{\frac{1}{2}u_1^2t\right\}$$

而由式(11.6.30)可知:

$$\mathbb{E}[e^{u_2Q(t)}Z_2(t)]=\exp\{\tilde{\lambda}t(\tilde{\varphi}_Y(u_2)-1)\}$$

这样就有式(11.6.35)。

出乎寻常的事实是:即使 $\Theta(t)$依赖于 $Q(t)$,式(11.6.35)(从而定理结论)仍然成立。事实上,甚至 $\Theta(t)$可以等于 $Q(t)$。以下证明这一事实。

式(11.6.35)的证明:我们定义

$$X_1(t)=\exp\left\{u_1\widetilde{W}(t)-\frac{1}{2}u_1^2t\right\}$$
$$X_2(t)=\exp\{u_2Q(t)-\tilde{\lambda}t(\tilde{\varphi}_Y(u_2)-1)\}$$

并在以下证明:$X_1(t)Z_1(t)$,$X_2(t)Z_2(t)$和 $X_1(t)Z_1(t)X_2(t)Z_2(t)$在$\mathbb{P}$下是鞅。

由关于连续过程的伊藤—德布林公式可知:

$$
\begin{aligned}
dX_1(t) &= X_1(t)(u_1 d\widetilde{W}(t) - \frac{1}{2}u_1^2 dt) + \frac{1}{2}u_1^2 X_1(t)dt \\
&= u_1 X_1(t) d\widetilde{W}(t) \\
&= u_1 X_1(t) dW(t) + u_1 \Theta(t) X_1(t) dt
\end{aligned}
$$

由伊藤—德布林公式还可得到：

$$dZ_1(t) = -\Theta(t) Z_1(t) dW(t)$$

由伊藤乘积法则可知：

$$
\begin{aligned}
d(X_1(t)Z_1(t)) &= X_1(t)dZ_1(t) + Z_1(t)dX_1(t) + dX_1(t)dZ_1(t) \\
&= -\Theta(t)X_1(t)Z_1(t)dW(t) + u_1 X_1(t)Z_1(t)dW(t) \\
&\quad + u_1\Theta(t)X_1(t)Z_1(t)dt - u_1\Theta(t)X_1(t)Z_1(t)dt \\
&= (u_1 - \Theta(t))X_1(t)Z_1(t)dW(t)
\end{aligned}
$$

由于微分中不含 dt 项，$X_1(t)Z_1(t)$是鞅。

在定理 11.6.7 的证明中已得知 $X_2(t)Z_2(t)$是鞅。

最后，由于 $X_1(t)Z_1(t)$连续而 $X_2(t)Z_2(t)$不含伊藤积分部分，故

$$[X_1 Z_1, X_2 Z_2](t) = 0$$

于是由伊藤乘积法则可知：

$$
\begin{aligned}
X_1(t)Z_1(t)X_2(t)Z_2(t) &= 1 + \int_0^t X_1(s-)Z_1(s-)d(X_2(s)Z_2(s)) \\
&\quad + \int_0^t X_2(s-)Z_2(s-)d(X_1(s)Z_1(s))
\end{aligned}
$$

因此，由定理 11.4.5 可知 $X_1(t)Z_1(t)X_2(t)Z_2(t)$是鞅。从而得到：

$$\mathbb{E}[X_1(t)Z_1(t)X_2(t)Z_2(t)] = 1$$

这就给出式(11.6.35)。 □

假设复合泊松过程 $Q(t)$的跳跃 $Y_1, Y_2, \cdots$仅取有限多个非零值 $y_1, y_2, \cdots, y_M$，并且 $p(y_m) = \mathbb{P}\{Y_i = y_m\}$，$m = 1, \cdots, M$ 满足 $p(y_m) > 0$ 和 $\sum_{m=1}^{M} p(y_m) = 1$。设 $\widetilde{\lambda}$是正数，$\widetilde{p}(y_1), \widetilde{p}(y_2), \cdots, \widetilde{p}(y_M)$是和数为 1 的正数。我们定义

$$Z_2(t) = e^{(\lambda - \widetilde{\lambda})t} \prod_{i=1}^{N(t)} \frac{\widetilde{\lambda}\widetilde{p}(Y_i)}{\lambda p(Y_i)}$$

用来取代式(11.6.32)，并由式(11.6.33)定义 $Z(t)$。引理 11.6.8 仍然适用，并允许我们由公式

$$\widetilde{\mathbb{P}}(A) = \int_A Z(T) d\mathbb{P}, \quad \forall A \in \mathcal{F}$$

定义概率测度$\widetilde{\mathbb{P}}$。将定理 11.6.9 的证明作必要的修改，就有以下结果。

定理 11.6.10 在概率测度$\widetilde{\mathbb{P}}$ 下，过程

$$\widetilde{W}(t)=W(t)+\int_0^t \Theta(s)ds$$

是布朗运动,$Q(t)$是强度为 $\widetilde{\lambda}$ 的复合泊松过程, $Q(t)$的跳跃幅度 $Y_1,Y_2,\cdots$是两两独立的同分布随机变量,满足:$\forall\, i,\widetilde{\mathbb{P}}\{Y_i=y_m\}=\widetilde{p}(y_m),m=1,\cdots,M$。并且,$\widetilde{W}(t)$独立于 $Q(t)$。

11.7 跳模型的欧式看涨期权定价

这一节,我们在原生资产服从跳过程情况下考虑欧式看涨期权的定价问题。我们将详细讨论两种情形:(1)原生资产由单个泊松过程驱动;(2)原生资产由一个布朗运动和一个复合泊松过程驱动。在第一种情形,市场是完全的;而在第二种情形,市场不完全。我们将在第二种情形中讨论市场的不完全性质。

11.7.1 *资产服从泊松过程*

回到例 11.6.3,其中原生资产价格为:

$$\begin{aligned} S(t)&=S(0)\exp\{\alpha t+N(t)\log(\sigma+1)-\lambda\sigma t\}\\ &=S(0)e^{(\alpha-\lambda\sigma)t}(\sigma+1)^{N(t)} \end{aligned} \tag{11.7.1}$$

其微分是:

$$dS(t)=\alpha S(t)dt+\sigma S(t-)dM(t)$$

在此模型中,$N(t)$是定义在概率空间$(\Omega,\mathcal{F},\mathbb{P})$上的强度为 $\lambda>0$ 的泊松过程,$M(t)=N(t)-\lambda t$是补偿泊松过程。固定 $T>0$,我们希望定价欧式看涨期权,其在时刻 T 的支付为:

$$V(T)=(S(T)-K)^+$$

在例 11.6.3 中,为了排除套利,我们必须假定 $\lambda>\dfrac{\alpha-r}{\sigma}$,在此假定下:

$$\widetilde{\lambda}=\lambda-\frac{\alpha-r}{\sigma}$$

是一个正数,并且存在由下式给出的风险中性测度:

$$\widetilde{\mathbb{P}}(A)=\int_A Z(T)d\,\mathbb{P},\quad \forall\, A\in\mathcal{F}$$

其中 $Z(t)=e^{(\lambda-\widetilde{\lambda})t}\left(\dfrac{\widetilde{\lambda}}{\lambda}\right)^{N(t)}$。这一风险中性测度事实上是唯一的,见下面的注 11.7.2。

在风险中性测度下,补偿泊松过程 $\widetilde{M}(t)=N(t)-\widetilde{\lambda}t$ 是一个鞅,并且

$$dS(t)=rS(t)dt+\sigma S(t-)d\widetilde{M}(t) \tag{11.7.2}$$

或者,等价地:

$$d(e^{-rt}S(t))=\sigma e^{-rt}S(t-)d\widetilde{M}(t)$$

这一贴现资产价格过程在 $\widetilde{\mathbb{P}}$ 下是一个鞅。利用记号 $\widetilde{\lambda}$,我们可以改写式(11.7.1)的第二行:

$$S(t)=S(0)e^{(r-\widetilde{\lambda}\sigma)t}(\sigma+1)^{N(t)}$$

对于 $0\leqslant t\leqslant T$,用 $V(t)$ 表示在时刻 T 支付为 $V(T)=(S(T)-K)^{+}$ 的欧式看涨期权价格。在风险中性测度下,贴现看涨期权价格是一个鞅。换言之,看涨期权价格 $V(t)$ 满足:

$$e^{-rt}V(t)=\widetilde{\mathbb{E}}[e^{-rT}V(T)\mid\mathcal{F}(t)]=\widetilde{\mathbb{E}}[e^{-rT}(S(T)-K)^{+}\mid\mathcal{F}(t)]$$

我们有:

$$\begin{aligned}S(T)&=S(0)e^{(r-\widetilde{\lambda}\sigma)t}(\sigma+1)^{N(t)}\cdot e^{(r-\widetilde{\lambda}\sigma)(T-t)}(\sigma+1)^{N(T)-N(t)}\\&=S(t)\cdot e^{(r-\widetilde{\lambda}\sigma)(T-t)}(\sigma+1)^{N(T)-N(t)}\end{aligned}$$

由此可得:

$$\begin{aligned}V(t)&=\widetilde{\mathbb{E}}[e^{-r(T-t)}(S(T)-K)^{+}\mid\mathcal{F}(t)]\\&=\widetilde{\mathbb{E}}[e^{-r(T-t)}(S(t)e^{(r-\widetilde{\lambda}\sigma)(T-t)}(\sigma+1)^{N(T)-N(t)}-K)^{+}\mid\mathcal{F}(t)]\end{aligned}$$

随机变量 $S(t)$ 是 $\mathcal{F}(t)$-可测的,而

$$e^{(r-\widetilde{\lambda}\sigma)(T-t)}(\sigma+1)^{N(T)-N(t)}$$

独立于 $\mathcal{F}(t)$。根据独立性引理(引理 2.3.4)可知:

$$V(t)=c(t,S(t))$$

其中:

$$\begin{aligned}c(t,x)&=\widetilde{\mathbb{E}}[e^{-r(T-t)}(xe^{(r-\widetilde{\lambda}\sigma)(T-t)}(\sigma+1)^{N(T)-N(t)}-K)^{+}]\\&=\sum_{j=0}^{\infty}e^{-r(T-t)}(xe^{(r-\widetilde{\lambda}\sigma)(T-t)}(\sigma+1)^{j}-K)^{+}\frac{\widetilde{\lambda}^{j}(T-t)^{j}}{j!}e^{-\widetilde{\lambda}(T-t)}\\&=\sum_{j=0}^{\infty}(xe^{-\widetilde{\lambda}\sigma(T-t)}(\sigma+1)^{j}-Ke^{-r(T-t)})^{+}\frac{\widetilde{\lambda}^{j}(T-t)^{j}}{j!}e^{-\widetilde{\lambda}(T-t)}\end{aligned}\tag{11.7.3}$$

由此公式,可以算得看涨期权 $c(t,x)$ 的风险中性价格。式(11.7.3)中 $j=0$ 的项为:

$$(xe^{-\widetilde{\lambda}\sigma(T-t)}-Ke^{-r(T-t)})^{+}e^{-\widetilde{\lambda}(T-t)}$$

当 $t=T$ 时,该项等于$(x-K)^{+}$,这是当 $t=T$ 时式(11.7.3)的和式中唯一的非零项。因此函数 $c(t,x)$ 满足终值条件

$$c(T,x)=(x-K)^{+},\quad\forall x\geqslant 0\tag{11.7.4}$$

接下来推导 $c(t,x)$ 必须满足的“偏微分方程”。通常的累次条件期望论证表明:

$$e^{-rt}c(t,S(t))=e^{-rt}V(t)=\widetilde{\mathbb{E}}[e^{-rT}(S(T)-K)^+\,|\,\mathcal{F}(t)]$$

在$\widetilde{\mathbb{P}}$下是鞅。因此我们计算 $d(e^{-rt}c(t,S(t)))$，并令“dt”项等于 0。随机微分方程(11.7.2) 可以改写为：

$$dS(t)=(r-\tilde{\lambda}\sigma)S(t)dt+\sigma S(t-)dN(t) \tag{11.7.5}$$

它表明股价过程的连续部分满足：

$$dS^c(t)=(r-\tilde{\lambda}\sigma)S(t)dt$$

另一方面，如果股价在时刻 t 发生跳跃，则：

$$\Delta S(t)=S(t)-S(t-)=\sigma S(t-),\quad S(t)=(\sigma+1)S(t-)$$

由伊藤—德布林公式可知：

$$\begin{aligned}
&e^{-rt}c(t,S(t))\\
&=c(0,S(0))+\int_0^t e^{-ru}[-rc(u,S(u))du+c_t(u,S(u))du+c_x(u,S(u))dS^c(u)]\\
&\quad+\sum_{0<u\leqslant t}e^{-ru}[c(u,S(u))-c(u,S(u-))]\\
&=c(0,S(0))+\int_0^t e^{-ru}[-rc(u,S(u))+c_t(u,S(u))+(r-\tilde{\lambda}\sigma)S(u)c_x(u,S(u))]du\\
&\quad+\int_0^t e^{-ru}[c(u,(\sigma+1)S(u-))-c(u,S(u-))]dN(u)\\
&=c(0,S(0))+\int_0^t e^{-ru}[-rc(u,S(u))+c_t(u,S(u))+(r-\tilde{\lambda}\sigma)S(u)c_x(u,S(u))]du\\
&\quad+\int_0^t e^{-ru}[c(u,(\sigma+1)S(u-))-c(u,S(u-))]\tilde{\lambda}du\\
&\quad+\int_0^t e^{-ru}[c(u,(\sigma+1)S(u-))-c(u,S(u-))]d\widetilde{M}(u)
\end{aligned}$$

然而，积分

$$\int_0^t e^{-ru}[c(u,(\sigma+1)S(u-))-c(u,S(u-))]\tilde{\lambda}du$$

与积分

$$\int_0^t e^{-ru}[c(u,(\sigma+1)S(u))-c(u,S(u))]\tilde{\lambda}du$$

相等。我们证明了

$$\begin{aligned}
e^{-rt}c(t,S(t))=c(0,S(0))&+\int_0^t e^{-ru}[-rc(u,S(u))+c_t(u,S(u))\\
&+(r-\tilde{\lambda}\sigma)S(u)c_x(u,S(u))+\tilde{\lambda}(c(u,(\sigma+1)S(u))\\
&-c(u,S(u)))]du+\int_0^t e^{-ru}[c(u,(\sigma+1)S(u-))\\
&-c(u,S(u-))]d\widetilde{M}(u)
\end{aligned} \tag{11.7.6}$$

上式最后的积分是鞅[因为 $\widetilde{M}(u)$ 是鞅而且被积式左连续]。由于式(11.7.6)的左端 $e^{-rt}c(t,S(t))$ 也是鞅，于是我们可以由上式解出

$$c(0,S(0))+\int_0^t e^{-ru}[-rc(u,S(u))+c_t(u,S(u))$$
$$+(r-\tilde{\lambda}\sigma)S(u)c_x(u,S(u))+\tilde{\lambda}(c(u,(\sigma+1)S(u))-c(u,S(u)))]du$$

作为两个鞅的差，它也是鞅，这仅当被积式为 0 才有可能：

$$-rc(t,S(t))+c_t(t,S(t))+(r-\tilde{\lambda}\sigma)S(t)c_x(t,S(t))$$
$$+\tilde{\lambda}(c(t,(\sigma+1)S(t))-c(t,S(t)))=0 \qquad (11.7.7)$$

我们过去利用式(11.7.6)得到式(11.7.7)的方法(见定理 6.4.3 之前的讨论)是先在式(11.7.6)两边取微分，得到：

$$d(e^{-rt}c(t,S(t)))$$
$$=e^{-rt}[-rc(t,S(t))+c_t(t,S(t))+(r-\tilde{\lambda}\sigma)S(t)c_x(t,S(t))$$
$$+\tilde{\lambda}(c(t,(\sigma+1)S(t)-c(t,S(t)))]dt$$
$$+e^{-rt}[c(t,(\sigma+1)S(t-))-c(t,S(t-))]d\widetilde{M}(t)$$

再令“dt”项等于 0。这一方法仍然可以用，只要我们能确定非“dt”项是关于鞅的积分，并且如果是关于跳过程(鞅)的积分，被积式应该左连续。特别地，我们也有：

$$d(e^{-rt}c(t,S(t)))$$
$$=e^{-rt}[-rc(t,S(t))+c_t(t,S(t))+(r-\tilde{\lambda}\sigma)S(t)c_x(t,S(t))]dt$$
$$+e^{-rt}[c(t,(\sigma+1)S(t-))-c(t,S(t-))]dN(t) \qquad (11.7.8)$$

如果令上式中的“dt”项

$$e^{-rt}[-rc(t,S(t))+c_t(t,S(t))+(r-\tilde{\lambda}\sigma)S(t)c_x(t,S(t))]dt$$

等于 0，就会得到不正确的结果，因为式(11.7.8)中的非“dt”项是关于 $N(t)$ 积分，而 $N(t)$ 不是鞅。

用哑变量 x 取代式(11.7.7)中的股价过程 $S(t)$，我们得到：

$$-rc(t,x)+c_t(t,x)+(r-\tilde{\lambda}\sigma)xc_x(t,x)+\tilde{\lambda}(c(t,(\sigma+1)x)-c(t,x))=0 \qquad (11.7.9)$$

对于 $0\leqslant t<T$ 和 $x\geqslant 0$ 成立。该方程有时被称为**微分—差分方程**，因为其中涉及对应于两个不同股价[x 和 $(\sigma+1)x$]的 c 的值。由于 $e^{-rt}c(t,S(t))$ 在 $\widetilde{\mathbb{P}}$ 下是鞅，式(11.7.3)定义的函数 $c(t,x)$ 满足这一方程。

回到式(11.7.6)，并利用式(11.7.9)，可知对于 $0\leqslant t\leqslant T$，有：

$$e^{-rt}c(t,S(t))$$
$$=c(0,S(0))+\int_0^t e^{-ru}[c(u,(\sigma+1)S(u-))-c(u,S(u-))]d\widetilde{M}(u)$$
$$(11.7.10)$$

特别地：

$$
\begin{aligned}
& e^{-rT}(S(T)-K)^{+} \\
&\quad = e^{-rT}c(T,S(T)) \\
&\quad = c(0,S(0))+\int_0^T e^{-ru}[c(u,(\sigma+1)S(u-))-c(u,S(u-))]d\widetilde{M}(u)
\end{aligned}
\tag{11.7.11}
$$

我们利用这一事实来构造看涨期权空头对冲。

假设我们在时刻 0 售出看涨期权,获得初始资本 $X(0)=c(0,S(0))$。我们希望投资于股票和货币市场账户,使得对所有 t,$X(t)=c(t,S(t))$,或者,等价地:

$$
e^{-rt}X(t)=e^{-rt}c(t,S(t)),\quad \forall t\in[0,T]
$$

我们通过令上式两边的微分相等来确定投资策略。由式(11.7.10),$e^{-rt}c(t,S(t))$ 的微分是:

$$
d(e^{-rt}c(t,S(t)))=e^{-rt}[c(t,(\sigma+1)S(t-))-c(t,S(t-))]d\widetilde{M}(t) \tag{11.7.12}
$$

在时刻 t 持有 $\Gamma(t)$ 份股票[这里,用 $\Gamma(t)$ 而不是 $\Delta(t)$ 来表示对冲组合中持有股票的份额,是为了避免与表示过程的跳跃幅度所使用的 Δ 相混淆]的资产组合价值 $X(t)$ 的微分是:

$$
dX(t)=\Gamma(t-)dS(t)+r[X(t)-\Gamma(t)S(t)]dt
$$

因此:

$$
\begin{aligned}
d(e^{-rt}X(t)) &= e^{-rt}[-rX(t)dt+dX(t)] \\
&= e^{-rt}[\Gamma(t-)dS(t)-r\Gamma(t)S(t)dt] \\
&= e^{-rt}\sigma\Gamma(t-)S(t-)d\widetilde{M}(t)
\end{aligned}
\tag{11.7.13}
$$

其中最后一步用到了式(11.7.2)。我们希望能确定在时刻 t 可能发生的任何跳跃之前瞬间所持有的头寸 $\Gamma(t-)$ 的值。比较式(11.7.12)和式(11.7.13),我们的结论是应该取

$$
\Gamma(t-)=\frac{c(t,(\sigma+1)S(t-))-c(t,S(t-))}{\sigma S(t-)} \tag{11.7.14}
$$

这是在任何时刻(无论是否跳时刻)我们应该持有的对冲头寸。具体而言,如果我们定义

$$
\Gamma(t)=\frac{c(t,(\sigma+1)S(t))-c(t,S(t))}{\sigma S(t)},\quad \forall t\in[0,T] \tag{11.7.15}
$$

则式(11.7.14)仍成立。将式(11.7.13)两边积分可得:

$$
e^{-rt}X(t) = X(0)+\int_0^t e^{-ru}[c(u,(\sigma+1)S(u-))-c(u,S(u-))]d\widetilde{M}(u) \tag{11.7.16}
$$

比较式(11.7.10)与式(11.7.16),可知对所有 t,$X(t)=c(t,S(t))$。特别是,式(11.7.11)表明 $X(T)=(S(T)-K)^{+}$,欧式看涨期权的空头得到对冲。

注 11.7.1(可靠性验证) 为使我们确信对冲(11.7.15)有效,我们分别考虑在时刻 t 股价跳与不跳两种情形。在股价发生跳跃的情形,期权价格的变动为:

$$c(t,(\sigma+1)S(t-))-c(t,S(t-))$$

对冲组合价值的变动为:

$$\Gamma(t-)(S(t)-S(t-))=\Gamma(t-)\sigma S(t-)=c(t,(\sigma+1)S(t-))-c(t,S(t-))$$

与期权价格的变动一致。

另一方面,如果在时刻 t 股价不发生跳跃,则时刻 t 的股价服从不含 $dN(t)$ 项的方程(11.7.5):

$$dS(t)=(r-\tilde{\lambda}\sigma)S(t)dt$$

此时,式(11.7.8)表明贴现期权价格的微分

$$\begin{aligned}&d(e^{-rt}c(t,S(t)))\\&=e^{-rt}[-rc(t,S(t))+c_t(t,S(t))+(r-\tilde{\lambda}\sigma)S(t)c_x(t,S(t))]dt\\&=e^{-rt}\tilde{\lambda}[c(t,(\sigma+1)S(t))-c(t,S(t))]dt\end{aligned}$$

其中在推导第二个等式时用到了微分—差分方程(11.7.9)。同时,贴现资产组合价值的微分[利用式(11.7.13),其中不含包括在 $d\widetilde{M}(t)$ 中的 $dN(t)$ 项]

$$\begin{aligned}d(e^{-rt}X(t))&=e^{-rt}\sigma\Gamma(t)S(t)(-\tilde{\lambda}dt)\\&=e^{-rt}\tilde{\lambda}[c(t,(\sigma+1)S(t))-c(t,S(t))]dt\end{aligned}$$

仍与贴现期权价格的微分相等。

注 11.7.2(完全性) 这一小节中,我们对由单个泊松过程驱动的股票的欧式看涨期权构造了价格和对冲过程。以上分析表明:对于股价模型相同的在时刻 T 支付为 $h(S(T))$ 的任何欧式衍生证券,同样的论证成立。我们可以在方程(11.7.3)中简单地用函数 h 取代看涨期权的支付。微分—差分方程(11.7.9)仍适用,只是式(11.7.4)中的终值条件要换为 $c(T,x)=h(x)$,对冲公式(11.7.15)仍然正确。

当且仅当每个衍生证券都可以对冲时,模型是完全的并且风险中性测度是唯一的(资产定价第二基本定理)。“每个”衍生证券也包括路径依赖的衍生证券。这一小节中没有考虑路径依赖的衍生证券,可以证明它们也能被对冲,因此模型是完全的。

11.7.2 资产服从布朗运动和复合泊松过程

设$(\Omega,\mathcal{F},\mathbb{P})$是概率空间,其上定义了一个布朗运动 $W(t)$,$0\leqslant t\leqslant T$ 和 M 个两两独立的泊松过程 $N_1(t),\cdots,N_M(t)$,$0\leqslant t\leqslant T$,它们都相应于同一个域流 $\mathcal{F}(t)$,$0\leqslant t\leqslant T$。

设 $\lambda_m>0$ 是第 m 个泊松过程的强度,$-1<y_1<\cdots<y_M$是非零数。令

$$N(t)=\sum_{m=1}^{M}N_m(t),\quad Q(t)=\sum_{m=1}^{M}y_mN_m(t)$$

则 N 是强度为 $\lambda=\sum_{m=1}^{M}\lambda_m$ 的泊松过程，Q 是复合泊松过程。Q 的第 i 个跳跃幅度记为 Y_i，则随机变量 Y_i 取值于有限集 $\{y_1,\cdots,y_M\}$，并且 $Q(t)$ 可以被写为：

$$Q(t)=\sum_{i=1}^{N(t)}Y_i$$

定义：

$$p(y_m)=\frac{\lambda_m}{\lambda}$$

则 $Y_1,Y_2,\cdots$ 是独立同分布随机变量，并且 $\mathbb{P}\{Y_i=y_m\}=p(y_m)$。这些结论可由定理 11.3.3 推得。

令：

$$\beta=\mathbb{E}Y_i=\sum_{m=1}^{M}y_m p(y_m)=\frac{1}{\lambda}\sum_{m=1}^{M}\lambda_m y_m \tag{11.7.17}$$

根据定理 11.3.1 可知：

$$Q(t)-\beta\lambda t=Q(t)-t\sum_{m=1}^{M}\lambda_m y_m$$

是一个鞅。

这一小节中，股价模型为以下随机微分方程

$$\begin{aligned}dS(t)&=\alpha S(t)dt+\sigma S(t)dW(t)+S(t-)d(Q(t)-\beta\lambda t)\\&=(\alpha-\beta\lambda)S(t)dt+\sigma S(t)dW(t)+S(t-)dQ(t)\end{aligned} \tag{11.7.18}$$

在原先的概率测度 $\mathbb{P}$ 下，股票的平均回报率是 α。关于 $y_i>-1,i=1,\cdots,M$ 假定保证了：尽管股价可以下跳，但是不会由正数变为负数或 0。设初始股价 $S(0)>0$，则以后所有时刻的股价都是正的；见下面的式(11.7.19)。如果 $S(0)=0$，则对所有 t，$S(t)=0$。

定理 11.7.3 式(11.7.18)的解为：

$$S(t)=S(0)e^{\sigma W(t)+(\alpha-\beta\lambda-\frac{1}{2}\sigma^2)t}\prod_{i=1}^{N(t)}(Y_i+1) \tag{11.7.19}$$

【证明】 我们证明由式(11.7.19)右端定义的 $S(t)$ 满足随机微分方程(11.7.18)。为此，定义连续随机过程

$$X(t)=S(0)e^{\sigma W(t)+(\alpha-\beta\lambda-\frac{1}{2}\sigma^2)t}$$

以及纯跳过程

$$J(t)=\prod_{i=1}^{N(t)}(Y_i+1)$$

于是，$S(t)=X(t)J(t)$。我们证明 $S(t)=X(t)J(t)$ 是随机微分方程(11.7.18)的解。

由关于连续过程的伊藤—德布林公式可知：

$$dX(t)=(\alpha-\beta\lambda)X(t)dt+\sigma X(t)dW(t) \tag{11.7.20}$$

在第 i 次跳时刻，$J(t)=J(t-)(Y_i+1)$，则：

$$\Delta J(t)=J(t)-J(t-)=J(t-)Y_i=J(t-)\Delta Q(t)$$

方程 $\Delta J(t)=J(t-)\Delta Q(t)$ 在非跳时刻也成立，此时两边同时为零。因此：

$$dJ(t)=J(t-)dQ(t) \tag{11.7.21}$$

由关于跳过程的伊藤乘积法则可知：

$$\begin{aligned}S(t) &= X(t)J(t)\\ &= S(0)+\int_0^t X(s-)dJ(s)+\int_0^t J(s)dX(s)+[X,J](t)\end{aligned} \tag{11.7.22}$$

由于 J 是纯跳过程，而 X 连续，故 $[X,J](t)=0$。将式(11.7.20)和式(11.7.21)代入式(11.7.22)，我们得到：

$$\begin{aligned}S(t) &= X(t)J(t)\\ &= S(0)+\int_0^t X(s-)J(s-)dQ(s)+(\alpha-\beta\lambda)\int_0^t J(s)X(s)ds\\ &\quad+\sigma\int_0^t J(s)X(s)dW(s)\end{aligned}$$

其微分形式是：

$$\begin{aligned}dS(t)&=d(X(t)J(t))\\ &=X(t-)J(t-)dQ(t)+(\alpha-\beta\lambda)J(t)X(t)dt+\sigma J(t)X(t)dW(t)\\ &=S(t-)dQ(t)+(\alpha-\beta\lambda)S(t)dt+\sigma S(t)dW(t)\end{aligned}$$

这正是式(11.7.18)。 □

现在，我们构建风险中性测度。设 θ 是常数，$\tilde{\lambda}_1,\cdots,\tilde{\lambda}_M$ 是正数。[1] 定义：

$$\begin{aligned}Z_0(t) &= e^{-\theta W(t)-\frac{1}{2}\theta^2 t}\\ Z_m(t) &= e^{(\lambda_m-\tilde{\lambda}_m)t}\left(\frac{\tilde{\lambda}_m}{\lambda_m}\right)^{N_m(t)},\quad m=1,\cdots,M\\ Z(t) &= Z_0(t)\prod_{m=1}^{M} Z_m(t)\\ \widetilde{\mathbb{P}}(A) &= \int_A Z(T)d\mathbb{P},\quad \forall A\in\mathcal{F}\end{aligned}$$

以下论断可由定理 11.6.10 和推论 11.3.4 得到。(iii)中关于在 $\widetilde{\mathbb{P}}$ 下，$\widetilde{W}$ 独立于每一个泊松过程 N_m 的论断可由推论 11.5.3 得到。在概率测度 $\widetilde{\mathbb{P}}$ 下：

(i) 过程

$$\widetilde{W}(t)=W(t)+\theta t \tag{11.7.23}$$

---

〔1〕 如果让 θ 和 $\tilde{\lambda}_1,\cdots,\tilde{\lambda}_M$ 为适应随机过程，我们能生成更多的风险中性测度。

是一个布朗运动;

(ii) 每一个 N_m 是强度为$\tilde{\lambda}_m$ 的泊松过程;

(iii) $\widetilde{W}$ 和 $N_1,\cdots,N_M$ 两两独立。

定义

$$\tilde{\lambda}=\sum_{m=1}^{M}\tilde{\lambda}_m,\quad \tilde{p}(y_m)=\frac{\tilde{\lambda}_m}{\tilde{\lambda}}$$

在$\widetilde{\mathbb{P}}$下,$N(t)=\sum_{m=1}^{M}N_m(t)$ 是强度为$\tilde{\lambda}$ 的泊松过程,跳跃幅度 $Y_1,Y_2,\cdots$ 是独立同分布随机变量,满足$\widetilde{\mathbb{P}}\{Y_i=y_m\}=\tilde{p}(y_m)$,并且 $Q(t)-\tilde{\beta}\tilde{\lambda}t$ 是一个鞅,其中:

$$\tilde{\beta}=\widetilde{\mathbb{E}}Y_i=\sum_{m=1}^{M}y_m\tilde{p}(y_m)=\frac{1}{\tilde{\lambda}}\sum_{m=1}^{M}\tilde{\lambda}_m y_m$$

概率测度$\widetilde{\mathbb{P}}$是风险中性的当且仅当在$\widetilde{\mathbb{P}}$下股票的平均回报率是利率 r。换言之,$\widetilde{\mathbb{P}}$是风险中性的当且仅当

$$\begin{aligned}dS(t)&=(\alpha-\beta\lambda)S(t)dt+\sigma S(t)dW(t)+S(t-)dQ(t)\\&=rS(t)dt+\sigma S(t)d\widetilde{W}(t)+S(t-)d(Q(t)-\tilde{\beta}\tilde{\lambda}t)\end{aligned}\qquad(11.7.24)$$

这等价于方程

$$\alpha-\beta\lambda=r+\sigma\theta-\tilde{\beta}\tilde{\lambda}\qquad(11.7.25)$$

这是该模型的**风险的市场价格方程**。回顾 β 和 $\tilde{\beta}$ 的定义,风险的市场价格方程(11.7.25)可以改写为:

$$\begin{aligned}\alpha-r&=\sigma\theta+\beta\lambda-\tilde{\beta}\tilde{\lambda}\\&=\sigma\theta+\sum_{m=1}^{M}(\lambda_m-\tilde{\lambda}_m)y_m\end{aligned}\qquad(11.7.26)$$

由于只有一个方程却有 $M+1$ 个未知量 θ 和$\tilde{\lambda}_1,\cdots,\tilde{\lambda}_M$,故存在多个风险中性测度。

再引进额外的股票,有助于确定唯一的风险中性测度。在以下的例子中,我们取 $M=2$ 来说明这一点。

例 11.7.4(三个股票以及两个泊松过程) 设 W 是布朗运动,N_1 和 N_2 是独立的泊松过程,定义三个复合泊松过程

$$Q_i(t)=y_{i,1}N_1(t)+y_{i,2}N_2(t),\quad i=1,2,3$$

其中 $y_{i,m}>-1,i=1,2,3,m=1,2$。令

$$\beta_i=\frac{1}{\lambda}(\lambda_1y_{i,1}+\lambda_2y_{i,2}),\quad i=1,2,3$$

其中 λ_1 和 λ_2 分别是在原先测度$\mathbb{P}$下 N_1 和 N_2 的强度。对于 $i=1,2,3$,我们的股价模型为:

$$dS_i(t)=(\alpha_i-\beta_i\lambda)S_i(t)dt+\sigma_iS_i(t)dW(t)+S_i(t-)dQ_i(t)$$

在此模型中，关于每个股票都有类似于式(11.7.26)的风险的市场价格方程：

$$\alpha_1 - r = \sigma_1\theta + (\lambda_1 - \tilde{\lambda}_1)y_{1,1} + (\lambda_2 - \tilde{\lambda}_2)y_{1,2}$$
$$\alpha_2 - r = \sigma_2\theta + (\lambda_1 - \tilde{\lambda}_1)y_{2,1} + (\lambda_2 - \tilde{\lambda}_2)y_{2,2}$$
$$\alpha_3 - r = \sigma_3\theta + (\lambda_1 - \tilde{\lambda}_1)y_{3,1} + (\lambda_2 - \tilde{\lambda}_2)y_{3,2}$$

这里有关于三个未知量 $\theta,\tilde{\lambda}_1$ 和 $\tilde{\lambda}_2$ 的三个方程。如果该方程组存在唯一解，则存在唯一的风险中性测度。在这样的情况下，市场是完全的，并且无套利。 □

我们回到由式(11.7.18)和式(11.7.19)给出的单个股票价格模型的讨论。选择满足风险的市场价格方程式(11.7.26)的 θ 和 $\tilde{\lambda}_1,\cdots,\tilde{\lambda}_M$。在式(11.7.24)的记号下，我们有：

$$\begin{aligned} dS(t) &= rS(t)dt + \sigma S(t)d\widetilde{W}(t) + S(t-)d(Q(t) - \tilde{\beta}\tilde{\lambda}t) \\ &= (r - \tilde{\beta}\tilde{\lambda})dt + \sigma S(t)d\widetilde{W}(t) + S(t-)dQ(t) \end{aligned} \tag{11.7.27}$$

这类似于式(11.7.18)。正如式(11.7.19)是式(11.7.18)的解，式(11.7.27)的解为：

$$S(t) = S(0)\exp\left\{\sigma\widetilde{W}(t) + \left(r - \tilde{\beta}\tilde{\lambda} - \frac{1}{2}\sigma^2\right)t\right\}\prod_{i=1}^{N(t)}(Y_i + 1) \tag{11.7.28}$$

事实上，可以利用式(11.7.25)直接验证式(11.7.19)与式(11.7.28)相同。我们没有改变股价过程，我们改变的仅是其分布。

我们来计算价格过程由式(11.7.28)给出的股票的看涨期权的风险中性价格。由于 θ 并不出现在式(11.7.28)中，它也不会出现在我们的定价公式中。然而：

$$\tilde{\beta}\tilde{\lambda} = \sum_{m=1}^{M}\tilde{\lambda}_m y_m$$

将出现在定价公式中，而且我们可以选择任意正数 $\tilde{\lambda}_1,\cdots,\tilde{\lambda}_M$ 作为风险中性强度，然后再取 θ 使得风险的市场价格方程(11.7.25)被满足。在这一节的余下部分中，我们假定已经作出了某个选择，定价公式将依赖于这一选择。通常可以利用这些自由参数对模型进行校准，使之与市场数据相合。

接下来，我们需要引进一些记号。定义：

$$\kappa(\tau,x) = xN(d_+(\tau,x)) - Ke^{-r\tau}N(d_-(\tau,x)) \tag{11.7.29}$$

其中：

$$d_\pm(\tau,x) = \frac{1}{\sigma\sqrt{\tau}}\left[\log\frac{x}{K} + \left(r \pm \frac{1}{2}\sigma^2\right)\tau\right]$$

并且

$$N(y) = \frac{1}{\sqrt{2\pi}}\int_{-\infty}^{y} e^{-\frac{1}{2}z^2}dz$$

是累积标准正态分布函数。换言之，$\kappa(\tau,x)$ 是关于股价服从波动率为 σ 的几何布朗运动的股票的看涨期权价格的标准的布莱克—斯科尔斯—默顿公式，其中当前股价为 x，距离期权到期日为 τ(时间单位)，利率为 r，敲定价格为 K。我们有：

$$\kappa(\tau,x)=\widetilde{\mathbb{E}}\left[e^{-r\tau}\left(xe^{-\sigma\sqrt{\tau}Y+\left(r-\frac{1}{2}\sigma^2\right)\tau}-K\right)^+\right]$$

其中 Y 是 $\widetilde{\mathbb{P}}$ 下的标准正态随机变量;见 5.2.5 小节。

定理 11.7.5 对于 $0\leqslant t<T$,看涨期权的风险中性价格

$$V(t)=\widetilde{\mathbb{E}}\left[e^{-r(T-t)}(S(T)-K)^+\mid\mathcal{F}(t)\right]$$

由 $V(t)=c(t,S(t))$ 给出,其中:

$$c(t,x)=\sum_{j=0}^{\infty}e^{-\tilde{\lambda}(T-t)}\frac{\tilde{\lambda}^j(T-t)^j}{j!}\widetilde{\mathbb{E}}\kappa\left(T-t,xe^{-\tilde{\beta}\tilde{\lambda}(T-t)}\prod_{i=1}^{j}(Y_i+1)\right)\tag{11.7.30}$$

【证明】 给定 $t\in[0,T)$,定义 $\tau=T-t$,由式(11.7.28)可知:

$$S(T)=S(t)e^{\sigma(\widetilde{W}(T)-\widetilde{W}(t))+(r-\tilde{\beta}\tilde{\lambda}-\frac{1}{2}\sigma^2)\tau}\prod_{i=N(t)+1}^{N(T)}(Y_i+1)\tag{11.7.31}$$

$S(t)$ 是 $\mathcal{F}(t)$-可测的,出现在式(11.7.31)右端的其他一些项独立于 $\mathcal{F}(t)$。因此,由独立性引理(引理 2.3.4)可知:

$$V(t)=\widetilde{\mathbb{E}}\left[e^{-r\tau}(S(T)-K)^+\mid\mathcal{F}(t)\right]=c(t,S(t))$$

其中:

$$\begin{aligned}c(t,x)&=\widetilde{\mathbb{E}}\left[e^{-r\tau}\left(xe^{\sigma(\widetilde{W}(T)-\widetilde{W}(t))+(r-\tilde{\beta}\tilde{\lambda}-\frac{1}{2}\sigma^2)\tau}\prod_{i=N(t)+1}^{N(T)}(Y_i+1)-K\right)^+\right]\\&=\widetilde{\mathbb{E}}\Big[\widetilde{\mathbb{E}}\Big[e^{-r\tau}\Big(xe^{\sigma(\widetilde{W}(T)-\widetilde{W}(t))+(r-\tilde{\beta}\tilde{\lambda}-\frac{1}{2}\sigma^2)\tau}\\&\quad\times\prod_{i=N(t)+1}^{N(T)}(Y_i+1)-K^+\Big|\sigma\Big(\prod_{i=N(t)+1}^{N(T)}(Y_i+1)\Big)\Big]\Big]\\&=\widetilde{\mathbb{E}}\Big[\widetilde{\mathbb{E}}\Big[e^{-r\tau}\Big(xe^{-\tilde{\beta}\tilde{\lambda}\tau}e^{-\sigma\sqrt{\tau}Y+(r-\frac{1}{2}\sigma^2)\tau}\\&\quad\times\prod_{i=N(t)+1}^{N(T)}(Y_i+1)-K^+\Big|\sigma\Big(\prod_{i=N(t)+1}^{N(T)}(Y_i+1)\Big)\Big]\Big]\end{aligned}$$

其中:

$$Y=-\frac{\widetilde{W}(T)-\widetilde{W}(t)}{\sqrt{\tau}}$$

是 $\widetilde{\mathbb{P}}$ 下的标准正态随机变量,条件 σ-代数 $\sigma\left(\prod_{i=N(t)+1}^{N(T)}(Y_i+1)\right)$ 是由随机变量 $\prod_{i=N(t)+1}^{N(T)}(Y_i+1)$ 生成的。由于 $\prod_{i=N(t)+1}^{N(T)}(Y_i+1)$ 是 $\sigma\left(\prod_{i=N(t)+1}^{N(T)}(Y_i+1)\right)$-可测的,而 Y 独立于 $\sigma\left(\prod_{i=N(t)+1}^{N(T)}(Y_i+1)\right)$,我们可以再次利用独立性引理(引理 2.3.4),得到:

$$\begin{aligned}&\widetilde{\mathbb{E}}\left[e^{-r\tau}\left(xe^{-\tilde{\beta}\tilde{\lambda}\tau}e^{-\sigma\sqrt{\tau}Y+(r-\frac{1}{2}\sigma^2)\tau}\prod_{i=N(t)+1}^{N(T)}(Y_i+1)-K\right)^+\Big|\sigma\Big(\prod_{i=N(t)+1}^{N(T)}(Y_i+1)\Big)\right]\\&=\kappa\left(\tau,xe^{-\tilde{\beta}\tilde{\lambda}\tau}\prod_{i=N(t)+1}^{N(T)}(Y_i+1)\right)\end{aligned}$$

由此可得：

$$c(t,x)=\widetilde{\mathbb{E}}\kappa\left(\tau,xe^{-\tilde{\beta}\tilde{\lambda}\tau}\prod_{i=N(t)+1}^{N(T)}(Y_i+1)\right) \tag{11.7.32}$$

为了说明式(11.7.32)与式(11.7.30)是一致的，我们注意到在 $N(T)-N(t)=j$ 条件下，随机变量 $\prod_{i=N(t)+1}^{N(T)}(Y_i+1)$ 具有与 $\prod_{i=1}^{j}(Y_i+1)$ 相同的分布。此外：

$$\mathbb{P}\{N(T)-N(t)=j\}=e^{-\tilde{\lambda}\tau}\frac{\tilde{\lambda}^j\tau^j}{j!}$$

□

注 11.7.6(连续的跳跃分布) 假设跳跃幅度 Y_i 具有密度函数 $f(y)$，而不是概率质量函数 $p(y_1),\cdots,p(y_M)$，该密度在集合 $B\subset(-1,\infty)$ 上严格为正，其他取值为 0。在此情形，我们用公式

$$\beta=\mathbb{E}Y_i=\int_{-1}^{\infty}yf(y)dy$$

取代式(11.7.17)。关于风险中性测度，我们可以选择 $\theta,\tilde{\lambda}>0$ 以及任何在集合 B 上严格为正，其他取值为 0 的密度 $\tilde{f}(y)$，使得风险的市场价格方程[见式(11.7.26)]

$$\alpha-r=\sigma\theta+\beta\lambda-\tilde{\beta}\tilde{\lambda}$$

被满足，其中：

$$\tilde{\beta}=\widetilde{\mathbb{E}}Y_i=\int_{-1}^{\infty}y\tilde{f}(y)dy$$

在这些条件下，定理 11.7.5 仍成立。 □

我们回到离散跳跃幅度的模型。以下定理给出了看涨期权价格满足的微分—差分方程。

定理 11.7.7 式(11.7.30)的看涨期权价格 $c(t,x)$ 满足方程

$$-rc(t,x)+c_t(t,x)+(r-\tilde{\beta}\tilde{\lambda})xc_x(t,x)+\frac{1}{2}\sigma^2x^2c_{xx}(t,x)+$$
$$\tilde{\lambda}\left[\sum_{m=1}^{M}\tilde{p}(y_m)c(t,(y_m+1)x-c(t,x)\right]=0,0\leqslant t<T,x\geqslant 0 \tag{11.7.33}$$

以及终值条件

$$c(T,x)=(x-K)^+,x\geqslant 0$$

【证明】 由式(11.7.27)可知股价过程的连续部分满足

$$dS^c(t)=(r-\tilde{\beta}\tilde{\lambda})dt+\sigma S(t)d\widetilde{W}(t)$$

因此，由伊藤—德布林公式可知：

$$\begin{aligned}
&e^{-rt}c(t,S(t))-c(0,S(0))\\
&=\int_0^t e^{-ru}[-rc(u,S(u))+c_t(u,S(u))+(r-\tilde{\beta}\tilde{\lambda})S(u)c_x(u,S(u))\\
&\quad+\frac{1}{2}\sigma^2S^2(u)c_{xx}(u,S(u))]du+\int_0^t e^{-ru}\sigma S(u)c_x(u,S(u))d\widetilde{W}(u)\\
&\quad+\sum_{0<u\leqslant t}e^{-ru}[c(u,S(u))-c(u,S(u-))]
\end{aligned}\tag{11.7.34}$$

我们考察式(11.7.34)中的最后一项。如果 u 是第 m 个泊松过程 N_m 的跳时刻,则股价满足 $S(u)=(y_m+1)S(u-)$,因此:

$$\begin{aligned}
&\sum_{0<u\leqslant t}e^{-ru}[c(u,S(u))-c(u,S(u-))]\\
&=\sum_{m=1}^{M}\sum_{0<u\leqslant t}e^{-ru}[c(u,(y_m+1)S(u-))-c(u,S(u-))]\Delta N_m(u)\\
&=\sum_{m=1}^{M}\int_0^t e^{-ru}[c(u,(y_m+1)S(u-))-c(u,S(u-))]d(N_m(u)-\tilde{\lambda}_m u)\\
&\quad+\int_0^t e^{-ru}\Big[\sum_{m=1}^{M}\frac{\tilde{\lambda}_m}{\tilde{\lambda}}c(u,(y_m+1)S(u))-c(u,S(u-))\Big]\tilde{\lambda}du\\
&=\sum_{m=1}^{M}\int_0^t e^{-ru}[c(u,(y_m+1)S(u-))-c(u,S(u-))]d(N_m(u)-\tilde{\lambda}_m u)\\
&\quad+\int_0^t e^{-ru}\tilde{\lambda}\Big[\sum_{m=1}^{M}\tilde{p}(y_m)c(u,(y_m+1)S(u))-c(u,S(u))\Big]du
\end{aligned}$$

将其代入式(11.7.34),两边取微分,可得:

$$\begin{aligned}
&d(e^{-rt}c(t,S_t(t)))\\
&=e^{-rt}\{-rc(t,S(t))+c_t(t,S(t))+(r-\tilde{\beta}\tilde{\lambda})S(t)c_x(t,S(t))\\
&\quad+\frac{1}{2}\sigma^2S^2(t)c_{xx}(t,S(t))+\tilde{\lambda}\sum_{m=1}^{M}[\tilde{p}(y_m)c(t,(y_m+1)S(t))\\
&\quad-c(t,S(t))]\}dt+e^{-rt}\sigma S(t)c_x(t,S(t))d\widetilde{W}(t)\\
&\quad+\sum_{m=1}^{M}e^{-rt}[c(t,(y_m+1)S(t-))-c(t,S(t-))]d(N_m(t)-\tilde{\lambda}_m t)
\end{aligned}\tag{11.7.35}$$

最后一项中,过程 $N_m(t)-\tilde{\lambda}_m t$ 在 $\widetilde{\mathbb{P}}$ 下是鞅,且被积式 $e^{-rt}[c(t,(y_m+1)S(t-))-c(t,S(t-))]$ 左连续,因此该项的积分是鞅。类似地,$e^{-rt}\sigma S(t)\cdot c_x(t,S(t))d\widetilde{W}(t)$ 是鞅。由于出现在式(11.7.35)左端的贴现期权价格也是鞅,因此,式(11.7.35)中其余的项是鞅。而其余的项是"dt"项,故必为 0。在该项的被积式中,用哑变量 x 取代股价过程 $S(t)$,我们便得到式(11.7.33)。 □

推论 11.7.8 式(11.7.30)的看涨期权价格 $c(t,x)$ 满足

$$\begin{aligned}
d(e^{-rt}c(t,S_t(t)))&=e^{-rt}\sigma S(t)c_x(t,S(t))d\widetilde{W}(t)\\
&\quad+\sum_{m=1}^{M}e^{-rt}[c(t,(y_m+1)S(t-))
\end{aligned}$$

$$
\begin{aligned}
&-c(t,S(t-))]d(N_m(t)-\tilde{\lambda}_m t)\\
&=e^{-rt}\sigma S(t)c_x(t,S(t))d\widetilde{W}(t)+e^{-rt}[c(t,S(t))\\
&-c(t,S(t-))]dN(t)-e^{-rt}\tilde{\lambda}\Big[\sum_{m=1}^{M}\tilde{p}(y_m)\\
&\times c(t,(y_m+1)S(t-))-c(t,S(t-))\Big]dt \qquad (11.7.36)
\end{aligned}
$$

【证明】 利用式(11.7.33)消去式(11.7.35)中的"dt"项,便得到式(11.7.36)中的第一个等式。推导第二个等式,只需回顾 $N(t)=\sum_{m=1}^{M}N_m(t)$,$\tilde{\lambda}=\sum_{m=1}^{M}\tilde{\lambda}_m$,和 $\tilde{\lambda}\tilde{p}(y_m)=\tilde{\lambda}_m$。 □

注 11.7.9(连续的跳跃分布) 对于跳跃幅度 Y_i 在风险中性测度$\widetilde{\mathbb{P}}$下具有密度函数 $\tilde{f}(y)$ 的情形,定理 11.7.7 和推论 11.7.8 需要有所修改。位于式(11.7.33)左端方括号中的项$\sum_{m=1}^{M}\tilde{p}(y_m)c(t,(y_m+1)x)$ 应替换为 $\int_{-1}^{\infty}c(t,(y+1)x)\tilde{f}(y)dy$。在式(11.7.36) 中,我们采用关于 $d(e^{-rt}c(t,S(t)))$ 的第二个公式,其中用到的是跳跃的总数[即泊松过程 $N(t)=\sum_{m=1}^{M}N_m(t)$] 而不是单个的泊松过程,并且将$\sum_{m=1}^{M}\tilde{p}(y_m)c(t,(y_m+1)S(t-))$ 替换为 $\int_{-1}^{\infty}c(t,(y+1)S(t-))\tilde{f}(y)dy$。

最后,对于贴现价格过程满足式(11.7.36)的欧式看涨期权,考虑空头对冲。假设我们持有看涨期权空头以及初始资本为 $X(0)=c(0,S(0))$ 的对冲资产组合。我们来比较看涨期权贴现价格过程的微分与对冲组合贴现价值过程的微分。如果在每个时刻 t,对冲组合持有的股票份额为 $\Gamma(t)$,则:

$$dX(t)=\Gamma(t-)dS(t)+r[X(t)-\Gamma(t)S(t)]dt$$

并且

$$
\begin{aligned}
d(e^{-rt}X(t))&=e^{-rt}[-rX(t)dt+dX(t)]\\
&=e^{-rt}[\Gamma(t-)dS-r\Gamma(t)S(t)dt)]\\
&=e^{-rt}[\Gamma(t)\sigma S(t)d\widetilde{W}(t)+\Gamma(t-)S(t-)d(Q(t)-\tilde{\beta}\tilde{\lambda}t)]\\
&=e^{-rt}[\Gamma(t)\sigma S(t)d\widetilde{W}(t)+\Gamma(t-)S(t-)\sum_{m=1}^{M}y_m(dN_m(t)-\tilde{\lambda}_m dt)]
\end{aligned}
\qquad (11.7.37)
$$

这里用到了式(11.7.27)。自然地,我们试图采用"delta -对冲"策略

$$\Gamma(t)=c_x(t,S(t))$$

这样,式(11.7.36)与式(11.7.37)中的 $d\widetilde{W}(t)$项相等(即由布朗运动引起的风险得到了完全的对冲)。

然而,delta -对冲导致

$$
\begin{aligned}
&d[e^{-rt}c(t,S(t))-e^{-rt}X(t)]\\
&=\sum_{m=1}^{M}e^{-rt}[c(t,(y_m+1)S(t-))-c(t,S(t-))\\
&-y_mS(t-)c_x(t,S(t-))](dN_m(t)-\tilde{\lambda}_m dt) \qquad (11.7.38)
\end{aligned}
$$

函数 $c(t,x)$ 关于 x 是严格凸的，这可以利用式(11.7.29)中函数 $\kappa(\tau,x)$ 的严格凸性以及式(11.7.30) 推得。由严格凸性，我们有：

$$c(t,x_2)-c(t,x_1)>(x_2-x_1)c_x(t,x_1)$$

对所有满足 $x_1\neq x_2$ 的 $x_1\geqslant 0$ 和 $x_2\geqslant 0$ 成立。因此：

$$c(t,(y_m+1)S(t-))-c(t,S(t-))>y_mS(t-)c_x(t,S(t-)) \tag{11.7.39}$$

这里的严格不等式是由于 y_m 大于 -1 并且不等于 0 的假定。由式(11.7.38)和式(11.7.39)可知：在接连两次跳跃之间

$$d[e^{-rt}c(t,S(t))-e^{-rt}X(t)]<0$$

即对冲组合表现胜过期权；然而，在跳时刻，期权表现胜过对冲组合。

由于 $e^{-rt}c(t,S(t))$ 和 $e^{-rt}X(t)$ 在 $\widetilde{\mathbb{P}}$ 下都是鞅，故它们的差也是鞅。在初始时刻，它们的差 $c(0,S(0))-X(0)=0$，因此它们差的期望值恒为 0：

$$\widetilde{\mathbb{E}}[e^{-rt}c(t,S(t))]=\widetilde{\mathbb{E}}[e^{-rt}X(t)],\quad 0\leqslant t\leqslant T$$

“平均而言”，对冲公式能够对冲期权，这里的平均值是在我们所选择的风险中性测度下计算的。这也为选择 $\widetilde{\lambda}_m=\lambda_m$ 提供了某种支持：至少在涉及跳过程的情形，以上风险中性测度下的平均也是真实概率测度下的平均。

注 11.7.10（连续的跳跃分布） 若跳跃幅度 Y_i 的风险中性分布具有密度 $\widetilde{f}(y)$，则式(11.7.38)成为：

$$\begin{aligned}
&d[e^{-rt}c(t,S(t))-e^{-rt}X(t)]\\
&=e^{-rt}[c(t,S(t))-c(t,S(t-))-(S(t)-S(t-))c_x(t,S(t-))]dN(t)\\
&\quad -e^{-rt}\widetilde{\lambda}\int_{-1}^{\infty}[c(t,(y+1)S(t-))-c(t,S(t-))\\
&\quad -yS(t-)c_x(t,S(t-))]\widetilde{f}(y)dydt
\end{aligned} \tag{11.7.40}$$

方程(11.7.40)的解释如同式(11.7.38)。由于

$$c(t,(y+1)S(t-))-c(t,S(t-))-yS(t-)c_x(t,S(t-))>0$$

对所有 $y>-1,y\neq 0$ 成立，在接连两次跳跃之间

$$d[e^{-rt}c(t,S(t))-e^{-rt}X(t)]<0$$

对冲组合表现胜过期权；在跳时刻，由于

$$c(t,S(t))-c(t,S(t-))-(S(t)-S(t-))c_x(t,S(t-))>0$$

期权表现胜过对冲组合。“平均而言”(在我们所选择的风险中性测度下计算平均)，这两种效应可以互相抵消。

11.8 本章小结

基本的纯跳过程是**泊松过程**。类似于布朗运动，泊松过程也是马尔可夫过程；

但与布朗运动不同的是，泊松过程不是一个鞅。泊松过程单纯上跳，在接连两次跳跃之间则是常数。为了得到鞅，我们需要减去泊松过程的均值，得到**补偿泊松过程**（定理 11.2.4 ）。

泊松过程的所有跳跃幅度为 1，**复合泊松过程**的跳跃幅度随机，其他与泊松过程类似。与泊松过程一样，复合泊松过程是马尔可夫过程（习题 11.7），并且可以通过减去其均值得到一个鞅（定理 11.3.1），尽管其本身一般不是鞅。跳跃幅度仅取有限多个，比如说 M 个，可能值的复合泊松过程可以被分解为 M 个两两独立的按比例缩放泊松过程的和（定理 11.3.3 和推论 11.3.4）。

跳过程包含四个部分：初始条件、伊藤积分、黎曼积分以及纯跳过程。前三项组成跳过程的**连续部分**。关于跳过程的连续部分的随机积分和随机分析的讨论在第四章中。在本章中，跳过程的纯跳部分是一个右连续过程，它在每个有限时间区间内仅发生有限多次跳跃，在接连两次跳跃之间是常数。关于这种过程的随机积分可以直接写出。这种过程在某一时间区间内的二次变差是该时间区间内所有跳跃幅度的平方和，而任何（非纯）跳过程的二次变差则是其连续部分的二次变差加上其纯跳部分的二次变差。由这些事实可以导出关于跳过程的伊藤—德布林公式（定理 11.5.1 和定理 11.5.4）。由这些定理可以推得：相应于同一个域流的布朗运动和泊松过程是互相独立的（推论 11.5.3），两个泊松过程是独立的当且仅当它们不存在相同的跳时刻（习题 11.4 和习题 11.5）。

如果一个跳过程是鞅，关于该跳过程（鞅）积分一个适应过程，得到的随机积分未必是鞅。然而，如果被积式是左连续过程，则其关于跳过程（鞅）的随机积分是一个鞅。

对于复合泊松过程，可以通过变换测度，使之具有任意的正**强度**（跳跃频率）以及任意的跳跃幅度分布（只要测度变换之前不可能的跳跃幅度在测度变换之后仍为不可能）。这就为构建风险中性测度提供了很大的自由度。特别地，如果有 M 个可能的跳跃幅度，则在指定这些跳跃幅度的概率时，自由度为 $M-1$（概率必须总和为 1，故自由度不是 M）。为了得到完全市场，必须有一个货币市场账户以及与不确定性源的个数一样多的（不冗余的）证券。每一个可能的跳跃幅度算作一个不确定性源。如果没有布朗运动，并且仅有一个可能的跳跃幅度，那么除货币市场账户之外，再有一个证券就能构成完全市场的模型（见 11.7.1 小节）。如果有两个可能的跳跃幅度，再加上由布朗运动引起的不确定性源，那么除了货币市场账户之外，还需要三个证券（见例 11.7.4）。如果有无穷多个可能的跳跃幅度，就需要无穷多个证券，市场才可能完全。

上述讨论表明：跳—扩散过程一般是不完全的，这样的模型中通常会存在多个风险中性测度。实际中，一般考虑参数化的一类这样的测度，再通过模型校准使之与市场数据相合，确定这些参数的值。然后，运用风险中性定价公式为衍生证券定价。此时，风险中性定价公式不再能通过对冲来落实，而成为基于可交易资产价格计算不可交易证券价格的一种精巧的插值手段。可以利用定价公式来考察各种对冲技术的有效性。在 11.7.2 小节，接着注 11.7.9 之后我们就 delta -对冲方法作了这方面的讨论。

11.9 评 注

罗斯[141]中讨论了泊松过程和复合泊松过程,但是没有包括测度变换的思想。关于跳过程,最容易读的是普若特[133]。

在11.7中,我们考虑了两种模型下的欧式看涨期权:一种模型下,原生资产的驱动过程是单个泊松过程;另一种模型下,原生资产的驱动过程是一个布朗运动和多个泊松过程。两种模型中,跳跃幅度都仅取有限多个可能值,但是,我们在注11.7.6、注11.7.9和注11.7.10中给出了具有连续的跳跃分布的模型下类似的结果。这样的模型最先由默顿在[123]中讨论,其中考虑的是1加上跳跃幅度服从对数正态分布的情形。关于带跳模型下期权定价的近期的工作有布罗克豪斯(Brockhaus)等[23],埃利奥特和柯普(Elliott and Kopp)[63],马登、卡尔和张[113],马登和米尔纳(Milne)[114],马登和塞内塔(Seneta)[115],默丘里奥和伦加尔迪耶[120]以及奥弗豪斯(Overhaus)等[130]。带跳的期限结构模型的讨论,可见比约克、卡巴诺夫和伦加尔迪耶(Runggaldier)[12],达斯[46],达斯和福雷西[47],格拉斯曼和库[73]以及格拉斯曼和梅雷纳[74]。

11.10 习 题

习题11.1 设$M(t)$是定理11.2.4中的补偿泊松过程。

(i) 证明:$M^2(t)$ 是一个下鞅;

(ii) 证明:$M^2(t)-\lambda t$ 是一个鞅。

习题11.2 假设我们观测泊松过程直到时刻s,得知$N(s)=k$,并且对$N(s+t)$(t是很小的正数)的值感兴趣。证明:

$$\mathbb{P}\{N(s+t)=k\,|\,N(s)=k\}=1-\lambda t+O(t^2)$$
$$\mathbb{P}\{N(s+t)=k+1\,|\,N(s)=k\}=\lambda t+O(t^2)$$
$$\mathbb{P}\{N(s+t)\geqslant k+2\,|\,N(s)=k\}=O(t^2)$$

其中$O(t^2)$是关于t^2以及t的更高次项的习惯表示。

习题11.3(几何泊松过程) 设$N(t)$是强度为$\lambda>0$的泊松过程,给定$S(0)>0$以及$\sigma>-1$,利用定理11.2.3,而不是关于跳过程的伊藤—德布林公式证明:

$$S(t)=\exp\{N(t)\log(\sigma+1)-\lambda\sigma t=(\sigma+1)^{N(t)}e^{-\lambda\sigma t}\}$$

是一个鞅。

习题11.4 设$N_1(t)$和$N_2(t)$是定义在同一个概率空间$(\Omega,\mathcal{F},\mathbb{P})$上并且相应于同一个域流$\mathcal{F}(t),t\geqslant 0$的泊松过程,强度分别为$\lambda_1$和$\lambda_2$。证明:几乎必然地,$N_1(t)$和$N_2(t)$没有相同的跳时刻。[提示:定义补偿泊松过程$M_1(t)=N_1(t)-\lambda_1 t$和$M_2(t)=N_2(t)-\lambda_2 t$,它们如同$N_1$和$N_2$,也是互相独立的。利用关于跳过程的伊藤乘积法则计算$M_1(t)M_2(t)$,并取期望。]

习题11.5 设$N_1(t)$和$N_2(t)$是定义在同一个概率空间$(\Omega,\mathcal{F},\mathbb{P})$上并且相应

于同一个域流 $\mathcal{F}(t)$，$t\geqslant 0$ 的泊松过程，假定几乎必然地，$N_1(t)$和$N_2(t)$没有相同的跳时刻。证明：对每个固定的 t，随机变量 $N_1(t)$和 $N_2(t)$互相独立。（提示：修改推论 11.5.3 的证明。）（事实上，N_1 的整个路径独立于 N_2 的整个路径，尽管这里没有要求证明这一更强的论断。）

习题 11.6 设 $W(t)$是布朗运动，$Q(t)$是复合泊松过程，它们定义在同一个概率空间$(\Omega,\mathcal{F},\mathbb{P})$上并且相应于同一个域流 $\mathcal{F}(t)$，$t\geqslant 0$。证明：对每个固定的 t，随机变量 $W(t)$和 $Q(t)$互相独立。（事实上，W 的整个路径独立于 Q 的整个路径，尽管这里没有要求证明这一更强的论断。）

习题 11.7 利用定理 11.3.2 证明复合泊松过程是马尔可夫过程。换言之，要证明：任给两个时刻 $0\leqslant t\leqslant T$，以及函数 $h(x)$，必有另一个函数 $g(t,x)$，使得：

$$\mathbb{E}[h(Q(T))\mid\mathcal{F}(t)]=g(t,Q(t))$$

附录 A 概率论中的进一步论题

本附录对第一章提及的一些概念作深入的讨论，是为那些想对此有更全面了解的读者准备的。附录中的材料在本书正文中并未用到。

A.1 可数可加性

人们容易引发从有限可加性条件(1.1.5)得到可数可加性条件(1.1.2)的想法。然而，式(1.1.5)的右端是有限和，而式(1.1.2)的右端是无穷和。无穷和不是一般的相加求和，而是有限和的极限：

$$\sum_{n=1}^{\infty} \mathbb{P}(A_n) = \lim_{N\to\infty}\sum_{n=1}^{N} \mathbb{P}(A_n) \tag{A.1.1}$$

由于无法直接从条件(1.1.5)得到条件(1.1.2)，我们只能在概率空间定义中采用较强的条件(1.1.2)。

事实上，由于条件(1.1.2)过强，不可能对不可数无限样本空间 Ω 中每个子集 A 定义 $\mathbb{P}(A)$，使得式(1.1.2)成立。因此，我们只能对 σ-代数 $\mathcal{F}$ 中的每个子集 A 定义 $\mathbb{P}(A)$。这几乎包容了我们在分析中会遇到的所有集合，但也排除了一些数学家能构造出来的病态集合。

下面的定理给出了可由式(1.1.2)推得的两个(我们常常会用到的)结论。

定理 A.1.1 设 $(\Omega,\mathcal{F},\mathbb{P})$ 是概率空间，$A_1,A_2,A_3,\cdots$ 是 $\mathcal{F}$ 中的一列集合。

(i) 如果 $A_1\subset A_2\subset A_3\subset\cdots$，则：

$$\mathbb{P}\left(\bigcup_{k=1}^{\infty} A_k\right) = \lim_{n\to\infty}\mathbb{P}(A_n)$$

(ii) 如果 $A_1\supset A_2\supset A_3\supset\cdots$，则：

$$\mathbb{P}\left(\bigcap_{k=1}^{\infty} A_k\right) = \lim_{n\to\infty}\mathbb{P}(A_n)$$

【证明】 (i) 定义

$$B_1=A_1,B_2=A_2\backslash A_1,B_3=A_3\backslash A_2,\cdots$$

其中 $A_{k+1}\backslash A_k = A_{k+1}\cap A_k{}^c$，则 $B_1, B_2, B_3, \cdots$ 两两不相交，并且

$$A_n = \bigcup_{k=1}^{n} A_k = \bigcup_{k=1}^{n} B_k,\ \bigcup_{k=1}^{\infty} A_k = \bigcup_{k=1}^{\infty} B_k$$

则：

$$\begin{aligned}\mathbb{P}(\bigcup_{k=1}^{\infty} A_k) &= \mathbb{P}(\bigcup_{k=1}^{\infty} B_k) = \sum_{k=1}^{\infty} \mathbb{P}(B_k) = \lim_{n\to\infty}\sum_{k=1}^{n} \mathbb{P}(B_k)\\ &= \lim_{n\to\infty} \mathbb{P}(\bigcup_{k=1}^{n} B_k) = \lim_{n\to\infty} \mathbb{P}(A_n)\end{aligned}$$

以上第二个等式用到条件(1.1.2)；第四个等式用到条件(1.1.5)。

(ii) 假定 $A_1\supset A_2\supset A_3\supset\cdots$，定义 $C_k = A_k^c$，则 $C_1\subset C_2\subset C_3\subset\cdots$ 并且 $\bigcap_{k=1}^{\infty} A_k = (\bigcup_{k=1}^{\infty} C_k)^c$。于是，由式(1.1.6)和(i)可得：

$$\begin{aligned}\mathbb{P}(\bigcap_{k=1}^{\infty} A_k) &= 1-\mathbb{P}(\bigcup_{k=1}^{\infty} C_k) = 1-\lim_{n\to\infty}\mathbb{P}(C_n)\\ &= \lim_{n\to\infty}(1-\mathbb{P}(C_n)) = \lim_{n\to\infty}\mathbb{P}(A_n)\end{aligned}$$

定理得证。 □

定理 A. 1. 1 的性质(i)在(1. 2. 6)中证明

$$\lim_{n\to\infty}\mathbb{P}\{-n\leqslant X\leqslant n\} = \mathbb{P}\{X\in\mathbb{R}\}$$

时被用到。性质(ii)在式(1. 2. 4)中被用到。性质(ii)还将在下面的例子中被用到。

例 A. 1. 2　我们继续关于[0,1]上均匀测度的例 1. 1. 3 中的讨论。回顾 σ-代数 $\mathcal{B}[0,1]$ 是从闭区间出发得到的[0,1]上博雷尔子集的全体。我们来构造 $\mathcal{B}[0,1]$ 中的一个复杂但有启发性的集合——康托集。我们还将计算其概率(使用的概率测度 $\mathbb{P}$ 是均匀测度，每一个区间 $[a,b]\subset[0,1]$ 的概率是其长度 $b-a$)。

在区间[0,1]中，去掉中间的三分之一[即开区间 $\left(\frac{1}{3},\frac{2}{3}\right)$]，余下的集合为：

$$C_1 = \left[0,\frac{1}{3}\right]\cup\left[\frac{2}{3},1\right]$$

它有两部分，每一部分的概率为 $\frac{1}{3}$，整个集合 C_1 具有概率 $\frac{2}{3}$。在 C_1 的每一部分中，去掉中间的三分之一[即去掉开区间 $\left(\frac{1}{9},\frac{2}{9}\right)$ 和 $\left(\frac{7}{9},\frac{8}{9}\right)$]，余下的集合为：

$$C_2 = \left[0,\frac{1}{9}\right]\cup\left[\frac{2}{9},\frac{1}{3}\right]\cup\left[\frac{2}{3},\frac{7}{9}\right]\cup\left[\frac{8}{9},1\right]$$

它有四部分，每一部分的概率为 $\frac{1}{9}$，整个集合 C_2 具有概率 $\frac{4}{9}$，见图 A. 1. 1。

继续这样的做法，在第 k 步，我们有集合 C_k，它有 2^k 部分，每一部分的概率为 $\frac{1}{3^k}$，整个集合 C_k 具有概率 $\left(\frac{2}{3}\right)^k$。康托集被定义为 $C = \bigcap_{k=1}^{\infty} C_k$。由定理 A. 1. 1 (ii)可知：

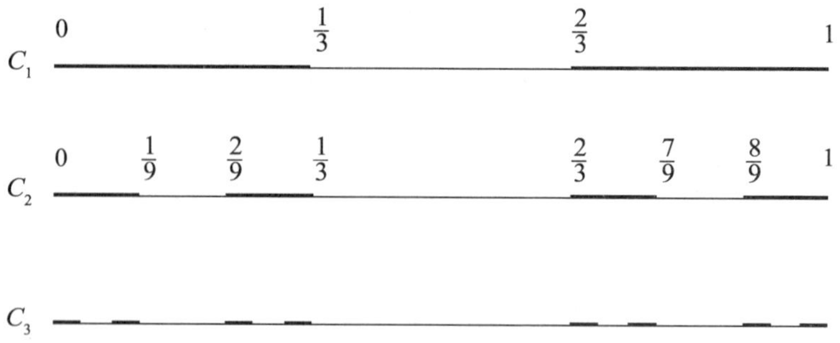

图 A.1.1　康托集的构造

$$\mathbb{P}(C)=\lim_{k\to\infty}\mathbb{P}(C_k)=\lim_{k\to\infty}\left(\frac{2}{3}\right)^k=0$$

尽管具有零概率,康托尔集有无穷多个点。它当然应包括每一步被去掉的区间的端点,$0,\frac{1}{3},\frac{2}{3},1,\frac{1}{9},\frac{2}{9},\frac{7}{9},\frac{8}{9},\frac{1}{27},\frac{2}{27},\cdots$, 因为这些点一直未被去掉。这些点共有可数无穷多个。事实上,康托集有不可数无穷多个点。为证明这一结论,假设康托集的所有点可以排成一列 $x_1,x_2,x_3,\cdots$,设 K_1 表示 C_1 中不含 x_1 的那一部分(即$\left[0,\frac{1}{3}\right]$ 或者 $\left[\frac{2}{3},1\right]$);$K_2$ 表示 $K_1\cap C_2$中不含 x_2 的那一部分(例如,若$K_1=\left[0,\frac{1}{3}\right]$ 且 $x_2\in\left[\frac{2}{9},\frac{1}{3}\right]$,就取 $K_2=\left[0,\frac{1}{9}\right]$; 若 $x_2\notin K_1$则取 $K_2=\left[0,\frac{1}{9}\right]$或者 $K_2=\left[\frac{2}{9},\frac{1}{3}\right]$都可以);接下去,$K_3$ 表示 $K_2\cap C_3$ 中不含 x_3 的那一部分。如此继续下去,则:

$$K_1\supset K_2\supset K_3\supset\cdots \tag{A.1.2}$$

并且 $x_1\notin K_1,x_2\notin K_2,x_3\notin K_3,\cdots$。特别地, 点列 $x_1,x_2,x_3,\cdots$中任何点都不在 $\bigcap_{n=1}^{\infty}K_n$ 中。根据闭区间套定理,如式(A.1.2) 所描述的一列非空闭区间套的交集非空,故必存在 $y\in\bigcap_{n=1}^{\infty}K_n$。由于$\bigcap_{n=1}^{\infty}K_n\subset C$, 因此 y 属于康托集,但不在 $x_1,x_2,x_3,\cdots$中,即 $x_1,x_2,x_3,\cdots$没有包括康托集中所有点。康托集中的所有点不能被排成一列,这表明康托集是不可数无穷点集。 □

A.2　生成σ-代数

我们常常从样本空间 Ω 的某个子集族 $\mathcal{C}$ 出发,添加所有必要的集合,使之成为 σ-代数。在例 1.1.3 中,我们按此方法构造了 σ-代数 $\mathcal{B}[0,1]$;在例 1.1.4 中又按此方法构造了 $\mathcal{F}_\infty$。在前者的情形,$\mathcal{C}$是所有闭区间$[a,b]\subset[0,1]$的全体;在后者的情形,$\mathcal{C}$是 Ω_∞ 中所有能够由有限多次硬币抛掷来描述的子集的全体。

通常,从 Ω 的子集族 $\mathcal{C}$ 出发,添加所有必要的集合,得到的 σ-代数被称为由 $\mathcal{C}$ 生成的 σ-代数,记为 $\sigma(\mathcal{C})$。这样给出的关于 $\sigma(\mathcal{C})$的描述,数学上不是很精确,因为很难确定"添加所有必要的集合,使之成为 σ-代数"的过程是否结束以及如何终止。以下讨论的最后，我们将给出精确的数学定义。

$\sigma(\mathcal{C})$的精确定义是“由外往里”而不是“由里往外”的。我们将$\sigma(\mathcal{C})$定义为包含$\mathcal{C}$中所有子集的“最小的”σ-代数。放入$\sigma(\mathcal{C})$中的集合属于每一个“大于$\mathcal{C}$”（即包含$\mathcal{C}$中所有子集）的σ-代数。至少存在一个包含$\mathcal{C}$中所有子集的σ-代数，这就是Ω中所有子集的σ-代数。如果这是唯一的大于$\mathcal{C}$的σ-代数，则将Ω中所有子集放入$\sigma(\mathcal{C})$即可。如果还有其它大于$\mathcal{C}$的σ-代数，只需在$\sigma(\mathcal{C})$中放入属于每一个这样的σ-代数中的集合。注意下列性质：

(i) 集 在$\sigma(\mathcal{C})$中，因为它在每一个大于$\mathcal{C}$的σ-代数中。

(ii) 如果$A\in\sigma(\mathcal{C})$，则A属于每一个大于$\mathcal{C}$的σ-代数。因此，A^c属于每一个大于$\mathcal{C}$的σ-代数，由此可知A^c属于$\sigma(\mathcal{C})$。

(iii) 如果$A_1,A_2,A_3,\cdots$是$\sigma(\mathcal{C})$中的一列集合，则它们是每一个大于$\mathcal{C}$的σ-代数中的集合列，于是$\bigcup_{n=1}^{\infty}A_n$也在每一个这样的$\sigma$-代数中。这表明并集$\bigcup_{n=1}^{\infty}A_n$属于$\sigma(\mathcal{C})$。

(iv) 由定义，$\mathcal{C}$中的任一集合属于每一个大于$\mathcal{C}$的σ-代数，从而属于$\sigma(\mathcal{C})$。

(v) 假定$\mathcal{G}$是大于$\mathcal{C}$的σ-代数，则由定义，$\sigma(\mathcal{C})$中的每一个集合也属于$\mathcal{G}$。

性质(i)～(ii)表明$\sigma(\mathcal{C})$是一个σ-代数。性质(iv)表明$\sigma(\mathcal{C})$包含$\mathcal{C}$中的所有集合。性质(v)表明$\sigma(\mathcal{C})$是包含$\mathcal{C}$中的所有集合的“最小的”σ-代数。

定义 A. 2. 1　设$\mathcal{C}$是非空集合Ω的子集族。由$\mathcal{C}$生成的σ-代数（记为$\sigma(\mathcal{C})$）是由所有属于每一个大于$\mathcal{C}$（即包含$\mathcal{C}$中所有子集）的σ-代数的集合组成的集族。

A. 3　既无密度函数又无概率质量函数的随机变量

利用例 1. 2. 5 中的记号，定义：

$$Y=\sum_{n=1}^{\infty}\frac{2Y_n}{3^n}$$

如果$Y_1=0$（其发生概率为$\frac{1}{2}$），则$0\leqslant Y\leqslant\frac{1}{3}$；如果$Y_1=1$（其发生概率也是$\frac{1}{2}$），则$\frac{2}{3}\leqslant Y\leqslant 1$。如果$Y_1=0$并且$Y_2=0$（其发生概率为$\frac{1}{4}$），则$0\leqslant Y\leqslant\frac{1}{9}$；如果$Y_1=0$并且$Y_2=1$（其发生概率也是$\frac{1}{4}$），则$\frac{2}{9}\leqslant Y\leqslant\frac{1}{3}$。以此类推。事实上，考虑前$n$次硬币抛掷，随机变量$Y$取值必在例 A. 1. 2 定义的集合$C_n$中。因此，$Y$只能取值于康托尔集$C=\bigcap_{n=1}^{\infty}C_n$。

我们首先证明Y没有密度。如果Y具有密度函数f，则在集合C之外，f为 0。但是C的勒贝格测度为 0，故f几乎处处为 0，从而$\int_0^1 f(x)dx=0$（即f不满足密度函数积分为 1 的要求）。

我们然后证明Y没有概率质量函数。如果存在概率质量函数，则必有数$x\in C$使得$\mathbb{P}\{Y=x\}>0$。x具有唯一的三进制展开式

$$x=\sum_{n=1}^{\infty}\frac{x_n}{3^n}$$

其中每个 x_n 取值为 0,1,或者 2 之一，除非形如$\frac{k}{3^n}$(k 和 n 为正整数)。在后者的情形，具 x 有两种三进制展开式。例如$\frac{7}{9}$可以被写为：

$$\frac{7}{9}=\frac{2}{3}+\frac{1}{9}+\frac{0}{27}+\frac{0}{81}+\frac{0}{243}+\cdots$$

和

$$\frac{7}{9}=\frac{2}{3}+\frac{0}{9}+\frac{1}{27}+\frac{1}{81}+\frac{1}{243}+\cdots$$

两种形式。无论何种情形，至多仅有两种关于 $\omega\in\Omega_\infty$ 的选择，使得 $Y(\omega)=x$。换言之，集合$\{\omega\in\Omega_\infty;Y(\omega)=x\}$仅含一个或者两个元素。单元素集合的概率为 0，两个元素集合的概率为 $0+0=0$。因此，$\mathbb{P}\{Y=x\}=0$。

累积分布函数 $F(x)=\mathbb{P}\{Y\leqslant x\}$满足(见图 A. 3. 1)：

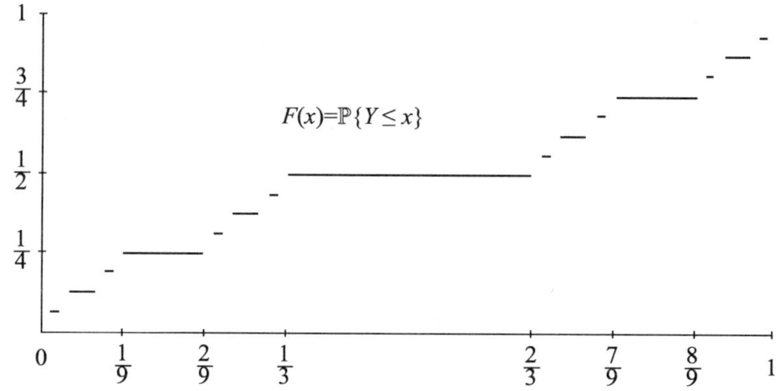

图 A. 3. 1　奇异连续函数

$$F(0)=0,\quad F(1)=1,\quad F(x)=\frac{1}{2}\quad\left(当\frac{1}{3}\leqslant x\leqslant\frac{2}{3}\right);$$

$$F(x)=\frac{1}{4}\quad\left(当\frac{1}{9}\leqslant x\leqslant\frac{2}{9}\right),\quad F(x)=\frac{3}{4}\quad\left(当\frac{7}{9}\leqslant x\leqslant\frac{8}{9}\right);$$

$$F(x)=\frac{1}{8}\quad\left(当\frac{1}{27}\leqslant x\leqslant\frac{2}{27}\right),\quad F(x)=\frac{3}{8}\quad\left(当\frac{7}{27}\leqslant x\leqslant\frac{8}{27}\right);$$

$$F(x)=\frac{5}{8}\quad\left(当\frac{19}{27}\leqslant x\leqslant\frac{20}{27}\right),\quad F(x)=\frac{7}{8}\quad\left(当\frac{25}{27}\leqslant x\leqslant\frac{26}{27}\right)$$

由于对每个 x，$\mathbb{P}\{Y=x\}=0$，F 连续。并且，对每个 $x\in[0,1]\backslash C$，从而对几乎所有 $x\in[0,1]$，$f'(x)=0$。导数几乎处处为 0 的非常数连续函数被称为是**奇异连续函数。**

附录 B
条件期望的存在性

本附录利用拉东—尼柯迪姆定理(定理 1.6.7)建立随机变量 X 关于 σ-代数 $\mathcal{G}$ 的条件期望的存在性。这里,我们考虑 X 为非负可积的情形。如果 X 仅为可积的,我们可以按通常的方法将其分解为 $X=X^+-X^-$,这是两个非负可积随机变量的差,我们可以对 X^+和 X^- 分别运用下面的定理 B.1。如果 X 仅为非负的,我们可以将其表为非负可积随机变量非减列的极限,并且利用单调收敛定理(定理 1.4.5)推广下面的定理 B.1 到非负随机变量的情形。

定理 B.1 设$(\Omega,\mathcal{F},\mathbb{P})$是概率空间,$\mathcal{G}$是$\mathcal{F}$的子$\sigma$-代数,$X$是非负随机变量。则存在 $\mathcal{G}$-可测随机变量 Y,使得:

$$\int_A Y(\omega)d\,\mathbb{P}(\omega)=\int_A X(\omega)d\,\mathbb{P}(\omega),\quad A\in\mathcal{G} \tag{B.1}$$

根据定义 2.3.1,以上定理中的随机变量 Y 就是条件期望$E[X|\mathcal{G}]$。

【定理 B.1 的证明】 定义概率测度

$$\widetilde{\mathbb{P}}(A)=\int_A \frac{X(\omega)+1}{\mathbb{E}[X+1]}d\,\mathbb{P}(\omega),\quad A\in\mathcal{G}$$

由于被积式$\dfrac{X+1}{\mathbb{E}[X+1]}$几乎必然严格为正,并且具有期望值 1,$\mathbb{P}$ 和$\widetilde{\mathbb{P}}$ 是等价的概率测度(见定理 1.6.1 以及定义 1.6.3 后面的评述)。

概率$\mathbb{P}(A)$和$\widetilde{\mathbb{P}}(A)$对于 $\mathcal{F}$中任一Ω 的子集 A 都有定义。我们在较小的 σ-代数 $\mathcal{G}$ 上定义两个等价的概率测度。第一个是$\mathbb{P}$ 在 $\mathcal{G}$上的限制[即对于每个 $A\in\mathcal{G}$,定义$\mathbb{Q}(A)=\mathbb{P}(A)$;$A\notin\mathcal{G}$时,$\mathbb{Q}(A)$无定义]。第二个是$\widetilde{\mathbb{P}}$ 在 $\mathcal{G}$上的限制[即对于每个 $A\in\mathcal{G}$, 定义$\widetilde{\mathbb{Q}}(A)=\widetilde{\mathbb{P}}(A)$;$A\notin\mathcal{G}$时,$\widetilde{Q}(A)$无定义]。我们现在有两个概率空间:$(\Omega,\mathcal{G},\mathbb{Q})$和$(\Omega,\mathcal{G},\widetilde{\mathbb{Q}})$,它们只是具有不同的概率测度$\mathbb{Q}$ 和$\widetilde{\mathbb{Q}}$,而且$\mathbb{Q}$ 和$\widetilde{\mathbb{Q}}$是等价的。

由拉东—尼柯迪姆定理(定理 1.6.7),存在随机变量,使得:

$$\widetilde{\mathbb{Q}}(A)=\int_A Z(\omega)d\,\mathbb{Q}(\omega),\quad A\in\mathcal{G}$$

然而,由于我们现在是在具有 σ-代数 $\mathcal{G}$ 的概率空间上讨论,因此拉东—尼柯迪姆定理给出的随机变量 Z 是 $\mathcal{G}$-可测的，而不是 $\mathcal{F}$-可测的。(回顾一下，根据定义 1.2.1，每个随机变量关于其所定义空间上的 σ-代数是可测的。)

由于在 $\mathcal{G}$ 上，$\widetilde{\mathbb{Q}}$ 和 $\mathbb{Q}$ 分别与 $\widetilde{\mathbb{P}}$ 和 $\mathbb{P}$ 相一致，可将上式改写为：

$$\widetilde{\mathbb{P}}(A)=\int_A Z(\omega)d\,\mathbb{P}(\omega),\quad A\in\mathcal{G}$$

或者，等价地：

$$\int_A \frac{X(\omega)+1}{\mathbb{E}[X+1]}d\,\mathbb{P}(\omega)=\int_A Z(\omega)d\,\mathbb{P}(\omega),\quad A\in\mathcal{G}$$

两边同乘以 $\mathbb{E}[X+1]$，可得：

$$\int_A X(\omega)d\,\mathbb{P}(\omega)+\int_A 1d\,\mathbb{P}(\omega)=\int_A \mathbb{E}[X+1]Z(\omega)d\,\mathbb{P}(\omega),\quad A\in\mathcal{G}$$

最后得到：

$$\int_A X(\omega)d\,\mathbb{P}(\omega)=\int_A (\mathbb{E}[X+1]Z(\omega)-1)d\,\mathbb{P}(\omega),\quad A\in\mathcal{G}$$

取 $Y(\omega)=\mathbb{E}[X+1]Z(\omega)-1$，我们就有(B.1)。由于 Z 是 $\mathcal{G}$-可测的，$\mathbb{E}[X+1]$ 是常数，故 Y 是 $\mathcal{G}$-可测的。 □

附录 C
资产定价第二基本定理证明的补全

本附录给出资产定价第二基本定理(定理 5.4.9)的证明中最后一步用到的引理。

引理 C.1 设 A 是 $m\times d$ 矩阵,b 是 m 维向量,c 是 d 维向量。如果方程

$$Ax=b \tag{C.1}$$

具有唯一解 x_0(d 维向量),则方程

$$A^{tr}y=c \tag{C.2}$$

至少存在一个解 y_0(m 维向量)。(这里,A^{tr} 表示矩阵 A 的转置。)

【证明】 我们将 A 看作从$\mathbb{R}^d$ 到$\mathbb{R}^m$ 的映射,定义 A 的**核**为:

$$K(A)=\{x\in\mathbb{R}^d:Ax=0\}$$

如果 x_0 是(C.1)的解,并且 $x\in K(A)$,则 x_0+x 也是(C.1)的解。于是,由(C.1)解的唯一性可知:$K(A)$中仅有 d 维零向量。

A 中线性无关列向量的个数定义为 A 的秩。由于 $K(A)$中仅有 d 维零向量,A 的秩必为 d,否则,存在这些列向量的线性组合等于 m 维零向量,而这一线性组合的系数将给出 $K(A)$中的非零向量。由于任何矩阵与其转置矩阵的秩相同,故 A^{tr} 的秩也是 d,矩阵的秩也是其值空间的维数。A^{tr} 的值空间为:

$$K(A^{tr})=\{z\in\mathbb{R}^d:\exists\, y\in\mathbb{R}^m \text{ 使得 } z=A^{tr}y\}$$

由于该空间维数等于 d,又是$\mathbb{R}^d$ 的子空间,它必为全空间$\mathbb{R}^d$。换言之,对任一 $z\in\mathbb{R}^d$,存在 $y\in\mathbb{R}^m$使得 $z=A^{tr}y$。因此,(C.2) 存在解 $y_0\in\mathbb{R}^m$。 □

参考文献

[1] Ait-Sahalia, Y. (1996) Testing continuous-time models of the spot interest rate, *Rev. Fin. Stud.* **9**, 385—426.

[2] Amin, K. and Jarrow, R. (1991) Pricing foreign currency options under stochastic interest rates, *J. Int. Money Fin.* **10**, 310—329.

[3] Amin, K. and Khanna, A. (1994) Convergence of American option values from discrete-to continuous-time financial models, *Math. Fin.* **4**, 289—304.

[4] Andreasen, J. (1998) The pricing of discretely sampled Asian and lookback options: a change of numéraire approach, *J. Comput. Fin* **2**, 5—30.

[5] Arrow, K. and Debreu, G. (1954) Existence of equilibrium for a competitive economy, *Econometrica* **22**, 265—290.

[6] Bachelier, L. (1990) Théorie de la spéculation, *Ann. Sci. École Norm. Sup.* **17**, 21—86.

[7] Balduzzi, P., Das, S., Foresi, S., and Sundaram, R. (1996) A simple approach to three-factor term structure models, *J. Fixed Income* **6**, 43—53.

[8] Baxter, M. W. and Rennie, A. (1996) *Financial Calculus: An Introduction to Derivative Pricing*, Cambridge University Press, Cambridge, UK.

[9] Bensoussan, A. (1984) On the theory of option pricing, *Acta Appl. Math.* **2**, 139—158.

[10] Billingsley, P. (1986) *Probability and Measure*, 2nd ed., Wiley, New York.

[11] Björk, T. (1998) *Arbitrage Theorg in Continuous Time*, Oxford University Press, Oxford, UK.

[12] Björk, T., Kabanov, Y., and Runggaldier, W. (1997) Bond market structure in the presence of marked point processes, *Math. Fin*, **7**, 211—239.

[13] Black, F. (1976) The picing of commodity contracts, *J. Fin. Econ.* **3**, 167—179.

[14] Black, F. (1986) Noise, *J. Fin.* **41**, 529—543.

[15] Black, F., Derman, E., and Toy, W. (1990) A one-factor model of interest rates and its applications to treasury bond options, *Fin, Anal. J.* **46**(1), 33—39.

[16] Black, F. and Karasinski, P. (1991) Bond and opton pricing when short rates are lognormal, *Fin. Anal. J.* **47**(4), 52—59.

[17] Black, F. and Scholes, M. (1973) The pricing of options and corporate liabilities, *J. Polit. Econ.* **81**, 637—659.

[18] Borodin, A. and Salminen, P. (1996) *Handbook of Brownian Motion-Facts and Formulae*, Birkhäuser, Boston.

[19] Brace, A., Gatarek, D., and Musiela, M. (1997) The market model of interest rate dynamics, *Math. Fin.* **4**, 127—155.

[20] Brace A. and Musiela, M. (1994) A multifactor Gauss-Markov implemen-tation of Heath, Jarrow and Morton, *math. Fin.* **2**, 259—283.

[21] Brigo, D. and Mercurio, F. (2001) *Interest Rate Models: Theory and Practice*, Springer-Verlag, Berlin.

[22] Broadie, M., Glasserman, P., and Kou, S. (1999) Connecting discrete and continuous path-dependent options, *Fin. Stochastics* **3**, 55—82.

[23] Brockhaus, O., Farkas, M., Ferraris, A., Long, D., and Overhaus, M. (2000) *Equity Derivatives and Market Risk Models*, Risk Books, London.

[24] Bru, B. (2000) Un hiver en campagne, *C. R. Ser. I* **331**, 1037—1058.

[25] Bru, B. and Yor, M. (2002) Comments on the life and mathematical legacy of Wolfgang Doeblin, *Fin. Stochastics* **6**, 3—47.

[26] Cameron, R. H. and Martin, W. T. (1944) Transformation of Wiener integrals under translations, *Ann, Math.* **45**, 386—396.

[27] Carr, P., Jarrow, R., and Myneni, R. (1992) Alternative characterizations of American put options, *Math. Fin.* **2**(2), 87—106.

[28] Chan, K., Karoly, A., Longstaff, F., and Sanders, A. (1992) An empirical comparison of alternative models of the short-term interest rate, *J. Fin.* **47**, 1209—1227.

[29] Chen, L. (1996) *Stochastic Mean and Stochastic Volatility - A Three-Factor Model of the Term Structure of Interest Rates and Its Application to the Pricing of Interest Rate Derivatives*, Blackwell, Oxford and Cambridge.

[30] Chen, R. and Scott, L. (1992) Pricing interest rate options in a two-factor Cox-Ingersoll-Ross model of the term structure, *Rev. Fin. Stud.* **5**, 613—636.

[31] Chen, R. and Scott, L. (1993) Maximum likelihood estimation for a multifactor equilibrium model of the term structure of interest rates, *J. Fixed Income* **3**, 14—31.

[32] Chen, R. and Scott, L. (1995) Interest rate options in multifactor Cox-Ingersoll-Ross models of the term structure, *J. Derivatives* **3**, 53—72.

[33] Cheridito, P. (2003) Arbitrage in fractional Brownian motion models, *Fin. Stochastics* **7**, 533—553.

[34] Cheyette, O. (1996) Markov representation of the Heath-Jarrow-Morton model, BARRA, Berkeley, CA.

[35] Chung, K. L. (1968) *A Coures in Probability Theory*, Academic Press, Orlando.

[36] Chung, K. L. and Williams, R. J. (1983) *Introduction to Stochastic Integration*, Birkhäuser, Boston.

[37] Clément, E., Lamberton, D., and Protter, P. (2002) An analysis of a least squares regression algorithm for American option pricing, *Fin. Stochastics* **6**, 449—471.

[38] Collin-Dufresne, P. and Goldstein, R. (2002) Pricing swaptions in the affine framework, *J. Derivatives* **10**, 9—26.

[39] Collin-Dufresne, P. and Goldstein, R. (2001) Generalizing the affine framework to HJM and random fields, Graduate School of Industrial Administration, Carnegie Mellon University.

[40] Cox, J. C. , Ingersoll, J, E. , and Ross, S. (1981) The relation between forward prices and futures prices, *J. Fin. Econ.* **9**, 321—346.

[41] Cox, J. C. , Ingersoll, J, E. , and Ross, S. (1985) A theory of the term structure of interest rates, *Econometrica* **53**, 373—384.

[42] Cox, J. C. , Ross, S. A. , and Rubinstein, M. (1979) Option pricing: a simplified approach, *J. Fin. Econ.* **7**, 229—263.

[43] Cox, J. C. , and Rubinstein, M. (1985) *Options Markets*, Prentice-Hall, Englewood Cliffs, NJ.

[44] Dai, Q. and Singleton, K. (2000) Specification analysis of affine term structure models, *J. Fin.* **55**, 1943—1978.

[45] Dalang, R. C. , Morton, A. , and Willinger, W. (1990) Equivalent martingale measures and no-arbitrage in stochastic security market models, *Stochastics* **29**, 185—201.

[46] Das, S. (1999) A discrete-time approach to Poisson-Gaussian bond option pricing in the Heath-Jarrow-Morton model, *J. Econ. Dynam. Control* **23**, 333—369.

[47] Das, S. and Foresi, S. (1996) Exact solutions for bond and option prices with systematic jump risk, *Rev. Derivatives Res.* **1**, 7—24.

[48] DeGroot, M. (1986) *Probability and Statistics*, 2nd ed. , Addison-Wesley, Reading, MA.

[49] Delbaen, F. and Schachermayer, W. (1997) Non-arbitrage and the fundamental theorem of asset pricing: summary of main results, *Proceedings of Symposia in Applied Mathematics*, American Mathematical Society, Providence, RI.

[50] Derman, E. and Kani, I. (1994) Riding on a smile, *Risk* **7** (2), 98—101.

[51] Derman, E. , Kani, I. , and Chriss, N. (1996) Implied binomial trees of the volatility smile, *J. Derivatives* **3**, 7—22.

[52] Doeblin, W. (1940) Sur l'équation de Kolmogoroff, *C. R. Ser. I* **331**, 1059—1102.

[53] Doob, J. (1942) *Stochastic Processes*, Wiley, New York.

[54] Dothan, M. U. (1990) *Prices in Financial Markets*, Oxford University Press, New York.

[55] Duffee, G. (2002) Term premia and interest rate forecasts in affine models, *J. Fin.* **57**, 405—444.

[56] Duffie, D. (1992) *Dynamic Asset Pricing Theory*, Princeton University Press, Princeton, NJ.

[57] Duffie, D. and Kan, R. (1994) Multi-factor term structure models, *Philos. Trans. R. Soc. London*, *Ser. A* **347**, 577—586.

[58] Duffie, D. and Kan, R. (1994) A yield-factor model of interest rates, *Math. Fin.* **6**, 379—406.

[59] Duffie, D. , Pan, J. , and Singleton, K. (2000) Transform analysis and option pricing for affine jump-diffusions, *Econometrica* **68**, 1343—1376.

[60] Duffie, D. and Protter, P. (1992) From discrete- to continuous-time finance; weak convergence of the financial gain process, *Math. Fin.* **2**, 1—15.

［61］Dupire, B. (1994) Pricing with a smile, *Risk* **9**(3), 18—20.

［62］Einstein, A. (1905) On the movement of small particles suspended in a stationary liquid demanded by the molecular-kinetic theory of heat, *Ann. Phys.* **17**.

［63］Elliott, R. and Kopp, P. (1990) Option pricing and hedge portfolios for Poisson processes, *Stochastic Anal. Appl.* **9**, 429—444.

［64］Fama, E. (1965) The behavior of stock-market prices, *J. Business* **38**, 34—104.

［65］Feynman, R. (1948) Space-time approach to nonrelativistic quantum mechanics, *Rev. Mod. Phys.* **20**, 367—387.

［66］Filipović, D. (2001) *Consistency Problems for Heath-Jarrow-Morton Interest Rate Models*, Springer, Berlin.

［67］Fu, M., Madan, D., and Wang, T. (1998/1999) Pricing continuous Asian options: a comparison of Monte Carlo and Laplace transform inversion methods, *J. Comput. Fin.*, **2**(2), 49—74.

［68］Garman, M. and Kohlhagen, S. (1983) Foreign currency option values, *J. Int. Money Fin.* **2**, 231—237.

［69］Geman, H. (1989) The importance of the forward neutral probability in a stochastic approach of interest rates, Working paper, ESSEC.

［70］Geman, H., El Karoui, N., and Rochet, J. (1995) Changes of numéraire, change of probability measure and option pricing, *J. Appl. Prob.* **32**, 443—458.

［71］Geman, H. and Yor, M. (1993) Bessel processes, Asian options, and perpetuities, *Math. Fin.* **3**, 349—375.

［72］Girsanov, I. V. (1960) On transforming a certain class of stochastic processes by absolutely continuous substitution of measures, *Theory Prob. Appl.* **5**, 285—301.

［73］Glasserman, P. and Kou, S. (2003) The term structure of simple forward rates with jump risk, *Math. Fin.* **13**, 383—410.

［74］Glasserman, P. and Merener, N. (2003) Numerical solution of jump diffusion LIBOR market models, *Fin. Stochastics* **7**, 1—27.

［75］Glasserman, P. and Yu, B. Number of paths versus number of basis functions in American option pricing, *Fin. Stochastics* to appear.

［76］Hakala, J. and Wystup, U. (2002) *Foreign Exchange Risk*, Risk Books, London.

［77］Harrison, J. M. and Kreps, D. M. (1979) Martingales and arbitrage in multiperiod security markets, *J. Econ. Theory* **20**, 381—408.

［78］Harrison, J. M. and Pliska, S. R. (1981) Martingales and stochastic integrals in the theory of continuous trading, *Stochastic Processes Appl.* **11**, 215—260.

［79］Harrison, J. M. and Pliska, S. R. (1983) A stochastic calculus model of continuous trading: complete markets, *Stochastic Processes Appl.* **15**, 313—316.

［80］Haug, E. (1998) *The Complete Guide to Option Pricing Formulas*, McGraw-Hill, New York.

［81］Heath, D., Jarrow, R., and Morton, A. (1990) Bond pricing and the term structure of interest rates: A discrete time approximation, *J. Fin. Quant. Anal.* **25**, 419—440.

［82］Heath, D., Jarrow, R., and Morton, A. (1990) Contingent claim valuation with a random evolution of interest rates, *Rev. Futures Markets* **9**, 54—76.

［83］Heath, D., Jarrow, R., and Morton, A. (1992) Bond pricing and the term structure of interest rates: a new methodology, *Econometrica* **60**, 77—105.

[84] Heston, S. (1993) A closed-form solution for options with stochastic volatility and applications to bond and currency options, *Rev. Fin. Stud.* **6**, 327—343.

[85] Ho, T. and Lee, S. (1986) Term structure movements and pricing interest rate contingent claims, *J. Fin.* **41**, 1011—1029.

[86] Huang, C.-F. and Litzenberger, R. (1988) *Foundations for Financial Economics*, North Holland, Amsterdam.

[87] Hull, J. (2002) *Options, Futures, and other Derivative Securities*, 5th ed., Prentice-Hall, Englewood Cliffs, NJ.

[88] Hull, J. and White, A. (1990) Pricing interest rate derivative securities, *Rev. Fin. Stud.* **3**, 573—592.

[89] Hull, J. and White, A. (1994) Numerical procedures for implementing term structure models II: two-factor models, *J. Derivatives* **2**, 37—47.

[90] Hunt, P., Kennedy, J., and Pelsser, A. (2000) Markov-functional interest rate models, *Fin, Stochastics* **4**, 391—408.

[91] Ingersoll, J. E. (1987) *Theory of Financial Decision Making*, Rowman and Littlefield, Savage, MD.

[92] Itô, K. (1944) Stochastic integral, *Proc. Imperial Acad. Tokyo* **20**, 519—524.

[93] Jacka, S. (1991) Optimal stopping and the American put, *Math. Fin.* **1**(2), 1—14.

[94] Jamshidian, F. (1989) An exact bond option formula, *J. Fin.* **44**, 205—209.

[95] Jamshidian, F. (1990) LIBOR and swap market models and measures, *Fin. Stochastics* **1**, 293—330.

[96] Jara, D. (2000) An extension of Lévy's theorem and applications to financial models based on futures pricws, Ph. D. dissertation, Dept. of Mathematical Sciences, Carnegie Mellon University.

[97] Jarrow, R. (1988) *Finance Theory*, Prentice-Hall, Englewood Cliffs, NJ.

[98] Jarrow, R. A. and Oldfield, G. S. (1981) Forward contracts and futures contracts, *J. Fin. Econ.* **9**, 373—382.

[99] Kac, M. (1951) On some connections between probability theory and differential and integral equations, *Proceedings of the 2nd Berkeley Symposium on Mathematical Statistics and Probability*, 189—215, University of California Press, Berkeley

[100] Karatzas, I. (1998) On the pricing of American options, *Appl. Math. Optim.* **17**, 37—60.

[101] Karatzas, I. and Shreve, S. E. (1991) *Brownian Motion and Stochastic Calculus*, Springer-Verlag, New York.

[102] Karatzas, I. and Shreve, S. (1998) *Methods of Mathematical Finance*, Springer-Verlag, New York.

[103] Kim, I. J. (1990) The analytic valuation of American options, *Rev. Fin. Stud.* **3**, 547—572.

[104] Kolmogorov, A. N. (1933) Grundbegriffe der Wahrscheinlichkeitsrechnung, *Ergeb. Math.* **2**, No. 3. Reprinted by Chelsea Publishing Company, New York, 1946. English translation: *Foundations of Probability Theory*, Chelsea Publishing Co., New York, 1950.

[105] Lamberton, D. and Lapeyre, B. (1996) *Introduction to Stochastic Calculus Applied*

to Finance, Chapman and Hall, London.

[106] LeRoy, S. F. (1989) Efficient capital markets and martingales, *J. Econ. Lit.* **27**, 1583—1621.

[107] Lévy, P. (1939) Sur certains processus stochastiques homogénes, *Composition Math.* **7**, 283—339.

[108] Lévy, P. (1948) *Processus Stochastiques et Mouvement Brownian*, Gauthier-Villars, Paris.

[109] Lipton, A. (1999) Similarities via self-similarities, *Risk* **12**(9), 101—105.

[110] Lipton, A. (2003) *Exotic Options: Technical Papers Published in Risk 1999—2003*, Risk Books, London.

[111] Longstaff, F. and Schwartz, E. (1992) Interest rate volatility and the term structure: a two-factor general equilibrium model, *J. Fin.* **47**, 1259—1282.

[112] Longstaff, F. and Schwartz, E. (2001) Valuing American options by simulation: a simple least-squares approach, *Rev. Fin. Stud.* **14**, 113—147.

[113] Madan, D., Carr, P., and Chang, E. (1998) The variance gamma process and option pricing, *Eur. Fin. Rev.* **2**, 79—105.

[114] Madan, D. and Milne, F. (1991) Option pricing with V. G. martingale components, *Math. Fin.* **1**(4), 39—56.

[115] Madan, D. and Seneta, E. (1990) The V. G. model for share returns, *J. Business* **63**, 511—524.

[116] Maghsoodi, Y. (1996) Solution of the extended CIR term structure and bond option valuation, *Math. Fin.* **6**, 89—109.

[117] Margrabe, W. (1978) The value of an option to exchange on asset for another, *J. Fin.* **33**, 177—186.

[118] Margrabe, W. (1978) A theory of forward and futures prices, preprint, Wharton School, University of Pennsylvania.

[119] McKean, H. (1965) A free-boundary problem for the heat equation arising from a problem in mathematical economics, *Ind. Manage. Rev.* **6**, 32—39, Appendix to [144].

[120] Mercurio, F. and Runggalodier, W. (1993) Option pricing for jump diffusions: approximations and their interpretation, *Math. Fin.* **3**, 191—200.

[121] Merton, R. C. (1969) Lifetime portfolio selection under uncertainty: the continuous-time case, *Rev. Econ. Stat.* **51**, 247—257.

[122] Merton, R. C. (1973) Theory of rational option pricing, *Bell J. Econ. Manage. Sci.* **4**, 141—183.

[123] Merton, R. C. (1976) Option pricing when underlying stock returns are discontinuous, *J. Fin. Econ.* **3**, 125—144.

[124] Merton, R. C. (1990) *Continuous-Time Finance*, Basil Blackwell, Oxford and Cambridge.

[125] Miltersen, K., Sandmann, S., and Sondermann, D. (1997) Closed form solutions for term structure derivatives with log-normal interest rates, *J. Fin.* **52**, 409—430.

[126] Musiela, M. and Rutkowski, M. (1997) *Martingale Methods in Financial Modelling*, Springer-Verlag, New York.

[127] Myneni, R. (1992) The pricing of the American option, *Ann. Appl. Prob.* **2**, 1—23.

[128] Novikov, A. A. (1971) On moment inequalities for stochastic integrals, *Theory Prob. Appl.* **17**, 717—720.

[129] Øksendal. B. (1995) *Stochastic Differential Equations*, 4th ed., Springer-Verlag, New York.

[130] Overhaus, M., Ferraris, A., Knudsen, T., Milward, R., Nguyen-Ngoc, L., and Schindlmayr, G. (2002) *Equity Derivatives: Theory and Applications*, Wiley, New York.

[131] Pelsser, A. (2000) *Efficient Methods for Valuing Interest Rate Derivatives*, Springer, Berlin.

[132] Piazzesi, M. (2003) Affine term structure models. In *Handbook of Financial Econometrics* (Y. Ait-Sahalia and L. P. Hansen, eds.), North Holland, Amsterdam.

[133] Protter. P. (2004) *Stochastic Integration and Differential Equations*, 2nd ed., Springer-Verlag, New York.

[134] Protter, P. (1999) Featured review: recent books on mathematical finance, *SIAM Rev.* **41**, 167—173.

[135] Protter, P. (2000) *Arbitrage Theory in Continuous Time* by T. Björk, *J. Fin.* **55**, 518.

[136] Protter, P. (2001), *Stochastic Calculus and Financial Applications*, *SIAM Rev.* **43**, 731—733.

[137] Rebonato, R. (2002) *Modern Pricing of Interest-Rate Derivatives: The LIBOR Market Model and Beyond*, Princeton University Press, Princeton, NJ.

[138] Rogers, L. C. G. (1997) Arbitrage with fractional Brownian motion, *Math. Fin.* **7** (1), 95—105.

[139] Rogers, L. C. G. and Shi, Z. (1995) The value of an Asian option, J. *Appl. Prob.* **32**, 1077—1088.

[140] Ross, S. (1976) The arbitrage theory of capital asset pricing *J. Econ. Theory* **13**, 341—360.

[141] Ross, S. M. (1983) *Stochastic Processes*, Wiley, New York.

[142] Rubinstein, M. and Reiner, E. (1991) Breaking down barriers, *Risk* **4**(9), 28—35.

[143] Samuelson, P. A. (1965) Proof that properly anticipated prices fluctuate randomly, *Ind. Manage. Rev.* **6**, 41—50.

[144] Samuelson, P. A. (1965) Rational theory of warrant pricing, *Ind. Manage. Rev.* **6**, 13—31.

[145] Samuelson, P. A. (1973) Mathematics of speculative prices, *SIAM Rev.* **15**, 1—42.

[146] Sandmann, K. and Sondermann, D. (1993) A term structure model and the pricing of interest rate derivatives, *Rev. Futures Markets* **12**, 391—423.

[147] Sandmann, K. and Sondermann, D. (1997) A note on the stability of lognormal interest rate models and the pricing of Eurodollar futures, *Math, Fin.* **7**, 119—128.

[148] Schmock, U., Shreve, S., and Wystup, U. (2002) Valuation of exotic options under shortselling constraints, *Fin. Stochastics* **6**, 143—172.

[149] Shirakawa, H. (1991) Interest rate option pricing with Poisson-Gaussian forward rate curve processes, *Math. Fin.* **1**, 77—94.

[150] Steele, J. M. (2001) *Stochastic Calculus and Financial Applications*, Springer-Verlag, New York.

[151] Stroock, D. and Varadhan, S. R. S. (1969) Diffusion processes with continuous coefficients, Ⅰ and Ⅱ, *Communications Pure Appl. Math.* **22**, 245—400 and 479—530.

[152] Tsitsiklis, J. and Van Roy, B. (2001) Regression methods for pricing complex American-style options, *IEEE Trans. Neural Networks* **12**, 694—703.

[153] Van Moerbeke, P. (1979) On optimal stopping and free boundary problems, *Arch. Rational Mech. Anal.* **60**, 101—148.

[154] Vasicek, O. (1977) An equilibrium characterization of the term structure, *J. Fin. Econ.* **5**, 177—188.

[155] Večeř, J. (2001) A new PDE approach for pricing arithmetic average Asian options, *J. Comput. Fin.* **4**(4), 105—113.

[156] Večeř, J. (2002) Unified Asian pricing, *Risk* **15**(6), 113—116.

[157] Večeř, J. and, Xu, M. (2004) Pricing Asian options in a semimartingale model, *Quant. Fin.* **4**, 170—175.

[158] Ville, J. (1939) *Étude Critique de la Notion du Collectif*, Gauthier-Villars, Paris.

[159] Wiener, N. (1923) Differential spaces, *J. Math. Phys.* **2**, 131—174.

[160] Wiener, N. (1924) Un probléme de probabilités dénombrables, *Bull. Soc. Math. France* **52**, 569—578.

[161] Williams, D. (1991) *Probability with Martingales*, Cambridge University Press, Cambridge, UK.

[162] Willinger, W. and Taqqu, M. (1991) Towards a convergence theory for continuous stochastic securities market models, *Math. Fin.* **1**, 55—99.

[163] Willinger, W., Taqqu, M., and Teverovsky, V. (1999) Stock market prices and long-range dependence, *Fin. Stochastics* **3**, 1—14.

[164] Wilmott, P. (1998) *Derivatives*, Wiley, New York.

[165] Wilmott, P., Howison, S., and Dewynne, J. (1995) *The Mathematics of Financial Derivatives: A Student Introduction*, Cambridge University Press, Cambridge, UK.

[166] Yor, M. (2000) Présentation du pli cacheté, *C. R. Ser. I* **331**, 1033—1036.

[167] Zhang, P. (1997) *Exotic Options*, World Scientific, Singapore.

译后记

本书是 Steven E. Shreve 所著 *Stochastic Calculus for Finance* 全套两卷的中文版。原著是将随机分析理论运用于数量金融领域的著名教材，上海财经大学一直将其作为金融数学与金融工程专业博士研究生的基本教材。学生们对原著好评如潮，并纷纷建议出版中译本，以便国内本科生与研究生的学习和理解。上海财经大学出版社于 2007 年向 Springer 购得了该书的中文版权。受其委托，现将原著第一卷《二叉树资产定价模型》(2005 版)和第二卷《连续时间模型》(2004 版)一并译成中文。

中译本力求忠实于原著，原著中的明显误漏之处(约百余处)已在中译本里被直接更正。需要特别说明的是：本书第二卷第三章的习题 3.9(根据原著作者的意见)已被作了替换。囿于译者的学术水平，译文中不当之处在所难免，敬请本书读者以及有关领域专家不吝赐教。

译者在几年来的教学过程中，同上海财经大学金融数学与金融工程专业的博士生们教学互动，共同探讨，从中获益匪浅；也从已经毕业的学生那里获得许多有用的知识和信息。在此，谨以此书献给勤奋好学的历届学生们，他们将成为未来的中国宽客。

译者对本书的责任编辑张美芳女士及其同事们的敬业精神表示由衷的敬佩。正是由于他们的辛勤工作，才使本书得以顺利面世。

最后，译者感谢国家自然科学基金(NSFC 10171059；10571030；10771131)以及全国优秀博士学位论文作者专项基金(FANEDD 200218)的多年资助。

译者

2008 年 9 月